KB089091

사마천 사기 56

현대지성 클래식 **9**

본기, 세가, 열전, 서의 명편들

사마천 사기 56

史記

사마천 | 소준섭 편역

현대
지성

차 례 Contents

본기(本紀)

세가(世家)

열전(列傳)

서(書)

부록

사기 해제(解題)

역자 서문

1. 중국 문화의 조형자(造型者), 사기(史記)

외부인들이 중국을 이해하기 위하여 가장 많이 읽는 책은 바로 사마천의 『사기』라고 한다. 왜냐하면 『사기』야말로 오늘날까지 중국의 문화와 정신을 면면히 조형(造型)해 온 중요한 역사적 원천이었기 때문이다. 실로 『사기』는 중국인들에게 인간으로 살아가는 데 있어 지향해야 할 모범과 준칙을 분명하게 제시함으로써 중국인들의 정신과 삶의 양식에 끊임없이 영향을 끼쳐 왔다.

『사기』는 '본기(本紀)'와 '세가(世家)', '표(表)', '서(書)', 그리고 '열전(列傳)'으로 구성되어 있다. '본기(本紀)'는 연대순으로 제왕의 언행과 업적을 기술하고 있고, '세가(世家)'는 제후국의 흥망성쇠와 영웅들의 업적을 기술하였으며, '표(表)'는 연대별로 각 시기의 중대 사건을 기록하였고, '서(書)'는 각종 전장(典章: 제도와 문물) 제도의 연혁을 기록하였다. 그리고 '열전(列傳)'은 다양한 대표적 인물들의 활동을 기재하고 있다. 사마천은 창조적으로 이 다섯 가지 부분을 종합하여 하나의 완전한 통일체계를 완성시켰다.

2. 천고의 걸작, 사기(史記)

『사기』 인물 전기의 가장 큰 특색은 바로 실록정신이다. 사마천은 기존 역사 기재 방식에 구속되지 않고 역사에 대한 자신의 관점과 인식태도로써 사실적으로 기록하여 인물의 전모를 객관적으로 반영하였다. 한 인물의 삶을 구체적으로 묘사할 때 그 '사람됨'을 중시하였으며, 동시에 그 사람됨의 복잡성에 주의를 기울였다. 그는 인물을 묘사할 때 자신의 관점을 객관적 사실을 서술하는 가운데 빗대어 드러내었으며, 동시에 사실을 이용하여 묘사하려는 인물에 대한 자신의 애증을 표현하였다. 특히 사마천은 자신이 몸소 겪고 직접 듣거나 교류를 통하여 알아낸 사실, 그리고 치밀한 현지 조사를 통한 정보로써 내용의 진실성을 높였다.

사마천이 『사기』를 집필하기 이전 시기에 역사란 단지 왕후들의 역사로만 국한되고 있었다. 그러나 『사기』는 평민의 입장으로 평민의 시각에 의하여 평민의 정서로써 역사를 파악하고 역사를 기술했으며 역사를 해석하였다. 그리하여 역사로 하여금 최초로 진정으로 살아 있는 진면목을 드러내고 기록할 수 있도록 하였다.

『사기』는 사마천이라는 작가의 이른바 '복안(複眼)'에 의하여 기술된 작품이다. 사마천은 결코 어떠한 인물이나 사건을 일면적으로 평가하지 않는다. 항상 다면적으로 종합적으로 파악하고 해석하였다. 그리하여 역경에 처해 좌절하고 실의에 빠져 있는 사람은 『사기』를 통하여 역경을 극복할 수 있는 힘과 지혜를 얻을 수 있고, 영광의 자리에 있는 사람은 『사기』를 통하여 그 영광을 지키는 이치를 깨달을 수 있다. 정치를 하는 사람은 치세의 도리(道理)를 터득할 수 있고, 경제를 하는 사람은 경제의 원리를 장악할 수 있다. 또한 불우한 처지에 놓인 사람에게 『사기』는 재기할 수 있는 용기를 줄 것이며, 인생의 처세를 알고자 하는 이에게는 험난한 이 세상을 살아가는 사유 방식에 대하여 귀띔해 줄 것이다.

실로 『사기』는 사료(史料)의 풍부함, 관점의 진보성만이 아니라 그 문장의 생동감과 뛰어난 표현력, 그리고 서사(敍事)에서의 형상성에 있어서 최고의 경지에 오른 작품으로서 청나라 말기 대학자 양계초(梁啓超)는 "천고지절작(千古之絶作)"이라 하였고, 노신(魯迅)도 "사가지절창(史家之絶唱)"이라고 칭송하였다. 비단 문학적 측면에서만이 아니라 『사기』는 중국 문화, 나아가 동양 문화의 기초를 이루고 있다고 해도 과언이 아니다. 중국 역사와 문화의 근저를 구성하고 있는 수많은 역사적 전거(典據)와 고사성어들이 『사기』에 그 전거를 두고 있다. 실로 『사기』는 중국의 정신, 나아가 동양의 정신을 구축하는 데 있어서 중요한 토대를 제공했다고 할 수 있다.

3. 정확한 『사기』를 읽기 위하여

필자는 1993년에 『사기 – 토끼 사냥이 끝나면 사냥개를 잡아먹는다』 등 3권을 저술하여 『사기』의 대중화에 조그만 기여를 한 바 있음을 긍지로 삼았었다. 중국 유학 시절에도 계속 『사기』에 대한 관심의 끈을 놓지 않고 있다가 좀 더 정확하고 풍부하게 다듬고 정리하고자 하여 다시 2008년에 두 권으로 출판하였었고, 이제 다시 내용을 보완하고 순서를 정돈하여 세상에 내놓게 되었다.

본서는 『사기』를 구성하는 '열전'을 비롯하여 '본기', '세가', '서(書)'를 모두 포괄하였고, 독자들의 이해를 돕기 위하여 관련된 내용을 한데 묶는 방식도 활용하였다. 특히 '열전'을 중심으로 뜻이 깊고 문장 구성이 탁월하며 우리에게도 널리 알려진 내용들을 소개하고 있다.

또한 일부의 내용은 『전국책』이나 『한서』 등 다른 역사 사료에서도 인용하였다. 일찍이 양계초(梁啓超)는 『사기』 중에서도 탁월한 부분을 뽑아 10대 명편을 선정하였는데, 바로 항우 본기, 신릉군 열전, 염파인상여 열전, 노중련추양 열전, 회음후 열전, 위기무안후 열전, 이장군 열전, 흉노 열전, 화식 열전, 태사공 자서이다.

현재 사기의 완역이 일종의 유행으로 되었지만, 사실 지나치게 방대하고 또 현대에 이르러 효용성이 없는 부분도 적지 않은 점에 비추어 본서는 사기의 정수를 계승하되 '과잉의 췌문(贅文: 불필요한 문자나 문구)'은 과감히 버리는 방식을 택하였다.

저술 과정에서 우리나라에 출판되어 있는 기존의 『사기』 번역본들이, 예를 들어, 「공자 세가」나 「항우 본기」, 그리고 「화식 열전」이나 「태사공 자서」 등에서 적지 않은 오역과 오류가 존재하는 등 잘못된 해석이 대단히 많다는 점을 발견할 수 있었다. 그리고 인명의 표기에 있어서도 그간 범수로 잘못 알려져 있는 것을 범저(范雎)로 바로잡고, 범여는 범려(范蠡)로, 조조는 조착(晁錯)으로, 그리고 조순은 조돈(趙盾)으로 바로잡았다. 본서는 이러한 잘못된 해석 부분들을 바로잡는 데 힘을 쏟았다. 그리하여 필자는 본서를 통하여 『사기』의 대중성을 살리면서도 정확성과 전문성을 강화시키려 노력하였다.

또한 각 편을 시작하기 전에 관련된 해설을 붙였으며, 원문에 사용되고 있는 각종 용어와 제도를 정확하게 해석하고, 그 기원을 폭넓게 살피기 위한 주석(註釋) 작업에도 특별히 주의를 기울였다.

　아무쪼록 본서가 『사기』의 올바른 이해와 대중화에 조금이라도 기여를 할 수 있다면, 필자로서는 더할 나위 없는 보람이 될 것이다.

소 준섭

본기
(本紀)

1. 진시황 본기
- 천하 통일은 어려웠지만 붕괴는 신속하였다
(여불위 열전과 이사 열전 포함)

한낱 변방의 작은 나라에 지나지 않았던 진나라가 강성해진 이유는 무엇인가?
무엇보다 법을 현실에 맞춰 개혁하면서 체제를 안정시킨 데 있다고 할 것이다.
물론 거기에는 특권적 영주의 권한을 박탈하고 왕권을 강화시킨 정책이 매우 효과
적이었다. 맹상군이나 평원군 같은 왕에 비견될 만한 호족들이 유독 진나라에서는
보이지 않음도 그 이유 때문이다. 그렇게 해서 진나라는 국론을 통일시키고 부국
강병의 길로 나아갈 수 있었던 것이다.

함곡관의 요새로 둘러싸여 방어에 대단히 유리한 지리적 이점 외에도 군대의 동
원 능력에서 진나라는 다른 나라에 비해 월등하게 뛰어났으며 그것은 바로 왕권
강화에 의한 중앙집권적 단일지배 체제에서 비롯될 수 있었다.

진나라가 강성한 또 다른 이유로는 경제 발전을 들 수 있다. 사회가 안정되어 경
제가 안정될 수 있었으며, 특히 파촉(巴蜀) 지역을 점령한 이후 그 비옥한 땅으로부
터 생산력이 급속하게 확대되었다. 그리하여 전국시대 말기에 이르러 진나라 영
토는 중국 전역의 1/3에 지나지 않았으나 경제력은 무려 60%를 넘어서고 있었다.

또한 중원에서 멀리 떨어져 있는 관계로 무수히 일어났던 전쟁의 소용돌이에서
상대적으로 벗어나 있던 지리적 여건도 경제 발전에 한 몫을 단단히 했다고 볼 수
있다. 그리고 다른 나라는 관념적인 유교가 지배한 데 반해 진나라는 실용주의적
인 묵가의 사상이 번성한 점 또한 경제를 융성하게 한 요인으로 들 수 있다. 군사
적 우위를 바탕으로 장의의 연횡책이 성공을 거둠으로써 진나라의 강력함은 더욱
빛을 발하게 되었다. 특히 6국의 합종책을 깨뜨린 것은 천하의 패권을 장악하는
원동력이 되었다.

한편 진나라의 개혁적 분위기는 보수적이었던 다른 나라의 현실에 싫증을 내고
있던 많은 인재들을 진나라로 모이게 하였다. 그리하여 진나라는 유능한 인재를
모아 천하통일의 패도를 이뤄낼 수 있었던 것이다. 상앙을 비롯하여 장의, 범저,
이사, 여불위 등 진나라를 이끌었던 중신들이 대부분 외국에서 온 이른바 '외인부
대'였던 점은 이러한 사실을 입증해 주고 있는 것이다.

진나라는 합종책을 분쇄하고 연횡책을 관철시킴으로써 6국을 각개 격파하여 영토를 확장해갔으며, 이어서 범저의 원교근공책은 진나라의 우위를 확고하게 정착시킨 전략이 되었다. 또한 장평의 싸움에서는 명장 백기의 활약으로 천하통일의 가장 큰 관문을 통과했으며, 왕전과 몽염 장군의 활약 역시 컸다. 그리고 이사의 법가 사상과 적국에 대한 이간 및 약화 공작, 그리고 군현 제도의 정착은 진나라의 천하통일을 앞당기는 중요한 정책이었다.

그리하여 한(韓)나라를 멸망시킨 지 불과 10년 만에 진나라는 천하를 통일시키기에 이른 것이었다.

순자(荀子)는 진나라에 대해 다음과 같이 평가하였다.

"진나라의 산천 계곡은 매우 아름답고 천연 산물이 많다. 백성은 순박하고 음악은 음란하지 않으며 의복은 화려하지 않다. 관공서는 근검절약과 충성, 그리고 엄숙한 분위기로 가득 차 있다. 대신들은 사사로움이 없어 죄를 짓지 않고 아침에 집을 나서면 궁궐로 곧장 가며 저녁에는 또한 궁궐에서 즉시 집으로 돌아간다. 또한 당파를 만들지 않으며 업무를 처리함에 항상 공명정대함을 유지한다. 조정은 모든 일을 그때그때 즉시 처리할 뿐 아니라 합리적이며 융통성이 있다."

기화(奇貨)를 놓치지 말라

중국 역사에서 진시황이 누구의 자식인가는 계속 세인의 관심사였다. 사마천은 진시황이 사생아라는 점을 확신한다. 그는 이 점을 『사기』〈열전〉「여불위 열전」에서 분명히 기록하고 있다. 이 「여불위 열전」에서 소개되는 여불위를 비롯하여, 자초, 진시황의 어머니, 노애 그리고 진시황에 이르기까지 모든 인물에 대하여 사마천이 동정심(同情心)을 가지고 우호적으로 묘사하고 있는 사람은 전혀 존재하지 않는다. 특히 진시황의 어머니에 대해서는 성과 이름도 밝히지 않음으로써 이미 경멸의 뜻을 담고 있으며, 그녀에 대한 묘사의 중점 역시 오로지 그녀의 방탕 음란에 맞춰져 있다. 그리하여 「여불위 열전」의 전편(全篇)에 흐르고 있는 것은 증오와 경멸로 묘사된 한 편의 집단 스캔들이라 할 만하다.

- 역자 해설

임금을 사 두리라

여불위는 한나라 양책(陽翟)의 대상인이었다. 여러 나라를 왕래하며 값이 쌀 때 물건을 사 놓았다가 시기를 보아 비쌀 때 파는 방법에 의해 천금의 재산을 모았다. 그는 여러 나라를 돌아다녀 견문이 넓었으며 모든 일에 대한 감식안이 비상하였다.

진나라는 소왕 40년에 태자가 죽고 2년 후에 차남인 안국군(安國君)이 태자가 되었다. 안국군에게는 20여 명의 아들이 있었지만 총애를 받고 있었던 화양부인에게는 아들이 없었다. 그 20여 명의 아들 가운데 자초(子楚)라는 왕자가 있었다. 자초의 생모인 하희(夏姬)는 안국군의 사랑을 받지 못했다. 그래서 자초는 별 볼일 없는 존재로 취급되어 조나라에 인질로 보내졌다. 자초는 사랑받지 못하는 첩의 자식인데다 인질의 몸이었기 때문에 매우 곤궁한 생활을 해야만 했다. 더구나 진나라가 조나라를 자주 공격하였으므로 인질로 간 자초는 갈수록 조나라의 냉대를 받아야 했다.

여불위가 어느 날 장삿일로 조나라 수도 한단에 갔다. 그런데 거기에서 인질로 보내어진 자초를 만나게 되었다. 여불위는 자초를 보는 순간, '이것은 기화(奇貨)이다. 구해놓고 보자! 옛말에도 '기화가거(奇貨可居)'라고 했지 않는가!'라고 생각하였다.[1]

자초를 본 여불위는 집에 돌아가 아버지에게 물었다. "농사를 지으면 몇 배의 이익이 남습니까?" 아버지는 "글쎄, 열 배쯤 남을까."라고 대답했다. 여불위가 또 "보물을 갖고 있으면 이익이 몇 배나 되겠습니까?"라고 묻자 아버지는 "백배는 되겠지."라 대답하였다. 여불위가 다시 "그러면 임금이 될 사람을 사 두면 이익이 몇 배가 될까요?"라 묻자 아버지는 "그야 계산할 수 없을 정도겠지."라고 말했다. 그러자 여불위가 말했다. "농사를 지어서 얻는 이익이란 그저

---

1) 기화奇貨란 진귀한 상품 즉, 뜻하지 않게 찾아낸 물건을 의미한다. 그리하여 기화가거奇貨可居란 보존하였다가 비싸지기를 기다려 팔 수 있는 진귀한 물건이라는 뜻이다. 보통 사람은 그다지 중시하지 않지만 전문가의 눈에는 매우 가치 있는 것이 있다. 그것은 비록 지금은 값어치가 없어 보이지만 시간이 지나면 높은 가치를 지니게 된다. 실로 여불위는 자초를 점찍고 키워냄으로써 권력을 장악할 수 있었으며, 천하통일을 이룬 진시황도 여불위가 없었다면 역사상의 인물로 기록되지 못했을 것이다. - 역주

추위에 떨지 않고 배를 곯지 않을 정도입니다. 그러나 장차 나라의 대권을 잡을 왕을 키워 주면 그 혜택은 두고두고 남을 것입니다. 지금 조나라에는 진나라의 왕자가 인질로 와 있습니다. 저는 이 기화를 사 놓겠습니다."

여불위는 말을 마치고 곧장 자초를 다시 찾아갔다. 이 무렵 자초는 매일 특별히 하는 일 없이 무료하게 시간만 보내고 있었다. 여불위가 큰 절을 하면서 자초에게 바싹 다가서며 말했다. "제가 이제부터 왕자님의 대문을 크게 해드리겠습니다." 자초는 힘없이 웃음을 짓고 말했다. "먼저 당신의 대문을 크게 만들고 나서 나의 대문을 크게 할 수 있는 것이겠지요."

여불위는 "공자께서는 잘 모르시는 말씀입니다. 저의 대문은 공자의 대문이 커지는 것을 기다려야 합니다."라고 말했다. 자초는 여불위의 뜻을 알아채고 안방으로 불러들여 깊은 얘기를 나눴다. 여불위는 차근차근 말하였다.

"지금 진나라 왕은 연세가 많고 공자의 아버님 안국군은 태자로 계십니다. 안국군은 화양부인을 총애하고 있는데 그 부인에게는 후사가 없습니다. 그렇다면 후계를 정하는 데는 화양부인의 힘이 크게 작용할 것에 틀림없습니다. 공자는 20여 명의 형제 중 중간쯤 태어나신 분으로 아버님의 관심도 별로 없고 오랫동안 외국에서 인질 생활을 하고 계십니다. 안국군이 왕위에 오르게 되면 당연히 후계를 정해야 합니다. 그렇다면 항상 옆에 있는 큰 형님이나 다른 형제분에 비해 공자께서 훨씬 불리한 입장인 것입니다."

자초가 "사실 그렇게 될 것입니다. 어떻게 좋은 방도가 있겠습니까?"라고 묻자 여불위는 "공자께서는 경제적 여유도 없으며 따라서 아버님에 대한 선물은 고사하고 찾아오는 손님들과 교제하는 일도 어렵습니다. 저도 별로 여유는 없습니다만, 이제부터 제가 가지고 있는 천금의 전 재산을 던져서라도 안국군과 화양부인에게 당신을 후계자로 삼으라는 공작을 시작하겠습니다."라고 말했다.

자초는 깊이 머리를 숙였다. "제발 잘 부탁드립니다. 성공하면 진나라의 반을 당신에게 드리겠습니다."

색이 쇠하면 사랑도 사라진다

여불위는 5백 금을 자초에게 교제비로 나누어 주고 나머지 5백 금으로는 조나라의 진귀한 물건들을 사가지고 진나라로 돌아갔다. 그는 즉시 화양부인을 가장 잘 움직일 수 있는 사람인 화양부인의 언니를 만났다. 그 언니는 여불위가 이전부터 몇 번 장사 관계로 만나 선물도 많이 바쳤던 사람이었다.[2] 여불위는 선물로 사왔던 물건을 모두 그들 자매에게 바치면서 넌지시 떠보았다. "지금 조나라에 계신 자초 왕자님은 각국의 유명 인사들과 널리 접촉하여 그 명성이 날로 높아가고 있는 총명한 분입니다. 그분은 항상 '화양부인을 하늘처럼 존경한다. 아버님과 부인을 사모하여 밤낮으로 눈물을 흘린다.'고 말씀하십니다."

이 말을 듣게 되자 화양부인의 언니는 매우 기분이 좋았다. 여불위는 언니에게 다음과 같이 화양부인께 말씀드리라고 일러두었다. "듣건대 '색(色)으로 남을 섬기는 자는 색이 쇠하면 사랑도 잃는다.'[3]고 합니다. 지금 당신은 태자의 사랑을 한 몸에 받고 있지만 애석하게도 후사가 없습니다. 지금부터 총명하고 효심이 두터운 분을 골라 태자의 후계를 정하고 그를 양자로 삼아야 합니다. 그렇게 해야 태자가 살아계실 때는 물론이고 또한 태자에게 만일의 일이 생겨도 양자가 왕위에 오르기 때문에 당신은 권세를 잃지 않고 살아갈 수 있는 것입니다. 이를 두고 영원한 이로움을 얻는다고 합니다. 젊을 때 발판을 튼튼히 해둬야 합니다. 색향(色香)이 쇠하고 총애를 잃은 뒤에는 이미 늦습니다. 자초는 총명한 분입니다. 그는 형제들의 순서로 보아도 그렇고, 생모의 순위로 보더라도 후계자로 전혀 생각지 않을 것이므로 당신을 끝까지 섬길 것입니다. 그러니 자초를 후계자로 정해 놓으면 당신은 평생 편안하게 살 수 있을 것입니다."

화양부인이 들으니 그럴 듯했다. 얼마 후 화양부인은 태자에게 자초가 총명하며, 또 그와 교제하고 있는 많은 제후들이 얼마나 그를 칭찬하고 있는가를 자세히 설명했다. 그러고는 눈물을 흘리며 말했다. "저는 다행히도 태자님의

---

2) 여불위가 처음에 자초를 기화로 판단한 것도 이러한 인맥 관계를 잘 활용하면 승산이 있다고 여긴 때문이었다.

3) 원문은 色衰而愛弛.

사랑을 한 몸에 받고 있지만 아들이 없습니다. 바라옵건대 자초를 후계자로 정하여 저의 장래를 맡길 수 있도록 해 주십시오."

안국군은 그 청을 받아들였다. 이후 안국군과 화양부인은 자초에게 많은 액수의 자금을 보내게 되었고 여불위에게 자초를 잘 돌봐 주도록 부탁하였다. 그리하여 자초의 명성은 제후들 사이에 갈수록 높아져 갔다.

진시황 출생의 비밀

조나라의 수도인 한단(邯鄲)은 예로부터 미인향(美人鄉)으로 잘 알려져 있던 풍류의 도시였다.[4] 돈 많은 여불위[5]는 돈의 위력으로 미모의 무희(舞姬)들을 집에 들여 놓고 있었다. 어느 날 자초가 여불위의 집에 초대되었는데 가장 아름다운 무희를 보는 순간 반해 버렸다. 자초는 축배를 들자마자 그 여자를 자기에게 달라고 했다. 그런데 그 무희는 이미 여불위의 애첩이 되어 아이까지 임신하고 있었다. 그러나 자초의 청을 거절하게 되면 이제까지 전 재산을 던져 투자한 것이 물거품이 되어 버리고 말 것이었다. 그리하여 여불위는 그녀를 자초에게 "이 여인이 금란(金卵)을 낳아줄 것입니다." 하며 넘겨주었다. 그녀는 임신한 사실을 숨긴 채 자초에게 재가해 갔다. 후에 그녀는 자초와의 사이에 사내아이를 낳았는데 그 아이의 이름이 정(政)이며, 이 정이야말로 바로 6국을 평정하고 천하를 통일했으며 뒤에 '호랑(虎狼)'이라 칭해졌던 진시황이었다.

그 즈음 진나라는 백기 장군이 장평에서 조나라의 40만 대군을 격파하고 뒤이어 조나라 수도 한단을 포위했다. 이때 자초는 목숨을 빼앗길 위기에 몰렸지만 여불위가 황금 6백 근으로 관리를 매수하여 자초는 조나라를 탈출할 수 있었다. 조나라는 자초의 처자를 죽이려고 했는데 자초의 부인은 원래 조나라에서도 갑부로 꼽히는 집안의 딸이었기 때문에 안전하게 피신할 수 있었다.

---

4) '덧없는 꿈'을 말하는 '한단지몽(邯鄲之夢)'이라는 고사성어도 한단을 배경으로 할 만큼 한단은 꿈의 도시였다.

5) 훗날 한나라 시대에 보통 사람들의 재산이 열 금이었다는 사실에 비춰본다면 천금의 재산을 가졌던 여불위의 부귀를 미루어 짐작할 수 있을 것이다.

이윽고 진나라 왕이 죽고 안국군이 즉위하자 자초는 태자가 되었다. 조나라에서도 자초의 부인과 아들 정을 극진하게 대접하여 진나라로 보내게 되었다. 안국군은 즉위한 지 불과 1년 만에 죽고 말았으며, 그 뒤를 자초가 진나라 왕위를 계승하니 그가 바로 장양왕이다.[6] 여불위는 승상에 임명되었고 낙양 지역의 10만 호를 식읍으로 삼았다. 생모 하희는 하태후로 칭해졌으며, 화양부인은 화양태후로서 존경을 받으며 살았다.

그러나 장양왕 역시 재위 3년 만에 죽고 드디어 태자 영정(嬴政)이 왕위를 이어받았다. 바로 훗날의 진시황이다. 그러나 새로 즉위한 왕은 이제 겨우 열세 살이었다. 여불위는 더욱 완벽하게 권력을 장악하여 승상보다 높은 상국(相國)으로 올랐으며, 또한 중부[7]로 칭해지며 집안에 무려 만 명의 노비를 부리는 등 일세를 호령하였다.

때를 얻으면 놓치지 말라

이사(李斯)는 원래 초나라 상채(上蔡) 사람이다. 그는 젊은 시절에 작은 마을의 말단 관리로 일하고 있었다. 어느 날 이사는 관청 부근의 변소에서 불결한 찌꺼기를 먹던 쥐를 보았는데 그것은 사람이나 개가 올 때마다 깜짝 놀라 달아나는 것이었다. 그런데 며칠이 지나 양식 창고에 가보니 그곳에도 역시 쥐가 있었지만 좋은 쌀을 먹고 있었으며 넓은 지붕 밑에 살면서 사람이나 개 때문에 놀랄 필요도 없었다. 이사는 한탄했다. "사람이 어질다거나 어리석다고 하는 것도 쥐의 경우와 같아 그가 어느 환경에 속해 있느냐가 문제로구나!" 그리하여 이사는 순자를 찾아가 제왕(帝王)의 천하 통치학에 대해 공부하였다. 학업을 마치자 초나라 왕은 섬기기에 부족하고 6국은 모두 약소하여 큰 일을 도모할 수 없다고 생각해 진(秦)나라로 들어가기로 결심하고 순자에게 작별인사를 드렸다.

---

6) 자초는 역시 여불위가 지목한 대로 기화였던 것이다.

7) 중부仲父, 아버지와 다름없는 사람이란 뜻으로 제나라 환공이 관중을 예우해 부르던 명칭. 아부亞父라고도 한다.

"때를 얻으면 놓치지 말라는 말을 들었습니다. 지금 모든 나라는 서로 세력을 다투고 유세객들이 실권을 장악하고 있으며 더욱이 진나라 왕은 여러 나라를 병합하여 스스로 황제라 칭하면서 천하를 통일하려고 합니다. 지금이야말로 선비가 바삐 일해야 할 때이며, 유세객으로서는 다시없는 기회라고 생각합니다. 비천한 자리에 있으면서도 아무런 계획을 세우지 않는 자는 마치 초식동물이 고기를 앞에 두고서 먹을 수도 없고 먹을 생각도 없이 단지 한 장의 사람 그림이 나타나자 도망쳐 버리는 것과 같습니다. 이 세상에서 비천한 것보다 더한 부끄러움은 없으며 가난보다 더한 슬픔은 없습니다. 비천하고 가난한 처지에 오랫동안 있으면서 세상의 부귀를 비난하고 남의 출세를 미워하며 몸을 무위자연의 심경에 맡겨 스스로 고상하다고 하는 것은 선비로서의 올바른 길이 아닙니다. 그래서 저는 이제 서쪽으로 가서 진나라에서 일해 보고자 합니다."

이사는 진나라로 가 여불위의 식객이 되었다. 여불위는 그의 현명함을 간파하고 그에게 벼슬을 내렸다. 그 후 이사는 드디어 진나라의 왕[8]을 만날 기회를 얻어 이렇게 말했다.

"평범한 사람은 자주 좋은 기회를 놓치지만 위대한 성취를 이루는 사람은 기회를 이용하여 과감하게 시행합니다. 옛날 진나라 목공이 패자가 되고서도 끝내 6국을 병합할 수 없었던 것은 제후들이 여전히 강했고, 주나라 왕실의 덕이 아직 남아 있었기 때문이었습니다. 그래서 춘추오패가 차례로 일어나서 주나라 왕실을 받들었습니다. 그러나 진나라 효공 이후 주나라 왕실은 쇠퇴하고 제후들이 서로 합병하여 함곡관 동쪽에 6국이 세워졌고 진나라가 다른 제후를 부리게 된 지 이미 6대째가 되었습니다. 이제 제후들이 진나라에 복종하는 모습은 마치 중앙에 예속된 군현들과 같습니다. 지금 진나라의 강대한 힘과 대왕의 현명함으로써 모든 나라를 멸망시켜 제업(帝業)을 이루고 천하를 통일하는 것은 마치 부엌에 있는 먼지를 털어내는 것처럼 손쉬운 일입니다. 이는 천 년에 한 번 있을까 말까 한 절호의 기회[9]라고 할 수 있을 것입니다. 그러나 만약 지금 머뭇거리다가 대사(大事)를 이루지 못한다면 제후들은 곧 다시 강성해져서

---

8) 훗날의 진시황.
9) 천재일우千載一遇

서로 연합하여 합종을 맺게 되고 이렇게 되면 황제(黃帝)의 재능을 가지고도 결코 6국을 병합할 수 없을 것입니다."

왕이 이 말을 듣고 매우 마음에 흡족하게 생각하여 이사의 벼슬을 올려주었을 뿐만 아니라 그 계책도 받아들여 모사들에게 황금을 주어 몰래 제후들을 설득하도록 하였다. 각국의 유명한 인물들 중 매수할 수 있는 사람은 뇌물을 후하게 주면서 매수하도록 하고, 그래도 말을 잘 듣지 않는 자는 날카로운 검으로 죽이도록 하였다. 그리고 제후와 신하 사이를 이간질시킨 다음 뛰어난 장군을 파견하여 공격하도록 하였다. 왕은 이사를 객경(客卿)에 임명하였다.

태산은 한 줌의 흙도 버리지 않는다

그 무렵 한나라 사람 정국(鄭國)이 진나라를 교란시킬 목적으로 대규모 관개 수로 공사를 꾸미다가 그 음모가 발각되었다. 정국이 만들던 관개수로는 자그마치 3백 리에 이르는 대규모 공사로서 진나라의 인력과 비용을 탕진시켜 국력을 약화시키려는 한나라의 계략이었다.[10]

이를 계기로 진나라 종실 대신들이 모두 왕에게 "타국에서 온 자들은 진나라를 섬기는 척하지만 실은 군주와 신하 사이를 이간하려는 첩자들이 대부분입니다. 모두 추방시켜야 합니다."라고 말하였다. 그리하여 타국인에 대한 이른바 축객령(逐客令)이 내려졌고, 추방 대상자 중에는 물론 이사도 포함되어 파면되었다. 이에 이사는 다음과 같이 글을 올렸다.

〈지금 관리들이 타국인의 추방을 주장하고 있습니다만 이는 분명히 잘못된 일입니다. 옛날 목공은 인재를 구하면서 완 지방의 백리해를 비롯하여 융족의 유여, 송나라의 건숙, 그리고 진(晉)나라의 비표와 공손지를 등용했습니다. 이 다섯 사람은 진나라에서 태어나지 않았지만 목공은 그들을 중용하여 서융을 제압할 수 있었습니다. 또 효공은 상앙의 법을 채택하여 나라의 질서를 잡았기

---

10) 그러나 역설적이게도 진나라를 피폐시키려는 이 운하가 황무지를 비옥한 땅으로 바꿔 진나라의 국력을 강화시킨 결과로 나타났으며 이후 중국의 농업 발전에 커다란 기여를 하게 되었다.

때문에 백성들은 부유해지고 국가는 부강해졌습니다. 그로 인해 제후들이 속속 복속하였고 초나라와 위나라를 격파하여 천 리의 영토를 넓혔기 때문에 오늘날까지 진나라가 융성함을 자랑할 수 있게 되었던 것입니다. 그리고 혜왕은 장의의 계책에 따라 삼천(三川)의 땅[11]을 빼앗고 파촉을 병합했으며, 북으로 상군을 취하고 남으로는 한중을 취하였습니다.

뿐만 아니라 초나라의 언과 영을 점령하고 동쪽으로는 비옥한 성고의 땅을 빼앗았으며, 드디어 6국의 합종을 깨뜨리고 진나라를 섬기도록 하여 그 공적이 오늘에 이르고 있는 것입니다. 한편 소왕은 범저를 얻어 양후를 내쫓고 왕실의 권위를 높여 결국 주나라를 멸망시키고 진나라의 제업(帝業)을 이루도록 하였습니다. 이 네 분의 군주는 모두 타국인을 객경으로 중용하여 성공을 거뒀습니다. 만일 네 분의 군주가 타국인을 배척하여 등용하지 않고 인재를 멀리하였다면 진나라의 강대함은 결코 이뤄지지 못했을 것입니다.

지금 폐하께서는 곤륜산에서 나는 옥을 바치게 하시고 화씨(和氏)의 구슬[12]을 갖고 계시며, 허리에는 밝은 달처럼 빛나는 진주가 달려 있는 태아(太阿)의 검[13]을 차고 계시며, 섬리(纖離)의 명마[14]를 타시고 비취색 봉황 깃털로 장식한 깃발을 세우고 계십니다. 이 여러 가지 보물 중 진나라에서 나는 것은 하나도 없지만 폐하께서 좋아하시는 이유는 무엇이겠습니까? 반드시 진나라에서 나는 것이어야 한다면 정나라와 위나라의 여자를 후궁으로 둘 수 없고 아름답고 그윽한 조나라의 여자도 폐하 곁에 두실 수 없습니다. 이렇게 인물이 좋고 나쁨을 가리지 않고 진나라 사람이 아니면 물리치고 타국인은 무조건 추방하시려 합니다만 그렇다면 결국 여자와 주옥은 다른 나라의 것을 받아들이면서도 인재만은 예외로 취급하는 것이 됩니다.

'땅이 넓으면 곡식이 많이 나고, 나라가 크면 백성이 많으며, 군대가 강하면 병사가 용감하다.'는 말이 있습니다. 태산은 한줌의 흙도 버리지 않기 때문에

---

11) 황하, 낙수, 이수가 합치는 한나라의 땅.
12) 초나라의 유명한 옥玉.
13) 초나라 태아라는 사람이 만든 명검.
14) 준마의 명칭.

그렇게 클 수 있었던 것이고,[15] 하해는 아무리 작은 시냇물이라도 마다하지 않았기 때문에 그렇게 깊을 수 있는 것입니다.

　지금 진나라가 타국인을 무조건 추방시키는 것은 천하의 인재를 다른 나라로 가게 만들어 적을 이롭게 할 뿐입니다. '적에게 무기를 빌려주고, 도둑에게 식량을 대준다.'는 말은 바로 이런 경우를 두고 하는 말입니다. 진실로 진나라에서 나지 않는 물건도 소중한 것이 많으며, 진나라에서 태어나지 않았으나 진나라에 충성하려는 사람도 많습니다. 지금 타국인을 추방하려는 것은 적국을 이롭게 하고 원수를 돕는 격이며, 이는 안으로는 스스로 인재를 버리고 밖으로는 제후들의 원한을 사는 행위가 아닐 수 없습니다. 이렇게 되면 아무리 나라가 부강과 발전을 원해도 결코 이뤄질 수 없는 것입니다.〉

　이 글에 감명 받은 왕은 축객령을 취소하고 이사도 복직시켰다. 그리고 그의 계책은 다시 중용되었으며, 이윽고 이사의 벼슬도 높아져 정위(廷尉)로 올라갔다.

　그 뒤 이사가 진왕에게 먼저 한(韓)나라를 제압하여 제후국들에게 위협을 가할 것을 건의하자, 진왕은 이사를 파견하여 한나라를 함락시키려 하였다. 한왕(韓王)이 이를 걱정하여 한비자를 불러들여 상의하였다. 이때 위나라 대량 사람인 위료(尉繚)[16]가 와서 진왕에게 권하였다.

　"지금 진나라의 강대함으로 인하여 제후들은 단지 군현의 군주에 불과할 따름입니다. 다만 제후들이 연합하여 갑자기 진나라를 공격해 올 우려가 있습니다. 이것이 바로 지백과 부차 그리고 민왕(湣王)이 망한 까닭입니다. 원하옵건대 대왕께서는 재물을 아끼지 마시고 각 제후국의 세력 있는 대신들에게 주어 그들의 모략을 깬다면 불과 30만 금을 쓰고서 각국의 제후들을 모두 소탕할 수 있을 것입니다."

　진왕은 그의 계략을 받아들여 위료를 회견할 때는 언제나 최상급의 예우로써 대했고, 자신의 의복과 음식을 위료와 동등하게 하였다. 위료는 사석에서 "진왕의 용모는 높은 콧등, 긴 눈, 맹금(猛禽) 같은 가슴, 승냥이 같은 목소리에 인덕이 부족하고 호랑이와 이리 같은 마음을 가져서 곤궁한 때에는 다른 사람

---

15)　원문은 泰山不讓土壤 故能成其大.
16)　병법가로서 원래 성은 위(魏)였으나, 진나라의 국위(國尉)로 임명된 뒤 위료(尉繚)로 칭해졌다.

에게 쉽게 겸손함을 나타내 보인다. 하지만 일단 뜻을 얻으면 역시 쉽게 사람을 삼켜 버린다. 나는 평민 신분에 지나지 않지만 나를 볼 때마다 항상 나에게 몸을 낮추고 있으나, 만약 진왕이 천하에서 뜻을 이루면 천하 사람들이 모두 그의 노예가 되고 말 것이다. 이러한 자와는 더불어 오래 교유하지 못한다."라고 말하였다. 그러고는 진나라를 떠나려고 하자, 진왕이 그 사실을 알고서 그에게 한사코 머무를 것을 권유하며 진나라의 국위로 삼아서 결국 그의 계책을 채택하였다. 이때 이사가 국가의 대권을 장악하였다.

한비자, 친구의 계략에 목숨을 잃다

한비자는 한나라 왕족의 집안이었으나 말더듬이였기 때문에 시종 등용되지 못했다. 그는 법률을 공부했으며 저술에도 뛰어난 재질을 가지고 있었다. 일찍이 이사는 순자의 문하에서 한비자와 함께 공부한 적이 있었는데 재주에 있어서는 한비자가 한 수 위라는 것을 이사도 인정할 정도였다.

한비자는 인재 등용에 있어서 개인적인 관계를 버리고 오직 능력을 중시해야 하며 지위 고하를 막론하고 엄격하게 법을 적용시켜야 한다고 주장했다. 또한 목적을 위해서는 수단 방법을 가리지 말아야 한다는 주장을 하고 있었다. 특히 그의 가르침은 반 유교적 경향이 강했는데, '백성을 대하되 덕망으로 하라.'는 유교의 가르침을 반대하였다. 이를테면 종기가 난 사람을 그냥 그 사람이 하고 싶은 대로 놓아둔다면 죽을 수도 있으므로 그가 아파서 참지 못한다 하더라도 그 종기를 칼로 째서 치료해야 하듯이 옳은 일을 위해서라면 강제로라도 백성을 이끌어야 한다는 주장이었다.

이러한 한비자의 논리는 결국 군주의 강력한 통치를 강화시키고 합리화하는 것으로서 진시황에게 대단한 만족감을 주게 되었다. 진시황은 한비자가 쓴 책을 열심히 읽었으며 한비자를 만나보지 않은 상태에서도 그를 정신적 지주로 삼을 만큼 그의 주장에 빠졌다. 어느 날 진시황은 한비자의 책을 열심히 읽다가 문득 "아! 내가 이 저자를 만나 얘기해 볼 수 있다면 죽어도 여한이 없으련만!" 하고 말하였다. 그러자 곁에 있던 이사가 말했다. "이 책들은 한비자가 저술한 것입니다."

왕은 한비자를 만날 생각으로 급히 한나라를 공격하였다. 한나라 왕은 계속 한비자를 등용하지 않았으나 사정이 급하게 되자 한비자를 사자로 삼아 진나라에 보냈다. 진왕은 한비자를 만나 적지 않게 마음에 들어 했으나 아직 그에 대해 완전한 신임을 갖지는 못하고 있었다. 이사는 한비자가 기용되게 되면 자기가 왕으로부터 멀어질 것을 겁내 그를 비방하였다. "한비자는 한나라 왕족의 집안입니다. 지금 대왕께서 천하를 제패하시려는 큰 생각을 가지고 계실 때 한비자를 기용한다면 결국 그는 한나라를 위해 일하지 진나라를 위해 일하지는 않을 것입니다. 이제 대왕께서 한비자를 등용하시지 않으면서도 오랫동안 머물러 있게만 하고 돌려 보내신다면 훗날 큰 두통거리가 될 뿐입니다. 지금 그를 없애 버림이 옳은 판단이라고 생각되옵니다."

왕은 과연 그 말이 타당하다고 생각해 관리의 손에 넘겨 처치하도록 하였다. 이사는 혹시 왕의 마음이 변할까 염려하여 급히 사자를 한비자에게 보내 독약을 먹고 자살하도록 강요하였다. 한비자가 직접 왕을 만나 뵙자고 청하였으나 거부되었고, 결국 한비자는 독약을 마시고 자살하였다. 한편 왕은 한비자를 죽이라고 한 것을 후회하고 곧 사자를 보내 풀어주려 했으나 한비자는 이미 죽은 후였다.[17]

여불위의 최후

당시 위나라의 신릉군, 초나라의 춘신군, 조나라의 평원군, 그리고 제나라의 맹상군 등은 모두 선비를 우대하고 식객 모셔오기에 서로 경쟁하고 있었는데 상국 여불위는 강대국인 진나라에 그러한 인물이 없는 것을 부끄럽게 생각하여 마침내 자신도 식객들을 불러 모으니 그 수가 3천명이나 되어 그 명성이 제후 이상으로 높아지게 되었다.

---

17) 한비자는 유세遊說의 어려움과 함께 그 비법을 설명한 『세난說難』이라는 책을 지었는데 끝내 '세난'을 피하지 못하고 그 화를 당해야 했던 것이다.

이 무렵 각국에는 많은 유세객이 있었고 순자의 저서 같은 것은 널리 유포되고 있었다. 그러자 여불위는 식객들 모두에게 배운 것을 저술하게 하고 그것을 모아 '천지 만물과 고금(古今)의 일을 모두 망라하는' 책을 만들게 하니 그 책의 글자 수만 해도 자그마치 20여만 자가 되었으며 사람들은 이를 『여씨춘추』라고 불렀다. 여불위는 이 책 위에 천금을 얹은 뒤, 제후의 유세객이나 빈객들에게 호언하였다.

"이 책에서 한 글자라도 고칠 수 있는 자에게 이 천금을 주겠다."[18]

태후는 자주 여불위와 사통하였다. 장양왕 자초가 중병에 걸려 자리에서 일어나지 못할 무렵 여불위는 문병을 가는 길에 자기의 옛날 애첩이었던 태후에게 아직 사모하고 있다는 편지를 건넸다. 이 일을 계기로 두 사람의 사이는 다시 불붙게 되었고 드디어 자초가 죽자 여불위는 이제 태후가 된 옛 애인의 거처를 수시로 찾았다.

진시황이 성장한 이후에도 두 사람의 관계는 계속되었다. 그러나 시황제가 성장해감에 따라 여불위의 불안도 커졌다. 여불위는 고심 끝에 거대한 남근(男根)을 가진 '대음인(大陰人)'[19]인 노애라는 자를 식객으로 들였다. 그리고 잔치를 열어서 여흥 시간에 일부러 노애의 '물건'에 오동나무 바퀴를 달아서 그것을 굴리도록 시켰다. 이 소문이 태후에게 들어가 태후의 관심을 끌려는 계획이었다. 얼마 후 과연 태후로부터 그 남자를 만나고 싶다는 전갈이 왔다. 여불위는 노애가 궁형(宮刑)에 상당하는 죄를 범했다고 고발해 놓고 태후에게 비밀리에 전했다. "궁형에 처해 거세되었다고 해두면 마음 놓고 옆에 데리고 있을 수 있습니다."

태후는 관리를 시켜 형을 집행하지 말고 집행한 것처럼 꾸미라고 지시하였다. 그렇게 하여 노애는 턱수염과 눈썹을 뽑고 환관이 되어 태후의 시중을 들게 되었다. 태후는 이윽고 애까지 임신하게 되었다. 그러자 점쟁이를 매수하여 '옹(雍) 지방에서 살아야 한다.'라는 점괘가 나오도록 꾸미고 옹 지방으로 거처를 옮겼다. 노애는 장신후(長信侯)로 봉해졌으며 하인이 수천 명에 이르고 식객도 천 명이 넘었다. 태후는 옹에서 아들을 둘이나 낳았다. 진왕은 노애에게

---

18) 훌륭한 문장을 일자천금一字千金이라고 하는 것은 바로 여기서 비롯되었다.

19) 음陰은 생식기를 지칭한다.

산양(山陽) 땅을 주어 그곳에 살게 하고 궁실, 거마, 의복, 원유(苑囿)[20] 등을 마음대로 사용하도록 했다. 또 하서(河西)의 태원군(太原郡)을 노애의 봉지로 삼았다.

진왕 9년, 고발장이 들어왔다.

"노애가 환관이라는 것은 거짓말입니다. 태후와 몰래 관계를 가져 아이를 둘이나 낳았고 더구나 왕이 죽으면 그 아이를 후계자로 삼겠다고 공언하고 있습니다."

진왕은 즉시 조사를 명령하였다. 노애는 왕의 옥새와 태후의 인장을 위조하여 현(縣)[21]의 군사 및 호위군사, 관아의 기병, 융적(戎翟)의 우두머리, 가신들을 동원하여 반란을 꾀하였다. 진왕이 그 사실을 알고 상국 창평군(昌平君)과 창문군(昌文君)을 파견하여 노애를 공략하도록 하여 함양에서 수백 명을 베었다. 노애가 패하여 달아나자 전국에 명령을 내려 그를 생포하는 자에게는 100만 냥을 하사하고 그를 죽이는 자에게는 50만 냥을 하사한다고 선포하였다. 결국 노애 등이 모두 잡혔다. 진왕은 노애의 친족을 모두 죽이고 태후가 낳은 두 아이도 죽여 버렸다. 진왕은 처음에는 여불위도 죽일 작정이었다. 그러나 그는 나라의 큰 공신이었고 또 여러 대신들과 유세객들이 그를 변호하였기 때문에 단념하였다. 대신 여불위를 파면시키고 하남 땅에 칩거하도록 명을 내렸다. 그러나 여불위의 명성은 여전했으며 제후들의 손님들과 사신들이 여불위를 만나기 위해 날마다 줄을 이었다.

이때 제나라 사람 모초(茅焦)가 진왕에게 "진나라는 장차 천하 제패를 대사로 삼고 있는데 대왕께서 노애 사건 때문에 모태후(母太后)를 유배시켰다는 소문이 있으니, 이 소문을 들은 제후들이 그 일로 인하여 진나라를 배반할까 우려되옵니다."라고 고하자 진왕은 옹(雍)에서 태후를 맞아들여 함양에 살도록 했다가 다시 감천궁(甘泉宮)에서 기거하게 했다.

진왕 12년, 여불위의 모반을 두려워한 시황은 친서를 보냈다.

〈귀공께서는 무슨 공적이 있어 하남 땅을 가지게 되었으며 10만 호의 영지를 받았는가? 또 진나라와 어떤 혈연 관계가 있어 중부로 행세하고 있는가? 즉

---

20) 동물을 키우는 곳
21) 황제가 관리하는 경도京都 천 리 이내의 땅, 경기京畿라고 한다.

시 일가를 이끌고 촉으로 옮겨 살 것을 바라노라!〉

여불위는 '이러다가 끝내 주살되고 말 것이다. 치욕스럽게 죽느니보다 차라리 죽는 것이 낫다.'라고 생각하고는 짐독(鴆毒)을 마시고 스스로 목숨을 끊었다. 그의 문하 빈객이 몰래 그를 낙양 부근의 북망산에 묻었다. 장례식에 참가하여 곡을 한 사람 중 진(晉)나라 사람은 방릉으로 축출하였고, 진(秦)나라 사람으로 봉록이 6백 섬 이상인 사람은 관직을 삭탈하였으며, 봉록이 5백 섬 이하로서 곡을 하지 않은 사람은 방릉으로 옮기게 하되 관직은 삭탈하지 않았다.

태사공은 말한다.

"여불위와 노애는 일세를 풍미하여 문신후로 봉해졌다. 어떤 사람이 노애를 고발했는데, 노애도 그 사실을 알았다. 진왕이 관리들에게 조사를 시켰지만 아직 밖으로 공표하지 않았다. 진왕이 옹성 교외에 나가자 노애는 화를 입을까 두려워하여 일당들과 모의하고 태후의 옥새를 위조하여 군대를 동원하고 반란을 일으켰다. 이에 진왕은 관리를 파견하고 군대를 이끌고 노애를 공격하여 그의 종족을 주멸하였다. 여불위도 이로 인하여 강등되어 축출되었다. 공자가 말하는 그러한 '견문이 넓은' 자는 여불위와 같은 사람이지 않은가?"

진왕, 최초의 황제(皇帝)로 되다

진시황제(秦始皇帝)는 진나라 장양왕(莊襄王)의 아들이다. 장양왕은 진나라의 인질로 조나라에 있을 때 여불위의 첩을 보고 크게 좋아하여 그녀를 아내로 맞이하였고 시황(始皇)을 낳았다. 시황은 소왕 48년 정월에 한단에서 태어났는데 이름을 정(政), 성을 조(趙)라고 하였다. 정이 13세 되던 해 장양왕이 죽자 그는 왕위를 계승하여 진왕(秦王)이 되었다. 당시 진나라는 이미 파촉, 한중, 월, 완을 점령하였고, 북쪽으로는 상군(上郡) 동쪽을 공략하여 태원과 상당, 그리고 하동에 군을 설치하고 동쪽으로는 삼천군을 설치하였다. 재상 여불위는 봉록이 10만 호였고 문신후로 봉해졌으며, 천하의 빈객과 유사(遊士)를 불러 모아 천하통일을 꾀하였다. 진왕은 아직 나이가 어려 국가 대사는 대신들의 손에 의하여 처리되었다.

진왕 원년, 진양이 반란을 일으키자 장군 몽오가 평정하였다. 3년에는 몽오가 한(韓)나라를 공격하여 13개 성을 점령하였다. 4년에는 창과 유궤를 함락시켰다. 이 해에 조나라에 보냈던 진나라의 인질이 귀국하였고, 대신 조나라의 태자는 본국으로 돌아갔다. 10월 경인일에 메뚜기 떼가 동쪽으로부터 날아와서 하늘을 온통 뒤덮었다. 천하에 전염병이 돌았고, 식량 천 섬을 헌납한 백성에게는 작위(爵位) 일급(一級)을 하사하였다.

5년에는 몽오가 위나라를 공격하여 산조, 연, 허, 장평(長平), 옹구(雍丘), 산양성(山陽城)을 모두 평정하고 20개의 성을 빼앗았으며, 처음으로 동군(東郡)을 설치했다. 6년에는 한, 조, 위, 연, 초나라가 함께 진나라를 공격하여 수릉을 점령하였다. 진나라가 출병하자 다섯 나라는 군사를 거두었다. 진나라가 승세를 타고 위나라에 진격해 들어가자, 위나라 왕 각(角)이 야왕(野王)으로 도읍을 옮겨 험한 산세에 의지하여 위나라를 지켰다.

7년, 몽오 장군이 용(龍), 고(孤), 경도(慶都)를 공격하고 또 회군하여 급(汲)을 공격하다가 전사하였다. 혜성이 서쪽에 16일 동안 나타났다. 8년에는 진왕의 아우 성교(成蟜)가 조나라를 공격하는 도중에 반란을 일으켜 처형되었고 그의 군리(軍吏)들도 모두 참살되었다. 성교가 처형된 후 반란에 참여했던 군졸들은 모두 육시를 당하였다. 황하가 범람하여 엄청나게 많은 물고기들이 땅으로 떠다니게 되자, 사람들이 수레와 말들을 몰고 와서 물고기를 잡아먹었다.

9년에 혜성이 자주 나타났다. 10년에는 상국 여불위가 노애의 반란에 연루되어 면직되었다.

진왕이 진나라에 와 있는 유세객들을 대규모로 조사하여 추방시키려고 하자, 이사가 글을 올려 간하였고 이에 진왕은 축객령(逐客令)을 취소시켰다.

14년, 한비자가 진나라에 사신으로 파견되자, 진나라는 이사의 계략을 채용하여 한비자를 억류하였고 결국 한비자는 운양에서 죽었다. 그러자 한왕(韓王)이 신하가 되기를 청했다. 15년, 진왕이 대군을 일으켜서 한 부대는 업(鄴)을 공격하고 다른 부대는 태원을 공격하여 낭맹(狼孟)을 빼앗았다. 이 해에 지진이 발생했다.

16년 9월에 다시 한나라를 공격하여 남양을 손에 넣고 등(騰)을 잠시 군수로 삼았다. 남자의 나이를 등록하도록 명을 내렸다. 위나라가 진(秦)나라에 땅을 바쳤다.

18년, 대군으로써 조나라를 공격하였다. 왕전은 정형(井陘)을 공격하였으며, 양단화는 하내(河內)의 군사를 거느리고 강외(羌瘣) 역시 군사를 이끌어 조나라를 토벌하였다.

19년, 왕전과 강외가 조나라의 동양(東陽)을 모두 평정하여 빼앗고, 조왕(趙王) 천(遷)을 사로잡았다. 그런 연후에 다시 연나라를 공격하기 위하여 중산(中山)에 주둔했다. 진왕은 한단에 가서 일찍이 자신이 조나라에서 태어날 때 모친의 집과 원한이 있었던 사람들을 모두 생매장시켰다. 진왕은 태원과 상군을 거쳐서 진나라로 돌아왔다. 시황제의 모태후가 세상을 떠났다. 조나라 공자 가(嘉)가 종족 수백 명을 이끌고 대(代)로 가서 스스로 대왕(代王)에 즉위했으며, 동쪽으로 연나라와 연합하여 상곡(上谷)에 병사들을 주둔시켰다.

20년, 연나라 태자 단(丹)은 진나라의 침략을 걱정하고 형가를 파견하여 진왕을 암살하고자 하였다. 진왕은 형가의 사지를 찢어 백성들에게 보이고, 왕전과 신승(辛勝)을 파견하여 연나라를 공격하도록 하였다. 그러자 연나라와 대나라가 군사를 일으켜서 진나라에게 반격을 시도했으나, 진나라는 역수(易水) 서쪽에서 연나라를 격파하였다.

21년, 왕분(王賁)이 초나라를 공격하였다. 진왕은 군사를 증원하여 왕전의 군대를 도왔다. 진나라는 마침내 연나라 태자의 군사를 격파하고 연나라의 계성(薊城)을 점령하였으며, 태자 단의 목을 참하였다. 연왕은 동쪽으로 도망가 요동을 점령하고 그곳의 왕이 되었다. 왕전이 늙고 병든 것을 핑계로 관직을 사임하고 귀향하였다. 신정(新鄭)에서 반란이 일어났다. 겨울에 큰 눈이 내렸는데, 높이가 두 자 다섯 치나 되었다.

22년, 왕분이 위나라를 공격하면서 하구(河溝)를 파고 엄청난 물을 위나라 도읍 대량으로 흘러가게 하자 마침내 대량의 성벽이 붕괴되었다. 위나라 왕은 항복하였고 진나라는 위나라의 땅을 모두 빼앗았다.

23년, 진왕이 왕전을 다시 불러 기용하였고, 초나라 공격을 명하여 진(陳)의 남쪽부터 평여(平輿)까지 점령하고 초나라 왕을 사로잡았다. 진왕이 영(郢)과 진(陳)까지 행차했다. 초나라 장수 항연(項燕)이 창평군을 초왕으로 세웠고, 회하 남쪽에서 진나라에 반기를 들었다.

24년, 왕전과 몽무(蒙武)가 초나라를 공격하여 격파하였다. 창평군이 죽자 항 연도 따라서 자살하였다.

25년, 진왕은 대군을 일으켜 왕분으로 하여금 연나라의 요동을 공격하도록 하여 연왕 희(喜)를 사로잡았다. 귀로 중에 대나라도 공격하여 대왕(代王) 가(嘉)를 사로잡았다. 이어서 왕전은 초나라의 강남 지역을 평정하여 월나라 군주를 항 복시키고 그곳에 회계군을 설치하였다. 5월, 한, 조, 위, 연, 초의 다섯 나라를 평정한 것을 축하하기 위하여 천하에 커다란 군중 연회를 베풀도록 허락하였다.

26년, 제왕(齊王) 전건과 그의 상국 후승(后勝)이 군사를 일으켜서 서쪽 변경 지 대를 지키며 진나라와의 내왕을 끊었다. 진왕은 왕분으로 하여금 연나라의 남 쪽으로부터 제나라를 공격하도록 하여 제왕 전건을 사로잡았다.

진왕이 막 천하를 통일한 뒤 신하들을 모아놓고 말했다.

"천하는 이미 통일되었는데 이 크나큰 업적을 영원히 후세에 전하기 위해 서는 이 제왕(帝王)이라는 호칭에 대하여 의논해 보기를 바란다. 그대들의 의견 을 말해 보라."

그러자 승상 왕관, 어사대부 풍겁, 정위 이사 등이 모두 아뢰었다.

"옛날 오제 때에는 땅이 사방 천리에 지나지 않았고, 그 바깥에는 후복(侯服),[22] 이복(夷服) 등의 제후가 있었는데, 그들이 어떤 때에는 조현(朝見)하고 어떤 때에 는 조현하지 않아 천자는 그들을 제압할 수 없었습니다. 이제 폐하께서 의로운 군사를 일으키어 잔적(殘敵)을 토벌하시고 천하를 평정하여 전국에 군현을 설 치하고 법령을 하나로 통일시키셨으니, 이는 상고 이래로 일찍이 없었던 일로 서 비록 오제라고 할지라도 미치지 못할 것입니다. 신들이 삼가 박사(博士)[23]들 과 함께 '고대에는 천황(天皇), 지황(地皇), 태황(泰皇)이 있었는데, 그중에서 태황 이 가장 존귀했다.'라고 논의하였습니다. 신들이 황공하옵게도 존호를 올리오 니 왕을 '태황(泰皇)'이라고 칭하고 명(命)을 '제(制)'라고 하며, 영(令)을 '조(詔)'라고

---

22) 주제周制에 의하면 천자가 기거하는 경성京城 밖의 직경 천 리의 땅은 왕기王畿이고, 그 밖의 곳을 구복九 服이라 하여, 가까이부터 멀리까지 매 5백 리마다 일복一服으로 하였다. 그 순서는 후복侯服, 전복甸服, 남복男服, 채복采服, 위복衛服, 만복蠻服, 이복夷服, 진복鎮服, 번복藩服으로 하였다. 여기에서 후복과 이 복은 경성 이외의 지방을 말한다.

23) 관직 이름으로서 사사史事와 전적典籍 그리고 도서圖書를 관장하며 의정議政에 참여했다.

하고 천자가 스스로를 칭할 때는 '짐(朕)'이라고 하십시오."

그러자 진왕은 "태(泰)자를 없애고 황(皇)자를 취하며, 상고시대의 제(帝)라는 호칭을 택하여 '황제(皇帝)'라고 칭할 것이고 다른 사항은 그대들이 논의한 대로 하라."라고 명하였다. 그때부터 진왕은 황제로 칭해졌다. 그 후 진시황은 다시 "짐은 최초로 황제가 되었기 때문에 시황제(始皇帝)라 부르기로 한다. 짐의 뒤는 차례대로 2세, 3세 등으로 하여 이를 천만세까지 이어 나갈 것이다."라고 하여 진나라가 영원히 존재할 것으로 확신하였다.[24]

전국을 36군(郡)으로 나누고 군에는 수(守), 위(尉), 감(監)을 설치하였다. 백성은 '검수(黔首)'라 칭하였다. 천하의 병기를 모아 함양으로 옮기도록 하고 모두 녹여 종과 악기를 만들고, 12개의 동상을 만들었는데 모두 1천 석 무게였으며 궁정 안에 배치하였다. 또 법률제도와 도량형 표준을 통일시켰고 마차의 바퀴 간 거리를 통일시키도록 규정하고 문서는 통일된 서체를 사용하도록 하였다.[25]

분서갱유(焚書坑儒)

천하통일이 이룩된 후 이사는 승상이라는 최고의 벼슬에 올라 막강한 권세를 누렸다.

시황제 34년 어느 날, 함양궁에서 연회가 베풀어졌는데 주청신 등이 시황제의 위엄과 덕망을 칭송하였다. 이때 순우월이 나서 황제에게 말했다.

"은나라와 주나라가 천 년 동안 사직을 보존한 까닭은 왕의 아들이나 아우 그리고 공신들을 제후로 삼아 왕실을 돕는 지주로 삼았기 때문이라 합니다. 지금 폐하께서는 천하를 가지셨지만 폐하의 아들이나 아우들은 일반 백성에 지나지 않습니다. 그러다가 무슨 불행한 일이라도 생기면 보필할 만한 신하가 없

---

24) 그러나 진나라는 어이없게도 천만 세는커녕 겨우 2세에 이르러 멸망당해 15년의 짧은 왕조로 끝나 버렸다.

25) "車同軌. 書同文字". 여기에 나오는 '서동문자書同文字'는 흔히 알려진 것처럼 문자를 통일시켰다는 그러한 의미가 아니다. 전국시대 각국마다 여러 가지 서체가 사용되고 있었는데, 이렇게 서로 다른 서체를 진시황이 천하 통일 후 진나라가 사용하던 소전小篆체로 통일시켰다는 의미이다. 즉, 진나라는 천하통일 후 정부 문건의 표준 서체를 소전小篆체로 통일시킨 것이다. 이후 한나라 시기에는 예서隸書로 통일하였다.

으니 어떻게 나라를 구할 수 있겠습니까? 옛것을 모범으로 삼지 않고 오랫동안 융성했다는 사례를 들어본 적이 없습니다. 그런데도 지금 주청신 등의 아첨배들이 폐하의 과오를 더욱 무겁게 하니 어찌 충신이라 할 수 있겠습니까?"

시황제는 이 의견을 신하들에게 검토하도록 했다. 이때 이사가 글을 올려 순우월의 주장을 반박했다.

〈이제 황제께서 가까스로 천하를 통일하셨는데 그 땅들을 공신과 왕자들에게 나눠 주는 것은 절대로 안 될 일입니다. 춘추전국 시대에 천하가 전쟁의 소용돌이에 휘말린 것은 주나라가 그 가족과 공신들에게 나라를 나눠 주었기 때문이었습니다. 왜냐하면 세월이 흐르면서 그 자손들 사이가 차츰 멀어지고 그에 따라 여러 가지 문제가 일어나게 되어 이윽고 원수처럼 싸우게 되었으나 주나라 왕실에서도 그것을 제지할 수 없었으므로 전쟁이 그칠 수 없었던 것입니다. 뿐만 아니라 그러한 갈등과 전쟁으로 인하여 주나라조차 멸망당했던 것입니다. 따라서 나라를 나눠 주는 것은 나라를 망치는 근본 원인이 되고 천하 통일도 빈껍데기가 될 뿐입니다. 지금 가장 좋은 방법은 오직 황제께서 천하를 몸소 다스리시는 일일 뿐입니다. 서른여섯 개의 군(郡)으로 나라를 나누고 그 밑에 현(縣)을 두어 조직적으로 일사분란하게 통치하셔야 합니다. 그렇게 해야 천하가 잘 다스려지고 사직이 온전히 보존될 것입니다.[26]

또한 옛날에는 각 나라들이 어지럽게 흩어져 있었으나 아무도 감히 통일을 이룩할 수 없어 제후들이 서로 다투어 일어나 자기주장만을 내세웠으며 학자들은 말끝마다 옛것을 들먹이며 현실을 비방하고 진실을 어지럽혔을 뿐입니다. 그러나 지금은 황제께서 천하를 통일하시고 흑백을 가려 하나의 기준을 확립하셨습니다. 그런데도 그들은 사사로이 학문을 전수하며 법을 비난하고 자기가 배운 것만을 기준으로 하여 시비를 따지고 있습니다. 그들은 조정에서는 마음속으로 황제의 일을 비난하고, 나가서는 거리에서 떠들어대며 군주와 의견을 달리함으로써 자기 자신만의 명성을 얻으려 하면서 백성들을 자극하고 황제를 비방하는 말들을 퍼뜨리고 있습니다. 이러한 것들을 금지시키지 않으면, 위로

---

26) 실로 이사의 이러한 군현 제도야말로 이사의 가장 큰 업적이라 할 수 있다. 군현 제도에 의한 중앙집권제와 관료제는 진나라의 멸망 이후에도 역대 중국의 왕조들이 모두 채택한 탁월한 행정 제도였던 것이다.

는 군주의 권위가 떨어지고 아래로는 당파가 만들어집니다.

신은 주장합니다. 사관이 갖고 있는 자료 중 진나라의 기록이 아닌 것은 모두 불태우고 개인이 『시경』과 『서경』 및 제자백가의 책을 갖고 있으면 모두 관청에 바치게 한 후 태우도록 하십시오. 또 『시경』과 『서경』을 들먹이며 주장하는 자는 길거리에서 처형시키고, 옛것을 들먹이며 현실을 비방하는 자는 삼족을 멸하되 만약 관리가 그것을 알고도 처벌하지 않으면 똑같은 죄로 처벌하시기 바랍니다. 그리고 이 명령이 내린 지 30일이 지나도 불태우지 않는 자는 얼굴에 문신을 넣은 후 성곽을 쌓는 노비로 삼아야 합니다. 다만 폐기하지 않아도 좋을 책은 의약과 역서(易書) 그리고 농사관계 서적뿐이라고 생각하옵니다. 그리고 만약 법령을 배우고자 하는 사람은 관리를 스승으로 삼아 배우게 하면 될 것입니다.〉

시황제는 이사의 의견을 받아들여 즉시 시행토록 하였다. 그리하여 『시경』과 『서경』 그리고 제자백가의 책은 모조리 몰수되어 불태워졌고 옛것을 언급해 현실 정치를 비판하는 모든 사람은 처형되었다.[27] 법을 제정하고 명령을 내리는 것은 오직 시황제의 권한으로 되었으며, 문자와 도량형이 통일되고 별궁이 곳곳에 지어졌다.

한편 천하통일의 대업을 이룩한 진시황도 자신의 죽음에 대해서는 두려워하지 않을 수 없었다. 그는 어떻게든 죽음을 피하고 싶었다. 제나라 사람 서불(徐市)[28]이 상소를 올려 "바다 가운데 세 개의 신산(神山)이 있는데, 봉래산(蓬萊山), 방장산(方丈山), 영주산(瀛洲山)이라 하며 그곳에는 신선들이 살고 있습니다. 바라옵건대 목욕재계하고 나서 동남동녀(童男童女)를 데리고 신선을 찾아 나설 수 있도록 해 주옵소서."라고 청하자, 진시황은 즉시 서불에게 수천 명의 동남동녀를 선발하여 바다로 나아가 신선을 찾도록 하였다.

그 후 진시황은 스스로 신선이라 칭하는 노생(盧生)과 후생(侯生)을 불러들였다. 노생이 진시황에게 말했다.

"제가 동해로 나가 영약을 구했지만 성공하지 못한 것은 어떤 좋지 못한 기

---

27) 이것이 유명한 분서焚書로, 후에 우민정책과 강권통치를 표현하는 대표적인 용어가 되었다.

28) 서복徐福이라고도 한다.

운이 방해하기 때문인 것 같습니다. 그래서 제 생각으로는 황제께서 몸을 숨겨 악귀를 피하시는 것이 가장 좋은 방법인 것 같습니다. 이렇게 악귀를 피하신다면 진인(眞人)[29]이 될 수 있습니다. 진인이란 물에 들어가도 젖지 않고, 불에 들어가도 타지 않으며 구름을 타고 공중을 날며 천지가 있는 한 영원히 살아 있는 존재입니다. 임금의 거처를 신하들이 알면 입신(入神)의 경지에 도달하기 어렵습니다. 바라옵건대 폐하께서 거처하시는 곳을 사람들이 모르게 하십시오. 그러면 불로장생의 약을 얻을 수 있을 것입니다."

이 말을 들은 진시황은 "나는 오늘부터 진인이 되고 싶다. 이제 나는 짐(朕)이라 하지 않고 진인이라 칭하겠다." 하고 선포했다. 그러고는 명을 내려 함양 부근 200리 안의 궁궐 207곳을 구름다리와 용도(甬道)로 서로 연결시키고 휘장, 종고(鍾鼓 종과 북), 미인들로 그곳을 채웠다. 황제가 행차하여 머무를 때 그 거처를 말하는 자는 모두 사형에 처했다. 이 무렵 진시황이 양산궁(梁山宮)에 행차했는데, 산 위에서 승상의 거마(車馬)가 많은 것을 보고 언짢아하였다. 황궁의 어떤 사람이 그 사실을 승상에게 말하자 승상은 즉시 거마의 숫자를 줄였다. 진시황이 크게 노하여 "이는 궁중의 누군가가 내 말을 발설한 것이로다!"라고 말하고는 한 명씩 불러들여 심문했으나 죄를 인정하는 자가 없었다. 그러자 그 당시 주위에 있던 자들을 모두 잡아 죽이도록 명령하였다. 그 뒤로 황제가 행차한 곳을 아는 자가 없었다.

그러나 진시황의 노력에도 불구하고 노생과 후생은 불로장생의 약을 찾지 못했다. 노생과 후생이 서로 상의하였다.

"진시황은 천성이 흉폭하고 오만하여 스스로 제후의 신분에서 출발하여 천하를 겸병하였으며, 만사를 마음대로 주무르고 하고 싶은 것을 다할 수 있다고 생각하고 있다. 그리하여 자고 이래로 자기보다 뛰어난 사람이 없었다고 자부하고 있다. 그는 특별히 감옥을 관리하는 관리를 임용하여 그들을 매우 총애하고 있다. 박사는 비록 70여 명이 있지만 그것은 인원을 충당하는 숫자일 뿐 전혀 신임을 받고 있지 않다. 승상과 대신 모두 이미 결정된 명령만을 받을 뿐 모든 일들은 황제 한 사람에 의해 처리된다. 황제는 형벌을 이용하여 살육함으로

---

29) 도가에서 진리를 닦아 도를 얻은 사람이나 신선이 된 사람을 가리킨다.

써 위엄을 확립하는 것을 좋아하여 천하 사람들이 죄를 얻는 것을 두려워하고 오직 자리만 보존하기 위하여 아무도 감히 충성을 다하려 하지 않는다. 황제는 자기의 과실을 들을 수 없고 점점 교만하고 미쳐가고 있으며 신하들은 두려워서 굴복하고 기만으로써 황제의 환심을 사고 있다. 진나라 법률에 의하면, 한 사람이 두 가지 직업을 가질 수 없도록 되어 있는데, 한 직업에 정통하지 못한 것으로 조사되면 곧 처형된다. 이처럼 잔혹하니 하늘도 나쁜 징조를 보이고 있는데, 천체 기상을 관찰하는 3백여 명은 능력이 매우 뛰어나지만 진시황에 아부만 할 뿐 그의 과실을 정면으로 지적하지 못한다. 천하의 일은 크건 작건 모두 황제가 결정하고, 심지어 문서를 무게를 달아 심사하며 공문은 하루에 정해진 양이 있어 이에 미치지 못하면 휴식할 수 없다. 권세를 탐하는 정도가 여기까지 이르렀는데, 이런 사람을 위하여 선약(仙藥)을 찾아줄 수는 없다"

그러고는 함께 도망쳐 버렸다. 진시황은 두 사람이 도망친 사실을 듣고 대단히 분노하였다. "나는 전에 천하의 서적을 몰수하여 적합하지 않은 것은 모두 불태웠다. 그리고 많은 선비들과 방사들을 불러들여 국가를 태평하게 하였고 이들 방사들에게 묘약을 구하도록 하였다. 내가 이들을 존경하고 엄청나게 상을 내렸는데도 도리어 이들은 나를 비방하고 나의 불인(不仁)을 무겁게 하였다. 함양에 사는 일부 유생들에 대하여 사람을 보내 살펴보니 일부에서 유언비어를 날조하고 백성들을 미혹시키고 있었다."

그리하여 어사에게 유생을 심문하도록 하여 반드시 서로 상대의 잘못을 고해야 비로소 자기의 죄에서 풀려나도록 하였다. 이렇게 하여 법령을 어긴 자는 4백 6십여 명에 이르렀고, 구덩이를 파서 이들 모두를 산 채로 묻어 버림으로써[30] 모든 사람이 이를 알도록 하였고 이로써 후세 사람들에게 경종을 울리고자 하였다. 또 더욱 많은 죄수와 노예들을 징발하여 변경을 지키도록 하였다.

이에 진시황의 장자 부소가 권하였다.

"천하가 태평하게 된 지 얼마 되지 않고 멀리 있는 백성들은 아직 안정되지 못하였습니다. 유생들은 모두 공자를 공부하고 본을 받고자 하는데, 폐하께서 엄중한 형벌로써 그들을 다스리시니 저는 천하에 변란이 생길까 걱정됩니다.

---

30) 이것이 이른바 '갱유坑儒' 사건이다.

이 일을 잘 살펴보시기 바랍니다."

진시황은 크게 화를 내고 부소를 북쪽 상군(商郡)으로 내보내 몽염을 감독하도록 하였다.

아방궁과 시황릉, 그리고 만리장성

진시황은 죽음을 그렇게 피하려 했으면서도 한편으로는 열세 살 즉위할 때부터 자기가 죽어서 들어갈 묏자리를 파고 있었다. 그래서 죽을 무렵이 되어서야 비로소 묘가 완성되었으니 일평생 죽을 준비만 하고 있었던 것이다.[31]

진시황은 즉위한 지 얼마 되지 않아 여산을 파고 정리하여 천하를 통일한 후 다시 70여만의 죄수를 파견하여 노역하도록 하고 굴을 물이 보이는 곳까지 깊게 판 뒤 구리물을 부어 굳게 하고 관재를 그 안에 놓았다. 무덤 안에는 궁궐과 백관(百官: 모든 벼슬아치) 그리고 각종 진기한 보물 모두를 배치하였다. 또한 장인(匠人)에게 활과 화살을 제조하도록 하여 무덤을 도굴하려고 접근하여 그 기계를 만지게 되면 곧 화살에 맞아 죽게 하였다. 수은(水銀)으로 백천(百川)과 강 그리고 바다를 만들었으며 기계를 이용하여 서로 흘러가도록 만들었다. 무덤 위로는 천문(天文)을 장식하고 지하에는 지리(地理)의 모형을 설치했으며, 고래의 지방(도룡농 기름설도 있다)을 이용한 초를 만들어 오랫동안 꺼지지 않도록 하였다. 2세 황제는 "선제의 후궁과 희첩 중 자식이 없는 자를 궁궐 밖으로 내보내는 것은 좋지 않다. 모두 순장하도록 하라!"고 명령하였다. 이렇게 하여 순장된 사람은 엄청나게 많았다. 매장이 끝나자 어떤 사람이 "장인(匠人)이 기계를 만들고 보물을 매장했으므로 무덤의 사정에 대하여 너무 잘 알고 있다. 이렇게 되면 비밀이 곧 누설될 것이다"라고 말하였다. 그리하여 장례가 끝나자 무덤 안의 굴은 모두 폐쇄되었고 무덤 밖의 굴도 모두 폐쇄되어 장인들은 한 명도 도망칠 수 없었다. 그 뒤 무덤 위에는 각종 풀과 나무를 심어 산처럼 꾸몄다.

---

31) 시황릉(일명 여산릉)은 높이가 116m, 주위의 길이가 2.5km, 사방이 각각 600m에 달하는 엄청난 규모로 무려 70여만 명의 죄수를 동원하여 공사했다.

아방궁

무덤 안에는 진시황을 모시는 시중과 신하 그리고 호위병과 군마 등 수만 개의 도용(陶俑)[32]을 배치하였으며 심지어 산 채로 끓는 구리물을 뒤집어 씌워 만든 것도 있었다.

한편 진시황은 그동안 사용해 오던 함양궁이 협소하여 천하를 통일한 황제의 위엄이 서지 않는다고 생각하여 새로이 거대한 궁을 짓도록 하였는데 그 궁이 바로 아방궁이다.[33] 그 안에는 곧바로 남산을 통하는 고가도로를 만들었으며 위수(渭水)를 건너 함양으로 연결되는 복도도 만들었다.

그러나 아방궁이 채 완성되기도 전에 진나라는 멸망당하고 말았다.

일찍이 진시황 32년 동해로 불로장생의 약을 구하러 갔던 연나라 사람 노생이 돌아와서 귀신에 관한 일에 대하여 참위(讖緯)[34]의 글월을 상주하였다. 거기에는 "진나라를 망하게 할 자는 호(胡)이다!"라고 쓰여 있었다. 진시황은 그것이 오랑캐 호족(胡族), 즉 흉노족으로 생각하고 장군 몽염(蒙恬)으로 하여금 군사 30만 명을 이끌고 북쪽으로 호인(胡人)을 공격하게 하여 하남 지역을 점령하였다.

천하통일을 이룬 진시황에게도 계속 커다란 부담을 느끼게 하는 세력이 있었으니 바로 흉노족이었다. 진시황은 근본적으로 흉노족을 방어하기 위하여 북쪽 국경에 거대한 장성을 쌓도록 하고 몽염 장군에게 그 임무를 맡도록 하였다. 몽염은 지형지물을 이용하여 요새를 구축했으며, 10여 년 만에 임조(臨兆)에서 시작하여 요동에 이르는 총 길이 1만여 리의 대장성을 만들었다. 이 공사를 위하여 30만 명의 군사, 아니 잡역부들이 동원되어 길거리에서 잠을 자야 했으며 몽염 자신도 10여 년 동안 밖을 나오지 못했다. 이 대공사는 백성들을 이루 말할 수 없는 고통 속으로 몰아넣었고 결국 그렇게 무리한 사업이 원인이 되어 진나라에서는 각 지방에 반란들이 끊이지 않게 되었다. 후에 진나라 멸망의 직접적 원인이 되었던 진승, 오광의 반란도 기실 만리장성 쌓는 고통으로부터 비롯되었다.

---

32) 유명한 중국 영화였던 '진용'은 바로 이러한 사건을 배경으로 하고 있다. 도용陶俑이란 실물 크기의 흙 인형을 말한다.

33) 아방궁의 규모는 동서의 길이가 약 700m, 남북의 길이가 115m로서 만 명 정도의 사람들이 앉을 수 있고 아래층에는 약 11.5m 높이의 깃발을 세울 수 있을 만큼이나 높았다.

34) 미래의 길흉화복의 조짐이나 앞일에 대한 예언

한편 만리장성 축조 공사가 한창이던 어느 북쪽 변방에 제나라에서 맹강녀(孟姜女)라는 여인이 찾아왔다. 그녀는 두툼한 겨울옷을 남편에게 주기 위해 머나먼 길을 찾아왔던 것이었다. 그러나 그녀를 맞이한 것은 그리운 남편이 아니라 남편이 이미 죽었다는 청천벽력과도 같은 소식이었다. 그녀는 남편의 유해라도 찾아야겠다고 미친 듯이 돌아다녔으나 유해도 찾을 길이 없었다. 그녀가 체념하여 장성 앞에서 하늘을 우러러 통곡하자 갑자기 성벽이 무너지면서 남편의 유해가 나타났다. 그녀가 시체를 안고 애달프게 통곡하고 있는데 병사들이 나타나 장성을 파괴했다는 죄목으로 그녀를 끌고 갔다. 그런데 맹강녀는 워낙 미인이었으므로 때마침 시찰을 온 진시황의 눈에 띄게 되었다. 이에 진시황은 그녀에게 수청을 들라고 강요했으며 이에 그녀는 남편의 장례를 치르고 나서 그러하겠노라고 하였다. 그러나 맹강녀는 남편의 장례를 치른 직후 칼을 물고 엎어져 자결하였다.

결국 죽음을 피하지 못한 진시황

사실 진시황은 대단한 인물이었다. 어린 나이에 왕이 되어 강력한 추진력으로 역사상 가장 거대한 통일 국가를 실현시켰던 것이다. 진시황의 왕성한 의욕은 대단해서 하루에 1석[35]의 서류를 결재하지 않으면 잠을 자지 않을 정도였다. 전국 시찰만 해도 통일 후 다섯 번이나 강행군했다.

시황제 37년 10월, 황제는 다섯 번째 지방 시찰에 나서 회계산에 다녀오는 길에 해안을 끼고 북상하고 있었다. 방사(方士) 서불 등이 바다로 나아가 신약(神藥)을 구했으나 몇 년 동안 얻지 못하고 비용만 많이 낭비하자, 그는 문책을 받을 것이 두려워서 진시황에게 거짓으로 고했다. "봉래산의 신약은 구할 수는 있으나 항상 커다란 상어 때문에 어려움을 당하게 되어 그곳에 도달할 수 없습니다. 상어를 잘 잡는 사람과 같이 가서 상어가 나타나면 즉시 큰 활로 그것을 죽일 수 있습니다." 진시황이 꿈에서 해신(海神)과 싸웠는데 해신의 모습

---

35) 한 석은 약 30kg에 달한다.

이 마치 사람의 형상과 같았다. 해몽을 하는 박사에게 물어보자 박사는 "해신은 원래 볼 수 없는 것이지만, 종종 커다란 상어나 용의 모습으로 나타납니다. 지금 황제께서 예의를 갖추어 정중하게 제사를 지냈지만 이러한 흉신(凶神)이 나타났으니, 이 흉신을 없애야 비로소 선신(善神)이 나타날 수 있습니다."라고 대답하였다. 그러자 진시황은 바다에 들어가 고기를 잡는 어부에게 대어를 잡는 도구를 준비하도록 하고, 자신이 직접 커다란 활을 가지고 상어를 기다렸다가 쏘려고 하였다. 낭야 북쪽에서 출발하여 노산(勞山)과 성산(成山)까지 갔지만 상어는 나타나지 않았다. 지부(之罘)에 이르러 비로소 상어가 나타나 화살을 쏘아 한 마리를 죽였다.

황제의 마지막 시찰에는 승상 이사와 환관 조고가 수행하였으며 조고가 옥새를 관리하는 일을 겸임하고 있었다. 시황제에게는 20여 명의 아들이 있었으나 맏아들 부소는 멀리 북쪽의 상군 지방에서 변경 지방의 군대를 감독하고 있었다. 당시 상군 지방의 군사를 지휘했던 사람은 몽염이었다. 한편 시황제는 작은 아들 호해(胡亥)를 귀여워하여 이번 시찰에도 아들 중 유일하게 동행시키고 있었다. 그런데 시황제가 평원진(平原津)에 이르자 그의 병이 위독해졌다. 죽음의 그림자가 서서히 다가오자 진시황제는 조고를 시켜 맏아들 부소에게 편지를 써보내도록 하였다.

〈군대는 몽염에게 맡기고 함양으로 돌아와 함양에 나를 안장하라!〉

편지는 봉해졌으나 사자를 보내기 전에 황제는 죽고 말았다. 황제의 편지와 옥새는 중거부령(中車府令) 조고(趙高)의 관부(官府)에 놓인 채 사자에게는 주지 않았다. 시황제의 죽음은 일체 비밀에 부쳐졌으며 오직 호해와 이사, 조고만이 그 사실을 알고 있었다. 이사는 외지에서 황제가 죽었고 또 변란이 일어날까 두려워하여 진시황의 서거 사실을 비밀에 부치게 했던 것이다. 유해는 온량거(輻輬車)[36]에 안치된 채 시찰이 계속되었다. 평상시와 마찬가지로 신하가 정사를 아뢰고 황제의 수라상도 올려졌다. 결재도 온량거 안에 있는 환관이 수행하였다.

---

36) 밀폐할 수도 있고 통풍도 가능하며 누울 수 있는 수레로서 훗날에 이르게 되면 장례수레를 지칭하였다.

환관 조고에 의해 결정된 진나라의 미래

조고(趙高)는 조나라 왕족의 먼 친척으로 조나라가 멸망하면서 그의 형제들은 모두 환관이 되었고 어머니는 처형당했다. 그러나 시황제는 조고가 열심히 공부하고 법에 밝다는 말을 듣고 등용하게 되었는데 조고는 몰래 공자 호해에게 접근하여 문자와 형옥법률(刑獄法律)을 가르쳤다.

조고는 시황제가 죽자 호해를 황제로 만들 음모를 꾸미기 시작했다. 조고는 시황제가 부탁한 부소에게 보내는 편지를 보내지 않은 채 호해를 떠보았다.

"폐하께서 승하하셨습니다만 맏아들 부소에게 서한을 내리셨을 뿐 누구를 황제로 지명하지는 않으셨습니다. 부소가 돌아오면 곧 황제가 될 터인데 공자께는 한 치의 땅도 주어지지 않을 것이 분명합니다. 그래도 괜찮겠습니까?"

그러자 호해는 "당연한 일이 아니오? 어진 임금은 신하를 알고 지혜로운 아버지는 자식을 안다고 했소. 아버님께서 세상을 떠나시며 아무런 후계도 정하시지 않으셨는데 상식에 따라 결정되는 것 아니겠소?"라고 물었다.

이에 조고는 "그렇지 않습니다. 지금 천하의 권력을 얻고 잃음은 공자님과 저 그리고 승상의 손에 달려 있습니다. 남을 신하로 부리는 것과 남의 신하가 되는 것, 그리고 남을 지배하는 것과 남의 지배를 받는 것은 하늘과 땅 차이입니다. 잘 생각해 보십시오."라고 말했다.

"형을 제치고 동생을 세우는 것은 불의이며 아버님의 유언을 받들지 않는 것은 불효입니다. 또 능력이 적으면서 남의 손을 빌려 성공하는 것은 무능이오. 이 세 가지는 도리에 어긋나는 것이며, 그렇게 한다고 해도 천하가 복종하지 않을 뿐 아니라 자신도 위험에 빠지고 나라도 위태로워지는 것이오." 호해는 계속 조고의 권유를 거부하였다. 그러나 조고는 포기하지 않고 호해를 설득하였다. "그렇다면 은나라 탕왕과 주나라 무왕이 어떻게 했는지 생각해 봅시다. 그 분들도 군주를 시해했습니다만 천하는 그분들을 불충을 범했다고 비난하기는커녕 잘한 일이라고 칭송하고 있습니다. 또 위나라 임금은 부친을 죽였습니다만 그는 덕망 높은 임금으로 추앙되었으며 공자도 이때의 일을 기록하면서 불효라고 평가하지 않았습니다.

큰 일을 도모하려면 작은 예절에 구애됨이 없어야 하며, 큰 덕을 갖춘 사람은 조그만 관습에 속박되지 말아야 합니다. 또한 고을마다 그 관습이 다르며 관리의 임무도 각기 다릅니다. 그러므로 작은 일을 돌아보다 큰 일을 잊으면 반드시 해를 입기 마련이고 의심하여 머뭇거리면 반드시 후회하게 마련입니다. 결단을 내려 실행하면 귀신도 길을 비키며 반드시 성공한다고 합니다. 결단을 내리십시오.”

호해는 땅이 꺼지게 한숨을 쉬었다.

“아직 천자의 승하도 공표되지 않았고 장례도 치르지 않았는데, 어찌 이러한 일을 승상에게 의논하겠소?” 호해가 흔들리고 있음을 알아챈 조고는 채근했다.

“그렇기 때문에 일각을 다투는 일입니다. 빨리 처리해야 합니다.”

마침내 호해가 머리를 끄덕이자 조고는 “승상의 찬성을 이끌어내야 합니다. 제가 승상을 만나보지요.”라고 말하고는 곧 이사를 만났다.

“주상께서 세상을 떠나실 때 장자에게 유서를 내려 함양에 와 유해를 맡으라고 한 것은 그를 후사로 세운 것이오. 그러나 유서를 보내기 전에 주상께서 세상을 떠나셨으니 그것을 아는 사람이 없소. 지금 유서와 옥새는 모두 호해가 가지고 있는데 이제 태자를 정하는 일은 당신과 나의 손에 달려 있소. 어떻게 해야 좋겠소?”

그러자 이사가 버럭 화를 냈다.

“어찌 그런 말을 하는가? 이것은 신하들이 논의할 일이 아니다!”

“그렇다면 승상께서는 몽염과 비교하여 누가 더 능력이 있다고 생각하는 것이오? 또 업적의 크기와 계책이 원대하고 실수하지 않는 점에서 그리고 부소와의 신뢰 관계에서 누가 우위에 있다고 생각하오?”

“모든 면에서 내가 부족하다. 그런데 왜 그런 것을 묻는가?”

“나는 본래 환관으로 비천한 몸이나 다행히 등용되어 20년 동안 궁전에서 일을 하였소. 그러나 그간 진나라에서는 승상이나 공신이 면직되고 나서 그 직위가 자손 대까지 유지된 것을 보지 못하였고 결국 모두 처형되고 말았소. 부소는 강직하고 과단성이 있으며 사람을 신뢰하는 사람이오. 그가 즉위하면 반드시 몽염을 승상으로 기용할 터인데 그때 승상께서 무사히 고향에서 사실 수 있으리라고는 도저히 생각되지 않소. 내가 호해를 가르치고 법사(法事)를 익히게 한 지 몇 년이 되었는데 그는 인자하고 돈독한 성품으로 재물을 아끼지 않으며 인재를 중히 생각하는 사람이오. 마땅히 후사로 삼을 만한 인물이라고 생각하오. 한번 잘 생각해 보시오."

그러나 이사는 여전히 단호했다. "그대는 그대의 위치로 돌아가고 나는 군주의 조칙을 받들어 하늘의 명을 들을 것이지, 어찌 우리가 결정을 할 수 있다는 말인가!"

하지만 조고도 물러서지 않고 다시 말하였다. "평안함을 위태롭게 할 수도 있고 또 위태로움을 평안함으로 바꿀 수도 있소. 평안함과 위태로움을 구분하지 못한다면 어찌 승상을 지혜롭다고 할 수 있겠소?"

"나는 한낱 시골뜨기에 불과했지만 주상의 은덕으로 자손까지 모두 높은 지위와 많은 녹을 누리고 있다. 어찌 그 은혜를 배반할 수 있는가? 그대는 두말하지 말라! 내가 죄를 지을까 두렵다."

그러나 조고는 집요하게 물고 늘어졌다.

"성인은 고정된 규범에 따르지 않고 때와 변화에 잘 대처하며 끝을 보면 처음을 알고 처음을 보면 끝을 안다고 했소. 지금 천하의 운명과 권력은 호해 공자에게 있소. 서리가 내리면 초목이 시들고 얼음이 풀리면 만물이 소생하는 것이오. 아직도 깨닫지 못한다는 말이오?"

"진(晉)나라는 태자를 바꾸어 3대에 걸쳐 안정을 얻지 못했고, 제나라 환공의 형제들은 왕위 다툼으로 모두 죽임을 당했으며, 은나라 주왕은 친척들을 죽였기 때문에 마침내 망했던 것이다. 이 모두 하늘을 거역했기 때문이었다. 내 어찌 그런 음모에 가담할 수 있겠는가?"

"상하가 협력하면 영원히 번영을 누리고 안팎이 하나가 되면 의혹이 생길 리 없소. 당신이 찬성만 하면 자손만대까지 부귀를 누리고 반드시 왕자교(王子喬)나 적송자(赤松子)[37]와 같은 장수(長壽)를 얻을 것이며 공자나 묵자와 같은 현인으로 추앙받을 것이오. 그러나 만일 거절하시면 자손까지 그 화가 미칠 것이오. 유능한 사람은 화를 복으로 바꿀 줄 아는 법이오. 어느 쪽을 택하시겠소?"

이사는 하늘을 우러러보며 한탄하고 눈물을 흘렸다. "아! 난세에 태어나 이미 죽을 수도 없으니 도대체 어떻게 해야 좋다는 말인가!" 이사는 마침내 동의

---

37) 두 사람 모두 전설상의 신선이다.

하고 말았다. 그리하여 호해, 조고, 이사는 시황의 유언을 승상이 받았다고 꾸미며 호해를 태자로 세운 후 다시 부소에게 내리는 조서를 만들었다.

〈짐은 천하를 시찰하여 명산의 신들에게 제사지냄으로써 장수를 빌고 있다. 그런데 부소는 장군 몽염과 함께 수십 만의 군대를 거느리고 변경에 주둔한 지 10여 년이 지났건만 한 치도 진격하지 못한 채 병사들만 잃었을 뿐이다. 그러면서도 여러 차례 글을 보내 짐이 하는 일에 불손한 비방을 일삼고 태자가 되지 못함을 밤낮으로 원망하고 있다. 부소는 자식으로 불효한 자다. 이에 하사하는 칼로써 자결하라. 또한 장군 몽염은 부소와 함께 지내면서 그의 잘못을 고쳐주지 못했으니 그 음흉한 음모를 짐작할 수 있다. 참으로 불충한 신하이다. 따라서 자결을 명한다. 군의 지휘는 부장 왕리에게 위임하라.〉

그들은 이 조서를 황제의 옥새로 봉인한 후 호해의 식객을 시켜 부소에게 전달하였다. 서한을 소지한 사자가 도착하여 서한을 건네자 부소는 눈물을 뚝뚝 떨어뜨리며 내실로 들어가 자살하려고 했다. 그러자 몽염이 제지하였다. "폐하께서 궁전을 떠나 밖에 계시며 아직 태자도 세우지 않은 상태입니다. 폐하께서는 저에게 30만의 군사를 주어 변경을 지키게 하셨고 공자님께 감독을 맡기셨습니다. 지금 사자가 왔다고 자결하시려 하는데 그것이 진짜라고 어떻게 믿을 수 있습니까? 한번 폐하께 확인해 보시기 바라옵니다. 확인한 후 죽어도 늦지 않습니다." 그러자 사자가 자결할 것을 계속 재촉하였다. 천성이 착했던 부소가 몽염에게 말했다. "아버님께서 죽음을 명하셨는데 어떻게 확인을 요청할 수 있겠소!" 그러고는 곧 자결하였다. 그러나 몽염은 자결을 결단코 거부했기 때문에 사자가 옥리에게 넘겨 감옥에 가두었다.

사자가 돌아와 이 사실을 보고하니 호해, 조고, 이사가 크게 기뻐하였다. 그들은 즉시 함양에 도착하여 시황의 죽음을 발표하였고 호해는 2세 황제로 즉위하였다.

사람을 많이 죽인 자가 '충신'으로 칭해지다

어느 날 호해, 즉 2세 황제가 조고를 불렀다. "사람이 태어나 세상에 사는 것은 마치 여섯 마리의 말이 수레를 끌고 겨우 문틈 사이를 순식간에 지나치는 것과 같도다! 나는 이미 황제로 군림하고 있으니 좋아하는 것은 모두 하고 싶고 즐거운 것도 모두 해 보고 싶다. 어떻게 해야 그렇게 될 수 있겠는가?"

그러자 조고가 말했다.

"그것은 현명한 군주만 할 수 있으며 어리석고 분별없는 군주는 할 수 없는 일입니다. 무엇보다도 법을 엄격히 하고 처벌을 가혹하게 해야 합니다. 그래서 죄를 지은 자는 연좌제를 적용하여 모든 일가친척을 죽여 없애고 궁중에서는 대신들을 없애며 폐하의 가족까지 멀리 하셔야 합니다. 그리고 시황제께서 임명한 옛 신하들은 모두 파면하고 폐하께서 신임하는 사람만을 가까이 하십시오. 그렇게 되면 폐하는 베개를 높이 베고 마음껏 즐기실 수 있습니다."

2세 황제는 조고의 말에 따라 엄격한 법을 만들어 죄를 지은 사람을 모두 조고에게 넘겨 처벌토록 했다. 그리하여 몽염 장군을 비롯하여 왕자 12명이 시장에서 공개 처형되었으며 공주 열 명이 기둥에 묶인 채 창에 찔려 죽었다. 그리고 여기에 연루되어 처형된 사람들만도 부지기수로 많았다. 왕자 고(高)는 도망치려 했으나 온 가족이 처형될까 두려워 황제에게 글을 올렸다.

〈시황제께서 살아 계실 때 신은 궁중에 들어가 식사를 하사받았고 나올 때는 수레에 태워 내보내 주셨습니다. 신은 마땅히 시황제를 따라 죽었어야 했는데 그렇지 못했으니 아들로서도 불효를 범했고 신하로서도 불충을 범한 것입니다. 신은 이제야 따라 죽고자 합니다. 바라옵건대 여산 기슭에 묻어 주십시오. 오직 폐하께서 가엾게 여겨 허락해 주시길 바랄 뿐입니다.〉

이 글을 읽어 본 호해는 크게 기뻐하고 조고를 불러 그것을 보이며 물었다.

"무슨 음모가 있는 건 아닐까?"

그러자 조고가 웃으며 대답했다.

"자기 죽음도 걱정하기 바쁜데 어떻게 음모를 꾸밀 수 있겠습니까?"

호해는 10만 전을 하사하여 장례를 허가하였다.

법과 형벌이 날로 가혹해지자 사람들의 불만은 커져 갔고 반란을 일으키려는 사람까지 생기게 되었다. 더구나 아방궁을 짓고 황제의 전용 도로를 건설하여 세금은 엄청나게 무거워지고 군대 징발과 부역 징발은 갈수록 심해졌다. 드디어 진승과 오광 등이 난을 일으켜 산동 지방에서 봉기하고 여기저기서 호걸들이 일어나 왕을 자칭하며 반란을 일으켜 어느 때는 수도 근교까지 밀고 들어왔다가 격퇴되기도 했다. 이사는 2세 황제가 한가한 틈에 여러 차례 사실을 말하려 했으나 2세는 듣지 않고 오히려 책망할 뿐이었다.

"나는 나 나름대로의 생각이 있소. 옛날 요임금은 문지기의 생활보다 가난하게 살았으며 순임금은 너무 열심히 일해 손과 발이 거칠게 굳었고 얼굴은 검게 타 결국 외지에서 죽었다고 들었소. 그러나 이는 못난 사람이나 하는 짓이지 현자가 할 일이 못된다고 생각하오. 자기 한 몸의 이익도 찾지 못하는 자가 어찌 천하를 다스릴 수 있겠소? 나는 나의 뜻을 마음껏 펴고 하고자 하는 일을 모두 하면서 영원히 즐기고 싶소. 더 이상 나의 일에 상관하지 말기를 바라오."

이사의 아들 이유는 삼천의 태수였으나 진승, 오광의 반란군이 그 지역을 침략했을 때 진압하지 못했다. 겨우 장한 장군이 반란군을 몰아냈으나 이유의 죄상을 조사하는 사자가 삼천을 수 차 왕래하였고, 그들은 이사가 승상의 지위에 있으면서 어떻게 도둑들이 이토록 창궐하도록 방치했는가를 비판하였다. 이사는 당황하여 2세에게 아부하는 글월을 올렸다.

〈현명한 군주는 반드시 도덕을 보존하고 감독권을 엄격하게 행해야 합니다. 그래야 군주는 홀로 천하를 지배하고 나의 간섭을 받지 않으면서 쾌락을 끝까지 즐기실 수 있습니다. 신불해(申不害)[38]는 '천하를 보유하고도 마음대로 하지 못하면 이른바 천하를 자신의 질곡(차꼬와 수갑)으로 하게 된다.'라고 했습니다. 그릇되게 자기 몸을 수고롭게 하는 요임금이나 우임금 같은 경우가 이른바 질곡인 것입니다. 예부터 현자를 존중하는 것은 그 지위가 존귀하기 때문이며 못난 자를 미워하는 것은 그 지위가 비천하기 때문입니다. 또 한비자는 '자애로운 어머니에게서는 패륜아가 나오고, 엄격한 집에는 난폭한 노예가 없다.'고 했습니다. 이는 엄격한 처벌이 필요하다는 뜻입니다. 상앙의 법에 '길가에 재를 버리는 자는 신체의 일부를 자른다.'는 규정이 있습니다. 그리하여 백성들은 감히 재를 버리지 못하고 범죄를 저지르지 못했던 것입니다.

---

38) 신불해는 원래 정나라 천민 출신으로 법률을 배워 한나라의 재상까지 오르게 되었다. 그가 재상으로 재임한 15년 동안이 약소국 한나라의 유일한 전성기였다. 그의 저서는 『신자申子』로 불리는데 주로 군주를 섬기는 방법으로 이루어져 군주학의 서적으로 볼 수 있다. 그가 임기응변에 능했다고 후세에 전하는 것도 군주의 태도에 따라 그의 생각을 수시로 바꿨기 때문이다.

가벼운 죄도 크게 다스리는 것은 명군만이 할 수 있는 일입니다. 한비자가 '하찮은 베 조각도 함부로 버리지 않고, 값비싼 금이 있어도 도둑이 훔쳐가지 않는다.'고 한 것은 사람들이 도덕적이고 도둑이 깨끗해서가 아닙니다. 오직 법에 의해서 엄하게 처벌받기 때문입니다. 만약 처벌하지 않는다고 한다면, 모든 사람들이 이리 떼가 되고 도둑이 될 것입니다. 명군과 성왕이 오래도록 그 자리를 유지하고 권세를 가져 천하를 마음대로 주무를 수 있는 것은 별다른 비법이 있어서가 아닙니다. 오로지 독재를 잘하여 감독하고 반드시 엄하게 처벌하기 때문인 것입니다. 이제 백성들이 죄를 짓게 되는 근본을 엄히 다스리지 않는 것은 성인의 참뜻을 살피지 못한 결과이니 군주로서 무슨 일을 할 수 있겠습니까? 근검을 실천하며 어질고 의로운 자가 조정에 있으면 군주는 마음껏 쾌락을 추구할 수 없으며, 직언을 잘하고 의리를 따지는 신하가 있으면 마음대로 행동할 수 없고, 절개를 위해 죽음도 불사하는 열사의 행동이 칭송되면 음란한 즐거움을 맛볼 수 없습니다. 그러므로 군주는 이 세 부류의 사람들을 멀리하고 홀로 법을 시행하며 감독하고 권력을 독점할 때 비로소 그 지위도 존귀해지고 권세도 높아지며 죽은 후에는 지혜로움을 칭송받게 되는 것입니다. 이렇게 해야만 비로소 신불해와 한비자의 통치술을 터득하고 상앙의 법을 제대로 실천한 것이라 하겠습니다.〉

이 글을 읽은 2세 황제는 매우 흡족해했다. 이때부터 관리 감독 제도는 더욱 엄격해졌고, 백성들에게 가혹하게 세금을 거두는 관리는 '명리(明吏)'라고 칭해졌다. 2세 황제는 "이런 사람이야말로 관리 감독을 잘하는 자들이다."라고 말하였다. 거리를 지나는 사람 중 형벌을 받은 자가 반이나 되고 처형 받아 죽은 시체가 매일 길바닥에 쌓였다. 사람을 많이 죽인 자가 '충신'으로 칭해졌다.

일찍이 조고가 낭중령(郎中令)일 때 그에 의해 살해되고 개인적인 원한으로 보복을 당한 사람이 많아 대신들이 입조하여 정사를 논할 때 자신을 비방할까 두려워 2세 황제에게 말했다.

"천자를 귀하게 여기는 것은 신하들이 단지 그 음성만 들을 수 있고 그 얼굴을 보지 못하는 점에 있습니다. 그러므로 원래 천자를 짐(朕)이라고 칭하는 것입니다.[39] 또한 폐하께서는 아직 나이가 젊으시기 때문에 모든 일을 다 아실 수 없을 것이오니 혹시 대신들에게 실수라도 하시면 좋은 일이 없습니다. 그러니 폐하께서는 궁중에서 팔짱을 낀 채 법에 숙달한 저나 시중과 함께 기다리고 계시다 상소가 올라오면 저희들의 자문을 받아 처리하십시오. 그렇게 되면 대신들은 감히 의심스러운 상소를 올리지 못할 것이며 천하는 폐하를 성군으로 칭송할 것입니다. 그리고 폐하께서는 이 세상의 번잡함을 피해 온갖 즐거움만을 만끽하며 영원한 삶을 누리실 수 있을 것입니다."

2세 황제는 조고의 계책대로 그 후 두 번 다시 조정에 앉아 대신들을 직접 만나지 않았으며 모든 일은 조고의 손에서 결정되었다.

진나라의 폐허 위에 사슴 떼가 뛰노는 것을 보게 되리라

조고는 이사가 황제에게 글을 올렸다는 소식을 듣자 그를 만나 부추겼다.

"지금 각지에서 도적들이 벌 떼처럼 일어나는데도 황제께서는 세금을 가혹하게 매기시고 아방궁을 지으시고 있소. 내가 말하려 해도 지위가 천하여 감히 하지 못하고 있는데 당신께서 하시는 것이 좋을 듯하오."

이사가 그 말에 찬성하여 말했다.

"그대가 충신인 줄 이제 알 수 있겠소. 실은 나도 오래 전부터 아뢰고자 했지만 주상께서 조정에 나오시지 않고 깊은 궁궐 안에만 계시니 말씀을 전할 기회가 없었소."

이에 조고는 "그렇습니까? 그렇다면 제가 폐하께서 한가하실 때를 찾아 연락드리겠습니다."라고 말하고는 2세 황제가 술잔치를 베풀고 미희들을 앞에 앉혀놓고 분위기가 무르익을 때를 기다려 이사에게 연락하였다. "폐하께서 마침 한가하시니 말씀 아뢰오." 그러자 이사가 급히 달려와 접견을 청했다. 이러한 일은 여러 번 되풀이되었다. 마침내 2세 황제가 크게 화를 냈다. "내가 한가할 때가 많고도 많은데 승상은 오지 않더니 꼭 내가 쉬고 즐거움을 가지려 할

---

39) 사실 원래 '짐朕'이라는 말은 조짐, 즉 아직 그 모습을 드러내지 않은 징조라는 뜻이다.

때마다 나를 귀찮게 만들고 있지 않은가? 도대체 나를 어리다고 깔보는 건가, 아니면 괴롭히려고 작정했다는 말인가?"

조고가 이 틈을 놓치지 않고 이사를 비방하였다. "참으로 위험한 징조입니다. 지난날 폐하와 신 그리고 승상이 함께 일을 꾸몄습니다. 그런데 폐하께서는 황제가 되었으나 승상은 신분이 더 이상 높아지지 못했습니다. 그래서 그는 지금 땅을 더 차지해서 왕이 되고자 하는 듯합니다. 폐하께서 신에게 묻지 않으셔서 가만히 있었습니다만, 승상의 장남 이유는 진승의 반란군이 공공연히 그가 맡은 지방을 지나갈 때도 그냥 방치했습니다. 신이 듣기로는 진승의 고향이 바로 승상의 고향 근처이기 때문에 눈감아줬다는 것이며 더욱이 이유가 반란군과 비밀문서를 주고받은 일까지 있다는 소문을 듣고 있습니다. 특히 승상은 궁궐 밖에 살기 때문에 거기에서는 그의 권세가 폐하보다도 더 높은 실정입니다."

2세 황제는 이 말을 듣고 이사를 처벌하기로 작정하여 우선 그의 아들 이유가 반란군과 내통한 사실 여부를 조사하기 시작했다. 이사가 이 사실을 알고 즉시 2세 황제를 만나고자 했으나 황제가 궁전에서 씨름 경기와 연극을 즐기고 있어 만나지 못하고 대신 글을 올려 조고를 비판하였다.

〈신하가 군주와 위아래가 없게 되면 위태롭지 않은 나라가 없고, 처첩이 주인과 위아래가 없게 되면 위태롭지 않은 집이 없다.'고 합니다. 지금 폐하 곁에는 폐하와 전혀 차별이 없이 자기 멋대로 권세를 휘두르는 신하가 있습니다. 이전에 자한(子罕)은 송나라 재상이 되자 직접 형벌권을 쥐고 권세를 부리더니 결국 1년 후 그 군주를 내쫓았습니다. 또 제나라의 전상은 간공의 신하였으나 재산이 왕실을 능가했고 벼슬도 따를 자가 없었는데 결국 간공을 살해하고 나라를 탈취했습니다. 지금 조고는 못된 뜻을 품고 위험한 반역의 행동을 일삼고 있어 마치 자한이 송나라 재상을 지낼 때와 같고 또한 재산도 전상을 능가할 정도입니다. 폐하께서 즉시 조치하시지 않는다면 그가 변란을 일으키지 않을까 걱정합니다.〉

2세 황제가 글을 읽고 이사를 불렀다.

"지금 무슨 말을 하는 것이오? 조고는 본래 환관 출신인데 행실이 깨끗하고 착한 일에 힘쓰며 스스로 열심히 노력하여 현재의 지위를 얻었소. 그래서 충성으로써 승진하고 신의로써 지위를 지키므로 짐은 그를 현명하고 충성스러운 사람으로 믿고 있소. 왜 그대가 그를 의심하게 되었는지 알고 싶소. 짐은 어린 시절에 부친을 잃고 아는 것이 적어 백성을 다스리는 데 익숙하지 못하오. 또한 그대마저 노경에 접어들었기 때문에 짐이 조고를 믿지 않는다면 누구에게 의지할 수 있다는 말이오? 그는 깨끗하고 부지런하여 아래로는 백성들의 실정을 알고 위로는 짐의 뜻을 잘 알고 있는 충신이오. 더 이상 그를 의심하지 마시오."

그러자 이사가 말했다. "전혀 그렇지 않습니다. 조고는 본래 비천한 사람입니다. 도리를 분별하지 못하고 탐욕이 이루 말할 수 없이 많으며 이익 챙기기에 혈안이 되어 있고 위세 부리는 것은 임금과 다름없이 하고 있습니다. 그는 실로 위험한 사람입니다."

2세 황제는 이미 조고를 철석같이 신임하고 있었기 때문에 이사가 조고를 죽이지 않을까 걱정하여 몰래 조고에게 이 말들을 알렸다. 그러자 조고는 "지금 승상의 걱정거리는 이 조고 한 사람뿐입니다. 조고가 죽으면 승상은 곧 전상 같은 행동을 할 것입니다."라고 말했다. 드디어 2세는 명령을 내렸다.

"이사를 조고에게 넘겨 조사하도록 하라!"

이사는 체포되어 형구에 묶여 감옥에 갇히는 신세가 되었다. 그는 하늘을 우러러 탄식해 마지않았다.

"참으로 이럴 수가 있다는 말인가! 무도한 임금과 어찌 천하를 의논하리오! 옛날 걸왕은 관용봉을 죽이고 주왕은 비간을 죽였으며 오나라 부차는 오자서를 죽였다. 이 세 사람은 결코 불충한 신하가 아니었지만 죽임을 당해야 했다. 그것은 충성을 다했던 임금이 무도했기 때문이다. 이제 나는 지혜가 이 세 사람에 미치지 못하고 2세 황제의 무도함은 걸왕, 주왕, 부차보다 오히려 더하니 내가 죽는 것은 오히려 당연한 일이다. 그러나 2세 황제의 다스림은 세상을 크게 어지럽게 될 것이니 오직 그것이 걱정이다. 그는 형 부소를 죽이고 스스로 즉위하여 충신은 죽이고 간신 조고를 귀하게 기용했으며 아방궁 건설에 백성들을 대규모로 노역시키고 있으며 천하에 무거운 세금을 매기고 있다.

옛날 성왕들은 음식에도 절도가 있었고 수레를 타는 데도 일정한 한도가 있었으며 궁전을 짓는 데 있어서도 제한이 있었다. 그리고 공사를 할 때에도 경비가 많이 들어 백성들에게 부담을 주는 일은 결코 하지 않았던 것이다. 그러나 2세 황제는 형제를 죽이고도 죄를 반성하지 않고, 충신을 살해하고도 뉘우치지 않으며, 대규모 궁궐을 지으면서 백성들의 피땀을 쥐어짜고 있다. 이 세 가지 일만으로도 천하의 인심은 이반되니 벌써 반역의 무리가 천하의 반을 차지하게 된 것이다. 그런데도 지금 2세 황제는 사실을 제대로 보려 하지 않고 오직 조고만을 옆에 끼고 아첨과 아부 속에 묻혀 살고 있다. 내 반드시 반란군이 함양을 함락시키고 진나라를 멸망시켜 그 폐허에 사슴 떼가 뛰노는 것을 보게 되리라."

이사, 7가지 죄를 지고 목숨을 잃다

드디어 2세 황제는 이사가 아들 이유와 함께 모반했다는 죄목을 뒤집어씌워 그의 가족과 주변 사람들을 모두 체포하였다. 조고는 이사를 심문하면서 천여 번에 걸쳐 매질하고 고문한 끝에 마침내 이사가 반란을 계획하고 있었다는 거짓 자백을 받아냈다. 이사가 자결하지 않은 것은 실제 스스로 반란을 전혀 생각하지도 않은 데다가 진나라에 공로가 있어 마지막으로 황제에게 글을 올려 호소를 하면 혹시 살아날 수 있는 희망이 있지 않을까 하는 생각 때문이었다. 이사는 옥중에서 황제에게 글을 올렸다.

〈신은 승상이 된 지 30년이나 되었습니다. 신은 진나라의 땅이 좁을 때부터 벼슬길에 올랐사오며 그때 진나라 땅은 겨우 사방 천리였고 군대도 수십 만에 불과했습니다. 신은 부족한 재능을 바쳐 법령을 만들고 똑똑한 신하를 뽑아 몰래 황금과 보물을 주어 제후를 설득하게 하였으며 또 정치와 교육을 정비했고 공적이 있는 용사들을 중용하였습니다. 그 결과 한나라를 위협하고 위나라를 약화시켰으며 연나라와 조나라를 평정하여 마침내 6국을 병합하고 그 임금을 사로잡아 천하를 통일했습니다. 이것이 신의 첫 번째 죄입니다.

그 후에 영토는 좁지 않았으나 다시 북쪽으로 호족의 오랑캐를 물리치고 남쪽의 백월(百越)을 정벌하여 진나라의 위력을 과시했습니다. 이것이 신의 두 번째 죄입니다.

대신을 존중하고 벼슬을 높여줌으로써 임금과 신하 사이의 신뢰를 굳건하게 만들었습니다. 이것이 신의 세 번째 죄입니다.

종묘사직을 온전히 보전하고 가꿈으로써 황제의 어진 덕을 만천하에 밝혔습니다. 이것이 신의 네 번째 죄입니다.

도량형을 통일시키고 문물제도를 천하에 보급하여 진나라의 명성을 드날리게 했습니다. 이것이 신의 다섯 번째 죄입니다.

황제께서 시찰하시도록 도로를 만들고 관광 시설을 갖추어 황제를 섬겼습니다. 이것이 신의 여섯 번째 죄입니다.

형벌을 너그럽게 하고 조세를 가볍게 하여 인심을 모으고 백성이 황제에게 죽음으로써 충성하도록 했습니다. 이것이 신의 일곱 번째 죄입니다.

신(臣) 이사가 이러한 죄를 지었으니 죽어 마땅한 것입니다. 그러나 다행히도 황제의 크나큰 은혜를 입어 부족한 능력을 다하고 살아서 오늘에 이르게 된 것입니다. 바라옵건대 이 충정을 굽어 살펴 주시옵소서.〉

이 글은 황제에게 올라갔지만 조고가 관리를 시켜 없애도록 하고 보고하지 못하도록 하였다. "어찌 죄수가 상서를 할 수 있다는 말인가!"

조고는 자기 집의 식객 십여 명을 시켜 거짓으로 어사, 시중인 것처럼 꾸미게 하고 차례로 가서 이사를 계속 심문하게 했다. 이사가 사실을 밝히고 호소하면 가차 없이 매를 때렸다. 그러기를 수십 번, 드디어 2세 황제가 사람을 보내 이사를 심문할 때 이사는 전과 같은 줄 알고 아예 호소할 생각도 않고 반란을 계획했다고 말했다. 조고는 판결문을 올렸고 2세 황제는 크게 기뻐하였다. "정말 조고가 아니었으면 내가 승상에게 속을 뻔했소."

한편 황제는 이사의 아들 이유에 대해서도 반란죄에 대한 심문을 위해 사자를 보냈는데 사자가 도착했을 때는 이미 이유가 항량에게 살해된 뒤였다. 2세 황제는 2년 7월에 이사에게 5형[40]에 처할 것을 판결하였고 이사는 함양 거리에서 요참(腰斬)되었다. 이사는 감옥에서 끌려나올 때 둘째 아들과 함께 묶인 채였는데, 그는 둘째 아들에게 "너와 함께 다시 한번 삽살개를 데리고 고향 동문 밖에서 토끼 사냥을 하고 싶구나. 그러나 이젠 어떻게 해 볼 수 있겠느냐!"라고 말하였다. 그리고는 아버지와 아들이 마주본 채 큰 소리로 통곡하였고, 삼족이 모두 처형되었다.

---

40) 오형五刑: 매를 치고 코 베고 다리 자르고 귀 베고 혀를 자르는 형벌을 지칭한다.

태사공은 말한다.

"이사는 포의(布衣: 베옷. 벼슬 없는 선비)의 출신으로 제후 각국을 유력하다가 훗날 진나라에서 6국에 틈이 생긴 시기에 진시황을 보좌하여 마침내 제왕의 대사업을 이루었고 3공의 직위에 올라 시황의 존숭과 중용을 받았다. 이사는 유가 『6경』의 종지를 알았으나 도리어 정치를 바로잡아 시황의 과실을 고치지 않고 오로지 작위와 봉록만을 탐하고 연연하여 줄곧 뜻을 굽혀 영합하면서 엄중한 위세와 가혹한 형법으로써 백성을 통치하고 조고의 사설(邪說)에 따라 적자 부소를 폐하고 서자 호해를 세웠다. 제후들이 반란을 일으키자 이사는 그제야 비로소 간언하고자 했으니, 이는 너무 늦은 것이 아니었는가!

사람들은 모두 이사가 진나라에 충성을 다하였으나 오히려 5형을 받고 죽어 억울하다고 여긴다. 하지만 내가 자세히 진상을 고찰해 본 바, 세속의 시각은 사실과 현저한 차이가 있다. 그렇지 않고 사람들의 시각과 같이한다면, 이사의 공적이 어찌 주나라 주공이나 소공과 비견되지 않을 것인가!"

지록위마(指鹿爲馬)

이사가 죽고 나자 2세는 조고를 중승상에 임명하여 이제 국사와 관련된 모든 일이 조고의 손에 의해 결정되게 되었다. 어느 날 조고는 2세 황제에게 사슴을 바치면서 "폐하, 제가 좋은 말 한 마리를 구했습니다."라고 말했다. 그러자 2세 황제가 고개를 갸웃거렸다.

"이것은 사슴인데….."

그러나 모든 신하들은 "그것은 말입니다."라고 하는 것이었다.[41] 2세 황제는 크게 당황하여 스스로 자기가 정신이 이상하게 된 것이 아닌가 하고 의심하기에 이르렀다. 그리하여 태복(太僕)[42]을 불러 점을 치게 하였다. 그러자 태복

---

41) 이때부터 지록위마指鹿爲馬라는 고사성어가 생겼다. 즉, 옳지 않은 것을 억지로 강요한다든가 우기는 것을 말한다.

42) 점을 치는 관직을 말한다.

은 "폐하께서 봄과 가을에 모시는 제사 때와 종묘에 드리는 제사 때 목욕재계가 경건하게 이뤄지지 못했기 때문에 이런 일들이 일어났습니다. 이전의 영명하신 군주들처럼 다시 경건하게 재계를 거행하십시오."라고 말했다. 이후 2세 황제는 상림원(上林園)에 들어가서 재계하였다.

그는 상림원에서 매일 사냥하면서 놀았다. 그런데 어느 날 지나가던 행인이 상림원에 들어왔는데, 2세 황제가 그를 직접 활로 쏘아 죽이는 사건이 발생하였다. 조고는 대신 사위를 시켜 이 사건을 규탄하게 했다. "누구의 짓인지는 모르지만 사람을 죽여 그 시체를 궁 안에 옮겨놓은 자가 있습니다." 이에 2세 황제가 자기가 실수로 죽이게 되었다고 말하였다. 그러자 조고는 2세 황제에게 말했다. "천자가 아무 까닭도 없이 사람을 죽였으니 귀신도 폐하의 제사를 받지 않을 것이며 하늘도 재앙을 내릴 것입니다. 궁전을 멀리하고 하늘에 기도를 하시어 재앙을 피하도록 하시는 것이 좋겠습니다."

그리하여 2세 황제는 망이궁(望夷宮)으로 옮겨져 사흘 동안 머물도록 하였다. 조고는 황제의 명령이라 속여서 경비 병사들에게 흰 옷을 입히고 손에 무기를 들게 하여 궁 안으로 행진하도록 했다. 그리고 자기는 먼저 궁에 들어가 황제에게 고했다. "폐하, 산동에서 반란군들이 대규모로 쳐들어오고 있습니다!" 깜짝 놀란 2세 황제가 누각에 올라가보니 과연 흰 옷을 입은 무리들이 떼지어 궁으로 몰려들고 있었다. 이때 2세 황제 곁에는 오직 환관 한 명만이 있을 뿐이었다. 망연자실한 2세 황제가 환관을 원망하며 울부짖었다. "그대는 일이 이 지경으로 되도록 왜 짐에게 한 마디도 하지 않았는가?" 그러자 환관이 대답했다. "제가 감히 말씀드리지 않았기 때문에 지금까지 살 수 있었습니다. 일찍 말씀드렸다면 벌써 처형되었을 것이옵니다."

이때 조고가 2세 황제에게 자살하라고 강요하자 마침내 2세 황제는 자살하였다. 조고는 기다렸다는 듯이 황제의 옥새를 찼다. 그렇지만 좌우 신하 중 누구도 그에게 복종하는 자가 없었다. 조고가 궁전에 올라서자 대전(大殿)이 몇 번이나 무너지려고 했다. 조고도 하늘이 자신에게 황제의 자리를 주지 않고 대신들도 찬동하지 않을 것을 알았기 때문에 시황제의 손자인 자영에게 옥새를 넘겨주었다.

자영은 즉위했지만 조고가 자기를 언제 죽일지 몰라 두려움에 떨면서 병을 핑계대고 정사를 돌보지 않았다. 그리고는 환관 한담 및 그의 아들과 함께 조고를 죽여 없앨 계획을 세웠다. 그리하여 어느 날 조고가 자영의 병을 문안드리기 위해 방문하자 자영은 한담을 시켜 조고를 찔러죽이도록 하고 그 삼족을 멸했다. 그리하여 드디어 조고의 전횡은 끝이 나고 말았다. 그러나 진나라의 운명은 이미 멸망을 향해 달려가고 있었다.

자영이 즉위한 지 3개월이 될 무렵, 패공의 군대가 무관 지방을 점령하고 함양으로 진격하였다. 그러자 문무백관들이 모두 진나라를 배반하고 패공에게 저항하지 않았다. 자영은 속수무책으로 있다가 마침내 처자와 함께 목에 밧줄을 걸고 지도방(枳道旁)에서 항복을 하였다. 패공은 자영을 살려주고자 했지만 곧 초나라 항우가 들이닥쳐 자영의 목을 베었다. 그리하여 진나라는 천하통일의 커다란 위업을 달성하고 역사상 가장 거대한 국가를 건설했지만 불과 15년 만에 그리고 진시황이 죽은 지 3년 만에[43] 어이없이 붕괴하고 말았다.

태사공은 말한다.

"진나라 조상 백예(伯翳)[44]는 요순 임금 시대에 공을 세워 토지를 하사받고 영(嬴)씨 성을 받았다. 하나라와 은나라 시기에는 세력이 쇠미해져 흩어졌다. 그 뒤 주나라가 몰락할 무렵, 진나라는 서쪽 변경 지역에서 흥기하여 목공 이래로 점차 제후들을 병탄하여 통일 사업은 최후에 시황이 완성하였다. 시황은 스스로 자신의 공적이 5제를 뛰어넘고 강역은 3왕보다 더 광활하다고 생각하여 그들과 동등하게 비교되는 것을 치욕으로 여겼다. 가생(賈生)의 평술은 대단히 좋다. 그는 다음과 같이 말하였다.[45]

'진나라는 각 제후국을 겸병한 뒤 태항산(太行山) 동쪽의 30여 군(郡)에서 포구와 관문을 고치고 험난한 요새지에 근거하여 경계를 굳건히 하고 이를 지켰다. 그러나 진승이 단지 수졸(戍卒) 수백 명을 규합하여 활과 창 등의 무기도 없이 오

---

43) 정확히 말하면 27개월 만이다.
44) 고대 영성족嬴姓族의 조상으로 목축과 수렵에 뛰어나 순임금에게 등용되었으며 후에 우임금에게도 중용되었다.
45) 이 글이 이른바 '과진론過秦論'으로서 '진나라의 과실을 논함'이라는 뜻이며 가생이 논술하여 한나라 문제에게 올려졌다.

직 호미와 서까래, 몽둥이 같은 것만 들고 양식도 휴대하지 않고 각지를 잠식하면서 천하를 횡행하였다. 이때 진나라의 험난한 요새는 지켜지지 못했고, 관문(關門)의 교량은 봉쇄되지도 못했으며 긴 창은 찌르지도 못했고 강궁 역시 발사되지 못했다. 초나라 군사들은 적진 깊이 쳐들어가서 홍문(鴻門)에서 전투하였지만 반격다운 반격도 받지 않았다. 이렇게 하여 산동 지방에 대란이 일어나고 제후들은 여기저기에서 봉기했으며 천하의 호걸들 모두 스스로 왕을 칭하였다. 진나라는 장한을 파견하여 동쪽을 토벌하게 하였으나 장한은 오히려 무력에 의존하여 바깥에서 조정을 위협하고 반란을 꾀하였다. 진나라 신하들을 신뢰할 수 없음은 여기에서도 잘 나타나고 있다. 자영이 제위를 이어받았으나 결국 깨닫지 못하였다. 만약 자영이 보통 군주와 같은 능력을 지니고 중간 정도의 재능을 지닌 신하만이라도 보좌했더라면, 비록 산동이 혼란할지라도 진나라의 고토는 아직 보전할 수 있었으며, 종묘제사가 단절되지 않았을 것이다.

진나라는 산을 등지고 하천을 끼고서 사방으로 모두 요새와 장벽을 가진 나라였다. 목공 이래 20여 명의 군주는 늘 제후들을 호령하였다. 그런데 어찌 진나라 대대로 모두 현명한 군주였다는 말인가? 그것은 단지 그 지리적 형세가 만들어 낸 것이었다. 일찍이 천하는 모두 힘을 합해 동맹하여 진나라를 공격한 적이 있었다. 이때 현인과 지자(智者)들이 모두 모여 뛰어난 장군이 군사를 통솔하고 현명한 재상이 서로의 계략을 교류하였지만, 결국 험준한 지형에 의하여 막히고 전진할 수 없었다. 진나라는 오히려 그들을 대문을 활짝 열고 맞이하고 적진 깊숙이 유혹하여 결국 6국의 백만 군대는 패주하고 도망쳤으며 합종 역시 이로 인하여 와해되고 말았다. 이것이 어찌 무력과 지혜 부족 때문이겠는가? 단지 지형이 불리하고 형세가 좋지 못했기 때문이었다. 진나라는 작은 고을을 합쳐 큰 도시로 만들고, 군대를 험준한 요새에 주둔시키며 보루를 높이 쌓고 싸우지 않으면서 출구를 봉쇄하여 요새를 지키며 창을 들고 이곳을 수비하였다. 제후들은 모두 평민 백성에서 몸을 일으켜 서로 이익으로써 모여 소왕(素王)⁴⁶⁾과 같은 미덕과 절조가 없었다. 그들의 우의는 전혀 친밀하지 못했으며 그들의 부하들도 성심으로 심복하지 않았다. 겉으로는 진나라를 멸한다

---

46) 도덕이 높고 천하가 경모하지만 왕위에 있지 않았던 사람을 가리킨다.

는 명분이 있었지만 실제로는 개인적인 이익을 위하였다. 그들은 진나라의 지세가 험고하여 침범하기 어려운 것을 보고는 군사를 철수할 수밖에 없었다. 진나라는 백성을 휴식하도록 하고 제후들의 쇠락을 기다리면서 약소국을 보살피고 강대국 제후를 호령하면서 천하의 명분을 얻지 못할 것에 개의하지 않았다. 천자의 귀한 신분에 온 천하를 소유했으면서도 도리어 스스로 사로잡히는 몸이 된 것은 패망의 상황을 만회하려는 진나라의 책략이 부정확했기 때문이다.

진시황은 스스로 도취하여 아랫사람에게 묻지 않고, 과실을 계속 범하면서도 이를 고칠 줄 몰랐다. 2세 황제가 계승한 뒤에도 그대로 계속 이어져 고치지 않고, 잔인하고 흉학(모질고 사납다)하여 오히려 더욱 화환(禍患)을 가중시켰다. 자영은 오직 혼자뿐이고 가까운 친인척도 없었으며, 아무도 보조하지 않았다. 이 세 사람의 군주는 평생 미혹되었으면서도 깨닫지 못했으니 국가의 멸망은 마땅하지 않은가? 당시 세상에 심려원모하고 권세 변화에 밝은 인물이 없었던 것이 결코 아니었지만, 감히 충성된 마음으로 직간하고 착오를 바로잡지 않은 이유는 바로 진나라의 풍습에 금기가 매우 많아서 충성된 말을 미처 마치기도 전에 이미 살해되는 상황이었기 때문이다. 이 때문에 천하의 선비들이 입을 닫고 말을 하지 않은 것이다. 세 임금이 치국의 원칙을 잃어도 충신은 감히 직언으로 권하지 않았고, 지사(智士)는 감히 계책을 내놓지 않았으며 천하가 어지러워졌지만 이 간사한 사정은 군주에게 보고되지 않았으니, 이는 너무 슬픈 일이 아니겠는가!

본말(本末)을 잃었기 때문에 멸망에 이르렀다

선왕은 상하의 소통이 막히면 국가 이익을 해친다는 사실을 알았기 때문에 공경, 대부, 선비를 설치하여 법령을 정돈하고 형벌을 두어 천하를 태평하게 하였다. 국세가 강성할 때는 능히 잔인하고 포악한 행동을 금하고 반란을 주멸할 수 있었으므로 천하가 복종하였으나, 국세가 미약할 때는 5패가 천자를 대신하여 정벌하고 토벌하여 제후들이 순종하였다. 비록 국세는 쇠락할지라도 안으로는 스스로 수비하면서 밖으로도 외부에 의지도 하면서 국가는 망하지 않고 보존해갔던 것이다. 진나라가 강성할 때 법이 번잡하고 치밀하였으며 형벌이 엄혹하여 천하가 두려워하였다. 그러나 그것이 쇠약해졌을 때 백성들은 원한을 가졌으며 온 천하가 들고일어나 배반했던 것이다.

주 왕조의 오서(五序)[47]는 대의에 부합하여 천여 년 동안 나라를 전하며 명맥이 끊이지 않았다. 하지만 진나라는 본말을 모두 잃었기 때문에 결국 멸망한 것이다. 이로 볼 때 안정과 위란의 실마리는 그 차이가 실로 너무 멀다. 속담에 〈지난 과오를 잊지 않는 것은 뒷날 일을 할 때의 스승이다.〉[48]라고 하였다. 이 때문에 도덕이 있고 수양을 한 사람이 국가를 다스릴 때, 원고(遠古)의 득실을 관찰하고 당대의 조치를 고찰하며 다시 사람의 요인을 참작하여 성쇠의 이치를 이해하고 권력과 위세의 타당한 운용을 세심히 살피어 출척(黜陟)[49]과 상벌에 선후가 있도록 하였으며 변화와 개혁이 시의에 맞게 하였다. 그리하여 오랜 기간에 걸쳐 국가가 안정되었다.

진 효공은 효산(崤山)과 함곡관과 같이 견고한 곳을 지키면서 옹주(雍州) 땅을 지니고 군신이 자기의 국토를 굳게 지키면서 주 왕실의 정권을 엿보았고, 천하를 석권하여 온 세상을 차지하고 사해를 거머쥐려는 의도와 팔방(八方)을 집어삼킬 열망을 지니고 있었다. 이때 상앙은 효공을 보좌하여 대내적으로 법치와 각종 제도를 정비하여 경작에 힘쓰고 공격과 방어의 무기를 정비하며, 대외적으로는 연횡의 책략을 채용하여 제후국들의 상호 쟁탈을 유도하였다. 그리하여 진나라 사람들은 쉽게 서하(西河) 밖의 땅을 차지하게 되었다.

효공 사후 혜왕과 무왕은 선조들의 산업을 이어받고 선왕이 남긴 계획에 의거하여 남쪽으로 한중을 병탄하고 서쪽으로 파촉을 점령하였으며, 동쪽으로 비옥한 토지를 취하여 여러 요충지의 군(郡)을 장악하였다. 제후들은 두려워서 회합하여 맹약하고 공동으로 진나라의 세력 약화를 도모하면서 진귀한 재물과 비옥한 토지를 아까와 하지 않고 천하의 훌륭한 재사들을 불러 모아 합종하여 맹약하고 하나로 결합하였다. 이때 제나라에는 맹상군이 있었고, 조나라에는

---

47) 공公, 후侯, 백伯, 자子, 남南을 말한다.

48) 前事不忘, 後事之師

49) 관직의 강등과 승진.

평원군이 있었으며, 초나라에는 춘신군이 있고, 위나라에는 신릉군이 있었다. 이 네 사람은 모두 명석하고 지혜로우며 충실하고 믿음직한 사람들로서 관후(너그럽고후덕함)하여 다른 사람을 사랑하고 현인을 존경하며 용사를 중히 여겼다. 그들은 서로 합종을 맹약하여 진나라의 연횡 책략을 파괴하고, 한, 위(魏), 연, 초, 제, 조, 송, 위(衛), 중산의 병사들을 규합하였다.

당시 6국의 인재로는 영월, 서상(徐尙), 소진(蘇秦), 두혁(杜赫) 등이 각국을 위하여 계책을 냈고, 제명(齊明), 주최(周最), 진진(陳軫), 소활(召滑), 누완(樓緩), 책경(翟景), 소려(蘇厲), 악의(樂毅) 등이 각국의 의견을 논의하였으며, 오기, 손빈, 대타(帶佗), 아량(兒良), 왕료(王廖), 전기(田忌), 염파, 조사 등과 같은 사람들이 군사를 훈련시키고 통솔하였다. 이들은 늘 진나라의 열 배가 되는 땅과 백만을 넘는 대군으로써 함곡관에 내달아 진나라를 공략하였다. 그런데 진나라 병사들이 관문을 활짝 열고 적군을 맞이하게 되면 9국 군대는 머뭇거리며 흩어져 감히 전진하지 못했다. 진나라는 화살 한 대, 화살촉 하나 허비하지 않았는데, 천하의 제후들은 이미 곤경에 빠지고 말았다. 이에 군대는 흩어지고 맹약은 와해되었으며, 서로 앞을 다투어 땅을 베어 진나라에 바쳤다. 진나라는 남아 있는 힘으로 제후의 약점을 이용하여 도주하는 적군을 추격하니, 백만 시체가 땅에 나뒹굴었고 흐르는 피는 커다란 방패를 두둥실 떠다니게 할 정도였다. 전쟁 승리의 유리한 조건에 의하여 진나라는 천하를 유린하고 산하를 나누었으며, 강한 제후국은 신하국을 칭하고, 약한 제후국은 입조하여 조공하였다. 효문왕과 장양왕은 재위 기간이 짧았고 나라는 평안하고 일이 없었다.

시황제는 효공, 혜문왕, 무왕, 소양왕, 효문왕, 장양왕 등 6대 선왕이 남긴 공업을 계승하고 긴 채찍을 휘둘러 천하를 통제하여 동주와 서주를 겸병하고 각국 제후들을 소멸시키면서 황제의 자리에 올라서 천지 사방을 제어하였다. 남으로는 백월(百越)을 점령하여 계림군과 상군(象郡)을 설치하자, 백월의 군주는 머리를 조아리고 목에 밧줄을 매고 와서 목숨을 진나라의 옥리에게 맡기었다. 또 몽염을 북방에 파견하여 장성을 수축하고 변방을 지키게 하여 흉노를 7백여 리 밖으로 몰아내자 호인(胡人)들은 감히 남쪽으로 내려와서 말을 키우지 못했으며, 무사들은 감히 활을 당겨 원수를 갚으려 하지 못했다.

그리하여 고대 제왕의 원칙을 폐기하고 제자백가의 전적들을 모두 불살라서 백성을 우매하게 하였다. 또 견고한 명성(名城)을 무너뜨리고 호걸들을 살육하였으며, 전국의 병기를 몰수하여 함양에 모아 이들 병기를 녹여 없애 종과 악기 그리고 12개의 동상을 주조하였다. 이로써 백성들의 반항 능력을 약화시키고자 하였다. 그런 다음 화산(華山)을 깎아서 성곽으로 삼고, 황하를 이용하여 나루터를 정비하여 억 장(丈) 높이의 성과 해자에서 지키면서 아래로는 끝없이 깊은 계곡을 두고서 철통의 방어벽으로 삼았다.

우수한 장군과 강인한 궁수를 파견하여 요새를 지키게 하고, 충실한 대신과 정예 사졸들은 날카로운 무기들을 진열해 놓으니 누구도 어쩔 수 없었고 천하는 안정을 얻었다. 진시황은 마음속으로 관중의 견고함이 마치 천리에 이르는 구리로 만든 담과 철로 된 벽과 같아 자손들이 대대로 제왕이 될 수 있고 공업(功業)은 천추만대까지 이어질 것이라 생각하였다.

창업과 수성의 방법에 전혀 변화가 없었다

시황제가 죽은 뒤 진나라의 위세는 오랑캐가 사는 곳까지 진동하였다. 진승은 단지 빈한한 집안의 자제로서 평민 노예였고 유랑배에 지나지 않는 인물이었다. 재능은 중간 정도 사람에도 미치지 못하고 공자나 묵적과 같은 현명한 지혜도 지니지 못했으며 도주공[50]이나 의돈과 같은 재부를 지닌 것도 아니었다. 그는 사졸들의 행렬 중에 끼어 들판에서 몸을 일으켜 피곤하여 흩어진 병사들을 통솔하고 부역하러 가는 수백 명을 이끌면서 몸을 돌려 진나라를 공격했다. 그들은 나무를 베어 무기를 만들고 대나무를 높이 들어 깃발로 하였지만, 천하 백성들이 진섭에게 호응하여 구름처럼 함께 하여 양식을 가지고 마치 그림자가 그 형체를 따르듯 마침내 산동의 호걸과 선비들이 이로 인하여 동시에 흥기하여 진나라를 소멸시켰다.

당시 진나라는 결코 약소하지 않았다. 옹주의 영토도 효산과 함곡관의 험고함도 여전히 이전과 같았다. 진승의 지위는 제, 초, 연, 조, 한, 위, 송, 위, 중산

---

50) 범려를 가리킨다.

의 군주들보다 결코 존귀하지 않았으며, 그들의 삽과 삽자루는 창이나 방패보다 결코 날카롭지 않았다. 또 부역에 동원된 백성들과 수졸들은 결코 9국의 군대에 대적할 수 없었다. 또한 행군 용병의 방법은 과거 모사(謀士)들과 비교할 수 없었다. 하지만 성패의 정황은 크게 달랐으며, 그 이뤄낸 공업은 전혀 상반되었다.

만약 산동 각 제후국과 진섭의 장단대소를 비교하고 권세와 역량을 판별해 본다면 실로 서로 나란히 놓고 말하기가 불가능하다. 진나라는 아주 작은 영토와 천승(千乘) 병력의 역량으로써 8주(八州) 제후국을 초치하고 자기와 동등한 지위의 제후들로 하여금 와서 알현하도록 한 것은 이미 백여 년이 되었다. 그 뒤 천지 사방을 자기의 집으로 삼고 효산과 함곡관을 궁전으로 삼았던 것인데, 평범한 사람이 군사를 일으키자 곧장 종묘가 모두 불살라 없어지고 천자의 몸(자영)이 남의 손에 죽임을 당하여 천하의 웃음거리가 된 것은 무슨 이유 때문인가? 이는 인의를 시행하지 않고, 공격과 수성의 형세에 변화가 발생했기 때문이다.

진나라가 사해를 통일하고 각국 제후들을 겸병하며 남면하여 황제를 칭하면서 해내(海內)의 백성들을 다스리자 천하의 선비들은 이 소문을 듣고 모두 복종하였다. 이러한 국면은 무슨 이유 때문인가? 이는 근고 이래 매우 오랫동안 제왕이 없었던 때문이다. 주 왕실이 쇠미해지고 5패는 이미 죽어 천자의 정령은 천하에 하달될 수 없었고, 이 때문에 제후들은 무력을 사용하여 정벌을 행하여 강국은 약국을 침탈하고 인구가 많은 나라는 인구가 적은 나라를 억눌러 전쟁이 끊이지 않았고 백성들은 모두 지치고 피폐해졌다. 이제 진왕이 남면하고 앉아 천하에 칭왕을 하자, 비로소 윗자리에 한 명의 천자가 있게 된 것이었다. 모든 서민 백성들은 안정된 생활을 할 수 있기를 희망하였고, 따라서 그 누구도 거짓으로 황상을 경앙(공경하여 우러러보다)하지 않는 사람이 없었다. 이때 위세를 유지하고 공업을 공고히 하는 것은 바로 국가 안위의 관건이다.

하지만 진시황은 도리어 탐욕스럽고 비열한 마음을 품고 오로지 자기의 작은 꾀만 부려 공신들을 믿지 않고 선비와 백성들을 가까이 하지 않았으며, 인의 치국의 원칙을 폐기하고 개인의 권위를 수립하면서 문서(文書)[51]를 금하고 형벌을 가혹하게 행사하였다. 권모술수와 폭력을 우선적으로 하면서 인의는 뒤로

---

51) 시서고적詩書古籍을 말한다.

함으로써 폭력과 학대를 천하 통치의 출발로 삼았다. 천하를 겸병하는 사람은 권모술수와 폭력을 숭상하고, 천하를 안정시키는 사람은 민심에 순응하는 것을 중시한다. 이는 곧 공격과 수성이 방법상에 있어 다르다는 사실을 말해 주고 있다. 그러나 진나라는 이미 전국 분쟁의 국면을 벗어나 천하를 통일했음에도 불구하고 그 통치 원칙은 바뀌지 않았고, 그 정령 역시 변화가 없었다. 즉, 창업과 수성의 방법에 전혀 변화가 없었던 것이다. 진시황은 자제공신에게 분봉하지 않고 오로지 홀로 천하를 독점하였기 때문에 그토록 빨리 멸망했던 것이다. 만약 진시황이 상고의 사정과 은나라와 주나라 흥망성쇠의 자취를 능히 고려하여 그의 정책을 제정하고 시행했더라면 설사 훗날 교만하고 음란한 군주가 있었다고 하더라도 나라가 기울고 망하는 위험에 이르지는 않았을 것이다. 그러므로 삼왕(三王: 고대의 세 임금. 하 우왕, 은 탕왕, 주 문왕)이 건립한 천하는 그 이름이 드날리고 완전한 것이며, 그 공적이 대대로 전해지는 것이다.'"

2. 진(秦) 목공
- 나의 과오를 영원히 기억하도록 하라

(진 본기 중에서)

원래 진(秦)나라는 중국 서북방에 자리 잡은 변방 국가로서 중원 국가의 대열에 포함되지도 못했다. 이렇듯 기껏해야 변두리의 미약한 세력에 지나지 않았던 나라를 강대국의 대열에 당당하게 올려놓은 사람이 바로 진 목공이다.

진 목공은 스스로 몸을 굽혀 민간에서 양을 치던 오고대부 백리해와 건숙, 그리고 오랑캐 나라의 유여라는 걸출한 능신(能臣)을 등용하고 그들의 능력을 충분히 발휘하도록 함으로써 진나라를 일약 강성한 국가로 우뚝 서도록 만들었다.

훗날 진시황이 천하를 호령하고 마침내 천하통일을 이룬 것은 실로 진 목공이 쌓은 토대 위에서 가능했던 대사업이었다.

다섯 마리 양과 바꿔 온 오고대부(五羖大夫) 백리해

기원전 654년 진(晉)나라 헌공은 우(虞)나라와 괵(虢)나라를 멸망시키고 우나라의 군주와 대부(大夫)인 백리해(百里奚)를 사로잡았다. 진(晉)나라 헌공은 우나라 군주에게 백옥과 좋은 말을 선물로 주면서 괵나라를 공격할 것이니 길을 빌려달라고 요청하였고 우나라 군주는 이를 받아들여 결국 그만 나라를 빼앗겨버린 것이었다. 진(晉)나라는 사로잡은 백리해를 진(秦)나라 왕 목공(繆公)에게 시집보낸 공주의 노비로 삼아 진(秦)나라로 보내게 되었다. 백리해는 도중에서 도망을 쳐 완(宛)이라는 마을에 은신했으나 초나라 사람에게 붙잡히고 말았다.

한편 진(秦)나라 군주인 목공은 전부터 백리해가 현명하다는 소문을 전해 들어 알고 있었고, 큰 돈을 써서라도 그를 찾으려 하였다. 그런데 그는 한편으로 그렇게 하면 오히려 초나라 사람이 안 주지 않을까 걱정하여 사람을 파견하여 초나라 측에게 제의하였다.

"나의 하인 백리해가 지금 초나라에 있는데, 다섯 마리의 검은 양가죽과 그를 바꾸고 싶은데 어떻소?"

그러자 초나라 사람은 이를 승낙하고 백리해를 돌려보내 주었다. 그때부터 검은 양 다섯 마리와 교환해서 그를 차지했기 때문에 진나라에서는 백리해를 오고대부(五羖大夫)라고 부르게 되었다. 백리해는 그때 이미 칠십 세가 넘었다.

진 목공은 직접 그를 석방하고 그와 함께 국사(國事)를 논의하였다. 그러나 백리해는 사양하였다.

"저는 망국(亡國)의 신하로서 어찌 당신께 주제넘게 자문을 할 수 있겠습니까?"

하지만 목공은 "우나라가 망한 것은 군주가 그대의 의견에 따르지 않았기 때문이오. 그대의 책임은 아니오."라고 끝내 마다하는 그를 끈덕지게 설득하며 서로 이야기 나누기를 사흘이 지났다. 그러자 점점 더 그의 사람됨과 능력에 완전히 빠져서 어떻게 하든지 국정을 맡겨야겠다는 생각이 더욱 확고해졌다.

백리해는 그래도 자기 대신 다른 사람을 천거했다.

"정 그러하시다면 저의 친구 중에 건숙(蹇叔)이라는 사람이 있습니다. 그는 현명하지만 아직 세상에 알려지지 않았습니다. 제가 옛날에 제(齊)나라에 갔을 때 저는 매우 궁핍하여 길거리에서 걸식하고 있었지만 건숙은 저를 거둬 먹였습니다. 저는 원래 제나라 왕 공손무지를 위해 일을 하려 했지만 그가 제지하였습니다. 그 덕분에 저는 제나라의 내란에 휘말려들지 않고 주나라로 도망할 수 있었습니다.

주나라 공자(公子)인 퇴(穨)가 소를 좋아했으므로 저는 목축술을 활용하여 관직을 얻으려 하였는데, 뒷날 퇴가 저를 등용하려 할 때 건숙이 또다시 반대했습니다. 저는 그로 인하여 떠났고 퇴와 함께 살해되지 않게 되었습니다.

우나라에서 관리로 일할 때 그는 말렸습니다. 저는 비록 우나라 군주가 저를 중용하지 못할 것이라는 사실을 알고 있었지만 개인적 이익과 벼슬의 유혹을 뿌리치지 못하고 우나라에 머물러 있었던 것입니다.

두 번까지는 그의 의견을 따랐기 때문에 화를 면했습니다만, 마지막에 가서 그의 의견을 따르지 않은 탓으로 지금 이렇듯 말려들어 수모를 겪고 만 것이옵

백리해, 소를 키우다.

니다. 그러므로 저는 건숙이 매우 현명하다고 생각하고 있습니다."

이에 목공은 당장 사자를 보내 후한 선물을 주면서 건숙을 불러들여 상대부(上大夫)에 임명했다.

며칠 후 목공이 백리해에게 물었다.

"공의 나이가 몇이신지요?"

"벌써 일흔이 넘었습니다."

그러자 목공은 탄식했다.

"내가 오래 전에 공을 얻었어야 했는데…."

그러자 백리해는 이렇게 말하는 것이었다.

"저는 분명히 너무 늙었지요. 더구나 새를 잡거나 맹수와 싸운다면 쓸모가 없을 정도로 늙었지요. 하지만 지혜로운 계획을 세우는 일이라면 아직 젊습니다."

은혜를 원수로 갚으면

그 해 가을에 목공은 손수 군사를 이끌고 진(晉)나라를 공격하여 하곡(河曲)에서 교전하였다. 그 무렵 진(晉)나라에서는 헌공의 애첩인 여희의 음모에 의해서 목공의 처남인 태자 신생이 자살했고,[52] 공자 중이와 이오 두 사람도 외국으로 망명하는 사건이 일어났다.

목공 9년, 진(晉) 헌공도 죽고 여희의 아들 혜제가 왕으로 되었지만 이극에게 살해되었다. 순식은 탁자(卓子)를 왕으로 세웠지만 또 이극에 의하여 살해되었다. 이오는 사람을 보내 진(秦)나라가 자신을 도와 귀국할 수 있도록 해 달라고 청하였다. 목공은 이를 승낙하고 백리해에게 군사를 주어 이오가 돌아갈 수 있도록 도와주었다.

이오는 감사해서 이렇게 말했다.

"만약 내가 국왕의 자리에 오르게 되면 반드시 하서의 여덟 성을 바치겠습니다."

그 후 얼마 안 있어 이오는 성공하였고 비정(丕鄭)을 진(秦)나라에 파견하여 감사의 뜻을 전해 왔다. 하지만 땅을 할양한다던 약속은 완전히 무시했고, 국내에서는 이극을 살해하였다. 비정이 이 소식을 듣고 두려워서 목공에게,

"사실 진(晉)나라 사람들은 이오를 원하고 있지 않습니다. 인망이 있는 것은

---

52) 앞에 기술한 바와 같이 헌공의 딸이 목공에게 시집을 갔던 것이다.

오히려 중이 공자입니다. 군주께 약속을 어긴 것도 이극을 살해한 것도 모두 이오의 심복인 여생과 극예가 획책한 짓입니다. 청컨대 이익을 줘서 그 두 사람을 곧 불러다가 여기에 붙잡아두고 중이 공자를 귀국시켜 군주로 세운다면 만사는 잘될 것입니다."

목공은 이 계책대로 비정에게 사람을 붙여 보내면서 여생과 극예 두 사람을 초청했다. 그러나 두 사람은 비정에게 무언가 음모가 있다고 의심하고 이오에게 비정을 죽이라고 하였다. 비정의 아들 비표(丕豹)는 진(秦)나라로 피신하여 목공에게 호소했다.

"이오는 무법자이며 백성들은 모두 그를 좋아하지 않습니다. 지금 당장 격파할 수 있습니다."

그러나 목공은 받아들이려 하지 않았다.

"백성들에게 신뢰를 받지 못하고 있는 군주라면 어떻게 마음대로 대신을 죽일 수 있겠는가? 대신을 죽일 수 있다는 것은 백성들과 조화가 이뤄지고 있다는 표시가 아닌가?"

목공은 이렇게 말하기는 했지만 몰래 비표를 중용하였다.

목공 12년, 진(晉)나라에서는 가뭄이 들어서 곡식을 수확하지 못하고 진(秦)나라에 양식을 도와 달라고 청해 왔다. 그러자 비표가 목공에게 말했다.

"도와줘서는 안 됩니다. 오히려 이 기회를 틈타서 쳐부숴야 할 때라고 봅니다."

목공이 공손지의 의견을 물었더니 공손지는 "기근과 풍작이란 번갈아 돌아오는 일이니 지금 여유가 있는 우리가 곡식을 보내 주는 것이 좋겠습니다."라고 대답하였다. 목공은 또 백리해에게 물었다. 백리해는 "이오는 은혜를 원수로 갚은 자입니다. 그러나 백성들에게는 죄가 없습니다."라고 자기 의견을 말하였다.

결국 목공은 백리해와 공손지의 의견에 따라 식량을 제공하였다.

그 날부터 진(秦)나라 도읍인 옹(擁)으로부터 진(晉)나라 도읍 강(絳)에 이르기까지 곡식을 운반하느라고 강에는 배들이, 육지에는 수레들이 끊임없이 움직였다.

목공 14년, 이번에는 거꾸로 진(秦)나라에 기근이 심해서 이오에게 식량을 요청하게 되었다. 이 문제를 어떻게 할 것인가에 대해 이오가 신하들과 논의하고 있었는데 어떤 신하가 이렇게 말하고 나섰다.

"진(秦)나라가 기근에 시달리는 지금을 틈타 그를 공격하면 반드시 승리할 것입니다."

이오는 그 의견에 따라 이듬해인 목공 15년에 군사를 일으켜 진(秦)나라로 쳐들어갔다. 목공은 곧바로 이에 맞서 비표를 장군으로 삼고 자신이 직접 군사를 이끌고 출정하였다.

9월 임술일에 한원(韓原) 땅에서 목공은 이오와 전쟁을 벌이게 되었다. 이오는 본대에서 떨어져 진나라와 교전하였는데 회군하던 중 진흙수렁에 깊이 빠지게 되어 말이 빨리 뛸 수 없게 되었다. 진나라 목공은 부대를 이끌고 그를 추격하였는데 이오를 사로잡지 못하고 뜻밖에도 오히려 이오의 군대에 거꾸로 포위를 당하였다. 이로 인하여 목공 자신도 상처를 입게 되었다. 이때 목공을 구원하기 위해 용감하게 포위망을 뚫고 달려든 용사들이 있었다.

그 덕분에 목공은 위기를 면했을 뿐 아니라 오히려 대대적으로 반격을 가하여 이오를 생포했다.

이 전투가 있기 수년 전에 목공의 명마(名馬)가 도망친 일이 있었다. 그런데 그때 기산(岐山) 기슭에 살던 건달패거리 3백여 명이 그 말을 잡아먹고 있었다. 명마를 수색하고 있던 관리가 그 사실을 알아내고는 그들을 처벌하려고 했다.

그러나 목공은 "군자는 짐승을 죽였다고 하여 사람들을 해치지 않는다. 그보다는 명마를 먹으면서 술을 마시지 않으면 몸에 해롭다고 알고 있다."라고 말하고는 오히려 그들에게 좋은 술을 하사하였다.

바로 이 3백여 명의 사나이들이 목공이 위험에 빠졌다는 소식을 듣고 용감하게 포위망을 뚫고 달려온 용사들이었다. 그들은 목공이 궁지에 빠진 것을 보자 죽음을 무릅쓰고 돌진하여 자기들이 목공의 명마를 잡아먹었을 때의 그 은혜에 보답한 것이었다.

결국 목공은 전쟁에서 이겨 이오를 생포하고 자랑스럽게 개선한 후 백성들에게 선포했다.

"며칠 뒤에 이오를 제물로 바쳐 상제(上帝)께 제사를 올릴 것이다."

주나라 천자(天子)가 그 소식을 듣자 "진(晉)나라의 근본을 따진다면 우리 주(周)나라와 한 핏줄이오."라면서 이오의 목숨을 살려 달라고 요청했다. 또한 목공의 부인은 바로 이오의 누나였기 때문에 그녀 또한 검은 수건을 두르고 마의

(麻衣)를 걸치고 발을 드러낸 채 목공에게 말했다.

"나의 형제를 내가 구해 내지 못하고, 또한 그를 구해 낸다면 당신의 명령을 깨는 것이 되니!"라면서 탄식하였다.

그러자 목공 역시 탄식해마지 않았다.

'나는 이오를 포로로 삼은 것을 큰 공으로 생각했는데, 천자께서는 청을 하시고, 부인은 이로 인해 걱정하고 있구나!'

결국 목공은 이오를 풀어 주기로 했다. 그러면서 진나라와 맹약을 하고 이오를 귀국시키기로 하였으며, 또 그를 가장 좋은 숙소에 기거하게 하면서 제후의 예로 대접하였다.

그 해 11월에는 이오를 자기 나라로 귀국시켜 다시 왕의 자리에 앉게 하였다. 그래서 이오는 하서(河西) 땅을 목공에게 바치고, 태자 어(圉)를 인질로 보냈다. 목공은 자기 집안의 한 공주를 태자에게 시집보냈다.

이 무렵 진(秦)나라의 세력은 크게 강성해져 동쪽으로는 황하까지 확장하였다.

두 진나라의 경쟁

목공 22년, 인질로 와 있던 태자에게 그의 아버지 이오가 병상에 누워 있다는 소식이 들려왔다. 그러자 태자 어는 '목공은 내 아버님이 돌아가시더라도 나를 고국에 보내줄 리가 없다. 내게는 형제가 많다. 진(晉)나라는 나를 중시하지 않을 터이고 그렇게 되면 진(晉)나라는 다른 사람의 것이 되고 말 것이다.'라고 생각하여 자기 나라로 도망쳐 돌아갔다.

이듬해인 목공 23년에 진(晉)나라에서는 이오가 죽고, 도망쳤던 태자가 뒤를 이어 즉위했다.

그런데 목공은 태자가 몰래 도망친 사건 때문에 그를 매우 미워하고 있었다. 그래서 이오의 형인 공자 중이를 망명지인 초나라에서 불러들였고 원래 태자에게 시집보냈던 공주를 중이에게 시집보냈다. 중이는 일단 결혼하기를 거절했으나, 목공이 거듭 간청하기 때문에 마침내 승낙하였다. 중이가 진나라로 오자 목공은 그를 더욱더 우대했다.

이듬해 봄에는 진(晉)나라 중신들에게 몰래 사자를 보내 중이를 맞이하여 군주로 세울 것을 요청하였다. 이에 중신들이 그 뜻을 받아들였고 목공은 군대를 붙여 중이를 고국으로 귀국하도록 하였다. 그 해 2월에 중이는 드디어 군주의 자리에 오르게 되니, 그가 바로 진 문공(晉文公)이다. 문공은 사람을 보내 어를 죽였다.

한편 그 해 가을 주(周)나라에서는 양왕의 아우인 대(帶)가 반란을 일으켰다. 그 때문에 양왕은 피신해서 망명했다. 그러고는 이듬해에 진(晉)과 진(秦), 두 나라에 사자(使者)를 파견하여 구원을 요청했다. 이에 목공은 손수 군사를 이끌고 문공과 협력하여 양왕을 입국시켰고, 양왕의 아우 대를 죽였다. 목공 28년, 문공은 성복에서 초나라를 격파시키고 드디어 천하의 패자가 되었다.

2년 뒤에는 목공과 문공이 협력해서 정나라를 포위했다. 그러자 정나라는 몰래 사자를 목공에게 보냈다.

"우리 정나라를 치면 득을 보는 것은 진(晉)나라의 문공이며, 귀국에는 아무런 이익도 없습니다. 진(晉)나라가 강대해진다는 것은 오히려 진(秦)나라에 있어서는 화가 미치는 근원이 될 뿐입니다."

이 말을 그럴 듯하게 여긴 목공은 군사를 거두어 귀국해 버렸기 때문에 문공도 어쩔 수 없이 작전을 중지하고 말았다. 목공 32년 겨울에 문공이 죽었다.

그런데 정나라 백성 중에 자기 나라를 진나라 목공에게 팔아넘기려는 자가 나타났다.

"정나라 도읍의 성문(城門)은 제가 관리하고 있습니다. 제가 손만 쓴다면 쳐들어가는 것은 간단합니다."

목공은 곧 건숙과 백리해 두 신하를 불러 의견을 물었다.

그러나 두 사람은 "정나라에 가려면 다른 나라 영토를 여러 곳 통과해야만 합니다. 그렇게 먼 나라에 쳐들어가서 승리를 거둔 예는 없습니다. 게다가 우리나라에 우리들의 움직임을 정나라에 몰래 전해주는 사람이 없다고 어떻게 믿습니까? 이러한 일은 할 수 없습니다."라며 반대하였다. 하지만 목공은 "그대들은 모르오. 이 일은 이미 내가 결정하였소."라고 말하였다.

그런 후 목공은 백리해의 아들 맹명시(孟明視)와 건숙의 아들 서걸술(西乞述)을 곧 원정군의 장수로 임명했다. 마침내 출정하는 날, 백리해와 건숙은 통곡을 하면서 배웅하였다. 그러자 목공이 크게 화를 내며 비난했다.

"내가 병사들을 파견하여 출정하는데, 그대들은 나의 군대를 막고 통곡을 하다니 어찌 된 일이오?"

그러자 두 노인은 "저희는 감히 왕의 군대를 막을 수 없습니다. 다만 군대가 출정하게 되면 저의 아들도 같이 떠나게 됩니다. 소신들은 이미 늙은 몸이라 그들이 너무 늦게 돌아오게 되면 우리가 다시 만날 수 없게 될까 걱정이 되어 그 때문에 이렇게 울고 있는 것입니다."

그러고는 물러나서 사적으로 자식들에게 말했다.

"너희들의 군대는 반드시 효산(崤山) 전투에서 패할 것이다!"

목공 33년 봄, 진(秦)나라는 드디어 동쪽으로 출정하였는데, 당초의 예정을 바꿔 진(晉)나라 영토를 통과하지 않고 주나라 왕실의 북문을 통과하게 되었다.

당시에는 제후의 군대가 천자가 다스리는 주나라를 지날 때는 갑옷을 벗고 무기도 거둬 한 곳에 묶어야 했다. 그러나 진나라 군대는 이를 전혀 지키지 않았으며, 줄도 맞지 않고 기율도 엉망이었다. 이 모습을 본 주나라의 대신 왕손 만(王孫滿)이 탄식하였다.

"천자가 계시는 성의 문을 그대로 지나다니 무례하기 짝이 없는 태도이다. 더구나 경솔하기까지 하다. 경솔하면 생각이 얕고, 예의가 없으면 기율이 없는 법이다. 이러한 군대가 패하지 않으면 또 누가 패배한다는 말인가!"

이윽고 진나라 군대는 활(滑)읍에 도착하였다. 이때 우연히 현고(弦高)라는 정나라 상인(商人)이 소 12마리를 끌고 주(周)나라로 팔러 가던 도중에 진나라 군대를 만났다. 자세히 알아보니 정나라를 공격하러 간다는 것이었다. 그는 즉시 사람을 정나라 왕에게 보내 이 사실을 알리고 대비하도록 했다. 그러면서 한 가지 꾀를 냈다. 현고는 자기의 열두 마리 소를 끌고 진나라 장군을 찾아가 이렇게 말했다.

"대국 진나라가 정나라를 징벌하러 온다는 말을 듣고 정나라 군주는 조심스럽게 방비를 갖추고 있습니다. 여기에 소 12마리를 바치는 것은 원정 중인 군사를 위로하게 하라는 정나라 군주의 분부이십니다."

그 말을 듣자 진나라 장군들은 이마를 맞대고 의논했다.

"아무래도 정나라가 우리의 계획을 알아차린 모양이오. 지금 공격을 해봤자 실패할 것 같소."

그러고는 급히 방침을 바꿔 정나라 대신 활읍을 멸망시켰다. 그런데 활읍은 진(晉)나라의 변성(邊城)이었다. 이때 진(晉)나라는 문공의 상중(喪中)이었고 아직 매장도 하지 못한 처지였다. 그런 와중에 진(秦)나라의 공격 소식을 듣자 태자 양공은 크게 분노하였다.

"진나라가 부친이 막 붕어하신 이 틈을 노리고 활읍을 점령하다니!"

그러고는 당장 상복을 입은 채 전군에 출동 명령을 내렸다. 그런 후 효산 골짜기에 군대를 매복시키고 진군(秦軍)이 나타나자 신속히 격파하였다. 진나라 병사는 살아남은 자는 하나도 없다시피 되었고 두 장군도 생포되고 말았다.

그런데 문공의 부인은 진(秦)나라의 공주로서 그녀는 생포된 두 장군의 목숨을 구하려고 양공에게 청하였다.

"왕명을 거역하고 활읍을 공격한 이 장군들을 내 아버님께서는 골수에 맺히도록 원망하고 계실 것이오. 그러니 이 자들을 다시 돌려보내서 아버님께서 직접 삶아죽이도록 해 주세요."

양공은 그 말을 받아들여 두 장군을 돌려보냈다. 장군들이 진나라에 도착하자 목공은 상복을 입고 두 장군을 도읍의 교외에까지 나가 마중하며 손을 잡고 울면서 말했다.

"내가 백리해와 건숙의 의견에 따르지 않았기 때문에 자손인 그대들에게 수치를 끼치게 하였으니, 그대들이 무슨 죄가 있겠는가? 그대들은 마음을 다잡고 이번의 치욕을 설욕하기 위해 준비하도록 하라. 절대 게으르지 말라."

그러면서 두 장군의 본래 관직을 회복시키고 전보다도 더 후한 대접을 해 주었다. 그 후에도 목공은 또다시 맹명시 등 두 사람을 장군에 임명하고 진(晉)나라를 공격하게 했으나 팽아(彭衙)에서 또다시 패배한 채 철수해야만 했다.

유혹과 이간

어느 날 융(戎)나라 왕이 유여(由余)라는 사자를 보내왔다. 본래 유여의 선조는 진(晉)나라에서 망명한 자였으므로 유여는 중국어를 충분히 알아들을 수 있었다.

목공이 현명하다는 소식을 전해들은 융왕은 유여를 진(秦)나라에 보내 진나라의 국정을 시찰하도록 한 것이다.

목공은 의기양양해서 자기의 힘을 과시하려고 궁중에 모아둔 금은보화를 꺼내 보였다. 그러자 유여는 이렇게 말했다.

"귀신이 이런 것을 만들었다고 하면 틀림없이 귀신도 지쳤을 것입니다. 만약 백성들이 만들었다면 백성들은 반드시 고통을 겪었을 것입니다."

목공은 매우 놀라면서 또 물었다.

"우리 중원의 모든 나라는 시서(詩書), 예악(禮樂), 법도(法度)에 따라서 나라를 다스리고 있소. 하지만 그런데도 소란이 그치지 않소. 그런데 귀국에는 이렇다 할 통치의 기준이 없는 것 같은데 무엇을 기준으로 삼아 나라를 다스리고 있소? 그러한 기준이 없으면 틀림없이 어려움을 겪을 터인데도 말이오."

유여는 웃으면서 대답했다.

"이것이야말로 중원에 항상 변란이 일어나는 원인입니다. 물론 예악이나 법도의 제정은 고대 성왕(聖王)이신 황제(黃帝)가 예악 제도를 제정하여 스스로 솔선해서 법도를 따르셨고 그래서 겨우 조그만 다스림의 정도를 해낼 수 있었던 것입니다. 그러나 후대에 이르러 왕들은 날로 교만하고 음락에만 빠졌습니다. 그들은 법률 제도의 힘만을 믿고 백성들을 문책하였기 때문에 백성들은 극도로 피폐해져서 인의(仁義)를 행하지 않는 군주를 원망하게 되었습니다. 위아래가 서로 다투고 원망하며 서로 찬탈하고 살육하여 종사를 멸하는 지경에까지 이르게 되는 것은 모두 이러한 연유에서입니다. 그러나 융족은 그렇지 않습니다. 윗사람은 순박한 덕으로 아랫사람을 대하고 아랫사람은 충성으로 그 윗사람을 받들기 때문에 한 나라의 정치가 사람이 자기 한 몸을 다스리는 것과 같이 잘 다스려지지만, 잘 다스려지는 원인이 무엇인지 알지 못합니다. 이것이 진정한 성인(聖人)의 정치입니다."

이 말을 들은 목공은 내전으로 들어가 신하 왕료(王廖)를 불러 상의했다.

"이웃 나라에 성인이 있게 되면 그 적대국의 우환이라고 들었는데, 지금 융왕은 유여와 같은 현명한 인물이 있으니 우리의 우환이오. 어떻게 해야 되겠소?"

그러자 왕료는 "융왕은 벽지에 살고 있으며 아직 중원의 음악에 대해 보지 못했습니다. 그러니 우선 미녀 가무단을 보내 유혹함으로써 그의 마음을 바꿔 보도록 하십시오. 한편으로는 유여의 귀국을 연기시켜서 융왕과의 사이를 벌어지게 하는 것입니다. 그렇게 되면 융왕은 유여에 대해서 크게 의혹을 품을 것이 틀림없습니다. 군신 간에 간극이 생기면 우리에게 비로소 기회가 생깁니다. 더구나 융왕은 음악을 좋아하기 때문에 그는 반드시 정사를 태만히 할 것입니다."

목공은 "과연 묘안이오."라고 하였다.

그 후 목공은 유여에게 큰 잔치를 베풀어주었다. 그리고 연회석에서 함께 나란히 자리를 앉는 등 융성한 대우를 했다. 식사를 할 때에는 손수 요리를 권하면서 매우 친근한 정을 보여주었고 융나라의 지형과 군비 등을 질문해서 나라 정세의 대부분을 파악했다. 그런 다음 열여섯 명의 미녀 가무단을 융왕에게 보내게 했다. 과연 융왕은 완전히 탐닉하여 1년이 지나도록 가무단을 돌려보내려 하지 않았다.

목공은 그러한 융왕의 사정을 알게 된 후에야 비로소 유여를 귀국시켰다. 유여가 돌아가서 보니 왕은 매일같이 가무단만 즐기고 있었다.

"폐하, 그만 가무단을 돌려보내십시오."

유여가 거듭 간쟁했지만, 융왕은 귀를 기울이지 않았다.

목공은 비밀리에 여러 차례 사람을 보내어 유여를 진나라에 항복하라고 설득하였다. 마침내 유여는 융을 떠나 진(秦)나라로 돌아왔다. 목공은 그를 빈객으로 대하면서 융족을 정벌할 계책을 물었다.

나의 과오를 영원히 기억하도록 하라

목공이 즉위한 지 36년, 목공은 맹명시 등을 더욱 후대하고 군대를 일으켜 또다시 진(晉)나라를 공략하게 했다. 진군(秦軍)은 황하를 건너간 뒤 타고 갔던 배들을 모두 불살라 버리면서 필승의 결심을 나타냈다. 마침내 진(晉)나라를 대파하고 궁궐과 도읍을 점령하여 이전에 효산 골짜기에서 패전한 치욕을 갚았다.

그런 연후에 목공은 황하를 건너 그동안 효산 골짜기에서 나라를 위해 몸을 바친 사병들의 제사를 지낸 후 매장했다. 이와 동시에 전국에 그들을 위하여 모두 사흘 동안 애도하도록 한 뒤에 병사들에게 다음과 같이 말했다.

"그대들 병사들이여, 나의 맹세를 조용히 들으라. 우리 조상들은 매사에 있어 노인들의 말씀을 항상 충실하게 따랐었다. 그리하여 커다란 착오가 없었던 것이다. 그러나 나는 당초에 건숙과 백리해의 충언을 듣지 않았기 때문에 수많은 충성스러운 병사를 죽음에 이르게 했도다. 나는 그리하여 오늘의 고백 선서를 하노니 후세 사람들에게 나의 과실을 영원히 기억하도록 하라."

군자들은 이 말을 전해 듣고 눈물을 흘리지 않는 사람이 없었다. "아! 사람을 대하는 진 목공의 진실한 태도가 있기에 맹명시 같은 신하와 선비를 둘 수 있도다!" 이듬해에 목공은 유여가 세운 작전 계획에 따라 서쪽의 융왕을 토벌하고 열두 나라를 겸병(합병)하게 되었으며 천 리의 강토를 넓혀 마침내 서융 지역에서 패권을 쥐게 되었다. 이에 주나라 천자(天子)는 목공에게 금으로 만든 북(금고金鼓)[53]을 하사하고 그 공적을 찬양했다.

목공이 중원에 진출하지 못한 이유

목공은 재위 39년 만에 사망하여 옹(雍) 땅에 매장되었다. 목공을 따라 순장(殉葬)[54]한 사람이 1백 77명에 이르렀다. 진나라의 여(輿)씨 성을 가진 세 명의 양신(良臣), 즉 엄식(奄息), 중항(仲行), 침호(鍼虎)도 모두 순장되었다. 진나라 사람들은 이 세 명의 양신을 애통해하여 「황조(黃鳥)」라는 시를 지어 애도하였다.

군자들이 말했다.

"진 목공은 영토를 넓혀서 나라를 부강하게 하였다. 동쪽으로는 강한 진(晉)나라를 굴복시키고, 서쪽으로는 융족을 장악하였다. 그러나 그가 여러 제후들의 맹주가 될 수 없었던 것은 당연한 일이기도 하다. 왜냐하면 죽은 후에 백성들을 버리고 어진 신하를 순장시켰기 때문이다. 고대의 선왕(先王)은 죽은 후에도 좋은 도덕과 법도를 남겼지만, 목공은 오히려 백성들이 동정하는 착한 사람과 어진 신하를 빼앗아갔으니, 진나라가 더 이상 동쪽으로 발전할 수 없었던 이유를 이로써 알겠구나!"

---

53) 금고金鼓는 고대 군대 중 지휘 신호를 보내는 도구로 사용되었다.
54) 왕이 승하하면 이를 따라 그를 모시던 사람들을 같이 매장하던 것을 가리켜 순장이라 한다.

3. 항우 본기
-패왕별희

항우는 진나라 말기 농민봉기의 불꽃 속에서 우뚝 솟아오른 불세출의 영웅이다. 「항우 본기」는 항우라는 "역사상 일찍이 그 유례를 찾을 수 없었던" 한 영웅을 중심으로 그의 영웅적인 무용담과 아울러 그의 잔학성과 과실 그리고 비극적 종말을 생동감 있게 그려내고 있다. 독자들은 마치 영화 한 편을 보는 듯 전쟁터의 피비린내를 생생하게 느낄 수 있고 말들의 울부짖음과 용사들의 포효를 들을 수 있으며, 항우가 적장들의 목을 베며 전쟁터를 휩쓰는 모습을 지켜볼 수 있다.

동시에 항우가 도처에서 사실적으로 보여주는 잔학성을 여실히 목도할 수 있으며 또한 이러한 요인들의 '축적'으로 인한 항우의 몰락 과정 역시 처연하게 묘사되고 있다.

사실 항우는 인간미가 있던 영웅이었다. 그 수많은 전쟁 속에서 단 한 번도 속임수를 쓴 적이 없었다. 홍문에서의 잔치에서 번쾌가 휘장을 밀치고 들어왔을 때에도 항우는 그를 나무라지 않았다. 번쾌가 항우를 노려보는데 머리카락이 곤두서고 눈초리는 찢어져 있었지만, 항우는 그 모습을 보고도 "장사로구나!"라고 칭찬하고는 술과 고기를 내렸다. 번쾌가 방패를 땅에 내려놓고 그 위에 돼지 다리를 올려놓고서 칼을 뽑아 잘라 먹자 항우는 다시 "참으로 장사로다! 더 마실 수 있는가?"라고 칭찬하였다. 실로 적과 아군을 떠나 영웅호걸을 알아보는 경지가 아닐 수 없다.

이어 번쾌가 항우를 정면으로 비판하면서 항우가 유방을 핍박하는 것이 "진나라를 이어받는 것"이라고 맹비난했지만, 항우는 '아무런 반응을 보이지 않은 채' 한참만에 다만 "앉으라!"라 했을 뿐이었다. 올바른 도리에 진심으로 경탄하면서 또 관대한 항우의 성격이 여실히 드러나고 있다.

항우는 부하들에게 인자하고 사랑으로 대하였다. 이는 한신과 진평의 증언에서 나타나고 있다.

"평소 항왕이 사람을 대하는 태도는 겸손하고 자애로우며 부드럽습니다. 말투가 부드럽고 어느 사람이 병이 나게 되면 눈물을 흘리며 음식을 나눠줄 정도입니다."

"항왕은 다른 사람을 공경하고 사랑하여 청렴하고 지조 있고 예의를 좋아하는 선비들이 대부분 그에게로 귀순하였습니다."

바로 이러한 항우의 인간적 매력 때문에 그토록 많은 사람들이 비록 항우로부터 벼슬과 영지를 상으로 받은 적도 없었지만 그의 휘하에 모여들어 피비린내 나는 전쟁터에서 마지막 생명까지 기꺼이 내던졌던 것이다.

항우는 심지어 자신의 정적인 유방에 대해서도 "한번 말을 하게 되면 반드시 지켜야 하고, 일을 할 때는 반드시 이뤄내야 한다(言必信, 行必果)"는 원칙을 지킴으로써 결국 홍문의 잔치에서 유방의 교언(巧言)에 속아 넘어갔다. 또 유방의 부친과 처자를 포로로 잡아놓고도 "나의 아버지가 곧 그대의 아버지거늘 반드시 그대의 아비를 삶겠다면 바라건대 내게도 국 한 그릇을 나눠 주거라!"는 무뢰배와도 같은 유방의 조소만 들어야 했다.

하지만 항우에게는 치명적인 약점이 있었다. 항우가 전쟁에서 거둔 빛나는 승리들은 그로 하여금 개인 영웅주의에 사로잡히게 만들었고, 무력에 의하여 모든 것을 해결할 수 있다고 확신하게 하였다. 그리하여 그는 스스로의 무용만을 긍지로 여기면서 다른 사람을 전혀 믿지 않았다. 그는 지나친 자신감을 가졌으며, 유방을 과소평가하여 결코 자신의 장애가 될 것이라고 생각하지 않았다. 또한 죽음을 목전에 두고서도 그는 "하늘이 나를 망하게 하는 것이지, 전쟁을 잘하지 못했기 때문이 아니다"며 끝내 반성하지 않았던 비극적 성격을 가지고 있었다.

항우는 결국 실패하였다. 그는 천하를 잃고 목숨도 잃었다. 그러나 그는 오히려 역사를 얻었고, 인심을 얻었다. 항우가 죽은 뒤 유방은 왕의 예우를 지켜 노공(魯公)으로 봉하여 안장하였을 뿐만 아니라 "직접 가서 상을 지내고 한바탕 곡을 한 뒤 떠났다." 이렇게 자신의 정적으로 하여금 진심으로 애도하고 제사를 지내게 만든 것도 항우가 지닌 인간적 매력 때문이라 할 수 있다.

「항우 본기」는 『사기』 전편을 통하여 가장 뛰어난 문장 중의 한 편으로 평가되고 있으며, 그 자체로서 한 폭의 영웅 초상화이고 사상과 예술을 통일시켜냄으로써 문학적인 차원에서도 대단히 성공적인 작품이다.

만 명을 대적하는 것을 배우겠노라

항적(項籍)은 하상(下相)[55] 사람으로서 자(字)는 우(羽)이다. 처음 항적이 군대를 일으켰을 때의 나이는 24세였다. 그의 계부(季父)[56]는 항량(項梁)으로서 항량의 부친은 진나라 장군 왕전에게 패하여 죽임을 당했던 초나라 명장 항연(項燕)이다. 항씨는 대대로 초나라의 장수를 지냈고 항성(項城)[57]에 봉해졌기 때문에 항씨를 성으로 하였다.

항적은 어렸을 때 글을 배우기는 했으나 이뤄낸 바가 없이 포기하고 다시 검술을 배웠는데 이 또한 이뤄내지 못하였다. 항량이 화를 내자 항적은 태연하게 "글자는 성명을 기록하는 것으로 충분하고, 검은 한 사람을 대적할 수 있을 뿐으로 배울 가치가 없습니다. 배울 만한 것은 곧 능히 만 명을 대적하는 학문입니다."라고 말하는 것이었다. 항량은 그럴 듯한 대답이라 여겨 곧 병법을 가르쳤는데 항적은 병법 배우는 것을 대단히 즐거워하였다. 하지만 병법의 요지를 대략 알고 나자 곧 더 깊이 공부하려 들지 않았다.

일찍이 항량이 어떤 사건에 연루되어 역양현 감옥에 갇힌 적이 있었는데, 기현(蘄縣)의 옥연(獄掾)[58] 조구로 하여금 역양의 옥연인 사마흔에게 서신을 보내달라고 부탁하여 무사히 풀려날 수 있었다. 뒷날 항량은 또 사람을 죽였는데, 그는 죽은 자의 친족들의 복수를 피하기 위하여 항적을 데리고 오중(吳中) 지방으로 가서 살았다. 오중의 현명한 인재들은 모두 항량의 성망(聲望)에 미치지 못했다. 오중 지방에 요역(徭役)[59]과 상사(喪事)[60]가 있을 때 항상 항량이 그 일을 주관하였는데, 은밀하게 병법을 사용하여 빈객과 젊은이들을 배치하고 지휘함으로써 그들의 능력을 모두 파악해 두었다.

언젠가 진시황이 회계산을 순행(巡行)하고 절강(浙江)을 건널 때, 항량과 항적

---

55) 현재 강소성에 있던 현 이름.

56) 부친의 동생

57) 현재의 하남성 항성현

58) 감옥을 지키는 관리. 연掾은 고대 속관의 통칭.

59) 고대에 성을 쌓거나 도로를 건설할 때 정부가 인력人力을 조직하여 공사를 진행했는데, 이때 일반 백성들은 이러한 노동에 참가하도록 강제되었으며 이를 요역이라 한다.

60) 당시 사회 상층 인사들의 장례는 일반적으로 3개월 이상 소요되어 대규모 인력이 요구되었다.

이 함께 그 광경을 보았다. 항적이 그 모습을 보고는 "저 사람, 내가 충분히 대신할 수 있다."라고 말하였다. 깜짝 놀란 항량은 그의 입을 틀어막으며 "함부로 말하지 말라. 멸족의 형[61]을 받게 된다!"라고 말하였다. 그러나 항량은 이 일이 있고 난 이후 항적을 매우 기이하게 생각하였다. 항적은 키가 8척이 넘고 힘은 쇠솥을 들어올릴 정도였으며 재기가 범상치 않았다. 그래서 오중 사람들은 모두 항적을 두려워하였다.

진나라 2세 황제 원년 7월, 진섭 등 9백여 명이 대택향(大澤鄕)에서 기치를 들었다. 이 해 9월 회계 군수 은통이 항량에게 제안하였다. "강서(江西) 지역이 모두 반진(反秦)의 기치를 들고 일어났으니, 이는 하늘이 진나라를 멸망시키려는 시기가 왔다고 할 것이오. 나는 먼저 나서면 남을 제압할 수 있고 나중에 나서면 남에게 제압당한다고 들었소.[62] 그래서 내가 먼저 몸을 일으켜 그대와 환초를 장군으로 삼고자 하오." 이때 환초는 깊은 산중으로 피신해 있던 상황이었다. 항량은 "환초는 지금 몸을 피해 숨어 있기 때문에 그가 어디 있는지를 아는 사람이 없는데, 오로지 항적 한 사람만 그곳을 알고 있습니다."라고 말하였다. 그러고는 즉시 밖으로 나와 항적을 만나 칼을 차고서 관청 밖에서 기다리도록 하였다.

그리고 항량은 다시 들어가 은통에게 "항적에게 들어와 환초를 불러오라는 명을 받들도록 하십시오."라고 요청하였다. 은통

항우

---

61) 원문은 족族으로서 고대 시기 형벌의 하나이며 전 가족을 처형하는 형벌.

62) 선즉제인, 후즉위인소제先則制人, 後則爲人所制

이 이를 허락하자 항량은 곧바로 항적을 들어오도록 하였다. 항량이 항적에게 눈짓을 하면서 "때가 되었다!"라고 하자 항적은 칼을 뽑아서 단번에 은통의 머리를 베었다. 항량이 은통의 머리를 들고 군수의 인수를 허리에 두르자 군수의 부하들이 대경실색하여 큰 혼란이 빚어졌다. 이때 항적이 칼을 뽑아 베어 죽인 사람만 해도 수십 명에 이르렀다. 그리하여 군수 부중(府中)의 사람들 모두 두려워하여 땅에 엎드려 감히 일어날 생각을 하지 못했다.

항량이 곧 전부터 알고 있던 지방 유지와 관리들을 불러서 진나라를 반대하는 거사의 명분을 설명하자 모두 찬동하였다. 그리하여 마침내 군사를 일으키고는 사람들을 파견하여 오중의 관할 현을 차례로 접수하고 정예군 8천 명을 조직하였다. 항량은 오중의 호걸들을 교위(校尉), 후(侯), 사마(司馬)의 직위에 각기 임명하였는데, 관직을 얻지 못한 어떤 사람이 그 이유를 항량에게 물었다. 항량이 "전에 그대에게 어떤 일을 맡겨보았는데, 그때 그대는 일을 잘 처리하지 못했소. 그래서 임용하지 않은 것이오."라고 말하자 모든 사람들이 항량의 사람 보는 눈에 탄복하였다. 항량은 회계의 군수로 옹립되고 항적은 부장(副將)이 되었다.

이때 광릉 사람 소평(召平)이 진왕(陳王) 진섭의 명령으로 광릉을 공략하려 했으나 함락시키지 못하였다. 그러다가 진섭이 이미 패주하였고 또 진나라 군대가 장차 공격을 할 것이라는 말을 듣고는 장강을 건너서 거짓으로 진섭의 명령을 전하며 항량을 초왕(楚王) 상주국(上柱國)[63]으로 봉하였다. 그러고는 항량에게 "강동은 이미 평정되었으니 빨리 군대를 통솔하여 강서로 옮겨가서 진나라를 공격하라!"는 명령을 내렸다. 이에 항량은 8천 명의 군사를 이끌고 강을 건너서 서쪽으로 진격하였다.

그런데 진영(陳嬰)이 이미 동양(東陽)을 함락시켰다는 소식을 듣고는 사신을 보내 진영과 연합하여 함께 서쪽으로 진출하고자 하였다. 진영은 본래 동양의 영사(令史)[64]로서 평소에 신의가 있고 신중하였으며 학문도 있고 도덕적인 인물로 칭해지고 있었다. 동양현의 젊은이들이 동양 현령을 죽이고 거사하여 수천 명을 조직했는데 이들이 지도자를 세우고자 하였을 때 적임자가 마땅히 없자

---

63) 초나라에서 큰 공을 세운 자에게 주던 관직으로서 역대에 계속되다가 청나라 시기에 이르러 폐지되었다.
64) 고대에 문서를 관장하던 관리.

그들은 진영에게 우두머리를 해 달라고 청하였다. 진영은 자신이 능력이 부족하다며 거듭 사양하였지만 젊은이들은 진영의 말을 받아들이지 않고 강제로 진영을 수령으로 삼았다. 당시 현에서 이 거사를 따르고자 하는 자는 2만 명에 이르렀다. 젊은이들은 진영으로 하여금 칭왕을 하게 하고 사졸들을 다른 군대와 구별하기 위하여 머리에 푸른색의 수건을 둘러 창두군(蒼頭軍)이라고 칭하고, 다른 군대와 구별하면서 '우뚝 솟아 새롭게 거사를 한' 뜻을 표시하였다. 이때 진영의 모친이 진영에게 말하였다. "내가 너희 진씨 집 며느리를 해온 이래 이제껏 너의 선조 중에 고관대작이 있었다는 것을 들어보지 못했다. 지금 갑자기 커다란 명성을 얻은 것은 좋은 징조가 아니다! 다른 사람의 아래에 있는 것이 낫다. 일이 성공하면 여전히 열후에 봉해질 수 있고, 일이 실패해도 쉽게 벗어날 수 있다. 왜냐하면 그럴 경우에 너는 세상 사람들이 가장 주목하는 사람이 아니며 그래서 이름이 지목되어 붙잡아야 할 사람이 아니기 때문이다."

진영은 그 말이 그럴 듯하다고 여겨 감히 왕이 되지 않았다. 그는 그의 사병들에게 "항씨는 대대로 대장군의 가문으로서 초나라에서 유명하다. 그러니 지금 거사를 일으키는 데 항씨의 사람이 아니면 안 될 것이다. 만약 항씨가 이끌수 있다면 우리는 모두 명문대족에 기대어 반드시 진나라를 멸망시킬 수 있을 것이다."라고 말하였다. 이렇게 하여 부하들은 모두 그의 말을 따라 항량 휘하에 소속되었다. 항량이 회수(淮水)를 건너자 경포와 포장군(蒲將軍)도 군대를 이끌고 귀순하였다. 이때 항량의 군대는 총 6, 7만이었고 하비(下邳)에 주둔하였다.

진나라를 망하게 할 나라는 반드시 초나라이다

이때 진가(秦嘉)가 경구(景駒)를 초왕으로 옹립하고, 팽성[65] 동쪽에 주둔하면서 항량 군대의 서진을 제지하고자 하였다. 항량이 병사들에게 선포하였다. "진왕(陳王)이 최초로 봉기하였으나 뒷날 이기지 못하고 패주하여 지금 어디에 있는지조차 알 수 없다. 그런데 지금 진가가 진왕을 배반하고 경구를 세웠으니 이

---

65) 현재의 강소성 서주시徐州市

는 대역무도한 일이다!"

항량은 즉시 진군하여 진가를 공격하였다. 진가가 패주하자 항량은 호릉까지 추격하였다. 진가는 군사를 돌려 전투를 벌였으나 하루 만에 전사하고 그의 병사들은 모두 투항하였다. 경구는 패주하여 양(梁)[66] 지역에서 죽었다. 항량은 진가의 군대를 합병시키고 호릉에 진을 친 뒤 군대를 이끌고 서쪽으로 진격하려고 준비하였다. 이때 장한(章邯)의 군대가 율현에 당도하자 항량은 별장(別將) 주계석과 여번군을 파견하여 그와 교전하도록 하였다. 하지만 여번군은 전사하고 주계석의 군대는 패하여 호릉으로 도주하였다. 항량은 군사를 이끌고 설현으로 들어가 패장 주계석을 처형하였다. 한편 항량은 이에 앞서 항우에게 다른 군대를 통솔하고 따로 양성(襄城)을 공격하도록 했는데, 양성은 수비가 견실하여 쉽게 함락되지 않았다. 그러나 항우는 결국 성을 함락시킨 뒤 성을 지키던 군민(軍民)을 모두 산 채로 땅에 매장하고 돌아와 항량에게 승전보를 전했다.

항량은 이때 진왕 진섭이 확실히 이미 죽었다는 말을 듣고서 각지의 모든 장수들을 설현으로 소집하고 함께 대사를 의논하였다. 이때 패공(沛公)[67]도 이미 패현(沛縣)에서 군사를 일으키고 항량이 설현에 있다는 말을 듣고 군사를 이끌고 설현으로 가 항량을 만났다.

거소(居鄛) 사람 범증(范增)은 나이 칠십으로서 자신의 집에서 지내며 기묘한 계책을 내기를 좋아했다. 그는 설현으로 항량을 찾아가서 "진승이 그렇게 실패한 것은 당연했습니다. 당초 진나라가 6국을 멸망시켰을 때 초나라가 가장 억울한 경우였습니다. 회왕(懷王)이 속임수에 속아 진나라에 들어가서 귀국하지 못한 이후 회왕을 가련하게 생각하고 동정하지 않은 초나라 사람이 없었고 지금까지도 여전히 그리워하고 있습니다. 그러므로 초나라 남공(楚南公)[68]은 '비록 초나라에 세 집만 남아 있더라도 진나라를 멸망시킬 나라는 반드시 초나라이다.'라고 예언하였던 것입니다. 그런데 이번에 진승이 가장 먼저 봉기하여 초나라의 후예를 옹립하지 않고 스스로 왕위에 올랐기 때문에 진승의 우세는 오

---

66) 전국 시대 위나라 도읍이 대량大梁이었으므로 위나라가 양梁으로 칭해졌다.
67) 유방, 패沛는 현재의 강소성 서주시徐州市 패현沛縣
68) 전국시대 초나라의 예언가

래 가지 못했습니다. 지금 항 장군께서 강동(江東)에서 군사를 일으키시니 초나라 장사(將士)들이 벌 떼같이 일어나 호응하고 있습니다. 이렇게 모두 앞을 다투어 항 장군께 귀의하는 것은 귀공께서 대대로 초나라의 장수였으므로 모든 사람들이 항 장군께서 장차 초나라를 세우시고 초나라를 부흥시킬 수 있다고 믿고 있기 때문입니다."라고 말하였다.

항량은 범증의 말을 매우 타당하다고 여기고 곧바로 초나라 회왕의 손자 심(心)을 찾도록 하였다. 당시 왕손 심(心)은 백성들 속에 섞여 살면서 남의 집에서 양을 치고 있었다. 항량은 곧 그를 초 회왕(楚懷王)으로 옹립하여 백성들의 뜻을 따르고자 하였다. 그래서 여전히 조상의 시호를 왕호로 사용함으로써 초 회왕에 대한 백성들의 안타까움을 받들고자 한 것이었다.

그리고 항량은 진영(陳嬰)을 초나라의 상주국(上柱國)으로 임명하고 다섯 개의 현을 식읍으로 주었으며, 회왕을 보좌하여 우이(盱眙)에 도읍하도록 하였다. 항량은 스스로 무신군(武信君)이라고 칭하였다.

몇 달이 지난 뒤 항량은 제나라의 전영(田榮)과 사마용저의 군대와 함께 동아(東阿)에 지원을 나가 진나라 군대를 크게 격파하였다. 전영이 임치로 회군하여 제나라 왕 전가(田假)를 축출하자 전가는 초나라로 도망쳤고 전가의 상국(相國) 전각은 조나라로 피신하였다. 전각의 동생 전간은 원래 제나라 장수였지만 조나라에 머물면서 감히 제나라로 돌아갈 생각을 하지 못하였다. 이에 전영은 전담의 아들 전불을 제나라 왕으로 옹립하였다. 항량이 진나라 군대를 격파한 뒤 도주하는 그들을 추격하면서 제나라에 여러 차례 사자를 보내 재촉하며 함께 연합하여 서쪽으로 진격할 것을 권하였다. 이에 전영은 "초나라가 전가를 죽이고 조나라가 전각과 전간을 죽인다면 나도 곧 군대를 보낼 수 있다."라고 응답할 뿐이었다. 항량은 "전가는 우리 초나라의 동맹국 왕이었다. 이제 갈 곳이 없어 나에게 와 의탁하였는데 차마 죽일 수 없다."라고 대답하였고 조나라 역시 전각과 전간을 죽여 제나라에게 우호적 행동을 보이지 않았다. 그리하여 제나라는 초나라를 도와 군사를 보내 진나라를 공격하지 않았다.

항량은 패공과 항우에게 각자 군사를 이끌고 성양(城陽)을 공략하도록 하였다. 성양은 함락되었고 성의 수비군은 전멸당하였다. 그런 연후에 다시 서쪽으로 진격하여 복양(濮陽) 동쪽에서 진나라 군대를 격파하였다. 진나라는 패잔병을 수습하여 복양으로 들어가 수비하면서 나오지 않았다. 패공과 항우는 군사를 돌려 정도(正陶)를 공격했으나 정도가 함락되지 않자 그곳을 포기하고 대신 서진하면서 진나라 땅을 점령해 나갔다. 그리고 옹구에 이르러 진나라 군대와 접전하여 대파하고 이유(李由)[69]의 목을 베었다. 그러고는 회군하여 외황(外黃)을 공격했으나 외황은 함락되지 않았다. 항량은 동아에서 출발하여 서쪽으로 정도에 당도하여 다시 한 번 진나라 군대를 대파하였다. 이때 항우와 유방이 이유의 목을 베자 항량은 갈수록 진나라 군대를 얕잡아보게 되었고 얼굴에는 교만한 빛이 보이게 되었다.

송의(宋義)가 항량에게 "전쟁에서 승리했다고 장령(將領)이 교만해지고 사졸들이 해이해지면 곧바로 패하게 됩니다. 지금 병졸들이 약간 해이해지고 있는데 진나라 군대는 갈수록 많아지고 있으니 장군을 대신하여 걱정하는 바입니다."라고 간했으나 항량은 권고를 귀담아 듣지 않았다. 그러고는 곧 송의를 제나라에 사신으로 보냈다. 송의는 길에서 제나라의 사신 고릉군 현(顯)과 마주쳤다. 송의가 "귀공께서는 지금 가셔서 무신군을 만나려는 것입니까?"라고 묻자 그는 "그렇소."라고 하였다. 이에 송의가 "나는 무신군 항량의 군사가 반드시 패할 것으로 판단합니다! 귀공께서 천천히 가시게 되면 죽음을 면할 수 있을 것이지만 빨리 가시게 되면 재앙을 입을 것입니다."라고 말하였다.

고릉군은 송의의 말을 듣고 일정을 늦추었다. 진나라는 과연 대규모 군사를 징발하고 장한을 지원하여 초나라 군대를 공격하였고, 결국 정도에서 초나라 군대를 크게 격파하여 항량도 여기에서 전사하고 말았다. 패공과 항우는 외황에서 철수하여 진류를 공격했으나 진류는 수비를 굳게 하여 함락되지 않았다. 패공과 항우는 "지금 무신군이 이미 패하여 세상을 떴으니 군심이 동요하고 있으므로 반드시 계속 앞으로 진군하여 지원해야 한다."라고 상의하고는 여신(呂臣)의 군대와 함께 동쪽으로 진격하여 여신은 팽성 동쪽에 주둔하고, 항우는 팽성 서쪽에 주둔했으며, 패공은 탕(碭)에 주둔하였다.

장한은 항량의 군사를 무찌른 후 초나라 군대는 강하지 않아 우환이 될 수 없다고 생각하였다. 그리하여 곧 군사를 이끌고 황하를 건너 북쪽으로 조나라를

---

69) 진나라 이사의 아들

공격하여 대파하였다. 이때 조나라는 조헐이 왕이었고 진여는 장군, 장이는 재상이었는데 모두 도망쳐서 거록성으로 들어갔다. 장한은 왕리와 섭간에게 거록을 포위 공격하도록 하면서 자신은 거록 남쪽에 주둔하고서 용도(甬道)[70]를 수축하여 군량을 수송하였다. 진여는 조나라의 장령으로서 수만 명의 군사를 거느리고 거록 북쪽에 주둔하고 있었는데, 이것이 바로 이른바 '하북군(河北軍)'이었다.

초나라 군대가 정도에서 대패한 후 회왕은 크게 두려워하여 우이를 떠나 팽성으로 와서 항우와 여신의 군대를 모두 자신이 직접 통솔할 수 있도록 만들었다. 여신을 사도(司徒)[71]로 임명하고 그의 부친 여청을 영윤[72]으로 삼았으며 패공을 탕군 군수로 임명하고 무안후에 봉하여 탕군의 군대를 이끌도록 하였다.

전에 송의와 길에서 마주쳤던 제나라 사신 고릉군 현은 이때 이미 초나라 군중에 도착하여 초왕을 만났다. 그는 회왕에게 "송의는 무신군 항량의 군사가 반드시 패하게 될 것이라고 예측했습니다. 며칠 후 과연 항량은 패하였습니다. 군대가 아직 출정하기도 전에 송의는 먼저 실패의 징조를 볼 수 있었으니 이는 실로 군사에 통달하고 있다고 할 만합니다."라고 말하였다. 그러자 회왕은 송의를 불러 더불어 대사를 의논하였다. 회왕은 송의에 대하여 크게 만족하며 그를 상장군으로 삼았다. 항우는 노공(魯公)으로서 차장(次將)이 되었고 범증은 말장(末將)으로 임명되어 조나라에 가서 구원하라는 명을 받았다. 또한 다른 별장(別將)들도 모두 송의 휘하에 배속되었다. 송의는 경자관군(卿子冠軍)[73]이라고 칭해졌다. 그런데 군대가 출병한 뒤 안양에 이르러 더 이상 진격하지 않고 46일 동안을 머물렀다.

항우는 송의에게 "지금 진나라 군대가 조나라 왕을 거록에서 포위하고 있다고 합니다. 우리는 마땅히 빨리 군사를 이끌고 강을 건너 초나라는 바깥에서 포위한 채 공략해 들어가고 조나라는 성 안에서 호응한다면 반드시 진나라를 격파할 수 있을 것입니다."라고 말하였다.

---

70) 양쪽으로 담을 쌓은 통로
71) 정교政敎를 담당하는 고급 관리
72) 초나라의 집정 수상
73) 경자卿子란 당시 사람에 대한 존칭이었고, 관군冠軍이란 제군諸軍의 위에 있다는 뜻이다.

하지만 송의는 "아니요. 소를 무는 등에는 이(蝨)를 이길 수 없소.[74] 지금 진나라는 전력을 다하여 조나라를 공격하고 있는데 설사 전쟁에서 승리를 거둘지라도 병졸들은 매우 피로해질 것이고 우리는 그 피곤한 기회를 이용할 것이오. 만약 진나라가 승리하지 못하게 되면 우리가 곧장 대군을 이끌고 북을 치며 서진하여 반드시 진나라 군대를 궤멸시킬 수 있소. 그러므로 지금의 계책으로는 먼저 진나라와 조나라로 하여금 싸우도록 하는 것이 상책이오. 갑옷을 입고 손에 무기를 들어 적진에 뛰어드는 것은 송의가 그대보다 못하지만 앉아서 책략을 꾸미는 것은 그대가 송의보다 못하오."라고 말하였다.

송의는 곧바로 군중에 군령을 내려 "사납기가 호랑이 같거나 제멋대로 하기가 염소 같으며 탐욕스럽기가 승냥이 같아서 고집이 세고 지휘 명령을 따르지 않는 자는 모두 목을 벨 것이다!"라고 엄명하였다.

송의는 그러면서 그의 아들 송양(宋襄)을 제나라로 보내 재상으로 임명하였고 직접 무염(無鹽) 지방까지 전송하였다. 성대한 주연이 베풀어졌고 귀빈들이 모였다. 그날 몹시 춥고 비가 거세었는데 사졸들은 오히려 춥고 굶주렸다.

항우가 병사들에게 말하였다.

"지금 우리 모두가 마땅히 해야 할 일은 힘을 모아 진나라를 공격하는 것이다. 그러나 우리는 오히려 오랫동안 머물며 진격하지 않고 있다. 더구나 올해는 수확이 좋지 못하여 백성들은 굶주리고 사졸들은 토란이나 콩 같은 채소로 연명하고 있으며 군영에는 남아 있는 군량도 없다. 그런데도 송의는 오히려 성대한 연회를 벌여 빈객들을 모을 뿐 군사를 이끌어 강을 건너기를 거부하면서 조나라에 가 양식을 구하지 않고 조나라와 함께 연합하여 진나라를 공격하지 않고 있다. 그러면서 오직 '그들이 지치고 패하기를 기다려라.'라고만 말하고 있다. 진나라처럼 강대한 나라가 이제 막 세워진 조나라를 공격하게 된다면 조나라가 패할 것은 너무도 뻔한 이치이다. 조나라가 멸망하고 진나라가 더욱 강대해진 뒤에 무슨 지치고 패할 기회가 있을 수 있겠는가? 또한 우리 초나라는 지금 막 패전하였기 때문에 초 회왕께서 좌불안석하시어 온 나라 병사를 오로지 장군 한 사람의 지휘에 넘기셨다. 국가의 안위가 바로 이 거사에 달려 있다.

---

74) 이 말의 의미는 거록성이 비록 작지만 견고해서 진나라가 쉽게 격파할 수 없다는 뜻.

지금 상장군은 국가를 생각하지 않고 사졸을 돌보지 않으면서 사사로운 이익만을 추구하니[75] 참으로 사직[76]을 안정시킬 수 있는 신하가 아니다."

항우는 새벽에 상장군 송의의 막사에 들이닥쳐 단번에 송의의 머리를 베었다. 그러고는 군중(軍中)에 군령을 내려 "송의는 제나라와 공모하여 초나라를 배반하려는 음모를 꾸몄다! 초왕께서 비밀리에 나에게 그를 죽이도록 명하셨다."라고 선포하였다. 이때 제후 제장 모두 항우를 두려워하여 아무도 다른 의견을 제기하지 못하였다. 모두가 "앞장서서 초나라 왕을 세운 것은 항 장군의 집안이셨고 지금 장군께서 난신을 주살하는 큰 공을 세우셨습니다."라고 말하였다. 그리하여 모두 항우를 임시 상장군으로 세웠다. 항우는 사람을 보내 송의의 아들 송양을 추격하여 제나라에서 그를 죽였다. 항우가 환초를 파견하여 회왕에게 이 사실을 보고하자 회왕은 즉시 항우의 상장군 지위를 정식으로 승인하였고, 당양군(當陽君) 경포와 포장군(蒲將軍) 등은 모두 항우 휘하에 배속되었다.

파부침주(破釜沈舟)

항우가 경자관군 송의를 죽인 후 그의 위엄은 초나라에 진동하였고 그의 명성은 제후들에게 널리 유명해졌다. 항우는 당양군 경포와 포장군을 파견하여 2만의 병사를 이끌고 장하(漳河)를 건너 거록을 구원하도록 하였다. 이 전쟁에서 작은 승리를 거두었는데, 진여가 또 항우에게 구원병을 요청하였다. 항우는 즉시 전군을 이끌고 도하한 뒤 모든 배를 부수어 물속에 가라앉히고 솥 등의 취사도구를 깨뜨렸으며[77] 막사에 불을 질러 태워 버렸다. 그러고는 3일분의 군량만을 휴대하도록 하였다. 이로써 사졸들에게 만약 승리를 거두지 못하면 오직 죽음뿐이며 결코 돌아올 수 없다는 뜻을 나타내었다. 그리하여 단 한 명의 사졸도 돌아올 마음을 갖지 않았다.

---

75) 아들을 제나라에 보내 재상으로 임명한 일을 두고 한 말.
76) 사직社稷, 사社는 토지신이고 직稷은 곡물신. 토지와 식량은 고대의 가장 중요한 두 가지 물건으로서 따라서 사직이란 당시 국가의 상징.
77) 파부침주破釜沈舟

항우는 거록에 도착하자마자 왕리(王離)를 포위하고 전투를 벌여 아홉 번 싸워 아홉 번 모두 이겼고, 진나라 군대의 용도(甬道)를 끊고 대파하였다. 그리고 진나라 장군 소각(蘇角)을 죽이고 왕리를 포로로 하였다. 섭간은 초나라에게 항복하지 않고 분신자살하였다. 이때 초나라 병사들의 용맹함은 제후들의 군대 가운데 으뜸이었다. 원래 거록을 지원해 출정한 제후군은 10여 개의 진영에 달했으나 어느 한 진영도 병사를 내보내 출전하지 않았다. 항우의 군대가 진나라 진영을 공격할 때까지 모두 자신의 진영을 나오지 않으면서 관전만 하고 있을 뿐이었다. 이에 반해 초나라 군사는 모두 일당십으로 대적하지 않는 경우가 없을 정도로 용맹스러웠으며 전투를 할 때는 초나라 군사들의 고함소리가 하늘을 진동시켰다. 제후군들은 모두 자기 군영에서 멀리 관전하면서 간담이 서늘해졌다.

마침내 항우가 진나라 군대를 대파한 뒤, 제후군의 장수들을 소집하였다. 제후 장수들은 원문(轅門)[78]에 들어오면서 모두 땅에 엎드린 채 무릎을 꿇고 기었으며 감히 고개를 들어올려 볼 생각을 하지 못하였다. 이때부터 항우는 제후군의 진정한 상장군이 되었고, 제후들은 모두 그의 휘하에 들어오게 되었다.

장한은 극원(棘原)에 주둔하고 항우는 장하 남쪽에 주둔하여 양군이 서로 대치하였다. 아직 교전을 하지 않았는데 진나라 군대가 여러 차례 퇴각하자 진나라 2세 황제는 사람을 보내어 장한을 책망하였다. 장한은 두려움을 느끼고 장사(長史)[79] 사마흔을 함양에 파견하여 지시를 청하였다. 하지만 사자가 함양에 이르러 궁 밖에 있는 사마문(司馬門)[80]에 3일을 머물렀는데 조고는 만나주지 않았다. 조고는 장한이 사자를 파견한 뜻을 의심하고 있었던 것이었다. 장사 사마흔은 두려워서 급하게 되돌아왔는데, 그는 추격을 당할까 우려하여 원래 왔던 길로 가지 않고 다른 길로 되돌아왔다. 과연 조고는 사람을 보내어서 그를 추격하게 하였으나 길이 달라 그를 체포하지는 못하였다.

사마흔은 부대로 돌아와서 장한에게 사실을 보고하였다.

"조고가 궁중에서 권력을 마음대로 농단하고 있고 그 아래 사람들은 어떤 일

---

78) 영문營門, 고대시대 군영은 두 대의 전차를 뒤집어놓고 수레의 끌채轅를 세워 그것으로 출입구를 만들었기 때문에 원문轅門이라 칭했다.

79) 상국 혹은 3공의 아랫자리에 속하는 관직

80) 왕궁의 바깥문, 무관인 사마司馬가 궁정의 바깥문을 지켰기 때문에 사마문이라 칭하였다.

을 할 기회도 없습니다. 만일 우리가 전쟁에서 이기게 되면 조고는 반드시 우리의 공로를 질투할 것이며 전쟁에 지게 되면 곧바로 죽음에 처해질 것입니다. 이 점을 장군께서 자세히 고려하십시오."

이 무렵 진여도 장한에게 서신을 보내어 권고하였다.

〈백기는 진나라의 장수가 되어 남진하여 언영을 공략하고 북진하여 조괄을 죽였으며 성을 공격하고 땅을 빼앗은 것이 이루 모두 셀 수도 없었지만 진시황은 끝내 백기를 사사하였습니다. 또 몽염은 북쪽으로 흉노를 축출하고 수천 리를 개척하였으나 결국은 양주(陽周)에서 참살되고 말았습니다. 이것은 무슨 이유이겠습니까? 세운 공로가 너무 많아서 진나라가 그 공에 따라 작위를 모두 봉할 수 없기 때문에 법으로써 그들을 죽인 것입니다. 지금 장군께서 진나라의 장군이 된 지 3년인데 잃어버린 병력이 10만을 넘고 제후들은 갈수록 많이 봉기하고 있습니다. 그 조고가 아첨을 일삼은 지 이미 오래되어 지금 형세가 매우 위급합니다. 또 2세 황제가 자신을 죽일까 두려워하여 법으로써 장군을 주살함으로써 책임을 전가하고 다른 사람을 파견하여 장군을 대체함으로써 그 죄를 면하려고 하는 것입니다. 지금 장군께서 밖에서 머문 지 너무 오래되어 조정의 많은 사람이 장군과 틈이 생겼기 때문에 공로가 있어도 죽고 공로가 없어도 죽을 것입니다. 또 지금 하늘의 뜻이 진나라를 멸망시키는 데 있다는 사실은 어리석은 자나 지혜로운 자 모두 잘 알고 있습니다. 지금 장군께서 안으로는 직언을 할 수 없고 밖으로는 망국의 장수로서 특별히 홀로 외로이 서서[81] 영구히 남으시려 생각하시니 이 어찌 슬픈 일이 아닙니까? 장군께서는 왜 병사를 돌려 제후들과 함께 진나라 공격을 맹약하여 그 땅을 나눈 뒤 남면(南面)[82] 하여 왕이 되려고 하지 않으십니까? 이것이 자신이 참형을 당하고 처자는 살육당하는 것보다 더 좋지 않겠습니까?〉

장한은 편지를 받은 뒤 마음을 정하지 못한 채 주저하고 있었다. 그는 몰래

---

81) 원문은 고특독립孤特獨立, 고孤, 특特, 독獨 3개 단어가 중첩되어 더욱 고립된 모습을 나타내고 있다.

82) 천자나 제후들은 남쪽을 향해 앉아 신하들을 대하였다. 그리하여 남면한다는 것은 칭왕稱王한다는 의미다.

항우에게 사람을 보내어 협상을 하였으나 성공을 거두지 못하였다. 항우는 포장군에게 병사를 주어 밤낮으로 삼호(三戶)를 건너서 장하 남쪽에 주둔하여 진나라를 공격하도록 하였다. 그리하여 진나라 군을 격파하였다. 항우는 이 기세를 몰아 전군의 병사를 이끌고 오수(汙水)에서 진나라 군대를 크게 무찔렀다.

장한이 항우에게 사람을 보내어 협상하면서 항복할 날짜를 정해 달라고 요청하였다. 항우는 부하들을 소집하여 상의하였다. "마침 군량도 부족하고 하니 항복을 받아들여도 좋다고 생각한다." 항우의 말에 부하들은 모두 "좋습니다."라고 동의하였다. 항우는 장한과 원수(洹水)의 남쪽 은허(殷墟)에서 만날 것을 약조하였다.

협상을 마치고 난 뒤 장한은 눈물을 흘리면서 항우에게 조고의 악행들을 고발하였다. 항우는 장한을 옹왕(雍王)에 봉하여 초나라 군중에 있게 하면서 장사 사마흔을 상장군으로 삼아 진나라 군대를 선봉에 나서도록 하였다.

그 뒤 군대가 신안에 이르렀다. 이전에 제후군의 관리와 사졸들이 요역과 변경 수비에 끌려가 진나라를 지나갔을 때 진나라의 관병들은 그들을 가혹하게 학대했었다. 그런데 거꾸로 진나라 군대가 제후군에게 항복하게 되자 제후군의 관병들은 이 기회를 이용하여 거꾸로 그들을 노예로 취급하고 무시하면서 마음대로 능욕하였다. 그러자 진나라 군사들은 견디기가 어려워져서 몰래 모여서 "장한 장군 등은 우리들을 속여서 제후들에게 투항하였다. 지금 만일 관중에 들어가 진나라를 격파한다면 매우 좋은 일이지만 만일 그렇지 못하게 된다면 제후군들은 우리를 포로로 하여 동쪽으로 후퇴할 것이고, 진나라 왕은 관중에 남아 있는 우리 부모와 처자를 모두 죽일 것이다."라며 수군거렸다. 항우의 부하 장병들이 이러한 사정을 몰래 듣고서 항우에게 알렸다. 항우는 곧바로 경포와 포장군을 불러서 "진나라 사졸들은 아직 그 수가 많은데다가 더구나 마음으로 완전히 복종한 상태가 아니다. 만약 관중에 당도한 뒤에도 우리에게 복종하지 않는다면 우리들의 대사를 그르칠 수 있다. 차라리 그 자들을 모조리 죽이고 장한, 사마흔, 동예만을 데리고 진나라에 들어가는 것이 낫겠다."라고 제안하였다. 모두 고개를 끄덕였다. 그날 밤 초나라 군사들은 어둠을 틈타 진나라 병사들을 기습하여 20여만 명의 사졸 모두를 신안성 남쪽에 생매장하였다.

홍문의 연회(鴻門宴)

　　그 뒤 항우는 서진하여 진나라를 공략하였다. 그런데 함곡관에 도착하니 수비 병사들이 막고 있어 들어갈 수 없었다. 항우는 패공 유방이 이미 함양을 항복시켰다는 소식을 듣자 격노하여 곧장 경포 등을 파견하여 함곡관을 공격하도록 하였다. 그리하여 함곡관의 수비를 돌파한 항우는 군사를 이끌고 함곡관에 들어가 곧장 희수(戲水) 서쪽에 당도하였다.

　　패공은 패상에 주둔하고 있어서 항우와 미처 만날 수 없었다. 이때 패공의 좌사마 조무상이 몰래 사람을 항우에게 보내 "패공이 관중의 왕으로 되고 자영을 재상으로 임명하여 진귀한 보물을 모조리 독차지하려고 꾸미고 있다."라고 전하였다. 항우는 분기탱천하여 "내일 새벽에 병사들을 배불리 먹이고 즉시 패공의 군대를 궤멸시킬 것이다!"라고 말하였다. 이때 항우의 병사는 무려 40만으로 신풍(新豊)의 홍문(鴻門)[83]에 주둔하였고, 패공의 병사는 겨우 10만으로 패상에 주둔하였다. 범증이 항우에게 권하였다. "유방이 산동 지방에 있을 때에는 항상 재물을 탐하고 여색을 특별히 좋아하였는데 지금 관중에 들어간 뒤 재물을 취하지 않고 여색도 멀리하고 있습니다. 이것으로 볼 때, 그의 지향하는 바가 작지 않습니다. 제가 사람을 시켜 기운을 살펴보도록 하였는데, 패공에게서 용과 범의 오색찬란한 형상이 발견되니 이는 곧 천자의 기운입니다. 빨리 유방을 공격하여 그를 멸해야 합니다. 절대로 실수를 해서는 안 됩니다."

　　당시 초나라의 좌윤[84]으로 있던 항백(項伯)은 항우의 숙부였는데 일찍이 장량과 교유하여 친하였다. 이때 장량은 이미 패공을 따라 관중에 있었다. 항백은 밤에 말을 타고 나는 듯이 패공의 군영으로 갔다. 그는 장량을 만나서 항우가 다음날 아침 패공을 공격할 것이라는 일을 상세히 전해 주었다. 항백은 장량에게 함께 그곳을 떠나자고 말하면서 "그들과 함께 헛되이 죽지 마십시오!"라고 권하였다.

---

83)　지금의 섬서성 임동현臨潼縣.
84)　영윤의 보좌역

그러자 장량은 "나는 한왕(韓王)을 대신하여 패공을 따르고 있는데 그분이 지금 위태롭다고 하여 내가 도망을 치는 것은 도의에 맞지 않은 일입니다. 이 사실을 패공께 전하지 않을 수 없습니다."라고 말하고는 곧장 들어가서 패공에게 이 사실을 전하였다. 패공이 대경실색하며 "이 일을 어떻게 처리해야 좋겠소?"라고 묻자 장량은 "누가 대왕께 병사들을 보내 함곡관을 막자는 계책을 말했습니까?"라고 물었다. 이에 패공은 "한 추생(鯫生)[85]이 '함곡관을 막고서 제후들을 들어오지 못하게 하면 진나라의 모든 땅이 자기 것이 되고 여기에서 왕을 칭할 수 있을 것입니다.'라고 말하기에 그 말을 따랐을 뿐이오."라고 대답하였다.

장량은 "지금 대왕의 군대가 항왕을 대적할 수 있다고 생각하십니까?"라고 물었다. 패공이 한동안 말을 못하다가 이윽고 "물론 항우에 비할 수 없소. 과연 어떻게 해야 좋겠소?"라고 하였다. 장량은 "제가 항백에게 패공께서 감히 항왕을 배반하지 않을 것이라고 전하도록 해 주십시오."라고 청하였다. 패공은 "귀공은 어떻게 항백과 교분이 있게 된 것이오?"라고 물었다. 그러자 장량은 "아직 진나라가 6국을 멸하지 않았을 때 항백을 알게 되었는데, 그가 사람을 죽여 제가 그를 구해 준 적이 있었습니다. 지금 일이 위태롭게 되자 다행스럽게도 나에게 찾아와 알려 주었습니다."라고 대답하였다. 패공이 "두 사람 중 누가 더 나이가 많소?"라고 묻자, 장량은 "항백이 나보다 많습니다."라고 대답하였다. 패공은 "그대가 항백을 들어오도록 하시오. 내가 그를 형으로 모시리다."라고 말하였다. 장량이 나가 항백을 불러와 패공을 만나게 하였다. 패공은 술잔을 들어 건강을 기원하고 또 딸을 혼인시키기로 하였다.

패공이 말하였다. "내가 함곡관에 들어온 뒤, 털끝 하나 건드리지 않고 이민(吏民)을 모두 호적에 정리하고 창고를 봉인하면서 항우 장군만을 기다리고 있었습니다. 사람을 보내 함곡관을 수비하도록 했던 까닭은 다른 도둑들의 출입과 의외의 사건을 막기 위해서였습니다. 나는 밤낮으로 오직 장군 오시기만을 기다리고 있었는데 어찌 감히 반란을 도모하겠습니까? 바라옵건대 백형(伯兄)께서 내가 배은망덕한 사람이 아니라고 자세하게 설명을 해 주십시오."

항백은 쾌히 응낙하고 반드시 항우에게 잘 말해 주겠다고 약속하였다. 그

---

85) 천박하고 비루한 소인을 가리키는 말로서 '추(鯫)'는 작은 고기라는 의미.

러면서 패공에게 "대신 내일 새벽에 일찍 오셔서 항왕께 사죄해야 할 것 같습니다."라고 당부하였다. 이에 패공은 "그렇게 하겠습니다."라고 대답하였다.

항백은 그날 밤으로 되돌아가 패공의 말을 항왕에게 상세하게 설명하였다. 그러고는 즉시 "패공이 먼저 관중을 공략하지 않았다면 장군이 어떻게 곧장 들어올 수 있었겠습니까? 지금 패공은 관중에 들어와 진나라를 격파한 커다란 공이 있는데, 우리가 출병하여 그를 공격한다면 이는 도의에 맞지 않은 일입니다. 기왕 그가 사죄한다고 했으니 관대하게 봐주는 것이 좋겠습니다."라고 말하였다. 항우가 들어보니 그럴 듯한 말이었다. 그래서 패공을 잘 대접하겠다고 약속하였다.

패공은 다음날 아침 백여 명의 기병만을 수행한 채 항우를 만나러 왔다. 그는 홍문에 당도하여 항우에게 사죄하며 말하였다. "저는 장군과 힘을 합하여 진나라를 공격하였습니다. 장군께서는 하북에서 전투를 하시고 저는 하남(河南)에서 전투를 하였습니다. 그러나 저도 제가 먼저 함곡관에 들어와 진나라를 격파하고 여기에서 장군과 다시 만나게 될 줄 알지 못했습니다. 지금 소인배의 말 때문에 장군과 저 사이에 틈이 생겼습니다." 항우는 "바로 패공의 좌사마 조무상이 말해준 것이오. 그렇지 않고서는 내가 무엇 때문에 이렇게 했겠소?"라고 말하였다. 항우는 그날 패공을 머무르게 하고는 함께 술을 마셨다.

항우와 항백은 동쪽을 향하여 앉았고[86] 아부(亞父) 범증은 남쪽을 향하여 앉았다. 그리고 패공은 북쪽을 향하여 앉았고 장량은 서쪽을 향하여 앉았다. 범증은 여러 차례나 항우에게 눈짓을 하면서 차고 있던 옥결(玉玦)[87]을 들어 보여 패공을 죽이라는 뜻을 암시하였다. 계속하여 세 차례 그렇게 했으나 항왕은 아무런 반응을 보이지 않았다. 범증은 사정이 잘못되어간다고 생각하고 일어나서 밖으로 나와 항장(項莊)을 불러 말하였다. "군왕(君王)은 성격이 모질지 못하니 별 수 없이 직접 행동을 해야겠소. 그대가 들어가서 패공에게 술잔을 올리고 술잔이 비거든 검무(劍舞)를 출 것을 청하시오. 기회를 보아서 패공을 그 자리에서 척살하시오. 패공 이 자는 제거하지 않으면 안 되오. 그렇게 하지 못하면 그

---

86) 동쪽을 향하여 앉는 것은 존귀함을 상징한다.
87) 환형으로 되어있고 한쪽이 떨어져 있는 패옥佩玉

홍문의 연회

대들 모두가 장차 그에게 포로로 잡힐 것이오." 항장은 곧장 들어가서 술잔을 올리고는 "군왕과 패공께서 잔치를 여셨는데 군중에 따로 즐길 만한 것이 없으니 제가 검무를 추어 빈객들을 즐겁게 해드리고자 하는데 윤허하시옵소서."라고 청하였다. 항우가 "좋다."라고 하자 항장은 검을 뽑아들고 춤을 추었다. 이때 항백도 검을 뽑아들고 일어나서 춤을 추며 매번 몸으로 패공을 가리니 항장은 패공을 척살할 기회를 얻을 수 없었다.

장량이 군문(軍門)으로 나가서 번쾌를 불렀다. 번쾌가 "오늘 사정이 어떻게 되고 있습니까?"라고 묻자 장량은 "매우 위급하오. 지금 항장이 검을 들어 춤을 추고 있는데 그 의도는 곧 패공을 해치는 데 있소."[88]라고 말하였다. 번쾌는 "정말 너무 급박합니다. 내가 안에 들어가 패공과 생사를 같이하겠습니다!"라고 하였다. 번쾌는 즉시 보검을 차고 방패를 들고서 군문 안으로 들어섰다. 보초를 서는 병사가 막으며 들여보내려고 하지 않자 번쾌가 방패를 비껴서 치니 병사는 땅에 쓰러졌다. 번쾌는 곧장 안으로 들어가서 장막을 걷어올리고 서쪽을 향하여 눈을 부릅뜨면서 항우를 노려보는데 머리카락이 곤두서고 눈초리는 찢어져 있었다. 항우는 크게 놀라서 검에 기대어 몸을 일으키며 "그대는 무슨 일을 하고 있는 자인가?"라고 묻자 장량은 "패공의 참승(參乘)[89] 번쾌라고 합니다."라고 대답하였다.

항우는 "참으로 장사구나! 그에게 술 한 잔을 상으로 내리라."라고 명하였다. 곧바로 큰 잔에 술이 내려졌다. 번쾌는 사례를 하고 일어선 채로 그대로 마셨다. 이어 항우는 "그에게 돼지 다리를 상으로 주어라!"라고 말하였다. 그러자 곧바로 돼지 다리가 나왔다. 번쾌는 방패를 땅에 내려놓고 그 위에 돼지 다리를 올려놓고서 칼을 뽑아 잘라 먹었다. 항우가 "참으로 장사로다! 더 마실 수 있는가?"라고 묻자 번쾌는 "신은 죽음조차도 두려워하지 않는 사람인데 술 한 잔을 어찌 사양할 수 있겠습니까! 진나라 왕은 호랑이와 늑대와 같은 마음씨를 가지고 오직 모두 죽이지 못하는 것을 걱정하면서 마음대로 죽였고, 오직 형벌이 무겁지 않을까를 걱정하면서 형벌을 가하여 천하가 모두 그를 배반하였

---

88) 이를 '항장검무, 의재패공(項庄劍舞 意在沛公)'이라 한다.

89) 고대 시기 장군의 전차에서 오른쪽에 앉아 장군의 보위를 담당하는 무사

습니다. 회왕께서 여러 장군들과 함께 '가장 먼저 함양에 들어가는 자를 왕으로 세울 것이다.'라고 약정하셨는데 지금 패공께서는 가장 먼저 함양에 들어가셨지만 털끝 하나 감히 취하는 바 없으며 궁실을 봉하고 다시 패상으로 회군하여 대왕을 기다리고 계셨습니다. 장수를 보내어 함곡관을 지키도록 한 것은 다른 도둑들의 출입을 막고 의외의 사건을 막기 위한 것이었습니다. 이렇게 노고가 많고 공 또한 높은 데도 봉후의 상은 없으면서 소인배의 말을 믿으시고 공이 있는 사람을 죽이려고 하십니다. 이는 이미 멸망한 진나라의 길을 이어받는 것입니다. 번쾌의 어리석은 생각으로는 대왕께서 마땅히 그렇게 하시지 않아야 합니다!"라고 말하였다.

항우는 아무런 말을 하지 않고서 오직 "앉으라!"라고 하였다. 번쾌는 장량 옆자리에 앉았다. 번쾌가 자리에 앉은 지 얼마 후 패공이 일어나 측간을 가면서 번쾌를 밖으로 불러냈다.

패공이 밖으로 나간 뒤 항우는 진평에게 패공을 불러오도록 하였다. 패공이 번쾌에게 "우리가 지금 나와서 하직인사도 하지 않았는데, 어떻게 하는 것이 좋겠는가?"라고 물었다. 번쾌는 "큰 일을 할 때에는 자질구레한 작은 예절을 고려해서는 안 되며, 대사를 행할 때에는 작은 겸양을 사양할 필요가 없는 법입니다.[90] 지금 저들이 칼과 도마가 되고 우리는 그 위에 놓인 물고기가 된 처지에서 무슨 예의를 차리시려 하는 것입니까?"라고 하였다. 그러자 패공은 그 자리를 떠나며 장량에게 남아서 사죄를 표하도록 하였다. 장량은 "대왕께서 오실 때 어떤 선물을 가지고 오셨습니까?"라고 물었다. 패공은 "백벽(白璧) 한 쌍을 가져와서 항왕에게 선물하고 옥두(玉斗) 한 쌍은 아부(亞父)에게 선물하려고 했는데 그들이 화를 내고 있어 감히 바치지를 못하였소이다. 그러니 나를 대신해서 그들에게 선물을 주시오"라고 대답하였다. 장량은 "그렇게 하겠습니다."라고 하였다.

이때 항우의 군대는 홍문 아래 주둔하고 있었고 패공의 군대는 패상에 주둔해 있었는데 40리의 거리였다. 패공은 수레와 말을 남겨둔 채 몸만 빠져나와 혼자 말을 탔고 번쾌, 하후영, 근강, 기신 등 네 사람은 검과 방패를 들고 도보

---

90) 원문은 "大行不顧細謹, 大禮不辭小讓"이다.

로 수행하여 함께 여산에서 내려와서 지양의 샛길로 빠져나갔다. 그 전에 패공은 장량에게 "이 샛길로 우리 주둔지까지 20리에 불과하오. 그대 생각에 항우가 나를 추격하지 못하고 내가 먼저 군중에 도착했을 때쯤 들어가 하직 인사를 전하시오."라고 말하였다. 패공이 길을 떠난 뒤 장량 생각에 한왕(패공)이 샛길을 통해서 군영에 이르렀을 정도의 시간이 흐르자 장량이 들어가 사죄하였다. "패공께서는 술을 마시고 몸을 이기지 못하여 직접 하직 인사를 드릴 수가 없었습니다. 그리하여 저로 하여금 백벽 한 쌍을 대왕께 바치게 하고, 옥두 한 쌍은 대장군께 바치게 하였습니다." 장량은 백벽과 옥두를 바쳤다.

항우가 "패공은 어디에 계신가?"라고 묻자 장량은 "대왕께서 패공의 잘못을 질책하려는 마음이 있으시다는 말을 듣고 대단히 두려워하여 먼저 떠났습니다. 아마 이미 군중에 당도했을 것입니다."라고 하였다. 그러자 항우는 구슬을 받아서 자리 위에 두었다. 하지만 범증은 옥두를 받아서 땅에 놓고 검을 뽑아 그것을 깨뜨렸다. 범증은 분노에 찬 목소리로 "에이! 어린아이와는 함께 대사를 도모할 수가 없도다! 항왕의 천하를 빼앗아갈 자는 반드시 패공이며, 우리는 그에게 포로로 잡히게 될 것이다!"라고 탄식하였다. 패공은 자신의 군영에 당도하자마자 즉시 조무상을 참하였다.[91]

서초패왕, 항우

며칠 뒤, 항우는 서쪽으로 진격하여 함양 군민(軍民)을 도살하고 이미 항복한 진나라 왕 자영을 죽였다. 그러고는 진나라 궁실을 불태웠는데 석 달 동안을 타고도 꺼지지 않았다.[92] 항우의 군대가 그곳에서 재화와 보물 및 부녀자들을 노략질하고 동쪽으로 돌아오자 어떤 사람이 항우에게 "관중의 땅은 산하의 험준함이 있고 사면이 요새이니 충분히 도읍으로 정하여 패업을 이룰 수 있는

---

91) 이렇듯 홍문의 연회에서 유방을 살려준 것은 실로 항우의 일생에 있어 결정적인 실책이었다.

92) 그간 이때 아방궁이 불태워졌다고 알려졌지만, 이것은 명백한 오류이다. 아방궁은 당시 존재하지도 않았고, 불타운 곳은 함양궁이라는 궁실이었다. 원문은 "燒秦宮室 火三月不滅"로서 진나라 궁실을 불태웠다는 사마천의 기록은 다시 한 번 정확성을 입증하고 있다.

곳입니다."라고 권하였다. 그러나 항우가 보니 이때 이미 진나라 궁궐은 모두 불타버렸고, 또 마음속으로 고향이 그리워 어서 빨리 팽성으로 돌아가고 싶었다. 그리하여 항우는 "부귀한 뒤에도 고향에 돌아가지 않는 것은 마치 비단 옷을 입고 밤길을 가는 것[93]과 같으니 누가 이미 부귀해진 것을 알아준다는 말인가?"라고 말하였다. 그러자 항우에게 권했던 사람은 "사람들이 초나라 사람은 원숭이가 모자를 쓴 격[94]이라고 하더니 과연 그렇구나!"라면서 탄식해마지 않았다. 항우가 그 말을 듣고 격노하여 곧 그 사람을 삶아 죽였다.

항우는 사자를 보내어 회왕에게 보고하도록 하였다. 항우 자신을 왕으로 임명해 달라는 뜻이었다. 회왕은 "원래의 약정대로 시행하라."[95]라고 말하였다. 항우는 이러한 회왕의 결정에 매우 불쾌해했다. 그는 생각 끝에 회왕의 존호를 의제(義帝[96])라고 바꾸고 실제로는 회왕의 명을 따르지 않았다. 대신 스스로 왕이 되고자 하였다. 그리하여 먼저 제후장상들을 왕으로 봉하였다. 그는 제후장상들에게 "처음 천하에 반란이 일어날 때 민심을 수습하기 위하여 부득이하게 잠시 제후의 후예들을[97] 왕으로 봉하여 진나라를 토벌하였소. 명분이 필요했기 때문에 그리하였던 것이오. 그런데 갑옷을 입고 손에 무기를 들어 먼저 기치를 들고 3년 동안 풍찬노숙하면서 진나라를 멸망시키고 천하를 평정한 것은 모두 여러 장군들과 나 항적의 노력 때문이었지 결코 의제의 힘 때문이 아니었소. 의제는 공이 없으니 천하의 주인이 될 수 없으며, 그러므로 우리들은 마땅히 천하의 토지를 나누어 왕을 칭할 것이오."라고 말하였다. 모든 장수들이 "옳습니다."라고 찬성하였다. 항왕은 즉시 천하를 나누어 여러 장수들을 왕으로 봉하였다.

항우와 범증은 패공이 천하를 차지하지 않을까 의심했으나 이미 그와 화해하였으며, 또 원래의 약정을 어기는 것이 꺼림칙하고 제후들의 배반이 걱정스러웠다. 그들은 몰래 논의 끝에 묘안을 냈다. 즉 파와 촉 지방은 길이 험하고 진나라에서 강제 이주 당한 범법자들이 모두 촉 지방에 살고 있으므로 파촉 지

---

93) 금의야행錦衣夜行
94) 목후이관沐猴而冠
95) 먼저 진나라를 격파하고 함양에 들어간 자가 왕이 된다는 약조.
96) 의제義帝란 이미 명의상의 황제라는 의미를 가지고 있다.
97) 전국시대 6국의 제후들의 후손을 가리키며 이를테면 한성韓成, 전가田假, 조헐 등이 그들이다.

방에 그를 봉하기로 하였다. 그리하여 항우는 패공에게 "파와 촉 역시 관중의 땅이오. 패공이 먼저 관중에 들어왔으니 당연히 관중 왕이 되어야 하지 않겠소?"라고 말하였다. 그러고는 패공을 한왕(漢王)에 봉한 뒤 파와 촉 그리고 한중(漢中)을 봉토로 주고 남정에 도읍하도록 하였다.

그런 연후에 다시 관중을 3분하고 항복한 진나라 장군들을 왕으로 봉하여 한왕을 에워싸 저지하도록 했다. 즉, 장한을 옹왕(雍王)으로 봉하여 함양 서쪽의 왕으로 하고 폐구에 도읍을 정하도록 했으며, 장사 사마흔은 본래 역양의 옥연이었던 자로서 일찍이 항량에게 은혜를 베푼 적이 있었고 도위 동예는 본래 장한에게 초나라에 투항할 것을 권유하였기 때문에 사마흔은 새왕(塞王)으로 봉하여 함양의 동쪽에서 황하까지의 땅을 주고 역양에 도읍하도록 하였다. 또 동예를 적왕(翟王)으로 봉하여 상군의 왕으로 하고 고노에 도읍을 정하게 하였다. 그리고 위왕 표를 서위왕으로 옮기도록 하여 하동 땅을 주고 평양에 도읍하도록 하였다. 하구의 신양은 장이의 총신으로서 먼저 하남을 함락시키고 황하 강변에서 초나라 군대를 영접한 공로로 하남왕에 봉하고 낙양에 도읍하도록 하였다. 또한 한왕(韓王) 성은 옛 도읍인 양책에 다시 그대로 정도(定都)하도록 하였다.

그리고 조나라 장수 사마앙은 하남을 평정할 때 여러 차례 공로를 세웠으므로 은왕에 봉하여 하내(河內) 땅을 주고 조가에 도읍을 정하게 하였다. 조왕 헐은 대왕(代王)으로 봉하여 옮기도록 하였으며, 조나라 재상 장이는 평소 현명하며 능력이 있었고 또 관중에 진입할 때 함께 수행한 공으로 상산왕에 봉하여 조나라 땅을 주고 양국에 정도하게 하였다. 당양군 경포는 초나라 장수로서 항상 초나라 군에서 가장 용감하였으므로 구강왕에 봉하여 육(六)에 도읍하게 하였다. 파군(鄱君) 오예는 백월(百越)을 이끌고 제후군을 도왔으며 또 관중에 들어올 때 함께 수행한 공로로 형산왕에 봉하여 주(邾)에 도읍을 정하도록 하였다. 의제의 주국(柱國)[98] 공오는 남군(南郡)을 격파하고 공로가 매우 많았으므로 임강왕에 봉하여 강릉에 도읍하게 하였다. 연왕 한광은 요동왕으로 바꿔 옮기게 하고, 연나라 장수 장도는 초나라 군대를 따라서 조나라를 구원하였고 관중에 진입했을 때 함께 수행하였으므로 장도를 연왕으로 세우고 계에 정도하게 하였다. 제왕 전불은 교동왕에 봉

---

98) 전국시대 초나라에 설치했던 관직명

하여 옮기게 하고, 제나라 장수 전도는 제후군과 함께 조나라를 구원하고 관중에 들어올 때 수행한 공으로 제왕에 봉하고 임치에 도읍하게 하였다. 전에 진나라에 멸망당한 제왕 전건의 손자 전안은 항우가 황하를 건너 조나라를 도울 때 제북의 여러 성을 함락시킨 뒤 그 병사를 이끌고 항우에게 투항하였으므로 제북왕에 봉하고 박양에 도읍하도록 하였다. 하지만 전영은 여러 차례에 걸쳐 항량을 배반하였고, 또한 초나라를 도와 군사를 이끌고 진나라를 공격하지 않았으므로 왕에 봉하지 않았다. 성안군 진여는 장수의 지위를 버리고 관중에 진입할 때 따르지 않았지만 평소에 현명하고 능력이 있다는 명성이 있었으며 조나라에서 공이 있었으므로 그가 남피(南皮)에 머물고 있다는 소식을 듣고 남피 주변의 세 현을 봉지로 내렸다. 그리고 파군의 장수 매현은 공이 많으므로 10만호의 후에 봉하였다.

항우는 스스로 서초패왕(西楚霸王)이 되고 아홉 군의 땅을 봉지로 갖고 팽성에 도읍하였다.

무적의 상승장군

한나라 원년 4월, 전쟁을 끝내고 제후들이 희수(戲水)에서 철수하여 각자 봉국으로 되돌아갔다. 항왕도 함곡관을 나와 봉국으로 돌아왔다. 그러고는 사자를 보내어 의제를 팽성으로부터 옮기게 하면서 "자고 이래로 제왕된 분은 천리에 이르는 토지를 지니시고서 반드시 상류의 땅에 기거하셨습니다."라고 말하였다. 그리하여 사자를 파견하여 의제를 장사의 침현으로 옮기도록 하였다. 항왕이 의제에게 빨리 움직일 것을 재촉하자 의제의 군신들이 점차 의제를 배반하였다. 그때 항왕은 은밀히 형산왕 오예와 임강왕 공오에게 밀명을 내려 강남에서 의제를 공격하여 죽이도록 하였다. 또한 한왕(韓王) 성은 아무런 군공이 없었으므로 항왕은 그가 자기 나라로 가지 못하게 한 뒤 같이 팽성으로 가서 왕호를 폐하고 제후로 강등시켰다가 얼마 지나지 않아 그를 죽였다.

전영은 항우가 제왕 전불을 교동으로 옮기게 하고 대신 제나라 장군 전도를 제왕에 봉했다는 소식을 전해 듣고 격노하였다. 그리하여 그는 제왕을 교동으로 가지 못하게 하면서 항왕에게 반란을 일으켜 새로 왕으로 봉해진 전도를 공격하였다. 전도는 패하여 초나라로 도주하였다. 한편 제왕 전불은 항왕을 두려워하여 몰래 교동으로 가서 즉위하였다. 그러자 전영은 크게 분노하고 그를 추격하여 즉묵에서 살해하였다. 그 뒤 전영은 스스로 제왕에 즉위하고 서쪽으로 진격하여 제북왕 전안을 죽이고 3제(三齊)[99]를 겸병하였다. 전영은 장군의 인수를 팽월에게 주고 양(梁)에서 초나라에 대항하여 반란을 일으키도록 하였다.

진여는 몰래 전영에게 장동과 하열을 보내 권하였다.

"항우가 천하를 주재하면서 일을 하는 데 대단히 불공평합니다. 지금 원래의 왕을 모두 나쁜 땅의 왕에 봉하고 대신 자기의 군신과 제장들은 모두 좋은 땅의 왕에 봉하였습니다. 또한 진여의 옛 왕 조왕 헐을 내쫓아 그를 북쪽의 대(代)로 몰아냈는데, 진여는 절대로 그럴 수 없다고 생각합니다. 대왕께서 이미 군대를 일으키셨고 또한 도의에 맞지 않은 명령을 받아들이지 않으신다고 들었습니다. 진여는 대왕께 군사를 지원하셔서 상산을 공격하도록 하여 조왕의 지위를 회복할 수 있게 청합니다. 그렇게 되면 곧 조나라를 제나라의 변경으로 삼으실 수 있을 것입니다."

전영은 이에 동의하여 곧 병사를 조나라에 보냈다. 진여는 3현의 군사를 모두 출동시켜 제나라 군대와 연합하여 상산을 공격, 대파하였다. 상산왕 장이는 패하여 한왕(漢王)에게 귀순하였다. 진여는 대 땅에 가서 원래의 조왕 헐을 맞아들여 조나라로 귀환하였다. 조왕은 진여를 대왕(代王)에 봉하였다.

이때 한왕은 이미 군사를 돌려 삼진(三秦)을 손에 넣었다. 항왕은 한왕이 이미 관중을 겸병하였고 또 군사를 동쪽으로 이동시키고 있으며, 제나라와 조나라 모두 초나라에 반기를 들었다는 소식을 듣고 크게 격노하였다. 이에 즉시 정창을 한왕(韓王)으로 삼아서 한나라 군을 저지하도록 하였다. 그리고 소공각 등에게 명하여 팽월을 공격하게 하였다. 그러나 팽월은 소공각을 격퇴하였다. 한왕은 장량을 보내 한(韓)나라를 살펴보도록 하였는데, 장량은 이미 한왕 성이 피살된 것을 알고 항왕에게 서신을 보냈다.

〈한왕(漢王)은 한중왕의 직위를 잃었었기 때문에[100] 한중을 떠나 출병하여 3

---

99) 3제란 제, 교동, 제북의 3국을 가리키며 모두 전국시대 제나라의 영토였다.

100) 원래 약조대로 관중 왕이 될 것이었으나 실제 그렇게 되지 못했다는 뜻.

진을 공략한 것입니다. 하지만 한왕이 3진을 얻은 것은 다만 원래의 약정을 지킨 것일 뿐 이제 감히 더 이상 동진하지 않을 것입니다.〉

장량은 또 제나라와 조나라의 반란 사실을 고하는 서신도 항왕에게 보내어 〈제나라가 조나라와 힘을 합하여 초나라를 멸하려고 합니다.〉라고 하였다. 그리하여 초나라는 서진하려던 계획을 버리고 북쪽으로 제나라를 공격하였다. 항왕은 구강왕 경포에게 군사를 징발하도록 하였다. 그러나 경포는 병을 핑계로 가지 않고 다만 부장에게 수천 명의 군사를 거느리고 나가도록 하였다. 이 때문에 항왕은 경포에게 불만을 가지게 되었다.

한나라 2년 겨울, 항왕의 군대가 북쪽으로 성양에 이르자 전영 역시 군대를 거느리고 맞섰다. 전영이 패하여 평원으로 달아나자 평원의 백성들이 그를 죽였다. 이에 항왕은 북쪽으로 제나라 병사들을 추격하여 제나라 백성의 집을 불태우고 각지의 성곽을 파괴하였으며 항복한 전영의 병사들을 생매장하고 부녀자들을 약탈하였다. 이렇게 제나라를 계속 유린하면서 북해에 이르기까지 가는 곳마다 불태우고 약탈하였다. 그러자 제나라 백성들은 초나라에 원한을 가지고 연합하여 항우에게 저항하였다. 전영의 동생 전횡이 제나라의 흩어진 병졸 수만 명을 모아 성양에서 반란을 일으켰다. 이에 항왕이 남아서 여러 차례 공격을 가했으나 성양을 함락하지 못하였다.[101]

봄에 한왕이 다섯 제후들의 병사들을 이끌고 총 56만의 대군으로써 동쪽으로 초나라를 공격하려 하였다. 이 소식을 들은 항왕은 여러 장수들에게 남아서 제나라를 공격하도록 하고는 자신은 정예병 3만을 이끌고 남하하여 노나라로부터 호릉을 넘었다.

4월, 한나라가 이미 팽성에 진입하여 초나라의 재화와 보물과 미녀들을 약탈하고 매일같이 연회를 열어 모여서 술을 마셨다. 항왕은 곧 서쪽으로 진격하여 소현에 당도한 뒤 새벽에 한나라 군을 공격하였고 동쪽으로 진격하여 순식간에 팽성에 이르렀다. 그리고 정오에 한나라 군을 대파하였다. 한나라 군대는 궤멸하여 도주하였는데 계속하여 곡수(穀水)와 사수(泗水)까지 도망갔고, 초나라

---

101) 이렇듯 제나라 공략에 골몰하여 유방에게 세력 확대의 기회를 준 것 역시 전기戰機를 잃은 또 한 차례의 중요한 실책이었다.

군은 10여만 명의 한나라 병사를 베었다. 한나라 병졸들은 모두 남쪽으로 도망쳐 산 속에 숨었고 초나라는 영벽(靈壁)의 동쪽 수수(睢水)까지 추격하였다. 한나라 병사들은 퇴각하면서 초나라 군에게 쫓겨 한데 엉켜지면서 또 다수의 사상자가 발생하여 한나라 병졸 10만이 수수에 빠져 죽었다. 이 바람에 수수의 강물이 흐르지 않을 정도였다. 초나라 군이 한왕을 세 겹으로 포위하였다. 이때 큰 바람이 서북쪽에서 불어와 나무가 부러지고 집이 부서졌으며 모래와 돌이 하늘을 날았다. 하늘이 온통 어두워졌고 광풍은 초나라 군 쪽으로 몰아쳤다. 초나라 군영에서 소란이 벌어지고 진영이 뿔뿔이 흩어지자 한왕은 비로소 수십 기의 병사와 더불어 간신히 도망칠 수 있었다.

한왕은 패현을 거쳐서 가족들을 데리고 서쪽으로 가려 했는데 초나라 군대도 역시 병사를 보내 패현에서 한왕의 가족들을 추격하여 붙잡도록 하였다. 이때 한왕의 가족들은 이미 모두 도망하여 한왕과 만날 수가 없었다. 한왕은 길에서 우연히 효혜와 노원공주를 만나 수레에 태우고 같이 달아났다. 그런데 초나라 기병이 한왕을 쫓아오자 한왕은 다급한 나머지 효혜와 노원을 밀어서 수레 아래로 떨어뜨렸으나 등공(滕公) 하후영이 수레에서 내려 그들을 안아서 태웠고 이렇게 밀고 안고 하기를 모두 세 차례나 계속하였다. 등공은 "일이 아무리 위급하다고 해도 말을 더 빨리 달리게 하면 되는 것입니다. 어찌 그들을 버리려고 하십니까?"라며 원망하였다.

한왕은 가까스로 기병들의 추격을 벗어날 수가 있었다. 그는 태공과 여후를 찾으려 했으나 찾지 못하였다. 심이기는 태공과 여후를 수행하여 샛길로 몰래 가면서 한왕을 찾았는데, 거꾸로 초나라 군을 만나게 되었다. 초나라 병사들이 그들을 붙잡아 돌아와서 항왕에게 이 사실을 보고하자 항왕은 그들을 군영에 붙잡아 두었다.

이때 여후의 오빠 주여후[102]가 군대를 통솔하여 하읍(下邑)에 주둔하고 있었는데, 한왕은 샛길을 통하여 주여후가 있는 곳으로 가서 사방으로 도망쳐 흩어진 한나라 병사들을 조금씩 모아나갔다. 이렇게 하여 형양에 이르자 패잔병들이 모두 한데로 합류하게 되었고, 소하도 이때 마침 관중의 23세 이하, 56세

---

102) 여택呂澤을 가리킨다

이상의 노약자들을[103] 징발하여 형양으로 보냈다. 그리하여 한왕 군대의 위세는 다시 크게 진작되었다.

초나라 군이 팽성을 근거지로 하여 승리를 거두었을 때 패주하는 한나라 군을 형양 부근까지 추격하였으나 길이 너무 멀었다. 그리하여 양군은 형양 남쪽과 경(京), 삭(索) 사이에서 전투를 벌였다. 한나라 군은 기병을 이용하여 초나라 군이 길이 멀어 피로한 틈을 타 공격하여 격퇴할 수 있었다. 초나라는 이로 인하여 형양을 넘어 서진할 수 없었다.

항왕이 팽성을 구원하고 한왕을 추격하여 형양에 이르렀을 때 전횡은 그 기회를 틈타 제나라를 수복하였고, 전영의 아들 전광을 제나라 왕으로 옹립하였다. 한왕이 팽성에서 패하게 되자 제후들 모두 다시 한나라를 배반하고 초나라에 귀순하였다. 한나라 군은 형양에 주둔해서 용도(甬道)를 만들어 황하와 연결시키고 오창(敖倉) 지역의 양식을 운송하였다.

역전되어가는 형세

한나라 3년, 항왕이 여러 차례 한나라 군대의 용도를 공격하여 식량을 침탈하였다. 한왕의 군대는 군량이 떨어져 크게 두려워하고 초나라에 강화를 청하여 형양 서쪽 땅을 한나라에 떼어 달라고 제안하였다. 항왕이 이에 응하려고 하자 범증은 "한나라 군대는 매우 쉽게 격퇴시킬 수 있습니다. 만약 지금 그들을 놓아주어 멸하지 않게 되면 훗날 반드시 후회하게 될 것입니다."라며 반대하였다. 항왕은 범증의 건의를 받아들이고 곧장 형양을 포위하였다. 한왕은 이를 크게 우려하여 곧 진평의 계책을 써서 범증과 항왕을 이간질시켰다. 항왕의 사신이 오자 풍성한 태뢰구(太牢具)[104]를 두 손으로 받쳐 들고 와서 그에게 내놓으려 하였다. 그런데 음식을 가져갔던 사람은 항왕의 사신을 보고 거짓으로 크

---

103) 당시 병역은 일반적으로 23세에서 56세까지의 남자로서 신장 6척 2촌 이상이어야 조건에 부합했다. 여기에서 말하는 척尺은 고척古尺으로서 기록에 의하면 약 23cm 정도이므로 6척 2촌은 약 143cm이다.

104) 매우 풍성한 주연酒筵을 가리킴. 고대의 제사 혹은 연회에서 소와 양 그리고 돼지의 3 종류가 모두 갖춰진 주연을 태뢰太牢라 불렀다.

게 놀란 표정을 지으면서 "범증의 사신인 줄 알았는데, 원래 항왕의 사신이 왔구나!"라고 말하고는 도로 가지고 돌아갔다. 그러고는 대신 형편없는 음식을 가져와서 항왕의 사신에게 먹도록 하였다. 사신이 돌아와서 항왕에게 이 사실을 그대로 보고하자 항왕은 범증과 한왕이 내통하고 있다고 의심하여 조금씩 그의 권력을 박탈하였다. 그러자 범증이 크게 분노하면서 "천하의 일이 이미 정해졌습니다. 이제 군왕 당신께서 알아서 모든 일을 처리하십시오. 바라옵건 대 저의 노구를 돌려주시어[105] 보통 사졸로 돌아가게[106] 해주십시오."라고 청하자 항왕이 이를 받아들였다. 범증은 떠났지만 미처 팽성에 도착하기도 전에 등에 독창이 심해져서 죽었다.

한편 한나라 장수 기신은 한왕에게 "사태가 매우 위급합니다! 신이 대왕의 모습으로 위장하여 초나라 군을 속일 수 있도록 해 주옵소서. 대왕께서는 그 틈에 몰래 탈출하실 수 있을 것입니다."라고 권하였다. 그리하여 한왕은 밤중에 형양의 동문으로 2천 명의 여자들에게 갑옷을 입혀 내보냈고 이에 초나라 병사들이 사방에서 공격하였다. 기신은 황옥거(黃屋車)[107]를 타고 좌독(左纛)[108]을 꽂고서 "성 안의 양식이 바닥이 나서 한왕이 항복한다!"라고 말하였다. 초나라 병사들은 모두 큰 소리로 만세를 불렀다. 이 틈에 한왕은 수십 명의 기병과 함께 성의 서쪽 문으로 빠져나와 성고로 도망쳤다. 항왕이 기신을 보고 "한왕은 어디에 있느냐?"라고 물었다. 그러자 기신은 "한왕은 이미 성 밖으로 나가셨소."라고 대답했다. 항왕은 크게 화가 나서 곧장 기신을 태워 죽였다.

한왕이 아직 성을 빠져나가기 전에 어사대부 주가, 종공(樅公), 위표에게 형양을 수비하도록 하였다. 하지만 주가와 종공은 "나라를 배반한 위표와는 함께 성을 지킬 수 없다."라고 모의하고서 위표를 죽여 버렸다. 초나라 군은 형양을 함락시킨 뒤 주가를 생포하였다. 항왕은 주가에게 "나의 부하가 되면 그대를 상장군으로 삼고 3만 호의 제후에 봉하겠다."라고 회유하였다. 그러나 주가는

---

105) 원문은 사해골賜骸骨로서 고대 사람들은 벼슬하는 것을 군주에 자신의 몸을 맡기는 것으로 파악하였으며, 나이가 들어 퇴직을 청하는 것을 걸해골乞骸骨이라 하였다.
106) 원문은 귀졸오歸卒伍로서 옛날 호적은 5호를 오伍로 칭하고, 3백호를 졸卒로 칭하였다.
107) 노란색으로 장식한 수레로서 천자가 타는 수레를 의미한다.
108) 독纛이란 새의 깃털로 만든 깃발 비슷한 장식물로서 수레의 왼쪽에 꽂는다.

욕을 하면서 "당신이 빨리 한나라에 항복하지 않으면 반드시 한나라에게 사로잡힐 것이다. 당신은 절대로 한왕의 적수가 될 수 없다."라고 말하였다. 항왕은 크게 분노하여 주가를 삶아 죽이고 종공도 죽였다.

한왕은 형양을 탈출한 뒤 남쪽으로 가서 구강왕 경포와 합류하고 잔류 병사를 수습하여 성고로 다시 들어갔다. 한나라 4년, 항왕이 성고를 포위하자 한왕은 도망을 쳐서 겨우 등공과 함께 성고 북문을 빠져나갔다. 그리고 황하를 건너 수무로 몸을 피하여 장이와 한신의 군영에 당도하였다. 한나라의 여러 장수들도 계속 성고를 탈출하여 한왕을 따랐다. 초나라 군사들은 드디어 성고를 함락시키고 계속하여 서쪽으로 진군하고자 하였다. 그러자 한나라는 군사를 보내 공(鞏) 지방에서 초나라 군의 서진을 저지하였다.

이때 팽월이 황하를 건너 동아에서 초나라를 기습하여 초나라 장군 설공을 죽였다. 그러자 항왕이 즉시 직접 동진하여 팽월을 공격하였다. 한왕은 한신의 군대를 손에 넣고 황하를 건너 남하하려고 하였다. 그러나 정충이 말리자 한왕은 곧 하내(河內)에 멈추었고, 따로 유가에게 군사를 이끌고 가서 팽월과 함께 초나라 군의 군량을 불태우도록 하였다. 항왕은 팽월과 그들을 패주시켰다.

한편 한왕은 군대를 이끌고 강을 건너 다시 성고를 공략하고 광무에 주둔하여 오창의 식량을 손에 넣었다. 항왕은 이미 동해(東海)를 평정하고 군대를 이끌고 돌아와서 서쪽으로 나아가 한나라 군과 똑같이 광무에 주둔하고는 몇개월 동안 서로 대치하였다.

이 무렵 팽월이 여러 차례 양 지방에서 초나라를 공격하여 초나라 군의 군량을 단절시키는 바람에 항왕은 매우 걱정하였다. 그리하여 그는 높은 곳에 큰 도마를 설치하여 태공[109]을 그 위에 올려놓고 한왕에게 "지금 빨리 항복하지 않으면 태공을 삶아 죽이겠다!"라고 협박하였다. 그러자 한왕은 "나와 그대 항우는 모두 회왕에게 북면(北面)하여 신하로 칭하면서 명을 받고 '형제로 결의한다.'고 하였다. 그러니 나의 아버지가 곧 그대의 아버지거늘 반드시 그대의 아비를 삶겠다면 바라건대 내게도 국 한 그릇을 나눠 주거라!"라고 응수하였다.

항왕은 크게 화를 내면서 태공을 죽이려고 하였다. 그러자 항백이 "천하의 대

사란 아직 예측할 수 없으며, 천하의 패권을 노리는 자는 가족을 돌보지 않습니다. 설사 태공을 죽인다고 해도 유익함이 없고 오직 화만 더하게 될 뿐입니다."라면서 말렸다. 항왕은 항백의 말이 일리가 있다고 여기고 태공을 죽이지 않았다.

초나라와 한나라는 장기간에 걸쳐 서로 맞서 승부를 내지 못하고 있었다. 장정들은 행군과 전투에 시달리고 노약자들은 전조(轉漕)[110]로 지쳐 있었다. 항왕은 한왕에게 "천하가 혼란스럽고 여러 해 동안 평온하지 못한 것은 오로지 우리 두 사람 때문이다. 나는 그대에게 단독으로 도전하여 일대 일로 겨루어 자웅을 가리고 싶다. 우리 두 사람을 위해서 천하의 백성들을 헛되이 고달프게 하지 말자!"라고 제안하였다. 그러자 한왕은 웃으며 "나 이 사람은 지혜를 다툴지언정 힘으로 다투지 않는다!"라면서 거절하였다. 항왕은 장사(壯士)를 내보내 나가서 싸움을 걸도록 하였다. 한나라 진영에 말을 타고서 활을 잘 쏘는 누번족(樓煩族)[111] 병사가 있었는데 초나라의 장사가 세 번을 도전하였으나 세 번 모두 누번족 병사의 활에 맞아 죽고 말았다. 항왕이 크게 화를 내면서 직접 갑옷을 입고 창을 들어 도전하였다. 누번족 병사가 그에게 활을 쏘려고 하자 항왕이 눈을 부릅뜨고 포효하였다. 누번족 병사는 겁에 질려 쳐다보지도 못했고 손이 떨려 화살도 쏘지 못한 채 진영 안으로 재빨리 도망쳐 들어와 감히 다시 나올 생각도 하지 못하였다. 한왕이 사람을 보내 누번족 병사에게 물어보고 도전자가 항왕이었기 때문에 두려웠다는 말을 듣고 크게 놀랐다.

이렇게 하여 항왕은 한왕의 광무산 진영 가까운 곳으로 가서 말을 걸었다. 한왕이 그의 죄상을 하나하나 들춰 말하자 항왕은 크게 분노하여 결전을 벌이고자 하였으나 한왕은 끝내 응하지 않았다. 이때 항왕이 매복시켜 놓았던 사수가 화살을 쏘아서 한왕을 맞춰 한왕은 부상을 입고 성 안으로 도망쳐 들어갔다.

항왕은 한신이 이미 하북을 함락시킨 후 제나라와 조나라 군대를 궤멸시키고 다시 초나라 군대를 공격하려고 한다는 소식을 듣고 용저를 파견하여 응전하도록 하였다. 한신이 용저와 전투를 벌이고 있을 때 기병장 관영도 용저를

---

110) 전轉이란 육로로 양곡을 수송하는 차운車運을 가리키며, 조漕는 수운을 통하여 수송하는 선운船運을 가리켜 결국 전조란 수륙운수를 지칭한다.

111) 산서성山西省 쪽에 거주하던 소수 민족

공격하여 초나라 군을 대파하고 용저를 죽였다. 그리고 한신은 곧 스스로 제왕 (齊王)의 자리에 올랐다. 항왕은 용저의 군대가 패했다는 소식을 듣고 무섭이라는 사람을 시켜 한신을 회유하였으나 한신은 듣지 않았다.

이때 팽월이 다시 반란을 일으켜서 양 지역을 함락시키고 초나라의 식량 수송로를 끊어 버렸다. 항왕은 대사마 조구 등에게 "성고를 지키기만 하라. 설사 한나라가 도전을 해 와도 절대로 그들과 싸우지 말고 그들을 동진하지 못하도록 하면 그것으로 족하다. 나는 15일이면 반드시 팽월을 없애고 양 땅을 평정한 뒤 다시 그대와 만날 것이다."라고 말했다. 그리하여 항왕은 군사를 이끌고 동진하면서 진류와 외황을 공격하였다. 외황은 견실하게 수비를 하여 며칠 동안 공격을 했지만 함락시키지 못하였다. 그러다가 마침내 견디지 못하고 투항하였다. 항왕은 외황이 오랫동안 항복하지 않고 저항한 것에 매우 분노하여 명을 내려 15세 이상의 남자 모두를 성의 동쪽에 집합하도록 하여 모조리 생매장시키려 하였다.

이때 외황 현령의 문객 아들이 겨우 열세 살이었는데 그 아이가 항왕에게 말했다. "팽월이 무력으로써 외황을 핍박하여 외황 사람들은 이를 매우 두려워했기 때문에 우선 잠시 항복한 체하면서 대왕을 기다렸습니다. 그런데 대왕께서 지금 모두 생매장시키려고 하시니 백성들에게 귀순하려는 마음이 생기겠습니까? 만약 대왕께서 외황의 남자들을 모두 생매장하신다면 아마도 지금부터 동쪽으로 양나라 땅의 10여 개 성이 모두 대왕에게 생매장될 것을 겁내어 반드시 결사적으로 방어하게 될 것이므로 대왕께서는 한 곳도 점령하지 못하게 될 것입니다." 항왕이 들어보니 그럴 듯하다고 여겨 외황의 모든 남자들을 사면하였다. 이 소식을 듣고 외황에서 동쪽으로 수양에 이르기까지 모두 앞을 다투어 항왕에게 투항하였다.

한편 한나라 군대가 여러 차례 싸움을 걸어왔지만 초나라 군은 이에 응하지 않았다. 그러나 한나라가 사람들을 초나라 진영 앞에 보내 5, 6일 동안 계속 욕설을 해대자 마침내 조구는 분기탱천하여 병사들에게 사수를 건너도록 명령을 내렸다. 병사들이 반쯤 건널 때 한나라 군사들이 갑자기 습격하여 초나라 군을 대파하고 초나라의 물자를 모두 차지하였다. 조구와 동예, 사마흔은 모두 사수 강에서 스스로 목을 찔러 죽었다. 당시 항왕은 수양에 머물고 있었는데 조구가 실패했다는 소식을 전해 듣고 곧장 군대를 이끌고 돌아왔다. 한나라 군은 초나라 장군 종리매를 형양 동쪽에서 포위하여 공격하고 있었는데 항왕이 회군하자 두려워하여 모두 험한 산악 지대로 퇴각하였다. 이때 한나라 군은 기세가 충천하고 식량도 풍부했으나 항왕의 군사는 피로에 지치고 군량도 이미 매우 부족해진 상태였다.

한왕이 육가를 파견하여 항왕에게 태공의 석방을 요청했으나 항왕은 거부하였다. 한왕이 다시 후공(侯公)을 보내어 항왕에게 천하를 반분하여 홍구(鴻溝) 서쪽을 한나라가 가지고, 홍구 동쪽은 초나라가 가질 것을 권유하였다. 항왕은 이에 동의하고 한왕의 부모처자를 돌려보냈다. 한나라 군사들은 모두 만세를 불렀다. 한왕이 후공을 평국군(平國君)에 봉한 뒤 두 번 다시 만나려고 하지 않았다.[112] 그러고는 "그는 천하의 달변가로서 그가 살고 있는 나라를 망하게 할 것이므로 평국군이라고 칭하노라."라고 하였다. 항왕은 한왕과 약정한 뒤 군대를 철수하여 동쪽으로 돌아갔다.

한왕이 서쪽으로 돌아가려 준비할 때 장량과 진평이 권하였다. "지금 한나라는 천하를 절반에 가깝게 차지하였고 제후들도 모두 우리에게 귀순하였습니다. 그러나 초나라는 오히려 병사들이 피로에 지치고 군량도 턱없이 부족하니 이는 실로 하늘이 초나라를 멸하게 하려는 때입니다. 그러니 반드시 이 기회에 반드시 초나라를 멸해야 합니다. 지금 항왕을 풀어 주고 공격하지 않게 되면 이것이 이른바 '호랑이를 길러 스스로 화를 남겨두는 것'[113]입니다."

한왕은 그들의 건의에 동의하였다.

---

112) 이 부분에 대한 다른 해석으로 "후공이 숨어살면서 다시는 한왕을 만나려 하지 않았다."는 주장이 있다. 즉 벼슬을 거절하고 은거하였다는 의미로 해석되기도 한다.

113) 양호자유환養虎自遺患

한나라 5년, 한왕이 양하 남쪽까지 항왕을 추격하여 군대를 주둔시킨 뒤, 한신, 팽월과 회합하여 초나라를 함께 공격하기로 기일을 약정하였다. 그런데 한나라 군대가 고릉에 이르렀지만 아직 한신과 팽월의 군대가 와서 합류하지 않았다. 이때 초나라는 한나라 군대를 공격하여 대파하였다. 한왕은 다시 진영으로 들어가서 참호를 깊게 파고 스스로 지켰다.

한왕이 장량에게 "제후 한신과 팽월이 약정을 준수하지 않으니 어찌해야 좋겠소?"라고 묻자 장량은 "초나라가 곧 붕괴하려고 하는데 한신과 팽월은 한 곳의 봉지도 나눠 받지 못했으니 그들이 와서 합류하지 않는 것은 당연한 일입니다. 대왕께서 능히 천하를 그들과 함께 나누어 가질 수 있으시다면 지금이라도 그들을 당장 오게 만들 수 있습니다. 그러나 만약 그렇게 하시지 못한다면 정세의 변화는 예측할 수 없게 됩니다. 대왕께서 진현 동쪽부터 해변까지 모두 한신에게 떼어 주시고 수양 이북부터 곡성에 이르기까지 팽월에게 떼어 주셔서 각자 싸우도록 한다면 초나라는 쉽게 격파할 수 있습니다."라고 헌책하였다. 한왕은 즉시 "좋소."라고 동의하였다.

한왕은 즉시 사신을 보내어 한신과 팽월에게 "힘을 합쳐서 초나라를 공격하라. 초나라가 붕괴된 이후 진현 동쪽부터 해변까지의 땅을 제왕(齊王)에게 봉할 것이며, 수양 이북부터 곡성에 이르기까지의 땅을 팽상국(彭相國)에게 봉할 것이다."라고 약속하였다.

사신이 도착하자 한신과 팽월은 모두 "지금 즉시 진군하도록 허락해 주십시오."라고 응답하였다. 한신은 즉시 제나라에서 출발하였고 유가의 군대도 수춘에서 출발하여 성보를 함락시키고 해하(垓下)에 당도하였다. 이때 대사마 주은이 초나라에 반기를 들어 서성(舒城)의 병사들로써 육현(六縣)을 공략하여 격파하고 구강(九江)의 모든 병사들을 이끌고 유가와 팽월을 따라서 해하에 합류하여 항우를 포위하였다.

항왕의 군대는 해하에 방어벽을 쌓고 있었는데 군사는 적고 군량은 거의 떨어졌다. 한나라 군사들과 제후의 군대는 항왕의 군대를 겹겹이 포위하였다. 밤에 한나라 군사들이 사방에서 모두 초나라의 노래를 부르자[114] 항왕이 크게 놀라서 "한나라 군사들이 이미 초나라를 모조리 점령했다는 말인가? 어찌하여 초나라 사람들이 이렇게도 많은가?"라고 말했다. 항왕은 한밤중에 일어나서 술을 들이켰다. 항왕에게는 우(虞)라는 미인이 있었는데 항상 항왕을 수행하고 있었다. 또 추(騅)라고 불리는 준마는 항왕이 항상 타고 다녔다. 항왕은 정서가 격앙되어 그 노랫소리가 비장하였다. 그는 스스로 시를 지어 노래하였다.[115]

> 힘은 산을 뽑고 기세는 세상을 덮었지만 (力拔山兮氣蓋世)
> 시운(時運)이 좋지 못하여 추(騅)가 가지를 못하구나. (時不利兮騅不逝)
> 추가 가지를 못하니 어찌해야 하는가? (騅不逝兮可奈兮)
> 우(虞)여, 우여, 어찌해야 하는가! (虞兮虞兮奈若何!)

항왕이 여러 차례 노래를 부르자 우미인도 시를 지어 화답하였다.[116] 항왕은 슬퍼하며 울고 몇 줄기 눈물이 흘러내렸다. 좌우 시종들도 모두 고개를 숙이고 통곡을 하면서 차마 항왕을 쳐다보지 못하였다.

항왕은 포위를 돌파하기로 결정하고 준마 추를 타고 앞장섰다. 말을 타고 수행하는 부하 장사는 8백여 명이었고, 그들은 야음을 틈타 포위를 돌파하여 남쪽으로 나는 듯이 질주하였다. 날이 밝은 뒤에야 한나라 군은 비로소 항왕이 빠져나간 것을 알고 기장(騎將) 관영이 5천 명의 기병을 이끌고서 항왕을 추격하였다. 항왕이 회수를 건널 때 그를 수행하여 따라올 수 있는 자는 이제 백여 기였다.

항왕이 음릉(陰陵)에서 길을 잃었을 때 한 농부에게 길을 물었는데 농부는 거짓말로 "왼쪽이오."라고 말하였다. 항왕은 그 말을 믿고 왼쪽으로 가다가 큰 늪으로 들어가게 되었다. 그리하여 말들이 한동안 늪을 빠져나오지 못하였다. 이 때문에 이제 한나라 병사들이 바짝 쫓아왔다.

항왕은 다시 군사를 이끌고서 동쪽으로 나아가 동성에 당도하였다. 이때 항

---

114) 사면초가四面楚歌

115) 이를 해하가垓下歌라고 하며 이때의 전투를 해하지위垓下之圍라 한다.

116) 「초한춘추楚漢春秋」는 이 내용을 "漢兵已略地, 四方楚歌聲, 大王意氣盡, 賤妾何聊生"으로 소개하고 있다.

왕을 수행할 수 있는 사람은 겨우 스물여덟 기였다. 한나라 군은 수천 명의 기병이 추격하고 있었다. 항왕이 스스로 더 이상 달아날 수 없다고 생각하였다. 그는 부하 기병들에게 "내가 지금 군사를 일으킨 지 8년이 되었는데, 몸소 칠십여 차례의 전투를 벌였다. 누구든 나에게 맞선 자는 모두 무너뜨렸고 내가 공격한 자는 누구든 모두 굴복시켜 결코 패한 적이 없었다. 그리하여 나는 천하의 패권을 거머쥐었다! 그러나 지금 결국 이곳에서 포위되는 지경에 이르렀으니 이것은 하늘이 나를 망하게 만든 것이지 결코 내가 작전을 잘못해서가 아니다. 오늘 기왕 죽지 않으면 안 될 상황이지만 나는 죽기 전에 그대들을 위하여 한나라 군과 일전을 벌이겠다. 지켜보라! 나는 반드시 한나라 군사들을 세 번 꺾어 그대들을 위해서 포위를 뚫을 것이다! 그리고 적장(敵將)을 참살할 것이다! 또한 적군의 깃발을 쓰러뜨릴 것이다! 그리하여 그대들에게 하늘이 나를 망하게 하는 것이지 내가 작전을 잘못했기 때문이 아님을 알게 하고 싶도다!"라고 하였다.

그런 후 항왕은 곧 기병을 네 부대로 나누어 사방으로 분산하여 출발하도록 하였다. 그러자 한나라 군사들은 항왕을 몇 겹으로 포위하였다. 항왕은 기병들에게 "내가 그대들을 위하여 한나라의 한 장군을 베리라!"라고 말하였다. 그리고 기병들에게 사방으로 말을 달리도록 하고 산 동쪽의 세 곳에서 만나자고 약속하였다. 그렇게 말한 뒤 항왕은 대갈일성하며 나는 듯이 곧장 말을 아래로 달려 내려갔다. 한나라 군은 크게 놀라 경황 중에 어지럽게 흩어지고 항왕은 곧 한나라의 한 장군의 목을 베었다. 이때 기장(騎將)이었던 적천후가 항왕을 추격하였는데, 항왕이 눈을 부릅뜨고 대갈하자 적천후와 말이 모두 너무 놀라 도망을 쳐 몇 리 밖에서야 비로소 멈췄다.

그리하여 항왕은 산 동쪽의 세 곳에서 그의 기병들을 만났다. 한나라 군은 항왕의 소재를 찾아내기 위하여 군사를 세 방면으로 나누어 다시 초나라 군을 포위하였다. 항왕은 말을 몰아 내달려 또 한 명의 한나라 도위를 참하고 백 십여 명을 죽인 뒤 다시 그의 기병을 모았는데 단지 2명이 줄었을 뿐이었다. 항왕이 부하 기병들에게 "그대들은 분명히 보았는가? 과연 어떤가?"라고 묻자, 기병들이 모두 엎드려서 "과연 대왕의 말씀과 같습니다!"라고 말하였다.

항왕은 스물여덟 명의 기사를 거느리고 동쪽으로 오강(烏江)을 건너려고 하였다. 오강의 정장(亭長)이 배를 강안에 대고 항왕을 기다렸다. 그는 항왕에게

"강동(江東)은 비록 작지만 땅이 가로세로로 천리를 넘고 백성들의 수가 수십만 명에 이르니 충분히 왕을 칭할 수 있습니다. 바라옵건대 대왕께서는 빨리 강을 건너십시오. 지금 오로지 저에게만 배가 있어 한나라 군사들이 와도 강을 건널 수 없습니다."라고 권하였다.

그러나 항왕은 웃으면서 "하늘이 나를 망하게 하려는데 지금 내가 건넌다고 하여 무슨 의미가 있겠소! 더구나 내가 8천의 강동 자제들과 함께 강을 건너 서쪽으로 갔는데 이제 단 한 명도 다시 돌아오지 못했소. 설령 강동의 부형(父兄)들이 나를 가련히 여겨 왕으로 칭한다고 해도 이제 내가 무슨 면목으로 그분들을 대할 수 있다는 말이오? 비록 그분들이 아무런 말도 하지 않는다고 나 항적이 어찌 부끄럽지 않을 수 있겠소?"라고 말했다. 항왕은 마지막으로 정장에게 "나는 정장 당신이 덕행을 지닌 장자라는 것을 알고 있소. 내가 5년 동안 계속 이 말을 탔는데 가는 곳마다 적이 없었고 일찍이 하루에 천리를 달렸소. 차마 내 손으로 이 말을 죽일 수 없으니 당신이 가지시오!"라고 말하였다.

항왕은 자신의 말을 정장에게 건네주고 기병들로 하여금 모두 말에서 내리게 하고는 손에 짧은 무기만을 들고 싸움을 벌이도록 하였다. 한나라 병사들도 이미 당도하여 쌍방 간의 전투가 벌어졌다. 항왕이 가장 용맹하여 혼자서만 죽인 한나라 병사가 수백 명이었고 자신도 몸에 10여 군데 부상을 입었다.

전투가 이어지는 가운데 항왕은 한나라 기사마 여마동을 발견하였다. 항왕은 "너는 내 고향 친구 여마동이 아니냐?"라고 말하자 여마동은 항왕이 적이기 때문에 똑바로 쳐다보기 미안해하면서 다만 왕예에게 항왕을 가리키며 "저 사람이 바로 항왕이다!"라고 말하였다. 그러자 항왕은 "한왕이 나의 머리에 천금과 만호의 읍을 현상으로 걸었다고 알고 있다. 여마동! 우리는 아는 사이이니 내가 너에게 선물을 주리라!"라고 하고는 자신의 칼로 목을 찔렀다.

왕예는 앞에 있다가 항왕의 머리를 얻었다. 이때 사람들이 앞을 다투어 서로 항우의 몸을 가지려 하다가 죽은 사람이 수십 명이나 되었다. 마지막에는 낭중기(郎中騎) 양희와 기사마 여마동, 낭중 여승과 양무가 각자 항왕의 신체 한 부분씩을 가졌다. 다섯 사람이 지체를 합쳐보니 분명히 항왕의 것이었다. 이에 상으로 준비해 놓았던 땅을 다섯 부분으로 나누어 여마동을 중수후에 봉하고, 왕예를 두연후로 봉하였으며, 양희를 적천후에 봉하고, 양무는 오방후에 봉하였으며, 여승을 열양후에 봉하였다.

항왕이 죽자 초나라 각지에서 모두 한나라에 투항했는데 오로지 노현(魯縣) 지역만은 항복을 거부하였다. 한왕은 곧 병사를 이끌고 가서 노현을 모조리 도륙하려고 하였다. 그러나 한왕은 노현의 백성들이 군주를 위해 죽음으로써 절개를 지키려고 하는 것임을 알고 항왕의 머리를 노현 백성들에게 보여주었다. 그러자 노현 사람들은 비로소 투항하였다. 원래 초나라 회왕이 항적을 노공(魯公)으로 봉했고, 항우가 죽을 때 또 노현이 가장 늦게 투항하여 노공이라는 예우로써 항왕을 곡성에 안장하였다. 한왕은 직접 가서 상을 지내고 한바탕 곡을 한 뒤 떠났다.

각 항씨 종족을 한왕은 모두 죽이지 않았다. 그리고 항백을 사양후에 봉하였다. 도후, 평경후, 현무후 모두 항씨였는데, 그들에게 유씨 성을 내렸다.

스스로를 책망하지 못했으니 바로 이것이 그의 잘못이다

태사공은 말한다.

"내가 주생(周生)[117]이 '순(舜) 임금의 눈은 두 개의 눈동자를 가졌다.'라고 하는 말을 들었는데, 또 항우도 눈동자가 두 개라는 말을 들었다. 혹시 항우가 순의 후예인 것인가? 항우는 어떻게 하여 그토록 빠른 속도로 흥기하였는가?

진나라 정치가 부패하자 진섭이 최초로 반란을 일으키고 그 뒤 제후호걸들이 잇달아 봉기하였다. 그러나 항우는 한 치의 땅을 지니고 있지 않으면서 민간에서 기세를 타고 흥기하여 3년 만에 마침내 다섯 제후를 거느리고 진나라를 멸망시키고 천하를 분할하여 왕과 후를 봉하니 모든 정사가 항우 한 사람의 명령으로부터 나왔으며 스스로 '패왕(覇王)'을 칭하였다. 비록 그 지위를 끝까지 유지하지는 못했지만 이러한 일은 자고 이래로 일찍이 존재하지 않았다. 항우가 관중을 버리고 초나라 고향 땅을 그리워하며 의제를 죽이고 스스로 왕이 된 것은 사람들이 용납할 수 없는 일이었지만, 항우는 도리어 왕후들이 자신을 배

---

117) 한나라 시기의 학자

반한 것을 원망하였다. 이렇게 하고서도 다른 사람이 배반하지 않기를 바라는 것은 실로 너무 어려운 일이다!

항우는 자신만의 공로를 과시하면서 오직 자신만의 지혜를 믿고 옛 사람을 본받지 않았다. 그러면서 패왕의 사업이 이미 이뤄졌다고 생각하고 무력으로써 천하를 정벌하고 경영하려 하였다. 결국 5년 만에 자신의 국가를 멸망시키고 스스로 몸은 동성에서 죽으면서 그때까지도 깨닫지 못하고 스스로 자신을 견책하지 않았으니 그것은 실로 잘못된 일이었다. 끝내 '하늘이 나를 망하게 한 것이지 결코 용병(用兵)의 죄가 아니다.'라는 핑계를 대었으니, 어찌 큰 오류가 아니겠는가?"

4. 한 고조 본기
- 인재를 쓸 줄 아는 자가 천하를 얻는다

"거짓의 아름다움을 추구하지 않고 악을 숨기지 않는(不虛美, 不隱惡)" 실록 정신은 『사기』 전편을 관통하는 기본 원칙이다.

「고조 본기」에서도 사마천은 한 고조가 어떻게 빈천한 신분에서 몸을 일으켜 천하를 장악하게 되었는가의 과정을 그의 장점과 단점에 대하여 사실 그대로 가감 없이 묘사하면서 독자들에게 선연하게 드러내 주고 있다.

「고조 본기」는 「항우 본기」와 선명한 대비를 이룬다. 예를 들어, 항우와 유방의 군대가 관중에 진입하여 진나라를 격파하는 상황 묘사 부분에서 항우에 대해서는 "항우는 송의를 죽이고 대신 상장군으로 되었으며 진나라 장군 왕리를 격파하고 장한을 항복시켰다."라고 기술하여 독자들로 하여금 오로지 단순한 군사 분야의 성공이라는 사실을 분명하게 알려주고 있다.

반면에 유방에 대해서는 군사 책략 이외에 유방이 백성을 인자하게 위무하는 조치를 통하여 "진나라 백성이 기뻐하고", "진나라 군사들이 흩어져", "끝내 대파할 수 있었으며"라고 기술함으로써 독자들로 하여금 "패공이 마침내 다른 제후들보다 먼저 패상에 도달한" 중요한 요인을 글을 읽으면서 간파할 수 있도록 만들고 있다.

천하를 얻을 상

고조(高祖)는 패현(沛縣) 풍읍(豊邑) 중양리(中陽里) 사람이다. 성은 유, 이름은 방(邦)이며 자는 계(季)이다. 아버지는 유태공(劉太公)이며 어머니는 유온(劉媼)이다. 언젠가 유온이 큰 연못가 제방에서 잠깐 잠이 든 사이에 천신(天神)과 교합하는 꿈을 꾸었다. 이때 하늘에서는 천둥이 치고 번개가 번쩍였고 갑자기 사방이 어두워졌다. 이때 마침 태공이 유온을 찾아 나섰는데 달려가 보니 교룡(蛟龍)이 부인의 몸

위에 있었다. 이 일이 있고 난 뒤 유온은 임신을 하였고 드디어 고조를 낳았다.

고조는 콧날이 높고 목이 길었으며[118] 얼굴 모습이 용을 닮았고,[119] 수염을 멋지게 기르고 있었다. 그리고 72개의 검은 반점이 왼쪽 넓적다리에 있었다. 그는 인후(仁厚)하고 남에게 베풀기를 좋아했으며 마음이 넓고 통이 커 항상 대범하고 도량이 넓은 모습을 보여주었다. 그는 일반 백성들이 하는 생산노동에 종사하지 않았고, 장성한 뒤 관리 등용 시험을 봐서 사수정(泗水亭)의 정장(亭長)으로 일하게 되었다.

그는 정장으로 있으면서 그곳의 관리들을 깔보고 조롱했으며 술과 여자를 좋아하였다. 그는 항상 왕온(王媼)과 무부(武負)의 주점에서 자주 외상술을 마시고 취하여 일어나지 못했다. 언젠가 왕온와 무부는 고조의 몸 위에 용이 나타나는 것을 보고는 매우 기이하다고 생각하였다. 고조가 와서 술을 거나하게 마시는 날이면 술이 평소의 몇 배씩이나 팔렸다. 두 사람이 고조가 취해서 누워 있을 때 용이 나타나는 기이한 일을 본 뒤 연말이 되면 두 곳 주점은 항상 고조의 외상 장부를 찢어 없애면서 외상값을 포기하였다.

일찍이 고조가 함양에서 요역을 하던 어느 날 진시황제가 출행하여 백성들도 마음껏 구경할 수 있도록 한 적이 있었는데 고조는 진시황제를 보고 장탄식을 하였다.

"아! 대장부라면 마땅히 저런 모습이어야 하는데!"

선보(單父)현에 사는 여공(呂公)은 패현 현령과 서로 친한 사이였는데, 그는 원수를 피해 패현으로 와서 현령 집에 머무르고 있었다. 패현의 호걸과 관리들은 현령 집에 귀빈이 와 있다는 소문을 듣고 모두 와서 선물을 바치고 축하를 하였다. 당시 소하는 현의 주리(主吏)로서 선물 받는 일을 주관하였는데, 그는 빈객들에게 "선물이 천 냥에 이르지 않는 사람은 모두 계단 아래에 앉아 주시오."라고 말하였다.

고조는 정장(亭長)으로 있으면서 평소 패현 관아의 관리들을 우습게 생각하고 있었다. 그는 거짓으로 선물 목록을 쓰고 거기에 '하례금 만 냥'이라고 썼

---

118) 장경항長頸項으로서 경頸은 목의 앞쪽, 항項은 목의 뒤쪽을 가리킨다.

119) 용안龍顏, 이로부터 황제의 얼굴을 용안龍顏이라고 부르게 되었다.

다. 하지만 실제로는 한 푼의 돈도 없었다. 선물 목록이 여공에게 전해지자 여공은 크게 놀라 일어나더니 문까지 나가 고조를 영접하였다. 여공은 관상을 잘 보았는데 고조의 생김새가 매우 특이한 것을 보고 그를 특별히 존중하며 당상에 앉게 하였다. 그러자 소하가 "유계(劉季) 저 사람은 언제나 큰소리만 치지만 실제로 이루는 일은 거의 없다!"라고 말하였다. 하지만 고조는 여공의 환대를 기회로 삼아 당상의 손님들을 조롱하면서 스스로 상석에 앉아 전혀 사양하는 기색이 없었다.

여공은 앉은 자리에서 눈짓을 하여 고조에게 가지 말라고 표시하였다. 그리하여 고조는 남아 있게 되었는데, 손님들이 모두 떠난 뒤 여공은 고조에게 "나는 소싯적부터 관상 봐주기를 좋아하여 이제까지 관상을 많이 보아왔소. 그런데 유계 당신만큼 고귀한 관상을 본 적이 없소. 그러니 자중하시길 바라오."라고 말하였다.

그리고 잠시 뒤에 다시 입을 열어 "내가 친딸이 하나 있소. 원컨대 유계 당신 집에서 비를 들고 청소하는 처로 삼아 주시오."라고 말하였다.

연회가 끝난 뒤 여공의 아내 여온은 너무 화가 나서 여공에게 "당신은 처음에 항상 이 딸이 다른 사람과 다르다면서 반드시 귀인에게 시집을 보내야 한다고 했지요. 패현 현령이 당신과 서로 친하여 딸을 달라고 할 때도 거절하더니 이제 어찌 멋대로 유계와 같은 사람에게 시집을 보내려고 하나요?"라고 물었다. 그러나 여공은 "이것은 아녀자가 알 수 있는 일이 아니오."라고 말할 뿐이었다.

여공은 결국 유계에게 시집보냈다. 여공의 딸은 바로 여후로서 그녀는 효혜제와 노원공주를 낳았다.

고조가 정장으로 있으면서 어느 날 휴가를 내 집에 돌아왔다. 여후가 두 아이와 함께 밭에서 풀을 뽑고 있었는데, 한 노인이 길을 가다가 마실 물을 청하였다. 여후가 노인이 굶주린 것을 보고 밥을 챙겨 주자 그 노인은 곧 여후의 관상을 봐주었다. 노인이 말했다. "부인은 천하의 귀인이오!" 여후는 노인에게 두 아이의 관상을 보게 하였다. 노인은 효혜제의 관상을 보고 "부인이 크게 귀할 수 있는 것은 바로 이 남자 아이와의 관계 때문이오."라고 말하였다. 노인은 또 노원공주를 보고 역시 귀한 상이라고 하였다. 노인이 떠나간 뒤 때마침 고조가 다른 집에서 나와 밭으로 왔다. 여후는 지나가던 노인이 관상을 봐준 일을 고조에게 말해 주었다. 고조는 그 노인이 어디에 있느냐고 물었다. 여후는 "방금 떠났는데, 그리 멀리 가지는 않았을 거예요."라고 대답하였다. 고조가 곧 노인을 좇아가서 만났다. 고조가 노인에게 여후와 아이들의 관상을 본 일을 묻자 노인은 "조금 전에 내가 본 부인과 아이들의 상이 고귀한 것은 모두 당신을 닮았고, 당신의 관상은 말로 표현할 수 없을 만큼 귀합니다."라고 하였다. 고조는 사의를 표하며 "정말 어르신의 말씀하신 대로 된다면 저에 대한 은덕은 결코 잊지 않겠습니다."라고 말하였다. 고조가 현귀해졌을 때 끝내 노인이 있는 곳을 찾을 수 없었다.

고조가 정장으로 지낼 때, 대나무가 막 피어날 때의 죽피(竹皮)로 관을 만들어 썼다. 그는 포졸들을 설현(薛縣)으로 보내 공인(工人)을 찾아 죽피관을 만들도록 하여 항상 쓰고 다녔으며 뒷날 천자가 되어서도 여전히 그것을 머리에 썼다. 이른바 '유씨관(劉氏冠)'이란 바로 유방이 정장 시절에 썼던 이 죽피관을 가리키는 말이다.

고조는 정장의 신분으로 여산에서의 요역(徭役)에 고을 장정들을 보내는 일을 맡아 그 장정들을 인솔하게 되었다. 그러나 가는 도중에 장정들 대부분이 도망을 쳐 버렸다. 그는 이렇게 여산까지 가게 되면 아마도 모두 도망을 가고 남는 사람이 없을 것이라고 생각했다. 그리하여 풍읍 서쪽 늪지에 이르러 길을 멈추고 술을 마셨다. 밤이 되자 인솔해 가던 장정들에게 도망가라고 말하며 "너희들도 모두 도망가라. 나도 다시는 돌아가지 않을 것이다!"라고 하였다. 그리하여 모두가 도망을 쳤는데, 건장한 젊은이 10여 명은 고조와 함께 하기를 원하였다. 고조는 술을 많이 마시고 밤중에 샛길을 따라 늪을 지나면서 한 사람을 앞으로 보내 길을 찾도록 하였다. 잠시 후에 그 사람이 돌아와서 "앞에 큰 뱀이 길을 막고 있으니 되돌아가시지요."라고 보고하였다. 술에 취한 고조는 "대장부가 길을 걷는데, 무엇이 두렵겠는가!"라고 말하였다. 그리고 곧장 앞으로 걸어가 검을 뽑아 단칼에 뱀을 쳐서 두 동강을 냈고 길은 뚫렸다. 고조는 장사들을 이끌고 길을 통과하였다.

다시 몇 리를 간 뒤 고조는 술기운이 올라 그 자리에 누워 잠을 잤다. 뒤에 오던 사람이 뱀을 벤 곳에 이르렀을 때 한 노파가 밤중에 울고 있는 것을 발견하였다. 그 사람이 우는 이유를 묻자 노파는 "어떤 사람이 내 아들을 죽여서 내

漢高祖

한고조 유방, 흰 뱀을 베다.

가 이렇게 우는 것이오."라고 대답했다. 다시 "할머니, 할머니 아들은 왜 죽었습니까?" 하고 묻자 노파는 "내 아들은 백제(白帝)의 아들이라오. 뱀으로 변하여 길에 누워 있었는데 지금 적제(赤帝)의 아들에게 베어졌으니 내가 이렇게 우는 것이라오."라고 하였다. 그 사람은 노파가 황당한 소리를 한다고 여겨 때려 주려고 하자 노파는 갑자기 사라져 버렸다. 뒤에 오던 사람이 고조가 술 취해 누운 곳에 도착했을 때 고조도 이미 술에서 깨었다. 그들이 방금 있었던 일을 고조에게 말해주자 고조는 속으로 크게 기뻐하면서 자신의 운명이 비범하다고 생각하였다. 이로 인하여 따르던 사람들도 갈수록 고조를 경외하였다.

이 무렵 진시황제는 늘 "동남방에 천자의 기운이 있다!"라고 말하면서 동방을 순행하여 황제의 위엄으로써 동남방의 천자의 기운을 제압하고자 하였다. 고조는 자기가 그러한 기운을 띠고 있는 것이 아닐까 여겨 망산과 탕산 사이의 삼림과 암벽 지역으로 도망쳐서 숨었다. 여후가 고조를 보지 못하게 되면 곧 사람들을 데리고 찾았는데, 늘 곧바로 고조가 있는 곳을 찾아냈다. 고조는 기이하게 생각하여 여후에게 어떻게 그렇게 할 수 있느냐고 물었다. 여후는 "당신이 숨어 있는 곳의 위쪽에는 언제나 엷게 흐르는 구름이 있으므로 그 구름을 따라가면 곧바로 당신을 찾을 수 있답니다."라고 대답하였다. 고조는 이러한 사정을 듣고 마음속으로 대단히 기뻐하였다. 패현의 젊은이들 역시 이 일을 전해 듣고 많은 사람들이 모두 고조를 따르고자 하였다.

패공으로 옹립된 유방

진나라 2세 황제 원년 가을, 진승 등이 기현에서 봉기하여 진(陳)에 이르러 왕을 칭하고 국호를 '장초(張楚)'라고 하였다. 이에 수많은 군현이 호응하여 각지의 지방장관을 죽이고 진승(진섭)을 따랐다. 패현 현령은 두려워져서 패현을 들어 진승에게 호응하고자 하였다. 주리(主吏) 소하와 옥연(獄掾) 조참이 현령에게 말하였다.

"현령께서는 진나라 관리로서 만약 지금 진나라에 반기를 들고 패읍의 젊은 이들을 이끌려고 해도 패읍 젊은이들이 따르지 않을 것입니다. 청컨대 현령께서 예전에 외지로 도망친 패현 사람들을 모두 소집하시게 되면 능히 수백 명을 얻을 수 있습니다. 이 힘을 이용하여 군중들을 위협하면 군중들은 감히 현령의 명령을 따르지 않을 수 없습니다."

현령은 이 말이 그럴듯하다고 여겨 곧 번쾌를 파견하여 가서 유계(유방)를 불러오도록 하였는데, 유계의 무리는 이미 백여 명이나 되었다.

이렇게 하여 번쾌가 유계를 패현으로 데려왔다. 하지만 현령은 이때 또 후회하며 유계가 변을 일으킬까 두려워하여 곧 성문을 걸어 잠그고 사람을 보내 유계가 들어오지 못하도록 막으면서 소하와 조참을 죽이려고 하였다. 겁이 난 소하와 조참은 성벽을 넘어가서 유계에게 몸을 의탁하였다. 유계는 패현의 부로(父老)들에게 비단에 편지를 써서 화살을 이용하여 성 안으로 쏘았다.

〈천하가 진나라의 폭정에 고초를 겪은 지 이미 너무 오래입니다. 지금 부로 여러분들께서는 현령을 위하여 성을 지키고 있으나 각국의 제후들은 이미 모두 봉기하였으니 일단 성이 함락되면 곧 패현을 도륙할 것입니다. 만약 패현 부로들이 함께 힘을 합쳐 현령을 죽이고 패현 자제 중 수령으로 세울 수 있는 사람을 뽑아 지도자를 하게 하면서 제후들에게 호응한다면 가족들의 생명을 보전하고 재난을 당하지 않을 것입니다. 그렇게 하지 못하게 되면 부자(父子)가 모두 살해되고 죽어도 아무 의미도 없게 될 것입니다.〉

이 글을 읽어본 부로들은 곧 자제들을 이끌고 가서 현령을 죽이고 성문을 열어 유계를 영접하고 곧 그에게 패현 현령을 맡기고자 하였다.

유계가 말하였다.

"천하는 때마침 몹시 혼란스럽고 제후들은 모두 궐기하였는데, 만약 뽑아놓은 장군이 임무를 수행하지 못하게 되면 한 번에 패하여 땅에 묻힐 것이오.[120] 나 유계는 내 생명을 아껴서가 아니라 오직 재주가 없고 힘이 약하여 부형 자제를 보전할 수 없을까 두려운 것이오. 이것은 중차대한 대사이니 부디 여러 부로들께서는 신중하게 선택하셔서 다른 사람으로 바꿔 충분히 대사를 맡을 사람을 뽑아 주시기 바랍니다."

소하와 조참 등은 모두 문관으로서 배짱이 작고 자신의 목숨과 가족을 중히

---

120) 일패도지一敗塗地

여겼으며, 만약 일이 실패하게 되면 진나라가 자신들의 전 가족을 주멸할 것을 두려워하였다. 그리하여 모두 유계를 추대하였다. 부로들은 모두 "평소 우리는 당신의 여러 기이한 일들과 당신이 반드시 크게 귀해질 것이라고 듣고 있소."라고 말하였다. 또 점을 쳐보니 유계보다 더 길하게 나온 사람이 없었다. 그럼에도 유계는 여러 차례 사양하였으나 어느 누구도 감히 나서는 사람이 없었고 결국 유계가 패공(沛公)으로 옹립되었다.

유계는 패현 아문의 정원에서 황제와 치우에게 제사를 지내고 희생양의 피를 북에 발랐다. 깃발은 모두 붉은 색으로 통일하였다. 왜냐하면 전에 유계가 뱀을 죽였을 때 할머니 말이 뱀은 백제(白帝)의 아들이고 뱀을 죽인 것은 적제(赤帝)의 아들이었으므로 붉은 색을 숭상하였던 것이다. 소하, 조참, 번쾌 등과 같은 소년 자제와 세력이 있는 관리들 모두 패공을 위하여 출동하여 패현의 자제들을 병사로 모집하였는데 모두 2, 3천 명을 얻었다. 그러고는 곧 호릉과 방여를 공략하고 풍읍으로 다시 돌아왔다.

진나라 2세 2년, 진승의 장령(將領) 주장(周章)의 군대가 서쪽으로 희수(戲水)까지 진격했다가 귀환하였다. 이때 연, 조, 제, 위나라가 모두 자립하여 왕을 칭하였고 항량과 항우는 오(吳)에서 일어났다. 진나라 사수군의 군감 평(平)이 군사를 이끌고 풍읍을 포위했는데 이틀 후에 패공이 병사를 통솔하고 출전하여 진나라 군대를 격파하였다. 패공은 옹치(雍齒)에게 풍읍을 수비하도록 명령을 내리고 자신은 군사를 이끌어 설현으로 갔다. 사수군 군수 장은 설현에서 패하여 도주했으나 패공의 좌사마 조무상이 붙잡아 죽였다. 패공은 항보(亢父)로 회군하여 방여에 이르렀는데 교전이 없었다. 이때 진승은 위나라의 주불(周市)을 파견하여 풍읍을 공략하게 하였다.

주불은 옹치에게 사람을 보내어 말했다.

"풍읍은 전에 위왕(魏王)께서 옮기셨던 곳이오. 현재 위나라는 이미 수십 개 성을 평정하였소. 옹치가 만약 지금 위나라에 항복하면 위나라는 옹치를 제후로 삼을 것이오. 하지만 풍읍을 지키면서 투항하지 않으면 나는 장차 풍읍을 도륙할 것이오."

옹치는 원래 패공에 소속되는 것을 매우 싫어하였는데, 이제 위나라 주불이 항복을 권유하자 곧 패공을 배반하고 위나라에 귀순하였다. 패공은 병사를 이끌고 풍읍을 공격했으나 함락시키지 못하고 오히려 병이 들어서 패현으로 물러갔다. 패공은 옹치와 풍읍의 자제들이 자신을 배반한 것에 너무 화가 나서 어떻게 하든 풍읍을 공략하고자 하였다. 패공은 동양현의 영군(寧君)과 진가(秦嘉)가 경구(景駒)를 임시 왕으로 삼아서 유현(留縣)에 있다는 말을 들었다. 패공은 곧장 군사를 이끌고 유현에 가서 경구에게 의탁하고 병사를 빌려 풍읍을 공략하고자 하였다.

이때 진나라 장수 장한은 진승의 부대를 추격하고 있었다. 그의 부장 사마이(司馬夷)는 병사를 이끌고 북진하여 초나라를 평정하고 상현을 도륙한 후 다시 탕현을 공격하였다. 동양현의 영군과 패공은 병사를 거느리고 서쪽으로 진격하여 소현 서쪽에서 사마이와 교전했으나 소득이 없었고, 다시 흩어진 병사들을 모아 유현으로 퇴각하였다. 그러고는 다시 병사를 이끌고 탕현을 공격하여 3일 만에 마침내 함락시키고 투항한 병사 5, 6천을 얻었다. 그리고 다시 하읍을 공격하여 함락시킨 뒤 풍읍으로 되돌아왔다. 이때 패공은 항량이 설현에 있다는 말을 듣고 백여 명의 수행 기병을 데리고 가서 그를 만났다. 항량은 패공에게 5천 명을 주어 병력을 증강시키도록 하였고 또 오대부 직위[121]의 장수 10명도 주었다. 패공은 돌아와서 병사를 이끌고 풍읍을 공략하였다.

패공이 항량을 만난 지 한 달 남짓 지났다. 그동안 항우는 이미 양성을 공격하여 함락시키고 돌아와 항량에게 보고하였다. 항량은 각로(各路)의 장령들을 모두 설현에 소집하였다. 패공도 참석하였다. 항량은 진승이 확실히 죽었다는 말을 듣고 곧 초나라의 후예인 회왕의 손자 웅심(熊心)을 초왕으로 삼고 우이에 도읍하도록 하였다. 항량은 무신군으로 칭해졌다. 몇 개월을 머문 뒤, 항량은 북쪽으로 항보(亢父)를 공략하였으며 제나라 군과 연합하여 동아를 구하고 진나라 군대를 격파하였다. 제나라 군대가 제나라로 돌아가자 초나라의 항량의 군대는 단독으로 진나라의 패잔병들을 추격하여 패퇴시켰다. 아울러 패공과 항우를 파견하여 각기 군대를 거느리고 성양을 공격하게 하여 함락시키고 성 안의 군민을 도륙하였다. 패공과 항우는 복양 동쪽에 주둔하고 진나라 군과 전투를 벌여 이를 격파하였다.

---

121) 전국시대 초나라와 위나라에 오대부 직위가 있었으며 진한 시기에도 있었다.

진나라 군대는 다시 정비하여 복양을 견실하게 지키고 제방을 무너뜨려 물을 흐르게 하여 성을 삥 둘러싸게 하면서 방어하였다. 성을 함락시키지 못하자 패공과 항우는 군사를 돌려 정도(定陶)를 공격하였으나 정도 역시 함락시키지 못하였다. 그들은 다시 군사를 돌려 서쪽으로 진격하여 진나라 땅을 공략하면서 옹구에 이르렀다. 그곳에서 진나라 군을 대파하고 진나라 대장 이유(李由)[122]를 죽였다. 그런 연후에 회군하여 외황을 공략하였지만 외황은 함락되지 않았다.

항량은 또 한 번 진나라 군을 격파하자 교만한 모습을 보였다. 송의가 항량에게 자만해서는 안 된다고 간했지만 듣지 않았다. 진나라는 장한에게 구원병을 보내 한밤중에 병사들에게 하무[123]를 물린 채 항량을 기습하여 정도에서 항량을 대파하였다. 항량은 이 전투에서 죽었다. 이때 패공과 항우는 진류를 공략하고 있었는데, 항량이 전사했다는 소식을 듣고 여신 장군과 함께 동쪽으로 진군하여 여신의 군사는 팽성 동쪽에 주둔하고, 항우의 군사는 팽성 서쪽에 주둔하였으며 패공의 군대는 탕현에 주둔하였다.

장한은 이미 항량의 군사를 궤멸시켰기 때문에 초나라의 적들은 두려워할 필요가 없다고 생각하고 곧바로 황하를 건너 북쪽으로 조나라를 공략하여 대파하였다.

패공에게는 인후한 장자의 풍도가 있다

진나라 2세 황제 3년, 초 회왕은 항량의 군사가 궤멸하는 것을 보고 마음속으로 두려워하여 우이를 떠나 팽성에 도읍하고 여신과 항우의 군사를 합병하여 모두 자신의 지휘 하에 배속시켰다. 회왕은 또 패공을 탕군장(碭郡長)으로 임명하고 무안후에 봉하여 탕군의 군사를 통솔하도록 하였다. 그리고 항우는 장안후에 봉하고 노공으로 칭했으며 여신은 사도로 삼고 그의 부친 여청은 영윤

---

122) 진나라 재상 이사의 아들.

123) 고대 시대 전쟁 중 군사들이 떠들지 못하도록 입에 물리던 가는 나무 막대기. 막대기를 입에 물게 하고 줄로 머리에 묶었다.

으로 삼았다.

그런데 조나라에서 여러 차례에 걸쳐 구원을 청하자 회왕은 송의를 상장군으로 삼으면서 항우는 차장으로 삼고 범증을 말장(末將)으로 임명하여 북쪽으로 올라가 조나라를 구원하도록 하였다. 또 패공에게는 서진하여 함곡관에 들어가 진나라를 공격하도록 하였다. 회왕은 여러 장수들과 가장 먼저 관중에 들어가는 사람을 관중왕(關中王)으로 삼겠다고 약속하였다.

이때 진나라 병력은 대단히 강력하여 늘 승세를 몰아 추격하였다. 그래서 제장들은 먼저 함곡관에 들어가는 것이 유리하다고 생각하지 않았다. 그러나 항량의 군대가 진나라에게 패배한 것을 통한으로 여기던 항우 혼자만이 마음속으로 몹시 분해하며 패공과 함께 서쪽 함곡관으로 진격하기를 희망하였다.

이때 회왕의 여러 원로 장수들이 모두 말하였다.

"항우는 성격이 급하고 흉포하며 또 교활하게 사람을 해칩니다. 그가 전에 양성을 함락시켰을 때 살아남은 사람이 단 한 명도 없었고 모두 생매장을 당했습니다. 그가 지나가는 곳은 어느 한 곳 무참히 도륙당하지 않은 곳이 없습니다. 더구나 지금 초나라 군이 수차에 걸쳐 공격을 했지만 승리를 거두지 못했습니다. 이전의 진승과 항량도 모두 패하였습니다. 그러니 차라리 방법을 바꾸어 덕망 있고 관대한 장자(長者: 덕망 있고 경험 많은 어른)를 파견하여 인의로써 서진하여 진나라 사람에게 관용과 애정으로써 권고하는 것이 좋겠습니다. 진나라 사람들은 이미 오랫동안 고초를 겪었으니 지금 만약 관후한 장자를 얻어 진나라로 가도록 하여 백성을 사랑하고 폭력과 능멸로써 다루지 않게 된다면 충분히 관중을 공략할 수 있을 것입니다. 항우는 폭력적이고 사나운 인물로서 지금 그를 보내서는 안 됩니다. 오직 패공은 예전부터 덕망이 있고 관대하였기 때문에 그 사람이라면 보내도 좋습니다."

결국 회왕은 항우 대신 패공을 파견하여 진나라를 공략하게 하였다. 패공은 병력을 이끌고 출발하였다. 도중에 진승과 항량의 잔여병들을 모아서 탕현을 지나 성양에서 강리에 주둔하고 있던 진나라 군과 대치하였고, 진나라의 두 개의 부대를 격파하였다. 한편 초나라 군은 왕리를 공격하여 대파하였다.

패공은 군사를 이끌고 서진하여 창읍에서 팽월을 만나서 그와 함께 진나라 군대를 공략하였지만 이기지 못하였다. 그는 율현에서 강무후를 우연히 만났는데 그의 군사 4천여 명을 빼앗아 자기 군대로 병합하였다. 패공은 위나라의 장군 황흔, 위나라 사도 무포가 거느린 군사와 연합하여 창읍을 공격했으나 함락시키지 못하였다. 패공은 군사를 돌려 서쪽으로 진격하던 중 고양을 경유하였다. 이때 고양 사람 역이기(酈食其)는 성문을 지키는 관리에게 "장군들이 이곳으로 수많이 지나갔지만 내가 보기에 패공은 대인물로서 인후한 장자의 풍도가 있다."라고 말하였다. 그리하여 역이기는 패공을 만나기를 요청하였다.

역이기가 들어가자 패공은 그때 마침 침상에 앉아 두 발을 쭉 뻗은 채 두 여자에게 자기의 발을 씻기도록 하고 있었다. 역이기는 고개를 숙여 절을 올리지 않고 인사하면서 "귀공께서 반드시 흉악무도한 진나라 조정을 소멸코자 하신다면 발을 쭉 뻗고서 장자(長者)를 접견해서는 안 됩니다."라고 말했다. 그러자 패공이 일어나서 의복을 정리하고 그에게 사과하면서 상좌에 앉게 하였다. 그리하여 역이기는 패공에게 유세를 시작했는데, 그는 반드시 진류를 공격해야 한다고 권하였다. 그래서 진류에서 진나라가 저장해 놓은 양식을 얻게 했다. 패공은 즉시 역이기를 광야군으로 삼고 그의 동생 역상을 장수로 삼아서 진류의 군사를 통솔하여 함께 개봉을 공략하도록 하였다. 그러나 개봉이 함락되지 않자 패공은 방향을 돌려 서진하고 백마와 곡우에서 진나라 장수 양웅과 접전하여 대파하였다. 양웅이 형양으로 도망치자 진나라 2세는 사자를 보내어 그를 참수시켰다. 이어 패공은 남쪽으로 진격하여 영양성을 공략하여 함락시켰다. 그리고 장량의 도움으로 한(韓)나라의 환원을 점령하였다.

이때 조나라의 장군 사마앙은 황하를 건너서 함곡관에 막 진입하려 했는데, 패공은 북진하여 평음을 공략하고 황하 나루터를 끊어 사마앙이 강을 건너지 못하도록 하였다. 그런 연후에 패공은 남하하여 낙양 동쪽에서 교전하였는데, 전세가 불리하자 양성으로 돌아와 군중의 기병을 소집하여 남양 군수 의를 격파하였다. 그러자 남양 군수 의는 도망쳐서 완현을 굳게 지켰다. 패공은 완현을 공략하기 어렵다고 생각하여 완현을 지나쳐 서진하자 장량이 간언하였다. "패공께서는 비록 지금 급하게 함곡관에 들어가시고자 하지만 진나라 병사가 아직 매우 많은 데다 또 험준한 요새에 버티고 있습니다. 만약 지금 완현을 손에 넣지 못하게 된다면 완현의 군사들이 배후에서 공격하고 강대한 진나라 군이 전면에서 막게 되니 이는 매우 위험한 전술입니다."

패공은 그 말이 그럴 듯하다고 여겨 밤에 군사를 거느리고 다른 길로 돌아와서 깃발을 바꾸고 새벽에 동이 틀 무렵 완성을 세 겹으로 포위하였다. 남양 군수 의는 형세가 이미 글렀다고 생각하고 자결하려 하자 그의 사인(舍人: 시종) 진회가 "필요할 때 다시 죽으면 되며, 아직은 기회가 있습니다!"라고 말하였다. 그리하여 진회는 성벽을 넘어가서 패공을 만났다.

진회는 패공에게 "나는 귀공께서 먼저 함양에 진입하는 사람이 관중의 왕이 된다는 초회왕의 약정을 받으셨다고 들었습니다. 지금 귀공께서는 서진하시지 않고 완현에 멈추시고 계십니다. 완현은 큰 군인 남양의 도성으로서 수십 개의 성이 연이어져 있고 백성은 많으며 비축 양식도 충분합니다. 현지의 관민 모두가 항복하면 반드시 모두 도륙을 당할 것이라고 생각하여 모두 성 위에 올라가서 필사적으로 싸울 것입니다. 지금 귀공께서 공격 명령을 내리시어 하루 종일 계속하여 공격하신다면 사상자가 반드시 많을 것입니다. 그러나 만약 공격하시지 않은 채 병사를 이끌고 완현을 떠나시면 완현의 군사가 반드시 귀공의 뒤를 배후에서 추격할 것입니다. 이렇게 하여 귀공께서 전진하게 되면 함양의 약정을 잃게 되며, 반대로 후퇴하게 되면 완현의 우환이 있게 됩니다. 그래서 신이 귀공을 위하여 좋은 계책을 말씀드리겠습니다. 차라리 완현이 항복하게 되면 남양 군수의 관직에 봉하겠다고 분명히 약속하셔서 그에게 이곳에 머물러 귀공을 위하여 성을 지키도록 하십시오. 귀공께서는 완현의 병사들과 귀공의 군사들을 함께 거느리고 서쪽으로 진격하실 수 있습니다. 이렇게 되면 아직 항복하지 않은 성들이 이 소식을 듣고 모두 앞을 다투어 성문을 열고 귀공을 기다릴 것입니다. 그때 귀공께서는 거칠 것이 없이 곧바로 관중에 들어가실 수 있습니다."

이 말을 들은 패공은 "매우 좋은 생각이오!"라고 하였다. 그러고는 곧 남양 군수를 은후로 봉하고 진회를 천호(千戶)의 제후에 봉하였다. 그리고 서진하자 과연 각 성들은 모두 연이어 항복하였다. 단수(丹水)에 이르자 고무후 새(鰓)와 양후 왕릉이 서릉에서 항복하였다. 패공은 회군하여 호양을 공략하고 파군의 별장 매현과 합류하여 그와 함께 석현과 여현을 협공하여 항복시켰다. 패공은 위나라 사람 영창(寧昌)을 진나라에 파견하여 은밀히 조고와 연락하였는데, 조고는 사자를 보내지 않았다. 이때 장한은 이미 조나라에서 항우에게 투항하였다.

약법삼장, 법을 간략하게 하다

원래 항우는 송의와 함께 병사를 이끌고 북상하여 조나라를 구원하였다. 뒤에 항우가 송의를 죽이고 대신 상장군이 되자 많은 장군들과 경포 모두 항우를 추종하였다. 그 뒤 항우가 진나라 장수 왕리를 격파하고 장한을 항복시키자 제후들 모두 항우에게 귀순하였다. 이때 조고가 진나라 2세 황제를 죽이고 사신을 보내 관중을 나누어 각자 왕에 오르자고 제안하였다. 하지만 패공은 그것이 조고의 거짓전술이라고 생각하여 장량이 낸 계책대로 역이기와 육가를 파견하여 진나라 장수에게 유세하고 뇌물을 주어 유혹하였다. 그러자 진나라 장수들은 패공과의 연합을 원하였다.

패공은 진나라 장수들이 느슨해진 틈을 이용하여 무관을 기습하여 함락시켰다. 패공군은 또 진나라 군사와 남전 남쪽에서 교전하였다. 패공은 다수의 의병(疑兵)[124]을 배치하고 깃발을 많이 설치하여 병사가 많은 것처럼 꾸몄다. 그리고 장병들에게 지나가는 마을을 약탈하지 못하도록 엄명을 내렸다. 진나라 백성들은 대단히 기뻐하였고 진나라 군대는 와해되었다. 패공은 또 남전 북쪽에서 접전하여 다시 진나라 군대를 격파하였다. 이 승세를 타고 추격하여 진나라 군을 완전히 궤멸시켰다.

한나라 원년 10월, 패공은 제후들에 앞서 패상(覇上)에 당도하였다. 진나라 왕 자영은 백마가 끄는 흰 수레를 타고 목에 밧줄을 묶고서 황제의 옥새와 부절(符節)을 봉하고 지도방(軹道旁)에서 항복하였다. 여러 장수 가운데 몇몇은 진왕 자영을 죽이자고 말하였다.

그러나 패공은 "당초 회왕이 나를 파견한 이유는 원래 내가 관대하고 사람을 용납할 수 있기 때문이었다. 더구나 진왕이 이미 항복했는데, 만약 그를 죽인다면 길하지 못하다."라고 말하였다. 그러고는 진왕을 담당 관리에게 맡기고 서쪽으로 함양에 진입하였다.

패공이 궁전에 머물며 휴식하려 하자 번쾌와 장량은 패공에게 진나라 궁궐에 기거하지 말라고 권하였다. 이에 비로소 패공은 진나라 궁궐의 귀중한 보화

---

124) 적의 눈을 속이는 가짜 군사를 가리킨다.

와 재물창고를 모두 봉인한 후 패상으로 회군하였다. 패공은 각 현의 부로와 호걸 등을 불러서 말하였다.

"부로 여러분, 여러분들께서는 가혹한 진나라 법률 아래에서 오랫동안 고통 받아왔습니다. 진나라 법은 그동안 조정을 비방하는 사람을 멸족시켰고 모여서 논의하는 사람들은 시장거리에서 참하였습니다. 나는 제후들과 가장 먼저 관중에 들어오는 사람이 관중의 왕이 되기로 약조했으니 마땅히 관중의 왕으로 칭해져야 합니다. 지금 부로들과 약정하노니 법률은 오로지 세 가지만 있게 될 것입니다.[125] 살인한 자는 사형에 처하고, 사람을 상하게 한 자와 도둑질한 자는 그 죄에 상당하는 죄에 처할 것입니다. 그 이외의 모든 진나라의 법령은 완전히 폐지할 것입니다. 그리하여 모든 관리들은 원래의 위치에서 전혀 이동시키지 않을 것입니다. 내가 이곳에 온 것은 부로들을 위해서 해를 없애고자 함이며 결코 억압하고 포악한 행위를 하는 일은 없을 것이니 여러분은 두려워하지 마시오. 내가 패상으로 회군한 것은 제후들이 오기를 기다려 공동으로 준수할 기율을 제정하고자 함이오."

패공은 사람을 파견해서 진나라 관리와 함께 모든 지역을 다니며 백성들에게 약법삼장을 알리게 하였다. 그러자 진나라 백성들은 크게 기뻐하며 서로 앞을 다투어 소와 양고기, 그리고 술과 음식을 가지고 와서 사병들을 대접하려고 하였다. 그러나 패공은 또 겸양하면서 가져온 음식물을 받지 않으면서 말했다.

"창고의 식량이 매우 많아 부족한 것이 없습니다. 백성들에게 폐를 끼치고 싶지 않습니다."

백성들은 더욱 기뻐하며 오로지 패공이 진나라의 왕이 되지 않을 것만을 걱정하였다.

이 무렵 어떤 사람이 패공에게 권하였다.

"진나라 땅은 천하보다 열 배나 부유하고 풍족하며 지세가 좋습니다. 듣건대 지금 장한이 항우에게 항복하자 항우는 장한을 옹왕으로 봉하여 관중의 왕으로 삼았다고 합니다. 만약 그가 지금 이곳 관중으로 와서 왕이 된다면 패공께서는 아마 관중의 왕이 될 수 없을 것입니다. 그러므로 빨리 병사를 보내 함

---

125) 이를 약법삼장約法三章이라 한다.

곡관을 지키도록 함으로써 제후의 군대가 들어오지 못하게 해야 합니다. 그리고 점차 관중의 병력을 징발하여 증강시켜 나감으로써 제후의 군사들을 막아내야 합니다."

패공은 그의 계책이 매우 좋다고 생각하고 그대로 따랐다. 11월에 항우가 과연 제후군을 이끌고 서진하여 함곡관에 들어가려 했으나 관문이 닫혀 있었다. 들어보니 패공이 이미 관중을 평정한 후였다. 항우는 크게 노하여 경포 등을 파견하여 함곡관을 공략하도록 하였다.

12월에 항우는 희수(戱水)에 당도하였다. 패공의 좌사마 조무상은 항우가 크게 화를 내고 패공을 공격하려 한다는 말을 듣고서 사람을 항우에게 보내 고하였다.

"패공은 자신이 관중의 왕으로 되기 위하여 자영을 승상으로 임명하였고, 금은보화도 이미 모두 그가 차지하였습니다."

그는 이렇게 전함으로써 항우에게 아부하여 봉상(임금이 상을 내려 줌)을 구하고자 했던 것이다. 범증은 항우에게 패공을 공격하라고 권하였다. 항우는 병사들을 배불리 먹여 다음날 전투를 준비하였다. 이때 항우의 병사는 40만인데 백만이라고 칭했고, 패공의 병사는 10만인데 20만이라 칭하여 이미 병력으로 항우에게 적수가 되지 못하였다. 이때 마침 항백이 장량을 구하기 위하여 밤에 장량을 찾아가 만났다. 그는 돌아와서 대의(大義)로써 항우를 설득하였고, 그리하여 항우는 패공에 대한 공격을 중지하였다.

그리고 이튿날 패공은 백여 명의 수행 기사를 데리고 말을 타고 홍문에 가서 항우를 만나 사죄의 뜻을 표하였다. 항우는 "이것은 패공 그대의 좌사마 조무상이 한 말이오. 그렇지 않았다면 나 항우가 이런 일을 할 리가 있겠소?"라고 말하였다. 패공은 번쾌와 장량의 도움으로 위기를 벗어나 돌아왔다. 돌아온 뒤 즉각 조무상을 죽였다.

항우는 서쪽으로 진군하여 무고한 함양 백성들을 살육하며 함양의 진나라 궁실을 모조리 불사르고 지나는 모든 곳을 파괴하였다. 진나라 백성은 크게 실망했지만 두려워서 감히 복종하지 않을 수 없었다.

항우는 사람을 보내어 회왕에게 보고하였다. 회왕은 "원래의 약조에 의거하여 집행하라!"라고 말하였다. 항우는 회왕이 원래 자신을 패공과 함께 서진하여 함곡관에 진입하지 못하게 하고 대신 북쪽으로 조나라를 구원하도록 하게 하여 천하를 쟁탈하는 이 약정에서 자신을 뒤처지게 만든 것을 원망하고 있었다. 항우는 "회왕이 왕을 칭하게 된 것은 우리 집안의 항량이 옹립했기 때문이다. 그는 어떤 공로도 없는데, 어떻게 약정을 주관할 수 있겠는가? 본래 천하를 안정시킨 사람은 여러분 장군들과 나 항우이다."라고 말하고 회왕을 거짓으로 존중하는 체하며 의제(義帝)로 추존하고 실제로는 그의 명령을 듣지 않았다.

유방과 항우의 운명적인 대결

정월에 항우는 스스로 서초패왕(西楚覇王)이 되어 양과 초의 9군(九郡)을 손에 넣고 팽성을 도읍으로 정하였다. 또한 원래의 약정을 어기고 패공을 관중왕에 봉하지 않고 한왕(漢王)으로 바꿔 파, 촉, 한중 지역에 봉하고 남정에 도읍하도록 하였다. 그러면서 관중을 삼분하여 세 명의 진나라 장수를 왕으로 세웠다. 즉, 장한은 옹왕으로 옹립하여 폐구를 도읍으로 정하도록 하고, 사마흔을 새왕으로 하여 역양에 정도(定都)하게 하였으며, 동예를 적왕으로 삼아 고노에 도읍하게 하였다. 또 초나라의 장군 하구신양을 하남왕으로 옹립하여 낙양을 도읍으로 삼도록 하였으며, 조나라 장군 사마앙은 은왕에 봉하여 조가에 도읍하게 하였고, 조왕 헐은 대 땅에 옮겨 왕이 되게 하였으며, 조나라 승상 장이는 상산왕으로 봉하여 양국에 정도하도록 하였다.

그리고 당양군 경포는 구강왕으로 세워 육현에 도읍하게 하고, 회왕의 주국(柱國) 공오는 임강왕에 봉하여 강릉에 도읍하게 하였다. 이어 파군 오예를 형산왕으로 옹립하여 주읍에 도읍하도록 하고, 연나라 장수 장도를 연왕으로 봉하여 계현에 도읍을 정하도록 하였다. 원래 연왕이었던 한광은 요동으로 옮겨 그곳의 왕이 되게 하였으나 한광이 이를 듣지 않자 장도가 공격하여 무종에서 그를 죽였다. 또한 성안군 진여에게 하간의 3개 현을 봉읍으로 주어 남피에 살게 하였으며 매현에게 10만 호를 봉읍으로 주었다.

4월, 각 제후는 병사들을 해산하여 각자 봉국으로 돌아갔다. 한왕(漢王)이 봉국으로 떠날 때, 항우는 사졸 3만 명을 붙여 수행하게 하였는데 초나라와 다른 제후국에서 한왕을 흠모하여 따르게 된 자가 수만 명에 이르렀다. 그들은 두현 남쪽에서 식(蝕)으로 들어갔다. 그곳을 통과한 뒤 잔도(棧道)[126]를 불태워 끊음으로써 제후들의 군대나 기타 도적들이 배후에서 공격하는 것을 방비하였고 동시에 동쪽으로 다시 회군할 의사가 없음을 항우에게 보여준 것이었다. 그들이 남정에 도착하였을 때 이미 도망쳐 돌아간 장수와 병졸들도 매우 많았고, 병졸들 모두 노래를 부르면서 빨리 동쪽으로 돌아가고 싶어 하였다.

이때 한신이 한왕을 설득하였다.

"항우는 공로가 있는 장군들을 모두 왕에 봉하면서 오직 대왕만을 변방의 남정에 봉하였으니 이는 실제로 변방에 가둬놓은 것과 다름없습니다. 우리 군대의 군사들은 모두가 효산(崤山) 동쪽 병사들로서 밤낮으로 고향으로 돌아가는 것만을 바라고 있으니 그들의 뜻이 이렇게 왕성할 때를 이용하신다면 큰 성공을 거둘 수 있을 것입니다. 천하가 이미 평정된 후에는 백성들은 모두 안정을 구하게 되어 다시 그들을 이용할 수가 없으니 차라리 지금 결정을 내리셔서 동쪽으로 출병하여 천하의 대권을 장악하십시오."

한왕은 이 말에 동의하였다.

한편 항우는 함곡관을 나서면서 사자를 보내 의제를 천도하게 하면서 "옛 제왕은 반드시 강의 상류에 기거하셨습니다."라고 말하였다. 그러고는 사자를 보내 의제를 장사의 침현으로 옮기도록 하고 의제의 행차를 재촉하였다. 군신들은 점차 의제를 배반하게 되었고 항우는 곧 몰래 형산왕과 임강왕에게 의제를 습격하도록 하여 강남에서 그를 죽였다. 항우는 전영에게 원한을 가지고 있었으므로 제나라 장군 전도를 제왕으로 봉하였다. 전영은 분개하여 스스로 제왕이 된 뒤 전도를 죽이고 항우에게 반기를 들었다. 그리고 팽월에게 장군의 직인을 주어 양(梁)에서 군사를 일으켜 초나라에 대항하도록 하였다. 초나라는 소공각을 파견하여 팽월을 공격하도록 명령했으나 팽월은 오히려 그를 크게 격파하였다. 진여는 항우가 자기를 왕에 봉하지 않은 것에 원한을 품고 하열을 보내 제왕 전영을 설득하고 병사를 빌려 상산왕 장이를 공격하고자 하였다. 전영은 진여에게 병사를 빌려주어 장이를 격파하였고, 장이는 도망을 쳐 한왕에게 귀순하였다. 진여가 조왕 헐을 대 땅으로부터 맞아들여 다시 조왕으로 세

---

126) 가파른 절벽에 구멍을 뚫어 절벽과 절벽 사이에 나무판을 깔아 만든 길.

우자 조왕은 진여를 대왕(代王)에 봉하였다. 항우는 이 사실을 알고 크게 분노하여 즉각 북쪽으로 제나라를 공격하였다.

8월, 한왕이 한신의 계략을 실행에 옮겨 고도(故道)로부터 관중으로 회군하여 장한을 습격하였다. 장한은 진창에서 한나라 군대에 맞섰지만 패하여 도망쳤다가 호치에서 멈추어 다시 싸웠지만 또 실패하여 폐구로 도망쳤다. 이렇게 하여 한왕은 마침내 옹 땅을 평정하였다. 이어서 한왕은 동쪽으로 함양에 이르러 군사를 거느리고 폐구에서 옹왕 장한을 포위하였다. 그리고 여러 장군을 파견하여 농서, 북지, 상군을 공략하여 점령하였다. 또 장군 설구와 왕흡에게 무관을 떠나 남양에 주둔하고 있는 왕릉의 군대를 빌려 태공과 여후를 패현에서 모셔오도록 하였다. 이 소식을 들은 초나라는 병사를 파견하여 양하에서 저지하는 바람에 한나라 군은 전진할 수 없었다. 초나라는 오현의 전(前) 현령 정창을 한왕(韓王)으로 삼아서 한나라에 맞서도록 하였다.

한나라 2년, 한왕(漢王)이 동쪽으로 각지를 정벌하였다. 새왕 사마흔, 적왕 동예, 하남왕 하구신양 모두 한나라에 항복하였다. 한왕(韓王) 정창이 항복하지 않자 한신을 파견하여 격파하였다. 그리고 공략한 각지에 농서, 북지, 상군과 위남, 하상, 중지 등의 군(郡)을 설치했으며 관외(關外)에 하남군을 설치하였다. 그리고 한나라 태위 신을 한왕(韓王)으로 봉하였다.

또한 한왕(漢王)은 장령 중 1만 명의 병사나 혹은 군(郡)을 바치고 투항하는 자를 만호후에 봉하였고, 하상군 내의 장성을 수리하고 각지에 있는 이전의 진나라 원유원지(苑囿園地)[127]를 모두 백성들에게 나누어 주어 경작하게 하였다.

정월, 옹왕 장한의 아우 장평을 포로로 잡았다. 죄가 있는 자들을 사면하였다. 한왕은 함곡관을 나가 섬현(陝縣)에 당도하여 그곳 부로들을 위로하였다. 돌아온 뒤 장이가 와서 알현하자 한왕은 그를 후대하였다.

2월, 명을 내려 진나라의 사직을 없애고 한나라의 사직으로 바꾸어 세웠다.

3월, 한왕(漢王)은 임진관에서 황하를 건넜는데, 위왕 표가 군대를 이끌고 수행했다. 한왕은 하내를 함락시켜 은왕을 포로로 잡고 하내군을 설치하였다. 그

---

127) 동물을 키우고 화초를 기르는 곳으로서 제왕의 놀이 및 사냥을 위한 공원을 말한다.

리고 남쪽으로 평음진을 건너서 낙양에 당도하였다. 이때 신성의 삼로(三老)[128] 동공(董公)이 길을 가로막고 한왕에게 의제가 피살된 사실을 고하였다. 이에 한왕은 왼쪽 소매를 벗고[129] 크게 통곡하였다. 그리하여 의제를 위해서 발상(發喪)하여 3일 동안 곡을 하였다. 그런 연후에 사자를 제후들에게 파견하여 고하였다.

"천하는 모두 의제를 옹립하고 북면(北面)하여 신하가 되었다. 지금 항우가 의제를 쫓아내어 강남에서 시해하였으니 대역무도한 것이오! 과인은 스스로 의제를 위하여 발상하였으니 제후들은 모두 흰 상복을 입으시오. 과인은 모든 관내의 병력을 징발하고 하남, 하동, 하내 3군의 호걸과 선비를 모아 양자강과 한수를 따라 남하할 것이오. 제후 제왕들을 따라 의제를 살해한 초나라 사람을 토벌하기를 바라오!"

이때 항왕은 북쪽으로 제나라를 공략하였는데, 전영이 성양에서 맞섰다. 전영은 패하여 평원으로 도주했는데, 평원의 백성들이 그를 죽이고 제나라 각지 사람들이 모두 초나라에 투항하였다. 하지만 초나라 병사들이 제나라 성읍을 모두 불사르고 자녀들을 포로로 잡아가자 제나라 사람들은 모두 분노하여 다시 초나라를 배반하였다. 이때 전영의 아우 전횡은 전영의 아들 전광을 제나라 왕으로 옹립하였는데, 그는 성양에서 초나라에 반기를 들었다. 항우는 한나라 군이 동쪽으로 진군했다는 소식을 들었으나 이미 제나라와 접전을 벌이고 있기 때문에 제나라를 격파한 다음 한나라를 공격하려고 하였다.

이 틈에 한왕(漢王)은 옹왕, 새왕, 적왕, 은왕 그리고 한왕(韓王) 등 다섯 제후의 병사를 제압하고 팽성에 진입하였다. 이 소식을 들은 항우는 곧 군사를 이끌고 제나라를 떠나 노현을 거쳐 호릉을 지나서 소현에 도착, 한나라 군과 팽성 영벽 동쪽의 수수(睢水)에서 격전을 벌였다. 이 전투에서 한나라가 대패하고 수많은 군졸들이 죽임을 당하여 그 시체가 강물을 막는 바람에 수수가 흐르지 못할 정도였다. 항우는 패현에서 한왕의 부모처자를 잡아 군중에 두고 인질로 삼았다. 이때 제후들은 초나라가 강성하고 한나라가 패하는 것을 보고 모두 다시

---

128) 진나라 시대에 십리에 하나의 정亭을 설치하고 정亭에는 장長을 두었으며, 10개의 정亭에 하나의 향鄕을 설치하여 향鄕에 삼로三老를 두었다. 삼로三老는 교화를 담당하였다.

129) 왼쪽 소매를 벗는 것은 일종의 장례 의식이다.

한나라를 배반하여 초나라에 귀순하였다. 새왕 사마흔도 초나라로 도망쳤다.

이때 여후의 오빠 주여후는 한나라를 위하여 병사를 거느리고 하읍에 머물고 있었다. 패전한 한왕은 하읍으로 가서 병사들을 소집한 후 탕현에 주둔하였다. 한왕은 서진하여 양 땅을 경유하여 우현에 당도한 뒤 알자(謁者) 수하를 구강왕 경포가 있는 곳으로 보내며 말했다. "그대가 경포로 하여금 군사를 일으켜 초나라에 반기를 들게 할 수 있다면 항우는 틀림없이 멈춰서 경포를 공격할 것이다. 항우를 몇 개월 붙잡아놓을 수 있다면 나는 반드시 천하를 얻을 것이다."

수하가 구강왕 경포를 설득하자 경포는 과연 초나라에 반기를 들었다. 이에 초나라는 용저를 파견하여 경포를 공격하게 하였다.

한왕이 팽성에서 패하고 서쪽으로 철수할 때 사람을 파견하여 가족을 찾도록 하였다. 당시 한왕의 가족들은 이미 도망친 뒤라서 그 행방을 알 수 없었다. 전쟁에서 패배한 뒤 오직 효혜만을 찾았는데, 그가 훗날의 효혜황제이다. 6월에 효혜를 태자로 삼고 대사면령을 내렸다. 한왕은 태자에게 역양을 수비하도록 하면서 동시에 제후의 아들로서 관중에 있는 자는 모두 역양으로 모이도록 명하여 수비하게 하였다. 그러고는 물을 끌어들여 폐구성에 대어 잠기게 하자 폐구성은 항복하고 장한은 자살하였다. 한왕은 폐구의 이름을 괴리(槐里)라고 바꾸게 하였다. 한왕은 사관(祠官)에게 명을 내려 천지사방과 상제 산천(上帝山川)에게 제사를 지내고 때에 맞추어 제사를 모시도록 하였다. 또 관중의 사졸을 징발하여 성에 올라 변방을 수비하게 하였다. 이때 구강왕 경포는 용저와 교전했으나 이기지 못하고 수하와 함께 몰래 한나라로 돌아왔다. 한왕이 점차 병사들을 모으고 여러 장수들과 관중의 병사들이 증원되자 그 위세가 형양 지역에 떨쳤고 마침내 초나라를 크게 격파하였다.

한나라 3년, 위왕 위표가 부모의 병을 살펴본다고 하며 휴가를 청하고 돌아갔는데, 위나라에 도착하자마자 즉시 황하 포구를 끊고 한나라를 배반하여 초나라에 투항하였다. 한왕은 역이기를 보내 위표를 설득했으나 듣지 않았다. 그러자 한왕은 한신에게 공격 명령을 내려 대파하고 위표를 사로잡았다. 위나라 땅을 평정한 뒤 그곳에 세 군을 설치하여 하동군, 태원군, 상당군이라고 칭하였다. 이어서 한왕은 장이와 한신을 파견하여 동쪽으로 정형(井陘)을 함락시키고 조나라에 진격하여 진여와 조왕 헐을 죽였다. 그 다음해에 장이를 조왕에 봉하였다.

한왕은 형양 남쪽에 주둔하고 용도(甬道)를 수축하여 황하와 연결하고 오창의 식량을 차지하였다. 항우와 1년이 넘도록 서로 대치하였다. 항우는 자주 한나라의 용도를 차지하여 한나라 군은 식량이 부족하였고 항우는 마침내 한왕을 포위하였다. 한왕은 강화를 요청하여 형양 서쪽 지역을 한나라에 떼어 주도록 요청하였으나 항우는 거부하였다. 그러자 한왕은 진평의 반간계를 써서 진평에게 금 4만 근을 주고 항우와 아부 범증을 이간질시켜 멀어지게 하였다. 이로 인하여 항우는 범증을 의심하게 되었다. 그 무렵 범증은 항우에게 형양을 함락시킬 것을 계속 권하고 있었는데 자기가 의심 받고 있는 사실을 알고 크게 분노하였다. 그는 노령을 핑계 삼아 관직에서 물러나 평민으로 돌아가고자 하였다. 그러나 범증은 팽성에도 도착하기 전에 병으로 죽고 말았다.

한나라 군은 식량이 바닥나자 곧 밤에 갑옷을 입은 부녀 2천여 명을 동쪽 문으로 나가게 하였다. 이에 초나라 병사들은 사방에서 포위하고 공격하였다. 장군 기신이 한왕의 어가를 타고 거짓으로 한왕으로 꾸며서 초나라 병사들을 속였다. 초나라 병사들은 한왕이 항복하는 줄 알고 모두 만세를 부르며 동문으로 가 구경하였다. 이 틈에 한왕은 수십 명의 기병과 함께 서문으로 나가서 몰래 도망쳤다. 한왕은 어사대부 주가, 위표, 종공에게 형양에 남아 수비하도록 하였고 한왕을 수행할 수 없는 여러 장수와 사졸들도 모두 성에 남아 있었다. 주가와 종공은 "나라를 배반한 왕 위표와 함께 성을 지키기가 어렵다."라고 상의하고 위표를 죽였다.

한왕은 형양에서 도망쳐서 관중에 들어간 뒤 사졸들을 모아 다시 동진하려고 하였다. 이때 원생이 한왕에게 권하였다.

"한나라와 초나라가 형양에서 대치한 지 몇 년째인데, 그동안 한나라는 항상 곤란에 처해 있었습니다. 제 생각으로는 대왕께서 무관에서 나가시는 것이 좋습니다. 그렇게 되면 항우는 반드시 병사를 이끌고 남쪽으로 와서 대왕의 군대를 공격할 것입니다. 대왕께서는 골짜기를 깊이 하고 누대를 높이 쌓아 싸우지 않으면서 방어한 채 항우의 군대를 견제하게 되면, 형양과 성고 사이에서 휴식하실 수 있습니다. 이와 함께 한신 등으로 하여금 하북, 조나라, 연나라, 제나라 병력과 연합하도록 하고, 그때 대왕께서 군사를 이끄시고 다시 형양으로 가셔도 늦지는 않습니다. 이렇게 하면 초나라는 여러 방면으로 방비해야 하기 때문에 병력이 분산됩니다. 반면에 한나라는 휴식을 취할 수 있고 병력을 정비할 수 있어 다시 초나라와 전투하게 되면 틀림없이 초나라를 무찌를 수가 있을 것입니다."

한왕은 원생의 계책을 받아들여 완현과 섭현 사이에서 출병하여 경포와 함께 병마를 모았다.

항우는 한왕이 완현에 있다는 소식을 듣자 과연 군사를 이끌고 남하하였다. 한왕은 수비만 견고히 하고 항우와 전투를 벌이지 않았다. 이때 팽월이 수수를 건너 항성(項聲), 설공(薛公)과 하비에서 전투를 벌여 초나라 군대를 크게 격파하였다. 이 소식에 접한 항우는 병사를 이끌고 동쪽으로 팽월을 공격하였고 한왕도 이 틈에 북상하여 성고에 주둔하였다. 항우는 이미 승리를 거두고 팽월을 추격하는 중에 한왕이 다시 성고에 주둔하였다는 소식을 듣자 곧장 서진하여 형양을 함락시킨 후 주가와 종공을 죽이고 한왕(韓王) 신을 포로로 삼았으며 성고를 포위하였다. 한왕(漢王)은 도망쳐서 등공과 두 명만이 수레를 타고 성고성 북쪽의 옥문(玉門)을 나와 북쪽으로 황하를 건너고 말을 달려서 수무에서 하룻밤을 지냈다.

다음날 새벽 한왕(漢王)은 스스로 한나라 사자라고 칭하며 장이와 한신의 군영에 들어가서 그들의 군대를 빼앗았다. 그리고 장이에게 북쪽으로 진공하게 하여 조나라 지역에서 더 많은 병사를 모으도록 하였고, 또 한신에게는 동쪽으로 제나라를 공격하게 하였다.

한왕은 한신의 군사를 얻은 뒤 다시 사기가 진작되어 병사를 이끌고 황하를 건넜다. 그리고 남진하여 소수무 남쪽에 주둔하여 전군에게 마음껏 먹도록 하고 초나라와 다시 싸우려고 하였다. 그러자 낭중 정충이 한왕을 말리면서 성벽을 높이 쌓고 참호를 깊게 파서 수비를 견고히 한 채 초나라와 맞붙지 말도록 설득하였다. 한왕은 그의 계책을 받아들이고, 노관과 유가에게 병사 2만 명과 기병 수백 명을 이끌고 백마진을 건너서 초나라에 들어가게 하였다. 그러고는 팽월과 함께 연성 서쪽에서 다시 초나라를 공격하게 하여 양 땅의 10여 개의 성을 함락시켰다.

이때 한신은 이미 왕명을 받고 동진하여 제나라에 대한 공격에 나섰지만 평원진을 채 건너지 못한 상태였다. 그런데 한왕은 또 역이기를 보내서 제왕 전광을 설득하였다. 전광은 역이기의 말을 받아들여 초나라에 반기를 들고 한나라와 화약을 맺어 함께 항우를 공격하였다. 하지만 한신은 괴통의 계책을 써서 제나라를 기습하여 격파하였다. 그러자 전광은 역이기에게 속았다고 생각하여 그를 삶아죽이고 동쪽으로 도망쳐 고밀에 이르렀다.

항우는 한신이 이미 하북의 모든 병사들을 이끌고 제나라와 조나라의 군대를 격파했으며 이어서 초나라 공격에 나선다는 소식을 듣자 용저와 주란의 두 장군을 파견하여 한신을 공격하도록 하였다. 한신이 그들과 교전하던 중 기장 관영이 초나라 군사들을 협공하여 초나라를 대파하고 용저를 참살하였다. 그러자 제왕 전광은 팽월에게 투항하였다. 이때 팽월은 양 땅에 주둔하면서 늘 초나라를 괴롭히며 그들의 군량을 차단하였다.

한나라 4년, 항우는 친히 팽월에 대한 공격에 나섰다. 그러면서 대사마 조구에게 일러두었다. "그대는 성고를 신중하게 수비하라. 한나라 군대가 싸움을 걸어와도 절대로 응전하지 말고 그들이 동쪽으로 가지 못하게만 하라. 나는 15일 내로 반드시 양 땅을 평정하고 나서 다시 돌아오겠다!" 그러고는 항우는 진류, 외황, 수양을 공격하여 모두 함락시켰다.

그동안 한나라 군사들은 여러 차례 초나라 군대에게 싸움을 걸었으나 초나라 군대는 도무지 싸움에 응하지 않았다. 이에 한나라 진영에서 사람을 보내어 5, 6일 동안 계속하여 초나라 군대에게 욕설을 퍼붓자 대사마 조구는 마침내 크게 격노하여 병사를 거느리고 사수를 건넜다. 병사들이 사수를 반쯤 건너고 있을 때 한나라 군사들이 갑자기 기습에 나서 초나라 병사들을 대파하고 초나라의 금은보화와 재물을 모두 빼앗았다. 이 전투에서 대패한 대사마 조구와 장사 사마흔은 사수에서 자결하였다.

항우는 수양에서 조구의 패전 소식을 듣고 곧바로 회군하였다. 당시 한나라 군사들은 형양 동쪽에서 종리매를 포위하고 있었는데, 항우의 군대가 도착하자 모두 급히 후퇴하여 험준한 고산지대로 철수하였기 때문에 항우는 추격하지 못하였다.

한신이 제나라를 격파한 뒤 사람을 보내 한왕에게 "제나라는 초나라에 붙어 있는 나라로서 그 힘이 너무 작아 만약 가왕(假王)을 세우지 않는다면 나라를 안정시킬 수가 없을 것입니다."라고 전하자 화가 난 한왕이 한신을 공격하려고 하였다. 그러나 장량이 "차라리 이 기회에 그를 제왕으로 봉하여 스스로 자신을 위해서 싸우도록 하는 것이 좋은 방책입니다."라고 권하자 한왕은 장량에게 인수(印綬)를 휴대하고 가서 한신을 제왕에 오르도록 하였다.

용저의 패전 소식을 듣고 두려워진 항우는 우이 사람 무섭을 한신에게 보내 설득하였으나 한신은 듣지 않았다.

오랜 대치에서 휴전으로

초나라와 한나라는 오랫동안 대치했으나 승부가 나지 않았다. 젊은이들은 오랜 전쟁에 염증을 냈고 또 노약자들은 군량 운반으로 인하여 병들고 지쳐 있었다. 어느 날 한왕과 항우는 광무산(廣武山) 계곡을 사이에 두고 서로 말을 걸었다. 항우는 한왕에게 단독으로 도전하여 일대 일로 승부를 겨루자고 제안하였다. 그러나 한왕은 항우의 죄상을 열거하며 말하였다.

"당초 그대와 나는 회왕의 명을 받들어서 먼저 관중에 들어가는 사람이 왕으로 되기로 하였지만 그대 항우는 약정을 어기고 나를 촉한의 왕으로 되게 하였으니 이것이 첫 번째 죄이다.

또한 그대는 왕명을 사칭하여 송의를 죽이고 스스로 상장군이 되었으니 이것이 두 번째 죄이다.

그대는 조나라를 구원한 후 마땅히 회왕에게 보고를 해야 하는데도 마음대로 제후들의 군대를 위협하여 관중에 진입했으니 이것이 세 번째 죄이며, 회왕께서 진나라에 들어가 폭행과 노략질을 하지 말라고 하셨는데 그대 항우는 진나라의 궁궐을 불사르고 시황제의 묘를 파헤쳤으며 진나라의 재물을 사사로이 착취하였으니 이것이 네 번째 죄이다.

또 항복한 진왕 자영을 이유 없이 죽였으니 이것이 다섯 번째 죄이며, 신안에서 기만책으로써 진나라 자제 20만 명을 생매장하고 그 장군 장한을 왕으로 봉했으니 이것이 여섯 번째 죄이다.

그리고 자기의 부하들에게는 좋은 땅을 주어 왕으로 봉하고 원래의 왕들은 쫓아내어 그들의 신하들로 하여금 다투어 모반하게 하였으니 이것이 일곱 번째 죄이다.

의제를 팽성에서 쫓아내고 스스로 그곳에 도읍했으며 한왕(韓王)의 봉토를 빼앗고 양과 초나라 땅을 합병하여 모두 자기의 것으로 만들었으니 이것이 여덟 번째 죄이며, 사람을 보내 의제를 강남에서 암살했으니 이것이 아홉 번째 죄이다.

신하된 자로서 군주를 살해하고 이미 항복한 사람들을 도살하였으며 정치는 공정하지 못하고 약조를 주재하면서 신의를 지키지 않으니, 이러한 행위는 천하 사람들이 받아들일 수 없고 실로 대역무도로서 이것이 열 번째 죄이다.

나는 인의(仁義)의 군대를 이끌고 제후군을 따라 흉폭한 도적을 토벌하고자 하며, 형벌을 받은 죄인들을 파견하여 그대 항우를 죽이도록 할 것이니, 어찌 내가 스스로 힘들게 그대와 싸울 필요가 있겠는가?"

그러자 항우는 분기탱천하여 숨겨놓았던 쇠뇌[130]를 발사하여 한왕을 명중시켰다. 한왕은 가슴에 상처를 입었지만 도리어 발을 쓰다듬으면서 "저 역적이 나의 발가락을 쏘았구나!"라고 말하였다. 한왕이 상처 때문에 누워 침상에서 일어나지 못하였지만 장량은 한왕에게 일어나 순시하면서 사졸들을 위로하여 군심을 안정시킴으로써 초나라가 이를 틈타 공격하여 한나라를 제압하지 못하도록 하였다. 한왕이 일어나서 군대를 순시하였는데 병세가 심해져서 곧 말을 달려 성고로 들어가 휴식하였다.

한왕은 병세가 호전되자 서진하여 함곡관으로 들어가 역양에 도착해 주연을 베풀어 부로들을 초대하고 위문하였다. 그리고 이미 죽은 사마흔의 머리를 잘라 역양 저잣거리에 내걸었다. 한왕은 역양에서 4일 동안 머무른 후 다시 군중에 돌아와 광무에서 병사들을 통솔하였다. 관중의 병력이 대폭 증원되었다.

이때 팽월은 양 땅에 주둔하면서 늘 초나라를 괴롭히면서 그들의 군량을 단절시켰다. 전횡이 양 땅으로 가서 팽월에게 귀순하였다.[131] 항우는 자주 팽월 등을 공격하였는데, 제왕 한신이 또 초나라를 공격하였다. 항우는 두려워져서 곧 한왕(漢王)과 약정을 하고 천하를 반으로 나눠 홍구(鴻溝)[132] 서쪽 지역은 한나

---

130) 원문은 노弩로서 일종의 기계적인 힘을 이용하여 발사하는 활.

131) "이 때 팽월은 ~ 귀순하였다"의 문장은 『사기』의 원문에 한나라 3년의 문장과 중복되어 있다.

132) 진시황이 건설한 운하로서 당시 조운의 주요 통로였다.

라에 떼어주고 홍구 동쪽은 초나라에 귀속시키기로 하였다. 항우가 한왕의 부모와 처자를 돌려보냈고 이에 한나라의 병사들은 모두 만세를 불렀다. 초나라 병사들도 한나라 병사들과 고별을 하고 주둔지로 돌아갔다.

항우는 군대를 해산하고 동쪽으로 돌아갔다. 한왕도 병사를 이끌고 서쪽으로 돌아가고 싶었다. 하지만 다시 장량과 진평의 계책을 받아들여 다시 항우를 추격하여 양하 남쪽에 이르러 병사를 주둔시키고 제왕 한신, 팽월과 기일을 약정하여 합류하고 함께 항우를 공격하기로 하였다. 하지만 한왕이 고릉에 도착했으나 한신과 팽월은 오지 않았다. 초나라가 한나라를 공격하여 크게 무찌르자 한왕은 다시 성채로 들어가 참호를 깊게 파고 수비하였다. 그 뒤 다시 장량의 계책을 써서 한신과 팽월이 모두 합류하게 되었다. 이 무렵 유가가 초나라 땅에 진입하여 수춘을 포위했다. 한왕은 고릉에서 패전하자, 곧바로 사자를 보내어 대사마 주은을 불러오도록 하고 모든 구강군(九江郡)의 병사들로 하여금 경포를 맞아들이도록 하였다. 경포와 주은은 진군 중에 성보를 공략하여 도륙하였다. 그들은 유가 및 제, 양의 제후를 따라서 모두 해하(垓下)에 합류하였다. 한왕은 경포를 회남왕으로 봉하였다.

한나라 5년, 고조는 제후군과 함께 초나라 군대를 공격하여 해하에서 항우와 승부를 겨루었다. 마침내 한신은 30만 군사를 거느리고 초나라 군과 정면으로 맞섰다. 한신의 부장 공장군(孔將軍)[133]은 좌측에 병사를 배치하고 비장군(費將軍)[134]은 우측에 병사를 배치했으며, 한왕은 뒤쪽에 있고 주발과 시장군(柴將軍)이 한왕의 후방에 진을 쳤다. 항우의 병사는 약 10만이었다.

한왕 유방, 황제의 자리에 오르다

한신이 먼저 초나라 군과 일합을 겨뤘으나 승리하지 못하고 뒤쪽으로 퇴각하였다. 그러나 공장군과 비장군이 좌우에서 마음껏 협공하자 초나라는 불리해졌

---

133) 공희孔熙
134) 진하陳賀

고, 한신이 이때를 틈타 진격하여 마침내 해하에서 초나라 군을 대파하였다. 항우는 밤중에 한나라 군중에서 초나라 노래를 부르는 것을 듣고 한나라 군사들이 초나라 땅을 모조리 점령했다고 생각했다. 마침내 항우가 싸움에 패배하여 도주하자 초나라 군은 궤멸되고 말았다. 기장 관영은 항우를 추격하여 마침내 동성에서 그를 죽였고 모두 8만 명의 목을 베어 마침내 초나라를 평정하였다.

그런데 노현(魯縣) 사람들은 초나라를 위해서 굳게 지켜 한나라가 함락시키지 못하였다. 한왕은 제후군을 이끌고 북진하여 노현의 부로들에게 항우의 머리를 보여주자 노현도 비로소 항복하였다. 한왕은 항우에게 노공(魯公)이라는 봉호를 내리면서 곡성에 안장하였다. 정도로 돌아온 한왕은 말을 달려 제왕 한신의 군영으로 쳐들어가서 그의 군대를 빼앗았다.

정월, 제후와 장상(將相)들이 모두 한왕을 황제로 추존하자고 청하였다.

한왕은 "황제라는 존호는 현덕(賢德)을 지니며 재능이 많은 사람에게 속하는 것이며, 헛된 말과 허망한 지위를 가진 사람이 점유할 수 있는 것이 아니라고 들었소. 나는 감히 황제의 지위를 받아들일 수 없소."라면서 사양하였다.

그러자 군신들 모두 말하였다.

"대왕께서는 빈한한 조건에서 몸을 일으키시어 포악무도한 자를 주벌하고 역적을 토벌하여 사해를 평정하시어 공로가 있는 자에게 땅을 떼어 왕후(王侯)에 봉하셨습니다. 만약 지금 대왕께서 황제의 존호를 칭하시지 않으신다면 모두가 자기 왕후의 봉호에 대해서 의심하여 믿지 않을 것입니다. 맹세컨대 신 등은 목숨을 걸고 대왕을 황제로 존칭하기로 결심하였습니다."

세 번을 거듭하여 사양하던 한왕은 어쩔 수 없이 "여러분들이 반드시 내가 황제가 되어야만 국가의 안녕과 이익을 지킬 수 있다고 생각한다면, 국가의 안녕과 이익을 위하여 그리 하리라."라면서 마침내 이를 허락하였다.

2월 갑오일, 범수(氾水) 북쪽에서 한왕은 황제로 즉위하였다.

황제는 "의제(義帝)께서 후사가 없으시고, 제왕(齊王) 한신은 초나라의 풍습에 익숙하므로 초왕으로 봉해 하비(下邳)에 도읍하도록 하라. 팽월은 양왕(梁王)에 봉해 정도에 도읍하게 하라. 한왕(韓王) 신은 계속 한왕으로 양책에 도읍하게 하라. 형산왕으로 되었던 오예는 다시 장사왕에 봉해 임상에 도읍하도록 하라. 회남왕 경포, 연왕(燕王) 장도, 조왕(趙王) 오(敖)의 봉호는 모두 예전과 같게 하라."라고 명하였다.

천하가 모두 평정되었다. 고조가 낙양에 도읍을 정하고 모든 제후들은 천자의 신하가 되었다.

임강왕 공환(共驩)이 항우와의 충의로써 한나라에 반란을 일으켰을 때 노관과 유가에게 포위하게 했으나 그를 격파하지 못하였다. 그러나 몇 개월이 지나 공환이 항복한 뒤 고조는 그를 낙양에서 처형시켰다.

5년 5월, 조정은 병사들을 해산하여 모두 귀가하였다. 제후국의 사졸로서 관중에 계속하여 남아 있는 자에게는 12년 동안 부역을 면제해 주고 고향으로 돌아간 자에게는 6년 동안의 부역 면제와 아울러 1년 기간의 양식을 주었다.

인재들을 기용함으로써 천하를 얻을 수 있었다

고조는 낙양 남궁(南宮)에서 연회를 베풀었다. 고조가 말했다.

"여러 제후와 장군들은 나를 속일 생각을 말고 모두 속마음을 이야기해 보시오. 과연 짐이 천하를 얻을 수 있었던 까닭은 무엇이며 항씨가 천하를 잃은 것은 과연 무슨 이유 때문이었겠는가?"

고기(高起)와 왕릉(王陵)이 대답하였다.

"폐하께서는 오만하여 다른 사람을 모욕하고 항우는 인자하여 다른 사람을 사랑합니다. 그러나 폐하께서는 사람을 파견하여 성을 공략하고 땅을 점령하게 하고 그곳을 그에게 봉하고 능히 천하 사람들과 이익을 함께 나누십니다. 반면에 항우는 현명하고 능력 있는 사람을 질투하고 공이 있는 자를 해치며, 현명한 자는 의심을 받고 전쟁에 이겨도 논공행상을 하지 않으며 노획한 땅도 나누지 않으니 이것이 바로 그가 천하를 잃은 까닭입니다."

그러자 고조가 웃으며 말하였다. "그대들은 하나만 알고 둘은 모르오. 군영의 장막 안에서 전략전술을 세워 천리 밖에서 승리를 결정짓는 일[135]에는 내가

---

135) 원문은 "運籌策帷帳之中 決勝于千里之外"이다.

장량만 못하며, 나라를 진수(鎭守)[136]시키고 백성들을 위무하며 군량을 공급하고 운송로가 끊이지 않게 하는 일에는 내가 소하(蕭何)만 못하오. 또 백만 대군을 통솔하여 싸우면 반드시 승리하고 공격을 하면 반드시 점령하는 일에서는 나는 한신만 못하오. 이 세 사람은 모두 호걸 중의 호걸이오! 내가 그들을 능히 임용했다는 것, 바로 이것이 내가 천하를 얻을 수 있었던 원인이오. 항우는 범증 한 사람이 있었으나 그를 임용할 수 없었고, 바로 이것이 항우가 나에게 사로잡혀 죽은 원인이오."

고조는 낙양에 오랫동안 도읍하기를 원하였으나 유경이 고조를 말렸고, 장량 역시 관중에 도읍해야 한다고 권하자 고조는 바로 당일 어가를 움직여 관중에 들어가 도읍하도록 하였다.

6월, 대사면령을 내렸다.

10월, 연왕 장도가 반란을 일으키자 고조는 직접 군사를 이끌고 공격에 나서 연왕 장도를 사로잡았다. 태위 노관을 연왕으로 봉하고 승상 번쾌에게 군사를 이끌어 대 땅을 공략하게 하였다.

가을에 이기(利幾)가 반란을 일으키자 고조가 직접 군사를 이끌고 이기를 공격하였고 이기는 도주하였다. 이기는 원래 항우의 부장이었다. 항우가 패할 때 진현(陳縣) 현령이던 그는 항우를 따르지 않고 도망을 쳐서 고조에게 투항하였는데, 고조는 그를 영천후에 봉하였다. 고조가 낙양에 당도한 뒤에 제후를 모두 소집하자 이기는 자신이 원래 항우의 부장이었기 때문에 마음속으로 두려워하여 반란을 일으켰던 것이었다.

6년, 고조는 5일마다 태공[137]을 알현하여 일반 백성의 부자지간 예절을 따라 태공에게 절을 하였다. 태공의 가신(家臣) 중 한 명이 태공에게 "하늘에 두 개의 태양이 있을 수 없으며, 땅에 두 명의 군주가 있을 수 없습니다.[138] 지금 고조께서 비록 태공의 아들이시지만, 그는 천하 만민의 군주이십니다. 태공께서는 비록 고조의 아버지가 되시지만 신하에 속합니다. 그런데도 어찌 군주로 하여금 신하에

---

136) 군대를 주재시켜 요처를 지키다.
137) 태공太公. 유방의 아버지.
138) 원문은 "天無二日, 土無二王"으로서 『예기禮記』에서 비롯된 말.

게 절을 하도록 할 수 있습니까? 이렇게 되면 군주는 위엄과 존귀함을 잃게 됩니다."라고 말하였다. 그 후 고조가 알현하러 왔을 때 태공은 빗자루를 품고서 문까지 마중을 나와 맞으면서 뒷걸음질로 걸었다. 고조가 크게 놀라며 바삐 어가에서 내려와 태공을 부축하였다. 그러자 태공은 "황제는 만민의 군주이시니 어찌 내가 부친인 까닭으로 인하여 천하의 대법을 어지럽힐 수 있겠습니까!"라고 말하였다. 고조는 즉시 태공을 태상황(太上皇)으로 받들게 하였다. 고조는 내심 가신의 말이 지극히 좋았다고 칭찬하고 그에게 금 5백 근을 상으로 내렸다.

12월, 어떤 사람이 상서(上書)하여 초왕(楚王) 한신이 반란을 도모하고 있다고 밀고하였다. 고조가 좌우 대신의 의견을 묻자 대신들은 다투어 한신을 바로 공격해야 한다고 말했다. 그러나 고조는 그들의 말을 듣지 않고 진평의 계책을 받아들여 거짓으로 운몽택(雲夢澤)으로 행차하여 진현에서 제후들을 접견한다고 꾸몄다. 이 사실을 모르고 초왕 한신이 진현에 와서 고조를 영접하자 고조는 즉시 한신을 체포하였다.

이날 고조는 대사면령을 내렸다. 이때 전긍(田肯)이 와서 축하를 드리며 고조에게 "폐하께서는 한신을 사로잡고 또 진나라 관중을 도읍으로 정하셨습니다. 관중의 진나라 땅은 지리형세가 대단히 우월한 곳으로서 산과 강의 요새를 갖추고 제후국들과 천리나 멀리 떨어져 있습니다. 창을 잡은 병사는 백만 명이며, 진나라는 다른 나라보다 백 배 이상 더 좋습니다.[139] 지세가 편리하여 이곳에서 제후국으로 출병하는 것은 높은 집에서 거꾸로 병의 물을 붓는 것과 같이 그대로 막힘이 없이 흘러내리게 됩니다. 한편 제나라는 동쪽으로 낭야와 즉묵의 풍족한 땅이 있고 남쪽으로 태산의 험고(險固)함이 있으며 서쪽으로 황하라는 천연의 장애물이 있고 북쪽으로는 발해의 어염(魚鹽)의 이익이 있습니다. 땅은 사방으로 2천 리나 되고 각 제후국과 천리 밖에 위치해 있으며, 창을 잡은 군사가 백 만으로서 제나라는 다른 나라보다 열 배 이상 더 좋습니다.[140] 그러므로 제나라와 진나라는 모두 부강의 땅으로서 실로 이 두 곳은 동진(東秦)과 서

---

139) 이 문장은 해석이 난해한 곳으로서 원문의 '百二'는 백분지이를 말한다. 제후국 군사가 백만이라 해도 진나라는 2만 명이면 대항할 수 있다는 해석도 있다.

140) 원문에 '十二'로 되어 있다. 제후국의 군사가 백만 명이라면 제 땅은 20만의 군사만으로도 막아낼 수 있다는 해석도 있다.

진(西秦)입니다. 폐하의 친자제가 아니면 절대로 제왕(齊王)에 봉해서는 안 됩니다."라고 진언하였다.

고조는 "좋소!"라고 말하고는 그에게 황금 5백 근을 상으로 내렸다. 십여 일이 지난 후 한신을 회음후에 봉하고 초왕 한신의 원래 영토를 두 나라로 나누었다.

고조는 "장군 유가는 여러 차례 공로를 세웠으니 형왕(荊王)에 봉하고 회하 동쪽 지역을 다스려라. 아우 유교(劉交)는 초왕(楚王)에 봉해 회하 서쪽지역을 다스려라. 아들 유비(劉肥)를 제왕(齊王)으로 봉해 제나라의 70여개 성을 다스리게 하고 제나라 말을 할 수 있는 모든 백성들을 모두 제나라에 귀속시켜라."라고 명했다.

고조는 공적의 고저를 논하고 부절(符節)을 쪼개어 각 공신을 열후에 봉하였다. 한왕 신(信)은 태원으로 옮기게 하였다.

7년, 흉노가 마읍(馬邑)에서 한왕(韓王) 신을 공격하자 한왕 신은 이를 기회로 흉노와 함께 태원에서 반란을 일으켰다. 이때 백토(白土)[141] 지방의 만구신(曼丘臣)은 한왕 신의 부장으로서 왕황(王黃)과 함께 예전 조나라 장군 조리(趙利)를 왕으로 옹립하여 반란을 일으켰다. 이에 고조가 직접 군사를 거느리고 북쪽으로 흉노와 반군 토벌에 나섰다. 그러나 마침 날씨가 추워서 병사 열 명 중 두세 명이 손가락이 얼어 터졌다. 마침내 평성(平城)에 이르렀는데, 이때 흉노는 고조를 평성에서 포위했다가 7일 후에야 비로소 포위를 풀고 철수하였다. 고조는 번쾌를 북방에 남아서 대(代) 땅을 평정하도록 하고 형 유중(劉仲)을 대왕(代王)에 임명하였다.

2월, 고조는 평성을 떠나 조나라와 낙양을 거쳐 장안에 도착하였다. 장락궁(長樂宮)이 완성되자 승상 이하 모든 관료들이 역양(櫟陽)에서 장안으로 옮겨왔다.

어떻게 용사를 얻어서 천하를 지킬 수 있을까?

8년, 고조는 또 동진하여 동원에서 한왕 신의 잔류 반란군을 공격하였다. 승상 소하가 미앙궁(未央宮)[142]을 수축하였는데, 궁에는 동궐(東闕), 북궐(北闕), 전

---

141) 현재 내몽골 지역에 있던 현 이름.
142) 한나라 시기에 미앙궁은 황제가 거처하는 궁이었고, 장락궁은 황후가 거처하였다.

전(前殿), 태창(太倉)이 지어졌다. 고조가 돌아와서 궁궐이 엄청나게 웅장한 것을 보고 격노하여 소하를 꾸짖었다. "천하가 불안하고 계속하여 고전을 치르면서 아직 그 성패를 알 수 없건만 어찌하여 궁실을 지으면서 이렇게 지나치게 화려하게 지었는가?"

그러자 소하는 "천하가 아직 채 안정되지 않았기 때문에 바로 이때를 이용하여 궁실을 지은 것입니다. 더구나 천자는 사해를 집으로 삼는 법이니 궁전이 웅장하고 화려하지 않고서는 천자의 존귀함과 위엄을 보여줄 수가 없습니다. 또한 후세에는 이보다 더 웅장한 궁전을 지을 수 없음을 보여주기 위해서입니다."라고 대답하니 고조는 기뻐하였다.

고조가 군사를 이끌고 동원으로 갔을 때 백인(柏人) 현이라는 곳을 경유했는데 이때 조나라의 승상 관고 등이 고조를 시해하려고 모의하였다. 그때 고조는 가슴이 이상하게 뛰므로 마음이 불안하여[143] 백인에서 머물지 않았다. 대왕(代王) 유중이 나라를 포기하고 도망하여 스스로 낙양으로 돌아왔다. 고조는 유중의 왕호를 취소하고 합양후로 강등시켰다.

9년, 조나라 승상 관고 등이 고조를 시해하려는 음모가 발각되어 삼족이 주멸당하였다. 조왕(趙王) 장오를 폐하고 선평후로 강등시켰다. 이 해에 고조는 초나라의 귀족인 소씨(昭氏), 굴씨(屈氏), 경씨(景氏), 회씨(懷氏)와 제나라의 귀족인 전씨(田氏)를 관중 지방으로 이주하도록 하였다.

미앙궁이 완성되자 고조는 제후와 군신들을 모두 모이게 하여 미앙궁 전전(前殿)에서 연회를 열었다. 고조는 옥 술잔을 들고 일어나 태상황에게 건강을 기원하고 "처음에 태상황께서는 항상 내가 무뢰하고 사업을 꾸려나갈 수 없다고 생각하시고 둘째 형 유중처럼 힘써 노력하지도 않는다고 여기셨습니다. 그런데 지금 내가 성취한 사업이 둘째 형과 비교하여 누가 더 큽니까?"라고 물었다. 대신들이 이 말을 듣고 모두 큰 소리로 만세를 부르고 크게 웃으며 즐겼다.

10년 10월, 회남왕 경포, 양왕 팽월, 연왕 노관, 형왕 유가, 초왕 유교, 제왕 유비, 장사왕(長沙王) 오예가 모두 와서 장락궁에서 고조를 알현하였다. 봄과 여

---

143) 백인柏人과 박인迫人의 발음이 비슷하여 이곳에서 머물지 않았다는 해석이 있다. 백인柏人의 중국어 발음은 'boren'이고, 박인迫人의 발음은 'poren'이다.

름에 일이 없이 무사하였다.

7월, 태상황이 역양궁(櫟陽宮)에서 붕어하였다. 초왕 유교와 양왕 팽월이 모두 와서 장례를 치렀다. 역양의 죄수들을 사면하였다. 여읍(酈邑)을 신풍(新豐)으로 개명하였다.

8월, 조나라 상국 진희(陳豨)가 대(代)에서 반란을 일으켰다. 그러자 고조는 "진희는 일찍이 짐의 사자로 일한 바 있었는데 신용을 잘 지켰다. 대 땅은 짐이 중요한 지방이라고 생각하여 진희를 열후에 봉하고 상국의 명의로써 지키게 하였었다. 지금 뜻밖에도 왕황(王黃) 등과 함께 대를 강탈하였으니, 그곳의 관리와 백성들은 전혀 죄가 없다. 대 땅의 모든 이민(吏民: 관리와 백성)을 사면해 주도록 하라."라고 명령을 내렸다.

9월, 고조는 직접 군사를 이끌고 동쪽에서 진희를 공격하였다. 군대가 한단에 도착했을 때 고조는 기뻐하며 말했다. "진희가 남쪽으로 가서 한단을 근거지로 하지 않고 도리어 장수(漳水)에 기대어 진을 친 것을 보니 진희가 할 수 있는 것이 없음을 알겠도다." 또 진희의 부장들이 이전에 모두 장사를 했다는 말을 듣자 고조는 "짐은 그들을 어떻게 상대할 것인가를 알고 있다."라고 말하였다. 그리하여 많은 황금으로 진희의 부장들을 유인하자 진희의 부장 중 다수가 투항하였다.

11년, 고조가 한단에서 진희를 토벌하는 일은 아직 완료되지 못했다. 진희의 부장 후창이 만여 명의 군사를 끌고 각지를 돌아다녔고, 왕황은 곡역(曲逆)에 주둔하였으며, 장춘(張春)은 황하를 건너 요성(聊城)을 공격하고 있었다. 한나라 조정은 장군 곽몽을 파견하여 제나라 장군과 함께 장춘을 공격하게 하여 크게 격파하였다. 또 주발은 태원에서 군사를 이끌고 대(代) 땅을 들어가 평정하였다. 군대가 마읍에 도착하여 한동안 마읍을 항복시킬 수 없었지만, 주발은 계속 마읍을 공격하여 마읍의 수많은 병사를 베었다.

진희의 부장 조리(趙利)가 동원(東垣)을 방어하여 고조가 동원을 공격했으나 점령하지 못했다. 한 달여가 지난 뒤 조리의 사졸들이 고조에게 욕을 하자 고조는 대단히 화가 났다. 동원이 항복한 뒤 고조는 고조에게 욕을 한 자를 찾아내 참수하도록 하고 욕을 하지 않은 자는 용서해 주도록 명령하였다. 그리고 조나라의 상산 이북 지역을 떼어내 대나라에 주고 황자 항(恒)을 대(代)왕에 삼아 진양에 도읍을 정하도록 하였다.

봄, 한신이 관중에서 모반하자 그의 삼족을 멸하였다.

여름, 양왕 팽월이 반란을 일으키자 그의 봉호를 폐하고 촉에 유배시켰다. 팽월이 다시 반란을 일으키려 하자 드디어 팽월을 죽이고 그의 삼족을 멸하였다. 고조는 황자 회(恢)를 양왕에 봉하고, 황자 우(友)를 회양왕으로 삼았다.

가을 7월, 회남왕 경포가 반기를 들어 동진하여 형왕 유가의 땅을 손에 넣고 북상하여 회하(淮河)를 건넜다. 초왕 유교는 패주하여 설현으로 도망쳤다. 이에 고조가 직접 군사를 이끌고 경포에 대한 공격에 나섰다. 황자 장(長)을 회남왕에 봉하였다.

12년 10월, 고조는 이미 경포를 회추(會甄)에서 격퇴하였다. 경포가 도주하자 별장(別將)을 보내어 추격하도록 하였다.

고조는 군사를 이끌고 귀환하는 길에 패현에 당도하여 그곳에 머물렀다. 패궁(沛宮)에서 주연을 베풀고 옛날 친구들과 부로(父老) 자제 모두를 불러 모아 마음껏 술을 마셨다. 고조는 패현에 사는 120명의 어린이를 뽑아 노래를 가르쳤다. 모든 사람들이 술을 마시고 한참 흥이 오르자 고조는 축(筑)[144]을 타면서 자기가 노래를 지어서 불렀다.

큰 바람이 불고 구름은 높이 나는구나!
위세는 해내(海內)에 떨치고 고향에 돌아왔도다.
어찌 해야 용사를 얻어서 사방을 지킬 수 있는가![145]

고조는 아이들에게 노래를 가르쳐 모두 익숙하게 부르도록 하였다. 또 고조는 일어나서 춤을 추며 격앙되고 슬퍼하면서 눈물을 줄줄 흘렸다. 그러고는 패현 사람들에게 "나그네는 고향을 그리워할 수밖에 없소. 내가 비록 관중을 도읍으로 정하였지만 천추 만세 후에도 짐의 혼백은 여전히 패현을 생각하고 그리워할 것이오. 짐은 패공의 이름으로 출병하여 포학한 자를 주벌하고 역

---

144) 옛날 거문고와 비슷한 현악기.
145) 이 노래를 대풍가大風歌라 한다.

적을 토벌하여 마침내 천하를 얻었소. 그러므로 패현을 짐의 탕목읍(湯沐邑)[146]으로 하여 패현의 모든 사람들의 부역과 세금을 면제하여 대대손손 납세를 하지 않도록 할 것이오."라고 선포하였다. 패현의 부로 형제, 나이든 부녀, 옛 친구들은 매일 고조와 함께 술을 마시고 서로 정말 기분 좋게 옛날 일을 담소하고 웃으며 즐겼다.

10여일이 지나 고조가 돌아가려고 하자 패현 사람들은 한사코 고조를 붙잡았다. 고조는 "나의 수행 인원이 많아서 여러분들께서 감당할 수가 없소."라고 말하고는 길을 떠났다. 패현 사람들은 성을 텅 비워두고 나가 모두 마을 서쪽에서 소고기와 술을 바쳤다. 고조는 또 멈춰서 장막을 치고 3일 동안 연회를 열었다. 패현 사람들은 모두 머리를 조아리면서 "다행스럽게도 패현은 요역을 면제 받았지만 풍읍(豐邑)은 아직도 면제 받지 못하였으니 아무쪼록 폐하께서 풍읍을 가엾게 여기시어 똑같이 세금을 면제해 주시기 바라옵니다."라고 청하였다. 고조는 "풍읍은 짐이 태어나 자란 곳이오. 그러니 가장 잊을 수 없는 곳이라오. 나는 다만 전에 풍읍 사람들이 옹치(雍齒)로 인하여 나에게 반기를 들고 위나라를 도운 것을 한스럽게 생각하고 있소."라고 말하였다. 패현의 부형들이 계속 간청하자 고조는 풍읍의 요역도 같이 면제하여 패현과 똑같이 하였다. 패후(沛侯) 유비(劉濞)를 오왕에 봉하였다.

이 무렵 한나라 장군들은 경포군을 조수(洮水)의 남북 양쪽에서 공격하여 두 곳 모두에서 경포군을 대파하였다. 경포는 패주했지만 체포되어 파양에서 참수되었다.

번쾌는 별도로 다른 병사들을 이끌고 대(代)를 평정했으며 진희를 당성(當城)에서 참하였다.

11월, 고조는 경포군을 토벌하고 장안으로 회군하였다. 12월, 고조는 "진시황제, 초은왕(楚隱王) 진섭, 위나라 안리왕, 제나라 민왕, 조나라 도양왕이 모두 후손이 없다. 모두 묘지기로 10호를 주고 진시황제는 20호, 위 공자 무기(無忌)는 5호를 주도록 하라."고 명령하였다. 진희와 조리의 협박을 받았던 대(代) 땅의

---

146) 주나라 때 제후가 목욕할 비용을 마련하도록 천자가 내린 채지采地로서 제후가 천자를 조회할 때는 몸을 깨끗이 씻는 탕목을 해야 했으며 그 비용을 여기서 마련하였다. 후대로 오면서 군주와 그 비, 왕자·공주 등이 부세를 거두어 관할하는 지역을 의미하게 되었다.

관리와 백성들이 모두 사면 받았다. 투항한 진희의 부장이 진희가 반란을 일으킬 때 연왕 노관이 진희에게 사람을 보내 진희와 함께 음모를 꾸몄다고 고하였다. 고조는 이 소식을 알고 즉시 벽양후 심이기를 시켜 노관을 장안으로 불러오도록 하였다. 하지만 노관은 칭병하여 오지 않았다. 벽양후가 돌아와서 노관의 반란에 이미 단서가 있다고 상세하게 보고하였다.

2월 고조는 번쾌와 주발로 하여금 군사를 이끌고 연왕 노관을 공격하도록 하였다. 연 땅의 관리와 백성과 노관에 반대하여 한나라에 귀순한 사람들을 사면하였다. 그리고 황자 건(建)을 연왕에 봉하였다.

유방, 사후 고황제로 추존되다

고조가 친히 경포를 공격할 때 빗나간 화살에 맞았었는데 귀로 중에 병을 얻었다. 병세가 매우 심각하여 장안에 도착한 뒤 여후는 바삐 좋은 의원을 불렀다. 의원이 들어가서 고조를 뵙자 고조는 의원에게 병세가 어떤가를 물었다. 의원이 충분히 치료할 수 있다고 말하자 고조는 그에게 욕을 하면서 말했다. "나는 일개 포의의 평민으로서 손에 세 척(尺) 검을 들고서 천하를 얻었으니 이는 천명이 아닌가? 운명은 하늘에 달려 있고, 설사 편작이 있다고 해도 무슨 소용이 있다는 말이냐!"

고조는 의원에게 치료를 하지 말도록 하고 그에게 황금 50근을 내리면서 물러가도록 하였다. 잠시 후에 여후가 고조의 병세가 심각한 것을 보고는 고조에게 물었다.

"폐하가 백 세를 넘기신 뒤에 만일 소상국이 죽게 되면 누가 소상국을 대신하여 그 자리를 맡아야 하는지요?" 이에 고조는 "조참이 할 수 있소."라고 대답하였다. 여후가 다시 그 다음 차례를 물으니 고조는 "왕릉(王陵)이 할 수 있소. 그러나 왕릉은 젊고 소박하며 정직하니 진평이 그를 도울 수 있소. 진평은 지혜가 오히려 넘치지만 단독으로 중임을 맡기는 어렵소. 주발은 중후하고 너그럽지만 학문이 모자라오. 그러나 유씨 천하를 안정시킬 수 있는 자는 분명 주발일 것이니 그를 태위로 삼을 수 있소."라고 말하였다. 여후가 또 그 다음을 물으니 고조는 "그 다음의 일은 당신 역시 알 수 없는 것이오."라고 말하였다.

노관과 수천 명의 기병은 변경에 머물면서 고조가 쾌유되어 직접 고조에게 가서 사죄할 수 있는 기회가 오기를 기다렸다.

12년 4월 갑진일, 고조가 장락궁에서 붕어하였다.

고조 붕어 후 4일이 지나도록 여후는 장례에 대한 소식을 발표하지 않았다. 여후는 벽양후 심이기와 몰래 의논하였다.

"황제 휘하의 장군들은 이전에 황제와 똑같이 평민이었다가 지금은 모두 북면(北面)을 하여 신하가 되었으니 이 때문에 그들은 항상 불만을 가지고 있다. 그런데 지금 그들로 하여금 다시 어린 황제를 모시도록 하니 그들이 어찌 마음으로 받아들일 수 있겠는가? 그들 일족을 모두 멸하지 않으면 천하는 안정될 수 없다."

어떤 사람이 이 말을 듣고 역상에게 알리자 역상은 곧 심이기를 만나서 말했다.

"황제께서 붕어하신 지 이미 4일이 지났는데도 상사(喪事)에 대한 소식을 알리지 않고 장군들을 모두 죽이려는 음모를 꾸민다고 들었소. 정말로 그렇다면 천하는 곧바로 위태로울 것이오! 진평과 관영이 10만 군사를 거느리고 형양에 있으며 번쾌와 주발이 20만을 거느리고 연과 대를 평정하였소. 이때 만약 황제가 붕어하셔서 모든 장군들이 죽음을 당할 것이라는 소식을 듣게 된다면 그들은 반드시 회군하여 관중으로 진격해 들어올 것이오. 대신들이 안에서 반란을 일으키고 제후들이 밖에서 모반한다면 천하의 멸망은 발돋움하고 기다릴 정도[147]로 금방 일어나게 될 것이오!"

심이기가 듣고 보니 그럴 듯한 말이라 생각하고 급히 입궁하여 여후에게 전하였다. 마침내 정미일에 발상을 하였고 대사면령을 내렸다.

노관은 고조가 붕어했다는 소식을 듣고 흉노로 도망쳤다.

병인일에 황제를 안장하였다. 기사일에 태자 유영이 황제로 즉위하여 태상황묘(太上皇廟)에 갔다. 대신들이 모두 "선황(先皇)께서는 한미한 평민 출신으로 난세를 돌려 정도(正道)로 바로 잡으시고 천하를 평정하셔서 한나라의 태조가 되셨

---

147) 이를 교족이대(翹足而待)라 한다.

고 그 공이 가장 높으시니, 고황제(高皇帝)로 추존한다."라고 하였다.

각 군(郡)과 국(國)의 제후들에게 모두 각기 고조묘를 세우게 하고 매년 때에 맞추어 제사를 모시도록 하였다.

효혜제 5년에 이르러 효혜제는 고조가 패현에 갔을 때의 슬프고 즐거웠던 일을 그리워하여 패궁을 고조의 원묘(原廟)로 삼도록 명하였다. 고조가 패현에서 노래를 가르쳤던 120명의 어린이들을 모두 원묘에서 연주와 노래를 하도록 하였으며 결원이 생길 때마다 보충하게 하였다.

고조는 아들이 여덟 명 있었다. 큰 아들은 서출로서 제나라 도혜왕(齊悼惠王) 유비(劉肥)이고, 둘째 아들은 여후의 아들로서 효혜황제 유영(劉盈)이며, 셋째 아들은 척부인의 아들 조왕 (趙王) 유여의(劉如意)이다. 넷째 아들 대왕(代王) 유항은 뒷날 효문황제로 즉위했으며 박태후의 소생이며, 다섯째 아들 양왕(梁王) 유회(劉恢)는 여태후의 시기에 조 공왕(趙共王)으로 옮겨졌다. 여섯째 아들은 회양왕 유우(劉友)로서 여태후 시기에 조 유왕(趙幽王)으로 옮겨졌다. 일곱째 아들은 회남의 여왕(厲王) 유장(劉長)이고, 여덟째 아들은 연왕 유건(劉建)이다.

태사공은 말한다.

"하 왕조의 정치는 '충(忠)'이라는 한 글자로 집약된다. 이른바 '충'은 곧 성실하고 돈후한 것이다. 그것의 폐단은 사람들로 하여금 자주 촌스럽고 예의가 없게 만드는 것이었다. 은나라 사람들이 하나라를 이어 정권을 잡았던 때는 도리어 특별히 '경(敬)'을 중시하였다. '경'이란 곧 경천(敬天), 경신(敬神), 경조상(敬祖上)의 의미이다. 그것의 폐단은 자주 백성들로 하여금 미신과 귀신을 믿게 한 것이었다. 주나라 사람들이 은나라를 이어 정권을 잡았을 때는 오히려 '문(文)'이라는 글자를 중시하였다. '문'이란 곧 예악 제도이다. 그런데 세인들이 지나치게 예악 제도를 중시하게 되면 오직 번잡한 형식을 중시하는 폐단을 면하기 어렵다. 만약 사람들의 마음이 천박하게 되면 곧 한 마디의 진실된 말도 없게 된다. 이러한 결함을 고치기 위해서는 실로 '충(忠)'보다 더 효과적인 것은 없다. 따라서 하, 은, 주 삼대의 군주 시정(施政)의 중심 사상은 '충'에서 '경'으로, '경'에서 '문'으로 계속 변환하고 각기 상이한 중점이 있었다.

주 왕조에서 진 왕조에 이르는 기간에 예악 제도가 완전히 파괴되면서 수많은 심각한 현상들이 나타났다. 진나라 시기의 시정은 비단 혁신을 하지 못했을 뿐 아니라 거꾸로 엄혹한 형벌로써 백성을 다스렸으니 어찌 설상가상의 착오가 아니던가! 따라서 한 왕조의 흥기는 진나라의 과거의 병폐를 거울로 삼아 부득이하게 '충(忠)'으로써 국가를 다스리지 않을 수 없었다. 그리하여 백성들과 약법삼장을 하였고, 이로써 다시 성실하고 돈후함을 회복하였으니 모든 백성들로 하여금 모두 안락한 생활을 영위할 수 있고 천도 순환의 정통을 실현한 것이다.

한나라는 10월을 정초로 삼아 천자가 종묘에 제를 지내고 제후들이 입경(入京)하여 황제를 조현(朝見)하는 때도 대부분 이 무렵이었다. 관리들이 타는 수레와 복장은 모두 규정이 있었다. 황제는 황색 비단으로 지붕을 만든 황옥(黃屋)을 타고, 꿩의 깃털이나 검은 소꼬리 털로 만든 기(旗)[148]를 수레의 왼쪽에 장식하게 하였다. 고조는 장릉(長陵)에 안장되었다."

---

148) 독纛, 황제의 수레에 쓰인 꿩의 깃털이나 검은 소꼬리 털로 만든 장식물.

5. 여태후 본기
-천하의 주인은 유씨인가, 여씨인가?

여태후(呂太后)는 중국 역사상 유명한 여성 야심가 중 한 명이다. 본 본기(本紀)는 잔인표독하고 권력욕에 가득 찬 난정(亂政) 후비(后妃)로서의 여태후의 모습을 사실적으로 묘사하고 있다. 특히 여태후가 척희와 세 조왕(趙王)을 죽이는 과정 자체에서 나타나는 잔인하고 악독한 성격을 담담한 필치로 자신의 감정을 전혀 드러내지 않고 기술하면서 여태후에 대한 자신의 증오의 감정을 오히려 더욱 선명하게 강조하고 있다.

또 효혜제가 '사람돼지'가 곧 척희라는 사실을 알고 "이는 사람으로서 할 짓이 아니다."라며 애절하게 탄식했다는 기술은 친자식의 입을 빌려 여태후를 통렬하게 비난함에 다름 아니다. 또한 조왕 유우가 유폐된 채 죽기 전에 불렀던 비가(悲歌)를 통하여 여태후의 인간성 상실이라는 측면을 여지없이 폭로하고 성토하고 있다.

사마천은 본 본기에서 "민심을 얻은 자는 천하를 얻고, 민심을 잃은 자는 천하를 잃는다."라는 원칙을 다시 한 번 천명하고 있다.

여태후, 궁정을 장악하다

여태후는 한고조가 미천할 때의 처로서 효혜제와 딸 노원 태후를 낳았다. 그런데 고조는 한왕 시절에 척희(戚姬)라는 미인을 얻어 매우 총애하게 되었고 여의(如意)를 낳았다. 고조는 효혜제가 착하고 유약하기만 하여 자기를 닮지 않았다고 여겨 그를 폐위시키고 대신 척희의 아들 여의를 태자로 세우고자 하였다. 더구나 척희는 총애를 받고 항상 고조를 수행하면서 밤낮으로 울면서 효혜제 대신 자기 아들을 태자로 세워 달라고 간청하였다.

여태후는 나이가 많았고 항상 집에만 머물러 있었기 때문에 고조를 거의 만날 수 없었다. 그리하여 점점 고조와 소원해졌다. 여의가 조왕(趙王)이 된 뒤 몇 번이나 태자가 될 뻔하였다. 다행히도 대신들이 극력 나서서 간언하였고 또 장량이 낸 계책 덕택으로 태자는 가까스로 폐위를 면할 수 있었다. 여태후는 성격이 강직하고 의연하여 고조를 보좌하여 천하를 평정하고 대신들을 주살하는 데 여후의 도움이 대단히 많았다.

여태후에게는 오빠가 두 사람 있었는데 모두 장군이었다. 큰오빠 주여후(周呂侯)는 순직하여 그의 아들 여태(呂台)를 역후(酈侯)에 봉하였고 여산(呂産)은 교후(交侯)로 봉하였다.

고조 12년 4월, 고조가 장락궁에서 세상을 뜨자 태자가 제위를 계승하여 황제로 등극하였다. 당시 고조에게는 여덟 명의 아들이 있었는데, 장자 유비(劉肥)는 효혜제의 형으로서 효혜제와 어머니가 달랐는데 제왕(齊王)으로 봉해졌다. 그 나머지는 모두 혜제의 동생이었는데, 척희의 아들 여의는 조왕으로 봉하였고, 박부인(薄夫人)의 아들 유항(劉恒)은 대왕(代王)으로 봉하였다.

한편 여태후는 고조의 총애를 받았던 척부인과 그녀의 아들 조왕을 가장 증오하여 척부인을 영항(永巷)[149]에 감금하고는 조왕을 즉시 도성으로 소환하도록 명령했다. 그리하여 사자가 여러 차례에 걸쳐 내왕했는데, 조왕의 승상 주창(周昌)이 사자에게 말하였다.

"고제(高帝)께서 신에게 조왕을 맡겼는데, 조왕은 나이가 아직 어리오. 듣건대 지금 태후가 척부인을 매우 증오하여 조왕을 소환하여 함께 죽이려 한다고 하니 나는 감히 조왕을 보낼 수 없소. 더구나 조왕 역시 병이 들어 조칙을 받들어 갈 수 없소."

이 말을 들은 여태후는 크게 화를 내면서 즉시 사람을 파견하여 주창을 도성으로 불러오도록 하였다. 주창이 도성으로 소환된 이후에 여태후는 또 사람을 보내어 이번에는 조왕을 불러오게 했다. 조왕이 조나라를 떠나 아직 도읍에 이르지 못했을 때, 본래 인자한 성격이었던 효혜제는 태후가 그를 몹시 증오하고 있다는 것을 알고 있었기 때문에 자신이 직접 패상(覇上)까지 가서 조왕을 영접하여 조왕과 함께 궁 안으로 돌아와 조왕과 같이 식사를 하고 같이 살았다. 태

---

149) 원래 궁녀들이 살던 곳으로 후에 죄를 지은 비빈들을 가두어 놓았던 곳.

후는 조왕을 살해하려 했지만 기회를 찾을 수 없었다.

효혜제 원년 12월, 효혜제는 새벽에 사냥을 나갔다. 그런데 조왕은 나이가 어려서 일찍 일어날 수 없었다. 태후는 조왕이 집에 홀로 있다는 말을 듣고 곧바로 사람을 보내 독주150)를 가져가 그에게 먹이도록 하였다. 날이 밝자 효혜제가 비로소 돌아왔는데 조왕은 이미 죽어 있었다. 얼마 뒤 태후는 척부인의 손과 발을 자르고 눈을 뽑고 귀를 불로 지지고 벙어리가 되는 약을 먹여서 돼지우리에 살게 하고 그녀를 '사람돼지', 즉 '인체(人彘)'라고 부르도록 하였다. 그러고 나서 며칠 뒤 태후는 효혜제에게 가서 '사람돼지'를 보도록 하였다. 효혜제가 그것을 본 뒤 주위에게 알아보고 나서야 비로소 이것이 척부인임을 알고 큰소리로 통곡하였다. 그리고 이로 인하여 병을 얻어 1년여 동안 일어날 수 없었다. 효혜제는 사람을 보내 태후에게 "이는 사람이 할 수 있는 일이 아닙니다. 나는 태후의 아들로서 천하를 다스릴 수 없습니다!"라며 탄식하였다. 이후 효혜제는 매일같이 술을 마시고 음락에 빠져 정사를 돌보지 않았고 이로 인하여 병이 깊어져 치유되지 않았다.

효혜제 2년 10월에 혜제와 제왕(齊王)은 여태후를 모시고 잔치를 열어 술을 마셨는데, 혜제는 제왕이 형이기 때문에 일반 백성 집안 내의 예절처럼 그에게 윗자리를 양보하였다. 그러자 여태후는 크게 화를 내고 곧 사람을 시켜 두 잔의 독주를 따르게 하여 앞에 놓고 제왕에게 일어나서 술을 마시고 축수하도록 하였다. 제왕이 일어나자 혜제도 일어서서 제왕과 함께 여태후에게 축수를 올리려고 하였다. 태후는 혜제가 그 독주를 마실까 겁이 나서 얼른 일어나 효혜제의 술잔을 엎어버렸다. 제왕은 이를 괴이하게 생각하고 그 술을 마시지 않다가 술에 취한 척하며 자리를 떴다. 그는 나중에서야 비로소 그것이 독주였던 사실을 알게 되었다. 제왕은 자신이 장안을 벗어날 수 없을 것이라고 생각하고 마음속으로 대단히 걱정하였다. 이때 제나라의 내사(內史) 사(士)가 제왕에게 말하였다.

"태후께서는 오직 효혜제와 노원공주만을 낳았습니다. 지금 대왕께서는 70여 개의 성읍을 가지고 있지만, 노원공주는 단지 식읍으로 몇 개의 성만 가지

---

150) 원문에는 짐독鴆毒으로서 전설상 짐이라는 독조[毒鳥]는 그 깃이 스쳐간 술을 사람이 마시면 곧 죽는다고 하였다.

고 있을 뿐입니다. 만일 대왕께서 한 개의 군(郡)을 태후에게 바쳐 공주의 탕목읍(湯沐邑)[151]으로 삼게 하시면 태후는 반드시 기뻐할 것이고, 대왕께서도 틀림없이 걱정할 것이 없어지게 됩니다."

제왕은 그 말대로 태후에게 성양군(城陽郡)을 바치고 공주에게 왕태후(王太后)로 존칭하자 여태후는 크게 기뻐하면서 제왕의 청을 들어주고 곧 제왕의 관저에서 잔치를 열어 아주 기쁘게 한바탕 술을 마시고 주연이 끝난 뒤 제왕을 봉국으로 돌아가도록 하였다. 혜제 3년에 장안성(長安城)을 건축하기 시작했는데, 4년이 되자 절반 정도 완성되었고, 5년과 6년에 걸쳐 성이 모두 준공되었다.

혜제 7년 가을 8월 12일에 마침내 효혜제가 세상을 떠났다. 그런데 발상(發喪) 기간에도 태후는 곡만 할 뿐 눈물은 흘리지 않았다. 장량의 아들 장벽강(張辟彊)은 당시 시중(侍中)의 직책을 맡고 있었는데 나이는 겨우 열다섯 살이었다. 그는 승상[152]에게 "태후에게는 아들이 오직 효혜제만 있었고, 이제 세상을 떠났는데도 곡만 할 뿐 슬퍼하지 않고 있습니다. 승상께서는 그 이유를 아십니까?"라고 물었다. 승상이 "도대체 무슨 이유인가?"라고 묻자 장벽강이 대답하였다.

"황제께서는 성인 아들이 없으니 태후가 당신들과 같은 대신들을 두려워하고 있습니다. 만일 승상께서 지금 여태, 여산, 여록을 장군으로 삼도록 청하여 남북군(南北軍)[153]을 통솔하도록 하고 여씨 일족이 모두 조정에 들어와 조정에서 실권을 장악하게 되면, 당신들 대신은 비로소 재난에서 벗어날 수 있습니다."

승상은 장벽강의 계책대로 시행하였다. 태후는 크게 기뻐하면서 그녀의 곡성은 비로소 애통해지기 시작하였다. 여씨의 권세는 이때부터 솟아오르기 시작하였다. 원년(元年) 조정의 모든 명령은 여태후가 내린 것이었다.

---

151) 탕湯은 몸을 씻는 것을 말하고 목沐은 두 발을 씻는 것을 말한다. 천자가 제후에게 하사하였던 토지로서 이것의 수입으로써 목욕 비용을 상계하였다.

152) 진평

153) 한고조 때 두 궁을 지키도록 설치한 군대로서 장락궁 동쪽은 북군이 지키고, 미앙궁 서쪽은 남군이 지켰다.

천하를 좌우하는 여씨 일족

여태후는 황제의 권한을 행사하면서 여씨 일족을 모두 제후로 임명하고자 생각하고 먼저 이 일에 대하여 우승상 왕릉(王陵)에게 물었다. 그러자 왕릉은 "고제는 일찍이 백마(白馬)를 죽여서 대신들과 함께 '유씨가 아니면서 왕을 칭하는 자가 있으면 천하 사람들이 함께 그를 토벌하라!'라고 맹세하셨습니다. 지금 여씨를 왕으로 세우는 것은 서약을 어기는 것입니다."라고 대답하였다. 그러자 태후는 대단히 불쾌해하면서 이번에는 좌승상 진평과 주발에게 물었다. 이에 주발 등은 "고제께서는 천하를 평정하시고 자제들을 왕으로 책봉하셨습니다. 지금 태후께서 천자의 일을 하시면서 형제와 여씨 자제를 왕으로 책봉하는 것은 못 하실 어떤 이유도 없습니다."라고 대답하였다. 태후는 비로소 크게 기뻐하며 조회를 끝냈다.

조정 회의가 끝나고 왕릉은 진평과 주발을 비난하였다.

"당초 고제와 피를 마시며[154] 맹세할 때 도대체 그대들은 그 장소에 없었습니까? 지금 고제께서 서거하시고 태후가 여주(女主)로 군림하여 여씨 자제를 왕으로 봉하려고 하는데 그대들은 오로지 아부하고 영합하면서 맹세를 배신하고 있으니, 또 죽은 뒤에 무슨 면목이 있어 구천에 계신 고제를 뵐 수가 있겠습니까?"

이 말을 듣고 진평과 주발은 "오늘 태후 면전에서 공개적으로 반대하고 조정에서 극력 논쟁하는 것은 우리가 그대만 못하오. 그러나 국가를 보전하고 유씨 후대의 군주 지위를 안정시키는 것은 그대가 우리만 못하오."라고 말하자 왕릉은 더 이상 대꾸하지 못하였다.

11월에 여태후가 왕릉을 파면시키기 위해서 그를 명목상 황제의 태부(太傅)로 임명하여 우승상의 직위를 빼앗았다. 그리하여 왕릉은 병이 있다고 말하며 사직을 하고 귀향하였다. 여태후는 좌승상 진평을 우승상으로 임명하고 심이기(審食其)를 좌승상으로 삼았다. 그런데 심이기는 정무를 관리하지 않고 궁중의 일만을 감독하도록 하여 낭중령(郎中令)과 같았다. 하지만 심이기는 이로 인하여 태

---

154) 삽혈歃血, 옛날 맹약할 때 말, 소, 개, 닭 따위의 가축을 죽여 그 피를 입술에 묻혀 굳은 마음을 표시하였다.

후의 총애를 받았고 자주 태후의 힘을 빌려 권한을 행사하였다. 공경대신들도 모두 오직 태후의 뜻을 살펴 사무를 결정하였다. 여태후는 여택을 도무왕(悼武王)으로 추존하였고, 이를 시작으로 여씨 일족을 모두 제후에 봉하려고 하였다.

4월에 여태후는 여씨 일족을 제후로 봉하려고 생각하고 곧 먼저 고조의 공신 풍무택(馮無擇)을 박성후에 봉하였다. 노원공주가 세상을 떠나자 노원태후라는 시호를 내렸다. 그리고 그녀의 아들은 노왕(魯王)으로 봉하였다. 노왕의 부친이 바로 선평후 장오이다. 또 제 도혜왕의 아들 유장(劉章)을 주허후에 봉하였고, 여록의 딸을 그에게 시집보냈다.

선평후 장오의 딸이 효혜황후가 되었을 때 아들을 낳지 못하자 거짓으로 임신한 척하고는 한 미인(美人)[155]을 입궁시켜 아이를 낳게 하고는 자기의 아들로 꾸몄다. 그러고는 아이의 어머니를 죽인 후 아이를 태자로 세웠다.

효혜제가 서거한 뒤 태자가 즉위하여 황제가 되었다. 황제가 장성하여 친어머니가 이미 죽었으며 그가 황후의 소생이 아니라는 말을 듣고는 "모후는 어떻게 나의 생모를 죽이고 나를 자기 아들로 삼을 수 있다는 말인가? 내가 아직 어리지만, 장성하면 반드시 복수를 할 것이다!"라고 말하였다. 태후는 이 말을 듣고 크게 우려하였으며, 그가 변란을 일으킬까 두려워하여 그를 영항에 유폐하고는 황제가 중병에 걸렸다고 말하면서 좌우 사람들도 황제를 만나지 못하게 했다. 그러고는 이렇게 말하였다.

"천하를 점유하여 만민 백성을 다스리는 모든 사람은 하늘처럼 일체를 덮어야 하고 땅처럼 만물을 받아들여야 할 것이오. 위에 있는 사람이 백성을 안락하도록 해야 백성들도 기쁘게 복종하고 그를 섬기게 되어 상하의 감정이 서로 융화되고 천하는 크게 다스려질 수 있는 것이오. 지금 황제의 오랜 병이 치유되지 않아 미혹되고 혼미해지기에 이르러 다시 계속하여 종묘제사의 책임을 담당할 수 없게 되었으니 천하를 그에게 맡기는 것은 불가능하오. 마땅히 다른 사람을 찾아 대신하게 해야 할 것이오."

그러자 여러 신하들은 모두 머리를 조아리며 "황태후께서 천하 백성들의 이익과 종묘사직의 안정을 위하여 고려하시는 것이 진실로 심원하십니다. 우리

---

155) 비빈 호칭의 하나.

신하들은 모두 머리를 조아려서 황태후의 조령을 받들겠습니다."라고 맹세했다. 즉시 황제는 폐출되었고, 태후는 몰래 그를 살해하였다.

5월 11일, 상산왕 유의는 황제가 되었고 이름을 유홍(劉弘)으로 바꾸었다. 연호를 원년으로 바꾸지 않은 것은 태후가 여전히 천하 정사를 대행하고 있었기 때문이다.

7년 정월, 태후는 조왕 유우(劉友)를 도성으로 오도록 하였다. 유우는 여씨의 딸을 왕후로 얻었으나 그녀를 좋아하지 않고 다른 희첩을 좋아하였다. 그러자 여씨의 딸은 질투심이 불타올라 태후를 찾아가 그에 대해 나쁜 말을 하고 그가 죄악을 저질렀다고 무고하였다. 그녀는 태후에게 조왕이 "여씨가 어떻게 왕을 봉할 수 있습니까! 태후가 백 살이 넘어가면 나는 반드시 여씨를 주멸시킬 것이오!"라고 말한 적이 있다고 모함하였다. 태후는 이 말을 듣고 대로하여 즉시 조왕을 도성으로 소환하였다. 조왕이 도착했지만 태후는 그를 관저에 머무르게 한 채 전혀 만나주지 않으면서 위사(衛士)에게 그를 포위하고 먹을 것을 주지 말라고 명령하였다. 만약 신하들 중에 누군가 몰래 조왕에게 밥을 주게 되면 즉시 붙잡아 죄를 물었다. 조왕은 굶주렸고, 이에 노래를 불렀다.[156]

> 여씨가 전권을 잡고 유씨는 위태롭기 짝이 없도다!
> 왕후를 협박하여 여씨 아내를 강요당했다.
> 여씨 아내가 질투하고 나를 무고하여 죄를 만드니
> 이렇게 참언하는 여자를 윗사람들은 왜 모른다는 말인고!
> 나는 충신이 없구나!
> 그렇지 않고서는 왜 내가 나라를 잃는다는 말인가!
> 황야에서 자살하리라!
> 하늘은 정직한 사람을 써야 함을 알아야 한다.
> 나는 후회하지 않는다. 차라리 미리 자결할 것을!
> 나라의 왕 된 자가 여기에서 굶어 죽는데
> 아무도 연민해 주는 자가 없구나!

---

156) 이를 유우의 비가悲歌라 한다.

여씨의 무도함은 오직 하늘이 나를 위해 복수해 주길 맡길 뿐!

다가오는 여씨의 종말

18일에 조왕이 유폐되어 죽었고, 일반 평민의 예의로써 장안 백성들의 묘지 부근에 묻혔다.

30일, 일식(日食)으로 대낮에도 어두컴컴하였다. 태후는 마음이 불편해져 측근에게 "이는 나로 인한 것이다."라고 말하였다.

2월, 양왕 유회를 조왕으로 옮겨 봉하였다. 그리고 여왕 여산을 양왕으로 옮겨 봉했으나 양왕은 봉국으로 가서 등극하지 않고 도성에 머물러 황제의 태부로 일하였다. 황제의 아들 유태(劉太)는 여왕으로 삼았고, 양나라는 이름을 고쳐 여나라라고 했으며 그 뒤 다시 제천국(濟川國)으로 고쳤다. 태후의 여동생 여수의 딸은 유택의 아내였는데, 유택은 대장군이었다. 태후는 여씨 자제를 왕으로 봉했지만, 자기가 죽은 후 유택이 난을 일으켜 위해할까 두려워 곧 유택을 낭야왕으로 임명하여 그의 마음을 달래고자 하였다.

양왕 유회는 조나라에 옮겨져서 조왕이 된 것에 대단히 커다란 불만을 가지고 있었다. 태후는 여산의 딸을 조왕의 왕후로 시집보냈다. 왕후를 모시는 관원은 모두 여씨 가족의 사람이었고 그들은 전권을 가지고 몰래 조왕의 일거수일투족을 감시하여 조왕은 자기 하고 싶은 대로 할 수가 없었다. 조왕은 한 희첩을 총애하였는데, 왕후는 사람을 시켜서 독주를 사용하여 그녀를 살해하였다. 그리하여 조왕은 시가 4장을 지어 악공(樂工)에게 부르도록 했다. 조왕은 너무도 비통해하였고, 마침내 6월에 자살했다. 태후는 이 소식을 듣고 조왕이 여자 때문에 조종(祖宗)의 예교(禮敎: 예의에 관한 가르침)를 버렸다고 여기고 두 번 다시 그 후대로 하여금 왕위를 계승하지 못하도록 하였다.

장오가 죽자 그의 아들 장언이 노왕이었기 때문에 장오에게는 노원왕(魯元王)이라는 시호를 내렸다. 가을에 태후는 사자를 대왕(代王)[157]에게 보내어 그를

---

157) 유항劉恒을 말한다.

옮겨 조왕으로 봉하겠다고 전하였다. 그러나 대왕은 대국(代國)의 변경을 계속 지키기를 원한다면서 이를 사양하였다.

태부 여산과 승상 진평 등이 "여록은 제후 중 그 서열이 가장 높으니 바라옵건대 조왕으로 봉해 주십시오."라고 진언하였다. 그러자 태후는 이를 허락하고 여록의 부친을 조 소왕(趙昭王)으로 추존하였다.

9월에 연 영왕(燕靈王) 유건(劉建)이 세상을 떴다. 그에게는 미인(美人)과 아들이 하나 있었는데, 태후는 사람을 보내서 그를 죽였다. 이후 후대가 없었으므로 그의 봉국을 없앴다.

3월, 여후가 불계(祓禊)[158]를 거행하고 돌아오는 길에 지도(軹道)를 지나면서 검은 개를 닮은 것을 보았다. 그것은 고후(高后)[159]의 겨드랑이에 도사리고 있다가 갑자기 또 사라졌다. 점을 쳐보니 조왕 여의가 앙화를 입히는 것이라고 하였다. 이렇게 하여 고후의 겨드랑이에 병이 생겼다.

7월, 고후의 병이 악화되자 곧 조왕 여록을 상장군으로 되도록 명령하여 북군(北軍)을 통솔하게 하였다. 그리고 여왕 여산은 남군(南軍)을 통솔하도록 했다. 여태후는 여산과 여록에게 훈계하였다.

"고제가 천하를 평정한 뒤, 대신들과 약정하면서 '유씨 자제가 아니면서 왕을 칭하는 자가 나타나게 되면 천하 사람들이 모두 그를 멸하라!'라고 하였다. 지금 여씨가 왕이 되었으니 대신들의 마음속에는 불평으로 가득할 것이다. 내가 곧 죽게 될 터인데 황제는 아직 나이가 어려 대신들이 반란을 일으킬 것이다. 너희들은 반드시 군대를 장악하고 궁정을 보위하여, 나를 장사지내도 배웅하지 말며, 다른 사람들에게 제압당하지 말라!"

8월 1일, 여태후가 죽고 그녀가 남긴 조서에 따라 제후 왕 모두에게 황금 천 근이 하사되었고 장상(將相), 열후(列侯), 낭리(郎吏) 역시 모두 그 지위에 따라서 황금이 하사되었다. 대사면령도 내려졌다. 여왕 여산은 상국이 되었고, 여록의 딸은 황후가 되었다.

---

158) 고대에 재앙을 물리치고 복을 기원하던 의식. 민간 풍속에 3월 첫째 사일巳日에 물가로 가서 더러운 때를 씻었던 의식을 불계라 하였다.

159) 여태후.

여태후가 매장된 후, 좌승상 심이기는 황제의 태부가 되었다.

유장(劉章)은 힘이 세고 신체가 건장하였는데, 유흥거(劉興居)가 그의 동생이었다. 그들은 모두 제 애왕(齊哀王)의 동생으로서 장안에 살고 있었다. 당시 여씨 일족들이 권력을 완전히 장악하고 변란을 일으키려 했지만, 옛날 고제의 대신인 주발과 관영 등을 두려워하여 일으키지 못하였다. 유장은 그의 부인이 여록의 딸이었으므로 그는 몰래 여씨들의 음모를 알고 있었다. 그는 살해될 것이 두려워 곧 몰래 그의 형 제왕(齊王)에게 사람을 보내 형에게 병사를 이끌고 서진하여 여씨 자제를 주멸하고 황제의 자리에 오르라고 제안하였다. 유장은 자기가 대신들과 궁 안에서 제왕에 호응하려고 했다. 제왕은 군사를 일으키려고 했지만 그의 승상이 이에 따르지 않았다.

8월 26일, 제왕이 사람을 파견하여 승상을 죽이려 준비하자 승상 소평은 반란을 일으키고 병사를 모아 제왕을 포위 공격하려고 하였다. 제왕은 곧바로 병사를 출동시켜 승상을 죽이고 동쪽으로 진격하였다. 그리고 기만책을 사용해 낭야왕의 군대를 탈취하여, 양쪽 군대 모두 그가 통솔하여 서쪽을 향하여 진군하였다. 제왕은 제후왕들에게 편지를 써서 선언하였다.

〈고제께서 천하를 평정한 뒤 자제들을 왕으로 봉하여 도혜왕은 제나라에서 왕으로 봉해졌다. 도혜왕이 세상을 뜨자 효혜제는 장량을 보내서 나를 제왕(齊王)으로 옹립하였다. 효혜제께서 서거하신 뒤 고후가 집정하였는데 그녀는 연로하여 여씨 일족의 말만 듣고 마음대로 제위를 폐하고 옹립하였으며 또 잇달아 세 명의 조왕(趙王)을 살해하였고, 양(梁), 조(趙), 연(燕)의 3국을 멸하여 대신 여씨 자제를 왕으로 삼았으며 제나라 역시 넷으로 나누었다. 충신이 진언하여 말렸지만 태후는 미혹되고 혼미해져서 받아들이지 않았다. 지금 고후가 죽고 황제의 나이는 아직 어려 천하를 다스릴 수 없으니, 오직 대신과 제후에게 의지할 수밖에 없다. 그런데도 여씨 일족은 제멋대로 자신들의 직위를 존숭하고 군대를 모아 이로써 위세를 과시하면서 열후와 충신들을 협박하고 거짓 조서로써 천하를 호령하고 있다. 이로 인하여 유씨의 종묘는 매우 위태롭다. 나는 병사를 이끌고 입경(入京)하여 왕이 되어서는 안 될 그들을 제거하고자 한다!〉

한나라 조정은 이 소식을 듣고 상국 여산 등이 곧 관영을 파견하여 병사를 통솔하여 제왕을 공격하도록 했다. 관영은 형양(榮陽)에 이르러서 다른 사람들과 상의하면서 "여씨 일족은 관중에서 군대를 통제하면서 유씨를 멸하고 스스로 황제가 되려고 하고 있소. 만약 지금 우리가 제나라의 군대를 무너뜨리고 돌아가서 복명하게 되면, 이는 곧 여씨의 세력을 더욱 강력하게 만들 것이오."라고 말하였다. 그리하여 관영은 형양에서 주둔하여 제왕과 각국 제후들에게 사신을 보내어 그들과 연합하여 함께 여씨의 반란을 기다려 공동으로 여씨를 제거하자고 제안하였다. 제왕은 이 소식을 들은 뒤 곧 군대를 제나라의 서쪽 국경으로 돌려 소식을 기다리면서 약속대로 하였다.

여록과 여산은 관중에서 반란을 일으키려고 하였지만 안으로는 주발과 유장 등을 두려워했고 밖으로는 제나라와 초나라의 군대를 두려워하였으며, 또 관영이 배반할 것을 걱정하여 관영의 군대가 제나라 군대와 전투를 마친 뒤에 반란을 일으키려고 하였다.

한편 태위 주발은 군영으로 들어가서 병권을 장악할 수 없었다. 당시 역상(酈商)은 노령으로 병이 많았는데, 그의 아들 역기(酈寄)와 여록은 친밀한 사이였다. 주발은 진평과 계책을 상의한 뒤 사람을 보내 역상을 위협하고 다시 그의 아들 역기를 시켜 여록을 속여 이렇게 말하도록 하였다.

"고제와 여태후는 함께 천하를 평정하여 유씨는 아홉 명이 왕으로 봉해졌고 여씨는 세 명이 왕으로 봉해졌습니다. 이는 모두 대신들이 의논하여 결정한 것으로서 이러한 사정은 이미 제후들에게 통고되었으며 제후들 모두 타당한 일로 여기고 있습니다. 지금 태후가 서거하시고 황제는 나이가 어리신데, 족하(足下)께서는 조왕의 인수(印綬)를 차시고서도 빨리 귀국하셔서 국토를 방어하시지 않으시고 오히려 상장군으로서 군사들을 이끌고 이곳에 머물고 계시니 대신과 제후들의 의심을 받고 있습니다. 족하께서는 어찌하여 상장군의 인수를 반환하지 않고 군대를 태위에게 넘겨주지 않으시는 것입니까? 바라옵건대 양왕께서도 상국의 인수를 반환하시고 대신들과 맹약을 맺으셔서 자신의 봉국으로 돌아가시기를 청합니다. 그렇게 되면 제나라 왕은 반드시 군사를 거두고 대신들은 안정될 수 있으며, 족하께서도 마음 놓고 천리에서 왕을 칭할 수 있게 되니, 이는 자손만대에 이롭습니다."

여록은 역기의 말을 믿고 장군의 인수를 반환하고 군대를 태위에게 귀속시키려 하였다. 그러고는 사람을 파견하여 여산과 여씨 종실의 노인들에게 말하자, 어떤 사람들은 타당하다고 여기고 어떤 사람들은 타당하지 못하다고 여기면서 결정을 내리지 못하고 주저하였다. 여록은 역기를 매우 신임하고 있었기 때문에 그와 함께 자주 사냥을 함께 나갔는데, 역기와 같이 사냥을 나갔다가 한번은 우연하게도 고모 여수의 집을 지나가게 되었는데, 여수는 대로하면서 "너는 장군의 신분으로서 군대를 포기하였으니, 이제 여씨 종족은 돌아갈 곳이 없어졌다!"라고 말하였다. 그러고는 모든 주옥과 패물을 마당에 내던지면서 "다른 사람 대신 이 물건들을 가지고 있을 필요가 없다!"라고 크게 탄식하였다.

유씨, 여씨를 소탕하고 권력을 되찾다

8월 10일 새벽에 어사대부 직무대행 조굴(曹窟)은 상국 여산을 만나 여러 사정에 대하여 상의하였다. 낭중령 가수는 제나라에 출장을 갔다가 돌아와서 여산을 비판하면서 "대감께서는 지금까지 자신의 봉국으로 가시지 않고 이제 설사 가 보려고 해도 가실 수 있으십니까?"라고 말했다. 그러고서 관영이 제, 초와 연합하여 여씨 종족을 모조리 제거하려고 준비하고 있다는 것을 여산에게 말하면서 여산에게 빨리 입궁해야 한다고 독촉하였다. 조굴이 이 말을 듣고 즉시 말을 달려 진평과 주발에게 알렸다. 주발은 북군으로 들어가려고 했지만 들어갈 방법이 없었다. 당시 기통(紀通)이 부절(符節: 신분의 증거인 신표)을 관리하고 있었는데, 주발은 그에게 부절을 가지고 거짓으로 황제의 칙령을 칭하도록 하여 마침내 주발은 북군에 들어갈 수 있었다. 태위는 또 역기와 전객(典客)[160] 유게(劉揭)를 보내어 먼저 여록에게 "황제는 태위 주발에게 북군 수비를 명하시고 귀공께 빨리 봉국으로 돌아가도록 하십니다. 어서 빨리 장군의 인수를 반납하고 이곳을 떠나십시오. 그렇지 않으면 커다란 화를 입게 될 것이오."라고 권하도록 하였다. 여록은 역기가 자기를 속이지 않을 것이라고 생각하여 곧바로 장군의 인수를 풀어서 유게에게 주고 병권을 태위에게 넘겨주었다.

주발은 병권을 장악한 뒤 북군의 군문(軍門)을 들어서서 즉시 군중에 "여씨를

---

160) 제후들과 소수 민족에 관한 일을 관장하던 벼슬.

위하는 자는 오른쪽 어깨를 벗고, 유씨를 위하는 자는 왼쪽 어깨를 벗어라!"라고 명령했다. 군중의 사졸들은 모두 왼쪽 어깨를 벗었다.[161] 주발이 북군에 도착했을 때 장군 여록도 이미 장군의 인수를 반납하고 떠나 주발은 북군을 통솔하였다.

하지만 여전히 남군(南軍)은 아직 통제하지 못하였다. 조굴은 가수가 여산에게 여러 얘기를 했다는 사실을 알고 여산의 음모를 승상 진평에게 말하였다. 진평은 곧바로 유장을 찾아 주발과 협력하도록 하였다. 주발은 유장에게 영문을 지키도록 하였다. 그리고 조굴을 시켜서 위위(衛尉)에게 "상국 여산을 궁궐에 출입시키지 말라!"라고 명하도록 했다. 여산은 여록이 이미 북군을 떠났다는 사실을 모르고 곧 미앙궁으로 들어가서 난을 일으키려고 하였는데, 궁궐로 들어갈 방법이 없었기 때문에 그곳에서 배회하고 있었다. 조굴은 그를 이기지 못할까 두려워 말을 타고 주발에게 달려가 이러한 정황을 보고했다. 주발 역시 여씨 무리를 제압하지 못할까 두려워서 감히 여씨를 주살하자고 공개적으로 분명하게 말하지 못하고, 유장에게 급히 입궁하여 황제를 보위하라고 하였다. 유장이 병사를 요청하자 주발은 천여 명의 병사를 떼어 주었다. 유장은 미앙궁의 궁문을 들어서서 여산이 궁궐에 있는 것을 보았다. 황혼 무렵에 곧 여산을 공격하자 여산은 달아났다. 하늘에는 커다란 바람이 일어나 여산의 수행원들은 커다란 혼란에 빠졌고 감히 맞서려는 자가 없었다. 유장은 여산을 추격하여 낭중령 관부(官府)의 측간(변소) 안에서 그를 죽였다.

유장은 이미 여산을 죽였고, 황제는 알자(謁者)[162]를 파견하여 부절을 가지고 유장을 위로하도록 하였다. 유장은 그 부절을 빼앗으려고 했지만 알자가 버티자 알자와 함께 수레를 타고 부절을 지닌 채 수레를 급히 몰고 가서 장락궁 위위(衛尉) 여경시를 참수하였다. 돌아온 뒤 재빨리 북군으로 돌아와서 주발에게 보고했다. 주발은 기뻐하면서 일어나 유장에게 하례를 올리며 "우리가 가장 걱정했던 것은 바로 여산이었는데, 현재 그를 죽였으니 천하는 이미 결정되었소!"라고 말하였다. 그러고는 사람들을 각지로 파견하여 여씨 종족의 남녀 모

---

161) 이로부터 어느 한쪽 편을 드는 것을 좌단左袒이라고 하였다.
162) 손님을 접대하던 일을 관장하던 관리.

두를 체포하도록 하여 연령에 관계없이 모조리 참수하였다.

9월 11일에는 여록을 체포하여 참수하였고 또 채찍과 곤봉으로 때려 여수를 죽였다. 그리고 사람을 보내서 연왕 여통을 주살하였고 노왕 장언을 폐출시켰다.

9월 12일에 황제의 태부 심이기는 좌승상으로 복위되었다.

9월 18일, 제천왕은 다시 양왕으로 바뀌어 봉해졌으며, 조 유왕의 아들 수(遂)를 조왕으로 옹립하였다. 그리고는 유장을 보내 여씨 종족을 주살한 사정을 제왕에게 보고하고 전쟁을 멈추도록 하였다. 관영도 전쟁을 멈추고 형양에서 돌아왔다.

조정의 대신들은 함께 상의하였다.

"소제와 양왕, 회양왕, 상산왕은 모두 실제로 효혜제의 아들이 아니다. 여후가 사기의 수단으로 다른 사람의 아들을 효혜제의 아들이라고 칭하면서 아이의 생모는 없애버리고 후궁에서 양육하여 효혜제에게 친아들로 삼게 하고는 황제의 계승자로 세우거나 제후로 봉함으로써 여씨의 세력을 강화시켰던 것이다. 지금 이미 여씨 종족을 모두 소멸하였다. 만약 여씨가 세운 자를 황제로 만들게 되면 장성하여 권력을 장악한 뒤 우리 모두는 곧 살육될 것이다. 차라리 여러 왕 중에서 가장 현명한 사람을 황제로 뽑는 것이 가장 좋다."

"여씨는 외척의 신분으로써 악행을 자행하고 유씨의 종묘를 거의 무너뜨릴 뻔하였고 공신들을 박해하였다. 지금 제왕(齊王) 모친의 친가(親家) 사람 사균(駟鈞)이란 자는 악인이다. 만약 제왕을 황제로 세운다면 곧 여씨의 전철을 다시 밟게 된다."

그리하여 최종적으로 결론을 내렸다.

"지금 대왕(代王)[163]은 고제의 친아들로서 나이로 보아 가장 많다. 사람됨이 어질고 효성이 지극하며 관대하다. 태후 박씨의 종족은 신중하고 선량하다. 그리고 장자(長子)를 옹립하는 것이 명분이 바르고 순리에 맞으며, 더구나 대왕은 인효(仁孝)로써 천하에 유명하니 황제로 세우는 것은 완전히 타당하다."

그리하여 몰래 사신을 보내어 대왕을 모시게 하였다. 대왕은 사람을 보내

---

163) 유항劉恒을 가리킨다.

사양하였다. 사자가 두 번째 가서 영접하자 대왕은 비로소 6승거마(六乘車馬)[164]에 올라 윤9월 말 을유일에 장안에 도착하여 대왕의 관저에 기거하였다. 대신들은 모두 가서 알현하고 대왕에게 천자의 옥새를 바치면서 함께 대왕을 천자로 모시고자 하였다. 대왕은 여러 차례 사양했지만, 신하들은 계속 요청하여 대왕은 마침내 수락하였다.

동모후 유흥거가 말했다. "여씨를 주멸할 때 나는 공을 세우지 못했소. 나에게 궁정을 숙정하도록 해 주시오!" 그는 태복 등공과 궁으로 들어가 소제에게 말했다. "당신은 유씨 사람이 아니니 황제가 되어서는 안 되오." 그리고 돌아가 소제 좌우의 시위(侍衛)들에게 무기를 내려놓고 떠나라고 명령하였다. 하지만 시위 몇 명은 무기를 내려놓기를 거부하였다. 이에 환관 수령 장택이 설득하자 그들도 무기를 내려놓았다. 등공은 곧 수레를 불러 소제를 태우고 궁정 밖으로 나왔다. 소제가 "나를 어디로 데려가려 하느냐?"라고 묻자 등공은 "나가서 사시오."라고 대답하였다. 소제는 소부(少府)에 가두어 놓았다. 이어서 천자의 법가(法駕)[165]가 대왕 관저로 가서 대왕을 영접하였다. 그러면서 대왕에게 "궁내는 이미 깨끗이 정리되었습니다."라고 보고하였다.

대왕은 그날 저녁 미앙궁으로 들어갔다. 열 명의 알자(謁者)들이 창을 들고 궁궐 정문을 지키며 "천자가 여기 계신데 당신들께서는 왜 들어가시려고 하는 것이오?"라고 물었다. 대왕이 주발을 불러 사정을 말해 주자 주발이 가서 설명을 하였다. 이에 열 명의 알자들은 모두 무기를 버리고 떠나갔다. 대왕은 즉시 입궁하여 집무를 시작하였다. 그날 밤 관리들이 각각 양왕, 회양왕, 상산왕과 소제 관저로 가서 그들을 주살하였다.

대왕은 천자에 즉위하였다. 재위 23년 만에 서거하였고, 시호는 효문황제(孝文皇帝)이다.

---

164) 고대시기 1승乘은 4마리 말이 이끄는 수레를 말한다.
165) 천자가 전례典禮를 거행할 때 타는 마차.

세가
(世家)

6. 오나라와 월나라의 사투(오 세가와 월 세가 중에서)
─ 오월동주, 와신상담 (오자서 열전 포함)

춘추 시대 말기에 이르러 급속히 성장한 나라는 중국 남쪽에 자리 잡고 있던 오나라와 월나라였다.

두 나라는 제철업의 발전을 바탕으로 날카로운 칼과 창을 만들 수 있었고, 이는 군사력을 급속하게 강화시키게 되는 계기가 되었다. 그리하여 이들 두 나라는 중원의 패자를 노리면서 서로 불구대천의 원수가 되어 사투에 사투를 벌였다.

그 파란만장한 항쟁의 주인공은 오나라의 왕 합려와 부차 그리고 오자서를 한편으로 하고, 월나라의 왕 구천과 대부 종 그리고 범려를 다른 한편으로 하는 오월동주, 와신상담의 처절한 드라마였다.

지금은 저를 죽이실 때가 아닙니다

오자서(伍子胥)는 원래 초나라 사람으로 이름은 원(員)이며, 아버지는 오사(伍奢)이고 형은 오상이었다. 오자서의 선조는 오거(伍擧)로서 초 장왕 때의 대신으로 강직한 간쟁(임금에게 잘못을 고치도록 탄원함)으로써 그 명성이 높았으며, 그리하여 그의 자손들은 초나라에서 매우 유명하였다.

초 평왕의 태자는 건(建)이었는데 평왕은 오사를 태자의 태부(太傅)에 임명하고 비무기(費無忌)를 소부(少傅)로 임명하였다. 그러나 비무기는 오히려 태자에게 충성스럽지 못했다. 어느 날 평왕은 태자 건의 아내를 맞기 위해 비무기를 진나라로 보냈는데, 진나라의 여자는 대단한 미인이었다. 비무기가 귀국하여 평왕에게 "진나라의 그 여자분은 참으로 절세의 미인입니다. 폐하께서 그 미녀분을 스스로 얻으시고 태자께는 다른 여자를 얻게 하시는 것이 좋겠습니다."라고 보고하였다. 원래 호색이었던 평왕은 자신이 그 진나라 여자를 취했는데, 그녀를 총애하여 아들까지 낳았고 이름을 진(軫)이라 하였다. 평왕은 다른 여자를 태자에게 주어 아내로 삼도록 하였다.

진나라 미녀를 이용하여 평왕의 총애를 받게 된 비무기는 아예 태자를 떠나 평왕을 모시게 되었다. 그러나 비무기는 언젠가 평왕이 죽고 태자가 왕위를 계승하게 되면 자기를 죽이지 않을까 두려워하여 모든 수단을 다해 태자 건을 헐뜯었다. 태자 건의 어머니는 채(蔡)나라 사람이었는데, 평왕은 원래 그녀를 싫어하였다. 평왕은 점점 태자를 멀리하더니 그를 멀리 변경으로 추방하여 국경 수비를 맡게 했다.

얼마 지나지 않아 비무기는 밤낮으로 태자를 비방했다. 그는 "태자는 진나라 공주의 일 때문에 반드시 원한을 품고 있을 것입니다. 태자는 성보에 도착한 이후 군대를 거느리고 제후 각국과 왕래하면서 도성으로 돌아와 반란을 일으키려 준비하고 있습니다."라고 말하였다.

그러자 평왕은 즉시 태자 태부 오사를 불러 캐물었다. 오사는 비무기가 평왕에게 태자의 험담을 한다는 사실을 알고 평왕을 찾아가 "대왕께서는 어찌 참언으로 남을 해치는 소인배의 말만 믿으시고 골육지정을 멀리하십니까?"라고 물었다. 그러자 곁에 있던 비무기가 나서며 말하였다. "만약 폐하께서 지금 손을 쓰시지 않으면 그들의 음모가 곧 성공을 거둘 것입니다. 대왕께서는 빨리 그들을 잡아가둬야 합니다."

평왕은 크게 화를 내면서 당장 오사를 감옥에 가두게 하고 사자를 보내 태자를 죽이도록 명령하였다. 하지만 그 사자는 급히 사람을 시켜 태자에게 전했다. "빨리 피하십시오. 그렇지 않으면 목숨이 위험합니다." 태자 건은 송나라로 달아났다.

비무기가 평왕에게 말했다. "오사에게는 아들이 둘 있는데, 모두 뛰어난 인물입니다. 지금 그들을 죽이지 않으면 장차 초나라의 큰 화근이 될 것입니다. 그들의 아비를 인질로 삼아 그들을 불러들여야 합니다. 그렇지 않으면 훗날 초나라의 후환이 될 것입니다."

왕은 오사에게 사신을 파견하여 "두 아들을 불러오면 살려 주겠지만, 불러오지 못하면 죽일 것이다."라고 말하자, 오사는 "오상은 사람됨이 어질어 부르면 틀림없이 올 것입니다. 그러나 둘째아들 오원은 고집이 세고 참을성이 강해서 대사(大事)를 이룰 수 있는 재목인데, 그 녀석은 이곳에 오면 모두 함께 사로잡힐 뿐이라는 것을 알고는 틀림없이 오지 않을 것입니다."라고 말하였다. 왕은 이 말을 듣지 않고 사람을 보내 두 아들을 부르면서 "너희들이 오면 너희 아비를 살려 줄 것이지만 만약 오지 않으면 아비를 당장 죽이겠다."라고 협박하였다. 오상이 가려고 하자 오자서는 "지금 초나라에서 우리 형제를 부르는 것은 우리 아버님을 살려 주려는 것이 아니라 도망치는 자가 생기면 나중에 후환이 될 것을 두려워하여 아버님을 인질로 삼고 거짓으로 우리 형제를 부르는 것입니다. 우리 형제가 도착하면 부자가 함께 죽을 것이니 그것이 아버님의 죽음에 무슨 도움이 되겠습니까? 만약에 간다면 복수조차 할 수 없게 될 것이니 차라리 다른 나라로 도망쳤다가 병력을 빌려 아버님의 원수를 갚는 편이 나을 것입니다. 모두 같이 죽는 것은 아무런 의미가 없습니다."라고 말하였다. 그러자 오상은 "간다고 해도 결국은 아버님의 목숨을 구할 수 없다는 것을 나는 알고 있다. 그러나 아버님께서 우리를 불러 생명을 보전하고자 하시는데도 가지 않고, 또한 뒷날 원수도 갚지 못한다면 그것이야말로 천하의 조롱거리가 될 뿐이다. 이는 너무나 가슴 아픈 일이 아닐 수 없다!" 그러고는 동생 자서에게 일렀다. "너는 어서 몸을 피하거라! 그래서 아버님의 원수를 갚아다오. 나는 가서 죽겠다."

이렇게 하여 오상이 체포된 다음 사자가 오자서를 체포하려 했을 때 오자서는 활을 꺼내 화살을 꽂고 사자를 조준하자 사자는 가까이 오지 못했다. 이 틈에 오자서는 도망을 쳤다. 그는 태자가 송나라에 있다는 소식을 듣고 송나라로 가서 태자 건과 합류하였다.

감옥에 갇혀 있던 오사는 자서가 도망쳤다는 소식을 듣자 웃으면서, "초나라 군신은 머지않아 전쟁으로 고통을 받게 될 것이다."라고 말했다. 오상이 수도로 호송되자 평왕은 즉시 오사, 오상 두 부자를 처형해 버렸다.

오자서가 송나라에 도착했을 때 마침 송나라에 반란이 일어나 태자 건과 함께 다시 정나라로 피했다. 그들은 정나라에서 정중한 대우를 받았으나 태자는 정나라가 작고 힘이 약해 초나라에 복수하기에는 별 도움이 안 된다고 판단하여 진(晉)나라로 떠났다.

그런데 진나라 경공이 태자에게 제안하였다. "태자께서는 기왕에 정나라와 서로 우호적이고 정나라 역시 태자를 신임하고 있소. 만약 태자께서 정나라 내부에서 나와 호응하고 내가 밖에서 정나라를 공격하여 힘을 합치면 우리는 반드시 정나라를 멸망시킬 수 있을 것이오. 정나라를 멸망시키고 태자께서 정나라 왕이 되는 것이 어떻겠소?" 그러자 태자는 정나라로 돌아갔다. 그러나 준비가 채 되기도 전에 태자가 마침 어떤 사적인 사건이 생겨 부하 한 명을 죽여 없애려 하자, 태자의 밀모(密謀)를 알고 있었던 그 부하는 정나라에 그 일을 고발하고 말았다. 크게 분개한 정나라 왕 정공과 자산(子産)은 태자를 처형하였다. 태자 건에게는 승(勝)이라는 아들이 있었는데, 이 일이 발생한 뒤 오자서는 두려워하여 승과 함께 오나라로 도망쳤다. 소관(昭關)에 도착하자 소관을 지키던 관리는 그들을 붙잡으려 하였다. 오자서는 승과 둘이서만 다녀야 했으므로 도망치기가 무척 어려웠다. 그들을 추격하는 사람들은 바짝 좇아왔고, 앞에는 도도한 양자강이 흐르고 있었다. 오자서는 물가에 섰다. 그는 하늘을 우러러 크게 탄식하였다.

"하늘이시여! 여기서 저를 버리시나이까! 이 몸은 죽어도 억울하지 않지만 아버지와 형님의 원수를 갚아야 합니다. 지금은 저를 죽이실 때가 아닙니다."

이때 초가(楚歌) 소리와 함께 자그마한 배가 저쪽에서 오고 있었다. 그 배에는 한 노인이 타고 있었다. 그 노인은 오자서를 보더니 손짓을 하였다. 오자서는 고맙다는 말을 할 겨를도 없이 재빨리 배에 올라탔다. 저만치 추격병들의 모습이 보이고 있었다.

드디어 강을 건너자 오자서는 허리에 찼던 칼을 풀어 어부에게 주었다.

"이 칼은 매우 값나가는 물건입니다. 감사의 표시로 드리는 것이니 받으십시오."

그러나 어부는 극구 사양하였다.

"초나라에 이런 방이 나붙었소. 오자서를 잡는 자에게 조 5만 섬과 재상 자리를 준다고 하오. 내게 욕심이 있었다면 그 칼 따위가 비교되겠소?"

오자서가 미처 오나라 도성에 당도하기 전에 그는 병이 생겨서 길가에 멈춰 먹을 것을 구걸하면서 겨우겨우 목숨을 이어가야만 했다. 마침내 오나라 도성에 당도했을 때 오나라 왕 요(僚)가 정권을 잡았고 공자 광(光)이 장군으로 있었다. 오자서는 공자 광을 통하여 오왕 요를 만날 수 있었다.

당시 오나라와 초나라 사이에 희한한 분쟁이 일어났다. 분쟁의 발단은 아가

씨들의 말다툼이었다. 국경 가까이 사는 초나라 아가씨와 오나라 아가씨가 국경에 심어져 있는 뽕나무 잎을 서로 따려고 다투었다. 국경의 양쪽 마을이 누에 치는 마을이었기 때문이 이것이 화근이 되어 고을과 고을의 큰 싸움으로 번져 서로 칼을 들고 공격하기에 이르렀다. 그리고 그 싸움은 마침내 양국 간의 국경 분쟁으로 번져 두 나라가 군사를 일으켜 전쟁을 하기에 이르렀다.

오나라는 공자 광을 장군으로 삼아 초나라 군대를 격파하여 초나라의 국경 마을을 함락시킨 후 돌아왔다. 이때 오자서가 오나라 왕에게 말하였다. "초나라를 격파할 수 있으니 다시 공자 광을 출정시키십시오."

그러자 공자 광이 반대하였다. "오자서는 아버지와 형이 초나라 왕에게 살해되었기 때문에 그 복수를 하자는 것뿐입니다. 초나라를 공격하더라도 아직 이긴다고 볼 수 없습니다."

오자서는 그 말을 듣고 공자 광에게 다른 음모가 있다는 사실을 알게 되었다. '광이 왕을 죽이고 자기가 왕이 되려고 하는구나. 그러니 지금 다른 일을 말해봤자 소용이 없다!'

이렇게 생각한 오자서는 검술에 뛰어난 전저(專諸)라는 인물을 공자 광에게 추천한 후 그 자신은 태자 건의 아들 승과 함께 시골에 내려가 농사를 지으며 때를 기다렸다.

그로부터 5년이 지난 후 초나라 평왕이 죽고 그 후계는 평왕과 진나라 공주 사이에서 태어난 아들 진(軫)이 이으니 그가 소왕이다.

구하지 않고 무엇을 얻을 수 있다는 말인가!

초나라 평왕이 죽자, 그 틈에 오나라 왕 요는 초나라를 공격하였다. 그러나 초나라가 매서운 반격에 나서 퇴로를 차단하고 포위하기에 이르렀다. 오나라 국내는 텅 비어 있게 되었고, 이때 오나라에 남아 있던 공자 광이 전에 오자서가 추천해 주었던 전저를 불러 말했다.

"기회를 놓치면 안 된다. 구하지 않고 무엇을 얻을 수 있다는 말인가?"

이 말에 전저가 대답하였다.

"왕 요를 죽여야 합니다. 지금 오나라는 밖으로 초나라에 괴로움을 당하고 있고 안으로는 병력이 텅 비어 있는 상태입니다. 누구도 우리에게 대항할 수 없을 것입니다."

공자 광이 고개를 끄덕였다. "좋다! 그대의 몸이 나의 몸이다. 그대의 아들은 내가 책임지겠다!"

그리하여 공자 광이 자기 집에서 잔치를 벌이고 요왕을 초청했다. 지하실에는 무장한 병력을 숨겨놓았다. 한편 요왕도 경계를 늦추지 않고 연회석 곳곳에 장검을 든 경비병을 배치하였다. 이윽고 잔치가 벌어졌는데 공자 광은 발이 아픈 시늉을 하면서 지하실로 내려가 전저에게 구운 생선을 가져가도록 했다. 구운 생선의 뱃속에는 예리한 단검이 숨겨져 있었다. 전저는 구운 생선을 왕의 상으로 가져가서 왕 앞에 놓으면서 즉시 생선 뱃속의 단검을 꺼내 왕을 찔러 죽였다. 전저도 좌우의 경비병에게 붙들려 죽임을 당했다. 한동안 큰 소동이 일어났으나, 공자 광은 미리 숨겨두었던 병사들을 풀어 요왕의 경비병을 모두 제압하였다.

드디어 공자 광이 왕좌에 오르니 그가 바로 합려(闔閭) 왕이다. 합려는 약속대로 전저의 아들을 경(卿)으로 임명하고 오자서를 행인(行人)[166]에 임명하여 국가 대사의 결정에 참여시켰다.

그때 초나라에서는 대신 백주리(伯州犁)가 살해되고 그의 손자인 백비(伯嚭)가 오나라에 망명하여 대부(大夫)로 발탁되었다. 백비의 기용에는 오자서의 도움이 컸다. 왜냐하면 백비 역시 오자서의 원수인 초나라 평왕과 비무기에 의해 가족이 몰살당했기 때문이었다.

어느 날 오나라 대부인 피리가 오자서에게 물었다. "당신은 백비와 매우 친하신 듯한데 무슨 특별한 이유라도 있는지요?" 그러자 오자서가 한숨을 내쉬며 대답하였다. "나는 초나라에서 아버님과 형님을 잃었고 백비 역시 가족들이 초나라에서 억울하게 죽었소."

이 말을 듣고 피리가 조심스럽게 얘기했다. "그렇기는 하겠습니다. 그런데 제 생각으로는 백비는 좀 경계해야 할 인물인 듯합니다. 왜냐하면 그의 눈은 독수리의 눈과 같고 걸음걸이는 호랑이 같습니다. 그런 사람은 반드시 명예욕

---

166) 외교 장관에 해당하는 벼슬.

이 강하고 잔인하며 공로를 독차지하려 할 관상입니다." [167]

합려는 왕이 된 지 3년 만에 오자서와 백비를 장군으로 삼아 초나라를 공격하여 커다란 승리를 거두었다. 합려는 승세를 몰아 초나라의 수도까지 쳐들어가려 했으나 장군 손무(孫武)가 제지하였다. "백성들의 고달픔이 너무 크기 때문에 조금 더 시간이 필요합니다."

다음 해 오나라는 초나라를 공격하여 두 개의 성을 빼앗았으며, 다시 1년 뒤에는 월나라를 공격하여 승리를 거뒀다. 그리고 다음 해에 초나라가 침입하자 합려가 오자서에게 대적하라고 명령을 내렸다. 오자서는 초나라 군사를 맞아 대승을 거뒀으며 계속 추격하여 초나라의 거소(居巢) 지방을 점령하였다.

그 후 3년이 지나 합려는 오자서와 손무를 불러 의논하였다. "전에 경들은 아직 초나라 수도로 쳐들어갈 시기가 아니라고 했는데, 지금은 어떻겠소?" 그러자 오자서와 손무는 "지금 초나라의 속국인 당나라와 채나라 두 나라는 초나라에 사무친 원한을 품고 있습니다. 대왕께서 초나라를 완전히 격파하실 작정이시라면 먼저 당나라와 채나라를 우리 편으로 끌어들여야 합니다. 그렇게 하면 승리할 것입니다."라고 대답하였다. 합려는 이 의견에 따라 모든 군사를 동원하고 당과 채 두 나라와 공동으로 초나라를 공격하여 한수(漢水)에서 초나라 군사와 대치하였다. 이때 왕의 동생인 부개가 속전속결을 주장하였으나 합려는 이를 받아들이지 않았다. 그러자 부개는 '왕께서는 이미 나에게 군사를 맡기셨다. 병사란 무조건 이겨놓고 봐야 한다. 무엇을 주저하랴!'라고 판단하여 부하 5천명을 이끌고 초나라 군대를 기습하였다. 갑자기 기습을 당한 초나라 군대는 당황해 도망치기 바빴다. 그리하여 오나라는 승기를 잡고 다섯 차례의 전투를 치르면서 마침내 초나라 수도 영(郢)에 입성했다.

날은 저물고 갈 길은 멀다

오자서가 아직 초나라에 살고 있을 적에 신포서(申包胥)라는 사람과 친했다.

---

167) 뒤에 피리의 예언은 적중하여 백비는 왕에게 온갖 모함을 다해 오자서를 죽음으로 몰아넣게 된다.

오자서가 망명하게 되었을 때 신포서에게 자기 결심을 말했다. "훗날 내가 반드시 초나라를 쓰러뜨리고 말겠소." 그러자 신포서는 대답하였다. "그럼 나는 반드시 초나라를 지키겠소."

오나라가 초나라를 격파하고 도읍인 영까지 함락시켰을 때 오자서는 초나라 소왕을 체포하려 했으나 이미 피신한 뒤였다. 그러자 오자서는 죽은 평왕의 무덤을 파헤쳐 해골을 끌어내 3백 번 매질을 했다.[168]

이때 산 속으로 피신해 있던 신포서가 오자서에게 사람을 보내 비난했다. "그대의 복수가 너무 지나치지 않은가? 때로 많은 숫자의 사람과 세력으로써 천리(天理)를 이길 수도 있지만 끝내 천리는 승리를 거둔다고 하였소.[169] 그대는 원래 평왕의 신하로 그를 섬기고 있었는데 지금 그의 시체를 욕보였으니 이보다 천리를 거역하는 것이 또 있겠소?"

오자서는 단호하게 말했다.

"지금 당장 가서 신포서에게 전하라. '날은 저물고 길은 멀어,[170] 다른 방법을 생각할 겨를이 없다.'고 말이다."

이 말을 전해들은 신포서는 급히 진(秦)나라로 가서 초나라의 위급함을 설명하고 도움을 간청했다. 그러나 진나라는 들은 척도 않았다.[171] 신포서는 진나라의 대궐 앞뜰에서 밤낮을 가리지 않고 통곡하였다. 일주일이나 통곡 소리가 계속되자 마침내 진나라 왕도 감동하게 되었다. "초나라가 못된 나라이긴 하지만 저처럼 대단한 충신이 있으니 망하게 내버려 둘 수는 없다." 그러고는 전차 5백 대를 초나라에 보내 직 땅에서 오나라 군대를 격파하였다.

합려는 초나라를 공격한 다음 오랫동안 초나라 수도에 머물렀다. 그런데 그의 동생 부개가 은밀히 오나라에 귀국하여 스스로 왕이 되었다. 이 소식을 들은 합려는 급히 오나라로 돌아와 부개를 축출하였으며 이 틈을 타서 초나라

---

168) 사시가편死屍加鞭

169) 人衆者勝天, 天定亦能勝人

170) 일모도원日暮途遠

171) 진나라의 입장에서는 초나라야말로 스스로 야만족임을 자처하면서 중원을 항상 호시탐탐 넘보고 있었다. 특히 진나라와 초나라는 라이벌 관계에 놓여 있었으므로 초나라가 궁지에 몰린 상황을 오히려 고소해하고 있었다.

는 진나라의 도움을 받아 오나라 군대를 격파하고, 소왕은 다시 초나라의 수도로 되돌아왔다.

2년 후, 합려는 태자 부차(夫差)를 시켜 다시 초나라를 공격하여 번(番) 땅을 점령하자 초나라는 겁에 질려 다시 영(郢)을 버리고 북쪽의 약(鄀)으로 도읍을 옮겼다. 이 무렵 오나라는 오자서와 손무 등의 계책에 따라 서쪽으로는 강국이던 초나라를 격파하고, 북쪽으로는 제나라와 진(晉)나라를 제압했으며, 남쪽으로는 월나라를 정복하여 천하를 호령하게 되었다. 그리하여 오왕 합려는 천하의 패자로 군림하게 되었다.

와신상담(臥薪嘗膽)

초나라 동쪽에 갑자기 오나라가 나타났듯이 이번에는 오나라 동쪽에 새로운 강국이 갑자기 나타났다. 이 나라가 바로 월나라이다.

월나라 왕 구천(句踐)의 조상은 우(禹) 임금의 후예로서 20여 대를 거쳐 윤상(允常)에 이르러 흩어져 있던 부족들을 규합하여 새로운 강대국의 면모를 갖추게 되었다.

윤상이 죽자 그 뒤를 이은 왕이 바로 구천이었다. 오나라는 윤상이 죽은 틈을 노려 월나라를 공격해 들어갔다. 그러자 구천은 군사를 이끌고 고소(姑蘇)에서 오나라와 맞섰다.

구천은 결사대를 조직하여 세 부대로 나누었다. 그런 후에 선발대가 오나라 군대에 접근하여 큰 소리로 함성을 지르다가 갑자기 자기 목을 모두 치는 것이었다. 제2부대, 제3부대도 역시 똑같이 했다.

오나라 군대가 어이가 없어 멍청히 넋을 놓고 있을 때 갑자기 월나라 대군이 습격하여 오나라 군대는 속수무책으로 패주해야만 했다. 오왕 합려도 화살에 발가락을 맞아 부상을 입었다.

합려는 월나라와의 싸움에서 입은 상처가 악화되어 죽음에 이르자 태자 부차를 불러, "너는 구천이 네 아버지를 죽인 일을 잊어서는 안 된다. 꼭 원수를 갚아다오!"라고 유언하였다.

그러자 부차가 다짐했다.

"불초자, 어찌 잊을 수 있겠습니까? 3년 안에 반드시 복수해드리겠습니다."

그날 저녁 합려는 세상을 떠났고, 부차가 왕위에 올라 백비를 태재(太宰)[172]에 임명하고 병사들의 훈련에 힘을 쏟았다. 그러면서 부차는 복수를 다짐하면서 잠도 장작개비[薪] 위에서 자고 몸이 쑤실 때마다 아버지 합려의 죽음을 생각하였다. 그리고 사람을 문 앞에 세워두고 자기가 드나들 때마다, "부차야, 너는 네 아비의 복수를 잊지 않고 있느냐?" 하고 말하도록 시켰다.

그럴 때마다 부차는 "제가 어떻게 잊을 수 있겠습니까?"라고 상기하면서 마음속으로 다짐했다. 그러고는 군사력 강화에 모든 힘을 기울였다. 부차가 왕이 된 지 2년 되던 때 구천이 오나라가 복수하기 위해 군사 훈련에 힘을 쏟고 있다는 소식을 듣고 먼저 선제공격을 하려 했다. 그러자 대신 범려가 말렸다.

"싸움이란 자연의 이치에 어긋나는 것이며 무기는 상서롭지 못한 도구입니다. 그런데도 싸움을 즐겨 항상 싸우는 일에 몰두한다면 결코 이롭지 못할 것입니다."

그러나 구천은 "이미 결심한 일이다!" 하면서 출동 명령을 내렸다.

하지만 오나라 왕 부차는 구천의 생각을 미리 알고 정예 군대를 요소요소에 배치시켜 월나라 군대가 들어오자 단숨에 습격하여 큰 승리를 거뒀다. 단번에 대패한 구천은 남은 군사 5천 명을 이끌고 회계산으로 도망쳤으나 부차는 군대를 풀어 회계산을 완전히 포위하였다.

구천이 범려에게 말했다. "그대의 말을 듣지 않아 이 지경이 되었소. 이제 무슨 방법이 없겠소?" 이에 범려는 "하늘에 따르면 충실한 상태를 유지하며, 사람에 따르면 위기를 넘길 수 있으며, 땅에 따르면 절제할 수 있다고 합니다. 지금으로서는 오나라 왕에게 예물을 바치고 대왕께서는 손수 자기 몸을 맡겨 항복하는 수밖에 없을 듯하옵니다."라고 말했다.

구천은 이 의견에 따라 대부 종(種)을 사절로 보내 오왕 부차 앞에 머리를 조아리고 말했다.

"불충한 신하 구천을 대신하여 불초 소신이 여쭈옵니다. 원하옵건대 하인

---

172) 왕실의 내외 사무를 관장하는 관직 명칭. 후세의 승상.

으로 삼아 주십시오."

참으로 굴욕적인 항복이었다. 부차는 이를 받아들이려 했다. 그러나 곁에 있던 오자서가 반대하고 나섰다. "지금이야말로 하늘이 월나라를 오나라에 주셨습니다. 구천을 죽여 없애고 월나라를 완전히 멸망시켜야 합니다. 이 기회를 놓치면 나중에 큰 화를 당하게 될 것입니다."

결국 대부 종은 그냥 돌아가 구천에게 그대로 보고했다. 그러자 구천이 탄식하였다.

"그렇다면 처자를 죽이고 종묘의 모든 제사용품을 태워 버린 다음, 모두 죽을 각오를 하고 끝까지 싸우자."

그러나 대부 종이 말렸다. "오나라 태재 백비는 욕심이 많은 자이므로 뇌물을 바치면서 좋은 말로 아부하게 되면 아마 힘을 써줄 것입니다. 다시 한 번만 저를 보내주십시오."

구천은 다시 대부 종을 몰래 오나라로 보내 미녀와 재물을 백비에게 바쳤다. 그러자 백비가 부차를 만나게 해 주었다. 대부 종은 부차에게 "구천의 죄를 용서해 주신다면 월나라의 보물들을 모두 바치겠습니다. 하지만 만약 용서해 주시지 않는다면 구천은 자기 처자를 죽이고 보물을 모두 불살라 버린 다음 결사적으로 끝까지 싸울 것입니다. 그렇게 되면 대왕의 군사들도 상당한 피해를 입지 않을 수 없습니다."라고 말하였다. 백비도 옆에서 거들었다.

"전에 월왕은 신하가 되겠다고 맹세했습니다. 용서해 주신다면 우리나라에 이익이 될 것입니다."

부차가 그 말에 따르려 할 때 오자서가 강력히 반대하였다.

"지금 구천을 없애지 않으면 반드시 후회할 날이 올 것입니다. 구천은 고난을 견디고 노력하는 인물이며 그 밑에는 대부 종이나 범려와 같은 뛰어난 신하가 있습니다. 살려준다면 반드시 후회할 것입니다."

그러나 부차는 오자서의 의견을 묵살한 채 포위망을 풀고 군사를 철수시켰다.

구천은 이렇게 하여 살아났지만 크게 낙담하였다. "아! 나도 이제 끝장이구나!"

그러자 대부 종이 말했다.

"그렇지 않습니다. 은나라 탕왕과 주나라 문왕도 한때 유폐된 적이 있었고 진(晉)나라 문공과 제나라 환공도 고통스러운 망명 시절을 보내야만 했습니다. 그런데도 그분들은 그 어려움을 이겨내고 마침내 왕자(王者)가 되고 패자(제후의 우두머리)가 되었던 것입니다. 지금 대왕께서 겪으시는 고통도 장차 크게 성공하기 위한 시련입니다."

구천은 복수를 다짐했다. 그리하여 언제나 곁에 쓸개를 걸어두고 음식을 먹을 때마다 쓸개의 쓴맛을 맛보면서, "너는 회계산의 치욕을 잊지 않았지?"라고 스스로 물으며 복수를 다짐하고 다짐하였다.[173]

구천은 이에 그치지 않고 스스로 밭에 나가 일했고 그의 처도 스스로 물레를 돌리며 옷감을 짰다. 생활도 백성이나 다름없이 했고 고기를 먹지 않았으며 수수한 옷만 입었다. 그리고 유능한 신하에게는 고개를 숙여 가르침을 받았고 외국에서 온 손님들을 정중히 대우하였다.

한편 구천은 모든 국정을 범려에게 맡기고자 하였다. 그러나 범려가 사양하였다.

"군사에 관한 것이라면 제가 혹시 나을지 모르나 국가를 운영하고 많은 신하를 거느리는 일은 대부 종이 적임자입니다."

그리하여 국정은 대부 종이 맡게 되었고, 범려는 인질로 오나라에 가 있다가 3년 만에 귀국하였다. 이렇듯 구천이 오나라에 대한 복수를 말하자 대부 봉동(逢同)이 아뢰었다.

"괴멸 상태에 빠졌던 우리나라가 이렇게 빨리 일어서고 더구나 군대마저 강해진 것을 오나라가 알면 반드시 경계할 것입니다. 그렇게 되면 어려움이 초래됩니다. 먹이를 노리는 독수리는 자기 몸을 감추는 법입니다. 지금 오나라는 초나라와 월나라의 원한을 샀으며 이제 제나라와 진(晉)나라도 호시탐탐 노리고 있습니다. 오나라의 명성은 천하에 휘날리고 있습니다만, 그러나 이는 참다운 명성이 아닙니다. 패자다운 덕이 없고 자기 이익만을 탐하기 때문입니다. 지금 우리가 해야 할 일은 제나라, 초나라, 진나라, 세 나라와 관계를 개선하고 오나라에 대해 공손한 태도를 보이는 것입니다. 오나라는 무조건 영토 확장에 나서

---

173) 와신상담臥薪嘗膽이란 이렇듯 오왕 부차와 월왕 구천이 복수를 위해 스스로 고통을 감내하며 다짐함을 말한다. 즉, 부차는 장작개비 위에 자면서 복수를 다짐했고[臥薪], 구천은 쓸개 맛을 보면서 뼈저린 치욕을 되살렸던 것[嘗膽]이다.

전쟁만을 추구하고 있습니다. 우리는 제, 초, 진의 세 나라가 오나라와 싸우게 만든 후, 오나라가 지칠 때 공격하면 반드시 승리할 것입니다."

오월동주(吳越同舟)

한편 오왕 부차는 월나라의 항복을 받은 지 5년 후에 군대를 일으켜 제나라를 공격하려 했다. 그러자 오자서가 이를 반대하였다.

"지금 구천은 밥을 먹을 때마다 쓸개를 맛보면서 오직 보복할 기회만을 노리고 있으며 소박한 생활을 하여 백성과 고락을 함께 하고 있습니다. 구천이 살아 있는 한 오나라는 마음을 놓을 수 없습니다. 이에 비하면 제나라는 기껏해야 팔에 생긴 부스럼에 지나지 않습니다. 그러니 월나라를 쳐부수는 것이 가장 중요한 문제입니다. 깊이 살펴옵소서."

그러나 부차는 오자서의 말을 듣지 않고 제나라를 쳐서 크게 승리를 거두었으며 게다가 추나라와 노나라를 멸망시키고 귀국하였다. 그러고는 곧 오자서를 불러 책임을 추궁했다. 하지만 오자서는 "그렇게 기뻐하실 일이 못됩니다."라고 대답했다. 그러자 부차는 크게 화를 내고 오자서를 멀리하게 되었다.

그 뒤 4년이 지나 부차는 다시 제나라를 공격하려 하였다. 이때 구천은 자진하여 부하를 이끌고 오나라를 돕는 한편 갖은 보물을 뇌물로 바쳤다. 또한 월나라의 미녀 서시(西施)를 부차에게 바쳐 기쁘게 했다.[174]

서시(西施)는 원래 월나라의 가난한 나무꾼의 딸이었는데 기가 막히게 빼어난 용모를 갖추고 있었다. 서시의 미모는 널리 소문이 퍼져 오나라 왕 부차에게 미녀를 바쳐 미인계를 쓰고자 했던 범려가 그녀를 한 번 보고 즉시 궁전으로 불러들였다. 그리고 서시는 오나라 왕 부차에게 보내졌는데 부차는 첫눈에 서시에게 완전히 반해 버렸다. 그 후 부차는 그녀가 하고 싶은 일은 무엇이든 하게 했고 특히 그녀가 뱃놀이를 좋아했기 때문에 대운하 공사를 벌였으며 이는

---

174) 이때의 오나라와 월나라의 관계를 오월동주吳越同舟로 표현한다. 즉, 원수지간인 오나라와 월나라가 겉으로는 협력하는 체하지만 속마음은 여전히 복수심으로 불타고 있는 상황을 말하고 있다.

오나라의 국력을 낭비시키고 높은 세금과 강제노역으로 백성들을 심하게 괴롭히는 결과를 초래하였다. 서시는 오나라 왕 부차의 넋을 빼앗아 부차는 정사를 돌보지 않으면서 사치와 환락의 세월을 보내게 되었고, 이 틈에 월나라는 무섭게 복수의 칼을 갈고 있었다.[175]

오자서, 촉루지검(屬鏤之劍)으로 자결하다

오나라 왕 부차는 정사를 돌보지 않으면서 오직 자기의 명예욕과 정복욕을 채우기 위해 천하의 패자로 군림하며 중원의 여러 나라를 공격하는 데 바빴다. 부차의 제나라 공격 계획은 또다시 오자서의 반대에 부딪혔다.

"제나라는 점령해 본들 자갈밭과 같이 쓸모가 없습니다. 제나라보다 월나라 치는 일이 더 급합니다."

그러나 부차는 그 말을 듣지 않고 오히려 오자서를 사신으로 삼아 제나라에 다녀오도록 명령했다. 오자서는 제나라에 갈 때 아들을 데리고 갔다. 그리고 되돌아올 때 아들에게, "이제 오나라가 망하는 것은 시간문제가 되었구나. 그러니 너는 여기 남거라." 하고는 제나라의 포씨(鮑氏)에게 아들을 맡기고 왔다.

이것을 계기로 그간에 오자서와 사사건건 다투어왔던 백비가 오자서를 비방하였다.

"오자서는 고집이 세고 사나우며 인정이 없고 시기심이 강하니, 그가 품고 있는 원한이 큰 화근을 일으킬까 근심스럽습니다. 예전에 왕께서 제나라를 공격하시려고 할 때 오자서가 안 된다고 하였지만 왕께서는 결국 제나라를 공격하여 큰 공을 이루셨습니다. 오자서는 자신의 계책이 쓰이지 않은 것을 수치스럽게 여기며 오히려 원망을 품었습니다. 그런데 지금 왕께서 또 제나라를 공격하시려고 하는데 오자서가 멋대로 고집을 부리며 강력히 간하여 왕께서 하시려는 일을 저지하고 비방하는 이유는 단지 오나라가 실패하여 자기의 계책이 뛰

---

175) 서시는 후일 양귀비와 함께 중국의 2대 미녀로 손꼽히게 되었으며 그녀를 주제로 한 연극과 영화는 여전히 중국인들의 마음을 사로잡고 있다.

세가 6. 오나라와 월나라의 사투 · 187

어나다는 것이 증명되기를 바라는 것일 뿐입니다. 지금 왕께서 친히 출정하시고 온 나라의 병력을 총동원하여 제나라를 공격하시려고 하는데, 오자서는 오히려 간언이 채택되지 않았다 하여 사직하고 병을 핑계로 삼아 출정하지 않으려 하니 왕께서는 이에 대한 방비를 하셔야만 합니다. 이번에 어떤 화(禍)가 일어날지 예상하는 것은 그리 어려운 일이 아닙니다. 또 제가 사람을 시켜 은밀히 조사해 보니 그가 제나라에 사신으로 갔을 때 자기 아들을 제나라의 포씨에게 맡겨두었습니다. 오자서는 신하의 몸으로 국내에서 뜻을 이루지 못하였다고 해서 밖으로 제후들에게 의탁하려고 하며, 자기는 선왕의 신하로서 지금은 저버림을 당하고 있다고 하여 항상 불평과 원망을 품고 있습니다. 원컨대 왕께서는 속히 이 일을 처리하십시오."

부차는 고개를 끄덕이며 "그렇지 않아도 과인 역시 의심하고 있었소." 하고는 즉시 사자를 시켜 '촉루지검(屬鏤之劍)'이라는 칼을 주며 "이것으로 스스로 목숨을 끊어라!"라고 명령하였다. 오자서는 하늘을 우러러 탄식하며 "아! 간신 백비가 나라를 어지럽히고 있거늘 왕은 도리어 나를 주살하는구나. 내가 그의 아버지를 패자로 만들었고 그가 왕위에 오르기 전부터 여러 공자(公子)들이 왕위를 다투고 있을 때 내가 죽음으로써 선왕과 그 점을 다투었으니 그렇지 않았다면 그는 태자가 될 수 없었을 것이다. 그가 왕위에 오르고 나서 나에게 오나라를 나누어 주려고 하였을 때 나는 감히 그것을 바라지 않았다. 그러나 지금 그는 아첨하는 간신의 말을 듣고 나를 죽이려고 하는구나!"라고 한탄하였다.

그러고는 그의 문객(門客)에게 "나의 묘 위에 반드시 가래나무를 심어 관재(棺材)로 삼도록 하라. 그리고 내 눈알을 뽑아내어 오나라 동문(東門) 위에 걸어두어 월나라 군사들이 쳐들어와 오나라를 멸망시키는 것을 볼 수 있게 하라!"고 말하고는 스스로 목을 찔러 죽었다.

부차는 이 소식을 듣고 크게 화를 내어 오자서의 시체를 가죽 자루에 싸서 강물에 던져 버렸다. 그 후 오나라 사람들은 오자서를 가엾이 여겨 강기슭에 사당을 세우고 서산(胥山)이라 불렀다.

오자서가 죽은 해에 제나라에서는 대신이 왕을 죽인 사건이 일어났다. 그때 부차는 이를 핑계로 삼아 제나라를 공격했으나 패하고 철수해야만 했다.

2년 후에는 부차가 노나라 왕과 위나라 왕을 탁고(橐皐) 지방에 불러 모아 회맹

오왕, 오자서에게 칼을 주며 자결을 명하다

했으며, 이듬해에는 북쪽 황지(黃池) 지방에서 제후들과 회맹하는 등 스스로 패자로 군림하면서 으스댔다. 특히 회맹 의식에서는 제물로 바쳐진 소의 귀(牛耳)를 먼저 잡는 사람을 패자로 인정하고 있었는데 오나라 왕 부차가 그것을 잡으려 할 때 진나라 왕도 동시에 잡으려 했다. 한참 신경전을 벌이다가 부차가 군사를 부르겠다고 위협하자 비로소 진나라 왕이 포기하였다.

그러나 패자의 기쁨도 한순간이었다. 황지에서 회맹하며 위엄을 과시하고 있던 바로 그때, 월나라 구천은 텅 빈 오나라 수도를 급습하고 있었다. 구천으로서는 십여 년을 준비해 벼르고 벼르던 복수전이었다. 월나라는 부차가 주력 부대를 이끌고 북쪽의 황지로 회맹하러 간 틈을 노려 공정부대 2천 명, 정예병 4만 명, 장교 6천 명 그리고 군속 1천 명 등 5만 명의 잘 훈련된 군대를 이끌고 오나라를 기습했다. 이때 오나라에서는 장정은 모두 부차를 따라가 거의 노약자밖에 없었다. 구천의 군사는 손쉽게 오나라를 격파하고 태자를 잡아서 죽였다.

그러나 제후와 회맹하는 자리에서 월나라 침입의 급보를 받은 부차는 그 사실을 극비에 부치고 만일 누설하는 자는 처형시킨다는 엄명을 내렸다. 오나라 수도가 유린당하고 태자가 잡혀 죽었다는 일을 제후들이 알게 되면 패자로서의 체통이 서지 않기 때문이었다.

부차는 회맹이 끝나자 즉시 월나라에 사신을 보내 휴전을 제의했다. 구천은 범려에게 의논했다. "아무래도 받아들이는 것이 좋겠습니다. 저들의 정예 부대와 맞붙게 되면 승패를 예측하기 어렵습니다. 다음 기회를 노리는 것이 좋을 듯합니다."

구천은 휴전을 받아들이고 군대를 철수시켰다.

그로부터 4년 후, 월나라는 드디어 총공격령을 내려 다시 오나라에 쳐들어갔다. 휴전 후에도 월나라는 계속 군대를 강화시켜 왔으나 오나라는 잦은 전쟁으로 국력이 고갈되었고 병력 손실 또한 엄청났다. 더구나 잦은 전쟁으로 병사들의 피로가 누적되어 할 수 없이 고향에 보내 편히 쉬도록 했을 뿐이었다. 그리하여 월나라 군대는 손쉽게 국경 지방의 오나라 군대를 쳐부수고 마침내 오나라 수도를 완전히 포위하였다. 포위 공격은 자그마치 3년이나 계속되었다. 이는 물론 오나라의 저력을 보여주는 것이었지만 범려의 제안에 따른 지구전 전략의 결과이기도 했다.

"전쟁을 할 때 적에게 선수를 빼앗겼으면 은인자중하여 때를 기다려야 하며 선제공격을 할 때는 질풍처럼 단숨에 제압해야 합니다. 가까이 있는 적에게는 우리의 약점을 노출시켜 유인하고 먼 데 있는 적은 위력을 과시하여 발을 묶어놓아야 합니다. 그리고 적이 결사적으로 저항할 때에는 무리하게 공격하지 말고, 적이 적극적으로 공격해 오면 수비를 굳게 하여 응전하지 말아야 합니다. 지금 오나라 군대는 힘이 남아 있고 움직임도 신속하므로 절대 서둘러서는 안 됩니다."

그러나 결사적으로 저항하던 오나라도 마침내 힘이 소진되어 부차는 고소(姑蘇) 지방의 산으로 피신한 채 대부 공손웅을 보내 항복하였다. 공손웅은 패자(敗者)의 예로서 웃옷을 벗고 구천에게 무릎을 꿇었다.

"부차는 신하로서 항복합니다. 부차는 전에 회계산에서 대왕께 이루 표현할 수 없는 무례를 저질렀습니다. 지금 신하 부차는 대왕의 어떠한 조치도 달갑게 받고자 합니다. 하지만 회계산 때의 일을 생각하시어 신의 죄를 용서해 주시기 바라옵니다."

구천이 항복을 받아들이려 했다. 그러자 옆에 있던 범려가 나섰다.

"지금까지 대왕께서 밤낮을 가리지 않고 노력해 온 것은 오직 부차에게 보복하려는 것 때문이었습니다. 22년에 걸쳐 그 쓰라림을 맛보며 이룬 성과를 어찌 놓칠 수 있겠습니까? 회계산에서는 하늘이 준 기회를 오나라가 놓쳤을 뿐입니다. 이번에는 하늘이 월나라에게 오나라를 주는 것입니다. 이 기회를 받아들이지 않는다면 하늘을 거역하는 것이 됩니다. 오나라의 경우를 보더라도 그것은 분명합니다. 부차를 죽여야 합니다."

구천이 듣고 보니 정말 맞는 말이었다. 그러나 항복까지 한다는데 구태여 죽일 필요가 있는가 하고 망설이고 있었다. 이때 범려가 갑자기 큰 북을 울렸다. 그러자 경비병들이 들어왔다. 범려가 오나라 사자에게 명령했다.

"대왕께서는 이미 내게 군정(軍政) 대권을 교부하셨다. 사자는 당장 물러가라! 그렇지 않으면 징벌을 받으리라."

공손웅은 울면서 돌아갔다. 그 후 구천은 부차에게 사자를 보냈다.

"섬에 가서 사는 것이 어떻겠는가? 백호(百戶)의 땅을 주겠다."

이에 부차는 "내 이미 늙은 몸, 어찌 구차하게 목숨을 구하리오!" 하면서 자살했다. 죽을 때 부차는 "오자서를 볼 면목이 없구나!"라며 얼굴을 헝겊으로 덮었다. 구천은 부차의 장사를 지내준 뒤, 태재 백비는 자기 군주에게 불충하였으며 외부에서 많은 뇌물을 받고 자기와 내통하였다는 이유로 주살하였다.

구천은 오나라를 멸망시킨 여세를 몰아 북진, 회수(淮水)를 건너 서주에서 제후들과 회맹하였다. 주 왕실에서는 그에게 패자의 칭호를 주었으며, 그리하여 월나라는 오나라를 대신하여 춘추 시대 최후의 패자가 된 것이다.

고통은 함께할 수 있으나 기쁨은 함께 나눌 수 없다

범려는 구천을 도와 22년 만에 마침내 와신상담의 숙적 오나라를 멸망시켰다. 그 후 구천은 범려에게 상장군(上將軍)이라는 최고 벼슬을 내렸다. 그러나 범려는 벼슬을 사양했다. '이미 목적을 달성한 군주 곁에 오래 있는 것은 위험하다. 구천은 고생을 함께 나눌 수는 있어도 편안함을 함께 나누지는 못할 인물이다.'

이렇게 생각한 범려는 구천에게 편지를 올렸다.

〈군주께서 괴로워하실 때 몸이 부서지도록 일해야 하며 군주께서 모욕을 당하실 때는 생명을 내던져야 하는 것이 신하의 도리입니다. 회계산에서 대왕께서 치욕을 당하시는 것을 보면서도 생명을 이어온 것은 오직 오나라에 복수하기 위해서였습니다. 그것이 이뤄진 지금, 마땅히 그 죄를 받겠습니다.〉

그 편지를 받고 깜짝 놀란 구천은 사자를 보내 범려에게 말했다.

"무슨 말을 하는 것인가? 나는 나라를 둘로 나누어 그대와 둘이서 다스리려하고 있는데 내 말을 듣지 않으면 그대를 죽여서라도 듣게 하겠다."

그러자 범려는 가벼운 가재도구와 보석을 배에 싣고 떠났다. 구천은 회계산 일대에 표지판을 세우고 범려의 땅으로 선포하였다.

범려는 제나라로 간 후 대부 종에게 편지를 했다.

〈하늘을 나는 새가 없어지면 활을 없애고 토끼가 죽으면 사냥개를 참혹하게 죽인다고 합니다. 구천은 목이 길며 입이 검습니다. 좋지 못한 관상인 것입니다. 이런 사람은 고생은 같이 해도 기쁨은 함께 할 수 없습니다. 대부께서는 왜 물러나지 않으십니까?〉

대부 종이 그 편지를 읽고는 마음을 정하지 못하고 머뭇거리다가 병을 핑계로 조정에 나가지 않았다. 어느 날 "대부 종이 반란을 꾀하고 있습니다."는 고발이 들어왔다.

구천은 대부 종에게 칼을 하사하고 이렇게 말했다.

"귀공은 과인에게 오나라를 토벌하는 일곱 가지 비결이 있다고 했는데 과인이 그 중 세 가지를 사용하여 오나라를 멸망시켰다. 이제 나머지 네 가지는 그대가 가지고 있는데 돌아가신 선왕(先王)을 모시며 시험해 보는 것이 어떤가?"

대부 종은 결국 그 칼로 목숨을 끊어야 했다.

제나라로 간 범려는 스스로 '치이자피(鴟夷子皮)'[176]라고 칭하였다. 그는 해변가에서 자식들과 함께 땀 흘리며 밭을 갈아 재산을 모았다. 얼마 지나지 않아 그는 큰 부자가 되었다. 그러자 제나라에서는 재상으로 와 달라고 간청했다. 범려는 탄식했다.

"들판에서 천금의 재산을 모으고 관가에서 재상의 벼슬에 오르니 그 이상의 명예가 없다. 그러나 명예가 계속되면 오히려 화근으로 된다."

범려는 제나라의 요청을 사양하고 재산을 마을 사람들에게 나눠 준 다음, 특히 값나가는 보석만을 지니고 몰래 제나라를 떠나 도(陶)나라로 갔다. 도나라에 이르러 도나라가 천하의 중심이므로 교역을 하면 각지와 통하여서 재산을 모을 수 있을 것으로 생각하였다. 그는 스스로 도주공(陶朱公)이라 칭하고 아들과 함께 농경과 목축에 힘썼으며, 물가의 변동에 따라 시세 차이가 나는 물건을 취급하면서 1할의 이익을 가지니 얼마 안 가서 수만금의 거부가 될 수 있었고 세상 사람들은 도주공을 칭송하였다.

진정으로 재물을 아끼는 길은

범려가 도나라에 살고 있을 때 막내아들이 태어났다. 그 막내가 20세가 되었

---

176) 치이鴟夷는 가죽으로 만든 자루라는 의미로서, 이는 부차가 오자서가 자결한 뒤 치이鴟夷에 싸서 강물에 버린 사실에서 범려가 스스로의 죄가 오자서와 똑같다는 뜻으로 치이자피라고 칭한 것이다.

을 때 차남이 초나라에서 살인을 하여 붙잡혔다. 그러자 범려가 말했다.

"살인을 했으니 죽는 것은 당연하다. 그러나 천금을 가진 부자의 아들은 길거리에서 죽지 않는다고 한다."[177]

그는 막내아들에게 급히 황금 천 일(鎰)[178]을 헝겊 자루에 넣어 한 대의 마차에 싣도록 하였다. 막 출발하려는데 갑자기 장남이 자기가 가겠다고 나섰다. 범려는 고개를 가로저었다. 그러자 장남이 불만을 터뜨렸다.

"집안에 장남이 있어 집안을 살피므로 그를 일러 가독(家督)이라 합니다. 그런데도 지금 막내 동생을 보내시는 것은 제가 무능하다고 생각하시기 때문입니다. 그렇다면 저는 죽고 말겠습니다."

어머니가 깜짝 놀라 범려에게 하소연했다.

"막내를 보낸다고 꼭 둘째를 살려온다고는 못할 것입니다. 그런데도 이 때문에 집안의 장손을 죽게 할 작정이십니까?"

범려는 하는 수 없이 장남을 보내게 되었다. 그는 자기 친구인 초나라의 장생(庄生)에게 편지를 쓰는 한편 장남에게 단단히 일렀다.

"초나라에 가거든 가지고 간 황금을 장생에게 주고 모든 일을 그에게 맡겨라. 무슨 일이 있어도 내 말대로 하여라."

장남은 따로 수백 금을 갖고 초나라로 떠났다. 그런데 장남이 막상 장생의 집에 도착해 보니 그의 집은 변두리에 있었고 대문 앞까지 잡풀이 무성했다. 장남은 아버지의 편지를 주고 가지고 온 황금을 주었다. 그러자 장생이 말했다.

"초나라에 머물러 있지 말고 지금 곧장 집으로 돌아가시오. 또 설사 아우가 풀려나도 어떻게 풀려났는지 그 이유를 묻지 마시오."

그러나 장남은 초나라에 계속 머물면서 따로 가져온 황금을 초나라 실력자들에게 뿌리고 다녔다.

장생은 가난하게 살았으나 청빈함으로 왕을 비롯한 모든 신하들의 존경을 받고 있는 인물이었다. 범려에게도 황금을 받을 생각은 추호도 없었으며 일만 마치면 곧 되돌려 주려고 작정하고 있었다. 그러나 범려의 장남은 '천하의 청

---

177) 천금지자, 불사어시千金之子, 不死於市.
178) 1일鎰은 금 20냥에 해당.

렴한 장생도 돈 앞에서는 별 수 없구나.' 하고 생각했다.

어느 날 장생이 궁에 들어가 왕에게 아뢰었다.

"별이 움직이는 모양이 좋지 않습니다. 우리나라가 어려움을 당할까 두렵습니다."

왕은 장생을 신뢰하고 있었기 때문에 "그렇다면 어떻게 해야겠소?"라고 물었다.

"대왕께서 덕을 베푸셔야 할 줄로 아옵니다."

왕은 즉시 금, 은, 동을 모아둔 부고(府庫)를 봉인하게 했다. 그때 범려의 장남에게서 황금을 받은 한 대신이 장남에게 급히 말했다.

"여보게! 곧 사면이 있을 듯하네."

"왜 그렇습니까?"

"사면이 내리기 전에는 반드시 부고가 봉인되도록 되어 있네. 어젯밤 왕께서 봉인하도록 명령하셨네."

그러자 장남은 '대사면이 내리면 마땅히 동생이 석방된다. 쓸데없이 그 많은 황금을 장생에게 주었구나.'라고 생각해 곧장 장생에게 달려갔다.

장생이 깜짝 놀랐다.

"아니, 자네가 왜 지금까지 있는 것이오?"

"예. 그런데 동생이 사면되어 나오게 되었답니다. 그래서 작별 인사를 드리려고….."

장생은 황금을 돌려 달라는 그의 마음을 알아채고는 "금은 안에 그대로 있소. 가져가고 싶으면 가져가시오"라고 하였다.

그러자 장남은 재빨리 금을 찾아가지고 떠나 버렸다. 새파란 아이에게 모욕을 당했다고 생각한 장생은 즉시 궁에 들어가 왕에게 말했다.

"엊그제 별이 불길하게 움직인다고 말씀드렸을 때, 왕께서는 급히 덕망을 베풀어 대처하려 하셨습니다. 그런데 요즘 이상한 소문이 돌고 있습니다. 지금 도나라 부호인 범려의 아들이 사람을 죽이고 초나라 감옥에 갇혀 있습니다. 그래서 범려가 황금을 뿌리면서 대신들을 움직이고 있다고 합니다. 그런 까닭으로 시중에서는 사면이 범려의 아들을 살리려는 것이며 대왕께서 특별히 초나라 백성을 위해 덕망을 베푸시는 것이 아니라는 풍문이 떠돌고 있습니다."

왕이 노발대발했다.

"내가 아무리 그자 한 명을 위해 사면을 할 수 있겠소?"

왕은 당장 범려의 아들을 처형시키고 그 후에야 사면령을 내렸다.

결국 장남은 동생의 시체를 안고 돌아왔다. 어머니와 모든 마을 사람들이 슬퍼했으나 범려는 혼자서 웃고 있었다.

"이렇게 될 줄 알고 있었다. 큰아들이 동생을 위하지 않아서가 아니다. 그러나 큰아들은 어려서부터 나와 함께 갖은 고생을 다 해 봤기 때문에 좀처럼 돈을 쓸 줄 모른다. 반대로 막내는 태어날 때부터 부유하게 어려움 없이 자랐기 때문에 돈 모으는 고통을 모르고 돈도 잘 쓴다. 내가 막내를 보내려 했던 것은 막내라면 거기 가서 돈을 크게 쓸 수 있을 것으로 생각했기 때문이었다. 큰아들은 그렇게 하지 못한다. 그것이 결국 동생을 죽이게 된 원인이다! 하지만 어쩔 수 없는 일인 것을 어찌 슬퍼만 하랴! 나는 밤낮으로 둘째 애의 시신이 도착하기를 기다렸다."

범려는 19년 동안 천금의 재산을 세 번씩이나 모았으나 그 중 두 번은 가난한 벗들과 일가친척에게 나누어 주었다. 이른바 '부유하여 그 덕을 행하기 좋아하는 사람'이었다.

그는 늙어서 자손들에게 재산을 나누어 관리했는데 자손들의 재산은 수만 금에 이르렀다. 범려는 세 번이나 옮기고도[179] 천하에 이름을 떨쳤다. 그가 멈추는 곳에서는 반드시 이름을 떨쳤다. 범려가 마침내 도(陶) 땅에서 늙어 죽으니, 세상에서는 그를 '도주공(陶朱公)'이라고 하였다.

태사공은 말한다.

"월왕 구천은 자기의 몸을 스스로 고되게 하면서 분발하여 마침내 강대한 오나라를 멸하고 북쪽으로 중원 각국에 군대를 사열하고 무위를 떨쳤으며 또 주 왕실을 존숭함으로써 패주로 칭해졌으니 구천을 현명하지 않다고 할 수 있겠는가?

범려는 세 번을 옮겨 살면서 모두 영광스러운 명성을 남겨 그 이름을 후세에 길이 남기었다. 신하와 군주가 능히 이러하니 그들을 드러내지 못하도록 할지라도 그것이 가능하겠는가?"

---

179) 월나라에서 제나라로, 다시 제나라에서 도나라로 옮긴 것을 말한다.

7. 강태공 (제 세가 중에서)
- 오직 천명(天命)에 따를 뿐이다

강태공이라는 말은 우리에게도 너무나 익숙하다. 실제 강태공은 나이 80에 이르기까지 뜻을 얻지 못하고 강가에서 낚시로 소일하면서 '기회'가 오기만을 기다렸다. 그리고 마침내 그 '기회'를 잡아 뜻을 이루었다. 그리하여 80년을 궁벽하게 살다가 이후 뜻을 이루어 80년을 지냈다는 '궁팔십 달팔십(窮八十 達八十)'이라는 말이 만들어졌다.

자신의 능력을 믿고 실의를 견디며 묵묵히 때가 오기를 기다리는 힘 또한 한 인간이 지닌 특별한 능력이 아닐 수 없다.

이 글에서 독자들은 어떻게 사마천이 강태공의 삶의 전환을 어떻게 묘사해 나가고 있는가를 유심히 살펴볼 필요가 있다.

요염한 그 자태 어디 가고 비구름만 맴도는가

은나라의 마지막 왕인 주왕(紂王)은 원래 매우 뛰어난 인물이었다. 머리가 좋고 말재주도 뛰어났으며, 게다가 맹수를 맨손으로 때려잡을 정도로 힘이 장사였다. 그래서 초기에는 대규모로 영토를 확장하는 등 국세를 크게 떨쳤다. 하지만 갈수록 자신의 재능을 믿고 교만해졌다. 특히 절세의 미녀 달기(妲己)를 얻고부터는 전형적인 폭군이 되어 갔다. 사치와 향락만을 일삼고 정사를 내팽개쳤으며, 신하들의 말에 귀를 기울이지 않았다. 게다가 자신을 비난하는 사람은 무조건 처형하였다.

달기는 유소씨(有蘇氏)의 딸이며 주왕이 유소씨를 토벌했을 때 그로부터 전리품으로 받은 미녀였다. 주왕은 요염한 달기의 자태에 넋을 잃어 그녀의 환심을 살 수 있는 일이라면 무엇이든지 다했다.

어느 날 달기는 "궁중 음악은 별로 마음에 들지 않사오니 마음을 풀어줄 수 있는 음악을 만드는 것이 어떤지요?"라고 청하였다. 주왕은 즉시 음악을 담당하는 관리에게 명령하여 관능적이고도 자유분방한 '미미의 악(靡靡之樂)'이라는 음악을 만들게 하였다.

얼마 뒤 달기가 또 말했다.

"폐하, 환락의 극치가 어떠한 것인지 한번 끝까지 가보고 싶사옵니다. 지금 이 순간을 마음껏 즐기고 후회 없는 삶을 누려야 하지 않을까요?"

그리하여 마침내 주지육림(酒池肉林)의 공사가 시작되었으며 공사가 완성되자 매일같이 연회가 벌어졌다. 그리고 낮에는 잠을 자고 저녁부터 다음날 해가 뜰 때까지 마시고 놀며 즐겼다. 이러한 환락의 날은 끊임없이 계속되어 자그마치 120일이나 이어지니, 이를 '장야(長夜)의 음(飮)'이라 불렀다.

달기는 재물을 모으기 위해 백성들에게 세금을 무겁게 부과하여 녹대(鹿臺)라는 금고를 만들었는데 그 크기는 넓이가 1리(里)나 되었고 높이는 천 척(尺)으로 어마어마한 규모였다. 또한 별궁을 확장하여 온갖 동물들을 모두 모아 길렀다.

한편 이 무렵에 포락지형(炮烙之刑)이라는 형벌이 행해졌다. 포락지형이란 구리 기둥에 기름을 바르고 그 아래 이글거리는 숯불을 피워놓은 후 구리 기둥 위를 죄인들로 하여금 맨발로 걸어가게 하는 형벌이었다.

드디어 주나라 무왕이 군사를 일으켜 은나라를 멸망시킬 때, 폭군 주왕은 녹대에 들어가 스스로 불을 지르고 죽었다. 한편 달기는 사로잡혀 오랏줄에 묶인 채 울음을 터뜨리며 형장으로 끌려갔는데, 그 모습이 마치 배꽃이 봄비를 흠뻑 맞은 것과 같았다. 그리고 처형당할 때 망나니들도 달기의 미색에 홀려 혼이 달아나고 팔이 마비되어 칼을 들어올리지 못했다. 이렇게 하여 달기를 처형시키지 못하고 있는데 형장의 대장이 달려왔다. 달기의 목숨이 길지 못해 그랬는지 대장은 자그마치 90대의 늙은이였다. 그러한 그도 달기를 보자 현기증이 일어나고 눈이 부셔 목표물을 겨냥할 수 없었다. 이윽고 그녀의 얼굴을 보자기로 가린 후에야 비로소 그녀의 목을 벨 수 있었다.

충신의 운명

당시에 백성들로부터 존경받는 3공(三公)이 있었는데, 바로 구후(九侯)와 악후(鄂侯), 그리고 서백창(西伯昌)이라는 충신들이었다.

폭군 주왕은 구후의 딸을 아내로 맞았으나 그녀가 음란한 짓을 싫어하자 그녀의 얼굴이 못생겼다는 이유로 죽였으며 구후도 죽여 소금에 절였다. 또 이를 악후가 격렬하게 비난하자 악후도 죽여 육포를 만들었다. 그러고는 그 육포를 서백창에게 보내 "너도 눈 밖에 나면 이 모양이 될 것이다."라고 겁을 주었다. 서백창은 그것을 보고 기가 막혔다. 그래서 하늘을 우러러보며 탄식해마지 않았다. 한편 육포를 가져왔던 사자가 주왕에게 돌아와 서백창이 탄식했다는 소식을 전하자, 주왕은 크게 노했다. 그러고는 곧장 서백창을 붙잡아 유리라는 벽지로 유폐시켜 버렸다. 상용(商容)이라는 인물도 사람됨이 어질어서 백성이 그를 따랐으나 주왕은 그를 등용하지 않았다.

그 후에도 주왕의 폭정은 그치지 않았다. 달기와 함께 죄 없는 신하들을 포락지형에 처해 그들이 타 죽어가는 모습을 보며 즐겼고, 또 '주지육림'을 벌여 벌거벗은 남녀들의 집단 정사(情事)를 즐기기도 했다. 더구나 자기 말을 안 듣는다고 만삭의 임산부까지 찔러 죽이는 만행을 일삼았다.

한편 은나라에 비간(比干)이라는 충직한 왕자가 있었다. 그는 주왕의 계속되는 폭정을 두고만 볼 수 없다고 생각해 주왕을 찾아갔다.

"폐하, 지금이라도 마음을 돌리시고 나라를 지키소서. 지금 백성들은 도탄에 빠져 있고 민심은 크게 흔들리고 있습니다. 통촉하여 주옵소서."

그러나 주왕은 들은 척하지도 않았다. 비간이 몇 번에 걸쳐 호소했지만, 듣지도 않고 자리를 떠버렸다. 그렇지만 비간은 이미 죽음을 각오하고 있었다. 그는 그대로 자리에 꿇어앉아 일주일 동안이나 있으면서 계속하여 호소하였다. 그러자 주왕은 드디어 크게 화를 냈다.

"네가 나를 이렇게 괴롭힐 수 있느냐. 그럼 좋다. 네가 그렇게 성인이란 말이더냐? 내가 알기로 성인의 심장에는 일곱 개의 구멍이 있다는데, 오늘 확인해 보겠다."

그러면서 비간을 죽이고 심장을 도려냈다.

한편 비간 왕자가 주왕에게 간하다가 궁궐 밖으로 쫓겨나 계속 호소한다는 소식이 널리 퍼졌을 때, 현명한 선비로 이름 높았던 기자(箕子)가 비간을 구하기 위해 궁궐로 찾아갔다. 그러나 기자가 도착했을 때는 이미 비간 왕자가 비참한 죽음을 맞은 뒤였다.

기자는 하늘을 우러러 탄식했다.

"아! 이 나라는 정녕 끝났는가!"

그는 머리를 풀어 헤치고 미친 사람으로 변장한 채 거리를 유랑하였다.

천하를 낚아 올린 강태공

태공망(太公望) 여상(呂尙)은 동해[180]의 한 마을에서 태어났다. 그의 선조는 일찍이 사악(四嶽)의 관리[181]가 되어 우(禹)임금의 치수 사업을 도와 크게 공을 세웠다. 그들은 우(虞)와 하(夏) 시대에 여(呂) 또는 신(申) 땅에 봉해졌으며 성(姓)은 강씨(姜氏)였다. 하나라와 은나라 시대에는 그 방계의 자손이 신과 여 땅에 봉해지기도 하였고, 또 평민이 되기도 하였는데 상(尙)은 그 후예이다. 본래의 성은 강씨였지만 그 봉지(封地)를 성으로 삼아 여상(呂尙)이라고 부른 것이다.

여상은 학문을 좋아해서 집안일을 돌보지 않고 학문에만 열중했다. 그래서 원래 가난한 집이었지만, 나중에는 더욱 가난해져 끼니조차 이을 수 없을 지경이었다. 그러자 그의 아내조차도 견디지 못하고 몰래 도망쳐 버렸다. 그래도 그는 학문에만 매달렸다.

한편 유폐되어 있던 서백창은 그 와중에도 오히려 학문에 정진하여 드디어는 고금의 명저 『주역』을 완성하기에 이르렀다. 서백의 신하인 굉요(閎夭) 등이 미녀와 진기한 보물, 준마 등을 구하여 주에게 바치자 주는 곧 서백을 사면해 주었다. 서백은 출옥하자 낙수(洛水) 서쪽의 땅을 바치며 포락지형(炮烙之刑)을 없애주기를 청원했다.

---

180) 현재 강소성과 산동성 일대의 연안을 가리킨다.

181) 요순 시대에 사시四時를 관장하고 사방을 순시하는 직책을 담당했다는 전설적인 관직명.

서백이 귀국하여 드러나지 않게 덕을 베풀고 선정을 행하니 많은 제후들이 주(紂)를 등지고 서백을 추종하게 되었다. 서백의 세력이 점점 강해짐에 따라서 주의 위세는 점차 줄어들었다.

서백창은 나라를 더욱 발전시키려면 인재가 무엇보다도 중요함을 알고 천하의 인재를 찾아 나섰다.

어느 날 강태공이 시장에 나갔다가 서백창이 널리 인재를 구한다는 소식을 들었다. 그날부터 강태공은 강가에 나가 낚싯대를 드리웠다. 이때 강태공의 나이는 이미 70세가 넘어 있었다. 하지만 강태공은 하루 종일 한 마리의 고기도 낚지 못했다. 그렇게 며칠이 지나자 강태공은 모자도 팽개치고 옷까지 벗어 버리며 화를 터트렸다. 지나가다 이 모습을 본 어부가 다가오더니 "서둘지 말고 천천히 해 보시오."라고 말했다. 이에 강태공이 시키는 대로 하니 과연 잉어가 걸려들었다. 그리고 그 잉어의 배를 갈라보니 〈장차 큰 귀인이 될 것이니라.〉라는 글귀가 나왔다.

한편 서백창은 사냥을 즐겼다. 하루는 사냥에 나가기 전에 점을 쳐보니, 〈얻은 것은 용도 아니고 호랑이도 아니며, 큰 곰도 아니다. 사냥에서 얻는 것은 천하를 얻는 데 필요한 신하로다.〉라는 점괘를 얻었다. 하지만 그날 한 마리의 짐승도 잡지 못했다. 저녁 무렵에 그냥 돌아오려는데, 멀리 강가에서 낚시를 하는 사람이 보였다. 멀리 보기에도 풍채가 범상치 않았다. 서백창이 바로 달려가 그 사람과 몇 마디 얘기해 보니 과연 뛰어난 인물이었다.

"아버님께서는 머지않아 성인이 주나라에 나타나 우리 주나라가 그로 인해 크게 흥할 것이라 말씀하셨는데, 당신이 그 성인임에 틀림없습니다."

그러면서 그를 궁궐로 모셔서 스승으로 삼았는데 그 사람이 바로 강태공이었다. 서백창은 그에게 태공망(太公望)이라는 호를 지어 주었는데, 그 뜻은 서백창의 아버지인 태공(太公)이 바라던 인물이라는 뜻이었다.

서백창은 유리에서 벗어나자 여상과 은밀히 계획을 세우고 덕행을 닦아 은나라의 정권을 무너뜨렸는데, 그 일들은 주로 용병술과 기묘한 계책을 펴는 것들이었다. 그리하여 후세에 용병술과 주나라의 권모(權謀)를 말하는 이들은 모두 태공(太公)을 그 주모자로 존숭하였다.

서백창이 남몰래 선을 행하자 제후들은 모두 그를 찾아와 시비를 가려줄 것

강태공

을 청하였다.

한번은 우(虞)나라 사람과 예(芮)나라 사람이 송사를 벌이다가 서백창에게 중재를 요청하기 위하여 찾아가는 도중 주나라[182] 사람들이 서로 논밭의 경계를 양보하고 장자를 존중하는 것을 보고 부끄러워 서로 양보하였다. 이 소식을 들은 제후들은 모두 "서백은 하늘의 명을 받은 군주일 것이다!"라고 말하였다.

문왕이 죽고 나자 무왕이 즉위하였다. 그 후 9년에 무왕은 문왕의 유업을 잇고자 하여 동쪽으로 정벌을 나가서 제후들이 자신에게 모이는가의 여부를 시험해 보았다. 군대가 출동하기에 앞서 태공이 왼손에는 황금 장식의 도끼를, 오른손에는 모우(旄牛) 꼬리 장식을 한 흰색의 군기를 들고 출정선서를 하였다.

외뿔소[183]여, 외뿔소여.
너희 무리를 모두 모으라!
너희에게 배의 노를 맡기건대
늦게 닿은 자는 벨 것이다!

그러자 전군은 일사분란하게 대오를 갖췄다. 군대가 막 황하를 건너고 있을 때였다. 갑자기 무왕이 탄 배에 흰 고기가 뛰어올랐다. 무왕은 이 고기를 잡아 하늘에 제사지냈다. 이윽고 무왕이 강을 건너자, 이번에는 강 상류쪽에서 불길이 일어나더니 쏜살같이 내려왔다. 그러더니 무왕 앞에서 붉은 까마귀로 변했다.

당시에 은나라의 상징색은 흰색이었고 주나라는 붉은색을 상징으로 하고 있었다. 그러니까 흰 고기가 무왕에 잡힌 것은 은나라가 무왕에게 멸망당함을 의미했고, 붉은 까마귀가 날아든 것은 주나라가 천하를 잡으리라는 징조였던 셈이다. 그리하여 정벌군이 맹진(盟津)에 닿았을 때, 미리 기약하지 않고도 모여든 제후가 800이나 되었다. 그들은 입을 모아 "지금 당장 은나라를 쳐버립시다." 하고 요청했다. 그러자 무왕은 고개를 흔들었다.

---

182) 서백창 선조들이 기산岐山 남쪽의 주원周原을 주요 근거지로 하였기 때문에 주족周族으로 불렸고, 이들이 세운 나라는 주周라 하였다

183) 원문은 창시蒼兕로서 물속에 산다는 전설상의 맹수이며 돌진에 능하고 배를 뒤집어엎을 수 있다고 알려져 있다.

"아니요. 아직 천명이 은나라를 떠나지 않았소."

그러고는 군대를 되돌려 돌아와서 태공과 함께 이것을 「태서(太誓)」[184]로 썼다.

오직 천명(天命)에 따를 뿐이다

그로부터 2년 후 드디어 무왕은 전국에 포고문을 발표했다.

〈백성들에게 고한다. 옛말에 암탉이 울면 집안이 망한다고 했다. 그런데 지금 은나라 주왕은 달기의 말만 받아들이고 있다. 그러면서 하늘을 공경할 줄 모르고 포악한 정치를 일삼아 백성들은 도탄에 허덕이고 있다. 나는 이제 천명을 받들어 은나라를 토벌하려 한다. 지금 토벌하지 않으면 천하가 더욱 혼란에 빠질 것이다. 호랑이처럼 용감하게 싸워라. 도망하는 적은 죽이지 말고 우리나라 일꾼으로 만들어라. 모두 일어서라!〉

그리하여 주나라의 10만 병력은 은나라 공격에 나섰다. 총사령관은 강태공이었다. 강태공은 군대를 이끌고 은나라 도읍 근교에 있는 목야(牧野)에 진을 쳤다.

이 소식을 들은 주왕은 코웃음을 쳤다.

"아니, 제까짓 놈들이 나를 친다고!"

그러면서 17만 대군을 이끌고 목야로 나갔다. 그런데 주왕의 군대는 주로 노예들로 구성되어 있었다. 그래서 싸울 의사가 거의 없었고 오히려 주나라가 이기면 자기들도 자유롭게 풀려날 것이라고 생각하는 병사들이 많았다.

강태공은 정예병 백 명으로 선제공격을 했다. 그러면서 사기를 높인 후 일제히 쳐들어갔다. 이에 은나라 병사들은 모두 무기를 거꾸로 메고 오히려 주나라 군대에게 길을 열어 주었다. 순식간에 승패는 결정되었다.

주왕은 간신히 도망쳐 궁궐에서 달기와 함께 스스로 불에 뛰어들어 목숨을 끊었다. 이렇게 하여 은나라는 망하고 폭군 주왕도 죽었다.

무왕은 주왕이 죽은 곳으로 가서 먼저 그 시체에 화살 3개를 쏘고 다시 칼로 친 다음 황금으로 만든 도끼로 목을 잘라 흰색 깃대에 걸었다. 그런 후 구후, 악

---

184) 무왕이 주왕을 토벌할 때 맹진에 이르러 공표한 출정문으로서 보존되어 있지 않다.

후, 비간의 무덤에 제사를 모셨으며, 무참하게 죽은 임산부도 잘 거두어 묘소를 만들어 주었다. 또 기자의 아들을 찾아내 벼슬을 주었다.

은나라 백성들은 이러한 무왕의 처사에 크게 감동하게 되었다.

한편 강태공은 주나라가 천하를 평정하는 데 일등공신으로 인정되어 고향인 산동 지방에 있는 제나라의 제후로 임명되었다. 강태공은 제나라로 가면서 서두르지 않은 채 느릿느릿 가고 있었다. 그러자 길 가던 한 노인이 말했다.

"때를 얻기는 어려우나 잃기는 쉽습니다.[185] 이렇게 늑장만 부리시다니 큰일을 하러 나선 분 같지 않소."

이 말을 들은 강태공은 한밤중임에 불구하고 부하들을 당장 깨워 출발 명령을 내려 서둘러 달려가도록 했다. 날이 밝을 무렵 강태공 일행은 제나라 땅에 도착하게 되었다. 그런데 느닷없이 오랑캐 군대가 쳐들어 왔다. 그리하여 양측의 치열한 전투가 벌어지게 되었다. 간신히 오랑캐들을 격퇴한 강태공은 그 고장의 풍습을 존중하면서 제도를 정비했다. 그리고 특산물인 소금 생산과 수산업을 크게 장려했다. 얼마 지나지 않아 제나라에는 수많은 백성들이 모여 들어 번성을 자랑하게 되었다.

강태공은 100여 세까지 살았고, 아들 여급(呂伋)이 뒤를 이었다.

태사공은 말한다.

"나는 제나라에 가서 태산 산맥에서 시작한 낭야산이 북쪽으로 해변가까지 뻗어나가 비옥한 2천 리의 땅이 갖춰져 있는 모습을 보았다. 현지 사람들은 활달하면서도 대부분 자신의 재능을 숨기면서 가벼이 드러내 보이지 않으려 했는데 이 역시 그들의 천성일 것이다!

제나라는 개국한 강태공과 같은 성명(聖明)함이 있었기 때문에 비로소 입국의 전통이 세워질 수 있었고 이어서 또 환공의 성세를 거쳐 덕행을 시행하여 비로소 제후를 회합시키고 맹약을 맺어 천하의 패자를 칭하였으니 당연하지 않은가?

이야말로 대국의 풍모로다!"

---

185)　時難得而易失

8. 제 환공 (제 세가 중에서)
- 신용을 버리면 천하의 신망을 잃는다

　주나라 유왕(幽王)이 견융(犬戎)족에게 살해당한 후 주나라는 도읍을 낙양으로 옮겼으나 그때는 이미 천하의 지배력을 잃고 일개 소국으로 전락한 후였다. 이때부터 각 지역의 제후들이 세력을 다투는 이른바 영웅쟁패의 시대가 전개된다. 바로 이 시대가 춘추(春秋) 시대이다.

　'춘추 시대'란 공자가 노나라 역사를 편찬한 책 이름인『춘추』에서 비롯되었다. 춘추 시대는 주나라가 낙양으로 도읍을 옮긴 때부터 주나라가 멸망할 때까지를 지칭하며 초기에 천여 나라가 곳곳에 난립했으나 마침내 10여 개 국으로 압축된다. 한편 전국(戰國) 시대는 강력했던 진(晋)나라가 한·위·조의 세 나라로 나뉘면서 시작되어 진(秦)나라가 천하통일을 이룰 때까지 계속되었다.

　전국 시대라는 명칭은 한나라 말기 유향(劉向)이 편찬한『전국책(戰國策)』에서 유래된 것이다.

　춘추 시대에는 힘이 약한 주나라 왕실을 존중한다는 명분과 관념이 강했다. 이를테면 관중은 주 왕실을 보호하고 오랑캐를 물리쳐야 한다는 존왕양이(尊王攘夷)를 슬로건으로 삼았으며, 이는 춘추 시대의 으뜸가는 정신이 되었다. 전국 시대에 들어서면서부터는 그러한 명분과 관념이 없어지고 오직 적나라한 힘과 힘의 대결인 약육강식의 시대가 펼쳐진다.

　그런데 춘추 시대에는 강대국으로 성장하여 주도권을 겨루던 왕이 다섯 명 있었는데 이들을 춘추5패(春秋五覇)라고 칭한다. 그리고 그 가운데 최초의 패자(覇者)가 나타났으니 그가 바로 제나라 환공(桓公)이었다.

형과 아우 중 누가 왕이 되느냐

제나라 왕 양공(襄公)[186]은 폭군 중의 폭군이었다. 그는 무고한 신하를 무수히 죽였으며 대단한 호색(好色)이었다. 뿐만 아니라 자기 나라 여자뿐 아니라 남의 나라 여자까지 손을 뻗쳐 노나라 환공(桓公)의 아내와도 정을 통하고 있었다. 그런데 그 노나라 왕의 아내는 사실은 자기의 친여동생 문강이었다. 제나라 양공은 여동생이 시집가기 전부터 그녀와 불륜의 정을 통하고 있었다.

노 환공은 부인과 함께 제나라를 방문하였다. 그런데 이때 그 부인과 제 양공 사이에 또 불륜이 있었고, 이 사실을 노 환공이 발견하고 부인을 크게 비난하였다. 부인은 이를 제 양공에게 알렸다. 양공은 노 환공을 초청하여 술을 마시게 해 취하게 만든 후 장사(壯士) 팽생(彭生)을 시켜 환공을 안아서 수레에 옮기는 척하며 갈비뼈를 부러뜨려 죽여 버렸다. 노나라가 이에 제나라를 비난하자 제 양공은 팽생을 죽여서 노나라에 사과하였다. 그 후 아예 문강을 제나라에 불러들였다. 또한 왕은 포악한 정치를 계속 자행하여 이제 형제들까지도 겁에 질리게 만들어 이웃 나라로 망명하게 만들었다.

손아랫동생인 규(糾)는 어머니의 고향인 노나라로 갔는데 관중(管仲)과 소홀(召忽) 두 사람이 따라갔다. 한편 그 다음 동생인 소백(小白)은 거(莒)나라[187]로 망명했으며 포숙이 따라갔다.

그런데 환공의 사촌으로서 서로 앙숙이었던 공손무지(公孫無知)가 반란을 일으켜 양공을 죽이고 스스로 왕이 되었다. 그러나 무지도 얼마 되지 않아 옹림(雍林)이라는 곳에서 그에게 원한을 품고 있던 옹림 사람에게 암살되었다. 무지를 암살한 사람은 즉시 제나라 재상에게 달려가 아뢰었다.

"무지는 군주이신 양공을 시해하고 왕의 자리를 빼앗은 역적입니다. 소인이 그 역적을 응징했습니다. 바라옵건대 훌륭한 인물을 맞이하여 나라를 다시 일으켜 세워 주십시오. 소인은 군주께서 명하시는 바대로 따르겠습니다."

이렇게 하여 후계자 옹립을 둘러싸고 외국으로 망명해 있던 소백파와 규파가

---

186) 주나라의 폭군으로서 총희 포사(襃姒)에 마음을 빼앗기고 끝내 견융족에게 살해당했다.

187) 현재 산동성의 거현(莒縣)에 있었던 주나라 시기의 나라 이름.

서로 쟁탈전을 벌이게 되었다. 소백은 어려서부터 대부 고혜(高傒)를 좋아하였는데, 옹림 사람들이 무지를 죽이고 임금 세우는 일을 의논하게 되자 고혜와 국의 중(國懿仲)은 먼저 거나라에 있는 소백을 몰래 불러들였다. 반면에 노나라는 무지가 죽었다는 사실을 알고 역시 군사를 붙여 공자 규를 제나라로 보내면서 한편으로는 관중에게 군대를 주어 거나라에서 돌아오는 통로를 봉쇄하도록 하였다.

관중은 군대를 이끌고 매복하여 소백 일행이 오는 길목을 지키고 있었다. 한나절을 기다리니 마침내 소백 일행이 급히 말을 달려왔고, 관중은 소백을 향해 활을 쏘았다. 활은 그대로 명중하여 소백은 말에서 굴러 떨어졌다. 관중은 곧 노나라로 사자를 보내 소백을 죽였다고 보고하였다. 이에 규 일행은 마음을 놓고 속도를 늦춰 6일이나 걸려서 비로소 제나라에 도착하였다. 그러나 죽은 줄 알았던 소백이 이미 제나라에 먼저 들어와 고혜(高傒)가 그를 왕으로 옹립하니, 그가 바로 환공(桓公)이다.

소백은 관중의 화살을 맞았지만, 다행히도 허리띠의 쇠 장식 있는 곳을 맞았기 때문에 살아날 수 있었다. 그리고 죽은 척하면서 온차(溫車)[188]에 타고 빠른 속도로 제나라로 돌아왔다. 고씨와 국씨의 내응이 있었기 때문에 먼저 제나라에 들어와 즉위할 수 있었다. 그 해 가을 제나라는 노나라와 전쟁을 벌이게 되었다. 여기서 노나라가 패하여 후퇴하려 하자 제나라는 퇴로를 차단하여 노나라 군대는 완전히 포위되어 버렸다. 환공은 노나라 왕에게 편지를 보냈다.

〈규는 나의 형제이므로 차마 내 손으로 죽일 수 없다. 노나라가 그를 죽이기 바란다. 또한 관중과 소홀 두 사람은 나의 원수이다. 그들을 살려 보내서 그들을 젓갈을 담아야만 비로소 마음이 풀리겠다. 만약 그렇게 하지 않으면 우리는 노나라를 포위해 공격할 것이다.〉

노나라는 크게 두려워하여 규를 죽였고 또한 관중과 소홀을 제나라로 보냈다. 그러나 소홀은 제나라로 가는 도중 스스로 목숨을 끊었으며, 관중은 스스로 제나라에 가겠다고 청했다.

한편 노나라의 시백이라는 대신은 환공의 편지를 받고 왕에게 말했다. "관중이 뛰어난 인물이라는 것은 모두가 아는 사실입니다. 따라서 제 생각에는 제나

---

188) 밀봉된 수레로서 온차輼車라고도 한다.

라에서는 관중을 죽이려는 것이 아니라 그를 중용하려는 것이 아닌가 심히 염려되는 바입니다. 만약 그렇게 되면 우리나라에는 큰 걱정거리가 생기게 될 것입니다. 그러니 지금 관중을 죽여서 시체로 보내는 것이 상책입니다."

그러나 노나라 왕은 그 말을 듣지 않았다.

본래 환공이 즉위하자마자 바로 노나라를 공격한 목적은 반드시 관중을 죽이려는 데 있었다. 이때 포숙이 환공에게 말했다. "저는 다행히도 폐하를 모실 수 있었고 또한 폐하께서는 이미 제나라의 군주가 되었습니다. 그러나 저는 더 이상 폐하의 지위를 높여 드릴 수 없습니다. 만약 폐하께서 제나라만 다스릴 작정이시라면 재상 고혜와 저 두 사람만으로도 충분할 것입니다. 그러나 천하를 다스릴 패자(霸者)가 되시려는 원대한 포부를 가지시고 계신다면 관중이 반드시 필요합니다. 관중이 있는 나라가 중요한 나라로 될 것입니다. 그를 잃지 마옵소서."

포숙의 간절하고도 충성스러운 간청에 환공도 비로소 마음을 바꾸게 되었다. 환공은 그러면서 관중을 잡아와야만 비로소 마음이 풀리겠다고 말을 했지만, 실제로는 그를 중용하려 하였다. 관중은 이러한 사실을 알고 가겠다고 청한 것이다. 포숙아가 관중을 맞으러 나왔다.

제나라 도읍 근처까지 오자 포숙은 관중의 손과 발을 채운 쇠사슬을 풀어 주고 목욕을 하고 옷을 갈아입는 뒤 환공을 만나게 하였다. 환공은 그를 후하게 대접하고 대부(大夫)의 벼슬을 주어 정사를 맡겼다.

관포지교(管鮑之交)

원래 관중과 포숙은 친구였는데 포숙은 관중을 현자로 생각하고 있었다. 관중은 가난하여 포숙의 도움을 받았으나 포숙은 변함없이 그를 잘 대해 주었으며 전혀 원망의 말을 하지 않았다.

관중은 이렇게 말했다. "예전에 내가 가난했을 때 포숙과 함께 장사를 한 적이 있는데 이익을 나눌 때마다 내가 몫을 더 많이 가졌지만 포숙은 나를 욕심 많다고 비난하지 않았다. 내가 가난한 것을 알고 있었기 때문이었다.

또 언젠가는 내가 포숙을 위해 일을 봐줬는데 오히려 그에게 손해를 끼치게 되었다. 그러나 그는 결코 내가 어리석다고 여기지 않았다. 왜냐하면 그것이 시기의 유리함과 불리함에 의해 결정된다는 것을 알았기 때문이었다. 나는 세 번 벼슬을 했다가 세 번 모두 군주에게 쫓겨나는 신세가 되었지만 포숙은 나를 무능하다고 하지 않았다. 내가 시운을 만나지 못한 것을 알았기 때문이다.

그리고 내가 세 번을 싸워 세 번 모두 패하여 달아났지만 포숙은 나를 겁쟁이라고 말하지 않았다. 나에게 늙으신 어머니가 있기 때문이라는 것을 알았기 때문이다.

공자 규가 패했을 때 소홀이 그를 위해 죽고 나는 잡히어 굴욕을 당했지만 포숙은 나를 부끄러움도 모르는 자라고 생각하지 않았다. 내가 작은 일에 구애되지 않고 천하에 공명을 떨치지 못하는 것을 치욕으로 아는 사람임을 알기 때문이었다. 나를 낳아준 사람은 부모지만 나를 알아주는 이는 포숙이다!"[189]

포숙아는 관중을 천거한 후 자신은 관중부다 낮은 벼슬을 하였다. 천하의 사람들은 관중의 현명함은 칭찬하지 않고 오히려 포숙의 사람 보는 눈을 칭찬했다.

관중이 제나라에서 재상으로 정사를 맡은 이후 바닷가에 있는 작은 제나라는 상업이 발전하고 재물이 모아져 국가가 부유하게 되고 군사력이 강대해졌으며 관중 또한 일을 함에 있어서 백성들과 고락을 함께하였다.

그는 말했다. "창고가 가득 차야 예절을 알고 의식(衣食)이 족해야 영욕을 안다." 관중의 정치는 전화위복에 능하여 실패를 성공으로 변화시켰다. 그는 물가 통제를 중시하고 신중하게 재정을 처리해 나갔다. 그리하여 그는 또 "주는 것이 곧 얻는 것임을 아는 것이 나라를 다스리는 법보(法寶: 진리의 보배)이다."라고 말했다.

제나라에서는 우임금의 다섯 신하와 자식 없는 공로자들의 제사가 풍성하게 차려졌으며 그에 따라 국고도 풍성하게 되었다.

---

189) 이로부터 생아자부모, 지아자포숙야(生我者父母, 知我者鮑叔也)라는 유명한 구절이 비롯되었다.

신용을 버리면 천하의 신망을 잃는다

환공 5년, 제나라는 노나라를 공격하여 대승을 거두게 되었는데 노나라 왕은 자기 나라 수읍(遂邑) 땅을 바치면서 휴전을 청하였다. 환공은 이를 승낙하고 서로 만나 조약을 맺고자 했다.

노나라 왕이 환공에게 수읍 땅을 바치고, 조약을 맺으려 할 때였다. 느닷없이 한 사나이가 단상에 뛰어올라 환공의 목에 비수를 들이댔다. 그 사나이는 다름 아닌 노나라 장군 조말(曹沫)이었다. 그는 무예에 뛰어나고 용감한 장군이었으나, 제나라와 세 차례나 싸워 모두 패했다. 그런데 노나라 왕은 계속 패전을 거듭한 조말을 아껴 문책하지 않고 장군의 지위에 있게 하였던 것이다.

"지금 그대는 무슨 짓을 하려는 것인가?" 환공이 호통을 쳤다.

그러자 조말이 차분한 목소리로 말했다.

"제나라가 강하고 노나라는 약한데 강대국인 제나라가 노나라를 자주 침범하는 것이 도가 지나치오. 이제 제나라의 국경은 노나라에 깊이 들어와 수도에 육박하고 있소. 그러니 빼앗은 땅을 모두 내놓으시오."

환공은 별 수 없이 조말의 요구를 들어주었다. 그러자 조말이 비수를 던지고 다시 신하의 자리로 돌아가 앉았는데 안색이 조금도 변하지 않고 목소리도 변함이 없었다. 환공은 급한 나머지 땅을 돌려 준다고 말했으나 다시 생각해 보니 분통이 터져 견딜 수 없었다. 그래서 조말을 죽여 버리고 약속도 없던 것으로 하고자 했다. 그러나 관중이 정색하면서 말했다.

"강압을 당해 허락했으면서 다시 그 약속을 어기고 그를 죽이게 되면 그것은 다만 일시적으로는 마음에 들 수 있습니다. 하지만 제후들 앞에서 신용을 배신하게 되면 천하의 지지를 잃게 될 것이므로 그렇게 하실 수 없습니다."

결국 환공은 관중의 말에 따라 세 번 싸워 얻은 땅을 모두 노나라에게 되돌려 주었다. 그러나 이러한 제나라 환공의 행동은 제후들에게 높이 평가되었다. 그들은 환공의 신의에 감탄했고 그리하여 제나라와 손잡으려는 나라가 줄을 이었다.

환공 7년, 드디어 제후들은 환공을 맹주로 추대하여 견지(甄地)에서 회맹의식(會盟儀式)을 가진 후 환공은 패자가 되었다. 춘추시대에 패자(覇者: 제후의 우두머리)는 맹주로서 열국 회의를 주재하였는데 이를 회맹이라 불렀다. 회맹은 다음과 같이 치러졌다. 단(壇)을 만들고 제물로 가져온 소를 죽인 다음 귀를 자르며[190] 그 귀를 옥반에 담고 피를 돈(敦)이라는 그릇에 담는다. 그리고 사회자 2명이 그릇을 손에 들고 맹약서를 읽으며 신에게 고하고 피를 서열에 따라 차례로 받아 마신다.

이때 서열 문제로 자주 다툼이 발생하기도 했다. 패자는 주 왕실을 존중하면서 질서를 문란하게 하는 나라는 제후의 군대를 이끌고 응징하였다.

환공 23년, 북쪽의 산융족(山戎族)이 연나라를 침공하자 연나라는 제나라에 도움을 청하였다. 이에 환공은 군사를 이끌고 산융족을 토벌한 뒤 이어서 고죽국을 격파하였다. 그런 후 환공은 귀국길에 오르게 되었는데 연나라 왕이 감격한 나머지 전송하러 나왔다가 어느새 제나라 땅까지 들어서게 되었다. 그러자 환공이 말했다.

"천자를 제외하고는 제후끼리의 전송에서 국경을 넘지 않습니다. 나는 연나라에 대하여 예를 갖추지 않을 수 없습니다."

그러고는 즉시 그 자리에서 국경의 도랑을 파게 하여 연왕이 전송하며 따라온 곳까지 연나라의 땅으로 떼어 주었다. 또한 환공은 연나라 왕에게 어진 정치를 베풀라고 권하면서 주나라 왕실에게 공물을 바치도록 했다.

이 소식을 들은 제후들은 모두 제나라에 복종하였다.

환공 27년, 노나라 민공(魯閔公)의 어머니 애강(哀姜)은 환공의 여동생이었는데, 노나라의 공자 경보(慶父)[191]와 간음하였다. 경보가 민공을 시해하자 애강은 경보를 즉위시키고자 했는데 노나라 사람들은 따로 희공(釐公)을 즉위시켰다. 제 환공은 애강을 소환하여 죽였다.

환공 29년, 환공은 부인인 채희(蔡姬)와 함께 뱃놀이를 하였는데 뱃놀이에 매우 익숙했던 채희가 환공을 놀리느라고 배를 심하게 흔들어대 환공은 겁에 질려 얼굴이 하얗게 되었다. 환공이 그만하라고 몇 번이나 말했지만 채희는 계속 장난을 쳤다.

---

190) "소의 귀를 잡다"는 뜻의 집우이執牛耳라는 말은 이로부터 비롯되었다. 패자를 의미한다.

191) 노魯 환공桓公의 서자庶子이며 장공莊公의 동생으로서 장공이 죽은 뒤 연이어 두 임금을 죽이고 거莒나라에 도망쳤다가 나중에 노나라로 끌려가는 도중에 목매어 자살하였다.

이윽고 뱃놀이가 끝나 배에서 내리자 매우 화가 난 환공은 채희를 그녀의 친정나라인 채나라로 보냈다. 하지만 환공은 혼인관계는 끊지 않고 있었다. 그런데 채나라에서는 환공의 처사에 크게 불만을 품고 채희를 다른 곳으로 시집보내 버렸다.

이 소식을 들은 환공은 분노가 치밀어 즉시 군사를 일으켜 채나라 공격에 나섰다. 그리하여 환공 30년, 환공이 제후들의 군사를 거느리고 채나라를 공격하여 채나라는 멸망하고 말았다.

관중은 항상 대의명분을 중요하게 생각하는 사람이었다. 그는 채나라에 대한 공격이 개인적 감정으로 일으킨 전쟁이었기 때문에 명분이 부족하다고 생각했다. 그리하여 그는 채나라 공격에 이어 곧바로 초나라를 토벌하였다.[192]

환공은 제후들의 군사들도 총동원하도록 하였다. 초나라 성왕(成王)은 출병을 하면서 "어찌하여 우리나라 영토를 밟았소?"라고 물었다. 관중이 대답하였다. "전에 소강공(召康公)이 우리의 선대 임금인 태공(太公)에게 '다섯 등급의 제후와 구주(九州)의 백(伯) 등의 잘못을 제나라가 징벌하여 주 왕실을 보좌하라'라고 하셨소. 그리고 우리 선대 임금에게 동쪽으로 바다, 서쪽으로 황하, 남쪽으로 목릉(穆陵), 북쪽으로 무체(無棣)에 이르는 땅을 밟게 하셨소. 초나라의 공물인 포저(包茅)[193]가 들어오지 않아 왕의 제사가 제대로 갖추어지지 않으므로 질책하러 온 것이오. 또 소왕(昭王)이 남쪽으로 순행하여 돌아오지 않았으므로 그것을 문책하러 왔소."

그러자 초왕은 "주 왕실에 공물 바치는 일을 게을리했던 것은 어쨌든 우리의 잘못이오. 앞으로 공물 바치는 일에 소홀함이 없도록 하겠소. 그러나 소왕에 관한 일은 우리와 전혀 무관하오. 소왕이 실종된 한수(漢水)의 강물에 물어볼수밖에 없겠소."[194]라고 대답하였다.

드디어 제나라 군사들이 초나라를 쳐들어가니 초나라는 굴완을 장군으로

---

192) 당시 초나라야말로 스스로 야만족이라 일컬으며 왕을 자칭하면서 중원의 여러 나라를 업신여기고 또한 주나라 왕실에 대해서도 무례하게 굴고 있었다. 제나라는 패자의 나라로서 초나라의 오만과 그 위협을 결코 방치할 수 없었던 것이다.

193) 포저包茅: 제사용의 술을 빚을 때 사용되는 식물.

194) 당시 한수漢水 일대는 초나라 영토가 아니었으므로 소왕이 한수에서 죽은 것에 초나라의 책임은 없다는 의미이다.

삼아 대적하여 일진일퇴의 치열한 공방을 벌였다. 오랫동안 승패가 나지 않고 팽팽히 대치하고 있었다. 환공은 군대의 우세를 말하며 초나라에 항복을 권유하였다. 이에 굴완이 응수했다.

"제나라의 행동이 도리에 맞는다면 그렇게 하겠소. 하지만 도리에 맞지 않는다면 우리는 방성산을 성으로 삼고 장강과 한수를 참호로 삼아 한 치도 물러서지 않겠소. 아무리 제나라 군사일지라도 쉽게 해볼 수 없을 것이오." 환공은 초나라를 완전히 굴복시키지는 못했지만 주 왕실에 복종하겠다는 맹세를 받는 성과가 있었으므로 더 이상의 진격을 포기하고 휴전하여 제나라로 돌아갔다.

그로부터 5년이 지난 후, 환공은 규구(葵丘) 땅에서 제후들과 회맹하였다. 그 자리에서 주나라 양왕(襄王)은 재공(宰公)을 사신으로 보내 환공에게 문무조(文武胙)[195]와 동궁시(彤弓矢)[196] 그리고 대로(大路)[197]를 하사하였다.

재공이 말했다. "양왕께서는 환공께서 무릎을 꿇고 신하의 예를 갖출 필요 없이 그냥 받으라고 말씀하셨습니다." 환공은 그 말대로 그냥 받으려고 했다. 하지만 곁에 있던 관중이 만류하고 나섰다. "폐하, 신하의 예를 갖춰 받으셔야 할 줄로 아옵니다." 결국 환공은 신하의 예를 갖춰 무릎을 꿇은 채 하사품을 받게 되었다.

그 해 가을 환공은 다시 회맹을 가졌다. 그런데 환공은 지난번과 달리 매우 거들먹거리면서 위세를 부렸다. 주 왕실은 재공을 보내 참석하도록 하였다. 제후들 중 일부는 이미 이반하고 있었다. 진(晋)왕은 병으로 늦게 도착했는데, 길에서 재공을 만났다. 재공이 "지금 제 환공이 지나치게 교만하오. 가지 않아도 될 것이오."라고 말하자 진왕은 그의 말에 따라 가지 않았다.

이 해에 진(晋) 헌공이 죽고 대부 이극(里克)이 공자 해제(奚齊)와 탁자(卓子)를 죽였다. 진(秦) 목공이 부인과 인척 관계인 공자 이오를 진(晋)나라에 들어가도록 하여 왕으로 옹립할 수 있게 하려 하였다. 이때 제 환공도 진(晋)의 변란을 토벌하기 위해서 고량(高梁)에 당도한 뒤 습붕(隰朋)을 파견하여 새 임금을 옹립한 뒤

---

195) 주나라 천자가 주 문왕과 무왕에게 제사지낼 때 제단에 올리는 고기.
196) 붉은 색으로 칠한 활
197) 천자가 타는 수레로서 특별한 공로가 있는 제후에게 하사된다.

에 돌아갔다.

당시 주 왕실은 쇠약해지고, 제(齊), 초(楚), 진(晉)의 나라들만이 강성하였다. 진(晉)나라는 처음으로 회맹에 참여했는데, 헌공이 죽고 나서 국내가 혼란해졌다. 진(秦) 목공은 나라가 멀고 외져서 중원 국가들의 회맹에 참여하지 않았다. 초 성왕은 막 형만(荊蠻)[198]의 땅을 복속시키고 이적(夷狄)의 나라로 자처하였다. 오직 제나라만이 중원 각국의 회맹을 주재하였고 환공이 자신의 덕을 잘 선양하였기 때문에 제후들이 복종하며 회맹하였다. 환공은 이렇게 공언하였다.

"과인은 남쪽을 정벌하여 소릉(召陵)까지 이르러 웅산(熊山)을 바라보았고, 북쪽으로 산융(山戎), 이지(離枝)[199], 고죽(孤竹)을 정벌하였소. 또 서쪽으로 대하(大夏)를 정벌하여 유사(流沙)[200]를 경유하였고, 태항산(太行山)에 올라 비이산(卑耳山)에 당도한 다음에 돌아왔소. 제후들 중 아무도 과인의 명령을 거스르지 못하였으니, 과인은 전쟁을 위하여 세 번 회맹하고 평화를 위하여 여섯 번 회맹하여 제후들을 아홉 번 규합하였고, 주 왕실의 일을 한 번 바로잡았소. 옛날 하, 은(商), 주, 삼대(三代)의 왕들이 천명을 받든 것과 이 일들이 무엇이 다르겠소? 과인도 옛날의 제왕들처럼 태산에서 하늘에 제사를 받들고, 양보산(梁父山)에서 땅에 제사를 받들려고 하오."[201]

하지만 관중은 먼 곳으로부터 진수괴물[202]이 모여들지 않는다면 천명을 받들고 제사를 모실 수 없다고 설득한 끝에 가까스로 환공의 뜻을 꺾을 수 있었다.

환공 38년에는 주나라 양왕의 아우인 희대(姬帶)와 북방의 야만족인 융(戎)과 적(狄)이 함께 동맹하여 주나라를 공격해 왔다. 제나라는 관중을 파견하여 주 왕실과 융 사람의 분쟁을 조정하였다. 주나라 왕이 상경(上卿)을 대우하는 예의로써 관중을 대접하려 하자 관중은 머리를 조아리며 "소신은 단지 제후를 모시는 신

---

198) 당시 초나라 양자강 이남에 거주하는 주민을 칭하여 형만荊蠻이라 불렀다.

199) 나라 이름으로서 현재의 하북성에 있었다.

200) 고대 중국 서북방의 사막지대를 가리키는 말.

201) 원문은 '封泰山, 禪梁父'이다. 태산泰山 위에 단을 쌓고 하늘에 제사하며, 양보산梁父山에서 단을 청소하고 땅에 제사하는 제왕帝王의 의식을 가리킨다.

202) 진수괴물(珍獸怪物: 봉황과 기린)과 비익조(比翼鳥: 날개가 하나만 있어 두 마리가 짝을 짓지 않으면 날지 못하는 새), 비목어(比目魚: 눈이 하나만 있어 두 마리가 짝을 짓지 않으면 헤엄칠 수 없는 물고기) 등을 가리킨다.

하에 불과합니다. 어떻게 과분한 자리를 받을 수 있겠습니까?"라고 사양하였다. 관중은 몇 번의 사양 끝에 하경(下卿)의 예의로써 알현하는 방식을 받아들였다.

패자(覇者)의 말로

환공 41년, 관중이 병으로 쓰러졌다. 환공이 급히 문병을 가서 국가 대사를 의논하였다.

"그대에게 무슨 일이 생기게 되면 장차 누구를 재상으로 삼는 것이 좋겠소?" 관중은 "그것은 폐하보다 더 잘 아시는 분은 없지요."라고 대답하였다. 환공이 "역아(易牙)가 어떻겠소?"라고 묻자 관중은 "역아는 자기 아들을 죽이고 폐하께 아첨한 인물입니다. 그것은 인륜을 저버린 행동입니다. 그러한 사람을 재상으로 삼으시면 안 됩니다."[203]라며 반대하였다. 환공이 다시 "그렇다면 개방(開方)은 어떻소?"라고 물었다. 그러자 관중은 "개방은 원래 위나라 공자이면서도 자기 왕에게 잘 보이기 위해 가족을 버렸습니다. 이는 인간으로서의 도리에 어긋나는 것입니다. 가까이 하시지 않는 것이 좋을 줄 아옵니다."라고 대답하였다. "그렇다면 수조(竪刁)는 어떻게 생각하오?"라고 환공이 묻자 관중은 "수조는 스스로 거세(去勢)하여 폐하께 아부한 인물입니다. 이 또한 인간으로서의 도리가 못됩니다. 그를 신임해서는 안 됩니다."[204]라고 대답하였다.

드디어 관중이 세상을 떠났다. 환공은 관중의 충고를 듣지 않고 그 세 사람을 중용하였으며, 그들 세 사람은 자기들 마음대로 권력을 휘두르게 되었다.

환공에게는 부인만 해도 왕희, 서희, 채희 등 세 명이 있었는데 모두 아들을 낳지 못했으며 이에 환공은 부인과 다름없는 여섯 명의 애첩을 따로 두어 모두 아들을 낳게 되었다. 즉, 장위희(長衛姬)는 공자 무궤(無詭)를 낳았고, 소위희(少衛姬)는 혜공 원(惠公元)을 낳았으며, 정희(鄭姬)는 효공 소(孝公昭)를 낳았고, 갈

---

203) 역아는 원래 환공의 요리사였는데 환공이 삶은 사람 고기를 먹어본 일이 없다고 하자 자기 아들을 삶아 환공에 바쳤다.

204) 수조竪刁는 호색가였던 환공의 환심을 사기 위해 스스로 거세하여 후궁의 환관이 되었다.

병중의 관중, 환공과 후임 재상을 논하다

영(葛嬴)은 소공 반(昭公潘)을 낳았다. 그리고 밀희(蜜姬)는 의공 상인(懿公商人)을 낳았고, 송화자(宋華子)는 공자 옹(公子雍)을 낳았다.

원래 환공과 관중은 효공(孝公)을 송 양공에게 부탁하여 태자로 세웠다. 역아는 장위희의 총애를 받았는데, 환관인 수조를 통하여 환공에게 많은 예물을 바쳐 환공에게도 총애를 받았다. 환공은 그들에게 무궤를 태자로 삼을 것을 응낙하였다. 관중이 죽은 뒤, 다섯 공자는 모두 태자가 되려고 하였다. 그해 겨울 10월 을해일에 환공이 죽었다. 역아는 궁중에 들어가서 수조와 함께 궁중의 총신들의 힘을 이용하여 여러 대부들을 죽이고 공자 무궤를 왕으로 옹립하였다. 태자 소(昭)는 송나라로 도망쳤다.

이렇게 하여 궁궐 안에는 사람이 한 명도 없는 상태가 되었고 환공의 시체는 침실에 그대로 방치되었다. 두 달이 지나서야 비로소 무궤가 궁에 들어와 즉위하였고, 환공의 입관이 겨우 이루어졌다. 시체에서는 구더기가 끓어 방에 기어다닐 정도였다.

그러나 무궤는 즉위한 지 불과 3개월 만에 송나라의 힘을 빌린 태자 소에게 죽임을 당했고, 태자 소도 얼마 되지 않아 또 쫓겨나는 등 혼란이 그치지 않았다. 결국 제나라는 급속하게 국력이 약화되어 이후에 결코 패자의 권위를 찾을 수 없게 되었다.

9. 정영과 공손저구 (조 세가 중에서)
– 끝내 살아남은 조씨 고아

춘추시대 중원의 제국 진(晋)나라는 훗날 조, 위, 한의 세 나라로 나뉘게 되고, 이로써 전국 시대의 서막이 열리게 된다.

그런데 그 세 나라 중 조나라가 존재할 수 있게 된 데에는 정영과 공손저구라는 두 충신의 마치 소설과도 같은 충절의 스토리가 있다.

여기에 나오는 글은 조씨 가문의 고아를 의리와 자기희생으로 끝까지 지켜낸 이야기로서 보는 이로 하여금 새삼 옷깃을 여미게 한다.

의리와 희생으로 뭉쳐 자신이 맡은 바의 책임을 마지막 순간까지 수행하고 있는 주인공들의 절절한 이야기는 지금도 소설이나 드라마 혹은 영화의 소재가 되면서 사람들의 마음속에 큰 울림을 던져주고 있다.

나라의 중신, 조씨 집안

진나라 문공이 귀국하여 왕위에 오르고 마침내 패자의 자리에 오를 수 있었던 까닭은 대부분 조최의 계책에 의한 것이었다.

조최가 진나라로 돌아오자 진나라에 있던 본 부인이 적나라에서 얻은 부인을 데려오라고 한사코 권하면서 그 아들인 조돈(趙盾)[205]을 적자로 삼았다. 조최가 죽은 뒤 조돈이 대신하여 국정을 맡은 지 2년 만에 진 양공이 죽었다.

그런데 당시 태자 이고가 아직 나이가 어렸으므로 조돈은 나라에 어려운 일이 많은 것을 고려하여 양공의 동생 옹을 왕으로 즉위시키려고 하였다. 옹은 당

---

205) 일부 번역에서 조순으로 읽지만 조돈이 맞다.

시 진(秦)나라에 있었으므로 사신을 보내 그를 맞이하고자 하였다.

그러자 태자의 어머니가 밤낮으로 울며 조돈을 찾아와 머리를 조아려 절하며 "선왕께서 무슨 죄를 지으셨기에 그의 적자를 버리고 달리 군주를 구하십니까?"라고 호소하였다. 조돈은 무척 고민을 하다가 그녀의 친척들과 대부들이 자기를 습격해서 죽이지나 않을까 두려워 태자를 즉위시켰는데 그가 바로 영공이다. 조돈은 이렇게 하면서 군대를 보내 양공의 동생을 맞으러 진(秦)나라에 간 일행을 돌아오지 못하도록 막았다. 영공이 즉위한 뒤 조돈이 국정을 도맡았다.

하지만 영공은 즉위한 지 14년이 지나자 날이 갈수록 오만해졌다. 조돈이 여러 차례 말하였으나 영공은 도무지 듣지 않았다. 언젠가는 영공이 곰발바닥 요리를 먹다가 잘 익지 않았다며 요리사를 죽이고는 부인을 불러 그 시체를 들고 나가게 했는데 조돈이 그 모습을 보았다. 조돈이 그 일을 발설할까 두려워한 영공은 조돈을 죽이려고 하였다.

사나운 개를 풀어 죽이려 하다

원래부터 인자하고 동정심이 많았던 조돈이 한번은 사냥을 나갔다가 뽕나무 아래에서 굶주려 쓰러져 있는 기미명(示眯明)이라는 사람을 보았다. 그에게 먹을 것을 주자 그는 절반만 먹는 것이었다. 조돈이 왜 그러느냐고 묻자 그는 "저는 고향을 떠나 다른 사람의 노비로 3년을 살았는데, 어머님께서 아직 살아 계신지도 알지 못하고 있습니다. 그래서 먹을 것을 남겨 가져다드리려고 합니다."라고 대답하였다. 조돈은 그의 효성에 감동하여 먹을 것과 고기를 더 주었다. 얼마 지나지 않아 기미명은 진나라 영공의 주방장이 되었는데, 조돈은 그 사실을 알지 못하였다.

영공은 조돈을 죽이기 위하여 갑옷을 입힌 병사들을 숨겨놓고 술자리를 만들어 그를 불렀다. 이 사실을 미리 안 기미명은 조돈이 술에 취하지 않을까 걱정이 되었다. 그래서 조돈에게 가서 "대왕께서 잔치를 여시고 저를 상으로 내리셨으니, 세 잔만 마시고 가셔도 됩니다."라고 말하였다. 조돈이 빨리 자리를 떠나 화를 당하지 않게 하려고 생각했기 때문이었다. 조돈이 자리를 뜨자 아직 병사들이 준비가 되지 않았기 때문에, 영공은 먼저 사나운 개를 풀어 조돈을 물어 죽이려 하였다.

원래 기미명은 힘이 장사였다. 기미명은 그 사나운 개를 때려 죽였다. 조돈은 "사람을 쫓아보내고 또 개를 보내다니! 아무리 사나워도 무슨 소용이람!"이라고 말했다. 그는 기미명이 몰래 자기를 도운 것을 알지 못했다. 영공은 숨겨두었던 병사들에게 조돈을 추격하라고 명했다. 그러나 기미명이 이들 병사들을 공격하니 병사들이 앞으로 나갈 수 없었고, 그 사이에 조돈은 무사히 도망칠 수 있었다. 조돈이 기미명에게 왜 자기를 돕느냐 묻자 그는 "제가 바로 대감께서 예전에 뽕나무 아래서 구해 주셨던 사람입니다."라고 대답하였다. 하지만 그의 이름을 묻자 그는 알려 주지 않았다. 기미명은 그 뒤 어디론가 사라졌다.

조돈이 도망을 쳐서 아직 국경을 넘기도 전에 조천이라는 사람이 영공을 죽이고 양공의 동생 흑둔을 왕으로 세웠는데 그가 바로 성공(成公)이었다. 조돈은 다시 돌아와서 국정에 임하였다. 조돈이 죽자 그의 아들 삭(朔)이 뒤를 이었다.

잔인한 권력자, 도안고

당시 대부는 도안고(屠岸賈)라는 자였다. 그는 잔인하고 욕심이 사나운 사람으로서 조씨 가문을 모두 죽이려 하였다. 당초 조돈이 살아 있을 때 꿈을 꾸었는데 조씨 선조가 자기의 허리를 끌어안고 몹시 슬프게 울다가 잠시 후 크게 웃으며 손뼉을 치고 노래를 부르는 것이었다. 조돈이 점을 쳐보니 불로 지진 거북 껍질이 끊어졌다가 후에 다시 좋아졌다. 조나라의 사관인 원이 해석하기를 "이 꿈은 매우 흉한 것으로 당신의 대가 아니고 당신의 아들 대에 들어맞겠으나, 그것 역시 당신의 잘못 때문입니다. 손자 대에 이르러서는 조씨 가문이 더욱 쇠퇴할 것입니다."라고 하였다.

도안고는 처음에 영공의 총애를 받다가 경공 때에 이르러 형법을 관리하는 사구의 자리에 올랐다. 그는 난을 일으키고자 하여 먼저 영공을 죽인 역적을 처벌한다는 명분을 내세워 조돈을 거기에 연관시켰다. 그러고는 장수들에게 말하기를 "조돈이 비록 그 사건의 내막을 몰랐으나 사실상 역적의 두목이라 할 수 있다. 신하된 자로서 군주를 죽이고도 그 자손이 조정에서 여전히 관직을 맡고 있으니 어떻게 죄 있는 사람들을 처벌할 수가 있겠는가? 마땅히 조씨에게 죄를 물어야 한다!"라고 하였다.

이때 한궐(韓闕)이 말렸다.

"영공께서 살해를 당하실 때 조돈은 멀리 떨어진 곳에 있었습니다. 우리의 선왕께서도 그에게 죄가 없다고 여기시어 그를 죽이지 않으셨습니다. 지금 여러분께서 그의 후손을 죽이시려고 하는 것은 선왕의 뜻이 아니고 함부로 없애는 것입니다. 함부로 사람을 죽이는 것은 난을 일으키는 것이라고 합니다. 또 신하가 큰 일을 도모하는 데 군주에게 알리지 않음은 군주를 안중에 두지도 않은 것입니다."

그러나 도안고는 듣지 않았다.

한궐은 곧바로 조삭에게 가서 빨리 도망가라고 알렸다. 그러나 조삭은 도망가려고 하지 않으면서 "그대가 틀림없이 조씨 가문의 제사가 끊어지지 않게 해주신다면 나는 죽어도 여한이 없겠소!"라고 말하였다. 한궐은 고개를 끄덕이고는 병을 핑계 삼아 밖에 나가지 않았다. 그동안 도안고는 경공에게 알리지도 않고 제멋대로 여러 장군들을 거느리고 조씨를 공격하여 조삭을 비롯하여 그 가족을 모조리 죽였다.

한편 조삭의 아내는 성공의 누나로 그 당시 임신 중이었는데 궁궐로 도망가 숨었다. 당시 조삭의 부하 중에 공손저구(公孫杵臼)라는 사람이 있었다.

공손저구가 조삭의 오랜 친구인 정영(程嬰)에게 "왜 같이 죽지 않은 것이오?"라고 물었다. 정영은 "조삭의 부인이 임신 중인데 만약 다행히 아들을 낳으면 내가 기르고, 딸을 낳는다면 나는 조금 천천히 죽을 것이오."라고 대답하였다.

얼마 되지 않아 조삭의 부인이 아들을 낳았다. 도안고가 이 소식을 듣고 병사들을 보내 궁궐을 샅샅이 뒤졌다. 조삭의 부인은 갓난아이를 속바지 가랑이 사이에 넣고 "아기야! 조씨 집안이 망하려면 네가 크게 울 것이고 망하지 않으려면 아무 소리도 내지 말아라!"라고 빌었다. 병사들이 그 방을 뒤질 때 아이는 울지 않았다.

위험을 벗어나자 정영이 공손저구에게 "이번 한 차례 뒤져서 잡지 못하였으니 다음에 또다시 찾아올 것이 분명한데 어떻게 해야 좋겠소?"라고 하자, 공손저구는 "고아를 기르는 일과 죽는 일 중 어느 것이 어렵습니까?"라고 물었다. 정영이 "죽는 일은 쉬우나 고아를 부양하는 일은 어렵겠지요."라고 하니, 공손 저구는 이렇게 말하였다.

"조씨 집안이 당신을 극진하게 대접하였으니 당신은 힘을 다해서 어려운 일을 맡아주시오. 나는 쉬운 일을 담당하여 먼저 죽을 것이오."

목숨을 던져 고아를 살려내다

두 사람은 다른 사람의 아이를 데려다 등에 업고 화려한 강보로 덮고서는 산속에 숨었다. 그러고는 정영이 산에서 내려와 거짓으로 여러 장군에게 "이 정영은 못난 사람으로서 조씨 고아를 부양할 능력이 없습니다. 누가 나에게 천금을 주신다면 조씨 고아가 숨어 있는 장소를 말해드리겠습니다."라고 말하였다.

그러자 여러 장군들이 기뻐하며 곧장 그 조건을 받아들이고 군사를 출동시켜 정영을 따라가서 공손저구를 공격하였다. 공손저구가 거짓으로 "이 소인배 정영아! 전에 나와 더불어 조씨 고아를 숨기기로 약속했건만, 이제 와서 또 나를 배반하는구나. 아무리 네가 부양할 수 없었기로서니 차마 그를 배신할 수가 있다는 말이냐?"라고 욕하며 아이를 안고 "하늘이시여! 하늘이시여! 조씨 고아가 무슨 죄가 있습니까? 제발 이 아이를 살려 주시고 이 공손저구만 죽이소서!"라고 외쳤다.

하지만 여러 장군들은 이를 허락하지 않고 공손저구와 고아 모두 죽였다. 여러 장군들은 조씨 고아가 정말로 죽은 줄 알고 모두 기뻐하였다. 그러나 진짜 조씨 고아는 살아남아 정영이 함께 산속에 숨었다.

15년이 흐른 후, 진 경공이 병이 나자 점을 쳤다. 후손이 순조롭지 못하여 재앙이 생긴다는 점괘가 나왔다. 경공이 한궐에게 물으니 조씨 고아가 아직 살아 있다는 것을 알고 있던 그가 말했다.

"지금 진나라에서 제사가 끊긴 것은 조씨 집안입니다. 조씨 집안은 시조 중연 이후에 자손은 모두 영씨 성을 가졌습니다. 중연은 사람의 얼굴에 입은 새부리 모양으로 인간 세상에 내려와 은나라 왕을 도왔으며 그 후손은 주나라의 천자를 돕는 등 모두 빛나는 덕행이 있었습니다. 그 후 유왕과 여왕이 제멋대로 행패를 부리자 조씨 집안의 숙대는 주나라를 떠나 진(晉)나라로 와서 선군 문후를 섬겼고 성공에 이르기까지 대대로 공을 세웠으며 제사가 끊긴 적이 없었습니다. 그러나 이제 조씨 집안이 망했으니 백성들이 모두 그것을 슬퍼하고 있고 이 때문에 점괘도 좋지 않게 나온 것입니다. 다시 고려해 주시기 바랍니다."

경공이 "조씨 집안에 아직 후손이 남아 있는가?"라고 묻자, 한궐은 있는 그대로의 사실을 털어놓았다. 경공은 조씨 고아를 세우기로 한궐과 상의하고 조씨 고아를 불러다가 궁중에 감추어 두었다.

여러 장군들이 문병 차 궁궐에 들어오자, 경공은 한궐의 병사들을 배치하고 조씨 고아를 만날 수 있도록 장군들을 협박하였다. 조씨 고아의 이름은 무(武)였다. 장군들은 할 수 없이 고개를 숙이며 "지난번 난은 도안고가 꾸민 것으로 군주의 명이라고 거짓으로 여러 신하에게 명령하였던 것입니다. 그렇지 않았더라면 누가 감히 난을 일으켰겠습니까? 만약 대왕께서 병이 나지 않으셨더라도 저희들도 곧 조씨 집안의 후손을 세울 것을 요청하려 하였습니다. 지금 군왕께서 명령하시니, 이야말로 저희들이 진실로 바라던 바입니다."라고 변명하였다.

죽음으로 지킨 약속

경공은 곧 조무와 정영을 불러 여러 장군들에게 한 명 한 명 절하게 하였다. 여러 장군들은 정영, 조무와 함께 도안고를 공격하여 그 일당을 모조리 죽였다. 경공은 조씨 집안의 옛 봉지를 원래대로 조무에게 다시 내렸다.

조무가 20세가 되어 성인이 되자, 정영이 여러 대부들에게 하직 인사를 하며 조무에게 말했다.

"전에 난이 일어날 때 사람들은 모두 스스로 죽을 수가 있었습니다. 그때 제가 죽을 수 없었던 것은 아니지만, 저는 오로지 조씨 집안의 후손을 부양하여 가업을 잇게 하려는 생각뿐이었습니다. 이제 당신께서 조씨 집안을 잇고 성인이 되었으며 원래의 관직까지 되찾았으니 저는 이제 지하에 가서 조돈 아버님과 공손저구에게 보고하고자 합니다."

깜짝 놀란 조무가 눈물을 흘리며 머리를 조아려 "제가 모든 힘을 다하여 그대가 죽을 때까지 보답하고자 하는데, 그대가 차마 저를 버리고 죽을 수가 있습니까?"라며 한사코 말렸다. 하지만 정영은 "그렇게는 할 수 없습니다. 그들은 제가 큰 일을 성공시킬 수 있다고 생각하였기 때문에 저보다 먼저 죽은 것입니다. 지금 제가 가서 사실대로 보고하지 않으면 그들은 제가 맡은 일을 완수하지 못한 것으로 알 것입니다."라고 말하고는 끝내 목숨을 끊었다.

10. 조 무령왕(조 세가 중에서)
- 강대국은 어떻게 만들 수 있는가?

전국 시대 조나라 무령왕은 '호복기사(胡服騎射)'로 유명하다. 흉노 등 변방의 강적들에 대항하기 위해서는 무엇보다 기마에 능해야 했고, 이를 위해서는 말을 타는 데 불편한 기존의 의복을 바꾸는 것이 필요했다. 그러나 조정 신하들은 '오랑캐의 의복'을 입는 것에 크게 반발했다. 그러나 무령왕은 강단 있게 추진하였다. 이 '호복기사'를 둘러싸고 무령왕이 신하들과 전개했던 쟁론은 현란한 명언과 기지로 가득 찬 논쟁의 대표적 사례라 할 만하다.

무령왕은 이러한 개혁 정책을 추진하여 조나라를 전국 시대의 강대국으로 우뚝 서게 만들었다. 또한 스스로 사자로 위장하여 진나라에 들어가 진나라의 내정과 진나라 왕의 사람됨을 정탐할 정도로 대담한 왕이었다.

하지만 무령왕은 내치에 취약했다. 후계를 정하는 문제에서 총애하는 후비의 소생과 큰아들 사이에서 시종 머뭇거리면서 주저하였다. 결국 반란군에 포위되어 참새 새끼를 잡아먹는 등 굶주림 끝에 비참한 삶을 마쳐야 했다.

어찌 허황된 명분에 안주하겠는가?

조나라 무령왕(武靈王)의 아버지는 숙후이다. 치세 24년 만에 그가 죽자 진, 초, 연, 제, 위나라가 정예 병사 만 명씩을 보내 장례에 참석하였다. 그리고 무령왕이 즉위하였다.

무령왕 원년, 양문군 조표가 재상이 되었다. 양 양왕(梁襄王)과 태자 사(嗣), 그리고 한 선왕(韓宣王)과 태자 창이 방문하여 예를 갖췄다. 무령왕이 어려서 정무를 처리할 수 없었기 때문에 박식한 스승 세 사람과 좌우 사과(司過) 세 사람이 보좌하였다. 정무를 처리하게 되었을 때에 먼저 선왕 때의 현신인 비의(肥義)에게 가르침을 구하고 그의 봉록을 높여 주었으며, 나라 안의 여든 살 이상 되는 덕망 높은 노인에게 매월 선물을 보냈다.

3년, 호(鄗)에 성을 건축하였다. 4년, 한나라와 우서에서 회합하였다. 5년, 한나라 여자를 부인으로 맞이하였다.

8년, 한나라가 진나라를 공격하였으나 이기지 못하고 돌아갔다. 이 무렵 다섯 나라가 서로 '왕(王)'이라 칭하였으나, 무령왕은 "실질적인 알맹이도 없으면서 어찌 허황된 명분에 안주하겠는가?"라고 말하고서는 자신을 계속 '군(君)'이라고 부르도록 명령하였다.

9년, 한나라, 위나라와 더불어 진나라를 공격하였으나 진나라는 세 나라의 연합군을 무찌르고 8만 명의 목을 베었다. 10년, 진나라가 조나라의 중도와 서양을 빼앗았다. 연나라 재상 자지(子之)가 군주가 되고 군주는 반대로 신하가 되었다. 11년, 무령왕이 공자 직(職)을 한나라에서 불러들여 연왕(燕王)으로 세우고 악지(樂池)로 하여금 호위하게 하였다. 13년, 진나라가 조나라의 인 지방을 함락시키고 장군 조장을 포로로 잡아갔다. 초나라와 위나라의 왕이 한단을 방문하였다. 14년, 조하가 위나라를 공격하였다.

16년, 진 혜왕이 죽었다. 무령왕이 대릉을 유람하였다. 어느 날 왕이 꿈에 처녀가 거문고를 타며 시 한 수를 노래하는 것을 보았다. 그 내용은 "미인이여! 광채가 눈부시도다. 그 모습 농염한 능소화 같아라. 운명이여! 내 가련한 운명이여, 뜻밖에 이 왜영(娃嬴)을 몰라주다니!"라는 것이었다.

그 뒤 왕이 술을 마시며 즐기다가 몇 번이나 꿈 이야기를 하며 꿈에 보았던 미인의 용모를 상상하였다. 이 이야기를 들은 오광이 부인을 통하여 그의 딸 왜영을 궁중에 들여보냈는데, 이가 바로 맹요(孟姚)이다. 맹요는 왕의 총애를 듬뿍 받았는데, 그녀가 바로 혜후(惠后)이다.

18년, 진 무왕이 맹열과 용 무늬의 적색 정(鼎)을 들다가 정강이뼈가 부러져 죽었다. 무령왕은 대(代)의 재상 조고를 연나라에 보내 공자 직(稷)을 영접하여 진나라로 모시도록 하여 진왕(秦王)으로 세우니, 그가 바로 소왕(昭王)이다.[206]

---

206) 이로써 무령왕은 연나라에 이어 진나라의 왕까지 두 명의 왕을 자기 손으로 즉위시킴으로써 그 힘과 능력을 천하에 과시하였다.

19년 봄 정월, 성대한 조회를 열었다. 비의를 불러 천하 대사를 의논하였는데 5일 후에야 끝마쳤다. 왕은 북쪽으로 중산국의 영토를 공략하고 방자 지역에 이르러 대(代) 땅으로 갔으며, 북상하여 무궁(無窮)에 이르고 서쪽으로는 황하에 이르러 황화산 꼭대기에 올랐다. 그러고는 누완을 불러 의논하였다.

"과인의 선왕은 시국의 변화를 잘 활용하시어 남방 속국의 우두머리를 하시고 장하와 부수의 험난한 지세를 연결하여 장성을 쌓으셨으며, 인과 곽랑을 탈취하시고 임(荏)에서 임호를 무찌르셨으나 대업은 아직 완수하지 못하였소. 지금 중산국은 우리나라의 중심 부분에 위치하고 있고, 북쪽으로는 연나라, 동쪽으로는 동호, 서쪽으로는 임호, 누번, 진나라, 한나라의 국경과 접하고 있지만, 강력한 병력으로써 방비하지 않으면 필경 사직이 망할 것이니 어찌하면 좋다는 말이오? 모든 초인의 행위는 곧 뒤떨어진 세력의 반대에 부딪히게 되어 있소. 나는 호인(胡人)의 옷인 호복(胡服)을 입고자 하는데 어떻겠소?"

그러자 누완은 "좋습니다."라고 대답하였다. 하지만 대신들은 모두 이를 원하지 않았다.

호복기사(胡服騎射)

이때 비의가 왕을 모시고 있었는데, 왕이 비의를 불러 말했다.

"간자와 양자 두 주군의 업적은 호(胡)와 적(狄)에 대하여 이로움을 꾀한 데 있소. 신하된 자로서 총애를 받을 때에는 효제(孝悌: 효도와 형제 우애)하고 장유(어른과 어린이)를 알며 명리(明理)에 순종하는 절조가 있어야 하고, 현달(벼슬. 명성이 높음)하였을 때에는 백성을 돕고 군주에게 이롭게 하는 업적이 있어야 하니, 이 두 가지가 신하의 본분이오. 이제 나는 양자의 업적을 계승하여 호와 적의 영토를 개척하려고 하는데, 죽을 때까지 그러한 현신을 만나지 못할 것 같소. 내가 호복을 입는 것은 적을 약하게 하여 힘은 적게 들이고 공을 많이 얻을 수 있는 효과가 있으니, 백성들을 고달프게 하지 않고서도 순리적으로 간자와 양자 두 선왕의 업적을 계승할 수 있을 것이오. 무릇 세상에서 뛰어난 업적을 이루려면 세상의 습속을 위배하였다는 책망을 받기 마련이며, 탁월한 주견을 지니고 있는 자는 오만하고 무지한 백성들의 원망을 사기 마련이오. 이제 나는 앞으로 흉노의 복장을 입게 하고 백성들에게 말을 타고 활을 쏘도록 훈련시키려 하는데, 필경 거센 반대에 부딪힐 것이니 어찌하면 좋겠소?"

그러자 비의는 "신이 듣기에 어떤 일을 추진함에 있어 머뭇거리면 성공하지 못하고 행동함에 있어 주저하면 명예를 얻지 못한다고 하였습니다. 대왕께서 기왕 세상의 습속을 위배하였다는 비난을 감수하려고 결심하셨으니 세상 사람들의 의론은 생각하실 필요가 없습니다. 무릇 최고의 덕행을 추구하는 사람은 세속의 의견에 의하여 자기주장을 바꾸지 않으며, 큰 사업을 창건하고자 하는 사람은 모든 일을 백성들과 더불어 의논할 필요가 없습니다. 옛날 순임금은 묘인(苗人)의 춤을 추어 그들을 감화시켰고 우임금은 나국(裸國)에서 옷을 벗었는데, 이는 욕망을 만족시키고 마음을 즐겁게 하기 위해서가 아니라 오직 덕정을 선양하여 공적을 이루고자 하는 것이었습니다. 어리석은 자는 어떻게 성공의 길로 걸을 것인가에 대하여 마음속에 전혀 요령이 없지만, 지혜로운 자는 미래의 발전에 대하여 마치 손바닥 보듯 분명한 것입니다. 대왕께서는 무엇을 걱정하실 것입니까?"라고 대답하였다.

이에 무령왕이 다짐하였다.

"호복에 대한 나의 신념은 절대적이오. 내가 두려운 것은 오직 천하 사람들이 나를 비웃지나 않을까 하는 것이오. 미친 사람들이 즐거워하는 것은 총명한 사람이 슬퍼하는 바이고, 어리석은 자가 비웃는 것은 현명한 선비가 이미 잘 헤아리고 있는 일이오. 세상 사람들도 결국 나를 이해할 것이오. 호복이 가져올 성취는 이루 말로 다할 수 없소. 설사 세상 사람들이 이 일로 나를 비웃는다고 할지라도 오랑캐 땅과 중산국은 반드시 나의 소유로 될 것이오."

무령왕은 마침내 호복으로 갈아입었다. 왕은 왕설을 보내 공자 성(成)에게 다음과 같이 전하도록 하였다.

"과인이 호복을 입고 조회에 참석할 것이니 숙부께서도 입으시기 바라오. 집 안에서는 부모의 말씀에 따라야 하고 나라 안에서는 군주의 명령에 복종해야 하는 것이 고금의 공인된 행동원칙이오. 자식은 부모에게 반대해서는 안 되고 신하는 군주를 거역해서는 안 되는 것이 상하간의 통념이오. 지금 과인이 교지를 내려 복장을 바꾸어 입게 하였는데 숙부께서 입지 않으시면, 천하

사람들이 비난할까 두렵소. 나라를 다스리는 데 상도가 있으니 백성을 이롭게 함이 그 근본이며, 정사를 논하는 데 원칙이 있으니 곧 관철하고 집행하는 것이 가장 중요하오.

덕정을 펴려면 먼저 백성들을 이해시켜야 하며, 정령을 시행하려면 먼저 귀족들의 지지를 얻어야 하오. 지금 호복을 입는 목적은 욕망을 만족시키고 마음을 즐겁게 하려는 데에 있는 것이 아니오. 일이란 완성되어 공적을 이룬 후에야 비로소 완벽한 것이라고 할 수 있소. 지금 과인은 숙부께서 정치의 상도에 위배할까 두려워 돕고자 하오. 아울러 과인이 듣기에 국익에 이로운 행위는 모두 정의로운 것이오. 귀척(貴戚)의 지지를 얻은 일은 그 명예가 손상될 리 없으니 바라건대 숙부의 성망을 빌려 호복 개혁의 성공을 이루고자 하오. 왕설을 시켜 숙부를 뵙도록 하오니 호복을 입어 주시오."

그러자 공자 성은 재배하고 머리를 조아리며 말했다.

"신은 이미 대왕께서 호복을 입으신다는 말을 들었습니다. 신은 재주도 없고 병들어 누워 있는 몸이라 조정에 나가 자주 진언을 드리지 못하였습니다. 대왕께서 기왕 저에게 물으시니 신이 감히 직언으로 회답함을 용서하시기 바라옵니다. 신이 듣건대 중국은 총명하고 예지 있는 사람들이 거주하는 곳으로서 만물과 재화가 모이는 곳이며, 성현이 교화를 행한 곳입니다. 또한 인의가 베풀어진 곳이며, 『시』, 『서』와 예악이 쓰이는 곳이고, 먼 곳의 사람들이 관광하고 학습하는 곳이고, 만이(蠻夷)가 행위의 모범으로 삼는 곳이라고 합니다. 지금 왕께서는 이를 버리시고 먼 나라의 복장을 입으시니 이는 옛 성현의 교화를 개변하고 그 이룬 바를 포기하며 민심을 거스르는 것이고 지식이 있는 선비들을 어쩔 줄 모르게 하는 것으로서 그 후과는 반드시 중국인을 고난에 빠뜨릴 것이 분명합니다. 대왕께서 이 일을 신중히 고려하시기를 바랍니다."

사자가 이 말을 왕에게 보고하자, 왕은 "내가 원래 숙부께서 병이 드셨다고 들었는데 직접 가서 부탁드려야겠다."라고 말하였다. 왕은 며칠 뒤 공자 성의 집에 직접 찾아가 부탁하였다.

"복식이란 편리하게 사용하기 위한 것이고 예의란 일을 순조롭게 처리하기 위한 것입니다. 성인은 상이한 정황에 근거하여 시와 때에 적절하게 맞추고 구체에서 출발하여 예법을 제정하기 때문에 모두가 백성에 이롭고 국가 역시 그 커다란 이익을 향유하게 됩니다. 예를 들어, 머리를 짧게 자르고 몸에 문신을 하고 팔에 무늬를 아로새기고 옷깃을 왼쪽으로 여미는 것은 구월(甌越) 일대 백성들의 습관입니다. 이를 검게 물들이고 이마에 무늬를 새기고 어피(魚皮)로 만든 모자를 쓰고 조악하게 만들어진 옷을 입는 것은 오나라의 풍습입니다. 그러므로 예법이나 복장은 같지 않으나 편리함을 추구하는 것은 마찬가지입니다. 지방이 다르기 때문에 사용함에 변화가 있고 일이 다르기 때문에 예법도 바뀌는 것입니다. 그러므로 성인은 진실로 나라에 이익이 된다면 그 방법을 일치시킬 필요가 없으며, 정말로 일하는데 편리하다면 그 예법을 동일하게 할 필요는 없다고 여겼습니다.

유자(儒者)는 한 스승으로부터 가르침을 받지만 예법은 다른 바가 있고, 중국의 풍속은 서로 같으나 교화는 도리어 차이가 있습니다. 가난한 산골에서야 그저 편리하면 그만입니다. 그러므로 사물 취사의 변화는 총명한 사람도 억지로 일치함을 요구할 수 없습니다. 먼 곳과 가까운 곳의 의복에 대하여는 성인도 일치됨을 강요할 수 없습니다. 기껏 한 구석만을 보는 오래된 유학은 궤변이 많습니다. 정확하게 알지 못하면 곧 제멋대로 판단해서는 안 됩니다. 자기 의견과 달라도 비난하지 않는 것이야말로 비로소 공정한 태도이며, 이로써 진선진미에 이를 수 있습니다. 지금 숙부께서 말씀하신 것은 일반적인 풍습 문제이고 내가 주장하는 바는 어떻게 풍속을 개혁할 수 있는가의 문제입니다. 우리나라는 동쪽으로 황하와 락수가 있어 제나라, 중산국과 그 이익을 함께 향유하고 있으나 오히려 배를 이용하지 못하고 있습니다. 또 상산부터 대, 상당에 이르기까지 동쪽으로는 연나라, 동호와의 변경이 있고 서쪽으로는 누번, 진나라, 한나라와의 변경이 있지만, 지금 기병과 사수(射手)의 방비가 없습니다.

지금 복장을 바꾸어 말을 타고 활을 쏘는 것은 연나라와 삼호, 진나라, 한나라의 변경의 안전을 보위하고자 함입니다. 예전에 간자께서는 진양에서부터 상당에 이르는 요충지를 차단하지 않으셨고, 양자께서는 융을 병합하고 대를 점령하여 오랑캐 부족들을 물리치셨으니 이는 어리석은 자나 총명한 자나 모두 잘 알고 있는 사실입니다. 과거에 중산국이 제나라의 강력한 병력을 믿고 우리 땅을 침범하여 짓밟았으며, 우리 백성을 약탈하고 물을 끌어대어 호를 포위하였는데, 만약 사직의 신령이 도와주지 않았더라면 지키지 못하였을 것입니다.

선왕께서는 이를 수치스럽게 여기셨으나, 이 원한은 아직 갚지 못하였습니다. 이제 기병과 사수로써 방비하면 가까이는 상당의 지형을 손쉽게 관찰할 수 있고 멀리는 중산국의 원한을 갚을 수 있습니다. 그런데 숙부께서는 풍속에 따르느라 간자, 양자 두 분의 뜻을 어기고 있으니 복장을 개변하였다는 말을 싫어하여 호의 수치를 망각하는 것은 과인이 바라는 바가 아닙니다."

그러자 공자 성은 재배하고 머리를 조아리며 "신이 어리석어 왕의 깊은 뜻을 모르고 감히 세속의 견문을 아뢰었으니 이는 신의 잘못입니다. 지금 왕께서 간자, 양자의 유지를 계승하고 선왕의 뜻에 따른다고 하시니 신이 감히 명령에 복종하지 않을 수 있겠습니까?"라고 하며 다시 재배하고 머리를 조아렸다. 왕은 이에 호복을 하사하였다. 다음날 공자 성이 호복을 입고 조회에 나가니 그제야 호복을 입으라는 명령을 공포하였다.

그러나 조문, 조조, 주소, 조준 등은 여전히 왕에게 호복을 입지 말고 옛날 방식이 편하다고 간언하며 말렸다. 그러자 왕은 다음과 같이 말하였다.

"선왕들의 풍속이 같지 않은데 과연 어떤 옛 방식을 본받을 것이라는 말이오? 또 제왕들이 서로 답습하지 않는데 과연 어떤 예법을 따를 것이라는 말이오?

복희와 신농은 가르치되 죽이지 않았으며, 황제(黃帝)와 요, 순은 죽이되 노하지 않았소. 삼왕에 이르러서는 때에 맞춰 법을 만들었고 일에 따라 예를 만들었소. 법도와 제령(制令)은 각기 그 편리함에 따랐고, 의복과 기계는 각기 그 쓰임에 맞추었소. 그러므로 예법 또한 꼭 한 가지 길일 필요가 없고 국가에 도움을 주는 데 반드시 옛 것을 본받아야 할 필요는 없소. 성인은 흥했어도 서로 답습하지 않았지만 왕이 되었고, 하나라와 은나라는 쇠퇴했어도 예법을 바꾸지 않았지만 끝내 멸망하였소.

이렇게 본다면 옛 것과 다르다고 하여 부정할 수 없으며, 옛날의 예법을 따랐다고 해서 충분하다고 할 수도 없소. 만약 기이한 의복을 입는 자는 마음이 음탕하다고 한다면 추나라와 노나라에는 기행(奇行)이 없을 것이며, 풍속이 특이하여 그 백성이 뒤떨어진다면, 오나라와 월나라에서 덕과 재능을 겸비한 인재가 나올 수 없었을 것이오. 하물며 성인께서는 신체에 편리한 것을 의복이라고 하셨고, 일할 때 편리한 것을 예법이라고 하셨소. 무릇 진퇴의 예절과 의복의 제도란 일반 백성을 다스리기 위한 것이지, 현자를 논평하기 위한 바가 아니오.

그러므로 평민은 세속과 어울리고 현인은 변혁과 함께 하는 것이오. 옛 속담에 '책으로써 말을 모는 자는 말의 속성을 모두 이해할 수 없고, 옛날 제도로 지금을 다스리는 자는 사리의 변화에 통달할 수 없다'라고 하였소. 옛날 법도만으로 오늘의 사무를 처리하는 것은 사물의 변화를 이해할 수 없소. 옛 법만을 모신다면 세속을 초월하기 어렵고, 옛날 학문만을 본받아가지고는 지금의 문제를 해결하기 어려운 것이오. 그대들은 이런 점에 생각이 미치지 못했던 것이오."

마침내 무령왕은 호복을 보급하고 기병과 사수를 모집하였다.

20년, 왕은 중산국의 영토를 공략하여 영가에 이르렀고, 서쪽으로는 호 땅을 침략하여 유중에 이르렀다. 임호의 왕은 말을 헌상하였다.

21년, 중산국을 공격하였다. 조소를 우군으로 삼고 허균을 좌군으로 하고, 공자 장(章)을 중군으로 삼아 왕이 그들을 총괄하였다. 우전은 전차와 기병을 이끌고, 조희는 호와 대의 병사를 총괄하였다. 조희는 여러 군사와 더불어 골짜기를 지나 곡양에서 합류하여 단구, 화양 그리고 치의 요새를 공격하여 점령하였다. 무령왕의 군대는 호(鄗), 석읍, 봉룡, 동원 등지를 점령하였다. 중산국이 4개의 성읍을 바치며 강화하기를 원하자, 왕은 이를 허락하고 군대를 철수시켰다. 23년, 다시 중산국을 공격하였다. 25년, 혜후가 세상을 떠났다. 주소로 하여금 호복을 입고 왕자 하(何)를 가르치도록 하였다. 26년, 다시 중산국을 공격하였다. 빼앗은 땅이 북쪽으로는 연과 대까지 이르고, 서쪽으로는 운중과 구원에 이르렀다.

무령왕, 사자로 위장해 진나라에 들어가 정탐하다

27년 5월 무신일, 동궁에서 성대한 조회를 거행하고 무령왕은 왕자 하(何)에게 왕위를 물려주어 그를 왕으로 세웠다.[207] 새 왕은 묘현(廟見)의 예를 마치고 조정에 들어 정사를 처리하였다. 대부들은 모두 신하로서 복종하고, 비의는 재

---

207) 무령왕은 이렇게 자신이 살아 있을 때 어린 왕을 즉위시켜 어린 왕으로 하여금 평화롭게 내치를 배우게 하면서 왕실을 안정시키고 자신은 어려운 과제인 외교와 전쟁을 담당하려는 생각이었다. 그러나 이 계획은 결국 실패로 돌아가고 왕자의 난이 발생하였고, 그 와중에 자신도 굶어죽는 비극이 초래되고 말았다.

상이 되었으며 아울러 새 왕의 사부가 되었다. 그가 바로 혜문왕이다. 혜문왕은 혜후의 아들이다. 무령왕은 주부(主父)로 자칭하였다.

주부는 아들에게 국정을 담당하도록 하고 자신은 호복을 입고 대부들을 거느려서 서북 방면의 호(胡) 땅을 공략하며 운중과 구원에서 곧바로 진나라를 습격하고자 하였다. 이를 위하여 자신이 거짓으로 사자로 위장하여 진나라로 들어갔다. 진 소왕은 이 사실을 알지 못하였으나, 얼마 후 그의 모습이 매우 위풍당당하여 신하된 자의 풍채가 아니었음을 수상히 여기고 사람을 보내 추적하게 하였다. 그러나 주부는 말을 달려 이미 진나라의 관문을 벗어났다. 자세히 조사한 후에야 그가 주부라는 것을 알고서 진나라 사람들은 모두 크게 놀랐다. 주부가 진나라에 몰래 들어간 이유는 직접 지형을 관찰하고 아울러 진왕의 사람됨을 살펴보려고 한 것이었기 때문이다.

성이 포위되어 참새 새끼로 연명하다가 굶어죽다

혜문왕 2년, 주부가 새로 늘어난 땅을 순시하다가 곧 대 땅을 떠나 서쪽으로 향하여 서하에서 누번왕을 만나 그의 병사를 징발하였다.

3년, 중산국을 멸하고 그 왕을 변방으로 이주시켰다. 영수궁을 지었으며 이로부터 북방 지역이 조나라에 귀속되어 대 땅으로 향하는 길이 막힘이 없이 잘 통하게 되었다. 돌아와서는 논공행상을 하고 대사면을 행하였으며, 5일 동안 주연을 베풀고 장자 장(章)을 대 땅의 안양군으로 봉하였다. 장은 본래 사치스러웠고 내심으로 그 동생이 왕위에 오른 것을 불평하고 있었다. 주부는 또 전불례를 보내 장을 보좌하게 하였다.

이태가 비의를 만나 권했다.

"공자 장은 신체가 건장하고 마음이 교만하며 따르는 무리가 많고 야심이 크니, 아마도 사심이 있을 것입니다. 또 전불례의 사람됨은 잔인하고 오만합니다. 두 사람이 뜻이 맞게 되면 틀림없이 음모를 꾸며 반란을 일으킬 것이고 일단 일을 벌이면 요행을 바랄 것입니다. 무릇 소인에게 야심이 있으면 생각이 경솔하고 책략이 천박하여 단지 그 이익만을 생각할 뿐 그 재난은 고려하지 않기 때문에 유유상종하여 함께 재앙에 빠지게 되는 것입니다. 제가 보기에는 틀림없이 그럴 날이 멀지 않았습니다. 당신은 책임이 막중하고 권세가 크므로 변란이 당신에게서 시작되어 화가 당신에게로 모여들 것이니, 당신은 틀림없이 제일 먼저 해를 입을 것입니다.

인자(仁者)는 만물을 두루 사랑하지만, 지자(智者)는 화가 아직 나타나기 전에 예방합니다. 인자하지도 않고 지혜롭지도 않으면 어떻게 나라를 다스릴 수 있겠습니까? 당신은 어찌하여 병을 핑계 삼고 두문불출하여 정사를 공자 성(成)에게 맡기지 않습니까? 원성이 모이는 곳이 되지도 말고 화의 전달자가 되지도 마십시오."

비의는 고개를 가로저었다.

"아니 될 말씀이오. 당초 주부께서 왕을 나에게 부탁하시면서 '너의 법도를 바꾸지 말고 너의 생각을 달리하지 말며 한마음을 굳게 지키면서 너의 일생을 마치도록 하라'라고 하셨을 때, 나는 재배하여 명을 받고 기록해 두었소. 이제 전불례의 난을 두려워하여 나의 기록을 망각한다면, 이보다 더 큰 변절이 어디 있겠소? 조정에 나가 엄숙한 사명을 받고, 물러나와 전력을 다하지 않는다면, 이보다 더 심한 배신이 어디 있겠소? 변절하고 배신한 신하는 형벌이 용납하지 않을 것이오. 속담에 '죽은 자가 다시 살아난다고 해도 살아 있는 자는 그에게 부끄럽지 않다'라고 하였소. 내가 이미 말한 이상 나의 언약을 완전히 이루고자 하니, 어찌 일신의 안전을 구하겠소? 하물며 지조 있는 신하는 고난에 빠져야 절조가 보이고 충신은 어떤 사건에 연루되어야 그 행위가 명백해진다고 하였소. 당신은 이미 나에게 가르침을 베풀었고 충고도 하였지만, 나는 이미 내가 한 말을 끝까지 따를 것이오."

그러자 이태가 "좋습니다. 부디 옥체 보존하시기 바랍니다. 하지만 제가 당신을 볼 수 있는 것도 올해뿐이겠군요."라며 눈물을 흘리고 떠나갔다. 이태는 여러 차례 공자 성을 만남으로써 전불례의 반란에 방비하였다.

4년, 조회를 열어 신하들을 부르니 안양군도 와서 조현하였다. 주부가 왕에게 정사를 처리하게 하면서 자신은 옆에서 신하와 왕실 종친들의 예의를 살펴보았다. 그는 장자 장이 의기소침하여 오히려 신하로서 북면하고 동생에게 몸을 굽히는 것을 보고서는 마음속으로 가련하게 여겼다. 그래서 조나라를 양분하여 장을 대의 왕으로 봉하려고 하였으나, 이 계획은 결정도 되지 않은 채 중지되었다.

주부가 왕과 함께 사구(沙丘)에 유람을 갔을 때 서로 다른 궁에 묵었는데, 공자 장이 전불례와 함께 무리를 이끌고 난을 일으켰다. 그는 주부의 명령을 사칭하여 혜문왕을 불렀다. 먼저 들어간 비의가 그들에 의해서 죽임을 당하자, 고신(高信)은 즉시 왕과 함께 공자 장의 병사에 맞서 전투를 벌였다. 도성에서 달려온 공자 성과 이태가 네 개 읍의 병사를 징발하여 공자 장과 전불례를 죽이고 그들의 도당을 멸하여 왕실을 안정시켰다. 공자 성은 재상이 되고 이태는 사구가 되었다. 이에 앞서 공자 장이 패하여 주부가 있는 곳으로 달아나자 주부가 그를 받아들이니, 공자 성과 이태는 주부의 궁을 포위하였다. 결국 공자 장이 죽자, 공자 성과 이태는 "공자 장 때문에 주부를 포위하였는데 만약 군대를 철수시킨다면 우리는 멸족을 당할 것이다."라고 의논하고는 여전히 주부를 포위하고 있었다. 궁중 사람들에게 "궁에서 늦게 나오는 자는 멸족시키겠다!"라고 명을 내리니 궁중 사람들이 모두 나왔다. 주부는 나오고 싶었지만 그럴 수가 없었고, 또한 먹을 것이 없어서 참새 새끼를 구해 먹다가 세 달여 후에 사구궁(沙丘宮)에서 죽었다. 주부가 죽은 것이 확실해지자, 비로소 발상하고 제후들에게 부음을 전하였다.

당초 혜문왕이 어렸기 때문에 공자 성과 이태가 대권을 장악하였는데 그들은 주살될 것이 두려워 주부를 포위하였었다. 주부는 원래 장자 장을 태자로 삼았으나, 후에 맹요를 얻자 그녀를 총애하였다. 그래서 몇 년 동안 그녀의 궁을 나오지 않고 아들 하를 낳자, 태자 장을 폐위시키고 하를 왕으로 세웠다. 그 뒤 맹요가 죽자 사랑은 식어갔고 원래의 태자를 가련하게 여겨 두 사람을 모두 왕으로 삼고자 머뭇거리며 결정하지 못하였다. 이 때문에 난이 일어나는 바람에 부자가 모두 죽어 천하의 웃음거리로 전락했도다. 어찌 애석하지 아니하리오!

11. 진(晉)나라 문공(진 세가 중에서)
- 일시적인 이익은 천추의 공업을 능가할 수 없다

진 문공은 19년 간 외국 망명 생활을 하면서 갖은 간난신고(艱難辛苦)를 겪었지만, 그 과정에서 풍부한 치국치민(治國治民)의 경험을 축적하였고 마침내 62세에 귀국하여 왕위에 올랐다. 집정 기간에 그는 올바른 정치를 펼쳐 성현 군왕(聖賢君王)으로 칭송되었으며 춘추 오패 중의 한 명이 되었다.

그가 귀국한 뒤 논공행상에서 공신 개자추를 깜빡 잊고 빼놓았는데, 뒤늦게 그 사실을 깨닫고 사람을 보내 개자추를 찾았다. 그가 이미 금상(錦上)에 있는 산속으로 들어갔다는 것을 듣고 문공은 금상 산속 그 주위를 그에게 봉토로 주었다. 그리고 그 이름을 '개산(介山)'이라고 칭하고 "이로써 과인의 과실을 기억하게 하며, 선한 사람을 표창하노라."[208]라고 하였다. 이러한 정신으로 인하여 문공은 민심을 얻었으며 그의 지위를 공고히 하였던 것이다.

여희의 교활한 지략

진(晉)나라는 원래 주나라 무왕의 아들을 시조로 한 나라였으며 주나라에 가장 가까이 위치하고 있던 대국이었다. 그러나 격렬한 내분 속에서 정변이 많이 일어났으며 결국 분가(分家)해 간 집안 출신이던 무공(武公)이 본가(本家)를 멸망시키고 새로운 왕이 되었다. 헌공은 그 무공의 아들이었다.

헌공은 즉위한 다음 왕의 권한을 위협하는 공신들을 철저히 배제하였으며 군대를 강화시키고 영토를 확대해나갔다. 헌공 5년, 진나라는 여융족을 토벌

---

208) 이기오과 차정선인 以記吾過 且旌善人

하게 되었는데 그때 헌공은 미모가 뛰어난 여희(驪姬)라는 여자를 손에 넣게 되었다. 그런데 그 여희라는 여자는 절세의 미인일 뿐 아니라 매우 총명하여 헌공의 사랑을 독차지하게 되었다. 이윽고 여희는 사내아이를 낳게 되었는데 그가 바로 해제(奚齊)이다. 헌공은 해제를 총애한 나머지 태자를 폐할 마음을 먹었다. 그는 "곡옥(曲沃)은 우리 선조의 묘가 있는 곳이고, 포읍(蒲邑)은 진(秦)나라와 가까우며, 굴읍(屈邑)은 적(翟)[209]과 가깝다. 만약 아들들을 보내 그곳을 지키게 하지 않는다면 난이 일어나지 않을까 우려스럽다."라고 말하면서 태자 신생(申生)은 곡옥을 지키고, 중이(重耳)는 포읍을 지키며, 이오(夷吾)는 굴읍을 각각 지키도록 하였다. 헌공과 여희의 아들 해제는 도성인 강(絳)에 머물렀다. 이로 인하여 진나라 사람들은 태자가 왕위에 오르지 못할 줄을 알게 되었다.

태자 신생의 어머니는 제나라 환공의 딸로서 이름은 제강(齊姜)이었는데 일찍 죽었다. 신생의 동모(同母) 누이동생은 진(秦)나라 목공의 부인이 되었다. 중이의 어머니는 적족(翟族) 고씨(孤氏)의 딸이었다. 이오의 어머니는 중이 어머니의 여동생이었다. 헌공에게는 8명의 아들이 있었는데 태자 신생과 공자 중이, 이오가 현명하고 품행이 선량하였다. 그러나 여희를 얻고 난 후 헌공과 그의 세 아들은 소원해졌다.

그런데 여희는 영리한 여자였다. 그녀는 헌공에게 결코 자기 아들을 태자로 삼자고 하지 않았을 뿐 아니라 헌공이 신생 대신 자신의 아들 해제를 태자로 삼자고 말했을 때도 눈물을 흘리며 간청하는 것이었다.

"당치도 않은 말씀이옵니다. 태자 신생이 이 나라의 후계자라는 것은 온 천하가 아는 사실이며 또한 그는 장군으로서도 많은 공적을 세워 백성들의 존경을 받고 있습니다. 저 같은 천한 여자를 위해 제 아들을 태자로 세우려고 한다면 차라리 스스로 목숨을 끊겠습니다."

헌공은 이 말에 감동하지 않을 수 없었다.

그로부터 2년이 지난 어느 날 여희가 신생에게 말했다.

"어젯밤 꿈에 태자의 어머님께서 나타나셨어요. 어서 제사를 모시고 아버님께 제물을 올리셔요."

---

209) 북쪽 이민족을 가리키며 통칭 북적北狄이라 한다.

당시 태자 신생의 어머니는 고인이 된 지 오래였는데 그 무렵에는 꿈에 고인이 나타나면 그 자식이 제사를 지내고 그 제물을 생존해 계신 부모에게 올리는 풍습이 있었다. 그러한 여희의 말에 태자는 아무 의심 없이 즉시 제사를 모시고 술과 음식을 아버지인 헌공에게 바쳤다. 때마침 헌공은 사냥을 나갔었는데 여희는 그 술과 음식에 독약을 타 넣었다.

이튿날 사냥에서 돌아온 헌공이 태자가 올린 음식을 막 입에 대려는 순간 "한번 시험해 보시고 드시는 것이 어떨까요?" 하고 여희가 말했다. 이에 헌공이 술병을 땅에 붓자 땅이 갑자기 부풀어 올랐고 음식을 개에게 먹이자 개가 금방 죽어 버렸다. 그러자 여희가 큰 소리로 울음을 터뜨렸다.

"아니, 아버지가 사시면 얼마나 더 사신다고 뭐가 그렇게 급해 이런 짓을 합니까? 장차 어찌해야 하나요?"

한참을 통곡하던 여희가 울음을 그치더니 정색하며 말했다.

"태자가 이런 짓을 하는 것은 오로지 소첩과 소첩의 아들 해제, 두 사람 때문입니다. 그러니 우리 두 모자가 타국 땅으로 피해가는 수밖에 없을 듯하옵니다. 그렇지 않으면 더 이상 수모를 겪지 않도록 스스로 죽게 해 주십시오. 그것이 태자 신생의 손에 죽는 것보다는 백번 낫습니다. 대왕께서 전에 태자를 바꾸시겠다고 말씀하셨을 때 소첩이 그렇게 하시지 말라고 한 적이 있었는데 지금 생각해 보니 소첩이 어리석었습니다."

헌공은 격분하여 태자 신생을 잡아들이라고 임명했다. 그러나 태자는 이미 도망친 후였고, 대신 태자의 스승이 잡혀 들어와 즉시 사형에 처해졌다.

한편 몸을 피한 태자 신생에게 어떤 사람이 탄식하며 말했다.

"그 독약 사건은 여희가 꾸며낸 일 아닙니까? 왜 변명을 안 하시는 것입니까?"

그러자 신생이 침통한 표정으로 대답했다.

"아버님께서는 이미 기력이 없고 쇠약하시었소. 더욱이 여희가 없으면 잠도 편히 주무시지 못하고 식사조차 제대로 하시지 못하실 정도라오. 내가 사실을 말씀드려 아버님께서 여희에게 배신감을 느끼신다면 그 충격이 얼마나 크겠소?"

한편 태자에게 다른 나라로 망명을 권유하는 사람도 있었다. 그러나 태자는 체념한 듯이 말했다.

"그럴 수는 없소. 설사 다른 나라로 간다고 해도 이런 누명을 뒤집어쓰고서 어떻게 살 수 있겠소. 내가 할 수 있는 길이란 스스로 죽는 수밖에 없소."

이렇게 말하고 태자는 곧 스스로 목숨을 끊었다. 이때 중이와 이오가 헌공을 알현하였다. 어떤 사람이 여희에게 말하였다.

"두 공자는 여희께서 참언을 하셔서 태자를 죽게 한 사실을 원망하고 있사옵니다."

이에 여희는 두려워하여 헌공에게 두 사람의 잘못을 말하였다.

"신생이 제사 고기에 독약을 넣을 때 이 두 공자들은 이 사실을 알았사옵니다."

두 공자는 이 소식을 듣고 두려워하여 중이는 포읍으로, 이오는 굴읍으로 도망을 가서 성을 굳게 닫고 방비하였다. 당초 헌공은 사위를 보내어 두 공자를 위해서 포읍과 굴읍의 성벽을 수리하고 축조하게 하였으나 완공을 하지 못하였다. 이오는 이러한 상황을 보고하였고 헌공은 사위를 질책하였다. 사위는 사죄하면서 "변경의 성읍에는 도적이 적은데 성벽을 쌓을 필요가 있겠사옵니까?"라고 말하고 물러나왔다. 이후 그는 "호피로 만든 옷 털이 어수선한데 한 나라에 군주가 셋이도다. 나는 누구를 따라야 할 것인가?"라고 노래를 지어 불렀다. 마침내 포읍과 굴읍의 성벽이 완성되었다. 신생이 죽자 두 공자도 돌아가 그들의 성읍을 방비하였다.

헌공 22년, 헌공은 두 아들이 말도 없이 돌아간 것에 분노하여 과연 모반할 의사가 있었다고 생각하여 군대를 보내 포읍을 공략하도록 하였다. 포읍의 환관 이제(履鞮)가 중이에게 빨리 목숨을 끊으라고 권하였다. 중이는 담을 넘어 달아났고 이제는 뒤를 쫓아가서 그의 옷소매를 베었다. 중이는 적(翟)나라로 도망쳤다. 이때 중이의 나이는 이미 마흔 세 살이었다. 헌공은 또 사람을 보내 굴읍을 치도록 하였으나 굴읍은 견실하게 방어하여 깨뜨릴 수 없었다.

이듬해 헌공은 대규모 군사를 보내 이오를 공격하니 이오도 견디지 못하고 마침내 양나라로 피신하게 되었다.

2년 후 여희는 그녀의 둘째 아들 도자(悼子)를 낳았다.

충신은 죽고 이오는 왕위에 오르다

헌공 26년 여름에 헌공의 병이 위독해졌다. 헌공은 측근인 순식(荀息)을 불러 당부하였다.

"내 뒤를 해제가 계승할 것인데 아직 어리기 때문에 대신들이 잘 따르지 않을 것이며 또 반란이 일어날 수도 있다. 그대는 해제를 받들고 정사를 잘 보존할 자신이 있는가?"

"그러하옵니다."

"어떻게 그것을 증명하겠는가?"

이에 순식이 비장한 어투로 말하였다.

"남자는 일구이언(一口二言)을 하지 않는 법입니다. 그것이 바로 증거입니다."

그리하여 헌공은 순식에게 해제를 부탁했고 순식은 재상으로 임명되었다.

드디어 9월에 헌공이 죽었다. 그러자 대부 이극과 비정(邳鄭) 두 사람은 반란을 일으켜 헌공의 장례식이 열릴 때 해제를 죽였다. 이때 순식은 자결하려 했으나 곁에서 해제의 동생 도자를 왕으로 세우고 돌봐줘야 한다는 제안을 하자 마음을 바꿔 도자를 왕으로 즉위시키기로 하였다. 하지만 이번에도 이극이 군사를 이끌고 궁전에 침입해 도자를 살해해 버렸다. 그러자 순식도 어쩔 수 없이 자결하고 말았다.

해제와 도자를 살해한 이극은 즉시 중이를 맞아 왕으로 삼고자 했다. 그러나 중이는 정중하게 거절했다.

"나는 아버님의 명령을 거역하고 도망쳐 아버님의 장례식에도 가보지 못한 불충하며 불효한 사람이니 지금 와서 되돌아갈 수는 없소."[210]

그러자 이극은 다시 헌공의 셋째 아들 이오를 왕으로 맞아 오려고 했다. 이에 이오는 진(秦) 목공에게 사신을 보내 자기가 왕이 되면 하서(河西)의 땅을 바치겠다고 약속하며 협조를 청했고 이극에게도 편지를 보내 큰 벼슬을 약속했다. 진 목공은 곧 이오에게 군대를 보내어 환국할 수 있게 하였다. 하지만 귀국하

---

210) 사실 중이는 자기에게 아무런 보호 세력도 없이 피비린내 나는 살육이 계속되는 곳에 갈 수 없었던 것이다.

여 왕이 된 이오는 진나라와의 약속을 헌신짝처럼 버렸을 뿐 아니라 이극도 배신자라는 이유로 처형시켜 버렸다.

그로부터 4년이 지나 커다란 가뭄이 들어 전국에 식량난이 불어 닥쳤다. 이때 진(秦)나라 대신들은 진(晉)나라가 전에 약속을 지키지 않았던 사실을 들어 이 기회에 토벌하자고 주장했다. 그러나 진(秦)나라 목공은 "그 왕이 나쁜 것이지, 백성이야 무슨 죄가 있는가!" 라면서 오히려 많은 식량을 보내 도왔다.

그 이듬해에 이번에는 진(秦)나라에 큰 가뭄이 들었다. 그러나 진(晉)나라 왕이오는 이 기회를 틈타 진(秦)나라를 토벌하겠다고 작정하였다. 이에 진(秦)나라가 크게 분개하여 먼저 공격하자 진(晉)나라는 대패하고 이오까지 포로가 되었다. 이오는 이때 처형당할 형편이었으나 이오의 누님인 목공의 부인이 상복을 입고 울며 동생을 살려 달라고 애걸하였다.

결국 이오는 겨우 목숨은 건졌지만 태자를 인질로 맡겨야만 했다. 이오는 가까스로 목숨을 연명해가면서도 한편으로는 형 중이가 있기 때문에 자신의 위치가 항상 불안하다고 생각하여 자객을 보내 중이를 죽이도록 했다. 이 사실을 알게 된 중이는 또다시 피신해야 했다.

중이는 여희의 모함에 의해 피신한 이후 아우 이오의 위협을 받으며 장장 19년을 이 나라 저 나라로 떠돌면서 망명 생활을 해야 했다. 그러나 결국 인망을 얻어 나이 62세에 왕이 될 수 있었고 나아가 천하를 뒤흔드는 패자(覇者)가 되었다.

술에서 깨어났을 때는

중이는 어릴 때부터 선비를 좋아하여 나이 17세에 이미 현사(賢士) 5명이 곁에 있었다. 그들은 조최(趙衰)와 문공의 외삼촌인 호언구범(狐偃咎犯)과 가타(賈佗), 선진(先軫), 위무자(魏武子) 등이었다.

적나라는 구여(咎如)[211]를 토벌하고 두 명의 공주를 포로로 잡았다. 적나라 군주는 큰 딸을 중이에게 보내 처로 삼게 하였는데 백조(伯儵)와 숙유(叔劉), 두 아

---

211) 적족狄族 중 적적赤狄의 일파

들을 낳았다. 또 차녀는 조최에게 시집을 보냈는데 조돈(趙盾)을 낳았다. 중이가 적나라에서 5년 동안 머무르고 있을 때, 진 헌공이 죽자 이극이 이미 해제와 도자를 시해하고 사람을 보내어 중이를 맞아 그를 옹립하려고 하였다. 중이는 피살될까 두려워 극구 사양하고 돌아가지 않았다. 오래지 않아 진나라는 그의 아우 이오를 맞아 왕위를 잇게 하였는데, 그가 바로 혜공이었다.

혜공 7년, 중이를 두려워하여 환관 이제(履鞮)로 하여금 장사들을 데리고 가서 중이를 살해하고자 하였다. 중이는 이 소식을 듣고 조최 등과 의논하였다.

"원래 내가 적나라로 도망했으나 적나라가 나를 지원해 줄 것으로는 결코 믿지 않았소. 다만 거리가 가까워 쉽게 오갈 수 있었기 때문에 잠시 머무른 것뿐이오. 이미 이곳에서 오래되었으니 이제 큰 나라로 옮길까 생각하오. 제 환공은 선행을 좋아하고 패왕(覇王)이 되어 왕도를 펼치고 제후들을 거두어들여 도우는 데 마음을 쓰고 있지요. 이제 들으니 관중과 습붕이 죽었다는데 반드시 현명하고 능력 있는 선비를 얻고자 할 것이니 어찌 가지 않겠소?"

그래서 제나라로 출발하였다.

중이가 적나라에서 얻은 그의 처에게 말하였다.

"25년을 기다려도 내가 오지 않으면 재가하시오."

그러자 처가 웃으며 말하기를 "25년을 기다리면 제 무덤의 측백나무도 이미 크게 자랐겠습니다. 비록 말은 그렇지만 소첩은 그대를 기다릴 것입니다."

이렇게 하여 중이는 적나라에서 무려 12년을 머무른 후 떠났다. 중이의 나이 55세였다.

중이 일행이 제나라로 향하던 도중 오록(五鹿)이라는 마을을 지나게 되었는데 그때 일행은 너무 배가 고팠기 때문에 길가의 농부에게 밥을 달라고 청했다. 그러자 농부는 질그릇에 흙을 가득 담아주었다. 이에 중이가 크게 화를 내며 꾸짖으려 하자 옆에 있던 조최가 말렸다.

"흙을 받는다는 것은 머지않아 영토를 받는다는 뜻입니다. 고맙게 받으십시오."

이윽고 그들은 제나라에 도착하게 되었다. 제나라 환공은 그들을 반갑게 맞아 왕실의 공주를 중이에게 시집보냈다. 또한 말을 80마리나 주었다.

그런데 제나라에서도 그 이듬해에 환공이 죽고 역아와 수조 일당이 반란을 일으켜 나라가 매우 어지러워지게 되었다. 이로 인하여 제나라의 국력은 급속히 쇠퇴하게 되었고, 계속 다른 나라의 침입에 시달려야 했다. 중이는 그러한 가운데에서도 5년간은 편안하게 보냈다. 그는 제나라에서 맞아들인 부인을 끔찍이 사랑하여 이제 제나라를 떠날 생각을 아예 하지 않고 있었다.

그러던 어느 날 조최와 호언이 뽕나무 아래에서 몰래 제나라를 떠날 방법을 의논하고 있었다. 그러나 그 나무 위에 올라가서 뽕잎을 따던 부인의 몸종이 그 얘기를 엿듣고는 부인에게 일러 바쳤다. 하지만 부인은 고자질한 몸종을 죽여 버리고는 오히려 중이에게 빨리 제나라를 떠나라고 권했다. 그러나 중이는 "나는 이곳에 뼈를 묻을 작정이오. 평생을 탈 없이 편안하게 지낼 수 있다면 다른 무엇이 문제겠소." 하며 안 가겠다고 버티었다. 그러자 부인이 다시금 권유했다.

"당신은 지금 망명객이 되어 그저 아무 일 없이 지내시지만 진나라 백성들은 모두 당신에게 희망을 걸고 있습니다. 하루라도 빨리 돌아가서서 백성들을 구해내야 합니다. 그런데도 저 같은 하찮은 여자에 빠져 편하게만 사시려 하다니 저 역시 부끄럽습니다. 언제 공을 이루려는 것입니까?"

중이가 그래도 떠날 생각을 하지 않자 그녀는 조최 등과 짜고 중이를 잔뜩 술에 취하게 한 다음 수레에 태워 떠나게 했다. 중이가 술에서 깨어났을 때에는 이미 제나라 국경을 넘어서고 있었다. 중이가 노발대발하며 호언을 창으로 찔러 죽이려 했다.

"나를 죽이고 뜻을 이룰 수 있으시면 어서 죽이시오."

이에 중이가 소리쳤다.

"내 실패한다면 숙부의 살을 뜯어 먹겠소!"

그러자 호언이 웃으며 대답했다.

"하지만 나의 고기는 비린내가 날 터이니 먹을 수도 없을 것이오."

중이 일행은 조(曹)나라에 도착하게 되었다. 그러나 조나라 왕은 그들을 냉대하였을 뿐 아니라 중이의 늑골을 보고 싶다고 조롱하기도 하였다. 그러자 대부인 희부기(釐負羈)가 왕에게 간곡한 말로 아뢰며 나섰다.

"중이 공자로 말할 것 같으면 매우 뛰어난 인물이며 더구나 같은 성씨가 아니십니까? 지금 어려움에 빠져 우리에게 몸을 맡겼는데 냉대해서는 안 됩니다."

그러나 왕은 듣지 않았다. 그래서 희부기는 몰래 중이 일행에게 음식을 보내면서 그릇 속에 옥벽(玉璧)을 감춰 넣었다. 하지만 중이는 음식은 받았으나 옥벽은 되돌려 주었다.

그 뒤 중이는 또다시 송나라로 가게 되었다.

송양지인(宋襄之仁)

송나라 양공(襄公)은 제나라 환공이 죽은 후 혼란에 빠진 제나라에 큰 영향력을 행사하여 제나라 왕을 즉위시키는 등 그 역할이 적지 않았다. 그리하여 양공은 천하의 패자가 되겠다는 야망을 품게 되었으며 우선 남쪽의 야만족인 초나라를 응징하기 위해 양공 8년에 초나라의 속국인 정나라를 공격하였다. 이때 양공의 이복형인 공자 목이(目夷)가 반대하고 나섰다.

"소국(小國)은 소국으로서의 위치가 있습니다. 소국이 만용을 부려 패자가 되겠다고 하는 것은 오히려 화를 불러일으키게 될 뿐입니다."

그러나 양공은 그 말을 무시하고 정나라로 쳐들어갔다. 그러자 과연 초나라는 대규모 군대를 동원하여 정나라를 구하러 달려왔다. 이에 목이는 또다시 전쟁을 하지 말 것을 간청했다.

"강력한 초나라의 군대에 우리가 당해낼 수 없습니다. 지금이라도 군대를 거두셔야 할 줄 압니다."

그러나 양공은 그 의견 또한 묵살하였다.

"초나라 군대는 인의(仁義)를 모르는 야만적인 군대요. 그러나 우리 군대는 인의의 군대이니 어찌 이기지 못하리오!"

그러고는 큰 깃발에 '인의(仁義)'라는 글자를 크게 쓰게 하였다.

드디어 양쪽의 군사들이 홍수(泓水)의 강가에서 맞닥뜨렸다. 초나라 군대가 홍수에 도착하여 강을 채 건너고 있지 못했을 때, 목이는 "초나라 군사들이 강을 건너고 있는 지금이야말로 우리가 이길 수 있는 절호의 기회입니다. 어서 공격 명령을 내리십시오."라고 계책을 냈다. 하지만 양공은 듣지 않았다.

"인의(仁義)라는 저 깃발이 보이지 않소? 인의의 군대는 어디까지나 인의로써 싸워야 하는 것이오." 하고는 공격을 계속 늦추었다.

이윽고 초나라 병사들이 강을 모두 건너 아직 진용을 채 정비하지 않았을 때, 목이는 "지금이라도 공격할 수 있습니다."라고 말했지만 양공은 끝내 받아들이지 않았다.

"전쟁도 정정당당하게 해야 하는 법이오. 적군이 진용을 완전히 정비한 후 싸워야 하오."

한참 후 초나라가 진용을 완전히 정비하자 그때서야 비로소 양공은 공격 명령을 내렸다. 이때에도 양공은 전군에게 "부상당한 적의 병사는 손대지 말아야 하며 머리가 희끗희끗한 적병은 죽이지 말라!"고 명령을 내렸다.

양공은 제일 앞에 서서 긴 칼을 잡고 독전하며 싸웠다.

그러나 송나라는 이 전쟁에서 대패하였고, 양공 자신도 다리에 화살을 맞아 큰 부상을 당해야 했다. 여기저기에서 양공을 비난하는 소리가 높았다. 하지만 양공은 잘못을 시인하지 않았다.

"군자는 다른 사람이 어려움에 처해 있을 때 그를 곤경에 빠뜨리지 않으며, 다른 사람이 아직 진용을 갖추지 않았을 때 북을 치고 공격해서는 아니 되오!"

이에 목이가 반박하였다.

"전쟁이란 승리로써 대공(大功)이 되는 것입니다. 어찌 도의만을 고수한 채 변통을 구하지 않으십니까? 반드시 대왕 말씀대로 한다면 아예 남의 노비가 되면 그만인 것이지 또 구태여 그와 싸울 필요가 있겠습니까?"

2년 후 여름에 양공은 이 싸움에서 입은 상처 때문에 세상을 떠나야 했다.[212]

이렇듯 송나라 양공은 전쟁에서 패하고 자신도 부상을 입은 처지였지만 그럼에도 불구하고 중이에게 왕과 같은 대우를 해주었다. 송나라 사마(司馬) 공손고(公孫固)는 전부터 호언과 절친한 사이였는데 그는 호언에게 넌지시 귀띔해 주었다.

"우리나라는 소국인데다 지금 나라 사정이 좋지 않네. 그러니 다른 큰 나라로 가는 것이 좋겠네."

그렇게 하여 일행은 송나라를 떠나 정나라로 가게 되었다. 하지만 정나라 왕

---

212) 양공의 이러한 태도는 훗날 송양지인(宋襄之仁)이라 하여 '쓸데없는 예의나 인정'을 빗대어 말하는 고사성어가 되었다. 사마천은 예의가 땅에 떨어진 세태에서 양공의 그러한 사고방식, 즉 예의와 양보심은 충분히 평가되어져야 할 점이 있다고 평가하였다.

은 그들을 본 척도 하지 않았다. 그러자 대부 숙첨(叔瞻)이 왕에게 간언하였다.

"중이는 매우 총명하며 그의 부하들은 모두 한 나라의 재상감으로 조금도 손색이 없습니다. 또한 두 나라는 같은 종씨로서 예우를 갖춰야 할 것으로 압니다."

이에 왕이 귀찮은 듯 퉁명스럽게 말을 내뱉었다.

"각국의 공자들이 얼마나 많이 찾아오는데 어찌 일일이 대접해 줄 수 있겠는가."

그러자 숙첨이 말했다.

"그렇다면 차라리 죽여 없애십시오. 저들은 보통 인물들이 아닙니다. 반드시 후환이 될 것입니다."

그렇지만 왕은 그 말도 묵살하였다.

이렇게 하여 중이 일행은 또다시 정나라를 떠나 초나라로 갔다. 그런데 초나라에서는 성왕(成王)이 왕과 똑같은 예우를 갖추며 중이를 맞이해 주었다. 중이는 분에 넘치는 대우라고 생각하여 사양하려고 했다. 그러자 곁에 있던 조최가 말했다.

"받으십시오. 나라를 떠난 지 10여 년 되지만 대부분 냉대만 받아왔습니다. 이제 초나라는 대국이면서도 공자를 극진하게 대우하고 있습니다. 이는 하늘이 도와주시는 것입니다. 이 대접을 사양해서는 안 됩니다."

결국 중이는 초나라의 극진한 대우를 사양하지 않고 받았다. 성왕은 중이의 태도가 너무 겸손하여 일부러 농담을 던졌다.

"앞으로 환국하시게 되면 나에게 무엇을 선물하겠소?"

"새의 깃털, 모피, 상아, 구슬과 비단 등 온갖 진귀한 보물은 대왕께 많을 것이니 무엇을 드려야 좋을지 모르겠습니다."

"그래도 꼭 한 가지는 선물로 받고 싶은데요."

그러자 중이가 한참 생각하더니 이윽고 말문을 열었다.

"정 그러하시면 이렇게 하지요. 만일 앞으로 어쩔 수 없이 전쟁터에서 서로 싸워야 될 때 제가 3사(三舍)²¹³⁾를 후퇴하여 이 은혜에 보답하겠습니다."

---

213) 당시 군대가 하루 30리를 행군하고 야영하였기 때문에 30리마다 숙소가 지어졌다. 따라서 3사란 3일 행군하는 거리, 즉 90리를 말한다.

이 말에 성왕은 고개를 끄덕이며 웃었다. 하지만 장군 자옥(子玉)은 그 말을 전해 듣고 성왕에게 아뢰었다.

"대왕께서는 그자에게 지나친 대우를 해주셨습니다. 그래서 분수를 모르고 무례한 언동을 서슴지 않고 있는 것입니다. 지금 당장 그 자를 죽이십시오."

그러자 성왕이 자옥을 질책하였다.

"그 말은 도리에 맞지 않소. 그는 오랫동안 망명 생활을 하면서 무척 고생을 했으며 그 부하들은 모두 한 나라의 재상감이오. 죽인다는 것은 절대 안 될 말이오. 지금 공자의 입장에서 그밖에 어떤 말을 할 수 있겠소?"

중이가 초나라에서 몇 달 동안 머물고 있을 때 진(晉)나라 태자 어(圉)가 진(秦)나라의 인질로 있다가 탈출한 사건이 일어났다. 진(秦)나라는 그 사건에 크게 분노했으며 중이가 초나라에 있다는 사실을 알고 그를 청하였다.

그러자 초나라 성왕이 중이에게 말했다.

"아시다시피 우리 초나라는 중원으로부터 멀리 떨어져 있어 본국으로 돌아가시려면 매우 시일이 걸립니다. 그러나 진(秦)나라는 바로 이웃 나라일 뿐 아니라 그 왕이 현명하오. 그래서 진나라로 가시는 게 매우 좋을 듯하오."

결국 중이는 진(秦)나라로 가게 되었다.

19년의 망명 생활 끝에 예순이 넘어 왕위에 오르다

중이가 진(秦)나라에 도착하자 진나라 목공은 종실의 여자 다섯 명을 중이에게 시집보내며 환대하였다. 하지만 그 여자들 중에는 진(秦)나라를 탈출한 자기 조카인 어(圉)의 아내까지 있었으므로 중이는 주저하고 있었다. 그러자 진나라 대신 계자(季子)가 말했다.

"아니, 어의 국가를 토벌하겠다는 분께서 그의 아내를 맞는 것과 같은 작은 일에 구애되시다니 어찌 된 일이십니까? 무조건 받아들이시고 우리나라와 인척 관계를 맺어두시는 게 좋을 것입니다. 사소한 예의에 사로잡혀 큰 뜻을 놓쳐서는 안 됩니다."

결국 중이는 공주들을 받아들였고 목공도 크게 기뻐하여 잔치를 벌였다. 조최는 "서묘(黍苗)"[214] 시를 낭송하였다. 목공이 웃으며 말했다.

"얼마나 고국에 돌아가고 싶어 하시는지 그 마음을 알 것 같소."

그 해 9월, 중이의 조국 진(晉)나라에서는 혜공, 즉 중이의 동생 이오가 세상을 떠났고 어가 뒤를 이었는데, 그가 회공이었다.

이때 진(晉)나라의 대부 난지(欒枝)와 극곡(郤穀)이 중이를 만나러 몰래 왔다. 그들은 중이에게 하루바삐 귀국해 줄 것을 요청했으며 귀국할 경우 수많은 사람들이 호응할 것이라는 소식을 전해주었다.

마침내 중이는 귀국하기로 결심했다. 목공은 군대를 빌려주어 중이의 귀국을 도왔다. 그러나 혜공의 옛 신하 여성(呂省)과 극예(郤芮)와 같은 사람들은 여전히 중이를 옹립하려 하지 않았다. 중이가 귀국길에 오르자 회공이 이에 대항했지만 이미 백성들의 마음이 중이에게 기울어진 뒤였기 때문에 어찌할 도리가 없었다. 이로써 중이는 망명한 지 19년 만에 귀국하였는데 이때 그의 나이는 62세였다. 진나라의 대부분의 백성이 그에게 기울어져 있었다.

문공 원년 봄, 진(秦)나라가 중이를 황하까지 환송하였다. 호언이 말하였다.

"제가 군왕을 따라 천하를 주유한 지 이미 오래되어 수많은 실수를 저질렀습니다. 저도 그것을 잘 알고 있지만 하물며 군왕께서는 어떠하시겠사옵니까? 바라옵건대 저를 여기에서 헤어지게 하옵소서!"

그러자 중이가 말하였다.

"만약 내가 귀국한 뒤 그대와 뜻을 같이하지 못하는 일이 있다면 하백(河伯)으로 하여금 증언을 하도록 하옵소서!"

그러고는 구슬을 황하 속으로 던지고 호언과 맹세하였다. 이때 개자추(介子推)가 뒤에서 따르고 있다가 배 위에서 웃으며 말하였다.

"실제로 하늘이 공자께 길을 열어 주셨는데 호언이 자신의 공이라 생각하고 주군께 그 대가를 구하려고 하는 것은 실로 매우 부끄러운 일이옵니다. 저는 그와 함께 관직에 있기를 원하지 않사옵니다."

그래서 개자추는 자신을 숨기고 황하를 건넜다. 진(秦)나라 병사들이 영호

---

214) 서묘黍苗는 『시경』'소아小雅' 편에 있는 시로서, 조최가 이 시를 읊은 것은 중이 군신君臣의 귀국에 도움이 필요하다는 의미를 띠고 있다.

(令狐)를 포위하자 진(晉)나라는 여류(廬柳)에 군대를 주둔시켰다.

　2월 신축일, 호언과 진(秦) 및 진(晉) 나라의 대부들이 순(郇)에서 회맹을 하였다.

　임인일에 중이가 진(晉)나라의 군영으로 갔고, 병오일에 곡옥으로 진격하였다. 그리고 정미일에 무궁(武宮)에 도착하여 즉위하여 진(晉)나라의 군주가 되었는데, 이 사람이 곧 문공(文公)이다.

진문공 귀국로

대신들은 모두 곡옥으로 갔다. 회공 어는 고량으로 도주하였는데, 무신일에 사람을 보내어 회공을 주살하였다.

회공의 옛 대신 여성과 극예는 본래 문공에게 귀속하지 않았다. 그들은 문공이 즉위하자 피살될까 두려워 부하들과 함께 궁을 불사르고 문공을 시해할 계획을 세웠다. 문공은 이 사실을 알지 못하였다. 그런데 옛날에 문공을 살해하려고 하였던 환관 이제(履鞮)가 그들의 음모를 알아내 이것을 문공에게 알리고 과거의 죄를 갚으려고 문공을 알현하기를 청하였다. 그러나 문공은 그를 접견하지 않고 사람을 보내 그를 질책하기를 "포읍에서 너는 과인의 옷소매를 베었다. 그후 과인이 적나라의 왕과 사냥을 갔을 때 너는 혜공을 위하여 과인을 추적하고 과인을 죽이려고 하였다. 너는 스스로 잘 생각해 봐야 할 것이다."라고 하였다.

그러자 이제가 말하였다. "저는 궁형을 받은 사람으로서 감히 두 마음으로 주군을 섬기거나 주인을 배반할 수 없었사옵니다. 그래서 주군께 죄를 지었던 것이옵니다. 주군께서는 이미 환국하여 군주가 되셨지만 왜 지금도 포읍과 적나라에서 있었던 사건과 같은 일이 있다고 생각하지 않으십니까? 관중은 활을 쏘아 제 환공의 대구(帶鉤)를 맞추었으나 제 환공은 관중에게 의지하여 패자로 우뚝 설 수 있었습니다. 이제 궁형을 받은 이 사람이 매우 긴요한 일을 보고하려 하옵는데 주군께서는 접견을 허락하지 않으시니 오직 재난이 임박할까 두렵습니다."

마침내 문공이 그를 만났다. 그는 여성과 극예 등의 밀모를 문공에게 고하였다. 문공은 여성과 극예를 부르려고 하였으나 그들의 무리는 매우 많았다. 또 문공은 즉위할 때 백성들이 자기를 배반할까봐 두려워 변복(變服)을 하고 미행(微行)하여 왕성(王城)에 도착해서 몰래 진 목공(秦繆公)을 만났다. 이때 백성들은 아무도 몰랐다. 여성과 극예 등은 과연 반란을 일으켜 궁성을 불살랐으나 문공을 찾지 못하였다. 문공의 호위군들은 그들을 격퇴하였다. 여성과 극예 등이 군대를 이끌고 도주하려 하자 진 목공이 여성과 극예 등을 유인하여 황하 강변에서 그들을 죽였다.

진(晉)나라가 평정을 회복하자 문공은 다시 환국하였다. 이 해 여름에 마침내 문공은 진(秦)나라에 가서 부인을 맞아들였는데, 진 목공이 문공에 시집보낸 딸은 마침내 정식 부인이 되었다. 진(秦)나라는 3천 명을 보내어 문공을 경호하고 진(晉)나라의 반란을 방비하였다.

그런데 이때 논공행상에서 한 가지의 실수가 있었다.

바로 이제까지 문공과 생사고락을 같이했던 개자추(介子推)가 포상 대상에서 빠진 것이었다. 개자추도 봉록을 말하지 않았고 실제로 봉록 또한 그에게 미치지 않았다. 개자추가 말하였다.

"헌공의 아들이 아홉이 있는데 지금의 주군만이 살아 계실 뿐이다. 혜공과 회공은 가까운 사람이 없었고 국내외에서도 그를 버렸다. 그러나 하늘은 진나라를 멸망시키지 않으셨다. 반드시 주인이 있어 제사를 주관하게 할 것이니 지금의 주군이 아니시면 누구이겠는가? 실로 하늘께서 그분의 길을 여셨는데 몇몇 사람이 자신의 공이라 생각하고 있으니 이 또한 기이한 일이 아니겠는가? 타인의 재물을 훔치는 것을 도둑이라고 한다면, 황차 하늘의 공을 탐내어 자신의 공으로 삼는 사람은 무엇이라고 불러야 하겠는가? 신하들이 그들의 죄를 덮고 주군께서는 그들의 간사함에 상을 내려 상하가 서로 속이고 있으니 그들과 함께 하기 어렵도다!"

그러자 그의 어머니가 말하였다.

"어찌하여 가서 구하지 않느냐? 죽은 다음 누구를 원망하겠느냐?"

개자추는 "더욱이 그들을 본받는 것은 죄가 더욱 심해질 뿐입니다. 하물며 이미 원망하는 말을 했으니 그들의 봉록을 먹지 않을 것입니다."라 말하자 어머니는 "그래도 그들로 하여금 알도록 하는 것이 어떻겠느냐?"라며 권하였다.

그러자 개자추는 "말이란 사람이 꾸미는 것일 뿐인데 사람이 자신을 숨기려고 한다면 무엇 때문에 꾸미겠습니까? 꾸미는 것은 현달(顯達: 명성이 높아 이름이 세상에 드러남)함을 추구하는 것입니다."라고 말하였다. 이에 어머니는 "능히 그렇게 할 수 있겠느냐? 그렇다면 나도 너와 함께 은둔하겠다."라 하였다. 그 뒤 죽을 때까지 그들을 두 번 다시 볼 수 없었다.

개자추의 시종이 그들을 가련하게 생각하고 궁문에 글을 써서 붙였다.

〈용이 하늘에 오르고자 하니 다섯 마리의 뱀이 보좌한다. 용이 이미 구름 속에 오르니 네 마리 뱀은 각각 자기의 집으로 들어가는데 한 마리는 홀로 원망하여 마침내 그 처소를 볼 수가 없도다!〉

문공이 나와서 이 글을 보고 말하였다.

"이것은 분명 개자추임에 틀림없다. 과인이 왕실의 일에만 골몰하고 있다가 그의 공로를 아직 생각하지 못했구나!"

문공은 사람을 보내어 그를 찾았으나 그는 이미 사라지고 없었다. 문공은 그가 이미 금상(錦上)에 있는 산속으로 들어갔다는 것을 듣고 금상 주위를 그에게 봉토로 주었다. 그리고 그 이름을 '개산(介山)'이라고 칭하고 "이로써 과인의 과실을 기억하게 하며, 선한 사람을 표창하노라."[215]라고 하였다.

후세에 개자추가 죽은 날을 기해 모두 찬 음식을 먹으며 불을 때지 않는 풍습, 즉 한식(寒食)이 생겨난 것은 개자추의 비극에서 유래하였다.

일시적인 이익은 천추의 공업을 능가할 수 없다

문공이 즉위한 해에 주나라 왕실에서는 내분이 일어나 주나라 양왕이 동생의 반란을 피하여 정나라로 피신하게 되었다. 그러면서 문공에게 도움을 청했는데 문공은 도와주고 싶은 마음이 태산 같았으나 즉위한 지 얼마 안 되어 아직 국내 사정이 좋지 않았기 때문에 주저하였다. 이듬해가 되자 진(秦)나라가 선수를 써서 피신해 있는 양왕을 복귀시키기 위해 군사를 일으켰다. 그 소식을 전해들은 조최가 문공에게 말했다.

"만약 패자가 되시겠다면 주 양왕을 다시 귀국하게 하는 것만큼 중요한 일이 없습니다. 더구나 주나라 왕실과 우리 진나라는 같은 성씨입니다. 지금 우리의 사정이 매우 어렵긴 합니다만 이번이야말로 천하의 패자가 될 수 있는 절호의 기회입니다. 우리가 돕지 않고 진(秦)나라가 돕게 된다면 우리는 천하를 호령할 길이 없어집니다. 지금 양왕을 존숭하는 것은 내일 우리 진나라가 패자로 되는 토대입니다."

이 말을 들은 문공은 즉시 군사를 동원하여 주나라로 진격, 반란을 일으켰던 왕의 동생을 죽이고 망명해 있던 양왕을 복귀시켰다. 양왕은 그 감사의 표

---

215) 以記吾過 且旌善人

시로 주나라 영토인 하내의 양번(陽樊)을 문공에게 떼어 주었다.

한편 문공 4년, 초나라가 제후국과 함께 송나라를 포위하자 송나라 공손고가 진나라에 와 지원을 요청하였다. 이때 선진이 말하였다.

"은혜를 보답하고 패업을 구축하는 것은 바로 지금입니다."

호언도 "초나라는 조(曹)나라와 국교를 맺고 위나라와 정혼을 하였습니다. 만약 우리가 군대를 파견하여 조와 위를 공격한다면 초나라는 반드시 지원을 할 것이고, 그렇게 되면 송나라는 재난에서 벗어날 수 있을 것입니다."라고 말하였다. 이렇게 하여 진나라는 3군을 설치하기 시작하였다.

진 문공 5년 봄, 문공은 호언의 계책에 따라 조나라를 공격하기 위하여 위나라에게 길을 빌려 달라고 요청하였다. 하지만 위나라가 이에 불응하자 진나라는 하남(河南)에서 강을 건너 조나라를 공격하고 이어 위나라를 공격하였다.

5월에 옛날 농부가 흙덩이를 주었던 곳인 위나라의 오록(五鹿) 지방을 점령했으며, 위나라 왕이 초나라와 연합하려 하자 위나라 사람들은 왕을 내쫓고 진 문공의 양해를 요청하였다. 문공은 계속하여 조나라의 도읍을 포위, 격파하여 옛날 자기를 냉대했던 조나라 왕을 붙잡아 그 죄를 크게 꾸짖었다. 한편 자기를 위해 애썼던 대부 희부기에게는 결코 피해를 입히지 말도록 전군에 명령을 내리고 많은 선물을 주었다. 그리하여 문공은 지난 시절의 빚을 확실하게 갚았다.

이때 초나라가 다시 송나라를 포위하였다. 송나라는 다시 진나라에 위급을 알렸다. 문공은 그들을 원조하고 초나라로 진공하고 싶었으나 초나라에게 일찍이 은혜를 입었으므로 진격할 수 없었다. 또 송나라를 구하고 싶지 않았으나 송나라도 일찍이 문공에게 은혜를 베푼 적이 있었으므로 난감하였다.

이때 선진이 말했다.

"조나라 군주를 사로잡고 아울러 조와 위의 땅을 송나라와 나누게 되면 초나라는 조와 위를 구원하려 할 것이므로 반드시 송나라 포위를 풀게 할 수 있습니다."

문공이 그 계책대로 하자 초나라 성왕은 곧바로 군사를 철수하였다.

진나라가 조나라와 위나라를 함락시키자 초나라 성왕은 송나라에 대한 포위를 풀고 군대를 철수시키려 했다. 사실 초나라는 군사력이 강하기는 했지만 중원에서의 전투는 보급로가 너무 길어 불리했다. 또한 성왕은 전부터 문공을 좋아하였고 문공은 하늘이 낸 인물이라 생각하여 그와 싸우기를 꺼려했던 것이다. 그러나 문공이 초나라에 머물 적부터 그에게 반감을 가지고 있었던 초나라 장군 자옥은 철수에 끝까지 반대하였다.

초나라의 장군 성자옥(成子玉)이 말하였다.

"일찍이 대왕께서는 진나라의 군왕을 특별히 우대하셨는데 현재 우리 초나라가 조나라와 위나라를 구하기에 급하다는 것을 알면서도 고의로 그들을 공격하고 있으니 이것은 대왕을 경시하는 것이옵니다."

이에 성왕이 말하였다.

"진(晉)나라의 왕이 국외를 유랑한 지 무려 19년이다. 곤욕스럽고 궁색하였던 시기가 꽤 오래되었노라. 그러다가 마침내 환국하게 되었으니 모든 어려움과 곤란을 알고 있을 터이다. 그의 백성들을 능히 이용할 수 있으니 이것은 하늘이 그에게 길을 열어 준 것이기 때문에 우리는 그를 감당할 수 없을 것이다."

그러나 성자옥이 "신이 반드시 공을 세울 것이라고는 감히 말씀을 드릴 수 없사옵니다만 저 사악한 소인의 입을 막아 버리시기를 바라옵니다."라고 말하자 성왕은 노해서 그에게 군대를 적게 주었다. 그리하여 진나라의 군대와 초나라의 군대가 성복 부근에서 맞서게 되었다.[216]

이 싸움에서 문공은 공격을 받지 않았는데도 전군을 멀리 후퇴시켰다.

"왜 후퇴하시는 것입니까?"

그러자 한 장군이 의아스럽다는 듯이 질문하였다. 이에 문공이 대답하였다.

"지난날 내가 초나라에 머물 적에 성왕에게 3사(舍)를 후퇴하기로 약속한 바 있다. 내가 그 약속을 지키려 하는 것이다."

그리고 며칠이 지났다. 그러자 여기저기에서 후퇴만 하고 싸움은 언제 할 것이냐는 불만이 터져 나왔다. 이때 호언은 "이 싸움은 단순한 싸움이 아니라 정의의 싸움이다. 우리는 옛날의 신의를 지키기 위해 3사를 후퇴하기까지 하였다. 그렇다면 초나라도 그에 상응해서 군대를 스스로 철수시켜야 할 것이다. 무엇보다도 신의가 중요하다."면서 며칠 기다려 보자고 말하였다.

---

216) 춘추시대에는 중원의 패권을 노리는 초나라의 강력한 세력을 여러 나라가 연합해 저지하는 싸움이 많았는데 제나라 환공이 초나라와 벌였던 전쟁과 성복의 싸움이 그 대표적인 경우라 할 것이다. 당시는 초나라의 세력을 저지하는 자가 곧 패자로 인정되었다.

그러나 초나라는 먼저 공격을 개시하였고, 이에 문공은 전차 부대를 선두에 서게 하고 전차를 끄는 말에는 모두 호랑이 가죽을 씌웠다. 그것을 본 초나라 군대의 말들이 놀라 엎어지고 나뒹굴어지며 달아나기 바빴다. 그리하여 첫날의 전투는 싱겁게 끝나 버리고 말았다.

이튿날 진나라의 군대는 진격하다가 일부러 패한 척하고 도망을 치기 시작하였다. 그때 전차 뒤에는 많은 나무 섶을 달아 맺는데 그것들이 땅에 끌리면서 흙먼지가 하늘 높이 치솟았다. 그러자 초나라 군사들은 맹렬히 추격하다가 먼지에 앞을 가려 눈을 못 뜨고 당황하고 있었다. 이때 선진이 이끄는 기습 부대가 갑자기 옆에서 내달아 초나라 군대의 허리를 자르고, 동시에 앞뒤에서 협공하자 초나라 군대는 대패할 수밖에 없었다.

진나라 군대가 초나라 군대를 불살랐다. 불은 며칠이 지나도 꺼지지 않았다. 문공이 탄식하자 좌우의 신하들이 물었다.

"초나라를 격파하였는데 주군께서 근심하시니 무슨 까닭이옵니까?"

그러자 문공이 말하였다.

"내가 듣기로 전쟁에서 이겨도 마음이 편안한 사람은 오직 성인뿐이라고 하였으니 그래서 두려운 것이오. 하물며 자옥이 아직도 살아 있는데 어찌 즐거워할 수 있다는 말이오?"

자옥은 전쟁에 패하고 돌아갔다. 초 성왕은 그가 자기의 말을 듣지 않고 공적을 탐하여 진나라와 전쟁을 벌였다고 노여워하며 자옥을 견책하였다. 그러자 자옥은 자살하였다. 이 소식을 들은 진 문공이 크게 기뻐하며 말하였다.

"우리들은 그 바깥을 공격하였는데 초나라 왕은 안에서 대신을 주살하였으니 안과 밖이 상응하였도다!"

6월, 진나라가 위나라 임금을 환국시켰다.

임오일, 진 문공이 황하를 건너 북쪽으로 귀국하였다. 논공행상을 하니 호언이 으뜸이었다. 그러자 어떤 사람이 불평을 늘어놓았다. "성복의 싸움은 선진의 계책으로 이긴 것입니다."

그러자 문공은 "성복의 싸움에서 호언은 과인에게 신의를 잃지 말라고 권했었소. 선진은 '전쟁이란 모름지기 이기는 것을 으뜸으로 삼는다.'라고 말하였는데 과인은 선진의 계책을 채용하여 승리를 거두었소. 그러나 이것은 일시적으로 적용되는 임기응변일 뿐이지만, 호언의 말은 오히려 천추만대의 공업(功業: 공적)이니, 어찌 일시적인 이익이 천추만대의 공업을 능가할 수가 있겠는가? 이 것이 과인이 호언을 가장 앞에 둔 이유이다."

문공, 패자의 지위에 오르다

문공이 이끄는 연합군이 성복의 싸움에서 승리를 거둔 후 진 문공은 온읍 (溫邑)에서 제후들과 만나 제후를 이끌고 주나라 천자를 알현하고자 하였다. 그 러나 아직은 힘이 충분하지 않았기 때문에 제후들이 반란을 일으킬까 두려워 사 람을 보내어 주 양왕으로 하여금 하양(河陽)에 와서 순시하시라고 전하게 하였다.

임신일에 제후들을 이끌고 천토에 와서 주 양왕을 알현하였다. 공자가 역사 서를 읽다가 문공 부분에 이르러 "제후는 왕을 부를 수 없다."고 말하였다. 그 리하여 "왕이 하양을 순수(巡狩)[217]하다."라고 한 기술은 『춘추』가 진 문공이 주 양왕을 부른 사실을 피하여 묘사한 것이다.

문공은 그곳에 주나라 양왕을 위해 왕궁을 짓고 전리품과 포로들을 바쳤다. 양왕은 문공을 패자로 인정하였고 의식용(儀式用)의 큰 수레와 붉은 옻칠을 한 활과 화살, 검은 옻칠을 한 활과 화살, 수수로 담근 술 한 동, 그리고 친위대 3 백 명을 하사하였다. 문공은 세 번을 사양한 다음 머리를 조아리며 하사품을 받았다. 그러고 나서 패자로서 제나라, 노나라, 송나라, 채나라, 정나라, 위나 라, 거나라 제후들을 거느리고 회맹(會盟)[218]하였다.

그 뒤 문공 7년에 진나라는 진(秦)나라 목공과 연합하여 정나라를 공격하였 다. 공격의 명분은 옛날 문공이 정나라에서 냉대를 받았던 사실과 성복의 싸움 때 정나라가 초나라 편을 들었다는 것이었다.

정나라 수도를 포위한 문공은 옛날 자기를 죽이라고 했던 숙첨을 내놓으라 고 요구했다. 결국 숙첨은 자결하였고, 정나라 왕은 숙첨의 시체를 문공에게

---

217) 천자가 제국諸國을 순행하다는 뜻.
218) 이것을 천토의 회맹이라 한다.

보낸 후 용서를 빌었다.

그로부터 2년 후 문공은 세상을 떠났다. 19년 동안 망명 생활을 하다가 왕으로 있던 시간은 불과 9년에 지나지 않았지만, 그는 주나라 양왕을 복위시키고, 제후의 우두머리로서 초나라를 물리쳤으며, 주나라 왕을 불러내 회맹을 갖는 등 패자로서의 위엄을 크게 떨쳤다. 또한 국내 정치 제도를 정비하고 인사 제도 또한 능력에 맞추어 합리적으로 운영하고 사회가 안정되었다.

중원의 강대국 제나라는 패자였던 환공이 죽자 바로 나라가 기울었으나 진나라는 문공이 죽은 후에도 여전히 강대국의 지위가 흔들리지 않았던 것이다.

태사공은 말한다.

"진 문공은 고대의 이른바 명군이었다. 그는 외지에 19년 동안 망명하면서 극도로 곤궁한 처지에 있었다. 그러한 그가 진나라의 군위(君位)에 올라 신하들에 대한 논공행상을 할 때 도리어 공신 개자추를 잊었으니 교만하고 사치하며 음란한 군주들이야 어떻겠는가?"

12. 초나라 장왕(초 세가 중에서)
– 나라를 하나 얻는 것보다
나의 말 한 마디를 지키는 것이 중요하다

초나라는 중국 남쪽의 강대국이었으나 중원(中原)으로부터 오랑캐의 나라로 여겨져 무시당해 왔다. 주나라에서 주어진 작위도 고작 자작(子爵)에 불과했다. 그리하여 초나라에서는 왕이라는 칭호를 쓸 수 없도록 되어 있었음에도 불구하고 초나라는 스스로 왕을 자처하면서 중원의 권위를 무시하고 자주 중원을 침범하였다. 이때문에 중원에서는 초나라를 제압하는 왕을 패자로 인정하는 경향이 생겨났으며 제나라 환공이나 진(晉)나라 문공이 그 대표적인 인물이라고 할 것이다.

그러나 이러한 중원의 연합군조차 손쓸 수 없을 정도로 초나라의 세력이 강성해졌을 때가 있었으니 바로 장왕(莊王) 시대였다.

3년 동안 울지도 날지도 않는 새

초나라 장왕은 즉위한 지 3년 동안 단 한 가지의 정책도 발표하는 일 없이 밤낮으로 환락의 시간만 즐기고 있었다. 그리고는 "과인에게 간섭하는 자는 무조건 사형시키겠다."고 공표하였다. 하지만 목숨을 걸고 직언하는 신하가 있었다. 장왕은 한편으로는 감동하고 한편으로는 괘씸하기도 하여 만나보고자 했다.

장왕은 왼팔에는 정나라 출신의 미희를 끼고 오른팔에는 월나라 출신의 미녀를 안고서 악사(樂師)들에게 둘러싸인 채 그 신하를 맞았다.

그의 이름은 오거(伍擧)였다.[219]

"대왕께서 수수께끼를 한번 풀어 보시겠습니까?"

"그래, 말해 보아라."

"언덕 위에 큰 새가 있습니다. 3년 동안이나 날지도 않고 울지도 않습니다. 그 새가 무슨 새이겠습니까?"

두말할 것도 없이 장왕을 비유한 말이었다. 장왕이 그 말을 듣고 역정을 냈다.

"3년을 날지 않았어도 한번 날게 되면 단숨에 하늘 꼭대기에 솟구칠 것이며 3년을 울지 않았어도 한번 울기 시작하면 천하 사람들을 놀라게 할 것이다. 그대는 물러가라, 나는 알고 있노라!"

몇 달이 지나 장왕의 음란한 생활은 더욱 심해졌다. 이번에는 대부 소종(蘇從)이 나섰다.

장왕은 그를 보더니 경고하였다.

"과인에게 간섭하는 자는 모두 사형이다. 그건 알고 있는가?"

"이 한 몸 죽어 대왕의 현명하심이 되돌아올 수 있다면 그 이상 더 바랄 게 있겠습니까?"

그러자 왕은 자리에서 벌떡 일어나더니 즉시 음악과 춤을 중지시키고 조정에 나가 집무를 시작하였다. 그러고는 그동안 법을 어기고 부정부패를 일삼으며 사리사욕만 채웠던 수백 명의 무리들을 주살하였으며, 또한 수백 명을 불러들여 등용하였다. 또한 오거와 소종에게 정무를 처리하도록 하니 온 백성들이 모두 좋아하였다.

이 해에 용국(庸國)을 멸망시켰다. 장왕 6년에는 송나라를 공격하여 전차 6백 대를 노획하였다.

장왕이 아직 주색에 빠져 있을 때였다.

어느 날 밤 신하들을 모아 놓고 "오늘 밤에는 일체의 예의를 떠나서 한번 실컷 놀아 봅시다."라고 말하며 신하들에게 술을 권했다. 신하들이 모두 큰 소리로 환성을 지르며 왁자지껄 소란했다. 바로 그때 등불이 꺼지더니 왕의 애첩이

---

219) 오자서의 아버지.

비명을 질렀다. 어느 누가 그녀의 가슴을 더듬고 희롱했던 것이다. 그녀는 놀라면서도 그 사나이의 갓끈을 잡아 뜯고는 왕에게 호소하였다.

"폐하, 등불을 켜게 하시고 갓끈이 없는 자를 잡아주세요."

그러자 장왕은 "오늘 밤은 내가 예의를 차릴 것 없이 술을 마시자고 권했소. 자! 이제 모두 갓끈을 잘라 버리시오!"

등불이 켜진 후 살펴보니 신하들은 아무도 갓끈을 달고 있지 않았다.

몇 년이 지난 후 진나라와 전쟁을 벌이고 있을 때 앞에서 매우 용감히 싸우는 신하가 있었다. 그의 뛰어난 용기 덕분에 초나라는 그 전투에서 대승을 거두게 되었다. 장왕이 그를 불러 "그대처럼 용감한 사람이 있었다는 사실을 미처 몰랐소. 정말 장하오." 하며 크게 대접하려 했다. 그러자 그 신하가 엎드려 말했다.

"저는 이미 죽은 목숨이었습니다. 예전에 갓끈을 뜯겼던 것은 바로 저였습니다. 그때 폐하의 온정으로 살아날 수 있었으니 그 뒤로는 목숨을 바쳐 폐하의 은혜에 보답하려 했을 뿐입니다."

정(鼎)의 무게를 묻다

장왕 8년, 장왕은 낙양 부근까지 쳐들어온 융(戎)족을 토벌하고 낙수(洛水) 강변에 군대를 진주시켜 사열식을 하였다. 주나라 정왕(定王)은 대부 왕손만을 보내 장왕의 원정을 치하하였다. 그러자 장왕이 왕손만에게 물었다.

"주나라 왕실에 있는 정(鼎)은 얼마나 크며 또 그 무게가 얼마나 나가오?"[220]

이에 왕손만은 "천하를 통치하는 것은 덕정(德政)에 있지 구정(九鼎)에 있지 않습니다."라고 대답하였다.

그러자 장왕은 "그대가 구정을 가졌다고 으스대지 말라! 초나라는 방패와 창 같은 무기만 부러뜨려도 구정 정도는 족히 만들 수 있소."라고 응수하였다.

이에 왕손만은 "아! 군왕께서는 잊으셨습니까? 옛날 순임금과 우임금의 태

---

220) 주나라 왕실에 놓인 보배로운 그릇으로 왕위나 황제를 상징하였다. 정의 무게를 묻는다는 것은 주나라의 권위를 무시하고 아예 그것을 자기에게 넘기라는 뜻이다. 이로부터 문정問鼎이란 천하의 패권, 제위를 노리다는 의미로 사용된다.

평성세에 먼 나라 각국 사자가 모두 이르러 9주[221]에서 나는 금속을 바쳤고, 우왕은 그 금속들로 구정을 만들고 아울러 그 표면에 산천물상(山川物象)을 조각하였습니다. 모든 기이한 물상을 모두 조각하여 사람들로 하여금 신귀괴물(神鬼怪物)을 알게 하였습니다. 그 뒤 하나라 걸왕이 무도하고 덕이 없었기 때문에 구정은 은나라에 넘겨져 6백년이 이어졌습니다. 그러다가 다시 은나라 주왕이 포악무도했으므로 주나라로 옮겨진 것입니다. 만약 천자가 덕이 있으면 구정이 비록 작아도 오히려 무겁고 옮겨가기 어렵습니다. 그러나 만약 천자가 어질지 못하면 구정이 비록 커도 오히려 가볍고 잃기 쉽습니다. 일찍이 주 성왕이 도읍을 하여 구정을 안치했을 때 점을 쳐보니 30대를 이어갈 수 있고 그 햇수는 7백 년이라고 했으니 이는 하늘이 부여한 대명(大命)입니다. 지금 주나라의 덕정(德政)이 쇠퇴했다고는 하지만 천명은 아직 변함이 없습니다. 따라서 구정의 경중은 물어볼 수 없는 것입니다."

이 말을 들은 장왕은 군사를 거두어 돌아갔다.

나라를 하나 얻는 것보다 나의 말 한 마디를 지키는 것이 중요하다

장왕 13년에 서(舒)나라를 멸망시켰다.

16년에 이웃 진(陳)나라에서 대부 하징서(夏徵舒)가 왕을 죽이고 스스로 왕이 된 사건이 벌어지자,[222] 장왕은 진나라 토벌에 나서면서 진나라 백성들에게 포고령을 내렸다.

"안심하라. 이번 토벌은 오직 하징서를 응징하는 뜻 이외에 다른 목적이 없다!"

하지만 장왕은 하징서를 사로잡아 죽인 다음 진나라를 초나라의 현(縣)으로 복속시켜 버렸다. 신하들이 모두 모여 축하했다. 그러나 제나라에 사절로 파견되어 다녀온 대부 신숙시(申叔時)만은 축하의 말을 하지 않았다. 장왕이 의아하

---

221) 중국을 의미한다.
222) 이 사건은 유명한 하희夏姬의 음란한 생활 때문에 빚어진 사건이다.

게 생각하여 그 까닭을 물으니 신숙시는 이렇게 대답하였다.

"소가 자기 밭을 지나갔다고 그 소를 빼앗은 어느 사람의 얘기를 들어보신 적이 있으십니까? 소가 밭을 밟아 밭을 못쓰게 만드는 것은 분명 잘못된 일입니다. 하지만 소까지 빼앗는 것은 지나치지 않겠습니까? 당초 진나라를 공격하실 때, 대왕께서는 진나라에 반란이 일어나 제후들을 이끌고 정벌에 나서셨습니다. 인의(仁義)라는 명분을 가지고 정벌하셨는데 도리어 진나라의 영토를 합병하시고 현까지 설치하셨습니다. 이렇게 되면 앞으로는 무엇으로써 다시 천하 제후들을 호령하실 수 있겠습니까?"

결국 장왕은 진나라 땅을 되돌려주고 암살당했던 왕의 아들을 불러들여 진나라 왕으로 즉위하도록 하였다.

후대에 공자가 이 기록을 읽다가 크게 감탄하였다.

"초나라 장왕이야말로 훌륭한 인물이다. 나라 하나를 얻는 것보다 자기의 말 한 마디를 더 귀하게 생각했기 때문이다!"

세 명의 남편, 두 명의 임금, 한 명의 아들을 제물로

하희(夏姬)는 춘추 시대 정나라 목공의 딸로 진(陳)나라 대부 하어숙의 미망인이었다.

그녀는 자그마치 세 명의 남편과 두 명의 임금과 한 명의 아들(三夫二君一子)을 죽게 만들었으며 한 나라와 두 명의 대신을 멸망시켰던 희대의 요부였다.

그녀는 결혼하기 전에도 친오빠인 진(陳)나라 영공과 정을 통했고, 또 대부 공령, 의행부와도 통정하였다. 이 불륜의 삼각관계가 불씨가 되어 마침내 영공은 하징서에게 죽임을 당했다.

하희가 진(陳)나라에 시집온 후 아들 하나를 낳고 남편 하어숙은 그만 젊은 나이에 요절하고 말았다. 그러나 "하희는 세 번씩이나 다시 젊어졌다."는 말이 후세에 전해질 정도로 미색이 뛰어났을 뿐 아니라 나이가 들어서도 그녀의 요염미는 더해졌다.

우선 하희는 진나라의 왕이었던 영공과 눈이 맞아 남몰래 정을 통하는 사이가 되었고, 또 공령, 의행보라는 두 사람의 대부도 각기 하희와 관계를 맺고 있었다. 세 사람은 하희의 속옷을 얻어 그것을 조정의 회의석상에까지 입고 나와 서로 자랑할 정도였다.

어느 날 영공은 공령과 의행보를 거느리고 하희의 집에 가서 잔치를 벌였다.

영공은 하희의 아들이며 대부인 하징서를 앞에 놓고 두 사람의 대부를 비아냥댔다.

"하징서의 얼굴이 아무래도 자네들을 닮았군!"

"무슨 말씀이십니까? 대왕님을 쏙 빼어 닮았습니다."

그러고는 세 사람이 키득거렸다.

징서는 크게 분노하였다. 그는 영공이 술을 마시고 돌아가기를 기다려 큰 활을 들고 마구간 문 옆에 숨어 기다리다가 영공이 돌아갈 때 쏘아 죽였다. 공령과 의행보는 그대로 초나라로 도망쳤고, 영공의 태자도 진(晉)나라로 피했다. 그리하여 징서는 스스로 왕임을 자처하게 되었다.

이듬해 초나라 장왕은 영공 암살의 죄상을 들어 군사를 일으켜 징서를 토벌하고 주살하였으며 정나라를 초나라에 복속시켰다. 그런데 장왕 역시 예외가 아니었다. 장왕은 하희와 동침한 후 그녀를 소실로 삼고자 했으나 대부 무신이 말렸다.

"하희는 상서롭지 못한 여인입니다. 그녀가 정나라에 있을 때 오빠인 영공과 재상 자공과 동시에 정을 통해 마침내 영공이 비명횡사했습니다. 그리고 시집와서도 남편을 요절하게 만들었고, 또한 세 사람과 정을 통해 그로 말미암아 나라까지 망하게 되었던 것입니다. 무엇 때문에 이 음란하고 상서롭지 못한 여자를 취하려 하십니까?"

마침내 장왕은 단념하였다. 그 뒤 초나라 장군 자반이 그녀를 달라고 했지만 무신이 역시 제지시켰다. 그 후 연윤(連尹) 벼슬에 있던 양로가 하희를 차지하게 되었다. 그런데 얼마 안 가 양로 역시 전쟁에 나가 죽었고, 그 아들 흑요가 그녀를 범하여 데리고 살게 되었다. 이때 평소에 하희를 탐내 왔던 무신이 꾀를 내어 결국 하희를 데리고 진(晉)나라로 도망쳐 같이 살았다. 그러자 장군 자반이 크게 화를 내어 흑요를 죽이고 무신의 가족들을 몰살시켜 버렸다.

이 소식을 들은 무신은 복수를 결심하고 오나라로 스스로 가서 틈만 나면 초나라를 침략하였다. 그리고 결국 오나라는 진(晉)나라와 힘을 합해 초나라를 공격하여 대승을 거두게 되었는데 초나라 왕은 한쪽 눈을 실명하고 홧김에 장군 자반의 목을 베어 버렸다. 이 모두가 하희라는 한 요부로부터 비롯된 일이다.

호탕한 패자

장왕 17년 봄에 초나라는 정나라를 공격하여 3개월을 포위한 끝에 항복을 받아냈다. 장왕이 정나라 수도로 입성하자 정나라 왕은 항복의 표시로 웃통을 벗고 팔을 드러내면서 양(羊)을 끌고 나와 엎드렸다.

"저는 하늘의 도움을 얻지 못하여 대왕을 섬기지 못하고 대왕께서 진노하시어 우리 정나라를 징벌하셨으니, 이 모든 것이 저의 잘못입니다. 제가 어떻게 감히 대왕의 명령에 따르지 않겠습니까! 바라건대 저를 남해(南海)로 축출해 주십시오. 만약 정나라를 멸망시켜서 저를 노예로 삼아 제후에게 하사한다고 하더라도 대왕의 명령에 따르겠습니다. 만약에 대왕이 주나라 여왕(厲王), 선왕(宣王), 그리고 정나라 환공(桓公), 무공(武公)을 잊지 않으시고 정나라를 멸하지 않으신 채 저로 하여금 다시 대왕을 모시게 한다면, 이는 저의 소망입니다. 다만 저의 사치스러운 바람일 뿐입니다."

초나라 대신들은 모두 "대왕, 절대로 들어주시면 안 됩니다."라고 말하였다. 하지만 장왕은 "정나라의 군주가 이처럼 자신을 낮출 줄 아니 틀림없이 그의 백성들에게 성실하고 잘 이끌 것이오. 어찌 그의 국가를 멸할 수 있겠소?"라고 말하였다. 그러고는 손수 군기를 들고 좌우 군대를 지휘하여 30리 떨어진 곳에 후퇴하여 주둔한 뒤 정나라와 강화를 맺었다. 초나라 대부 반왕(潘尫)이 정나라 도읍에 들어가서 맹약을 체결하고 정나라 군주의 동생 자량(子良)을 인질로 삼아 초나라로 데려왔다.

그런데 정나라가 미처 항복하기 전에 진(晉)나라에 구원 요청을 했었다. 그리하여 진나라는 순임보(荀林父)를 대장군으로 삼아 구원군을 파견하였는데, 6월이 되어서야 비로소 황하에 당도했다. 그러나 그때는 이미 초나라가 정나라를 항복시켰으며 양국 간의 강화가 맺어진 후였다. 순임보는 그대로 철수하려

했으나 부하 장군들이 완강하게 반대하였다.

"모두 정나라를 지원하러 왔는데, 정나라에 도착하지도 않아서는 안 됩니다."

장수들 사이에 의견이 엇갈렸으나 결국 황하를 건넜다. 한편 초나라 군대는 정나라를 제압한 뒤 황하에서 말에 물을 먹인다는 것을 출정의 명분으로 삼고 북상하였다. 결국 초나라와 진나라 군대 간에 격전이 벌어졌다. 이때 정나라는 오히려 초나라를 도와 진나라를 공격하였다. 이 전투에서 진나라 군사들은 궤멸되었고 병사들은 앞을 다투어 황하를 건너 도망치려 했다. 그러나 먼저 배에 오른 병사들은 배가 뒤집힐까 두려워 뱃전에 매달리는 병사들의 손가락을 칼로 계속 쳐 버렸다. 순식간에 배에는 잘려진 손가락들이 수북하게 쌓였다.

이 전쟁에서 크게 이긴 초나라 장왕은 천하의 패자로 인정받으며 제후들을 호령하게 되었다.

한편 패배한 진나라 대장군 순임보는 진나라 왕에게 엎드려 죄를 청했다.

"패전의 책임은 저에게 있습니다. 제발 저를 처형시켜 주시옵소서."

왕이 이를 시행하려 하자 옆에 있던 신하가 말렸다.

"지난날 문공께서 성복의 싸움에서 초나라를 격파했을 때 초나라는 싸움에 진 장군 자옥을 죽였습니다. 그러자 문공께서는 두려워하던 적장을 없애 주었다고 크게 기뻐했습니다. 지금 초나라에 패배하고 게다가 장군마저 죽인다면 적을 기쁘게 해 줄 뿐입니다." 그러자 왕은 순임보를 용서하였다.

그로부터 3년 후 초나라가 제나라에 보낸 사신을 중간에 송나라가 죽인 사건이 일어났다. 이 소식을 들은 장왕은 크게 분노하였다. 어찌나 급히 서둘렀던지 맨발로 관도 쓰지 않은 채 뛰쳐나가 군대의 출동 명령을 내릴 정도였다. 그리하여 시종들이 신발을 챙겨 가서 신겼고 왕관도 챙겨가야 했으며 수레를 급히 몰고 따라가 태워야 했다.

장왕은 군대를 일으켜 곧바로 송나라 도읍을 완전 포위하였다. 5개월이 지나자 성 안에서는 식량이 바닥나 아이들을 서로 바꾸어 먹고 시체의 인골(人骨)을 말려서 불을 때야 하는 상황이 되었다. 이때 송나라 장군 화원(華元)이 용사 몇 명만을 데리고 한밤중에 성을 빠져나가 초나라의 자반(子反) 장군을 만났다. 자반은 장왕에게 이 사실을 고하였다. 장왕이 "성 안의 실정은 어떠한가?"라고 묻자 자반은 "인골로 밥을 짓고 서로 아이들을 바꿔 잡아먹는다고 합니다."라고 대답하였다. 그러자 장왕은 "참으로 화원은 군자로다! 우리 역시 이틀분의 식량밖에 남지 않았다."라면서 철수 명령을 내렸다. 그 후 송나라는 진나라와의 관계를 끊고 초나라를 섬기게 되었다.

장왕 23년, 장왕은 세상을 떠났다.

13. 공자 세가
- 높은 산을 우러러보고 큰 길을 따라 간다
(중니 제자 열전 포함)

「공자 세가」는 위대한 사상가이자 교육자이며 유학의 창시자인 공자의 삶과 그의 업적을 상세하게 기술하여 공자 사상에 대한 연구에 있어서 매우 중요한 자료를 제공하고 있다. 사마천은 공자에 대한 기록을 정리함에 있어 조리 있게 고사(故事)를 기술하는 동시에 인물 성격의 특징 묘사를 적확하게 처리해 가고 있으며, 이로부터 전체적으로 공자의 인간상과 정신적 풍모를 드러내 보여주고 있다.

본문은 공자가 남긴 원어(原語)를 대량으로 활용하면서 사용함으로써 더욱 사실성을 높이는 한편 읽는 이로 하여금 더욱 친밀감을 느끼도록 해주고 있다.

특히 「공자 세가」는 오늘날 물질 만능과 외면적 성장 일변도의 압도적 상황에서 올바름이란 과연 무엇이며 우리 인간의 삶이란 어떻게 살아가야 하는가라는 본원적인 문제에 대하여 대철학자로서의 공자의 주장과 태도를 분명한 언어로써 우리 눈 앞에 드러내 보이고 있다.

가난했던 어린 시절

공자는 노나라의 창평향(昌平鄕)에 있는 추(陬)라는 마을에서 태어났다. 그의 선조는 송나라 사람으로서 4대 전인 공방숙 대에 송나라에서 노나라로 건너왔는데 공방숙은 백하를 낳고 백하는 숙량흘을 낳았다. 숙량흘은 늘그막에 안씨 집안의 딸[223]과 야합(野合)[224]하여 이구산(尼丘山)에서 신(神)에게 제를 올린 뒤에 공

---

223) 『예기禮記』'단궁檀弓'에 의하면 이름이 정재征在였다.

224) 숙량흘이 결혼하던 당시 나이가 64세였고 정재는 어려 두 사람의 나이 차이가 매우 컸으므로 이러한 혼

자를 낳았다. 노나라 양공(襄公) 22년(기원전 551년)의 일이었다.

공자는 갓 태어났을 때 머리의 정수리가 움푹 패여 있고 그 둘레가 언덕처럼 올라와 있었으므로 언덕 구(丘)자를 따서 구라고 이름을 지었으며 어릴 때의 이름은 중니(仲尼)였다. 공자가 매우 어릴 때 그의 부친이 사망하여 그의 어머니는 노나라 도읍의 동쪽에 있는 방산(防山)에 아버지를 묻었다. 공자는 부친의 무덤이 어디 있는지 알지 못했고 모친은 그 장소를 공자에게 가르쳐 주지 않았다. 공자는 어린 시절 소꿉놀이를 할 때 곧잘 제사 그릇을 늘어놓고 제사를 모시는 예절 동작을 하였다. 그의 모친이 사망하자 공자는 부친의 무덤을 몰랐으므로 부모님의 묘소를 만들어 드릴 수가 없어서 모친의 영구를 노나라 도로에 임시로 세워놓았는데, 이는 공자의 심사숙고에서 비롯된 일이다. 얼마 지나지 않아 부친의 장례 때 수레를 끈 남자의 어머니가 부친의 무덤을 가르쳐 주어서 비로소 모친을 부친의 무덤에 합장할 수 있었다.

공자가 아직 마로 만든 허리띠를 차고 상을 지내고 있을 때 대부 계씨가 마을의 유지들을 모아 잔치를 베푼 일이 있었다. 공자도 그 자리에 참석하게 되었는데 계씨의 가신(家臣)인 양호가 공자를 보고는 "여기는 선비들이 오는 자리다. 너를 초대하지 않았다."라며 출입을 막았다. 공자는 할 수 없이 발길을 돌려야 했다.

공자 나이 17세 되던 해에 노나라 대부 맹희자(孟釐子)가 노 소공을 수행하여 초나라에 갔다가 돌아와 병이 중하게 되어 임종을 앞두고 자신의 후계자인 의자(懿子)에게 훈계하였다.

"공구(孔丘) 이 사람은 성인의 후손으로서 그 조상은 송나라에서 화를 입고 노나라로 피신해 왔다. 그의 선조인 불보하(弗父何)는 원래 송나라 군주를 계승할 후계자였으나, 아우 여공(厲公)에게 양보하였다. 그의 증손 정고보(正考父)는 대공(戴公), 무공(武公), 선공(宣公) 3대를 보좌하여 상경으로 일했다. 그는 매번 명을 받을 때마다 더욱 공경하고 신중했는데, 그리하여 그의 정(鼎)에 씌어진 명문(銘文)에는 '첫 번째 명을 받을 때 몸을 숙여 예를 행하고, 두 번째 명을 받을 때 허리를 굽혀 예를 행했으며, 세 번째 명을 받을 때 머리를 더욱 낮게 허리를 더

인은 당시 예법에 맞지 않아 야합(野合)이라고 한 것이다.

욱 굽혀 예를 행하였다. 길을 걸을 때는 담장을 따라 걸었다. 그렇지만 아무도 감히 나를 모욕하지 않았다. 나는 이 솥(鼎)으로 밥과 죽을 끓여 입에 풀칠해 왔다.'라고 하였다. 그의 공경하고 예의 있음은 이와 같았다. 나는 그 성인의 후손은 비록 국왕의 제위를 잇지 못한다고 하여도 반드시 재덕(才德)에 통달한 자가 나타날 것이라고 들었다. 지금 공구는 나이는 매우 어리지만 박학하고 예의를 좋아하니 그가 바로 재덕이 통달한 자가 아닐까? 만약 내가 죽거든 너는 반드시 그를 스승으로 모시도록 하라."

맹희자가 죽은 후 의자와 노나라 사람 남궁경숙(南宮敬叔)은 공자를 찾아가 예를 배웠다. 이 해에 계무자(季武子)가 죽고 계평자(季平子)가 그 자리를 계승하였다.

공자는 가난하고 지위도 매우 낮았다. 어른이 된 뒤에도 특별히 사정이 좋아지지 않아 대부 계씨의 수하 관리를 하였는데 통계가 정확하여 착오가 없었고, 그 뒤 다른 사람의 목장에서 일을 하게 되었을 때에는 가축들이 잘 자라고 목장의 관리 또한 체계적으로 이루어져 많은 이익을 남겼다. 이 공이 인정을 받아 공자는 사공(司空)[225]에 임명되었다. 얼마 지나지 않아 그는 노나라를 떠났으나 제나라에서 배척을 받고 송나라 사람들과 위나라 사람들에게 쫓겨났으며 진(陳)과 채(蔡)에서도 곤경에 처해 노나라로 다시 돌아왔다. 그는 키가 9척 6촌이나 되어 사람들은 모두 그를 '장인(長人)'이라 부르면서 기이한 사람이라고 느꼈다. 노나라 군주도 공자를 잘 대접했으므로 노나라에 돌아온 것이었다.

본래 학문에 뜻이 있었던 공자는 틈틈이 공부를 하여 자기의 앞길을 학문에 두기로 하고 새로운 생활을 시작하였다. 고전을 외우고 좋은 스승이 있다는 소문을 들으면 천리 길도 마다하지 않고 찾아가 배우기를 간청하였다. 그렇게 몇 년을 노력한 끝에 공자 자신도 훌륭한 스승이라는 소리를 듣게 되었다. 이에 따라 공자라는 이름도 노나라에서 차츰 그 명성을 쌓게 되었다.

---

225) 주나라 시대에 만들어진 관직으로서 주로 공사工事를 맡았다.

노자와의 만남

공자가 이름을 얻어 제자들을 가르치던 어느 날 공자의 제자인 남궁경숙이 노나라의 군주에게 말했다.

"공자 선생님을 모시고 주나라로 공부하러 가게 해 주십시오."

노나라 군주는 이를 허가하여 마차 한 대에 두 마리 말을 내어주고 시종 한 사람까지 딸려 보냈다. 이렇게 하여 공자는 경숙과 함께 주나라에서 예(禮)에 대하여 배우게 되었다. 이때 공자 일행은 노자(老子)를 방문하게 되었는데 작별할 때 노자는 전송하러 나와 이렇게 말하는 것이었다.

"사람을 보내는데 부자(富子)는 재물로써 하고 인자(仁者)는 말로써 한다고 하오. 나는 부자가 될 수 없고 다만 인자라는 명의를 도용하여 말로써 그대를 보내려 하오. '총명하고 통찰력이 깊으면서도 도리어 죽음의 위험에 직면하게 되는 사람이 있는데 그것은 남을 논의하는 것을 좋아하기 때문이오. 또한 말을 잘하고 박식하면서도 오히려 그 몸이 위태롭게 되는 사람이 있는데 그것은 남의 죄악을 자주 지적하기 때문이오. 남의 자식이 된 자는 마땅히 마음속으로 부모를 생각해야 하고 오직 자기만 생각해서는 안 되며, 남의 신하가 된 자는 마땅히 마음속에 군주를 생각해야 하고 오직 자기만을 생각해서는 안 되는 법이오.'"

공자가 노나라로 돌아온 뒤 공자의 제자가 되려는 사람이 차츰 늘어나게 되었다.

당시 진(晉) 평공은 황음무도하여 한씨, 조씨, 위씨, 지씨, 범씨, 중항씨 등 6가(家)의 권세가들이 병권을 장악하고 걸핏하면 동쪽의 주변 국가들을 침략하였으며, 초나라 영왕의 군대는 강대하여 중원 각국을 자주 침범하였다. 그리고 제나라는 대국이면서 노나라 옆에 있는 나라였다. 그래서 노나라는 작으면서 약소국으로서 초나라와 친하게 지내면 진(晉)나라가 화를 내고, 진나라에 붙으면 초나라가 침공했으며, 제나라를 소홀히 하면 제나라가 쳐들어오는 형편이었다.

노나라 소공 20년, 공자의 나이 이미 서른이었다. 그 무렵 제나라 경공과 안영이 노나라를 방문하게 되었는데 공자라는 훌륭한 스승이 있다는 말을 듣고는 공자를 찾아와 다음과 같이 물었다.

"옛날 진(秦)나라 목공이 나라도 작고 변두리 국가였지만 전국의 패자가 될 수 있었던 이유는 무엇이오?" 그러자 공자는 "진나라는 비록 나라가 작아도 뜻이 웅대했고 변두리 국가였지만 그 행동이 정당했습니다. 목공은 자신이 직접 백리해를 발탁하여 3일간의 대화를 나눈 후 그의 현명함을 꿰뚫어보고 그에게 정사를 맡겼던 것입니다. 가히 목공은 천하의 왕자도 될 수 있었을 정도입니다."라고 대답하였다. 경공은 그의 말에 탄복하여 그 후로는 노나라의 현자로서 공자를 기억하게 되었다.

공자가 35세 때 노나라 소공은 사소한 일을 계기로 나라 안에서 가장 실력자인 계평씨(季平氏)를 처벌하려 했다. 그 당시 인기 있던 닭싸움으로 인해 계평자가 후소백에 대해 법도에 어긋난 처사를 했기 때문이다.[226] 이에 소공은 계평자를 체포하기 위해 군대를 출동시켰는데 계평자도 맹씨, 숙손씨와 손잡고 연합해서 반격을 하여 오히려 소공의 군대를 격파했다. 그리하여 소공은 제나라로 망명해야 했다. 노나라의 정치 질서는 이때부터 문란해지기 시작하였다. 이에 실망한 공자는 노나라를 떠나 제나라로 갔으며 그곳에서 대부 고소자(高昭子)의 가신으로 지내면서 제나라 경공과 교류하고자 했다. 그 무렵 제나라에서는 음악이 매우 발달해 있었는데 이에 공자는 제나라 태사와 음악에 대하여 담론을 나누었는데, 특히 순임금이 만든 소곡(韶曲)을 듣고 깊은 감명을 받아 3개월 동안이나 그야말로 침식을 잊고 배우게 되었다. 제나라 사람들은 공자를 칭찬하였다. 드디어 제나라 군주 경공이 그 소문을 듣고 공자를 불렀다. 예전에 노나라에서 만나 공자의 사람됨에 탄복하였던 경공은 반가워하며 공자를 맞아들인 후 어떻게 해야 나라를 잘 다스릴 수 있는가에 대해 공자에게 물었다.

이에 공자는 "임금은 임금으로서, 신하는 신하로서, 어버이는 어버이로서, 자식은 자식으로서 각기 그 본분을 다해야 할 것입니다."[227]라고 말했다.

그러자 경공은 고개를 끄덕이며 말하였다.

"정말 그 말씀이 맞습니다. 만약 군주가 군주답지 아니하고, 신하가 신하답지 아니하며, 부친이 부친답지 아니하고, 자식이 자식답지 아니하면 아무

---

226) 계평자는 닭의 머리에 가죽 투구를 씌우고 후소백은 닭의 다리에 쇠발톱을 씌워 닭싸움을 했던 것인데 이때 계평자가 크게 화를 내어 후소백의 땅을 빼앗았던 것이다.

227) 원문은 君君, 臣臣, 父父, 子子.

리 양식이 풍부하게 있다고 해도 우리들이 어떻게 먹을 수가 있다는 말이오!"

며칠이 지난 후 경공은 다시 공자를 불러 이번에는 정치의 구체적인 방책에 대한 자문을 구했다.

이에 공자가 대답했다. "국가를 관리하는 데 있어 가장 중요한 것은 재정 절약과 낭비 근절입니다." 경공은 공자의 대답에 기뻐하면서 공자에게 봉지를 하사하려 하였으나 재상 안영이 반대하고 나섰다. "대개 유학자는 언변에 능하고 법을 준수하지 않습니다. 또 그들은 교만하고 독선적이어서 신하로 쓰기 힘든 존재입니다. 게다가 그들은 허례허식을 소중히 하여 죽은 사람에 대한 예절을 시끄럽게 떠들어대며 가산을 탕진하면서까지 거창한 장례식을 지내도록 요구하고 있어 이것이 일반의 관습으로 된다면 그야말로 큰일입니다. 그리고 그들은 벼슬을 구해 거지처럼 이 나라 저 나라로 돌아다니므로 도저히 국정을 맡길 수는 없습니다. 성인들이 계속하여 세상을 떠나고 주 왕실이 쇠락한 뒤 예악이 붕괴된 지 이미 오래되었습니다. 지금 공자가 어떻게 옷을 입고 번잡한 어전회의를 제정하고 걸음걸이를 어떻게 해야 한다는 등 번잡한 것을 말하고 있지만, 그것들은 몇 세대에 걸쳐서도 모두 학습할 수 없습니다. 그러하오니 공자를 기용해서 국내의 풍속 일신을 꾀한다는 건 백성들을 이끄는 좋은 방법이 아니라고 생각합니다."

이후 경공은 여전히 예의를 갖춰 공자를 만났으나 두 번 다시 예(禮)에 관한 화제는 꺼내지 않았다.

어느 날 경공은 공자에게 "내가 그대를 계씨와 같이 그렇게 높게 대우할 수가 없소."라고 말하고는 계씨와 맹씨 중간 정도의 대우를 해 주었다. 자신이 제나라에서 골치 아픈 존재가 되어 가고 있다는 사실을 깨달은 공자는 며칠 후 하직을 고하려고 궐내로 들어갔다. 경공은 몹시 당황해하면서 말했다. "잠시만 기다려 주시오. 당신 나라의 승상 정도의 지위는 안 되더라도 그에 버금가는 대우를 해 주리다."

이에 공자도 어쩔 수 없이 다시 제나라에 머물기로 하고 나왔다. 그러나 제나라의 중신들 사이에 이러한 왕의 결정에 반발하는 사람이 많았고, 심지어 공자의 암살을 꾀하는 자까지 있게 되었다. 그러던 어느 날, 경공이 공자를 불러 말하였다. "일전에 그렇게 말했으나, 생각해 보니 나도 이젠 늙었소. 당신을

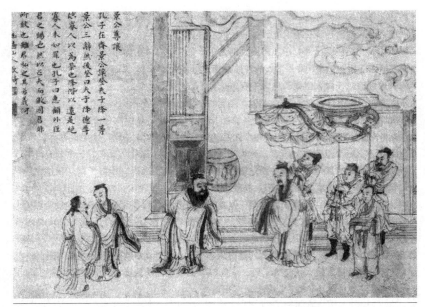

공자, 경공에게 치국의 도를 강술하다.

기용해도 도리어 당신에게 폐만 끼칠지 모르겠소." 결국 공자는 제나라를 떠나 노나라로 돌아가게 되었다.

소인은 입으로 수습하나 군자는 행동으로 사죄한다

공자가 노나라에 귀국한 지 몇 년이 지나 소공이 망명지에서 죽게 되자 그의 동생이 뒤를 잇게 되었다. 이 사람이 정공(定公)인데 그가 등극한 이후에도 노나라에서는 여전히 하극상의 풍조가 심했다. 그렇지만 나라의 혼란에도 불구하고 공자는 귀국 후 10여 년 동안 시, 서, 예, 악(詩書禮樂)의 연구와 제자의 교육에 힘쓰면서 정치 방면에서도 능력을 발휘하고 싶다는 희망을 버리지 않고 있었다. 그때 마침 계씨(季氏)를 배반한 가신(家臣) 공산씨(公山氏)가 비읍(費邑)에서 반란을 일으키고는 사람을 보내 공자를 초빙했다. 이때 공자의 나이는 이미 50세였는데 아무도 자기를 기용하는 사람이 없어 괴로운 나날을 보내고 있을 무렵

274

이었다. 그때 반란군이기는 하지만 드디어 초청이 온 것이다.

"주나라의 문왕과 무왕만 해도 풍(豊)이나 호(鎬)와 같은 작은 곳에서 일어나 왕업을 이룩했다. 비읍이 비록 작은 곳이긴 하지만 혹시 희망이 있지 않을까?"

공자는 제자들을 모아 놓고 이렇게 말하면서 떠나려고 하였다. 이에 제자 자로(子路)가 만류하고 나섰다. 그러자 공자가 말했다. "어쨌든 나를 초빙하겠다는 것은 예사로운 일이 아니다. 나에게 정치를 맡겨 준다면 문왕과 무왕처럼 동방에 전례(典禮)가 완비된 주나라를 세울 텐데!" 그러나 공자는 결국 가지 않았다.

그 후 노나라 정공은 공자를 중도(中都)²²⁸)의 장관에 임명하였다. 공자가 취임한 지 1년이 지나자 벌써 나라를 다스림에 뛰어난 능력을 발휘하게 되어 주변의 나라들까지 공자의 치세술을 본받게 되었다. 공자는 중도장관에서 사공(司空)이 되었고 다시 대사구(大司寇)²²⁹)의 자리에 올랐다.

정공 10년 봄, 노나라는 제나라와 강화를 맺게 되었다. 그런데 같은 해 여름, 제나라에서는 대부(大夫) 여서가 경공에게 말했다. "노나라는 공자를 등용한 이래 나날이 국력이 강화되고 있습니다. 지금 무슨 수를 쓰지 않으면 곧 제나라를 위협하게 될 것입니다."

경공은 그 말이 그럴 듯하다고 여기고 노나라에 사자를 파견하여 정공과 우호 회담을 갖자면서 협곡(夾谷)으로 초청했다. 정공은 이 초청을 받아들이고 곧 출발 준비를 명했다. 이때 정공을 보좌하고 있던 공자는 대사구의 신분으로서 맹약 업무도 겸임하고 있었는데, 정공이 방비가 없는 채 출발하려 하자 말리고 나섰다. "외교 교섭에도 군비(軍備)를 잊지 말며 군사적인 일에도 외교를 잊지 말라고 했습니다. 예부터 국경으로 나갈 때면 제후(諸侯)들은 만일에 대비하여 무관을 수행하였습니다. 방심하셔서는 안 됩니다." 그러자 정공은 공자의 진언을 받아들여, 무관을 대동하고 협곡으로 떠나갔다.

회담이 진행되고 있는 협곡의 회의 장소에는 단(壇)이 마련되어 있었다. 정공과 경공은 예법에 따라 서로 읍하여 겸양한 다음 단상으로 올라가서 술잔을 주고받는 예(禮)를 마쳤다. 그러자 제나라 관리가 빠른 걸음으로 나와서 아뢰었다.

---

228) 노나라의 고을 이름.
229) 주나라 시대에 만들어진 관직명으로서 형벌과 규찰을 담당하였다.

"양국의 우호를 축하하는 뜻으로 변방 여러 민족의 음악을 들려 드리겠습니다."

경공이 고개를 끄덕이자 갑자기 요란한 북소리가 울리며, 방패와 창칼의 무기를 든 제나라 무용단이 등장했다. 공자는 빠른 걸음으로 앞으로 나아가 한 걸음에 한 계단씩 위로 걸어 올라가서 이제 단과 계단 하나만 남았을 때 그것을 넘지 않고 긴 소매를 휘날리며 말했다.

"두 나라의 군주가 엄숙한 회견을 하고 있는 곳에서 오랑캐의 음악이라니, 말도 안 됩니다. 당장 중지시켜 주십시오!"

제나라 관리는 하는 수 없이 퇴장을 명했으나 무용단들은 퇴장하지 않고 좌우 사람들은 모두 경공과 안자를 쳐다보았다. 경공은 내심 부끄러워져서 손짓으로 퇴장의 신호를 보냈다. 얼마 후 제나라의 관리가 잰 걸음으로 또다시 달려와서 아뢰었다.

"그렇다면 궁중 음악은 어떨까요?" 이에 경공이 "좋다."라고 하자, 이번에는 광대와 몸집이 작은 배우[230]들이 까불면서 웃으며 나타났다. 이에 공자는 또 빠른 걸음으로 한 걸음에 한 계단씩 걸어 올라가 단과 한 계단만 남았을 때 그것을 넘지 않고 말했다.

"비천한 몸으로 제후를 미혹하는 행위는 당치도 않은 일이니 마땅히 사형에 처해야 합니다. 당장 조치하도록 명령하십시오!"

그러자 관리들이 형법을 시행하여 광대와 배우들은 그 자리에서 끌려 나가 모두 요참형(腰斬刑)이나 수족을 끊는 형벌에 처해졌다. 경공은 크게 두렵고 놀랐다. 그는 자신이 도리에 있어 공자를 따르지 못하였기 때문에 회담을 마치고 귀국해서도 대단히 두려웠다. 그는 신하들에게 "노나라는 군자의 도리로써 군주를 보좌하는데, 그대들은 도리어 고작 오랑캐의 방법으로 나를 가르쳐서 나로 하여금 노나라 군주에게 죄를 짓게 만들었으니 이를 어떻게 해야 좋겠는가?"라고 한탄하였다. 그러자 한 신하가 아뢰었다. "과오를 범한 경우 소인은 입으로 수습합니다만 군자는 행동으로 사죄를 합니다. 만일 이번 일로 마음이 크게 아프시다면 행동으로 사과를 해야 합니다."

---

230) 주유侏儒. 신체가 매우 작은 사람. 고대에 일반적으로 이러한 주유를 광대로 삼았다.

그래서 경공은 이전에 노나라로부터 빼앗았던 땅들을 반환하고 사절을 정공에게 보내어 사과의 뜻을 표시하였다.

여색을 좋아하는 것만큼 덕행을 좋아하는 사람을 보지 못했다

정공 13년 여름, 공자는 정공에게 말하였다. "신하는 집안에 무기를 감추어둘 수 없으며, 대부의 봉읍은 100치(雉)[231]의 성읍을 쌓아서는 안 됩니다." 그러고는 중유(仲由)를 파견하여 계씨의 가신으로 삼아 계손씨, 숙손씨, 맹손씨 3가(家) 봉읍의 성벽을 허물려고 하였다. 숙손씨가 먼저 후(郈)의 성벽을 허물었고, 계씨도 곧 비(費)의 성벽을 허물려 하였으나, 당시 비읍 읍재(邑宰)[232]였던 공산불뉴와 숙손첩은 비(費) 땅 사람들을 이끌고 노나라를 공격하였다. 정공은 계손, 숙손, 맹손의 세 사람과 함께 계손의 거처로 피신하여 계무자(季武子)의 누대에 올라갔다. 공산불뉴는 그곳을 공격하였지만 함락시키지 못하였다. 하지만 일부 사람들은 이미 정공의 누대 옆까지 쳐들어 왔다. 공자가 곧 신구수(申句須)와 악기(樂頎)에게 누대를 내려가 격퇴하도록 하자 그들은 퇴주하기 시작하였다. 노나라 사람들은 기세를 타고 그들을 추격하여 고멸(姑蔑)에서 완전히 궤멸시켰다. 공산불뉴와 숙손첩 두 사람은 제나라로 도망쳤고, 드디어 비의 성벽은 마침내 파괴되었다. 이어서 곧 성성(成城)을 허물려고 할 때 성읍의 읍재 공렴처보(公斂處父)가 맹손에게 말하였다.

"성읍의 성벽을 없애게 되면 제나라 군대가 앞으로 반드시 도읍의 북문까지 직접 도달할 수 있습니다. 더구나 성성(成城)은 당신들 맹씨를 보호하는 보루로서 성읍이 없으면 곧 맹씨도 없습니다. 나는 성을 허물 수 없습니다."

12월, 노 정공은 군대를 이끌고 성성을 포위하였으나 함락시키지는 못하였다.

정공 14년, 드디어 공자는 대사구에서 재상의 자리에 오르게 되었다. 이에

---

231) 치雉는 고대 성벽의 면적을 계산하는 단위. 넓이 3장丈 높이 1장이 1치였다.
232) 현령

공자는 무척 기뻐하고 있었는데 제자 중의 한 사람이 공자의 그런 표정을 보고 불만스러운 듯이 입을 열었다. "군자는 큰 화가 닥쳐도 두려워하지 않고 큰 복이 와도 얼굴에 드러내지 않는다고 들었습니다." 그러자 공자는 "그런 말도 있지만 또 '높은 지위에 올라서 아래의 선비들을 예의로 대우하는 것을 즐거움으로 삼는다.'는 말도 있지 않더냐?"라고 대답하였다.

공자는 우선 노나라의 정치를 혼란시킨 대부 소정묘를 처벌하고 적극적으로 정치 개혁을 단행했다. 그 결과 3개월이 지나자 양과 돼지를 파는 사람들이 값을 속이지 않고, 남녀가 길을 가도 따로 걸었으며, 길에 떨어진 남의 물건에 손대는 사람이 없어졌다. 또 노나라를 방문하는 타국인은 일일이 관리에게 허가를 받지 않더라도 자유로이 출입할 수 있었다.

제나라 경공은 노나라가 이렇게 안으로 안정되어 간다는 소문을 전해 듣자 불안감에 사로잡히게 되었다. 그리하여 대신들을 모두 불러 놓고는 말하였다.

"이대로 공자가 정치를 담당한다면 노나라는 언젠가는 천하의 패자가 될 것이며 그렇게 된다면 이웃에 있는 우리 제나라에는 당장 큰 위협이 될 것이다. 차라리 지금 땅을 분할해서 노나라에 양도해 주고 협력하는 편이 나을 것이다."

그러자 대부 여서가 나서서 진언하였다. "땅을 양도해 주기 전에 노나라를 정치적으로 교란하여 보는 것이 어떨까요? 땅을 양도하는 것은 그 후에 해도 늦지 않다고 생각합니다." 그래서 제나라는 전국에서 미녀 80명을 선발하여 화려한 옷을 입게 하고 '강락(康樂)'[233]의 춤을 배우게 했다. 그리고 아름답게 장식한 120필의 말을 합쳐 노나라 군주에게 선물하기로 하였다. 제나라는 화려하게 장식한 이들 미녀와 말들을 먼저 노나라 도성의 남쪽 높은 문에 대기시켜 놓았다. 노나라 상경 계환자(季桓子)가 이 사실을 알고는 평복으로 갈아입고 몇 번이나 가서 보더니 받아들이기로 작정하였다. 그러고는 노 정공(定公)과 논의하더니 두 사람은 각지를 시찰하는 척하면서 실제로는 하루 종일 그곳에 가서 구경하면서 정사는 아랑곳하지 않게 되었다. 이에 자로가 공자에게 말했다. "이제 노나라를 떠날 때가 된 듯합니다."

그러자 공자가 이렇게 말하였다. "얼마 후면 하늘에 제사를 모시는 날이 온

---

233) 춤곡의 명칭.

다. 만일 그날 예식에 따라 대부들에게 제물이 보내진다면 더 머물러도 될 것이다."

계환자는 결국 제나라로부터 미녀를 받아들이고 거기에 정신이 팔려 사흘 동안 완전히 정사를 방치했다. 그러면서 제사를 모시고서도 대부들에게 제물을 보내지 않았다. 이렇게 되자 공자는 마침내 길을 떠나 노나라의 남쪽 국경에 가까운 둔(屯)이라는 마을에 묵게 되었다. 이때 대부 사이(師己)가 전송을 하러 와서 "선생께서는 아무 죄도 지은 일이 없는데 어째서 노나라를 떠나려 하십니까?"라고 말했다. 이에 공자는 "제가 노래로 대답해도 되겠습니까?"라고 하면서 노래를 불렀다.

그 여자의 입, 사람을 떠나게 하는구나!
그 여자의 말, 사람의 일을 망치고 몸을 죽게 하는구나!
유유자적, 그럭저럭 세월을 보내자꾸나!

사이는 길을 되돌아갔다. 계환자가 돌아온 사이에게 물었다. "공자가 뭐라고 하였소?" 사이는 사실 그대로를 말했다. 그러자 계환자는 깊은 한숨을 내쉬면서 탄식하였다. "공자는 그들 여자와 노래로 인하여 나를 비난했구나!"

공자는 그 뒤 위(衛)나라로 가서 자로의 손위 처남인 안탁추의 집에 머무르고 있었다. 공자가 자기 나라에 머무르고 있다는 사실을 알게 되자 위나라 영공(靈公)은 공자를 등용하고자 했다. 영공이 공자에게 만나자고 하고는 "노나라에서는 어느 정도의 봉록을 받으셨소?"라고 물었다. 그러자 공자는 "6만 두(斗)의 봉록을 받았습니다."라고 대답하였다. 이에 위나라도 공자에게 6만 두의 봉록을 주었다. 그러나 얼마 후 영공에게 공자에 대한 험담을 하는 자가 나타났다. 이에 영공은 공손여가(公孫余假)에게 공자를 줄곧 감시하게 했다. 그렇게 되자 공자는 신변의 위험을 느껴 결국 열 달 만에 위나라를 떠나게 되었다.

공자 일행은 진(陳)나라에 가기로 결정하고 도중에 송나라 광(匡) 지방에 이르게 되었는데 그때 공자의 말을 끌던 제자 안각(顏刻)이 채찍으로 성벽을 가리키며 말했다. "제가 전에 왔을 때는 저기 무너진 곳으로 들어갔습니다." 때마침 이 말을 얼핏 들은 광 지방 사람이 분명히 노나라 계씨의 가신 양호(陽虎)가 또 온 것이라고 생각했다. 양호는 전에 광 지방에서 커다란 소란을 벌인 일이 있었는데 공교롭게도 공자가 양호와 닮았었다. 이 때문에 공자 일행은 사람들에게 포위당해 구금되고 말았다. 구금된 지 닷새째에 이르러 공자 일행으로부터 떨어져 사라졌던 애제자(愛弟子)인 안회(顏回)가 겨우 도착했다. 안회의 얼굴을 보자 공자는 크게 기뻐했다. "오, 무사했구나! 네가 죽은 것으로 생각했었다." 안회는 감격하면서 대답했다. "선생님께서 건재하신데 제가 어찌 먼저 죽을 수 있겠습니까?"

몇 날이 지나도 구금이 풀릴 기미가 보이지 않자 제자들은 동요하기 시작했다. 그러자 공자는 제자들을 위로하였다. "걱정할 것 없다. 주나라 문왕(文王)은 이미 없으나 문(文: 주나라 예악 제도)은 결코 상실되지 않았고, 그것은 지금 모두 우리들에게 있지 않으냐? 만약 하늘이 이것을 멸할 것이었다면 애당초 우리에게 이 길을 가르치지도 그 책임을 지게 하지도 않았을 것이다. 하늘이 이 문(文)을 멸할 것이 아닌데 광(匡) 지방 사람들이 나를 어찌할 수가 있겠는가!"

공자는 제자 한 사람을 위나라 대신의 가신으로 보내 겨우 풀려날 수 있었다.

공자 일행은 위나라의 포(蒲) 지방에 잠시 머물러 있다가 1개월여 후에 위나라 도읍으로 다시 돌아와 대부인 거백옥(遽伯玉)의 집에 몸을 의탁하게 되었다. 위나라 영공은 공자에게 사람을 보내 말했다. "사방에서 오신 군자로서 과인과 형제가 되는 것을 치욕으로 생각하지 않으시다면 반드시 먼저 나의 부인을 만나보아야 합니다. 나의 부인도 당신을 만나 뵙기를 바라고 있습니다." 공자는 사양했으나 결국 부득이하게 남자(南子)를 만나게 되었다. 남자 부인은 휘장 저쪽에 있었다. 방에 들어간 공자는 북쪽을 바라보며 고개를 숙이자 부인도 휘장 저쪽에서 답례했다. 부인의 허리에 찬 구슬 장신구가 아름다운 소리를 냈다. 그녀를 만나고 돌아온 공자는 제자를 향해 변명했다. "원래 나는 그녀를 만날 생각이 없었지만 기왕 만났으니 예의로써 답한 것이다." 그러나 자로가 여전히 불쾌해하자 공자가 맹세하였다. "만일 내가 말한 대로가 아니라면 하늘이 천벌을 내릴 것이다! 천벌을 내릴 것이다!"

위나라로 들어온 지 한 달쯤 지났을 무렵, 공자는 영공의 초대를 받게 되었다. 공자가 의관을 갖추고 찾아가 보았더니 영공은 수레에 부인과 함께 타고 있었는데 환관(宦官)인 옹거를 옆자리에 태우고 공자는 두 번째 마차에 앉아 뒤 따라오도록 한 채 사람들에게 과시하면서 거리를 지나갔다. 공자는 침울한 표정으로 말했다. "나는 여색을 좋아하는 만큼 덕행을 열정적으로 좋아하는 사람을 본 일이 없다." 그러고는 즉시 영공에 환멸을 느껴 위나라를 떠났다. 그 해에 노나라에서는 정공이 죽었다.

공자는 조나라를 거쳐 송나라 영내로 들어왔다. 어느 날 큰 나무 그늘에서 제자들에게 예(禮)에 대한 강습을 하고 있을 때였다. 그때 일찍이 공자에게 창피를 당한 적이 있는 송나라의 무관(武官) 환퇴가 공자를 죽이려고 그 나무를 잘라 쓰러뜨렸다. 공자는 겨우 몸을 피해 위기일발에서 난을 모면했다. 제자들은 마음이 급했다. "빨리 떠나십시오. 위험합니다." 그러자 공자는 말했다. "나는 하늘로부터 덕(德)을 받은 몸이다. 감히 환퇴 따위가 나를 어쩔 것이냐."

상갓집 개 신세

또다시 제자들과 방랑의 길에 들어선 공자는 얼마 후 정나라 도읍에 들어서게 되었는데 제자들과 길이 어긋나 버려 혼자서 동문에 떨어져 서 있게 되었다. 어떤 사람이 스승을 찾아 헤매던 제자 자공(子貢)에게 말했다. "동문에서 괴상한 사람을 보았습니다. 얼굴이 요임금 비슷하고 목덜미는 현인(賢人) 고도와 닮았는데 어깨는 명상(名相) 자산(子産)과 똑같았습니다. 다만 허리 아래는 우임금보다 세 치(三寸) 가량 부족한데 무척 지친 모양이 꼭 상갓집 개와 같았습니다."[234] 그 후 공자를 만나자 자공은 공자에게 자신이 들은 대로 이야기를 해 주었다. 공자는 유쾌한 듯이 웃으며 말했다. "얼굴 생김새는 어찌되었든 상갓집의 개와 같다는 말은 참으로 옳은 말이구나! 참으로 옳은 말이야!"

그 뒤 공자는 진(陳)나라에 이르러 사성(司城) 정자(貞子)의 집에 기거하였다. 1년이 지나 오나라 부차가 침략하여 3개 성읍을 점령하였다.

---

234) 상가지구喪家之狗

여러 마리의 매가 진 민공(陳湣公)의 정원에 떨어져 죽었는데 모형(牡荊)[235]나무로 만든 화살이 그 새를 뚫었다. 화살촉은 돌로 만들었으며, 그 길이는 1척 8촌이었다. 민공이 사람을 보내 공자에게 자문을 구하자 공자가 대답하였다. "매가 날아온 곳은 매우 멉니다. 이것은 숙신(肅愼: 여진족의 하나)의 화살입니다. 이전에 주 무왕이 상나라를 멸망시키고 사방의 각 만이(蠻夷) 부락과의 길을 뚫어 그들로 하여금 각기 특산물을 조공하게 하여 이로써 그들의 직책과 의무를 잊지 않도록 하였습니다. 그리하여 숙신 부락은 모형 나무로 만든 화살과 돌로 만든 화살촉을 조공하였는데 화살의 길이가 1척 8촌이었습니다. 선왕께서는 그의 미덕을 표창하기 위하여 숙신이 조공으로 바친 화살을 큰딸 대희(大姬)에게 나누어 하사하고, 또 그녀를 우(虞)의 호공(胡公)에게 시집보냈으며 호공을 진(陳)나라에 봉하였습니다. 원래 왕실은 동성(同姓)의 제후들에게는 진귀한 옥을 하사하였는데, 그 뜻은 친족의 관계를 더욱 깊게 하려는 것이었고, 성씨가 다른 제후들에게는 먼 지방에서 바쳐진 조공품을 하사하였는데, 이는 그들로 하여금 의무를 잊지 말라는 뜻이었습니다. 그러므로 숙신의 화살을 진(陳)나라에게 하사하였던 것입니다." 진 민공은 시험 삼아 사람을 보내 옛날 창고에서 찾아보도록 하였는데 과연 이러한 화살을 찾을 수 있었다.

공자가 진나라에 머문 지 3년이 지나자, 진(晉)과 초(楚)가 서로 세력을 겨루다가 앞을 다투어 진(陳)으로 쳐들어왔다. 게다가 오나라까지 여기에 가담했으므로 진(陳)나라는 끊임없는 침략에 시달려야 했다. 그러자 공자는 귀국을 결심했다. "돌아가자, 돌아가자! 내 고향의 젊은이들은 기상이 웅대하고 다만 행하는 것에서는 소홀하고 거칠구나! 그들은 모두 열심히 노력하며 진취적이고 또한 자신의 초심을 잃지 않고 있다." 그리하여 공자 일행은 진나라를 떠났다.

공자 일행이 포(蒲) 지방을 지날 무렵, 때마침 공숙씨(公叔氏)가 그 지방에서 위나라에 반란을 일으켰고 공자 일행도 포위당했다. 그런데 제자인 공양유(公良孺)는 머리도 좋고 용기도 있는 대장부였다. 그는 자기의 수레 5대를 이끌고 따라다녔는데 공자에게 이렇게 말하였다. "저는 이전에 선생님을 따라 광(匡) 지방에 갔을 때 구금당한 적이 있었는데 지금 여기서 또 같은 경우에 부닥쳤습니

---

235) 옛날 형장刑杖이나 화살을 만드는 데 쓰이던 나무

다. 저는 선생님과 함께 고생하느니보다는 차라리 싸워서 죽을 생각입니다."
그러고는 감연히 적을 향해 나아갔다. 공양유와 포 사람들의 싸움은 대단히 격
렬하여 포 사람들은 겁을 내면서 공자에게 말했다. "만약 위나라로 가지 않는
다고 약속하면 당신들을 보내 주겠소." 공자가 그들과 협약을 맺자 그들은 곧
공자를 동문에서 풀어 주었다. 그러나 공자는 곧바로 위나라로 향했다. 그러자
자공은 "약속을 어기실 것인지요?"라고 물었다. 이에 공자는 "협박으로 강요
된 약속은 하늘이 받아들이지 않는 법이다!"라고 대답했다.

　위나라 영공은 공자가 온다는 말을 듣고 대단히 기뻐하며 교외까지 마중을
나가 공자에게 물었다. "나는 포 지방을 격파할 수 있겠소?" 이에 공자가 확신
에 찬 표정으로 대답하였다. "있습니다." 그러자 영공은 "그런데 대부(大夫)는 불
가능하다고 여기고 있소. 지금 포(浦)는 진나라와 초나라로부터 위나라를 지키
는 방어벽으로서 위나라 군대로써 포를 공략하는 것은 불가능하지 않겠소?"라
고 물었다. 공자는 "그곳 남자들은 모두 결사의 의지를 가지고 있고, 여인들은
서하를 보위하려는 의지를 지니고 있습니다. 우리가 토벌할 반란자는 기껏 4,
5명에 지나지 않습니다."라고 말했다. 위 영공은 "좋소."라고 말했다. 하지만
그는 토벌을 끝까지 실행하지 않았다.

　영공은 이미 늙어 국정을 게을리하고 있었다. 그러므로 공자를 등용하려는
기색도 보이지 않았다. 공자는 길게 한숨을 내쉬며, "만약 누가 나를 기용하여
국정을 맡긴다면 1년이면 대체적인 윤곽을 잡을 수 있고 3년이면 구체적인 성
과가 있을 텐데…."라고 탄식하였다. 공자는 다시 길을 떠났다.

날아가는 기러기만 쳐다보니 마음이 이미 떠났도다!

　진(晉)나라 필힐(佛肸)은 중모(中牟)읍의 읍재(고을을 다스리는 사람)였다. 진(晉)나라의
조간자(趙簡子)가 군사를 이끌고 범씨(范氏)와 중항씨(中行氏)를 공략하여 중모로 진
격하였다. 그러자 필힐이 조간자에 반기를 들고는 사람을 보내 공자를 초빙하
였다. 공자가 이에 응하려고 하자 자로가 말렸다. "저는 선생님께서 '군자는 좋
지 못한 일을 한 자에게 가서 일을 더불어 하지 않는다.'라고 말씀하신 것을 들

었습니다. 그런데 지금 필힐은 중모에서 반란을 일으켰는데 선생님께서 가려고 하시니 이는 어떻게 해석해야 합니까?" 그러자 공자가 말했다. "내가 그런 말을 한 적이 있었다. 그러나 내가 그 말과 함께 진정으로 견실한 것을 말하지 않았느냐? 그것은, 강한 것은 갈아도 얇아지지 않는다. 또한 진정으로 흰 것에 대해서도 말하지 않았느냐? 그것은 물들여도 검어지지 않는다. 내 어찌 쓸모없는 조롱박이 되라는 말이냐? 매달려 있기만 하고 사람이 먹을 수 없게 될 수 있는가?"

공자가 노나라의 악관(樂官) 사양자(師襄子)로부터 거문고를 배웠는데 열흘 동안 전혀 진전이 없었다. 사양자가 "이제 학습 내용을 증가시켜도 되겠습니다."라고 말하자 공자는 "나는 그 곡의 형식은 익혔으나 아직 연주하는 기교는 터득하지 못하였습니다."라고 하였다. 얼마가 지난 뒤 사양자가 "이제는 연주하는 기교를 익혔으니 학습 내용을 증가시켜도 되겠습니다."라고 말하자 공자는 "아직 그 곡의 뜻을 터득하지 못하였습니다."라고 대답하였다. 또 얼마가 지난 후 사양자가 말하였다. "곡의 뜻을 익혔으니 학습 내용을 증가시켜도 되겠습니다." 그러자 공자가 말하였다. "아직 이 곡을 지은 사람을 알지 못하고 있습니다." 다시 얼마가 지난 뒤, 공자는 조용하게 깊이 숙고하고 마음이 탁 트이면서 기분이 유쾌해졌으며 원대한 목표물을 바라보는 듯한 모습을 띠었다. 그러고는 "이제야 비로소 나는 그 곡을 지은 사람을 알았습니다. 그 사람은 거무튀튀하고 키는 매우 크며 눈은 깊고 빛나는데 마치 사방 제후를 통치하는 듯하니, 주문왕이 아니면 그 누가 이렇게 할 수 있겠습니까!"라고 말하였다. 그러자 사양자는 자리를 피하면서 매우 공경스럽게 말하였다. "나의 스승께서도 이 악곡을 「문왕조(文王操)」[236]라고 부른다고 하셨습니다."

공자는 위나라에서 임용되지 못한 뒤 서쪽으로 가서 조간자를 만나려고 계획하였다. 황하 강변에 이르렀을 때, 두명독(竇鳴犢)과 순화(舜華)가 피살된 소식을 듣고서 공자는 "아름답구나. 황하의 물이여! 호호탕탕(끝없이 넓고 넓다)하구나! 내가 이 황하를 건널 수 없는 것은 운명이구나!"라고 탄식하였다. 그러자 자공이 물었다. "지금 하신 말씀은 무슨 뜻입니까?" 이에 공자가 말했다. "두명독과 순화는 진(晉)나라의 현명한 대부였다. 조간자가 아직 뜻을 얻지 못하고 권

---

236) 문왕의 거문고 곡.

력을 장악하지 못했을 때 이 두 사람의 도움에 의지하여 정치를 하였다. 그런데 지금 그가 뜻을 이루자 도리어 이 두 사람을 죽이고 정치를 하고 있다. 듣건대 잔인하게 짐승의 배를 갈라 어린 것을 죽이게 되면 기린(麒麟)이 교외에 오지 않고, 못을 마르게 하여 고기잡이를 하여 일망타진하게 되면 곧 교룡(蛟龍)이 음양의 조화를 이루지 않으며, 새의 둥지를 뒤엎어서 알을 깨뜨리면 봉황이 날아오지 않는다고 한다. 이는 무슨 이유 때문인가? 군자는 자신의 동류(同類)가 해를 당하는 것을 꺼려하는 것이다. 조수(鳥獸)도 그 불의한 행위를 알게 되면 피하는데 하물며 나 공구(孔丘)야 어떻겠느냐!" 공자는 추향(陬鄕)에 되돌아가 '추조(陬操)'를 지어 희생을 당한 두명독과 순화를 애도하였다. 이어서 위나라 도성으로 돌아가 거백옥의 집으로 들어가 기거하였다.

어느 날 위 영공이 용병의 진법에 대하여 물었다. 공자는 "제사 전례에 관한 일은 내가 들은 바 있습니다. 하지만 군대의 작전에 관한 일은 배운 적이 없습니다."라고 대답하였다. 다음날 영공은 공자와 이야기하는 중에 하늘을 날아가는 기러기를 보고 고개를 들어 주시하면서 표정과 마음이 공자에 있지 않았다. 그리하여 공자는 그곳을 떠나 또다시 진(陳)나라로 갔다.

이 해 여름 위 영공이 죽자 위나라 사람들은 위 영공의 손자 첩(輒)을 즉위시켰는데, 그가 바로 위 출공(衛出公)이다. 가을에 계환자(季桓子)가 병이 중해졌는데, 마차에 올라 노나라의 도성을 바라보면서 깊이 탄식하였다. "지난날 이 나라는 진흥할 수 있었다. 하지만 내가 공자에게 죄를 짓는 바람에 흥성하지 못하였구나!" 그는 고개를 돌려 자신의 후계자인 강자(康子)에게 말하였다. "만약 내가 죽으면 너는 반드시 노나라의 재상이 될 것이다. 네가 노나라의 재상이 되면 반드시 공자를 초청하도록 해라."

며칠이 지나 계환자가 죽고 강자가 자리를 이어받았다. 계환자의 장례가 끝난 뒤 계강자는 공자를 초청하려 생각하고 있었다. 그러자 공지어(公之魚)가 말렸다. "지난날 우리 선군께서 그를 임용하고자 하셨으나 시작만 있고 끝을 맺지 못하여 결국 다른 나라의 웃음거리가 되었습니다. 만약 지금 다시 그를 임용하여 좋은 결과를 거둘 수 없게 되면 또다시 제후들의 웃음거리가 되고 말 뿐입니다."

강자가 "그러면 누구를 초청하는 것이 좋겠소?"라고 묻자 공지어는 "반드시 염구(冉求)를 초청해야 합니다."라고 대답하였다.

이에 계강자는 사람을 보내 염구를 초청하였다. 염구가 초청에 응하여 길을 떠나려 할 때 공자가 말하였다. "노나라 사람이 염구를 초청하였으니 그를 작게 쓰려고 하는 것이 아니라 반드시 크게 쓰려는 것이다."

이날 공자는 "돌아가자, 돌아가자! 우리 고향 아이들은 그 뜻이 모두 크지만 다만 행하는 것은 조금 거칠다. 그들의 인품과 재능은 훌륭하니 참으로 내가 어떻게 그들을 가르쳐야 좋을지 모르겠구나."라고 말하였다. 자공(子貢)은 공자가 마음속으로 노나라로 돌아갈 생각이 있음을 알고 염구를 전송할 때, "만약 네가 등용된다면 반드시 선생님을 초청하도록 해야 한다."라고 충고하였다.

염구가 진(陳)나라를 떠난 뒤 다음 해에 공자도 진나라를 떠나 채(蔡)나라로 갔다. 채 소공(蔡昭公)은 오나라 왕의 초청을 받고 오나라로 가려고 하였다. 이전에 채 소공은 그의 신하들을 속이고 주래(州來)로 천도한 적이 있었는데, 그 후 또 오나라로 가려고 하자 대부들은 다시 천도하는 것이 아닌가 하고 두려워하였다. 결국 대부 공손편(公孫翩)이 채 소공을 활로 쏘아 죽였다. 그러자 초나라가 채나라를 침공하였다.

가을에 제 경공이 세상을 떠났다.

그 다음 해에 공자는 다시 채나라를 떠나 초나라 섭(葉)현으로 갔다. 섭공(葉公)이 공자에게 위정(爲政)의 도리를 물었을 때 공자는 "정치란 먼 데 있는 사람을 귀속하게 하고 가까이 있는 사람을 따르게 하는 데 있습니다."라고 대답하였다.

어느 날 섭공이 자로에게 공자의 사람됨을 물었으나 자로는 대답을 하지 않았다. 공자가 이를 알고 자로에게 말하였다. "유(由)야, 너는 왜 그에게 이렇게 말하지 않았느냐? '그 사람은 도술을 배우는 데 추호도 태만하지 아니하며 사람을 가르치는 일도 전혀 귀찮아하지 아니하고 발분하여 노력함에 있어 잠을 자지 않고 먹는 것도 잊어 도를 구함에 있어서 너무 기뻐서 어떠한 걱정도 모두 잊어버리고 심지어 곧 노쇠해진다는 것조차 모릅니다.'고 말이다."

공자는 섭현을 떠나 채나라로 돌아왔다. 두 개울이 만나는 곳에서 장저(長沮)와 걸닉(桀溺)이라는 두 사나이가 나란히 밭을 갈고 있는 광경이 보였다. 공자는 그들이 범상치 않은 은자(隱者)라는 것을 알아채고는 자로에게 마차가 건널 수 있는 곳을 물어 오라고 했다. 자로가 다가가 말을 걸자 장저가 물었다. "고삐를 잡고 있는 저 사내는 누군가?" 이에 자로는 "공자라고 합니다."라고 말하니 장저는 "아, 노나라의 그 공자 말인가?"라고 말했다. 자로가 "그렇습니다."라고 하자 장저는 "공자라면 남에게 묻지 않아도 길을 잘 알 텐데."라고 말하였다.

그때 걸닉이 말참견을 하고 나섰다. "그런데 당신은 누군가?" 자로가 "자로라고 합니다."라고 하니 걸닉은 "공자의 제자란 말인가?" 하고 물었다. 자로가 "그렇습니다."라고 대답하자 걸닉은 "천하의 이치란 이 개울의 흐름과 같은 것이오. 이 도도한 개울의 흐름을 사람의 힘으로 바꿀 수가 있겠는가? 이것도 안 되고 저것도 안 된다고 일일이 잔소리를 하며 다니는 사람을 따라다니는 것보다 차라리 우리들처럼 깨끗이 세상 그 자체를 피하는 편이 낫다오."

이렇게 말하면서 두 사람은 일손을 멈추려 하지도 않았다. 자로는 하는 수 없이 공자가 있는 곳으로 돌아와 두 사람의 말을 전했다. 공자는 실망하여 말했다. "그렇다고 해서 인간으로 태어난 이상 새나 짐승처럼 살 수도 없지 않은가! 천하에 도가 있다면 나도 이렇게 분주하게 다니면서 세상을 바꾸려 하지 않을 것이다."

또 어느 날인가는 자로가 공자 일행으로부터 헤어져 찾아 헤매고 있을 때 길가에서 호미질을 하고 있는 한 노인을 만나게 되었다. 자로가 다가가서 그 노인에게 물었다. "우리 선생님을 못 보셨나요?" 그러자 그 노인은 "선생이라고? 땀 흘려 일하지도 않고 오곡도 구별하지 못하는 인간이 선생이란 말인가?"라고 말하고는 호미로 풀을 뽑기 시작했다. 그 후 자로가 공자를 만나 이 말을 전하자 공자는 "그분은 훌륭한 은자(隱者)임에 분명하다."라고 말했다. 자로는 바로 노인과 만난 장소로 달려갔으나 그의 모습은 이미 보이지 않았다.

정 성공 5년(기원전 522년), 정나라의 재상 자산(子産)이 세상을 떠나자, 정나라 백성들은 모두 통곡하며 눈물을 흘렸고, 마치 가족이 죽은 것처럼 비통해하였다. 그는 인자하였고 백성을 사랑하였다. 또 충성과 도의로써 주군을 모셨다. 일찍이 공자가 정나라를 방문했을 때 자산과 형제처럼 친하게 지냈다. 공자는 자산의 죽음을 알고 눈물을 흘리면서 "그는 고대로부터 남겨진 인애(仁愛)의 사람이었다!"라 하였다.[237]

---

237) 자산은 무려 23년 동안 재상으로 일했고 당시 가장 저명한 정치가였다. 그는 자신이 제정한 형서刑書를

받아들이지 않는 것은 권력자의 치욕이다

공자가 채(蔡)나라로 옮겨 산 지 3년 되던 해에 오나라 군대가 진(陳)나라로 진격하였다. 초나라는 출병을 하여 진나라를 도와 성보에 주둔하였다. 초나라 왕은 공자가 국경 지대에 머물러 있음을 알고 사자를 파견해서 초빙했다. 공자 일행은 이를 받아들여 출발에 앞서 고별의 예를 갖추고자 하였다. 그런데 진나라와 채나라의 대부(大夫)들은 "공자는 현인(賢人)이다. 그가 풍자하고 비판하는 모든 것은 제후들의 병폐를 정확하게 파악하고 있다. 만약 그가 우리 진과 채나라에 오랫동안 머문다면 우리들이 하는 모든 것들이 그의 관점에 부합되지 않을 것이다. 더욱이 강대국인 초나라가 만약 공자를 등용한다면 우리 진나라나 채나라의 대부들에게는 매우 위험하다."라고 모의를 꾸몄다. 그리하여 양측 모두 사람을 보내 공자 일행을 들판 한가운데서 포위하였다. 일행은 꼼짝못하게 되고 식량도 떨어져 공자의 제자들은 굶주림과 피로 때문에 일어날 기력조차 잃고 있었다. 그런데 공자만은 조금도 동요하는 빛이 보이지 않았다. 공자는 평소와 다름없이 제자들을 가르치고 책을 낭송하며 거문고를 타면서 노래를 불렀다. 분통이 터진 자로가 공자에게 "군자도 이렇게 곤궁할 때가 있는 것인가요?"라고 물었다. 그러자 공자는 "있다. 다만 군자는 곤경에 직면해서도 동요하지 않는다. 그러나 소인은 곤경에 빠지게 되면 어떤 일도 모두 하게 된다."라고 말했다.

이때 자공의 얼굴색이 변했다. 이것을 보고 공자는 말했다. "사(賜)야! 너는 내가 배운 것을 모두 기억하고 있다고 생각하느냐?" 자공은 "물론입니다. 그렇지 않다는 말씀입니까?"라고 되물었다. 그러자 공자는 "그렇지 않다. 나는 하나의 사상으로써 모든 학설을 관통한다."[238]

공자는 제자들의 기분이 좋지 않다는 것을 알고 있었다. 공자는 자로를 불러 물었다. "『시(詩)』에 '코뿔소도 아니고 호랑이도 아니면서 광야에서 바삐 뛰어

구리솥에 주조하여 최초로 성문법을 공포함으로써(鑄刑書) 자의적으로 백성들을 처벌하는 것을 금지하였고, '관(寬; 관용과 인자)'과 '맹(猛; 엄격과 정확)'을 결합한 정치를 제창하여 후대 유가와 법가에 깊은 영향을 주었다.

238) 일이관지一以貫之.

다니느라 피곤하다'라고 하였는데, 우리의 학설에 도대체 잘못된 곳이 있는 것이냐? 우리는 왜 이러한 처지에 몰려 있는 것이냐?" 자로가 대답하였다. "아마도 우리가 아직 인(仁)에 이르지 못한 것이 아닌가요? 그러므로 사람들이 우리를 신뢰하지 않는 것이겠지요. 아마도 우리가 아직 지(知)에 이르지 못한 것이 아닌가요? 그러므로 사람들이 우리의 학설을 실행하지 않는 것이겠지요." 이에 공자가 말하였다. "그러한 연유도 있을 것이다. 중유(仲由)야, 내가 비유를 들어 말하겠다. 만약 인자(仁者)가 반드시 신임을 받는다면 왜 백이와 숙제가 굶어 죽었겠느냐? 또 만약 지자(知者)가 아무런 어려움이 없다고 한다면 어찌 비간(比干)이 화를 당했겠느냐?"

자로가 나가고 자공이 들어왔다. 공자가 같은 질문을 하였다. "사(賜)야, 『시(詩)』에 '코뿔소도 아니고 호랑이도 아니면서 광야에서 바삐 뛰어다니느라 피곤하다'라고 하였는데, 우리의 학설에 도대체 잘못된 곳이 있는 것이냐? 우리는 왜 이러한 처지에 몰려 있는 것이냐?" 그러자 자공이 대답하였다. "스승님의 학설은 너무도 넓고 크기 때문에 천하의 그 어떤 국가도 스승님을 받아들이지 못합니다. 스승님께서는 그 기준을 조금 낮추실 수는 없으신지요?" 이에 공자가 말하였다. "사야, 훌륭한 농부는 씨를 뿌리고 밭을 가는 데 뛰어나지만 오히려 좋은 수확을 보장할 수 없으며, 훌륭한 장인(匠人)은 목공 기예에 뛰어나지만 오히려 모든 사람의 요구에 맞춰줄 수는 없는 법이다. 군자는 자신의 학설을 능히 닦을 수 있고 법도로써 국가를 규범화하고 도로써 신민을 다스릴 수는 있지만 반드시 세상에 의하여 받아들여지는 것을 보장하지는 못한다. 지금 너는 네가 봉행하는 학설을 닦지 않으면서 도리어 세인에 의하여 받아들여지기를 추구하고 있다. 사야, 너의 뜻이 원대하지 못하구나!"

자공이 나가고 안회(顔回)가 들어왔다. 공자가 물었다. "회야, 『시(詩)』에 '코뿔소도 아니고 호랑이도 아니면서 광야에서 바삐 뛰어다니느라 피곤하다'라고 하였는데, 우리의 학설에 도대체 잘못된 곳이 있는 것이냐? 우리는 왜 이러한 처지에 몰려 있는 것이냐?" 그러자 안회가 대답하였다. "스승님의 학설은 너무도 넓고 크기 때문에 천하의 그 어떤 국가도 스승님을 받아들이지 못합니다. 비록 그렇다고 하지만 스승님께서는 그것을 보급하고 실행하시니 받아들여지지 않는다고 해서 무엇을 걱정하겠습니까? 바로 받아들여지지 않기 때문에 비로소 군자의 참 모습이 드러나는 것입니다. 스승님의 학설이 닦여지지 않았다면, 이는 우리의 치욕입니다. 하지만 스승님의 학설이 이미 노력 끝에 잘 닦여졌는데도 받아들여지지 않는다면, 이는 권력자들의 치욕입니다. 받아들여지지 않는다고 해서 무엇을 걱정하겠습니까? 받아들여지지 않은 연후에 비로소 군자의 참 모습이 드러나는 것입니다." 공자는 기뻐하면서 웃으며 말하였다. "정말 그러한 것이냐? 안씨 집의 자제여! 만약 네가 매우 많은 재산을 가질 수 있다면 나는 정말 너의 집에서 재산을 관리하는 사람이 되겠다!"

그리하여 공자는 자공을 초나라에 보냈고, 초나라 소왕(楚昭王)이 군대를 출동시켜 공자를 영접하자 비로소 공자는 이 곤경으로부터 벗어날 수 있었다.

소왕은 공자에게 7백 리의 땅을 주면서 등용시키고자 했다. 그러나 초나라 영윤 자서(子西)가 반대하고 나섰다. "대왕께서 제후에게 사자를 보내는 사신 중 자공만큼 믿음직한 사람이 있습니까?" 왕은 "없소."라고 대답하였다. 영윤이 다시 "대왕을 보좌하는 대신 중에 안회만큼 현명한 사람이 있습니까?"라고 묻자 소왕은 "없소."라고 대답하였다. "대왕의 장수 중에 자로만큼 용감한 사람이 있습니까?"라고 다시 묻자 왕 또한 다시 "없소."라고 말했다. 다시 영윤이 "그럼 대왕의 신하 중에 재여와 같은 노련한 사람이 있습니까?"라고 묻자 왕은 "없소."라고 대답하였다. 영윤이 말을 이었다. "우리 초나라의 선조가 주 천자로부터 분봉을 받을 때 직위는 고작 자작이었고 토지는 남작에 상당하는 오십 리였습니다. 지금 공자가 삼황오제의 법도를 준수하면서 주공과 소공의 덕업을 본받고 있는데, 만약 대왕께서 그를 기용하신다면 초나라가 어찌 대대손손 수천 리의 토지를 공공연하게 가질 수 있다는 것인지요! 주나라 문왕과 무왕은 겨우 백 리의 땅을 가지고 마침내 천하를 통일하였습니다. 지금 공자가 넓은 땅을 얻고 현명한 제자들을 보좌로 삼는다면 이는 초나라의 행복이 아닙니다."

소왕은 공자를 등용한다는 생각을 포기하였다. 그 해 가을, 초나라 소왕은 병사(病死)했다.

공자가 아직 초나라에 머무르고 있을 때 초나라 광인(狂人) 접여(接輿)라는 사나이가 노래하며 공자의 수레 앞을 지나갔다.

공자와 제자들

봉황(鳳凰)이여 봉황이여!
어찌하여 도덕이 이렇게 쇠락했는가!
지난 일은 만회할 방법이 없으나
그래도 앞일을 따라갈 수는 있다.
되었구나. 그만하면 되었구나.
정치하는 자들의 앞날은 위태로울 뿐인 것을!

공자는 노래를 부르는 사람과 이야기를 나누고 싶어 수레에서 내렸다. 그러나 광인 접여는 이미 사라져 버린 후였다. 공자가 노나라에 돌아왔을 때, 노나라 군주 정공은 이미 죽고 그 아들 애공의 시대가 되었다. 하지만 애공도 공자를 등용할 만한 덕망은 없었다. 공자는 이제 벼슬길을 찾으려는 생각을 접고 오로지 제자들의 교육에만 전념하게 되었다. 공자는 그가 가르치던 제자들에 대하여 다음과 같이 말하고 있다.

"내 제자로서 학업에 힘쓰고 6예(六藝)에 통달한 자는 77명이 있다. 이들은

13. 공자 세가 · 291

모두 뛰어난 재능의 소유자들이지만 그 중에서도 도덕의 실천에서는 안회, 민자건, 염백우, 중궁의 4명이, 정사(政事)에서는 염유와 계로가, 변설에서는 재아와 자공이, 그리고 문헌에서는 자유와 자하가 뛰어났다. 학문을 열심히 하는 안회만 해도 가난한 나머지 끼니조차 잇기 어려운 형편이고 그 반대로 단목사(端木賜)[239]는 천명을 감수하려 하지 않고 상업에 손을 대는데, 시세에 민감하여 정말 잘 적중했다."

단사표음(簞食瓢飮)

안회(顔回)는 노나라 출신으로 공자보다 30세 손아래다. 안회가 인(仁)의 실천에 관한 가르침을 받고자 했을 때 공자는 이렇게 말했다. "자기의 욕망을 이기고 예(禮)로 돌아가는 것[240]이 인(仁)이다. 누구나 이렇게 할 수 있다면 천하가 인(仁)으로 돌아갈 것이다."

안회에 관해 공자는 이렇게 말한 적이 있다.

"어질구나, 회(回)여! 대로 만든 한 그릇의 밥과 표주박 한 그릇의 마실 것[241]으로 누추한 마을에 산다면, 다른 사람들은 그것을 견뎌내지 못할 것이지만, 안회는 아랑곳없이 자기가 즐거워하는 바를 바꾸지 않는다. 안회는 공부할 때 질문하는 것이 하나도 없어 어리석은 것처럼 보인다. 하지만 그가 어떻게 생활하는가를 살펴보니, 배운 바의 요지와 대강을 주장하고 설명하였다. 안회는 절대로 어리석지가 않았다. 누군가 나를 알아주면 나아가 도를 펼쳐 세상을 구하고, 알아주는 이 없으면 곧 도를 나에게 숨기면서 운명을 즐기나니, 아마 나와 너만이 이러한 생활 태도를 가질 수 있도다!"

안회는 너무나 가난한 생활 때문에 29세에 이미 머리가 하얗게 세었고 젊은 나이에 세상을 떠났다. 그때 공자는 크게 상심하며 울었다. "안회가 입문하고

---

239) 자공
240) 극기복례克己復禮
241) 단사표음簞食瓢飮

나서는 다른 제자들이 더욱 학문을 가까이 하였었다."

그 후 애공(哀公)이 "선생의 제자 중에서 정말 학문을 좋아한 사람은 누구입니까?" 하고 물었을 때 공자는 망설이지 않고 대답했다. "안회라는 제자가 가장 학문을 좋아했습니다. 그는 화를 내고도 곧바로 그것을 삭였으며 결코 그 분노를 다른 사람에게 옮기지 않았습니다. 잘못이 있으면 곧 고치고 두 번 다시 그 잘못을 범하지 않았습니다. 이제 그렇게 학문을 좋아하는 사람을 볼 수 없게 되었습니다."

과단성 있는 용기의 소유자

중유(仲由)는 자가 자로(子路)이며 노나라의 변(卞) 땅 사람이다. 공자보다 9년 연하이다. 자로는 성질이 거칠고 용맹을 좋아하며 심지(心志)가 강직하였다. 수탉의 꼬리로 관을 만들어 쓰고 수퇘지의 가죽으로 주머니를 만들어 허리에 찼다. 자로가 공자의 제자가 되기 전에 공자를 업신여기며 폭행하려 한 적이 있었다. 그러나 공자가 예로써 대하며 조금씩 바른 길로 인도해 주자, 얼마 후 유복(儒服)을 입고 폐백을 드리고서 제자가 되기를 청하였다.

자로가 정치를 행하는 방법에 대해서 묻자, 공자가 "백성들을 이끄는 데는 솔선수범하는 이신작칙(以身作則: 남보다 먼저 모범을 보여 일반이 지켜야할 법칙을 만들다)이 필요하다. 모든 일을 먼저 모범을 보임으로써 백성들에게 보여주고 일이 잘된 뒤에 그들을 위로해야 한다."라고 답하였다. 더 보탤 것을 묻자, "오래도록 게으르지 않으면 그것으로 족하다."라고 말하였다.

또 자로가 "군자는 용맹을 숭상합니까?"라고 묻자 공자는 "군자는 의(義)를 최상의 것으로 삼는다. 군자가 용맹을 좋아하고 의를 숭상하지 않는다면 난을 일으키며, 소인이 용맹을 좋아하고 의를 숭상하지 않는다면 도둑질을 한다."라고 말하였다. 자로는 좋은 말을 듣고 아직 행하지 않았다면, 이것도 아직 행하지 않았는데 또 다른 좋은 말을 듣게 될까봐 염려하였다.

공자는 자로에 대해서 이렇게 평가하였다.

"일부분의 말만 듣고도 소송의 곡직(사리의 옳고 그름)을 판결할 수 있는 사람은 오직 중유뿐이다!" 또한 "중유의 용감함은 나를 넘어선다. 다만 아직 진지하게 사리를 판별하지 못한다."라고 말했다. 그리고 "중유와 같은 성격에 나는 참으로 그가 천수를 누릴 수 있을지 염려스럽다."라고 말했다.

또 "남루한 옷을 걸치고 귀인과 대면하는 일이 있더라도 기가 죽지 않고 당당히 행동할 수 있는 사람이 있다면 바로 중유일 것이다."라고도 말했다. 공자는 또 말했다. "중유의 학문은 이미 정대하고 고명(高明)한 경지에 올라 있다. 다만 아직 정밀하고 깊은 곳에는 이르지 못했을 뿐이다."

언젠가 노나라의 대부 계강자가 공자에게 물었다.

"중유는 인자(仁者)라고 할 수 있을까요?" 이에 공자는 "전차 2천 대를 보유하는 제후국이라면 그에게 군정(軍政)을 맡길 수 있습니다. 그가 인자인지 여부에 대해서는 감히 말씀드릴 수 없습니다."라고 대답하였다. 자로는 공자가 여러 나라를 방랑할 때 기꺼이 수행하고 장저(長沮), 걸닉(桀溺), 또 호미를 든 노인 등과 말을 나누었다. 자로가 계씨의 집에서 가신으로 일을 하고 있을 때 계씨가 공자에게 물었다.

"자로는 대신으로 발탁할 만한 인물일까요?" 이에 공자는 "아니, 그건 무리겠지요. 보통 관리로 적당합니다."라고 말했다.

그 후 자로는 포(浦)의 관리로 임명을 받고 공자에게 하직 인사를 하러 왔다. 공자는 자로에게 말했다.

"포라는 곳은 무용이 뛰어난 장사들이 많아 다스리기 힘든 지역이다. 그러므로 내 말을 잘 들어두어라. 항상 공경하는 태도를 잃지 말라. 그러면 그 장사들도 능히 통제할 수 있다. 또 관용을 베풀고 공정하게 하라. 그러면 백성들도 반드시 너를 따를 것이다. 공손하고 관용으로 대하며 또 냉정하고 온건하게 일을 한다면 군주가 위임한 일을 잘 수행해 낼 것이다."

죽어도 관은 벗지 않는다

위나라 영공은 애첩 남자(南子)[242] 부인이 있었다. 태자 괴외는 이 남자 부인을 죽이려다가 실패한 뒤 주살당할 것이 두려워 송나라로 도피하였다. 이윽고 영공이 죽자 남자 부인은 공자 영(郢)에게 뒤를 잇게 하려고 했다. 그러나 영은 고개를 가로저었다. "비록 태자는 나라 밖으로 망명하였지만, 그의 아들은 국내에 있습니다!"

그래서 태자 괴외의 아들이 새로운 위나라 왕으로 옹립되었으니 바로 출공(出公)이다. 출공이 즉위한 지 12년, 아들이 왕의 자리에 즉위하였는데도 그의 부친 괴외는 아직도 국외에 망명중이어서 고국으로 돌아오지 못하고 있었다. 이 무렵 자로는 대부 공회 수하에서 관리로 일하고 있었다. 괴외는 위나라의 대부 공회와 짜고 반란을 일으켜 공회의 집에 들어가 그의 도당을 이끌고 출공을 기습 공격하였다. 출공은 노나라로 망명하였으며 괴외가 위나라의 왕에 즉위하니 바로 장공이다.

한편 공회가 반란을 일으켰을 때 자로는 국외에 있었는데 급보를 듣고 급히 위나라로 돌아왔다. 자고(子羔)[243]는 위나라 도읍 성문에서 자로를 만나 "출공은 이미 피신했다네. 성문도 이미 닫혔으니 돌아가는 것이 좋을 것이네. 구태여 일에 휘말릴 필요가 없지 않은가!"라며 말렸다. 그러나 자로는 굽히지 않았다. "남의 녹을 얻어먹은 자로서 재난이 있는데 도망하여 모른 체할 수는 없소."

자고는 단념하고 혼자 떠나갔다. 마침 사자가 도착하여 성문이 열렸다. 자로는 그 사자의 뒤를 따라 성문 안으로 들어가 곧장 괴외가 있는 곳으로 갔다. 그때 괴외는 공회와 함께 망루 위에 있었다. 자로는 괴외를 향해 소리쳤다. "반역자 공회는 필요가 없으실 줄 압니다. 부디 제게 넘겨주십시오. 그를 처치하겠습니다." 그러나 괴외는 이를 거절했다. 그러자 자로는 망루에 불을 지르려고 하였다. 괴외는 놀라 곧 사람을 시켜 자로를 공격하도록 하여 자로가 쓰고 있던 관의 끈을 베었다. 그러나 자로는 "보라, 군자는 죽어도 관을 벗지 않는다!"라

---

242) 공자를 유혹하려 했던 부인.

243) 공자의 제자.

고 외치며 관의 끈을 다시 맨 다음 죽임을 당했다.

위나라에 반란이 일어났다는 소문이 공자의 귀에 들어갔을 때 공자는 말했다. "아, 중유가 죽겠구나."

그 후 과연 자로의 죽음이 전해졌다. 그때 공자는 이렇게 말했다.

"그가 나의 제자가 된 후 두 번 다시 나쁜 말을 들을 수가 없었다."

한편 이때 자로의 시체는 본보기를 보여주기 위해 소금에 절여 자반으로 만들어졌는데 공자는 이때부터 집 안의 자반을 모두 없애고 결코 자반을 입에 대지 않았다.

위정의 가장 중요한 것은 좋은 신하를 뽑는 데 있다

공자가 말했다. "노나라와 위나라의 정치는 형제처럼 유사하다."

이 무렵 공자의 많은 제자들이 위나라에서 관리로 일하고 있었는데, 위나라 출공은 공자를 초빙하여 국정을 맡기고자 하였다. 자로가 공자에게 물었다. "위나라 국군(왕) 등이 선생님께 국정을 맡기려고 하는데, 선생님께서는 무엇부터 하고 싶으신지요?" 공자는 단호하게 대답하였다. "반드시 먼저 명분을 바르게 해야 한다." 그러자 자로는 "그렇게 국정을 다스릴 수 있습니까? 너무 우원(迂遠: 현실과 거리가 멀다)합니다. 왜 하필 명분을 바르게 해야 하는 것인지요?"라고 물었다. 그러자 공자는 탄식하며 말했다.

"너는 정말 덤벙대는구나, 자로야! 명분이 바르지 못하게 되면 말이 순조롭지 못하고, 말이 순조롭지 못하게 되면 정사(政事)가 성공할 수 없다. 정사가 성공할 수 없게 되면 예악(禮樂: 예법과 음악) 교화가 추진될 수 없고, 예악 교화가 추진될 수 없게 되면 형벌이 정확할 수 없다. 형벌이 정확할 수 없게 되면 백성들이 무엇을 해야 좋은지 알지 못하게 된다. 그러므로 군자가 일을 할 때는 반드시 명분에 부합되어야 하고, 그 말은 반드시 실행할 수 있어야 한다. 군자는 자신이 한 말에 대하여 한 치의 대충대충도 없어야 한다."

다음 해에 염유가 장군이 되어 제나라와 싸워 이겼다. 계강자가 그에게 물었다. "그대는 군사 작전에 관한 것을 배웠는가? 아니면 태어나서부터 재능이 있었는가?" 염유가 "공자에게서 배웠습니다."라 대답하니 계강자가 다시 물었다. "공자는 어떤 사람인가?" 염유는 "그분을 기용하게 되면 반드시 명성을 얻게 될 것입니다. 그를 백성들에게 널리 알리든가 혹은 귀신에게 그의 사람됨에 대하여 물어보아도 전혀 모자란 점이 없는 분입니다. 하지만 제가 군사에 대해 완전히 통달하여 비록 천 사(社)²⁴⁴⁾의 봉상(封賞)을 받을 공로가 있다고 해도 스승께서는 이롭다고 여기지 않으실 것입니다."라고 말했다. 계강자가 다시 "그를 부르고 싶은데, 가능하겠는가?"라고 물었다. 그러자 염유는 "만약 그분을 부르시고자 한다면 그분을 신임해야 합니다. 그리고 소인들이 그를 방해하지 않도록 해야 됩니다."라고 대답하였다.

위나라 공경대신 공문자가 대부 태숙에 대한 공략을 준비하면서 공자에게 그 계책을 물었다. 공자는 모른다면서 대답을 하지 않은 채 나와서 곧 마차로 길을 떠나도록 명하였다. 그러면서 "새는 나무를 선택할 수 있다. 하지만 나무가 어찌 새를 선택하겠는가!"라고 말했다. 공문자는 다시 가지 말라고 그를 만류하였다. 이때 마침 계강자가 대부 공화, 공빈, 공림을 파견하고 정중한 예절로써 공자를 영접하려 하자 공자는 곧 노나라로 돌아왔다. 공자가 노나라를 떠난 지 14년 만의 일이었다.

공자가 노나라 애공을 만났을 때 애공은 위정(爲政)의 도리를 공자에게 물었다. 그러자 공자는 "위정의 가장 중요한 것은 좋은 신하를 뽑는 데 있습니다."라고 대답하였다. 계강자 역시 위정의 도리를 물었을 때 공자는 "정직한 사람을 기용하여 사악한 사람을 고쳐야 합니다. 이렇게 되면 사악한 사람도 정직한 사람으로 변합니다."라고 대답하였다. 또 계강자가 도둑 떼의 창궐을 근심하자 공자는 "진실로 당신이 탐욕스럽지 않으면 설사 도둑에게 상을 준다고 해도 도둑질을 하지 않을 것입니다."라고 대답하였다. 노나라는 결국 공자를 임용하지 않았고, 공자 역시 두 번 다시 관직을 바라지 않았다.

공자의 시대에 주나라 왕실이 쇠미하여 예악(禮樂)이 폐기된 지 이미 오래였고 『시(詩)』와 『서(書)』는 갖춰져 있지 않았다. 그리하여 공자는 3대(代)²⁴⁵⁾의 예제

---

244) 25가(家)를 사(社)라 하였다.
245) 하, 은, 주의 3대

(禮制)를 추적하고 탐구하여『상서』를 정리하였다. 위로 요순시대로부터 아래로 진나라 목공의 시대까지 차례대로 그 사실을 배열하였다.

공자는 말했다. "하나라 시대의 예제에 대하여 나는 말을 할 수 없다. 하나라 후대 기(杞)나라의 문헌으로는 증거로 삼기가 어렵다. 은나라의 예제에 대해서는 말을 할 수 있다. 다만 은나라 후대인 송나라의 문헌은 이미 증거로 삼기 어렵다. 만약 기와 송나라가 충분한 문헌을 갖추었다면 나는 곧 인증을 할 수 있었을 것이다."

공자는 은과 하나라 이래의 예제의 변화를 고찰한 뒤 이렇게 말했다. "이후 비록 백대가 흘러간다고 해도 그것의 예제는 알 수가 있다. 왜냐하면 언제나 한 시대는 문채(文彩: 문장의 멋)를 숭상하고 한 시대는 실질을 숭상하기 때문이다.『주례(周禮)』는 하와 은의 2대를 귀감으로 삼아 제정하였는데, 그것의 내용과 문채는 그토록 화려했도다! 나는『주례』를 따르겠다." 그리하여『서경』과『예기』가 공자에 의해서 편찬되었다.

공자는 노나라의 태사(太師)에게 말하였다. "악곡의 연주 과정은 이해할 수 있다. 막 연주를 시작할 때에는 8음과 5성이 완전히 배합되고, 이어서 소리가 천천히 전개된 다음 청탁고하(淸濁高下)가 조화되며 수미가 이어져 끊이지 아니하면서 그렇게 한 곡의 연주가 완성되는 것이다." 그는 또 "내가 위나라에서 노나라로 돌아온 이후에 각종 악곡의 음조와 성률(聲律)을 정리하여「아(雅)」와「송(頌)」을 각기 원래 모습으로 회복시켰다."라고 말했다.

고대로부터 남겨진 시(詩)는 3천여 편이었으나 공자에 이르러 그 중복된 것을 빼고 예의 의식에 사용될 수 있는 것만 취하였다. 위로는 설(契)과 후직(后稷)에 관한 시에서 시작하여 은과 주나라, 양대의 시, 그리고 주 유왕(幽王)과 여왕(厲王) 때 예악이 갖춰지지 않은 상황에서의 시까지 정리하였다.『시경』은 남녀 관계[246]의 시편에서 시작하고 있다. 그래서 "「관저(關雎)」는「국풍(國風)」의 제1편이고,「녹명(鹿鳴)」은「소아(小雅)」의 제1편이며,「문왕(文王)」은「대아(大雅)」의 제1편이고,「청묘(淸廟)」는「송(頌)」의 제1편이다."라고 한다. 305편의 시에 공자는 모두 거문고 연주를 곁들여 일일이 노래를 불러「소(韶)」,「무(武)」,「아(雅)」,「송(頌)」의 음률에

---

246) 원문은 衽席으로서 末席이며 여기에서는 남녀의 애정을 가리킨다.

부합시키고자 하였다. 예의와 음악은 이로부터 또 얻어져 기록될 수 있게 되었고, 이로써 왕도의 예악 제도가 갖추어지고 육예(六藝)[247]가 편성되었다.

공자는 만년에 『주역(周易)』 연구에 심취하여 「단사(彖辭)」, 「계사(繫辭)」, 「상사(象辭)」, 「설괘(說卦)」, 「문언(文言)」 편을 찬술하였다. 그는 『주역』을 반복해서 읽어 『주역』의 죽간을 이은 가죽 끈이 세 번이나 끊어졌다.[248] 공자는 "만약 나에게 다시 몇 년을 더 살 수 있게 한다면, 그렇게 된다면, 나는 『주역』에 대하여 여러 가지 도리와 사리에 통달할 것이다."라고 말했다.

공자는 『시(詩)』, 『서(書)』, 『예(禮)』, 『악(樂)』을 교재로 하여 제자들을 가르쳤는데, 제자가 대략 3천 명이었고, 그 중 육예(六藝)에 정통한 제자는 72명이었다. 또한 안탁추(安濁鄒)처럼 공자의 가르침을 받았으나 정식으로 제자가 되지 않은 학생들도 그 수가 적지 않았다.

공자는 네 가지 학습 내용을 설립하였다. 그것은 곧 문헌, 행위, 충서(忠恕: 충성과 용서), 그리고 신용이었다. 그리고 네 가지를 금지시켰는데, 그것은 즉 '마음대로 억측하지 말 것', '자신의 의견을 고집하지 말 것', '고루하고 견문이 좁지 않게 할 것', '자신을 드러내 보이지 말 것' 등이었다. 그가 특별히 근신하면서 대했던 것은 곧 재계(齋戒: 몸과 마음을 깨끗이 하다), 전쟁, 질병이었다. 공자는 자신의 이익이나 운명, 그리고 인덕에 대해서는 가볍게 말하지 않았다. 제자를 가르칠 때, 지식을 갈구하고 알지 못하면 어떻게 해야 좋을까 조급해하지 않으면 깨우쳐 주지 않았고, 또 한 가지 문제를 가르쳐서 이와 유사한 도리를 깨닫지 못하면 두 번 다시 되풀이해서 가르치지 않았다.

공자는 자신의 향리에서는 항상 공손하여 마치 말을 잘하지 못하는 사람과도 같았으나, 종묘나 조정에서는 분명하면서도 조리 있게 말을 잘하였는데 다만 그 태도는 공손하고 조심스러웠다. 조정에서 상대부들과 이야기할 때에는 정확하면서도 자연스러웠고, 하대부들과 이야기할 때에는 온화하면서도 부담 없이 대하였다.

공자는 국군(國君: 국왕)의 대문을 들어갈 때에는 머리를 낮추고 허리를 굽혀

---

247) 예, 악, 서, 시, 역, 춘추를 가리킨다.
248) 위편삼절韋編三絶.

공경을 표시하였고, 보폭이 좁은 걸음으로 빨리 걸어 조심하는 태도를 보였다. 국군이 그에게 빈객을 접대하도록 하면 그 모습이 장중하고 진지하였다. 국군이 명을 내려 알현하게 되면 마차가 준비될 때까지 기다리지 않고 빨리 출발하여 갔다. 싱싱하지 않은 생선과 부패한 고기 또는 제대로 자르지 않은 것은 먹지 않았으며, 바르고 정돈되지 않은 자리에는 앉지 않았다.

또 상사(喪事)가 있는 사람 옆에서 밥을 먹을 때는 결코 배불리 먹은 적이 없었고, 곡(哭)을 한 날에는 노래를 부르지 않았다. 상복을 입은 사람이나 눈이 먼 사람을 보면 비록 그가 어린아이라고 할지라도 반드시 얼굴빛을 바꿔 동정을 표시하였다.

그는 말하였다. "세 사람 중에는 반드시 가르침을 받을 만한 사람이 있다.[249] 도덕을 수양하지 않는 것, 배운 것을 가르치지 않는 것, 정당한 도리를 듣고도 그에 따라 행하지 않는 것 그리고 나쁜 것을 고치지 않는 것, 바로 이것이 내가 걱정하는 점이다." 또 좋은 노래를 들으면 다시 노래를 청하고 그런 다음 자신도 따라 불렀다. 공자는 괴이한 일, 폭력, 변란, 귀신에 관한 말은 하지 않았다.

자공이 말했다. "스승께서 정리하신 문헌전적(文獻典籍)은 알아들을 수 있다. 하지만 스승께서 말씀하시는 천도(天道)와 성명(性命: 人性과 天命)의 심오한 견해는 알아들을 수가 없다." 안연은 찬탄하며 말하였다. "선생님의 도술(道術)은 앙모하면 할수록 숭고하기 짝이 없고, 깊이 탐구하고 연구할수록 더욱 견실하고 심오하구나! 그것을 앞에서 보았다고 생각하는 순간 홀연히 뒤쪽에 존재한다. 스승님께서는 조리 있게 단계적으로 사람을 착한 곳으로 인도하시고, 문헌으로써 나의 교양과 지식을 넓게 해 주시며, 예의도덕으로써 나의 언행을 규범화시켜 주시니 내가 공부를 그만두려고 해도 그만둘 수가 없다. 나의 모든 힘을 다해 보아도 스승님의 도술은 여전히 나의 높고 높은 곳에 계신다. 힘껏 따라잡으려 해도 도저히 따라잡을 수가 없다!"

달항당(達巷黨)[250]에 사는 한 사람은 "공자는 참으로 훌륭하다! 그는 박학하고 식견이 넓다. 하지만 세상에 크게 이름을 떨치는 특장(특별히 뛰어난 장점)이 없다."고

---

249) 삼인행 필유아사三人行, 必有我師
250) 달항達巷이라는 명칭의 지명, 5백 가家를 당黨이라 하였다.

말하였다. 이 말을 들은 공자는 "내가 무엇을 전문으로 해야 하는가? 전문적으로 수레를 몰아야 하는가? 아니면 전문적으로 활을 쏘아야 하는가? 그렇다면 나는 곧 수레를 몰겠다!"라고 하였다. 제자 금뢰(琴牢)는 "스승님은 '등용되지 못하였으므로 이러한 여러 재주를 배울 수 있었다.'라고 말씀하셨습니다."라고 하였다.

무엇을 남길 것인가

노나라 애공(哀公) 14년 봄, 대야(大野)[251]에서 사냥이 있었다. 대부 숙손씨의 마부가 희귀한 짐승을 잡았다. 그 자리에 있던 사람들은 모두 이 짐승의 괴상한 모양을 보고 불길하다고 여겼다. 그런데 공자는 짐승을 관찰하고 나더니 "이것은 기린(麒麟)이다."라고 말했다. 그러자 그들은 곧 그 동물을 잡아서 돌아왔다. 공자는 말했다. "이제 황하에 용이 다시는 지도[252]를 지고 나타나지 않고, 낙수(洛水)에서는 거북이가 다시 책을 짊어지고 떠오르지 않도다.[253] 성인(聖人)이 다시 없으니 도를 행하여 세상을 구하려던 나의 희망도 아마 끝이 나는가보다!"

제자 안회(顔回)가 세상을 뜨자 공자는 비통해하였다. "아, 하늘이 나를 망하게 하는구나!" 노나라 서쪽에서의 사냥에서 기린을 보았다고 하자 공자는 "나의 길은 끝이 났구나!"라면서 "아무도 나를 알지 못한다!"라고 탄식하였다. 자공이 물었다. "왜 선생님을 알아주는 사람이 없을까요?" 그러자 공자는 "나는 하늘을 원망하지 않고 사람들을 원망하지도 않는다. 나는 아래로는 인사(人事)를 배우고 위로는 천명에 통했으니 나를 이해해 주는 것은 하늘뿐이지 않겠는가!"라고 대답하였다.

공자는 말했다.

"자신의 지향을 굽히지 않고 자기의 인격을 더럽히지 않은 사람은 곧 백이,

---

251) 현재의 산동 거야현鉅野縣.

252) 전설상의 팔괘도

253) 전설상에 낙수洛水에서 영험한 거북이가 낙서洛書를 짊어지고 떠오른다는 설이 있다.

숙제뿐이다!" 공자는 유하혜(柳下惠)²⁵⁴와 소연(少連)²⁵⁵에 대해서는 그들이 신념을 굽히고 몸을 욕되게 했다고 평가하였다. 반면에 우중(虞仲)과 이일(夷逸)²⁵⁶에 대해서는 "초야에 은거하고 세속사에 대하여 말하지 않았으나 그 행동은 청고(맑고 고결함)하고 깨끗했으며 스스로를 버리고 화를 면한 방법도 때를 잘 맞추어 행하였다"고 말했다. 그러면서 공자는 "나는 그들과 방법이 다르다. 절대적으로 타당한 것도 없으며 또 절대적으로 타당하지 않은 것도 없다."라고 하였다.

공자는 탄식하였다. "글렀구나, 글렀구나! 군자가 통한으로 여기는 것은 한 평생을 살았으나 그 명성이 칭송되지 않음이다. 나의 주장은 실행될 수 없었다. 대체 무엇을 후세에 남기면 좋단 말인가?"

그래서 공자는 노나라의 역사 기록에 의거하여 『춘추(春秋)』를 지었다. 노나라 은공(隱公) 원년부터 애공(哀公) 14년에 이르는 전후 12대의 역사를 정리했다. 노나라를 중심으로 하여 기술하고 주나라 왕을 정통으로 모시며 은나라 제도를 참작하여 하, 은, 주 3대의 법통을 관철하였다. 문사(文辭)는 간략하지만 그 의미는 심오하고 넓다.

그러므로 오나라와 초나라의 군주는 스스로 왕을 칭했으나 『춘추』는 당초 주나라 왕이 책봉했던 등급에 의거하여 그들을 '자'작(子爵)으로 낮춰서 기록하였다. 또 천토(踐土)의 회맹은 실제 진나라 문공이 천자를 부른 것이었으나 그것을 좋지 않게 평가하여 다만 "주나라 천자가 하양(河陽)까지 순행하다."라고 기재했다. 이러한 필법에 의해 당시 사람들의 행위가 예법에 위배되는가의 기준을 삼고자 하였다. 그것은 군주를 죽인 난신(亂臣), 아버지를 죽인 적자(賊子)의 행위를 비판함으로써 후세 사람들에게 반성을 촉구하고 왕자(王者)인 자에게 대의(大義)를 이루도록 하려는 의도를 가진 것이다.

일찍이 공자가 관직에 있을 때는 모든 일을 다른 사람과 상의하였으며 결코 독단적으로 혼자서 행한 일이 없었다. 그러나 『춘추』는 끝까지 혼자 집필하고 교정을 보았다. 학식이 많은 자하에게조차 한 자의 도움도 구하지 않았다.

---

254) 노나라 대부로서 귀족의 예절에 밝았다.

255) 동이東夷 사람으로서 예절을 잘 실행하였다.

256) 우중은 주나라 시조 고공단보의 둘째 아들로 동생 계력을 위해 몸을 피해 남쪽 형만荊蠻 땅으로 갔다.

드디어 『춘추』가 완성되자 공자는 그것을 제자들에게 보이면서 말했다. "후세에 내가 칭송을 받건 비난을 받건 간에 그것은 모두 이 『춘추』를 어떻게 해석하느냐에 달렸다."

태산은 이렇게 무너지는가!

다음 해에 자로가 위나라에서 죽었다. 공자가 병이 나 자공이 찾아와 공자를 뵈었을 때 공자는 지팡이에 의지하면서 문 입구를 거닐고 있었다. 공자는 자공을 보자, "왜 이제야 오는 것이냐?"라면서 깊은 한숨을 내쉬었다. 그러면서 노래를 읊조렸다.

　태산은 이렇게 무너지는가!
　기둥은 이렇게 부러지는가!
　철학자는 이렇게 시드는가!

노래가 끝나자 얼굴에는 눈물이 흘러 내렸다.
"천하의 도가 상실된 지 이미 오래고 나를 따라오는 자도 없다. 하나라 사람은 죽으면 관을 동쪽 계단에 세우고, 주나라 사람은 서쪽 계단에 세우며, 은나라 사람은 두 개의 기둥 사이에 세운다. 어젯밤 나는 꿈에서 내가 두 기둥 사이에 앉아 있는 꿈을 꾸었다. 나는 원래 은나라 사람이로다!"
그로부터 7일 후 공자는 세상을 떠났다. 그때 그의 나이 73세, 노나라 애공 16년 4월이었다.

공자묘의 유래

공자는 노나라 도읍 북쪽의 사수(泗水) 기슭에 묻혔으며 제자들은 모두 3년 동안 상복을 입었다. 상을 치른 뒤 제자들은 서로 고별을 하면서 헤어지며 마지막으로 한바탕 통곡을 하였고 다시 각자 진심 어린 애도를 하였다. 일부 사람은 다시 남았다.

특히 자공은 무덤 옆에 방을 만들고 계속 복상하기를 전후 6년, 그리고 마침내 떠나갔다. 공자의 묘지 옆에는 공자의 제자들과 노나라 사람들이 옮겨 살게 되어 이윽고 1백여 호에 달하는 마을이 형성되었고, 그곳은 공리(孔里)라고 불려졌다.

태사공은 말한다.

"『시경』에 이런 말이 있다. '높은 산처럼 사람들로 하여금 우러러보게 하고, 큰 길처럼 사람으로 하여금 따라가게 한다.'[257]

비록 내가 공자의 시대로 돌아가지 못하지만 마음속으로 항상 그를 동경하고 있다. 나는 공자가 남긴 책을 읽어 보고, 그 사람됨이 얼마나 위대한가를 보고 싶었다. 노나라에 갔을 때 공자의 묘당과 그가 남긴 수레와 의복, 그리고 예악기물(禮樂器物)을 참관하였다. 유생들은 공자의 옛집에서 시간에 맞춰 예절을 연습하고 있었고, 나는 시간이 가는 줄 모르고 그곳에 머물러 떠날 수가 없었다. 자고 이래로 천하에 군왕에서 현인에 이르기까지 너무도 많은 사람들이 있었고, 살아 있을 때는 한때 영화로웠지만 죽은 뒤에는 그것으로 끝이었다. 공자는 평민이었지만 10여 세대를 이어 학자들이 그를 존숭한다. 위로 천자와 왕후로부터 중원(중국 땅)에서 6예(六藝)를 공부하는 사람들은 모두 공자를 표준으로 하여 시비를 판단하고 있으니, 공자는 진실로 가장 높이 솟아 있는 성인이라고 말할 수 있겠다!"

---

257) 고산앙지 경항행지高山仰止 景行行止

14. 진섭 세가
─ 왕후장상(王侯將相)의 씨가 따로 있는가!

　　원래 「세가(世家)」는 왕후들에 관하여 기술한 전기(傳記)이다.

　　그런데 진승, 즉 진섭은 왕후 출신도 아니고 한낱 무지렁이 평민 출신이었다. 그러나 사마천은 진섭의 전기를 「세가(世家)」에 포함시켰다. 『사기』에서 진섭을 「세가」에 포함시킨 것은 진섭의 역사적 지위 및 그가 수행했던 역사적 의미에 대한 사마천의 중시와 평가를 충분히 드러내 보이고 있다.

　　본문은 먼저 봉기(蜂起)의 원인을 기술하고 봉기의 모사와 계획을 서술하면서 그 폭발과 발전, 그리고 정권의 수립에 이르기까지 대단히 자세하게 묘사하고 있다. 이 과정은 먼저 원인을 설명한 뒤 그 결과를 서술하는 방식을 원용하고 있으며, 봉기의 정당성과 함께 봉기 지도자들의 영웅적인 정신 면모를 충분하게 드러내고 있다.

참새가 어찌 대붕의 뜻을 알리오!

　　진승(陳勝)은 하남 양성(陽城) 사람으로 자는 섭(涉)이고, 오광(吳廣)은 하남 양하(陽夏) 사람으로 자는 숙(叔)이다.

　　진승은 집안이 가난하여 젊을 때 다른 사람들과 함께 남의 집에서 머슴살이를 해야 했지만, 마음 씀씀이가 크고 배짱도 두둑한 사람이었다. 어느 날인가 그는 주인집 밭에서 일을 하다가 밭두렁에 나와 쉬면서 말하였다.

　　"만약 훗날 우리 중 누가 부자가 된다고 해도 모두들 서로 잊지 맙시다."

　　그러자 같이 머슴살이를 하던 사람들은 모두 웃으면서 "당신이 남의 집 머슴 하면서 어떻게 부귀해질 수 있겠소?"라 말하였다.

　　이에 진승은 탄식하였다.

"참새가 어찌 대붕(상상의 큰 새)의 큰 뜻을 알겠는가!"[258]

진나라 2세 황제 원년 7월, 진승이 살던 지방에서 빈민 9백 명이 징발되어 북방의 변경 지대로 끌려갔는데, 진승과 오광은 둔장(屯長)[259]이라는 인솔 책임을 맡았다. 그런데 큰 비를 만나 길이 끊기어 약속한 기한 내에 목적지에 도착하기란 이미 불가능하게 되었다. 당시 기한을 지키지 못하면 법률 규정에 의하여 인솔 책임자는 반드시 처형되도록 되어 있었다. 진승과 오광은 몰래 상의하였다.

"우리가 도망쳐봤자 얼마 못 가 잡혀 죽는다. 몸을 일으켜 거병한다고 해도 죽는다. 이래 죽으나 저래 죽으나 매일반인데, 우리 한번 나라를 위하여 죽는 것이 어떤가?"

진승이 말했다.

"천하가 진나라로부터 고통을 받은 지 이미 오래되었다. 들건대 지금의 2세 황제는 처음부터 황제 자리에 오를 자격도 없는 자였다고 한다. 원래 큰아들 부소가 당연히 차지해야 할 자리였다. 부소는 여러 차례 충간을 하여 황제는 그를 국경 지방으로 내보냈다. 지금 어떤 사람들은 부소가 죄가 없는데 2세 황제가 그를 죽였다고 한다. 많은 백성들이 그의 현명함을 알고 있지만 그가 죽었다는 사실을 모르고 있다. 또 항연 장군은 전공이 많고 사병들을 사랑하여 초나라 사람들은 그를 매우 아끼고 있다. 어떤 사람들은 그가 죽었다고 말하고 어떤 사람들은 그가 도망쳤다고 알고 있다. 그래서 지금 우리가 부소와 항연이라고 꾸며 천하에 기병한 뜻을 알리면 반드시 많은 사람들이 호응할 것이다!"

이 말에 오광도 적극 찬성했다. 그러고는 두 사람은 점쟁이를 찾아갔다.

점쟁이는 이들에게 "당신들의 일은 반드시 성공할 것이오. 그러나 당신들은 귀신에게 점을 쳐야만 합니다."라고 말하였다. 그러자 진승과 오광은 매우 기뻐하였으며 마음속으로 귀신에게 점칠 일을 모두 생각해 두고 '이것은 우리들이 먼저 귀신인 척해서 사람들에게 위신을 얻으라는 뜻이다.'라고 믿었다.

그들은 '진승왕(陣勝王)'이라고 붉게 쓴 헝겊 조각을 남들이 잡아온 물고기의

---

258) 燕雀安知鴻鵠之知

259) 한 대오의 우두머리 책임자.

뱃속에 슬쩍 집어넣었다. 병사들이 이 물고기를 사서 요리를 하여 막 먹으려 하다 뱃속의 글자를 보고 매우 신기하게 여기게 되었다. 또 진승은 오광으로 하여금 야영하는 근처 숲속에 있는 사당에 들어가 밤에 상자 속에 촛불을 켜놓고[260] 여우 목소리를 흉내내,

"초나라가 크게 일어난다. 진승이 왕—,

초나라가 크게 일어난다. 진승이 왕—."

이라고 소리를 내도록 하였다.

이 모습을 보고 들은 병사들은 밤새 불안하였다. 다음 날 병사들은 모두 이 기이한 일을 얘기하였고 몰래 진승을 지목하고 주시하게 되었다.

왕후장상의 씨가 따로 있는가!

오광은 평소 다른 사람을 아꼈고, 그래서 병사들이 그를 많이 따랐다. 어느 날 이들 일행을 인솔하는 총책임자인 현위(縣尉)가 술에 취했다. 오광은 일부러 그에게 몇 번에 걸쳐 큰 소리로 도망치겠다고 하였다. 현위의 화를 돋우어 사람들 앞에서 자기 자신을 모욕하게 함으로써 병사들을 자극시키려 한 것이었다. 과연 현위는 매우 화가 나서 오광을 채찍으로 때리기 시작했고 또 칼을 빼어들었다. 이때 오광이 재빨리 그 칼을 빼앗아 단칼에 현위의 목을 베어 버렸다. 이때 진승도 그를 도와 두 현위를 죽였다.

진승은 즉시 부하들을 소집하고 큰 소리로 외쳤다.

"우리는 비 때문에 길이 막혀 이미 모두 기한을 지키지 못했다. 기한을 넘기면 규정에 의하여 모두 참수된다. 죽지 않는다고 해도 장차 변경에서 열에 예닐곱 명은 죽을 것이다. 장사(壯士)가 죽지 않으면 그것으로 그만이고, 만약 죽는다면 그 이름을 세상에 알려야 한다. 왕후장상의 씨가 따로 있는가!"[261]

그러자 부하들 모두가 "절대로 명령에 복종하겠습니다."라고 하였다. 그리

---

260) 이렇게 하여 도깨비불로 꾸미려 한 것이다.

261) 王侯將相寧有種乎!

하여 진승과 오광은 스스로 부소와 항연이라 칭하고 백성의 뜻에 따르기로 하였다. 모두 오른쪽 어깨를 드러내면서[262] 국호를 '대초(大楚)'로 정했다. 그리고는 큰 제단을 쌓고 맹약을 한 뒤 두 현위의 수급을 바쳐 제사를 지냈다. 진승은 자신이 장군에 오르고, 오광을 도위(都尉)로 임명하였다.

이들은 우선 부근 지방을 공격하여 점령하고 무기와 병력을 확보한 후, 차츰 그 세력을 넓혀갔다. 그러자 그 세력이 급속도로 늘어나 순식간에 전차 6대, 수레 7백 대, 기병 천여 명, 병졸 수만 명을 모을 수 있었다. 그리고 계속 진격해 진현(陳縣)까지 점령하기에 이르렀다. 진승은 진현을 점령한 후 지방 유지들을 모아 놓고 자기의 뜻을 설명하였다. 그랬더니 그들은 이구동성으로, "장군께서 몸소 일어나셔서 천하의 불의를 내몰고 폭정을 벌하셨으며 초나라를 다시 부흥시켰습니다. 그러므로 당연히 왕위에 오르셔야 합니다."라고 떠받드는 것이었다.[263] 그리하여 진승은 왕이 되었으며, 국호는 '장초(長楚)'라 했다.

당시 진나라의 폭정에 시달리고 있던 백성들은 제각기 현지의 장관을 처벌하고 또 그들을 죽이면서 진승에 호응하였다. 진승은 그 당시 명망이 높은 인사였던 무신(武臣), 장이(張耳), 진여(陳餘)를 파견하여 옛날 조나라의 영토를 공략하도록 하였으며, 옛 위나라 땅에는 그곳 출신인 주불(周市)을 보내 평정하게 하였다. 그러면서 주력 부대는 오광을 가왕(假王)[264]으로 삼아 진나라로 진격하도록 명령하였다. 하지만 오광은 형양(榮陽)을 포위한 채 쉽게 승리하지 못했다. 그곳에는 진나라 승상 이사의 아들인 이유(李由)가 삼천 군수로 있으면서 방어를 굳게 하고 있었다.

한편 진승은 선비 출신의 참모도 얻게 되었는데 바로 주문(周文)이라는 사람이었다. 그는 일찍이 항연 장군을 섬겨 길흉과 시일을 점치는 직책을 담당하였고, 또 춘신군을 섬긴 일도 있던 사람이었다. 그는 스스로 군사에 매우 밝다고 칭하였는데, 당시 진승의 군대에는 선비 출신이 거의 없었던 상태였으므로 진

---

262) 오른쪽 어깨를 드러내어 의거에 참여하겠다는 뜻을 보인다는 의미.

263) 당시 초나라 사람들이야말로 진나라에 대한 적개심이 가장 높았다. 천하통일을 사실상 겨룬 것은 진나라와 초나라였는데, 이 와중에서 초나라 회왕은 속임수에 걸려 진나라에 연금당한 채 죽어야 했던 것이다. 그래서 '세 집만 남아 있어도 진나라를 멸망시킬 것은 역시 초나라다.'라는 속담까지 생길 정도였다.

264) 대리왕代理王을 가리킨다.

승은 주문을 얻자 매우 기뻐하고 곧 그를 크게 신뢰하여 장군으로 삼았다. 그러면서 주문으로 하여금 진나라 공격을 담당하도록 명령하였다.

주문의 군대는 진나라로 진격하는 도중에 병력을 크게 증강하여 함곡관에 이르렀을 때에는 이미 전차 1천 대, 병졸 수십 만으로 불어났다. 그리하여 주문은 단숨에 함곡관을 돌파하고 희수(戲水) 강변에 진을 쳐 전투 태세를 갖추었다.

이때 진나라에서는 장군 장한이 죄인과 노예로 구성한 부대를 이끌고 나와 맞섰다. 그런데 이 전투에서 실전 경험이 부족했던 주문은 적은 군사로 너무 깊숙이 적진에 들어가 장한 군대의 반격에 말려 3개월을 버티다가 끝내 패했으며, 다시금 민지(澠池) 지방까지 철수하게 되었다. 민지 지방에서도 10여 일간 싸우다가 결국 패배한 주문은 스스로 목숨을 끊었고 그 병사들은 흩어져 버렸다.

한편 조나라 공격을 명령받았던 무신 일행은 조나라 평정에 성공하자 진승과 상의도 없이 스스로 조나라 왕이라 칭하고 진여를 대장군에, 장이를 승상에 임명했다.

이 소식을 들은 진승은 크게 노하여 그들의 남아 있던 가족을 잡아들여 처형하려 했다. 그러자 신하들이 말렸다.

"지금 큰 적인 진나라도 무찌르지 못했는데, 그들의 가족을 죽이는 것은 적을 또 하나 만들 뿐입니다. 차라리 기분 좋게 승인해 주는 것이 좋을 듯합니다."

이 말을 들은 진승은 사신을 파견하여 무신의 즉위를 축하하고 그 가족들도 잘 대해 주었다. 그런 연후에 진승은 무신에게 즉시 진나라 공격에 나설 것을 명령하였다. 그러자 무신은 회의를 소집하여 방법을 논의하였다. 그 자리에서 부하들이 이렇게 말했다.

"지금 폐하께서 즉위하신 일을 진승은 결코 달가워하지 않고 있습니다. 이러한 때에 만약 진나라를 멸망시킨다면 반드시 그 공격의 방향이 우리 조나라일 것입니다. 그러므로 차라리 북쪽의 연나라를 평정하여 세력을 확대하는 방법이 가장 좋을 듯합니다. 그렇게 된다면 비록 진승이 진나라를 멸망시킨다 하여도 우리를 쉽게 공격할 수는 없을 것입니다."

무신은 이 의견을 받아들여 연나라 출신이었던 한광(韓廣)에게 많은 군사를 주어 연나라 평정의 임무를 맡겼다. 그런데 한광이 연나라를 평정하자, 그곳의 호족들은 한광에게 간청하고 나섰다.

"초나라와 조나라에는 이미 왕이 세워져 있습니다. 이 기회에 우리 연나라에도 왕이 계셔야 합니다. 바라옵건대 장군께서 우리의 왕이 되어 주십시오."

한광은 몇 번이나 사양했지만, 결국 그 뜻을 받아들여 연나라 왕에 즉위하였다.

그리고 위나라 공략에 나섰던 주불은 위나라 평정에 간신히 성공했는데, 그곳에서도 주불을 왕으로 세우려는 움직임이 일어났다. 주불은 한사코 사양하다가 결국 옛날 위나라 왕손이던 구(咎)를 대신 왕으로 세우고, 자신은 재상이 되었다. 이렇게 하여 반란군은 제각기 독립하여 분열되었다.

한 점 불꽃이 광야를 불사르다

한편 반란군들이 뿔뿔이 흩어져 진승의 군대에 패색의 기운이 감돌자 갖가지 음모가 일어나고 있었다. 특히 형양에서 머뭇거리고 있던 오광의 부하들 중에서는 오광을 없애려는 음모까지 생겨났다.

어느 날 오광의 부하들이 모인 자리에서 전장(田臧)이라는 장수가 이렇게 제의했다.

"엊그제 주문의 군사도 대패하여 주문이 자결하였다. 그 주문을 격파한 장한의 군대는 반드시 이쪽으로 쳐들어올 것이다. 이제까지 우리는 이곳 형양에서 한 치도 나아가지 못하고 있는데, 장한의 군대가 나타난다면 우리 패배는 불을 보듯 뻔하다. 우선 형양을 포위할 병력을 최소화하고 나머지 정예군은 장한의 공격에 대비해야 할 것이다. 그런데 지금 가왕 오광은 교만할 뿐만 아니라 병법도 전혀 모른다. 그와 더불어 말을 나눌 수도 없다. 그를 죽이지 않는다면 아마 모든 일이 실패할 것이다."

이 제의에 나머지 장수들도 고개를 끄덕였다. 그들은 즉시 행동을 개시하여 오광을 죽이고 그 머리를 진승에게 바쳤다. 진승은 매우 화가 났으나 모든 장수들이 들고 일어난 일인지라 할 수 없이 전장을 초나라 영윤에 임명하고 그로 하여금 상장군의 자리에 앉혔다. 그 뒤 전장은 정예군을 이끌고 형양성을 나가 장한의 군대와 일전을 벌였다. 그러나 전장은 여지없이 패하고, 자신도 전사했다. 전장을 격파한 장한은 여세를 몰아 진승의 척후대를 궤멸시켰으며, 계속하여 진승의 본부대까지 공격해 들어왔다. 진승은 직접 출정하여 독려했으나, 이미 기울어진 전세를 뒤집을 수는 없었다. 크게 패배한 진승은 후퇴에 후퇴를 거듭할 수밖에 없었다.

그러던 어느 날 진승은 자신의 수레를 끌던 마부 장고(庄賈)라는 사람에게 목숨을 빼앗기고 말았다. 장고는 진승을 죽인 후 진승의 시체를 들고 진나라에 항복했다. 그러나 얼마 후 진승의 부하였던 장군 여신(呂臣)이 다시금 군대를 조직하여 점령당했던 영토를 되찾고 장고를 처형시켜 원수를 갚았다. 진승이 왕으로 있을 때의 이야기이다.

일찍이 머슴살이를 할 때 함께 일했던 옛 친구 하나가 진승이 왕이 되었다는 소식을 듣고 찾아왔다. 그는 궁궐의 문을 두드리며 "진승을 만나고 싶다."라고 청했다. 수문장은 그를 체포하려 하였다. 그 친구가 수차례에 걸쳐 자신을 설명한 뒤 비로소 풀려났지만 수문장은 여전히 보고조차 올리지 않았다. 그 친구는 계속 문 앞에 있다가 궁문을 나오는 진승을 보았다. 그 친구는 앞을 막으며 진승의 이름을 불렀다. 진승이 그 소리를 듣고 자기 수레에 그를 태워 궁궐 안으로 데리고 들어갔다. 궁궐을 처음 본 그 친구는 이내 눈이 휘둥그레졌다.

"야! 정말 많네(夥頤). 궁궐이 크고도 깊구나!"

초나라 사람들은 '다(多)'를 '과(夥)'라 한다. 그리하여 '과섭위왕'(夥涉爲王)[265]이라는 말이 천하에 퍼지게 되었는데, 이는 진섭으로부터 시작된 것이다.

그날부터 그 친구는 마음대로 궁궐을 출입하며 멋대로 행동했으며, 또 아무에게나 진승과 같이 머슴살이 하던 시절의 이야기를 떠벌리고 다녔다. 이에 어떤 사람이 진승에게 "그 친구 분은 일자무식입니다. 할 말 못할 말 가리지 않고 마구 지껄이고 다녀 대왕의 위엄을 땅에 떨어뜨리고 있습니다."라고 권하였다.

진승은 결국 그 친구를 처형시키도록 명령하였다. 그러자 진승의 옛 친구들은 모두 궁궐에서 자취를 감추었고, 아무도 진승에게 접근하지 않았다.

한편 진승은 주방(朱房)과 호무(胡武)라는 두 사람에게 감찰 업무를 맡겼다. 여러 장수들이 임무를 수행하고 돌아와서 복명(復命)할 때 주방과 호무의 명령에

---

265) "하루아침에 뜻을 얻어 대단히 호화롭게 변하다."라는 의미.

따르지 않는 사람은 모조리 잡아다 죄를 다스렸는데, 가혹하게 다스리는 것을 충성이라고 여겼다. 두 사람이 싫어하는 사람은 사법 관리에게 넘기지 않고 자기들 마음대로 죄를 다스렸다. 진왕은 이 두 사람을 신임하였으며, 여러 장수들은 이러한 연유 때문에 진왕에게 가까이 접근할 수가 없었다. 이것이 바로 진왕이 실패한 주요한 요인이었다.

진승은 왕이 된 지 불과 6개월 만에 목숨을 잃었다. 하지만 그는 진나라를 멸망의 길로 빠뜨린 주역이었다. 실제 그가 봉하고 임명했던 왕후장상들이 결국 진나라를 멸망시킬 수 있었던 것은 진섭이 먼저 기치를 들고 일어남으로써 이뤄진 것이다.

한 고조 때 특별히 탕현 진승의 묘에 30호의 묘지기를 두었고, 지금까지 때에 맞추어 제사도 성대히 모시고 있다.

15. 외척세가
- 음양의 변화에 통달할 수 없다면
어찌 천명을 알 수 있겠는가!

본편은 한 고조부터 한 무제에 이르는 5대에 걸친 후비(后妃)에 대한 기술이다. 후비(后妃)의 문제는 독자들로 하여금 궁중 내부의 중요한 한 측면을 보여준다. 특히 주발과 관영이 두씨 형제들이 "또 여씨들을 닮지 않을까?"를 가장 우려하는 대화 내용은 사마천이 말하고자 하는 본편의 핵심적 내용이라 할 것이다.

우연의 일치일지 모르지만 본편에 나오는 많은 황후들이 모두 출신이 미천하며 황후가 되고 난 뒤에도 평범하지 않은 과정을 겪는다. 미천한 출신의 한 여자가 하루아침에 천하에서 가장 존귀한 부인이 된다는 것은 참으로 불가사의한 일이지만, 사마천은 이를 '명(命)'이라는 한 글자로 묘사하면서 전편을 차분하게 서술해 나가고 있다.

제국 흥망의 뒤에는 모두 후비(后妃)가 있다

자고 이래로 천명을 받은 제왕들과 선제(先帝)의 정체(正體)와 법제(法制)를 계승한 국군(國君: 왕)들은 단지 자신들이 많은 내면적인 품덕을 지니고 있었을 뿐만 아니라 동시에 외척의 도움도 크게 받았다. 하나라의 흥기는 도산씨(塗山氏)의 여자가 있었기 때문이고, 걸왕의 유배는 말희(末喜) 때문이었다. 은 왕조의 흥기는 유융씨(有娀氏)의 여자가 있었기 때문이고, 주왕의 멸망은 그가 총애하던 달기(妲己) 때문이었다. 주나라의 흥기는 강원(姜原)과 대임(大任) 때문이었고, 주 유왕이 잡히게 된 까닭은 포사(褒姒)와의 음란 때문이었다.

그래서 『주역』은 '건(乾)'과 '곤(坤)' 양괘(兩卦)에서 시작하며, 『시경』은 「관저

(關雎)[266]편부터 시작된다. 『서경』은 요임금이 두 딸을 순(舜)에게 시집보내도록 명한 것을 찬미하였으며, 『춘추(春秋)』는 아내를 맞으면서 몸소 영접하는 예를 시행하지 않음을 풍자하였다.

부부간에는 인간 상호 관계의 가장 중요한 윤리가 존재하고 있다. 그러므로 예절의 응용에 있어서 혼인은 가장 신중해야만 한다. 음악이 잘 조화되는 것은 사계절 절기가 순조롭게 운용하도록 하며,[267] 음양의 변화는 능히 만물을 생장시킨다. 그리고 부부는 모든 만물의 근본으로서 어찌 신중하지 않을 수 있겠는가? 사람들은 능히 도의를 충분히 발양(마음을 떨쳐 일으키다)시킬 수 있지만 도리어 명(命)에 대해서는 어찌할 도리가 없다. 참으로 놀랍도다! 부부 사이의 사랑은 군주의 존귀함에 의해서도 신하의 사랑을 바꿀 수 없으며, 아버지의 존엄에 의해서도 아들의 사랑을 바꿀 수 없다. 그러니 그 영향력이 군주나 아버지에 비하여 낮다고 할 수 있는가! 그런데 설사 부부가 서로 좋아하여 결합했을 경우에서도 어떤 사람들은 자손을 얻을 수 없으며, 어떤 사람들은 설사 자손을 얻을지라도 오히려 좋은 결과를 얻지 못한다. 어찌 이것이 운명이 아니겠는가? 공자는 명(命)에 대하여 거의 언급하지 않았는데, 이는 명이란 실제로 설명하기 지극히 어렵기 때문일 것이다. 만약 이승과 저승의 변화에 통달하지 않은 사람이라면 어떻게 사람이 타고난 자질과 그가 받은 명운을 알 수 있겠는가?

태사공은 말한다.

"진나라 이전의 일은 너무 간략하고 그 상세한 사정은 이미 알기 어려우며 기록할 수 없다. 한대의 흥기 후, 여아후(呂娥姁)[268]는 고조의 정비가 되었으며 그녀가 낳은 아들이 태자가 되었다. 만년에 이르러 그녀의 미색이 쇠퇴하자 사랑 또한 희미해져 척부인이 총애를 얻어 그녀의 아들 여의(如意)가 여러 차례 태자의 자리를 차지할 뻔하였다. 고조가 세상을 뜨자 여후는 척부인을 죽이고 또 조왕(趙王)[269]을 살해하였다. 고조의 후궁과 비빈 중 오직 평소 고조에게 총애를

---

266) 이 편은 후비后妃의 덕을 찬미하고 있다.
267) 옛 사람들은 음악과 자연과 사회 현상이 밀접한 관련을 맺고 있다고 파악하였다.
268) 여후
269) 여의如意

받지 못하고 소원해진 사람만이 비로소 평안하게 살아갈 수 있었다.

여후가 붕어하자 고조와 함께 장릉(長陵)에 합장되었다. 여록과 여산 등은 주살당할까 두려워하여 반란을 음모하였다. 대신들이 일어나 여씨 일족을 토벌하고, 하늘이 한나라 일가의 복구를 이끌었으므로 마침내 여씨가 소멸되었다. 오직 효혜황후만이 죽지 않고 북궁(北宮)에 살도록 허락되었다. 대신들은 대왕(代王)을 황제로 맞이하여 세웠는데, 바로 효문제로서 한나라의 종묘를 받들어 모셨다. 이것이 어찌 하늘의 뜻이 아니겠는가? 천명이 아니면 누가 이렇게 할 수 있겠는가!"

단 한 번의 사랑으로 태후가 된 여인

박태후(薄太后)의 부친은 오나라 사람으로 성은 박씨(薄氏)이다. 진나라 때에 그는 과거 위나라 왕의 종실(왕의 친족) 여자 위온(魏媼)과 사통하여 박희(薄姬)를 낳았다. 박희의 부친은 산음(山陰)에서 죽었고 그곳에 묻혔다.

제후들이 일어나 진나라에 반란을 일으켰을 때 위표(魏豹)는 자립하여 위나라 왕이 되었고, 위온은 자기 딸을 궁에 들어가게 하였다. 위온은 허부(許負)에게 관상과 사주를 보게 하였는데 허부는 박희가 장차 천자를 낳을 것이라고 말하였다. 당시 항우와 한왕 유방이 형양(榮陽)에서 대치하면서 아직 천하가 누구에게 귀속되는가가 정해지지 않았다.

위표는 처음에는 한나라를 도와 초나라를 공격하였는데, 허부의 말을 듣고 마음속으로 몰래 기뻐하고는 곧 한왕을 배반하고 중립을 지켰다. 그리고 또 변하여 초왕과 연합하였다. 한왕은 분노하여 조참 등을 파견하여 공격하도록 하여 위표를 포로로 잡고 그 국토를 군(郡)으로 바꾸었으며, 박희는 한나라 궁의 직실(織室)에 보내졌다. 위표가 죽은 후 언젠가 한왕이 직실에 갔었는데, 박희가 미색이 있음을 보고 곧 그녀를 후궁으로 들이라고 명하였다. 그러나 궁에 들어간 지 1년여 동안 박희는 황상의 총애를 입지 못했다.

박희가 어릴 때 관부인(管夫人), 조자아(趙子兒) 등과 친하였는데, 세 사람은 "누구든 먼저 귀하게 되더라도 좋은 친구를 잊지 말자!"라고 약속을 하였다. 훗날 관부인과 조자아가 먼저 한왕의 총애를 받았다. 한번은 한왕이 하남궁(河南宮)의 성고대(成皐臺) 위에 앉아 있었는데, 관부인과 조자아 두 미인이 박희와 했던 약속을 얘기하면서 웃었다. 한왕이 그 까닭을 물으니 두 사람은 사실대로 한왕에게 말해 주었다. 한왕은 그 말을 듣고서 마음속으로 애처롭게 생각하였으며 박희를 동정하고 이날 곧장 박희를 불러 시중을 들게 하였다. 박희가 "어젯밤 저는 창룡(蒼龍)이 저의 배 위에 둥지를 틀고 들어앉은 꿈을 꾸었습니다."라고 말하자 한왕은 "이것은 크게 귀할 징조이다. 내가 너의 꿈을 이루도록 하겠노라."라고 하였다. 하룻밤의 동침 후에 곧 사내아이를 낳았는데, 그가 바로 대왕(代王)이다. 그 동침 이후에 박희는 한왕을 거의 만나지 못하였다.

고조가 붕어하자 여태후는 고조의 총애를 받던 총희 척부인 등과 같은 사람들을 지독하게 증오하여 그녀들을 모두 유폐하여 출궁하지 못하게 하였다. 그러나 박희는 고조를 거의 만나지 않았었기 때문에 출궁할 수 있었고, 아들을 따라 대(代)나라로 가서 대왕(代王) 태후(太后)가 되었다. 태후의 동생 박소(薄昭) 역시 대나라로 따라갔다.

대왕이 왕위에 오른 지 17년이 지나서 여후가 붕어하였다. 대신들은 누구를 황위 계승자로 할 것인가를 상의하였다. 그들은 여씨 외척 세력의 횡포를 증오하였는데, 모두 박씨 집안이 어질고 착하다고 칭찬하였고, 그리하여 대왕(代王)을 장안으로 모셔서 효문제로 옹립하였다. 박태후는 황태후가 되었고, 그녀의 동생 박소는 지후(軹侯)에 봉해졌다. 박태후는 효경제 2년에 서거하여 남릉(南陵)에 묻혔다. 여후가 고조와 장릉(長陵)에 합장되었기 때문에 특별히 따로 능묘를 만들어 효문제의 패릉에서 가깝게 하였다.

사람의 운명이란 알 수 없는 것이다

두태후(竇太后)는 조나라 청하군 관진현 사람으로서 여태후가 집정할 때 그녀는 좋은 집안의 자녀[270]라는 신분으로 선발되어 입궁한 뒤 태후의 시중을 들었

---

270) 원문은 良家子.

다. 훗날 태후는 일부 궁녀들을 출궁시켜 제후들에게 하사하였고 제후 한 명에 5명씩 하사하기로 하였는데, 두희는 이 출궁(出宮) 행렬에 포함되었다. 두희의 집은 청하에 있었고, 그래서 그녀는 조나라로 가기를 희망하였다. 왜냐하면 조나라가 고향에서 가까웠기 때문이었다.

두희는 궁녀의 송환을 주관하는 환관(宦官)에게 "꼭 내 이름을 조나라로 가는 궁녀의 명단에 포함시켜 주세요."라고 부탁하였다. 하지만 그 환관은 이 일을 잊고서 실수로 그녀의 이름을 대(代)나라로 가는 궁녀 명단에 포함시켰다. 명단이 상부에 보고되자 황상은 이를 승인하였고 길을 떠나야만 하였다. 두희는 슬프게 울면서 그 환관이 자기를 잘못 처리한 것을 원망하고 대나라에 가지 않으려고 하였지만 결국 강제로 출발해야만 했다.

대나라에 도착한 뒤 대왕(代王)은 오로지 두희만을 가까이 하여 두희는 표(嫖)라는 딸을 낳고 뒤에 두 명의 아들을 더 낳았다. 대왕의 왕후(두희가 아님)는 모두 네 명의 아들을 낳았으나 대왕이 입경하여 황제로 옹립되기 전에 왕후는 먼저 세상을 떠났다. 대왕이 황제에 오른 뒤 왕후가 낳은 네 명의 아들은 잇달아 병으로 죽었다.

효문제가 제위에 오른 지 몇 달 뒤 공경대신들이 황제에게 태자를 세우기를 주청하였는데 두희의 장남이 가장 연장자였기 때문에 그가 태자로 옹립되었다. 또 두희는 황후로 세워졌고, 딸 표는 장공주(長公主: 황제의 누이)로 봉해졌다.

두황후에게는 두장군(竇長君)이라는 오빠가 있었고, 또 두광국(竇廣國)이라는 동생이 있었는데 그의 자(字)는 소군(少君)이었다.

소군이 4, 5세 때 집이 가난하여 그는 어떤 사람에게 팔려져 노비로 되었고 집에서는 그가 어디로 갔는지를 알지 못했다. 그는 10여 집을 전전한 끝에 의양(宜陽)에 이르러 주인을 위해서 산으로 들어가 숯을 굽는 일을 하였다. 밤에 백여 명이 함께 산의 절벽 아래에서 잠을 잤는데, 산 절벽이 붕괴하여 무너져 잠자던 사람들이 모두 압사하였다. 오직 소군 한 사람만이 죽지 않고 살아났다. 자기가 스스로 점을 쳐보니 며칠 내에 제후에 봉해진다는 점괘가 나오자 곧바로 주인을 따라서 장안으로 갔다.

소군은 두황후가 새로 즉위하였는데 고향은 관진이며 두씨 성이라는 소문을 들었다. 광국이 집을 떠날 때에 비록 나이가 어렸지만 고향 현(縣)의 이름과

두태후

뽕나무에서 떨어졌던 일도 기억하고 있었으므로 이것을 증거로 삼아 자기가 두황후의 친동생이라고 상서하였다. 두황후는 이 일을 문제에게 알리고 광국을 불러들여 그에게 자세한 사정을 물었다. 광국은 관련된 사정을 일일이 설명하였는데 과연 실제와 일치하였다. 또다시 한 번 그에게 증명할 수 있는 것이 있느냐고 묻자 "누나가 나를 떠나 서쪽으로 갈 때 저와 역관(驛館)에서 헤어졌는데 쌀 씻은 물을 구해다가 내 머리를 감아 주었으며, 또 먹을 것을 얻어 나를 먹인 뒤에 비로소 떠나갔습니다."라고 대답하였다. 그리하여 두황후는 그를 안고서 통곡하였는데 눈물이 범벅이 되어 흘러내렸다. 좌우의 시자(侍者)들도 모두 땅에 엎드려 통곡하여 황후와 함께 비통해하였다. 효문제는 광국에게 토지와 주택, 그리고 황금과 돈을 아주 후하게 하사하였고, 동시에 각각 황후의 동조(同祖) 형제로 봉했으며 장안에서 살도록 하였다.

이때 주발과 관영은 "우리들이 여후 집정 때 죽지 않았는데, 이제 우리의 운명이 이 두 사람의 손에 달려 있다. 두 사람은 출신이 한미하므로 그들에게 반드시 좋은 스승과 빈객(좋은 손님)을 보내주어야 한다. 그렇지 않으면 또 여씨가 큰 사단을 일으킨 것처럼 될까 두렵다."라고 상의하였다. 그리하여 나이가 많고 덕이 있는 사람과, 절조가 있으며 품행이 방정한 선비를 뽑아 두씨 형제와 교류하도록 하였다. 두장군과 소군은 이로 인하여 공손하고 겸손한 군자로 되었으며, 감히 존귀한 지위를 이용하여 다른 사람을 업신여기고 교만하지 않았다.

그 뒤 두황후는 병이 나서 두 눈을 실명하였다. 효문제는 한단의 신부인(愼夫人)과 윤희(尹姬)를 총애하였으나 두 사람 모두 자식을 낳지 못하였다. 문제가 붕어한 뒤 효경제가 즉위하고 광국은 장무후(章武侯)에 봉해졌다. 이때 두장군이 죽고 그의 아들 팽조는 남피후(南皮侯)로 봉해졌다. 오초가 반란을 일으켰을 때, 두태후 당제(堂弟)의 아들 두영은 의협을 행하는 것을 좋아하고 이로써 긍지를 삼았는데, 명을 받고 군대를 통솔하여 군공을 세운 뒤 위기후로 봉해졌다. 두씨는 이로써 모두 세 사람이 제후에 봉해졌다. 두태후는 황제(黃帝)와 노자의 학설을 좋아하였다. 그리하여 경제(景帝)와 태자 그리고 모든 두씨는 부득불 모두 황제와 노자와 같은 책을 읽고 그 학설을 존숭하였다.

두태후는 효경제보다 6년 늦게 붕어하여 문제의 패릉에 합장되었다. 동궁

(東宮)의 금전 재물 모두를 장공주(長公主) [271]표(嫖)에게 하사하라는 조서를 남겼는데.

무서운 계략

왕태후(王太后)는 괴리(槐里) 사람이다. 어머니는 장아(藏兒)라는 사람으로서 장 아는 과거 연나라 왕인 장다(藏荼)의 손녀이다.

장아는 괴리 사람 왕중(王仲)에게 시집가서 신(信)이라는 아들을 낳았고 또 두 딸을 낳았다. 왕중이 죽은 뒤 장아는 장릉 전씨(田氏)에게 다시 시집을 가 아들 전분과 전승을 낳았다. 장아의 큰딸은 김왕손(金王孫)에게 시집가서 이미 딸을 하나 낳았는데, 장아가 점을 쳐보니 두 딸이 모두 크게 귀하게 될 것이라고 하였다. 그리하여 그녀는 두 딸에 기대어 부귀를 얻으려고 생각해 곧바로 장녀를 김씨 집에서 빼앗아왔다. 김씨는 크게 분노하여 이혼을 거부하였다. 하지만 장 아는 곧 장녀를 태자궁으로 들여보냈다. 태자는 그녀를 대단히 좋아하여 가까 이 하더니 그녀와의 사이에서 세 딸과 아들 하나를 낳았다. 아들이 아직 뱃속에 있을 때 왕미인(王美人) [272]은 태양이 그녀의 가슴속에 들어오는 꿈을 꾸었는데, 그녀가 이 일을 태자에게 알리자 태자는 "이는 크게 귀하게 될 징조이다!"라고 말하였다. 아직 분만하지 않았을 때 효문제가 붕어하였고, 효경제가 즉위한 뒤 왕부인(王夫人)이 아들을 낳았다.

경제가 태자일 때 박태후는 박씨의 여자를 골라 태자의 비(妃)가 되게 하였 다. 경제가 천자로 옹립되자 그녀는 박황후가 되었다. 황후는 자식을 낳지 못 하여 총애를 받지 못하였다. 박태후가 세상을 떠난 뒤 경제는 곧바로 박황후 를 폐하였다.

경제의 장남은 이름이 영(榮)이었는데, 그의 모친은 율희(栗姬)로서 제나라 사 람이었다. 경제는 영을 태자로 세웠다. 이때 장공주 표는 딸이 하나 있었는데,

---

271) 장공주는 진황후의 모친으로서 경제의 누이이며, 한무제보다 한 살 많아 훗날 대장大長공주라 칭해 졌다.

272) 장아의 큰딸

태자의 비로 삼고 싶어 하였다. 율희는 본래 질투가 심하였다. 당시 경제 주변의 여러 미인들은 모두 장공주의 추천으로 경제를 만날 수 있었고, 그녀들 모두 율희보다 더 큰 총애와 존영(尊榮)을 받았다. 율희는 이미 원한이 매우 깊은 상태였고 장공주를 거절하여 태자가 그녀의 딸과 혼사를 치르는 것에 응하지 않았다. 그러자 장공주는 딸을 왕부인의 아들에게 시집보내려 하였는데, 왕부인은 이에 응하였다. 장공주는 이 사건으로 인하여 율희에게 원한을 가지게 되었고 틈만 나면 경제의 면전에서 "율희는 몇몇 귀부인이나 총희(寵姬)들과 모여서 자기들의 시녀들로 하여금 뒤에서 저주하고 침을 뱉게 하면서 나쁜 짓을 일삼고 있습니다."라고 율희를 비방하였다. 그리하여 경제는 율희를 미워하였다.

경제는 건강이 좋지 않았기 때문에 마음이 즐겁지 못하였다. 자신이 오래 살지 못할 것이라고 걱정하던 그는 이미 왕으로 봉해진 아들들을 율희에게 부탁하였다. "내가 죽은 뒤, 그들을 잘 보살펴주시오."

하지만 율희는 화를 내면서 말을 하지 않고 오히려 듣기 거북한 말까지 하였다. 경제 역시 화가 났지만 속으로만 그녀를 몹시 증오하고 겉으로는 드러내지 않았다.

한편 장공주는 늘 경제의 면전에서 왕부인의 아들이 훌륭하다고 칭찬하였으며, 경제 역시 그 아들이 현덕(賢德)하다고 여겼다. 또 이전에 왕부인이 임신했을 때 태양이 가슴으로 들어오는 길조를 보았던 일도 알고 있었다. 단 태자를 바꾸는 대계(大計)에 있어서는 아직 최후의 결정을 하지 않았다. 왕부인은 경제가 율희에게 원한을 가지고 있는 것을 알고 있었고, 아직 그 노기가 가시지 않은 상태를 이용하여 몰래 사람을 보내 대신으로 하여금 율희를 황후로 세우라는 청을 하도록 하였다. 어느 날 대행(大行)[273]이 주청을 끝낸 뒤 황제에게 "옛말에 '자식은 어머니를 귀하게 여기고 어머니는 자식을 귀하게 여긴다.'고 하였습니다. 지금 태자의 모친은 봉호가 없으니 마땅히 황후로 옹립하셔야 할 줄로 아옵니다."라고 말하였다. 경제는 격노하면서 "이것이 네가 마땅히 해야 할 말이라는 것이냐?"라고 꾸짖었다. 그러고는 곧장 조사를 명하여 대행을 처형하도록 하였으며, 태자도 폐하여 임강왕(臨江王)으로 강등시켰다. 율희는 더욱 원한

을 가지게 되었고, 더구나 경제를 만나지도 못하여 이로 인하여 우울해하다가 죽었다. 이렇게 하여 결국 왕부인을 황후로 세웠으며 그녀가 낳은 아들을 태자로 삼았다. 황후의 오빠 신(信)은 개후(蓋侯)에 봉하였다.

경제가 붕어하자 태자가 뒤를 이어 황제가 되었다. 태후의 모친인 장아를 높여 평원군(平原君)으로 봉하였으며, 전분은 무안후에, 그리고 전승은 주양후로 봉해졌다. 개후는 술을 좋아하였고, 전분과 전승은 본래 탐욕이 많고 문사(文辭)에 능하였다.

여인의 치마폭에 둘러싸인 황제

〈한무제는 웅재대략(雄才大略)이라 하여 영걸스러운 황제였지만, 초기에는 주위의 여인들에게 시달려야 했다. 16세에 즉위한 무제에게는 우선 할머니 두태후가 있었고 어머니 왕태후가 있었으며, 그리고 장모이면서 고모이기도 한 대장공주도 있었다. 이들 모두 무제를 황제로 만든 일등 공신들이었다.

두태후는 노자에 심취해, 유교를 선호하는 무제와 그를 둘러싼 신흥 세력을 결사적으로 견제했다. 또한 두태후의 친족인 두영과 왕태후의 이복동생인 전분은 인척 관계를 이용해 마음대로 권세를 휘둘러 방자한 모습을 보이고 있었다. 한편 무제의 부인은 진황후였는데 바로 대장공주의 딸로서 사촌 간이었다. 그런데 진황후는 자기 어머니인 대장공주가 무제의 즉위에 결정적인 도움을 줬다는 점을 항상 과시하고 있었다. 설상가상으로 무제의 형제는 1남 3녀로 모두 여자 형제밖에 없었다. 실로 무제는 온통 여자들에게만 포위되어 있는 셈이었다.〉

위황후(衛皇后)의 자(字)는 자부(子夫)로서 원래 한미하였다. 그녀의 집안은 위씨(衛氏)로서[274] 평양후(平陽侯)의 봉읍에서 살았다. 자부는 평양공주 집의 가기(歌伎)였다.

---

274) 위청의 아버지는 정계(鄭季)로서 평양후 집의 집사였는데 그의 첩 위온과 사통하여 위청을 낳았고 이때부터 위씨로 칭하였다. "위장군 표기 열전" 참조.

황제 즉위 초 몇 해가 지나도록 후사가 없었다. 평양공주는 좋은 집안에서 여자 10여 명을 골라 곱게 다듬게 하고는 집 안에 데리고 있었다. 황제가 3월에 패상에 가서 불계(祓禊)[275]를 마치고 돌아오는 길에 평양공주의 집에 들렀다. 평양공주는 집에 준비해 놓았던 미인들로 하여금 황제를 시중들게 하였으나 황제는 본 체 만 체하였다. 주연이 베풀어졌을 때 가기가 들어와 노래를 하였는데, 황제가 위자부를 보더니 유독 그녀만을 총애하였다. 이날 황제가 일어나 옷을 갈아입을 때 위자부는 상의(尙衣)[276]의 수레에서 황제를 시중들면서 성은(聖恩)을 입었다. 그러고는 자리에 다시 돌아온 황제는 매우 기분 좋아하면서 평양공주에게 금 일천 근을 하사하였다. 평양공주는 위자부를 바치겠노라고 주청하여 그녀를 궁중에 들어가도록 하였다. 자부가 수레에 올랐을 때 평양공주는 가볍게 그녀의 등을 치면서 "궁에 들어가거든 잘 먹고 몸을 소중히 해라! 존귀해졌을 때 우리를 잊지 말아라!"라고 하였다.

입궁한 지 1년여 기간에 위자부는 더 이상 무제의 성은을 입지 못하였다. 그때 황제는 궁녀 중에서 쓸모가 없는 여자들을 골라 궁에서 내보내 집으로 돌아가도록 하였다. 위자부는 황제를 만나 애절하게 울면서 출궁(出宮)할 수 있도록 간청하였다. 황제는 그녀를 동정하는 마음이 생겨 또 그녀와 동침을 하였고, 그리하여 위자부는 임신을 하게 되어 황제의 존영과 총애를 받는 것이 하루하루 더해갔다. 황제는 그녀의 오빠 위장군(衛長君)과 동생 위청(衛靑)을 불러들여 시중(侍中)으로 삼았다. 위자부는 훗날 황제에게 크게 총애를 받으면서 모두 세 명의 딸과 한 명의 아들을 낳았고, 아들의 이름은 거(據)이다.

처음에 황상이 태자일 때 장공주의 딸을 얻어 비로 삼았었다. 황제가 된 뒤비 역시 황후가 되었는데, 황후 진씨(陳氏)는 자식이 없었다. 황제가 황위를 계승하는 태자의 자리에 오를 수 있었던 데에는 대장공주(大長公主)의 도움이 컸기 때문에 진황후는 매우 기고만장하였다. 그녀는 위자부가 크게 총애를 받고 있다는 사실을 듣고 화가 끝까지 치밀어 올라 몇 번이나 죽으려고 하였다. 황상

---

275) 고대 시대 재앙을 물리치고 복을 기원하던 의식. 민간 풍속에 3월 첫째 사일巳日에 물가로 가서 더러운 때를 씻었던 의식을 불계라 하였다.

276) 황제의 의복을 주관하는 관리

은 더욱 그녀에게 화가 났다. 진황후는 총애를 얻기 위하여 몰래 무녀(巫女)를 시켜 무고(巫蠱)를 하게 하였다.[277] 이러한 사실은 여러 차례 황제에게 발각되었다. 마침내 황제는 진황후를 폐하였고, 대신 위자부가 황후가 되었다.

진황후의 모친 대장공주는 경제의 누이였다. 그녀는 무제의 누이인 평양공주를 책망하였다. "황상은 나의 도움이 없었다면 황제로 될 수 없었다. 그런데 뒤에 뜻밖에 내 딸을 내치다니 어찌 이토록 자중자애하지 못하고 본분을 잊는다는 말이냐!" 평양공주는 "바로 자식이 없는 이유 때문에 폐출된 것입니다!"라고 대답하였다. 진황후는 아들을 낳기 휘하여 의생에게 총 9천만 전이나 되는 돈을 썼지만 끝내 자식을 얻지 못하였다.

위자부가 황후가 된 뒤, 위장군(衛長君)은 이미 죽었으므로 무제는 위청으로 하여금 장군이 되게 하였다. 그는 흉노를 격파한 공로로 장평후(長平侯)에 봉해졌다. 위청의 아들 중 세 명은 아직 강보에 싸인 애들이었지만 모두 제후로 봉해졌다. 위황후가 언니라고 부르는 위소아(衛少兒)는 곽거병(霍去病)이라는 아들이 있었는데, 역시 군공으로 관군후로 봉해졌고 표기장군으로 칭해졌다. 위청은 대장군으로 불렸다. 무제는 위황후의 아들 거(據)를 태자로 삼았다. 위씨 일족은 군공으로 집안이 크게 번성하여 모두 다섯 명이 제후가 되었다.

위황후의 자색이 쇠해지자 조 땅의 왕부인이 총애를 받았는데, 그녀는 아들을 낳아 제왕(齊王)으로 봉해졌다. 왕부인은 일찍 세상을 떴다. 그리고 이부인(李夫人)이 총애를 받아 아들을 낳았는데 창읍왕에 봉해졌다.

이부인도 일찍 세상을 떴는데, 그녀의 오빠 이연년(李延年)은 음률에 정통하여 총애를 받았고 관호(官號)는 협률(協律)이라고 칭해졌다. 협률이라는 뜻은 곧 과거의 악공(樂工)이었다. 하지만 그들 형제는 모두 궁녀들과 간통을 범하여 멸족의 화를 당하였다. 이때 그들의 장형 이광리는 이사장군(貳師將軍)으로서 멀리 대완(大宛)으로 원정하여 출정하였으므로 죽음을 면하였다. 그가 돌아왔을 때 이씨 집안은 이미 멸족된 후였다. 훗날 무제는 이씨 집안을 가련히 여겨 이광리를 해서후에 봉하였다.

무제가 다른 희첩에게서 낳은 두 명의 아들은 연왕(燕王)과 광릉왕(廣陵王)에

---

277) 무고지옥巫蠱之獄. 나무인형을 땅에 묻어 저주하는 사술

봉해졌다. 그들의 모친은 총애를 받지 못하여 그로 인하여 고민하다가 죽었다.

이부인이 세상을 떠나자 윤첩여와 같은 여자들이 있어 번갈아가며 총애를 얻었다. 그러나 그녀들은 모두 노래로써 황상의 총애를 받았고, 봉토를 소유한 왕후 가문의 여자가 아니었다. 이 때문에 황상의 배필이 될 수 없었다.

16. 소 상국 세가
- 누구의 공로가 가장 큰 것인가?

소하는 한 고조 유방의 가장 중요한 모신(謀臣) 중의 한 명이다. "흥해도 소하 때문이요, 망해도 소하 때문이다."라고 평가될 만큼 항우와 유방의 천하 쟁패에 있어서 소하의 역할은 결정적이었다.

사마천은 본문에서 소하의 다양한 모습을 묘사하고 있다.

예를 들어, 한신이 도망갔을 때 그를 놓치지 않기 위해 쫓아간 사건으로부터 그의 인재를 보는 안목과 인재를 아끼는 능신(能臣)의 측면을 그리는가 하면, 천하 통일 이후 여후와 짜고 한신을 체포하여 결국 한신을 죽게 만드는 장면에서 그의 교활하고 이기적인 간신(奸臣)의 측면 역시 숨김없이 사실적으로 그려내고 있다.

유방의 뒤에는 늘 소하가 있었다

한나라 재상 소하는 유방과 같이 패현(沛縣) 풍읍(豊邑) 출신으로서 남과 비교할 수 없을 정도로 법률에 정통하고 집행에 있어 공평하여 현의 주리(主吏)[278]라는 하급 관리의 일을 하고 있었다.

같은 고을에 살던 유방이 아직 이름 없는 서민이었을 때 소하는 자기 직권을 이용하여 자주 그를 보호해 주었으며 유방이 정장(亭長)이 된 후에도 항상 그를 도왔다. 유방이 노역의 감독관이 되어 함양으로 출발하게 되자 다른 관리들도 노잣돈으로 유방에게 3백 전을 내놓았으나 소하는 선뜻 5백 전을 마련해 주었다.

한때 진(秦)나라의 어사가 공무를 감독하려고 지방에 와서 소하와 함께 일을

---

278) 현령 아래에서 총무나 인사를 담당하는 하급 관직명.

하였는데, 소하는 언제나 일을 조리 있게 처리하였다. 뒷날 그에게 사수군(泗水郡)의 졸사(卒史)[279]라는 직책이 주어졌는데, 그의 공무를 처리하는 성적이 동료 중에서 제일이었다. 진나라의 어사는 소하를 입조시켜 등용하고자 하였으나 소하는 극구 사양하고 가지 않았다.

그 후 유방이 군사를 일으켜 패공이 된 후부터는 소하가 그 막하에서 줄곧 일상 사무를 처리하게 되었다. 또한 패공이 진나라를 무찌르고 함양에 입성했을 때 남들은 앞을 다투어 보물 창고로 뛰어들었지만 소하만은 금은보화 따위는 거들떠보지도 않고 오직 진나라 승상과 어사대부가 보관하고 있던 법령과 각종 도서 문헌들을 입수하였다.

그 후 패공이 한왕에 책봉되자 소하는 승상에 임명되었다.

진나라가 멸망할 때에 항우는 제후들과 함께 함양 시내를 모조리 불살라 버리고 떠났었다. 그러나 한왕이 훗날 전국 각지의 요새, 인구의 상황, 각지의 전력(戰力), 백성의 고충 등을 소상히 파악할 수 있었던 것은 모두 소하가 완벽하게 진나라의 문서와 정보를 입수했기 때문이었다. 한신을 등용하라고 진언한 것도 소하였다. 그의 추천으로 한왕은 한신을 대장군에 임명했던 것이다.

한왕이 동쪽으로 진군하여 3진(三秦) 지방을 정복하고 있을 때 소하는 승상으로서 후방에서 파, 촉을 다스리고 백성에게 선정을 베풀며 정령(政令)을 공포하고 전방의 군대를 위하여 양식을 공급하였다.

한왕 2년, 한왕이 제후들과 함께 초나라를 공격하고 있을 때 소하는 관중에 머무르며 태자를 받들고 수도 역양에서 정무를 처리하였다. 그는 각종 법령과 제도를 제정하고 종묘와 사직, 궁전, 그리고 현읍(縣邑)을 건립하였는데, 항상 먼저 한왕에게 보고하고 한왕 역시 항상 이를 비준하여 시행하도록 하였다. 시간이 촉박하여 미처 보고하지 못할 경우에는 가장 적합한 방식으로 처리한 뒤 한왕이 돌아왔을 때 다시 보고하였다. 소하는 항상 관중의 가구 수와 인구를 정확히 파악하였으며, 수로와 육로를 통하여 군량미를 운송하여 전방에 있는 군대에게 제공하였다. 한왕은 자주 패하여 그때마다 병력의 손실이 적지 않았으

---

279) 군의 관직 이름으로서 열 명이 돌아가면서 일을 맡았다.

소하

나 소하가 그때마다 관중에서 병력을 징발하여 한왕의 군대를 보충하였다. 이렇게 하여 한왕은 관중의 모든 사무를 소하에게 위임하고 있었다.

그 이듬해에는 고조가 항우와 대치하여 일진일퇴의 어려운 싸움을 되풀이하고 있었는데 그러한 고난 속에서도 후방으로 자주 사자를 보내어 소하의 노고를 위로하곤 하였다. 이때 포생(鮑生)이라는 자가 소하에게 충고를 했다.

"몸소 전쟁터에 나가 계신 대왕께서 모진 비바람과 찌는 듯한 더위, 그리고 살을 에는 혹한에 시달리면서도 후방에 있는 승상에게 자주 사자를 보내어 노고를 위로한다는 것은 한편으로는 심상치 않은 일입니다. 어쩌면 승상에게 의심을 품고 있다는 증거일 것입니다. 그러니 제 말에 일리가 있다면 이렇게 한번 해 보시면 어떻겠습니까? 승상의 가족과 친척 중에서 전쟁터에 나가 싸울 수 있는 자는 모조리 선발해 보내는 것입니다. 그렇게 하시면 승상께 대한 신임이 지속되고 더욱 깊어지실 것입니다."

소하는 포생의 계책을 받아들여 그대로 시행하였고 한왕은 크게 기뻐하였다.

사냥개와 사냥개를 부린 사람

한나라 5년, 이미 항우를 격퇴하고 천하를 평정한 한왕이 논공행상을 실시하게 되었다. 그러나 신하들이 각기 자기의 공적을 내세웠기 때문에 1년이 넘도록 매듭을 짓지 못하고 있었다. 마침내 고조는 최고의 공적을 세운 자는 소하라고 선포하고 그에게 가장 넓은 땅을 하사하였다. 그러자 공신들은 입을 모아 불평을 늘어놓았다.

"우리는 목숨을 걸어 제 일선에 나아가서 많은 사람은 백 수십 회, 적은 사람도 수십 회씩은 전투를 겪어 왔습니다. 공적에 차이는 있을지언정 누구나 성을 공략하고 땅을 빼앗는 싸움을 치러온 것입니다. 그러나 승상 소하로 말하자면 단 한 번도 싸움터에 나가본 일이 없고 다만 후방의 책상 위에서 붓대나 놀리면서 문서 쪽지만 뒤적거렸을 따름이 아니었습니까? 그런 사람이 어찌 우리보다 윗자리의 대접을 받아야 한다는 말인지요?"

그러자 고조는 대답했다.

"귀공들은 사냥이라는 것을 아오?"

이에 공신들이 "물론 알고 있습니다."라고 대답하자 고조는 "그렇다면 사냥개가 무엇인지도 알고 있겠군."이라고 말했다. 공신들이 "그렇습니다."라고 대답하자 고조가 말을 이었다.

"사냥을 할 때 짐승을 쫓아가서 잡는 것은 사냥개이지만 그 개의 끈을 풀어주어 달려 나가게 하는 것은 사람이오. 그대들은 도망치는 짐승을 쫓아가서 잡아온 셈이니 공을 따지더라도 사냥개의 공이라고 할 수 있소. 그에 비하면 소하는 그대들의 끈을 풀어주어 뛰게 한 자니, 이는 요컨대 '사람'의 공적이오. 그뿐만이 아니라 그대들은 대부분이 그대의 몸 하나만을 가지고 짐을 따라온 것이었소. 그런데 소하는 자기 일족 중 싸울 수 있는 장부 수십 명을 차출하여 전쟁터에 내보냈소. 그 공도 또한 무시할 수 없는 것이오."

공신들은 아무도 다른 이야기를 하지 못하였다.

제후에 대한 영지의 분배가 끝나고 이번에는 서열 문제가 제기되었다. 그러자 대신들은 모두가 입을 모아 아뢰었다.

"조참(曹參)은 몸에 70여 군데 상처를 입도록 싸웠을 뿐만 아니라 그 공로 또한 누구보다 큽니다. 그분이야말로 제1위에 해당합니다."

고조는 이미 공신들의 불만을 꺾고 소하에게 가장 큰 영지를 내준 바 있으므로 서열 문제에 관해서는 공신들의 주장을 반박할 마땅한 이유를 찾아내지 못하였지만 내심으로는 역시 소하를 첫째 자리에 앉혔으면 하고 생각하였다. 그때 고조의 눈치를 알아챈 관내후 악군(鄂君)이 앞에 나서서 말하였다.

"여러 신하들의 의론은 모두 틀린 것입니다.

과연 조참 대감으로 말하면 대단한 업적을 세우셨습니다. 그러나 그것은 일시적인 공에 지나지 않습니다. 좀 더 넓은 안목을 가지고 한 번 생각해 보십시오. 폐하께서는 항우와 싸우시던 5년간 싸움에 패하여 부하를 잃고 폐하 혼자서 탈출을 하셨던 일도 여러 차례였습니다. 그때마다 소하 대감은 관중에서 사졸들을 파견하여 전선의 군대를 보충하였고, 비록 폐하의 병력 동원 명령을 받지 못할 경우에도 그는 여러 차례에 걸쳐 수만 명의 사졸들을 폐하의 신변에 파견해 주었습니다.

또한 형양성에서 한나라와 초나라 양군이 여러 해에 걸쳐 지겨운 공방전을 전개할 당시에도 식량이 떨어질 만하면 관중에서 보급이 오곤 하여 배고픔을 모르고 싸울 수 있었습니다. 또 폐하께서는 산동(山東)에서 여러 번 패하셨습니다만, 소하 대감은 폐하께서 언제든지 귀국하시어 재기의 터전을 잡을 수 있도록 관중을 끝까지 보위하고 있었습니다. 이것이야말로 만세에 빛나는 영원한 업적입니다.

조참 같은 분을 수백 명 잃었다 해도 우리 한나라의 입장에서는 커다란 손실이라 할 수 없을 것입니다. 또한 한나라에 조참 같은 분들이 있다고 해서 그것에만 의존하여 반드시 우리 한나라의 방위에 만전을 기할 수 있다고 할 수 없습니다.

어찌 일시의 공을 만세의 공보다 높이 평가할 수 있겠습니까? 소하 대감을 제1위, 조참 대감을 그 다음으로 정하는 것이 옳다고 생각합니다."

그 말이 끝나자마자 고조는 기뻐하며 말하였다.

"과연 악군의 말이 지당하오. 그의 말대로 하는 것이 좋겠소."

그리하여 소하에게는 커다란 특전이 주어졌다. 임금 처소에 오를 때도 신을 벗지 않고 칼을 차는 것이 허용되었으며, 입조하여 알현할 때 보통 신하와 달리 종종걸음을 치지 않아도 된다는 특별대우를 해 주게 되었던 것이다.

고조는 또한 "인재를 추천한 자도 후한 상을 받을 만하다고 들었소. 소하의 높은 공적도 악군의 추천이 있어 더욱 빛나게 된 것이오."라고 말하고는 악군의 벼슬을 한 등급 올려 주었으며, 소하의 형제 10여 명에게도 각기 영지를 주었다. 그리고 소하에게는 따로 2천 호의 영지를 더 하사했다. 이로써 고조는 그 옛날 노역 감독관으로서 함양으로 떠날 당시, 소하가 다른 사람들보다도 2백 전이 더 많은 사례금을 자기에게 준 일에 대해 보답을 한 것이다.

몸을 보전하는 방법

고조 11년, 진희(陳豨)가 한단 지방에서 반란을 일으켜 고조는 스스로 토벌에 나섰다. 토벌을 미처 마치지 않았을 때 관중에서 한신이 모반했는데, 여후가 소하의 계략에 의하여 한신을 처치하였다. 고조는 이 보고를 받자 사자를 파견하여 소하를 승상에서 상국(相國)으로 승진시키고 5천 호의 영지를 더 하사하는 한편 5백 명의 호위병을 소하에게 붙여주고 한 명의 도위(都尉)로 하여금 상국의 호위를 담당하도록 하였다.

그러자 많은 신하들이 모여 소하의 지략을 치하하였지만, 유독 소평(召平)이라는 자만이 가시 돋친 말을 하는 것이었다. 이 소평이라는 자는 진나라 시대에 동릉후를 지내다가 서민이 된 사람이었다. 그는 원래 장안의 동쪽 변두리에서 참외를 심어 근근이 살아가고 있었는데 그 참외의 맛이 뛰어나 '동릉 참외'라는 평이 자자했다. 그가 동릉후였으므로 그런 별명이 생긴 것이다.

상국이 된 소하에게 소평이 말했다.

"이번 일은 귀하에게 재난의 근본이 될는지도 모릅니다. 아시겠습니까? 폐하께서는 전쟁터에 나가 계시고 귀하는 나라 안에서 집이나 보고 있었습니다. 화살 한 번 맞아 보지 않은 귀하에게 영지를 더 내리셨을 뿐만 아니라 호위병까지 붙여 주셨는데 그건 무엇 때문일까요? 한신이 모반을 꾀하였기 때문에 승상까지도 의심하시게 된 것입니다. 호위병을 붙인 것은 결코 귀하를 위해서가 아니올시다. 이런 경우에는 영지의 하사를 고사하고 귀하의 전 재산을 처분하여 군비(軍費)로 헌납하도록 하시는 편이 귀공의 위치를 오래 보전하는 길일 것입니다. 그렇게 하시면 폐하께서도 마음을 놓으실 것입니다."

그 말을 듣고 과연 그럴 듯하다고 여겨 소하가 소평의 충고대로 이행하자 과연 고조는 크게 기뻐하였다.

고조 12년 가을, 경포가 반란을 일으키자 고조는 이번에도 몸소 군사를 거느리고 토벌에 나섰다. 그 군중(軍中)에서도 고조는 여러 차례 사자를 파견하여 상국이 무엇을 하는가를 물었다. 소하는 황제가 없는 동안 선정에 힘써 백성들을 다스리고 진희의 반란 당시와 마찬가지로 군수품 조달을 위하여 모든 것을 다 보냈다. 그때 그의 집 안에 머물던 어떤 유세객이 상국에게 말했다.

"머지않아 상국께서는 일족이 몰살을 당하실 듯합니다. 본래 귀공께서는 상국의 지위에 있고 국가에 대한 공적도 가장 높습니다. 설마 더 이상 높아지기를 바라시지는 않으시겠지요? 게다가 상국께서는 10여 년 전 관중에 들어올 때부터 민심을 완전히 사로잡았습니다. 민심은 귀공을 따르고 있고 귀공도 항상 성실하게 일을 처리하여 백성들의 환심을 얻게 되었습니다. 폐하께서 자주 사람을 보내셔서 귀공의 정황을 묻는 이유는 귀공께서 자신의 성망을 이용하여 관중을 동요시키지나 않을까 우려하기 때문입니다. 그러니 귀공께서 지금 논밭을 대량으로 사들이면서 그것도 싸게 사들이고 전대(轉貸)를 놓음으로써 귀공에 대한 백성들의 평판을 스스로 떨어뜨리도록 하십시오. 그렇게 되면 폐하께서도 안심하실 것입니다."

소하는 그의 계책을 받아들였다. 그러자 고조는 비로소 대단히 기뻐하였다.

이윽고 고조는 경포의 난을 토벌하고 장안으로 회군하였다. 그런데 고조의 귀로에 백성들이 길을 막고 고소장을 올리고 있었다. 그 내용은 상국 소하가 백성들의 전답을 돈으로 따져 1만 금 가까이나 강제로 사들였다는 것이었다.

귀국 후 소하가 입궐하자 고조는 빙긋이 웃으며 "상국의 지위에 있으면서 백성들의 재산을 착취하였군. 자기의 이익을 위해서 말이야!"라면서 사람들의 고소장을 모두 넘겨주었다. 그러면서 "상국이 직접 나서서 사과하는 편이 좋을 것이오."라고 말하였다. 소하가 이 기회를 틈타 백성들을 위하여 "장안에는 농지가 매우 부족한 형편입니다. 그런데도 궁궐에는 광대한 토지가 놀고 있습니다. 이것을 백성들에게 개방하여 주십시오. 그리고 농작물을 거둬들일 때 짚을 베지 말고 그대로 두게 하면 새나 짐승의 먹이로 될 것이므로 두루 좋은 일이 될 것입니다."라고 주청하였다. 그러자 고조는 크게 노하였다.

"상국이 상인들의 뇌물을 많이 받아먹었구나. 짐의 상림원(上林園)을 내놓으라니!"

이렇게 말하고는 소하를 정위에게 넘겨 족쇄와 수갑을 채워 구금하라고 명령하였다.

그 후 며칠이 지나 왕(王)씨 성의 위위(衛尉)[280]가 고조를 호위하다가 "상국께서는 무슨 중죄가 있기에 별안간 투옥하셨는지요?"라고 묻자 고조는 이렇게 대답하였다.

"진나라 대신 이사는 좋은 일은 모두 군주의 덕으로 돌리고 나쁜 일은 모두 자기 탓으로 돌렸다고 들었는데 이 소하란 자는 상인들에게 뇌물을 받아먹고는 오히려 짐의 상림원을 개방하라고 주장함으로써 백성들의 환심을 사려고

---

280) 한나라 9경의 한 직책으로서 궁문(宮門)을 지키는 장관.

꾀하고 있다. 그래서 짐은 그를 잡아서 치죄하려고 한다."

이에 왕 위위가 말했다.

"폐하의 그 말씀은 납득하기가 어렵습니다. 자기 직무의 범위 안에서 백성에게 보탬이 될 만한 일을 소청한다는 것은 재상으로서 당연한 일이 아니겠습니까. 그런데 어찌 상인들에게 뇌물을 받아먹었다고 의심을 하시는지 모르겠습니다. 승상으로 말씀드리자면 폐하께서 몇 해 동안이나 전쟁터에 나가 계실 때나 진희와 경포의 반란을 진압하시러 나가셨을 때에도 줄곧 관중을 지키고 있었던 분입니다. 승상께서 만일 그럴 생각만 품었더라면 벌써 관중을 손에 넣었을 것입니다. 그런 기회조차 이용하지 않았던 승상께서 이제 와서 장사치의 뇌물 따위에 한눈을 팔겠습니까? 진나라의 예를 드셨습니다만 진나라야말로 충신의 말에 귀를 기울이지 않았기 때문에 천하를 잃었던 것입니다. 이사도 그런 패거리 중의 한 사람인데 어찌 본보기가 되겠습니까?"

그 말에 고조는 불쾌한 표정을 짓기는 하였으나 그날로 곧장 명령을 내려 소하를 석방하였다.

소하는 이미 연로하였고 평소 공손하고 신중하여 궁에 입궐하여 황제를 알현할 때면 맨 발로 걸으면서[281] 사죄하였다.

그러자 고조는 말하였다.

"상국은 그렇게 하지 마시오! 상국은 백성을 위해 상림원의 노는 땅을 간청했고 짐은 허락하지 않았는데, 이로써 짐은 걸(桀)이나 주(紂)와 같은 폭군이 되었고 반면에 상국은 현명한 재상이 된 것이오. 짐이 일부러 상국을 투옥한 것도 실은 백성들로 하여금 짐의 과오를 알게 하자는 것이었소."

소하는 평소 조참과 서로 좋지 못한 사이였다. 소하가 병이 들자 효혜제는 친히 상국의 병세를 보러 와서는 물었다. "그대가 만약 죽는다면 누가 그대를 대신할 수 있겠는가?" 소하는 "신하를 아는 것은 군주보다 나은 사람이 없습니다."라고 대답하였다. 효혜제는 소하가 조참과 사이가 좋지 않다는 것을 알면서도 "조참이 어떤가?"라고 묻자 소하는 머리를 조아리며 "폐하께서는 잘 찾으

---

281) 사죄 표시의 한 방법.

셨습니다. 신은 죽어도 여한이 없습니다!"라고 말하였다.[282]

소하는 밭과 집을 살 때 반드시 외딴 곳에 마련하였고, 집을 지을 때에도 담장을 치지 않았다. 그러면서 그는 "후대의 자손이 현명하다면 나의 검소함을 배울 것이고, 현명하지 못하더라도 권세 있는 사람에게 빼앗기지는 않을 것이다."라고 말하였다.

효혜제 2년 소하는 세상을 떠났다. 그러나 자손 중에 죄를 범하여 신분을 박탈당하는 자가 생겨 4대로서 가문이 멸망하게 되었는데 황제는 널리 손을 써서 그의 혈통을 찾아내 벼슬을 잇도록 하였다.

태사공은 말한다.

"소상국(蕭相國) 하(何)는 진나라 때 일개 도필리(刀筆吏)에 불과하였고, 평범하여 특별한 공적은 없었다. 한나라가 일어나자 황제의 여광(餘光)에 의지하여 직책을 충실히 수행하였으며, 백성들이 진나라의 법을 증오하는 것을 알고 그것을 시대에 순응시킴과 아울러 다시 새롭게 하였다. 한신과 경포 등은 모두 주살되었지만 소하의 공훈은 찬란하였다. 지위는 군신 중 최고였으며 명성은 후세까지 이어졌으니, 가히 굉요(閎夭)와 산의생(散宜生)[283] 등과 그 공적을 다툴 만하다."

---

282) 조참은 소하가 죽은 뒤 소하의 뒤를 이어 소하의 체제를 바꾸지 않고 그대로 이어받아 시행하였다. 이를 소규조수蕭規曹隨라 하여 "전례를 계승하여 그대로 따르다."라는 의미로 사용된다.

283) 굉요와 산의생은 주나라 문왕의 사우四友에 속하며 주 무왕을 도와 은나라를 멸망시켰다.

17. 유후 세가
- 장막 안에서 계책을 세워 천리 밖의 승리를 결정한다

장량, 즉 장자방(張子房)은 유방의 참모 진영 중 핵심 인물로서 유방은 항상 그의 계책에 따라 움직였다. 장량에 대한 유방의 "군영의 장막 안에서 계책을 세워 천리 밖의 승리를 결정한다."라는 평가는 고금의 유능한 군사 참모에 대한 대표적 찬사가 되었다.

그는 한고조 유방이 지적한 바와 같이 '장막 안에서 계략을 꾸며 천리 밖의 승리를 얻는' 데 있어서 누구도 따를 수 없는 제1인자였다. 당초 유방이 함양에 진입하기 위하여 남양군을 공략할 때 뛰어난 책략을 내어 항복을 받고 곧장 함양에 먼저 들어갈 수 있게 만든 인물은 바로 장량이었다. 또 '홍문의 연회'에서 유방의 목숨이 경각에 달려 있을 때 그를 구해낸 사람 역시 다름 아닌 장량이었고, 유방에게 경포와 팽월 그리고 한신을 추천한 것 역시 장량이었다. 결국 유방이 항우를 제압하고 천하를 손에 넣을 수 있었던 요인 중 결정적인 것은 그 세 사람의 역할이었다. 뿐만 아니라 천하 평정 후 많은 신하들이 낙양을 수도로 삼자고 권했지만, 장량은 전략적 의의가 큰 관중을 수도로 정해야 한다고 설득하여 한나라를 조기에 안정화시켰고, 유방이 척희의 아들을 염두에 두고 태자를 바꾸려 했지만 결국 태자의 보위를 지킬 수 있었던 것도 역시 장량의 방책 덕택이었다.

그러한 그였지만 그는 항상 뒤에서 참모 역에 만족하고 결코 앞에 나서지 않았다. 천하 통일을 이룬 후 유방은 장량에게 엄청난 규모의 영지를 하사하였지만, 그는 "당초 신은 하비(下邳)에서 군사를 일으켜 폐하를 유(留)에서 뵈었는데, 이는 하늘이 신을 폐하께 주신 것입니다. 폐하께서 신의 계책을 채용하셔서 요행히도 우연하게 적중한 것입니다. 신은 유(留)에 봉해지는 것으로 이미 만족하며, 3만 호의 봉지를 감히 받을 수 없습니다."라며 끝까지 사양하였다. 그러면서 스스로 벼슬자리에서도 물러나 도사(道士)로 살면서 여생을 유유자적 즐기며 천수를 누렸다.

신선에게 병법을 전수받다

유후(留侯)[284] 장량(張良)은 한(韓)나라 명문의 집안에서 태어났다. 조부인 장개지(張開地)는 한나라의 재상을 지냈고, 부친인 장평(張平)은 도혜왕 때 재상을 지내다가 도혜왕 23년에 세상을 떠났다. 그로부터 20년이 지나 한나라는 진나라에 멸망당했다. 이때 장량은 나이가 어려서 관직에는 진출하지 않았다.

한나라가 멸망할 당시 장량의 집안은 부리는 사람이 3백 명이나 될 정도로 큰 가문이었는데 그때 장량은 그 많은 재산을 아낌없이 처분하면서 각지의 소문난 자객(刺客)들을 모아들였다. 그 이유는 그의 조부와 아버지가 5대에 걸쳐 재상을 지냈던 한나라를 다시 일으키기 위해서 진시황을 암살하고 조상의 원수를 갚는 데 있었다.

장량은 일찍이 회양(淮陽)에서 예의를 배웠다. 또 동이(東夷)[285]에 가서 창해군(倉海君)을 만났으며, 대역사(大力士)를 구하여 그에게 무게 1백 20근의 철추를 만들어줬다. 그 뒤 시황제가 동방을 순행한다는 소식을 듣자 그는 자객과 함께 박랑사(博浪沙)[286]에서 철추를 시황제의 수레를 향해 던졌다. 그러나 철추는 빗나가 시종들이 탄 수레[287]에 맞았다. 시황제는 크게 노하여 범인을 찾아내기 위해 전국에 대대적인 수색령을 내렸다. 그리하여 장량은 이름도 바꾸고 모습도 변장을 한 채 멀리 하비(下邳)까지 도망치게 되었다.

그러던 어느 날 장량은 한가하게 하비의 다리를 걷고 있었는데, 다 해진 짧은 옷을 입은 한 노인이 장량 쪽으로 걸어왔다. 그 노인은 일부러 자기 신을 벗어 다리 밑으로 떨어뜨리고 돌아와서 장량에게 말했다.

"이봐, 어린 친구! 내려가서 저것 좀 주워 오게."

장량은 크게 놀라 한 대 때리려고 하다가 상대가 노인이므로 꾹 참고 신발을 주워 왔다. 노인에게 신을 주려 할 때 노인은 또 "신발을 신겨라."라고 말하였다. 장량은 이미 꾹 참고 신을 주워 왔으니 한 번 더 참자고 생각하여 무릎을

---

284) 장량이 처음 유방을 만났던 곳이 유留 땅이었으므로 한나라 통일 후 그곳에 봉해졌다.
285) 산동 지방을 당시 동이라 하였다.
286) 하남성 원양현原陽縣 동남쪽에 위치해있다.
287) 이를 부차副車라 한다.

꿇고 노인에게 신을 신겼다. 노인은 발을 내뻗어 장량으로 하여금 신을 신기게 하고는 빙그레 웃고 가 버렸다.

장량은 어이가 없어 쳐다보고만 있었다. 그러자 1 리(里) 남짓 걸어갔던 노인이 다시 되돌아와 장량에게 말하였다.

"어린 친구가 가르칠 만하군. 닷새 후 새벽에 여기에서 나와 만나자."

장량은 그 노인이 매우 기이하다고 느끼고 무릎을 꿇으면서 "네!" 하고 대답했다.

닷새 후 새벽에 장량이 약속 장소에 갔는데, 그 노인이 이미 와 있다가 크게 화를 내며 말했다.

"노인과 약속해 놓고 어찌 늦는다는 말인가!"

노인은 아무렇지도 않다는 듯 훌쩍 떠나며 "닷새 후 새벽에 다시 한 번 오너라!"라고 말하였다.

닷새 후 장량은 첫닭 우는 소리와 동시에 그곳에 나타났다. 그러나 이번에도 역시 노인이 먼저 와 있었다. 노인은 또 화를 내며 "왜 또 늦었느냐?"라며 또 아무렇지도 않다는 듯 떠나며 "닷새 후 다시 좀 빨리 오너라!"라고 말했다.

닷새 후, 장량은 한밤중에 그곳으로 갔다. 잠시 후에 나타난 노인은 기뻐하면서 "마땅히 이래야지."라고 말하고는 책 한 권을 꺼내었다.

"이 책을 공부하면 제왕의 스승을 할 수 있다. 10년 이후에는 곧 성취가 있다. 13년 후에 제북(濟北)에 와서 나를 만나라. 곡성산(谷城山) 아래에 있는 황색 바위가 바로 나이니라."

말을 마치자 노인은 다른 말은 하지 않은 채 곧 사라졌고 이후 그 노인을 다시 볼 수 없었다. 날이 밝은 뒤 장량이 노인이 준 책을 보니 『태공병법(太公兵法)』[288]이었다. 장량은 그 내용에 흠뻑 빠져 항상 그의 머리맡에 놓고 읽게 되었다.

그는 하비에 머무르며 임협(任俠)[289]으로 살았다. 항우의 숙부 항백(項伯)이 살인 사건을 저질렀을 때 장량이 그를 숨겨 보호해 준 것도 그 무렵의 일이었다.

---

288) 강태공이 지었다고 알려지는 병서

289) 임任이란 서로 신임하는 것을 말하고, 협俠이란 동정하고 지원하는 것을 말한다. 그리하여 임협이란 의협을 행하는 것을 가리킨다.

장량, 신선에게 병법서를 받다.

군영의 장막 안에서 계책을 세워 천리 밖의 승리를 결정한다

그로부터 10년이라는 세월이 지났다. 진나라 말엽에 진승이 반란을 일으켰을 때 장량도 젊은이 백여 명을 거느리고 있었다. 그 뒤 경구(景駒)가 자립하여 유(留)[290]에서 초나라 가왕(假王)이 되었을 때 장량도 이에 가담하여 우연히 패공을 만나게 되었다. 패공은 당시 수천 명의 군사로 하비의 서쪽 일대를 공략하는 중이었다.

패공을 만나 몇 마디 말을 나눈 후 그의 사람됨에 반한 장량은 그대로 패공의 진영에 가담하기로 작정하였다. 패공은 장량을 구장(廏將)[291]에 임명하였다.

그 후 장량은 『태공병법』을 인용하여 자주 패공에게 제안하였는데 패공은 그를 매우 좋아하여 그의 계책을 항상 받아들였다. 그런데 그때까지 다른 사람에게 장량이 『태공병법』을 말해줘도 아무도 들어주지 않았었다. 그래서 장량은 '패공이야말로 하늘이 낸 인물임에 틀림없다'고 생각하게 되었다.

그 후 패공은 설(薛) 땅에 진군하여 항량의 군대와 합류하게 되었고, 항량이 회왕(懷王)을 옹립하였다. 이때 장량은 항량에게 "장군은 이미 초나라의 후대를 세우셨는데, 한나라 공자인 성(成)이 매우 현능하므로 왕으로 세우셔서 세력을 강화해야 합니다"라고 진언하였다. 항량은 장량으로 하여금 한성(韓成)을 찾도록 하여 성을 한왕으로 옹립하고 장량을 한나라의 사도(司徒)로 임명하였다.

장량은 한왕과 함께 천여 명의 군사를 이끌고 한(韓)나라의 옛 땅을 공략하여 여러 성을 함락시켰는데 얼마 지나지 않아 진나라에 도로 빼앗기고 말았다. 하지만 장량은 계속 영천 일대에서 유격전을 전개하며 기회를 엿보고 있었다.

그 뒤 낙양에서 남진한 패공이 환원산(轘轅山)에 이르렀을 때 장량은 이들과 합류하여 한(韓)나라의 10여 개 성을 점령하고 이어 진나라 양웅의 군대를 격파하였다. 여기에서 패공은 한왕 성(成)에게 양책(陽翟)을 수비하도록 하고 장량과 함께 다시 남하하여 완(宛) 성을 함락시켰다. 그러고는 다시 서쪽으로 방향을 바꾸어 무관을 제압한 후 2만 군사로써 진나라 군대를 공격하고자 했다. 그러

---

290) 현재의 강소성 서주시徐州市 패현의 동남쪽
291) 관직명으로서 병마兵馬에 관한 일을 관장하였다.

자 장량이 이를 만류하고 나섰다.

"진나라 군대는 아직도 매우 강하므로 결코 가볍게 볼 수 없습니다. 제가 들은 바로는 적장은 푸줏간 집 아들이라고 합니다. 장사꾼이란 원래가 재물에 약한 법입니다. 패공께서는 이대로 성 안에 머물러 계십시오. 그리고 우선은 선발대를 보내서 근처의 산등성이에 수많은 깃발과 장대를 세워 군대가 많은 것처럼 꾸미십시오. 그 다음에 역이기를 파견하여 적장을 금품으로 매수하면서 눈치를 떠보게 하시지요."

패공이 장량의 계책을 그대로 실행하자 과연 진나라의 장군은 진나라를 배신하여 패공과 손을 잡고 서진하여 진나라가 대비하지 않고 있는 틈을 타 함양을 공략하고 싶다고 청해 왔다. 패공은 이 제의를 받아들이고 싶었으나 장량이 말렸다.

"이는 다만 진나라 장군이 뇌물을 받고 진나라를 배반하겠다는 것일 뿐이며, 아마도 부하들은 그를 따라 진나라를 배반하지 않을 것입니다. 만약 부하들이 명령에 따르지 않게 되면 대단히 위험하게 되므로 차라리 진나라 장군이 방심하고 있는 틈을 타서 지금 그들을 공격해야 합니다."

패공이 이 의견을 받아들여 곧장 군사를 이끌고 진나라 군대를 공격하자 진나라의 군대는 대패하였고, 패공의 군대는 계속 도망치는 적군을 맹추격하여 남전에 이르렀다. 양군은 이곳에서 다시 전투를 벌여 진나라 군대가 완전히 궤멸되었고, 패공은 마침내 함양성에 당도하게 되었다. 이때 진왕 자영은 곧 성을 나와 패공에게 항복하였다.

패공이 진나라의 궁전에 들어가 보니 궁전은 물론이고 장막, 보물, 심지어 개와 말에 이르기까지 모두가 엄청나게 화려하고 또한 풍성했다. 특히 후궁의 미녀들이 수천 명도 넘어 패공은 마음속으로 이곳에 머물고자 하였다. 번쾌는 패공에게 나가서 살아야 한다고 권했지만 패공은 듣지 않았다.

그러자 장량이 말했다.

"이제까지 진나라가 무도한 짓을 저질렀기 때문에 우리가 이곳까지 쉽게 올수 있었던 것입니다. 아직 천하가 평정되지도 않았으며 진정 진나라를 완전히 격파하시려면 진나라와 반대로 패공께서는 마땅히 검소하게 입고 먹는 것으로 만족하셔야 합니다. 함양을 빼앗았다고 해서 보물과 미녀에 눈이 멀어 음란에 빠진다면 걸왕(桀王)보다 더 포악한 짓을 했다고 비난할 사람도 생길 것입니다. 충언(忠言)은 귀에는 거슬리지만 행실에 이로우며, 좋은 약은 입에는 쓰지만 병을 고친다고 합니다.[292] 바라옵건대 번쾌의 권유대로 하여 주십시오."

패공은 고개를 끄덕이고 되돌아가 패상에 주둔하였다.

얼마 뒤 항우가 대군을 이끌고 홍문(鴻門)에 이르렀는데, 그는 패공이 먼저 선수를 써서 공을 세운 것을 질투하여 패공을 공격하려 하였다. 이때 전에 장량에게 도움을 받았던 항백은 밤중에 말을 몰아 패공의 군영에 가서 장량에게 그 소식을 전하며 함께 달아나자고 하였다. 하지만 장량은 "저는 한왕(韓王)을 대신하여 패공을 수행하고 있는데, 일이 위급하게 되었다고 해서 혼자 몸을 피하는 것은 의롭지 못합니다."라며 사양하였다. 그리고 항백의 말을 모두 패공에게 전하였다. 패공은 크게 놀라면서 "이 일을 어떻게 해야 좋다는 말이오?"라고 물었다. 장량이 "패공께서는 참으로 항우를 배반하려고 하시는지요?"라고 묻자 패공은 "소인배들이 함곡관을 막고 다른 제후의 군대가 들어오는 것을 막게 되면 진나라 땅 모두를 차지하여 왕으로 될 수 있다고 말해 주기에 그 말을 따른 것이오."라고 대답하였다. 장량이 다시 "패공께서 스스로 항우를 물리칠 수 있다고 생각하시는지요?"라고 묻자 패공은 한참 동안 아무 말도 하지 않다가 "원래부터 그에게 대항할 수 없었소. 그런데 지금 당장 어찌 해야 한다는 말이오?"라고 물었다. 장량은 곧 항백을 패공과 만나게 하였다. 항백이 들어와서 패공을 만나자 패공은 술을 준비하여 항백과 함께 술을 들며 건강을 기원하면서 서로 친구가 되기로 하고 딸을 시집보내기로 하였다. 그러고는 항백에게 돌아가서 항우에게 자기가 절대로 감히 배반하지 않았고 관문을 지킨 것은 다른 도둑들이 들어오는 것을 방비하기 위한 목적이었음을 설명해 주도록 청하였다. 그리고 패공이 항우를 만난 후에 비로소 이 곤경으로부터 벗어났다.

한나라 원년 정월, 패공은 한왕(漢王)이 되어 파촉을 가지게 되었다. 한왕은 장량에게 황금 백 근과 진주 2말을 상으로 하사하였는데, 장량은 전부 항백에게 주었다. 한왕 역시 장량에게 많은 선물을 항백에게 보내도록 하면서 항우에게 부탁하여 한중을 봉지로 하사하도록 청하게 하였다. 항우는 즉시 이를 허락

---

292) 충언역어이, 양약고어구忠言逆於耳, 良藥若於口

하여 패공은 한중 일대의 땅을 얻게 되었다.

한왕이 봉지로 떠나갈 때, 장량이 함양에서 서남쪽으로 수백 리 떨어진 포중(襄中)까지 배웅하였는데, 한왕은 장량에게 하남의 한(韓)나라에 가도록 하였다. 이때 장량은 한왕에게 "대왕께서는 왜 이미 지나온 잔도(棧道)를 불살라 없애서 천하 사람들에게 자신이 관중으로 돌아올 뜻이 없음을 분명하게 보여주고, 또 이렇게 하여 항왕의 마음도 안심시키지 않으십니까?"라고 말하였다. 한왕은 곧바로 장량을 한(韓)나라로 돌아가게 하였고, 앞으로 전진하면서 한편으로는 잔도를 모두 불태워 없앴다.

장량이 한(韓)나라에 도착했지만 항왕은 장량이 한왕(漢王)을 수행했었기 때문에 그들 사이에 무슨 결탁이 있지 않을까 의심하여 한왕(韓王) 한성을 한(韓)나라로 돌려보내지 않으면서 자신을 따르게 하여 함께 계속 동쪽으로 가도록 하였다. 그러자 장량은 항왕에게 "한왕(漢王)은 잔도를 태워 없앴습니다. 이것으로 볼 때 다시는 돌아올 마음이 없을 것입니다."라고 말하였다. 장량은 또 제왕 전영이 반란을 일으킨 것을 항왕에게 보고하였다. 그러자 항왕은 서쪽의 한왕(漢王)을 걱정하지 않게 되었고 곧 북쪽으로 제나라를 공격하였다. 그러나 항왕은 끝내 한왕(韓王)을 본국에 돌려보내지 않고 제후로 봉하였다가 결국 팽성에서 그를 죽였다. 그러자 장량은 곧 도망을 쳐 샛길로 몰래 한왕(漢王)에게 돌아갔다. 이때 한왕은 진나라의 대부분 영토를 평정하고 있었다. 한왕은 곧 장량을 성신후(成信侯)로 봉하였다. 장량은 한왕을 따라 동쪽으로 출정하여 항왕을 공략하였다. 그러나 팽성에서 한나라 군대는 패배한 뒤 철수하였다.

하읍(下邑)에 이르렀을 때 한왕이 말에서 내려 휴식을 취하면서 말안장에 기대어 장량에게 물었다. "내가 함곡관 동쪽 땅을 다른 사람에게 주려 하는데, 과연 누가 나와 함께 능히 공업(功業)을 세울 수 있겠소?" 그러자 장량은 "구강왕 경포는 초나라의 맹장으로서 항왕과 갈등이 있고, 팽월은 제왕 전영과 함께 하남 일대에서 반란을 일으켰는데, 이 두 사람은 가히 쓸 만할 것입니다. 그리고 대왕 쪽의 장군 중에는 오로지 한신만이 큰 일을 맡아 혼자서 한 방면을 맡을 수 있습니다. 만약 그 땅을 이 세 사람에게 주신다면 곧 초나라를 능히 격파할 수가 있습니다."라고 대답하였다. 그러자 유방은 즉각 언변이 좋은 수하를 파견하여 경포를 권하게 하였고, 또 사람을 보내 팽월과 연합하였다. 뒤에 위왕

(魏王) 표(豹)가 반란을 일으켰을 때, 한왕은 한신에게 군사를 이끌고 가서 그를 공략하도록 하였고, 이 기세를 타고 연나라, 대(代)나라, 제나라, 조나라를 공략하였다. 마지막에 항왕을 격파할 수 있었던 원인은 주로 장량이 추천한 이 세 사람의 힘 때문이었다.

장량은 몸이 약하고 병이 많았기 때문에 스스로 장군이 되어 혼자 군대를 이끌었던 적이 없었다. 그러나 모신(謀臣)으로서 늘 한왕의 옆에서 수행하였다.

한나라 3년, 항우가 형양에서 한왕을 포위하자 한왕이 크게 두려워하여 역이기와 함께 초나라 세력을 약화시킬 책략을 상의하였다. 역이기가 말했다.

"이전에 탕왕은 걸왕을 토벌하고 하나라의 후대를 기(杞)에 봉하였습니다. 무왕은 주왕을 토벌하고 주나라의 후대를 송(宋)에 봉하였습니다. 지금 진나라가 덕을 잃고 도의를 저버린 채 제후국가를 침략하여 6국(六國)의 후사를 소멸하고 그들로 하여금 송곳 하나 세울 곳이 없게[293] 하였습니다. 대왕께서 지금 진실로 6국의 후대를 다시 봉하실 수 있어서 그들 모두에게 인신(印信)[294]을 주게 되면, 그들 군신과 백성들은 반드시 대왕의 은덕에 감격하여 우러러 받들 것이고 대왕의 덕의(德義)를 앙모하지 않을 사람이 없이 모두 대왕의 신하가 되고자 할 것입니다. 이렇게 덕의(德義)를 시행하신다면 대왕께서 곧 남면(南面)하여 패자로 군림하실 수 있으며, 초왕은 반드시 의관을 정제하고 와서 대왕을 알현할 것입니다."

그러자 한왕은 "대단히 좋은 말씀이오. 빨리 가서 인을 새기고, 선생이 가지고 가서 6국의 후예들에게 인신(印信)을 주시오."라고 하였다.

역이기가 아직 떠나지 않았을 때 장량이 마침 외지에서 돌아와 한왕을 알현하였다. 그때 한왕은 막 식사를 하던 중이었는데 장량에게 "자방(子房), 어서 들어오시오! 어떤 사람이 내게 초나라의 세력을 약화시킬 계책을 주었소."라며 역이기의 말을 전해주면서 "자방, 그대의 생각은 어떻소?"라고 물었다. 그러자 장량은 "누가 이 계책을 냈습니까? 대왕의 대사는 곧바로 끝장이 납니다."라고 대답하였다. 한왕이 놀라 "무슨 이유 때문이오?"라고 묻자 장량은 "이전에 탕왕이 걸왕을 토벌한 뒤 그 후대를 기에 봉한 것은 능히 걸왕을 사지(死地)에 처하

---

293) 무립추지지, 無立錐之地
294) 관인官印이나 공인公印의 총칭.

게 할 수 있다고 생각했기 때문입니다. 지금 대왕께서는 항왕을 사지에 처하게 할 수 있습니까?"라고 물었다. 한왕은 "그렇게 하지 못하오."라고 대답하였다.

장량은 "이것이 6국 후대를 봉할 수 없는 첫 번째 이유입니다. 무왕이 주왕을 토벌하고 그 후대를 송에 봉한 것은 능히 주왕의 머리를 얻을 수 있다고 생각했기 때문입니다. 지금 대왕께서는 항왕의 머리를 얻으실 수 있겠습니까?"라고 물었다. 한왕은 "그렇게 하지 못하오."라고 대답하였다.

장량이 다시 "이것이 봉할 수 없는 두 번째 이유입니다. 무왕은 은나라를 공격할 때 상용(商容)[295]이 사는 마을 문에 표지를 세워 현자에 대한 존경을 표시하였고, 구금된 기자(箕子)를 석방하였으며, 비간(比干)의 무덤을 정돈하였습니다. 지금 대왕께서 능히 성인의 무덤을 정돈하고 현자의 마을 문에 표지를 세우며 지자(智者)의 문 앞에 경의를 표하실 수 있습니까?"라고 묻자 한왕은 "그렇게 하지 못하오."라고 말하였다.

그러자 장량은 "이것이 봉할 수 없는 세 번째 이유입니다. 무왕은 주왕이 쌓아 두었던 거교(鉅橋)[296]의 곡식과 저축해 놓은 녹대(鹿臺)[297]의 돈을 모조리 풀어 가난한 백성들에게 하사하였습니다. 지금 대왕께서는 대왕의 창고에 있는 돈과 식량을 가난한 백성들에게 하사하실 수 있습니까?"라고 물었다. 한왕은 역시 "그렇게 하지 못하오."라고 대답하였다.

장량은 "이것이 봉할 수 없는 네 번째 이유입니다. 은나라 공략이 끝나자 무왕은 전차를 사람 싣는 수레로 고쳐 만들고 병기를 앞이 뒤로 가게 하여 창고 속에 쌓고 호랑이 가죽으로 덮어씌워 이로써 두 번 다시 전쟁을 하지 않을 것임을 천하에 고시하였습니다. 지금 대왕께서는 무장을 포기하고 문교(文敎)에 종사하여 두 번 다시 전쟁을 하시지 않을 수 있습니까?"라고 물었다. 한왕은 "역시 그렇게 하지 못하오."라고 하였다.

장량은 "이것이 봉할 수 없는 다섯 번째 이유입니다. 무왕은 전마(戰馬)를 화산(華山) 남쪽에 풀어놓고 천하에 다시는 말을 타고 전쟁을 하지 않을 뜻을 나

---

295) 주왕紂王 때의 현자로서 무왕은 이문里門에서 그를 표창하였다. 무왕은 그를 삼공으로 삼으려 했지만 그는 받지 않았다.

296) 주왕紂王의 양식창고가 있던 곳

297) 주왕이 재물을 모아놓았던 곳

타내었습니다. 지금 대왕께서도 말을 휴식하게 하고 두 번 다시 사용하지 않으실 수 있습니까?"라고 묻자 한왕은 "역시 그렇게 하지 못하오."라고 하였다.

이에 장량이 "이것이 봉할 수 없는 여섯 번째 이유입니다. 무왕은 수송용으로 쓰는 소를 도림(桃林)의 북쪽에 풀어놓고 다시는 군수품을 운반하거나 식량이나 마초(馬草)를 쌓아 두는 데 사용하지 않을 것임을 보였습니다. 지금 대왕께서는 소를 해산하고 다시는 수송용으로 쓰지 않으실 수 있으십니까?"라고 묻자 한왕은 "역시 그렇게 하지 못하오."라고 말하였다.

그러자 장량은 "이것이 봉할 수 없는 일곱 번째 이유입니다. 더구나 지금 천하의 유사(游士)들이 친척을 떠나 조상의 분묘를 버리고 친구와 고별하며 대왕을 따라 분주히 다니는 것은 오로지 한 조각 봉지를 오매불망 기다리기 때문입니다. 그런데 지금 6국을 회복하여 그들의 후대를 봉한다면, 천하의 유사들은 각자 돌아가 자기의 군주를 섬기고 그들 가족친척과 다시 만나며 그들 조상의 무덤으로 돌아갈 것인데, 대왕께서는 누구와 함께 천하를 쟁취할 것입니까? 이것이 봉할 수 없는 여덟 번째 이유입니다. 뿐만 아니라 지금 초나라는 천하의 무적이고 대왕께서 봉해 주실 6국 역시 초나라에 의해 약해지고 그에게 의지하게 될 터인데, 대왕께서는 어떻게 그들을 얻고 또 그들로 하여금 신하를 칭하게 하실 것입니까? 만약 대왕께서 정말로 그 식객의 계책을 쓰게 되신다면 대왕의 대사는 완전히 끝장이 나게 될 것입니다."라고 말하였다.

한왕은 식사를 멈추고 입 안의 음식을 뱉으면서 "한낱 유생 놈 때문에 하마터면 그대의 대사를 망칠 뻔했구나!"라고 욕을 하더니 즉시 인신을 없애도록 하였다.

한나라 4년, 한신이 제나라를 격파한 뒤 자립하여 제왕(齊王)에 오르려 하자 한왕이 크게 분노하였다. 그러자 장량이 한왕을 진정시키고 한왕이 장량을 보내어 한신에게 제왕의 인신을 주게 하였다.

천하통일 후인 한나라 6년 정월에 공훈이 있는 신하들을 봉하였다. 장량은 한 번도 전공을 세우지 못했었는데도 고제(高帝)[298]는 "군영의 장막 안에서 전략 전술을 세워 천리 밖에서 승리를 결정지었으니,[299] 이것은 모두 장량의 공로라

298) 한고조 유방
299) 원문은 운주책유장중 결승천리외 運籌策帷帳中, 決勝千里外로서 유명한 문구이다.

오. 제(齊) 땅에서 3만 호(戶)[300]를 스스로 가지시오."라고 말하였다. 장량이 거듭 사양하였다.

"당초 신은 하비(下邳)에서 군사를 일으켜 폐하를 유(留)에서 뵈었는데, 이는 하늘이 신을 폐하게 주신 것입니다. 폐하께서 신의 계책을 채용하셔서 요행히도 우연하게 적중한 것입니다. 신은 유(留)에 봉해지는 것으로 이미 만족하며, 3만 호의 봉지를 감히 받을 수 없습니다."

이에 고조는 장량을 유후로 봉하였고, 소하 등도 함께 봉해졌다. 그런데 황제가 이미 공이 있는 신하 20여 명은 봉하였으나, 그 나머지 사람들은 밤낮으로 공을 다투는 바람에 결정을 하지 못하고 있었다.

고조가 낙양에 머물던 어느 날 대궐에서 문득 내려다보니 장군들이 여기저기에서 무리지어 앉아 쑥덕거리고 있었다. 고조가 유후에게 물었다.

"지금 저자들은 무슨 얘기를 나누고 있는 거요?"

"폐하께서는 아직도 모르시겠습니까? 반란을 모의하고 있는 중입니다."

"아니! 천하가 안정됐는데 반란은 또 무슨 말이오?"

그러자 장량이 찬찬히 설명하였다.

"폐하께서는 한낱 서민으로부터 일어나서 저 사람들을 부려 천하를 장악하셨습니다. 그런데 폐하께서 천자가 되신 지금 땅을 하사받은 자들은 소하라든가 조참과 같이 옛날부터 폐하의 마음에 들었던 사람뿐인 반면에 벌을 받은 자는 평소부터 폐하의 미움을 샀던 사람들입니다. 현재 각 개인의 공적을 평가하고 있는 중입니다만 필요한 땅을 모두 계산하면 천하의 땅덩어리를 다 내주어도 오히려 모자랄 지경입니다. 저 사람들은 폐하께서 자기들 모두에게 땅을 내리시지는 못할 것 같고, 그래서 과거의 과실을 들추어내어 오히려 주벌을 도모하시지나 아니할까 두려워하여 저렇게들 모여 앉아 반란을 모의하고 있는 것입니다."

이 말을 들은 고조는 심각한 표정을 지었다.

"그러면 어떻게 해야 좋겠소?"

"폐하께서 평소에 가장 못마땅해하셨고 그 사실을 남들이 모두 인정하는 그런 인물이 있는지요?"

---

300) 제나라는 당시 가장 부유한 지역 중의 하나였다.

"그야 옹치(雍齒)라오. 그 자는 나를 여러 번 골탕 먹였소. 지금이라도 죽여 버리고 싶은데 공적이 크기 때문에 참고 있는 중이오."

"그러하시다면 먼저 옹치에게 벼슬을 내리시고 여러 신하가 모인 자리에서 그것을 발표해 주셔야 합니다. 옹치조차 봉해졌다고 하면 다른 사람들도 저절로 조용해질 것입니다."

그 말을 듣자 고조는 주연을 베풀고 옹치를 십방후(什方侯)로 봉하는 한편 승상과 어사에게 조속하게 논공행상을 하도록 하였다. 군신들은 주연이 끝난 뒤 모두 기뻐하면서 "옹치도 제후로 봉해졌는데 우리가 무슨 걱정이 있겠소?"라고 말하였다.

날개가 다 자라났으니 사해를 날 수 있도다

장량은 병이 많았기 때문에 도가의 도인(導引)[301]을 배우면서 익힌 곡식을 먹지 않고[302] 문을 닫아걸고 1년여 동안 출입을 하지 않았다.[303]

고조는 태자를 폐하고 대신 척부인(戚夫人)의 아들 조왕(趙王) 여의(如意)를 태자로 삼으려 하였다. 하지만 많은 대신들이 모두 나서 말렸기 때문에 최후의 결정을 내리지 못하였다. 여후는 크게 놀라 어떻게 해야 할지 알지 못했다. 어떤 사람이 여후에게 "장량은 계책을 세우는 데 가장 뛰어나고 황제께서는 그를 신뢰하고 중용합니다."라고 고하였다. 그리하여 여후는 곧 여택(呂澤)을 파견하여 장량에게 강요하면서 "그대는 황제의 모신(謀臣)으로서 지금 황제께서 태자를 바꾸려고 하는데도 오직 베개를 높이 하고 누워만 있으면서 모르는 척할 수 있다는 말이오?"[304]라고 질책하였다. 그러자 장량은 "당초 황제께서 여러 차례 곤란하고 위급한 상황에서 요행히도 저의 계책을 채용하셨습니다. 이제 천하가 안정되어 편애하는 연고로 태자를 바꾸려고 하시는데, 이는 곧 골육 간의 일이

---

301) 일종의 양생술로서 지체운동의 기공氣功을 배합한다.

302) 일종의 약물을 섭취하면서 불로 조리한 음식을 먹지 않는 양생술.

303) 두문불출杜門不出, 손님을 만나지도 않고 친구를 방문하지도 않는다는 뜻.

304) 고침이와高枕而臥

므로 우리들 신하 백여 명 모두 아무런 소용이 없는데, 더구나 나 혼자 어떻게 할 수 있겠습니까?"라고 반문하였다. 그러나 여택은 "어찌 되었든 나를 위해서 계책을 내어 보시오!"라며 강요하였다. 장량이 대답하였다.

"이 일은 입으로 말한다고 해서 이뤄질 수 없습니다. 천하에 네 사람이 있는데, 황상조차도 그들을 불러올 수 없습니다. 이 네 분은 모두 매우 연로한데, 모두 황제께서 사람을 무시하고 모욕하기 때문에 깊은 산 속으로 도망쳐 숨어 살면서 절조를 지켜 한나라의 신하 노릇을 하지 않고 있습니다. 그러나 황제께서는 이 네 사람을 매우 존중합니다. 지금 공(公)께서 정말로 금옥(金玉)과 비단을 아까와 하시지 않는다면, 태자께 한 통의 편지를 쓰게 하되 그 언사를 공손하고 예의바르게 하면서 또 안락한 수레를 준비하고 말 잘하는 변사(辯士)를 파견하여 성심성의껏 간청한다면 그들은 올 것입니다. 그들이 오게 되면 상빈(上賓)으로 대접하여 그들로 하여금 늘 태자와 함께 조정에 들어가 일부러 황제로 하여금 그들을 보도록 합니다. 황제께서는 반드시 기이하게 느끼시고 그들에게 물으실 것입니다. 황제께서는 이 네 사람의 현명함을 알고 있으므로 태자에게 커다란 도움이 될 것입니다."

이렇게 하여 여후는 여택에게 사람을 시켜 태자의 친필 서신을 받들고 가서 가장 공손하고 예의 바른 언사와 가장 귀한 선물로써 이 네 명의 노인을 영접하도록 하였다. 네 사람은 도착하여 여택의 집에 머물렀다.

한나라 11년, 경포가 반란을 일으켰다. 마침 황제가 병이 나서 출정하지 못하므로 태자를 파견하여 대장으로 삼아 토벌하려 하였다. 이에 네 노인은 "우리들이 온 것은 태자의 자리를 지키기 위해서였소. 그런데 태자가 군대를 거느리고 전쟁에 나가게 되면 매우 위험하게 되오."라고 상의하고는 곧 여택을 찾아가 설득하였다.

"태자께서 군대를 이끌고 전쟁을 하여 만약 공이 있어도 태자의 지위는 더 이상 높아지지 않지만, 만약 공이 없이 돌아오게 되면 그 뒤부터 태자는 곧 재앙을 겪게 될 것이오. 더구나 태자가 통솔하는 그들 장수들은 모두 일찍이 황제와 함께 천하를 평정한 맹장들이오. 지금 태자를 파견하여 그들을 통솔하게 한다면 이는 양에게 이리를 통솔하도록 하는 것으로서 그들 모두 태자를 위해서 애쓰려고 하지 않을 것이고, 따라서 태자께서 공을 세우지 못하고 돌아오는 것은 필연적이오. '어머니가 총애를 받으면 그 자식도 귀여움을 받는다'라고 하였소. 지금 척부인이 밤낮으로 황제를 모시고 조왕(趙王) 여의는 늘 황제의 품에 안기어 있소. 황제께서는 일찍이 '나는 절대로 불초한 자식을 내가 사랑하는 아들 위에 군림하도록 할 수 없다!'라고 말씀하시었소. 이 말은 그 뜻이 너무도 분명하오. 조왕 여의가 태자의 지위를 대신할 것은 필연적이오. 그대는 어찌 빨리 여후를 찾아가 기회를 봐서 황제께 눈물을 흘리며 '경포는 천하에서 제일 가는 맹장이고 용병에 뛰어납니다. 지금 여러 장군들은 모두 폐하의 옛 동년배들인데, 태자로 하여금 그들을 통솔하게 하는 것은 양으로 하여금 이리를 통솔하게 하는 것이며, 아무도 태자의 지휘를 받지 않으려 할 것입니다. 더구나 경포가 이 사실을 알게 되면 반드시 북을 치며 서쪽으로 장안에 진군해 올 것입니다. 비록 폐하께서 몸이 좋지 않으시지만 큰 수레를 준비하시어 억지로라도 수레에서 주무시고 사람들에게 폐하를 잘 보살피라고 하시면서 그들을 데리고 출정하시기만 하면 여러 장수들도 힘을 다하지 않을 수 없게 될 것입니다. 폐하께서 비록 고생스러우시겠지만 폐하의 처자식을 위해서라도 폐하께서 어려운 일을 참고해 주시옵소서!'라고 호소하지 않는 것이오?"

여택은 즉시 밤중에 달려가 여후를 만났고, 여후는 기회를 잡아 네 사람의 의도대로 황제에게 눈물을 흘리면서 호소하였다. 그러자 황제는 "나도 원래 이 아이는 보낼 만하지 않다고 생각하였소. 좋소! 내가 직접 가겠소!"라고 하였다. 그리하여 황상은 친히 군대를 통솔하여 동정(東征)하였고, 남아 있게 된 대신들이 모두 패상(灞上)까지 전송하였다. 당시 장량은 병중이었지만 억지로 몸을 일으켜 곡우(曲郵)까지 가서 황제를 만나 말하였다. "이번 폐하의 출정에 신이 마땅히 폐하를 수행해야 하는데, 신의 병이 매우 중하여 움직일 수 없습니다. 초나라 군대는 빠르고 민첩하며 용맹스럽기 때문에 폐하께서는 아무쪼록 그들과 강경하게 맞서지 마십시오."라고 권하고, 다시 기회를 보아서 황제에게 "태자를 장군으로 임명하셔서 관중의 군대를 감독하고 통솔하도록 하십시오."라고 권하였다. 그러자 황제는 "비록 자방이 병중이지만 누워서라도 태자를 힘써 보좌하시오."라고 말하였다. 이때 숙손통은 태자태부(太子太傅)로 임명되었고, 장량은 태자소부(太子少傅)의 직위를 겸직하여 일을 처리하였다.

한나라 12년, 황제가 경포를 격파한 군대로부터 장안으로 돌아와서 병이 더욱 심해졌다. 그러자 더욱 빨리 태자를 바꾸려고 하였다. 장량이 말렸지만 황제가 받아들이지 않자, 유후는 칭병을 하고 물러가 나오지 않았다. 태자태부 숙손통이 고금의 사례를 인용하면서 태자를 보위하기 위해서 모든 힘을 다해 설득하였다. 황제는 그의 말을 들어주는 체하였으나, 마음속으로는 여전히 태자를 바꾸려고 하였다.

어느 날 황제가 궁중에서 연회를 열었을 때 태자가 황제를 모시게 되었다. 네 노인이 태자를 수행하였는데, 나이는 모두 여든 살 이상이었고 수염과 눈썹은 모두 희었으며 의관은 매우 기이했다. 황제가 기이하게 여겨 "저 사람들은 누구인가?"라고 물었다. 그러자 네 사람은 각기 동원공(東園公), 각리선생(角里先生), 기리계(綺里季), 하황공(夏黄公)이라고 자기의 이름을 밝혔다.[305] 황제가 깜짝 놀라며 "내가 그대들을 찾은 것이 이미 몇 년이나 되었는데 그대들은 한사코 나를 피해 숨더니, 오늘 그대들은 어찌하여 태자와 교제하고 있는가?"라고 물었다. 이에 네 사람은 모두 "폐하께서는 선비를 가벼이 대하시고 욕을 잘하시므로 우리는 의(義)를 지키고 모욕을 당하고 싶지 않았으므로 다만 숨을 수밖에 없었습니다. 그런데 신 등은 태자의 사람됨이 인자하고 또 효순하며 겸손하고 선비를 공경하여 천하에 목을 빼고 기회를 기다리면서 태자를 위해서 희생하려고 하지 않는 사람이 없다고 들었기 때문에 이렇게 오게 된 것입니다."라고 대답하였다. 이에 황제는 "내가 그대들을 번거롭게 하였소. 번거로우시겠지만 그대들께서 처음부터 끝까지 아무쪼록 태자에게 잘 협력해 주시기를 바라오."라고 말하였다.

네 사람은 술을 올리며 황제에게 축하의 뜻을 표하고 예의를 갖춘 뒤 곧 물러가 떠났다. 황상은 네 사람이 떠나는 것을 줄곧 지켜보면서 한편으로 척부인을 불러 그 네 사람을 가리키며 말했다. "내가 그를 바꾸려고 하였다. 그러나 저 네 사람이 그를 보좌하여 이미 우익(羽翼: 새의 날개)이 장성하여 바꾸기가 어려울 듯하오. 여황후는 정말 내일의 그대의 주인이오!" 척부인이 이 말을 듣고 속으로 흐느끼자 황제는 "그대는 일어나 나를 위하여 초나라 춤을 추시오. 내가 그대를 위하여 초가(楚歌)를 부르겠소."라고 하였다. 그리하여 그가 노래하였다.

---

305) 이들을 당시 상산사호商山四皓라 불렀다.

큰 고니 높이 날아

한 번 나르니 곧 천리구나!

날개가 이미 다 자라나니

사해를 날 수 있도다.

사해를 능히 날아다니니

그대는 또 어떻게 할 수 있겠는가?

설령 궁시(弓矢: 활과 화살)가 있다 한들

그 무슨 소용 있으리!

황제는 이 노래를 몇 번이나 불렀다. 척부인은 한편으로 춤을 추고 한편으로 탄식을 하며 눈물을 흘렸다. 황상은 이들 모자가 절대로 여후의 적수가 되지 못할 것을 알았다. 그러나 방법이 없었고, 생각할수록 마음이 쓰려 일어나 자리를 떠났고 그렇게 술자리는 끝이 났다. 마지막에 태자를 바꾸지 않은 원인은 장량이 이 네 사람을 불러오게 한 계책 때문이었다.

신선으로 살고 싶다

그 무렵 장량은 항상 이렇게 말하곤 하였다.

"우리 가문은 대대로 한(韓)나라 재상을 지냈다. 진나라가 한나라가 멸망시킨 뒤 나는 만금의 가산을 아까와 하지 않고 한나라를 위하여 강대한 진나라에게 복수를 하여 천하를 진동시켰다. 현재 이 세 치의 혀로 인하여 황제의 스승이 되어 만 호에 봉해지고 열후의 지위에 오르게 되었다. 이는 평민이 바랄 수 있는 부귀의 정점으로서 나 장량으로 말할 것 같으면 이미 너무 충분하다. 마지막으로 나는 일체의 인간 잡사를 포기하고 선인(仙人) 적송자(赤松子)[306]와 함께 교유하고자 할 뿐이다."

---

306) 전설에 나오는 신선으로서 황제黃帝의 우사雨師였다.

그리하여 장량은 벽곡(辟穀)[307]과 도인술(道引術), 그리고 몸을 가볍게 하는 양생술을 배웠다. 이때 마침 고조가 세상을 떠나 여후는 장량의 은덕에 감격을 하고 강제적으로 그에게 식사를 하게 하면서 "인생 일세(一世), 그저 백구(白駒: 흰 망아지)가 틈새를 지나듯 짧은 것이오.[308] 어찌 구태여 스스로 이렇게 힘들게 할 필요가 있겠소?"라고 말하자 장량은 어쩔 수 없이 여후의 분부에 따라 음식을 들기 시작하였다.

8년 뒤, 장량이 서거하자 그 시호를 문성후(文成侯)라고 칭하였다. 그 아들 장불의(張不疑)가 아버지의 후작을 계승하였다.

장량이 당초 하비(下邳)의 다리 위에서 만나 『태공병법』을 받았던 그 노인이 예언한 바대로 정확히 13년 뒤 고조를 수행하여 제북(濟北)을 지나갈 때 과연 곡성산(穀城山) 아래에 황색 바위가 있는 것을 보았다. 장량은 곧 그것을 가지고 와서 보물처럼 소중하게 모셨다. 장량이 죽었을 때 황색 바위도 그와 함께 합장하였다. 그 후 사람들은 장량만이 아니라 황색 바위에게도 제사를 지냈다.

유후 장불의는 효문제 5년에 불경죄를 범하여 봉작이 취소되었다.

태사공은 말한다.

"많은 학자들이 귀신이 없다고 여기면서 정령(精靈)은 존재한다고 간주한다. 유후가 그에게 책을 준 노인을 만난 것 역시 기이한 일이라고 할 수 있다. 한 고조는 일찍이 여러 차례 절체절명의 위기에 처했었는데, 유후는 늘 계책을 내어 공을 세웠다. 이 어찌 하늘의 뜻이 아니라고 말할 수 있겠는가!

고조는 말했다. '군영의 장막 안에서 전략전술을 세워 천리 밖에서 승리를 결정짓는 데에 나는 장량에 미치지 못한다.' 나는 원래 장량의 체구가 크고 훤칠할 것으로 생각하였다. 그런데 그의 화상(畵像)을 보니 그 용모가 마치 부인 미녀와 같았다. 이는 완전히 공자(孔子)가 말한 바 '용모로써 사람을 취한다면 나는 곧 자우(子羽)[309]를 잘못 보았다!'함과 같다. 장량에 대해서도 이렇게 말할 수 있다."

---

307) 오곡을 먹지 않는 도가의 양생술

308) 백구과극白駒過隙, 시간이 너무 빨리 지나간다는 뜻.

309) 노나라 사람 담대멸명澹臺滅明. 공자의 제자로서 그 용모가 매우 추하여 공자도 일찍이 그를 제자로 받아들이지 않는데 훗날 그의 사람됨이 매우 뛰어남을 발견하였다.

18. 진 승상 세가
– 말 위에서 천하를 얻었지만
말 위에서 천하를 다스릴 수는 없다

진평은 유방의 모신(謀臣)으로서 여러 차례 유방을 위하여 계책을 내어 한나라 건국에 있어서 커다란 공헌을 수행하였다. 사마천은 진평의 지모(智謀)에 대하여 두 가지 측면에서 기술한다. 하나는 유방을 위한 계책으로서 유씨 정권 유지를 위한 계책이었고, 다른 하나는 자신의 명철보신(明哲保身)이라는 측면이다.

예를 들어, 진평은 번쾌를 죽이라는 명령을 받지만 자신의 뒷날을 생각하여 다만 번쾌를 체포했을 뿐이었다. 이에 그치지 않고 진평은 동시에 번쾌의 부인 여수가 힘을 발휘할 수 없도록 수단을 강구하였다.

사마천은 여러 곳에서 유방이 "기묘한 계책을 써서"라는 표현을 사용하면서 진평의 '비책'을 언급하고 또 그것이 "세상에 알려지지 않았다."고 묘사하고 있다. 사마천은 진평의 계책이 분규를 처리하고 국난을 극복하는 역할을 수행했지만 그러한 음모로써 다른 사람을 해치고 자신의 보전에 악용되었음을 비판하고 있다.

다섯 번 과부된 여자에게 장가들다

진평(陳平)은 양무현(陽武縣) 사람으로 젊을 적에 집안이 가난하여 형인 진백(陳伯)의 집에 살았다. 그런데 형은 진평의 재주를 알아보고 자기는 힘든 농사일을 하면서도 진평에게는 도성에 나가서 공부하도록 해줬다. 진평은 기골이 장대하였고 용모가 당당하였다. 사람들은 "그렇게 가난한데 무엇을 먹고 저리 살이 쪘을까?"라면서 수군거렸다. 진평의 형수는 집안의 생업에 전혀 관심을 갖지 않는 그를 매우 싫어하면서 "저렇게 밥이나 축내는 시동생이라면 차라리 없는 게 낫겠어요!"라고 말하였다. 그러자 진백은 크게 화를 내면서 곧장 아내를 쫓아 버렸다.

진평이 장성하여 장가갈 때가 되었는데, 부잣집에서는 아무도 그에게 딸을 시집보내려 하지 않았고 가난한 집의 아가씨는 그가 수치로 받아들였다. 부근 동네에 장부(張負)라는 부자가 살고 있었는데 그의 손녀는 시집만 가면 남편이 죽어 무려 다섯 번이나 과부가 된 처지였다. 평소 그 손녀에게 마음을 두고 있던 진평은 장부에게 찾아가 "손녀를 제게 주십시오." 하고 청했다. 장부는 아무 대답도 없이 그저 듣고만 있을 뿐이었다.

어느 날 이웃 동네에 초상이 나서 진평이 그 집에 가 일을 돕고 있었다. 그때 마침 장부도 조문객으로 왔다가 진평을 눈여겨보고 있었다. 진평은 이를 눈치 채고 핑계를 대어 상가를 나와 집으로 돌아왔다. 장부는 몰래 진평의 뒤를 밟았다. 진평이 들어간 곳은 허름한 초가집이었고 문이라야 고작 거적때기로 가린 것이었다. 하지만 집 앞에는 귀한 손님들이 다녀갔음인지 수레 자국이 많이 나 있었다. 장부는 그것을 보고 고개를 끄덕였다.

장부는 그 길로 집에 돌아가 큰아들을 불러 말했다.

"네 딸을 진평에게 주었으면 하는데, 어떻겠느냐?"

그러자 아들은 "진평이라면 가난한 주제에 생업에 힘쓰지 않아 모두 비난하는 자이온데, 하필 그런 사람에게 딸을 준다는 말씀인지요?"라면서 반대하였다.

그러나 장부는 "진평과 같이 훌륭한 용모를 지녔으면서도 끝까지 빈천하게 지낼 이가 있겠느냐?"라고 말하면서 마침내 손녀를 진평에게 시집보내기로 하였다. 진평이 가난하였기 때문에 장부는 그에게 예단을 주어 약혼을 하게 하였고, 또 술과 고기 살 비용을 주어 아내를 맞게 하였다. 그리고 장부는 손녀에게 "진평이 가난하다고 하여 그 사람을 섬김에 불손하게 하지 말라. 그리고 시숙 섬기기를 아버님 섬기듯 하고, 형님 섬기기를 어머님 섬기듯 하라."라고 당부하였다. 진평은 장부의 손녀에게 장가를 든 후, 재물이 나날이 넉넉해졌고 교류의 범위도 날로 넓어졌다.

진평이 사는 마을이 신에 제사를 지내게 되자 진평은 그 일의 책임자가 되어 고기를 공평하게 분배하였다. 그러자 동네 어른들이 "진평 저 젊은이가 고기 분배를 아주 잘한다!"라고 말하였다. 이에 진평은 "아! 만약 나로 하여금 천하를 다스리게 한다면 마치 이 고기들을 분배하듯 할 텐데!"라고 탄식하였다.

진평, 고기를 나누다.

의심나는 자는 기용하지 말고 기용하면 의심하지 말라

그 후 진승이 반란을 일으켜 원래 위나라 땅이었던 곳을 평정한 뒤 위구(魏咎)를 세워 위왕(魏王)으로 삼았다.

이때 진평은 이미 형 진백과 작별하고 위나라에 찾아가 위왕을 만났고, 위왕은 그에게 벼슬자리를 주어 등용했다. 진평은 이제야 자기의 큰 뜻을 펼 기회라 생각하여 위왕에게 여러 계책을 냈으나 받아들여지지 않았다. 오히려 그를 헐뜯는 자들이 많아 결국 진평은 몰래 떠났다.

몇 년이 지나 항우의 군대는 황하까지 진출하였다. 진평은 청년 수백 명을 이끌고 항우의 군대에 가담하여 그를 따라 관중으로 들어가 진나라 군대를 격파하였고, 항우는 진평에게 경(卿)의 작위를 내렸다. 그 뒤 항우는 팽성에 도읍을 하고 초왕이라 칭하였다.

한편 한왕은 군대를 돌려 삼진(三秦: 관중) 땅을 평정하고 계속 동진하였는데, 이때 은왕(殷王)이 초나라를 배반하였다. 항우는 진평을 신무군(信武君)에 봉하여 초나라 땅에 있는 위왕 구의 부하들을 거느리고 가서 토벌하게 하자 진평은 은왕을 공략하여 항복시키고 돌아왔다. 항왕은 진평을 도위(都尉)에 임명하고 황금 20일(溢)을 상으로 하사하였다.

그러나 얼마 지나지 않아 한왕이 은 땅을 점령하자, 항왕은 크게 노하여 지난번에 은 땅을 평정하였던 장수와 군관들을 죽이려고 하였다. 진평은 피살되지 않을까 두려워하여 오직 칼 한 자루만 지닌 채 몰래 도망을 쳤다.

진평은 가까스로 강까지 도망해서 겨우 나룻배를 타게 되었다. 그런데 사공은 첫눈에 그가 망명하는 장군임을 알아보았다. 준수한 외모와 깨끗한 옷차림, 그리고 혼자 몸으로 강을 건너는 것이 영락없는 망명 장군의 그것이었기 때문이었다.

그는 진평이 분명 많은 보물을 몸에 지니고 있을 것이라 생각하고, 기회를 봐서 진평을 없애고 재물을 빼앗을 궁리만 하고 있었다. 진평은 그러한 사공의 마음을 알아보고 일부러 옷을 모두 벗은 후 같이 노를 저었다.

그렇게 하니 못된 뱃사공도 비로소 그가 몸에 아무것도 가진 것이 없음을 알고 딴 마음을 품지 않게 되었다. 이렇게 하여 탈출에 성공한 진평은 수무 지방에서 한나라에 투항하고 위무지(魏無知)[310]를 통하여 한왕을 만났다. 이때 진평 등 일곱 사람이 함께 한왕을 만났는데, 한왕은 그들에게 술과 음식을 내리면서 "음식을 먹고 난 후 숙소로 가서 쉬도록 하라!"라고 말하였다. 그러자 진평은 "저는 중요한 일 때문에 왔으므로 제가 드려야 할 말씀은 오늘을 넘길 수가 없습니다."라고 대답하였다. 한왕이 진평과 함께 말을 나눠보고는 비로소 기뻐하면서 "그대는 초나라에 있을 때 무슨 벼슬을 하였는가?"라고 묻자 진평이 "도위였습니다."라고 대답하였다. 이에 한왕은 즉시 진평을 도위에 임명하여 호군(護軍)[311]을 맡게 하였다. 그러자 여러 장수들의 불만이 터져 나왔다.

"진평이라는 자는 한낱 떠돌이에 불과한 한량으로서 위나라에서도 쫓겨난 신세입니다. 그러한 자에게 장군들에 대한 감독을 맡기다니요? 말도 안 됩니다."

그러나 한왕은 그 소리를 듣고 진평을 더욱 총애하였다. 그 뒤 한왕은 진평과 함께 동쪽으로 항왕을 공격하였는데, 팽성에 이르러 초나라에 패하고 말았다. 그러자 한왕은 군대를 이끌고 돌아오면서 흩어진 군사들을 수습하여 형양에 이르러 진평을 아장(亞將)으로 삼아 한왕(韓王) 한신에게 배속시켜 광무(廣武)에 주둔하게 하였다. 이 무렵 주발, 관영 등이 진평을 비방하였다.

"진평이 비록 호남아이지만 모자 위에 옥을 장식한 것과 같을 뿐, 그 속에는 틀림없이 아무것도 없을 것입니다. 진평은 집에 있을 때는 형수와 사통하였으며, 위나라를 섬겼으나 받아들여지지 않자 도망하여 초나라에 귀순하였고, 초나라에 귀순하여 뜻대로 되지 않자 다시 도망하여 우리 한나라에 귀순하였습니다. 그런데 오늘 대왕께서는 그를 높여 관직을 주시고 호군을 삼으셨습니다. 또 신들이 듣건대, 진평은 여러 장군에게 황금을 받았는데 황금을 많이 준 사람은 잘 봐주고 황금을 적게 준 사람에게는 나쁜 대우를 하였다고 하옵니다. 진평은 변덕스러운 역신(逆臣)이오니 대왕께서는 그를 철저히 살피셔야 합니다."

그러자 한왕은 진평을 의심하고, 진평을 천거한 위무지를 불러 꾸짖자 위무지는 이렇게 말하였다.

"신이 말씀드린 바는 능력이며, 대왕께서 물으신 바는 행실입니다. 지금 만

---

310) 유방의 측근.
311) 장군들을 감독하고 협조하는 직책.

약 그에게 미생(尾生)이나 효기(孝己)와 같은 모범적인 행실이 있다고 하더라도 승부를 다투는 데에는 아무런 보탬이 없을 것이니 대왕께서 어느 겨를에 그런 사람을 쓰실 수가 있겠습니까? 지금 바야흐로 초나라와 한나라가 서로 대항하고 있기 때문에 신은 지모 있는 선비를 천거하였습니다. 그 계책이 참으로 국가에 이로운가를 살필 일이지 어찌 형수와 사통하거나 황금을 받은 것을 의심하시는 것인지요?"

한왕이 진평을 불러 "그대는 위왕(魏王)을 섬기다 마음이 맞지 않자 초왕을 섬기러 갔고, 지금은 또 나를 따라 일을 하니 신용 있는 사람은 원래 이렇게 여러 가지 마음을 품는 것인가?"라고 나무라자 진평이 대답하였다.

"신이 위왕을 섬기었을 때 위왕은 신의 말을 채용하지 않았으므로 위왕을 떠나서 항왕을 섬겼습니다. 또 항왕은 다른 사람은 믿지 못하였고, 오직 그가 신임하고 총애하는 사람은 항씨(項氏) 일가가 아니면 그 처남들이었기 때문에 설령 뛰어난 책사가 있다고 하더라도 중용되지 않아 초나라를 떠났던 것입니다. 그런데 대왕께서 사람을 잘 보시고 쓰신다는 소문이 있었기 때문에 대왕께 귀순한 것입니다. 그리고 신은 맨손으로 온 탓에 여러 장군들이 보내준 황금을 받지 않고서는 쓸 돈이 없었습니다. 만약 신의 계책 가운데 쓸 만한 것이 있다면 대왕께서 채택해 주시고, 만약 쓸 만한 것이 없다면 황금이 아직 그대로 있으니, 바라옵건대 잘 봉하여 관청으로 보내고 사직하게 해 주시옵소서."

이 말을 들은 한왕은 즉시 진평에게 사과하고 많은 상을 내렸다. 그리고 그를 호군중위(護軍中尉)의 벼슬에 임명하고 모든 장군들을 감독하게 하자 여러 장군들은 감히 더 이상 말을 하지 못하였다.

반간계(反間計)의 명수

그 후 초나라가 한나라를 공격하여 군량과 마초(馬草)를 운반하는 한나라의 용도(甬道)를 끊어 버리고 형양성에서 한왕을 포위하였다. 그 얼마 후 한왕은 난국을 걱정하여 형양 서쪽의 땅을 떼어 주면서 강화할 것을 요청하였지만 항왕이 듣지 않았다. 한왕이 진평에게 "천하가 몹시도 어지러운데 언제나 안정이 되겠는가?"라고 묻자 진평이 이렇게 말하였다.

"항왕은 다른 사람을 공경하고 사랑하여 청렴하고 지조 있고 예의를 좋아하는 선비들이 대부분 그에게로 귀순하였습니다. 그러나 논공행상을 하고 작위와 봉지를 내리는 데에는 오히려 너무도 인색하여 선비들이 이 때문에 그에게 완전히 의지하지 않습니다. 그런데 지금 대왕께서는 오만하시고 예의를 가볍게 여기시어 청렴하고 절개 있는 선비들은 오지 않으나 대왕께서 작위와 봉지를 아낌없이 내리시므로 청렴함과 절개를 돌아보지 않고 이익을 탐하기를 부끄러워하지 않는 선비들이 대부분 대왕의 한나라로 귀순하였습니다. 만약 양자의 결점을 버리고 장점을 취하신다면 천하를 평정하실 수가 있을 것입니다.

그런데 대왕께서는 마음 내키시는 대로 사람을 모욕하시기 때문에 청렴하고 절개 있는 선비들을 얻을 수가 없는 것입니다. 다만 초나라에도 어지러워질 수 있는 요인이 있습니다. 항왕의 강직한 신하로는 범증, 종리매, 용저, 주은 등 몇 사람에 불과합니다. 대왕께서 만약 수만 근(斤)의 황금을 준비하여 이간책을 써서 초나라 군신들의 사이를 떼어놓아 그들로 하여금 서로 의심하는 마음을 품게 하신다면 항왕은 본래 시기하고 의심하기를 잘하여 참소를 믿을 것이므로 반드시 내부에서 서로가 서로를 죽이게 될 것입니다. 우리 한나라는 그 틈을 타서 군사를 일으켜 공격하면 반드시 초나라를 격파할 수 있을 것입니다."

한왕은 그의 의견에 따라 황금 4만 근을 내어 진평에게 주어서 마음대로 쓰게 하고, 그 돈의 출납에 대해서는 일체 묻지 않았다.

진평은 많은 황금을 뿌리면서 초나라 군대에 대규모로 첩자를 파견하고 공개적으로 유언비어를 퍼뜨려, 종리매 등이 항왕의 장수로서 공을 많이 쌓았는데도 항왕이 끝내 땅을 떼어 왕으로 봉하지 않았기 때문에 한나라와 동맹하여 항왕을 멸망시키고 그 땅을 나누어 각기 왕이 되고자 한다고 말을 지어냈다. 과연 항왕은 종리매 등을 불신하기 시작하였다. 항왕이 이미 그들을 의심하면서 사신을 한나라로 보냈다. 한왕은 사람을 시켜 풍성한 태뢰(太牢)³¹²를 마련하여 들고 들어가게 하였다. 그러고는 초나라 사신을 보고 짐짓 놀라는 척하면서

---

312) 풍성한 연회 음식을 가리킨다. 원래 태뢰란 제왕이나 제후가 제사를 모실 때 소, 양, 돼지 등 세 가지 희생이 모두 갖춰진 음식을 지칭하였다.

"나는 아부의 사신인 줄 알았더니 알고 보니 항왕의 사신이었구려!"라고 하고는 풍성한 음식을 가지고 나가게 하고, 다시 나쁜 음식을 사신에게 주게 하였다.

초나라 사신이 돌아가 모든 사실을 항왕에게 보고하자, 과연 항왕은 범증을 매우 의심하게 되었다. 그때 범증은 급히 형양성을 공격하여 항복시키려고 하였으나, 항왕이 그의 말을 의심하여 따르려고 하지 않았다. 범증은 항왕이 자신을 의심한다는 말을 듣고는 크게 화를 내면서 "천하의 대사는 이미 확정되었으니 이제 대왕께서 직접 경영하십시오! 오직 원컨대 이 늙은 몸은 집으로 돌아갈 수 있도록 해 주십시오."라고 하였다. 범증은 귀가 도중 팽성에 채 닿지도 못한 채 화병으로 등에 종기가 나서 죽고 말았다.

한편 진평은 야밤을 틈타 여자 2,000명을 형양성 동문으로 내보내자 초나라가 곧 이를 공격하였다. 그 틈에 진평은 한왕과 함께 성의 서문을 통해서 밤중에 달아났다. 한왕은 이렇게 하여 관중으로 들어가서 흩어진 병사를 모아 다시 동쪽으로 진군하였다.

그 이듬해 한신은 제나라를 격파하고 자립하여 제왕(齊王)이 된 후, 사신을 보내어 그 사실을 한왕에게 알렸다. 이 소식을 들은 한왕은 크게 화를 내면서 욕을 하였는데, 진평이 슬며시 한왕의 발을 밟으니 한왕 또한 문득 크게 깨닫고 곧 제나라 사신을 후하게 대접하였다. 한왕은 진평의 고향인 호유향(戶牖鄕)을 그에게 봉해 주고 그의 기묘한 계책을 써서 마침내 초나라를 멸망시켰다. 진평은 일찍이 호군중위의 신분으로 한왕을 따라 연왕 장도(臧荼)를 평정하기도 하였다.

한나라 고제 6년, 어떤 사람이 초왕 한신이 모반하려고 한다고 글을 올려 고발하였다. 고제(高帝)[313]가 여러 장군들에게 묻자 그들은 모두 "하루 빨리 군대를 보내 그 자를 처치해야 합니다."라고 대답하였다. 고제는 묵묵히 말이 없었다. 얼마 뒤 고제는 이 문제를 진평에게 물었다. 진평은 거듭 사양하다가 "여러

---

313) 한나라 유방은 천하가 통일된 한나라 5년에 황제로 등극하였다. 한편 황제에 대한 호칭으로서 시호諡號와 묘호廟號가 있는데, 시호는 살았을 때의 공덕을 기리기 위해 올리는 칭호이고, 묘호는 왕의 일생을 평가하여 정하며 종묘에서 부르는 호칭이다. 묘호의 뒤에는 조祖와 종宗이 붙는데, 보통 조는 공功이 탁월한 왕에게 붙이고, 이에 비해 덕德이 출중한 왕에게는 종宗을 붙인다. 대개 창업創業은 조祖, 수성守成은 종宗이다.「예기」에는 "공功이 있는 자는 조가 되고, 덕德이 있는 자는 종이 된다."고 하였다. 유방이 받았던 시호는 '고高'였고 그리하여 고황제高皇帝 혹은 한고제漢高帝라 칭해졌으며, 묘호 역시 '고高'로서 고조高祖로 칭해졌다.

장군들은 뭐라고 하였습니까?"라고 되물었다. 고조는 그들이 한 말을 자세히 일러주었다. 그러자 진평은 다시 "누군가가 한신이 모반한다고 글을 올렸는데, 그러면 이 일을 또 아는 사람이 있습니까?"라며 물었다. 고조가 "없소."라고 말하였다. 진평이 다시 "한신이 이 사실을 알고 있습니까?"라고 묻자 고조는 모른다고 대답하였다.

진평이 또 "폐하의 정예병은 초나라와 비교해서 누가 더 낫습니까?" 하고 묻자 고조는 "우리가 그들을 능가할 수가 없소."라고 대답하였다. 진평이 다시 "폐하 장수들의 용병술이 한신을 능가합니까?"라고 묻자, 고조는 "그에게 미치지 못하오."라고 대답하였다. 이에 진평은 "지금 군대도 초나라의 정예병만 못하고, 장수 또한 한신에 미치지 못하면서 군사를 보내어 공격한다면 이는 곧 그들에게 군대를 일으켜 저항하도록 재촉하는 것입니다. 폐하께서 그렇게 하시는 것은 위험합니다."라고 말하였다. 다시 고조가 "그렇다면 이 일을 어떻게 하여야 하겠소?"라고 묻자 진평이 대답하였다.

"옛날에는 천자가 지방을 순행하며 제후를 불러 접견하였습니다. 남방에 운몽(雲夢)이라는 곳이 있는데, 폐하께서는 거짓으로 운몽을 순행하시면서 제후들을 진(陳) 땅으로 불러 모으십시오. 그곳은 초나라의 서쪽 경계로서 한신은 천자가 즐겁게 출유(出遊)하신다는 소식을 듣고 반드시 아무런 일이 없을 것이라고 생각하여 교외에서 맞아 뵐 것입니다. 그가 뵈러 올 바로 그때 폐하께서 그를 잡으시면, 이는 단지 한 사람의 역사(力士)로도 될 일입니다."

고조가 이 의견을 받아들여 사신을 제후들에게 보내 진 땅에서 회합하자고 통고하며 "짐이 장차 남쪽 운몽을 순행할 것이다."라고 하고는 곧바로 길을 떠났다. 과연 고조가 아직 진 땅에 도착하기도 전에 초왕 한신이 교외의 큰길에서 그를 맞이하였다. 고조는 미리 무사들을 준비하였다가 한신이 도착한 것을 보고 곧바로 그를 묶어 뒤따르는 수레에 실었다.

한신이 소리치며 "천하가 이미 평정되었으니, 나는 마땅히 삶겨서 죽으리라!"라고 탄식하였다. 고조는 한신을 돌아보며 "크게 소리치지 마라! 네가 모반한 것은 이미 명백하다!"라고 말하였다. 무사들은 한신의 두 손을 등 뒤로 묶었다. 마침내 고조는 진 땅에서 제후들을 회견하고 초나라 땅을 완전히 평정하였다. 고조는 돌아오다가 낙양에 도착한 뒤 한신을 사면하여 회음후(淮陰侯)에 봉하였고, 공신들에게 부절(신표)을 쪼개주며 봉지를 확정하였다.

당시 고조는 진평에게도 부절을 쪼개어 주고, 대대로 그 효력이 끊이지 않도록 그를 호유후(戶牖侯)에 봉해 주었다. 그러나 진평은 사양하면서 "이는 신의 공이 아닙니다."라고 말하였다. 그러자 고조는 "짐이 선생의 계책을 써서 싸워 이기고 적을 무찔렀는데, 선생의 공이 아니고 무엇이란 말인가?"라고 물었다. 이에 진평은 "위무지가 아니었으면 신이 어찌 천거될 수 있었겠습니까?"라고 말하였다. 그러자 고조는 "그대는 근본을 잊지 않는 사람이오."라고 말하고는 곧 위무지에게 상을 내렸다.

진평이 주색에 빠져 있는 이유는?

고조가 천하를 통일한 이후 진평은 여전히 '꾀주머니'[314]로서 그 역할을 다하며 유방을 보좌했다. 특히 고조가 흉노를 공격했으나 오히려 백등산에서 포위되어 매우 위태로웠을 때 진평의 계교가 빛을 발했다.

진평은 그때 화공에게 절세의 미녀도를 그리게 하고 사신을 시켜 선물과 함께 그 미녀도를 묵돌선우의 부인에게 보내게 했다. 그러면서 "지금 한나라 황제께서는 어려움에 처해 이 절세의 미녀를 선우께 몰래 바치고자 하십니다."라는 편지를 보냈다. 그러자 선우의 부인은 그 미녀를 선우에게 바칠 경우 미녀에게 사랑을 빼앗길까 두려워했다. 그래서 선우에게 졸랐다.

"지금 우리가 한나라 땅을 얻는다고 해도 거기에서 살 수는 없잖아요. 서로 괴롭히면서 살 필요는 없지 않을까요?"

이에 묵돌선우는 드디어 포위를 풀고 철수했다. 그리하여 고조는 간신히 목숨을 건질 수 있었던 것이다. 그러나 고조가 포위를 벗어난 이후에도 진평의 기이한 계책은 줄곧 비밀에 부쳐졌기 때문에 세상 사람들은 아무도 그 내용을 알수가 없었다. 그 후에도 진평은 일찍이 호군중위의 벼슬로 황제를 수행하여 진희와 경포를 진압했는데 모두 여섯 번이나 기이한 계책을 내었으며, 그때마다

---

314) 지낭智囊

봉읍이 더해져서 모두 여섯 차례 증봉(增封)되었다. 그의 기이한 계책 가운데 어떤 것은 완전히 비밀에 부쳐졌으므로 세상 사람들은 그 내용을 알 수가 없었다.

고조가 경포를 격파한 뒤 군대를 이끌고 돌아올 때, 부상이 심하여 느리게 행군해서 장안에 이르렀다. 이때 연왕 노관이 모반하자 고조는 번쾌에게 상국의 신분으로 군대를 거느리고 그를 토벌하게 하였다. 번쾌가 출발한 뒤 그를 헐뜯고 비난하는 사람이 있었다. 고조는 "번쾌가 짐이 병이 난 것을 보고 짐이 죽기를 고대했단 말인가!"라면서 대로(大怒)하였다. 그리고 진평의 계책을 써서 주발을 부른 뒤 조칙을 내려 "진평은 급히 역참의 수레로 주발을 태우고 가서 번쾌의 군대를 대신 통솔하게 하고, 또 진평은 군중에 이르는 즉시 번쾌의 머리를 베어라!"라고 명령하였다. 두 사람은 조칙을 받은 후, 역참의 수레를 몰면서 군중에 이르기 전에 서로 상의하여 말하였다.

"번쾌는 황제의 오랜 친구이면서 공로도 많고, 또 여후의 동생 여수의 남편으로서 황제와는 친척이고 지위도 높습니다. 황제께서 일시적인 분노 때문에 그를 죽이려고 하시지만 나중에 후회하실까 두렵소. 그러니 차라리 그를 묶어 황제께 보내서 황제께서 직접 그를 죽이시게 하는 것이 좋을 듯하오."

그들은 군영 안에는 들어가지 않고 밖에서 단(壇)을 쌓아 황제가 내린 부절로 번쾌를 불렀다. 번쾌가 조칙을 받자 곧바로 두 손을 뒤로 묶어 죄수의 수레에 실어 장안으로 보내고, 주발에게 번쾌 대신 장군이 되어 군사를 거느리고 반란에 가담한 연나라의 각 현을 평정하도록 하였다.

진평은 돌아오는 도중에 고조가 세상을 떠났다는 소식을 듣고, 여태후가 두렵고 또 여수가 원한을 가지고 참소할까 두려워 서둘러 역참 수레를 몰아 번쾌 일행보다 한발 앞서 달려갔다. 도중에 조정의 사신을 만났는데, 그는 진평과 관영에게 형양에 주둔하라는 조칙을 전하였다. 진평은 조칙을 받았지만 곧바로 수레를 몰아 황궁으로 가서 매우 애절하게 통곡하고, 그 기회를 틈타 고조의 영구(靈柩) 앞에서 여후에게 번쾌에 관한 일을 아뢰었다. 여후가 진평을 불쌍하게 여겨 "그대는 수고하였으니 나가 쉬도록 하시오!"라고 하자, 진평은 참소가 자신에게 미칠까 두려워하여 스스로를 낮춰 숙위(宿衛)[315]의 벼슬을 청하였다.

---

315) 궁중에서 숙직하면서 경호를 담당하는 벼슬.

여후는 진평을 낭중령(郎中令)에 임명하고 "새 황제를 잘 보좌하도록 하시오!"라고 말하였다. 이 일이 있은 후 여수의 참언은 비로소 별로 효력이 없어지게 되었다. 번쾌는 장안에 도착한 뒤 사면을 받고 원래의 작위와 봉읍을 회복하였다.

그런데 고조가 죽고 난 후 천하는 여씨 수중으로 들어갔다. 이때부터 진평은 밤낮으로 주색에 빠지게 되었다. 그러자 평소부터 진평을 좋지 않게 보던 여수가 여후를 찾아왔다.

"진평이라는 자가 승상의 자리에 있으면서도 정치는 아예 쳐다보지도 않고 매일같이 주색에만 빠져 있답니다. 그 자를 처벌하세요."

여후는 이 사실을 보고받고 얼굴에 웃음을 띠었다. 그러고는 진평을 불러 이렇게 말했다.

"예로부터 아녀자의 말을 듣지 말라는 속담이 있습니다. 그대는 어떻게 하면 나하고 잘해 나갈 수 있는가에 대해서만 생각하기 바라오. 여수의 말은 신경 쓸 필요가 없소."

그 후 여후는 아무런 두려움도 없이 여씨 일족을 등용시켰고, 진평도 아무런 불평을 말하지 않았다.

진평은 집에 틀어박혀 여씨의 권세를 물리칠 방안을 짜내기에 골몰하고 있었다. 그러던 어느 날 육가(陸賈)가 찾아왔다. 진평은 누가 온 사실조차 모른 채 생각에 골똘하고 있었다.

"무슨 생각을 그렇게 열심히 하고 계십니까?" 육가가 인사를 하였다.

그러자 진평은 "내가 무슨 생각을 하는지 알아맞춰 보십시오!"라고 물었다.

"당신께서는 승상의 자리에 계시면서 신하로서는 더 이상의 바람이 없을 처지이십니다. 다만 한 가지 걱정이 계시다면 역시 여씨 일족의 전횡이 아니겠습니까?"

육가가 대답하였다.

"그렇습니다. 어떻게 해야 하겠습니까?"

그러자 육가가 말을 이었다.

"천하가 안정될 때는 재상에 주목해야 합니다. 그러나 천하가 어지러울 때는 장군에게 주목해야 합니다. 만약 재상과 장군이 서로 조화를 이루고 협력한다면 선비들은 반드시 모두 이를 따를 것입니다. 사람들의 마음이 따르게 되면 설사 천하에 변란이 생겨도 국가 대권은 여전히 나눠지 않을 것입니다. 국가를 위하여 살펴보면, 이 일은 완전히 당신들 재상과 장군 두 분의 손에 달려 있습니다. 저는 늘 주발 장군께 이 일을 설명하려 했습니다만, 그는 저와 항상 농담을 주고받는 사이이므로 나의 말을 중시하지 않습니다. 왜 당신께서는 주발 장군과 사이좋게 지내고 밀접하게 연락하지 않으십니까?"

그러면서 육가는 여씨 일족을 제압하기 위한 여러 방안을 얘기하였다.

원래 진평은 주발과의 관계가 좋지 않았다. 옛날 진평이 유방에게 등용되어 장수들의 감찰을 수행할 때, 주발이 특히 불만을 터뜨린 장군이었기 때문이었다. 하지만 진평은 여씨 일족을 누르기 위해 옛날의 감정을 털어 버리기로 하고, 육가의 계책을 받아들여 5백 금의 선물을 주발에게 보내고 아울러 풍성한 주연을 열어 그를 대접하였다. 주발 역시 같은 대우로 진평에게 보답하였다. 이때부터 두 사람은 긴밀히 연합하게 되었고 여씨의 음모는 점점 이뤄지기 어려워졌다. 진평은 백 명의 노비와 오십 대의 거마, 그리고 5백만 전을 육가에게 보내 음식비용으로 사용하도록 하였다. 육가는 이후 조정의 명신 및 공경대신들과 널리 교유하였고 그 성망이 드높아졌다.

말 위에서 천하를 얻었지만 말 위에서 천하를 다스릴 수는 없다

육가가 한 고조 앞에서 늘 『시경』과 『서경』을 인용하면서 말하자 고조가 육가에게 욕을 하였다. "이 몸의 천하는 전마(戰馬) 위에서 얻어낸 것이다. 무슨 『시경』이나 『서경』 따위가 필요하겠는가!"

이에 육가가 대답하였다.

"전마 위에서 천하를 얻으셨지만 전마 위에서 천하를 다스릴 수 있겠습니까? 즉, 은나라 탕왕과 주나라 무왕은 반란을 일으켜서 천하를 얻었지만 도리어 민심에 순응한 회유 정책으로써 천하를 지켰습니다. 문무를 병용하여 백성을 다스리는 것이 국가를 장기적으로 안정시키는 방법입니다. 반면에 오왕 부차와 지백(智伯)은 모두 극단적으로 무력만을 믿다가 결국 멸망하였습니다. 진나라는 줄곧 형법으로써 나라를 다스려 마침내 멸망하고 말았습니다. 만약 진나라가 천하를 통일한 뒤 옛 성인과 선왕을 본받고 인의(仁義)를 시행할 수 있었다면 반드시 오래도록 평안했을 것이고, 어찌 폐하께서 천하를 얻을 기회가 있었겠습니까?"

여씨 일족이 멸망한 후 중신들이 모여 후계자 문제를 논의하였다. 중신들은 모두 여씨 외척에 염증을 내고 있었다. 그래서 결국 옛날 박희의 아들이 추천되었다.

"그분은 현재 살아 있는 유방 폐하의 친자식 중에서 최연장자이며, 외가인 박씨는 조촐한 집안일 뿐이다."

이렇게 해서 중신들의 의견은 일치되었고, 급히 사자를 보냈다. 박희의 아들은 거듭 사양했지만, 중신들은 계속 권유했다. 드디어 박희의 아들이 할 수 없이 황제의 자리에 오르니, 바로 문제(文帝)이다.

자리가 다르면 할 일도 다르다

새로 즉위한 문제는 주발 장군이 여씨 토벌에 가장 큰 공로가 있었으므로 그를 제1의 공로자로 생각하고 있었다. 진평은 그것을 알고 우승상 자리를 주발에게 양보하기로 생각했다. 그래서 몸이 아프다는 핑계를 대고 사직을 청원했다.

"그대는 이제까지 건강하더니, 갑자기 아프다며 사임하겠다니 무슨 이유입니까?"

문제가 진평에게 물었다.

"예, 황공스러운 말씀이오나 옛날 고조 때는 저의 공적이 주발을 앞섰습니다. 그러나 여씨 토벌에는 주발을 따라가지 못합니다."

그래서 문제는 주발을 우승상에 임명하고, 진평은 좌승상으로 임명해 제2위의 서열로 내려놓았다.

그 뒤 어느 날 문제가 주발에게 물었다.

"우승상, 재판은 전국적으로 몇 건쯤 있는가?"

그러자 주발의 얼굴빛이 빨갛게 달아올랐다.

"제가 미처 그것을 알지 못했습니다."

"그럼 국고는 연간 얼마나 되는가?"

"그것도 모르겠나이다. 죄송합니다."

주발은 온몸에 식은땀이 흘렀다. 그러자 문제는 진평에게 물었다. 하지만 진평의 대답은 간단했다.

"그러한 문제들은 모두 주관하는 관리가 있습니다."

"주관하는 관리는 누구인가?"

"재판은 정위가 있사오며, 국고에 대해서는 치속내사가 있사옵니다."

"각각의 업무에 주관하는 관리가 있다면, 도대체 그대가 주관하는 일은 무엇인가?"

"삼가 말씀드리옵니다. 모름지기 재상이라는 자리는 위로는 황제를 보좌하며 아래로는 모든 만물을 잘살게 할 임무를 가지고 있습니다. 또 바깥으로는 사방의 오랑캐와 제후들을 다스리고, 안으로는 만민을 다스리며 뭇 관리들에게 그 직책을 완수시키는 자리입니다."

문제가 그 말을 듣고는 "정말 훌륭한 답변이오."라면서 진평을 칭찬했다.

우승상 주발은 크게 부끄러워하여 조정에서 나온 후 진평에게 원망하면서 "그대는 어찌하여 평소에 나에게 대답하기를 가르쳐 주지 않았소!"라고 물었다. 그러자 진평은 웃으며 "그대는 승상의 자리에 있으면서도 승상의 임무를 모르시오? 만약 폐하께서 장안의 도둑 수를 물으셨다면 그대는 억지로 대답하려고 하였소?"라고 말하였다. 이에 주발은 자신의 능력이 진평에 훨씬 못 미침을 알았다. 얼마가 지난 후 주발은 병을 핑계 삼아 사직을 청하였고, 이로써 진평이 유일한 승상으로 되었다.

효문제 2년, 승상 진평이 세상을 떠났고, 헌후(獻侯)라는 시호가 내려졌다. 그의 아들 진매(陳買)가 후작을 세습하였다. 그로부터 2년 뒤, 진매가 죽자 그의 아들 진회(陳恢)가 그 자리를 이었다. 그로부터 23년 후 진회가 죽자 그의 아들 진하(陳何)가 직위를 이었는데, 그로부터 23년 뒤 진하가 남의 아내를 강탈한 죄로 사형당하면서 마침내 후국(侯國)은 폐지되었다.

언젠가 진평은 "나는 은밀한 계책을 많이 세웠는데, 이는 도가(道家)에서 꺼려하는 바이다. 만약 내 후손이 후작에서 폐지되면 그것으로 마지막이어서 끝내 다시는 일어서지 못할 것이니 그것은 곧 내가 은밀한 계책을 많이 쓴 화근 탓이리라!"라고 말한 적이 있었다.

옥리에게 목숨을 구걸한 장군

진평이 죽은 후 주발이 그 자리를 이어받았다. 그러나 10개월이 채 못 되어 권고사직을 당했다.

"지금 제후들에게 각자의 봉지로 돌아가도록 명령했는데, 잘 지켜지지 않고 있소. 그러니 그대가 먼저 봉지로 돌아가 모범을 보여줄 수 없겠소?"

주발은 할 수 없이 승상직을 사임하고 그의 봉지로 돌아갔다. 그때부터 주발은 극도의 불안감에 사로잡혔다. 누군가 자기를 주살하는 것이 아닌가 하고 의심하여 스스로 갑옷과 투구로 무장하였으며, 손님들도 그러한 상태로 맞았다. 이러한 일이 되풀이되자, 주발은 마침내 반역 혐의로 고발되었다. 그래서 주발은 옥리에게 넘겨져 취조받기에 이르렀다. 주발은 두려운 나머지 변명조차 제대로 하지 못했다. 그러나 취조가 심해졌을 때 옥리에게 천금의 뇌물을 준 것이 효과를 보았다. 옥리가 조서 뒤에 '공주에게 증언을 시키시오.'라고 써준 것이다. 공주란 문제의 딸로서 주발의 큰며느리였다. 옥리가 주발에게 그 공주를 증인으로 세우라고 알려준 것이었다.

마침내 공주가 증인으로 나왔고, 그리하여 재판은 즉각 주발에게 유리하게 되었다. 그때는 이미 문제도 주발의 조서를 읽고 무죄라는 것을 알고 있었으므로 주발을 즉시 풀어 주었다. 감옥에서 나온 주발은 한탄하였다.

"일찍이 백만 대군을 이끌던 나였지만, 옥리 하나가 이렇게 대단할 줄은 미처 몰랐구나!"

태사공은 말한다.

"진평은 젊었을 때 본래 황제(黃帝)와 노자의 학설을 좋아하였는데, 그가 도마 위의 고기를 자르고 있을 때 그의 지향하는 바는 이미 매우 원대하였다. 훗날 초나라와 위나라 사이에서 방황하여 떠돌다가 결국 한 고제에게 귀순하였다. 그는 항상 기묘한 계책을 내어 분란의 재난을 해결하였고 또 국가의 우환을 제거하였다. 여후가 정권을 장악할 시기에 나라에 변고가 많았으나, 진평은 끝내 능히 스스로 화를 면할 수 있었다. 아울러 능히 유씨의 종묘사직을 안정시킴으로써 평생 영광스러운 명성을 지닐 수 있었고 현상(賢相)으로 추앙되었으니, 이 어찌 시작과 끝이 모두 좋지 아니한가! 만약 지혜와 책략을 잘 쓰지 못했다면 누가 이렇게 할 수 있을 것인가?"

19. 강후 주발 세가
– 해는 중천에 뜨는 그 순간부터 기운다

주발과 주아부 부자는 한나라의 공신이면서 모두 치욕 속에서 죽었다. 특히 주아부는 감옥에 갇혀 5일 동안 음식을 거부하면서 피를 토하고 죽었다. 주아부의 이러한 모습은 공신을 박해하는 한나라 통치자에 대한 무언의 저항이었다.

한나라는 고조부터 무제에 이르기까지 무수한 공신들에 대하여 모두 의심을 품었고 은혜를 베푸는 데 각박하였다. 소하는 구속된 바 있고, 한신을 비롯하여 팽월, 경포 등 공신들이 피살되었으며 번쾌 역시 감옥에 갇혔었다.

주발 부자 역시 전형적인 사례이다. 한나라 황제들의 각박함은 사마천 본인이 이미 여실히 겪어본 바 있고, 따라서 본문에서는 저자의 비분강개한 필치가 절절하게 묘사되고 있다.

세류영의 엄한 기율

주아부(周亞父)는 주발의 아들로서 군사 작전에 뛰어나고 군율이 엄하기로 유명했다.

효문제 11년에 주발이 죽었는데 시호는 무후(武侯)였다. 그의 아들 주승지(周勝之)가 주발을 이어 제후가 되었다. 6년 이후 그는 공주를 처로 맞아들였는데 화목하지 못하였고 또 살인죄를 범하여 봉국을 빼앗겼다. 봉후를 단절한 지 1년 뒤에 문제는 주발의 아들들 중에서 현명한 하내군수(河內郡守) 주아부를 조후(條侯)로 봉하여 주발의 작위를 계승하도록 하였다.

주아부가 아직 봉후의 작위를 받지 않고 하내군수로 있을 때, 허부(許負)[316]

---

316) 당시의 유명한 관상가.

가 그의 관상을 보고 말하였다. "당신은 3년 뒤에 제후로 봉해질 것이오. 제후로 봉해진 지 8년 뒤에는 장상이 되어 국가의 대권을 장악하고 지위의 고귀함과 권세의 무거움은 대신 중에서 첫째가 될 것입니다. 그러나 그로부터 9년 뒤에 당신은 굶어 죽을 것입니다."

이 말을 들은 주아부는 웃으며 말하였다.

"나의 형이 이미 부친을 계승하여 제후가 되었소. 만약 그가 죽어도 그 아들이 그를 대신하여 제후가 될 터인데, 나 주아부가 어떻게 제후가 된다는 말이오? 또 당신의 말대로 내가 기왕 존귀하게 된다면 또 어떻게 하여 내가 굶어 죽는다는 말이오? 내게 소상히 알려주시오."

그러자 허부는 주아부의 입을 가리키며 말하였다.

"당신의 입가에는 수직선의 줄이 입 안으로 들어가고 있습니다. 그것이 곧 굶어 죽을 상입니다."

3년이 지난 뒤 그의 형 강후(絳侯) 주승지가 죄를 범하여 효문제가 주발의 아들 중에 현명한 자를 고르려고 하자 모두 주아부를 추천하였다. 그리하여 주아부는 조후로 봉해지고 주발의 작위를 계승하였다.

그 뒤 흉노가 대규모로 한나라에 쳐들어왔다. 문제는 주아부를 비롯한 세 장군을 파견해 패상과 극문, 그리고 세류 지방을 지키도록 했는데, 이때 주아부는 세류(細柳) 지역의 수비를 맡게 되었다.

세 명의 장군을 파견한 후 문제는 친히 일선으로 가서 병사들을 위문하기로 하였다. 그리하여 먼저 패상과 극문 지방을 갔는데 황제가 탄 수레가 곧장 성문으로 달려 들어갔을 때 장군 이하 모든 병사들이 말을 타고 달려 나와 환영하였다.

황제는 다음으로 세류의 주아부 군대를 찾아갔다. 그런데 그곳은 모든 병사들이 갑옷을 입고 손에는 서릿발 같은 칼과 창을 들었으며, 성벽 위에는 화살이 겨냥된 채 삼엄한 경비가 이뤄지고 있었다. 이윽고 문제 일행의 선발대가 성문에 도착했는데, 성문의 경비병은 그들을 막아서며 결코 들여보내지 않았다. 그러자 선발대의 한 사람이 엄숙한 목소리로, "폐하께서 곧 도착하시오."라고 말했다. 하지만 경비병은 "장군의 명령이 '군중(軍中)에서는 장군의 말만 들을 것이며, 설령 폐하의 명령이 있더라도 듣지 말라'고 하셨소."라고 대답하는 것이었다. 그 뒤 바로 문제의 행차가 도착했는데, 역시 들어갈 수가 없었다. 그제야 문제는 정식으로 사자를 장군에게 보내 "짐이 오늘 병사들을 위로하고자 하노라!" 하고 전하도록 하였다. 이에 주아부는 비로소 성문을 열어 황제 일행이 통과하도록 허락했다.

행렬이 군영으로 들어서려는데 수문장이 호위군관에게 이렇게 귀띔해 주는 것이었다.

"장군이 정한 규정에 의하면 군영 안에서는 말을 달리지 못하게 되어 있습니다."

호위 군관이 황제에게 이 사정을 말하니 황제는 말이 천천히 걷도록 말고삐를 느슨하게 하였다.

드디어 황제가 본부에 도착해 보니 주아부 이하 모두가 갑옷을 입고 위풍당당하게 늘어서 있었다. 주아부는 황제를 보자 두 손을 모아 눈높이로 들며 절을 하는 것이었다.

"몸에 군장을 차렸을 때에는 절을 하지 못하는 법입니다. 이렇게 뵙는 것을 양해해 주옵소서."

황제는 크게 감동하여 정중하게 답례를 했다. 나중에 황제가 성문을 나서자 황제의 수행원들이 모두 주아부를 비난하였다. 하지만 황제는 오히려 그를 칭찬하였다.

"아니다. 그 정도가 되어야 비로소 장군이라 할 수 있다. 패상이나 극문이야 아이들 장난에 불과할 뿐이다. 그들의 군대는 기습을 당하면 곧 포로가 될 수밖에 없다. 반면에 아부의 군대는 어떻게 침범할 수 있겠느냐?"

이 일이 있고 나서 사람들은 군기가 엄한 군대를 세류영(細柳營)이라고 부르게 되었다.

황제가 곧 세상을 뜨려고 할 때 태자를 불러 "만약 위급한 상황이 발생하게 되면 주아부야말로 중책을 맡을 수 있을 것이다."라고 유언을 하였다. 문제가 죽고 난 뒤 경제는 주아부를 거기장군(車騎將軍)에 임명하였다.

도전은 있으되 응전은 없다

그 후 오·초 등 7개 제후국이 연합해 반란을 일으켰다. 황제는 주아부를 대장군으로 임명하여 반란을 진압하도록 했다. 이때 주아부가 황제에게 말했다. "지금 반란군은 사납고 빨라서 정면으로 맞선다면 승패를 예측할 수 없습니다. 그래서 양나라 땅을 잠시 내 준 다음 저들의 보급로를 끊어야 하겠습니다."

황제는 그의 의견에 동조하였다. 주아부는 병사들을 형양 땅으로 집결시켰다. 당시 반란군은 양나라 땅을 공격하고 있었는데, 양나라는 위기에 빠지자 주아부에게 도움을 요청하였다. 하지만 주아부는 못 들은 척하며 군대를 양나라에 아직 닿지 않은 곳에 주둔시키면서 튼튼하게 방어 진지를 구축하였다.

양나라 지방에서는 날마다 사자를 보내 구원병을 요청했지만, 주아부는 들어주지 않았다. 그러자 이번에는 황제에게 직접 글을 올려 호소하였고, 이에 황제도 양나라 지방에 구원병을 파견하라고 주아부에게 명령했다. 그럼에도 불구하고 주아부는 끄떡도 하지 않았다. 그러면서 주아부는 믿을 만한 부하를 시켜 날쌘 기습 부대로 반란군의 보급로를 차단해 버렸다.

그 후 보급로가 끊겨 굶주림에 시달린 반란군은 사력을 다해 싸움을 걸어왔다. 하지만 주아부는 맞서 싸우기는커녕 쳐다보지도 않았다.

어느 날인가는 병사들 중 일부가 크게 소란을 피우며 떠들어댔지만, 주아부는 장막 안 침상에 누워 잠을 자면서 내다보지도 않았다. 그 소란은 얼마 지나지 않아 스스로 잠잠해졌다. 그 뒤로 반란군은 매일같이 공격해 들어왔지만, 주아부는 명령을 내려 절대 응전하지 말도록 했다. 반란군은 정예 부대를 투입해 성벽을 허물어뜨리려 했지만, 철통같은 방어벽을 결코 뚫을 수가 없었다. 반란군은 이제 제풀에 지치고 먹을 양식도 없어 스스로 철수하려고 하였다. 이때 이제까지 맞서 싸울 생각도 하지 않던 주아부가 전군에게 공격 명령을 내렸다. 그러자 모든 병사들이 굳게 닫혔던 성문을 열고 한꺼번에 몰려나가며 반란군을 포위해 들어갔다. 순식간에 반란군은 싸워 보지도 못하고 크게 패하였다. 주아부는 그 여세를 몰아 반란군을 끝까지 추적해 궤멸시켰다.

이때 반란군의 총수이던 오나라 왕 비(濞)는 대군을 포기한 채 몇천 명의 정예병들과 함께 강남 단도(丹徒)현까지 도망쳤다. 한나라 군사들은 기세를 타고 추격하여 반군들을 모두 포로로 잡고 그들을 항복시켰다. 아울러 오왕 비의 머리에 현상금을 걸었다. 한 달여가 지나 월나라 사람이 오왕의 머리를 베었다는 보고가 들어왔다. 이렇게 하여 반란은 3개월 만에 완전히 진압되었다. 그리고 모든 사람들이 주아부의 작전이 정확했음을 비로소 알게 되었다. 다만 이때의 일로 양 효왕과 주아부의 사이는 악화되었다.

주아부가 조정에 돌아오자 그는 반란 진압의 공로로 승상의 자리까지 올라갔으며 황제의 신임도 두터웠다. 그러나 극에 이르면 쇠퇴하는 법, 정상에 올라간 주아부의 내리막길은 이때부터 시작되었다.

지나침은 모자람만 못하다

주아부는 자신을 과신하는 성격이었다. 특히 오·초 7국의 반란을 진압하고 난 후 그 성격은 더욱 강해졌다.

한나라 초기에 왕조를 흔든 양대 사건으로 여씨의 전횡과 오·초 7국의 난이 있었는데, 주아부와 그의 아버지 주발이 각각 이 위기를 해결했던 것이다. 그래서 주아부는 자기들 부자가 아니었으면 한나라가 이미 멸망했으리라는 자부심을 갖고 있었다. 그 결과 주아부가 황제에게 간섭하는 일이 차츰 많아졌다. 율희의 아들을 태자에서 폐위시키려는 경제에게 주아부는 강력하게 반대했으며, 경제의 부인인 왕부인의 오빠를 제후로 임명하려 할 때도 격렬히 반대했다.

"고조의 말씀에 유씨가 아니면 왕이 될 수 없다고 하셨습니다. 또한 공적이 없는 사람은 제후가 될 수 없는 법입니다."

경제는 매우 기분이 상했고, 결국 그를 제후로 임명하지 않았다.

그 뒤 흉노왕 등 다섯 명이 한나라에 투항해 온 적이 있었다. 경제는 흉노에 대한 회유책의 일환으로서 그들을 제후로 임명하고자 했다. 이때 주아부가 나서서 말했다.

"그자들은 자기 군주를 배신하고 투항했습니다. 지금 그들을 제후로 우대한다면, 폐하께서는 장차 신하들이 배신했을 때 어떻게 비난하실 수 있겠습니까?"

그러나 경제는 주아부의 강력한 반대에도 불구하고 이번에는 자기 생각을 고집했다.

얼마 지나지 않아 경제는 궁중에서 주아부를 접견하고 음식을 하사하였다. 그런데 주아부의 자리에는 단지 큰 덩어리의 고기 하나만 놓여 있었고, 작게 썬 고기도 없었으며 젓가락은 놓지 않았다. 주아부는 마음속으로 불만을 가지고 고개를 돌려 술자리를 주관하는 관리에게 젓가락을 가져오도록 말했다. 경제는 이를 보고서 냉소를 하면서 "이것이 설마 그대의 뜻에 부족하다는 것이오?"라고 물었다. 주아부는 곧 모자를 벗고 사죄하였다. 황제가 일어나자 주아부는 곧 빠른 걸음으로 문 밖으로 나갔다. 경제는 그가 나가는 것을 눈으로 지켜보면서 말하였다. "저 불평 많은 사람은 나이 어린 제왕[317]의 대신을 맡기에 부적합하다!"

그로부터 얼마 뒤, 주아부의 아들은 부친을 위하여 오로지 황제의 물건만 제작하는 공관(工官) 상방(尙方)에서 5백 가지의 순장용(殉葬用) 투구와 갑옷 그리고 방패를 구입하였다. 그러나 이것들을 운반한 사람들은 힘들게 일을 했는데도 돈도 지급받지 못하였다. 그들은 그것이 황제의 용품을 몰래 산 것이라는 사실을 알고 있었고, 그래서 분노하고 상서하여 주아부의 아들이 변란을 꾀하고 있다고 고하였다. 그리고 이 일은 주아부까지 연루되어 모욕을 받게 되었다. 황제는 일꾼들의 상서를 보고는 곧 옥리에게 넘겨 처리하도록 하였다. 옥리가 문서를 가지고 주아부에게 심문하자 그는 대답을 거부하였다. 경제는 그에게 욕을 하면서 "나는 더 이상 네가 필요 없다!"라고 하였다. 그리하여 주아부는 정위에게 넘겨졌다.

정위는 주아부를 문책하면서 "그대는 반란을 일으키려고 하였는가?"라고 물었다. 주아부는 "내가 산 기물은 모두 순장품인데 무슨 반란을 일으킬 수 있겠는가?"라고 대답하였다. 정위는 "그렇다면 그대는 비록 지상에서는 반란을 일으키지 않는다고 하더라도 지하에 가서는 반란을 일으키려고 생각하는 것이다!"라고 하였다. 옥리의 가혹한 심문은 더욱 심해졌다.

처음에 관리가 주아부를 체포할 때, 그는 본래 자살할 생각이었으나 그 아내가 저지하였으므로 자살하지 못하였다. 그리하여 그는 정위에게까지 넘어오게 되었다. 그는 5일 동안 밥을 먹지 않았으므로 마지막에는 피를 토하고 죽

---

317) 당시 태자로 있던 훗날 무제를 가리킨다.

었다. 그의 봉국(封國) 역시 폐지되었다.

태사공은 말한다.
"주아부는 용병을 할 때, 전아하게 엄숙한 용모와 장중한 태도를 유지할 수 있었고 또한 능히 굳세게 인내할 수 있었으니, 바로 사마양저가 어찌 그를 뛰어넘을 수 있겠는가? 그러나 아쉽게도 그는 자기의 지모에 만족하여 다른 사람에게 겸손하게 배우지 않았고, 절조를 준수했으나 겸양하지 못하여 마침내 곤경에 빠졌다. 참으로 슬픈 일이로다!"

열전
(列傳)

20. 백이 열전
- 하늘의 뜻은 과연 옳은 것인가 그른 것인가?

「백이열전(伯夷列傳)」은 『사기』 열전의 가장 맨 앞에 배치되어 있다.

그런데 『사기』의 「본기」, 「세가」, 「열전」의 말미에는 모두 태사공의 말이 뒤따르고 있으나 본편에만은 그것이 기록되어 있지 않다. 대신 전편이 찬양과 탄식의 서사(敍事)로 이루어지고 있다.

사마천은 평생 올바른 정의만을 위하여 살았던 인의(仁義)의 대표자, 백이와 숙제는 결국 수양산에서 굶어죽어야 했던 반면 매일같이 도둑질을 하고 살인을 일삼는 도척은 끝까지 호의호식하고 마음껏 인생을 향유하고 있는 현실에 절망한다.

그리하여 사마천은 이 글에서 과연 하늘의 뜻, 즉 천도(天道)란 존재하고 있는가, 과연 하늘은 선(善)을 상 주고 악(惡)을 벌하느냐에 여부에 대하여 대담한 회의를 제기하고 있다.

무릇 학자들이 읽는 서적은 지극히 광범하지만 그러나 믿을 만한 근거는 역시 6경(六經)[318]에서 찾아야 한다. 『시경』과 『상서』에는 비록 결손된 부분이 있다고 할지라도, 그러나 거기에 실린 우나라와 하나라에 관한 글을 통해서 양위에 관한 일을 알 수 있다.

요임금이 군주의 자리에서 물러날 때에는 그 자리를 순임금에게 선양(禪讓)하였고, 순임금이 우임금에게 양위할 때에는 사방 제후들이 모두 함께 추천한 우임금을 일정한 직위에 시험 삼아 등용해서 수십 년 동안 직무를 수행하게 하

---

318) 시詩, 서書, 예禮, 악樂, 역易, 춘추春秋를 가리킨다.

고 그의 공적이 두드러지게 나타난 다음에야 비로소 정권을 넘겨주었다. 이와 같은 사실은 천하는 귀중한 보기(寶器)이며, 제왕은 중대한 법통이기 때문에 천하를 물려 준다는 것이 이처럼 어렵다는 것을 말해 주고 있다. 그러나 혹자는 "요임금이 천하를 허유에게 양위하려고 하였을 때, 허유는 받아들이지 않고 오히려 이를 치욕으로 여기고 달아나 은거해 버렸으며, 또 하나라에 이르러서도 변수(卞隨), 무광(務光)과 같은 은사(隱士)가 있었다."라고 말하였는데, 이러한 사람들은 왜 칭송되고 있는 것일까?

태사공(太史公)은 말한다.

"나는 기산(箕山)에 올라가 본 적이 있었는데, 그 산 위에 허유의 무덤이 있다는 말을 들었다. 공자는 옛날의 인인(仁人), 성인(聖人), 현인(賢人)들을 차례로 열거하면서 오 태백(吳太伯), 백이(伯夷)와 같은 사람에 대해서도 매우 상세하게 말하고 있다. 나도 허유와 무광의 절의(節義)가 지극히 고결하다고 알고 있지만 『시』, 『서』의 문사에는 조금도 그들에 관한 개략(槪略)이 나타나 있지 않으니 이것은 무슨 이유인가?"

공자는 "백이, 숙제는 과거의 원한을 기억하지 않았기 때문에 남을 원망하는 일은 거의 없었다"라고 말하였고, 또 "인덕(仁德)을 추구하면 곧 인덕을 얻었으니 또 무슨 원한을 가질 것이 있겠는가?"라고 하였다. 그러나 나는 백이의 마음에 대하여 대단히 비통함을 느꼈으며, 그들이 쓴 일시(軼詩)[319]를 읽어보고 의아함을 느끼지 않을 수 없었다.

그들에 관한 전기에는 다음과 같이 언급되어 있다.

백이와 숙제는 고죽국(孤竹國)이라는 나라의 왕의 아들로 아버지는 동생인 숙제에게 대를 잇게 할 생각이었다. 그런데 아버지가 죽자 숙제는 형 백이에게 자리를 양보하였다. 그러자 백이는 아버지의 뜻에 따라야 한다면서 거절하고 마침내 도망하여 숨어 버렸다. 숙제 역시 자기 생각을 고집하다가 도망해 숨어 살았다.

---

319) 본문 아래 나오는 채미가(採薇歌: 고사리를 캐어 먹으며 불렀던 시)를 가리킨다.

그 후 고죽국은 하는 수 없이 그 다음 동생을 임금으로 삼게 되었다.

백이와 숙제는 여기저기 숨어 살다가 주나라 제후였던 서백창(西伯昌)이 늙은 노인들을 잘 돌본다는 소문을 듣고는 주나라를 향해 떠났다. 그런데 주나라에 도착해 보니 이미 서백창은 죽고 없었다. 그리고 그 뒤를 이은 무왕은 은나라 주왕을 타도하기 위해 군사를 일으켜 출정하고 있었다.

이에 백이와 숙제는 왕이 탄 말을 가로막고 무왕에게 충고하였다.

"부왕이 돌아가셔서 아직 장례도 끝나기 전에 무기를 손에 잡으니 어찌 효(孝)라 할 것이며, 또한 신하로서 임금을 죽이려 하니 어찌 인(仁)이라 할 수 있겠소?"

그러자 왕을 수행하던 신하들이 그들을 죽이려 했다.

하지만 강태공은 "이들은 의로운 분들이다!"라면서 그들을 부축해 보냈다.

그 뒤 무왕은 결국 은나라를 멸망시키고 주나라가 천하를 다스리게 되었다. 하지만 백이, 숙제 형제만은 이를 부끄러운 일이라 여겨 주나라의 곡식을 먹지 않고 수양산(首陽山)에 숨어 고사리를 캐어 먹으며 살았다. 그리하여 굶어서 죽게 되었을 때 「채미가」를 불렀던 것이다.

저 서산(西山)에 올라가
고사리를 캐도다!
폭신(暴臣)으로써 폭왕(暴王)을 바꿨지만
아직도 자신의 잘못을 모르는구나!
신농씨와 순임금, 우임금 시대는 이미 지나갔으니,
나는 도대체 어디로 간다는 말인가!
아! 떠나가리, 영원히 떠나가리!
진실로 운명은 비통하도다!

결국 백이, 숙제는 수양산에서 굶어 죽었다. 그런데 이 노래를 살펴보면 과연 백이, 숙제가 남을 원망하는 뜻이 전혀 없다고 할 수 있을 것인가?

누군가 이렇게 말했다. "하늘의 뜻, 즉 천도(天道)란 사사로움이 없으며 언제나 착한 사람의 편이다."

그렇다고 한다면 백이, 숙제는 과연 착한 사람이었는가? 어진 덕을 쌓고 품행을 바르게 했음에도 마침내 굶어 죽은 것은 무엇을 뜻하는 것인가?

옳고 그름이란 무엇인가?

또한 공자의 70제자 중에 공자는 오직 안회(顔回)를 가리켜 학문을 즐기는 사람이라고 칭찬했는데, 정작 안회는 끼니조차 제대로 이어갈 수 없었으며 지게미와 쌀겨로도 배를 채우지 못하고 마침내 일찍 세상을 떠났다. 하늘이 착한 사람에게 지불하는 대가가 이런 것이란 말인가!

그러나 도척(盜拓)은 날마다 무고한 사람들을 죽이고 사람의 간으로 회를 쳐서 먹었으며 포악한 수천 명의 무리를 이끌고 천하를 어지럽혔지만 끝내 아무 천벌도 없이 제 목숨을 온전히 누리고 살았다. 그는 도대체 무슨 덕을 쌓았고, 어떠한 선을 행했다는 말인가? 이 몇 개의 예는 가장 전형적인 사례로서 가장 분명하게 설명하고 있다.

지금에 이르러서도 그 행위가 법도를 준수하지 않고 오직 나쁜 짓만 일삼으면서 법을 어겨도 도리어 평생토록 향락을 누리면서 부귀하게 살아가고 대대로 이어지고 있다. 반면에 사는 곳도 신중하게 선택하고 말 한 마디를 하는 데도 해야 할 때만 비로소 하며, 길을 가는 데도 큰 길로만 가고 공정한 일이 아니면 하지 않는 사람들이 오히려 재앙을 만나는 일이 부지기수이다.

나도 진실로 너무도 곤혹스럽다. 만약 이것을 천도(天道)라고 한다면, 과연 천도란 도대체 옳은 것인가 아니면 그른 것인가?[320]

공자는 말했다.

"뜻이 같지 않은 사람은 더불어 일을 도모할 수 없다." 모두 각자가 자기의 뜻으로 일을 할 수밖에 없다. 그러므로 공자는 또 "만약 부귀가 뜻하는 바와 같이 이뤄진다면 나는 비록 수레를 모는 비천한 일도 기꺼이 하겠다. 그러나 만약 이뤄질 수 없다면 나의 의지대로 살 것이다."라고 말했다.

"추운 겨울이 되어서야 비로소 소나무와 잣나무가 가장 늦게 잎이 지는 것

---

320) 천도 시야비야天道 是耶非耶

을 알 수 있다." 온 세상이 혼탁해질 때 비로소 청고(淸高: 맑고 고결하다)한 인물이 드러나게 된다. 이것이 정말 세속 사람들은 그렇게도 부귀를 중시하는 데 반해 청고한 사람은 이렇게 부귀를 가볍게 보기 때문이겠는가?

또한 공자는 이렇게 말했다.

"군자는 죽은 후에 사람들에게 자신의 명성이 칭송되지 않음을 안타깝게 여긴다."

또 한나라의 시인 가의(賈誼)는 이렇게 말했다.

"탐욕스러운 사람은 재물을 얻기 위해 죽고, 마음에 큰 뜻을 품은 사람은 명예를 위해 죽으며, 권세를 부리는 사람은 권세를 위해 죽는다. 그리고 보통 사람들은 오직 자기의 생명만을 생각한다."

『주역』에 이런 구절이 있다.

"같은 빛끼리 서로 비쳐주고, 같은 무리끼리 서로 찾는다."[321]

"구름은 용을 따라 일어나고, 바람은 호랑이를 따라 일어난다. 그리하여 성인이 나타나면 만물의 본래 모습이 모두 드러난다."

백이와 숙제가 비록 현명하기는 하였지만 공자의 찬양을 얻었기 때문에 비로소 그들의 명성이 더욱더 두드러지게 나타났고, 안연이 비록 학문에 독실하기는 하였지만, 공자라는 천리마의 꼬리에 붙여져서[322] 그 고상한 덕행이 더욱더 분명해졌다.

깊은 산의 암혈(巖穴)에서 살아가는 은사(隱士)들도 출사와 은퇴에 있어 원칙을 대단히 중시하는데, 어떤 한 시기에 만약 이들의 명성이 모두 파묻혀 찬양을 받지 못하게 된다면 이 어찌 슬프지 아니한가! 세속의 일개 평민으로서 품행을 연마하고 명성을 세우고자 할 때, 만약 덕이 높고 명망 있는 현인(賢人)에 의존하지 않고서 어떻게 자신의 명성을 후세에 전할 수 있겠는가?

---

321) 이 말의 출처는 『주역周易』「건乾」'문언文言'으로서 원문은 "同明相照, 同類相求"이다.

322) 기미驥尾, 파리가 천리마의 꼬리에 붙어서 천 리를 간다는 뜻.

21. 안영(관안 열전 중에서)
– 만약 그가 살아 있다면 기꺼이 그의 마부가 되겠다

"만약 안영이 오늘 살아 있다면 나는 기꺼이 그의 마부가 되겠다. 왜냐하면 그것은 나로 하여금 즐겁고 부러운 일이 될 것이기 때문이다."

사마천이 이토록 찬미했던 사람은 바로 안영(晏嬰)이다. 사마천은 왜 그토록 안영을 찬양해마지 않았던가?

사마천은 특정 인물의 행동과 개성화된 언어로써 인물의 내면 세계를 묘사하는 데 탁월한 능력을 발휘하고 있다. 이 글에서도 그러한 면모는 생생하게 드러나고 있다. 과연 사마천이 그토록 앙모하던 안영은 어떤 인물이었는지 탐색해 보도록 하자.

안자(晏子)의 이름은 영(嬰)으로서 제나라 내지(萊地) 사람이었다. 그는 춘추 시대 때 제나라에서 영공, 장공, 경공 3대의 군주를 보좌하였다. 그는 재상을 지냈지만 근면하고 검소하며 충실해 백성들의 존경을 한 몸에 받았다. 식사 때 반찬도 두 가지를 넘지 않았고, 부인과 첩도 비단옷을 입지 않았다.

조정에서는 군주가 그에 대하여 의견을 구하면 곧 정직하게 자신의 생각을 진술하였고, 군주의 명령이 없을 때는 정직하게 일을 하였다. 군주가 정도를 걸을 수 있으면 그 명령대로 일을 처리하였고, 정도를 걸을 수 없을 경우에는 그 상황을 참작하여 일을 처리하였다. 그리하여 그는 영공, 장공, 경공 3대에 명성이 각 제후국에 드날렸다.

그를 없애면 천하도 잃게 될 것이다

당시 제나라 군주는 장공이었는데 매우 호색한이었다. 어느 날 장공은 대부(大夫) 최저(崔杼)의 집에 가게 되었는데, 그의 아내가 절세미인인 것을 보고 크게 마음을 빼앗겼다. 그 후 장공은 기어코 그녀와 관계를 가졌고, 일부러 사람들 앞에서 최저의 관을 벗겨 다른 사람에게 주면서 그를 모욕하기도 했다. 최저는 기필코 복수하기로 결심했다.

어느 날 최저가 병에 들었다는 소식이 들려왔다. 장공은 이때야말로 그의 아내와 밀통할 수 있는 기회로 여겼다. 그래서 장공은 곧바로 최저의 집으로 갔다. 그러고는 바로 부인의 방으로 들어갔다. 그런데 최저는 일이 이렇게 될 줄 알고 아내와 함께 방 안에서 문을 굳게 닫고 아무 소리도 내지 않고 있었다. 그러자 장공은 애인이 자기가 온 줄을 몰라 가만히 있는 것으로 알고 기둥을 잡고 휘파람 소리를 냈다. 이때 최저와 미리 짜고 대기하고 있던 최저의 친구인 가거가 대문을 닫아걸고 왕의 호위병을 떼어 놓았다. 그리고 옆방에 숨어 있던 최저의 부하들이 모두 무기를 들고 쏟아져 나왔다. 장공은 속았다는 것을 깨닫고 정원으로 도망쳤다. 그러나 이내 완전 포위당하고 말았다. 그러자 장공이 소리쳤다.

"나는 너희들의 군주이다. 냉큼 비키거라!"

그러나 부하들은 이렇게 대답하였다.

"우리가 잡으려는 건 음탕한 도둑놈이다. 우리는 군주 같은 것은 모른다."

그러면서 모두 달려들어 장공을 무참하게 죽여 버렸다. 조정 대신들이 이 소식을 듣고 모두 문을 걸어 잠근 채 두문불출했다. 하지만 안영은 서둘러 최저의 집으로 달려갔다. 그러나 문은 굳게 닫혀 있었다.

"군주가 나랏일로 죽었다면 신하 또한 충성을 다해 죽겠지만, 군주가 사사로운 욕심으로 죽었다면 사랑받던 사람이 아니고서는 장례지낼 수 없지 않은가!"

안영이 이렇게 외치자 최저도 문을 열어줬다. 안영은 바로 달려 들어가 시체 위에 엎어져 통곡했다. 그러고는 일어나 세 번 발을 동동 굴러 애도하고 서둘러 나왔다.

그 때 최저의 부하들은 "이번 기회에 저 안영이라는 자도 아예 없애 버리는 것이 어떻습니까? 명령만 내리십시오."라면서 최저에게 거듭 권했다. 하지만 최저는 "그럴 수 없다. 안영은 지금 세상의 인심을 얻고 있는 사람이다. 그를 없애면 천하도 잃게 될 뿐이다."라면서 부하들의 말을 듣지 않았다.

그 후 최저는 장공의 동생을 군주의 자리에 앉혔는데, 그가 바로 경공이었다. 최저와 경공은 신하들을 한 명씩 불러내 충성을 서약 받았다. 신하들은 모두 벌벌 떨면서 꼼짝못하고 서약할 수밖에 없었다. 드디어 안영의 차례가 왔는데, 그는 얼굴색 하나 변하지 않고 꼿꼿이 서서 평소와 같이 목소리로 대답하였다. 그러자 최저와 경공도 그의 높은 인품과 학식에 감탄할 수밖에 없었다. 그 후 경공은 안영을 상국(재상)으로 등용해 나라를 다시 맡겼다.

예의가 없으면 친구도 없다

당시 월석보(越石父)라는 현명한 사람이 있었는데, 죄를 짓게 되어 구금되었다. 안영이 외출했을 때 길에서 그를 보게 되자 곧 자기 수레의 왼쪽 말을 월석보의 속죄금으로 바치고 그를 수레에 타게 하여 같이 집으로 돌아왔다. 안영은 월석보에게 고별인사를 하지 않고 곧 방으로 들어갔다. 한참이 지난 뒤 월석보는 안영에게 절교를 청하였다. 이에 안영이 깜짝 놀라 의관을 갖추고 정중히 사과하며 물었다.

"내가 비록 인덕(仁德)이 없는 사람입니다만, 귀공을 곤경에서 벗어나게 하였는데 어찌하여 이렇게 빨리 나와 절교하겠다는 것인지요?"

그러자 월석보가 대답했다.

"그렇게 말할 수는 없지요. 나는 군자란 자신을 알아주지 않는 사람들 사이에 있을 때 굴욕을 당하고, 자신을 알아주는 사람들 사이에 있을 때 존경을 받는다고 들었습니다. 전에 내가 구금되어 있었던 것은 그 사람들이 나를 알아보지 못했기 때문입니다. 당신은 기왕 나를 알아주었고 또한 나를 구해 주었으니 바로 지기(知己)라 할 것이오. 하지만 지기이면서도 나를 예의로써 대하지 않았으니 차라리 사람들에게 갇혀 있는 것만 못한 것이오."

안영은 그 말을 듣고 나자 그를 상빈(上賓: 지위가 높은 손님)으로 모셨다.

하루는 안영이 외출을 하였을 때, 마부의 아내가 문틈으로 자기 남편을 살펴보았더니 남편이 안영의 말을 모는데 채찍을 휘두르면서 마치 자기가 재상인 양 의기양양해하는 것이었다. 이윽고 저녁 때 남편이 돌아오자 그녀는 남편에게 헤어지자고 말했다. 남편이 그 이유를 물으니 그녀는 이렇게 대답하는 것이었다.

"안영 어른은 키가 6척도 안 되건만 재상으로 그 이름을 천하에 떨치고 계신데, 그분을 보니 생각이 심원하고 언제나 다른 사람에게 겸손한 자세로 대하였습니다. 그런데 당신은 8척이나 되는 몸을 가지고 남의 마차를 끌면서도 너무나 만족하고 있었습니다. 그래서 헤어지자고 하는 것입니다."

이후 마부는 매우 겸손해졌다. 안영은 마부가 달라진 것을 느끼고 그에게 이유를 물었다. 마부로부터 자초지종을 듣게 된 안영은, 자기 잘못을 반성하고 고칠 줄 아는 점을 높이 평가해 군주에게 그를 추천하여 그는 대부(大夫) 벼슬에 오르게 되었다.

태사공은 말한다.

"안영은 장공이 신하에게 죽임을 당했을 때, 그 시체 앞에 엎드려 곡하고 예의를 차린 뒤 곧 자리를 떠났는데, 이를 이른바 '정의의 상황을 보고도 행하지 않았다고 해서 곧 용기가 없다.'라고 비판할 수 있는가?

안영은 임금에게 충간할 적에는 조금도 굽히지 않았다. 이는 참으로 이른바 '나아가서는 충성을 다할 것을 생각하고, 물러와서는 자신의 허물을 고칠 것을 생각한다.'[323]는 것을 말해 주고 있다.

만약 안영이 오늘 살아 있다면 나는 기꺼이 그의 마부가 되겠다. 왜냐하면 그것은 나로 하여금 즐겁고 부러운 일이 될 것이기 때문이다!"

---

323) 『효경孝經』, '사군事君'편에서 인용된 말이다.

22. 손자 · 오기 열전
- 싸우지 않고 이기는 것이 최상의 방책이다

본전은 중국 고대의 유명한 군사전략가 세 명의 합전(合傳)이다.

사마천은 세 전략가의 행적을 기술함으로써 부국강병의 행적을 그려내고 있다. 그리하여 이 합전은 병법으로부터 시작하여 병법으로 끝을 맺고 있다.

그렇지만 본전은 비단 병법의 범주에만 머물고 있지 않다. 3인의 군사 전략가는 물론 다른 수많은 인물들과 그에 얽혀 있는 복잡미묘한 정치, 군사 사건을 '병법(兵法)'이라는 하나의 틀에 의하여 묶어 결합시켜냄으로써 각 등장인물들의 성격과 삶의 과정이 마치 지금 우리 눈 앞에서 전개되는 현실의 모습인 것처럼 생생하게 전달해 주고 있다.

1) 오나라 궁궐에서 궁녀들에게 병법을 시행하다
- 손무

손자의 이름은 무(武)로서 제나라 사람이고 병법에 매우 뛰어나 오왕 합려의 초빙을 받았다. 합려가 말했다.

"그대가 지은 열세 편의 병서³²⁴를 모두 읽어보았소. 여기에서 실제로 군대를 훈련시켜 보일 수 있겠소?"

그러자 손자는 "좋습니다."라고 대답하였다. 합려가 다시 "여자들이라도 괜찮겠소?"라고 묻자 손자는 흔쾌히 "괜찮습니다."라고 말했다. 합려는 곧바

---

324) 『손자병법』(약칭 『孫子』)을 지칭하며, '시계始計, 작전作戰, 모공謀功, 군형軍形, 병세兵勢, 허실虛實, 군쟁軍爭, 구변九變, 행군行軍, 지형地形, 구지九地, 화공火攻, 용간用間의 13편으로 구성되어 있다.

병법의 시조, 손무

로 궁중의 미희 백팔십 명을 불러내었다.[325] 손자는 그들 180명을 두 편으로 나
누고 왕이 총애하는 총희(寵姬) 두 사람을 각각 그 대장으로 뽑았으며 모두에게
창을 나눠 주고 정렬시켰다. 그리고 자기는 중앙에 섰다.

"여러분은 자기 가슴 쪽과 등 쪽 그리고 좌우의 손을 알고 있는가?"

그러자 여인들이 "예." 하고 대답하였다.

---

325) 사실 합려는 손무를 한번 시험하고자 한 것이었다. 병법 이론은 그럴듯하지만 실제로는 그렇지 못할 것
이라는 확신이 있었던 것이며 그래서 일부러 여자들을 시켜보라고 한 것이다.

손자가 소리쳐 말했다.

"'앞으로!'라고 명령하면 가슴을, '좌로!'라고 하면 왼손을, 그리고 '우로!'라고 하면 오른손을, '뒤로!' 하면 등을 보아야 한다."

"예!"

이렇게 약속한 바를 선포하고 부월(鈇鉞)[326]을 갖추어 몇 번에 걸쳐 군령을 설명하였다.

그리고 나서 "우로!" 하고 호령했지만, 여자들은 웃어대기만 할 뿐 움직이지 않았다. 그러자 손자는 "군령이 분명하지 못하고 명령이 제대로 전달되지 못함은 장수된 자의 죄이다." 하고 다시 반복하여 군령을 설명한 뒤 큰 북을 울리면서 "우로!" 하고 호령하였다. 그러나 여자들은 여전히 웃을 뿐이었다. 이에 손자는 엄숙한 태도로 말했다.

"군령이 분명하지 못하고 명령이 제대로 전달되지 못함은 장수의 죄이지만 이미 군령이 분명히 전달되었는데도 병졸들이 규정대로 움직이지 않음은 곧 대장된 자의 죄이다."

그러더니 두 대장을 곧장 참수하려 했다. 왕이 누대 위에서 앉아서 보다가 자기가 총애하는 두 후궁이 참수되려는 광경에 깜짝 놀랐다. 즉시 사자를 보내 명령을 내렸다.

"과인은 이제 장군의 용병이 뛰어남을 잘 알게 되었소. 그 두 여자가 없다면 과인이 밥을 먹어도 그 맛을 알 수 없을 정도라오. 부디 용서해 주오."

그러나 손자는 "신은 이미 임금의 명을 받아 장수가 되었습니다. 장수가 군에 있을 때는 임금의 명령이라도 받지 않을 수가 있습니다." 하고는 마침내 두 총희(寵姬)의 목을 베었다.

그리고 왕이 그 다음으로 총애하는 여자를 뽑아 새로 대장으로 삼았다. 다시 북을 울리고 호령을 내렸다. 그러자 여자들은 왼쪽으로, 오른쪽으로, 앞으로, 뒤로, 꿇어앉고, 일어서고 하는 모든 동작을 구령대로 따랐다. 모두가 각종

---

326) 부월이란 작은 도끼와 큰 도끼로서 군중軍中의 형구刑具이며, 전군에 대한 생사여탈권의 권한을 상징하고 군령에 복종하지 않으면 이것으로 처형한다.

요구에 부합하였고,[327] 잡담소리 하나 없었다.[328] 그때서야 비로소 손자는 왕에게 전령을 보내 아뢰었다.

"부대가 이제 갖춰졌습니다. 내려오셔서 시험해 보십시오. 명령만 내리면 물불을 가리지 않고 뛰어들 것입니다."

그러나 왕은 말했다.

"장군은 훈련을 끝내고 숙소로 돌아가 쉬시오. 과인은 내려가 보기를 원하지 않소."

손자가 탄식하여 말했다.

"왕께서는 병법에 씌어 있는 글만 좋아할 뿐 병법을 실제로 운용하시지 못하는구나!"

이로부터 오왕 합려는 손자가 과연 용병에 뛰어남을 인정하게 되었고 마침내 그를 장군으로 등용하였다.

훗날 오나라가 서쪽으로 초나라를 무찔러 도읍인 영(郢)을 공략하고 북쪽으로 제나라와 진(晉)나라를 위협하여 그 이름을 천하에 떨치게 되었는데, 이 기간에 손자는 크게 역할을 하였다.

2) 병법의 달인
- 손빈

손무가 죽은 후 백 년이 지나 손빈(孫臏)[329]이라는 병법가가 태어났다. 손빈은 손무의 후손으로 제나라 출신이다. 어릴 적부터 방연(龐涓)과 함께 병법을 배웠다. 그런데 방연이 먼저 위나라에서 관직을 얻어 위 혜왕의 장군이 되었고 위왕의 신임을 얻었다. 그러나 그는 스스로 자신의 재능이 손빈만 못하다고 생각했기 때문에 몰래 사람을 보내 속임수로 손빈을 위나라에 초청하였다. 손빈이

---

327) 원문은 中規矩繩墨. 목공이 일할 때 쓰는 도구로서의 규規는 원형圓形의 도구이고 구矩는 방형方形의 도구이며, 승묵繩墨은 직선을 잴 때 쓰는 묵선墨線을 의미한다.

328) 이로부터 오궁교전吳宮教戰이라는 성어가 나왔다.

329) 그의 실명은 기록되어 있지 않으며, 다만 양쪽다리가 잘리는 빈형臏刑을 받아 손빈이라고 불려졌다.

위나라에 도착한 뒤 방연은 손빈이 자기보다 뛰어난 것을 확인하고 더욱 그를 미워하게 되었다. 그리하여 계략을 써서 손빈에게 간첩이라는 죄목을 뒤집어 씌워 양쪽다리를 자르는 형벌에 처했으며[330] 이에 그치지 않고 경형(黥刑)[331]도 받게 하였다. 방연은 손빈을 관노(官奴)로 전락하게 하여 영원히 매장되어 관리로 진입할 수 없도록 만듦으로써 자기와 맞설 적수가 이 세상에 두 번 다시 나타날 수 없도록 하고자 한 것이었다. 이제 손빈은 완전히 폐인이 되어 종일 방에 누워 세 끼 밥을 받아먹는 신세가 되었다.

그 뒤 제나라 사신이 위나라를 방문하였는데 손빈은 남몰래 손을 써서 그를 만나게 되었다. 사신은 그와 단 몇 마디를 나누자마자 손빈의 재능에 감탄하여 자기 수레에 숨겨 제나라로 데려갔다.

제나라로 간 손빈은 전기(田忌)라는 장군의 집에 머물게 되었는데 그 집 주인인 전기는 도박을 좋아해 제나라의 귀족들과 돈을 걸고 마차 경주를 즐기고 있었다. 손빈이 관찰해 보니 출전하는 쌍방의 세 마차는 상, 중, 하의 3등급으로 나눌 수 있고 같은 등급의 말은 다리 힘에 차이가 없었다. 손빈은 한 계략을 짜내 전기에게 말했다.

"이번 승부를 꼭 이기게 해드리겠습니다."

그리하여 전기는 중신들뿐 아니라 왕까지 끌어들여 천금의 승부를 걸었다. 드디어 경주가 열리는 날, 손빈은 전기에게 귀띔해줬다.

"마차의 출전 순서를 우리 쪽의 제일 느린 말이 상대방의 제일 빠른 말과 한 조가 되도록 짜십시오. 그리고 우리 쪽의 가장 빠른 말을 상대방의 중간치 말과 한 조가 되게 하고 중간치 말을 상대방의 가장 느린 말과 한 조가 되도록 짜십시오."

결과는 당연히 2승 1패였다. 전기는 이날의 승리로 천금을 얻게 되었다. 전기는 손빈에게 점점 반하여 마침내 제나라 위왕에게 추천하였다. 위왕은 손빈을 불러 병법에 관해 몇 마디 물어본 후 곧바로 군사(軍師)에 임명했다.

얼마 뒤 위나라가 조나라를 공격하였다. 조나라는 위나라의 공격에 견딜 수

---

330) '빈형臏刑'으로서 이는 양쪽 다리의 정강이뼈를 잘라내는 형벌을 의미하는 형벌의 종류이다.
331) 얼굴에 먹 글씨刺字 형을 하는 형벌.

없게 되자, 제나라에게 구원을 요청하였다. 제나라 왕은 손빈을 구원군의 장군으로 임명하려 했으나 손빈은 자신이 형을 받은 사람이라는 이유를 들어 사양했다. 그러자 왕은 전기를 장군으로 삼고 손빈은 군사(軍師)로 삼아 치거(輜車)[332] 안에 들어앉아 계략을 짜도록 하였다. 전기가 병사들을 이끌고 조나라로 가려 하자 손빈은 "엉켜 있는 실타래를 풀 때는 반드시 냉정하게 그 끝을 찾아야 합니다. 그런 연후에 손으로 천천히 풀어야 합니다. 절대로 급하게 힘을 줘서 당기거나 혹은 주먹으로 쳐서는 안 됩니다. 상대방의 강한 곳은 피하고 상대의 약점을 공격해야 하며, 형세를 이용하여 적을 견제하게 되면 위급한 상황은 곧 해결됩니다. 지금 위나라와 조나라가 서로 싸우고 있으니, 날렵한 정예 병사들은 모두 국외로 나가 있고 노약자들만 국내에 남아 있을 것입니다. 그러니 장군은 병사들을 이끌고 속히 대량(大梁: 위나라의 수도)으로 진격하여 그 요로를 장악하고 방비가 허술한 곳을 공격하는 것이 제일 좋습니다. 그러면 그들은 틀림없이 조나라를 포기하고 자기 나라를 구하러 돌아올 것입니다. 이것이야말로 우리들이 조나라의 포위를 풀어주고 위나라에게 타격을 가하는 방법입니다."[333]라고 말하였다. 전기가 손빈의 계책을 따르자 위나라는 과연 한단(邯鄲: 조나라의 수도)을 떠나 제나라 군대와 계릉(桂陵)에서 교전하였으며 결국 위나라 군대를 크게 무찔렀다.

외나무다리에서 만난 원수

13년 후, 위나라는 조나라와 손을 잡고 한나라를 공격하였다. 제나라는 한나라의 구원 요청에 역시 전기를 장군으로 삼고 손빈을 군사로 삼아 함께 한나라 구원에 나섰다. 손빈과 전기는 이번에도 역시 위나라 후방을 공격하는 전법을 사용하여 위나라의 대량으로 진격하였다. 위나라 장군은 제나라가 위나라를 기습할 것이라는 소식을 듣고 한나라에 대한 공격을 포기하고 급히 회군

---

332) 덮개와 휘장이 있는 대형 수레.
333) 이를 위위구조圍魏救趙라 한다.

하였다. 이때 제나라 군대는 이미 국경을 넘어 위나라 서쪽으로 진격하고 있었다. 손빈은 방연의 부대가 곧 도착할 것을 알고 있었다. 그는 전기에게 말했다.

"위나라 군사는 원래 용감무쌍하고, 제나라 군사는 겁쟁이로 유명합니다. 전쟁을 잘하는 자는 주어진 형세를 잘 이용하여 자기 쪽에 유리하게 만듭니다. 병법에 이르기를 '승리하기 위하여 급하게 백 리길을 달려온 군대는 상장군(上將軍)을 잃게 되고, 승리하기 위하여 급하게 50리길을 달려온 군대는 다만 그 절반만이 도착하게 된다'라고 하였습니다. 지금 적들이 만약 우리를 얕보고 겁 없이 덤벼든다면 우리에게는 가장 좋은 상황입니다. 우리는 겁을 먹은 것처럼 꾸며서 그들을 교만하게 만들어야 합니다. 그리하여 위나라 땅에 진입한 첫날에 우리 군사들에게 10만 개의 아궁이를 만들게 하고, 다음날에는 5만 개의 아궁이를 만들게 하며, 또 그 다음날에는 3만 개를 만들게 하십시오."

방연이 제나라 군대를 추적하기 사흘, 제나라 군의 아궁이 숫자가 줄어가는 것을 보고 대단히 기뻐하였다.

"제나라 군대가 겁쟁이라는 말은 진작부터 듣고 있었지만 우리나라에 들어온 지 사흘 만에 벌써 반수 이상이 도망쳤구나!"

방연은 움직임이 느린 보병부대는 버리고 가볍게 무장한 기병대만을 이끌고 밤을 새워 모든 힘을 다해 제나라 군대를 추격하였다.

손빈은 방연의 속도를 계산하여 그가 해가 진 뒤 마릉(馬陵)에 도착할 것을 알고 있었다. 마릉은 양쪽이 산으로 둘러져 있어 길이 매우 좁고 험하여 병사들을 매복시키기에 적당하였다. 손빈은 병사들을 시켜 길가 큰 나무 껍질을 벗기게 하여 드러나게 한 다음 "방연, 이 나무 아래에서 죽다."라고 크게 써놓았다. 그러고는 활을 잘 쏘는 병사들에게 수많은 강궁을 줘서 길가에 매복시킨 뒤 병사들에게 명령했다. "날이 저물면 이 나무 밑에서 불이 켜질 것이다. 그 불을 향해 일제히 활을 쏘아라."

그날 밤, 방연은 과연 껍질이 벗겨진 이 나무 아래 와서 무엇인가 쓰여 있는 것을 발견하고 그것을 읽고자 불을 밝히게 하였다. 그리하여 불이 밝혀지고 아직 글자를 모두 읽지 않았을 때 제나라 군사의 화살이 일제히 발사되었다. 화살은 비 오듯 쏟아졌고 위나라 군대는 어둠 속에서 큰 혼란에 빠져 버렸다. 방연은 이미 손쓸 도리가 없음을 알고 칼을 빼어들어 스스로 자결할 수밖에 없었

손빈, 마릉에서 방연을 죽이다.

다. 죽기 직전 그는 "결국 그 아이의 이름을 빛내 주는구나!"라고 탄식하였다.

제나라 군대는 승세를 몰아 위나라 군대를 초토화시켰으며 위나라 태자까지 사로잡고 귀환하였다.

그 후 손빈은 왕에게 거듭 사직 의사를 밝혀 왕은 손빈에게 산중(山中) 거사의 직책을 특별히 내렸다. 손빈은 산중에서 병법책을 써서 세상에 남긴 후, 어느 날 홀연히 어디론가 사라졌다.[334]

3) 교묘한 용병술의 냉혈한
- 오기

오기(吳起)는 위나라 사람으로 용병(用兵)에 능했다. 공자의 제자인 증자(曾子)에게 학문을 배운 적도 있으며 그 후 노나라에서 벼슬을 하였다. 이 무렵 제나라가 노나라를 공격하였는데, 노나라는 오기를 장군으로 세우려 했다. 그러나 오기의 아내가 제나라 사람이었으므로 노나라는 오기와 제나라의 관계를 의심하였다. 오기는 이번 기회를 놓쳐서는 안 된다고 결심하고 자기의 결백함을 증명해보이기 위해 아내를 살해했다. 그렇게 하여 오기는 장군으로 임명되었으며 이후 제나라와 싸워 크게 이겼다.

그러나 노나라는 유학자들이 많은 나라였기 때문에 오기의 평판은 매우 나쁘게 퍼져 있었다.

"오기는 시기심 많고 잔인한 인간이다. 그의 집안은 원래 부자였지만 오기가 젊었을 때 낭비했기 때문에 가산이 탕진되고 말았다. 고향 사람들이 비웃자 오기는 원한을 품어 30여 명을 죽이고 위나라 곽문(郭門)[335]을 넘어 다른 나

---

334) 세상에 전해지는 『손자병법』의 저자가 오나라의 손무인가 아니면 제나라의 손빈인가의 여부는 오랫동안 결론을 내리지 못하고 있었다. 그런데 1972년 4월 산동성의 은작산銀雀山에 있는 전한前漢 시대의 고분에서 『손자병법』의 죽책竹冊이 발견되었다. 이로써 이미 세상에 전해지고 있었던 『손자병법』의 저자는 오나라의 손무이며 『손자병법』은 오랫동안 세상에 빛을 보지 못하다가 2천 년 만에 비로소 햇빛을 보게 되었다는 사실이 밝혀졌다.

335) 곽문이란 외성外城 성문으로서 고대의 성城은 성벽 바깥에 또 하나의 외성이 있어 곽郭이라 하였다. 이로부터 성곽城郭이라는 말이 나왔다.

라로 떠났다. 그는 어머니와 헤어질 때 '재상이 되기 전에는 돌아오지 않겠습니다.'라면서 팔을 물어뜯고 맹세하였다.

위나라에서 도망친 오기는 증자의 제자가 되었다. 그 후 얼마 지나지 않아 어머니가 돌아가셨지만 그는 끝내 돌아가지 않았다. 증자는 불효자라는 이유로 그를 내쫓았다. 그래서 그는 노나라로 와서 병법을 익히고 왕에게 봉사하였다.

왕이 그와 제나라의 관계를 의심하자, 그는 자신이 장군이 되기 위해 아내를 죽였다.

노나라는 작은 나라이다. 오기가 조그만 싸움에서 이겼다고는 하지만 그로 인해 다른 나라의 공격 목표가 될 뿐이 아니겠는가? 더구나 노나라와 위나라는 예로부터 형제의 관계이다.[336] 그러므로 위나라에서 도망쳐 온 오기를 등용하는 것은 위나라와의 우호 관계를 해치는 행위임에 분명하다."

이와 같은 평판이 나라 안에 돌자, 노나라 왕은 오기를 해임시켰다.

장수가 병사의 종기를 빨아준 까닭은?

노나라를 떠난 오기는 위나라 왕 문후가 인재를 모으고 있다는 것을 알고 왕에게 위나라에서 일해 보고 싶다고 청원했다. 문후는 오기가 어떤 인물이냐고 재상 이극(李克)에게 물었다. 그러자 이극은 "오기는 탐욕스럽고 호색가이지만 용병의 교묘함은 사마양저(司馬穰苴)[337]도 따를 수 없습니다."라고 대답하였다. 그리하여 문후는 오기를 장군으로 임명하였다. 과연 용병의 명수인 오기는 진(秦)나라를 공격하여 다섯 개 성을 함락시켰다.

오기는 언제나 가장 낮은 병사와 똑같은 옷을 입고 똑같은 음식을 먹었다. 잘 때도 자리를 깔지 않았으며 행군할 때도 마차에 타지 않았다. 그리고 자기의 식량은 자기가 직접 가지고 다녔다. 그는 항상 병사들과 함께 있었으며 고락을 같이했다.

---

336) 노나라 시조 주공과 위나라 시조 강숙은 모두 주나라 무왕의 동생으로 같은 희姬씨 성이었다.

337) 제나라의 대부大夫로서 병법에 정통하였던 전양저田穰苴를 말한다. 사마는 관직명이다.

어느 날 병사 한 명이 종기가 나서 괴로워하자, 오기가 종기의 고름을 손수 입으로 빨아내었다. 이것을 안 병사의 어머니는 슬프게 통곡해마지 않았다. 어떤 사람이 괴이하게 생각하여 물었다.

"당신의 아들은 일개 병사에 지나지 않는데 장군이 직접 고름을 빨아 주셨습니다. 그런데 어찌 우는 것입니까?"

이 말에 어머니가 한숨을 쉬며 대답했다.

"바로 작년에 오기 장군께서 그 애 아버지의 종기 고름을 빨아 주셨습니다. 그 후 그 이는 전쟁에 나갔습니다. 그 이는 오기 장군의 은혜에 보답하기 위하여 끝까지 적에게 등을 보이지 않고 싸우다 돌아가셨습니다. 그런데 이번에 제 아들의 종기를 빨아 주셨습니다. 이제 그 애의 운명은 뻔한 것입니다. 그래서 이렇게 슬피 우는 것입니다."

문후는 이렇게 용병술이 뛰어나고 공평무사하며 병사들의 인망이 두터운 오기를 서하 지방의 태수로 임명하고 진나라 및 한나라의 진공을 방어하도록 하였다.

위나라 문후가 죽고 아들 무후가 왕위를 이어받았을 때도 오기는 계속 위나라에 봉사했다. 어느 날 무후는 오기와 함께 서하(西河)에서 배를 탔다. 배를 타고 오면서 강가의 경치를 바라보던 무후는 오기에게 말했다.

"정말 훌륭하지 않소. 이 요새야말로 우리나라의 보배요."

이에 오기가 대답했다.

"그렇지 않습니다. 나라의 보배란 험난한 지형(地形)에 있는 것이 아닙니다.[338] 위정자의 덕이야말로 나라의 보배입니다. 옛날 삼묘씨(三苗氏)[339]는 좌로 동정호, 우로 팽려호라는 기막힌 지형을 가졌지만 덕으로 정치를 하지 않았기 때문에 우(禹)임금에게 멸망당했습니다. 하나라의 걸왕도 좌의 황하와 제수, 우의 태산과 화산, 남의 이궐, 북의 양장(羊腸)이라는 험한 지형의 혜택이 있었음에도 어진 정치를 하지 않았기 때문에 탕왕에게 쫓겨났습니다. 또 은나라 주왕(紂王)은 왼쪽으로는 맹문산(孟門山)이 있고 오른쪽으로 태항산(太行山)이 있으며 북쪽으로

---

338) 본문은 在德不在險.
339) 순임금 때 남방의 부락 명칭.

상산(常山)이 있고 남쪽에는 황하가 지나고 있었지만 정치를 하는 데 덕이 없었으므로 무왕(武王)에게 죽임을 당하였습니다.

이렇게 볼 때 중요한 것은 지형이 아니라 위정자의 덕임이 분명한 것입니다. 만일 군주께서 덕으로 다스리려 노력하지 않는다면 지금 배에 같이 타고 있는 모든 사람이 적으로 될 것입니다."

무후는 과연 옳은 말이라면서 고개를 끄덕였다.

오기는 계속 서하의 태수로 있으면서 더욱 명성이 높아갔다.

그 후 오기는 잔치를 벌여 논공행상을 하도록 무후에게 진언하였다. 그리하여 큰 공을 세운 사람에게는 고급 요리를 주었고 공이 없는 사람에게는 보잘것없는 요리를 주었다. 그리고 공로자의 가족들에게는 푸짐한 상품을 나눠 주었고, 전사자가 있는 집은 매년 위로금을 전달하게 했다.

그 후 몇 년이 지나 진나라가 쳐들어왔다. 병사들은 앞을 다투어 전쟁터에 나가기를 원했다. 오기가 왕에게 아뢰었다.

"지금까지 공을 세우지 못했던 병사 5만 명을 주시면 적을 충분히 물리칠 것입니다."

왕이 "아니, 싸움을 잘 하는 병사들을 시키지 않고?"라고 의아해하자 오기는 "아닙니다. 이제까지 공을 세우지 못한 병사들은 공이 없음을 스스로 부끄럽게 생각하여 목숨을 걸고 싸울 것입니다. 한 사람이 목숨을 아끼지 않고 싸운다면 1천 명의 적군을 떨게 할 수 있다고 합니다. 폐하, 저에게 맡겨 주십시오."라고 대답하였다. 그러자 왕이 5만 명의 '공을 세우지 못한' 병사를 오기에게 주었다. 과연 그 병사들은 목숨을 걸고 싸워 대승을 거뒀다.

한편 무후는 전문(田文)이라는 사람을 새 재상으로 임명했다. 은근히 재상 자리를 기대하던 오기는 마음이 불편하였다. 그래서 기회를 엿보다가 전문에게 말했다.

"당신과 나, 두 사람 중 누가 더 공적이 많습니까? 어디 한번 비교해 봅시다."

"좋습니다." 전문이 말했다.

오기가 "장군으로서 병사들의 사기를 높이고 적국이 넘볼 틈을 없앤 공적은 어느 쪽이 더 많습니까?"라고 묻자 전문은 "당신 쪽입니다."라고 대답하였다. 다시 오기가 "그러면 백성들과 친하며 국고를 풍성하게 한 점에서는 어떻습니까?"라고 물으니 전문은 "당신 쪽입니다."라고 말했다. 또 오기가 "서하를 지켜 진나라로 하여금 공격을 체념하게 하고 한나라와 조나라를 복종시킨 것은 누구지요?"라고 묻자 전문은 "그것도 당신 쪽입니다."라고 대답하였다. 그러자 오기가 "이상 세 가지 모두 내가 뛰어납니다. 그런데 왜 당신이 높은 지위에 있는 것입니까?"라고 물으니 전문은 "우리 군주께서는 아직 젊고 나라 안에는 적지 않은 동요가 있습니다. 또한 중신들은 진심으로 복종하지 않으며, 관리들의 신뢰 또한 확립되어 있지 못합니다. 이와 같은 때 당신과 나와 어느 쪽이 재상으로 적임자이겠습니까?"라고 되물었다. 오기는 조용히 생각하더니 대답했다.

"역시 당신이 적임자입니다."

얼마 후 전문이 죽고 공숙(公叔)이 재상이 되었다. 공숙은 위나라 공주를 아내로 삼고[340] 권세를 휘둘렀는데 오기를 시기하였다. 그러던 중 공숙의 한 가신(家臣)이 "오기를 쉽게 제거할 수 있습니다."라고 말하였다. 이에 공숙이 "어떻게 해야 하는가?"라고 물었다. 그러자 그 가신은 "오기는 우직하면서 명예를 중요시합니다. 재상 어르신께서 무후를 만나시면 '오기는 현인입니다. 우리 위나라는 작은 나라이며 이웃에는 강국인 진나라가 있습니다. 오기가 언제까지 우리나라에 있어 줄지 걱정이 되어 잠이 오지 않습니다.'라고 말씀드려 보십시오. 그러면 무후께서 어떻게 해야 좋으냐고 물으실 것입니다. 그때 이렇게 답하십시오. '공주를 오기에게 시집 보내겠다고 말씀하시면 그의 마음을 아실 수 있습니다. 오기가 위나라에 계속 있을 것이라면 응할 터이지만 그럴 뜻이 없다면 사양할 것입니다.' 무후께서 그리하겠다고 하시면 오기를 초대해 공주를 주겠다는 무후의 뜻을 전하십시오. 그런 후에 사모님과는 오기가 집에 오면 일부러 그가 보는 앞에서 화를 내며 재상 어르신께 욕설을 퍼부으시도록 미리 짜놓으십시오. 그리고 나서 오기를 집으로 데려오십시오. 그러면 오기가 공주를 아내로 맞으면 자기도 이런 대우를 받을지 모른다고 생각하여 오기는 공주를 아내로 맞지 않으려 할 것입니다."라고 말하였다.

이 계략대로 일은 진행되었다. 과연 오기는 공주가 일국의 재상인 남편 공

---

340) 원문은 尙으로서 尙이란 신하가 군주의 딸과 결혼하는 것을 말한다.

숙에게 욕설을 퍼붓는 것을 보고 무후에게 공주를 아내로 맞지 않겠다고 사양하였다. 이 사건 이후 오기에 대한 무후의 신임은 식어갔다. 이에 오기는 두려워하여 위나라를 떠나 초나라로 갔다.

오기에 가득 찬 오기의 최후

초나라 도왕은 이미 오기의 명성을 익히 듣고 있던 터라 즉시 그를 재상으로 중용했다.

오기는 법령을 제정하고 그것을 강력히 시행했으며 필요 없는 관직을 폐지하고 왕의 인척들의 관직을 박탈하였다. 그리고 그로부터 생긴 여유 자금은 군대 양성 비용으로 돌렸다. 또한 강병책을 추진하고 유세객들의 감언이설을 타파했다.

드디어 병력이 강해지자 남으로 백월을 평정하고, 북으로 진(陳)나라와 채나라를 병합시켰으며 3진(관중)을 물리쳤다. 그리고 서쪽으로는 진(秦)나라를 쳤다. 그리하여 초나라는 강대국으로서의 이름을 크게 떨치게 되었다.

그러나 오기에게 관직을 빼앗긴 왕의 친척들은 보복만을 노리고 있었다. 마침내 도왕의 죽음을 계기로 하여 그들은 반란을 일으켰다. 반란군에 쫓긴 오기는 마지막으로 도왕의 시체가 있는 곳으로 도망하여 그 위에 엎드렸다. 드디어 반란군이 오기를 발견하고 화살을 무수히 쏘았다. 화살은 오기를 죽게 만들고 왕의 시체에까지 박혔다.

도왕의 장례가 끝나고 태자가 즉위하자 곧바로 영윤에게, 오기를 죽이고 도왕의 사체에 화살을 쏜 자들을 조사하도록 명하여 그들 전원을 사형에 처하게 하여 모두 70여 세대가 몰살되었다.

> "사실 오기의 정책은 부국강병책의 결정판이었다. 진나라가 상앙의 법가 사상
> (法家 思想)을 통해 강대국으로서의 지위를 굳힌 것과 반대로 오기의 정책을 끝까지
> 고수하지 못한 위나라와 초나라는 그 후 쇠퇴의 길을 걷게 된다. 시기적으로 보아
> 오기의 정책이 채용되어 중단되지 않았다면 위나라나 초나라가 진나라보다 먼저

오기, 무덤 위에서 죽다.

강대국의 지위를 확고하게 차지할 수 있었을 것이다.

　그리고 병법가와 장군으로서의 오기는 실로 뛰어나 『오자』라는 책을 보면, 오기가 위나라에 있을 때 76회의 전쟁을 했는데 그 중 68회는 이겼고 나머지 8회는 무승부였다고 쓰여 있다.

　한편 당시 '사람을 잡아먹고 인골(人骨)로 취사를 해야 하는 처지에 몰리고도 병사들이 등을 돌리거나 도망치지 않는 군대는 손빈과 오기의 군대뿐이다.'라는 말이 있을 정도로 오기의 통솔력은 훌륭했다. 다만 오기는 군주를 보필하는 능력과 인간관계가 부족했으며, 기본적으로는 그가 봉사했던 위나라와 초나라 정부의 한계로 말미암아 그의 능력을 꽃피우지 못했던 것이다."

- 역자 해설

　태사공은 말한다.

　"세상에서 병법과 용병을 논하는 자들은 모두 『손자(孫子)』 13편과 오기의 『병법(兵法)』을 말한다. 이 두 책은 세상에 많이 알려져 있으므로 다시 자세하게 설명하지 않고 그들의 행적과 공적에 대해서만 논하였다. 속담에 '실행에 능한 사람이라고 해서 꼭 말에 능한 것은 아니며, 말에 능한 사람이라고 해서 반드시 실행에 능한 것은 아니다'라고 하였다. 손빈이 방연을 격파한 계략은 뛰어난 것이었으나, 그 전에 형벌을 당하는 재난에서 자신을 구해내지는 못하였다.

　오기는 무후(武侯)에게 지형의 험고함이 임금의 덕행만 못하다고 설득하였으나 그가 초나라에서 행한 일은 각박하고 몰인정하였기 때문에 목숨을 잃었던 것이다. 참으로 슬픈 일이로다!"

23. 상군 열전

─ 자신의 욕망을 능히 절제하는 것을 강(强)하다고 한다

개혁은 혁명보다 더 어렵다는 말이 있다. 그만큼 개혁이란 성취하기 어렵다.

그런데 중국 역사상 상앙의 변법(變法)은 가장 성공한 개혁 사례의 하나로 꼽는다.

상앙은 주나라 왕실이 쇠미해지고 전국 시대라는 약육강식의 시대에서 역사적 조류를 정확하게 관찰하여 변법을 제기하였고, 이는 진나라 왕의 지지를 받아 변법 성공의 기초를 다졌다.

본문은 상앙의 변법을 둘러싼 논쟁을 자세하게 소개하고 있으며, 인물들의 활약상을 한 편의 문학소설처럼 과장과 비유 그리고 대구법과 직유법 등 다양한 문학적 방법을 통하여 생동감 있게 전달하고 있다.

그러나 사마천은, 인간미가 없이 각박하고 은공(恩功)이 적었던 상앙에 대하여 시종일관 비판적인 시각을 견지하고 있다.

채용하지 않으려면 죽이라

상군(商君)은 위나라 왕의 첩의 아들이었다. 이름은 앙(鞅)이고 성은 공손(公孫)씨이며 조상의 본래 성은 희(姬)였다.[341] 그는 젊은 시절부터 형명학(刑名學)[342]을 배웠으며, 위나라 국상(國相) 공숙좌의 중서자(中庶子)[343]로 있었다.

공숙좌는 상앙의 재능을 일찍부터 알고 있었는데, 아직 왕에게 추천하지는 않

---

341) 상앙이라는 이름은 후에 그가 진나라에서의 공적으로 상商이라는 땅을 하사받아 상앙 또는 상군商君이라 불리었기 때문이다.

342) 법률학의 일종.

343) 중서자는 상국의 집사 혹은 시종.

고 있었다. 그러던 어느 날 공숙좌가 병에 걸리자, 위나라 혜왕이 문병을 왔다.

"그대에게 일이 생기면 나라를 장차 누구에게 맡겨야 좋겠는가?"

혜왕의 물음에 공숙좌는 상앙을 추천하였다.

"저의 중서자 중에 공손앙이라는 사람이 있사옵니다. 아직 젊지만 매우 뛰어난 재능이 있습니다. 이 사람에게 모든 국정을 맡겨도 좋다고 생각합니다."

그러나 혜왕은 아무런 말도 하지 않았다. 잠시 후 혜왕이 돌아가려 하자, 공숙좌가 정색하며 말했다.

"만일 그를 채용하시지 않으신다면, 그를 죽여 없애야 합니다. 그래서 다른 나라로 가지 못하게 해야 합니다."

혜왕이 알았다는 듯이 고개를 끄덕이고 돌아갔다. 공숙좌는 곧 상앙을 불렀다.

"지금 왕께서 다음 재상으로 누가 좋겠느냐고 물으셔서 자네를 추천했네. 그러나 왕께서는 아무래도 찬성하지 않는 눈치였네. 나로서는 먼저 주군(主君)을 생각하고 그 다음에 신하를 고려해야 함이 당연하다네. 나는 만일 자네를 쓰지 않으려면 죽여야 한다고 말했네. 그러자 왕은 고개를 끄덕거렸네. 그러니 자네는 잡히기 전에 빨리 피하는 것이 좋을 듯하네."

그러나 상앙은 도망치려 하지 않았다.

"그런 걱정은 안 하셔도 좋을 것 같습니다. 왜냐하면 왕은 저를 채용하라는 대감의 의견을 거절했으며, 따라서 저를 죽이라는 의견도 받아들일 리 없기 때문입니다."

과연 혜왕은 공숙좌의 집에서 나오면서 옆에 있던 신하들에게 이렇게 말하는 것이었다.

"공숙좌의 병이 매우 심각하더구나. 슬픈 일이야. 그 사람은 국정을 공손앙이라는 애송이에게 맡기라고 하더군. 제정신이 아니야."

그 후 공숙좌가 죽었다. 한편 이때 진(秦) 효공은 나라 안팎에 포고문을 내려 인재를 구하여 목공의 위업을 재현시키고자 준비하고 동쪽으로 위나라에 빼앗긴 영토를 수복하려 하였다. 상앙은 그 소문을 듣고 진나라로 가서 효공의 신임이 두터운 경감(景監)의 소개로 효공을 만날 수 있었다.

삼왕오제의 길과 패자의 길

효공을 만난 상앙은 오랜 시간 동안 이야기를 하였지만 효공은 자주 졸면서 듣지 않았다. 상앙이 물러가자 효공은 그를 소개했던 경감을 불러 꾸중했다.

"그대가 소개한 사람은 미친 사람이 아닌가. 어찌 그런 사람을 등용시킬 수 있단 말인가."

경감은 집으로 돌아와 상앙을 몹시 책망하였다. 그러자 상앙은 "저는 오제의 길(五帝之道)을 말씀드렸는데 그 뜻을 잘 알아듣지 못하신 것 같습니다." 하고는 5일 후 다시 효공을 만나보고 싶다고 했다. 다시 왕을 만난 상앙은 지난번보다 더 많이 얘기를 하였다. 그러나 역시 효공의 마음에 들지 않았다. 얘기를 마친 뒤 효공은 다시 경감을 꾸짖었고 경감 역시 상앙을 또다시 책망하였다.

상앙은 말했다.

"이번에는 삼왕의 길(三王之道)에 대해 말씀드렸는데 납득하지 못하셨습니다. 한 번 더 뵐 수 있게 해주십시오."

그리하여 또다시 효공을 만나게 되었다. 그런데 이번에는 상앙의 말에 상당히 공감하는 듯했다. 그렇지만 상앙을 채용하겠다고 말하지는 않았다. 상앙이 물러가자, 효공이 경감을 불러 말했다.

"그 사람 괜찮아! 제법 얘기가 통하더군."

상앙이 경감에게 말했다.

"이번에는 패자(覇者)로서의 길(覇道)로써 효공에게 권하였는데 마음에 들어 하셨습니다. 다시 한 번 뵙게 해주십시오. 대왕의 생각이 무엇인지 알았습니다."

그리하여 네 번째 만남이 이뤄졌다. 효공은 얘기에 깊이 빠져 논의가 며칠에 걸쳐 계속되었으나 싫어하는 기색이 전혀 없었다. 경감이 이상하게 생각하여 상앙에게 물었다.

"우리 왕께서 무척 기뻐하시는 모습인데 도대체 어떻게 된 곡절인가?"

그러자 상앙은 웃으며 대답하였다.

"저는 처음에는 제왕의 도리를 설명하고 하, 은, 주 3왕조의 치세와 어깨를 겨룰 만한 이상 정치의 실현을 말씀드렸습니다. 그랬더니 대왕께서는 '그것은 너무 시간이 걸리는 일이다. 나는 도저히 그때까지 기다릴 수 없노라. 현명한 임금이란 자기가 살아 있는 동안에 그 명성을 천하에 드날린다. 어떻게 백 년 후에 제왕으로 인정받기 위해 이상적인 정치만 하고 있겠는가!'라고 하셨습니다. 그래서 저는 대왕에게 부국강병책을 설명드렸더니 비로소 크게 기뻐하셨습니다. 다만 그것은 은나라와 주나라의 덕치와 비교할 수 없습니다."

개혁이냐, 보수냐

효공은 드디어 상앙을 신임하여 중용하게 되었다. 그러나 나라의 정치는 여전히 보수적인 귀족들이 잡고 있었고 백성들도 법에 대해 전혀 알지 못했다. 상앙은 정력적으로 법을 개혁하여 부국강병책을 추진하려고 했으나 천하의 의론(議論)을 두려워하였다. 이에 상앙이 효공을 설득하였다.

"행동을 주저하면 명성을 얻지 못하고 일을 하는 데 있어 머뭇거리면 공을 이룰 수 없습니다.[344] 또 보통 사람을 뛰어넘는 행위는 본래 세상의 반대를 받기 쉽고, 독창적인 계책은 반드시 사람들의 조소를 받게 됩니다. 어리석은 자는 이미 완성된 일에도 분별이 없지만 현명한 사람은 아직 일어나지 않은 일도 능히 알 수 있습니다.[345] 백성들이란 처음부터 같이 일을 도모할 수 없으며 오직 성공의 즐거움만을 함께 향유할 수 있습니다. 가장 높은 덕을 논하는 사람은 세상과 타협하지 않고 위대한 공적을 성취한 사람은 백성들에게 의견을 묻지 않는 것입니다. 그렇기 때문에 성인은 국가를 강성하게 하는 일이라면 곧 옛 제도를 따를 필요가 없으며, 백성을 이롭게 하는 일이라면 곧 옛 예교(禮敎)에 집착하지 않는 것입니다."

효공은 이 말에 찬성하였다. 그러나 감룡(甘龍)이 반론을 폈다.

"그렇지 않습니다. 성인은 관습을 바꾸지 않고 백성을 교화하며, 지혜로운 사람은 옛 법을 바꾸지 않고 나라를 다스립니다. 관습에 따라 교화할 수 있으면 수고로움이 없이도 공을 이룰 수 있고, 옛 법에 따라 다스릴 수 있다면 관리

---

344) 본문은 疑行無名, 疑事無功.
345) 본문은 知者見迂未萌.

들도 익숙하고 백성들도 평안합니다."

상앙이 이를 반박하였다.

"감룡의 말은 세속의 속설일 뿐입니다. 범인(凡人)들은 옛 습속에만 의지하며 학자들이란 옛 견문에만 집착합니다. 이 두 부류의 사람들로 하여금 관리를 하도록 하고 법을 지키게 하는 것은 가능하지만, 이 사람들과 법을 만드는 것 이외의 일을 해낼 수는 없습니다. 하, 은, 주의 3대(三代)는 예교(禮敎)가 서로 달랐지만 왕업을 이루었고, 5패도 법제가 서로 달랐지만 패업을 이루었습니다. 지혜로운 사람은 새로운 법을 만들고 어리석은 사람은 옛 법에 구속되며, 현명한 사람은 예교를 바꿀 수 있지만 현명하지 못한 사람은 그것에 구속됩니다."

이번에는 두지(杜摯)가 반론을 제기하였다.

"백 배의 이로움이 없으면 법을 바꾸지 아니하며, 열 배의 편리함이 없이는 옛 도구를 바꾸지 않습니다. 옛 법을 따르는 것은 과오가 아니며 옛 예교를 준수하는 것 역시 잘못이 아닙니다."

상앙이 다시 말했다.

"치세(治世)에 한 가지 방법만 존재하는 것은 아니며, 국가를 이롭게 하는 것은 반드시 옛날을 본받을 필요가 없습니다. 그러므로 탕왕과 무왕은 옛것을 따르지 않아도 천하의 왕자가 되었으며, 반면 하나라와 은나라는 예를 바꾸지 않았기 때문에 결국 망했습니다. 옛 제도에 반대한다고 해서 모두 비난을 받는 것은 아니며, 옛 예교를 준수한다고 해서 찬양받을 만하지 않습니다."

상앙의 이 말에 효공은 "매우 좋은 말이오."라고 동의하였다. 효공은 상앙을 좌서장(左庶長)[346]으로 임명하고 마침내 변법의 명령을 내렸다.

상앙의 법, 위수를 피로 물들이다

법령은 다음과 같이 규정하였다.

백성들을 조직하여 열 집을 십(什)으로 하고 다섯 집을 오(伍)로 하였다. 한

---

346) 진나라 작위는 모두 20직급으로서 좌서장은 그 중 11번 째 서열의 작위이다.

집이 법을 어기면 아홉 집이 고발하고, 고발하지 않으면 곧 모든 집에 연좌법 (連坐法)을 적용하였다. 간사한 자를 고발하지 않는 사람은 허리를 자르는 형벌에 처하고 나쁜 짓을 한 자를 고발하는 사람은 적의 머리를 벤 자와 같은 상을 내렸다. 나쁜 짓을 한 자는 적에게 항복한 사람과 같은 벌을 받도록 하였다. 백성들 가운데 두 사람 이상의 성년 남자가 따로 분가하지 않는 자는 부세(賦稅)를 두 배로 하였다. 군공(軍功)이 있는 사람은 각각 그 공의 크고 작음에 따라 벼슬을 받고, 사사로이 다투는 자는 각각 그 경중에 따라 형벌을 받았다. 농업 생산과 방직에 힘써 양곡을 풍성하게 수확하게 하고, 면을 증산(增産)한 사람은 본인의 부역(賦役)과 부세를 면제받도록 하였다. 반면 상공업에 종사하며 게을러서 가난한 자는 전부 체포하여 관청의 노비로 삼았다. 군주의 친척이라도 군공이 없으면 심사를 거쳐 족보에 올릴 수 없게 하였다. 또한 존비귀천과 작위, 봉록 그리고 등급을 명확하게 하였고, 등급 반열에 의거하여 토지와 집의 점유에 차등을 두었으며, 노비의 수, 의복의 종류와 형식 역시 등급 반열에 따라서 결정되었다. 전공(戰功)이 없는 사람은 비록 부유할지라도 영예를 과시할 수 없었다.

"상앙은 이러한 개혁을 통하여 씨족 제도의 타파를 목적으로 삼았다. 즉, 지배 계급에 대해서는 특권층을 해체하여 왕권을 강화시켰으며, 피지배 계급에 대해서는 씨족공동체를 해체하여 소가족을 만들고, 이들 개인을 단위로 하는 납세, 군역 (軍役), 치안의 조직을 만들어냈던 것이다.

실로 상앙의 이러한 개혁은 진나라가 장차 천하통일의 패도를 장악하는 데 결정적인 기초를 닦아 놓은 것이었다. 즉, 전국시대의 약육강식이라는 상황 속에서 부국강병의 확고한 토대가 상앙의 개혁 조치를 통하여 이뤄졌고 이는 그렇지 못한 다른 나라를 결정적으로 압도해간 커다란 요인이었다. 사실 상앙과 같은 시대에 살았던 유명한 오기(吳起) 장군도 법 체제를 강화하고 강병책(强兵策)을 도모하여 그가 봉사했던 위나라와 초나라도 진나라와 함께 선두 주자로 나설 수 있었다. 그러나 중도에 오기가 군주의 신임을 잃고 대신들의 질투와 모략에 의해 실각됨으로써 기회를 놓치게 되었던 것이다."

– 역자 해설

법령은 이미 완비되었지만 아직 공포되지 않았다. 백성들이 믿지 않을 것을 염려하였기 때문이었다. 그리하여 3장(丈) 높이의 나무를 도성 시장의 남문 앞에 세워 두고 상금 10금(金)³⁴⁷)을 걸고 이 나무를 북문으로 옮기는 사람에게 주겠다고 하였다. 그러나 백성들은 이상하게 생각하고 아무도 옮기려 하지 않았다. 그래서 다시 옮기는 사람에게 50금을 주겠다고 규정하였다. 이때 한 사람이 나무를 옮기자 즉시 그에게 50금을 주었다. 이렇게 하여 나라가 백성을 속이지 않는다는 사실을 밝히려 했던 것이다. 그런 연후에 드디어 법령을 공포하였다.

법령이 공포되어 시행된 지 1년이 지나자 국도(國都)에 사는 진나라 백성들 중 새 법령의 불편을 말하는 사람이 천 명이 넘었다. 이때 태자가 법을 어겼다. 상앙은 "법이 지켜지지 않는 것은 윗사람부터 그것을 어기기 때문이다."라며 태자를 처벌하려 했다. 그러나 태자는 국군(國君)의 계승자로서 형을 시행할 수 없었다. 대신 태자의 스승인 공자 건(虔)을 처벌하고 태자의 교육을 맡은 공손가(公孫賈)는 자자형³⁴⁸)에 처하였다. 그 이튿날부터 진나라 백성들은 법을 두려워하여 모두 법을 지키게 되었다. 이렇게 10년이 지나자 진나라 백성들은 매우 기뻐하였고, 길에 물건이 떨어져 있어도 아무도 주워가지 않았다.³⁴⁹) 산에도 도둑이 없어졌고 집집마다 부유해져 모두 풍족하게 살게 되었다. 백성들은 나라의 전쟁에 나가서는 용감하였지만 사사로운 이익을 위한 싸움은 감히 하지 않아 나라가 잘 다스려졌다. 처음에는 새 법령이 불편하다고 불평을 늘어놓았던 사람들은 새 법령이 편리하다고 말을 하였다. 그러자 상앙은 "그들은 교화를 방해하는 자들이다."라며 모조리 변방으로 추방시켜버렸다.³⁵⁰) 이후 진나라 백성들은 감히 법에 대해 의론하지 못했다.

또한 법을 위반하는 사람은 위수(渭水) 강변에서 허리를 잘라 죽이는 요참형(腰斬刑)에 처했기 때문에 위수는 항상 핏빛으로 물들었다고 한다.

상앙의 벼슬은 더욱 높아졌으며 직접 군사를 이끌고 위나라 수도를 포위해 항복을 받아내기도 하였다. 상앙은 법을 더욱 강화하여 부자(父子)와 형제가 한 방에 기거하는 것을 금했으며, 작은 마을과 도시를 합하여 모두 31개의 현을

---

347) 2백 낭

348) 자자형刺字刑: 먹 글씨를 몸에 해 넣는 형벌.

349) 도불습유道不拾遺

350) 법을 비난하는 사람뿐만 아니라 법을 찬양하는 사람도 역시 법을 어지럽히는 사람들이라는 의미.

만들고 현령과 현승(縣丞)을 설치하였다. 이어서 전답을 정리하여 옛날의 논길과 경계를 새로 만들고 세금의 징수를 공평하게 하고, 도량형을 통일하였다. 시행 4년 째 공자 건이 또다시 법을 어겨 코를 베는 형벌에 처해졌다. 그리하여 그는 집 밖으로 한 발자국도 외출할 수 없는 신세가 되었다. 진나라는 점점 부강해졌다. 주나라의 천자는 제사에 바칠 고기를 효공에게 하사하였고[351] 제후들 모두 와서 축하하였다.

그 무렵 제나라는 손빈의 활약에 의해 마릉 전투에서 위나라를 격파하여 장군 방연을 죽이고 위나라의 태자를 포로로 잡았다.

이때 상앙이 효공에게 말했다.

"진나라와 위나라는 마치 뱃속의 병처럼 결코 공존할 수 없는 관계입니다. 오직 먹느냐 먹히느냐의 길만이 있을 뿐입니다. 무슨 이유이겠습니까? 위나라는 서쪽으로 숭산 준령을 배후로 하여 안읍(安邑)을 도읍으로 하였습니다. 진나라와는 황하를 사이에 두고 있으면서 동쪽의 지리적 이익을 독차지하고 있습니다. 형세가 유리하면 곧 서쪽으로 진나라를 공격하고 형세가 불리하면 곧 동쪽으로 토지를 확대합니다. 지금 진나라는 대왕의 현명함으로 인하여 이미 매우 강해졌습니다. 반대로 위나라는 제나라와의 싸움에서 대패당한 후 제후들도 모두 배반하였습니다. 우리는 이 기회에 위나라를 공격할 수 있습니다. 위나라는 우리의 공격을 견디지 못하고 동쪽으로 후퇴할 것입니다. 그렇게 되면 진나라는 황하와 화산이라는 천연의 요새를 장악함으로써 동쪽으로 제후를 통제할 수 있으며, 이는 제왕의 대업입니다!"

효공은 이 말에 찬성하고 즉시 상앙을 장군으로 삼아 위나라를 공격하였다. 이에 위나라는 공자 앙을 장군으로 하여 맞섰다. 양군이 대치하자 상앙은 사람을 시켜 공자 앙에게 한 통의 편지를 보냈다.

"내가 옛날 위나라에 있을 때 당신과 친하게 지내던 사이인데 이제 모두 양국의 장군이 되어 싸우게 되었구려. 그러니 차마 서로 공격하지 못할 처지가 되어버렸소. 그래서 당신과 서로 만나 평화와 화친의 조약을 맺고 기분 좋게 술을 마신 후 군사를 거둠으로써 양국이 편안하게 지내기를 바랄 뿐이오."

---

351) 이는 매우 영광된 특수 대우이다.

공자 앙은 그럴듯하게 여겨 찬성하고 서로 만나 주연(酒宴)을 열기로 하였다. 그러나 상앙은 그 자리에 군사를 매복시키고 있다가 공자 앙을 사로잡았다. 그러고는 위나라 군대를 공격하여 대승을 거뒀다.

위나라는 제나라와 진나라에게 계속 패하자 국력이 급속하게 몰락해갔다. 위나라 혜왕은 두려움에 떨었으며 그리하여 진나라에 사신을 보내 하서(河西)의 땅을 진나라에 떼어 주고 화평을 청하였다. 그러고는 수도를 안읍에서 동쪽의 대량(大梁)으로 옮겼다. 혜왕은 탄식해마지 않았다.

"내가 그때 공숙좌의 의견을 듣지 않은 것이 한스럽구나!"

상앙은 위나라를 격파한 후 그 공으로 상(商)과 어(於) 사이의 15개 읍을 받게 되었으며 이후 그는 상군(商君)으로 칭해졌다.

남의 말을 잘 듣는 것은 총(聰)이라 하고, 자신을 잘 성찰하는 것을 명(明)이라 한다

상앙이 진나라의 재상이 된 지 10년이 지나자, 공실귀족(公室貴族: 제후) 중 그를 원망하는 소리가 높았다. 이때 조량(趙良)이 상앙을 찾아왔다. 상앙이 물었다.

"내가 당신을 만날 수 있었던 것은 맹난고(孟蘭皐)의 소개에 의해서입니다. 지금 당신과 교제하고 싶습니다만 가능하시겠습니까?"

그러자 조량은 "제가 어찌 감히 그것을 바랄 수 있겠습니까? 공자의 말에 '현명한 자를 기용하면 윗자리에 나아갈 수 있으나, 현명하지 못한 자를 모아 임용하게 되면 왕업을 이룬 사람도 물러가게 만든다.'라고 하였습니다. 저는 재주가 없기 때문에 감히 명령에 따를 수 없습니다. 또 저는 '공이 없이 있어서는 안 될 지위를 차지하고 있는 것을 탐위(貪位)라 하고, 공이 없이 누려서는 안 될 명성을 향유하고 있는 것을 탐명(貪名)이라 한다.'고 들었습니다. 제가 당신의 뜻을 받아들인다면 지위를 탐욕스럽게 노리고 명성을 탐욕스럽게 노리는 사람이 될까 두렵습니다. 그러므로 감히 명령을 따르지 못하는 것입니다."라고 말하였다.

상앙은 "그대는 내가 진나라를 다스리는 방식을 좋지 않게 생각하오?"라고 물었다.

그러자 조량이 대답하였다.

"밖으로 남의 말을 잘 들을 수 있는 것을 귀가 밝다고 하며,[352] 안으로 자기 자신을 잘 성찰할 수 있는 것을 눈이 밝다고 하고[353] 자신의 욕망을 능히 절제하는 것을 강(强)하다고 합니다. 일찍이 순임금은 '스스로 겸양하고 낮추는 것이 존귀한 것이다'라고 말씀하셨습니다. 귀공께서 순임금과 같이 겸양의 도리를 행하지 않으신다면 저에게 물으실 필요가 없습니다."

이에 상앙이 말했다.

"처음에 진나라는 융족의 풍속에 젖어 있어 부자간에 구별도 없이 한 방에서 살고 있었소. 이제 내가 그 풍속을 바꾸어 남녀를 구별하고 따로 살도록 하였소. 그리고 궁궐도 위엄있게 지어 노나라나 위나라와 같이 만들었소. 그대가 보기에 내가 진나라를 다스리는 것이 오고대부 백리해[354]와 견주어 누가 더 능력이 있소?"

조량이 대답하였다. "천 마리 양의 가죽은 한 마리 여우의 가죽만 못하고 천 명의 아첨꾼은 바른말 하는 한 사람만도 못합니다. 주나라 무왕은 바른 말 잘하는 한 사람 때문에 성공했으나 은나라 주왕은 무조건 복종하는 사람들 때문에 망했습니다. 만약 귀공께서 무왕이 잘못했다고 생각지 않으신다면, 제가 하루 종일 직언을 할 때 형벌을 받지 않을 수 있습니까?"

상앙이 "속담에 '꾸미는 말은 꽃이고 진실된 말은 열매이며, 입에 쓰고 귀에 거슬리는 말은 약보다 좋고, 듣기 좋은 달콤한 말은 질병보다 나쁘다.'라는 말이 있소. 그대가 분명히 종일토록 직언을 할 생각이라면 곧 나에게 약이 될 터이니 나는 곧 그대의 도움이 필요하오. 그대는 구태여 거절할 필요가 있겠소?"라고 하자 조량은 다시 말을 이어나갔다.

"백리해는 초나라의 한낱 시골뜨기에 불과했지만, 진나라 목공이 현명하다는 소문을 듣고 그를 만나고 싶었으나 찾아갈 노잣돈이 없었습니다. 그래서 자신을 진나라 객상(客商)에게 팔아 남루한 옷을 입고 소를 먹이며 돈을 모으고 있었습니다.

---

352) 총聰
353) 명明
354) 백리해百里奚: 진나라 목공 때의 명 재상.

일 년이 지난 후, 이러한 사실을 안 목공이 소 먹이던 그를 채용하여 윗자리에 앉히니 백성들이 아무도 그것을 비난하지 않았습니다. 그는 7년 간 재상으로 있으면서 동쪽으로는 정나라를 정벌하였고, 세 번이나 진(晉)나라의 군주를 세웠으며 초나라를 위기에서 구한 적도 있습니다. 그가 전국에 어진 정치를 베푸니 이웃의 여러 부족이 앞을 다투어 스스로 복속하고자 했습니다.

백리해는 재상을 지내면서도 피곤하다고 수레에 앉지 않았고 덥다고 포장을 치지도 않았습니다. 또 여행할 때도 수레나 병사를 거느리지 않았습니다. 그러나 그의 공적을 기록한 문서는 지금도 창고에 보관되어 있으며 그의 덕은 후세에까지 전해지고 있습니다. 백리해가 죽었을 때는 모든 백성이 눈물을 흘렸으며, 어린아이들조차 노래를 부르지 않았고, 방아를 찧는 사람들도 흥얼거리지 않았습니다.

그런데 귀공은 처음에 총신 경감을 통하여 왕을 만난 것부터 이름을 쌓는 정도가 아니었습니다. 재상을 지내면서도 백성들을 위한 일은 하지 않고 대궐이나 크게 지었으니 그것을 공적이라 할 수 없습니다. 또 태자의 시종장과 스승에게 형벌을 가하고, 서슬이 퍼런 법으로 백성을 죽이고 다치게 하였으니 이는 결국 원망과 화를 쌓은 것입니다.

정교(政敎: 정치와 교육)로써 백성을 교화시키는 것은 임금의 명령보다 효과적이며, 백성들이 윗사람의 행위를 본받는 것이 임금의 명령을 집행하는 것보다 더 빠른 길입니다. 귀공은 지금 권위를 세우고 법제를 바꾸고 있지만 이는 백성을 가르치는 올바른 길이 아닙니다.

또 당신은 지금 진나라의 귀공자들을 더욱 박해하고 있습니다. 『시경』에 '쥐들도 모두 사지를 갖추고 있는데 어찌 사람이 예의가 없을 수 있는가? 사람으로서 예의가 없으면서 어찌 빨리 죽지 아니하는가?'라는 구절이 있습니다. 이 시에서 말하는 바로써 귀공이 해 오신 일을 관찰해 보면 진실로 오랫동안 살고 끝마무리를 잘하는 행위가 아닙니다. 공자 건이 코를 베이고 두문불출한 지도 이미 8년이 되었습니다.

『시경』에는 또 '인심을 얻으면 흥하고 인심을 잃으면 망한다.'는 구절이 있습니다. 몇 가지 일만으로도 귀공은 인심을 얻지 못했습니다. 귀공이 한 번 외출할 때면 수십 대의 수레가 따르고, 또 무장한 군사들을 가득 태우고 힘이 센 호위병을 수레에 태웠을 뿐 아니라 수레 곁에는 창과 방패를 든 병사들이 가까이 붙어서 달립니다. 그 중 하나라도 갖춰지지 않으면 당신은 결코 외출하지 않았습니다.

『시경』에는 '덕에 의지하는 자는 흥하고 폭력에 의존하는 자는 망한다.'는 말도 있습니다. 당신은 지금 마치 아침 이슬처럼 위태한 처지에 놓여 있습니다.[355] 그런데도 아직 장수하기를 원하십니까? 어째서 상으로 받으신 15개 읍을 돌려주고 전원으로 물러나 화초에 물을 주는 생활을 하지 않습니까? 동굴 속에 숨어 지내는 현인을 세상에 나오도록 왕에게 권하고, 노인을 봉양하고 고아를 기르며 부모와 형을 공경하고 공로 있는 자에게 알맞은 지위를 주고 덕 있는 자를 존중하지 않습니까? 이렇게 한다면 조금은 마음이 편해질 수 있을 것입니다. 그런데 귀공은 아직도 상(商)의 부유함을 탐내고 진나라의 정치를 농단하여 백성들의 원한을 사고 계십니다. 왕이 하루아침에 세상을 떠나시어 조정에 서지 못하시게 되면, 진나라에서 귀공을 잡아 체포하려는 자들이 어찌 적다고 하겠습니까? 당신의 파멸은 순식간의 일이 될 것입니다."

하지만 상앙은 이 말을 따르지 않았다. 그로부터 5개월 후, 효공이 죽고 태자가 즉위하였다. 그러자 상앙에게 형벌을 받고 복수의 날만을 기다리던 공자 건 등 눌려 지내던 많은 무리들이 일제히 나서 상앙이 반란을 꾀하고 있다고 고발하였다. 그리하여 상앙에 대해 체포령이 내려졌다. 상앙은 급히 도망쳐 함곡관에 이르러 여관에 묵고자 했다. 그러자 여관 주인은 "상군(商君)의 법에 증명서가 없는 사람을 재워 주면 벌을 받게 되어 있습니다."라면서 방을 줄 수 없다고 했다. 상앙이 크게 탄식하였다.

"법령을 제정한 폐단이 이제 이 정도까지 오다니!"

상앙은 밤길을 재촉하여 위나라로 도망쳤다. 그러나 위나라는 그가 공자 앙을 속이고 위나라 군대를 패배시켰던 일로 원망하고 있었기 때문에 받아들이지 않았다. 상앙이 다른 나라로 가려 하자 위나라는 "상앙은 진나라의 반역자이다. 지금 진나라가 저토록 강한데 그 반역자를 돌려보내지 않고 도망하게 그냥 놔둔다면 봉변을 당하게 될 것이다."라고 생각하여 상앙을 진나라로 추방했다.

---

355) 아침 이슬은 태양이 뜨면 곧 사라진다. 곧 위약조로危若朝露.

상앙은 진나라로 추방되자 그의 영지인 상읍(商邑)으로 가 가족들을 데리고 북쪽의 정나라로 가려 했다. 그러나 진나라는 군사를 동원해 상앙을 추적하여 드디어 정나라 면지(黽池)에서 상군을 살해하였다. 그의 시체는 진나라로 들려와 거열(車裂)[356]에 처해졌다. 그러고는 시체를 천하에 내걸어 "상앙처럼 모반하면 이렇게 되리라." 하며 경고했다. 또한 상앙의 가족들도 모두 처형되었다.

태사공은 말한다.

"상군(商君)은 천성이 각박한 사람이다. 그가 당초 제왕의 도로써 효공(孝公)의 신임을 얻었던 일을 관찰해 보면, 뿌리가 없이 겉만 번지르르하고 근거 없는 낭설에 불과한 것이지 그가 본래 가지고 있는 자질이 아니었다. 더구나 총신을 통하여 뒤로 들어가 임용되어 종실 공자 건(虔)을 처벌하였으며, 위나라 장군 앙(卬)을 속이고, 조량(趙良)의 충고를 따르지 않은 것은 모두 상군이 각박하고 은정(은혜로 사랑하는 마음)이 적었음을 충분히 증명해 준다. 나는 일찍이『개새(開塞)』와『경전(耕戰)』등 그의 저술을 읽어 본 적이 있었는데, 그 내용이 본인의 행적과 비슷하였다. 그는 결국 진나라에서 악명을 얻게 되었는데, 이는 그럴 만한 이유가 있다."

---

356) 마차에 사지를 매달고 사방으로 말을 몰아 몸을 찢어 죽이는 형벌.

24. 소진 열전
- 신의를 지키지 않는 사람이야말로 쓸모가 있다

소진의 언변은 웅장하면서 호방하고 날카로우면서 물 흐르듯 유려했으며 기세가 드높았다. 그것은 때로는 과장으로 혹은 비유로 혹은 대비를 활용하고, 때로는 형상을 대비하면서, 그리고 때로는 경전이나 고사를 인용하면서 때로는 감정에 호소하고 때로는 이성에 근거한 논리를 전개해나갔다. 그는 각국을 유세하면서 각기 다른 정황에서 상이한 논리로써 설복해나감으로써 마침내 일찍이 그 누구도 상상할 수 없었던 6국 합종을 이뤄냈다.

이러한 소진의 뛰어난 언변은 여기 「소진 열전」에서 사마천의 뛰어난 묘사로써 생생하게 현현(顯現)하여 독자들로 하여금 저절로 무릎을 치게 하는 논리력의 진수를 맛보게 한다.

합종책의 출발

소진(蘇秦)은 동주 낙양 사람으로 일찍이 제나라에 가서 귀곡(鬼谷) 선생에게 공부하며 유세술(游說術)을 배웠다. 그 후 소진은 몇 년 동안이나 천하를 돌아다니면서 뜻을 펴고자 했지만, 그를 기용하려는 사람은 아무도 없었다. 소진은 할 수 없이 초라한 행색으로 집으로 돌아와야만 했다. 그의 형, 동생, 형수, 여동생, 아내, 시첩 모두 몰래 비웃으며 말했다.

"주나라 사람들은 모두 분수에 맞게 자기 생업에 힘써 노력하여 10분의 2의 이윤을 얻는다. 지금 그는 도리어 이러한 가장 근본적인 사업을 포기하고 입만 놀리는 일을 하고 있다. 그래서 이 모양으로 초라하게 되었으니 참으로 쌤통이다!"

소진은 이러한 말을 듣고 마음속으로 대단히 부끄러워하며 스스로 마음이 크게 상했다. 그러고는 방문을 닫아걸고 사람을 만나려 하지 않았다. 그는 가지고 있는 모든 책을 꺼내 발분하여 모두 다시 읽었다.

"공부를 하는 한 서생으로서 이미 푹 파묻혀 공부를 하기로 결심하였지만 도리어 이러한 학문으로써 존귀하고 영광스러운 지위를 얻지 못하고 있다. 그렇다면 공부를 더 한다고 한들 또 무슨 소용이 있겠는가?"

그리하여 그는 자기 책 중에서 주서(周書) 『음부(陰符)』[357]라는 책을 찾아내고는 그 책을 완전히 독파하기로 하였다. 1년여가 지나서 그는 그 책을 통하여 여러 가지의 췌마술(揣摩術)[358]에 통달하게 되었다. 그는 스스로 "이 지식으로 당대의 군주들을 충분히 설득할 수 있다."라고 말했다.

그는 즉시 주(周)나라의 현왕을 찾아가 만나고자 했으나 왕의 측근들은 워낙 소진을 평소부터 잘 알고 있어 처음부터 아예 경멸하고 신뢰하지 않았다. 할 수 없이 그는 서쪽의 진나라로 갔다. 그런데 공교롭게도 이때 빈객을 잘 등용했던 진 효공이 이미 세상을 떠났다. 소진은 진 혜왕에게 권하였다.

"진나라는 동쪽으로 함곡관과 황하를 끼고 있으며 서쪽에는 한중(漢中), 남쪽은 파촉(巴蜀), 그리고 북쪽은 대(代)와 마읍(馬邑)이 있습니다. 이는 참으로 천연의 부고(府庫: 곳간)가 아닐 수 없습니다! 이제 진나라 백성들로써 군사적으로 엄격한 훈련을 한다면 충분히 각국을 병탄하고 천하의 제왕(帝王)으로 군림하실 수 있을 것입니다."

그러나 왕은 냉소적이었다.

"새도 깃털이 다 자라기 전에는 높이 날 수 없는 법이오. 아직 우리나라는 나라의 토대가 제대로 갖춰지지도 못했소. 다른 나라를 병탄한다는 것은 아직 생각지도 못할 일이오."

더구나 진나라는 상앙을 처형한 직후였기 때문에 유세객들을 대단히 싫어하였고 임용하지 않았다.

소진은 동쪽으로 가서 조나라에 당도하였다. 하지만 조나라에서도 소진은

---

357) 옛 병서로서 『전국책』에서는 강태공이 지은 것으로 기록되어 있으나 남아 있지 않다.
358) 일종의 독심술.

환영받지 못했다. 조나라 왕은 그의 동생 봉양군을 재상으로 삼고 있었는데 봉양군은 소진을 매우 싫어하였다.

소진은 조나라를 떠나 연나라로 가서 1년을 기다려서야 비로소 왕을 만날 수 있었다. 소진이 진언하였다.

"연나라는 동쪽으로 조선과 요동, 북쪽으로 임호(林胡)와 누번(樓煩), 서쪽으로 운중과 구원, 남쪽은 호타와 역수에 닿아 있습니다. 땅은 사방 2천여 리에 이르고 병력은 수십만입니다. 또한 전차가 6백 대, 군마(軍馬)가 6천 필이며 비축된 양곡은 충분히 몇 년을 버틸 수 있습니다. 설사 농경을 하지 않고 대추와 밤만 심어도 커다란 이익을 올리고 있습니다. 이러한 곳은 가히 천연의 부고(府庫)라 할 것입니다!

지금의 천하 정세를 살펴보면, 가장 안락하게 생업에 종사하고 전쟁이 없으며 병사들이 죽을 위험이 없는 나라로서 연나라와 비교할 수 있는 나라가 없습니다. 그런데 대왕께서는 그 이유를 아십니까? 연나라가 침략을 받지 않고 전쟁으로 훼손되지 않은 것은 바로 조나라가 연나라 남쪽의 장벽이 되어 주고 있기 때문입니다. 진나라와 조나라는 이제까지 다섯 번 싸워 두 번은 진나라가 이겼고 세 번은 조나라가 이겼습니다. 하지만 그 와중에 두 나라 모두 지치게 되었고 연나라는 뒤에서 능히 그들을 제어할 수 있었습니다. 이것이 연나라가 무사할 수 있었던 이유입니다. 만약 진나라가 연나라를 공략하려면 수천 리를 이동해야 하며 또 설사 연나라의 성을 일시적으로 점령한다고 해도 도저히 이를 영원히 수비할 수 없습니다.

다시 조나라가 연나라를 공격하는 형세를 살펴보면, 조나라가 공격 명령만 내리게 되면 채 열흘이 안 되어 조나라의 수십만 대군이 이미 국경 지대에 주둔할 수 있고 다시 4, 5일 만에 연나라의 도읍에 닿을 수 있습니다. 그러므로 진나라가 연나라를 공략하려면 천리 밖의 싸움이 되지만 조나라가 연나라를 공략하려면 백리 안의 싸움이 되는 것입니다. 지금 백리 안의 가까운 상대를 가볍게 생각하고 천리 밖의 멀리 떨어진 적을 중시한다면 매우 잘못된 책략이 아닐 수 없습니다. 그러므로 바라옵건대 대왕께서는 조나라와의 남북 합종을 맺고 천하 각국이 하나로 연합하십시오. 이렇게 되면 연나라는 두 번 다시 외환이 없게 될 것입니다. "[359]

연나라 왕이 고개를 끄덕였다.

"과연 그 말이 맞소. 그런데 우리 연나라는 작은 나라에 지나지 않고 밖으로는 조나라와 제나라라는 강대국과 국경을 맞대고 있소. 그대가 반드시 천하의 합종을 이루어 연나라를 평안하게 하고자 한다면 나는 국가를 그대의 계획에 맡기리다."

그러고는 소진에게 많은 마차와 황금 그리고 비단 등을 주어 조나라에 가서 유세하도록 하였다.

이때 조나라에서는 이미 봉양군이 세상을 떠난 뒤였다. 조나라에 도착한 소진은 조나라 왕을 만나 천하의 합종에 대한 계책을 제안하였다.

"천하의 재상과 신하 및 학문을 익힌 일반 평민들 모두 대왕을 인의를 행하실 수 있는 현군으로 추앙하고 있습니다. 오래 전부터 모두 대왕에게 충성을 다할 수 있고 대왕의 지도를 받기를 진심으로 희망해 왔습니다. 다만 봉양군이 대왕을 질시하여 대왕께서는 국사를 담당하실 수가 없었습니다. 그래서 일반 빈객이나 유세하는 선비들은 누구도 감히 대왕에게 충성을 다할 수 없었습니다. 그런데 지금 봉양군이 세상을 떠났으니 대왕께서는 지금처럼 백성들과 서로 친하실 수 있게 되었습니다. 그래서 신은 비로소 감히 어리석은 생각을 진언할 수 있게 되었습니다.

제가 대왕을 위하여 생각해 보면, 백성들로 하여금 안정된 삶을 살게 하는 것처럼 중요한 것이 없습니다. 백성들을 안정시키는 가장 근본적인 계책은 바로 우호국의 선택에 있습니다. 우호국을 정확하게 선택하면 백성들은 안정될 수 있고, 우호국을 잘못 선택하면 백성들은 안정을 얻을 수 없게 됩니다. 저에게 조나라의 외환(外患)에 관해서 말씀드리도록 허락해 주십시오.

만일 제나라와 진(秦)나라가 모두 조나라의 적국으로 된다면 백성들은 안정

---

359) 이것이 곧 소진의 합종책合縱策이다. 즉, 중원의 모든 나라들이 종[縱]으로 동맹하여 서쪽의 초강대국 진秦나라에 대항하자는 전략이다. 이에 반대되는 것은 바로 연횡책連橫策으로서 진나라와 횡[橫]으로 연합하여 진나라의 보호 하에 국가의 존립을 추구하자는 전략이며, 그 주장의 대표는 소진의 친구 장의였다.

을 얻을 수 없을 것입니다. 또 만약 진나라에 의지하여 제나라를 공격하면 백성들은 안정을 얻을 수 없을 것이며, 제나라에 의지하여 진나라를 공격하면 백성들은 역시 안정을 얻을 수 없을 것입니다. 그러므로 다른 나라의 군주를 모해하려고 하거나 다른 나라를 공격하는 그러한 중대한 일은 항상 사람들로 하여금 머뭇거리게 만듭니다. 왜냐하면 그러한 일은 반드시 먼저 이 국가와 다른 국가와의 외교 관계를 단절시켜야 하기 때문입니다. 저는 대왕께서 신중한 태도를 취하여 절대로 쉽게 말씀하시지 않기를 바랍니다. 지금 대왕을 위하여 흑백과 음양(陰陽)을 구별하는 것처럼 분명히 상이한 조나라의 이해(利害) 관계에 대하여 분석을 하도록 윤허하여 주시옵소서.

대왕께서 진실로 저의 건의를 받아들이신다면, 연나라는 반드시 모직물, 갖옷, 개, 말 등이 생산되는 땅을 바칠 것이고, 제나라는 반드시 물고기와 소금이 생산되는 해역(海域)을 바칠 것입니다. 그리고 초나라는 반드시 귤과 유자가 생산되는 전원을 바칠 것이고, 한(韓), 위(魏), 중산(中山) 등의 나라 역시 토지를 바쳐 조나라 귀족 대신들이 세금을 걷는 사읍(私邑)으로 삼도록 할 것입니다. 그렇게 되면 대왕의 존귀한 친척과 부형 모두 제후에 봉해질 수 있을 것입니다. 무릇 다른 나라들로 하여금 토지를 바치게 하여 이러한 엄청난 이익을 획득하는 것은 춘추오패가 군대가 훼손되고 장수가 포로로 되는 위험을 무릅쓰고 추구했던 바입니다. 자기의 친척을 제후로 봉하게 하는 이러한 이익은 은 탕왕이나 주 무왕이 군주를 시해하는 오명조차도 무릅쓰고 얻으려 했던 것입니다. 지금 대왕께서 팔짱을 낀 채로 이 두 가지를 모두 얻으실 수 있도록 하려는 것이 제가 대왕을 위해서 실현시키고자 하는 일입니다.

지금 대왕께서 진(秦)나라를 지원하신다면 진나라는 틀림없이 한나라와 위나라를 쇠약하게 할 수 있을 것이고, 만일 제나라를 지원하신다면 제나라는 반드시 초나라와 위나라를 쇠약하게 할 수 있을 것입니다. 위나라가 쇠약해지면 하외(河外)의 땅을 진나라에 갈라줄 것이고, 한나라가 약해지면 의양을 진나라에 바칠 것입니다. 의양을 바치면 상군(上郡)에 이르는 길이 끊어질 것이고 하외를 갈라주면 상군으로 통하는 길이 막히게 될 것입니다. 초나라가 쇠약해지면 조나라는 지원을 잃게 될 것입니다. 이 세 가지 측면의 대책은 심사숙고하지 않을 수 없는 것입니다.

만약 진(秦)나라 군사가 지도(軹道)를 공격하여 취하면 남양은 위험하게 될 것이고, 남양을 점령하여 주나라 수도를 포위하면 조나라는 무기를 들고 스스로 지키게 될 것이며, 위나라를 차지하여 권읍(卷邑)을 취하면 제나라는 반드시 진(秦)나라에게 스스로 신하의 나라가 될 것입니다. 진나라의 탐욕은 이미 산동의 각 나라로부터 어느 정도 만족을 얻었으므로 반드시 병사를 일으켜 조나라를 공격할 것입니다. 진나라 군대가 황하를 건너고 장하(漳河)를 넘어 파오(番吾)를 점거하면 진과 조 두 나라의 군대는 반드시 한단성 아래에서 교전하게 될 것입니다. 이것이 바로 신이 대왕을 위해서 걱정하는 바입니다.

지금 산동 일대의 나라들 가운데 조나라보다 강대한 나라는 없습니다. 조나라의 영토는 사방 2천여 리에 무장 병사는 수십만 명, 그리고 전쟁용 수레는 천대나 되며 군마(軍馬)는 만 필이나 있고, 여기에 식량은 몇 년을 버틸 수 있을 만큼 풍부합니다. 서쪽으로는 상산(常山)이 있고 남쪽으로는 장하가 있으며 동쪽으로는 청하(淸河)가 있고 북쪽으로는 연나라가 있습니다. 연나라는 본래 약소국으로 두려워할 존재가 못 됩니다. 진(秦)나라가 천하에서 해로운 존재로 여기는 것 중 조나라만한 나라가 없습니다. 그러나 진나라가 감히 병사를 내어 조나라를 공격하지 못하는 까닭은 무엇이겠습니까? 한나라와 위나라가 배후에서 힘을 합치지 않을까 두렵기 때문일 것입니다. 그러므로 한과 위나라는 조나라의 남쪽 방벽인 셈입니다. 진나라가 한과 위나라를 공격하려면 큰 산이나 강이 없으므로 누에가 뽕잎을 갉아 먹듯이 점진적으로 그들의 땅을 차지하여 도읍까지 이르게 될 것입니다. 한과 위나라는 진나라에 저항할 수 없으므로 반드시 칭신(稱臣)하면서 굴복할 것입니다. 진나라로서는 한과 위나라가 견제하는 힘이 없다면 진나라의 전란의 화는 반드시 조나라로 집중될 것입니다. 이것이 바로 신이 대왕을 위해서 걱정하는 바입니다.

신이 듣기로는 요임금은 몇 명의 부하도 없었고 순임금은 지척(咫尺: 가까운 거리)의 땅도 없었지만 모두 천하를 차지하였고, 우임금은 채 백 명이 되지 않는 부하들만으로 오히려 천하 제후를 통치하였습니다. 또 탕왕과 무왕의 사병은 3천 명에 미치지 못하고 전차는 3백 대가 안 되었으며 군대는 3만에 이르지 못하였지만 오히려 천자의 자리에 올랐습니다. 이는 모두 그들이 천하를 다스리는 방법을 확실하게 알고 있었기 때문입니다. 그러므로 현명한 군주는 밖으로 적의 강약을 헤아릴 줄 알고 안으로 자기 병사들의 자질의 우열을 잘 알아 양측 군대의 접전을 기다릴 필요도 없이 승패와 존망의 여부가 이미 가슴속에 있게 됩니다. 어찌 일반 사람들의 말에 가려 분명하지 못한 태도로 대사를 결정하겠습니까!

신이 천하의 지도(地圖)를 근거로 하여 생각해 보니, 제후들의 땅은 진(秦)나라보다 다섯 배나 되고 제후의 사병을 헤아려 보니 진나라보다 열 배나 됩니다. 여섯 나라가 하나가 되어 힘을 합쳐 서쪽으로 진나라를 공격하면 진나라는 반드시 패할 것입니다. 그러나 지금 모두 이렇게 하지 않고 도리어 서쪽으로 향하여 진나라를 섬겨 진나라의 신하가 되고 있습니다. 다른 사람을 공략하는 것과 다른 사람에게 공략을 당하는 것, 다른 사람을 신하로 만드는 것과 다른 사람의 신하가 되는 것을 비교해 본다면, 이 두 가지 형세의 우열을 어떻게 함께 논할 수 있습니까!

지금 연횡(連橫)을 주장하여 진나라를 섬기려는 사람은 모두 각 제후국의 토지를 떼어 진(秦)나라에 주려고 합니다. 만약 진나라가 천하 병탄에 성공하게 되면 누대와 정각을 아주 높이 짓고 궁전을 더욱 화려하게 꾸미며 생황과 거문고 등 각종 음악을 즐길 것입니다. 앞에는 누각과 궁궐 및 아름다운 수레가 있고 뒤에는 날씬하고 아름다운 수많은 미녀들이 있습니다. 각 제후국은 진나라에게 재난을 입었지만 그들은 도리어 아무것도 걱정하지 않습니다. 그러므로 연횡을 주장하는 사람은 밤낮으로 진나라의 권위를 이용하여 제후들을 협박함으로써 땅을 떼어갑니다. 저는 대왕께서 이 문제를 자세히 생각해 보시기를 희망합니다.

신은 현명한 군주는 의심나는 것에 대해서 결단을 내리고, 참언을 버리고 떠도는 말의 흔적을 끊어 버리며, 결당(結黨: 도당을 결성함)하여 사리를 꾀하는 문을 막아 버리는 데 뛰어나다고 들었습니다. 그렇기 때문에 신은 비로소 대왕의 면전에서 충성스러운 마음으로써 군주를 존귀하게 만들고 영토를 확대시키며 병력을 증강시키는 계책을 진술할 수 있습니다.

신이 대왕을 위해서 계략을 세워 보면, 합종하여 한, 위, 제, 초, 연, 조 나라가 하나로 연합하여 진(秦)나라에 대항하며, 아울러 천하의 장수와 재상들을 원수(洹水)가로 모이도록 하여 서로 인질을 교환하고 백마를 바치며 맹약하는 것이 가장 좋습니다. 그리고 서로 이렇게 맹약하도록 해야 합니다.

'진나라가 만일 초나라를 공격한다면 제나라와 위나라는 각기 정예 부대를 파견하여 초나라를 지원하고 한나라는 진나라의 식량 운송로를 차단시키며, 조나라는 장하를 건너서 서남쪽에서 지원하고 연나라는 상산 북쪽 지역을 지킨다. 진나라가 만일 한과 위나라를 공격한다면, 초나라는 진나라의 퇴로를 끊고 제나라는 정예 부대를 파견하여 한과 위나라를 지원하며 조나라는 장하를 건너서 지원하고 연나라는 운중(雲中) 일대를 지킨다. 진나라가 만일 제나라를 공격하면, 초나라는 진나라의 퇴로를 끊고 한나라는 성고를 지키며, 위나라는 하내(河內)의 길을 막고 조나라는 장하와 박관을 건너 원조하며, 연나라는 정예 부대를 파견하여 제나라를 지원한다. 진나라가 만일 연나라를 공격한다면, 조나라는 상산을 지키고 초나라는 무관(武關)에 군대를 주둔시키며, 제나라는 창주에서 강을 건너 영주에서 지원하고 한나라와 위나라는 모두 정예 부대를 파견하여 연나라를 원조한다. 진나라가 만일 조나라를 공격하면, 한나라는 의양에서 출정하고 초나라는 무관에서 출정하며 위나라는 하외(河外)에서 출정하고 제나라는 청하를 건너며 연나라는 정예 부대를 파견하여 조나라를 원조한다. 각 나라가 맹약에 따라 일을 처리하지 않으면, 다섯 나라의 군대가 공동으로 그 나라를 공격한다.'

여섯 나라가 합종연맹을 하여 공동으로 진나라에 대항하면, 진나라의 군대는 반드시 감히 함곡관(函谷關)을 나와 산동을 위협하지 못할 것입니다. 이와 같게 되면 천하의 우두머리가 되는 사업은 성공하게 됩니다."

조나라 왕은 이 말을 듣고 크게 기뻐하였다.

"과인이 아직 나이가 어리고 왕위를 물려받은 지 얼마 안 되었고, 지금까지 국가를 다스리는 장기적인 계획을 말해 주는 사람도 없었소. 지금 그대의 말을 들으니 과연 천하를 온전히 보존하고 제후국이 안정할 수 있겠소. 과인은 성실하게 국가를 그대에게 위임하리라."

조나라 왕은 소진에게 수레 백 대, 황금 천 일(鎰), 백옥 백 쌍, 비단 천 필을 갖추어 소진으로 하여금 각 제후들을 설득시키도록 하였다.

그런데 이 무렵 진나라가 위나라를 격파하고 계속하여 조나라까지 공격하려 하고 있었다. 그러자 소진은 조나라가 공격받게 되면 합종의 맹약이 채 이루어지기도 전에 깨지게 될 것을 걱정해 책략을 써서 장의를 진나라 왕의 고문으로 등용시켜 침략을 막게 하였다.

닭의 머리가 될지언정 소꼬리는 되지 말라

소진은 이번에는 한(韓)나라로 가서 한왕을 설득하였다.

"천하의 강궁(強弓)과 모든 석궁(石弓)은 한나라에서 만들어지며 한나라 병사들이 활을 쏘면 먼 거리에서도 가슴을 꿰뚫고 심장을 멈추게 합니다. 또 천하의 명검들이 모두 한나라의 명산(冥山)에서 만들어져 뭍에서는 소와 말을, 물속에서는 고니와 기러기를 베며, 적군을 만나서는 견고한 갑옷도 베어 버립니다. 용맹스럽기로 소문난 한나라 병사들이 굳센 활을 메고 예리한 칼을 차고 싸운다면 반드시 일당백의 전과를 거두게 될 것입니다. 이와 같은 용감한 군사력과 대왕의 현명함을 갖추고 계시면서도 진나라를 섬기며 복종하는 것은 천하의 웃음거리가 될 뿐입니다.

속담에 '닭의 머리가 될지언정 소꼬리는 되지 말라'[360]는 말이 있습니다만 지금 두 손을 모아 진나라를 섬긴다면 그것이야말로 소꼬리가 아니고 무엇이겠습니까? 대왕의 현명함을 가지시고도 소꼬리라는 오명을 뒤집어쓰게 된다면 정말 안타까운 일이 아닐 수 없습니다."

한나라 왕은 얼굴이 붉게 상기되어 팔을 걷어붙이고 칼을 쓰다듬더니 하늘을 우러러 탄식했다.

"내가 비록 불초한 몸이지만 결코 진나라에 고개를 숙이지 않겠소. 이제 그대에게서 조나라 왕의 이야기를 들었으니 나 또한 그렇게 하리다."

소진은 또 위 양왕(魏襄王)을 만나 다음과 같이 설득하였다.

"대왕의 국토는 남쪽으로는 홍구(鴻溝), 진(陳), 여남(汝南), 허(許), 언(鄢), 곤양(昆陽)이 있고 동쪽으로는 회하와 영수(潁水)가 있습니다. 그리고 서쪽으로는 장성(長城)을 경계로 하고 북쪽으로는 황하 남서쪽에 권(卷), 연(衍), 산조(酸棗)가 있어 국토는 사방으로 천리입니다. 땅은 비록 작지만 마을과 농지가 매우 밀집되어 있어 목축할 만한 곳조차도 없습니다. 백성이 많고 수레와 말이 많아서 밤낮으로 왕래하여 끊일 사이가 없으며, 그것이 지나가는 소리가 요란하여 마치

---

360) 영위계구, 무위우후寧爲鷄口, 無爲牛後

삼군(三軍)의 병사가 행진하는 것 같습니다.

제가 잠시 살펴보니 대왕의 국가의 힘은 초나라보다 작지 않습니다. 그러나 연횡을 주장하는 사람들은 대왕을 위협하여 호랑이나 이리처럼 흉악한 진(秦)나라와 교류하여 천하를 취하도록 하려고 하고, 끝내는 진나라가 대왕의 국가를 해롭게 할 우려가 있는데도 그 재앙을 돌아보지 않고 있습니다. 강대한 진나라의 세력에 의지하여 안으로는 다른 나라의 군주를 위협하니 실로 이보다 중대한 죄는 없습니다. 위나라는 천하의 강국이고, 대왕은 천하의 현명한 국왕이십니다. 그런데도 지금 대왕께서 서쪽으로 진나라를 섬겨 진나라 동쪽의 속국으로 봉해지고, 진나라를 위해서 수렵 용도의 행궁(行宮)을 건축하며 진나라의 문물 제도를 받아들이고 봄과 가을마다 진나라에 공물을 바쳐 진나라 제사를 돕고 있습니다. 저는 개인적으로 대왕을 위하여 너무도 부끄럽게 생각합니다.

월왕 구천은 피로한 병사 3천 명으로 오왕 부차를 사로잡았고, 주 무왕은 병사 3천 명과 전차 3백 대를 가지고 목야(牧野)에서 주왕을 격퇴하였습니다. 그들이 병사의 수가 많은 것에 의지하였겠습니까? 아닙니다. 단지 그들은 자신들의 위력을 충분히 발휘하였을 뿐입니다. 저는 지금 대왕의 군사력의 실제 상황에 대하여 들었는데 정예 병사가 20만이고 창두(蒼頭)부대[361]가 20만이며, 돌격부대 20만, 잡역부 10만, 전차 6백 대, 군마 5천 필이 있다고 하였습니다. 이것은 월왕 구천과 주 무왕의 병력을 훨씬 넘어서는 것입니다. 지금 대왕께서는 신하들의 말을 듣고 신하의 신분으로 진나라를 섬기려고 하십니다. 만일 진나라에 복종하여 섬기려면 반드시 토지를 쪼개주어 충성을 표시해야만 되는데, 이것은 무력을 사용하지도 않고 국가의 역량이 하루아침에 사라지는 것입니다. 무릇 신하들 중에서 진나라에 복종하여 섬길 것을 건의하는 자들은 모두 간신이지 충신이 아닙니다. 그들은 군주의 신하로서 자기 군주의 토지를 나누어 외국과의 우의 관계를 구하여 일시적인 성공만을 구하고 그 결과는 돌아보지 않는 자들입니다. 국가의 이익을 파괴하여 개인적인 성취를 이루고, 밖으로는 강대한 세력에 의지하고, 안으로는 자기의 군주를 위협하며 토지를 나누어 줄 것을 구하는 것이기 때문입니다. 대왕께서 이 점을 분명하게 살펴보시기를 희망합니다.

---

361) 결사대를 가리킨다.

『주서(周書)』는 '처음에 싹을 자르지 않아 덩굴이 기다랗게 얽히는 것을 어떻게 하겠는가? 작을 때 베지 않으면 장차 도끼를 사용해야 한다'라고 하였습니다. 사전에 깊이 생각하지 않고, 사후에 큰 화가 이르면 어떻게 하시겠습니까? 대왕께서 만일 저의 의견을 들으시고 여섯 나라가 합종하여 전심전력으로 뜻을 통일하면 강력한 진나라의 침입을 만나지는 않을 것입니다. 때문에 저희 조나라 왕께서는 저를 보내시어 어리석은 계책을 제시하고 분명한 공약을 받들도록 하였습니다. 대왕의 분부에 따라 사람들을 부르겠습니다."

위나라 왕은 "과인은 현명하지 못하여 일찍이 훌륭한 가르침을 들은 적이 없었소. 지금 그대는 조나라 왕의 사명을 가지고 와서 과인을 계도하였소. 나는 신중하게 위나라가 당신을 따르기를 원하오."라고 대답하였다.

소진은 이번에는 동쪽으로 제나라로 가서 선왕을 설득하였다.

"제나라는 남쪽에 태산, 동쪽에 낭야가 있고 서쪽에 청하, 북쪽에 발해가 있으니 이야말로 사방이 요새로 둘러싸인 나라입니다. 제나라의 땅은 사방 이천 리나 되고 무장한 군대가 수십 만에 군량미는 산더미같이 쌓여 있습니다. 3군의 정예군과 5대 도시를 지키는 정병들은 공격할 때는 예리한 칼과 화살처럼 빠르고 전투가 벌어졌을 때는 천둥 번개와 같고 후퇴할 때는 비바람처럼 빠릅니다. 전쟁이 있고 난 뒤 태산 이남의 군대를 조달한 적이 없고 또 청하와 발해를 건너 병졸을 징발할 필요도 없습니다.

제나라 수도인 임치는 천하에서 가장 큰 도시로서 자그마치 7만 호가 있으니, 제 생각에 한 집에 세 사람의 남자만 있다고 하면 멀리 군대를 징발할 필요도 없이 임치의 군사만 징발하더라도 벌써 21만이 됩니다. 더구나 임치는 매우 부유하고 튼실한 도시입니다. 임치 사람으로서 피리를 불지 못하거나 거문고를 타지 못하거나 축을 두드리지 못하는 사람이 없으며 또한 닭싸움, 개 경주, 윷놀이, 공차기 등을 즐기지 않는 사람이 없습니다. 임치의 길은 매우 분주하고 번성해서 수레가 서로 부딪치고 사람들이 너무 많아 어깨가 서로 부딪칠 정도이며 옷자락이 이어지면 마치 휘장을 친 것 같고 치마가 날리면 마치 천막 같으며 땀을 뿌리면 비가 오는 듯합니다.[362] 이렇게 집집이 번창하고 사람들은 너그러우며 기개가 높습니다.[363] 그러므로 대왕의 현명하심과 제나라의 굳센 힘으로 잘 대처해 나간다면 천하에 대항할 나라가 없습니다. 그런데 지금 이러한 제나라가 진나라를 섬기려 하고 있음은 매우 유감스러운 일이 아닐 수 없습니다.

한나라와 위나라의 경우에는 진나라와 전쟁을 하게 된다면 열흘 안에 승패가 결정될 것입니다. 그러나 한나라와 위나라는 설사 승리한다 해도 병력의 반을 잃을 것이므로 이후 나라의 변방을 지킬 수 없게 됩니다. 더구나 싸움에서 패배할 때는 결국 멸망당할 수밖에 없을 것입니다. 이 때문에 한나라와 위나라는 진나라와의 싸움을 두려워하고 진나라를 기꺼이 섬기려는 것입니다.

하지만 제나라의 경우는 그와 다릅니다. 진나라가 제나라를 공격하게 되면 한나라와 위나라를 뒤에 둔 채 강보다 험고한 요새를 통과해야만 합니다. 그 길은 수레 두 대가 비켜갈 수 없고 기병도 두 줄로 행군할 수 없습니다. 백 사람이 지키고 있으면 천 사람이라도 지나갈 수 없는 천혜의 요새인 것입니다. 따라서 진나라는 깊이 공격해 들어오고 싶어도 자꾸만 뒤를 돌아보게 되고 또한 한나라와 위나라가 배후에서 공격하지 않을까 걱정이 끊일 수 없는 것입니다. 이러한 연유로 인하여 진나라는 정작 쳐들어오지 못하면서 허세로만 위협하고 교만하게 거드름을 피울 뿐 감히 공격하지 못하는 것입니다. 이처럼 진나라가 제나라를 해칠 수 없다는 것은 명백한 사실입니다. 그럼에도 불구하고 진나라를 두려워하면서 무조건 복종하려 드는 것은 극히 잘못된 일이 아닐 수 없습니다. 그러므로 저의 합종책에 따르시면 진나라에 굴복하는 오명을 벗고 나라를 튼튼히 지켜나갈 수 있는 것입니다. 아무쪼록 대왕께서 깊이 생각하시길 바랄 뿐입니다."

그러자 제나라 왕은 말했다.

"과인이 어리석고 멀리 동쪽 바닷가의 외진 나라를 지키고 있다 보니 그대의 가르침을 들을 기회가 없었소. 이제 그대가 조왕의 지시로써 나를 계도하니 나는 적극적으로 나라를 맡겨 그대를 따르리다."

---

362) 휘한성우揮汗成雨.
363) 소진의 화려한 과장법이 유려하게 펼쳐지고 있음을 발견할 수 있다.

이어서 소진은 서남쪽으로 가서 초 위왕(楚威王)에게 다음과 같이 유세하였다.

"초나라는 천하의 강국이고, 대왕은 천하의 현명한 국왕이십니다. 초나라는 서쪽으로는 검중(黔中)과 무군(巫郡)이 있고 동쪽으로는 하주(夏州)와 해양(海陽)이 있습니다. 그리고 남쪽으로는 동정호와 창오(蒼梧)가 있고, 북쪽으로는 형색(陘塞)과 순양(郇陽)이 있으며 국토는 사방으로 5천 리입니다. 무장한 부대는 백만이며 전쟁용 수레는 천 대이고 군마는 만 필이며 식량은 10년을 견딜 수 있습니다. 이는 충분히 패왕(제후의 우두머리 왕)으로 될 수 있는 토대입니다. 초나라의 강대함과 대왕의 현명하심에 의지하면 천하에서 당할 수 있는 자는 없습니다. 지금 대왕께서 서쪽으로 향하여 진나라를 섬기려고 한다면, 모든 제후들은 서쪽으로 기울어 진나라의 장대궁(章臺宮)[364] 아래 입조하러 줄을 서게 될 것입니다.

진나라가 두려워하는 나라로는 초나라만한 경우가 없습니다. 초나라가 강해지면 진나라가 약해지고, 진나라가 강해지면 초나라가 약해집니다. 쌍방의 세력은 양립할 수 없습니다. 지금 저는 대왕을 위해서 계략을 생각하였는데, 합종하여 친교를 맺는 것만큼 진나라를 고립시키는 것은 없습니다. 대왕께서 합종하여 친교를 맺지 않으시면, 진나라는 반드시 양군(兩軍)을 일으켜 한쪽 군대는 무관으로 출격시키고 다른 한쪽 군대는 검중으로 내려오게 함으로써 언영(鄢郢) 일대를 동요시킬 것입니다.

신은 모든 일은 혼란스럽게 되기 전에 다스리고, 해로운 일은 발생하기 전에 제어해야 한다고 들었습니다. 우환이 닥친 후에 이것을 근심하면 아무런 소용이 없습니다. 그러므로 대왕께서는 이 점을 빨리 숙고하시기를 희망합니다.

대왕께서 만일 진실로 제 의견을 들으실 수 있다면, 저는 산동의 각 나라를 불러 대왕께 사계절의 예물을 바치고, 대왕의 영명한 지시를 받아들이도록 하며, 국가를 대왕께 의탁하게 하고 왕족의 운명을 대왕께 맡기며, 병사를 훈련시키고 무기를 만들어 대왕의 지휘에 따르게 하겠습니다. 대왕께서 진실로 신의 어리석은 계책을 사용하실 수 있다면 한, 위, 제, 연, 조, 위나라의 절묘한 음악과 미녀가 반드시 대왕의 후궁에 가득 찰 것이고, 연과 대(代)에서 생산되

---

364) 진왕의 별궁. 이궁離宮

는 낙타와 훌륭한 말로 대왕의 마구간을 가득 채울 것입니다. 그러므로 합종이 성공하면 초나라가 천하의 왕으로 칭해지고, 연횡이 이루어지면 진나라가 천하의 제왕이 되는 것입니다. 지금 대왕께서 패왕의 사업을 버리고 다른 사람을 섬기는 오명을 쓰려고 하시니, 대왕을 위하는 저로서는 그렇게 할 수 없습니다.

지금 진나라는 호랑이나 이리와 같은 나라로 천하를 집어삼킬 야심을 품고 있습니다. 진나라는 천하의 원수입니다. 연횡을 주장하는 사람들은 모두 각 나라의 토지를 분할하여 진나라에 바치려고 하는데, 이것은 원수를 존경하고 적을 공경하도록 하는 것입니다. 대개 다른 사람의 신하가 되어 그 토지를 떼어 주고 밖에 있는 흉악한 호랑이나 늑대와 같은 진나라와 교섭을 벌여 그로 하여금 다른 나라를 침략하게 하는 자는 자신의 국가가 갑자기 진나라의 침입을 받았을 때 오히려 자신의 재앙을 돌보지 않게 됩니다. 밖으로 강대한 진나라의 권세에 의지하며 안으로 자기의 군주를 위협하여 토지를 나누어 진나라에 주도록 요구하는 것은 이보다 더 국가를 배반하고 군주에게 불충하는 일이 없습니다. 그러므로 만일 합종하여 서로 우호를 맺게 되면 각국은 토지를 나누어 초나라를 섬길 것이고, 연횡이 성공하면 초나라는 토지를 떼어 진나라를 섬겨야 할 것입니다. 이 두 가지가 책략의 높고 낮음에는 서로 거리가 있습니다. 이 양자 중 대왕께서는 어느 쪽에 서시겠습니까? 그러므로 저희 조나라 왕께서 저를 파견하여 어리석은 계책을 올려 명확한 공약을 받아오도록 하셨습니다. 그것은 모두 대왕께서 사람들을 깨우치는 데 달려 있습니다."

그러자 초나라 왕은 "우리나라는 서쪽으로 진나라와 국경을 접하고 있소. 진나라는 파(巴)와 촉(蜀)을 탈취하여 한중(漢中)을 병탄(합병)할 야심을 품고 있소. 진나라는 호랑이나 이리와 같은 나라이니 그와 화친할 수 없소. 한과 위는 항상 진나라의 침략의 위협을 받고 있으므로 그들과는 대사를 논의할 수 없소. 만일 그들과 대사를 모의한다면, 아마 그들이 우리를 배반하고 진나라에 붙을 것이오. 이와 같이 되면 계략을 실행하기도 전에 국가는 위험해질 것이오. 스스로 생각해 보았는데, 초나라가 진나라를 감당하는 것은 승산이 없소. 조정에서 신하들과 상의해도 기대할 것이 없소. 그래서 나는 침상에서 편안히 누워 자지 못하고 음식을 먹어도 단맛을 느끼지 못하며 마음은 걸어놓은 깃발처럼 흔들려 의지할 곳이 없소. 지금 그대가 천하를 통일하기 위해서 각 제후국을 단결시켜 멸망의 위기에 처해 있는 국가를 보존하려고 하니, 과인은 나라를 그대에게 의탁하고 그대의 의견을 따르기를 원하오."라고 응답하였다.

소진, 6국 재상의 자리에 오르다

이렇게 하여 여섯 나라는 마침내 모두 합종을 성립시키고 역량을 집중하게 되었다. 소진은 합종의 맹약의 장(長)이 되고 아울러 여섯 나라의 재상을 겸임하였다.

어느 날 그가 북쪽의 조나라 왕을 만나러 가던 도중 고향 낙양을 지나게 되었는데 각국에서 받은 선물을 실은 수레가 줄을 이었기 때문에 모두 왕의 행차로 생각하였다. 주나라 현왕은 전에 그를 냉대하였던 적이 있으므로 공연히 마음이 편치 않아 사신을 보내 환영하고 그 노고를 치하했다. 소진의 형제와 형수들은 감히 쳐다보지도 못했으며 엎드려 기면서 식사 시중을 들었다. 소진이 웃으며 형수에게 말했다.

"전에 그렇게 나무라시더니 지금은 이토록 공손하시오?"

형수는 얼굴을 땅에 대고 사과했다.

"시동생님의 지위가 높아졌고 부자가 되었기 때문입니다."

소진은 탄식하였다.

"똑같은 사람을 두고서 친척마저도 부귀해지면 우러러 보고 가난해지면 업신여기는구나. 하물며 남들이야 오죽하겠는가! 만약 그때 내게 조금만큼이라도 재산이 있었던들 어찌 여섯 나라의 재상이 될 수 있었으랴!"

그는 1천 금(金)을 친척들과 친구들에게 나누어 주었다. 그리고 옛날 연나라에 갈 때 백 전을 꾸어 여비로 쓴 적이 있었는데 그것을 1백 금으로 갚았다. 그리고 일찍이 그에게 여러 가지로 은혜를 베풀었던 사람들에게 보답을 하였다. 그런데 그의 시종들 중 유독 한 사람만 보수를 받지 못하여 그 사실을 고하자 소진은 "나는 결코 너를 잊지 않았다. 너는 처음 나를 따라 연나라로 갔을 때, 역수(易水)에서 두세 번 나를 버리려고 하였는데, 그때 나는 곤란한 처지에 놓여 있었기 때문에 너를 매우 원망하였다. 그 때문에 너를 맨 뒤로 미루었던 것이

소진, 6국 재상이 되어 고향에 돌아오다.

다. 너에게도 지금 보수를 주겠다."라고 대답하였다.

소진은 여섯 나라의 합종을 완성한 다음 조나라로 돌아왔다. 조나라 왕은 소진에게 봉읍(封邑)을 주어 무안군이라 칭했으며 6국 합종의 사실을 진나라에게 통보하였다.

그 뒤 진나라는 무려 15년 동안이나 함곡관 밖으로 나오지 못했다.

그 후 진나라는 제나라와 위나라를 꾀어 조나라를 쳐서 합종을 깰 계획을 마련하였다. 드디어 제나라와 위나라가 조나라를 공격하자 조나라 왕은 소진을 크게 꾸짖었다. 소진은 두려워하여 연나라에 사신으로 가게 해 달라고 청하고 가서 반드시 제나라에 보복하겠다고 하였다. 소진이 조나라를 떠난 이후 결국 천하의 합종책은 와해되고 말았다.

한편 진나라는 연나라를 자기편으로 끌어들이기 위해 연나라 태자에게 공주를 시집보냈다. 바로 그 해에 연나라 왕이 죽고 태자가 새로운 왕이 되었다. 그런데 제나라는 연나라가 상중(喪中)인 틈을 타서 연나라를 공격, 열 개의 성을 점령하는 사건이 벌어졌다. 그러자 연나라 왕은 소진을 불러 비난하였다.

"선생이 처음 연나라에 왔을 때 선왕께서 여비를 주어 조나라 왕을 만나게 하였고 그 결과 6개국 합종이 이뤄졌소. 그런데 지금 제나라는 조나라를 치고 마침내 연나라까지 치게 되었으니 선생 때문에 우리는 앉아서 땅을 빼앗겼소. 선생은 우리의 빼앗긴 땅을 찾아 올 수 있겠소?"

소진이 이 말을 듣고 대단히 부끄러워하며 말했다.

"제가 반드시 되찾아 오겠습니다."

소진은 제나라 왕을 만나 재배를 하고 머리를 숙이면서 제왕에게 축하한다고 말했다. 그리고 고개를 들면서 제왕에게 애도를 표하였다. 이에 제왕은 매우 괴이하게 생각하여 물었다.

"왜 방금 축하를 하더니 곧 애도를 하는 것이오?"

이에 소진이 대답하였다.

"비록 굶어 죽게 되어도 오훼(烏喙)[365]를 먹지 말라는 말이 있습니다. 먹으면 먹을수록 죽음을 재촉하기 때문입니다. 지금 연나라가 비록 약소국이기는 하

---

365) 독초의 일종.

지만 진나라와 혼인 관계를 맺고 있습니다. 대왕께서는 연나라의 열 개 성을 빼앗으셨지만, 도리어 강적 진나라를 적으로 만들었습니다. 이는 약소한 연나라로 하여금 마치 기러기처럼 날아가게 하고 강대한 진나라가 그 뒤에 도사리고 있는 형세와 마찬가지입니다. 이렇게 하여 천하에서 가장 뛰어난 정예 군대를 건드려 놓은 것입니다. 이것이 곧 오훼를 먹는 것이나 마찬가지 일입니다."

제나라 왕이 이 말을 듣고 곧 얼굴빛이 달라지면서 걱정스럽게 물었다.

"그렇다면 이제 어떻게 해야겠소?"

이에 소진은 "성공하는 자는 화(禍)를 복으로 바꿀 줄 알고,[366] 실패를 성공의 어머니로 삼는다는 말이 있습니다. 그러므로 지금 즉시 빼앗은 열 개의 성을 돌려 주시는 것이 가장 상책입니다. 그렇게 되면 연나라는 틀림없이 기뻐할 것이며 진나라 왕도 기뻐할 것입니다. 옛날 환공께서 노나라에서 빼앗은 땅을 아무런 대가 없이 되돌려 줌으로써 천하의 패자가 되었듯이 대왕께서도 반드시 패업을 이루게 되실 것입니다."라고 대답하였다.

그러자 제나라 왕은 "좋소. 내 그렇게 하리다."라면서 즉시 빼앗은 성을 연나라에 반환하였다.

그 후 소진은 제나라에 머물고자 했으나 소진을 비방하는 소리가 여기저기에서 나왔다. "그는 이곳저곳에 나라를 팔고 두 마음을 품고 있는 자이다. 머지않아 반란을 일으킬 게 분명하다!"

소진은 피신하여 연나라로 돌아왔지만 연나라 왕은 그를 냉대하였으며 복직시켜 주지도 않았다.

신의를 지키지 않는 사람이야말로 쓸모가 있다.

소진은 연나라 왕을 만나 말했다.

"전에 저는 낙양에서 태어난 비천한 평민에 불과했습니다. 일찍이 조그마한 공도 없었지만 임금께서는 저를 중용하시어 제나라에 사신으로 보내 주셨습

---

366) 전화위복轉禍爲福

니다. 다행히도 제나라로부터 열 개 성을 되돌려 받게 되어 더욱 두터운 신임을 받을 줄 알았는데 임금께서는 저를 복직조차 시켜주시지 않았습니다. 누군가 저를 믿을 수 없다고 중상 모략했기 때문이라 생각합니다. 제가 신의를 지키지 못하는 것은 오히려 대왕의 복입니다! 저는 충신(忠信)은 다만 자신을 위한 것일 뿐이며, 진취적인 행위야말로 비로소 타인을 위한 것이라고 들었습니다. 제가 제나라 왕에게 유세한 것은 그를 속인 것이 아닙니까? 저는 연로한 모친을 동주에 남긴 채 떠났는데, 이는 원래 자기만을 고려하는 생각을 포기하고 남이 진취를 실행하는 것을 돕고자 함이었습니다. 지금 여기에 증삼(曾參)과 같이 효도 잘하는 사람과 백이와 같이 청렴결백한 사람, 그리고 미생(尾生)과 같이 성실한 사람이 있어 그 세 사람이 대왕을 섬긴다면 어떻게 생각하십니까?"

이에 연왕은 "그야 대단히 좋을 것이오."라고 대답하였다.

그러자 소진이 말했다.

"그렇지 않습니다. 증삼과 같이 효도가 지극한 아들은 단 하루도 부모 곁을 떠나 밖에서 자지 않습니다. 그렇다면 어떻게 그를 천 리나 떨어진 먼 이곳에 데리고 와서 당장 내일 어떻게 일이 벌어질지 모를 연나라의 국정을 돌보게 할 수 있겠습니까?

또 백이는 의리를 지켜 무왕의 신하가 되기를 거부하고 수양산에 들어가 굶어 죽었습니다. 이와 같이 너무 대쪽같이 깨끗한 사람에게 어떻게 제나라에 가서 진취적인 큰 사업을 맡길 수 있겠습니까?

그리고 미생은 애인과 다리 아래서 만나기로 약속하여 약속 날짜에 다리에 나가 기다렸습니다. 때마침 엄청난 홍수가 나는 바람에 물이 계속 불어났지만 그는 꿈쩍도 않고 계속 기다리다가 마침내 다리를 부둥켜안고 죽었습니다.[367]

그렇다면 대왕께서는 이렇게 성실하기만 한 사람을 천 리 밖에 내보내 제나라의 사나운 병사들을 물리치게 하실 수 있습니까? 저야말로 충의와 신의를 지켰기 때문에 오히려 군왕에게 죄를 짓게 된 것입니다."

이에 연나라의 왕이 반문하였다.

"아니, 충의와 신의를 지켰다면 어찌 죄를 받을 수 있겠소? 그대가 지키지

---

367) 이것을 미생지신尾生之信이라 한다.

못했기 때문에 죄를 받은 것 아니오?"

그러자 소진은 이렇게 반박하였다.

"아닙니다. 어떤 사람이 먼 곳에 발령을 받게 되어 집을 떠나 있을 때 그의 처가 몰래 다른 남자와 정을 통했습니다. 이윽고 그가 돌아오게 되자 정부(情夫)가 매우 불안해했습니다. 그러자 그 여자는, '아무 걱정 말아요. 이미 술에 독을 타 놓았어요' 하고 말했답니다.

드디어 남편이 돌아왔을 때 그 여자는 하녀에게 술잔을 남편에게 권하도록 했습니다. 그런데 그 하녀는 독을 탄 사실을 알고 있었기 때문에 매우 괴로웠지요. 주인에게 사실을 말하자니 당장 부인이 쫓겨날 것이고, 그렇다고 알리지 않으면 주인이 죽기 때문이었지요.

하녀는 생각 끝에 일부러 넘어져 술잔에 든 약주를 바닥에 쏟아 버렸습니다. 그러자 주인이 크게 화를 내며 채찍을 들어 50차례나 때렸습니다. 한 번 넘어져서 주인도 살리고 부인도 살렸지만 매를 맞는 것은 피할 수 없었습니다. 그러니 충의와 신의를 다한다고 해서 죄를 안 받는다고 할 수 없습니다. 불행히도 저의 경우가 바로 이와 같은 것입니다."

연나라 왕은 고개를 끄덕였다.

"잘 알겠소. 다시 한 번 나를 위해 일해 주시오."

그러고는 소진을 전보다도 더욱 극진하게 대접하게 되었다.

그런데 소진은 연나라 왕의 어머니와 정을 통하고 있었다. 연왕 또한 그 사실을 알면서도 그를 극진히 대우하고 있었다. 그러나 소진은 피살될까 두려워 연왕에게 먼저 제안하였다.

"제가 연나라에만 머물러 있으면 연나라의 세력을 확장시킬 수 없습니다. 제가 제나라에 가서 연나라를 위해 공작을 하겠습니다."

그러자 연왕은 "선생이 하시고자 하는 일은 무엇이든 그대로 하시오."라고 응답하였다.

그리하여 소진은 연나라에서 죄를 지어 쫓겨난 것으로 가장하고 제나라로 도망쳤다. 제나라 선왕은 그를 객경으로 임명하였다. 그 뒤 제 선왕이 죽고 민왕이 즉위하였다. 소진은 민왕에게 선왕의 장례를 융성하고 장중하게 거행함으로써 자신의 효심을 보여주어야 하며, 궁실을 크게 짓고 동물원을 확대하여 위엄을 과시하도록 권하였다. 그는 이렇게 하여 연나라를 위하여 제나라를 피폐하게 만들고자 하였다.

연나라 왕도 세상을 떠났다. 이후 제나라의 많은 대부들이 소진과 총애를 다투다가 사람을 보내 소진을 죽였다. 소진은 중상을 입고 아직 완전히 숨을 거두기 전에 자객은 도주하였다. 제나라 왕은 범인을 찾고자 모든 힘을 쏟았지만 끝내 잡을 수 없었다.

소진은 죽을 때 왕에게 말했다.

"제가 죽거든 시체를 거열형에 처하시고 모든 사람에게 '소진은 연나라를 위해 간첩질을 하였고, 제나라에서 모반했다.'고 선포하십시오. 그렇게 하면 저를 찌른 범인이 반드시 나타나 잡을 수 있습니다."

그리하여 소진의 방법대로 하자 과연 소진을 찌른 범인이 스스로 나타났다. 왕은 즉시 그를 붙잡아 처형시켰다.

태사공은 말한다.

"소진의 책략은 권변(權變), 즉 임기응변에 뛰어났다. 하지만 소진은 간첩의 죄명을 뒤집어쓰고 피살되었고 천하사람 모두 그를 비웃으며 그의 책략을 배우기를 기피하였다. 그러나 세속의 소진에 대한 주장은 사실과 다른 점이 많다. 소진 이후의 시대에 소진의 일과 비슷한 것 모두 소진 한 사람에게 전가되었다.

그는 평민에서 일어나 능히 6국을 연합시켜 진나라에 대항하게 만들었으니, 이는 실로 그의 지혜가 보통 사람을 뛰어넘었다는 점을 보여주고 있다. 그러므로 나는 그의 사적(事迹: 사업의 남은 자취)을 열거하여 정확한 시간의 순서에 의하여 진술함으로써 그로 하여금 홀로 나쁜 오명을 받는 것을 막고자 하였다."

소진의 거열형.

25. 장의 열전
- 세 치 혀만 살아 있다면

    전국 시대에는 칠웅(七雄)이라 하여 일곱 나라가 패권을 위해 피비린내 나는 혈투를 벌여야 했으니 바로 한, 위, 조, 초, 제, 연, 진의 일곱 나라였다. 그 중 서북쪽의 진나라가 특히 강대하였다. 때문에 서쪽의 진나라에 대항하여 나머지 여섯 나라가 종적(縱的)으로 동맹을 맺자는(즉, 합승하자는) 합종책과 여섯 나라가 진나라와 각각 횡적(橫的)으로 단독 강화를 맺어(즉, 연連하자는) 진나라를 섬겨서 평화를 유지하자는 연횡책이 주장되면서 치열하게 그 우열을 다투었다. 전자의 대표적 인물은 소진이며 후자의 대표는 장의로 원래 두 사람은 같이 공부한 사이였다.

    본문에서 특히 장의가 초의 재상이 되어 상(商)과 어(於) 일대 6백 리의 땅으로 초나라 왕을 속이는 과정은 마치 소설의 모든 특징을 구비하고 있다. 비록 문장은 길지 않지만 기승전결의 구조를 모두 갖추고 있으며, 갈등 구조와 반전에 대한 생동감 있는 서술과 개성미 넘치는 인물 묘사로 독자들을 몰입시킨다.

    장의(張儀)는 위나라 사람으로 일찍이 소진(蘇秦)과 함께 귀곡선생(鬼谷先生)[368]에게 합종연횡의 유세술을 배웠는데 소진은 스스로 장의에 뒤진다고 생각하였다. 한번은 초나라의 재상집에서 함께 술을 마시게 되었는데 그날 재상이 가지고 있던 값비싼 보석을 잃어버렸다. 그러자 그 자리에 있던 사람들이 장의를 의심하였다.

    "장의는 가난하고 품행 또한 좋지 않으니 보석을 훔친 자는 바로 장의가 분명하다."

---

368)   초나라 사람으로서 귀곡 지방에 살았다 하여 귀곡선생이라 칭해졌으며 '종횡가'이다.

그러고는 장의를 붙들어 매고 매를 수백 대 때렸다. 아무리 때려도 그런 일이 없다고 끝까지 버티자 할 수 없이 풀어 주었다. 장의가 들것에 실려 집에 돌아오자, 그의 아내가 질책하였다.

"아이고! 당신이 글을 읽어 유세 같은 것을 하지 않았다면 이러한 모욕은 당하지 않았을 것 아니오?"

그러자 장의가 아내에게 물었다.

"내 혀는 아직 남아 있소?"

아내가 기가 막혀 웃더니 입안을 살펴보았다.

"혀는 아직 남아 있네요!"

장의는 기뻐하며 "그러면 됐소!"라고 말했다.

소진의 심려원모(深慮遠謀)

그 무렵 소진(蘇秦)은 이미 천하에 합종책을 펼치고 주유하면서 맹활약을 하고 있었다. 조나라 왕도 설득하여 합종할 것을 약속받았다. 그러나 그는 진나라가 다른 나라를 공격하게 되면 합종의 동맹이 깨어질 것을 걱정하고 있었다. 그래서 진나라에 사람을 보내 진나라로 하여금 다른 나라를 공격하지 않도록 해야겠는데 아무리 생각해 봐도 마땅한 인물이 없었다. 그리하여 소진은 즉시 사람을 장의에게 보내 슬쩍 떠보았다.

"당신은 소진과 매우 친하지 않습니까? 지금 소진은 이미 높은 자리에 올라 있습니다. 왜 당신은 그를 찾아가 당신의 뜻을 펼 수 있는 기회를 받지 않는 것이오?"

장의가 그 말을 듣고 마음이 움직여 조나라에 가 소진을 면담하려는 사람의 명단에 자기 이름도 올려놓았다. 그러나 소진은 문객을 시켜 며칠 동안이나 장의를 만나지도 않으면서 또 며칠간 더 머물도록 하였다. 그렇게 한 뒤 며칠이 지나 소진은 겨우 만나주었는데 만나서도 그를 당하(堂下)에 앉게 하고 노비나 시녀에게나 주는 음식을 먹도록 하였다. 그러면서 한술 더 떠서 장의를 꾸짖으며 말했다.

"자네같이 재능이 있는 자가 어찌하여 스스로 이러한 곤욕을 당하는 지경까지 이르게 되었는가? 내 자네를 추천하여 충분히 부귀를 누리도록 해줄 수 있지만 자네는 거두어 쓸 만한 재목이 못되네!"

그러고는 곧 자리를 떠났고 또 장의를 내쫓게 하였다. 장의가 소진을 찾아온 것은 옛 친구인 그에게 출세 길 좀 부탁하려던 목적이었는데 커다란 모욕만 당했다. 크게 화가 난 그는 복수를 다짐하면서 '제후들 가운데 섬길 만한 인물은 없지만 소진이 있는 조나라를 이길 수 있는 나라는 진나라뿐이다.'라고 생각하여 곧장 진나라로 떠났다.

소진은 장의가 떠나는 것을 보고 문객에게 말했다.

"장의는 천하에 둘도 없는 현명한 인물이다. 아마 나도 그를 따라갈 수 없을 텐데 요행히도 먼저 등용되었을 뿐이다. 진나라에 가서 권력을 잡을 수 있는 사람은 오직 장의 한 사람밖에 없다. 그러나 그는 가난해서 진나라까지 갈 돈도 없기 때문에 작은 이익을 탐해 큰 뜻을 이루지 못할 수도 있다. 그래서 내가 그를 불러다 모욕을 줌으로써 그의 마음을 격발시킨 것이다. 그러니 너는 나를 대신하여 몰래 그를 도와 필요한 금전을 대주도록 하여라."

소진은 조왕에게 이 일을 보고하고 많은 돈과 수레를 마련해 주면서 사람을 보내 몰래 장의를 따라가도록 하여 같은 여관에서 기거하면서 가까이 지내고 수레와 말도 제공하도록 하였다. 그러면서 장의에게 필요한 비용도 모두 부담하도록 하였다. 하지만 누가 돈을 주었는지는 말하지 않았다.

그렇게 하여 마침내 장의는 진나라 혜왕을 만날 수 있게 되었으며 혜왕은 즉시 그를 등용하여 객경으로 삼고 그와 함께 제후를 공략하는 계획을 세웠다. 소진의 문객이 임무가 완성된 것을 보고 장의에게 작별 인사를 하였다. 그러자 장의가 말했다.

"내가 당신의 도움으로 이제 비로소 귀하게 되어 그 은혜를 갚으려고 하는데 왜 갑자기 떠나려 하십니까?"

그러자 문객이 대답하였다.

"저는 당신을 잘 모릅니다. 당신을 아는 사람은 바로 소진 선생이십니다. 소진 선생은 진나라가 조나라를 공격하여 합종이 깨어질 것을 염려하여 당신이 아니면 진나라의 대권을 장악할 사람이 없다고 판단하고 일부러 당신께 모욕을 주었던 것입니다. 그런 연후에 저를 시켜 몰래 당신에게 비용을 대주라고 하셨습니다. 이 모두 소진 선생의 생각입니다. 이제 당신이 중용되었으니 저는 조나라로 돌아가 소진 선생께 이 사실을 보고하겠습니다."

장의는 하늘을 쳐다보고 탄식해 마지않았다.

"아아! 이러한 계모(計謨)는 이미 내가 훈련받은 것들이오. 그러나 나는 발견하지 못했으니 내가 소진 선생에 미치지 못하는 것이 분명하오! 나는 이제 막 임용되었으니 또 어떻게 조나라 공략을 도모할 수 있겠소? 소진 선생에게 감사하다고 전해 주시고, 소진 선생이 정권을 맡고 있는 한 내 어찌 감히 조나라를 공략할 생각을 할 수 있겠소? 더구나 소진 선생이 있는데, 나 장의가 어찌 그런 능력이 있겠소?"

장의는 진나라 상국에 임명된 뒤, 옛날 보석 사건으로 원한을 맺히게 했던 초나라 재상에게 편지를 써 경고하였다.

〈예전에 그대와 함께 술을 마셨을 때, 나는 보석을 훔친 일이 없는데도 그대는 나에게 도둑의 누명을 씌워 고문을 가했다. 그대는 그대의 국가를 잘 지켜보시라. 나는 반드시 그대의 도성을 훔치겠다.〉

장의, 연횡책을 펼치다

그 후 장의는 촉나라를 평정하고 위나라를 공격하여 대파하는 등 공적을 올렸다. 장의가 진나라의 상국이 된 지 6년 후, 그는 진나라의 이익을 위하여 위나라에 가서 위나라의 상국이 되었다. 그는 위나라로 하여금 먼저 진나라를 섬기게 한 뒤 다른 나라들도 위나라를 본받게 하려고 했다. 하지만 위나라 왕은 장의의 말에 따르지 않았다. 그러자 진나라 왕은 분노하여 군대를 파견하여 위나라의 곡옥과 평주 두 성을 빼앗고 또한 몰래 장의에게 사람을 보내 과거보다 더 융성한 대우를 해주었다. 장의는 임무를 완성하지 못하고 돌아가 복명(명령을 받고 결과를 보고하다)하지 못함을 부끄럽게 생각하여 위나라에서 4년을 더 머물렀다.

그때 위나라 양왕이 세상을 떠나 애왕이 즉위하였다. 장의는 또 애왕에게 진나라를 섬기도록 권하였지만 애왕은 여전히 받아들이지 않았다. 그래서 장의는 은밀히 진나라로 하여금 위나라를 치도록 하였다. 위나라는 군사를 일으켜 전투를 벌였으나 패하였다.

그 이듬해 제나라도 위나라에 침공하여 관진(觀津)에서 위나라를 격파하였다. 진나라는 다시 위나라를 공격할 준비를 하면서 먼저 한나라를 공격해 8만 명을 참수함으로써 각국 제후들을 두려움에 떨게 하였다. 이 기회를 틈타 장의가 위나라 왕에게 말했다.

"위나라는 국토가 사방 천리가 못 되며, 군사는 30만 명에 지나지 않습니다. 국토는 사방이 평탄하여 제후들이 사방에서 공격해 들어올 수 있습니다. 높은 산이나 큰 하천의 가로막힌 것이 없기 때문에 신정(新鄭)에서 대량(大梁)까지 2백 리에 불과하여 전차든 보병이든 모두 힘을 들이지 않고 곧바로 도달할 수 있습니다. 위나라는 남쪽으로 초나라와 국경을 맞대고 있고, 서쪽으로는 한나라와 이웃하고 있습니다. 또 북쪽으로는 조나라와 접경하였고 동쪽으로는 제나라와 경계를 마주하고 있습니다. 그리하여 군대는 사방을 지켜야 하고, 변경을 지키는 병사는 10만 명 이상입니다. 위나라의 지세는 예로부터 그 자체가 전쟁터입니다. 만약 위나라가 남쪽으로 초나라와 좋은 관계가 되고 제나라와 좋지 않은 관계가 된다면 제나라가 곧 동쪽으로부터 공격해 올 것입니다. 또 동쪽으로 제나라와 좋은 관계가 되고 조나라와 좋지 않게 되면, 조나라가 곧 북쪽으로부터 공격해 올 것입니다. 그리고 한나라와 불화하게 되면 한나라가 곧 위나라의 서쪽을 공격할 것이고, 초나라와 불화한다면 초나라가 곧 위나라의 남쪽을 공격할 것입니다. 실로 사분오열(四分五裂)의 지역이 아닐 수 없습니다!

지금 각국 제후들이 합종을 하는 목적은 그것으로써 국가를 안정시키고 국군(國君)의 지위를 공고히 하며 병력을 증강하여 명성을 드러내는 것입니다. 이제 합종을 주장하는 사람은 천하를 하나로 하여 각 제후들로 하여금 형제처럼 되기를 약속하게 하고 원수(洹水)가에서 백마(白馬)를 잡아 맹약함으로써 피차의 의지를 굳건히 했습니다. 그러나 같은 부모의 형제도 오히려 서로 재물을 다투는 일이 발생합니다. 어찌 소진의 교활하고 거짓되며 이랬다저랬다 하는 책략을 믿을 수 있겠습니까? 그것이 성공할 수 없다는 점은 너무도 명백합니다.

만약 대왕께서 진나라를 섬기지 않으면 진나라가 군대를 동원하여 하외(河外)를 공략하고 권(卷)과 연(衍)에 웅거하면서 위나라를 협박하여 양진(陽晉)을 취할 것입니다. 그렇게 되면 조나라는 남하할 수가 없게 됩니다. 조나라가 남하할 수 없게 되면 위나라도 북쪽으로 조나라와 호응할 수가 없게 됩니다. 그리고 위나라가 조나라와 연합하지 못한다면 각국을 합종하는 교통은 곧 단절되고, 각국을 합종하는 교통이 단절되면 대왕의 국가가 위태롭지 않기를 바라는 것은 불가능합니다. 나아가 진나라는 한나라를 제압한 뒤 다시 위나라를 공략할 것입니다. 한나라는 진나라를 두려워하여 진나라와 한편이 될 것이므로 위나라의 멸망은 바로 눈앞에 있게 됩니다. 바로 이 점이 신이 대왕을 위하여 근심하는 것입니다.

대왕을 위한 계책으로는 진나라를 섬기는 것이 최상입니다. 진나라를 섬기면 초나라와 한나라는 감히 움직이지 못할 것이 분명합니다. 초나라와 한나라의 근심이 없다면 대왕께서는 베개를 높이 하고 편히 주무실 수 있고[369] 나라에는 아무런 근심이 없게 됩니다.

지금 진나라가 가장 쇠약하게 만들려는 나라는 바로 초나라입니다. 그런데 초나라를 가장 쇠약하게 만들 수 있는 나라는 바로 위나라입니다. 초나라가 부유하고 강대하다는 명성이 있기는 하지만 실제로는 매우 공허합니다. 초나라의 군사가 많다고는 하지만 싸움에 임하여 쉽게 패주하고 군건하게 싸우지 못합니다. 만약 위나라 군대를 모조리 동원하여 남쪽으로 초나라를 공격한다면 반드시 승리를 거둘 것입니다. 초나라 땅을 분할하는 것은 위나라에 유리하고, 초나라를 약화시키고 진나라를 기쁘게 만들며 다른 나라에 재앙을 돌리고 국가를 안정시키며 참으로 좋은 일이 아닐 수 없습니다. 만약 대왕께서 신의 진언(進言)을 따르지 않으신다면 진나라는 군사를 출동시켜 동쪽으로부터 위나라를 공격할 것이며, 그때 진나라를 섬기려 해도 이미 불가능할 것입니다.

합종(合縱)을 주장하는 사람들은 큰소리만 치고 정작 믿을 만한 말은 적습니다. 제후 한 사람만 설득하면 봉후(封侯)가 될 수 있기 때문에 천하의 유세하는 사람들은 모두들 밤낮없이 팔을 걷어붙이고 눈을 부릅뜨고 이를 갈면서 합종의 장점을 선양함으로써 일국의 군주를 설득하고자 합니다. 일반 군주들은 그들의 달변을 찬양하고 그 영향을 받고 있으니 어찌 미혹되지 않을 수 있겠습니까?

---

369) 고침이와高枕而臥

신이 듣자니 깃털도 쌓으면 배를 가라앉히고 가벼운 물건도 많이 적재하게 되면 수레의 축(軸)이 부러진다고 합니다. 또 많은 사람의 입[口]은 무쇠도 녹게 만들고, 많은 사람의 비방은 뼈도 녹일 수 있다고 합니다. 그러므로 대왕께서는 신중하게 국가의 대계(大計)를 결정하시기 바라오며, 또한 신이 사직을 하고 위나라를 떠날 수 있도록 허락해 주십시오."

애왕은 드디어 합종의 맹약을 배반하고 장의를 통하여 진나라에 화평을 청하였다. 장의는 돌아가서 여전히 진나라의 상국으로 일했다. 3년 뒤, 위나라는 다시 진나라를 배반하고 합종책을 따랐다. 진나라는 위나라를 공격하여 곡옥성을 빼앗았다.

이듬해, 위나라는 다시 진나라를 섬겼다.

6백 리냐, 6리냐

진나라는 제나라 공격을 준비하였다. 제나라는 초나라와 함께 모두 합종에 참가하고 있었고 양국 관계도 친밀했다. 그리하여 진왕은 장의를 초나라에 파견하여 초나라 재상을 맡도록 하였다.

초나라 회왕은 장의가 초나라에 온다는 소식을 듣고 가장 좋은 숙소를 준비하고 직접 숙소까지 가서 장의를 만났다.

"벽지의 낙후된 우리나라에 오셨는데, 어떠한 좋은 계책이 있겠는지요?"

그러자 장의가 대답했다.

"대왕께서 진실로 저의 의견을 들어줄 수 있으시다면 먼저 제나라와 내왕을 단절하십시오. 그러면 우리 진나라는 상(商)과 어(於) 일대 6백 리의 토지를 초나라에게 드리고 또 진나라의 공주를 보내 대왕의 처자가 되게 하여 영원히 형제의 나라가 되도록 하겠습니다. 이렇게 하면 장차 북쪽으로 제나라를 약화시킬 수 있고 서쪽 진나라에게도 유리합니다. 이보다 더 좋은 계책이 없습니다."

이 말을 들은 초나라 왕은 크게 기뻐하고 장의의 의견에 동의하였다. 대신들도 모두 축하하였으나 유독 진진(陳軫)만은 반대하였다. 왕이 크게 화를 내며 그를 나무랐다.

"과인이 군대를 일으키지 않고도 6백 리의 땅을 얻어 모두 축하하는데 왜 그대만 불만인가?"

그러자 진진은 "신은 그렇게 생각하지 않습니다. 신이 보기에는 상과 어의 땅은 전혀 얻지 못하고 오히려 진나라와 제나라가 연합할 것입니다. 일단 제나라와 진나라가 연합하면 초나라의 환난은 필연적입니다."라고 대답하였다.

왕이 "무슨 근거로 그렇게 말하는 것인가?"라 묻자 진진은 "진나라가 초나라를 중요하게 생각하는 곳은 초나라가 제나라라는 동맹국을 가지고 있기 때문입니다. 지금 우리가 제나라와 단절하면 우리만 고립될 것입니다. 진나라가 왜 고립무원(孤立無援)의 나라에 6백 리의 땅을 주겠습니까? 장의는 진나라에 돌아가 반드시 폐하를 배신할 것입니다. 그래서 신의 소견으로는 겉으로는 제나라와 단교하는 척하면서 사자를 장의에 붙여 보내는 것이 좋을 듯합니다. 진나라가 정말 땅을 주면 그때 제나라와 단교해도 늦지 않을 것이며 땅을 주지 않아도 제나라와의 동맹이 유지되니 아무런 문제가 없을 것입니다."라 말하였다.

한편 진진은 사족(蛇足)을 비유해 초나라 장군을 설득시킨 것으로 유명하다.

초나라의 소양(昭陽)이라는 장군이 위나라를 격파하고 연이어 제나라를 공격하려 했다. 그때 진진이 소양을 만나 설득하였다.

"초나라의 어떤 집에서 잔치가 벌어졌습니다. 술도 많이 나오게 되었는데 술꾼들이 내기를 걸었습니다. '여럿이 먹으면 좀 부족할 성싶으니 내기를 해서 이긴 사람이 모두 먹도록 하자. 지금부터 뱀 그림을 빨리 그린 사람에게 술을 몽땅 준다.'

내기가 시작되어 이윽고 뱀 그림을 가장 빨리 그린 사람이 왼손에 술병을 들고 오른손으로는 아직 그림을 손질하며 소리쳤습니다.

'내가 이겼으니 술은 내 것이야. 지금 다리까지 그리고 있네.'

그러나 그 다리가 채 그려지기도 전에 그 다음으로 그림을 그린 사람이 술병을 빼앗았습니다.

'뱀에 무슨 다리가 있는가? 다리까지 그렸으니 이건 뱀 그림이 아니라네.'

다리까지 그린 사나이는 그만 술을 빼앗겨 버렸습니다. 지금 당신은 초나라의 최고 벼슬까지 올라 있는데 제나라를 격파한다고 해서 무엇이 더 나오겠습니까? 싸움에 항상 이기긴 하지만 그쳐야 될 때 그칠 줄 모르는 사람은 몸도 죽고 관직도 뒷사람에게 뺏기는 법입니다. 이는 바로 사족을 그린 자와 다를 게 무엇이 있겠습니까?"

그러나 초나라 왕은 진진의 의견을 묵살했다.

"그대는 입을 다치고 다시는 말하지 말라! 과인이 땅을 받아서 보여주겠다."

그리하여 초왕은 초나라 재상의 인수를 장의에게 주고 많은 선물도 주었다. 그러고는 변경을 폐쇄하여 제나라와 단교하고 장군 한 명으로 하여금 장의를 수행하여 진나라에 가도록 하였다.

장의는 진나라에 돌아가자 일부러 수레 끈을 놓쳐 수레에서 떨어진 후 석 달이나 조정에 나가지 않았다. 이 소식을 들은 초나라 왕은 "장의가 과인이 제나라와 단교한 것만으로는 아직 충분하지 않다고 생각하고 있도다."라고 말하였다. 그러고는 곧 장사(壯士)를 송나라에 파견하고 송나라의 부절을 빌려[370] 제나라로 가 제나라 왕을 매도하였다. 크게 화가 난 제나라 왕은 스스로 진나라의 신하로 칭하며 진나라에 화친을 청하여 진나라와 제나라의 국교가 맺어졌다. 그때서야 비로소 장의가 몸이 완쾌되었다면서 조정에 나타나 초나라 사자에게 말했다.

"제게 진왕께서 하사한 6리의 땅이 있으니 약속한 대로 대왕께 드리리다."

그러자 초나라 사자가 놀라면서 "제가 대왕의 사명을 받잡고 상과 어 6백 리의 땅을 받게 되었는데, 6리는 들어본 적이 없소."라고 말했다.

사자가 곧 귀국하여 초나라 왕에게 보고하자 노발대발한 왕이 당장 군사를 일으켜 진나라를 치려고 했다. 이때 진진이 급히 달려와 말렸다.

"저 진진이 이제 입을 열어도 되겠습니까? 제 생각으로는 진나라를 공격하는 것보다 오히려 땅을 떼어주어 진나라의 비위를 맞춘 후 진나라와 힘을 합쳐 제나라를 공격하는 것이 좋을 듯합니다. 그렇게 되면 진나라에 준 땅을 대신 제나라로부터 보충할 수 있습니다. 이렇게 하면 대왕의 나라는 아직 생존해나갈 수 있습니다."

그러나 왕은 이번에도 묵살하였다. 그러고는 장군 굴개를 시켜 당장 진나

---

370) 당시 이미 초와 제는 국교가 단절되어 초나라의 장사가 송나라의 부절을 이용하여 제나라로 간 것이다.

라를 공격하도록 했다. 하지만 진나라와 제나라가 연합하여 초나라를 공격하자 8만의 초나라 병사가 목숨을 잃고 굴개도 전사했다. 또한 단양과 한중 일대의 토지도 빼앗겼다.

초나라 왕은 다시 더욱 많은 군사를 동원해 진나라를 습격하여 남전(藍田)에서 대전투가 벌어졌다. 그러나 초나라는 참패를 당하였다. 결국 초나라는 진나라에게 두 개의 성을 할양하고 강화를 맺었다.

장의, 스스로 사지(死地)로 가다

진나라 왕은 초나라 검중 일대의 땅을 욕심내 무관(武關) 밖의 토지와 바꾸자고 제의하였다. 초나라 왕은 "나는 땅을 바꿀 생각이 없다. 다만 장의만 보내준다면 진왕에게 검중 땅을 바치겠다."고 말했다. 진나라 왕은 장의를 내심 보냈으면 했지만 초나라가 그를 죽일 것이 뻔해 차마 말하지 못하고 있었다. 그런데 장의는 자신이 스스로 초나라에 가겠다고 나섰다. 진나라 왕은 "초나라 왕이 그대에게 속은 것을 참지 못하여 복수를 하려는 것인데 어떻게 갈 수가 있겠소?"라고 말렸다.

그러자 장의가 말했다.

"진나라에 비해 초나라는 약한 나라입니다. 그리고 저는 근상이라는 자와 교분이 두텁습니다. 그는 초나라 왕의 부인 정수(鄭袖)의 신임을 받고 있는데 초나라 왕은 그 여자의 말이라면 모두 들어줍니다. 또 제가 대왕의 위임장을 가지고 가는데 초나라가 어찌 감히 저를 죽이겠습니까? 설사 제가 죽는다고 해도 그 대신 진나라가 검중 땅을 얻을 수 있을 것이므로 저로서는 더 이상 바랄 것이 없습니다."

드디어 장의는 초나라로 떠났다. 그가 초나라에 도착하자마자 초 회왕은 그를 곧장 붙잡아 가두고 그를 죽이려 하였다. 근상이 바삐 정수 부인에게 달려갔다.

"큰일입니다. 이제 대왕의 총애도 오래가지 못할 것 같습니다."

이에 정수 부인이 "무슨 말이오?" 하고 물었다. 그러자 근상은 "진나라 왕은 장의를 몹시 신임하는데 대왕께서는 그를 없애려 하십니다. 그러면 진나라는 반드시 상용(上庸) 일대 여섯 개 현을 초나라에게 주고 또 미인을 초나라 왕에게 시집보내며 거기에 진나라 궁궐의 노래 잘하는 여자들을 붙여서 보내 장의를 구하려 할 것입니다. 대왕은 토지를 중시하시고 또 진나라를 존중하여 진나라 여자는 반드시 총애를 받게 될 것입니다. 그렇게 되면 부인께서는 냉대를 받으실 것입니다. 이런 일들이 일어나기 전에 빨리 장의를 석방시켜야 합니다.”

정수 부인이 그 말을 듣고 왕에게 밤낮으로 매달리며 간청했다.

“신하가 왕을 위해 봉사하는 것은 당연합니다. 지금 진나라가 땅을 받지도 않았는데 장의를 보낸 것은 대왕을 매우 존중한다는 뜻으로 볼 수 있습니다. 그런데도 장의를 죽인다면 진나라는 틀림없이 초나라를 공격해 올 것입니다. 저희 모자(母子)는 진나라의 손에 생선처럼 토막 나기 싫습니다. 부탁이오니 저희를 강남땅으로 피하게 해 주십시오.”

초왕은 매우 후회를 하고 곧 장의를 사면하고 이전처럼 정중하게 대우하였다.

장의가 풀려난 후 아직 초나라를 떠나지 않고 있을 때 소진이 죽었다는 소식이 들려왔다. 그러자 장의가 초나라 왕을 은근히 협박하면서 설득하였다.

“진나라의 영토는 천하의 반을 차지하고 있으며 그 군대는 6국 전체의 군대와 맞먹을 만큼 많습니다. 또 험준한 산과 황하에 둘러싸여 사방이 막힌 요새입니다. 진나라에는 호랑이 같이 용감한 군사가 백만 명, 전차가 천 대, 군마가 만 필이나 되며 비축된 식량은 산처럼 많습니다. 또한 법령은 매우 엄격하여 병사들은 죽음을 각오하고 싸우기를 맹세하고 있습니다. 지금 합종이란 마치 양 떼를 몰아 맹호를 공격하는 것과 다를 바 없습니다. 대왕께서도 맹호와 동맹하지 않고 양 떼와 동맹하고 계시니 크게 잘못된 것이 아닐 수 없습니다.

이제 천하의 강대국은 진나라와 초나라뿐입니다. 대왕께서 진나라와 동맹하지 않으시면 진나라는 군대를 일으켜 한나라를 차단하고 계속 하동을 공격하고 성고를 탈취하게 되면 한나라는 항복하게 될 것이며 위나라는 바람에 나부끼는 풀처럼 진나라에 엎드릴 것입니다. 이때 진나라가 초나라 서쪽을 공격하고 한과 위나라가 북쪽을 공격하면 초나라가 과연 안전할 수 있겠습니까?

합종론자들은 약한 나라를 모아 강대국을 공격함으로써 경솔하게 전쟁을 벌이게 하며 나라가 가난한데도 자주 군대를 일으키게 합니다. 실로 이는 나라를 위태롭게 하고 드디어 멸망시키는 사술(詐術)에 불과합니다.

제가 들은 바로는 '군대가 약하면 도전하지 말고 곡식이 적으면 지구전을 벌이지 말라.'고 했습니다. 진나라에게 화를 당하면 호소할 길도 없습니다. 대왕께서 현명하게 생각하시길 바랄 뿐입니다.

진나라는 서쪽으로 파, 촉이 있어 큰 배에 곡식을 싣고 출발해 강물을 타고 내려오면 열흘이 못 되어 초나라 한관(汗關)에 닿을 것입니다. 그렇게 되면 국경 지대의 동쪽에 있는 성들은 모두 꼼짝못하고 수비에 급급하게 되며 검중과 무군의 땅은 이미 초나라 것이 아니게 됩니다. 또 진나라가 기병대를 출동시켜 무관으로 나와 남진해 오면 북쪽의 땅은 연락이 끊길 것입니다. 그리하여 진나라가 초나라를 공격하게 되면 석 달이면 충분히 초나라의 위난을 조성하게 됩니다. 그러나 초나라가 다른 제후국의 도움을 받는 것은 반 년 뒤의 일입니다. 약소국의 도움을 믿고 강대한 진나라의 침략을 잊는다는 것은 실로 근심스러운 일이 아닐 수 없습니다. 진나라가 15년간 함곡관 밖으로 군대를 내보내 조나라와 제나라를 공격하지 않은 것은 진나라가 몰래 일거에 천하를 병탄할 계획을 가지고 있기 때문입니다.

합종의 맹약으로 천하의 제후들을 서로 긴밀하게 연결시킨 사람은 다름 아닌 소진입니다. 그는 연나라의 재상이 되어 제나라를 격파한 뒤 그 땅을 나누어 갖기로 연나라 왕과 음모하였습니다. 그래서 그는 죄를 지어 연나라를 도망친 것처럼 꾸미고 제나라로 가서 제나라 재상을 2년 동안 하다가 연나라 왕과의 음모가 드러나 길바닥에서 거열형[371]을 당했던 것입니다. 일개 사기꾼 소진이 천하 경영을 도모하여 제후를 하나로 묶으려 했으니 그의 책략은 성공할 수 없었던 것은 너무도 당연했습니다.

지금 진나라와 초나라는 국경을 맞대고 있는 가까운 나라입니다. 대왕께서 저를 믿고 제 의견을 들어주신다면, 저는 진왕에게 진나라의 태자를 인질로 보낼 것을 청할 터이니 초나라도 태자를 진나라에 인질로 보내시기 바랍니다. 또 진나라의 공주를 대왕의 희첩으로 삼도록 할 것이며 만 호의 대도읍도 바치겠습니다. 이렇게 하여 두 나라는 영원히 형제의 나라가 되기로 약정하고 서로 공격을 하지 않게 되면, 이보다 더 좋은 상책은 없을 것입니다."

---

371) 거열형車裂刑 : 사지를 수레에 붙들어 매고 각 방향으로 잡아 당겨 몸을 찢어 죽이는 형벌.

초나라 왕은 이미 장의를 넘겨받았으나 약속한 검중 땅을 진나라에 주기가 아까워 장의의 의견에 따르려고 했다. 그러자 굴원이 반대하였다.

"전에 대왕께서 장의에게 속으셨기 때문에 장의가 오면 그를 삶아 죽일 것으로 생각했습니다. 그런데 이제 그를 놓아주고 차마 죽이지 못하시며, 나아가 그의 허황된 말에 따르려고 하시니 그렇게 하실 수는 없습니다!"

그러나 왕은 말했다.

"장의의 건의를 받아들이고 다시 검중을 지키는 것은 아주 좋은 이익이다. 나는 이미 동의하였다. 뒤에 와서 그를 배반하면 좋지 못하다."

왕은 끝내 장의의 의견에 따라 진나라와 화친을 맺었다.

굴원의 비가(悲歌)

굴원(屈原)은 학식이 높고 시를 잘 지었으며 정치적 식견이 뛰어나 초나라 회왕의 두터운 신임을 받고 있었다. 그런데 조정 대신 중에서 굴원을 시기하여 기회만 있으면 굴원을 비방하는 사람이 있었다.

어느 날 굴원이 왕으로부터 어떤 법령의 초안을 만들라는 명령을 받고 그 초안을 다듬고 있었는데 평소부터 굴원을 시기했던 대부 근상이 그것을 뺏고자 하였다. 굴원이 강력히 거부하자 그는 왕에게 굴원을 비방하였다.

"지금 굴원은 자기 아니면 초나라의 법도 만들 수 없으며 왕도 아무 일도 할 수 없다고 큰소리치고 다닙니다. 그를 주의시켜 주십시오."

그러자 회왕은 점차 굴원을 멀리하게 되었으며 마침내 추방시켜 버렸다. 굴원은 안타까웠다. 왕이 아첨만을 좋아하고 충신의 올바른 소리는 받아들이지 못하며 간신들이 나라를 좌지우지하여 나라의 앞날이 정말 걱정스러웠던 것이다. 굴원은 우울하고 슬픔에 겨운 유배 생활 속에서 〈이소(離騷)〉라는 시를 지었다. 〈이소〉란 바로 '우수(憂愁)에 부딪히다'라는 뜻이다.

장의가 그 특유의 협박과 감언이설로 초나라를 빠져나간 후, 진나라는 다른 나라와 동맹관계를 맺더니 이윽고 초나라에 쳐들어 왔다. 순식간에 여섯 개의 성을 점령하고 진나라는 국경 지방에서 휴전 회담을 열자는 제안을 해왔다.

이 제안을 놓고 초나라에서는 받자는 파와 받지 말자는 파로 나뉘었다. 굴원은 강력히 거부하자는 주장이었다.

"진나라는 간사하고 표독스러운 나라입니다. 절대로 저들의 음모에 말려들어서는 안 됩니다. 대왕께서는 가시지 마십시오."

그러나 왕의 막내아들인 자란과 근상 등은 진나라 방문을 권하였다.

"지금이야말로 진나라와 우호 관계를 맺을 수 있는 좋은 기회입니다."

결국 회왕은 회담 장소로 떠났다.

그런데 왕이 그곳에 도착하자마자 진나라는 복병을 배치하여 퇴로를 차단하고 회왕을 사로잡아 버렸다. 그때서야 회왕은 굴원의 말을 듣지 않았던 것을 크게 후회하였으나 이미 엎질러진 물이었다.

그는 그 후 간신히 조나라로 도망쳤으나 진나라를 무서워한 조나라는 그를 다시 진나라로 돌려 보내 버렸다.[372]

한편 회왕이 진나라의 포로가 되자 회왕의 장남이 왕으로 되었고 자란은 재상이 되었다. 그런데 사람들이 회왕을 진나라로 가게 만든 자란을 비난하자 그는 도리어 굴원에게 책임을 뒤집어 씌워 또다시 추방시켰다.

굴원은 마치 매미가 더러운 흙구덩이에서 허물을 벗고 나오듯 진흙탕 속에서도 더럽혀지지 않고 혼탁한 먼지와 티끌로 가득 찬 세상에서도 홀로 훨훨 날아 세상의 더러운 때를 뒤집어쓰지 않으니 실로 그의 지조는 달의 고결한 기상에 비길 수 있고 태양의 영원한 빛과 같다고 할 것이다.

추방당한 굴원이 머리를 풀어 헤치고 비탄에 잠겨 강변을 거닐고 있었다. 이때 한 어부가 굴원을 보고 말을 걸어왔다.

"당신은 굴원 선생이 아니십니까? 왜 이런 곳에 계신지요?"

그러자 굴원이 대답했다.

"세상이 혼탁해도 나만은 깨끗이 살고 싶소. 모든 사람이 취해 있는데 나 홀

---

372) 결국 그는 죽을 때까지 고국 땅을 밟아보지 못하는 비극의 왕이 되었다. 참으로 회왕은 충성스러움과 충성스럽지 않음을 구분하지 못했기 때문에 안으로는 정수에게 현혹당했고 밖으로는 장의에게 속았으며 굴원을 멀리하고 간신인 근상과 자란을 가까이 하여 끝내 군사는 꺾이고 땅을 깎이었으며 자기 몸조차 진나라에서 객사하여 천하의 웃음거리가 되었던 것이다.

로 취하지 않았소.[373] 그래서 내가 쫓겨난 것이라오."

이에 어부가 물었다.

"조건에 얽매이지 않고 세상의 흐름에 몸을 맡기는 것이 성인의 사는 방법이라고 합니다. 세상이 혼탁할 때는 어찌 그 흐름에 몸을 맡기지 않습니까? 모든 사람이 취해 있다면 어찌 막걸리라도 마시고 취해 보시지 않습니까? 가슴속에 빛나는 보석을 품었으면서도 어찌 스스로 쫓겨날 일을 만드셨습니까?"

그러자 굴원이 정색하며 말했다.

"얼굴을 씻은 다음에는 반드시 모자를 털고, 목욕을 한 다음에는 반드시 옷을 턴다고 합니다. 깨끗한 몸에 어찌 때를 묻히며 더럽혀질 수 있겠소? 그럴 바에는 차라리 흐르는 저 멱라수(覓羅水)에 몸을 던져 물고기의 밥이 되겠소. 어찌 더러운 세속에 몸을 맡길 수 있으리오!"[374]

며칠 후 굴원은 돌멩이를 품에 안고서 멱라수에 몸을 던져 목숨을 끊었다.[375] 굴원이 비분에 잠겨 스스로 목숨을 끊은 바로 그 해에 굴원의 말을 듣지 않고 진나라의 포로가 된 회왕도 객사하였다. 이후 초나라는 계속 진나라에게 시달리다가 결국 멸망당하고 말았다.[376]

연횡책의 완성

한편 장의는 초나라를 떠나 한나라 왕을 노골적으로 협박하였다.

"한나라의 지세는 험하고 사람들은 모두 산악 지대에 살고 있습니다. 전국에서 생산되는 곡식은 콩 아니면 보리밖에 없고 백성들은 콩밥과 콩잎으로 끓인 국

---

373) 원문은 "擧世皆濁我獨淸, 衆人皆醉我獨醒."

374) 원문은 "新沐者必彈冠, 新浴者必振衣. 安能以身之察察, 受物之汶汶者乎? 寧赴湘流, 葬於江魚之腹中."

375) 굴원이 멱라수에 몸을 던진 날이 바로 음력 5월 5일이다. 오늘날에도 중국을 비롯하여 동남아시아 여러 나라에서 5월 5일 단오 날에는 송편을 만들어 강물에 던지는 풍습이 남아 있는데 이는 물고기들이 굴원의 시체를 물어뜯지 말고 송편을 먹으라는 뜻에서 나왔다.

376) 사실 굴원을 죽음으로 몰아넣은 사람은 초나라의 근상이나 자란이라기보다는 진나라의 장의라고 할 것이다.

이나 먹고 만일 한 해라도 흉년이 든다면 술지게미도 먹을 수 없는 형편입니다.

한나라의 영토는 사방 9백 리에 불과하고 군대는 취사병까지 합해봐야 30만이며 동원 가능한 병력은 20만에 지나지 않습니다. 이에 비해 진나라는 군사가 백만 명인 데다 전차가 천 대, 군마는 만 필에 이르며, 호랑이처럼 용맹스러운 병사들입니다. 한나라 병사는 갑옷을 입고 투구를 쓴 채 싸우지만 진나라 군사는 갑옷을 벗어 던지고 맨발과 알몸으로 적진에 뛰어들어 왼손에는 적의 머리를 쥐고 오른손으로는 포로를 끼고 돌아옵니다.

진나라와 한나라 병사를 비교하면 마치 맹분[377]과 겁쟁이를 마주 세워놓은 것과 같고, 힘으로 비교하면 마치 오획[378]이 어린애를 누르는 것과 같습니다. 그래서 맹분과 오획 같은 병사들로 하여금 복종하지 않는 약소국을 공격하는 것은 3만 근의 무게로 새 알을 누르는 것과 다를 바 없습니다. 그러니 대왕께서 취할 수 있는 가장 좋은 방법은 진나라를 섬기는 것입니다. 지금 진나라의 가장 급한 일은 초나라를 약화시키는 일로서 이제 한나라가 진나라와 초나라의 사이에 있기 때문에 진나라와 힘을 합해 초나라를 공격할 수 있습니다. 그렇게 되면 화를 복으로 바꿔 한나라 사직을 튼튼히 보존할 수 있을 것입니다.

지금 합종을 주장하는 자들은 붕당을 만들어 모두 비분강개 격앙하여 말합니다. '나의 계책을 따르면 천하의 패자가 될 수 있다!'고 말입니다. 그러나 그것은 국가의 장기적 이익을 돌보지 않은 일시적 궤변에 지나지 않으며, 그것에 귀 기울이는 것처럼 군주를 망치는 일도 없습니다. 앞장서서 진나라를 섬기면 안전하지만 진나라를 섬기지 않으면 위험합니다. 화근을 만들면서 복을 바라는 것은 얕은 꾀에 지나지 않으며 오히려 원한만 깊어갈 뿐입니다. 대왕께서는 잘 생각하시기 바랍니다."

한나라 왕은 장의의 의견에 따랐다.

장의가 진나라에 돌아가 보고하자 혜왕은 장의에게 무신군(武臣君)이라는 칭호를 내리고 다섯 읍을 주었다.

---

377) 맹분孟賁: 유명한 용사.

378) 오획烏獲: 유명한 장사壯士.

그런 연후에 장의는 제나라 왕을 설득하러 갔다.

"지금 천하에 제나라보다 강한 나라는 없습니다. 제나라 백성들은 모두 부귀와 영화를 누리고 있습니다. 하지만 대왕을 위해 계책을 꾸미는 자들은 모두 일시적인 이익만 주장하고 장기적인 이익을 돌아보지 않습니다. 합종론자들은 붕당을 만들고 한결같이 합종이 좋다고 떠듭니다. 그러나 예전에 제나라와 노나라가 세 번 싸워 노나라가 모두 이겼지만 노나라는 위기에 빠지고 드디어 망했습니다. 전쟁에 이긴 것은 말뿐이었고 실제로는 나라가 망했습니다. 왜 그렇게 되었겠습니까? 바로 제나라는 강했지만 노나라는 약했기 때문입니다.

지금 진나라와 초나라는 서로 통혼하는 형제의 나라가 되었으며 한나라는 의양 땅을 바치고, 위나라는 하외의 땅을 바쳤습니다. 또 조나라는 하간의 땅을 바쳐 진나라를 섬기고 있습니다. 대왕께서 진나라를 섬기지 않으시면, 진나라는 한나라와 위나라로 하여금 제나라의 남쪽을 공격하게 하고 조나라 군사와 함께 쳐들어오면 반드시 임치와 즉묵을 잃게 될 것입니다. 공격을 받고 난 후에는 진나라를 섬기려 해도 이미 늦습니다. 그러므로 대왕께서는 이 일을 잘 고려해 보시기 바랍니다."

장의의 말을 들은 제나라 왕은 "제나라는 벽지에 있는 누추한 나라이며 과인은 동해 바닷가에서 숨어 살아 천하의 실정을 살피지 못했소."라고 말하고는 장의의 의견에 따르겠다고 약속하였다.

장의는 다시 제나라를 떠나 조나라 왕을 만났다.

"우리 진나라 왕께서 저를 보내 대왕께 책략을 바치도록 하셨습니다. 대왕께서 천하의 제후들을 거두어 진나라를 배척하여 진나라가 함곡관을 나오지 못한 지 15년이 되었습니다. 대왕의 위엄이 천하에 떨치니 우리 진나라는 공포에 질려 고개도 못 들고 오직 무기와 거기(車騎)를 정비하고 말타기와 활쏘기를 익혔으며, 농사에 힘써 곡식을 비축하면서 두렵고 슬픈 나날 속에서 감히 움직이지 못했습니다. 이제 진나라는 대왕 덕분으로 파, 촉을 정복하고 한중(漢中)을 점령했습니다. 진나라는 비록 벽지에 멀리 떨어져 있으나 분한 마음을 품은 지 오래입니다. 대왕께서 합종이 유리하다고 믿은 것은 소진의 말을 신용하셨기 때문입니다. 소진은 제후를 미혹시켜 옳은 것을 그르다고 하고 그른 것을 옳다고 주장하였습니다. 그리하여 결국 제나라를 배반하려다 스스로 길바닥에 거열형(車裂刑)을 당하는 화를 자초했습니다.

이제 천하 각 제후는 하나로 될 수 없습니다. 지금 초나라와 진나라는 형제국이 되었으며 한나라와 위나라는 진나라의 동쪽을 지키는 신하와 다름없고 제나라는 땅을 바쳐 화친을 청했습니다. 그리하여 조나라는 오른팔이 잘려진 상태입니다. 오른팔이 잘리고도 남과 싸울 수 있으며 친구를 잃고 고립되어 있으면서 안전하기를 바랄 수 있겠습니까?

만약 지금 진나라가 3개의 부대를 파견하여 그 중 한 부대는 오도(午道)를 차단한 후 제나라에 통고하여 함께 한단의 동쪽에 진을 치도록 합니다. 다른 한 부대는 성고 지방에 주둔하여 한, 위의 군대를 하외에 출병시킵니다. 또 다른 부대는 민지 지방에 주둔하면서 4개국이 연합해 조나라를 공격합니다. 그렇게 되면 조나라는 굴복한 뒤에 반드시 그 땅을 참전한 네 나라에게 주어야 할 것입니다.

저는 이러한 사실을 숨길 수가 없기 때문에 먼저 그것을 대왕께 말씀드리는 것입니다. 제가 개인적으로 대왕을 위해 계책을 생각해 보니 가장 좋은 방책은 대왕께서 민지에서 진나라 왕과 회담을 가져 구두로 약정을 하고 군대의 진공을 중단해 달라고 청하시는 것입니다. 저는 대왕께서 가장 정확한 책략을 결정하시기를 바랍니다."

말을 듣고 난 조나라 왕이 탄식하며 말했다.

"과인이 나이도 어리고 대를 이은 지 얼마 되지 않아 늘 걱정했었소. 그런데 천하와 합종하여 진나라를 섬기지 않는 것이 나라의 이익과 맞지 않는 듯하여 요즘 생각을 고쳐 땅을 바치고 과거의 잘못을 사과하며 진나라를 섬기려고 막 수레를 준비하여 떠나려던 참이었소. 때맞추어 그대의 영명(英明)한 지시를 듣게 되었소."

장의는 다시 조나라를 떠나 북쪽 연나라로 가서 연나라 소왕을 만났다.

"대왕께서는 조나라와 가장 가깝게 지내십니다. 그러나 지난날 조양자(趙襄子)는 자신의 손위 누이를 대(代)나라 군주의 아내로 삼게 하고 대(代)를 병탄할 뜻을 품고 대나라의 군주와 구주(句注)의 요새지에서 만나기로 약속하였습니다. 그는 대장장이에게 금두(金斗)379)를 만들게 하였는데, 사람을 칠 수 있도록 자루를 길게 만들도록 하였습니다. 그러고는 대나라 군주와 술을 마시면서 몰래 요리사에게 '술자리가 흥이 오르거든 뜨거운 국을 올리면서 금두를 돌려 잡고 그를 쳐라.'라고 하였습니다. 술자리가 한창 흥겨울 무렵, 요리사는 뜨거운 국을 올리고 술을 따르다가 금두를 돌려 잡고 대나라의 군주를 쳤습니다. 결국 대나라 군주는 뇌장(腦漿)이 땅바닥에 터진 채 죽고 말았습니다. 그의 누이는 이 소식을 듣고 비녀를 갈아서 자결하였습니다. 이 때문에 지금까지 마계산(摩笄山)이라는 이름이 전해지고 있습니다. 대나라 군주가 죽은 이야기는 세상 사람들이 모두 알고 있습니다.

조나라 왕이 이처럼 포악하고 친척조차도 관용하지 않는다는 것은 대왕께서도 분명하게 보셨습니다. 그런데도 조나라 왕을 가까이 할 수 있겠습니까? 조나라는 군사를 일으켜 연나라를 쳐서 두 차례나 연나라의 도읍을 포위하고 대왕을 위협하여 대왕께서는 10개의 성을 떼어 주고 사과하셨습니다. 지금 조나라 왕은 이미 민지에서 입조하여 하간의 땅을 바치고 진나라를 섬기고 있는데, 만약 대왕께서 진나라를 섬기지 않으신다면 진나라는 운중(雲中)과 구원(九原)에 군사를 보내어 조나라 군대를 몰아 연나라를 칠 것입니다. 그렇게 된다면 역수(易水)와 장성(長城)은 대왕의 수중에 남아 있지 않게 될 것입니다. 그리고 지금 조나라는 진나라의 군현(郡縣)과 마찬가지이므로 함부로 군사를 일으켜서 전쟁을 할 수가 없습니다. 만약 대왕께서 진나라를 섬긴다면 진나라 임금은 분명히 기뻐할 것이며, 조나라는 더욱 함부로 움직이지 못할 것입니다. 이렇게 하여 연나라는 서쪽으로는 강한 진나라의 지원이 있고 남쪽으로는 제나라와 조나라의 근심이 없게 됩니다. 그러므로 대왕께서는 이러한 사정을 신중하게 고려하시기 바랍니다."

그러자 연나라 왕은 "과인은 만이(蠻夷)와 같이 편벽된 곳에 처해 있어서 비록 어른이지만 어떤 일을 판단하는 것은 실제 어린아이와도 같았소. 당신과 같은 귀객(貴客)의 가르침에 감사하오. 나는 신하국으로서 서쪽으로 진나라를 섬길 것이고, 항산(恒山)의 끝에 있는 5개의 성을 바치겠소이다."라고 하였다.380)

---

379) 금으로 만든 국자.
380) 장의는 이렇게 하여 마침내 천하의 합종을 깨고 '각개격파'의 방식으로 진나라와의 연횡을 완성시켰다.

장의의 마지막 계략

장의는 연횡의 완성을 보고하기 위해 진나라로 향했다. 그러나 진나라 수도 함양에 도착하기 전에 혜왕이 죽고 그의 아들 무왕이 왕위에 올랐다. 무왕은 태자 때부터 장의를 싫어했는데 그가 즉위하자 군신 모두 장의를 비방하고 나섰다.

"장의는 신용할 수 없는 사람입니다. 자기 몸을 위해서는 나라도 팔아먹을 자입니다. 다시 그를 등용하게 되면 틀림없이 천하의 비웃음을 받게 될 것입니다."

제후들은 장의와 무왕의 관계가 좋지 않다는 소문을 듣자 모두 연횡책을 배반하고 다시 합종책을 실행하였다. 대신들이 밤낮으로 장의를 헐뜯는 가운데 이번에는 제나라에서도 사자가 파견되어 진나라가 장의를 임용하는 것을 비난하였다. 장의는 처형될 것이 두려워 무왕에게 제안하였다.

"제게 좋은 생각이 있습니다."

그러자 왕이 물었다. "어떠한 생각인가?"

장의가 대답하였다.

"우리 진나라는 동쪽에 큰 변란이 있어야만 비로소 대왕께서 많은 영토를 얻을 수 있습니다. 지금 제나라 왕은 저를 원수로 증오하고 있습니다. 그는 제가 가는 곳으로 군대를 이끌고 쳐들어올 것입니다. 그래서 제가 위나라로 가려 하니 허락해 주십시오. 제가 위나라에 있다는 것을 알면 제나라는 반드시 대군을 일으켜 위나라를 공격할 것입니다. 두 나라 군사가 대치하여 서로 병력을 빼돌릴 수 없을 때 대왕께서는 그 틈에 한나라를 공격하여 삼천(三川) 지방에 진출하고 함곡관을 넘어 주(周)나라에 압력을 가하면 주나라는 틀림없이 제기(祭器)를 내놓을 것입니다. 그렇게 되면 진나라는 천자를 끼고 천하의 지도와 호적을 점유하게 되니, 이는 가히 왕(王)의 가장 큰 공적입니다!"

무왕은 그 말이 옳게 생각되어 장의에게 전차 30대를 주어 위나라로 가도록 했다. 그랬더니 과연 제나라는 대군을 출동시켜 위나라로 진격하게 하는 것이었다. 겁에 질린 위나라 왕에게 장의가 말했다.

"걱정할 것 없습니다. 저에게 모든 일을 맡겨 주십시오."

그러고는 즉시 문객인 풍희(馮喜)를 초나라에 보내 초나라 사자라는 명의를 빌린 후 제나라로 가 제나라 왕을 만나게 했다. 왕을 만나자 풍희가 말하였다.

"대왕께서는 장의를 그렇게 미워하시면서 실제로는 진왕으로 하여금 더욱 장의를 신임하도록 만들고 계십니다."

"그게 무슨 말인가? 과인은 장의를 증오하여 그가 가는 곳이라면 어디든 공격하기로 결심했소. 그런데 그것이 왜 그자의 신임을 높이게 된다는 말인가?"

풍희가 설명했다.

"그렇기 때문에 더욱 장의의 신임이 높아지는 것입니다. 사실 장의는 위나라로 가기 전에 진나라 왕과 은밀히 약속했습니다. '진나라로서는 동쪽 나라들이 싸울 때가 영토를 넓힐 수 있는 가장 좋은 기회이다. 지금 제나라 왕이 장의를 원수로 생각하고 있는 것을 이용해 위나라와 제나라를 싸움 붙이고 두 나라가 병력을 빼돌릴 수 없는 상태가 되면 진나라는 한나라를 공략한다. 그런 연후에 함곡관을 진출하여 다른 나라를 공략하지 않고 직접 동주로 진격한다. 이렇게 되면 주 천자는 반드시 제기를 내놓는다. 진왕은 천자를 끼고 천하의 지도와 호적을 점유한다. 이는 왕의 가장 큰 공적이다.'

그러므로 진왕은 장의에게 30대의 수레를 주고 위나라로 가게 한 것입니다. 지금 장의가 위나라에 가니 대왕께서는 과연 위나라를 공격하시고 계십니다. 그렇다면 대왕께서는 대내적으로는 국력을 소모하고 대외적으로는 자기 우방 국가를 공격하고 계십니다. 적을 많이 만들고 위난에 직면했으니 이는 장의로 하여금 더욱 진왕의 신임을 받도록 하는 것이 아니겠습니까?"

제나라 왕은 "그대의 말이 옳소."라며 곧 철수 명령을 내렸다. 그 후 장의는 1년 동안 위나라의 재상을 지내다가 죽었다.

태사공은 말한다.

"장의의 행위는 소진보다 더 나쁘지만, 세상 사람들이 소진을 미워하는 원인은 그가 먼저 죽어 장의가 그의 약점을 과장하여 드러내었고, 이로써 자신의 주장이 정확하다는 점을 현시하고 연횡의 책략을 완성하였기 때문이다. 결국 참으로 그들 두 사람이 천하 국가를 전복시키고 멸망시켰다고 할 수 있다."

26. 백기 · 왕전 열전
- 신하에게 굴복하시어 천하에 이기십시오!

본편은 전국 시대 말 유명한 진나라 장군 백기와 왕전의 합전(合傳)이다.

진나라와 조나라 사이에 벌어진 '장평(長平)의 싸움'은 그 규모에 있어서 양국 군대만도 백만 명이 넘었던 전국 시대 최대의 결전으로서 이 전쟁을 승리로 이끈 장군은 바로 진나라의 백기 장군이었다. 이 전투에서 패배한 조나라는 40만 명에 이르는 군사를 잃고 몰락했으며 진나라는 천하통일로 가는 가장 커다란 관문을 넘어섰다.

한편 천하통일로 가는 마지막 관문이었던 초나라와의 전쟁에서 진시황은 이신(李信)을 기용하여 패배했지만 지휘봉을 왕전에게 준 뒤 전승을 거둠으로써 마침내 천하통일을 이루었다. 이렇듯 두 장군의 공훈은 대단히 큰 것이었지만, 그 마지막은 전혀 달랐다.

사마천은 전쟁의 과정에 대해서는 단지 개괄적인 소개에 그치고 있는 데 반해 이러한 두 사람의 삶의 변화에 대해서는 아주 세밀하고 생생하게 묘사하고 있다.

1) 패배를 모르는 불후의 명장
- 백기

조나라의 수십 만 대군, 장평 싸움에서 생매장되다

백기(白起)는 미읍(郿邑) 사람으로서 뛰어난 용병술로 진나라 소왕을 섬긴 장군이다.

소왕 13년, 백기는 군사를 이끌고 한나라의 신성(新城)을 공격했으며 이듬해에는 이궐(伊闕)에서 한나라와 위나라의 연합군과 싸워 24만 명을 전사시키고

적장 공손희를 사로잡으며 다섯 개의 성을 점령하였다. 이러한 공을 쌓은 결과 그의 벼슬은 국위(國尉)로 높아졌다. 계속하여 백기는 한나라를 쳐서 안읍(安邑) 동쪽의 건하(乾河) 지방까지 진출했으며, 다음해에는 위나라를 공격하여 61개 의 성을 빼앗았다.

그로부터 2년 후 백기는 조나라 광랑성을 함락시켰으며, 다시 2년 후에는 초나라를 공격하자 초나라는 수도인 영(郢)을 버리고 동쪽으로 진(陳)에 도읍하 였다. 진나라는 영 땅에 남군(南郡)을 설치하였고, 백기를 무안군(武安君)으로 봉 했다. 백기는 승세를 타고 계속 진격하여 초나라의 무(巫)와 검중(黔中)을 평정하 였다. 소왕 34년, 백기는 위나라로 진격하여 화양을 점령하고 망묘(芒卯) 장군을 격퇴하였으며 조나라와 위나라 장수를 포로로 잡고 적 13만 명을 참하였다.

당시 백기는 조나라와의 교전에서 군사 2만 명을 황하에 수장시켰다.

소왕 43년에는 다시 한나라를 공격하여 5개 도읍을 함락시키고 5만 명을 참수했으며, 이로부터 2년 후에 진나라의 계속된 공격으로 인해 한나라는 남북으로 분단되었다. 이때 한나라 북쪽인 상당(上黨) 군수는 그 백성들과 의논하였다.

"한나라는 더 이상 우리를 보호할 수 없는 형편이다. 진나라는 계속 진격해 오는데 한나라는 속수무책이다. 그러므로 우리는 조나라에 귀속되는 것이 좋다. 만일 조나라가 우리를 받아준다면 진나라는 화가 나서 조나라를 반드시 공격할 것이고 조나라는 침략을 받으면 한나라와 친해질 것이다. 이렇게 조나라와 한나라가 하나로 뭉치면 진나라에 대처할 수 있을 것이다."

그리하여 상당 지역은 조나라 수중에 들어가게 되었다. 그러자 진나라는 즉시 왕흘을 장군으로 삼아 상당 지역을 공격하여 점령하였으며 주민들이 조나라로 달아나자 조나라는 장평에 군대를 주둔시켜 양군이 대결하였다.

이때 조나라의 장군은 염파였는데 처음 전투에서 패하자 성벽을 견고하게 쌓고 수비할 뿐이었다. 진나라가 수차에 걸쳐 싸움을 걸어도 일체 응전하지 않았다. 진나라 군사들은 극도로 지치기 시작했다. 초조해진 진나라는 첩자를 조나라로 보내 천금을 뿌리고 다니며 "진나라가 걱정하는 것은 오직 명장(名將) 조사 장군의 아들 조괄이다. 염파는 다루기 쉬우니 곧 항복하고 말 것이다."라는 소문을 퍼뜨렸다. 그렇지 않아도 조나라 왕은 염파의 군대가 많은 손실을 입고 패했는데도 계속 성만 지킬 뿐 일체 싸우려 하지 않는 것에 대해 대단히 못마땅해 있었다. 그러던 차에 나쁜 소문이 나돌자 당장 염파를 해임하고 조괄을 장군으로 세웠다.

한편 진나라는 조괄이 장군이 되었다는 소문을 듣게 되자, 은밀히 무안군 백기를 상장군(上將軍)으로, 왕흘을 그의 부장(副將)으로 삼았다. 그리고 군중에는 이러한 사실을 누설하는 자가 있다면 바로 사형에 처하겠다는 엄명을 내렸다. 조괄은 도착하자 바로 출병시켜 진나라 군대를 공격하였다. 진나라 군대는 거짓으로 패주하면서 두 곳에 복병을 배치하여 습격 준비를 하게 하였다.

조나라 군대는 이러한 속사정도 모르고 추격하여 진나라의 보루까지 이르렀다. 진나라의 보루는 함락되지 않았고, 이 와중에 진나라의 복병 2만 5천 명이 조나라 군대의 후방을 차단하였다. 또 진나라의 기병(騎兵) 5천 명이 진영 안으로 진격해 들어와 조나라의 군대는 양분되었으며 식량 보급로가 끊어졌다. 아울러 진나라 쪽에서는 경무장 병사들을 출동시켜 공격하였다. 조나라 쪽에서는 전세가 불리해지자 보루를 쌓아 견고하게 수비하면서 구원병을 기다렸다. 진나라 왕은 조나라 쪽의 식량 보급로가 끊어졌다는 전황 보고를 받고서 친히 하내(河內)로 행차하였다. 그러고는 그곳 백성들에게 작위 1등급씩을 내리면서 15세 이상 되는 남자들을 전원 징발하여 장평(長平)으로 보내 조나라 구원병과 식량은 완전히 차단되었다.

9월이 되자 조나라 군사들은 밥을 먹어 본 지가 46일째에 접어들어 급기야 서로를 죽이고 잡아먹기에 이르렀다. 그래서 진나라 군대를 공격해서 탈출하려고 4개의 부대를 만들어 4, 5차례에 걸쳐 시도하였지만 성공하지 못하였다. 마침내 조괄이 정예 병사들을 출병시켜 스스로 나아가 싸웠지만 그 자신이 전사하고 말았다. 조괄이 죽자 그의 군대 40만 명이 무안군에게 투항하였다. 무안군은 이 상황에 이르러서 심사숙고하였다.

'전에 상당을 함락시켰을 때 그곳 사람들은 진나라 백성이 되는 것을 원하지 않고 조나라로 귀순하였다. 지금의 조나라 사졸들도 장차 마음을 바꿀 것이니 모두 죽이지 않으면 반드시 뒤에 난을 일으킬 것이다.'

이렇게 생각한 백기는 속임수를 써서 그들을 모두 구덩이에 매장해 버렸으며, 단지 어린아이 240명만을 돌려보냈다. 이로써 전후(前後) 합쳐 참수되고 포로가 된 사람이 무려 45만 명에 달하게 되어 조나라 사람들은 크게 공포에 떨었다.

신하에게 굴복하고 천하에 이기십시오

소왕 48년, 진나라는 다시 군사를 일으켜 한나라와 조나라를 공격하였다. 그러자 한나라와 조나라는 크게 두려워하여 소대[381]를 보내 진나라 재상 응후(應侯) 범저에게 후한 예물을 바치며 설득했다. 소대는 범저를 만나 "백기 장군은 조괄을 죽였지요?"라고 물었다. 범저가 "그렇소."라고 대답하자 소대는 다시 "머지

---

381) 소대蘇代: 소진의 동생으로 합종책의 유세객.

않아 조나라의 한단도 포위할 작정이시지요?"라고 재차 물었다. 범저가 "물론 이지요."라고 말하자 소대가 자신의 주장을 차근차근 설명했다.

"조나라가 망하면 진나라는 천하의 패자가 될 것이고 백기 장군은 최고의 벼슬을 가지게 될 것입니다. 백기 장군이 승리를 거두고 함락시킨 것만도 70여 성이나 됩니다. 저 주나라의 주공, 소공, 강태공의 공적도 이에 미치지 못합니다. 때문에 조나라가 망하면 그는 반드시 가장 높은 지위에 앉게 됩니다. 당신은 그의 아래에 들어가도 좋으시겠습니까? 그때 가서 그 아래에 들어가지 않으려고 해도 이미 늦은 것이 될 것입니다.

지난번 진나라가 상당 지역을 점령했을 때 그 주민들은 모두 조나라로 도망쳤습니다. 지금 천하의 백성들이 진나라 백성이 되기를 꺼려하고 있습니다. 따라서 지금 조나라가 망한다고 해도 그 백성들은 북쪽은 연나라로, 동쪽은 제나라로, 남쪽은 한나라나 위나라로 모두 도망갈 것입니다. 그렇게 되면 진나라가 얻는 백성은 거의 없게 될 것입니다. 그러므로 차라리 영토를 적당히 떼어받고 더 이상 백기 장군이 공을 세우지 못하게 하는 것이 좋지 않겠습니까?"

범저는 고개를 끄덕였다. 그러고는 즉시 왕에게 달려가 아뢰었다.

"지금 우리 군사들은 계속되는 전쟁으로 지쳐 있습니다. 이제 한나라와 조나라가 스스로 자신들의 땅을 내주겠다고 하니 받아들이는 것이 어떻겠습니까?"

왕은 범저의 의견에 따라 한나라로부터 원옹(垣雍)을, 그리고 조나라로부터 6개의 성을 받고 군대를 철수시켰다. 이렇게 되자 백기는 범저에게 반감을 가지게 되었다.

그해 9월, 진나라는 왕릉(王陵)을 장군으로 삼아 다시 조나라 수도 한단을 공격하였다. 백기는 병중이라 참전하지 못했다. 싸움의 상황은 별로 좋지 못했다. 계속하여 증원군을 보냈지만 오히려 장군을 다섯 사람이나 잃었을 뿐이다. 그러자 진나라 왕은 백기를 왕릉 대신 장군으로 삼아 출정시키려 했다. 그러나 백기는 사양하였다.

"한단은 수비가 단단하여 쉽게 공격하기 어려운 곳입니다. 더욱이 다른 나라들의 구원병들이 속속 도착하고 있습니다. 그것은 다른 나라들이 오래 전부터 진나라에 적개심을 가져왔기 때문입니다. 우리가 장평 싸움에서 승리는 했지만 우리도 병력의 반 이상을 잃었으며 지금 국내는 텅 비어 있는 실정입니다. 이러한 때에 멀리 황하를 건너고 산을 넘어 다른 나라의 수도를 공격하게 되면, 조나라가 안에서 응전하고 제후들이 밖에서 우리를 공격할 경우 매우 어려운 지경에 빠지게 됩니다.

지금은 공격할 때가 아니며 그러므로 백성들을 휴식하게 하고 다른 나라들이 어떻게 나오는지 살피십시오. 두려워하여 복종해 오는 나라는 받아들이고 오만하게 구는 나라는 토벌하십시오. 그런 다음 모든 나라에게 호령하게 되면 천하를 평정할 수 있습니다. '신하에게 굴복하고 천하에 이긴다.'는 말은 이러한 경우에 해당되는 것입니다. 신하에 이기시어 권위를 과시하는 것과 천하에 이기시어 그 명성을 드날리는 것 중 무엇이 좋겠습니까? 패한 나라는 되돌릴 수 없고 죽은 병졸은 살려낼 수 없습니다. 저는 패장(敗將)이 되기보다는 차라리 죽음을 택하겠습니다. 다시 한 번 살피옵소서."

그러나 왕은 백기의 의견을 묵살하고 다시 출전 명령을 내렸지만 백기는 듣지 않았다. 왕은 다시 범저를 시켜 설득했으나 백기는 병을 핑계로 끝내 움직이지 않았다. 할 수 없이 왕은 왕릉 대신에 왕흘을 장군으로 임명해 한 달을 포위하고 공격했지만 열 달이 되도록 끝내 함락시키지 못하였다. 이때 초나라의 춘신군과 위나라의 신릉군이 지휘하는 수십만 명의 구원군이 진나라의 군대를 급습하여 진나라 군대는 많은 사상자가 발생하였다. 백기가 말했다.

"내 계책을 받아들이지 않더니 이렇게 되었다! 이제 어떻게 할 것인가!"

이 말을 전해들은 왕은 크게 노하여 강제로 백기에게 왕명을 수행하도록 하였다. 그러나 백기는 병이 악화되었다고 대답하였다. 응후 범저가 가서 권했지만 역시 말을 듣지 않았다. 그리하여 진왕은 백기의 관직을 박탈하고 일개 병졸로 강등시켜 음밀(陰密)이라는 벽지에 유배하도록 하였다. 하지만 백기는 병이 나 아직 길을 떠나지 못하고 있었다.

그로부터 3개월이 지나 제후들의 공격이 더욱 심해졌고 진나라는 계속 퇴각하였으며 패전을 알리는 사자가 매일 들어왔다. 더욱 화가 난 왕은 백기를 더 이상 함양에 머물지 못하도록 명령하였다. 그리하여 백기는 함양을 떠나 함양 서문에서 10리쯤 떨어진 두우(杜郵)라는 땅에 이르게 되었다. 그때 진왕은 범저 및 기타 대신들과 상의하고는 "백기는 유배를 당하면서도 그 마음이 복종하는 바 없었고 오히려 해서는 안 되는 말을 많이 했도다!"라면서 즉시 사자를 보내 백기에게 칼을 주며 스스로 목숨을 끊도록 명령했다. 백기는 칼을 뽑아 목을 찌르면서 탄식했다. "내가 무슨 죄를 지었기에 이러한 지경에 이르렀는가?" 그 러더니 한참이 지난 후에 "아니다. 나는 죽어야 마땅하다. 장평 싸움에서 항복 한 수십만 명을 속여서 생매장시켰으니 이 한 가지만으로도 마땅히 죽어야 한 다."라고 말하고는 스스로 목숨을 끊었다. 진나라 소왕 50년 11월이었다. 그 의 죽음을 백성들은 크게 안타까워했으며 이후 진나라의 모든 마을에서는 백 기 장군의 제사를 지내게 되었다.

2) 전투와 처신에서 모두 능했던 명장
– 왕전

60만 군사가 필요하다

왕전(王翦)은 빈양(頻陽)[382] 동향(東鄕) 사람으로서 어릴 적부터 병법을 좋아했 으며 커서는 진시황을 섬기었다. 진시황 11년에 왕전은 장군으로 등용되어 조 나라의 알여(閼與)를 공격하여 승리를 거두었으며 아홉 개의 성을 함락시켰다.

진나라는 진시황 18년에 다시 왕전을 장군으로 삼아 조나라를 공격했으며 이듬해에 마침내 조나라 왕이 항복하여 조나라 땅을 모두 평정하고 진나라에 합병시켰다. 그 다음 해에 연나라가 자객 형가를 보내 진시황을 저격한 사건이 있었는데, 이에 진시황은 격분하여 왕전으로 하여금 연나라를 공격하도록 하 였다. 진나라의 공격에 연나라 왕은 요동 땅으로 도망갔으며 이에 왕전은 연나 라의 도성 계(薊)를 평정하고 돌아왔다.

한편 왕전의 아들인 왕분은 초나라를 공격하여 패주시키고 돌아오는 길에 위나라를 거쳐 항복을 받아내 위나라 땅도 진나라에 복속되게 되었다. 그리하 여 진나라는 이미 3진을 멸망시켰으며, 연나라 왕을 멀리 쫓아버렸고, 초나라

---

382) 빈양은 진나라의 현 이름으로서 지금의 섬서성에 위치해 있었다.

를 계속 격파하고 있었다.

그 무렵 진나라 장군 중에 이신(李信)이라는 사람이 있었는데 나이가 젊었으며 매우 용감했다. 그는 일찍이 단지 수천 명의 군대를 이끌고 연나라 태자 단을 추격하여 마침내 단을 격파하고 사로잡았다. 이에 진시황은 그를 현명하고 용기 있는 장군으로 생각하고 있었다.

어느 날 진시황이 이신에게 물었다.

"과인이 초나라를 공격하여 항복을 받으려 하는데 장군의 생각으로 몇 만의 군대를 쓰면 충분하겠소?" 그러자 이신이 대답했다.

"20만 정도면 충분하겠습니다."

이번에는 왕전에게 질문을 던졌다. 왕전은 "60만의 병사가 아니면 어려울 것이라 생각되옵니다."하고 대답하였다. 그러자 진시황이 못마땅하여 왕전을 비난하였다.

"왕장군도 이제 늙은 것 같소. 어찌 그리 겁이 많소? 이신 장군은 참으로 과단성도 있고 용감하오. 그의 말이 옳소."

그러고는 이신과 몽염을 장군으로 삼아 20만 군대로 초나라를 공격하게 하였다. 왕전은 자신의 의견이 받아들여지지 않고 오히려 비난만 듣자 병을 핑계로 고향에 내려갔다. 이신과 몽염은 둘로 나뉘어 초나라를 공격, 대승을 거두었다. 계속하여 이신은 초나라의 서쪽 지방을 공략해 승리를 거두었다. 그리고 몽염이 이끄는 군대와 합류하기 위해 강행군했다.

이때 초나라 군대는 몰래 이신의 뒤를 추격하여 사흘 만에 휴식하고 있는 이신의 군대를 기습 공격하였다. 이신의 군대는 뜻밖의 공격을 받고 혼비백산하여 일곱 명의 장수가 죽는 등 참패를 면하지 못했다.

진시황이 이 소식을 듣고 크게 화가 나서 곧장 왕전의 고향으로 수레를 몰아 달려가 왕전에게 사과하였다.

"과인이 장군의 고견을 듣지 아니한 까닭에 이렇게 참패를 당하게 되었소. 과인이 들으니 지금 초나라 군대가 빠른 속도로 진나라 국경 쪽으로 이동하고 있다고 하니, 장군이 비록 병들어 있는 처지이지만 어찌 과인을 버릴 수 있겠소?"

그러자 왕전은 "이 늙은 몸은 이미 지치고 병들어 정신마저 어지러운 형편입니다. 도저히 쓸모가 없는 몸이오니 대왕께서는 다른 훌륭한 장군을 찾아보십시오."라며 사양하였다. 하지만 진시황은 재차 간청하였다.

"제발 그러지 마오. 과인이 잘못했으니 장군은 다시는 그런 말 하지 마오."

이에 왕전이 비로소 못이기는 척하며 받아들였다.

"대왕께서 진정 이 몸을 꼭 쓰셔야 될 형편이라면 더 이상 사양하지는 않겠습니다. 다만 60만 군사가 아니면 안 될 줄로 압니다."

"좋소. 오직 그대의 뜻을 따르리다." 진시황은 거듭 동의하며 고개를 끄덕였다.

그리하여 왕전은 60만 군대를 이끌고 출정하게 되었고 이에 진시황은 직접 전송까지 나왔다. 이때 왕전은 진시황에게 최고로 좋은 논밭과 저택을 하사해 달라고 요청하였다. 그러자 진시황이 말했다.

"장군은 걱정 말고 출정이나 하시오. 어찌 가난을 걱정한다는 말이오?"

이에 왕전이 대답하였다.

"대왕을 위하여 병사를 이끌고 전쟁에 나아가 공이 있어도 결국 봉후를 받지 못했습니다. 그러므로 신은 지금 대왕의 신임을 받고 있을 때 재산을 청해 자손의 생계를 마련해 두고 싶을 뿐입니다."

진시황은 크게 웃었다. 왕전은 출정하여 함곡관에 이르러서도 다섯 번이나 사자를 보내어 좋은 논밭과 저택을 청하였다. 그러자 어떤 사람이 물었다.

"장군님의 요구가 너무 지나친 것이 아닙니까?"

이에 왕전이 빙긋이 웃으며 대답하였다.

"그렇지 않다. 왕은 성질이 거칠고 남을 믿지 않는다. 진나라의 모든 병사를 내게 맡겨둔 지금, 내가 다른 생각이 없다는 사실을 보여줘야만 한다. 그래야 왕은 나를 믿게 되고 후환이 없게 된다. 그렇기 때문에 내가 재산을 자손을 위하여 자꾸 청함으로써 마음이 변하지 않고 있다는 사실을 보여 주지 않으면 왕은 도리어 공연히 나를 의심할 것이다."

천하통일을 이루다

한편 왕전이 새로 장군이 되어 병력을 증강해 쳐들어온다는 소식을 들은 초나라는 전국의 군사를 총동원하여 대항하였다. 그러나 왕전은 초나라 군대와 대치하여 싸울 생각은 하지 않고 오직 견고한 성벽만 굳게 쌓아 진지를 지킬 뿐이었다. 초나라 군사들이 자주 도발했지만 거들떠보지도 않은 채 매일 병사들을 편히 쉬게 하고 목욕을 하게 하면서 먹고 마실 음식을 넉넉히 제공하였다. 그리고 때로는 병사들과 함께 식사를 하며 사기를 북돋기도 하였다. 얼마 뒤 왕전은 사람을 시켜 병사들의 동정을 살피게 하였다.

"병사들이 무엇을 하고 있는가?"

"예, 돌 던지기와 뜀뛰기 놀이를 하고 있습니다."

왕전은 그 말을 듣자 무릎을 치면서,

"이제 됐다! 병사들의 몸과 마음이 모두 튼튼해졌으니 이제 싸움을 해도 좋다."라고 말했다.

이때 초나라 군대는 몇 번에 걸친 도전에도 진나라 군대가 전혀 싸울 기색이 없고 또 식량이 부족했기 때문에 동쪽으로 군사를 철수시키기 시작했다. 왕전은 그제야 비로소 때가 왔다는 듯이 전군을 이끌고 추격하였다. 특히 힘센 장사들을 앞세운 채 공격하여 초나라 군대를 대파하고 기수 남쪽에서 초나라 장군인 항연을 죽였다. 그로 인하여 초나라 군대는 완전히 와해되었다. 진나라는 기세를 몰아 초나라를 공략하여 드디어 1년 만에 초나라 왕 부추를 사로잡고 초나라를 멸망시켰다. 진나라는 이에 그치지 않고 여세를 몰아 남쪽의 백월(百越) 땅도 정벌하였다. 그리고 왕전의 아들 왕분도 이신과 더불어 연나라와 제나라를 공격하여 멸망시켰다.

마침내 진시황 26년에 천하통일이 이뤄졌는데 왕씨와 몽씨, 두 집안의 공로가 가장 컸으며 그 명성이 후세까지 전해지게 되었다.

2세 황제 때 왕전과 그의 아들 왕분은 이미 죽었고, 또 몽씨는 주멸되었다. 진승이 반란을 일으키자 조정은 왕전의 손자 왕리(王離)를 파견하여 거록성의 조나라 왕과 장이를 포위하도록 하였다. 어떤 사람이 "왕리는 진나라의 명장이다. 그가 강대한 진나라 부대를 이끌고 새로 세워진 조나라를 진격했으니 조나라를 격파하는 것은 문제가 되지 않는다."고 말했다. 다른 사람은 "그렇지 않다. 3대째 장군에 이르면 반드시 쇠퇴한다는 것을 알아야만 한다. 왜 그런 것인가? 왜냐하면 선대에서 너무 많이 도륙하여 후대는 반드시 그 좋지 못한 영향을 받아야 하기 때문이다. 지금 왕리는 이미 3대 째 장군이다!"라고 말했다. 얼마 지나지 않아 항우가 조나라를 구하고 진나라 군대를 격파하여 왕리를 포로로 잡았다.

　　태사공은 말한다.

　　"옛 속담에 '자도 짧은 데가 있고 치(値)도 긴 데가 있다.'고 하였다.

　　백기는 적을 헤아려 임기응변으로 기묘한 전술을 변화무쌍하게 구사하여 그 이름만 들어도 천하가 두려움에 떨게 만들었다. 그러나 범저의 음모와 모해를 대처하지 못했다.

　　왕전은 6국을 평정한 노련하고 생각이 깊은 장군으로 진시황도 그를 스승으로 모셨다. 그러나 그는 인의와 도덕으로써 왕을 보필하여 입국의 근본을 공고하게 하지 못하고 오로지 구차하게 죽을 때까지 안녕만을 구하고 영합하였다. 왕전의 손자 왕리가 항우의 포로가 된 것은 당연하지 않은가?

　　백기와 왕전은 각각 모자라는 데가 있었다."

27. 맹상군 열전
- 빈객을 좋아하고 스스로 즐거워하다

전국 시대에 이르러 왕권의 강화와 더불어 씨족제가 급속하게 해체되었는데 이에 따라 귀족의 권위는 벼랑 끝에 내몰리게 되었다. 그리하여 이들은 널리 인재를 모음으로써 자신의 세력을 확대시키고자 하였다.

한편 당시 이른바 선비(士)들 역시 귀족들에게 의존하면서 부귀권세를 얻기 위하여 '선비'를 '키우는' 풍토가 성행하게 되었다. 이들 선비는 바로 학사(學士), 책사(策士), 방사(方士) 혹은 술사(術士)나 식객(食客)이라고 칭해졌다. 상앙, 장의, 범저, 이사 등 당시 거물 정치인의 대부분이 이러한 식객 출신이었다.

한편 이러한 식객을 많이 거느린 유력 인사들은 실로 왕에 버금가는 지위와 권세를 누렸으며, 특히 유명한 식객을 둔 유력 인사들의 정치적 지위는 매우 높을 수밖에 없었다. 유사시 사병(私兵)의 역할도 담당하여 아무튼 식객을 많이 거느린 유력인사들은 당시의 실세였다. 그 중에서도 제나라의 맹상군, 조나라의 평원군, 위나라의 신릉군, 그리고 초나라의 춘신군 등은 '전국 4공자(戰國四公子)'로서 널리 알려져 있으며 이들은 대개 3천 명도 넘는 식객을 거느렸으며 그들로부터 갖가지 지모와 술수, 사건들이 엮어져 나왔다.

맹상군은 이른바 '호객자희(好客自喜)'로서 손님 접대하기를 좋아하고 재주 있는 선비들과 사귀기를 즐겨, 많은 인재들이 그에게 모여들어 전성기에는 자그마치 6만 호가 그의 땅에 들어와 살았다.

사람의 운명이 문으로부터 받는 것인가?

맹상군(孟賞君)의 이름은 문이며, 성은 전씨(田氏)로서 아버지는 전영이다. 전영은 제나라 위왕의 작은아들로 제나라에서 재상을 지내면서 설(薛) 땅을 영지로 받았다.

전영은 아들이 40여 명이나 있었는데, 한 소첩에게서 문이라는 아들이 태어났다. 그 아이의 출생일은 5월 5일이었다. 그때 전영은 산모에게 "아기를 내다 버려라."라고 명령하였다. 그러나 어머니는 몰래 아이를 키웠다. 아이가 성장한 뒤에야 비로소 어머니가 전문의 형제를 통하여 전영에게 그 아들을 소개하였다. 전영은 그 아이를 보고 그 어머니에게 버럭 화를 내었다. "내가 분명 저 아이를 버리라 했거늘 네가 감히 몰래 키웠구나. 왜 그렇게 하였느냐?" 어머니가 아무 말도 못하고 있을 때 전문이 머리를 조아리며 물었다. "5월 5일에 태어난 아이를 기르지 말라고 하시는 까닭이 무엇이온지요?" 그러자 전영은 "5월 5일에 태어난 아이는 키가 문 높이만큼 자라면 부모를 죽인다고 하기 때문이다."라고 대답하였다.

전문은 이렇게 반문하였다. "그렇다면 사람의 운명은 하늘로부터 받는 것입니까? 아니면 문으로부터 받는 것입니까?"

전영은 아무 말도 하지 못했다. 전문이 말을 이었다. "만약 하늘로부터 운명을 받는다면 무엇을 걱정하실 것입니까? 그리고 만약 문으로부터 운명을 받는다면 문 높이를 더 높이면 될 것입니다. 누가 그렇게 높이 클 수 있겠습니까?" 그러자 전영은 "더 이상 그 문제를 이야기하지 말라."라고 말하였다.

얼마가 지나 전문이 아버지를 만나는 기회를 이용하여 물었다. "아들의 아들은 무엇이라 합니까?" 전영은 "손자라 한다."라고 대답하였다. "손자의 손자는 무엇이라 합니까?" "현손(玄孫)이라 한다." "현손의 손자는 무엇이라 합니까?" 이에 전영은 "그건 알 수가 없다."라고 대답하였다. 그러자 전문은 "아버님께서는 제나라 재상이 되신 후 지금까지 세 왕을 섬기셨습니다. 그동안 제나라는 영토를 한 치도 넓히지 못했지만 아버님께서는 만금의 재산을 모으셨습니다. 하지만 아버님 곁에는 단 한 명의 현명한 사람도 보이지 않습니다. '장군의 가문에는 반드시 장군이 나오고 재상의 가문에는 반드시 재상이 나온다.'[383] 고 합니다. 지금 아버님의 후첩들은 휘황찬란한 비단옷을 입고 긴 치맛자락을 밟고 다니지만 이 나라의 선비들은 짧은 잠방이옷도 얻어 입지 못하고 있으며,

---

383) 원문은, 장문필유장, 상문필유상將門必有將, 相門必有相

남녀 노비들도 좋은 쌀밥과 살찐 고기를 실컷 먹다 남기지만 선비들은 술지게미와 쌀겨조차 얻어먹지 못하는 실정입니다. 아버님께서는 더욱더 많은 재물을 모아 창고에 쌓아 두고 누군지도 모를 어느 자손에게 물려주려 하시면서도 나라는 하루가 다르게 약해져가는 것은 잊고 계시지 않으신지요? 저는 이것을 매우 괴이하게 생각하고 있습니다."

그러자 전영은 전문을 예의로써 상대하여 그에게 집안일을 맡기게 되었으며 빈객들을 접대하는 일을 맡도록 하였다. 빈객들은 날로 늘어나 전문의 명성은 제후들 사이에 널리 알려지게 되었다. 제후들은 모두 사람을 보내 전영에게 전문을 후계자로 삼으라고 권했고 전영은 마침내 승낙하였다. 전영이 죽은 후 전문은 그의 뒤를 이어 설(薛) 땅의 제후가 되니 이 사람이 바로 맹상군이다.

어부지리(漁父之利)

맹상군은 제후들의 빈객들과 죄를 짓고 외국으로 피신한 사람들을 불러 모아 그들은 모두 맹상군 문하에 와 기거하였다. 맹상군은 그들에게 잘 곳과 일자리를 주고 우대하여 천하의 선비들이 거의 모두 그에게 의지하게 되었다. 그의 식객[384]은 수천 명에 이르렀으며, 맹상군은 그들을 귀천을 가리지 않고 똑같이 대접하였다.

맹상군이 빈객들을 맞아 이야기할 때면 병풍 뒤에서 기록하는 사람이 있어 대화 내용을 적는 것은 물론 그가 물어본 빈객의 친척 및 그들이 사는 곳까지 기록하였다. 빈객이 가고 나면 곧 심부름꾼을 보내어 그의 집으로 보내 위문하고 또 그의 친척에게 선물을 주게 했다. 어느 날 맹상군이 손님을 맞이하여 같이 저녁식사를 하고 있었는데 어떤 사람이 불을 꺼뜨리는 바람에 손님은 자신의 식사가 맹상군의 것과 다르다고 생각하여 크게 화를 내면서 자리를 박차고 나가려 했다. 그러자 맹상군은 직접 자기의 밥과 손님의 밥을 견주어 보니 아무런 차이가 없었다. 그 손님은 크게 부끄러워하며 스스로 목을 찔러 죽었다.

---

384) 식객食客, 권세가에게 의탁하고 그를 위하여 일함으로써 먹을 것과 입을 것을 얻는 사람을 가리킨다.

맹상군이 이렇게 접대를 하였기 때문에 더욱 많은 식객들이 맹상군의 문하에 모여들었다. 맹상군은 누구에게나 모두 잘 대우했으므로 식객들은 모두 맹상군이 자신과 특별히 친하다고 생각하였다.

한편 진나라 소왕은 맹상군이 현명하다는 소문을 듣고 진나라 공자인 경양군을 제나라에 인질로 보내면서 맹상군을 진나라에 초대하도록 하였다. 이에 맹상군이 진나라로 가려 하자 같이 가기를 원하는 사람은 한 사람도 없고 모두 말렸으나 그는 듣지 않았다. 그러자 소대(蘇代)[385]가 맹상군에게 말했다. "오늘 아침 제가 이곳으로 오다가 나무로 만든 인형과 흙으로 만든 인형이 말다툼하는 것을 들었습니다. 나무 인형이 '하늘에서 비가 내리면 넌 금방 허물어져 버릴 거야.'라고 하자 흙 인형은 '나는 흙으로 만들어졌으므로 허물어져도 흙으로 돌아갈 뿐이지만 너는 비가 내리면 어디까지 떠내려가서 어떻게 될지 모른다.'고 하는 것이었습니다. 지금 진나라는 호랑이와 같은 야만적인 나라입니다. 그런데도 공자께서 구태여 그곳에 가시려 하니 만일 돌아오시지 못한다면, 흙 인형에게 비웃음을 면할 수 없을 것입니다."

맹상군은 그 말을 듣고 비로소 진나라로 가는 것을 단념하였다.

한편 소대는 '어부지리'라는 고사성어를 만들어 낸 것으로 유명하다.

조나라가 연나라를 공격하려 했다. 그러자 소대가 조나라 왕을 설득하였다. "이곳에 오던 중 역수를 건넜습니다. 그런데 조개란 놈이 먹이를 찾던 도요새의 주둥이를 꽉 물고 있었습니다. 도요새가 '이놈아, 앞으로 2, 3일 동안 비가 오지 않게 되면 넌 말라죽어 버릴 것이야.'라고 하자 그 조개도 지지 않고, '무슨 말이냐. 너야말로 굶어죽을 것인데.'라고 대꾸했습니다. 그리고 계속 그렇게 있었습니다. 그러자 마침 그곳을 지나가던 어부가 그 두 놈을 모두 잡아 버렸습니다. 지금 조나라는 연나라를 치려고 합니다. 그러니 진나라가 이 어부처럼 이득을 보지 않겠습니까?"

이 말을 듣고 조나라 왕은 공격을 단념하였다.

---

385) 소진의 동생

계명구도(鷄鳴狗盜)

제나라 민왕 25년, 진나라는 다시 맹상군이 자기 나라를 방문해 줄 것을 강요하여 힘이 약한 제나라는 어쩔 수 없이 그를 진나라로 보냈다. 맹상군이 진나라에 도착하자 진나라 소왕은 즉시 그를 재상으로 삼으려 했다. 그러자 한 신하가 아뢰었다.

"맹상군은 현명한 데다 결국 제나라 사람입니다. 설사 진나라의 재상이 된다 하더라도 반드시 먼저 제나라를 생각하고 그 연후에 비로소 진나라를 생각하게 될 것입니다. 그렇게 되면 진나라가 위험에 직면하지 않을까 걱정됩니다."

그래서 소왕은 맹상군을 재상으로 임명하려던 계획을 취소하였다. 그러고는 맹상군을 가두고 아예 죽여 후환을 없애려 하였다. 맹상군은 사람을 보내 소왕의 총애 받는 후궁을 만나 도움을 간청하였다. 그러자 그 후궁은 "맹상군께서 가지고 왔던 흰여우 가죽옷을 가지고 싶은데요."라고 말했다. 맹상군은 흰여우 가죽옷을 한 벌 가지고 있었는데 값이 천금이나 나가고 천하에 비길 데 없는 진귀한 물건이었다. 그러나 그 옷은 이미 진나라에 들어올 때 소왕에게 바친 뒤였다. 맹상군은 같이 간 식객들에게 방법이 없겠느냐고 물었다. 그러나 모두 묵묵부답, 침묵만 지키고 있었다. 그때 제일 말석(末席)에 앉아서 마치 개처럼 도둑질을 하던 식객 하나가 말문을 열었다. "제가 그것을 가지고 오겠습니다."

그리하여 그날 밤 그는 개처럼 진나라 왕궁의 창고에 잠입하여 전에 맹상군이 소왕에게 바쳤던 흰여우 가죽옷을 훔쳐 가지고 나왔다. 그것을 후궁에게 바치자 그녀는 소왕에게 맹상군을 풀어 달라고 청을 하여 마침내 소왕은 맹상군을 석방하였다.

맹상군은 풀려나자마자 급히 서둘러 떠났다. 통행증명서도 고치고 이름도 바꾸어 국경을 통과하기 쉽게 하려 하였다. 그들은 한밤중에 함곡관에 이르렀다. 진나라 소왕은 뒤늦게야 속은 것을 깨닫고 그를 찾았으나 이미 달아난 뒤였다. 그래서 즉시 군대를 풀어 그를 뒤쫓게 하였다. 맹상군은 함곡관에 도착했지만 닭이 울기 전에는 관문이 열리지 않아 나갈 수 없었다. 맹상군은 진나라 병사들의 추격을 크게 걱정하였다. 이때 말석(末席)에 있던 식객 중에 닭울음소리[鷄鳴]를 잘 흉내 내는 자가 있어 그가 닭울음소리를 내자 인근의 다른 닭들

맹상군, 몰래 함곡관을 빠져나오다.

이 모두 함께 울었다. 드디어 함곡관의 관문이 활짝 열렸고 일행은 무사히 빠져나올 수 있었다.

문이 열린 지 얼마 되지 않아 진나라의 추격병들이 함곡관에 도착했지만 이미 맹상군은 떠난 뒤여서 돌아갈 수밖에 없었다.[386] 일찍이 맹상군이 닭울음소리를 잘 흉내 내는 사람과 도둑질하는 자를 식객으로 맞아들였을 때 다른 식객들은 그들과 함께 밥을 먹고 같은 자리에 앉는 것조차 커다란 수치로 생각하였다. 그러나 맹상군이 진나라에 들어가 정작 어려움을 당했을 때 결국 그 두 사람이 그를 살려냈던 것이다. 모든 식객들은 맹상군의 사람 보는 눈을 다시 보게 되었다.

맹상군 일행이 진나라를 탈출하여 조나라를 지나는 길에 조나라 평원군(平原君)이 성대하게 영접하였다. 그런데 조나라 사람들은 맹상군의 명성을 익히 들어 알고 있었기 때문에 그를 구경하려고 모여들었다. 그러나 그들은 직접 맹상군을 보더니 모두 비웃는 것이었다. "맹상군은 기골이 장대한 장부인 줄 알았더니 오늘 직접 보니 난쟁이처럼 작구나!" 맹상군이 이 말을 듣자 크게 분노하여 같이 갔던 식객들을 시켜 수백 명을 사정없이 베어 버리고 마침내 한 고을을 완전히 없애 버리고는 길을 떠났다.

한편 제나라 민왕은 자기가 맹상군을 진나라로 보내 곤경에 처하게 만들었기 때문에 줄곧 마음에 걸렸다. 그는 맹상군이 돌아오자 재상으로 등용하고 정치의 모든 권한을 맡겼다.

맹상군은 이렇게 하여 진나라에 원한을 가지게 되었다. 그는 전에 제나라가 한나라와 위나라를 도와 초나라를 공격했었기 때문에 한나라, 위나라에게 함께 진나라를 공격할 것을 요구하려고 했고, 또한 서주(西周)에서 무기와 군량미를 빌려 오려고 했다. 그러자 소대가 서주를 위하여 맹상군에게 진언하였다.

"공자께서 제나라 군대를 이끌고 한나라와 위나라를 도와 초나라를 공격한 지 9년이 지났습니다. 그때 초나라 땅을 빼앗아 한나라와 위나라를 강하게 해

---

386) 이때 닭울음소리[鷄鳴]와 개와 같이 도적질을 하는 자[狗盜] 때문에 맹상군이 목숨을 건진 것을 두고 후세사람들이 '계명구도鷄鳴狗盜'라고 일컬었다.

주었는데 지금은 진나라를 공격하여 그 두 나라를 더욱 강하게 해주려 하고 있는 것입니다. 한나라와 위나라가 남쪽으로 초나라에 대한 근심이 없고 서쪽으로 진나라의 걱정이 없어지면 결국 제나라가 위험하게 됩니다. 그러므로 공자께서는 진나라를 공격하지도 않고 서주에게 무기와 군량미도 빌려 오지 않는 것이 가장 좋습니다. 공자께서 함곡관까지 가시더라도 진나라를 공격하지 마시고 서주로 하여금 진나라에게 '맹상군은 진나라를 공격하여 한나라와 위나라를 강하게 만들지 않을 것입니다. 그가 진나라를 공격하려는 것은 진나라가 사로잡고 있는 초나라 회왕으로 하여금 초나라 동쪽 땅을 제나라에게 떼어 주도록 하고 또한 회왕을 석방하여 초나라와 좋은 관계를 가지기 위해서입니다.'라고 말하도록 하십시오. 그렇게 되면 진나라는 공격당하지 않으면서 초나라의 땅을 이용하여 화를 면할 수 있기 때문에 그 제안을 반드시 받아들일 것입니다. 또 초나라는 왕이 풀려날 수 있다면 반드시 제나라에 고마워할 것입니다. 제나라는 초나라 동쪽 땅을 얻어 반드시 강대해질 것이며 설 땅 역시 아무런 걱정이 없어질 것입니다. 진나라가 커다란 손실을 입지 않고 또 3진[387]의 서쪽에 처하게 되기 때문에 3진은 반드시 제나라에 의지하게 될 것입니다."

맹상군은 "좋소!"라고 동의하였다. 그리하여 그는 한나라와 위나라로 하여금 진나라로 예물을 보내 축하하게 하여 전쟁을 피하게 되었으며, 제나라와 한나라 그리고 위나라 3국은 출병을 하지도 않고 서주에게 무기와 식량을 빌려올 필요도 없게 되었다.

베풀면 반드시 보답이 있다

맹상군의 식객 중에 맹상군의 애첩과 몰래 정을 통하고 있던 자가 있었다. 그 사실을 알고 있던 식객 한 사람이 맹상군에게 고해 바쳤다. "식객의 신분으로 주인의 여자와 관계하다니 세상에 이럴 수가 있습니까? 어서 없애 버리십시오." 그 말을 듣고 있던 맹상군은 웃으면서, "괜찮소. 남자란 원래 아름다운

---

387) 3진晋이란 한韓, 조趙, 위魏 3국을 가리킨다.

미인에게 빠지게 되어 있지 않소? 그냥 눈감아 주오." 하는 것이었다.

며칠 후 맹상군은 자기 애첩과 정을 통하고 있는 식객을 불렀다. "내가 이제껏 이렇다 할 벼슬자리도 주지 못해 대단히 미안하오. 그런데 웬만한 벼슬은 그대가 만족해할 것 같지 않소이다. 내가 위나라 왕과 친밀한 사이인데 여비를 마련해 줄 터이니 위나라 왕에게 찾아가 벼슬할 생각은 없소? 내가 손을 써 주리다." 그리하여 그 식객은 위나라에 찾아가 높은 벼슬을 하게 되었다.

그 후 위나라와 제나라의 관계가 악화되어 위나라가 제나라를 공격하려 했다. 이때 그 식객이 위나라 왕에게 말했다. "전하, 제가 오늘날 전하를 모실 수 있었던 것은 오직 맹상군께서 보잘것없는 저를 추천해 주었기 때문입니다. 위나라와 제나라는 원래부터 자자손손 끝까지 서로 창을 마주하는 일이 없을 것이라고 맹세한 형제 나라입니다. 어찌 제나라를 공격하여 선왕(先王)들의 맹세를 깨고 또 맹상군과의 신뢰에 금이 가게 하십니까? 바라옵건대 제나라 공격을 하지 마십시오. 만약 강행하시려 한다면, 저는 이 자리에서 목숨을 끊고 피를 뿌리겠나이다."

이 말을 듣고 위나라 왕은 제나라 공격을 단념하였다. 이 소식에 제나라 사람들은 크게 기뻐하며 맹상군의 지혜와 사람됨을 칭송하였다.

맹상군이 제나라 재상이 되자 그의 사인(舍人)[388] 위자(魏子)가 세금을 징수하는 일을 담당하였다. 그러나 세금을 징수하기 위해 세 차례나 다녀왔지만 한 푼의 돈도 가져오지 않았다. 그래서 맹상군이 그 까닭을 물으니 그가 대답하였다. "어떤 현명한 분이 계시기에 그에게 빌려 주었습니다. 그래서 세금을 가져오지 못했습니다." 이에 맹상군은 크게 화를 내면서 그를 면직시켰다.

몇 년 뒤 어떤 사람이 제나라 민왕에게 맹상군을 비방하였다. "맹상군이 반란을 꿈꾸고 있다고 하옵니다." 때마침 전갑(田甲)이라는 자가 반란을 일으키자 민왕은 맹상군의 조종 하에 일어나지 않은지 의심하였다. 맹상군은 피신할 수밖에 없었다. 이때 전에 위자가 세금을 빌려 주었던 그 현명한 자가 이 소문을 듣고 민왕에게 글을 올려, "맹상군께서는 결코 반란을 일으킬 분이 아닙니다. 제 목숨을 걸고 맹세하겠습니다." 하고는 궁궐 문 앞에서 스스로 자기의 목을 찌르

---

388) 고대 왕족이나 귀족의 시종.

고 죽었다. 민왕이 크게 놀라 사실을 조사해 보니 과연 맹상군이 반란을 꾸민 흔적은 전혀 없었다. 그래서 맹상군을 다시 불렀다. 하지만 맹상군은 병을 핑계로 벼슬을 내놓고 고향 설 땅으로 돌아가겠다고 청하자 민왕은 이를 허락하였다.

그 뒤 제나라 민왕은 송나라를 멸망시키고 더욱 교만해져서 맹상군을 제거하려고 하였다. 이에 맹상군이 위나라로 망명하자 위나라 소왕은 그를 재상으로 삼았다. 위나라의 재상이 된 맹상군은 서쪽으로 진나라, 조나라와 연합하고 연나라와도 힘을 합쳐 제나라를 격파하였다. 제나라 민왕은 패하여 달아나 거(莒) 땅에서 죽었다. 그 뒤를 이어 제나라에 양왕이 즉위하자 맹상군은 중립을 지켜 누구에게도 속하지 않았다. 제나라 양왕은 즉위한 후 맹상군을 두려워하여 그를 우호적으로 잘 대접하였다.

전문이 죽자 시호를 맹상군이라 하였다. 그 아들들이 서로 설공의 지위를 잇겠다고 다투게 되자 그 틈을 타서 제나라와 위나라가 함께 이 아들들을 공격하여 멸망시켜 버렸다. 그리하여 맹상군은 후사가 끊어지게 되었다.

장검이여 돌아갈거나!

풍환(馮驩)이라는 사람은 맹상군이 빈객들을 잘 대우한다는 소문을 듣고 그를 찾아갔다. 맹상군은 짚신 신고 행색이 꾀죄죄한 그의 모습에 개의치 않고 물었다.

"먼 길을 와 주셔서 매우 고맙습니다. 저에게 무엇을 가르쳐 주시겠는지요?"

"당신께서 빈객을 좋아하신다는 소문을 들었는데, 나는 집이 가난해 살 수가 없어서 당신 집의 식객이 되고자 합니다."

맹상군은 그를 하등(下等) 숙소에 머물게 하고 10일이 지나 숙소 사감을 불러 물었다. "그 손님이 어떻게 지내고 있는가?"

"예, 그 손님은 매우 가난해 겨우 칼 한 자루를 가지고 왔을 뿐입니다. 그것도 새끼줄로 자루를 감은 보잘것없는 칼입니다. 그런데 그 칼을 손으로 두드리면서 '장검이여 돌아갈거나! 내 밥상에 고기가 없구나!'라는 노래를 부르고 있습니다."

그러자 맹상군은 그를 중등 숙소로 옮겨주고 고기반찬을 주었다. 그리고 5일

후에 다시 숙소 사감에게 물었다. 숙소 사감은 "여전히 칼을 두드리면서 '장검이여 돌아갈거나! 밖에 나가려 해도 수레가 없구나!' 하는 노래를 부르고 있습니다."라고 대답하였다.

그러자 맹상군은 다시 그를 상등 숙소로 옮겨주고 드나들 때 수레를 제공하였다. 5일 후 또 숙소 사감에게 물으니 그는 "그분은 여전히 칼을 두드리고 있습니다. 이번에는 '장검이여 돌아갈거나! 살 집이 없구나!'라면서 노래를 부르고 있습니다."라고 대답하였다.

이 말을 들은 맹상군은 기분이 그다지 좋지 않았다. 1년이 지나도록 풍환은 다른 말은 하지 않았다.

그 무렵 맹상군은 제나라 재상으로 있으면서 설(薛) 땅에 봉해졌고 만 호의 인구를 다스렸다. 그의 식객은 삼천 명이나 되어 조세 수입만으로 그 많은 손님들을 접대하기 어려웠기 때문에 사람을 시켜 설 땅의 백성들에게 빚을 놓았다. 하지만 당시 설 땅의 수입이 좋지 못하여 돈을 빌려간 사람들이 모두 이자도 갚지 못하게 되었기 때문에 식객들을 접대하는 것이 문제가 되었다.

맹상군이 걱정하다가 측근들에게 물었다. "누가 설국에 가서 빚을 받아올 수 있을까?" 그러자 숙소 사감은 "풍환이라는 사람은 용모와 행동거지로 볼 때 언변에 능하고 도의가 있는 장자(長者)[389]입니다. 그를 보내 빚을 받도록 하면 문제가 없을 것 같습니다."

맹상군이 그 의견에 따라 풍환을 불러 말했다. "빈객들께서 내가 무능하다는 사실을 알지 못하고 있습니다. 지금 나에게 와 있는 사람들은 3천 명이 넘습니다만, 이제 봉읍의 세입만으로 이 많은 분들을 접대하기 어려워 설 땅에 빚을 놓게 되었습니다. 그러나 1년이 지나도록 설 땅에서 빚은 한 푼도 갚지 않고 많은 백성들은 이자조차 내지 않고 있는 형편입니다. 이렇게 되어서는 여러분께 식사도 제대로 차려드리지 못하게 될까 걱정입니다. 그래서 선생께 이 일을 부탁드릴까 합니다."

풍환은 맹상군의 요청을 받아들이고 길을 떠났다. 그는 곧바로 돈을 빌려 쓴 사람들을 불러 모아 이자 10만 전을 징수하였다. 그는 그 돈으로 살찐 소

---

389) 품행이 고상하고 중후하며 충실한 사람.

를 사고 맛있는 술을 빚어 돈을 빌린 사람을 모이게 하였다. 이에 이자를 지불할 수 있는 사람도 오고 지불할 능력이 없는 사람도 와서 차용증서를 대조하였다. 그러고는 모두 한데 모여서 매일같이 소를 잡고 술을 준비해 잔치를 벌였다. 모두가 술이 거나하게 오르게 되면 풍환은 차용증서를 지난번처럼 대조하여 이자를 낼 수 있는 사람은 지불 일시를 정하고, 가난해서 이자조차 낼 수 없는 사람은 차용증서를 그 자리에서 불태워 버렸다. 그러고는 이렇게 말했다.

"맹상군께서 당초 돈을 빌려준 까닭은 가난한 백성들이 그 돈을 밑천으로 삼아 생업에 힘쓰게 하기 위한 것이었소. 이자를 붙인 것은 식객들을 접대할 돈이 없었기 때문이었소. 이제 좀 여유가 있는 사람에게는 지불할 날짜를 약속받고, 이자를 지불할 능력이 없는 가난한 사람에게는 차용증서를 불태워 그 채무를 취소할 것이오. 그러니 여러분께서는 안심하고 마음껏 드시오. 이렇게 인자하신 공자님이 있으니 어찌 그 아름다운 뜻을 저버릴 수 있겠소!"

자리에 모였던 사람들은 모두 일어나 재배하고 큰 소리로 만세를 불렀다.

한편 차용증서를 태워버렸다는 소식을 전해들은 맹상군은 크게 화를 내며 사람을 보내 풍환을 소환하였다. 풍환이 오자 맹상군이 말했다.

"나에게는 3천 명의 식객이 있소. 그렇기 때문에 돈을 대부해 줬던 것이오. 봉읍의 수입이 적고 백성들이 거의 시간에 맞춰 이자를 지불하지 않아 빈객들에 대한 접대를 못할까 걱정이 되어 선생에게 빚을 받아오도록 청했던 것이오. 그런데 선생은 먼저 돈을 받은 뒤 살찐 소와 맛있는 술로 잔치를 열고 더구나 차용증서까지 불태워 버렸다고 하니 도대체 어떻게 된 일이오?"

그러자 풍환은 말했다. "그렇습니다. 쇠고기와 술을 많이 준비하지 않으면 채무자들을 모을 수 없고 그렇게 하지 않고서는 누가 돈을 지불할 수 있고 누가 돈을 지불할 수 없는지 구별해 낼 수 없는 것입니다. 여유 있는 사람에게는 기한을 정해주었습니다. 그러나 가난한 사람은 내가 그곳에 눌러앉아 10년 동안 빚 독촉을 해 본들 지불하지 못한 이자만 많아질 뿐입니다. 그들이 유일하게 할 수 있는 방법은 채무를 포기하고 도망가는 방법밖에 없습니다. 그렇게 되면 왕의 입장에서 보면 공자께서 이익만 탐하여 백성을 사랑하지 않는다고 여기실 것이고, 백성들의 입장에서는 주인을 배반하여 도망쳤다는 오명만을 모두 뒤집어쓸 뿐입니다. 이것은 백성을 격려하여 공자의 명성을 널리 떨치는 일이 아닙니다. 그래서 유명무실한 차용증서를 불태워 없애고 유명무실한 장부를 취소한 것은 설 땅의 백성들로 하여금 공자를 가깝게 여기고 공자의 이름을 빛내려 한 때문입니다. 어찌 공자께서 이해하지 못하실 일이겠습니까?"

그러자 맹상군이 손뼉을 치며 잘한 일이라며 풍환에게 감사해하였다.

교토삼굴(狡兎三窟)

그 무렵 제나라 왕은 진나라와 초나라의 맹상군에 대한 비방 계략에 빠져 맹상군의 명성이 자신보다도 높고 권력도 맹상군이 모두 농단하고 있다고 생각하였다. 그리하여 맹상군의 재상 직위와 봉읍을 모두 회수하였다. 맹상군이 재상자리에서 물러나는 모습을 보고 모든 식객들이 그를 배반하고 떠나갔다. 이때 풍환이 말했다.

"저에게 진나라로 타고 갈 수 있는 수레 한 대만 주십시오. 반드시 귀공을 제나라에서 다시 중용되도록 만들고 영지도 더욱 넓혀 드리겠습니다. 가능하겠습니까?"

그러자 맹상군은 곧 수레와 예물을 마련하여 그를 진나라로 보냈다.

풍환이 진나라로 가서 왕을 만나 설득하였다. "지금까지 진나라에 들어오는 천하의 유세객들은 진나라 편에 서는 자와 제나라 편에 서는 자로 나뉘어 있었습니다. 지금 진나라와 제나라는 천하를 양분하는 두 강국으로서 결코 함께 존립할 수 없는 두 나라입니다."

그러자 진나라 왕이 좌불안석으로 허리를 곳곳이 세우면서 물었다. "그러면 진나라가 이기기 위해서는 어떻게 해야 하겠소?"

풍환은 "제나라에서 맹상군이 파면된 사실을 알고 계십니까?"라고 반문하였다.

"알고 있소."

진나라 왕이 대답하자 풍환은 "사실 제나라가 천하에 강국으로 나서게 된 이유는 바로 맹상군이 있었기 때문입니다. 그런 그가 지금 중상모략을 당하여 물러나게 되었습니다. 그는 마음속으로 원한이 뼈에 사무쳐 반드시 제나라를 배반할 것입니다. 만약 그가 제나라를 버리고 진나라에 오게 되면 제나라의 내정과 인사(人事) 사정 등을 모두 진나라에게 말할 것이며, 이렇게 하여 대왕께서는 제나라를 취할 수도 있게 되는 것이니, 이 어찌 패권에 그칠 일이겠습니까? 대왕께서는 지체 없이 사자에게 예물을 보내 조용히 맹상군을 모셔오는 것이 좋습니다. 기회를 놓쳐서는 안 됩니다. 만약 제나라 왕이 후회하고 다시 맹상군을 중용하게 된다면 천하 패권의 향방은 또다시 예측할 수 없게 됩니다.”

진나라 왕은 크게 기뻐하며 즉시 수레 10대와 많은 황금을 준비하고 맹상군을 불러오기로 했다. 풍환은 왕에게 하직하고 진나라 사자보다 먼저 제나라에 도착하여 제나라 왕을 설득했다. “지금까지 진나라에 들어오는 천하의 유세객들은 진나라 편에 서는 자와 제나라 편에 서는 자로 갈려 있었습니다. 지금 진나라와 제나라는 천하를 양분하는 두 강국으로서 결코 함께 존립할 수 없는 두 나라입니다. 신이 듣기에 지금 진나라의 사자가 수레 10대에 많은 황금을 싣고 맹상군을 모시러 온다고 합니다. 만약 맹상군이 서쪽으로 가지 않는다면 문제가 없지만, 만약 진나라의 재상이 된다면 천하는 곧 진나라에 의지하게 되고, 따라서 진나라는 천하 패권을 잡게 되는 반면 제나라는 그 밑에 들어가는 형편이 되어 임치와 즉묵이 위험하게 됩니다. 대왕께서는 어찌하여 진나라 사자가 오기 전에 당장 맹상군을 복직시키고 더 많은 봉읍을 내려 유감의 뜻을 보이지 않습니까? 맹상군은 반드시 기쁘게 받아들일 것입니다. 진나라가 아무리 강국이라고 하지만 어찌 남의 나라 재상을 수레를 보내 초빙할 수 있겠습니까? 그렇게 하여 진나라의 계획을 미리 꺾고 천하를 제압하려는 야망을 좌절시켜야 합니다.”

그러자 제나라 왕은 “알았소.” 하고 곧 사람을 국경으로 보내 살펴보니 과연 진나라 사자가 국경을 넘어오고 있었다. 이 사실이 왕에게 보고되자 왕은 즉시 맹상군을 불러 재상의 자리에 복직시키고 예전의 봉읍 외에 1천 호를 더 보태주었다. 진나라 사자는 맹상군이 다시 제나라 재상으로 되었다는 소식을 듣자 수레를 되돌려 돌아갔다.

풍환이 맹상군에게 말했다.

“이것이 곧 교토삼굴(狡兔三窟)입니다. 영리한 토끼는 굴을 세 개나 가지고 있다는 뜻이지요. 즉, 공자께서는 이제까지 재물만 가지고 계셨기 때문에 굴이 하나뿐이었는데 이제 설 지방의 땅도 생겼으며, 또한 진나라 재상 자리도 마련해 놓은 셈으로 앞으로는 어려움이 닥치더라도 굴이 두 개나 더 생긴 것입니다."

시장이 아침에는 붐비고 저녁에는 한산한 까닭은?

상군이 파면되었을 때 빈객들은 모조리 그의 곁을 떠나갔었다. 그런데 이번에 맹상군이 다시 복직되자 풍환은 다시 그들을 불러 모으려 했다. 그러자 맹상군이 탄식하며 풍환에게 말했다.

"나는 빈객들을 소중히 여기고 그 대접에도 별로 실수가 없었소. 그리하여 식객 수가 3천여 명이나 되었던 것이라 생각하오. 그러나 내가 파면되자 모두 하루아침에 떠나버렸소. 다행히도 이제 선생의 덕택에 다시 지위를 얻게 되었는데 그들이 무슨 면목으로 나를 만나러 오겠소. 만일 뻔뻔스럽게도 찾아오는 자가 있다면 그 얼굴에 침을 뱉어 크게 모욕을 주고 싶소."

이에 풍환은 수레를 멈추고 내려 머리를 숙여 정중하게 절을 하였다. 맹상군도 수레에서 내려 답례하면서 물었다.

"선생께서 빈객들을 대신하여 사과하시는 것입니까?"

풍환이 대답하였다. "나는 결코 빈객들을 대신하여 사과하는 것이 아닙니다. 지금 공자께서 하신 말씀이 잘못되었다고 생각되기 때문입니다. 원래 세상 이치에 반드시 그럴 수밖에 없는 것이 있습니다. 아시는지요?"

맹상군이 "내가 너무 어리석어 무슨 말씀이신지 모르겠소."라고 하자 풍환은 계속 말을 이었다. "살아 있는 것은 반드시 죽으며, 이는 모든 생물의 규율입니다. 부귀한 몸이 되면 반드시 매우 많은 사람이 그와 내왕하게 되며, 가난한 사람은 친구가 매우 적게 되는 것은 필연적인 일이라 하겠습니다. 공자께서는 시장터의 사람들을 보시지 못하십니까? 아침에는 서로 앞을 다투어 먼저 문으로 들어가려 하지만, 해가 진 뒤에는 시장을 쳐다보지도 않습니다. 이는 아침에 시장을 좋아하다가 저녁에는 미워하기 때문이 아닙니다. 다만 저녁 시장에는 원하는 물건과 이익이 없기 때문인 것입니다. 공자께서 직위를 잃자 빈객들이 모두 떠났다고 해서 공자께서 그들을 미워할 필요는 없습니다. 그것은 오직 빈객들이 공자에게 오는 길을 단절시키는 결과를 낳을 뿐입니다. 아무쪼록 공자의 빈객들을 그 전과 다름없이 잘 대접해 주시기를 바랍니다."

그러자 맹상군이 두 번이나 절하며 말하였다.

"잘 알겠소. 선생의 말씀에 따르겠소. 선생의 말씀을 듣고 어찌 높은 가르침을 받들지 않을 수 있겠소."

태사공은 말한다.

"나는 일찍이 설 땅을 지나간 적이 있는데, 그곳 풍속이 대단히 흉포한 사람들이 많았다. 그래서 그곳 사람들에게 그 이유를 물었다. 사람들은 '맹상군이 일찍이 천하의 많은 임협(任俠)들을 불러 모아서 법을 어기고 설 땅에 들어온 자만 해도 약 6만 호가 됩니다.'라고 말하였다. 세간에 맹상군이 빈객을 좋아하고 이를 스스로 즐거워하였다[390]는 말은 참으로 명불허전이로다."

---

390) 호객자희好客自喜

28. 위 공자열전
- 공손한 도덕 군자(君子)

위나라의 공자(公子) 신릉군(信陵君)은 전국시대의 4공자(四公子: 맹상군, 평원군, 신릉군, 춘신군) 중 한 사람으로서 인의(仁義)를 중시하고 덕(德)을 강조한 인물로서 그 재능과 덕망이 맹상군, 평원군, 춘신군에 비하여 훨씬 뛰어나 사마천이 정력을 경주하여 저술한 가작으로서 전편에 신릉군에 대한 사마천의 경모와 찬탄, 그리고 아쉬움의 감정이 고스란히 담겨져 그려 있다. 그러므로 모곤(茅坤)[391]은 그의 「사기초史記鈔」에서 "신릉군은 태사공의 마음에 드는 인물이었으며, 따라서 본전(本傳)은 태사공의 회심작이다."라고 평하였다. 본전 중 '공자' 라는 말이 총 140여 곳에 걸쳐 나오는 한 가지 사실만으로도 사마천이 얼마나 신릉군을 존중하고 있는가를 여실히 볼 수 있다고 하겠다. 사마천이 「위공자 열전」에서 보여주고자 했던 것은 인후(仁厚)하고 사람을 알아보며, 현명한 인물을 사랑하고 선비를 존경하는 신릉군의 풍모이다. 후영과 주해부터 모공, 설공에 이르기까지 본문에서 가장 강조하여 묘사하고 있는 것은 어진 사람을 예의와 겸손으로 대하는 신릉군의 진심 어린 태도이지, 신릉군의 국가에 대한 임무와 공적이 아니다.

실제 「위공자 열전」에서 가장 자세하게 기술하고 있는 '절부구조(竊符救趙: 부절을 훔쳐내 조나라를 도운 일)' 사건은 실로 대단한 공적이다. 하지만 사마천은 정작 사건의 구체적인 과정에 대해서는 과감하게 생략하면서 이문(夷門)[392]을 지키는 후생으로부터 이야기를 시작한다. 그리고 중점적으로 기술하고 있는 것은 바로 신릉군이 후생을 맞이하는 과정이다. 여기에서 두 사람 사이의 대화가 매우 자세하게 설명되어 있고, 뿐만 아니라 신릉군의 구체적인 동작과 태도들이 매우 상세하게 묘사되고 있다. 그러면서 사마천은 예를 들어, "공자는 말고삐를 쥐고 더욱 공손하게 대하였다"와 "공자의 안색은 더욱 온화하였다"와 같은 장면으로써 독자에게 비록 아랫사람일지라도 현명한 인물에게 예의와 겸손을 다하는 신릉군의 모습을 선명

---

391) 명나라 가정제 시기의 문학자이자 역사학자.
392) 전국시대 위나라 수도 대량大梁의 동문

하게 보여주고 있다.

한 가지 부연할 만한 점은 본 전기에서는 후영 등 하층 사회의 몇 인물에 대하여 많은 분량을 할애하여 묘사하고 있다는 사실이다. 이는 문장을 사실적으로 묘사할 수 있게 만드는 동시에, 사마천의 역사를 보는 눈이 이미 일반 민중들을 정확하게 주시하고 있다는 점을 분명하게 보여준다고 하겠다.

바둑판 위에서 세상을 본다

위나라 공자인 무기(無忌)는 위나라 소왕의 막내아들로 안희왕과는 배다른 형제였다. 소왕이 죽은 후 안희왕이 즉위하자 그는 신릉군(信陵君)으로 봉해졌다. 당시 이웃 나라인 진나라의 재상은 바로 위나라에서 간첩 혐의를 받고 죽을 뻔하다가 도망쳤던 범저였다. 그는 자기가 겪었던 일에 대한 보복을 하기 위해 진나라 군대를 일으켜 위나라의 수도인 대량을 포위하였으며, 또 화양 지방에 주둔하고 있던 위나라 군대를 크게 격파하고 위나라 장군 망묘(芒卯)를 쫓아냈다. 안희왕과 공자 무기는 모두 이 일을 가장 걱정하고 있었다.

공자 무기는 어질고 공손한 사람이었다. 재능이 크든 작든 어느 사람에게나 예절 바르게 행동했으며 결코 자기의 재산이나 지위를 과시하지 않았다. 때문에 그의 명성은 널리 알려졌고, 그리하여 수천 리 먼 곳의 선비들도 모두 앞을 다투어 그에게 모여들어 그의 식객은 자그마치 3천 명이나 되었다. 이렇게 공자 무기의 명성이 높고 그가 거느린 식객 수도 많았기 때문에 어느 나라든 마음대로 위나라를 침략할 수 없게 되었고 이러한 상태는 십여 년이나 계속되었다.

어느 날 공자 무기가 위나라 왕과 한가롭게 바둑을 두고 있었다. 그런데 갑자기 북쪽 국경으로부터 경보가 전해졌는데 "조나라가 출병을 하여 곧 국경을 침범하려 한다."고 고하였다.

왕은 즉시 바둑을 그만두고 조정 대신들을 소집하여 대책을 논의하려 했다. 그러자 공자 무기는 왕에게 "지금 조나라 왕은 국경 근처에서 사냥을 하고 있습니다. 국경을 침범하는 것이 아닙니다." 그러고는 아무 일도 없었던 것처럼 위나라 왕과 바둑을 계속 두었다. 그러나 왕은 도무지 마음이 불안하여 바둑에 열중할 수 없었다. 잠시 후 북쪽 국경으로부터 소식이 전해졌는데 "조나라 왕이 사냥하는 것입니다. 국경을 침범한 것이 아닙니다."라고 아뢰었다.

이 말을 듣고 왕은 크게 놀라 물었다.

"아니, 공자는 어떻게 알 수 있었소?" 그러자 공자 무기가 대답했다. "저의 문객 중에 조나라 왕의 사생활을 잘 알고 있는 사람이 있습니다. 그래서 조나라 왕이 하고 있는 일을 저에게 바로바로 보고해 주기 때문에 알 수 있습니다."

그 뒤로 위나라 왕은 공자 무기의 재능을 크게 두려워하여 그에게 국가 대사를 맡기지 않았다.

몸을 굽혀 인재를 모으다

위나라에 후영(侯嬴)이라는 은사(隱士)가 있었는데 그는 이미 나이 70이었고 매우 가난하여 대량(大梁)의 동문[393]을 지키는 문지기를 하고 있었다. 공자 무기가 그의 소문을 듣고는 사람을 보내 그를 만나 얘기를 나누었고 귀중한 물건을 선물로 주고자 하였다. 그러나 그는 선물을 거절하면서 "저는 수십 년 동안 심신을 수양하고 지조를 지켜 왔습니다. 제가 가난하다는 이유로 공자의 선물을 받을 수는 없습니다." 이에 공자 무기는 자기 집에서 잔치를 크게 벌이고 손님들을 불러 모았다. 손님들이 모두 자리에 한 뒤 그는 수레에 타고 왼쪽 옆자리[394]를 비워둔 채 동문으로 후영을 맞이하러 갔다. 그런데 후영은 다 해진 옷과 모자를 정리하더니 곧장 수레에 올라타면서 사양의 말 한 마디 없었다. 이 기회에 공자의 성의를 관찰하려는 것이었다. 공자 무기는 말고삐를 조심스럽게 잡고서 공손한 태도를 바꾸지 않았다.

한참 수레를 타고 가다가 후영이 말했다. "저의 친구가 여기 시장거리에서

---

393) 위나라 도읍 대량의 동쪽문을 이문夷門이라 불렀다.
394) 당시 수레의 왼쪽 옆자리는 존귀한 사람이 타는 자리로 간주하였다.

푸줏간을 하고 있습니다. 잠깐 그곳을 들러 친구를 만났으면 합니다." 그러자 공자 무기는 즉시 수레를 몰고 시장으로 들어갔다. 후영은 수레에서 내려 친구인 주해(朱亥)를 만났다. 그는 일부러 오랫동안 친구와 이야기를 늘어놓으면서 가끔씩 공자를 관찰하였다. 그러나 공자의 안색은 더욱 온화해질 뿐이었다. 이때 위나라의 장군, 재상, 종실 대신 및 귀빈들은 모두 자리에 앉아서 공자가 돌아와 주연 개시를 선언하는 것을 기다리고 있었고, 길가의 모든 사람들은 공자가 말고삐를 잡고 있는 것을 구경하고 있었다. 공자 무기의 시종들은 모두 후영을 욕하고 있었다. 후영은 공자 무기의 안색이 끝까지 변하지 않는 것을 보고 비로소 친구와 작별을 하였다.

이윽고 공자의 집에 도착하자 공자 무기는 후영을 맨 윗자리에 앉히고는 손님들에게 일일이 그를 소개하였다. 손님들은 크게 놀랐다. 술자리가 무르익자 공자 무기는 후영의 앞에 가서 그를 위해 축배를 들었다. 그때서야 비로소 후영이 말문을 열었다.

"오늘 저는 귀공을 난처하게 만들었습니다. 저는 한낱 문지기에 지나지 않습니다. 그러나 공자께서는 손수 수레를 끌고 와 많은 사람들이 보는 앞에서 천한 저를 깍듯이 대우하셨습니다. 저 후영은 오늘 공자께 선비를 아낀다는 명성을 드리기 위하여 일부러 시장거리에 오래 서 있게 하고 오가는 사람들이 이로 인해 공자를 둘러싸고 구경하도록 만들었는데, 공자께서는 더욱 공손함을 보이셨습니다. 그러니 시중의 사람들은 모두 저를 소인이라고 생각하고 반면 공자에 대해서는 선비를 예로써 대하는 장자(長者)[395]라고 생각했던 것입니다." 주연은 끝났고, 후영은 마침내 공자의 귀빈이 되었다.

후영이 공자 무기에게 말했다. "제가 들렀던 푸줏간의 주해라는 사람은 현명하고 재능 있는 사나이입니다만 세상 사람들이 알아주지 않아 푸줏간 일을 하며 숨어 살고 있는 것입니다." 그 뒤 공자 무기는 푸줏간의 주해를 여러 번 찾아갔지만 주해는 오히려 고맙다는 인사조차 없었다. 공자는 매우 기이하게 생각하였다.

---

395) 수양이 높은 사람.

신릉군, 후영을 기다리다.

자결로써 전송을 대신하겠습니다

위나라 안희왕 20년, 진나라는 장평에서 조나라의 40만 대군을 격파하고 그 기세를 몰아 조나라 수도 한단을 포위하였다. 그런데 조나라 혜문왕의 동생 평원군(平原君)의 부인은 바로 공자 무기의 여동생이었다. 이에 조나라는 여러 차례에 걸쳐 위나라에 도움을 청했고 이에 위나라 왕은 장군 진비(晋鄙)에게 10만의 군사를 주어 조나라를 돕도록 하였다. 그러자 진나라가 즉시 사신을 보내어 경고하고 나섰다. "이제 우리는 며칠 내로 조나라의 항복을 받게 되어 있소. 만일 조나라를 돕겠다고 나서는 나라가 있다면 조나라를 점령한 뒤 우선 그 나라로 병력을 이동하여 응징하겠소."

위나라 왕이 그 말을 듣고는 크게 두려워하여 곧 진비 장군에게 전령을 보내 국경 지대에서 군대를 머물도록 명령했다. 그리하여 위나라 군대는 명분상으로만 조나라 구원이지 실제로는 양다리 걸치기로서 오직 전쟁 구경만 하게 되었을 뿐이었다. 조나라 평원군은 계속 사자를 공자 무기에게 보내 도움을 요청하였다.

"나 조승(趙勝)[396]이 스스로 위나라와 혼인을 맺은 것은 공자께서 숭고한 도의를 지니시고 남이 위험에 직면하였을 때 반드시 돕는 인물이라 생각했기 때문입니다. 그런데 지금 한단이 함락되기 일보 직전인데도 불구하고 위나라의 구원 병사는 한 명도 오지 않으니 남의 위험을 돕는 공자의 숭고한 도의는 도대체 어디로 간 것입니까? 비록 공자께서 나 조승을 가볍게 여기고 조나라를 포기하여 진나라에 항복하게 한다고 해도 이제 당신의 여동생까지 버린다는 말씀입니까?"

공자는 마음이 몹시 아팠다. 그리하여 그는 몇 번이나 직접 왕에게 말해보고 또 유세객으로 하여금 갖가지 방법으로 왕을 설득하도록 했지만 왕은 진나라를 두려워하여 끝내 공자의 주장을 듣지 않았다. 공자는 자기의 주장이 끝내 받아들여지지 않을 것이라고 생각하고 이대로 조나라가 망하는 것을 구경만 하며 자기 혼자만 구차하게 살 수는 없다고 결심하여 수레 백 대를 마련하여 문하의

---

396) 평원군의 이름.

식객들을 거느리고 진나라와 결전을 벌여 조나라와 운명을 같이하기로 하였다.

공자 무기는 길을 떠나 동쪽 문에 이르자 문지기인 후영을 만났다. 공자는 어떻게 진나라 군대와 결사전을 벌일 것인가에 대하여 상세하게 설명하였고 말을 마치자 곧 작별을 고하였다. 그러자 후영은 "분투를 빕니다. 이 늙은이는 함께 갈 수 없습니다."고 말했다. 공자 무기가 몇 리를 더 가다가 아무래도 후영의 태도가 마음에 걸렸다. '내가 후영에게 해 줄 수 있는 모든 일을 해 주었고 이는 천하가 다 아는 사실이다. 그런데 내가 지금 죽을 곳으로 가고 있는데도 후영은 나를 배웅하는 한 마디도 하지 않았다. 나에게 부족했던 점이 있었다는 말인가!'

그는 다시 길을 돌아가 후영을 만났다. 그러자 후영은 웃으면서 "꼭 되돌아 오실 줄 알고 있었습니다."라고 말하고는 계속 말을 이었다. "공자께서 인재를 소중히 대접하셨다는 것은 천하에 알려진 사실입니다. 그런데 지금 공자께서는 특별한 방법도 없이 곧장 전쟁터로 내달아 진나라 군대와 결전을 벌이시려 하시는데, 이는 마치 굶주린 호랑이에게 고깃덩이를 던져 주는 것처럼 아무 소용 없는 일입니다. 그렇게 되면 빈객들은 키워서 무슨 소용이 있겠습니까? 공자께서 저를 그토록 대접해 주시는데도 공자께서 떠나실 때 제가 작별 인사조차 하지 않은 것은 그렇게 하면 공자께서 반드시 되돌아오실 것이라고 생각했기 때문입니다."

공자는 재배를 하고 후영에게 가르침을 청하였다. 이에 후영은 사람들을 물러가게 하고 소리를 낮춰 말했다. "진비 장군의 병부(兵符)[397]는 항상 왕의 침실에 놓여 있습니다. 지금 여희(如姬)가 왕의 총애를 받고 있어 항상 왕의 침실을 출입하고 있기 때문에 그 병부를 훔쳐낼 수 있을 것입니다. 여희는 아버지를 죽인 원수를 갚기 위해서 3년 동안이나 백방으로 노력하고 왕을 비롯하여 모든 신하들이 여희의 복수를 하려 했지만 끝내 실패했다고 들었습니다. 그리고 이 때문에 일찍이 그녀는 공자께 눈물을 흘리며 원수를 갚아 달라고 부탁했습니다. 그때 공자께서는 즉시 식객들을 풀어서 원수를 찾게 했고, 마침내 그 목을 잘라 여희에게 공손하게 바쳤습니다. 이에 여희는 당신을 위해서라면 목숨

---

397) 군대를 출동시킬 때 왕과 장군이 두 조각으로 쪼개 명령 계통을 통일시키려 했던 표시로서, 호랑이 그림이 새겨져 '호부虎符'라고도 불렸으며, 왕이 파견한 사신이 가져간 반쪽과 현장의 장군이 가진 반쪽이 완전히 짝이 맞을 때 비로소 명령을 받도록 하였다.

을 바쳐도 좋다고 말했습니다. 다만 행동할 기회가 없었을 뿐입니다. 이제 병부에 대해 공자께서 부탁하시면 그녀는 반드시 병부를 훔쳐 줄 것입니다. 그때 병부를 가지고 가서 진비의 군권을 빼앗고 그 군대를 이끌어 북쪽으로 조나라를 구하고 서쪽으로 진나라 군대를 격파한다면, 이는 춘추오패와 어깨를 겨룰 만한 공적이 아닐 수 없습니다."

후영의 계책을 들은 공자 무기는 그의 말대로 여희에게 부탁하였고, 여희는 병부를 어김없이 훔쳐 공자 무기에게 가져왔다. 공자 무기가 병부를 가지고 서둘러 출발하려 하자 후영이 말했다. "장수란 바깥에서 전쟁 중에 비록 왕의 명령이라도 국가 이익을 위하여 받아들이지 않는 경우도 있습니다. 진비는 병부가 꼭 맞더라도 공자에게 군권을 넘기지 않고 다시 왕에게 그 진위를 묻게 될지도 모릅니다. 그렇게 되면 매우 위험합니다. 저의 푸줏간 친구인 주해는 데리고 갈 만한 인물입니다. 그는 힘이 세기로 따를 자가 없는 사람입니다. 진비가 다행히 군사를 넘겨주면 매우 좋은 일이지만, 만일 거부할 경우에는 주해를 시켜 쳐 죽이도록 하십시오."

이 말을 듣고 공자 무기가 눈물을 흘렸다. 후영이 의아해서 물었다.

"왜 우시는 것입니까? 죽음이 두려우신 것인지요?"

"아닙니다. 진비는 호탕하고 용맹스러운 노장군입니다. 아마 내가 가도 그는 나의 뜻을 따르지 않을 것입니다. 그를 죽일 수밖에 없는데, 그것 때문에 눈물이 나는 것이라오. 내가 어찌 죽음을 두려워하겠소?"

그리하여 공자 무기는 주해를 찾아가 도움을 청했다. 주해가 웃으면서 말했다.

"저는 시장터에서 푸줏간에서 도살이나 하는 도부(屠夫)에 지나지 않습니다. 공자께서 전에도 저를 몇 번이나 찾아주셨는데도 제가 예를 올리지 않은 것은 이러한 하찮은 예절이란 중요하지 않다고 생각했기 때문입니다. 지금 공자께서 어려움에 빠져 있으므로, 이제 제가 공자께 목숨을 바쳐 그 은혜에 보답할 때가 온 것입니다."

이렇게 하여 공자 일행과 함께 가게 되었다. 공자 무기는 떠나는 길에 다시 후영을 만나 고마움을 전하였다. 그러자 후영이 작별인사를 했다. "저도 마땅히 따라가야 옳지만, 너무 늙어서 그렇게 하기 어렵습니다. 공자께서 진비의 진영에 도착하실 날짜를 맞추어 공자께서 계신 북쪽을 향해 자결함으로써 전송을 대신하겠습니다."

마침내 공자는 출발하였다.

남이 베푼 은혜는 결코 잊지 말고, 내가 베푼 은혜는 빨리 잊을 일이다

공자 무기는 진비의 진영에 도착하여 병부를 보여주면서 진비의 군직을 회수하였다. 진비는 병부를 맞춰보고도 여전히 의심을 품었다. 그는 공자에게 "지금 저의 10만 대군이 국경에 주둔하면서 국가의 중대한 임무를 수행하고 있습니다. 지금 공자께서는 혼자 수레 한 대만 와서 저의 중임을 대체하고자 하니 도무지 납득하기 어렵습니다."라고 말하면서 공자의 말을 듣지 않으려 하였다. 주해는 소매 속에 숨겨놓았던 사십 근의 철퇴로 진비를 내리쳐 죽였다. 그리하여 공자 무기는 진비의 군대를 장악하여 정돈한 뒤 군중에 명령을 내렸다. "부자가 함께 종군하고 있는 경우에는 아버지의 귀국을 허락하며, 형제가 함께 있으면 형의 귀국을 허락한다. 그리고 외아들은 집으로 돌아가서 부모를 공양하라."

이렇게 하여 선발된 8만 명의 정병은 진나라에 대한 공격에 나섰다. 진나라 군대는 퇴각하였고, 공자 무기는 마침내 한단성의 위기를 구원하여 조나라를 보전시켰다.[398]

조나라 왕과 평원군은 몸소 국경까지 달려 나와 공자 무기를 맞이했고, 평원군은 활과 화살통을 메고 앞에서 공자 무기를 인도하였다. 조나라 왕은 공자에게 재배를 한 뒤 "자고 이래로 공자보다 더한 현인은 다시없습니다."라고 말하였다. 이때 평원군 역시 스스로 자신을 공자와 감히 비견하지 못했다. 한편 후영은 공자 무기가 진비의 진영에 도착한 날, 북쪽을 향해 스스로 목숨을 끊었다.

위나라 왕은 공자 무기가 병부를 훔치고 진비를 속여 죽인 것을 알게 되자 크게 노했다. 공자 무기 자신도 그 죄를 알고 있었으므로 진나라 군대를 물리치고

---

398)　이 고사로부터 절부구조竊符救趙라는 말이 비롯되었다.

조나라를 구해내는 데 성공하자, 즉시 부하 장수에게 군사를 거느리고 위나라로 돌아가도록 하는 대신 자신은 식객들과 함께 조나라에 그대로 머물렀다. 조나라 왕은 공자 무기가 거짓 명령으로써 진비의 군대를 빼앗아 조나라를 구원한 일에 매우 감격했으며, 그래서 평원군과 상의하여 다섯 개의 성을 그에게 봉읍으로 주려고 했다. 공자 무기가 그 말을 듣고 교만한 마음이 생겨 자기가 공로를 세웠다는 점을 꽤나 드러내었다. 그때 문객 중의 한 사람이 그에게 말했다.

"세상에는 잊어서 안 될 일이 있고, 또 잊지 않으면 안 될 일이 있습니다. 남이 공자에게 베푼 은혜는 결코 잊어서는 안 되지만, 공자께서 남에게 덕을 베풀었을 때는 빨리 잊으셔야 합니다. 공자께서는 위나라 왕의 명령으로 위장하여 진비의 군사를 빼앗고 조나라를 구했습니다. 이는 물론 조나라에 대해서는 공이 되겠지만, 위나라의 입장에서 볼 때는 결코 충신이라 할 수 없습니다. 그런데도 지금 공자께서는 교만한 태도로 그 공적을 자랑하고 계시는데, 그것은 결코 취해서는 안 될 일입니다."

공자 무기는 그 말을 듣고 곧바로 자신을 탓하면서 부끄러운 생각이 들어 어쩔 줄을 몰라 했다. 그 뒤 조나라 왕이 궁전을 깨끗이 청소하고 몸소 나와 공자를 맞이하면서 귀빈을 영접하는 예의로써 공자를 서쪽 계단으로 안내[399]하였다. 그러나 공자는 거듭 사양하며 끝내 옆의 조그만 자리에 앉고는 스스로 자기가 위나라를 배반하여 죄를 지었으며 조나라에도 별로 공을 세우지 못했다고 말했다. 공자가 이렇게 계속 겸손해했기 때문에 왕은 해가 저물 때까지 계속 공자와 함께 술자리를 하면서도 다섯 개의 성을 주겠다는 말을 할 수가 없었다. 공자는 결국 조나라에 머물게 되었고 조왕은 그에게 호(鄗) 땅을 공자의 탕목읍(영지)으로 삼도록 하였다. 위나라 역시 그를 계속 신릉(信陵)을 공자에게 주어 봉했으나 공자는 조나라에 머물렀다.

공자 무기는 조나라에 모공(毛公)이라는 처사(處士)[400]가 노름꾼 사이에 숨어 살고, 또 설공(薛公)이라는 사람은 술장수 집에 숨어 살고 있다는 사실을 들었다.

---

399) 고대의 손님을 맞는 예의에서 주인은 손님을 동쪽 계단 쪽에서 서쪽 계단 쪽으로 인도함으로써 손님에 대한 존중의뜻을 표하였다.

400) 재덕才德이 있으나 벼슬을 하지 않고 은거하는 사람.

공자는 이 두 사람과 만나려 하였지만, 그들은 오히려 숨어서 공자를 만나지 않았다. 훗날 공자 무기는 마침내 그들의 거처를 수소문해 알아낸 다음 조용히 두 사람과 교류를 하였는데, 서로 간에 완전히 의기투합하게 되었다.

평원군이 이 소문을 듣고 그의 부인에게 이렇게 말했다.

"나는 부인의 오빠가 천하에 둘도 없는 현명한 인물로 알고 있었소. 그런데 지금 들리는 소문엔 고작 노름꾼과 술장수 따위와 교제한다고 하니 스스로 절제할 줄 모르는 사람에 불과한 것 아니오?"

평원군의 부인은 이 말을 공자 무기에게 그대로 전하자, 공자 무기는 그녀와 작별하고 난 뒤 조나라를 떠날 준비를 하면서 말했다. "원래 나는 평원군을 대단히 현명하다고 들었기 때문에 위나라를 배반해가면서 조나라를 구해 평원군의 바람을 이뤄주었던 것이다. 그러나 이제 보니 평원군의 교류는 단지 부귀의 호방한 거동을 드러내는 것에 지나지 않고 진정으로 인재를 찾는 것이 아니었다. 내가 위나라에 있을 때부터 모공과 설공의 이름을 듣고 있었기 때문에, 조나라에서 혹시라도 그들을 만나지 못하게 될까 해서 걱정했었다. 그래서 지금 그들을 만나면서도 그들이 나와의 교제를 싫어하지 않을까 두려워하고 있는 형편이다. 그런데 평원군은 지금 그들과의 교류를 수치로 여기다니, 평원군이야말로 교류할 만한 인물이 아니구나!"

그러면서 즉시 짐을 꾸려 조나라를 떠나려 했다. 평원군의 부인이 평원군에게 이 사실을 전하자, 그는 스스로 크게 부끄러워하며 곧장 달려와 모자를 벗고 사죄하면서 공자를 만류하였다. 이 이야기를 들은 평원군의 식객들은 반수 이상이 평원군 곁을 떠나 공자 무기의 문하로 갔으며, 천하의 선비들도 줄을 이어 공자 무기의 문하를 찾아 공자 문하의 빈객들은 평원군 문하보다 훨씬 많아졌다.

충신이 떠난 후 나라도 멸망에 이르다

공자 무기는 조나라에서 10년도 넘게 머문 채 위나라로 돌아가지 않았다. 진나라는 공자 무기가 조나라에 있다는 사실을 알고 위나라를 끊임없이 침략하여 괴롭혔다. 그러자 위나라 왕은 이를 크게 걱정하면서 공자 무기에게 사자를 보내 빨리 귀국하라고 요청하였다. 하지만 공자 무기는 왕이 아직 자기를 미워하고 있다고 생각하여 문하 식객들에게 "위나라 왕의 사자가 왔다는 사실을 통보하는 자는 사형에 처하겠다."는 엄명을 내렸다. 식객들 역시 위나라를 등지고 조나라로 온 사람들이 대부분이었으므로 아무도 공자에게 귀국을 감히 권하지 않았다.

그러던 어느 날 모공과 설공이 공자 무기를 찾아 왔다.

"공자께서 조나라의 좋은 대우를 받고 명성이 천하에 알려져 있는 것은 오직 위나라가 있기 때문입니다. 지금 진나라가 위나라를 공격하여 위나라의 운명이 매우 위태로운데도 공자께서는 아랑곳하지 않고 있습니다. 만일 진나라가 위나라를 멸망시키고 선왕의 종묘를 부수어 평지로 만든다면, 공자께서는 장차 무슨 면목으로 천하에 발을 붙이겠습니까?"

말이 채 끝나기도 전에 공자 무기는 크게 얼굴빛이 변했다. 그러고는 곧장 마차를 준비시키고, 즉시 위나라를 돕기 위하여 귀국하였다. 위나라 왕이 공자를 보자 두 사람은 눈물을 흘렸다. 위나라 왕은 즉시 상장군의 인을 공자에게 주었고 공자는 위나라 군대의 최고 장군이 되어 위나라 군대를 통솔하였다.

안희왕 30년, 공자는 각 제후국에 자신이 위나라 최고 장군에 임명된 사실을 알렸다. 각국은 공자가 친히 위나라 군대를 통솔한다는 소식을 듣고 잇달아 구원병들을 파견하여 위나라를 구원하였다. 그리하여 공자 무기는 5개국의 연합군을 이끌고 진나라 군대를 크게 격파했으며, 승기를 타고 함곡관까지 밀어 붙이게 되었다. 이후 진나라는 감히 함곡관 밖으로 나올 생각을 못하였다. 이 승리로 공자 무기의 명성은 천하를 진동시켰으며, 각 제후국의 빈객들이 모두 앞을 다투어 자신들이 쓴 병법을 그에게 바쳤다. 공자는 그것들을 함께 모아 목차를 만들었으며, 그리하여 사람들은 그 책을 『위공자병법(魏公子兵法)』이라 불렀다.

한편 진(秦)나라는 공자 무기 때문에 진나라가 위험하다고 느끼고 황금 만 근을 위나라에 뿌리며 일찍이 진비 장군의 문객들을 찾아 그들로 하여금 위나라 왕에게 "공자 무기는 위나라를 배반하고 외국에 나가 10년을 살았는데도 지금 위나라의 대장군으로 군림하고 있으며, 다른 나라의 군대까지도 그의 손에 쥐어져 있습니다. 그래서 세상 사람들은 위나라에 오직 공자 무기가 있는 것만 알 뿐 왕이 있는 줄은 알지도 못하고 있습니다. 또한 공자 무기도 이 기회에 왕이 되려는 생각을 하고 있으며, 각 제후들도 그의 위세를 두려워하여 그를 왕으로 옹립하려고 하고 있습니다."라는 참언을 하게 하였다.

또 진나라는 여러 차례에 걸쳐 반간계를 써서 위나라의 진나라 첩자를 이용하여 모르는 척하고 사람들에게 공자 무기가 위나라 왕이 되었는지 여부를 묻거나 축하한다는 말을 전하게 하였다. 위나라 왕은 매일같이 공자 무기를 비방하는 이러한 말들을 듣게 되었기 때문에 정말 진실로 믿게 되었고, 얼마 지나지 않아 다른 사람으로 하여금 공자 무기를 대신하여 장군직을 맡도록 하였다. 공자 무기는 자신이 비방을 받아 추방된 것이라는 점을 잘 알고 있었으므로 병을 핑계 삼아 조정에 나가지 않으면서 밤낮으로 술자리를 벌여 일부러 주색에 탐닉하였다. 이렇게 밤낮으로 술을 마시기 4년 되던 해, 드디어 그는 과음으로 인한 병으로 죽고 말았다. 그 해에 위나라 안희왕도 죽었다.

진나라는 공자 무기가 죽었다는 소식을 듣자 몽오 장군으로 하여금 위나라를 공격하게 하여 20여 개의 성을 점령하였으며 그곳에 진나라의 동군(東郡)을 세웠다. 진나라는 그 뒤에도 계속하여 위나라 영토를 잠식해 들어갔고, 마침내 18년 후에 위나라 왕을 포로로 잡고 위나라 수도 대량을 함락시켰다.

태사공은 말한다.

"내가 대량(大梁)의 고성(古城)을 지나면서 이문(夷門)이라고 하는 곳을 물어서 찾아보았다. 이문이라는 곳은 성의 동문이었다. 천하의 모든 공자들이 빈객을 접대하고 선비를 좋아하였지만 신릉군(信陵君)과 같이 변두리에 묻혀 사는 은사들과 교류하고 신분을 낮춰 그들과 친구로 사귀었던 점은 매우 이치가 있는 일이다! 그의 명성이 제후국의 모든 공자들을 능가했던 것은 결코 빈 말이 아니었다. 고조는 매번 대량을 지날 때마다 백성들로 하여금 그에게 제사를 모시도록 하였다."

29. 평원군 열전
– 이욕(利慾)은 사람의 지혜를 어둡게 한다

　　평원군(平原君)은 '전국 4공자' 중의 한 사람으로 현명하고 사람과 교제하기를 좋아해 그의 밑으로 모여든 식객이 무려 수천 명이나 되었다. 평원군은 조나라 혜문왕과 효성왕 2대에 걸쳐 세 번이나 재상에 올랐다.

　　이 「평원군전(平原君傳)」은 구체적인 사건에 대한 묘사를 위주로 하고 있는데, 특히 모수자천(毛遂自薦)과 모수가 초나라 왕을 설복하는 두 가지 사건은 매우 생생하고 절묘하게 묘사되고 있다.

　　그러나 사마천은 '태사공왈'의 말미 글에서 "평원군은 풍모가 멋스럽고 난세 중의 아름다운 공자였다. 하지만 대체(大體)를 살펴보지 못했다. 속담에 '이욕(利慾)은 사람의 지혜를 어둡게 한다.'고 하였는데 평원군은 풍정의 그릇된 말만 믿고 장평의 싸움에서 조나라의 40만 대군을 잃게 하였으며, 한단성 역시 그로 인하여 거의 망하였다."라고 예리하고도 냉정한 평가를 내린다.

애첩을 베어 선비를 모으다

　　평원군 조승(趙勝)의 집은 민가와 이어져 있었는데 인근의 민가 중 한 집에 다리를 저는 사람이 살고 있었다. 그는 항상 다리를 절면서 스스로 물을 길어다 먹었는데 하루는 평원군의 애첩이 절름거리며 물을 긷는 그의 모습을 보고 깔깔대며 크게 웃었다. 그러자 그 사람은 다음날 평원군을 찾아와 말하였다.

　　"저는 공자께서 선비들을 귀하게 여기시고 후대한다고 들었습니다. 선비들이 지금 천리를 멀다 않고 공자를 찾아오는 것은 공자께서 선비들을 소중하게 대접하시고 첩 따위는 천하게 생각하시기 때문입니다. 그런데 공자의 첩이 저의 다리 저는 모습을 비웃어댔습니다. 저는 저를 비웃은 그 첩의 머리를 가지고 싶습니다." 이에 평원군은 웃으며, "알았소." 하고 대답하였다.

그러나 그 사람이 돌아가자 평원군은 안색을 바꿔, "어린 녀석이 한번 웃었다고 나의 애첩을 죽이라니 너무 지나치지 않은가!"라고 말하면서 그녀를 죽이지 않았다. 1년이 지나가자 빈객들과 문하의 사인(舍人)들이 하나 둘씩 떠나더니 마침내 반수 이상이 없어져 버렸다. 평원군이 의아하게 생각하여 물었다. "내가 여러분을 대접하는 데 있어 별로 소홀한 점이 없었다고 자부하고 있는데 이렇게 떠나가는 분이 많은 것은 어찌된 일인지요?"

그러자 문하의 한 선비가 이렇게 대답하였다. "공자께서 지난번 절름발이를 비웃었던 첩을 죽이시지 않았기 때문에 미색만 사랑할 뿐 선비를 천하게 여기시는 분이라고 생각하여 모두들 떠나가고 있는 것입니다."

그러자 평원군은 즉시 절름발이를 비웃었던 애첩의 머리를 베어 들고 몸소 절름발이를 찾아가 사과하였다. 이 소문이 퍼지자 그의 집에 다시 문하의 빈객들이 비로소 줄을 지었다.

모수자천(毛遂自薦)

평원군 시절에 제나라에는 맹상군이 있었고, 위나라에는 신릉군이 있었으며, 초나라에는 춘신군이 있었다. 이들을 전국 4공자(戰國四公子)라고 불렀는데 이들은 경쟁적으로 선비들을 불러 모으고 있었다. 그런데 진나라가 조나라 수도 한단을 포위하게 되자, 조나라 왕은 평원군을 초나라에 보내 구원을 청하고 아울러 초나라와 합종을 맺어 진나라에 대항하고자 하였다. 이에 평원군은 문하 식객 중에 학문도 깊고 용기도 많은 문무겸전한 20명을 선발해 자신을 수행 하도록 하였다.

평원군은, "만약 문사(文士)의 방식으로 사명을 완성할 수 있다면 매우 좋은 일이다. 그렇지 못할 경우에는 궁궐의 많은 사람 앞에서 초나라 왕을 윽박지르는 한이 있더라도 반드시 합종 맹약을 받아야 비로소 조나라로 돌아올 수 있다. 같이 갈 선비는 밖에서 구하지 않고 내 집에 있는 식객 중에서 선발해도 충분하다."라고 말했다. 그래서 19명까지는 어렵지 않게 선발했는데 나머지 한 명을 쉽게 구할 수 없어 20명을 채우지 못하고 있었다.

이때 식객 중에 모수(毛遂)라는 사람이 앞으로 나오더니 평원군에게 스스로 자신을 추천하였다.[401]

"지금 공자께서는 초나라와 합종을 맺기 위해 문하의 식객 20명을 대동하시려는데 지금 한 사람이 부족하니 저를 그 일행에 끼워 같이 동행했으면 하고 바랍니다."

이에 평원군이 모수에게 물었다.

"당신이 내 집에 온 지 몇 해나 되었소?"

모수는 "이제 3년이 되었습니다."라고 대답하였다.

그러자 평원군이 정색을 하고 이렇게 말하였다.

"현명한 사람은 마치 주머니 속의 송곳[402]과 같아서 송곳 끝이 주머니를 뚫고 나오듯 금방 세상에 알려지는 법이오. 그런데 그대는 내 집에 3년이나 계셨지만 한 번도 다른 선비들이 당신을 칭찬하여 추천하지 않았고 나 역시 그대에 대한 말을 들어본 적이 없었소. 그것은 곧 당신이 별다른 재주가 없다는 사실을 말하고 있는 것이라 생각되오. 그러니 이번에는 같이 갈 수가 없소. 집에 남으시오."

그러자 모수가 이렇게 말했다.

"저는 오늘에야 비로소 주머니 속에 넣어 달라고 청하는 것입니다. 만약 이 모수가 일찍이 주머니 속에 있었더라면 송곳 끝이 나올 정도에 그치지 않고, 아예 송곳자루 모두 주머니를 뚫고 밖으로 나왔을 것입니다."

평원군은 결국 모수가 동행하는 것에 동의하였다. 그러나 먼저 선발된 19명은 서로 눈짓으로 모수를 비웃었다. 다만 말을 하지 않을 뿐이었다. 하지만 이들 일행이 초나라에 도착할 때까지 많은 대화와 쟁론을 거친 끝에 19명 모두가 모수를 존경하게 되었다.

드디어 평원군이 초나라 왕을 만나게 되었는데 초나라 왕과 합종에 대해 의견을 나누었지만 반나절이 지나도록 별다른 결론을 내리지 못하고 있었다. 그

---

401) 이렇듯 모수가 스스로 추천한 사실에서 모수자천毛遂自薦이라는 말이 유래되었다.
402) 낭중지추囊中之錐

러자 19명은 모수에게 "선생께서 가 보시오."라고 권했다. 모수는 즉시 칼을 움켜잡고 한 걸음에 계단 위로 뛰어올라가 평원군에게 말했다.

"합종의 이해는 단 두 마디면 결정될 일입니다. 지금 해 뜰 때부터 시작하여 해가 중천에 떠 있는데도 결정을 내지 못하다니 무슨 연유입니까?"

이에 초나라 왕이 평원군에게 물었다.

"저 손님은 무엇을 하는 사람이오?"

"저의 식객으로 있는 모수라는 사람입니다."

그러자 초나라 왕은 모수를 꾸짖었다.

"왜 아직 내려가지 않고 있는가! 내가 너의 주인과 회담을 하고 있는 중인데 너는 무엇을 하고 있는가!"

그러나 모수는 칼자루를 손에 잡은 채 몇 걸음 더 앞으로 나가 외쳤다.

"대왕께서 저를 꾸짖을 수 있는 것은 초나라 사람들이 많은 것을 믿기 때문입니다. 그러나 지금 이 순간에는 열 걸음도 채 안 되는 거리에서 대왕의 목숨이 저의 손에 달려 있을 뿐 초나라 사람이 많아도 소용이 없습니다. 우리 주인께서 앞에 계신데 저를 꾸짖을 수 있습니까? 옛날 은나라 탕왕은 겨우 70리 땅을 가지고 천하를 거느리는 왕이 되었으며 주나라 문왕도 백 리밖에 안 되는 작은 나라였지만 결국 모든 제후들을 복종시켰는데 그들의 사졸들이 많았습니까? 그들은 형세를 이용할 줄 알았기 때문에 천하에 자신들의 권위를 떨칠 수 있었던 것입니다. 지금 초나라 땅은 사방 5천 리가 넘고 창을 잡은 군사가 백만이나 됩니다. 이는 패자가 되고 왕자가 될 수 있는 매우 좋은 조건입니다. 이 강력한 힘에 대적할 군대는 이 세상 아무 곳에도 없습니다. 그런데도 진나라 장군 백기와 같이 보잘것없는 자가 불과 수만 명의 군사를 이끌고 초나라를 한 번 공격하여 언과 영을 점령하고 두 번 공격하여 이릉을 불살랐으며 세 번 공격해 초나라 종묘를 욕보였습니다. 이야말로 초나라로서는 영원히 씻지 못할 수치인 것이며 우리 조나라조차도 수치스럽게 생각하고 있을 정도인데, 대왕께서는 오히려 수치를 모르시고 계십니다. 합종은 초나라를 위한 것이지 조나라를 위한 것이 아닙니다. 우리 주인께서 앞에 계신데 저를 꾸짖을 수 있습니까?"

그러자 초나라 왕은 고개를 끄덕이며 말했다.

"맞소. 맞소. 확실히 선생의 말씀이 옳소. 내 이 나라의 모든 힘을 쏟아 조나라와 합종하여 진나라에 대항하리다."

"이제 합종을 결정하신 것입니까?" 모수가 물었다. 초나라왕은 "결정하였소."라고 대답했다. 모수는 초나라 왕을 모시고 있는 사람에게 "닭과 개와 말의 피를 가져오시오."[403]라고 명령하였다. 모수는 두 손으로 그 피를 담은 구리 쟁반을 받친 채 무릎을 꿇고 초나라 왕에게 올렸다. "마땅히 대왕께서 먼저 피를 드시고 합종 맹약 확정의 성의를 보여 주십시오. 그 다음에는 우리 주인 어르신, 그리고 그 다음은 제가 마시겠습니다."

이렇게 하여 마침내 초나라의 궁에서 합종의 맹약이 맺어졌다. 모수는 왼손에 구리 쟁반을 들고 오른손으로 열아홉 명을 손짓해 불렀다. "그대들도 계단 아래에서 쟁반의 피를 마시도록 하시오. 그대들은 특별한 재주 없이 그저 평범하지만 그래도 임무를 완성한 셈이니, 이야말로 남의 힘을 빌려 자기의 임무를 완성한 사람들이오."

조나라와 초나라 사이의 합종을 완성시킨 후 평원군이 조나라로 돌아와서 탄식해마지 않았다.

"내가 다시는 선비들을 평가하고 관찰하지 않겠다. 내가 지금까지 선비들을 많으면 수천 명, 적게 말해도 수백 명을 만나보고 스스로 천하에서 얻기 어려운 인재를 한 명도 놓치지 않았다고 생각해 왔었다. 그러나 모수 선생의 경우는 내가 완전히 몰라봤다. 모수 선생이 초나라에 한 번 가서 조나라의 지위를 저 유명한 구정대려(九鼎大呂)[404]보다도 더 무거운 것으로 만들었다. 모수 선생은 다만 세 치 혀를 가지고 백만 대군보다 큰 위력을 발휘하였다. 이제 정말 나는 더 이상 선비들을 감히 평가하고 살펴보지 않겠다."

그리고 평원군은 즉시 모수를 상객으로 모셨다.

그 후 초나라는 춘신군(春申君)에게 군사를 주어 조나라를 돕게 하였으며, 위나라의 신릉군도 진비의 군사를 빼앗아 조나라 구원에 나섰다. 그러나 진나라는 이들 구원군들이 조나라에 도착하기 전에 신속하게 한단을 포위해 왔기 때문에

---

403) 고대에 맹약을 맺을 때에는 황제는 소와 말, 제후는 개와 돼지, 대부 이하는 닭의 피를 사용했다.

404) 진귀한 보물을 가리키며 우임금이 만들었다고 전해진다. 구정은 구주九州를 상징하며 상나라와 주나라는 그것을 나라의 보물로 여겼으며 대려는 커다란 종을 말한다.

한단은 함락 직전의 위기에 놓이게 되었다. 이에 평원군은 대단히 근심하였다.

이욕(利慾)은 사람의 지혜를 어둡게 한다

이때 이동(李同)이라는 한단 전사리(傳舍吏)[405]의 아들이 평원군을 찾아왔다.

"공자께서는 조나라가 망해가는 것을 걱정하지 않으십니까?"

이에 평원군은 "조나라가 망하면 나는 포로가 될 터인데 어찌 걱정을 하지 않을 수 있겠느냐?"라고 대답하였다. 그러자 이동이 정색을 하며 말을 이어나갔다.

"지금 한단의 백성들은 땔감이 없어서 죽은 사람의 뼈를 땔감으로 사용하고 있으며 먹을 것이 없어서 서로 자식을 바꾸어 잡아먹고 있는 실정에 놓여 있습니다. 참으로 위급한 상황이라 할 것입니다. 그런데도 공자께서는 후궁이 백 명도 넘으며 시녀와 하녀들까지도 비단 옷을 감고 곡식과 고기를 남아서 버릴 정도입니다. 백성들은 누더기 옷조차 제대로 입지 못하고 지게미와 쌀겨도 배불리 먹지 못하는 이 상황에서 말입니다. 백성들은 가난하고 무기도 다 떨어져서 나무를 깎아 창과 화살을 만들고 있는데도 공자께서는 여전히 청동과 옥으로 만든 진귀한 기물과 악기들을 향유하고 계십니다. 진나라에게 나라를 빼앗기게 되면 공자께서 그 물건들을 가지고 계실 수 있겠습니까? 그러니 공자께서는 부인 이하의 집안의 모든 사람들을 사졸 대오에 편입시켜 성을 지키고 노역을 분담하게 하며 집안의 모든 물자들을 처분해 병사들을 위해 사용하십시오. 그렇게 되면 병사들은 반드시 공자의 높은 은덕에 감격할 것입니다."

평원군이 이동의 말에 따르니 즉시 결사대를 지원하는 3천 명의 용사를 얻을 수 있게 되었다. 이동은 그 결사대에 참여하여 진나라 군대와 결전에 나섰다. 그러자 진나라 군대는 30리를 후퇴하였으며 때마침 초나라와 위나라의 구원군이 도착하니 진나라 군대는 철수하게 되었다. 마침내 한단은 포위에서 풀려나 평화를 되찾았는데 불행히도 이동은 진나라와의 전쟁 중 전사하여 그의

---

405) 전사傳舍는 역참의 여관이고, 이곳의 직원을 전사리傳舍吏라 한다.

아버지가 이후(李侯)에 봉해졌다.

그 무렵 조나라에 와 있던 유세객 우경은 신릉군이 구원병을 이끌고 한단을 구한 것을 명분으로 하여 평원군에게 봉읍을 더 하사해야 한다고 조나라 왕에게 청하려 했다. 이 소식을 들은 공손룡이라는 선비가 밤중에 급히 말을 타고 평원군에게 달려와 물었다.

"지금 우경은 신릉군이 한단을 구해준 것을 명분으로 공자께 봉읍을 더 주도록 대왕께 청하려 한다고 들었는데 그것이 사실이온지요?"

이에 평원군은 "그렇다오."라고 답했다. 그러자 공손룡이 차근차근 말했다.

"그것은 당치도 않은 일입니다. 대왕께서 공자를 조나라 재상에 임명하신 것은 공자의 지혜와 재주가 조나라에서 가장 뛰어나기 때문이 아닙니다. 또 넓은 영지를 공자에게 제공한 것은 공자께서만 공로가 있고 다른 사람들은 모두 공로가 없기 때문이 아닙니다. 오직 공자께서 왕의 친척이기 때문인 것입니다. 공자께서는 또 재상의 벼슬을 받고서도 재주가 없다고 사양하지 않았으며 영지를 받을 때도 공적이 없다고 말하지 않았습니다. 공자께서 스스로 왕의 친척이라고 생각하기 때문입니다. 그런데 지금 신릉군이 한단을 도운 것이 스스로의 공적이라 해서 영지를 받는다는 것은 이전에 친척이라는 신분으로서 영지를 받아놓고 이제는 일반인처럼 다시 공적을 따져서 영지를 더 받으려는 결과가 되니 이는 매우 부당한 일입니다.

지금 우경은 양다리를 걸치고 있는 것입니다. 일이 성공하면 그것을 이유로 보상을 얻으려는 것이며, 일이 여의치 못할 경우에도 공자를 위하여 봉읍을 신청했다는 허명으로써 공자께 생색을 내려는 것입니다. 우경의 말을 받아들여서는 절대로 안 됩니다."

평원군은 마침내 우경의 말을 받아들이지 않았다.

평원군은 조나라 효성왕 15년에 세상을 떠났다. 평원군의 자손들이 그의 봉작을 계승하였는데, 그의 후사는 조나라 멸망과 함께 단절되었다.

태사공은 말한다.

"평원군은 풍모가 멋스럽고 난세 중의 아름다운 공자였다. 하지만 대체

(大體)를 살펴보지 못했다. 속담에 '이욕(利慾)은 사람의 지혜를 어둡게 한다.'[406] 고 하였는데 평원군은 풍정(馮亭)의 그릇된 말만 믿고 장평의 싸움에서 조나라 의 40만 대군을 잃게 하였으며, 한단성 역시 그로 인하여 거의 망하였다. 우경 은 대사를 예측하고 인정을 헤아리며 조나라를 위하여 계책을 내는 데 있어 얼 마나 교묘했던가! 뒷날 위제를 가엾이 여겨 재상의 지위도 버리고 결국 대량에 서 곤경에 빠졌다. 평범한 범부도 그것이 안 되는 일이라는 사실을 알 수 있는 데, 하물며 현명한 사람에 있어서는 어떠했겠는가! 하지만 우경이 가난에 쪼들 려 의기소침하지 않았다면 자기의 이름을 어찌 후세에 남길 수 있었겠는가!"

---

406) 이를 이령지혼利令智昏이라 한다.

30. 춘신군 열전
- 시작을 잘하지 못하는 사람은 없지만
끝맺음을 잘하는 사람은 드물다

춘신군이 자신의 몸을 던져 인질로 잡힌 태자를 귀국시켰던 행위는 가히 칭찬 받아 마땅하였지만 그의 일생은 결국 '부귀' 두 글자에서 벗어나지 못했다. 빈객들을 많이 모아들였지만 그는 다만 빈객들을 부귀의 현시로만 간주하였을 뿐이다. 그리하여 그는 진정으로 현사(賢士)를 얻지 못했고 현인의 충고 역시 자신에게 화가 미치지 않을까 두려워 받아들이지 못하고 결국 비참한 최후를 맞았다.

본 열전은 춘신군이 전반부에 지혜롭다가 후반부로 접어들면서 아둔해지는 선명한 대비를 통하여 그 변화의 과정을 생생하게 묘사하고 있다.

사마천은 "내가 초나라에 가서 춘신군의 옛 성을 둘러보니 궁실이 대단하였다. 당초 춘신군이 진나라 소왕을 설득하고 목숨을 내던져 태자를 귀국시킬 때까지 그의 총명함은 얼마나 출중했던가! 그러나 뒷날 이원에게 조종당했으니 실로 어리석고 시비를 가리지 못했도다! 속담에 '결단해야 할 때 결단하지 않으면 곧 거꾸로 재앙을 당한다.'고 하였다. 춘신군이 주영의 충고를 듣지 않은 그 결과가 바로 이 속담에서 말한 바와 같지 않는가!"라는 자신의 답사기와 함께 속담을 인용하여 탄식하고 있다.

시작을 잘하지 못하는 사람은 없지만, 끝맺음을 잘하는 사람은 드물다

춘신군(春申君)은 초나라 사람으로서 이름은 헐이요, 성은 황씨이다. 그는 세상을 돌아다니며 많은 것을 배워 지식이 박학하였으며, 초나라의 경양왕을 모셨다. 경양왕은 황헐이 변론을 잘한다고 생각하여 그를 진나라에 사신으로 보냈다. 당시 진나라는 이미 백기를 파견하여 한나라와 위나라의 연합군을 공격하도록 하여 화양에서 그들을 패퇴시키고 위나라 장군 망묘를 포로로 잡았다. 이에 한나라와 위나라는 진나라에게 굴복하여 상국으로 모시게 되었고, 진나라는 백기를 파견하여 한나라와 위나라와 함께 진공하여 초나라를 공격하고자 하였다.

백기의 군사들이 아직 출병하지 않았을 때 초나라 왕은 황헐을 진나라에 파견하여 진나라의 이 계획을 듣게 되었다. 이때 진나라는 이미 초나라의 많은 영토를 점령하여 무와 검중 지방 등을 빼앗고, 이어 언과 영 지방을 함락시켰으며, 동쪽으로는 경릉까지 제압하여 초나라 경양왕은 동쪽으로 피신하여 진현(陳縣)으로 옮겨갈 수밖에 없는 상태였다.

황헐은 일찍이 초 회왕이 진나라의 유인책에 빠져 진나라를 방문했다가 결국 속아서 억류되었다가 죽은 것을 보았다. 경양왕은 회왕의 아들로서 진나라는 그를 근본적으로 무시하여 한번 출병하면 단숨에 초나라를 멸망시킬 것이라고 생각하였다. 황헐은 진나라 소왕에게 편지를 보냈다.

〈지금 천하에서 진나라와 초나라보다 강한 나라는 없습니다. 듣건대 대왕께서 초나라를 정벌하려 하신다는 소문이 있는데, 이는 두 마리의 호랑이가 서로 싸우는 것과 같다고 하겠습니다. 두 마리의 호랑이가 싸울 때에는 비록 힘없는 개라도 이 기회를 틈타 이득을 볼 수 있게 되오니 초나라와 친교를 맺는 것이 더 나은 일이라 하겠습니다. 신이 이 까닭을 말씀드리겠습니다.

모든 일은 극에 이르면 반작용이 일어납니다. 겨울과 여름의 순환과 변화가 바로 이러한 증거로서 사물의 발전이 극에 이르면 위험하게 됩니다. 높이 쌓아올린 바둑돌이 바로 이러한 모양입니다. 지금 대왕의 영토는 천하에 드넓게 확대되어 동서남북 끝까지 걸쳐 있습니다. 이것은 인류 역사 이래로 설사 만승(萬乘)[407]을 지닌 천자의 영토라 해도 이렇게 커다란 영토는 일찍이 존재하지 않았습니다.

지금 대왕께서는 성교(盛橋)를 한나라에 파견하여 직책을 수행하도록 하셨는데, 성교는 자신이 관장하던 땅을 진나라에 합병시켰습니다. 이는 대왕께서 군대를 사용하거나 위세를 과시하지 아니하고도 백 리의 땅을 얻은 것이니 실로

---

407) 만승이란 천자를 가리킨다. 주나라 시기 천자는 천 리의 영토에 만승의 전차를 가진다고 규정하고 있었다.

대왕을 유능하다고 할 수 있을 것입니다. 뿐만 아니라 대왕께서는 또 군사를 일으켜서 위나라를 공격하여 수도 대량의 통로를 봉쇄하고 위나라를 완전히 격파하셨습니다. 그 뒤 대왕께서는 병사들을 휴식하게 하여 정돈하게 한 다음 2년 뒤에 다시 출병하여 위나라를 복속시키고 진나라와 제나라의 통로를 열었으며 초나라와 조나라를 연결하는 요충지를 끊었습니다. 그리하여 천하 제후가 모두 다섯 차례 연합하고 모여 6국 합종을 이뤘지만 감히 서로 구원하지 못했습니다. 그러니 대왕의 위세는 이미 극에 이르렀다 하겠습니다.

이러한 때 대왕께서 만약 이미 이루신 공적과 위세를 가지신 채 남을 공격하여 탈취하려는 욕심을 적게 하시고 대신 인의(仁義)를 널리 베풀어 후환이 없도록 하신다면, 이는 실로 3왕(三王)[408]과 어깨를 나란히 하는 것이며 5패(五覇)[409]와도 견줄 수 있습니다. 그러나 만약 대왕께서 백성의 많음을 믿고 병력의 강대함에 의지하며 위나라를 멸망시킨 위세를 가지고 오로지 힘으로만 천하의 제후들을 모두 신하로 삼으려 하신다면 대왕의 미래에 후환이 생기지 않을까 매우 우려됩니다.

『시경(詩經)』은 이렇게 말하고 있습니다. '시작을 잘하지 못하는 사람은 없지만, 끝맺음을 잘하는 사람은 드물다.' 그리고 『역경(易經)』에서도 이렇게 말하고 있습니다. '여우가 물을 건너려 할 때는 그 꼬리를 물속에 담가 본다.'

이러한 말들은 모두 일이란 시작하기는 쉬워도 끝맺기는 어렵다는 뜻을 보여주고 있습니다.

그렇다면 어떻게 미래를 알 수 있을까요? 옛날 지백은 오직 조나라 정벌의 좋은 점만을 생각하여 오히려 자신이 유차에서 조나라와 한나라의 연합 음모에 빠져 스스로 죽는 화는 알지 못했으며, 오왕 부차는 제나라 정벌의 좋은 점만을 알아 그로 인하여 월나라에 대한 경계를 늦추게 되고 월왕 구천에게 패배하는 것을 알지 못했습니다. 이 두 나라는 큰 공을 세우지 못했던 것이 아니고, 다만 눈앞에 있는 이익으로 훗날의 후환을 맞바꾼 것입니다.

지금 대왕께서는 초나라의 존재를 증오하시고 일단 초나라를 멸망시킨 뒤

---

408) 3왕이란 하나라의 우, 상나라의 탕, 주나라의 문왕과 무왕을 가리킨다.

409) 5패란 춘추오패로서 제환공, 진문공, 진목공, 송양공, 초장왕을 가리킨다. 五伯이라고도 한다.

곧바로 한나라와 위나라가 더욱 강대해질 것을 잊고 계십니다. 저는 대왕을 위하여 그렇게 하시지 말기를 바라마지 않습니다.

『시경』에 이런 말이 있습니다. '대규모의 병력은 마땅히 자기가 있는 곳에서 멀리 나가 전쟁을 하지 않는다네.' 이러한 입장에서 본다면 초나라는 우방이요, 이웃나라는 적국입니다. 또한 이러한 말도 『시경』에 있습니다. '펄펄 뛰는 영리한 토끼도 사냥개를 만나 사로잡히고, 다른 사람의 속마음을 나는 헤아려 안다네.'

지금 대왕께서는 한나라와 위나라가 대왕과 우호적이라고 믿고 계시니 이는 바로 오나라가 월나라를 믿은 것과 똑같습니다. 신이 듣건대, '적에 대하여 관용해서는 안 되고, 기회는 놓쳐서는 안 된다.'고 하였습니다. 저는 한나라와 위나라가 지금 겸손하고 공경하는 척 꾸미고 있는 것을 우려합니다. 실제로는 대왕을 기만하고 있는 것입니다. 신은 대왕께 후환을 없앨 것을 권하고자 합니다. 대왕께서는 한나라와 위나라에 대하여 오랜 세월에 걸쳐 베푼 덕은 없고, 오랜 세월에 걸쳐 쌓은 원망만 있습니다. 한나라와 위나라의 백성들이 진나라 때문에 계속하여 피해를 당하고 있는 것이 이미 10대째가 될 것입니다. 그들의 나라는 피폐하게 되고, 사직은 기울었으며 종묘는 허물어졌습니다. 또한 그들은 칼에 배가 찔려 창자가 끊어졌고 목은 잘렸으며, 머리와 몸은 분리된 채 진펄에 해골이 나뒹굴고, 두개골은 거꾸로 처박혀 시체들이 황야에 가득합니다. 그리고 부자와 노약자가 목과 손목을 묶인 채 포로가 되어서 길가에 줄을 잇고 있습니다. 귀신들 역시 외롭고 고통을 받고 있으며 그들을 제사지내 주는 유족도 없습니다. 백성들은 삶을 영위할 수 없게 되고 가족들은 여기저기로 흩어진 채 남의 노비가 된 사람이 천하에 가득 차 있는 실정입니다.

그러한 까닭에 한나라와 위나라가 망하지 않는 것은 진나라의 우환거리입니다. 그런데 지금 대왕께서는 그들의 힘을 빌려 초나라를 공격하니 어찌 잘못된 일이 아니겠습니까? 나아가 대왕께서 초나라를 공격할 때 어떻게 출병하시겠습니까? 한나라와 위나라에게 길을 빌려 달라고 하실 것인지요? 만약 그렇게 한다면 출병하는 그 날부터 대왕께서는 대왕의 부대가 무사하게 돌아올 수 있을지 걱정해야 할 것입니다. 이는 곧 적국에게 군사를 빌려 주는 것입니다. 만약 한과 위의 길을 빌리지 않는다면 반드시 수수(隨水) 오른쪽을 공격해야 합니다. 그런데 그곳은 모두 커다란 강과 고산밀림, 심산유곡으로서 황무지에 불과합니다. 그곳을 점령한다고 해도 결코 소득이라고 할 수 없습니다. 그렇게 해봤자 대왕께서는 초나라를 파괴했다는 좋지 못한 명성만 듣게 될 뿐이며, 진정한 토지의 실제적 이득을 차지하지 못합니다.

그리고 대왕께서 초나라를 공격할 때 제, 한, 위, 조의 네 나라에서는 반드시 군대를 일으켜서 대왕에게 대항할 것입니다. 진나라와 초나라가 전쟁을 하는 동안 반드시 위나라가 출병하여 공격할 것이고, 그렇게 되면 옛 송나라의 땅을 모두 차지하게 될 것입니다. 또한 제나라는 남진하여 초나라를 공격할 것이고, 그렇게 되면 사수 유역은 반드시 제나라 땅이 되고 말 것입니다. 이들 땅은 모두 사방에 통할 수 있는 평원이며 기름진 땅인데 대왕께서 그들에게 단독으로 점령할 기회를 주는 것입니다. 대왕께서 초나라를 공격함으로써 중원 지방의 한과 위를 강대하게 만들어 주고, 제나라를 강적으로 만들어 주게 됩니다. 그리하여 한과 위의 강대함은 이제 진나라와 대적할 수 있게 됩니다.

한편 제나라는 남으로는 사수로 경계선을 삼고 동으로는 바다를 등지고 있으며, 북으로는 황하를 끼고 있으므로 후환이 없을 것입니다. 이렇게 된다면 천하에서 제와 위보다 강한 나라는 없게 될 것입니다. 제와 위가 일단 전쟁에서 땅을 얻게 되면 기존의 이익을 챙기고 동시에 진나라에 대해서는 거짓으로 받드는 모습으로 꾸밀 것입니다. 그리하여 1년이 지나게 되면 비록 자기들이 천하의 패자를 칭하지는 못할지라도 대왕께서 황제가 되는 것을 막기에는 충분한 힘을 가질 수 있게 됩니다.

광대한 땅을 소유하고 있고 많은 백성을 가지고 있으며 강력한 군대를 보유하고 있는 상황에서 초나라를 공격하여 초나라의 적대감을 초래하는 것은 곧바로 한과 위, 양국이 제왕의 칭호를 제나라에게 주는 결과이므로 이는 대왕의 실책이라 하겠습니다. 신이 대왕을 위하여 깊이 생각해 보건대, 초나라와 선린 우호를 맺는 것이 가장 좋습니다. 만약에 진나라와 초나라가 연합하고 하나가 되어 한나라에 대처한다면 한나라는 반드시 복종을 하게 될 것입니다. 대왕께서 이때 동산의 험준한 지세를 이용하고 황하의 유리한 조건을 활용한다면 한나라는 반드시 진나라에 복속하게 될 것입니다. 이렇게 된다면 위나라도 또한 감히 출병할 생각을 하지 못하고 결국 진나라에 굴복하게 될 것입니다.

그리하여 대왕께서 일단 초나라와 선린 관계를 맺음으로써 진나라의 영향권에 들어오는 한과 위는 제나라의 영토를 노리게 될 것이니 제나라의 오른쪽 땅을 손에 넣는 것은 매우 쉬운 일이 됩니다. 그래서 일단 대왕의 영토가 동해와 서해를 가로질러 천하 제후를 호령하게 된다면 연과 조는 제와 초에 의지할 수 없게 되고 제와 초도 연과 조의 힘을 빌릴 수가 없게 됩니다. 그런 연후에 대왕께서 연과 조를 위협하면 곧 제와 초를 뒤흔들어 놓게 되는 결과를 초래하기 때문에 이 네 나라는 가혹하게 공격하지 않아도 충분히 굴복시킬 수 있습니다.〉

황헐의 글을 읽어본 소왕은 "참으로 좋은 글이도다!"라며 칭찬하고 백기에게 공격을 멈추게 하는 한편 한나라와 위나라에 사과하였다. 그리고 사신으로 하여금 초나라에 많은 선물을 하고 동맹을 맺었다.

죽고자 하는 자는 사는 법이다

황헐은 맹약을 맺은 뒤 초나라로 돌아왔다. 초나라는 황헐과 태자 완(完)을 진나라에 인질로 보냈다. 진나라는 이들을 여러 해 동안 억류하였다. 그 뒤 초나라의 경양왕이 병이 들었는데도 태자는 귀국을 할 수가 없었다. 그런데 태자는 진나라 상국인 범저와 매우 친하게 지내는 사이였는데 이 사실을 알고 있는 황헐이 범저를 찾아가 말했다.

"상국께서는 정말 태자와 친하십니까?"

이에 범저가 "그렇소."라고 대답하자 황헐은 "지금 초나라 왕의 병은 아마도 호전될 수 없을 듯하니 진나라는 태자를 귀국시키는 것이 가장 좋습니다. 태자가 초나라의 왕위에 오르게 된다면 그는 특별히 진나라를 공경스럽게 대할 것이며, 상국께 대해서도 무궁한 은혜를 베풀 것입니다. 이것은 동맹국과 친교를 두텁게 하는 것이며 동시에 한 명의 대국의 왕을 심어놓는 일입니다. 그러나 만일 태자가 귀국하지 못한다면 그는 다만 함양에 사는 평범한 선비에 불과할 뿐이니, 초나라는 다른 태자를 세우고 진나라를 섬기지 아니할 것이 분명합니다. 동맹국을 잃어버리고 진나라와 한 대국의 왕 사이의 우의를 단절하는 결과이니 이는 상책이 아닙니다. 그러니 상국께서 이를 깊이 생각하여 보시기 바랍니다."

범저는 황헐의 뜻을 진나라 왕에게 말했다. 그러자 왕은 "태자의 보좌관을 먼저 초나라에 보내 왕의 병이 어떤 상태인가를 알아보고, 그가 돌아온 뒤에 어떻게 할 것인가를 생각하도록 합시다."

이에 황헐은 태자에게 계책을 말하였다. "진나라가 태자를 붙잡아두는 까닭은 그들에게 이익이 되는 것을 구하기 때문입니다. 그런데 지금 태자께서는 그들을 이롭게 할 만한 힘이 없습니다. 이것이 제가 몹시 걱정하는 일입니다. 지금 초나라에는 양문군(陽文君)[410]의 두 아들이 있는데 대왕께서 만일 돌아가신다면 태자께서 초나라에 계시지 않기 때문에 양문군의 아들이 왕의 자리를 물려받게 되어 결국 태자께서 계승할 수가 없게 됩니다. 그러하오니 조속히 서두르시어 사신으로 온 사람과 함께 진나라에서 도망하여 국경을 벗어나십시오. 신은 여기에 그대로 머물러 있다가 죽음을 무릅쓰고 뒷일을 맡겠습니다."

그리하여 태자는 의복을 바꾸어 입고 초나라 사신의 마부로 변장하여 진나라의 관문을 벗어났다. 이때 황헐은 거처에 머물면서 태자가 병이 있다면서 손님을 사절하였다. 태자가 이미 멀리 도망하여 진나라가 추격할 수 없다고 판단되자 그는 스스로 진나라 소왕에게 보고하기를 "초나라 태자는 이미 귀국하여 멀리 벗어났습니다. 제가 그 책임을 지고 죽어 마땅하오니 죽음을 허락하여 주시기 바랍니다."

소왕은 크게 노하여 그에게 자살을 명하려고 하였다. 그러자 범저는 "황헐은 신하된 의리로써 생명을 내던져 군주를 위하여 충성한 것입니다. 만약 태자가 왕위에 오른다면 반드시 황헐을 중용할 것입니다. 그러하오니 죄를 면하게 하여 그를 귀국하게 하여 우리와 초나라의 친선을 드러내는 것이 나을 것입니다."

소왕은 범저의 의견을 받아들여 황헐을 귀국시켰다.

황헐이 귀국한 지 3개월 뒤에 경양왕이 죽고 태자 완이 왕위에 오르니 이 사람이 바로 고열왕이다. 고열왕 원년에 황헐을 재상으로 삼고, 그를 춘신군에 봉하여 회북의 12개현을 하사하였다. 그 뒤 15년이 지나서 황헐은 왕에게 이렇게 말하였다.

"회북의 땅은 제나라와 국경을 접한 곳으로서 그곳의 정세가 매우 긴박하니

---

410) 초나라 왕의 형제.

다. 그러므로 그곳을 군으로 만들어 다스리는 것이 적당할 것입니다."

그러고는 회북의 12현을 헌납하고 자신을 강동에 봉해 주기를 청하였다. 고열왕이 이를 허락하였다. 춘신군은 그 후 오나라의 옛 고도(故都)에 성을 쌓고 자신의 도읍으로 만들었다.

춘신군, 재상의 자리에 오르다

춘신군이 초나라의 재상이 되었을 무렵 전국 4공자라 하여 제나라에는 맹상군이 있었고 조나라에는 평원군이 있었다. 그리고 위나라에는 신릉군이 있어서 앞을 다투어 선비들을 예우하여 빈객을 모았고 서로 현사(賢士) 쟁탈에 나섰으며 군왕을 보좌하여 국정을 장악하였다.

춘신군이 초나라의 재상이 된 지 4년 후에 진나라는 장평에서 조나라 군사 40만을 격파했고, 이듬해에는 조나라의 한단을 포위하였다. 이때 조나라가 초나라에 구원을 요청하였으므로 초나라는 춘신군을 파견하여 군사를 이끌고 가서 구원하게 하였는데 마침 진나라 군대가 물러났기 때문에 춘신군도 귀국하였다.

춘신군은 재상이 된 지 8년 만에 북벌을 단행하여 노나라를 멸망시켰다. 이때 초나라는 다시 강성해졌다.

어느 날 조나라 평원군이 춘신군에게 사신을 보냈는데 춘신군은 그를 상등(上等)의 객사에 머물게 하였다. 그런데 그 사신은 자신의 부귀를 과시하고 싶어서 대모(玳瑁)[411]로 만든 비녀와 주옥으로 장식한 칼집이 있는 도검을 차고서 춘신군의 식객들을 불러서 만났다. 그런데 춘신군의 식객 3천 명으로 그 중 상등 숙소에 머물고 있는 빈객들은 모두 진주가 박힌 신발을 신고서 조나라 사신을 만났으므로 그 사신은 오히려 크게 부끄러워했다.

춘신군이 재상이 된 지 14년이 되었을 때 진나라의 장양왕이 왕위에 오르고 여불위를 재상으로 삼았다. 진나라는 동주를 점령하였다.

춘신군이 재상이 된 지 22년 후에는 제후들이 진나라의 공격과 정벌이 그

---

411) 일종의 바다거북으로서 그 껍질로 장식품을 만들었다.

칠 날이 없음을 우려하고 서로 합종을 하여 서쪽으로 진격하여 진나라를 정벌하기로 하였다. 이때 초나라 왕이 6국 합종 맹약의 우두머리가 되고 춘신군이 그 실제 권한을 행사하였다. 연합군이 함곡관에 이르렀을 때 진나라가 군대를 보내 공격을 하자 제후의 군대가 모두 패하여 달아났다. 고열왕은 작전의 실패를 춘신군의 잘못으로 돌렸다. 이 일이 있은 뒤 춘신군은 점차 왕과 소원해졌다. 이때 춘신군의 빈객 중에 주영(朱英)이라는 사람이 있었는데, 그는 춘신군에게 이렇게 말하는 것이었다.

"사람들은 모두 초나라는 강대한데 귀공께서 오히려 그것을 약화시켰다고 생각합니다. 그러나 저는 그렇게 생각하지 않습니다. 선왕(先王) 시절에 진나라와 20년이 넘도록 우호를 맺고 진나라가 우리를 공격하지 않은 것은 무슨 까닭이겠습니까? 진나라가 요새를 넘어서 공격하는 것이 사실상 불가능하며, 만약 동주와 서주에게 길을 빌려서 한과 위를 배후에 남겨놓고 초나라를 공격한다는 것 역시 불가능한 까닭이었습니다. 그런데 지금은 사정이 다릅니다. 위나라는 곧 멸망할 처지이므로 허(許)와 언릉 땅을 할양할 수밖에 없을 것입니다. 그렇게 되면 진나라 군대는 초나라의 수도인 진에서 불과 160리 밖에 주둔하게 됩니다. 따라서 진나라와 초나라는 앞으로 갈수록 빈번하게 전쟁을 하게 될 것입니다."

춘신군은 이 말을 옳다고 여겨 왕에게 말하자 초나라는 진에서 수춘(壽春)으로 수도를 옮겼다.

초나라의 고열왕은 아들을 낳지 못하는 사람이었다. 춘신군은 이를 걱정하여 수차에 걸쳐 아들을 낳을 만한 부인을 구하여 왕에게 바쳤으나 끝내 아들을 낳는 데 실패하였다. 그때 조나라 사람인 이원(李園)이 누이동생을 데리고 와서 왕에게 바치려고 하였다. 그런데 왕이 아이를 낳을 수 없다는 말을 듣고 시간이 길어지면 사랑을 받지 못할까 걱정하였다. 그리하여 이원은 춘신군에 청하여 그의 가신이 되었다. 얼마가 지나자 그는 귀국을 하였다가 고의로 돌아오는 기일을 늦추었다. 그가 돌아오자 춘신군이 늦게 된 사정을 물었다. 그러자 이원은 이렇게 답하였다.

"제나라 왕이 사자를 보내어 신의 누이동생에게 구혼하여 그 사자와 술을 마시느라고 좀 늦게 되었습니다."

이에 춘신군이 물었다.

"정혼 선물을 받았는가?"

그러자 이원은 "없습니다."라고 대답하였다. 춘신군이 "누이를 볼 수 있겠는가?"라고 묻자 이원은 "그러지요." 하고 곧 그의 누이동생을 바쳤다.

그의 누이동생은 곧 춘신군의 사랑을 받았다. 이원은 누이동생이 임신한 사실을 알고 누이동생과 계략을 짰다. 이원의 누이동생은 한가한 틈을 타서 춘신군에게 말하였다.

"지금 왕이 당신을 대우하고 사랑하는 정도는 형제라 하더라도 그렇게 깊지는 못할 것입니다. 지금 당신께서 재상이 되신 지 20여년이 흘렀습니다만 왕께서는 아들이 없습니다. 그래서 왕께서 돌아가시고 난 뒤에는 다른 형제들 중에서 왕을 세울 것입니다. 초나라의 왕이 바뀌고 나면 그들이 원래 가까운 사람을 중용하게 될 것인데, 당신은 어떻게 오랫동안 총애를 받을 수 있을까요? 이것뿐만이 아닙니다. 당신은 이제까지 고위직에 있은 지 오래되어 왕의 형제들에 대하여 실례를 범한 것이 많을 것입니다. 만약 그 형제들이 왕위에 오른다면 화가 장차 당신에게 닥칠 것이니, 당신은 무슨 방법으로 재상의 자리와 강동의 땅을 지키실 수 있겠습니까? 지금 저는 이미 임신을 하였습니다. 하지만 다른 사람은 전혀 이 사실을 알지 못합니다. 지금 제가 당신의 사랑을 받은 지 얼마 되지 않는데, 만약 당신이 왕에게 저를 바치게 되면 왕은 반드시 저를 총애할 것입니다. 제가 하늘의 도움으로 아들을 얻게 된다면 바로 당신의 아들이 왕이 되는 것이고, 초나라는 모두 당신의 소유가 됩니다. 이 방법과 앞으로 예측할 수 없이 닥쳐올 재앙을 비교하여 어느 것이 좋습니까?"

춘신군은 이 말이 일리가 있다고 여기고 곧 이원의 누이동생을 자기 집에서 내보내 한 숙소에 머물게 한 뒤 왕에게 그녀를 바치겠다고 말하였다. 왕은 그녀를 불러들여서 잠자리를 같이하였는데 마침내 아들을 낳았다. 그러고는 그 아들을 태자로 삼고 이원의 누이동생을 왕후로 삼았다. 또한 왕은 이원을 중용하여 이원이 권력을 장악하였다.

결단할 순간에 결단하지 못하면 도리어 당한다.

이원은 그의 누이동생을 왕실에 들여보내어 왕후를 만들고 그 아들을 태자로 세운 뒤 춘신군이 그러한 사실을 누설하고 더욱 교만해질까 두려워하였다. 그리하여 몰래 자객을 두어 춘신군을 죽임으로써 그의 입을 막고자 하였다. 그러나 사람들 가운데 이러한 사실을 알고 있는 자가 상당수 있었다. 춘신군이 재상이 된 지 25년 후에 고열왕이 병이 들었다. 이에 주영이 춘신군에게 말하였다.

"세상에는 뜻밖에 찾아드는 복이 있고, 또 뜻밖에 찾아드는 화도 있습니다. 지금 귀공께서는 뜻밖의 일이 벌어지는 세상에 처하여 뜻밖의 일을 당할 왕을 섬기고 계시니 어찌 뜻밖의 도움을 줄 수 있는 사람이 없어서야 되겠습니까?"

이에 춘신군이 물었다. "뜻밖에 찾아드는 복이란 무엇을 말하는가?"

주영이 대답하였다. "귀공께서 재상이 되신 지 20여 년 동안 귀공은 이름은 재상이었지만 실은 초나라의 왕이셨습니다. 지금 왕이 병이 들어서 곧 돌아가실 것입니다. 그렇게 될 때 귀공께서는 어린 군주를 모시게 되어 이윤이나 주공처럼 그를 대신하여 국정을 주재하게 되는데, 군왕이 장성한 뒤 다시 그 대권을 그에게 넘겨주게 됩니다. 이렇게 되면 곧 귀공께서 남면하여 왕이 되고 초나라를 거머쥐려는 귀공의 바람을 만족시킬 수 있지 않으신지요? 이것이 제가 말씀드린 뜻밖에 찾아든 복입니다."

춘신군이 다시 물었다. "그러면 뜻밖의 화란 무엇인가?"

주영은 "이원은 국사(國事)에는 신경도 쓰지 않는 귀공의 원수이며, 병사(兵事)에 관심도 없이 자객을 키우고 있는 지 이미 오래입니다. 왕이 돌아가신다면 이원은 반드시 먼저 궁궐에 들어가 권력을 잡고 귀공을 죽임으로써 입을 막으려 할 것입니다. 이것이 바로 뜻밖의 화입니다."

이에 춘신군이 물었다. "그렇다면 뜻밖의 도움을 줄 수 있는 사람이란 누구인가?"

그러자 주영은 "귀공께서 저를 낭중(郎中)의 자리에 임명하시면 왕이 돌아가신 뒤에 이원이 분명히 먼저 궁궐에 들어갈 것이므로 제가 귀공을 위하여 이원을 죽이겠습니다. 이것이 바로 제가 말씀드린 뜻밖의 도움을 줄 사람입니다."

이 말을 듣고 춘신군은 이렇게 말하였다. "선생은 이제 그만하시오. 이원은 무능하고 나약한 사람이고, 또 내가 그를 잘 대우하였는데 어떻게 그가 그러한 일까지 하겠소?"

주영은 자신의 계획이 받아들여지지 않음을 알고 화가 자기 자신까지 미칠까 두려워하여 초나라를 떠났다.

이런 일이 있은 뒤 17일 만에 고열왕이 죽었다. 이원은 과연 먼저 궁궐에 들어가 자객들을 궁궐 문에 잠복시켰다. 춘신군이 궁궐로 들어오자 이원의 자객들이 춘신군을 양쪽에서 에워싸고 그를 찔러 죽이고는 그의 머리를 베어 궁궐 밖으로 던져 버렸다. 이렇게 한 뒤 관리를 파견하여 춘신군 일가를 완전히 멸족시켰다. 그리고 이원의 누이동생이 당초 춘신군과의 사이에서 임신하고 또 입궁하여 고열왕의 총애를 받은 뒤 태어난 아들이 왕으로 옹립되었다. 이가 바로 유왕(幽王)이다.

그러나 초나라는 춘신군이 죽은 뒤 국력이 급속히 기울었으며, 결국 15년 만에 망하고 말았다.

태사공은 말한다.

"내가 초나라에 가서 춘신군의 옛 성을 둘러보니 궁실이 대단하였다. 당초 춘신군이 진나라 소왕을 설득하고 목숨을 내던져 태자를 귀국시킬 때까지 그의 총명함은 얼마나 출중했던가! 그러나 뒷날 이원에게 조종당했으니 실로 어리석고 시비를 가리지 못했도다! 속담에 '결단해야 할 때 결단하지 않으면 곧 거꾸로 재앙을 당한다.'고 하였다. 춘신군이 주영의 충고를 듣지 않은 그 결과가 바로 이 속담에서 말한 바와 같지 않은가!"

31. 범저·채택 열전
─사람을 거울로 하는 사람은 자기의 길흉을 알 수 있다

　본편은 범저와 채택의 합전(合傳)으로서 인물 묘사와 글의 구성에 있어서 생동감 있고 기승전결을 갖춘 한 편의 소설적인 열전이다. 특히 범저가 억울한 모함을 받고 죽을 위험에서 벗어나는 과정과 그 뒤에 차례대로 전개되는 복수의 과정들은 마치 눈앞에 펼쳐지는 광경처럼 생생하게 묘사되고 있다.

　또한 후반부에서 범저와 채택이 고도의 심리전 속에서 전개하는 치열한 논쟁은 마치 두 사람이 살아서 지금 바로 우리 앞에서 치열한 준론을 펼치고 있는 듯한 생생한 느낌을 갖게 만들고 있다.

1) 양의(良醫)는 병자의 생사에 밝고 현군(賢君)은 일의 성패에 밝다
― 범저[412]

죽음을 가장하여 사지에서 벗어나다

　범저(范雎)는 위나라에서 태어났으며 자(字)는 숙(叔)이다. 여러 나라를 유세하면서 위나라 왕을 섬기고자 했으나 집안이 가난하여 자신의 생활조차 유지할 수가 없었다. 그래서 우선 위나라 대부(大夫) 수가(須賈)를 모시게 되었다.

---

412)　국내의 대부분『사기』주해서는 범저를 범수로 지칭하고 있다. 이는 '저雎'냐 아니면 '수睢'냐의 차이인데, 중국 사전을 보면 '수睢'는 성姓 이름에 쓰이고 인명에는 사용되고 있지 않지만 '저雎'는 인명에 쓰이는 한자라고 풀이되어 있고, 현재 중국의 각종『사기』주해서와 대부분 역사서에서도 범저范雎로 사용하고 있다.

어느 날 수가가 왕의 명령을 받아 제나라에 사신으로 가게 되었는데 범저가 수행하였다. 그러나 여러 달 동안 머물러 있었지만 수가는 제나라로부터 회답을 받지 못했다. 그때 제나라 왕이 범저가 비상한 말솜씨를 가지고 있는 뛰어난 인물이라는 소문을 듣고 사람을 보내 금 10근과 쇠고기, 술 등을 선물하였다. 그러나 범저는 사양을 하고 받지 않았다. 수가가 이 사실을 알고 범저가 위나라의 비밀을 제나라에 밀고했기 때문에 그러한 선물을 받았으리라 생각하여 크게 노했다. 수가는 일단 쇠고기와 술만 받고 금은 되돌려 주라고 명령했다.

드디어 위나라로 돌아오자 수가는 범저의 일을 곧장 위나라 공자 중 한 사람이자 재상인 위제(魏齊)에게 보고하였다. 위제 역시 크게 노하여 사람을 시켜 범저를 채찍으로 치게 하여 늑골을 부러뜨렸으며 이빨까지 뽑아내도록 하였다. 범저가 죽은 척하고 움직이지 않자 그는 멍석에 말려 변소에 버려졌다. 손님들은 술에 취하면 범저 쪽으로 가서 그 몸에 소변을 보아 일부러 욕을 보임으로써 사람들로 하여금 경고하고자 하였다.

범저가 멍석에 싸인 채 지키고 있던 경비병에게 하소연했다.

"나를 벗어나게 해 주시면 반드시 후한 사례를 하리다."

그리하여 경비병은 위제에게 멍석 속의 시체를 버려도 좋겠느냐고 물었다. 그랬더니 위제는 술에 잔뜩 취한 채 "네 맘대로 해라."고 하였다. 이렇게 하여 범저는 구사일생으로 살아났다.

뒤에 위제는 크게 후회하여 사람을 풀어 그를 찾도록 하였지만 범저는 정안평(鄭安平)이라는 사람의 도움으로 피신할 수 있었으며 이름도 장록(張祿)이라고 바꿔 숨어 살았다.

그 무렵 진나라 소왕은 왕계(王稽)라는 알자(謁者)[413]를 위나라에 사신으로 파견하였는데 정안평은 신분을 속이고 심부름꾼으로 위장하여 왕계의 시중을 들고 있었다.

어느 날 왕계가 넌지시 정안평에게 물었다.

"이 나라에 진나라로 데리고 갈 만한 현자가 있는가?"

그러자 정안평은 "예, 저희 마을에 장록 선생이라는 분이 있는데 당신을 만

---

413) 왕의 공문과 명령을 전달하는 전국시대의 관직명.

나 천하의 일에 대해 논하고 싶어 합니다. 하지만 그는 쫓기는 몸이 되어 낮에는 사람 눈에 띄기 싫어합니다."라고 대답하였다. 이에 왕계는 "그러면 밤에 한 번 봅시다."라고 말했다.

그날 밤 정안평은 장록과 함께 왕계를 만났다. 몇 마디 말을 나누자마자 왕계는 범저가 현명한 재사라는 것을 알 수 있었다.

"선생, 내가 돌아갈 때 다시 뵙도록 합시다."

두 사람은 약속을 하고 헤어졌다. 그리고 왕계가 위나라를 떠날 때 범저를 만나 같이 수레에 타고 진나라로 들어갔다.

일행이 진나라 국경을 넘어 한참 가고 있는데 앞에서 수레 행렬이 오고 있었다. 범저가 물었다.

"저기 오는 사람이 누구입니까?"

"진나라 재상 양후입니다. 지금 순시하는 중입니다."

"양후라면 국정을 한 손에 쥐고서 다른 나라 사람이 진나라로 들어오는 것을 싫어한다고 들었는데 무슨 일이 없을지 모르겠습니다. 저는 일단 수레 안에 숨어 있겠습니다."

조금 후 양후가 다가오더니 왕계의 노고를 칭찬한 후 수레를 멈추게 하였다.

"별일은 없는가?"

그러자 왕계는 "예, 없습니다."라고 대답하였다.

"혹시 다른 나라 사람과 함께 오지 않았는가? 그들은 나라를 어지럽힐 뿐 아무 도움도 되지 않네."

양후의 이 말에 왕계는 "제가 그런 일을 할 리 있겠습니까?"라고 말했다. 양후는 그때서야 고개를 끄덕이고 떠났다. 범저가 왕계에게 말했다.

"제가 듣기에는 양후는 영리한 사람이지만 일 처리가 늦다고 합니다. 지금도 수레 안에 사람이 있을 것이라고 의심하면서도 망설이다가 그냥 갔습니다. 틀림없이 되돌아올 것입니다."

범저는 즉시 수레에서 내려 도망치면서 "그는 후일 반드시 후회할 것이다."라고 말했다.

왕계의 수레가 10여 리 쯤 더 갔을 때, 과연 양후는 기마병을 보내 수레 안을 수색하였다. 그러나 범저가 이미 도망친 후였으므로 그들은 허탕을 치고 되돌아갔다.

범저는 마침내 왕계와 함께 진나라 수도에 갈 수 있었다. 왕계는 왕에게 위나라에 다녀온 보고를 하고 나서 범저를 소개하였다.

"위나라에 장록 선생이라는 뛰어난 인물이 있었습니다. 저에게 '진나라는 지금 누란지위(累卵之危)[414]에 놓여 있다. 그러나 나를 얻으면 안전해질 것이다. 그 자세한 방책은 왕을 뵙기 전엔 말할 수 없다.'고 하여 제가 모시고 왔습니다."

그러나 왕은 그를 신용하지 않고 가장 초라하고 음식도 형편없이 나오는 최하급 숙소에 묵게 했을 뿐이었다. 범저는 그곳에서 할 일 없이 1년 동안을 보내야 했다.

양의(良醫)는 병자의 생사에 밝고 현군(賢君)은 일의 성패에 밝다

때는 진나라 소왕 36년이었다. 진나라는 남쪽으로 초나라를 공격해 언영(鄢郢)을 공략했고, 초나라 회왕을 사로잡아 죽을 때까지 유폐시켰으며, 동쪽으로는 제나라를 격파하고, 한나라와 위나라 그리고 조나라를 계속 궁지로 몰아넣고 있었다.

그런데 재상 양후와 화양군은 왕의 어머니인 선태후의 동생이고 경양군과 고릉군은 왕의 친동생으로서 이들이 진나라의 실권을 모두 장악하고 있었다. 그리고 이들은 왕실보다 더 많은 재산을 가지고 있었다. 한편 양후는 한나라와 위나라를 넘어 제나라까지 공격해 자신의 영지를 더욱 넓히고자 했다. 이때 범저가 왕에게 상소문을 올렸다.

〈제가 들은 바에 의하면 현명한 군주는 공이 있는 자에게 반드시 상을 주고 유능한 사람에게 반드시 벼슬을 주며 많은 사람을 다스릴 수 있는 사람에게 높은 지위를 준다고 합니다. 그러므로 무능한 자가 감히 관직에 나아갈 수 없고 유능한 사람 또한 가려져 숨는 일이 없다고 합니다. 만약 저의 말이 옳다고 여기시면 그것을 실천에 옮겨 더욱 나라를 번창하게 하시고 만약 저의 말이 그르

---

414) 계란을 쌓아놓은 매우 위태로운 상태를 가리키는 성어.

다고 여기시면 저를 내쫓으십시오.

'평범한 군주는 사랑하는 사람에게 상을 주고 미워하는 사람에게 벌을 내린다. 그러나 현명한 군주는 그렇지 않다. 상은 반드시 공이 있는 사람에게 주고 형벌은 반드시 죄를 지은 사람에게 내린다.'는 말이 있습니다. 저의 가슴은 산산조각 나기에도 부족하며 허리는 도끼로 동강 나는 것을 기다릴 자격도 없는 천한 몸입니다. 어찌 감히 자신이 알지 못하는 일로써 대왕을 시험하려 하겠습니까? 저를 비천한 사람으로 여기시어 쉽게 저를 모욕하셨지만, 그렇다고 하여 어찌 저를 보증하고 추천해 준 사람까지 무시할 수 있겠으며, 그가 보증하고 추천조차 할 수 없다는 말인지요?

주나라에는 지액이라는 보물 구슬이 있었고 송나라에는 결록이라는 보물 구슬이 있으며 양나라에는 현려라는 보물 구슬이 있고 초나라에는 화씨벽이라는 보물 구슬이 있는데, 이 네 개의 보물 구슬은 흙 속에서 나온 것으로 처음에는 어떤 사람도 그것을 알아보지 못했지만 끝내 천하의 유명한 보물이 되었습니다. 이 점으로 살펴볼 때, 지금 성왕에게 버림받은 사람은 결코 나라를 부강하게 만들 수 없다고 할 수는 없을 것입니다.

또 '집을 부유하게 하는 데에 능한 사람은 나라에서 얻고, 나라를 부유하게 하는 데 능한 사람은 제후국으로부터 얻는다.'고 합니다. 천하에 현명한 천자가 있으면 어느 한 제후국이 특별히 부강해질 수 없다는 것은 무엇 때문이겠습니까? 왜냐하면 제후들이 부강해지면 곧 천자의 권력을 분할해가기 때문입니다. 양의(良醫)는 병자의 생사에 밝고 현군(賢君)은 일의 성패에 밝습니다. 그리하여 이로움이 있으면 실행하고 해가 되는 것은 버리며 의심나는 것은 시험해 봅니다. 설사 우임금과 순임금이 다시 살아온다고 해도 이것은 변하지 않습니다.

더 깊은 말씀은 감히 이 글에 쓸 수 없습니다. 대왕께서 지금까지 저를 버려두신 것은 제가 어리석어 마음에 들지 않으신 까닭인지요, 아니면 저를 보증하고 추천한 사람이 천하고 신용할 수 없기 때문인지요? 만약 그 어느 쪽도 아니시라면 왕께서 한가하신 틈에 한 번 뵙기를 바라올 뿐입니다. 만약 저의 말이 한 마디라도 쓸모가 없다고 여기시면 저를 처형하십시오.〉

소왕이 이 글을 보고 크게 감탄하여 왕계에게 사과하고 수레를 보내 범저를 불러오도록 했다. 드디어 범저가 왕을 궁전에서 보게 되었는데 그는 일부러 모르는 척하고 내전으로 들어가는 길로 걸어갔다. 이때 왕이 마침 이곳에 오자 환관이 당황하여 범저를 끌어내려 했다.

"왕께서 납시는데 이게 무슨 짓이오!"

그러나 범저는 일부러 왕의 화를 돋우기 위하여 들으란 듯이 소리쳤다.

"왕이라니, 도대체 진나라에도 왕이 있다는 말인가! 진나라에는 오직 태후와 양후만 있지 않은가!"

소왕은 범저가 환관과 다투는 소리를 듣고 그를 맞으며 사과했다.

"과인이 진작 선생의 가르침을 받았어야 마땅하지만 마침 의거(義渠)[415]의 사정이 긴박하여 아침저녁으로 태후에게 의견을 구하느라 바쁜 바람에 이렇게 늦게 되었소. 이제 그 일도 마무리되어 선생의 가르침을 받을 수 있게 되었으니 이 어리석은 사람에게 주저하지 말고 가르침을 주시기 바라오."

그러나 범저는 엎드린 채 아무 말도 하지 않고 있었다. 그 자리에 같이 참석한 신하들은 모두 엄숙한 태도로 지켜보고 있었다. 왕이 신하들을 모두 물러가게 하더니 무릎을 꿇고 청하였다.

"선생께서 무슨 가르침을 주시겠소?"

그래도 범저는 그저 "예, 예." 할 뿐 다른 말을 하지 않았다.

"선생께서 무슨 가르침을 주시겠소?"

그러나 범저는 여전히 "예, 예." 할 뿐이었다. 이렇게 세 번을 거듭한 후 왕이 다시 무릎을 꿇고 물었다.

"선생은 끝내 과인을 가르치려 하지 않으실 생각이십니까?"

그러자 범저가 비로소 말문을 열었다.

"제가 감히 그럴 리가 있습니까? 옛날 강태공이 문왕을 만난 것은 강태공이 위수 근처에서 낚시를 하고 있을 때였고 두 사람은 전혀 모르는 사이였습니다. 그러나 문왕은 강태공의 말을 듣고 즉시 태사(太師)로 모시어 수레에 함께 타고 돌아왔습니다. 그것은 강태공의 말이 문왕의 마음을 사로잡았기 때문입니다. 그 후 문왕은 강태공의 도움으로 천하의 왕자가 될 수 있었습니다. 만일 문왕

---

415) 의거義渠는 서융족을 가리키며, 의거의 사정이란 의거의 왕과 선태후宣太后가 간통하여 두 아들을 낳은
      사건으로서 태후는 감천甘泉에서 의거의 왕을 죽였다.

이 낚시꾼이었던 강태공을 업신여기고 그 의견에 귀를 기울이지 않았다면, 주나라는 천자(天子)로서의 덕을 갖추지 못했을 것이며 문왕과 무왕도 왕업을 이루지 못했을 것입니다.

지금 저는 타국에서 온 사람으로서 이제 대왕을 겨우 두 번째 보는데 말씀드리고자 하는 것은 모두 대왕의 잘못을 바로잡고 대왕의 친척과 관련된 문제입니다. 그래서 어리석은 충성을 바치려 해도 대왕의 마음을 알 길이 없습니다. 이 때문에 대왕께서 세 번 물으셔도 감히 대답을 못한 것이며 두려워서 말씀드리지 못한 것은 아닙니다. 저는 지금 말씀드린 것 때문에 내일 죽을 것을 알고 있으나 그렇다고 피할 생각은 없습니다. 대왕께서 저의 말을 믿어 실행하신다면 죽거나 추방당해도 여한이 없으며 전신에 칠을 발라 나병 환자처럼 꾸미거나 머리를 풀어 헤쳐 광인처럼 행세하는 것도 치욕스럽게 여기지 않겠습니다.

오자서는 자루 속에 숨어 탈출한 후 낮에는 숨고 밤에는 걸어 능수(陵水)까지 왔습니다. 그러나 그는 입에 풀칠할 것이 없어 어깨를 드러낸 채 무릎으로 기면서 머리를 조아렸고 배를 두드리며 피리를 불기도 하면서 먹을 것을 구걸하였습니다. 하지만 그는 마침내 오나라를 일으켰습니다. 저로 하여금 오자서처럼 지모를 다하게 하신다면 저를 감옥에 집어넣고 끝까지 살펴보시지 않으셔도 이는 저의 말이 이미 행해지고 있는 것인데 더 무엇을 근심하겠습니까?

기자(箕子)와 접여(接輿)는 몸에 칠을 바르고 나병 환자처럼 행세하거나 머리를 풀어 미친 척했지만 그 군주에게는 아무런 이득이 없었습니다. 만약 제가 기자와 같은 행동을 함으로써 군주에게 이익이 된다면 이는 저의 커다란 영광입니다. 무엇을 부끄러워하겠습니까? 제가 오직 걱정하는 바는 죽은 후 천하 사람들이 충성을 다한 사람이 죽은 것을 알고 앞으로 진나라를 결코 찾지 않게 되는 것입니다.

지금 대왕께서는 위로 태후의 위엄을 두려워하시고 아래로 간신들의 아첨과 농간에 속아 넘어가시며 깊은 궁중에 계시면서 항상 좌우의 근신(近臣)을 벗어나지 못하시고 종신토록 미혹되시지만 어느 한 사람 대왕께 그들의 간악함을 말씀드리는 자가 없습니다. 이는 심하면 나라를 망치게 하는 길이며 작게는 대왕 스스로께서 고립되어 위태롭게 되는 길입니다. 저는 이것을 두려워하는 것입니다. 모욕을 당하고 죽음에 대한 두려움은 전혀 없습니다. 제가 죽어서 진나라의 정치가 올바르게 설 수 있다면 내가 산 것보다 낫습니다."

왕이 이 말을 듣더니 자세를 고쳐 앉으며 진지하게 말했다.

"무슨 그런 말씀을 하시오? 아시다시피 진나라는 벽지의 나라이고 과인은 어리석기 짝이 없소. 지금 선생께서 이곳에 일부러 수고스럽게 찾아오신 것은 하늘이 선왕을 돌보시어 후손을 버리지 않도록 한 것이오. 부디 선생께서는 개의치 말고 과인을 깨우쳐 주시오. 그리고 태후로부터 대신들에 이르기까지 모든 일에 대해 서슴없이 가르침을 주시오."

범저가 황공스럽다는 듯이 큰 절을 하자 왕도 맞절을 하였다. 범저가 말을 이었다.

"진나라는 천연의 요새로 이뤄져 있습니다. 북쪽은 감천산과 곡구의 산맥이 있으며, 남쪽은 경수와 위수가 흐르고, 서쪽은 농과 촉의 산맥, 동쪽은 함곡관과 상판(商阪)의 땅으로 견고하게 터를 잡고 있는 것입니다. 더구나 백만의 군사와 수많은 기병과 전차를 갖고 제후를 제압하는 것은 마치 한로[416]가 절름발이 토끼를 쫓는 것과 다름이 없습니다. 그런데도 천하의 패권을 잡지 못한 것은 신하들이 제 구실을 하지 못하기 때문입니다.

지금까지 함곡관을 15년간 닫아놓고 산동(山東) 지방으로 진출하지 못한 것은 양후의 계책이 충성스럽지 못하고 대왕께서도 잘못이 있었기 때문입니다."

왕은 무릎을 꿇고 "과인은 나의 실책이 무엇인지 듣고 싶소."라고 말했다. 그러나 좌우 신하들이 모두 밖에서 엿듣고 있었다. 그래서 범저는 마음이 불안하여 감히 궁궐 내의 문제를 말하지 못하고 먼저 외교 문제부터 얘기를 꺼내면서 진왕의 표정을 관찰하고자 하였다.

원교근공책(遠交近攻策)

"지금 양후는 한나라와 위나라를 넘어 제나라를 공격하고 있습니다만 그것은 커다란 잘못입니다. 적은 병력으로는 제나라를 격파할 수 없으며, 그렇다고

---

416) 한로韓盧: 세상에서 가장 날쌔다는 한나라의 개.

대군을 동원하면 본국이 위험합니다.

대왕께서는 군대를 되도록 적게 보내고 모자라면 한나라와 위나라 군사로 보충하시려 하지만 그것은 도의에 맞지 않습니다. 지금 동맹국이 우리와 우호적이지 못하다고 하여 다른 나라를 넘어가 또 다른 나라를 공격하니 그것이 성공할 수 있겠습니까?

전에 제나라 민왕은 남으로 초나라를 공격하여 천 리의 땅을 휩쓸었으나 결국 제나라는 한 치의 땅도 얻지 못했습니다. 그것을 지킬 수 없었기 때문입니다. 그 후 제후들이 제나라를 함께 공략하니 오히려 제나라는 대패하고 말았던 것입니다. 그러자 신하들이 일제히 왕을 비난하며 '누가 이 작전을 세웠습니까?'라고 따졌습니다. 왕이 '문자(文子)[417]가 하였다.'고 대답하니 문자는 달아났던 것입니다. 제나라가 대패한 것은 멀리 초나라를 공격하는 동안 이웃 나라인 한나라와 위나라가 강해졌기 때문입니다. 이것이 이른바 '무기를 도둑에게 빌려주고, 식량을 도둑에게 준다.'는 경우입니다!

그러므로 먼 나라와 친교를 맺고 가까운 나라를 공격하는 것[418]이 가장 좋은 방법입니다. 한 치(寸)의 땅을 얻으면 그 한 치가, 한 자(尺)의 땅을 얻으면 그 한 자가 곧바로 대왕의 땅으로 되는 것입니다. 지금 이것이 거꾸로 되어 먼 나라인 제나라를 공격하는 것은 대단히 잘못된 일입니다.

한편 옛날 중산국(中山國)은 그 넓이가 사방 5백 리였는데 조나라는 그것을 혼자 병합하여 공도 이루고 명성도 얻었을 뿐 아니라 이득도 따랐기 때문에 어느 나라도 조나라를 손대지 못했습니다.

한나라와 위나라는 중원에 위치한 천하의 중심부입니다. 만약 대왕께서 패업을 도모하시고자 한다면 반드시 중원 각국과 우호를 맺어 자신 역시 천하의 중심으로 되어야 합니다. 그런 연후에 초나라와 조나라를 위협해야 합니다. 초나라가 강하면 대왕께서는 곧 조나라와 동맹하고 조나라가 강하면 대왕께서는 곧 초나라와 친해야 합니다. 초나라와 조나라가 모두 우호 관계를 맺게 되면 제나라는 반드시 두려워할 것이고, 그렇게 되면 반드시 스스로를 낮추는 언사

---

417) 전문田文을 말한다.
418) 원교근공遠交近攻.

로 귀중한 예물을 바치며 진나라를 섬기게 될 것입니다. 제나라가 우호적으로 되면, 한나라와 위나라는 곧 수복하게 될 것입니다."

그러자 소왕이 물었다.

"위나라와는 전부터 손잡고 싶었지만 위나라는 변화가 심한 나라여서 친하기 어려웠소. 어떻게 해야 위나라와 친해지겠소?"

이에 범저는 "대왕께서 겸양의 언사와 귀중한 예물로써 그를 섬기고, 그래도 안 되면 땅을 떼어 뇌물을 주시고, 그래도 듣지 않을 경우는 군대를 일으켜 공격하십시오."라고 말했다. 소왕은 "그대의 가르침에 따르겠소."라고 말했다.

그러고는 범저를 객경(客卿)으로 앉혀 병사에 관한 일을 맡도록 했다. 진나라는 범저의 작전을 바탕으로 위나라를 공격하여 회(懷)의 땅을 점령했으며, 2년 뒤에는 형구를 함락시켰다.

어느 날 객경 범저가 왕에게 진언하였다.

"진나라와 한나라는 그 지형이 얽혀 있어 마치 수를 놓은 것처럼 되어 있습니다. 진나라에게 한나라의 존재는 나무에 진드기 있는 것과 같고 사람의 위장에 병이 있는 것과 같습니다. 천하에 무슨 변란이라도 생기면 한나라만큼 진나라의 골칫거리가 되는 나라도 없습니다. 먼저 한나라를 내 편으로 만드는 것이 좋습니다."

그러자 왕이 말했다.

"과인도 한나라를 내 편으로 만들고 싶은데 한나라가 말을 듣지 않소. 무슨 좋은 방법이 있겠소?"

"한나라가 어찌 진나라의 편이 안 될 수 있겠습니까? 대왕께서 군대를 일으켜 형양을 공격하시면 공(鞏)과 성고의 교통이 막힐 것이며, 북으로 태항산(太行山) 길을 단절시키면 상당(上黨)의 군대가 내려오지 못할 것입니다. 대왕께서 형양을 쳐서 성공하게 되면 한나라는 세 조각 날 수밖에 없습니다. 그러므로 한나라가 반드시 자신이 망할 것을 알고도 어떻게 진나라의 말을 듣지 않을 수 있겠습니까?"

범저의 이 말에 왕은 "과연 그럴 듯하오." 하면서 곧 한나라에 사신을 보냈다.

열매가 너무 많으면 가지가 부러진다.

왕은 갈수록 범저를 신임하게 되었고 이렇게 두터운 신임을 받기를 몇 년, 범저는 내정 개혁의 문제를 왕에게 진언하였다.

"신이 산동(山東)에 있을 적에 제나라에는 맹상군이 있다는 말만 듣고 그 나라의 왕이 있다는 말은 듣지 못했으며 진나라에는 태후, 양후, 화양군, 고릉군, 경양군이 있다는 이야기만 듣고 왕이 있다는 이야기는 듣지 못했습니다. 나라를 마음대로 할 수 있는 권력을 가진 사람을 왕이라 하며, 또한 사람을 죽이고 살리는 권리를 쥐고 있는 사람을 왕이라 합니다.

그런데 지금 태후께서는 왕을 제쳐놓고 자기 마음대로 거리낌 없이 행동하고 있고, 양후는 외국에 사신으로 다녀와도 보고조차 하지 않으며, 화양군과 경양군은 사람을 마음대로 때리고 죽이면서 조금도 왕을 어려워하지 않고, 고릉군은 사람을 자기 생각대로 등용하고 파면하면서도 왕의 허가를 받지 않고 있습니다.

왕께서 이들 네 사람의 아래에 서게 되면 실상에 있어서는 왕이 아닌 것입니다. 그렇게 되면 왕의 권력은 기울어지지 않을 수 없고 명령도 왕으로부터 나올 수 없게 됩니다.

신은 '나라를 잘 다스리는 사람은 안으로 자신의 위세를 굳건히 하고 밖으로는 자신의 권력을 강력하게 한다.'고 들었습니다. 그런데 양후의 사자는 국왕의 커다란 권위를 가지고 제후들 간에 명령을 내리고 봉후의 작위를 내리며 군대를 파병하여 적을 공략하니 아무도 감히 저항하지 못합니다. 만약 전쟁에 이겨 어떤 지방을 점령하게 되면 모두 자신의 봉지로 편입시킵니다. 국가에 유해한 것은 모두 제후들에게 전가하고 만약 전쟁에 지게 되면 백성들을 원망하고 우환이 있으면 곧 국가로 돌립니다.

옛 시에 '나무 열매가 지나치게 많으면 가지가 부러지고 가지가 부러지면 나무가 상하게 된다. 도읍을 너무 크게 만들면 나라가 위태롭고 신하가 존귀하게 되면 주상이 쇠미하게 된다.'라고 했습니다.

최저(崔杼)와 요치(淖齒)는 제나라의 권세를 쥐고 있다가 마침내 최저는 장공(庄公)의 다리를 활로 쏘아 죽였고 요치는 민왕의 힘줄을 뽑아내 사당 대들보에 매달아 죽였습니다. 또한 조나라 이태(李兌)는 국정을 장악하게 되자 무령왕을 유폐시켜 굶겨 죽였습니다. 그런데 지금 진나라에선 태후와 양후가 나랏일을 장악하고 고릉군, 화양군, 경양군이 이를 도와 왕은 안중에도 두지 않고 있으니 이들은 사실 요치와 이태, 최저와 같은 무리라 할 것입니다.

하나라, 은나라, 주나라의 3대(三代)가 차례로 망한 까닭은 임금이 정권을 오직 신하에게 맡겨둔 채 술에 빠지고 여자에 탐닉하며 정사를 돌보려 하지 않았기 때문입니다. 또 정권을 맡은 신하가 현명하고 유능한 사람을 미워하여 아래를 누르고 위를 가로막아 사리사욕만 채우고 있는데도 군주가 이를 모르고 있었기 때문에 나라를 잃었던 것입니다. 그런데 지금 진나라에서는 가장 작은 관리로부터 각 대관과 군왕 좌우의 내시에 이르기까지 양후의 손을 거치지 않은 사람이 없습니다.

신이 보는 바로는 왕께서 완전히 고립되어 있습니다. 신은 대왕의 뒤에 진나라를 차지하게 되는 자는 대왕의 자손이 아닐 것이라는 두려움이 앞섭니다."

왕이 이 말을 듣자 크게 두려워하며 "과연 그렇소. 정말 귀중한 말씀을 해줘 고맙기 짝이 없소." 하였다.

그 후 왕은 태후를 폐출시키고 양후와 고양군, 화양군, 경양군을 함곡관 밖으로 내쫓았다. 양후가 파면되어 고향으로 돌아가는데 짐을 실어가는 수레가 천 대를 넘었고 보물 그릇과 진기한 물건들이 궁궐보다 더 많았다.

왕은 드디어 범저를 재상으로 삼아 응(應) 땅을 영지로 주고 응후(應候)라 불렀다. 이때가 소왕 41년이었다.

범저, 원한을 갚다

범저가 재상이 된 후에도 진나라는 그를 여전히 장록으로 불렀다. 이 때문에 위나라는 범저가 이미 죽은 지 오래된 줄로만 알고 있었다. 그런데 위나라는 진나라가 쳐들어올 것이라는 소문을 듣고서 수가를 사신으로 보냈다. 범저가 이 사실을 알고 일부러 해어진 옷을 입고서 여관에 찾아가 수가를 만났다. 수가는 범저를 보자 깜짝 놀랐다.

"아니, 이 사람 누군가. 범숙(范叔) 아닌가. 그동안 무사했었는가?"

"그렇습니다."

그러자 수가가 웃으며 말했다.

"지금 진나라에서 유세하고 다니는가?"

"아닙니다. 제가 위나라 재상에게 죄를 지어 도망온 처지인데 어떻게 감히 유세를 할 수 있겠습니까?"

"그럼 지금 무슨 일을 하고 있는가?"

"남의 집에서 날품팔이를 하고 있습니다."

수가가 내심 불쌍한 생각이 들어 먹을 것을 차려와 같이 먹으며 "범숙이 이토록 고생을 하고 있다는 말인가!"라고 말하면서 비단 솜두루마기 한 벌을 꺼내주며 물었다.

"진나라가 장록을 재상으로 삼았다는데 자네도 그걸 아는가? 들리는 말로는 장록이 왕의 신임을 받고 있어서 천하의 일이 모두 그의 생각대로 결정된다고 하네. 이번에 내가 임무를 완수하느냐 못하느냐는 사실 장록의 생각 하나에 달려 있지. 자네 혹시 재상과 친한 사람을 알고 있는가?"

이에 범저는 "저의 주인이 잘 알고 있습니다. 그래서 저도 한 번 재상을 뵌 적이 있습니다. 주인에게 부탁해 만나게 해드리지요."라고 대답하였다.

그러자 수가가 말했다.

"그런데 내 말이 병들어 있고 수레도 고장이 났다네. 네 마리의 말이 끄는 큰 수레가 아니면 문을 나갈 수 없다네."

"제가 주인에게 네 마리 말이 끄는 큰 수레를 빌려오지요."

범저는 그 길로 돌아가 네 마리의 말이 끄는 큰 수레를 가지고 와서 직접 말을 몰아 재상부(宰相府)로 들어갔다. 그러자 부중(府中) 사람들이 범저를 알아보고 모두 길을 비켜섰다. 수가는 기이하게 여겼는데 재상부 입구에 이르자 범저는 수가에게 말했다.

"여기서 좀 기다리십시오. 제가 먼저 들어가 재상께 말씀 올린 다음 안내해드리겠습니다."

그래서 수가가 문 밖에서 기다리는데 범저가 한참을 기다려도 나오지 않자 문지기에게 물었다.

"범숙이 들어가고 나오지 않으니 무슨 까닭인가?"

그러자 문지기가 말했다.

"범숙이라니 누구 말씀 하시는 것입니까?"

"방금 전에 나와 함께 수레를 타고 와서 들어간 사람 말이오." 하고 수가가 말하니 문지기가 대답하였다.

"그분이 바로 재상이신 장록 어르신입니다."

수가가 소스라치게 놀랐다. 그때서야 비로소 상황을 깨달은 수가는 웃옷을 벗고 무릎을 꿇고서 사죄를 청했다. 범저는 화려한 휘장에 둘러싸인 채 많은 시종을 거느리고 수가를 맞이하였다. 수가는 땅에 머리를 조아리면서 스스로 죽을죄를 지었다고 사죄하며 말했다.

"이 수가는 나리께서 이렇듯 고귀하게 되신 줄 생각지도 못했습니다. 저는 앞으로 다시는 천하의 글을 읽을 생각도 감히 못하옵고 다시는 천하의 일에 관여할 생각도 감히 못하겠습니다. 저는 중한 죄를 저질렀습니다. 원하옵건대 저를 오랑캐 땅으로 축출해 주십시오. 살리고 죽이는 것 모두 나리의 손에 달려 있을 뿐입니다."

범저가 호통을 쳤다.

"네 죄가 몇 가지인 줄 아느냐?"

"머리털을 뽑아 세어도 모자랄 만큼 많은 줄 압니다."

"너의 죄는 세 가지이다. 옛날 신포서가 초나라를 위해 오나라 군대를 물리치자 초나라 왕은 그에게 높은 벼슬과 땅을 내려주었다. 그러나 그는 받지 않았는데, 왜냐하면 그가 초나라를 위해 싸운 것은 조상의 묘가 초나라에 있었기 때문이었지 상을 받기 위해서가 아니었기 때문이다. 지금 나의 선조의 묘는 위나라에 있다. 그런데도 너는 내가 제나라의 간첩이라고 의심하고 나를 위제에게 고발하였다. 이것이 너의 첫 번째 죄이다.

그리고 위제가 나를 변소에 처박아두고 욕보일 때 너는 말리지 않았으니 이것이 너의 두 번째 죄이다.

또 그때 너는 술에 취하여 나에게 오줌을 쌌는데 어찌 차마 그런 짓을 할 수 있다는 말인가? 이것이 너의 세 번째 죄이다.

그러나 나는 너를 죽이지는 않겠다. 왜냐하면 네가 비단 솜두루마기 옷으로 아직 옛정이 있음을 보여주었기 때문이다."

범저, 수가를 벌주다.

그러고는 수가를 물러가게 한 뒤 조정에 들어가 왕에게 그간에 일어났던 일을 보고하고 그를 돌려보내자고 했다. 수가가 범저에게 작별 인사를 하러 오자 범저는 크게 잔치를 벌이고 여러 나라의 사신을 모두 초청하고는 수가를 당하에 앉히고 그 앞에 지푸라기와 콩을 놓게 한 후 사람을 시켜 수가의 양 팔을 끼고 말처럼 그것을 먹도록 하였다. 그런 연후에 범저가 호통을 쳤다.

"가서 위나라 왕에게 고하라! 빨리 위제의 머리를 가져오라고. 그렇지 않으면 위나라를 정벌하겠다."

수가가 귀국하여 위제에게 자초지종을 말하니 위제는 크게 두려워하여 조나라로 달아나 평원군의 집에 은신하였다. 진 소왕은 위제가 평원군의 집에 있다는 소식을 듣고 범저의 복수를 꼭 해줘야겠다고 결심했다. 그래서 그는 거짓으로 친교를 맺자는 편지를 평원군에게 보냈다.

〈과인은 그대의 높은 의로움을 듣고 있소. 이제 그대와 더불어 격의 없는 우정을 나누고 싶으니, 열흘 남짓 이곳으로 오셔서 술을 실컷 마시며 즐깁시다.〉

평원군은 진나라를 두려워하고 있었기 때문에 진나라에 가서 왕을 만났다. 진나라 소왕은 함께 며칠 동안 술을 마신 후 평원군에게 제안하였다.

"옛날 주나라 문왕은 강태공을 얻어 태공으로 삼았고 제나라 환공은 관중을 얻어 중부(仲父)로 모셨소. 지금 범저는 과인의 숙부(叔父)인데, 범저의 원수가 그대의 집에 있으니 사람을 보내 그의 머리를 가져오게 하시오. 그렇지 않으면 그대는 함곡관을 나갈 수 없소."

그러나 평원군은 거절하였다.

"귀할 때 친교를 맺는 것은 천하게 되었을 때를 대비하는 것이며, 부유할 때 친교를 맺는 것은 가난할 때를 대비하는 것입니다. 위제는 저의 벗입니다. 저의 집에 있다고 해도 내줄 수 없지만 더구나 지금 저의 집에 없습니다."

그러자 소왕은 조나라 왕에게 편지를 보냈다.

〈지금 평원군이 진나라에 있는데 범저의 원수인 위제는 평원군의 집에 있소. 왕께서는 사람을 시켜 빨리 그 머리를 가져오도록 하시오. 그렇지 않으면 나는 군사를 일으켜 조나라를 공격하겠소. 또 평원군도 함곡관 밖으로 내보내지 않겠소.〉

이에 조나라 왕은 군대를 풀어 평원군의 집을 포위하였다. 그러자 다급해진 위제는 밤을 틈타 도망쳐 조나라 재상인 우경(虞卿)을 찾아갔다. 우경은 왕을 설득할 수 없다고 판단하여 재상 자리를 내놓고 위제와 함께 도망갔다. 이때 그는 제후 중에 곧 진나라에 저항할 사람이 없다고 생각하여 위나라 대량으로 도망쳐서 신릉군을 통해 초나라로 투항하고자 하였다. 신릉군은 이 소식을 듣고 진나라의 보복을 두려워하여 그들을 만나주기를 주저하였다. 그러면서 "우경은 어떤 사람인가?"라고 물었다.

이때 옆에 있던 후영(侯嬴)이 대답하였다.

"본래 남이 나를 알아주는 것도 쉽지 않지만 내가 남을 아는 것 또한 쉬운 일이 아닙니다. 우경이라는 사람은 짚신을 신고 삿갓을 쓴 채 조나라 왕을 만나자 왕은 그에게 백옥 한 쌍과 많은 황금을 하사하였고, 두 번째 만나자 왕이 그를 상경(上卿)으로 삼았으며, 세 번 만난 후 그는 마침내 재상으로 등용되어 1만 호의 영지를 받게 되었습니다. 당시 천하에서는 서로 앞을 다투어 그와 사귀려 했습니다.

그런데 위제가 곤경에 빠져 우경을 찾아가자 그는 높은 벼슬을 버리고 영지도 내놓으며 타인의 어려움을 구하고자 하였습니다. 그는 남의 곤궁을 중하게 생각하여 공자(公子)를 의지하려고 온 것입니다. 그런데 공자께서 '그는 어떤 사람이냐?'라고 물으셨습니다. 사람이란 본래 알기 어렵지만 남을 아는 것도 쉬운 일은 아닙니다."

이 말을 듣고 신릉군은 매우 부끄러워하며, 손수 마차를 몰고 그들을 영접하러 교외로 갔다. 그러나 위제는 신릉군이 난색을 표시하고 즉시 자기를 만나주지 않는다는 소식을 듣고 격노하여 스스로 목숨을 끊었다. 이 사실을 들은 조나라 왕은 마침내 위제의 목을 진나라에 보냈다. 그러자 진 소왕은 비로소 평원군을 조나라로 돌려보냈다.

군주의 근심은 신하의 수치이다

범저가 상국이 되고 난 뒤, 어느 날 왕계가 범저에게 탄식하며 말했다.

"세상에는 미리 알 수 없는 것이 세 가지 있으며 어쩔 수 없는 일도 역시 세

가지 있소. 첫째는 어느 날 궁중의 수레가 돌연 늦게 나오는 것[419], 둘째는 상국의 갑작스러운 죽음, 그리고 셋째는 나의 갑작스러운 죽음, 이 세 가지는 모두 미리 알 수 없는 일이오.

왕이 어느 날 갑자기 붕어한 후 상국께서 저에게 사과해 본들 어쩔 도리가 없고, 어느 날 상국께서 갑자기 세상을 뜬 후 상국께서 저에게 사과해 본들 역시 어쩔 도리가 없으며, 또 내가 어느 날 갑자기 죽은 후 상국께서 저에게 사과한다고 해도 어쩔 도리가 없는 것이오."

이 말을 듣고 범저는 조정에 들어가 소왕에게 말했다.

"왕계의 충성이 아니었다면 신은 결코 함곡관 안으로 들어올 수 없었을 것입니다. 지금 신은 상국이 되어 있는데 왕계의 관직은 아직도 그대로입니다. 이는 그가 저를 진나라에 데려온 의도가 아닙니다."

그리하여 왕은 왕계를 하동의 태수로 임명하게 되었다. 왕계는 하동 태수로 일한 지 3년 동안 사자를 조정에 보내 보고조차 하지 않았다. 범저는 후에 또 정안평을 추천하여 소왕은 그를 장군으로 임명하였다.

범저는 집안의 재산을 털어 자신이 어려울 때 도와준 사람들에게 빠짐없이 보답하였다. 그는 밥 한 끼 얻어먹은 것도 반드시 보답했으며, 반면 눈 한번 흘겼던 사람에게도 반드시 복수하였다.

소왕 48년, 진나라는 조나라와 장평에서 격전을 치렀다. 이때 범저는 계책을 써 조나라의 장군을 염파 대신 조괄로 바꾸게 만들고 난 후 조나라를 크게 격파하였으며 이어 조나라 수도 한단을 포위하였다. 이때 범저는 백기 장군과 사이가 벌어져 소왕에게 참소하여 마침내 그를 죽였다. 그 후 범저는 정안평을 추천하여 조나라를 공격하게 했는데, 그는 조나라에 포위당하자 2만여 병사와 함께 조나라에 항복하고 말았다. 범저는 소왕에게 멍석을 깔고 죄를 청했다. 진나라 법에는 사람을 추천했는데 그가 죄를 지으면 추천한 사람까지 똑같은 처벌을 받게 되어 있었고 그래서 범저의 죄는 삼족을 멸하는 처벌에 해당되었다.

그러나 소왕은 범저의 마음이 상하게 할까 염려하여 전국에 명령을 내렸다.

"정안평의 일에 대해서 말하는 자에게는 정안평과 똑같은 죄로 다스리겠다."

---

419) 만출晩出, 군주의 붕어를 의미한다.

그리고 범저에게는 후한 예물을 하사하여 위로하고자 했다. 그러나 2년 뒤에는 왕계가 멋대로 다른 제후국과 내통하다가 적발되어 처형되었다. 범저는 날이 갈수록 마음이 좋지 않았다. 어느 날 소왕이 탄식을 하자 범저가 죄를 청했다.

"신이 듣건대 '군주의 근심은 신하의 수치이며, 군주가 수치를 당하면 신하는 죽어야 한다.'고 합니다. 지금 대왕께서 조정에서 근심을 하고 계시니 신은 그 죄를 청합니다."

그러자 소왕이 말했다.

"과인이 듣기로는 초나라의 칼은 예리하지만 춤과 노래는 형편이 없다고 하오. 칼이 예리하면 사병들이 용감하고 춤과 노래가 좋지 않으면 심려원모 한 것이오. 그 심려원모로써 용감한 사병들을 이끌고 있으니 나는 초나라가 진나라 공격을 도모할까 걱정하고 있소. 모든 일은 평소에 준비가 없으면 곧 갑자기 발생하는 변화에 대처할 수 없는 법이오. 지금 백기 장군이 이미 죽었고 정안평 등이 배반했으니 안으로는 훌륭한 장군이 없고 밖으로는 적들이 많아 매우 걱정하고 있다오."

왕의 이 말은 범저를 격려하기 위한 말이었으나 범저는 이 말을 듣고 매우 두려워하였다. 하지만 좋은 생각이 떠오르지 않았다. 이때 채택(蔡澤)이라는 사람이 이 소식을 듣고 진나라로 찾아왔다.

2) 솟아오른 용은 반드시 후회한다
― 채택

공을 이룬 자는 때를 맞춰 떠나야 한다

채택(蔡澤)은 연나라 사람으로 공부를 마친 후, 여러 나라를 돌아다니며 뜻을 펴고자 했으나 모두 실패하고 말았다. 어느 날 그는 당거(唐擧)라는 관상쟁이에게 관상을 보았다.

"선생이 이태(李兌)의 관상을 보고서 '백 일 안으로 나라의 권력을 잡을 것이다.'라고 말했다는데 그것이 사실입니까?"

"그렇습니다."

"그러면 내 관상은 어떻습니까?"

당거는 한참 그의 얼굴을 들여다보더니 웃으며 말했다.

"선생의 코는 눈썹까지 거꾸로 올라와 납작하고 어깨는 목보다 크며, 이마는 튀어나왔고 양 무릎은 굽었소. 성인은 관상을 보지 않는다는데 바로 선생 같은 사람을 두고 한 말인가 보오."

채택은 당거가 자기를 놀리고 있는 것을 알고 있었으나 다시 물었다.

"부귀는 내 스스로 얻을 수 있으나 내가 모르는 것은 수명이오. 몇 살까지나 살겠습니까?"

"선생의 수명은 43년 남았소이다."

채택은 웃으며 떠났다. 그리고 자신의 마부에게 말했다.

"내가 좋은 음식에 빠른 말을 타고 황금의 인장을 갖는 가장 높은 지위에 올라 군주 앞에서 절을 하는 부귀를 43년간 누리면 충분하지 않겠는가?"

그러나 그는 조나라에 갔으나 추방당했고 한나라와 위나라에 갔지만 역시 문전박대당했을 뿐이었다. 이때 그는 진나라에서 범저가 추천한 정안평과 왕계가 무거운 죄를 지어 범저가 크게 두려워하고 있다는 소식을 듣고 진나라에 갔다. 그는 진나라에 가서 사람을 시켜 일부러 범저의 화를 돋우는 말을 하게 하였다.

"연나라 사람 채택은 천하에 유명한 인물이며 언변과 지모에 있어 따를 자가 없는 사람이다. 그가 진나라 왕을 만나게 되면 왕은 반드시 당신의 자리를 그에게 넘겨줄 것이다."

이 말에 범저가 화를 내며 말했다.

"3황 5제의 역사와 백가의 학설을 모두 알고 있고 또 아무리 언변이 좋은 사람도 나에게 모두 졌는데 어떻게 내 자리를 빼앗을 수 있다는 말인가?"

그러고는 즉시 채택을 불러오게 하였다. 채택은 들어오면서 일부러 절만 간단히 했다. 범저는 그렇지 않아도 심기가 불편했는데 또 그의 거만한 태도를 보자 크게 화를 내었다.

"그대가 나를 대신해 재상이 되겠다고 했다는데 사실인가?"

"그렇소."

"어떻게 그런 말을 할 수 있는가?"

그러자 채택이 탄식하였다.

"아아! 당신의 견식은 어찌 그리도 어리석은 것이오? 4계절이 순환하는 것처럼 공을 이룬 자는 때를 맞춰 떠나야 하는 법이오. 몸이 건강하여 손과 발이 잘 움직이고 눈과 귀가 총명하며 성인과 같은 지혜를 갖는 것은 모든 사람이 원하는 바가 아니오?"

"그렇소."

"인(仁)에 바탕을 두어 의를 지키며 도를 행하고 덕을 베풀어 천하에 뜻을 얻는 것, 모든 사람이 기쁜 마음으로 사랑하고 존경하며 군자로 받드는 것, 이것이 지혜로운 사람의 바라는 바가 아니겠소?"

"그것도 맞소."

채택이 말을 계속 이었다.

"부귀와 명성과 영광을 누리며 만물을 이치에 따라 적재적소에 배치하고 천명에 따라 그 수명을 다하면 그 업적을 계승하고 후세에 길이 전하는 것이오. 이런 사람을 두고 이름과 실제가 완전히 부합된다고 말할 수 있소. 이러한 사람은 그 덕망이 온 세상에 미치고 칭찬이 그치지 않으니 영원한 삶을 누리는 셈이오. 이야말로 도덕과 덕망이 부응한 결과이며 이른바 성인이 말한 길상선사(吉祥善事)[420]가 아니겠소?"

"그렇소. 그대의 말이 맞소."

그러자 채택이 질문하였다.

"당신은 진나라의 상앙, 초나라의 오기, 월나라의 대부 종이 좋다고 생각하오?"

범저는 채택이 말로써 이기려 하는 것을 알아차리고 일부러 아무렇게나 말을 하였다.

"왜 좋지 않겠소? 상앙은 헌신적으로 효공을 섬기면서 두 마음을 갖지 않았고 철저히 공적인 일에 매진하여 사적인 일을 돌보지 않았으며 법을 공평하게 시행시켜 나라를 바로잡았소. 그는 가슴을 열어 속마음을 드러냈기 때문에 많은 원망과 허물을 뒤집어썼을 뿐이오. 그가 옛 친구인 위나라의 공자 앙을 속인 것도

---

420) 상서롭고 좋은 일.

진나라를 위한 것이었으며 끝내 적을 격파하여 천 리의 땅을 점령했던 것이오.

도왕을 섬긴 오기는 위험하다고 행동을 바꾸지 않았으며 의를 행하면서 난관을 피하지 않았소. 군주를 천하의 패자로 만들고 나라를 강하게 만들 수 있다면 흉측한 화를 당하는 것도 받아들였소.

대부 종이 월나라 왕을 섬길 때는 군주가 비록 곤욕을 당해도 충성을 다했고, 군주가 비록 절망의 위기에 처했어도 떠나지 않았으며 공을 이뤄도 뽐내지 않고 부귀를 얻어도 나태함이 없었소.

참으로 이 세 사람은 의(義)의 극치이고 충(忠)의 모범을 보여주었소. 그러므로 군자는 대의를 위하여 죽고 죽음에 임해서도 마치 집으로 돌아가듯 편안한 것이오. 살아서 욕되는 것은 죽어서 영광 되는 것만 못하며, 선비는 본래 몸을 죽여 명성을 얻기를 바라는 것이오. 오직 의로움의 유무를 따질 뿐이니 비록 죽는다 한들 무슨 한이 있겠소?"

채택이 반박하였다.

"'군주가 성명(聖明: 왕의 밝은 지혜)하고 신하가 현명한 것은 천하의 커다란 복이고, 군주가 지혜롭고 신하가 정직한 것은 국가의 복이며, 부친이 자상하고 아들이 효도하며 남편이 성실하고 부인이 정조가 높으면 가정에 복이 있는 것이오. 그러나 비간(比干)은 충신이었지만 은나라를 지키지 못했고 오자서는 지혜로운 선비였으나 오나라를 보존할 수 없었소. 이들은 모두 충신이었지만 국가는 망했는데 왜 그렇겠소?

바로 그들의 말을 들을 만한 명군이 없었기 때문이오. 상앙과 오기, 그리고 대부 종의 신하된 도리는 옳았지만 그 군주가 훌륭하지 못했소. 그러므로 천하의 사람들은 이러한 군주와 부친을 더럽혀진 사람이라고 하여 천하게 여기고, 이러한 신하와 아들을 가엾게 생각하였던 것입니다. 상군, 오기, 대부 종은 신하로서는 훌륭하였으나 그들의 임금이 훌륭하지 못하였던 것입니다. 사람들은 그들 세 사람이 충의를 다하여 공을 세우고도 그 보답을 받지 못하였다고 하는 것이지 결코 그들이 군주를 만나지 못하고 죽어간 것을 부러워하는 것이 아닙니다. 만약 죽은 뒤에야 비로소 충성을 다하고 이름을 빛낼 수 있다고 한다면, 미자(微子)도 어진 사람이라고 불릴 수 없고, 공자도 성인일 수는 없으며, 관중도 위대한 인물이라고 할 수 없습니다. 공을 세우는 데에 완전한 것을 기대하지 않는 사람이 있겠습니까? 몸과 명예를 모두 이루는 것이 가장 훌륭하고, 명예는 후대에 모범이 될 만하였으나 몸을 보전하지 못한 것이 그 다음이며, 명예는 치욕을 당하면서 몸만 보전한 것은 가장 아래입니다."

이때서야 비로소 범저는 채택의 말이 옳다고 말하였다. 채택은 이 틈을 이용하여 말을 계속 이었다.

사람을 거울로 하는 사람은 자기의 길흉을 알 수 있다

"상군과 오기 그리고 대부 종은 신하로서 충성을 다하고 공을 세운 점에서는 바람직하다 할 수 있으나, 굉요(閎夭)가 주나라 문왕을 섬기고 주공이 주나라 성왕을 도운 것도 또한 의미가 크다 아니할 수 있습니까? 또한 원만한 임금과 신하의 관계라는 점에서는 상군, 오기, 대부 종 세 사람과 굉요, 주공과는 어느 편이 낫다고 봅니까?"

"물론 상군, 오기, 대부 종이 못하지요."

"그렇다면 지금 당신이 섬기고 있는 군주가 인자하여 충신을 신임하고 어질고 지혜로워 도의 있는 공신을 굳게 사귀며 의로움을 지켜 공신을 배반하지 않는 점에서는 진나라 효공과 초나라 도왕 그리고 월나라 구천과 어느 쪽이 낫습니까?"

"그것은 잘 알 수 없소."

채택이 다시 말했다.

"지금 당신의 군주가 충신을 신임하는 정도는 효공, 도왕, 구천과 비교할 수 없소. 지혜와 재능을 다하여 주상을 위해 나라를 안정시키고 병력을 증강하며 나라를 부유하게 하고 백성을 풍족하게 하며 우환을 물리치고 재난을 해결하고 강토를 넓히며 군주의 권위를 해내(海內: 나라 안)에 진동하게 하고 공업(功業: 큰 공로가 있는 사업)을 만 리 밖까지 떨치게 하며 명성을 천세에 길이 남기는 데 있어서 당신은 상군, 오기, 대부 종보다 낫습니까?"

"내가 미치지 못하오."

채택은 말을 계속 이었다.

"지금 당신의 군주는 충신을 가까이 하고 노신(老臣)을 잊지 않는 점에서 효공, 도왕, 구천에 미치지 못하오. 또한 당신의 공적과 군주의 사랑을 받는 정도는 상군, 오기, 대부 종에 부족하오. 그런데도 당신의 관직과 가진 재산은 그 세 사람보다 많소. 만일 당신이 물러날 생각을 하지 않는다면 아마 당신이 받는 화가 세 사람보다 클 것이오. 이 점을 매우 위태롭게 생각하오. 속담에 이런 말이 있소. '해도 중천에 뜨면 기울고, 달도 차면 기운다.'[421]

모든 일이 성하면 곧 쇠하게 되는 것은 천지의 변함없는 이치라오. 시세에 순응하여 진퇴를 할 수 있다면 실로 성인이 지키는 규율인 것이오. 그러므로 나라의 정치가 맑으면 나아가 벼슬을 하고 나라의 정치가 탁하면 물러가 산림에 숨는 것이라오. 성인은 이렇게 말했소. '대인(大人)이 고귀한 자리에 있게 되면, 대인은 유리하다.' '올바른 방법으로 얻지 않은 부귀는 나에게 하늘의 뜬 구름과 같다.'

지금 당신은 남에게 받은 원한과 은혜를 거의 갚았소. 그리고 원하던 바도 모두 성취했소. 그러면서도 앞으로의 변화에 대한 계책은 없소.

물총새며 따오기, 코뿔소, 코끼리와 같은 동물도 지금 살고 있는 곳에서 쉽게 사람들에게 잡혀 죽지 않지만, 그것들을 죽게 만드는 것은 향기로운 먹이에 대한 유혹 때문이오. 소진과 지백은 그 지혜가 출중했지만 이익을 탐하는 데 마음이 빠져 있었기 때문에 죽임을 당했소. 그리하여 성인은 예절을 제정하여 사람의 욕망을 절제하도록 하였소.

한 군왕으로서 백성들에게 세금을 징수하는 것에는 일정한 한도가 있고, 농한기에 백성을 사역하는 것도 일정한 한도가 있다오. 그러므로 지향은 지나치게 높아서는 안 되고, 행동은 교만해서는 안 되며, 항상 규율에 부합되어 벗어나지 않아야만 천하가 계속하여 계승되어 단절되지 않는 것이오.

상앙은 임금을 위해 법령을 밝게 하여 범죄를 없애고, 공이 있는 자를 반드시 상을 주었으며, 죄가 있는 사람은 반드시 벌을 주었소. 또 도량형을 통일하였고 백성들의 생활을 안정시켰으며, 농사에 힘을 기울여 식량을 창고에 가득 쌓아 두게 만들었고, 전쟁에 대한 훈련을 시켰소. 그리하여 전쟁을 하면 영토가 넓어졌고 전쟁이 없으면 나라가 부유해졌으며, 이로 인해 진나라는 천하에

---

421) 일중즉이, 월만즉휴, 日中則移, 月滿則虧

적수가 없었던 것이오. 그런데도 그는 거열형에 처해졌소.

초나라는 땅이 사방 수천 리이고 군사가 백만에 이르는 큰 나라였으나 백기(白起)는 겨우 수만의 군사로 초나라와 싸워 한 번 나아가 언과 영의 땅을 점령하고, 두 번째 나아가 촉한을 병합하였소. 그리고 그는 조나라를 공격하여 장평 싸움에서 40여만의 군사를 죽이는 대승을 거두었소. 백기 혼자서 70여개 성을 점령했지만 결국 두우에서 칼로 자살해야 했소.

오기는 초나라에서 법을 세워 대신들의 지나친 권세를 누르고 불필요한 관직을 없앴으며 유세객들의 입을 막았고 붕당을 금하여 초나라의 정사를 똑바로 세워 그 군대는 천하를 떨게 하고 위세는 제후들을 복종시켰소. 그러나 그의 공적이 이뤄지자마자 결국 온 몸에 화살을 맞고 죽었소.

대부 종은 월왕 구천을 위해 망할 나라를 존속하게 만들었고 치욕을 영광으로 만들어 마침내 오나라를 무찔러 천하의 패자가 되게 하였소. 그러나 구천은 그를 배신하여 죽이고 말았던 것이오.

위에 말한 네 사람은 공을 이룬 다음 물러나지 못했기 때문에 화를 입게 되었으며 이른바 '펼 줄만 알고 굽힐 줄 모르며, 나아갈 줄만 알고 돌아올 줄 몰랐소.' 오직 범려만이 그러한 이치를 알고 있어 성공 이후에 초연히 조정을 떠나 도주공으로 살았소.

지금 당신께서 세운 공적은 하늘을 찌를 듯하고 진나라의 목적은 달성하였소. 진나라는 가히 논공행상을 할 때가 되었고, 이때 물러나지 않았던 사람들이 바로 상앙, 백기, 오기, 대부 종이었소.

이런 말이 있소. '물을 거울로 하는 사람은 자기의 얼굴을 알고, 사람을 거울로 하는 사람은 자기의 길흉을 안다.' 또 『서경(書經)』은 이렇게 말하고 있소. '성공한 곳에서는 오래 머물러 있을 수 없다.'

네 사람들과 같은 재앙에 당신은 어떻게 대처할 것이오? 어찌하여 이 기회에 재상의 자리를 내놓고 어진 사람에게 물려 준 다음 물러나 바위 밑에 살며 냇가의 경치를 구경하면서 백이와 같이 청렴한 이름을 얻어 영원히 응후로 불리며 자자손손 이어갈 생각은 하지 않는 것이오? 그것과 화를 입어 죽는 것을 비교할 수 있다는 말이오? 당신은 어느 쪽을 택하겠소?

『주역』에 이르기를 '솟아오른 용은 뉘우칠 날이 있다.'[422]고 하였소. 이는 곧 올라가서 내려오지 못하고, 펴기만 하고 굽히지 못하며 가기만 하고 돌아올 줄 모르는 사람들이오! 당신께서 자세히 고려해 보시기 바라오."

소매가 길어야 춤도 잘 춘다

범저가 말했다.

"좋소. 당신이 좋은 말씀을 해 주었소. '욕심은 그칠 줄 모르면 그 욕심 부린 것을 모두 잃게 되고, 만족할 줄 모르면 그 가진 것을 모두 잃는다.'고 하였소. 다행히도 좋은 가르침을 주셨으니 삼가 따르겠소."

그러고는 곧 채택을 맞아들여 상객으로 모셨다. 며칠 뒤에 범저는 조정에 들어가 왕에게 아뢰었다.

"신의 유세객 중에 산동 지방에서 온 채택이라는 사람이 있사온데 3왕의 인정(仁政)과 5패의 공업, 그리고 세속의 변화에 매우 정통합니다. 진나라의 정사를 충분히 그에게 맡길 만합니다. 신은 지금까지 많은 사람을 만나보았으나 그만한 사람은 처음 보았습니다. 신도 그에 미치지 못합니다. 그래서 신은 대왕께 그를 추천합니다."

왕은 채택을 불러 면담한 뒤 크게 기뻐하고 곧 그를 객경의 자리에 앉혔다. 범저는 병을 핑계 삼고 재상의 자리에서 물러나게 해 달라고 청했다. 왕이 끝까지 허락하지 않으려 했으나 범저의 결심이 확고하였기 때문에 드디어 범저의 사직을 허락하였다.

그 뒤 왕은 채택의 계획에 적극 동의하고 그를 상국(재상)에 임명하였다. 그리고 동쪽으로 진격하여 동주를 멸하였다.

채택이 상국이 된 지 몇 달 만에 누군가가 그를 모함하였다. 그러자 채택은 병을 핑계로 상국 자리를 내놓았다. 그러나 그는 강성군(綱成君)으로 칭해져 진나라에 10여 년간 머물면서 소왕, 효문왕, 장양왕을 섬기고, 마지막으로 진시황까지

---

422) 항룡유회亢龍有悔.

섬겨 연나라에 사신으로 가서 연나라 태자가 진나라의 인질로 오게 만들었다.

태사공은 말한다.

"한비자는 '소매가 길어야 춤을 잘 추고, 돈이 많아야 장사를 잘한다.'[423]고 했는데 참으로 맞는 말이다. 범저와 채택은 그야말로 뛰어난 변사(辯士)였다. 그런데도 머리가 희어지도록 그들을 받아주는 임금을 만날 수 없었던 것은 계책이 서툴러서가 아니었다. 두 사람이 두루 돌아다닌 끝에 진나라에 와 머무르면서 연이어 재상의 높은 벼슬로 공명을 천하에 떨치게 된 것은 본래 국가의 힘의 강약에 있어 상이함과 관련이 있다. 선비들 중 어떤 선비들은 우연히 때를 만나 이들 두 사람처럼 되는 경우도 있다. 그러나 현명한 수많은 선비들이 모두 그 재능을 발휘할 수 없으며, 어찌 그 수를 일일이 헤아릴 수 있겠는가! 만약 이들 두 사람도 곤궁한 처지에 빠지지 않았던들 어떻게 분발하여 성공을 거둘 수 있었겠는가?"

---

423) 원문은 長袖善舞, 多錢善賈.

32. 악의 열전 · 전단 열전

— 충신은 조국을 떠나 있어도 그 이름을 더럽히지 않는다

연나라는 전국 7웅 가운데 가장 약소국으로서 항상 강국들의 침략을 받아야만 했다. 소왕 때 강국을 꿈꾸며 인재를 모으고 있을 무렵, 악의는 소왕에게 냉정하면서도 객관적으로 정세를 분석하고 정확한 전략을 주장한다. 즉, 초, 조, 한, 위의 네 나라와 연합하여 진나라를 이용하여 함께 제나라를 공략한다는 전략이었다. 소왕은 악의의 제안을 받아들이고 드디어 악의는 제나라를 대패시킨다.

그러나 악의는 새로 왕이 된 혜왕의 질투로 인하여 할 수 없이 조나라로 망명하게 된다. 혜왕은 악의가 조나라의 세력을 빌려 연나라에 복수할까 두려워하여 사신을 보내는데, 악의는 이에 자신은 결코 개인적인 원한으로 연나라를 보복할 생각이 없음을 서신으로 밝힌다.

여기에서 사마천은 혜왕의 무능과 우둔함을 폭로하는 한편 악의의 확 트인 흉금을 동시에 선명하게 대비시키고 있다.

한편 사마천은 기이한 일을 좋아하여 기이한 사건을 즐겨 묘사하였지만 「전단 열전」은 사마천의 문장 중에서도 백미라 할 것이다. 그리하여 청나라 시기 문학평론가 오견사吳見思는 "전단은 전국 시대 제1의 기인이고, 화우(火牛)는 전국시대 제1의 기사(奇事)로서 태사공 제1의 기문(奇文)으로 되었다."라고 평하였던 것이다.

악의(樂毅)는 매우 현명한 사람으로 병법을 좋아했으며 일찍이 조나라에서 벼슬하고 있었다. 조나라 무령왕이 사구행궁(沙丘行宮)에서 굶어죽은 후[424] 그는

---

424) 조나라 무령왕武靈王은 장자인 조장趙章을 폐위시키고 가운데 아들인 조하趙何를 왕으로 옹립하였는데, 그가 조趙 혜문왕惠文王이다. 혜문왕 4년, 무령왕과 혜문왕이 사구沙丘라는 지방에 놀러 갔는데, 조장은 이때 병사를 일으켜 혜문왕을 죽이고 왕이 되려 하였다. 그러나 공자 조성趙成 등이 병사를 이끌고 조장을 공격하니, 조장은 무령왕의 행궁行宮으로 도망갔다. 조성 등은 행궁을 포위하여 조장을 죽이고 무령왕을 석 달 동안 감금하여 결국 무령왕은 그곳에서 굶어 죽었다.

조나라를 떠나 위나라로 갔다.

그런데 이웃 나라인 연나라는 왕이 어리석어 국정을 정승인 자지(子之)에게 모두 맡기고 환락 속에 지내게 되어 이때부터 나라가 극도로 문란해졌다. 제나라 민왕(湣王)은 이 기회를 틈타 연나라를 공격하여 크게 격파하고는 왕을 죽이고 자지도 처단하였다. 그 뒤에 연나라는 소왕이 즉위하게 되었는데 소왕은 절치부심하며 하루도 제나라에 대한 복수를 생각하지 않는 날이 없었다.

선시어외(先始於隗)

그러나 연나라는 국토가 작고 또 멀리 떨어져 있어 소왕은 힘이 부족하다는 점을 느끼고 스스로 겸손하고 굽혀서 사방팔방으로 인재를 구하고자 했다. 이때 곽외라는 선비가 찾아와 이렇게 말했다.

"제왕(帝王)은 훌륭한 스승을 모시고 왕자(王者)는 좋은 친구를 가지고 있으며 패자(覇者)는 훌륭한 신하를 거느리는 법입니다. 예의를 다하여 상대방을 받들고 겸손한 자세로 가르침을 청하면 자기보다 백 배나 훌륭한 인재가 모여듭니다. 상대방에게 경의를 표하고 그 의견을 진지하게 듣는다면 자기보다 열 배 훌륭한 인재가 모이게 됩니다. 그러나 상대방과 똑같이 행동하면 자기와 비슷한 사람만 모여듭니다. 그리고 의자에 기대어 곁눈질이나 하면서 지시한다면 소인배들만 모여들게 되며 무조건 화를 내고 혼낸다면 노복(奴僕: 종)들만 모일 뿐입니다."

이 말을 듣고 소왕이 물었다.

"그럼 누구에게 가르침을 청하고 그 의견을 들으면 좋겠소?"

이에 곽외가 말을 이었다.

"이런 얘기가 있습니다. 옛날 어느 왕이 천금을 걸고 천리마를 사려고 했습니다. 하지만 3년이 지나도록 구할 수 없었습니다. 그러던 어느 날 '제가 한번 사오겠습니다' 하고 나선 사람이 있었지요. 그러자 왕은 그에게 천리마 구하는 일을 맡겼습니다. 그로부터 석 달 후, 그는 천리마가 있다는 소식을 듣고 달려갔지만 말은 이미 죽은 뒤였습니다. 그렇지만 그는 죽은 말의 뼈를 5백 금에 사가지고 돌아왔습니다. 이에 왕은 크게 노했지요. '내가 원하는 것은 살아

있는 말이다. 죽은 말을 5백 금이나 죽고 사오다니 그런 바보가 어디 있는가!'

그러나 그 사나이는 또렷또렷하게 대답하는 것이었습니다.

'죽은 말을 5백 금이나 주고 샀다는 소문이 퍼지면 살아 있는 말은 훨씬 많은 돈을 줄 것이라 믿게 될 것이며 그렇게 되면 천리마가 사방에서 모여들 것입니다.'

그의 말대로 과연 1년도 못되어 천리마가 세 마리나 모여들었다고 합니다. 지금 대왕께서 진심으로 인재를 구하고 싶으시다면 먼저 이 사람 곽외부터 기용하십시오.[425] 저와 같은 사람을 중히 쓰신다면 저보다 훌륭한 인물들이 천릿길도 멀다 않고 모여들 것입니다."

소왕은 감동하여 즉시 곽외를 스승으로 받들고 가르침을 받기로 했으며 좋은 저택도 제공하였다. 그 후 과연 제나라에서는 추연(鄒衍)이라는 현자가 스스로 찾아왔으며, 조나라에서는 극신이라는 선비가 찾아오는 등 국내외에서 훌륭한 인재들이 모여들었다.

이때 악의도 소왕이 인재를 널리 구한다는 소문을 듣고 연나라에 찾아가 소왕을 만났는데 왕은 그에게 높은 벼슬을 내리고 후대하였다.

그 뒤로 28년의 세월이 흘렀다. 당시 제나라 민왕의 세력은 매우 강성하여 남쪽으로는 초나라를 크게 격파했으며 서쪽으로는 3진[426]의 군대를 무찔렀고 드디어는 3진과 함께 진(秦)나라를 공격하고 송나라로 쳐들어갔다. 그리하여 영토를 천여 리나 넓혔고 스스로 황제로 칭할 정도였다. 이렇게 되자 제나라 민왕은 매우 교만하고 난폭해졌다.

어느 날 연나라 소왕이 제나라에 어떻게 복수할 수 있는가를 악의에게 상의하였다. 그러자 악의가 말했다.

"제나라는 일찍이 환공이 천하의 패자로 군림했던 전통이 여전히 남아 있고 땅도 넓고 인구도 많아 우리 연나라만의 힘으로 정벌하기 어렵습니다. 대왕께서 기필코 복수하시고자 한다면 조나라, 초나라, 그리고 위나라와 힘을 합해야 할 것입니다."

---

425) 선시어외先始於隗
426) 삼진三晉으로서 한韓, 위魏, 조趙 세 나라를 가리킨다.

연나라 소왕은 악의의 계책을 받아들여 악의를 조나라에 보내 동맹을 맺었으며 또 초나라와 위나라에도 사신을 보내 맹약하였다. 제후들은 제나라 민왕이 오만방자하게 다른 제후들을 업신여기고 난폭하게 함부로 행동하는 것에 매우 분개하고 있었기 때문에 앞을 다투어 연나라와 함께 제나라를 공격하고자 했다.

악의가 귀국하여 맹약 사실을 보고하자 연나라 소왕은 곧 군대를 동원하였는데 악의를 상장군으로 임명하였고 이에 조나라도 악의에게 대장군의 인수(印綬)[427]를 주었다. 그리하여 악의는 조나라, 초나라, 한나라, 위나라 그리고 연나라의 5개국 연합군의 총사령관을 맡게 되었으며 연합군은 제수(濟水)에서 제나라를 격파하고 대승을 거두었다.

제나라와의 싸움에서 승리하자 다른 나라의 군대는 제각기 본국으로 철수하였다. 하지만 악의는 연나라 군사를 이끌고 계속 제나라 군대를 추격하여 제나라 도읍인 임치(臨菑)까지 쳐들어갔다. 이제 제나라 민왕은 도망쳐서 겨우 한쪽 구석 지방인 거(莒) 지방만 지키고 있을 뿐이었다. 악의는 임치를 점령하여 보물과 재화 등을 연나라로 실어 보냈다. 이에 연나라 왕은 크게 기뻐하며 몸소 전선까지 와서 군사들을 위문하여 잔치를 벌이고 상을 주는 한편 점령한 창국(昌國)을 악의에게 봉하고 창국군(昌國君)으로 칭하였다. 소왕은 제나라에서 얻은 전리품을 거두어 연나라로 돌아가고 악의에게 아직 항복하지 않은 제나라의 각 성을 계속 평정하도록 명령하였다.

악의는 5년 간 제나라에 머물면서 제나라의 70여 개 성을 항복시켰다. 그리하여 제나라에는 이제 거 지방과 즉묵(卽墨)의 두 개 성만이 남게 되었다. 이때 즉묵을 지키던 장군은 바로 전단이었다.

---

427) 관인이란 천자天子 이하, 여러 관리의 관직이나 작위를 표시하는 인印이며, 수綬는 그 인의 고리에 맨 30cm 정도의 끈이다. 관직에 취임하면 그에 해당하는 관인과 끈이 주어지는데, 그것을 항상 몸에 지니고 있었기 때문에 '인수를 허리에 찬다.'라는 말은 임관한다는 뜻이고, '인수를 풀다.'라는 말은 퇴관退官과 면관을 의미하였다.

『사기』 제1의 기문(奇文)
- 전단

전단(田單)은 제나라 전씨(田氏) 왕족의 먼 친족이었다. 그는 제 민왕(齊湣王) 때 임치의 시연(市掾)[428]이 되었는데 전혀 중용되지 못하였다. 연나라가 악의를 파견하여 제나라를 격파하자, 제 민왕은 달아나 거성(莒城)에 웅거하였다. 연나라 군대는 더욱 공세를 강화하여 제나라를 평정하였고 전단은 안평(安平)으로 달아났다. 그는 집안사람들에게 수레바퀴 축의 양 끝을 모두 자르고 그 위에 쇠로 튼튼하게 테를 씌우라고 시켰다.

연나라 군대가 안평을 공격하여 성이 함락되자, 제나라 사람들은 길을 다투어 달아났지만 수레바퀴 축들이 서로 부딪쳐 수레의 바퀴축이 부서지는 바람에 달아나지 못하고 모두 연나라의 포로가 되었다. 그러나 전단의 집안사람들만은 바퀴 축이 짧고 또 철피(鐵皮)로 입혀졌기 때문에 능히 탈출하여 동쪽인 즉묵(卽墨)으로 갈 수 있었다.

한편 연나라는 제나라의 거의 모든 성들을 항복시켰으나 오로지 거(莒)와 즉묵만은 함락시키지 못하였다. 연나라는 제나라 왕이 거에 있다는 말을 듣고 군대를 총동원하여 맹공을 가하였다. 제나라를 구하기 위해서 온 초나라 장수 요치(淖齒)는 제 민왕을 거에서 살해하고 수비를 굳게 하며 연나라에 대항하여 몇 해 동안이나 버티면서 항복하지 않았다. 그러자 연나라는 할 수 없이 군사를 이끌고 동쪽으로 가서 즉묵을 포위하였고, 즉묵의 대부들은 나가서 싸우다가 패해 죽었다. 그러자 성 안 사람들이 모두 전단을 추대하며 "안평 싸움 때 전단의 집안사람들은 바퀴 축을 쇠로 싸두어 목숨을 부지할 수 있었다. 전단은 병법에 뛰어나다."라면서 그를 즉시 장군으로 옹립하였다. 전단은 즉묵을 지키며 연나라에 대항하였다.

얼마 지나지 않아 연나라 소왕이 세상을 떠나고 혜왕이 뒤를 이어 즉위하였다. 그런데 악의는 혜왕이 태자로 있을 때부터 서로 사이가 좋지 않았다. 그러한 사실을 알고 있던 제나라의 전단은 첩자를 연나라에 침투시켜 반간계를 써

---

428) 시장을 관리하는 관리, 연掾은 관리의 총칭이다.

서 유언비어를 퍼뜨리게 했다.

"제나라는 이제 두 개 성밖에 남지 않은 일개 소국으로 전락하였다. 그런데 악의는 겉으로만 제나라의 토벌을 말하고 있을 뿐 마음속으로는 제나라와 연합하여 자신이 제나라 왕이 되려는 음모를 가지고 있다. 즉묵도 마음만 먹으면 즉시 평정될 수 있음에도 불구하고 공격하지 않고 있는 것이다. 제나라 사람들이 가장 두려워하는 것은 오직 연나라가 다른 장군을 파견하는 것이다."

이러한 소문이 시중에 널리 떠돌자 연나라 혜왕은 즉시 악의를 해임하여 소환하고 기겁(騎劫)을 새로운 장군으로 임명하였다. 악의는 혜왕이 자신을 의심하여 다른 사람을 파견했다는 사실을 알고 있었고, 그리하여 귀국하면 살해될까 두려워하여 조나라에 투항하였다. 조나라는 관진(觀津)을 악의에게 봉하여 망제군(望諸君)으로 칭하였다. 조나라는 악의를 대단히 후대하여 연나라와 제나라를 두려움에 떨게 하였다.

한편 전단은 성 안 사람들에게 식사 때마다 반드시 뜰에 음식을 차려놓고 조상에게 제사를 지내도록 명령하였다. 그러자 새들이 제사 음식을 먹으러 내려왔다. 성 밖에 있던 연나라 군사들이 날아드는 새들을 보고는 무슨 연유인지를 몰라 매우 의아하게 여겼다. 이때 전단은 "신선이 하늘에서 내려와 우리를 보호하고 있는 것이다."라고 자랑했으며 백성들에게 "또 다른 신인(神人)이 내려와 나의 군사(軍師)가 되었다."라고 선포하였다.

그때 병사 한 명이 "내가 군사가 될 수 있습니까?"라고 말하고는 곧 돌아갔다. 그러자 전단은 일어나서 곧 그를 불러 동쪽을 향하여 앉게[429] 한 다음 마치 스승을 모시는 것처럼 대우하였다. 놀란 병사가 "제가 장군을 속였습니다. 저는 정말 아무 능력도 없습니다."라고 털어놓았다. 그러나 전단은 "자네는 아무 말 할 필요가 없소."라고 말하면서 그 병사를 정식으로 군사로 대우하기 시작하였다. 그리고 명령을 내릴 때마다 반드시 신사(神師)의 뜻일 뿐이라고 전달하였다.

어느 날 전단이 말했다.

"내가 두려워하는 것은 연나라 군대가 우리 포로들의 코를 베어서 그들을

---

429) 동쪽을 향하여 앉는 것은 존귀함의 표현이었다.

앞장세우고 우리를 공격하게 되는 상황이다. 그렇게 되면 우리는 속수무책으로 패하고 말 것이다."

연나라 군대가 이 말을 듣고는 그대로 실행하였다. 성 안 사람들은 항복한 제나라 병사들이 모두 코를 베이는 것을 보자 자기도 혹시 포로가 되어 코를 베이게 될까봐 죽음으로써 성을 지킬 것을 다짐하였으며 연나라에 대한 적개심이 더욱 강해지게 되었다.

그 뒤 전단은 또다시 첩자를 시켜 다음과 같은 소문을 퍼뜨렸다.

"연나라 군대가 성 밖의 무덤을 파헤치고 조상을 욕되게 하지 않을까 정말 두렵구나. 그런 생각만 해도 가슴이 섬뜩하다."

그러자 연나라 군사들은 제나라 사람들의 무덤을 모조리 파헤치고 뼈만 남은 시체를 모두 찾아내어 불태웠다. 즉묵 사람들은 성 위에서 그 광경들을 바라보고 모두 눈물을 흘리며 기필코 결전을 치러 이 복수를 하리라고 다짐하였다.

전단은 이제 작전을 펼 수 있는 최상의 상황이 이루어졌다고 생각하고 몸소 나무와 삽을 들고 병사들과 같이 일을 했으며 자기 집의 처첩의 가족들까지 군대 행오(行伍)[430]에 편입시키고 모든 음식을 있는 대로 군사들에게 나눠 먹였다.

전단은 완전 무장한 정예 부대는 모두 매복시켜 놓고 노약자들로 이뤄진 잔여 병사와 부녀자들만 성루 위에서 방어를 담당하도록 하고는 사자를 연나라 군대 본부에 파견하여 항복을 청했다. 제나라가 항복했다는 소식을 들은 연나라 군사들은 모두 만세를 불렀다. 또 한편으로 전단은 또 백성들에게 청하여 2만여 냥의 금을 모으게 하여 즉묵에서 명망 있는 부호들을 대표로 뽑아 연나라 장군에게 가서 바치면서 이렇게 말하도록 했다.

"즉묵성은 곧 항복할 것입니다만, 대군이 진입한 뒤에 우리 집안의 가족과 처첩만은 약탈을 면하게 해 주시어 이전처럼 살 수 있게 해 주시기를 바랄 뿐입니다."

연나라 장군은 재물을 받고 크게 만족하여 쾌히 응낙하였다. 연나라의 경계 태세는 이후 크게 풀어졌다. 그런 연후에 전단은 천여 마리의 소를 모았다. 그리고 그 소들에게 붉은 비단옷을 입히고 거기에 오색으로 용을 그리게 하였고

---

430) 군대의 편제. 고대 시기 군대는 5인을 오伍로 하고 25인을 행行으로 하였다.

또 날카로운 칼날을 쇠뿔에 단단히 붙들어 맨 다음 고리에는 온통 기름을 바른 갈대를 매달았다. 그런 다음 한밤중에 성벽에 수십 개의 구멍을 내고 소의 꼬리에 달아놓은 갈대에 불을 붙인 뒤 소를 성벽에 뚫어놓은 구멍으로 나가게 하였다. 그리고 그 뒤를 힘센 장사 5천 명이 뒤따르게 했다.

소는 꼬리가 뜨거워지자 성이 나서 사방의 연나라 진중(陣中)으로 마구 내달았다. 그 광경을 보자 잠에 취해 있던 연나라 병사들은 혼비백산하였다. 쇠꼬리의 불꽃은 눈부실 만큼 빛났는데, 연나라 병사들이 정신을 차려 살펴보니 달려오는 동물들이 모두 용의 모습을 하고 있는데 그것에 부딪히기만 하면 어김없이 죽거나 크게 다쳤다.[431] 거기에 5천 명 장사가 입에 재갈을 물고 아무 말도 없이 돌격해 왔고 그 뒤로는 또 제나라 병사들이 북을 울리며 함성을 지르며 따랐고 노인들과 부녀자들은 놋쇠 그릇을 두드리며 응원하여 천지가 진동하였다. 연나라 병사들은 너무 놀라 손 쓸 사이도 없이 도망가기에 급급하였다. 마침내 연나라 장군 기겁도 죽임을 당하고 말았다.

연나라 병사들은 너무 놀라 사방으로 도망을 쳤고 제나라 사람들은 이를 끝까지 추격하여 이들이 가는 곳마다 그곳 백성들은 모두 연나라를 배반하고 전단에게 합류하여 전단의 병력은 매일 같이 증가하여 적을 격파하였다. 연나라 군대는 순식간에 궤멸되어 황하까지 퇴각하였다. 이렇게 하여 제나라는 빼앗겼던 70여 개 성을 모두 되찾았고 거성에 가서 제 양왕을 맞이하여 다시 임치에서 국정을 주재하도록 하였다.

그런데 연나라가 제나라를 쳐들어갔을 때 화읍(畫邑) 사람 왕촉(王蠋)이 현명하다는 소문을 들은 연나라 장군은 화읍 주위의 30리 안으로는 들어가지 말라는 명령을 부하들에게 내렸다. 그러고는 사람을 보내 왕촉을 설득했다.

"제나라 사람들은 모두 당신의 인품과 덕망을 존중하고 있소. 나는 당신을 장군으로 임명하고 만 호를 봉하여 식읍으로 주겠소."

그러나 왕촉은 단호히 거절하였다. 이에 연나라 장군은 태도를 바꿔 위협했다.

"내 말을 받아들이지 않는다면 군대를 파견하여 화읍을 도륙하여 닭과 개도

---

431) 그리하여 이러한 전단의 기발한 전술을 화우지진火牛之陣이라 한다.

모두 남기지 않을 것이오."

그러자 왕촉이 말했다.

"'충신은 두 임금을 섬기지 아니하며, 열녀는 남편을 바꾸지 않는다.'고 하였소.[432] 나는 제나라 왕에게 여러 번 직언을 했지만 받아들여지지 않았기 때문에 벼슬을 그만두고 이렇게 농부가 되어 스스로 밭을 갈고 있소. 나라는 이미 공격을 받아 멸망하였고 나 역시 나라의 국권을 회복할 수 없게 되었소. 그런데 지금 다시 무력으로써 나를 협박하여 그대들의 장군으로 삼는다는 것은 나로 하여금 걸왕을 도와 폭정을 일삼는 것과 다름이 없소. 이렇게 불의한 처지에 사느니 차라리 가마에 삶아져 죽는 편이 나을 것이오."

그러고는 목에 끈을 감고 나무에 맨 뒤 스스로 끈을 끊어 자결하였다. 이 소문을 들은 제나라 관리들은 "왕촉은 지위도 벼슬도 없는 일개 평민에 불과한데도 정의를 위하여 연나라 벼슬을 받지 않고 죽음으로써 충절을 지켰다. 하물며 벼슬길에 올라 나라의 녹을 먹고 있는 우리가 가만히 있을 수가 있겠는가!"라면서 모두 거(莒) 지방으로 달려가 제나라 민왕의 아들을 찾아내 양왕(襄王)으로 옹립하였다.

충신은 조국을 떠나도 임금을 비방하면서 자신을 변명하지 않는다

연나라 혜왕은 전단에게 크게 패하고 난 뒤에야 비로소 악의를 해임시킨 것을 후회해마지 않았다. 그러나 한편으로는 악의가 조나라로 피신한 것을 괘씸하게 생각하였으며, 또 앙심을 품고 있는 악의가 조나라 장군이 되어 공격해 오지 않을까 걱정했다. 그래서 악의에게 사자를 보내 그의 행동을 비판하는 한편 사과를 했다.

"선왕(先王)께서는 나라의 모든 국정을 장군에게 맡겼었소. 그리고 장군은 연나라를 위해 제나라를 무찌르고 선왕의 원수를 갚아 천하에 연나라의 명성을 휘날리게 만들었던 것이오. 과인이 어찌 하루라도 장군의 공을 잊을 리 있겠소?

---

432) 忠臣不事二君, 烈女不更二夫

그런데 과인이 즉위했을 때 주위의 신하들이 과인을 잘못 인도했소. 과인이 장군을 기겁장군으로 교체한 것은 장군이 오랫동안 타국에서 뜨거운 햇볕과 비바람에 시달리고 있었기 때문에 잠시 불러 휴식하도록 해주려 했을 뿐이오. 그런데도 장군은 그것을 오해하여 연나라를 버리고 조나라로 가 버렸소. 장군이 혼자 자기 몸을 생각하는 것은 좋은 일이겠지만 어떻게 선왕께서 장군에게 베푼 은혜를 잊고 타국에 그대로 머물러 있을 수 있단 말이오."

이러한 말을 전해들은 악의는 연나라 왕에게 장문의 편지를 올렸다.

〈아무 재주도 없는 신이 왕명을 받들고 좌우 대신들의 뜻을 따르지 못하여 선왕의 공적에 누를 끼치고 대왕의 의로운 덕망에 누를 끼칠까 두려워 조나라로 오게 된 것입니다. 지금 대왕께서 사람을 보내 신의 죄를 꾸짖었습니다만 신은 아직도 대왕의 주변에서 선왕께서 신을 사랑해 주신 까닭을 살피지 못하고 있지 않을까 두려운 마음이 앞섭니다. 그리하여 감히 글로써 회답해 올리고자 합니다.

어질고 성스러운 임금은 친하다는 이유로 벼슬을 주지 않고, 공이 많은 사람에게 상을 주며, 재주와 능력이 있는 사람에겐 그에 맞는 임무를 맡긴다고 합니다. 그러므로 공을 이루는 임금은 사람의 재능을 살펴 벼슬을 주고, 이름을 빛내는 선비란 임금의 하는 바를 올바로 지적하여 임금을 섬기는 것입니다.

돌이켜 생각해 보면 선왕께서는 보통 임금과는 달리 고매하고 뛰어난 생각을 지니셨던 것으로 아옵니다. 선왕께서는 신에게 과분한 지위를 주셨는데, 신은 과연 임무를 수행해 낼 수 있을까 두려웠지만 명령에 잘 따르기만 하면 큰 허물은 없지 않을까라는 생각에서 감히 사양하지 않았던 것입니다.

그때 선왕께서는 신에게 '과인은 제나라에 깊은 원한을 가지고 있소. 우리나라가 힘이 약한 줄 알면서도 어떻게든 제나라에게 복수하고 싶을 뿐이오.'라고 말씀하셨습니다. 이에 신은 '제나라는 일찍이 환공이 패자로 있었던 전통도 있고 자주 싸움에 이긴 경험이 있으며 무기와 장비가 풍부합니다. 대왕께서 어떻게든 제나라를 공격할 생각이시라면 제후들과 힘을 합해야 합니다. 그리하여 먼저 조나라와 동맹을 맺는 것이 가장 중요하며 또한 회수 북쪽의 땅은 초나라와 위나라가 항상 탐내고 있는 곳이므로 그 두 나라도 힘을 합칠 수 있을 것입니다. 만일 네 나라가 동맹하여 제나라를 공격한다면 반드시 크게 격파할 수 있습니다.'라고 대답했습니다.

선왕께서는 그 의견을 받아들이시고 신을 사신으로 하여 조나라로 보내셨습니다. 신은 조나라와 맹약을 맺은 후 돌아와 보고를 마친 다음 군사를 일으켜 제나라를 공격하였습니다. 하늘의 보살핌과 선왕의 높으신 덕으로 조나라와 위나라도 선왕을 따라 군사를 제수(濟水) 근처로 집결시켰고 곧 제나라를 쳐서 크게 격파했습니다. 우리의 정예 부대가 제나라 수도까지 쳐들어가자 제나라 왕은 거 지방으로 도망쳐 겨우 목숨만 건졌을 뿐입니다. 그때 제나라의 보물과 전차, 무기 그리고 진기한 물건들은 모두 연나라의 것으로 되어 연나라로 실어갔습니다. 실로 춘추오패 이래 오늘에 이르기까지 선왕의 공적을 따를 만한 사람은 없다고 할 것입니다. 선왕께서는 만족하시어 땅을 떼어 신에게 주시면서 조그만 제후에 비길 정도로 덕을 베풀어 주셨습니다.

현명한 임금은 공을 이루면 그것이 허물어지지 않으므로 그 이름이 영원히 남게 되며, 현명한 선비는 이름을 세우면 그 이름을 해치는 일이 없으므로 후세까지 칭송된다고 합니다. 선왕께서 원수를 갚고 치욕을 씻어 제나라와 같은 강대국을 평정하고 8백 년에 걸쳐 쌓아 둔 보물들을 가지게 된 것이라든가, 세상을 떠나시는 날까지 조금도 나라가 약해진 적이 없고 정사를 맡은 신하들이 그 법령을 올바르게 실천한 것들은 실로 후세에 교훈이 되고 있습니다.

처음에 잘하는 사람이 반드시 끝맺음도 잘하는 것은 아닙니다. 옛날 오자서는 그의 의견이 합려왕에게 잘 받아들여졌기 때문에 오나라가 멀리 초나라 수도까지 점령했지만 그 뒤를 이은 부차는 오자서의 의견을 받아들이지 않고 그를 죽여 말가죽으로 만든 자루에 넣어서 강물에 던져 버렸습니다. 부차는 선왕의 정책을 그대로 이어가면 공을 세울 수 있다는 사실을 깨닫지 못했기 때문에 오자서를 죽이고도 후회하지 않았던 것입니다. 또한 오자서는 두 임금의 도량이 같지 않다는 사실을 일찍 깨닫지 못했기 때문에 강물에 던져지는 운명을 피하지 못했던 것입니다. 그러므로 죽지 않고 공로를 세워서 선왕의 업적을 밝게 드러내는 것이 신하된 사람의 최상책이며, 모욕적인 비방을 받고 선왕의 이름을 더럽히는 것은 가장 피해야 할 경우입니다. 그리고 이미 연나라를 버리고 조나라로 도망친 크나큰 죄를 지은 신이 이제 연나라를 해함으로써 개인적인 명예를 취하려 한다는 것은 도의를 지키는 사람으로서는 감히 취할 수 없는 일입니다.

군자는 사람과 교제를 끊고도 그 사람의 나쁜 점을 말하지 않으며 충신은 박해를 받아 나라를 떠난 뒤에도 결코 자신의 결백을 주장하지 않는다고 합니다. 신은 비록 현명하지 못하지만 자주 군자의 가르침을 들어 왔습니다. 혹시 주위 사람의 말만 들으시고 멀리 떨어져 있는 신의 행동을 오해하실까 두려워 감히 이렇게 글로써 말씀 올리오니 바라옵건대 대왕께서는 신의 뜻을 굽혀 살펴주시옵소서.〉

이 글을 읽은 연나라 왕은 크게 감동하여 악의의 아들 악간(樂間)을 창국군에 봉하였다. 그 후 악의는 조나라와 연나라 사이를 왕래하며 다시금 연나라와 친하게 되었다. 그리고 연나라와 조나라는 똑같이 악의에게 객경(客卿)에 임명하였으며 그는 조나라에서 세상을 떠났다. 한나라 고조 유방도 조나라의 옛 땅에 들렀을 때 악의의 자손이 아직 살고 있는가를 물었다. 이에 사람들은 악숙(樂叔)이라는 사람이 그 후손이라고 말하였다. 유방은 그를 악경(樂卿)에 봉하고 화성군(華成君)으로 칭했다.

태사공은 말한다.

"일찍이 제나라의 괴통과 주보언(主父偃)은 악의가 연나라 왕에게 보낸 편지를 읽을 때마다 책을 덮고 눈물을 흘리지 않은 적이 없었다고 한다.

싸움이란 대치하여 싸울 때에는 정통 병법을 사용하고, 적의 허점이 보일 때에는 그에 적합한 기묘한 계책으로 적의 허점을 찔러 이기는 것이다. 싸움을 잘하는 사람은 기묘한 계책을 무궁무진하게 쓰며 병법을 사용함이 마치 쇠사슬에 처음과 끝이 없듯이 절묘하다. 처음에는 처녀와 같이 약하게 보여 적이 방심하고 대비조차 하지 않게 한 뒤 갑자기 날랜 토끼와 같이 기습하게 되면[433] 적이 막으려 해도 그럴 여유가 없는 것이니 이는 바로 전단의 경우를 두고 한 말이다."

---

433) 처녀탈토, 處女脫兎, 원문의 全文은 始如處女, 適人開戶, 後如脫兎, 適不及距이다.

33. 염파·인상여 열전
－죽음에 처하여 어떻게 임하는가가 진정 어렵다

비범한 사건을 통하여 비범한 인물을 묘사하는 면에서 단연 사마천의 탁월함이 빛난다. 그리고 본전에서 이어지는 비범한 인물들의 비범한 사건에 대한 '비범한' 묘사는 사마천 문장의 이러한 특성을 두드러지게 보여준다.

본편은 염파와 인상여의 합전(合傳)이다. 그러나 그것은 단지 염파와 인상여만의 이야기에 그치지 않는다. 조사 부자와 이목 장군도 주요 인물로 소개되고 있다. 본편에서 소개되는 다양한 인물들은 서로 유기적으로 결합되어 있고 앞뒤로 상호 연결되어 있다. 염파 1인의 이야기가 전편에 관통하는 가운데 다른 인물들의 이야기가 그 글에 의하여 이끌어 내어지고 있으며, 합치는 듯 떼어지고 떼어지는 듯 다시 합쳐지고 끊어질 듯 이어지고 이어질 듯하다가 다시 끊어진다. 그러나 전편에 걸쳐 수미일관된다.

따라서 『수호지』 등의 대하소설에서 보이는 연쇄구조의 기술 방식은 바로 본편 「염파·인상여 열전」 기술 방식의 계승이라 할 것이다.

화씨(和氏)의 구슬, 국가를 위난에 빠뜨리다

조나라 혜문왕은 초나라의 유명한 구슬인 '화씨벽(和氏璧)'을 손에 넣게 되었다. 일찍이 초나라 사람 변화(卞和)가 초산(楚山)에서 묘한 구슬을 발견하고는 이를 초나라 여왕에게 바쳤다. 그러나 여왕이 감정사를 시켜 감정한 결과 돌이라고 하자 변화의 왼쪽 발을 잘랐다. 그 후 무왕(武王)이 즉위하자 변화는 그 구슬을 다시 바치게 되었다. 그러나 무왕 또한 감정사를 시켜 감정한 결과 똑같이 돌이라는 것이었다. 그러자 이번에는 변화의 오른쪽 발을 잘랐다.

그 후 무왕이 죽고 문왕이 즉위하자 변화는 초산에 나아가 사흘 밤낮을 통곡하였다. 문왕이 그 소문을 듣고 그 구슬을 다듬게 하니 마침내 천하제일의 구슬이 되었고 이를 '화씨벽(和氏璧)'이라 부르게 되었다.

염파(廉頗)는 조나라의 뛰어난 장군이다. 조 혜문왕 36년에 염파는 제나라를 크게 격파하고 상경(上卿)에 임명되었다. 그의 두려움 없는 용기는 각국 제후들에게 널리 알려져 있었다. 인상여(藺相如)는 역시 조나라 사람으로서 환자령(宦者令)[434] 목현(繆賢)의 사인(舍人)[435]이었다.

한편 조나라 왕이 화씨벽(和氏璧)을 가지고 있다는 소식은 진나라까지 퍼져 진나라 소왕이 사신을 보내 그 구슬을 15개의 성과 바꾸자고 제안했다. 조나라 왕은 대장군 염파를 비롯하여 중신들을 모아 놓고 대책을 의논했지만 쉽사리 결론이 나지 않았다. 대신들은 화씨의 구슬을 진나라에 줘도 진나라가 성을 내주지 않을 것이고, 그렇다고 구슬을 주지 않자니 진나라가 곧바로 쳐들어올까 두려워하였다.

어떻게 할 것인가 결정이 나지 않았다. 또한 진왕에게 회답을 전할 사자를 물색하려 해도 적임자가 없었다.

그러자 환자령 목현이 말했다.

"신의 문객 중에 인상여라는 자가 있는데 그 사람이라면 이번 일을 맡겨 볼 만합니다."

"대체 그가 어떤 사람이오?" 왕이 물었다.

이에 목현이 대답했다.

"신이 전에 죄를 짓고 연나라로 도망치려 한 적이 있었는데 그때 신을 말린 사람이 바로 인상여입니다. 그때 그는 신에게 '연나라 왕과는 어떻게 아는 사이인지요?' 하고 물어왔습니다. 그래서 신은 '일찍이 대왕을 수행하여 연나라 왕과 국경에서 만난 적이 있었는데 그때 연나라 왕은 내 손을 잡으면서 친구가 되고 싶다고 말했다. 그러므로 연나라로 가려는 것이다.'라고 대답했습니다. 그러자 인상여는 '조나라는 강대국이며 연나라는 약소국입니다. 더구나 대감께서 대왕의 총애를 받고 계셨기 때문에 연나라 왕이 친구가 되자고 했던 것입니다.

---

434) 환관을 관리하는 장長.
435) 문객을 가리키는 말.

그러나 지금 대감께서 죄를 지은 몸으로 연나라로 가신다면 연나라는 조나라를 두려워하고 있기 때문에 현재의 정세로 판단하건대 연왕은 반드시 대감을 감히 받아들이지 않을 뿐 아니라 오히려 대감을 체포하여 조나라로 되돌려 보낼 것입니다. 제가 생각하기로는 대감께서 웃옷을 벗고 어깨를 드러내어 도끼를 들고 죄를 청하는 것이 차라리 낫습니다. 그렇게 되면 반드시 죄를 용서받을 수 있을 것입니다.'라고 말하는 것이었습니다. 그래서 신은 인상여의 말대로 했더니 대왕께서는 다행히도 용서해 주셨습니다. 신의 생각으로는 인상여는 진정으로 용사이며 충분한 지략도 갖고 있는 사람입니다."

이 말을 들은 왕은 즉시 인상여를 불러 들였다. "진나라가 15개 성과 '화씨벽'을 바꾸자고 제안해 왔소. 그대의 생각엔 어떻게 해야 좋겠소?"

이에 인상여는 자세를 가다듬으며 "상대는 막강한 진나라입니다. 들어줄 수밖에 없을 듯합니다."라고 말했다.

그 말을 듣자 왕이 침울한 목소리로 물었다. "그렇지만 구슬만 뺏기고 땅은 얻지 못한다면 천하에 웃음거리가 되지 않겠소?"

인상여가 다시 대답하였다.

"진나라는 성읍과 구슬을 바꾸자는 제안을 해 왔습니다. 그러므로 구슬을 주지 않고 제안을 거부하면 잘못이 우리에게 돌아옵니다. 하지만 구슬만 받고 땅을 주지 않는다면 잘못은 진나라에게 넘겨질 것입니다. 차라리 제안을 받아들여 죄를 진나라가 뒤집어쓰도록 하는 편이 낫습니다."

이에 왕은 "그렇다면 과연 누구를 사신으로 보내는 것이 좋겠소?"라고 물었다. 인상여는 "달리 가실 분이 없다면 제가 구슬을 가지고 가겠습니다. 땅을 받으면 구슬을 놓고 오겠습니다만, 그렇지 않을 때는 어떻게든 구슬을 온전하게 지니고 돌아오겠습니다. 안심하고 기다려 주십시오."라고 대답하였다.

완벽(完璧)

인상여는 구슬을 가지고 진나라로 가서 진나라 왕을 만났다. 진왕은 장대

(章臺)[436]에서 인상여를 접견하였다. 인상여가 구슬을 바치자 진나라 왕은 만면에 미소를 띤 채 옆에 있는 후궁들과 신하들에게 차례로 보여 주었다. 그러자 모두 만세를 불렀다. 하지만 진나라 왕은 열다섯 개의 성에 대해서는 일언반구 언급도 하지 않았다. 인상여는 진왕이 땅을 줄 생각이 없음을 알아채고 앞으로 나아가 왕에게 말했다.

"사실 그 구슬에는 흠이 있습니다. 제가 그것을 가르쳐 드리지요."

그리하여 왕이 구슬을 다시 인상여에게 주는 순간, 그는 갑자기 뒤로 물러서더니 기둥에 기대섰다. 그가 격노하자 머리털이 치솟아 올라 관이 들먹거릴 정도였다.

"대왕은 구슬을 얻을 욕심으로 조나라에 사신을 보냈습니다. 조나라 왕이 신하들과 상의했는데 모든 대신들은 '진나라는 탐욕스러운 나라이고 힘을 앞세워 억지를 부린다. 땅을 준다는 것도 거짓말이다.'라고 말하였습니다. 그래서 진나라에 구슬을 주지 않기로 했습니다.

그렇지만 저는 이에 반대했습니다. '일반 백성들 간의 교류'[437]에 있어서도 서로 속일 수 없는데, 대국 간의 교류에 있어서야 말할 필요가 있습니까? 기왕 강대한 진나라가 좋아하는 물건이라면 이 화씨벽 하나로 인하여 진나라와의 감정을 훼손할 수 없다는 것이었습니다. 그래서 조나라 왕은 닷새 동안 재계(齋戒)[438]한 뒤 정중하게 저에게 구슬을 주고, 조정에서 엄숙하게 국서를 주는 의례를 가졌습니다. 왜 그렇게 하였겠습니까? 이는 당신들 대국의 위엄을 정중한 예의로써 존중한다는 뜻이며, 또한 양국의 우호 관계를 돈독하게 하고자 하는 것입니다. 그런데 지금 제가 귀국에 오자 대왕께서는 보통 숙소에서 저를 접견하시고 손님을 대하는 태도가 심지어 오만하고 무례하였습니다. 또 구슬을 받자마자 여자들에게 구경시켰으니 이렇듯 떠들썩한 광경은 실로 저를 우롱한 것입니다. 저는 대왕께서 땅을 떼어 줄 생각이 없다는 것을 알아챘기 때문에 구슬을 다시 가져왔습니다. 만약 대왕께서 저를 강압하려 한다면 지금 저

---

436) 진왕이 휴식하는 별장 중의 한 궁

437) 포의지교布衣之交.

438) 제사를 모실 때 목욕을 하고 옷을 갈아입으며 음주를 하지 않고 고기를 들지 않으며 여색을 멀리하여 깨끗한 마음으로 신령과 교류하려 하였는데 이를 재계라 하였다.

는 당장 기둥에 구슬과 함께 머리를 부딪쳐 깨질 것입니다."

인상여는 구슬을 치켜들고 두 눈으로 기둥을 노려보는데, 마치 당장 기둥에 부딪힐 듯한 기세였다. 진나라 왕은 인상여가 정말 구슬을 깨뜨릴까 두려워 급히 그에게 사과하고 제발 그렇게 하지 말도록 청하였다. 그러고는 즉시 담당 관리를 불러 지도를 펼쳐 보게 하여 손으로 15개의 성을 가리키면서 그것을 조나라에게 떼어 주겠다고 말하였다. 그러나 인상여는 그 말 또한 거짓이며 조나라는 그 땅을 받지 못하게 될 것임을 알고 있었다. 그리하여 진왕에게 말했다. "화씨벽은 천하의 보물입니다. 저희 왕께서도 이 구슬을 보내실 때 닷새 동안 재계하셨습니다. 그러므로 대왕께서도 이 구슬을 받으실 때 닷새 동안 재계를 하신 후 궁전에서 9빈(九賓)[439]의 성대한 예의를 갖추신다면 그때 제가 비로소 구슬을 바치겠습니다."

도저히 구슬을 강제로 빼앗을 수 없다고 판단한 진나라 왕은 곧 닷새 동안 재계하기로 하고 인상여를 영빈관에 옮겨 머물게 했다. 인상여는 진왕이 비록 재계를 한다고 대답했지만 여전히 반드시 약속을 지키지 않고 성읍을 구슬과 교환하지 않을 것이라고 판단하고 자기 종자(從者)에게 허름한 옷을 입혀 일반 백성처럼 꾸민 뒤 구슬을 품속에 숨겨서 작은 길을 통하여 조나라로 달아나게 했다. 그리하여 구슬은 온전하게 조나라로 돌아가게 되었다.[440]

진나라 왕은 닷새 동안 재계를 한 다음 9빈 대례(大禮)의 예우를 갖춰 사람을 보내 조나라 사자 인상여를 초청하였다. 인상여가 왕궁에 당도하여 진왕에게 말했다. "진나라는 목공 이래 20여 대에 걸쳐 군주가 즉위했지만 지금까지 약속을 분명히 지켰던 군주는 한 사람도 없었습니다. 저 또한 대왕에게 속임을 당하고 조왕의 부탁을 지키지 못할까 두려워 이미 사람을 시켜 구슬을 가지고 몰래 조나라로 돌아가게 했습니다. 지금 진나라는 강하고 조나라는 약합니다. 대왕이 단지 한 명의 사자를 조나라에 파견하자 조나라는 곧바로 저를 파견하여 구슬을 진나라에게 바치러 왔습니다. 지금 진나라가 이렇듯 강대한데, 만약

---

439) 당시 외교상으로 가장 성대한 예의로서 빈객을 영접하는 9명의 전례典禮 인원이 순서대로 나아가 빈객을 모시고 대전大殿에 오르게 된다.

440) 완전함을 뜻하는 완벽完璧은 원래 '구슬을 온전하게 하다.'라는 뜻으로 인상여가 구슬을 온전하게 가져왔다는 고사로부터 유래되었다.

진정으로 먼저 15개 성읍을 조나라에게 할양한다면 조나라가 어찌 화씨벽을 내놓지 않고 대왕의 노여움을 사겠습니까? 제가 대왕을 속인 죄 죽어 마땅한 줄 압니다. 저는 팽형(烹刑: 삶아 죽이는 형벌)을 기꺼이 받겠습니다만 대왕께서는 이 문제를 다시 한 번 신하들과 논의해 주시기 바랄 뿐입니다."

진왕과 신하들은 서로 쳐다보며 분노의 탄식이 터져 나왔다. 인상여를 끌어 내려는 신하도 있었다. 그러나 왕이 제지하였다. "지금 그를 죽인다고 해서 구슬을 얻을 수는 없다. 오히려 조나라와의 관계만 악화될 뿐이니 차라리 그를 잘 대접하여 조나라로 돌려보내는 것이 낫다. 조왕이 하나의 화씨벽 때문에 감히 진나라를 속이겠는가?"

결국 진왕은 의식에 맞춰 정전(正殿)에서 인상여를 접견하였고 의식이 끝나자 인상여를 조나라에 돌려 보냈다.

인상여가 돌아오자 조나라 왕은 그의 기지와 재능에 의하여 국외로 나가 사명을 저버리지 않았다고 여겨 그를 상대부(上大夫)에 임명하였다. 물론 진나라는 성을 떼어 주지 않았으며 조나라도 구슬을 보내지 않았다. 그 뒤 진나라는 조나라를 공격하여 석성(石城)을 점령하였고, 이듬해에 다시 공격해 2만 군사를 베었다. 진왕은 사신을 조나라에 보내 조왕에게 상호 친목을 도모하고 싶으니 민지(澠池) 지방에서 우호적인 회합을 갖자고 제의하였다. 조나라 왕은 두려워서 가고 싶지 않았다. 하지만 염파와 인상여가 가는 것이 좋겠다고 권했다.

"가시지 않으면 조나라가 약하고 비겁하다는 것을 만천하에 보여주는 것밖에 안됩니다." 결국 조왕은 회합에 나가기로 약속하고 인상여가 수행하였다. 염파는 국경까지 전송하고는 조왕에게 "만약 30일이 지나도 대왕께서 돌아오시지 않으면 태자를 왕으로 즉위시킬 것을 허락하셔서 진나라가 대왕을 협박하려는 생각을 갖지 못하도록 하십시오."라고 말하자[441] 왕은 동의하였다. 그렇게 하여 마침내 민지에서 양국의 왕이 만났다.

술자리가 한참 흥이 오르자 진나라 왕이 말했다. "과인은 대왕이 음악을 좋아하신다고 알고 있습니다만 한번 거문고를 들려주실 수 있겠습니까?" 조나라

---

441) 염파와 같이 대담하지 않다면 이러한 '불충'의 진언을 할 수 없음을 나타내고 있다.

인상여, 구슬을 온전히 조나라에 가져오다.

왕은 기꺼이 거문고를 연주했다. 그러자 진나라 어사(御使)[442]가 앞으로 나와 "모년 모월 모일, 진나라 왕은 조나라 왕과 만나 술을 마시며 조나라 왕에게 거문고를 연주하도록 명령하였다"고 사책(史冊)에 기록하였다. 이때 인상여가 앞으로 나와 진나라 왕에게 말했다. "진나라 왕께서는 진나라 음악에 능하다고 듣고 있습니다. 바라옵건대 질장구를 올려 서로 즐겼으면 합니다." 진나라 왕은 크게 화를 내며 거부하였다. 그러자 인상여가 질장구를 받쳐 들고 앞으로 나가 무릎을 꿇으며 진나라 왕에게 청했다. 진나라 왕은 여전히 거부했다. 이에 인상여는 "대왕과 저와의 거리는 불과 다섯 자밖에 안 됩니다. 제 목을 찔러 대왕을 피로 물들일 수도 있습니다."라고 말했다. 진나라 왕의 좌우에 있던 신하들이 인상여를 칼로 치려 했다. 그러나 인상여가 눈을 크게 부릅뜨고 호통을 치자 모두 크게 놀라 뒤로 물러섰다. 그리하여 진나라 왕은 마지못해 질장구를 한번 건드렸다. 인상여는 고개를 돌려 뒤에 있던 조나라의 사관을 불러 "모년 모월 모시, 진나라 왕은 조나라 왕을 위해 질장구를 쳤다"고 기록하게 했다.

진나라 신하들이 "조나라가 열다섯 개의 성을 바쳐 진나라를 축복해 주었으면 하오."라고 하자 인상여는 "귀국이야말로 함양성을 바쳐 조나라 왕에게 경의를 나타내 주오."라고 응수했다. 그리하여 진나라 왕은 술자리가 끝날 때까지 우세를 점하지 못했고, 더구나 조나라가 삼엄한 경비를 펴고 있었기 때문에 진나라는 경거망동을 하지 못하였다.

내가 염파를 피하는 까닭은?

민지의 회견이 끝나고 귀국한 후 조나라 왕은 인상여의 공로[443]가 매우 크다고 인정하고 다시 상경(上卿)으로 승진하도록 하여 염파의 윗자리에 있게 되었다. 염파는 불평을 털어놓았다. "나는 조나라의 장군으로서 수많은 전쟁터에서 목숨을 걸고 공로를 세워 왔다. 이에 비해 인상여는 겨우 세 치 혀만을 놀려

---

442) 전국시대 국가의 각종 문서를 관리하고 국가대사를 기재하던 관리
443) 이를 민지지공(澠池之功)이라고 칭한다.

고 조그마한 공을 세웠는데 나보다 높은 벼슬자리에 앉게 되었다. 더구나 그는 원래 비천한 출신이다. 내가 도저히 그의 밑에 있을 수는 없다. 수치스럽다!" 그러고는 주먹을 불끈 쥐면서 맹세하였다. "내 인상여를 만나기만 하면 반드시 본때를 보이겠노라!"

이 소식을 전해들은 인상여는 염파와 마주치기를 극히 꺼려했다. 조정에 나가야 할 때도 염파가 나오는 날에는 병을 핑계로 나가지 않고 자리의 서열로 인한 염파와의 충돌을 피하였다. 어느 날 인상여가 밖에 나갔다가 멀리서 염파가 오는 것을 보고는 재빨리 마차를 돌려 피하였다. 그러자 인상여 문하의 빈객들은 모두 인상여에게 "저희들이 친척과 친구를 떠나 귀공의 문하에 와 있는 까닭은 오직 귀공의 출중하신 품행과 도의를 앙모하였기 때문입니다. 지금 귀공께서는 염파 장군과 함께 조정에서 일을 하시면서 염장군이 귀공에 대하여 나쁜 말을 하면 귀공은 놀라서 그렇게 피하시고 감히 얼굴을 드러내지를 못하니 지나치게 겁이 많고 무서워하는 것이 아닙니까? 그러한 행동은 일반 백성들도 부끄럽게 여기는데 하물며 고위 장상(將相)의 몸으로서 어찌 그럴 수 있겠습니까? 저희들은 귀공의 행위 앞에 모두 미치지 못하여 이만 하직하고 고향으로 물러갈까 합니다."라고 말하였다.

그러자 인상여가 그들을 말리며 물었다.

"그대들은 염장군과 진나라 왕 중 누가 더 두려운 존재라고 생각하는가?"

빈객들은 모두 "물론 진나라 왕이 더 무섭지요."라고 대답하였다. 그러자 인상여는 "그렇게 무서운 진나라 왕을 나는 면전에서 꾸짖고 그의 신하들에게 크게 모욕을 주었다. 내가 아무리 부족한 사람이라 해도 어찌 염장군 한 사람을 무서워하겠는가? 다만 나는 지금 강대한 진나라가 감히 조나라를 공격해 오지 못하는 것은 우리 두 사람이 이 나라에 있기 때문이라는 점을 고려한 것이다. 만일 우리 두 호랑이가 싸우게 되면 반드시 공존할 수 없게 된다. 내가 모욕을 참고 피하는 것은 국가의 존망 대사를 앞에 두고 개인의 은혜와 원한은 뒤에 놓기 때문이다."라고 대답하였다.

염파가 이 말을 전해 듣고는 웃통을 벗고[444] 가시 회초리를 짊어진 채 친구들

---

444) 당시의 풍속에 잘못을 사죄하며 때려달라는 뜻으로 웃통을 벗는 관습이 있었다.

염파, 부형청죄.

의 부축을 받으며 인상여의 집에 가서 사죄하였다.[445]

"나는 무식하고 비천한 사람이오. 당신께서 그토록 사려 깊으신 줄 미처 깨닫지 못했습니다."

그 뒤 두 사람은 서로 친해져 목이 떨어져도 변치 않을 친구가[446] 되었다.

---

445) 이로부터 부형청죄負荊請罪라는 고사성어가 나왔다.
446) 이를 문경교우刎頸交友라 한다.

사형에 처하려던 자를 왕에게 천거하다

그 해에 염파는 제나라를 공격하여 격파했으며 2년 뒤에 또다시 제나라의 기(幾)읍을 빼앗았다. 또 3년 후에는 위나라의 방릉과 안양 지방을 공략하여 점령하였고, 4년 후에는 인상여가 장군이 되어 제나라의 평읍을 점령하였다. 그리고 다음해에는 조사(趙奢) 장군이 진나라 군대를 알여(閼與) 성에서 크게 격파하게 되었다.[447]

장평의 싸움이 있기 8년 전에도 진나라는 조나라를 공격한 일이 있었는데 그때 진나라는 조나라의 명장 조사에게 대패하였었다.

조사는 원래 세금을 징수하던 하급 관리였다. 한번은 평원군의 집에서 세금을 바치지 않으므로 조사가 의법 시행하여 평원군 집의 관리 책임자 아홉 명을 처형시켰다. 그러자 평원군은 크게 노하여 조사를 죽이려 했다. 그러나 조사는 얼굴색 하나 변하지 않고 또렷또렷하게 말했다.

"공자께서는 조나라의 귀하신 분이십니다. 만일 공자의 집에서 조세를 내지 않는 것을 그대로 방치한다면 국가의 규정을 지키지 않는 것이고, 이는 곧 법률의 효력을 약화시키게 되며 법률이 효력을 잃게 되면 곧 국가의 쇠퇴를 초래합니다. 국가가 쇠퇴해지면 곧 제후들의 침략을 초래하게 되고 제후들이 침략하게 되면 곧 조나라를 멸망시키고 맙니다. 그때가 되면 공자께서는 어떻게 공자의 재산을 지키실 수 있습니까? 거꾸로 공자와 같이 높으신 분이 국가 이익을 지키고 국가 법률을 준수하면 곧 전국의 상하가 일체로 되고, 일체로 되면 곧 국가가 부강해지며, 국가가 부강해지면 조씨의 지위도 공고해집니다. 공자께서 왕의 친족으로서 천하의 경시를 받는 형편이 되어야 하시겠는지요?"

이 말을 들은 평원군은 조사가 재능 있는 사람이라고 생각하여 조사를 왕에게 추천하였다. 그리고 왕은 그를 재정 조세를 담당하는 관리에 임명하였다. 과연 그는 전국의 재정 조세를 조리 있게 관리하여 수지 균형을 맞추어 백성들이 부유해지고 국고는 충실해졌다.

그 무렵 진나라가 한나라를 공격하고 알여에 주둔하였다. 조왕이 염파 장

---

447) 조나라는 이렇듯 염파와 인상여, 그리고 명장 조사 장군으로 인하여 일약 강대국의 대열에 뛰어올랐다.

군에게 "가서 지원할 수 있겠는가?"라고 묻자 염파는 "길은 멀고 험한 데다가 좁은 지역이라서 어려울 것 같습니다."라고 대답했다. 왕은 다시 악승 장군에 게 물어보았으나 역시 같은 대답이었다. 다음에는 조사에게 물어보았다. 그러 자 조사가 대답하였다.

"길은 멀고 험한 데다가 좁은 지역이라서," 여기까지는 다른 사람과 같은 대 답이었다. 하지만 조사의 다음 말은, "그 곳에서는 마치 두 마리의 쥐가 쥐구멍 속에서 서로 싸우는 것과 같으므로 용감한 장수가 이기게 되어 있습니다."라는 것이었다. 결론은 완전히 달랐던 것이다.

왕은 조사를 장군으로 삼아 진나라에 대적하였다. 대군이 한단을 떠나 30 리 쯤 갔을 때, 조사는 군중에 명령을 내렸다. "군사(軍事)에 대해서 간하는 자가 있으면 사형에 처할 것이다."

진나라 군사는 무안(武安)성 서쪽에 진을 치고서 큰 북을 두드리고 함성을 질 러가며 출전 준비를 하고 있었다. 그 기세가 대단하여 무안성의 기왓장이 모조 리 흔들릴 정도였다. 이때 조나라의 한 척후병(斥候兵)이 빨리 무안을 구원하자 고 건의하자, 조사는 그 자리에서 그의 목을 베어 죽였다. 그리고 군영의 보루 를 단단하게 하여 28일 동안이나 머물며 진군하지 않고서 오직 보루만 튼튼하 게 쌓을 뿐이었다. 진나라가 첩자를 보내 군영에 잠입하자, 조사는 그에게 좋 은 음식으로 잘 대접해서 다시 돌려보냈다. 첩자가 돌아가 진나라 장군에게 보 고하자, 진나라 장군은 "도성에서 불과 30리밖에 안 되는 곳에 주둔하여 진군 하지 않고 오직 보루만 쌓고 있으니, 알여는 더 이상 조나라 땅이 아니다."라 고 하며 매우 기뻐하였다.

조사는 진나라 첩자를 돌려보낸 즉시 전군에 명령을 내려 갑옷을 벗고 경무 장하여 전 속력으로 진군하게 하자 이틀이 지나 이미 알여에 도착할 수 있었다. 그리고는 활을 잘 쏘는 병사들로 하여금 알여에서 50리 떨어진 곳에 진을 치게 하였다. 드디어 진영이 완성되었고, 진나라 병사들도 이 소식을 듣고 병사들을 총동원하여 달려들었다. 이때 조나라의 군사(軍士) 허력(許歷)이 간할 말이 있다고 하자, 조사는 그를 불러들였다. 허력은 "진나라는 조나라 병사들이 갑자기 이곳 에 오리라고 생각하지 못했으므로 격분한 진나라 군대는 반드시 맹렬한 기세로 쳐들어올 것입니다. 장군께서는 병력을 집중하여 진지를 두텁게 하고 대기하고 계셔야 할 것입니다. 그렇지 않으면 반드시 패할 것입니다."라고 말하였다.

조사가 "그대의 건의를 받아들이겠다."라고 하자, 허력은 "저를 사형에 처하십시오."라고 청하였다. 그러자 조사는 "그 일은 나중에 한단에 가서 다시 이야기하자."라고 대답하였다. 그러자 허력은 말할 것이 또 있다면서 "먼저 알여의 북쪽 산을 점령하는 쪽이 반드시 이길 것이고 나중에 가는 쪽은 반드시 패배할 것입니다."라고 진언하였다. 조사는 이 의견에 동조하고 즉시 만 명의 군사를 출동시켜 전 속력으로 진군하여 북쪽 산을 점령하도록 하였다. 진나라 군사들이 나중에 달려와 산 정상에 오르려 했으나 끝내 올라가지 못하였다. 조사가 대군을 지휘하여 공격하자 진나라 군대는 대패를 당하였다. 진나라 군대는 뿔뿔이 흩어져 달아났고 알여의 포위망도 마침내 풀려 조사는 승리를 거두고 돌아왔다. 조 혜문왕은 조사를 마복군(馬服君)에 봉하고, 허력을 국위(國尉)에 임명하였다. 이렇게 하여 조사는 염파, 인상여와 같은 지위에 오르게 되었다.

장평 전투, 40만 조나라 군사가 묻히다

4년 후 조 혜문왕이 죽고 그의 아들 효성왕이 즉위하였다. 7년 뒤 진나라와 조나라는 장평에서 대치하였다. 당시 이미 조사는 죽었고, 인상여 역시 병세가 깊은 상태였다. 조나라는 염파를 장군으로 삼아 진나라를 막게 했는데 염파는 처음에 잇달아 패하게 되자 성문을 굳게 닫고 나가 싸우려 하지 않았다. 진나라 군대가 매일 싸움을 걸어왔지만 염파는 굳게 수비만 할 뿐이었다. 그러자 초조해진 진나라는 조나라에 첩자를 보내 헛소문을 퍼뜨렸다. "진나라는 조나라의 염파에 대해서는 크게 걱정하지도 않는다. 오직 조사 장군의 아들 조괄이 장군으로 되는 것을 두려워 할 뿐이다."

조나라 왕이 이 소문을 듣고 염파를 해임하고 조괄을 장군으로 임명하려고 했다. 그러자 인상여가 말렸다. "대왕께서 조괄의 명성만을 들으시고 그를 기용하시려는 것은 마치 거문고 줄을 풀로 붙여 거문고를 연주하는 것과 똑같습니다. 조괄은 겨우 자기 아버지가 남긴 병법책을 외울 수 있을 뿐이지 임기응변에 대해서는 근본적으로 모릅니다." 그러나 왕은 끝내 이 말을 듣지 않고 조괄을 장군으로 임명하였다.

조괄은 어릴 적부터 병법을 공부하였고 군사를 담론하여 스스로 자기가 가장 뛰어나다고 생각하였다. 한번은 그와 아버지 조사가 군사 문제를 토론하였는데 조사도 그를 이기지 못했다. 하지만 조사는 오히려 그가 뛰어나다고 생각하지 않았다. 조괄의 어머니가 그 이유를 묻자 조사는 이렇게 대답하였다. "전쟁이란 목숨을 거는 것이다. 그러나 조괄은 말로 너무 쉽고 간단하게 결론을 낸다. 만약 조나라가 조괄을 장군으로 삼지 않으면 그만이지만, 그렇지 않고 조괄을 장군으로 삼는다면 조나라 군대를 패망케 할 사람은 반드시 조괄이다."

조괄의 어머니는 염파 장군의 후임으로 조괄이 부임하여 장군으로 출정한다는 소문을 듣자 왕에게 편지를 올렸다.

〈제발 제 아들을 장군으로 삼지 마옵소서. 제 남편 조사와 제 아들 조괄은 부자지간이지만 사람됨이 전혀 다릅니다. 제 남편은 음식을 나눠 먹는 친한 벗이 수십 명이며 벗으로 사귀는 사람이 수백 명이나 되었습니다. 나라에서 받은 상금은 모두 군사에게 나눠 주었고 전쟁에 나갈 때면 집안일을 묻지 않았습니다. 그러나 아들 괄은 장군으로 임명되자 동쪽을 향해 앉아 조회를 받고[448] 나라에서 받은 상금도 혼자 차지해 땅을 사들이고 있습니다. 도저히 제 아비를 따를 수 없을 듯합니다. 그러니 대왕께서는 장군의 임무를 거두어 주시기 바랍니다.〉

그러나 왕은 듣지 않았다.

"이미 결정된 일이니 돌이킬 수는 없소."

그러자 조괄의 어머니가 말했다.

"기어이 제 아들을 장군으로 삼으신다면 아들이 설사 임무를 다하지 못하더라도 이 어미를 책하지 마시기 바랍니다."

왕은 그 부탁을 받아들였다.

조괄은 염파 장군으로부터 군대를 인계받자마자 즉시 군대 체계를 전면적으로 개편하고 군리(軍吏)를 바꾸었다. 이 소식을 들은 진나라 백기 장군은 짐짓 패주하는 척하면서 오히려 조나라 군대의 군량을 수송하는 보급로를 단절하고

---

448) 황제는 남쪽으로 앉아 신하들의 알현을 받고 공후장상은 동쪽을 존귀함의 표시로 삼았다. 이 글의 의미는 장군이 되자 거만해졌다는 뜻이다.

조나라 군대를 두 쪽으로 분리시켰다. 이에 조나라 병사들은 크게 동요하였다. 식량 보급이 끊긴 지 46일째가 되자 조나라 성 안은 서로가 서로를 잡아먹는 아비규환의 지옥으로 변하게 되었다. 그래서 활로를 뚫기 위해 여러 차례 탈출을 시도했으나 번번이 실패하였다. 드디어 조괄이 정예 부대를 이끌고 출정하여 진나라 군대와 육박전을 전개했지만 이 또한 성공하지 못하고 급기야 조괄은 적의 화살을 맞고 죽고 말았다. 결국 조괄의 군대는 전의를 상실하고 항복할 수밖에 없었는데 그 수는 자그마치 40만 명을 넘었다. 장평싸움에서 승리한 후, 40만이 넘는 포로들을 바라보며 백기가 말했다.

"전에 상당을 함락시켰을 때 그 주민들은 진나라 백성이 되는 것을 싫어하여 조나라로 도망쳤다. 조나라의 포로들도 언제 변심할지 모른다. 모두 없애지 않으면 반란을 일으킬 게 틀림없다."

그러고는 40만 명의 포로를 모두 구덩이에 생매장시켜 버렸다. 40만 명의 포로 중 살아남은 자는 어린아이 240명뿐이었다. 이로써 장평 싸움에서 조나라는 무려 45만 명의 사상자를 내게 되었던 것이다.[449]

염파 장군, 마지막 소원을 이루지 못하다

이듬해 진나라 군대는 마침내 한단을 포위하였다. 조나라는 1년 동안 멸망의 위기에 놓였으나 초나라와 위나라의 구원으로 가까스로 포위에서 벗어날 수 있었다. 조나라 왕은 조괄의 어머니가 앞서 한 말 때문에 결국 그녀를 죽이지는 않았다.

한단의 포위가 풀린 지 5년 만에 연나라의 국상(國相) 율복(栗腹)은 "조나라 장정들은 장평에서 모두 죽었고, 그들의 어린 자식들은 아직 장성하지 않았다."라고 말해 연나라는 군대를 일으켜 조나라를 공격하였다. 조나라는 염파를 장군으로 임명하여 반격하도록 하였고, 염파는 연나라 군대를 호(鄗)에서 대파하여

---

449) 조괄처럼 이론에만 밝을 뿐 실전에 약한 것을 "종이쪽지 위에서 전쟁을 논한다."는 뜻으로 지상담병紙上談兵이라한다.

율복을 죽이고는 오히려 연나라의 도읍을 포위하였다. 결국 연나라가 성 5개를 떼어 주며 화친을 청하여 조나라는 이를 받아들였다. 조나라 왕은 위문(尉文)이라는 곳에 염파를 봉하여 신평군(信平君)이라고 하고 임시 상국(相國)에 임명하였다.

전에 염파가 장평에서 파면되었을 때 염파의 빈객들은 모두 떠나갔다. 그런데 이제 염파의 벼슬이 다시 높아지자 흩어졌던 빈객들이 다시 모여들었다. 이에 화가 난 염파가 버럭 소리쳤다.

"모두 나가거라!"

그러자 몇몇 빈객들이 말했다.

"장군께서는 어찌 세상 이치를 모르십니까? 지금 세상에서 사람을 사귀는 것은 모두 시장에서 교역하는 것과 똑같습니다. 장군께서 권세가 있으면 몰려오고 권세를 잃으면 떠날 뿐입니다. 그게 당연한 이치인데 무엇을 탓하시는 것입니까?"

6년 뒤에 염파는 위나라의 번양을 공격하여 함락시켰다. 그 뒤 조나라 효성왕이 죽고 그 아들 도양왕이 즉위하자 악승을 염파 대신 장군으로 삼았다. 이에 분노한 염파가 악승을 죽이려 하였고 악승은 도망을 쳤다. 염파 역시 위나라 대량으로 도망갔다. 다음 해 조나라는 이목(李牧)을 장군으로 임명하고 연나라를 공격하여 무수와 방성의 두 개 성읍을 탈취하였다.

염파는 대량에서 오랫동안 머물렀지만 위나라는 그를 기용하지 않았다. 그런데 조나라는 이때 계속 진나라에게 패배를 당하여 조왕은 염파를 다시 기용하고자 하였고, 염파 역시 다시 조나라에서 일하기를 희망하였다. 조왕은 사자를 보내 염파를 만나 임용할 수 있는지 여부를 관찰하도록 하였다. 그런데 염파의 정적(政敵)이었던 곽개(郭開)라는 자가 사자에게 많은 돈을 주면서 꾀어 염파를 비방하도록 하였다. 조나라 사자가 염파를 만났을 때, 염파는 아직 힘이 왕성하다는 것을 보여주기 위해 한번 식사에 밥 한 말과 고기 열 근을 먹고 갑옷과 투구를 쓰고 말에 뛰어 올랐다.[450] 그러나 사자는 귀국하여 왕에게 이렇게 보고하였다.

"염장군은 늙었지만 아직 식성이 좋았습니다. 하지만 신과 함께 있는 동안

---

450) 사마천은 이러한 묘사를 통하여 염파의 인간적인 모습을 사실적으로 전하고 있다.

에 갑자기 배가 아프다면서 세 번 설사를 하였습니다."

이 말을 듣고 왕은 염파가 너무 늙었다고 생각하여 그를 끝내 기용하지 않았다.

초나라는 염파가 위나라에 있다는 것을 알고 몰래 사람을 보내 그를 불렀다. 염파는 초나라의 장군으로 기용되었지만 끝내 아무런 공을 세우지 못하였다. 그는 "조나라의 전사들을 지휘하고 싶구나!"라고 말하였다. 그는 마침내 초나라의 수춘에서 세상을 떠났다.

조나라 마지막 명장 이목, 나라와 운명을 함께하다

이목(李牧)은 조나라 북쪽 국경을 지키는 훌륭한 장수였다. 그는 대(代)와 안문(雁門)에 주둔하면서 흉노의 침략에 대비하고 있었다. 그는 형편에 맞추어 관리를 배치하고, 징수한 세금은 모두 막부(幕府)[451]로 옮겨 병사들의 식량과 비용에 충당하였다. 그는 매일같이 몇 마리의 소를 잡아 병사들을 먹여가며 활 쏘고 말 타는 연습을 시켰다. 또한 경보 체계를 중시하고 많은 첩자들을 풀어두었으며, 전사(戰士)들을 후하게 대접하였다. 그리고 그는 "흉노가 쳐들어와서 도둑질을 할 경우는 재빨리 들어와 수비를 하라. 만일 적을 사로잡는 자가 있다면 사형에 처할 것이다!"라는 군령을 선포하였다. 이에 따라 흉노가 침입할 때마다 엄밀한 경보 체계가 즉시 발령되었고, 병사들은 재빨리 성 안으로 들어와 수비를 하며 싸우려고 하지 않았다. 이렇게 몇 해가 지나자 아무런 손해를 입지 않았다. 그러나 흉노들은 이목을 겁쟁이로 생각하였고, 조나라 군사들 역시 자신들의 장군을 겁쟁이라고 여겼다. 조나라 왕이 이목을 질책하였지만, 이목은 여전히 자신의 방식을 고수하였다. 그러자 조나라 왕은 크게 노하여 그를 소환하고 다른 사람을 대신 장군으로 임명하였다.

그로부터 1년이 지난 뒤, 흉노가 쳐들어올 때마다 조나라는 맞서 싸웠다. 그러나 소득은 없었고, 오히려 사상자가 많아지는 바람에 변경 지방에서 제때에 농사와 목축을 할 수 없게 되었다. 그들은 이목을 다시 기용해 달라고 간청

---

451) 고대 시기 장군이 전쟁 중 장막을 치고 그 안에서 사무를 보았으므로 막부幕府라 하였다.

하였지만, 이목은 문을 닫아걸고 출사하지 않으면서 자기가 병이 들었다고 하였다. 조나라 왕이 다시 그에게 병사들을 통솔하도록 명하자 이목은 "폐하께서 굳이 신으로 하여금 변방을 지키게 하신다면, 예전에 신이 하였던 그대로 할 수 있게 해 주십시오. 그렇게 해 주시면 감히 명령을 받들겠습니다."라고 하였고, 왕은 이를 허락하였다.

이목은 군중에 돌아오자 전과 같은 군령을 내렸다. 그가 부임한 뒤 흉노는 예전처럼 몇 년 동안 아무런 이익을 얻을 수 없었으나, 계속 그를 겁쟁이로 여기고 있었다. 한편 변방의 장병들은 매일같이 상을 받고 후한 대접을 받으면서도 실제로 전쟁을 해볼 기회가 없자 모두들 어서 전투를 할 수 있게 되기를 바랐다. 이목은 튼튼한 수레 천 3백 대와 말 만 3천 마리를 선발하였다. 그리고 능히 적진을 돌파할 수 있는 용감한 전사 5만 명과 강한 활을 잘 쏘는 병사 10만 명을 선발하였다. 한편 백성들에게는 많은 가축들을 방목하게 하였고, 이로 인해 들판에는 백성들로 가득 차게 되었다. 흉노족이 적은 수의 군대를 먼저 침입시키자 이목은 거짓으로 패해 달아나는 척하며 몇천 명을 방치한 채 흉노로 하여금 약탈하도록 그대로 두었다. 선우(單于)가 이 소식을 듣자 대군을 총동원하여 쳐들어왔다. 이목은 갖가지 변화무쌍한 전술을 펼치면서 부대를 좌우 양쪽으로 배치하고 흉노를 포위공격하게 하여 일거에 흉노족 기병 10만여 명을 죽이는 대승을 거두었다. 이 전쟁에서 이목은 담람(襜襤)이라는 부락을 멸망시킨 후, 동호(東胡)[452]를 공략하고 임호(林胡)[453]를 항복시켰다. 선우는 달아나 그 뒤 10여 년 동안 흉노는 조나라 국경 근처에 얼씬도 못하였다.

조 도양왕 원년, 염파는 이미 위나라로 망명해 있었고, 조나라는 이목에게 연나라를 공격하게 하여 무수와 방성을 함락시켰다.

2년 후, 조나라 장수 방원이 연나라 군대를 격파하고 극신(劇辛)을 죽였다.

7년 후 진나라는 무수를 격파하여 조나라 장수 호첩(扈輒)을 죽이고 병사 10만 명을 베었다. 그러자 조나라는 이목을 대장군으로 임명하여 진나라 군대를 공격하여 대파하고 진나라 장군 환의를 내쫓았다. 이목은 이 공로로 무안군(武安君)에

---

452) 북방 유목민족의 하나로서 선비족의 전신前身. 흉노의 동쪽에 살고 있었으므로 동호東胡라 하였다.
453) 북방의 유목민족.

봉해졌다. 그로부터 3년 후, 진나라가 파오(番吾)를 공격해 왔으나 이목이 출정하여 진나라 군대를 격파하고 남쪽으로는 한나라와 위나라의 군사를 방어하였다.

조나라 왕 천(遷) 7년, 진나라가 왕전을 파견하여 조나라를 공격하도록 하자 조나라는 이목과 사마상에게 명하여 그들을 막게 하였다. 이에 진나라는 조나라 왕의 총신 곽개에게 많은 돈을 뇌물로 주고 반간계를 써서 이목과 사마상이 반란을 꾀하고 있다고 참언하도록 하였다. 그 참언에 속은 조나라 왕은 조총(趙蔥)과 제나라 장군 안취(顔聚)를 보내면서 이목을 해임시켰다. 이목이 명령에 불복하자 조나라는 사람을 보내어 몰래 그를 붙잡아 죽이고 사마상까지 해임하였다. 이로부터 석 달 후, 왕전은 조나라를 공격하여 크게 격파하고 조총을 죽였으며, 조나라 왕 천과 그의 장군 안취를 사로잡았다. 결국 조나라는 멸망하고 말았다.

태사공은 말한다.

"죽음을 각오하면 반드시 용기가 생긴다. 죽는 것 자체가 어려운 것이 아니라 죽음에 처하여 어떻게 임하는가 하는 것이 진정 어렵다. 인상여가 구슬을 들고 기둥을 노려볼 때 그리고 진나라 왕의 신하들을 꾸짖을 때는 자신이 죽을 각오로 임했던 것이다. 선비 중에는 비겁하여 감히 용기를 내지 못하는 경우가 많다. 인상여는 한번 용기를 내어 위엄을 천하에 떨치고, 물러나서는 염파에게 양보하니 그의 명성은 하늘보다 더 높고 태산보다 더 무거웠다. 실로 지혜와 용기를 함께 지녔던 인물이라 말할 수 있으리라."

34. 노중련 · 추양 열전
— 사리(私利)로 인하여 공의(公義)를 해치지 않는다

사마천은 특히 감정이 충만하고 화려한 문장을 좋아하였다. 이러한 의미에서 본전(本傳)은 『사기』 중 사마천의 화려하고 뛰어난 문장력이 잘 표현되어 있는 대표작 중의 하나라고 할 만하다.

본전은 문장 전반에 걸쳐서 강렬한 리듬감을 지니고 있으면서 인물에 대한 강렬한 형상화가 이뤄지고 있으며, 그럼으로써 마치 감정이 살아 있는 인물들이 눈앞에서 살아 움직이는 듯 사실적으로 묘사하고 있다.

1) 천하의 현사가 고귀한 이유는 보상을 구하지 않기 때문이다
— 노중련

동해에 몸을 던질지언정 굴복할 수는 없다

노중련(魯仲連)은 제나라 사람으로 특이하고 탁월한 계획을 짜기 좋아했으나, 벼슬에는 전혀 뜻을 두지 않았으며 홀로 고상한 절조를 지니고 살았다.

조나라는 효성왕 때 진(秦)나라 백기 장군의 공격을 받아 장평에서 군사가 전멸하여 40여만 명이 죽었다. 더욱이 진나라는 다시 한단을 포위했기 때문에 조나라 왕은 매우 두려워하였다.

각 제후들의 지원군도 감히 전진하여 진나라를 공격하려 하지 않았다. 위나라 안희왕은 장군 진비를 파견하여 조나라를 구하려고 했으나, 진나라가 두려워서 탕음(蕩陰)에 머물면서 진격하지 않고 있었다.

위왕은 객장군(客將軍)[454] 신원연(申垣衍)을 몰래 한단에 잠입시켜 조나라의 평원군에게 제안했다.

"진나라는 전에 제나라 민왕과 세력을 다투며 제왕(帝王)이라 칭했고[455] 그 후에 이 칭호를 서로 쓰지 않기로 했는데, 이제 제나라는 세력이 약해지고 진나라만이 천하를 농단하고 있습니다. 그래서 진나라가 갑자기 조나라 도읍을 포위한 것은 꼭 한단을 손에 넣고 싶어서가 아니라 다시 황제의 칭호를 쓰고 싶어서입니다. 그러므로 사신을 파견해서 진나라 왕을 받들고 황제의 칭호를 써주게 되면, 진나라는 틀림없이 기뻐하며 포위를 풀 것입니다."

그러나 평원군은 여전히 주저하면서 결정을 내리지 못하였다. 이때 마침 노중련이 조나라에 당도하였다. 그는 한단을 포위하고 있는 진나라 군대를 보게 되었는데 위나라 왕이 객장을 보내 진나라 왕을 황제로 칭하라고 권유한다는 말을 듣자, 평원군을 찾아가 물었다.

"이 일을 어떻게 처리하실 생각이십니까?"

이에 평원군이 대답했다.

"나 조승(趙勝)이 어찌 감히 국사를 논할 수 있겠습니까? 이미 40만 대군을 나라 밖에서 잃고 지금 또 나라 안에서 한단을 포위당했건만 그들을 물리칠 수 없습니다. 위나라는 객장군 신원연을 파견하여 진나라 왕을 황제로 칭하라고 권하는데, 그 사람이 지금 이곳에 있습니다. 내가 어찌 대사를 논할 수 있겠습니까?"

그러자 노중련은 "나는 지금까지 귀공을 천하의 현공자(賢公子)로 생각하고 있었는데, 이제 보니 천하의 현공자가 아님을 알게 되었습니다. 위나라의 신원연은 지금 어디에 있습니까? 제가 귀공을 대신하여 그 사람을 꾸짖고 돌려보내겠습니다."라고 말했다.

평원군은 "좋습니다. 내가 선생을 소개하여 만나게 해드리겠습니다."라고 하였다.

평원군은 바로 신원연을 만나서 말했다.

---

454) 타국인으로서 장군을 맡고 있는 인물.

455) 진나라는 서제西帝라 칭하고 제나라는 동제東帝라 칭하였다. 그러다가 제나라 민왕이 먼저 칭제를 포기하자 진나라도 포기하였다.

"동쪽 나라의 노중련이라는 선생이 지금 이곳에 와 있습니다. 내가 소개하여 장군과 만나게 하고 싶습니다."

신원연은 "노중련 선생은 제나라의 고상한 선비라고 들었는데, 저는 남의 신하로서 사명을 띠고 있는 사자의 몸입니다. 저의 직무와 관계없는 사람을 만나고 싶지 않습니다."라고 대답하였다. 그러나 평원군은 "나는 이미 선생이 계신 이곳을 말했습니다."라고 말하였다. 신원연은 하는 수 없이 승낙했다.

노중련은 신원연을 만나자 정작 입을 열지 아니했다. 신원연이 먼저 노중련에게 물었다. "내가 이 포위된 성 안에 있는 사람을 살펴보니 모두 평원군에게 의지하려는 사람들뿐입니다. 그런데 지금 선생의 용모를 뵈오니 선생께서는 조금도 평원군에게 의지하려는 사람 같지 않으십니다. 그런데 왜 오랫동안 이 포위된 성 안에 머무르시는 것입니까?"

그러자 노중련이 대답하였다.

"세상에서는 포초(鮑焦)[456]를 큰 뜻이 없이 죽었다고 생각합니다. 세상 사람들은 더러운 세상에 굴종하여 가볍게 살고 싶지 않다는 포초의 뜻을 알지 못하고 단지 그가 도량이 좁아 스스로 자살한 것이라고 생각할 뿐입니다. 그러나 이러한 생각은 전혀 잘못된 것입니다. 지금 보통 사람들은 모두 무슨 지식도 없이 오직 자기 일신의 이익만으로 타산하고 정의를 떨치고 불합리한 일에 일어나 저항하는 것을 알지 못합니다. 진나라는 예의를 돌보지 아니하고 무공(武功)만을 숭상하는 국가로서 권모술수로 선비들을 대하고 마치 포로를 부리는 수단으로써 그 백성들을 부리고 있습니다. 만약 진나라가 폭력으로써 제멋대로 황제를 칭하고 사해를 호령한다면, 나 노중련은 차라리 동해에 몸을 던져 죽을지언정 그 백성이 되는 것은 절대로 받아들일 수 없습니다. 내가 장군과 만나자고 한 것은 조나라를 도와 함께 그 포악한 진나라에 대항하고자 함 때문입니다."

그러자 신원연이 물었다. "선생께서는 도대체 어떤 방법으로 조나라를 도우시겠다는 말씀입니까?"

노중련은 "나는 먼저 위나라와 연나라로 하여금 조나라를 도와주도록 하겠습

---

456) 주나라의 선비로 벼슬을 마다하고 땔나무를 해가며 살았다. 어느 날 한 사람이 그에게 왜 주나라에 불만을 품으면서 주나라에 사느냐고 묻자 곧장 나무를 안고 그대로 말라죽었다.

니다. 그렇게 되면 제나라와 초나라도 틀림없이 돕게 될 것입니다."라고 말했다.

신원연이 다시 물었다.

"선생께서 연나라가 도울 것이라 하셨는데, 그것은 가능하다고 생각합니다. 그런데 위나라의 경우는 문제가 있습니다. 위왕은 나를 보내 조왕에게 진나라를 황제로 칭하도록 권하고 있는데, 선생께서는 어떠한 방법으로 위나라로 하여금 조나라를 도와 진나라에 반대하도록 할 수 있다는 것입니까?"

노중련이 말했다.

"이는 위왕이 진나라가 제왕의 칭호를 쓰게 되면 어떤 해독이 있는가를 아직 정확하게 모르고 있기 때문입니다. 만약 위왕이 그 해독을 알게 되면 그는 거꾸로 조나라를 도와 진나라에 반대하게 될 것입니다."

신원연이 물었다.

"진나라가 황제를 칭하게 되면 어떤 해로움이 있습니까?"

그러자 노중련이 대답하였다.

"전에 제 위왕(齊威王)은 일찍이 인의(仁義)를 주창하면서 천하의 제후들을 통솔하여 주나라 천자에게 조회를 갔습니다. 그러나 당시 주나라의 창고는 텅텅 비고 국세는 너무나 쇠미하여 제후국들은 조회를 가지 않았고, 결국 제나라만 조회하게 되었습니다. 1년여 세월이 지나 주 열왕(周烈王)이 세상을 뜨자 각지 제후국 모두 조문을 왔는데 제나라가 늦게 도착하였지요. 그러자 주나라 천자는 크게 화를 내며 제나라에 부고를 전하면서 '천자께서 붕어하시어 하늘이 무너지고 땅이 갈라졌으며, 새로 등극한 천자도 궁을 떠나 복상하고 있는데 동쪽의 신하국인 제나라가 가장 늦게 도착하다니 목을 베어야 마땅하도다!'라고 하였습니다. 제 위왕은 이 말을 듣고 격분하여 '네 어미는 종년이다!'라며 마구 욕을 해댔습니다. 결국 제 위왕은 천하의 조소를 받게 되었지요. 천자가 살아 있을 때에는 곧 그에게 조회를 하고 천자가 죽자 곧 그를 비난했는데, 왜 제 위왕이 그렇게 했겠습니까? 그것은 새 천자의 가혹한 요구를 도저히 받아들일 수 없었기 때문이었습니다. 천자를 하는 사람들은 모두 이러하니 전혀 이상할 것도 없지요."

신원연이 "선생은 하인 노릇을 하는 사람들을 보지 못하셨습니까? 열 명의 하인들이 한 주인에게 복종하는 것은 그들의 힘이 주인보다 약하고 지혜가 주인보다 부족해서겠습니까? 오직 그들이 주인의 권세를 두려워하기 때문입니다."라고 말하자 노중련이 탄식하며 되물었다.

"그렇다면 위나라 왕과 진나라 왕을 비교할 때 하인과 주인과 같다는 말씀이시오?"

"그렇습니다."

이에 노중련이 "만약에 그렇다면 내가 진나라 왕에게 위나라 왕의 살을 지지고 도려내라고[457] 말하리다."라고 하자 신원연은 이 말을 듣고 매우 기분이 나빠졌다.

"아! 선생의 말씀은 너무 지나치십니다. 선생은 또 어떻게 진나라 왕으로 하여금 위나라 왕의 살을 지지고 도려내게 할 수 있다는 말씀입니까?"

그러자 노중련이 대답하였다.

"당연히 할 수 있습니다. 내가 당신에게 천천히 설명드리지요. 옛날 구후(九侯)와 악후(鄂侯), 주 문왕은 주왕의 삼공(三公)이었지요. 구후에게는 딸이 하나 있었고 대단한 미인이었는데 그는 주왕에게 딸을 바쳤습니다. 하지만 주왕은 그녀가 좋지 못하다고 생각하고 곧 구후를 소금에 절여 죽였습니다. 악후가 이를 말리며 극력 간쟁하자 주왕은 악후를 죽이고 그 시체를 말려 포로 만들었습니다. 문왕이 이것을 듣고 자신도 모르게 장탄식을 하자 주왕은 곧장 그를 체포하여 유리(羑里)에 있는 창고에 백 일이나 가두어두고 그를 죽이려고 하였습니다.

위나라 왕은 진나라 왕과 똑같이 칭왕을 하는 동등한 국군(國君)인데, 지금 어찌하여 위왕은 스스로 천해져서 진왕에게 도살당하는 처지가 되려고 원하는 것입니까? 옛날 제 민왕이 노나라에 갔을 때, 수레를 몰고 수행하던 이유자(夷維子)가 노나라에 도착한 뒤 노나라 관리에게 '그대들은 우리 군주를 어떠한 예절로써 대접하겠소?'라고 물었습니다. 이에 노나라 관리가 '우리는 10태뢰(十太牢)[458]의 예절로써 그대의 군주를 대접하리다.'라고 대답하자 이유자는 '그대들은 어찌하여 고작 그 정도의 예절로써 우리 군주를 대접하려는 것이오? 우리

---

457) 팽해烹醢라는 형벌

458) 고대시기 소, 양, 돼지 세 가지 동물을 각각 1태뢰太牢라고 하였다. 10태뢰太牢는 희생犧牲 10 가지를 갖춘 성대한 대우를 말한다.

군주는 천자이시오. 천자께서 순행을 하게 되면 제후들은 마땅히 다른 곳으로 옮겨가 살아야 하며 열쇠를 내놓고 매일 아침 옷을 걷어 부치고 자리를 마련하며 당하(堂下)에서 천자께서 수라를 마치시기를 기다리고 천자께서 식사를 끝낸 후에야 비로소 물러나 정사를 듣는 것이오.'라고 말하였습니다. 이 불합리한 말을 들은 노나라 관리는 즉시 문을 닫아걸고 그가 천자이든 아니든 죽어도 받아들이지 않았습니다. 민왕은 기왕에 노나라에 들어갈 수 없게 되자 이번에는 설(薛)나라로 가려고 추(鄒)나라에게 길을 빌려 통과했지요. 마침 그때 추나라의 군주가 세상을 떠나 민왕은 조문을 가려고 하였습니다. 이유자가 추나라 왕의 아들에게 '천자께서 조문할 때 주인은 반드시 관의 방향을 바꿔 북향으로 남쪽에 배치하여 천자께서 남면하여 조문할 수 있도록 하는 것이오.'라고 말했습니다. 그러자 추나라의 신하들은 '반드시 이렇게 해야 한다면, 우리는 모두 칼에 엎어져 죽으리다!'라고 말했습니다. 그리하여 제 민왕은 감히 추나라에 들어가지 못했습니다. 추나라와 노나라의 신하들은 그들의 군주가 살아 있을 때 잘 봉양하지 못하였고 군주들이 세상을 떠난 후에도 재물과 의복을 바치지도 못했는데, 제 민왕이 천자의 위풍을 가난한 추나라와 노나라에서 자기들에게 행사하려고 하자 반항하면서 받아들이지 않았습니다.

지금 진나라는 만승(萬乘)[459]을 가진 대국이고, 위나라 역시 만승을 가진 대국입니다. 모두 만승을 지닌 대국이고 또 모두 각자 왕을 칭하는 나라입니다. 어찌 진나라가 장평에서 한 번 승리했다고 하여 크게 놀라 곧바로 진나라를 황제국으로 모시도록 권하는 것입니까? 이렇게 되면 삼진(三晉)의 당당한 대신들은 실로 추나라와 노나라의 노복이나 비첩보다 못하게 되는 것입니다. 더욱이 진나라의 야심은 황제로 칭해진다고 해서 끝나는 것이 아닙니다. 일단 황제가 된다면 그는 반드시 천자의 권력을 행사하게 될 것이고, 그리하여 반드시 제후 대신들의 자리를 이동시켜 마음에 들지 않는 자는 물러나게 하고 마음에 드는 자를 그곳에 기용하며, 미워하는 자는 없애고 대신 좋아하는 자를 심어놓을 것입니다. 이밖에도 그는 자기 딸과 교언영색에 능한 비첩(婢妾)들을 제후들에 보내 비빈희첩(妃嬪姬妾)으로 삼게 하고 또 그들을 위나라 궁궐에 살게 할 것입니

---

459) 전차 만 대를 출동시킬 수 있는 대국大國을 의미한다.

다. 그렇게 되면 위나라 왕은 편안하게 지낼 수 있겠습니까? 장군 당신은 또 어떻게 과거와 같은 총애와 신임을 받을 수 있겠습니까?"

신원연은 일어나서 두 번 절하면서 감사해하였다.

"이제까지 선생을 평범한 사람으로 생각했습니다만 지금 선생이야말로 천하의 현사(賢士)이심을 알았습니다. 저는 지금부터 두 번 다시 진나라 왕을 황제로 칭하는 일을 입에 올리지 않겠습니다."

한단을 포위하고 있던 진나라 장군이 이 말을 전해 듣자 두려워하여 50리쯤 군사를 후퇴시켰다. 또 때마침 위나라 공자 무기가 진비의 병부를 빼앗아 대군을 이끌고 당도하여 진나라 군대를 공격하기 시작했기 때문에 진나라 군대는 즉각 포위를 풀고 철수하였다.

평원군은 노중련에게 땅을 떼어 감사의 표시를 하려 했으나 노중련은 세 차례에 걸쳐 거듭 사양하며 끝내 받지 아니했다. 그래서 평원군은 잔치를 베풀고 술자리가 한창 무르익었을 때, 자리에서 일어나 노중련 앞으로 가서 천금을 바치면서 감사를 표하였다. 그러자 노중련은 웃으며 말했다.

"천하 사람들로부터 존경을 받는 고사(高士)[460]가 고귀한 까닭은 그가 남을 위하여 환난을 물리치고 분란을 해결하면서도 어떠한 보상을 구하지 않기 때문이오. 만약 무엇인가를 얻고자 한다면, 이는 장사치의 행위인 것이지 나 노중련은 결코 할 수 없는 일입니다."

노중련은 평원군에게 하직 인사를 하고 떠난 뒤 다시는 만나지 않았다.

지혜로운 자는 머뭇거리지 않고 용감한 자는 죽음을 무서워하지 않는다

그 후 20여 년 뒤 연나라 장군이 제나라 요성(聊城)을 공략하였다. 그런데 일부 요성 사람들이 연나라로 가서 연나라 장군을 모함했다. 연나라 장군은 죽임을 당할까 두려워하여 요성을 지키면서 본국 연나라에 귀국하지 않았다. 제나라의 전단(田單)이 요성을 1년여 동안 공략했지만 많은 전사자만 내고 함락시

---

460) 인품이 높아 속세를 피해 벼슬을 하지 않고 사는 군자.

키지 못하고 있었다. 이에 노중련은 연나라 장군에게 다음과 같은 편지를 써서 화살에 매달아 성 안으로 쏘아 보냈다.

〈지혜로운 자는 시기를 놓쳐 이익을 얻지 못하지 아니하며, 용감한 병사는 목숨을 구하고 죽음을 두려워하여 명성에 먹칠을 하지 아니하고, 충성스러운 신하는 먼저 자신을 고려하면서 그 뒤에 국군(國君)을 고려하지 아니한다고 합니다. 지금 장군은 모함을 당한 한때의 분노 때문에 연나라 왕이 신하를 잃은 사실을 고려하지 않으니 이는 불충의 표현입니다. 또 목숨을 잃고 요성을 잃어도 제나라에 그 명성을 떨칠 수 없으니 이는 용감하지 못함의 표현입니다. 그리고 공로도 무너지고 명성도 잃게 되면 후세에 누구도 장군을 칭찬할 수 없으니 이는 지혜롭지 못함의 표현입니다. 이러한 세 가지 측면을 지닌 사람은 임금이 신하로 삼지 아니하며 유세객들도 그를 칭찬하지 아니합니다. 그러므로 지혜로운 자는 머뭇거리지 않고 용감한 자는 죽음을 무서워하지 않는 법입니다. 지금이야말로 생사영욕(生死榮辱)과 귀천존비(貴賤尊卑)를 선택하는 때이며, 이런 기회는 두 번 다시 오지 않을 것입니다. 아무쪼록 깊이 생각하여 세상의 속인(俗人)들과 똑같이 생각하지 않기를 바랍니다.

지금 장군이 피폐한 요성의 백성을 가지고 제나라의 전 병력을 막아낸 것은 마치 묵적(墨翟)이 초나라를 막아낸 것과 같고, 인육(人肉)을 먹고 인골(人骨)로 불을 때면서도 병졸들이 반란을 꾀하지 않고 도망할 생각도 없는 것은 손빈의 군대와도 비길 수 있을 것입니다. 장군의 재능은 이미 천하에 이름을 떨쳤습니다. 그러나 내가 장군을 위해 생각해 볼 때, 거마(車馬)와 무기를 보전하여 연나라로 귀국하는 것이 가장 좋은 방법이라고 생각합니다. 연나라 왕은 틀림없이 기뻐할 것이고 장군이 안전하게 귀국하면 선비들과 백성들이 마치 부모를 본 것처럼 할 것이며, 장군의 친구들은 팔을 걷어붙이고 천하에 장군의 업적을 밝힐 것입니다. 그래서 위로는 임금을 보좌하여 뭇 신하를 제어하고, 아래로는 백성들을 위하며 유세객을 도와 국정을 바르게 하며 풍속을 고쳐나가면 장군의 공명은 자연히 이룩될 것입니다.

만약 귀국할 뜻이 없으시다면 연나라와 세인들의 의론을 물리치고 동쪽 제나라에 오시는 것이 어떻습니까? 제나라 왕은 장군에게 땅을 떼어주고 봉호를 내려 장군을 부유하게 할 것이니, 이는 진나라가 위염에게 도(陶) 땅을 준 것과 상앙에게 상 땅을 준 것과 같습니다. 그렇게 자손 대대로 이어져 제나라와 함께 오래도록 존속할 수 있으니, 이 또한 한 가지 계책이 될 수 있습니다. 이 두 가지 계책은 명성도 떨치고 동시에 두터운 이익도 얻을 수 있습니다. 바라건대 장군께서는 깊이 생각하셔서 신중하게 그 중 한 가지를 택하시기 바랍니다.

나는 '조그마한 절개를 꾀하는 사람은 큰 이름을 드러낼 수가 없고, 조그마한 부끄러움을 싫어하는 사람은 큰 공을 세울 수 없다.'[461]는 말을 들었습니다. 옛날 관중이 환공(桓公)을 활로 쏘아서 허리띠의 고리를 맞춘 일은 실로 반역 행위였습니다.

또 자기가 받들던 공자 규를 버리고 함께 죽지 아니했던 것은 죽음을 두려워하는 표현이었으며, 잡힌 몸이 되어 수갑과 차꼬를 차게 된 것도 치욕스러운 일이었습니다. 이러한 세 가지 행실이 있는 자는 세상의 군주가 신하로 삼는 것을 좋아하지 않고, 향리의 사람들도 사귀기를 싫어합니다. 그러나 당시에 관중이 유폐되어 다시 감옥에서 나오지 못하고 그대로 옥사해서 제나라에 돌아오지 못했더라면 오직 치욕에 가득 찬 오명을 뒤집어썼을 것입니다. 노비들도 그 이름이 함께 불리는 것을 부끄럽게 여길 정도인데 세속인들이야 더 말할 것도 없습니다.

그런데 관중은 옥중에 있는 몸을 부끄럽게 여기지 않고 다만 천하를 바로잡지 못함을 부끄러워했으며, 공자 규를 위해 죽지 않았음을 부끄럽게 생각지 아니하고 제후들의 신임을 받지 못한 것을 부끄럽게 생각했습니다. 그러므로 관중은 스스로 세 가지 행실의 과오가 있으면서도 치욕을 견디고 공명을 이루기를 노력하였습니다. 그리하여 환공에게 중용되어 제나라를 다스리고 천하를 바로잡았으며 아홉 번 제후들을 회맹시켜 춘추5패의 창시자가 되었고, 이로 인하여 그의 명성은 천하의 어떤 사람보다 높았고 그의 명예는 이웃 나라까지 떨치게 되었습니다.

또한 조말은 노나라의 장군으로서 세 번 싸워서 세 번 모두 패하고 5백 리 땅도 잃었습니다. 당시에 만약 조말이 다시 되돌려 생각하지 않으면서 물러나지 않고 조그만 절개를 위하여 스스로 목을 찔러 자결했다면 그는 패군지장의

---

461) 規小節者不能成榮名, 惡小恥者不能立大功.

악명을 영원히 뒤집어쓸 수밖에 없었을 것입니다. 그러나 조말은 세 번 패한 것에 개의치 아니하고 노나라 임금과 계략을 꾸미어 환공이 천하의 제후를 모아 회합할 때 단지 칼 한 자루를 손에 쥐고 단상에 올라갔습니다. 그는 환공의 가슴을 겨누며 안색 하나 변하지 않고 말 한 마디 헛되이 하지 않고서 끝내 세 번 싸움에서 잃었던 치욕을 하루아침에 회복했습니다.

이 두 사람이 조그마한 부끄러움을 모르고 조그마한 절개를 지킬 수 없었던 것은 아닙니다. 다만 그들은 자기가 죽게 되면 곧 공명을 세울 수 없으며 이는 지혜로운 사람이 취할 길이 아니라고 생각했던 것입니다. 그러므로 그들은 한때의 분노와 한을 버리고 평생의 공명을 세웠던 것입니다. 장군께서는 그 중 한 가지를 선택하시기 바랍니다.〉

연나라 장군은 이 편지를 읽은 뒤 사흘을 통곡하였으나, 여전히 주저하면서 결정을 하지 못하였다. 연나라로 돌아가자니 이미 왕과는 틈이 벌어져 죽임을 당할까 두려웠고, 제나라에 항복을 하려 해도 1년 동안 살상하고 포로로 잡은 제나라 군사들이 너무 많았기 때문에 항복한 뒤 그들의 보복을 당하지 않을까 두려웠다. 마침내 그는 "남의 칼에 죽느니 차라리 내 칼로 죽자!"라고 탄식하고는 자살을 하였다. 그 뒤 성 안에서는 대란이 일어났고 전단이 진입하여 도륙한 끝에 요성을 수복하였다.

전단은 조정에 개선한 뒤 노중련을 관작에 봉하고자 하였는데, 노중련은 이 말을 전해 듣고 몸을 피하여 바닷가에 숨었다. 그는 "나는 부귀한 몸이 되어 남에게 굴복해 살기보다는 오히려 빈천한 몸으로 자유자재로 살고 싶다."라고 말하였다.

2) 사리(私利)로 인하여 공의(公義)를 해치지 않는다
- 추양

추양(鄒陽)은 제나라 사람으로서 위나라에서 유세하였는데 위나라 효왕에게 상서하여 위나라에서 일하고 싶다고 하였다. 그런데 양승이라는 사람이 추양을 시기하여 위나라 왕에게 모함했다. 그러자 왕은 크게 노하여 곧 추양을 투옥하고 옥리에 넘겨 심문하고는 죽이려 했다. 추양은 자기 한 몸이 비방을 받아 무고하게 죽는 것뿐만 아니라 죽은 후까지도 오명을 쓰게 될 것을 두려워하여 옥중에서 왕에게 편지를 올렸다.

〈'충심으로 군주를 모시는 자는 군주의 보답을 받지 못하는 일이 없고, 성실하게 군주를 섬기는 자는 군주의 의심을 받지 않는다.'[462]라는 말이 있는데, 지금껏 저는 이 말이 옳다고 믿어 왔습니다. 그러나 지금 생각해 보니 이것은 헛된 말에 지나지 않는 것 같습니다.

전에 형가는 연나라 태자 단(丹)의 정의(情義)를 흠모하여 단을 위해 진나라에 들어가 시황제를 죽이려고 했습니다. 그런데도 태자 단은 형가가 진나라에 가지 않을 것이라고 의심했습니다. 지금 저는 모든 충심과 정성을 다하고 모든 계책을 내어 군주께서 저를 이해하시기를 바랐지만 결국 대왕 주변의 사람들이 이를 알지 못하고 오히려 저를 옥리에 넘겨 심문하니 사람들이 저를 의심하여 설사 형가가 다시 살아온다고 해도 태자 단 역시 깨닫지 못할 것입니다.

바라옵건대 대왕께서 이러한 사실을 살펴 주십시오. 또 변화(卞和)는 초나라 왕에게 보물 구슬을 바쳤지만 왕은 그의 발을 잘랐고, 이사는 충성을 다해 군주를 섬겼으나 오히려 2세 황제 호해에 의하여 요참의 극형에 처해졌습니다.

그러므로 기자(箕子)가 미치광이를 가장하고, 접여(接輿)가 세상을 피하여 숨어 산 것은 이러한 우환을 당할 것을 두려워했기 때문입니다. 바라옵건대 대왕께서는 변화와 이사의 본의를 세심하게 고찰하셔서 초왕이나 호해처럼 참언을 가볍게 믿지 마시고 절대로 저로 하여금 기자나 접여가 비웃지 않도록 해주십시오.

또한 비간(比干)의 심장이 꺼내지고, 오자서가 말가죽 자루에 그 시체가 싸여져 장강(長江)에 버려진 일도 저는 처음에는 그러한 일을 믿을 수 없었는데 이제 이러한 일이 확실히 있다는 것을 알았습니다. 바라옵건대 대왕께서는 가련하게 여기시어 저를 사지(死地)에 놓지 마시옵소서.

---

462) 忠無不報, 信不見疑

속담에 '백발이 되도록 사귀어도 마치 처음 만나는 것과 같은 교제도 있고, 반면 거리에서 우연히 만났어도 마치 오래된 옛 친구를 만난 것 같은 교제도 있다.'고 했습니다. 이것은 무슨 이유겠습니까? 이는 바로 이해를 하느냐 못하느냐의 여부에 달려 있습니다. 그러므로 옛날 번어기는 진나라를 피해 연나라로 가서 연나라 태자 단을 위해 자기 목을 형가에게 주어 진나라로 가져가게 하였습니다. 또 제나라를 버리고 위나라로 갔던 왕사(王奢)는 자기를 잡으려고 추격해 온 제나라 군사들 앞에서 성에 올라가 스스로 목을 찔러 위나라에 누를 끼치지 않도록 했습니다. 왕사와 번어기는 제나라와 진나라와 새로 만난 것이 아니고, 위나라와 연나라와 오래된 사이도 아닙니다. 그들이 제나라와 진나라를 떠나 위나라와 연나라의 군주를 위하여 목숨을 버린 원인은 뜻이 맞고 지향하는 바가 같아 앙모하는 마음이 지극했기 때문입니다.

또 소진(蘇秦)은 천하 각국을 유세하여 각국 제후들 모두에게 신임을 받지 못했었지만 오직 연나라 왕에 대해서는 미생(尾生)과 같이 신의를 지켰고, 백규(白圭)는 중산국(中山國)의 장수로서 여섯 성을 잃고 도망한 다음 위나라를 위해 중산국을 무찔렀습니다. 이는 어떤 이유 때문이겠습니까? 이는 실로 상호 이해했기 때문입니다. 소진이 연나라 재상이 되었을 때, 소진을 왕에게 모함하는 자가 있었습니다. 왕은 칼을 만지며 그 모함하는 자를 혼냈고, 소진에게는 준마(駿馬)를 잡아서 크게 잔치를 베풀어 주었습니다.

또 백규가 중산국을 공격한 공로로 위나라에서 벼슬을 얻었을 때 위나라 문후(文侯)에게 모함을 하는 중산국 사람이 있었습니다. 그러나 위 문후는 이 모함을 받아들이지 않고 오히려 백규에게 야광벽(夜光璧)을 하사하였습니다. 이는 무슨 이유이겠습니까? 이는 그들 두 군주와 두 신하가 피차 흉금을 터놓고 서로 신뢰하고 있었기 때문이니, 당시 그들 피차의 신뢰가 어찌 다른 사람의 부질없는 헛된 말에 흔들리고 바뀔 수 있겠습니까?

여자는 그 용모의 미추에 관계없이 궁중에 들어가면 질투를 당하기 마련이고, 선비는 현명함과 관계없이 조정에 들어가게 되면 시기를 받기 마련입니다.

옛날 사마희(司馬喜)는 송나라에서 다리를 잘렸는데 마침내는 중산국의 재상이 되었으며, 범저는 위나라에서 늑골을 꺾이고 이가 뽑혔지만 마침내 응후가 되었습니다. 이 두 사람은 모두 언젠가는 누명이 벗겨지고 자기의 뜻을 펼 날이 돌아올 것을 확신하고 권세에 아부하지 않고 친구들의 세력에 의지하지 않으면서 오로지 자신의 재능과 노력에만 의지하였습니다.

그러나 결국 사람들의 질투를 피할 수는 없었습니다. 그런 까닭에 신도적(申徒狄)[463]은 강에 뛰어들어 자살하였고, 서연(徐衍)[464]은 돌을 짊어지고 바다에 가라앉았던 것입니다. 그래서 그들은 비록 세상에서 인정은 받지 못했지만 차라리 죽을지언정 조정에서 결탁하고 아부하여 군주의 마음을 바꾸고자 하지 않았습니다.

그렇기 때문에 백리해(百里奚)는 비록 거리에서 걸식을 했지만 진나라 목공은 그에게 국정을 위임하였고, 영척(寧戚)은 수레 밑에서 소를 기르고 있었지만 제나라 환공은 그에게 국사를 위임하였습니다. 이 두 사람은 처음부터 조정에서 벼슬을 하면서 주위의 칭송을 받아 목공이나 환공에게 발탁되었던 것이 아닙니다. 군주와 신하의 마음이 서로 통하고 행위가 서로 부합하여 서로의 친밀함이 마치 아교칠을 한 것보다 더 굳게 되고, 감정의 교류가 형제처럼 되어 분리시킬 수 없게 된 것이었습니다. 그러니 그들의 감정이 어찌 뭇 사람들의 말에 의하여 미혹되고 이간될 수 있겠습니까.

그러므로 한 쪽 말만 듣고 한 쪽 말만 믿게 되면 간사함이 쉽게 생기게 되고 한 사람에게만 정사를 맡기게 되면 쉽게 혼란이 초래되는 것입니다. 노나라 정공은 계환자의 말을 듣고 공자를 내쫓았으며, 송나라 왕은 자한의 계략을 믿고 묵적을 구금하였습니다. 공자와 묵적의 능력도 모두 사람들의 참언을 피할 수 없었고 두 나라는 이로 인하여 위험에 직면했습니다. 왜 그렇겠습니까?

뭇 사람의 여론은 쇠라도 녹이고, 비방하는 사람이 많게 되면 비방당하는 사람은 존립할 수 없게 됩니다. 그러므로 진나라는 서융인(西戎人) 유여(由余)를 기용함으로써 중국의 패자(霸者)가 되었고, 제나라는 월나라 사람 몽(蒙)을 등용하여 위왕(威王)과 선왕(宣王)은 즉시 강해졌습니다. 두 군주가 세습에 얽매여 세속에 견제되고 아첨과 참언에 미혹되었겠습니까? 두 군주는 다른 사람의 의견

---

463) 은나라의 충신으로 주왕에게 간언했지만 받아들여지지 않자 자살하였다.
464) 주나라 말기 사람으로 현명한 사람을 배척하는 난세를 비관하여 자살하였다.

을 들을 줄 알았을 뿐 아니라 다른 사람의 행동을 분별해 낼 수 있었고 그리하여 그 이름이 천세에 남았던 것입니다. 그러므로 뜻이 같으면 오랑캐나 월나라 사람이라도 형제가 될 수 있습니다. 유여나 몽이 그 좋은 예입니다. 반면에 뜻이 맞지 않다면 비록 골육일지라도 문 밖으로 쫓아내고 수용하지 않습니다. 요임금과 그의 아들 단주(丹朱)[465], 순임금과 그의 동생 상(象)[466], 주공과 그의 형제 관숙과 채숙은 그 증거입니다.

군주 된 사람으로서 진나라와 제나라 군주처럼 사람을 쓰는 지혜를 갖추고서 송나라와 노나라 군주처럼 참언을 믿지 않는다면, 오패(五覇)의 공업도 이에 미치지 못할 것이며 삼왕(三王)의 치세도 여반장처럼 쉬울 것입니다. 그리하여 주 무왕은 비간의 후대를 등용하고 임산부의 무덤을 보살펴 그 공적은 천하를 뒤덮었습니다. 이는 무슨 이유이겠습니까? 바로 선(善)을 위한 성왕의 마음은 한이 없기 때문입니다.

진나라 문공은 자신의 적을 가까이 하여 제후를 호령할 수 있었고, 제나라 환공은 자신의 원수였던 관중을 등용하여 천하를 제패하였습니다. 바로 인자함과 성실한 진정(眞情)은 사람들의 마음을 감동시키며 따라서 재능 있는 선비들은 자연히 즐겁게 그를 위하여 목숨을 버리는 것입니다. 이것이 어찌 보통 군주들의 마음에도 없는 빈말로써 얻을 수 있는 것이겠습니까? 그러나 진나라는 상앙의 법을 사용하여 동쪽의 한나라와 위나라의 세력을 삭감하고 그 군대는 천하를 호령하였는데 끝내 상앙을 거열형에 처했습니다. 월나라는 대부 종(種)의 계략으로 오나라 왕 부차를 포로로 잡고 패자가 되었지만 마침내 종을 주살했습니다. 그러므로 손숙오는 세 번 재상의 자리를 얻었어도 기뻐하지 아니했고, 세 번 그 자리를 물러났지만 후회하는 일이 없었던 것입니다.

군주가 교만한 마음을 버리고 진정을 보여주며 보답하는 심정을 지니고 은덕을 베풀면서 선비들과 격의 없이 지내고 어려움을 같이하며 즐거움을 나눈다면, 폭군 걸왕(桀王)의 개라고 하더라도 요(堯)임금을 향하여 짖게 할 수 있고

465) 요임금은 자기 아들 단주에게 제위를 넘겨주면 단주에게는 이익이 되지만 천하에는 손해가 된다는 사실을 알고 순에게 양위하였다.

466) 순임금의 이복동생으로서 아직 순이 제위에 오르기 전 여러 차례에 걸쳐 순을 죽이려 하였다. 하지만 순임금은 그를 포용하여 부귀하게 만들었다.

(춘추시대 큰 도적)도 걸주(하나라 걸왕과 은나라 주왕. 천하의 폭군)도 아니고 만승의 국가 권세
를 손에 쥐고 성왕의 자질을 지니고 있는 사람이라면 더 이상 말할 필요도 없
습니다. 형가가 자신의 죄에 연좌되어 칠족(七族)을 죽게 할 각오를 하고, 요리
(要離)가 자기 처자마저 불타 죽는 위험도 받아들인 것은 너무나 흔한 일로서 그
것이 어찌 대왕 앞에서 칭찬할 만한 일이 되겠습니까?

사리(私利)로 인하여 공의(公義)를 해치지 않는다

'명월주(明月珠)와 야광벽(夜光璧) 같은 보물도 만약 어두운 길을 걷는 사람에게
던지면 칼을 잡고 노려보지 않는 사람이 없다.'고 들었습니다. 왜 그렇겠습니
까? 아무런 이유도 없는데 눈앞에 날아왔기 때문입니다.

나무뿌리가 마구 꼬여 있는 커다란 고목(枯木)은 원래 아무런 소용도 없는 물
건이지만 오히려 만승을 지닌 군주가 아끼는 보물로 될 수 있는 것은 군주 주
변 사람들이 그것을 조각하고 장식을 했기 때문입니다.

아무 이유도 없는데 눈앞에 날아오면 명월주나 야광벽도 사람들을 감격시
킬 수 없고 오히려 원한을 사게 됩니다. 그러므로 어떤 사람이 좋은 말을 해 주
게 되면 무용지물의 고목이나 썩은 나무그루도 공을 세울 수 있고 군주로 하여
금 영원히 잊지 못하게 됩니다.

오늘날 포의곤궁(布衣困窮)한 선비로서 빈천한 환경 속에 놓여 있는 사람은 비
록 요순시대의 도술을 품고 이윤과 관중의 재능, 그리고 비간의 충심을 지니고
서 당세의 국군(國君)에게 진충보국(盡忠報國)하려고 해도 평소에 군주 앞에서 먼
저 자신을 위하여 좋은 말로 추천해 주는 사람이 없기 때문에 모든 지모를 다
하여 군주에게 충신(忠信)을 바쳐 군주를 보필하려고 해 보지만 단지 군주가 반
드시 칼을 뽑아 노려보는 형세가 될 뿐입니다. 그리하여 포의의(벼슬 없는) 선비
는 고목이나 썩은 나무그루와 같은 그러한 지위를 얻을 수 없습니다. 그러므로

---

467) 이를 걸견폐요桀犬吠堯라고 한다.

성군(聖君)이 천하를 다스릴 때에는 도공(陶工)이 자기를 빚을 때보다 더 정교하게 그리고 비천하고 혼탁한 말에 이끌리거나 근거 없는 참언에 마음을 빼앗기지 않아야 하는 것입니다. 진시황은 몽가의 말만 듣고 형가의 말을 믿다가 몰래 감춰둔 비수를 만났습니다.

이와 반대로 주나라 문왕은 경수(經水)와 위수(渭水)에서 사냥을 하다가 강태공을 수레에 태우고 돌아와서 그로 인하여 천하의 왕을 칭하게 되었습니다. 진시황은 좌우에 있는 사람을 믿다가 죽을 변을 당할 뻔했고, 문왕은 우연히 만난 사람을 임용하여 천하를 제패했던 것입니다. 왜 그렇겠습니까? 왜냐하면 그는 능히 주위의 아부를 뛰어넘을 수 있었고 세속의 논의를 벗어나 홀로 광활한 큰 길을 볼 수 있었기 때문입니다.

하지만 오늘날 보통의 군주는 오히려 아첨에 빠지고 신하의 견제를 받으면서 유능한 현사(賢士)들을 도리어 소나 말처럼 마구간에 속박시켜놓고 있으니, 이는 바로 포초(鮑焦)가 세상에 분노하여 부귀의 즐거움에 연연해하지 않은 원인입니다.

저는 '성장(盛裝: 잘 차려입다)을 하고 조정에 입궐하는 자는 사리(私利)로 인하여 공의(公義)를 해치지 않고, 명예를 중히 여기며 수행에 힘쓰는 자는 사욕으로 인하여 절조를 해치지 않는다.'고 들었습니다. 그런 까닭에 현의 이름이 승모(勝母)란 이유 때문에 효자인 증자는 그 땅에서 머물지 아니하였고, 고을의 이름이 조가(朝歌)였기 때문에 검약을 중시하던 묵자(墨子)는 수레를 되돌렸습니다.

지금 천하의 국군(國君: 국왕) 된 사람들은 원대한 포부를 가진 현사들을 권력 앞에 굴복하게 함으로써 그들을 완전히 다른 사람이 되어 절조와 행실을 해치면서 아첨배들을 섬기게 하고 대신들과 가까이 하도록 하고 있습니다. 이렇게 되면 진정으로 지조 있는 사람은 차라리 깊은 산 바위 굴 속에서 늙어 죽기를 바라게 될 것입니다. 그렇게 되면 어떻게 충(忠)과 신(信)을 다하여 대왕 곁으로 가서 대왕을 위하여 분주히 일하면서 목숨을 버릴 수 있겠습니까?〉

위나라 효왕은 이 편지를 읽고 대단히 감동하여 곧바로 사람을 보내 추양을 감옥에서 석방시킨 뒤 왕의 상객(上客: 지위가 높은 손님)으로 삼고 존숭하였다.

태사공은 말한다.

"비록 노중련이 지향하는 바는 대의(大義)에 부합되지는 않지만, 평민의 지위에 있으면서 호기스럽게 자기 맘껏 하고 제후들에게 굽히지 않으면서 고담준론(高談峻論)을 펼치며 권세를 쥔 공경장상(公卿將相)들을 모두 굴복시켰으니 노중련은 진실로 천하의 높은 선비이다.

비록 추양의 말은 매우 공손한 것이 아니었지만 고금의 많은 사정을 인용하고 사물에 기탁하여 뜻을 비유하였으며, 비록 사람들을 비통하게 하고 있지만 그 역시 강직하고 부귀권세에 굴복하지 않은 인물이라 할 수 있다. 이 때문에 나는 그를 노중련 열전 뒤에 붙인다."

35. 자객 열전
- 바람은 스산하고 역수는 차다

「자객 열전」은 『사기』 전체를 통틀어서 가장 '격렬한' 필치로 묘사되고 있는 문장으로 구성되어 있다고 평가를 받고 있는 부분이다. 청나라의 문학평론가 오견사(吳見思)는 그의 『사기논문(史記論文)』에서 "자객은 천지간에 가장 격렬한 사람이고, 「자객 열전」은 『사기』 중에서 가장 격렬한 문자이다."라고 평하고 있다.

「자객 열전」은 그만큼 박진감 있게 사실적으로 묘사되어 있고 '신(信)'과 '의(義)'를 중시하는 사마천이 깊은 애정을 가지고 심도 있는 필치로 기술해나간 부분이다. 특히 형가 부분은 마치 한 편의 사실적이면서도 속도감이 넘치는 단편소설과 같이 짜여져 있어 그 묘미가 자객열전 중에서도 단연 압권이다.

사마천은 이 '자객열전'을 통하여 "선비는 자기를 알아주는 이를 위하여 죽는다(士爲知己者死)"라는 강렬한 절의(節義)의 정신을 열렬하게 찬양하고 있다.

1) 장사(壯士), 한 번 가면 다시 오지 못하리!
- 형가

형가(荊軻)는 위나라 사람으로서 원래 그의 조상은 제나라 사람이었다. 그는 훗날 위나라로 옮겨 살았는데, 위나라 사람들은 그를 가리켜 형경(荊卿)이라 불렀다. 그 뒤 그는 연나라로 갔는데, 연나라 사람들도 그를 형경이라 불렀다.

형가는 독서와 검술을 좋아하였다. 일찍이 그는 검술로써 위나라 왕을 찾아가 유세했으나 위왕은 그를 기용하지 않았다. 뒷날 진나라는 위나라를 정벌하고 정복한 땅에 동군을 설치하고 위왕의 자손과 친척을 야왕(野王)으로 이주시켰다.

형가는 유차(楡次)라는 곳을 지나면서 유력(遊歷)하였는데, 그때 갑섭(蓋攝)이라는 사람과 검술에 대하여 토론하였다. 그러던 중 갑섭이 크게 화를 내며 노려보자 형가는 그냥 아무 말도 없이 일어나 가버렸다.

어떤 사람이 갑섭에게 형가를 다시 불러오자고 하자 갑섭은 "방금 내가 그와 검술을 토론할 때 서로 의견이 맞지 않아 내가 눈을 부라렸소. 당신들이 가서 찾아보는 것도 무방하겠지만 이러한 상황에서 그가 가 버렸는데, 두 번 다시 감히 머물 수가 없을 것이오."

그러고는 사람을 보내 형가가 묵던 곳을 찾아보았으나 과연 형가는 이미 유차를 떠난 후였다.

사람이 돌아와 그 사실을 이야기하자 갑섭은 "그는 당연히 도망칠 것이오. 방금 내가 눈을 부라려 놀래주었거든."이라고 으스댔다.

그 후 형가는 조나라 도읍 한단으로 갔다. 이때 노구천이라는 사람과 바둑468)을 두게 되었다. 그러나 크게 말싸움이 일어나 노구천이 버럭 화를 내었다. 그러자 형가는 아무 말도 없이 그 자리를 피해 그 후 두 번 다시 노구천을 만나지 않았다.469)

얼마 뒤 형가는 연나라에 머물게 되었고 그곳에서 개백정이면서 축(筑)470)을 매우 잘 연주하는 고점리(高漸離)라는 사람과 친하게 지냈다. 형가는 술을 좋아하여 날마다 고점리와 술집에 드나들며 놀았다. 술이 취하면 길거리에서 고점리의 축 소리에 맞춰 노래를 부르며 함께 즐겼다. 그러다가 감정이 격해지면 남의 눈을 아랑곳하지 않고471) 서로 부둥켜안고 울었다.

그러나 이처럼 형가가 술에 탐닉하고 있었지만 근본은 사려 깊고 독서를 좋아하는 사람이었다. 그는 여러 나라의 유명한 호걸과 현자, 그리고 장자(長者: 덕망이 뛰어난 어른)들과 교류하였다. 그가 연나라에 도착한 뒤 연나라에서 재야의 현자(賢者)로 널리 알려져 있던 전광 선생 역시 그가 범상한 사람이 아니라는 것을

---

468) 원문은 박博으로서 고대 시기 일종의 바둑 놀이.

469) 사실 형가에게는 칼의 사용법이나 도박의 규칙이 중요한 문제일 수 없었다. 그는 천하를 마음에 품고 큰 뜻을 펼치고자 했던 사나이였다. 그러니 그러한 사소한 시비가 붙어도 그냥 자리를 털고 있어났던 것이다. 비난이나, 야유 그리고 체통은 그와 관계없는 것이었다. 그러나 이런 묘사를 통하여 사마천은 형가의 검술이 정확하지 않으며 훗날 반드시 실패할 것이라는 복선을 이미 깔아놓고 있다.

470) 거문고와 비슷한 악기.

471) 이로부터 방약무인傍若無人이라는 말이 비롯되었다.

알아보고 그를 잘 대접하였다.

복수에 불타는 연나라 태자 단

형가가 연나라로 간 뒤 얼마 지나지 않아 진나라에 인질로 가 있던 태자 단(丹)이 연나라로 도망쳐 돌아왔다. 태자 단은 이전에 조나라에 인질로 있을 때 조나라에서 태어난 진왕(秦王) 정(政)과 어릴 때부터 죽마고우 사이였다. 진왕 정이 진나라 왕위에 오른 뒤 태자 단은 진나라에 인질로 남게 되었는데, 진왕 정은 어릴 때부터의 친구인 태자 단을 박대했다. 그러자 단은 원한을 품고 몰래 도망하여 귀국한 것이었다. 귀국한 태자는 원한을 풀기 위하여 진왕 정에게 보복해 줄 사람을 찾았다. 그러나 연나라는 작은 나라인 탓으로 그 일을 해낼 인물을 찾기 어려웠다.

당시 진나라는 그 위세가 날로 번성하여 산동 지방에 군사를 보내 제, 초, 삼진(三晉)을 공격하고 차츰 제후들의 영토를 점령하면서 연나라 국경으로 육박해 왔다. 연나라 왕과 신하들은 모두 전쟁의 재난이 닥칠 것을 두려워하였다. 태자 단도 매우 근심하여 태부(太傅)[472] 국무(鞠武)와 상의했다. 국무는 말했다. "진나라는 광대한 영토를 가졌으며 한, 위, 조의 세 나라를 위압하고 있습니다. 북쪽으로는 감천과 곡구(谷口)의 요충이 있고, 남쪽으로는 경수와 위수의 옥토가 있으며 파(巴)와 한중의 부를 독점하고 있습니다. 또한 서쪽으로는 농(隴)과 촉의 험산이 가로막고 있으며 동쪽으로는 함곡관과 효산의 요새를 지니고 있습니다. 더구나 인구도 많기 때문에 군사력이 강하며 무기도 여유가 많습니다. 진나라가 공격할 뜻만 있다면 우리 연나라의 운명도 결코 순탄하지 못합니다. 어찌 모욕을 당했다는 원한만으로 진나라의 역린(逆鱗)[473]을 건드리려 하십니까?"

"그렇다면 어떻게 해야 좋겠소?" 태자가 물었다. 이에 국무는 "제가 더 신중

---

472) 태자의 교육을 담당하는 관직

473) 전설상에 용의 목에 거꾸로 난 비늘이 있는데 이 비늘을 건드리게 되면 용이 성을 내어 죽인다고 한다. 그리하여 "역린을 건드린다"는 것은 왕의 성을 자초하여 위험에 빠진다는 의미이다.

하게 생각해 보겠습니다."라고 말하였다.

그 무렵 진나라 장군 번어기(樊於期)가 진나라 왕에게 죄를 짓고 연나라로 망명해 왔다. 태자 단은 그를 받아들이고 집을 주었다. 그러자 국무는 다시 태자에게 간언하였다. "안될 말씀입니다. 포악한 진나라 왕은 그렇지 않아도 지금 연나라에 감정이 좋지 않은데 번장군을 보호해 주고 있다는 소식을 들으면 어떻게 되겠습니까? 그것이야말로 굶주린 호랑이 앞에 고기를 갖다주는 격으로 재앙을 피할 수 없게 됩니다. 그러니 번어기 장군을 즉시 흉노로 보내십시오. 진나라에 구실을 주면 안 됩니다. 그런 연후에 삼진과 맹약을 맺고 제, 초와 연합하여 북쪽의 흉노와 동맹을 맺어야 합니다. 그렇게만 된다면 좋은 방법이 생길 수도 있습니다."

그러나 태자 단은 "당신의 계략대로 하려면 너무 시일이 걸리오. 나는 지금 마음이 급하오. 지금 번장군은 천하에 몸 둘 곳이 없어 나를 찾아 왔소. 진나라의 위협 때문에 그를 흉노 땅으로 쫓아 버릴 수는 없는 일이오. 내 목숨을 걸고서라도 감싸주고 싶소. 그러니 다른 방법을 생각해 주시기 바라오."라고 말했다.

이에 국무가 말했다.

"위험한 일을 하면서도 안전을 구하고, 화의 씨앗을 뿌리면서 오히려 행복을 추구하며, 천박한 것을 계획하면서 도리어 원한을 깊게 만들고, 새로운 친구를 만들기 위하여 국가의 재앙을 돌보지 않는 것이 이른바 '원한은 깊게 하고 후환을 크게 하는 일'입니다. 기러기 털을 화롯가에 올려놓게 되면 반드시 모든 것이 사라지게 됩니다. 흉포한 독수리와도 같은 진나라가 만약 연나라에 원한에 사무친 보복을 쏟아 붓게 된다면 그 결과는 과연 어떻게 되겠습니까? 제게 별다른 방책이 서지 않습니다만, 다행히도 연나라에 전광 선생이라는 분이 계십니다. 사려가 깊고 용기 있는 인물입니다. 가히 상의하실 수 있을 것입니다."

그러자 태자는 "태부의 소개로 전 선생을 만날 수 있겠습니까?"라고 물었다.

"그렇게 하겠습니다." 국무가 대답하였다.

죽음으로써 비밀을 지키다

국무는 전광 선생을 찾아갔다. "태자께서 선생에게 국사를 상의하고 싶어 하십니다."

전광은 이 요청을 정중하게 받아들여 태자를 방문했다. 태자는 전광을 맞아 공손하게 안으로 안내하고 무릎을 꿇고 앉으며 자리의 먼지를 손수 털었다. 전광이 자리에 앉자 태자는 사람을 물리치고 자기 자리에서 내려와 말하였다.

"연나라와 진나라는 같은 하늘 아래에서 함께 존재할 수 없습니다. 선생의 높은 의견을 듣고 싶습니다."

이에 전광이 대답했다. "기린은 전성기에 하루 천 리를 달립니다. 그러나 늙고 나면 쇠약한 말보다 오히려 못합니다. 태자께서 알고 계시는 저도 옛날의 저입니다. 지금은 이렇게 늙었습니다. 하지만 국사에 관한 일이라면 그냥 있을 수 없습니다. 제가 가까이 하고 있는 형가라는 인물이라면 도움이 될 줄로 압니다."

이에 태자 단은 마음이 급해졌다.

"전 선생님의 소개로 형경과 사귀고 싶은데 가능하겠습니까?"

"그렇게 해드리겠습니다."

전광은 일어나 빨리 그 자리를 물러나왔다. 태자는 문 입구까지 나와 전광을 배웅하면서 말했다.

"제가 말씀드린 일들과 선생이 말씀하신 것은 모두 나라의 큰일이니 누구에게도 말하지 마십시오." 그러자 전광은 고개를 숙이고 웃으며 "알겠습니다." 하고 대답했다.

전광은 구부정한 허리로 늙어 휘청거리면서도 곧 형가를 찾아갔다.

"부탁이 있어서 왔소. 나는 지금 태자의 부름을 받아 만나고 오는 길인데 태자께서 젊은 시절의 나를 알고 있을 뿐 이렇게 늙은 사실을 모르고 계시었소. 연나라와 진나라는 두 나라가 함께 존립할 수 없는데[474] 어떻게 하면 좋으냐고 물어왔소. 나는 당신과 나 사이를 외인(外人)이 아니라 여겨 당신을 추천하였소. 바라건대 궁으로 가셔서 태자를 만나 주시기를 바라오."

---

474) 세불양립勢不兩立

"그렇게 하겠습니다."

형가는 즉시 승낙했다. 그러자 전광이 말했다.

"뛰어난 인물은 남에게 의심받는 일은 하지 않는 법이오. 그런데 태자는 나라의 대사에 관한 것이니 남에게 말하지 말라고 나에게 말했소. 이 말을 들은 나는 일단 태자에게 의심을 받은 것이오. 남에게 내 행동을 의심받는다면 이미 의사(義士)라 할 수는 없소." 그는 자살로써 형가를 격려하고자 하였다. 그는 "빨리 태자를 만나 뵙고 나 전광이 이미 죽었으며 그로써 내가 비밀을 확실하게 지켰다고 전해주시오."라고 말하고는 그 자리에서 스스로 목을 찔러 자결하였다.

한 사람의 목과 지도 한 장만 지니고 장도에 오르다

형가는 곧 태자를 만났다. 우선 전광의 자결과 그가 남긴 말을 전했다. 그러자 태자는 두 번 절을 하며 바닥에 꿇어 앉아 무릎걸음으로 다가와 눈물을 흘렸다. 한참이 지난 후 비로소 태자는 목이 멘 채로 "전광 선생에게 비밀을 지켜 달라고 부탁한 것은 나라의 대사를 성취시키기 위해서였습니다. 그런데 전광 선생이 이렇게 죽음으로써 비밀을 지키려고 하신 것이 어찌 나의 본의겠소?"라며 탄식해마지 않았다.

형가가 자리에 앉자 태자는 자리에서 내려오더니 머리가 땅에 닿도록 절을 하고 말했다. "전광 선생은 나 같은 부족한 사람을 위해 당신을 만나 상의할 기회를 주셨습니다. 이는 가히 하늘이 연나라를 가련하게 생각하고 나를 버리지 않은 표시라고 할 것입니다. 지금 진나라의 탐욕은 끝이 없습니다. 천하의 영토를 모두 빼앗고 모든 나라의 왕을 신하로 굴복시킨다 해도 모자랄 것입니다. 이미 한나라 왕을 포로로 붙잡고 그 영토를 합병시켰으며, 지금 군사를 일으켜 남쪽에 있는 초나라를 공격하고 북쪽으로는 조나라를 치고 올라오는 중입니다. 조나라의 힘으로는 도저히 저항할 수 없으니 항복은 필연적이라 할 것입니다.

조나라가 항복하면 그 다음은 우리 연나라입니다. 우리 연나라는 약소국인데다 거듭되는 전란에 시달려 국력을 총동원하더라도 진나라의 상대가 될 수 없습니다. 제후들도 모두 진나라를 두려워해 합종을 제의해 오는 사람 하나 없습니다. 그래서 내 생각으로는 비록 보잘것없고 어리석은 방법이지만 천하에서 얻기 어려운 한 분의 용사를 청하여 진나라에 사신으로 보내려 합니다. 많은 이익으로써 진왕을 유혹한다면 진왕은 탐욕스럽기 때문에 반드시 우리의 희망이 이뤄질 것입니다. 만약 진왕을 일단 인질로 잡게 된다면 노나라의 조말(曹沫)이 제나라의 환공에게 했듯이 진왕을 협박하여 제후들로부터 빼앗은 영토를 모두 반환하라고 요구하는 것입니다. 다행히 이에 응하면 가장 좋겠지만 만일 듣지 않는다면 찔러 죽여 버리는 것이지요. 지금 진나라는 장군들이 국외에 나가 연전연승하고 있지만 국내에서 혼란이 일어난다면 군주와 신하들 사이에 서로 갈등이 초래될 수 있습니다. 그 틈을 타서 제후들이 합종을 이루면 반드시 진나라를 격파할 수 있을 것입니다. 이것이 나의 염원입니다. 그러나 도무지 부탁할 만한 인물을 찾을 수 없었습니다. 부디 형경께서 이 일에 관심을 가져주시길 바랍니다."

한동안 침묵이 흘렀다. 얼마 후 형가가 말했다. "이는 나라의 막중한 일입니다. 신은 용렬하고 무능하여 태자님의 바람을 이뤄내지 못할까 두렵습니다." 그러자 태자는 머리를 땅에 닿게 절을 하며 재삼재사 형가에게 간곡하게 부탁하였다. 형가는 결국 청을 받아들였다.

태자는 형가에게 상경(上卿)의 벼슬을 주고 호화로운 저택을 주었다. 그리고 날마다 찾아가 문안을 하면서 가장 풍성한 태뢰(太牢)[475]의 식사를 할 수 있도록 했으며, 때로는 거마(車馬)와 미녀들을 보내 마음껏 즐거운 시간을 보내도록 하여 그의 마음에 흡족하도록 하였다.

이렇게 시간이 많이 흐르고 있었다. 그러나 형가는 전혀 출발할 생각을 하지 않았다. 그동안 진나라 장군 왕전은 조나라를 격파하고 왕을 포로로 사로잡았다. 그리고 조나라의 전 국토를 빼앗고 계속 북진하여 연나라의 남쪽 국경까지 이르게 되었다. 태자는 매우 초조하여 형가에 물었다. "진나라 군대가 당장 역수(易水)를 건널 기세입니다. 언제까지 이렇게 있으시겠습니까?"

이에 형가가 대답했다. "실은 제가 말씀드리고 싶은 것이 있습니다. 지금 진나라로 간다고 하더라도 진나라 왕에게 접근할 수 없습니다. 그래서 여쭈어보

---

475) 소, 양, 돼지 한 마리씩 마련하는 식사로서 고대 제사 혹은 접객의 가장 성대한 예절을 말한다.

고자 합니다만, 진나라 왕은 연나라에 망명해 온 번장군의 목에 황금 천근과 1만 호의 땅을 주겠다고 현상을 걸었습니다. 그러므로 번어기 장군의 목에 우리의 옥토(玉土)인 독항(督亢)을 더해 바치겠다고 하면 진나라 왕은 기뻐하여 사신을 만나볼 것입니다. 그렇게 할 수 있도록 해 주신다면 태자의 은혜에 보답해 드릴 수 있을 것 같습니다."

그러자 태자는 대답했다. "번어기 장군은 갈 곳이 없어 나를 찾아온 사람입니다. 그분을 상하게 할 수는 없습니다. 제발 다른 방법을 생각해 주시기 바랍니다."

형가는 더 이상 태자와 상의해도 소용없다고 결론을 내렸다.

그는 사람 눈을 피해 몰래 번어기 장군을 찾아갔다. "정말 진나라의 잔혹함은 이루 말할 수 없을 정도입니다. 장군의 부모님과 자손들은 모두 주살당했고 또 장군의 목에 황금 천근과 1만호 식읍의 현상이 걸려 있습니다. 이제 장군께서는 도대체 어떻게 할 생각이십니까?" 번어기는 하늘을 쳐다보며 탄식했다. 그리고 눈물을 흘리며 말했다. "그것을 생각할 때마다 뼈에 사무칩니다. 그러나 뾰족한 방법이 달리 있지도 않아 안타깝습니다."

그 틈을 놓치지 않고 형가가 조용히 말을 이었다. "한 가지 방법이 있기는 있습니다. 연나라의 화근을 없애고 또 장군의 원수도 갚을 수 있는 방법이 있지요."

"어떤 방법이 있겠습니까?" 번어기는 바싹 다가앉았다.

형가는 차분히 말했다. "장군의 목을 가져다 진나라 왕에게 바치는 것입니다. 그러면 진나라 왕은 흔쾌하게 우리를 만나줄 것입니다. 그때 진나라 왕의 소매를 왼쪽으로 잡고 오른손으로 가슴에 칼을 푹 찌르는 것입니다. 그렇게 되면 장군의 원수도 갚고 연나라의 피해도 막을 수 있습니다. 어떻게 하겠습니까?"

그러자 번어기가 상반신을 벗고 다가앉으며 말했다. "그것이야말로 내가 밤낮으로 절치부심[476]하여 찾던 방안이오. 이제야 그 가르침을 얻게 되었소. 그대에게 뒷일을 부탁하오."

그러면서 번어기는 스스로 자기 목을 찔렀다. 태자는 이 소식을 듣고 급히 달려와 번어기의 시체를 안고 비통에 잠겨 울었다. 그러나 이미 어쩔 수 없는

---

476) 절치부심切齒腐心, 복수에 뜻을 두고 이를 갈고 속을 썩인다는 말.

일이었고, 번어기의 목은 함에 곱게 넣어졌다.

태자는 계획을 완수하기 위하여 천하제일의 예리한 비수를 구하려 하여, 마침내 조나라 서부인(徐夫人)의 비수를 금 백 근을 주고 사들였다. 이 비수에 독약을 칠해 말린 후 사람에게 시험해 보니, 살짝 피가 났는데도 그 자리에서 즉사했다.

드디어 모든 준비가 끝나자 떠날 날만을 기다리게 되었다.

바람은 스산하고 역수(易水)는 차다

연나라에 진무양(秦舞陽)이라는 용사가 있었다. 열세 살 때 이미 사람을 죽인 자로 누구도 감히 그를 불만의 눈초리로 쳐다보지 못했다. 태자는 이 사나이를 형가에게 붙여 따라가게 했다. 그러나 형가에게는 따로 도움을 받을 사람이 있었다. 그 사람은 먼 곳에서 오기로 되어 있었는데 아무리 기다려도 소식이 없었다. 그러는 동안 자꾸만 시일이 늦춰졌다. 태자는 초조해졌고 형가의 결심이 흔들리지 않았나 하는 걱정까지 하게 되었다. 태자가 말했다. "계획을 변경하지 않을 줄은 알지만 이제 일각이 급해졌습니다. 진무양이라도 먼저 출발시키고 싶습니다만 어떻겠습니까?"

그러자 형가는 크게 화를 냈다. "그런 젊은 애를 먼저 보내 무엇을 할 수 있다는 말입니까? 비수 한 자루에 몸을 맡기고 다시는 돌아오지 못할 진나라에 찾아가 맞선다고 생각하니 의지할 친구가 필요했던 것입니다. 하지만 너무 늦어진다고 하시니 즉시 떠나겠습니다."

그리하여 형가는 집을 떠나게 되었다. 태자를 비롯하여 사정을 아는 사람들이 모두 흰옷을 입고 흰 모자를 쓰고서 역수까지 전송하였다. 형가는 친구인 고점리가 연주하는 축의 음조에 맞춰 비장감이 도는 변치조(變徵調)[477]로 노래를 불렀다. 마중 나온 사람들 모두 눈물을 흘렸다. 형가는 떠나기 전에 노래를 하였다.

바람은 스산하고,

---

477) 고대 악률樂律은 궁宮, 상商, 각角, 변치變徵, 치徵, 우羽, 변궁變宮의 7조로 나뉘어 있었다. 변치조는 서양음악의 F조에 해당하며, 이 조는 처량하고 구슬프며 비장감이 있다.

역수는 차구나.

장사(壯士)는 한 번 가면,

다시 돌아오지 못하리.

(風蕭蕭兮 易水寒, 壯士一去兮 不復還)

그러고는 다시 북받쳐 오르는 분노와 한탄으로 가득 찬 우성조(羽聲調)[478]로 바뀌었다. 형가의 노래에 사람들이 마침내 모두 눈을 부릅뜨게 되고 머리털이 모두 뻣뻣하게 곤두서게 되어 머리에 쓰고 있던 관을 밀어올릴 정도였다. 드디어 형가는 마차에 올랐다. 마차에 오르자마자 그는 한 번도 뒤를 돌아보지 않은 채 길을 떠났다.

형가의 탄식

진나라에 도착한 형가는 우선 몽가라는 진왕의 총신(寵臣)에게 천금의 뇌물을 주고 진나라 왕을 만나게 해 달라고 부탁했다. 몽가는 진나라 왕에게 아뢰었다.

"연나라 왕은 대왕의 위세가 두려워 고개를 숙이고 신하가 되어 다른 제후들처럼 공물을 보내왔습니다. 연나라 왕은 오직 선조의 종묘를 지키는 것이 소원이라고 합니다. 그래서 스스로 사죄하는 뜻으로 번어기의 목을 자르고 연나라의 옥토인 독항의 지도를 함께 들려 가지고 사자를 보냈습니다. 이 사자를 보낼 때 연왕이 직접 뜰 앞까지 전송했다고 합니다. 대왕께서는 그들을 만나 분부를 내려주시기 바랍니다."

진나라 왕은 크게 기뻐하여 9빈(九賓)[479]의 예를 갖추고 사자를 궁전으로 불러들였다. 형가는 번어기의 목이 든 함을 들었고 진무양은 독항의 지도 상자를 들고 형가를 뒤따랐다. 층계 아래까지 갔을 때 진무양이 너무 긴장하여 안색이

---

478) 서양음악의 A조에 해당하고 음조는 높고 성음은 격앙된다.

479) 외교상 최고의 예우, 9명의 예절 담당 인원이 손님을 차례대로 맞이한다. 다른 일설은 아홉 가지 서로 다른 예절.

창백해지고 몸을 떨었다. 여러 신하들이 이를 수상하게 여기는 듯하자 형가는 진무양을 돌아보며 웃음을 띠고 말했다.

"그는 북쪽 변방의 오랑캐로서 이제껏 천자를 뵈온 적이 없어 이렇게 무서워 떨고 있습니다. 대왕께서는 관용을 베푸셔서 그로 하여금 사자로서의 임무를 마칠 수 있도록 해 주십시오."

그러자 진나라 왕은 "우선 진무양이 가지고 온 지도를 펼쳐 보거라!" 하고 말했다. 형가는 지도를 가지고 위로 올라갔다. 진나라 왕은 지도를 펼쳤다. 지도가 다 펴지자 홀연 비수가 나왔다. 순간 형가는 왼손으로 왕의 소매를 잡고 오른손으로 비수를 쥐고 찔렀다. 그러나 비수는 왕의 몸에 닿지 못했다. 진왕은 크게 놀라 몸을 뒤로 빼며 벌떡 일으켰다. 하지만 옷소매가 잘렸다. 진왕이 칼을 뽑으려 했는데 칼이 너무 길어 다만 칼집만을 잡았을 뿐이었다. 그는 너무 놀라고 긴장되었는데, 더구나 칼이 칼집에 너무 꽉 끼여 있어서 칼을 뽑을 수 없었다. 형가는 급히 진왕을 쫓았다. 왕은 기둥을 돌아 급하게 도망쳤다. 신하들은 모두 놀라 멍하니 있었다. 너무 갑자기 일어난 일이기 때문에 그들은 모두 넋을 잃고 있었다. 당시 진나라 법률은 어전 앞에서 신하들은 아무기 작은 병기라도 휴대할 수 없도록 금하고 있었다. 또한 낭중(郎中)[480]들은 단 아래에 배치된 채 손에 병기를 들고서 왕의 명령이 없이는 누구도 전상(殿上)에 올라갈 수 없었다.

긴급한 때에 시위 군사에게 명령을 내릴 시간도 없었기 때문에 형가는 계속 왕을 추격할 수 있었다. 신하들은 어쩔 줄 몰랐다. 진왕의 손에는 형가를 공격할 아무런 물건도 없었고 오직 맨손으로 형가와 싸움을 벌였다. 그때 왕의 시의(侍醫)인 하무저가 가지고 있던 약주머니를 형가에게 집어던졌다. 진왕은 막 기둥을 돌아 피했지만 어찌할 바를 몰랐다.

옆에 있던 신하들이 소리쳤다.

"대왕, 칼을 등에 지고 뽑으십시오!" 이 말을 듣고 왕은 칼을 등에 지고 비로소 칼을 빼내게 되었다. 왕은 즉시 칼로 형가의 왼쪽 다리를 베었다. 형가는 불구가 되었고, 있는 힘을 다해 비수를 왕에게 던졌다. 그러나 적중되지 않았다. 칼은 왕의 옆에 서 있던 기둥에 꽂혔다. 진왕은 다시 형가를 공격하였고 모

---

480) 황제의 시종

형가, 진왕을 찌르다.

두 여덟 곳을 베었다. 형가는 이미 일이 실패했음을 알고 다리를 쫙 벌린 채[481] 기둥에 기대어 웃으며 말했다. "거사가 실패한 것은 너를 산 채로 협박하여 네가 빼앗은 제후들의 토지를 되찾고 그것을 우리 태자에게 보고하려 했기 때문이었다." 이때 옆에 있던 신하들이 서로 형가를 찔렀다. 그러나 진왕은 마음이 오랫동안 몹시 좋지 않았다.

그 뒤 공을 논하고 여러 신하들에게 상벌을 내렸는데, 각기 차등을 두었다. 하무저에게는 황금 200일(溢)을 주며 "무저가 나를 사랑하여 약주머니를 형가에게 던졌다."라고 말하였다.

고점리, 눈을 잃고 복수를 벼르다

이렇게 형가는 실패했다. 진나라 왕은 이 사건으로 연나라에 대하여 크게 노하여 조나라에 병력을 증파하고 왕전 장군에게 즉시 연나라를 공격하도록 명령했다. 왕전은 10월에 연나라 수도를 함락시켰다. 연왕 희(喜)와 태자 단은 정예병을 이끌고 요동으로 후퇴하였다. 대왕(代王) 가(嘉)는 연왕 희에게 곧 서신을 보냈다.

---

481) 이는 일종의 상대방을 경멸하는 동작을 뜻한다.

"진나라가 특별히 연나라 왕을 추격하는 까닭은 태자 단 때문입니다. 지금 왕께서 단을 죽여 진나라 왕에게 바친다면, 진나라 왕은 반드시 노여움이 풀고 용서할 것입니다. 그렇게 되면 연나라의 수명이 연장되고, 사직(社稷)은 다행히 계속 제사를 받들게 될 것입니다."

그 후에도 진나라 장군 이신이 연왕을 급히 추격하자, 단은 연수(衍水) 가운데 있는 섬에 몸을 숨기었고, 연왕 희는 사람을 보내 태자 단의 목을 베어 진나라에 바치고자 하였다. 그러나 진나라는 계속 연나라를 공격하였다. 5년 후, 진나라는 마침내 연나라를 멸하고 연왕 희를 사로잡았다.

다음 해 진나라는 천하를 병탄하였고, 진왕은 황제를 칭했다.[482] 이때 진나라는 태자 단과 형가의 지인과 친구를 체포하고자 하여 이들 모두가 사방으로 도망하였다. 형가의 친구 고점리는 연나라가 망할 때, 송자(宋子)현에 숨어 이름을 바꾸고 남의 집 머슴으로 일했다. 그는 오랫동안 괴롭게 지냈는데, 주인집 마루 위에서 객이 축을 타는 소리를 들으면 주변을 방황하며 떠나지를 못하였다. 그러면서 매번 "저 사람은 어떤 점은 좋은데, 어떤 점은 부족하구나."라고 평하곤 하였다. 하인이 그 주인에게 "저 머슴은 소리를 들을 줄 아는지 혼자서 좋고 나쁨을 평하고 있습니다."라고 말하였다. 그러자 집 주인이 고점리를 불러 자기 앞에서 축을 타게 하였는데, 그 자리에 있던 사람들이 모두 잘한다고 칭찬하며 술을 주었다. 이에 고점리는 오랫동안 숨어서 두려움과 가난 속에 살아보아야 끝이 없겠다고 생각하고, 자리에서 물러나 축과 좋은 옷을 꺼내어 차림새를 바꾸고 다시 나타났다. 자리에 앉았던 객들이 모두 놀라서 자리에서 내려와 서로 대등한 예의를 갖추고 그를 상객으로 모셨다. 그가 다시 축을 타며 노래를 불렀는데, 눈물을 흘리며 돌아가지 않은 손님이 한 사람도 없었다. 송자현 사람들은 돌아가면서 그를 불렀고, 그 소문은 마침내 진시황의 귀까지 들리게 되었다. 진시황이 그를 불러 만나보자, 어떤 사람이 그를 알아보고 "이 사람이 고점리입니다."라고 말하였다. 진시황은 축을 잘 타는 그의 솜씨를 아깝게 여겨 특별히 죄를 용서하고 다만 그의 눈을 멀게 만들어 축을 타게 하였는데, 연주할 때마다 칭찬하지 않은 적이 없었다. 진시황이 나날이 그를 가까

---

482) 이가 바로 진시황이다.

이하자, 고점리는 납덩어리를 축 속에 감추어두고 진시황 곁에 가까이 갔을 때 축을 들어 진시황을 내리쳤으나 맞지 않았다. 진시황은 결국 고점리를 죽이고 평생 동안 두 번 다시 제후국의 사람들을 가까이하지 않았다. 노구천은 형가가 진나라 왕을 찔러 죽이려 하였다는 소문을 듣고 혼자 말하였다. "아아! 아깝게 도 그는 검의 기술을 잘 연구하지 못하였구나! 내가 이전에 그를 너무 몰랐도 다! 당초 내가 그를 꾸짖었을 때, 그는 나를 자신과 뜻을 같이할 수 있는 사람 으로 보지 않았을 것이다!"

2) 사나이는 자기를 알아주는 이를 위해 죽는다[483]
– 예양

예양(豫讓)은 진(晉)나라 사람으로 일찍이 범(范)씨 및 중행(中行)씨의 대신(大臣)으 로 있었다. 그러나 명성을 떨치지 못하고 그곳을 떠나 지백(智伯)의 휘하로 들어 가게 되었다. 지백은 그를 극진하게 대접하였으며 사람됨을 높이 평가하여 매 우 아껴 주었다. 그러나 예양이 지백의 후대를 받으며 살아가던 중 지백이 살 해당하는 사건이 발생하였다.

조간자, 수전(水戰)으로써 반격하다

원래 진(晉)나라의 6경(六卿)은 범씨, 중행씨, 지씨, 그리고 한, 위, 조의 여섯 사람이었다. 범씨와 중행씨는 먼저 멸망하고 나머지 네 사람이 세력 다툼을 벌 이게 되었는데, 그 중에서도 지백의 세력이 가장 강했다. 지백은 세 사람에게 땅을 바치라고 강요하였다. 한의 강자(康子)는 굴복하여 만 호를 내주었고 위의 환자(桓子)도 만 호를 주었다. 그러나 조의 양자(襄子)는 지백의 요구를 거절했다. 지백은 크게 노하여 조양자를 공격하였으며 한과 위에게도 군사를 동원토록

---

483) 士爲知己者死

하여 연합군으로 조양자를 공격하였다. 조양자는 진양성에서 대치하였다. 진양성은 조양자의 아버지 조간자가 다스릴 때 선정을 베풀어 백성들이 조씨와 죽음으로써 싸우기로 맹세하던 곳이었다. 진양성은 일치단결하여 지백이 거느린 연합군과 맞섰다. 지백은 진양성을 포위하고 하천을 막아 그 물을 모두 진양성 안으로 몰아넣었다. 성을 물에 잠기게 하자는 작전이었다. 진양성은 물에 자꾸 잠기어 갔다. 이때 조양자는 계책을 냈다. 그는 몰래 신하를 한, 위의 진영에 파견하여 설득했다.

"만일 우리 조씨가 망하면 그 다음은 누구 차례입니까? 입술이 없어지면 이가 시리게 되는 것입니다.[484] 결국 지백에 모두 멸망당하게 될 뿐입니다. 우리 셋이 힘을 합해 지백을 치는 것만이 함께 살 수 있는 길입니다."

"그렇다면 과연 지백을 이길 계책이 있습니까?"

"지금 진양성으로 흘러 들어오는 물길을 지백의 진영으로 돌린다면 반드시 이길 수 있습니다."

이렇게 하여 세 진영은 날짜와 시간을 맞추어 정했다. 조양자는 약속된 날짜에 군사를 보내어 제방을 지키던 지백의 군사를 죽이고 물길을 지백 진영으로 돌렸다. 갑자기 물난리를 만나 우왕좌왕하는 지백의 군사를 한, 위의 군대가 일제히 협공하고 조양자가 정면에서 공격하니 지백의 군사는 대패하였다. 조양자는 지백을 죽이는 한편, 일족을 모두 멸망시키고 천하를 삼분하여 조, 한, 위로 나눴다. 그리하여 이를 사람들은 3진(三晉)이라 불렀다. 그런데 조양자는 지백을 지독하게 증오하여 그를 죽인 것에 만족하지 않고 지백의 두개골에 칠을 하여 요강으로 사용할 정도였다.

나를 알아주는 이를 위해 죽겠다

이때 예양은 산 속으로 도망해 혼자 다짐하였다. "아아! '사나이는 자기를 알

---

484) 순망치한脣亡齒寒

아주는 이를 위해 죽고, 여인은 자기를 기쁘게 하는 이를 위해 얼굴을 꾸민다.'[485] 고 하였다. 지백이야말로 진실하게 나를 알아준 사람이었다. 내 반드시 그의 원수를 갚고야 말겠다. 그렇게 될 때 비로소 내 혼백이 부끄럽지 않을 것이다."

그 후 예양은 이름을 바꾸고 죄인들의 무리에 끼어 조양자(趙襄子)의 궁중에 들어가 변소의 벽을 바르는 일을 하였다. 그러면서 양자를 찔러 죽일 기회만을 노렸다. 어느 날 양자가 변소에 갔는데 몹시 가슴이 두근거리므로 이상하게 여겨 벽을 바르는 죄수들을 심문하게 되었다. 과연 품속에 비수를 지니고 있던 예양을 찾아냈다. 양자는 몹시 화가 나서 그 까닭을 묻자 예양은 태연하게 "지백을 위해 원수를 갚으려 하였소." 하고 대답하였다. 좌우에 있던 신하들이 달려들어 예양을 죽이려고 했다. 그러나 양자는 그들을 말렸다. "저 사람은 의리 있는 선비이다. 나만 조심하면 되는 일이다. 더구나 지백이 죽고 자손도 없는데 그의 가신이 그를 대신하여 옛날의 의리로써 복수를 하려 함은 천하의 현인이 아닐 수 없다." 그러고는 예양을 풀어 주었다.

얼마 후 예양은 또다시 복수를 위해 몸에 옻칠을 하여 나병을 가장하고 숯가루를 먹어 목소리를 쉬게 하였다.[486] 그렇게 남이 알아볼 수 없도록 변장하고 거리에 나가 걸식을 했다. 그러자 그의 부인조차 그를 알아보지 못했다.

어느 날 길에서 친구를 만났는데 그는 "예양이 아닌가?"라고 물었다. 예양이 고개를 끄덕이자 친구는 울면서 말했다. "자네의 재능으로 양자의 신하가 되면 양자는 틀림없이 가까이 하고 총애할 것이네. 그런 뒤에 자네가 하고 싶은 일을 하면 오히려 쉽지 않은가? 왜 하필이면 이렇게 몸을 자학하고 얼굴을 수치스럽게 하여 원수를 갚으려 하는가! 이러한 방법으로 조양자에게 복수하는 목적에 도달하는 것이 오히려 더 어렵지 않겠는가?"

그러자 예양은 말했다. "몸을 맡겨 신하가 되면서 주인을 죽이려 하는 것은 두 마음을 품은 자의 행동이다. 지금 내가 하고 있는 일은 매우 견디기 힘든 일이지만 그렇게 함으로써 천하에 남의 신하가 되어 두 마음을 품은 자들로 하여금 수치를 느끼도록 하려는 것이다."

---

485) 士爲知己者死, 女爲說己者容
486) 칠신탄탄, 漆身呑炭

그로부터 얼마 후 조양자가 외출을 하려 할 때 예양은 양자가 지나는 길의 다리 아래 숨어 기다리고 있었다. 양자가 다리에 이르자 말이 놀라 껑충 뛰었다. 양자는 놀라면서 "이는 틀림없이 예양 때문이다." 하고 주위를 수색하자 과연 예양이 있었다. 양자는 예양을 꾸짖었다. "그대는 일찍이 범씨, 중행씨의 수하에 있지 않았는가? 지백은 그 두 사람을 모두 죽였다. 그런데 그대는 그 복수도 하지 않고 오히려 지백에게 몸을 맡겨 그를 섬겼다. 그 지백도 이제 죽었다. 그대는 어찌 지백만을 위해 이토록 끈질기게 복수하려 하는가?"

그러자 예양은 "내가 범씨와 중행씨 수하에 있었던 것은 사실이지만 그 두 사람은 모두 나를 그저 일반 사람으로만 대하였소. 그러므로 나도 그들을 그저 그런 사람으로 대한 것이오. 그러나 지백은 나를 국사(國士)로 대우하였소. 따라서 나는 국사로서 그에게 보답을 하려는 것이오."라고 대답하였다.

양자는 장탄식을 하였다. "아, 예자여, 예자여! 그대가 지백을 위해 애쓴 목적은 이미 이루었도다. 내가 그대를 용서해 주는 것도 이제 할 만큼 다했다. 나도 더 이상 놓아줄 수가 없지 않겠는가?"

그러고는 군사에게 명령하여 그를 체포하도록 하자 예양이 말했다. "'명군(明君)은 다른 사람의 미덕을 덮어 숨기지 않고 충신은 명예와 절개를 위해 죽는 의로움이 있다'고 들었소. 지난번 당신이 나를 관대히 용서한 일로 천하에서 그대의 현명함을 칭찬하지 않는 자가 없소. 오늘 나는 당연히 죽음을 면하기 어렵지만 한 가지 바라는 것은 당신의 의복을 얻어 그것만이라도 베어 복수의 마음을 드러내고 싶소. 그렇게 될 수 있다면 죽어도 여한이 없겠소. 나의 요구가 그대로 받아들여진다고 감히 기대하는 것은 아니오. 다만 나의 마음을 당신에게 솔직하게 털어놓은 것이오."

양자는 예양의 의협심에 크게 감동하고 하인을 시켜 자기 의복을 가져오게 하여 예양에게 주었다. 예양은 칼을 뽑아 세 번을 뛰어 올라 단칼에 옷을 베면서 "나는 구천에서 지백에게 보답하리라!"라고 말하고는 칼에 엎어져 자살하였다. 예양이 죽은 이날 조나라의 지사들은 이 말을 전해 듣고 눈물을 쏟으며 울지 않은 자가 없었다.

3) 장한 그 이름을 어찌 빛내지 않으리오
　- 섭정(聶政)

　섭정(聶政)은 지읍(軹邑)[487] 심정리(深井里) 사람이다. 그는 일찍이 집안의 원수를 갚기 위해 사람을 죽이고 어머니, 누나와 함께 제나라에 몸을 피해 백정 노릇을 하며 살았다.

　한편 당시 엄중자라는 사람은 한나라 애후(哀侯) 조정에서 일하고 있었는데, 그는 재상인 협루(俠累)와 원수 사이가 되었다. 엄중자는 협루가 자신을 죽일 것을 두려워하여 한나라를 떠나 사방으로 협루에게 보복해 줄 사람을 물색하고 나섰다. 제나라에 도착했을 때 어떤 사람이 그에게 말하였다. "이 동네에 섭정이라는 매우 용기 있고 담력이 있는 사람이 살고 있습니다. 그는 지금 몸을 피해 백정일을 하면서 살고 있지만 사람이 매우 현명하고 의리 있습니다."

　이 말을 듣고 엄중자는 그의 집으로 찾아가 인사하고 그 후에도 몇 번 찾아가 사귀게 되었다. 그러던 어느 날 엄중자는 섭정을 찾아가 술자리를 만들었다. 술자리가 무르익자 그는 황금 백 냥을 받들고 섭정의 어머니 앞으로 나아가 장수를 빌었다. 그러자 섭정은 너무나 많은 선물에 깜짝 놀라면서 거듭 사양했다. 엄중자가 선물을 계속 고집하자 섭정은 "저는 다행히도 노모님이 살아계시고 집이 가난해 객지로 떠돌면서 백정 노릇을 합니다만, 아침저녁으로 좋은 음식을 얻어 늙으신 어머님을 봉양하고 있습니다. 어머님께 봉양할 음식은 충분하오니 당신께서 주시는 선물은 받을 수가 없습니다."라며 사양하였다.

　엄중자는 주위 사람들을 잠시 옆방으로 보낸 다음 이렇게 말했다. "제게 피맺힌 원수가 있습니다. 그래서 그 원수를 갚아줄 사람을 찾아 천하를 돌아다녔습니다. 그러다가 이곳에 와서 당신의 용기가 매우 높다는 말을 듣게 되었습니다. 제가 드린 것은 단지 어머니 봉양에 보태 쓰시라는 뜻에 불과합니다. 서로 친교를 더하자는 것일 뿐 다른 의도는 없습니다."

　그러자 섭정은 "제가 뜻을 굽히고 몸을 욕되게 하면서 시장바닥에서 백정 노릇이나 하는 까닭은 오직 연로하신 어머님을 봉양하고 싶었기 때문입니다.

---

487)　위나라 읍 이름으로서 현재의 하남성.

어머님이 살아계시는 한 아직 제 몸을 감히 남을 위해 희생할 것을 응낙할 수는 없습니다."라고 말했다. 엄중자는 계속 선물을 주려 했지만 섭정은 끝내 받지 않았다. 하지만 엄중자는 끝내 예의를 다하고 떠났다.

세월이 흘러 섭정의 어머니가 죽었다. 섭정은 장례를 마치고 상복도 벗은 후 이렇게 탄식하는 것이었다. "아! 나는 시장바닥에서 칼을 휘둘러 개, 돼지나 잡는 백정일 뿐이다. 그런데 엄중자 그는 제후국 경상(卿相)의 신분으로 천릿길도 마다 않고 자존심을 굽혀 찾아와 나와 친구로 사귀었다. 나는 참으로 아무 것도 그에게 해준 일이 없는데도, 그는 황금 백 냥을 받들어 어머님의 장수를 빌었다. 비록 내가 받지는 않았지만, 그는 진정으로 나를 알아준 사람이다. 그와 같은 현자가 원수를 갚기 위하여 특별히 궁벽한 사람을 신뢰하고 친하게 하였으니 어찌 내가 가만히 있을 수가 있겠는가! 전에 그분이 부탁했을 때는 어머님이 계셨기 때문에 사양했다. 이제 어머님께서 천수를 누리고 돌아가셨으니, 나는 지금부터 마땅히 나를 알아주는 사람을 위해 힘을 보태야 할 것이다."

그러고는 곧장 길을 떠나 엄중자를 만났다. "전에 제가 당신의 부탁을 들어드리지 못한 것은 어머님이 살아계셨기 때문입니다. 이제 어머님께서 천수를 누리시고 돌아가셨습니다. 당신께서 원수를 갚으려는 자가 누구인지 제 손으로 처리할 수 있도록 해 주십시오."

이에 엄중자는 자세하게 대답했다. "저의 원수는 한나라의 재상인 협루입니다. 그는 한나라 왕의 숙부로서 가족이 대단히 많고 살고 있는 곳의 경비도 매우 삼엄합니다. 이제까지 몇 번이나 사람을 시켜 그 자를 죽이려 했으나 매번 실패했습니다. 지금 당신이 다행히도 포기하지 않았으니, 수레와 장정들을 많이 붙여서 당신을 돕고자 합니다."

그러자 섭정이 말했다. "이런 일에는 사람이 많으면 오히려 실패합니다. 사람이 많으면 반드시 실수가 발생하지 않을 수 없고, 실수가 발생하면 기밀이 곧 누설되며, 기밀이 누설되면 곧 한나라 전체가 당신과 원수가 되니 어찌 위험하지 않겠습니까?" 그러면서 수행원과 마차를 사양하고 혼자 떠났다.

섭정은 칼 한 자루만 지닌 채 길을 떠나 협루의 집에 도착하였다. 협루는 당상에 앉아 있고 무기를 든 시위 무사들은 매우 많았다. 그러나 섭정은 단숨에 집에 뛰어들어가 계단을 올라가서 협루를 단칼에 찔러 죽였다. 그러자 시종하던 사람들 사이에 큰 난리가 일어났다. 섭정은 그들을 큰 소리로 꾸짖으며 수십 명이나 쳐 죽였다. 그러고는 스스로 얼굴 가죽을 벗기고 눈을 도려냈으며 배를 갈라 창자를 끄집어내고는 곧 죽었다.

한나라 조정은 섭정을 효수하고 시체를 시장에 내걸면서 그가 누구인지 아는 자에게 상을 걸었다. 하지만 아무도 아는 자가 없었다. 그러자 한나라는 다시 많은 돈을 걸고 국상 협루를 죽인 자의 성명을 밝힐 수 있는 사람에게 천금을 주겠다고 선포하였다. 하지만 시간이 흘러도 여전히 아는 사람은 나타나지 않았다.

천릿길을 달려와 나란히 이름을 빛내다

한편 섭정의 누나인 섭영은 누군가 한나라 국상 협루를 죽였는데 아직 범인을 잡지 못하였고 아무도 그의 성명을 알지 못하며, 따라서 그 시체를 시장에 걸어놓고 천금의 현상금을 걸었다는 소문을 들었다. 그녀는 수심에 가득한 목소리로 "분명 내 동생일 것이다! 아이고! 엄중자는 내 동생을 알아주었다."라고 말하였다. 그러고는 즉시 길을 떠나 한나라로 갔다. 섭영은 곧바로 시체가 있는 시장 거리로 갔다. 그녀는 시체가 동생 섭정임을 한눈에 알아볼 수 있었다. 그녀는 동생의 시체 위에 엎드려 슬픔에 겨워 하염없이 눈물을 흘리며 통곡했다.

"이 사람은 지읍 심정리 사람 섭정입니다!"

그러자 모여든 사람들이 말했다.

"이 사람은 우리나라 국상을 잔혹하게 죽인 자로서 나라에서 천금의 현상금을 걸고 그 이름을 알려 하고 있소. 부인, 당신은 들어보지도 않았소? 어찌 감히 그를 안다고 하는 것이오?"

이에 섭영은 이렇게 말하였다.

"나도 알고 있습니다. 원래 섭정이 온갖 모욕을 무릅쓰고 저잣거리에 자기를 던져 살았던 것은 늙으신 어머님이 살아 계시고, 내가 결혼하지 않았기 때문이었습니다. 현재 노모는 천수를 누리시고 세상을 떠났고 나 역시 남편에게 시집을 갔습니다. 원래 엄중자는 동생이 가난하고 어려운 처지에 있을 때 그의 사람됨을 알아보고 사귀었으며 그에 대한 은택이 매우 두터웠습니다. 그러니

다른 방도가 있겠습니까? 선비란 마땅히 자기를 알아주는 사람을 위해 죽는 법입니다. 이제 동생은 누나가 아직 살아 있기 때문에 자기 몸을 몰라보게 해쳐서 내가 연루되지 않도록 한 것입니다. 하지만 어찌 내 한 몸이 죽는 것을 두려워하여 현명한 동생의 이름을 그냥 사라지도록 하겠습니까!"

이 말에 사람들은 크게 놀랐다.

그녀는 "하늘이여!"라고 크게 몇 번 외치고는 마침내 비애에 맺힌 오열이 극도에 이르러 섭정의 곁에서 죽었다. 이 소식을 들은 세상 사람들은 모두 이렇게 말했다.

"비단 섭정이 용감한 사람일 뿐만 아니라 그 누나 섭영 또한 열녀로다! 만약 섭정이 자기 누나가 참지 않고 시체의 신원을 드러내 동생의 이름을 드날리기 위하여 천 리 험한 길을 달려와서 누나와 동생이 시장 바닥에서 함께 죽기를 원했다는 사실을 알았다면, 아마도 그는 엄중자의 부탁을 받고 보복해 주지 못했을 것이다. 엄중자 역시 인재를 잘 알아볼 수 있었으며, 결국 이러한 의사(義士)를 얻었도다!"

태사공은 말한다.

"세상에서 형가를 말하고 태자 단의 운명을 논할 때 '하늘에서 조와 쌀이 떨어지고, 말의 머리에 뿔이 돋아났다.'는 말들을 하는데, 지나치게 과장된 것이다. 또 형가가 진왕을 찔러 상처를 입혔다는 말 역시 사실이 아니다. 이전에 공손계공, 동생(董生), 하무저와 교유를 통하여 이 사건의 경과에 대하여 상세하게 알아본 바, 그들이 나에게 말해준 것은 이렇다. 조말에서 형가에 이르기까지 다섯 사람 중[488] 일부는 성공하고 일부는 성공하지 못하였으나 그들의 목적은 모두 너무도 분명하다. 그들 모두 자신이 세운 지향을 저버리지 않았고, 그들의 명성은 후세에 남을 수 있었으니 이 어찌 허망하다고 할 것인가!"

---

488) 전저專諸의 일은 앞의 '오월동주' 편에 소개하였다.

36. 회음후 열전

−작은 부끄러움을 겁낸다면 어찌 이름을 빛낼 수 있으리오

한신은 우리에게 익숙한 "토끼사냥이 끝나면 사냥개를 삶아먹는다."[489]는 성어의 주인공이다. 실로 명장 한신이 없었다면 유방은 천하를 결코 얻지 못했을 것이다. 연전연패하는 유방과 반대로 한신은 신출귀몰한 전술전략으로 연전연승하여 항우와 유방의 천하 쟁패에서 승부의 저울을 한나라로 기울게 만들었다. 실제 그는 천하의 1/3을 차지하였으면서도 천하를 삼분(三分)하라는 괴통의 계책을 받아들이지 않은 채 자신의 세력을 유방에게 넘기고 마침내 유방으로부터 토사구팽 당하고 만다. 어쩌면 그에게는 제왕으로서의 '그릇'이 결여되어 있었는지 모른다.

천하가 통일된 뒤, 유방은 한신을 약화시키기 위하여 한신에게 항우의 휘하에 있었던 명장 종리매를 체포하라고 명령하였다. 한신은 며칠을 고민하다가 결국 종리매를 체포하였다. 그때 종리매는 "한왕 유방이 감히 초나라를 공격하지 못하는 이유는 바로 나 종리매가 당신 옆에 있기 때문이오. 만약 그의 비위를 맞추기 위해 나를 잡아갈 생각이라면 오늘 내 스스로 죽겠소. 하지만 당신 역시 곧 망할 것이오." 그러고는 스스로 목숨을 끊었다. 결국 종리매의 말대로 한신은 곧 망하였다. 한신은 자신의 수족도 잘라내면서 유방에게 굴복하여 목숨을 부지하려 했지만 그는 더욱 작아졌고, 그렇게 작아지다가 결국 단지 하나의 점(點)으로 되어 덧없이 사라지게 된 것이었다.

이는 한신의 선량한 성격에서 비롯된 것이기도 하였지만, 본질적으로 말하면 그가 제왕(帝王)으로서의 큰 꿈을 가지고 있지 않았기 때문이라 할 것이다. 오히려 이 점에서는 "왕후장상의 씨가 따로 있는가!"라고 선포했던 진섭보다 못하였다.

사마천은 본전을 통하여 한신이 동네 건달의 가랑이 사이로 기어들어가는 굴욕을 견디고 대장군으로 성장하여 배수진으로 대표되는 탁월한 군사 전략을 구사하는 전성기의 활동을 상세하게 기술하고 천하통일 후 몰락 과정 역시 담담한 필치로 묘사하고 있다. 그리하여 「한신 열전」은 차라리 전체적으로 잘 짜여진 한 편의 단편소설과 같다고 할 것이다.

---

489) 토사구팽兎死狗烹

작은 부끄러움을 겁낸다면 어찌 이름을 빛낼 수 있으리오

한신(韓信)은 회음(淮陰) 사람이다. 가난하고 품행도 좋지 못하여 지방 관리로 추천되어 뽑히지도 못했고, 또한 장사도 할 줄 몰라서 언제나 남에게 의지하여 입에 풀칠하며 근근이 얻어먹고 지냈다. 그러하니 어느 사람도 그를 좋아하지 않았다. 그는 여러 번에 걸쳐 남창(南昌)의 정장(亭長) 집에서 밥을 얻어먹은 적이 있었는데, 한 번 가면 몇 달씩이나 있었다. 정장의 처는 이 때문에 골머리를 앓았다. 그러던 어느 날 아침 일찍 침상에서 식사를 하고는 아침을 먹을 시간에 한신이 오자 주지 않고 모른 척했다. 한신도 그들의 뜻을 잘 알고 있었기 때문에 크게 화가 나서 그 후 그 집에 다시는 가지 않았다.

한신은 성 아래에서 낚시질을 하며 지냈는데, 그 냇가에서는 노파 몇 사람이 나와 무명 빨래를 하고 있었다. 그 중 한 노파가 한신이 굶고 있는 것을 보고 밥을 가져다주었다. 그 노파는 무명의 표백이 끝날 때까지 십여 일 동안 하루도 거르지 않고 한신에게 밥을 거둬 먹였다. 한신은 너무 기뻐하면서 노파에게 "앞으로 이 은혜 크게 갚겠습니다."라고 고마워하자 노파는 화를 내면서 "대장부가 스스로도 먹여 살리지 못하다니! 내 하도 불쌍해서 밥을 준 거야! 어찌 너에게 보답을 바란다는 말이냐?"라고 비난하였다.

회음에 사는 백정 중에 한 젊은이가 한신에게 시비를 걸었다. "너는 비록 키가 크고 장검을 차고 다니는 것을 좋아하지만 마음속으로는 겁쟁이지." 그러고는 사람들 앞에서 한신에게 모욕을 주었다. "만약 네가 죽음을 두려워하지 않는다면 어디 그 칼로 나를 찔러봐라! 그렇지 않고 죽음이 두려우면 내 가랑이 밑으로 기어가라!" 한신은 한참 동안 그를 뚫어지게 쳐다보다가 마침내 땅에 엎드려 건달의 바짓가랑이 밑을 기어나갔다.[490] 이를 본 거리의 사람들이 모두 한신을 겁쟁이라고 조롱하였다.

한신은 당시 회수(淮水)에 진격해 온 초나라 항량의 군대에 자신의 칼을 차고 가담하여 항량의 부하가 되었는데 별다른 이름을 얻지 못했다. 향량이 전사한 이후에는 항우의 부하가 되어 낭중에 임명되었다. 그는 항우에게 여러 번에 걸

---

490) 이를 과하지욕胯下之辱이라 한다.

한신

처 헌책했으나 항우는 한 번도 그의 의견을 채택하지 않았다. 한왕 유방이 촉 지방으로 진출하였을 때 한신은 초나라 진영에서 도망쳐 한왕 진영에 가담하였다. 그러나 한신은 여기에서도 자신의 성가를 높이지 못하고 고작 양식 창고를 관리하는 미관말직만 얻었을 뿐이었다. 그러다가 그는 법을 어겨 처형당할 처지가 되었다. 같이 죄를 지은 열세 사람이 이미 처형되고 드디어 한신의 차례가 왔다. 이때 그는 고개를 들고 하늘을 우러러보았다. 그때 마침 등공이 보이자 그는 큰소리로 "한왕께서는 천하 제패의 대망을 갖고 계시는 분이 아닙니까! 왜 장사(壯士)를 죽이려고 합니까?"라고 외쳤다.

등공 하후영이 그의 말을 듣고 매우 기이하게 여기면서 한신의 용모가 비범한 것을 보고는 곧바로 처형을 중단하였다. 그는 한신과 이야기를 해 보고는 곧 그를 좋아하게 되었다. 그리고 이 일을 한왕에게 말하자 한왕은 그를 치속도위(治粟都尉)[491]에 임명하였다. 그러나 한왕은 벼슬을 내리기는 했지만 그가 다른 사람과 별로 다른 점이 있다고 생각하지 않았다.

한신은 재상 소하와 여러 차례 대화를 하였는데, 소하는 그가 범상치 않은 인물이라는 것을 알았다. 일행이 한왕의 도성 남정(南鄭)으로 가는 도중에 장수들 중 반수가 도망을 쳐 버렸다. 한신도 이제까지 소하 등이 몇 번이나 한왕에게 자기를 추천했지만 한왕은 전혀 기용할 생각을 하지 않는다고 생각하여 결국 도망치고 말았다. 한신이 도망쳤다는 소식을 들은 소하는 한왕에게 전할 겨를도 없이 급하게 한신을 찾아 나섰다. 그러자 어떤 사람이 "승상 소하가 도망쳤습니다!"라고 한왕에게 고했다. 한왕은 크게 화를 냈다. 소하까지 도망쳤다면 한왕의 두 팔을 모두 잃은 것과 다름없었기 때문이었다.

그러나 이틀 후에 소하가 돌아왔다. 한왕은 화도 나고 또 기쁘기도 하여 소하에게 욕을 하면서 "너는 어째서 도망을 갔느냐?"라고 물었다. 그러자 소하는 "제가 감히 도망친 것이 아니옵고, 저는 도망친 자를 뒤쫓아간 것입니다."라고 대답하였다. 한왕이 "네가 누구를 뒤쫓았다는 말인가?"라고 묻자 소하는 "한신입니다."라고 말했다. 한왕은 욕을 하면서 "이제까지 도망친 장수가 수십 명이나 되었지만 네가 뒤쫓아간 적은 한 번도 없었다. 한신을 뒤쫓아가다니 거짓말

491) 군대의 식량을 관리하는 군수관軍需官

이 틀림없다!"라면서 믿지 않았다. 그러자 소하는 "다른 사람이라면 얼마든지 다시 사람을 구할 수 있습니다. 그러나 한신 같은 인물은 두 번 다시 찾을 수 없는 보물입니다.[492] 대왕께서 앞으로도 오직 한중(漢中)의 왕으로 그치시겠다면 굳이 한신 같은 사람은 필요 없을 것입니다. 그렇지만 천하를 제패하려는 야망을 갖고 계신다면 한신 외에 함께 일해 나갈 인물이 따로 없는 줄로 압니다. 이것은 대왕께서 어떻게 결정하는가에 달려 있습니다."

그러자 한왕은 한참 생각하더니 심각하게 말했다. "과인도 동쪽으로 진출하여 천하를 얻고자 하는 생각뿐이오. 어찌 답답하게 여기에만 있을 수 있소?"

소하가 말했다. "대왕의 뜻이 그러하시다면 반드시 한신을 중용하십시오. 그렇게 된다면 한신은 대왕의 곁에 머무를 것입니다. 그렇지 않으면 그는 결국 도망치고 말 것입니다."

한왕은 "귀공의 얼굴을 봐서 그를 장군으로 등용하리라."라고 말하자 소하는 "장군 정도로 임명해도 그는 여전히 머물지 않을 것입니다."라고 말했다. 한왕이 "그렇다면 대장군이면 되겠소?"라고 하자 소하는 비로소 "대단히 좋습니다."라고 말하였다. 한왕은 즉시 한신을 불러들여 대장군에 임명하려 했다. 그러자 소하는 "대왕께서는 항상 부하를 너무 만만히 보시고 예의를 갖추지 않으십니다. 대장군을 임명하는 큰 일을 마치 어린애들 병정놀이 하듯 말 한 마디로 처리하려 드시기 때문에 한신 같은 인물들이 도망치는 것입니다. 대왕께서 그를 정말 대장군에 임명하시려면 길일(吉日)을 택하시어 목욕재계하시고 제단과 광장을 만들고 준비를 잘해서 대장군 임명의식을 거행해야 할 줄 아옵니다."

한왕은 이 의견에 따랐다. 새로 대장군이 정해진다고 하자 모든 장군들이 저마다 '혹시 내가 되지 않을까?'라는 기대에 부풀어 있었다. 그러나 막상 한신이 대장군으로 임명되자 모두 의아해하였다.

대장군 임명의 의식이 끝나자 한왕이 한신을 불러 물었다. "승상이 자주 그대의 얘기를 했소. 그대는 과인에게 무슨 가르침을 주시겠소?" 한신은 한 차례 겸양의 예를 갖추더니 말문을 열었다.

"지금 동쪽으로 나아가 천하의 패권을 다투는데, 대왕의 적수는 결국 항왕

---

492) 국사무쌍國士無雙

이 아니겠습니까?" 한왕은 "그렇소."라며 고개를 끄덕였다. 한신이 "대왕께서는 용감하고 사나우며 어질고 강한 점에서 항왕과 비교하여 누가 낫다고 생각하십니까?"라고 묻자 한왕은 한참 생각한 후에 "내가 부족하오."라고 말했다. 한신은 두 번 절하고 그 말에 동의하면서 말했다. "그렇습니다. 신 역시 대왕께서 부족하다고 생각합니다. 그러나 신은 전에 항왕의 아래에 있어 보았기 때문에 그를 좀 알고 있습니다. 그가 화를 내며 큰 소리로 말하면 천 사람이라도 모두 엎드릴 정도지만 그는 재능이 있는 장수를 기용하지 못합니다. 따라서 이는 다만 필부의 용기[493]에 불과한 것입니다. 평소 항왕이 사람을 대하는 태도는 겸손하고 자애로우며 부드럽습니다. 말투가 부드럽고 어느 사람이 병이 나게 되면 눈물을 흘리며 음식을 나눠줄 정도입니다. 그러나 부하가 공을 이루어 상과 벼슬을 내려야 할 때가 되면 항상 머뭇거립니다. 따라서 이는 다만 아낙네의 인정[494]에 불과할 뿐입니다.

항왕은 비록 천하의 패자가 되었고 제후들은 모두 그에게 신하로 굽히고 있지만 그는 오히려 관중을 지키지 않고 팽성으로써 도읍을 삼았고 의제와의 약정을 어겨 자기와 가까운 사람을 왕으로 세워 제후들은 그의 이러한 방식에 대하여 모두 큰 불만을 가지고 있습니다. 제후들은 항왕이 의제를 강남으로 쫓아내는 것을 보고 모두 자신들의 군주도 내쫓고 좋은 곳을 차지하여 스스로 왕이 되었습니다. 항왕의 군대가 지나가는 모든 곳은 유린당하고 파괴되어 천하 사람들 모두 그들을 원망하며 백성들도 그들을 따르려고 원하지 않습니다. 단지 위세에 눌려 억지로 그들에게 복종하고 있을 뿐입니다. 그리하여 지금 비록 명의상으로는 패왕이지만 실제로는 이미 민심을 잃고 있는 것입니다. 따라서 그의 강대함은 금방 쇠약해지고 말 것입니다.

지금 대왕께서 이와 반대로 능히 행하셔서 천하의 용감하고 싸움 잘하는 사람을 임용하실 수 있다면 어찌 적들을 주멸시키지 못하시겠습니까? 천하의 성읍을 공이 있는 신하에게 준다면 어느 누가 대왕께 복종하지 않겠습니까? 정의의 군대로써 고향을 그리워하는 병사들의 마음을 따라 동쪽으로 진군한다

---

493) 필부지용匹夫之勇
494) 부인지정婦人之仁

면 어느 누가 격파되지 않을 수 있겠습니까? 더구나 진나라 땅에 봉해진 세 명의 왕은 모두 진나라 장군 출신으로서 그들은 진나라 청년들을 이끌고 전쟁을 한 지 이미 몇 년이 지났는데, 그들 중 죽은 사람과 도망간 사람이 부지기수입니다. 게다가 그들은 부하들을 속이고 제후들에게 투항하여 신안에 이르러 항왕은 사기의 수법으로 진나라의 투항한 병사 20만 명을 흙구덩이 속에 매장시켜 버리고 오직 장한과 사마흔, 동예 세 사람만 살아남게 하여 진나라 사람들은 모두 이 세 사람에게 원한이 사무쳐 있습니다. 현재 항왕이 위세를 떨치면서 이 세 사람을 왕으로 삼았지만 진나라 사람 어느 누구 하나 그들을 옹호하는 사람이 없습니다.

대왕께서는 함곡관에 들어가셔서 추호도 침범하는 일이 없었으며 진나라의 가혹한 형법을 폐지하고 진나라 백성들과 법 3장을 약정하셨습니다. 그래서 진나라 백성들 중 어느 누구도 대왕께서 진나라의 왕이 되시기를 바라지 않는 자가 없었습니다. 당초 제후들의 약정에 근거하여 대왕께서 당연히 관중에서 왕이 되셨어야 했고, 관중 백성들도 모두 이 일을 알고 있습니다. 그러나 대왕께서는 마땅히 받아야 할 봉작을 잃고 한중으로 들어와 이를 원망하지 않은 진나라 백성이 없습니다. 지금 대왕께서 병사를 일으켜 동진하시면 3진의 땅은 오직 격문 한 장만 가지고도 곧바로 안정시킬 수 있습니다."

한왕은 한신의 말에 대단히 기뻐하며 한신과 너무 늦게 만나게 된 것을 한탄하였다. 그는 한신의 계책을 받아들여 각 장수들을 그에 따라 배치하였다.

8월, 한왕은 진창(陳倉)에서 병사를 일으켜 동쪽으로 진군하여 3진의 땅을 평정하였고, 다음해에는 함곡관을 나가 황하 남쪽의 땅을 점령하자 부근의 다른 나라들이 모두 항복했다. 한왕은 제나라와 조나라 군사를 합쳐 초나라를 공격했는데 4월에 이르러 팽성에서 오히려 크게 패하게 되자 한나라 군사들은 뿔뿔이 흩어지게 되었다. 하지만 한신은 다시 군대를 불러모아 전열을 재정비한 후 초나라를 공격하여 초나라 군대를 격파하였다. 그 후 초나라는 서쪽으로 공격하지 못했다.

한왕이 팽성에서 패한 뒤 사마흔과 동예는 한나라를 배반하고 초나라에 항복했으며, 제나라와 조나라 역시 한나라를 버리고 초나라와 연합하였다. 그 해 6월에 위나라 왕 표(豹)가 부모의 병을 살펴본다는 핑계를 대고 고향으로 돌아가더니 곧바로 황하 포구와 임진관의 교통을 봉쇄하면서 한나라를 배반하고 초나라와 강화를 맺었다. 한왕은 역생을 파견하여 위표를 설득했지만 그는 말을 듣지 않았다. 이 해 8월, 한왕은 한신을 좌승상으로 삼아 위나라를 공격하자 위표는 임진관을 봉쇄하면서 방어하였다. 한신은 의병(疑兵)[495]을 배치하고 일부러 배를 늘어놓으면서 임진관을 건너려는 것처럼 꾸몄다. 그러나 실제로는 따로 배치한 정예병으로 하여금 몰래 나무로 만든 통과 항아리를 이용하여 강을 건너 위나라의 도성 안읍을 기습토록 하였다. 예상치 못한 기습을 당한 위표는 크게 놀라 병사를 이끌고 대적했으나 속수무책으로 패배한 채 포로가 되었으며, 위나라에는 하동군이 설치되었다. 한왕은 또 곧바로 장이를 파견하여 한신을 따라 병사를 이끌고 동쪽으로 가서 북쪽으로 조나라 왕 헐과 대(代)나라의 진여를 공격하도록 하였다. 9월에는 대나라를 격파하고 알여에서 대나라 상국 하열을 붙잡았다. 한신이 위나라를 격파하고 대나라를 점령했을 때 한왕은 사람을 보내 한신의 정예부대를 소환하여 형양에서 초나라 군사들을 방어하도록 하였다.

적장에게 무릎을 꿇어 배움을 청하다

한신과 장이는 수만 명의 병사를 이끌고 정형(井陘)을 통과하여 조나라를 공격하려고 하였다. 조나라 왕과 성안군 진여는 한나라가 곧 쳐들어온다는 소식을 듣고 20만 대군을 정형으로 들어오는 입구에 배치하였다. 광무군 이좌거(李左車)가 성안군에게 계책을 냈다. "듣건대 한신은 서하를 건너 위왕을 포로로 잡고 하열을 산 채로 잡았으며 또 알여에서 격전을 벌였습니다. 현재 장이가 그를 도와 조나라 공략을 도모하고 있으니 이렇게 승리의 기세를 타고 공격해 오고 있기 때문에 그 예봉을 당해내기 어렵습니다. '천 리 먼 곳에서 군량미를 실어오게 되면 수송이 곤란해져서 군사들이 굶주릴 위험이 있으며, 식사를 하려 해도 땔감을 모아서 밥을 해야 하므로 군사들은 먹을 것이 있어도 배불리 먹지 못하게 된다.'는 말이 있습니다. 지금 정형으로 가는 길은 폭이 좁아 수레 두 대

---

495) 적을 속이는 가짜 군사.

가 비켜갈 수 없고 기병은 대열을 지을 수 없습니다. 이렇듯 좁은 길에서는 행렬이 수백 리에 이어지고 형세로 보건대 군대의 식량은 반드시 군대 뒤쪽에 처질 것입니다. 바라옵건대 저에게 잠시 정병 3만 명을 빌려 주십시오. 저는 지름길로 가서 그들의 식량과 보급로를 끊을 테니 귀공께서는 도랑을 깊이 파고 벽을 높이 쌓아 결코 맞서 싸우지 마십시오. 그렇게 되면 저들은 나가서 싸울 수도 없고 또 물러갈 수도 없게 됩니다. 그때 제가 기병을 이끌고 그들의 배후를 차단하여 그들로 하여금 들판에서 한 점의 물건도 얻지 못하게 하면 열흘이 못되어 한신과 장이의 머리를 귀공의 군영 앞 깃발에 걸어 놓을 수 있습니다. 귀공께서 저의 계책을 고려해 주시길 바랍니다. 만약 우리가 이렇게 하지 않는다면 반드시 거꾸로 우리가 저들의 포로로 될 것입니다."

그런데 성안군은 원래 학자로서 항상 정의를 중시하여 남을 속이거나 기발한 계책을 쓰지 않았다. 그는 "병법에 이르기를 '열 배의 병력이 되면 적을 포위하고 두 배가 되면 나가 싸운다.'고 했소. 지금 한신의 병사는 말로는 수만 명이라고 하지만 실제로는 수천 명에 불과하오. 그것도 천 리나 되는 먼 곳에서 오기 때문에 지칠 대로 지쳐 있소. 이러한 적을 맞이하여 피하면서 싸우지도 않으면 만약 훗날 더욱 강대한 적들이 나타날 때 어떻게 싸울 수 있겠소? 또한 제후들은 곧 우리를 겁쟁이로 알 것이며 그리하여 우리를 쉽게 보고 공격해 올 것이오."라고 말하고는 광무군의 의견을 묵살했다.

한신은 첩자를 통해 조나라의 동향을 듣고 있었는데 광무군의 계책이 묵살되었다는 소식에 크게 기뻐하며 과감하게 군대를 이끌고 정형의 좁은 길을 통과했다. 그리고 밤중에 명령을 내려 2천 명의 병사로 하여금 한나라의 붉은 깃발을 한 개씩 가지고 들어가 산 속에 숨어 조나라 군대를 살피도록 했다. 그리고 병사들에게 명령했다. "조나라는 우리 군사가 패주하는 것을 보면 반드시 본부를 비워 둔 채 뒤쫓아 올 것이다. 그러면 너희들이 재빨리 조나라 본부로 들어가 조나라 군대의 깃발을 뽑아버리고 한나라 군대의 붉은 깃발을 세우도록 하라!"

한신은 또한 모든 군사들에게 간단한 식사를 나눠주고 말했다. "조나라를 격파하고 난 다음 잔치를 벌이자!" 장수들은 모두 믿지를 못하면서도 "알겠습니다!"라고 대답할 수밖에 없었다. 한신은 군관들에게 "조나라 군사들이 이미 유리한 지형을 차지해 진지를 구축했다. 그들은 우리의 깃발을 보지 않으면 우리가 산중의 험로를 통하여 돌아나올까 두려워 우리의 선봉부대를 공격하지 않을 것이다."라고 말하면서 1만 명을 선봉부대로 먼저 출발시켜 정형 어귀로 나가 강물을 등지고 배수진(背水陣)을 치게 하였다. 조나라 군사들은 이 모습을 보고 모두 "병법도 모르는 친구들이군!"이라면서 비웃었다.

날이 밝아올 무렵, 드디어 한신은 대장의 깃발을 세우고 북을 울리면서 정형 어귀로 진격하였다. 그러자 조나라 군대도 그들을 공격하여 한동안 백병전이 벌어졌다. 이때 한신과 장이가 일부러 패주하는 척하며 강가의 진지로 달아나자 강가에 있던 부대가 진지를 열어 그들을 들어오도록 하고는 조나라 군과 전투를 벌였다. 조나라 군대는 자기 본부를 비워 둔 채 한나라 군대를 추격하면서 한나라의 군기를 서로 빼앗으려 다투었다. 한신과 장이는 이미 강가의 군영 안에 이르렀고 전군이 죽음을 각오하고 싸우자 조나라 군대는 이길 수가 없었다. 이 틈에 한신이 먼저 파견했던 2천 명의 선봉대는 텅 빈 조나라의 본영에 쳐들어가 조나라 깃발을 모두 뽑아버리고 한나라의 붉은 깃발 2천 개를 세웠다. 조나라 군사들은 배수진을 친 한나라 군대를 이겨내지 못하고 또한 한신 등을 사로잡지 못하자 철수하여 본영으로 돌아가고자 하였다. 그 순간 그들은 자기들의 본영에 온통 한나라의 붉은 깃발이 꽂혀 있는 것을 발견하였다. 그들은 이미 한나라 군대가 조나라 왕과 장수들을 모두 사로잡았다고 생각하여 순식간에 아수라장이 되어 도망치기 시작했다.

조나라 장수들이 도망치는 군사들을 베면서 독전(督戰: 싸움을 감독하고 사기를 북돋워 줌)했지만 도저히 저지할 수가 없었다. 이때 한나라 군대는 앞뒤에서 협공하여 조나라 군대를 대파하였다. 그리하여 수많은 인마(人馬)를 포로로 잡고 성안군 진여를 죽였으며 조나라 왕 헐도 사로잡았다. 이때 한신은 군중에 광무군을 죽이지 말라는 명령을 내리고 광무군을 생포하는 자에게는 천금의 상을 내리겠다고 선포하였다. 그리하여 어떤 자가 광무군을 묶어서 한신의 지휘부대로 데려왔다. 한신은 즉시 광무군의 포승을 풀어주고 그를 동쪽으로 앉게 하고 자신은 서쪽을 향하여 앉아[496] 그를 마치 스승을 접대하는 것처럼 대하였다.

제장들은 각자 노획한 수급(首級)과 포로를 한신에게 바치고 난 뒤 한신에게

---

496) 당시의 관례에 따르면, 지위가 높은 사람이 동쪽을 향하여 앉고 낮은 사람이 서쪽을 향하여 앉았다.

축하를 표시하였다. 이때 몇 사람이 한신에게 물었다. "병법에 이르기를 '산을 오른쪽으로 하여 배후로 삼고, 강은 왼쪽으로 하여 앞에 두어라.'[497]고 하였습니다. 그런데 이번에 대장군께서는 병법과 반대로 저희에게 강물을 등지게 하고는 '조나라를 격파하고 난 다음 잔치를 벌이자!'라고 말하셨는데, 우리들은 전혀 믿지 않았습니다. 그런데 정말 승리를 거두셨으니 이는 무슨 전술입니까?" 그러자 한신이 대답하였다. "이것 역시 병법에 나와 있는 것이다. 다만 그대들이 자세히 보지 못했을 뿐이다. 병법에 '사지에 빠져봐야 비로소 살 수 있고, 망한 땅에 놓여본 후 비로소 살아남을 수 있다[498]'라는 말이 있지 않는가? 더구나 지금 우리 부대는 잘 훈련된 군대가 아니라 평소 아무 훈련도 받지 못한 사람들을 끌어 모은 오합지졸 병사들이다. 그래서 이들에게 뒤로 물러서면 곧 죽는다는 것을 알도록 함으로써 필사의 각오로 싸우도록 해야만 한다. 만약 오늘 그들을 빠져나갈 수 있는 곳에서 싸우도록 했다면 그들은 모두 도망쳐 버렸을 것이다. 그렇게 되면 어떻게 전투를 할 수 있겠는가?" 그때서야 비로소 모든 장수들은 고개를 끄덕이며 "정말 훌륭합니다. 저희는 전혀 생각하지 못한 것입니다!"라면서 감탄해마지 않았다. 그런 연후에 한신이 광무군에게 물었다.

"지금 제가 북쪽으로 연나라를 공격하고 동쪽으로는 제나라를 공격하고자 준비하고 있는데 어떻게 해야 능히 성공할 수 있겠습니까?" 광무군은 거듭 사양하며 말했다. "'패장(敗將)은 용감한 작전에 대해 말할 자격이 없고,[499] 나라가 망한 대부는 국가 생존을 논할 자격이 없다.'고 들었습니다. 지금 나는 전쟁에 지고 나라가 망한 일개 포로일 뿐입니다. 어찌 당신과 함께 대사를 논할 수 있겠습니까?"

그러자 한신이 말했다.

"백리해(百里奚)가 우나라에 있을 때는 우나라가 망했지만 진나라에 있을 때는 진나라가 흥했습니다. 이는 결코 그가 우나라에 있을 때는 어리석었다가 진나라에 있을 때 갑자기 현명해졌기 때문이 아닙니다. 오직 국군(國君)이 그를 임

---

497) 『손자孫子』 '행군行軍' 편에 나와 있다.

498) 『손자孫子』 '구지九地' 편에 나와 있다.

499) 원문은 敗軍之將, 不可以言勇.

용할 수 있느냐 없느냐에 있으며 그의 계책을 들어줄 수 있느냐 없느냐에 있는 것입니다. 만약 성안군이 선생의 계책을 받아들였다면 저 한신과 같은 사람 역시 이미 포로가 되었을 것입니다. 그가 선생을 따르지 않았기 때문에 제가 이렇게 선생을 모시게 되었을 따름입니다." 한신은 재차 "제가 충심으로 선생의 계책을 받아들이려 하니 부디 사양을 마시기 바랍니다."라고 부탁하였다.

드디어 광무군이 말문을 열었다.

"제가 들으니 '슬기로운 사람도 천 가지 일을 생각하면 반드시 한 가지의 실수가 나오며[500], 어리석은 사람도 천 가지 일을 하다보면 반드시 한 가지의 얻을 것이 있다.[501]'고 합니다. 그래서 '미친 사람의 말도 성인이 취할 바가 있다.'고 했습니다. 저의 계책이 반드시 유익하다고 할 수 있을지 걱정되지만 어리석은 생각이나마 한번 말씀드려 보겠습니다. 저 성안군은 백 번 싸워 백 번 이길 수 있는 계책을 가지고 있었지만 한 번의 패배로 인하여 그 군대를 잃고 자기의 목숨까지 빼앗겼습니다. 그런데 장군께서는 위나라 왕을 사로잡았으며 정형을 공략하고, 이번에는 반나절도 안 되는 시간에 조나라의 20만 대군을 격파하고 성안군을 죽였습니다. 그리하여 그 명성은 온 나라에 드날리고 그 위엄이 천하에 떨치고 있습니다. 농민들은 모두 농기구를 내려놓고 경작을 멈추면서 좋은 옷 입고 좋은 것 먹으면서 당신의 명령에 귀를 기울이고 있습니다. 이는 장군의 큰 장점입니다. 그러나 지금 백성들은 피로하고 병사들은 지쳐 있어 참으로 계속 지탱하기 어렵습니다. 따라서 장군께서 군대를 이끌고 연나라의 견고한 성을 쳐들어간다면 시간이 오래 흘러도 공략할 수 없고, 실제 사정이 드러나게 되면 형세는 곧바로 수세에 몰려 시간은 늘어지고 양식은 곧 바닥이 나며, 약소국인 연나라도 항복하지 않고 제나라는 반드시 국경을 단단히 지키게 될 것입니다. 연나라와 제나라가 항복을 하지 않게 되면 항왕과 한왕의 승부는 오리무중으로 됩니다. 이러한 점들은 장군의 단점입니다. 따라서 저의 짧은 개인적인 생각으로는 지금 연나라와 제나라를 공격하는 것은 잘못입니다. 병법에 능한 자는 자기의 단점으로 적의 장점을 공격하지 않고, 자기의 장점으로 적의

---

500) '지자천려 필유일실(智者千慮 必有一失)'의 성어.
501) '우자천려 필유일득(愚者千慮 必有一得)'의 성어.

단점을 공격하는 법입니다."

신은 "그렇다면 어떤 방법이 있겠습니까?"라고 물었다.

광무군이 대답하였다. "지금은 우선 싸움을 멈추고 조나라의 사회를 안정시키며 전쟁 고아들을 돌보게 되면 백 리 안의 백성들은 날마다 고기와 맛있는 술로 잔치를 벌여 병사들을 위로할 것입니다. 그런 연후에 북쪽 연나라로 향하는 길에 군사들을 배치하고 다시 유세객을 파견하여 연나라에 서신을 보내 당신의 장점을 분명하게 말하게 되면 연나라는 반드시 항복할 것입니다. 연나라가 항복한 뒤 또 유세객을 동쪽으로 제나라에 파견하여 연나라의 항복 사실을 알리게 되면 제나라 역시 항복하지 않을 수 없습니다. 아무리 총명한 사람이라도 제나라를 위하여 묘책을 낼 수가 없습니다. 이렇게 하여 천하를 쟁취하는 대사를 추구할 수 있게 됩니다. 용병이란 원래 먼저 허장성세를 보이고 후에 실제 행동을 취하는 것으로서 제가 말씀드린 것은 바로 이런 경우를 두고 한 말입니다."

이 말을 들은 한신은 "정말 좋은 계책입니다."라고 말하고는 곧 광무군의 계책에 따라 사람을 연나라에 보내자 연나라는 과연 항복하였다.

수만 군사를 거느린 장군이 세 치 혀만을 놀리는 서생에게 굴복할 수 없다

그 후 사람을 보내 한왕에게 보고하면서 장이를 조나라 왕으로 세워 조나라를 안정시키자고 건의하자 한왕은 이에 동의하여 장이를 조왕으로 세웠다.

초나라는 몇 번에 걸쳐 군대를 출병시켜 황하를 넘어 조나라를 공격하였는데, 조왕 장이와 한신은 항상 서로 왕래하면서 구원하여 조나라의 성읍들을 안정시키고 또 한왕을 지원하였다. 이때 초나라는 형양에서 한왕을 포위하고 있었는데, 한왕은 남문 쪽으로 도망쳐서 완(宛)과 섭(葉)에서 경포와 합류하여 성고로 갔고 초나라 역시 곧바로 한왕을 포위하였다. 6월에 한왕은 성고를 빠져나와 동쪽으로 황하를 건너 등공과 함께 수무에 있는 장이의 군영으로 갔다. 도착한 뒤 곧바로 객사에 들어갔다. 다음날 새벽 그는 스스로 한왕의 사신이라고 칭하고는 말을 타고 조나라 군영에 들이닥쳤다. 이때 장이와 한신은 아직 일어나지 않고 있었는데, 한왕은 그들의 침실에서 그들의 인부(印符)를 빼앗고 군기로 제장들을 소집하여 그들의 직무를 바꿨다. 한신과 장이는 잠에서 깬 뒤 비로소 한왕이 온 것을 알고 크게 놀랐다. 한왕은 그들 두 사람이 통솔하던 군대를 빼앗아 장이에게 조나라를 수비하고 한신을 상국에 임명한 뒤 그에게 아직 형양에 파견되지 않은 조나라 군대를 소집하여 제나라를 공격하라는 명령을 내렸다.

한신이 이 명령을 받고 군대를 거느려 아직 평원진을 건너지 않고 있을 때 한왕이 역이기를 파견하여 제나라를 설득하여 이미 항복을 받았다는 소식을 들었다. 그래서 한신이 제나라 진격을 중지하려 하자 범양(范陽)의 책사 괴통(蒯通)이 만류했다.

"지금 장군께서 명령을 받들어 제나라를 진격하고 있는 중에 한왕이 밀사를 보내 제나라의 항복을 받았습니다. 그러나 장군에게 공격을 중지하라는 명령은 없었습니다. 또한 역생은 일개 선비에 불과합니다만 단지 마차를 타고 세치 혀를 놀려 제나라의 70여 성을 항복 받았습니다.[502] 이에 비해 장군께서는 수만 명의 군대를 거느리고 한 해가 넘도록 겨우 조나라의 50여 성을 항복 받았을 뿐입니다. 장군이 되신 지 벌써 몇 해가 되었건만 일개 더벅머리 선비의 공만도 못하시니 말이 됩니까?"

한신은 그의 말이 옳다고 생각하여 그 계책을 따라 계속 황하를 건너 제나라로 진격하였다. 이때 제나라는 역생의 권고에 따라 항복하고는 술잔치를 벌이고 방어를 전혀 하지 않고 있었다. 한신이 이 틈에 제나라 군대를 기습하고 순식간에 도읍인 임치에 이르렀다. 그러자 제나라 왕은 역생이 자기를 속였다고 생각하여 그를 삶아 죽이고 도망을 쳐 초나라에 도움을 청했다. 한신은 임치를 함락시킨 뒤에 제나라 왕을 추격하였다. 이때 초나라도 용저(龍且)를 장군으로 삼고 20만 대군을 주어 제나라를 돕게 하였다.

용저가 제나라 왕과 함께 한신과 대치하면서 아직 전투가 벌어지지 않고 있을 때, 어떤 사람이 용저에게 말했다. "한나라는 멀리서 싸우러 왔으니 사력을 다할 것입니다. 그래서 그 예봉을 꺾기가 매우 어렵습니다. 이에 비해 초나라와 제나라는 자기 땅에서 싸움을 벌이니 도망가기도 쉽습니다. 그러니 장군께서는 성을 굳게 지키시면서 제나라 왕으로 하여금 그의 신하를 이미 빼앗긴 성

---

502) 원문은 掉三寸之舌, 下齊七十餘城.

의 성읍에 파견하게 한다면 그곳 백성들은 아직 제나라 왕이 살아 있고 또 초나라가 돕고 있다는 사실을 알게 되어 반드시 한나라를 배반할 것입니다. 한나라 군대는 2천 리나 떨어진 곳에 와서 싸우고 있는 형편에 이미 항복했던 성들이 모두 배반해 버리면 그들은 식량조차 구하지 못한 채 무너질 것입니다."

그러나 용저는 "나는 한신과 어릴 적에 가까운 동네에 살았기 때문에 그 위인을 잘 알고 그를 쉽게 대처할 수 있다. 더구나 나는 지금 제나라를 도우러 왔는데 싸우지도 않고 한나라를 항복시킨다면 나는 무슨 공로가 있게 되는가? 지금 내가 전쟁을 통하여 한나라를 격파하게 되면 제나라의 절반은 내가 차지하게 될 터인데 왜 전쟁을 중지한다는 말인가?"라고 말했다.

이렇게 하여 교전은 결정되었고, 양군은 유수(濰水)를 사이에 두고 진을 쳤다. 한신은 밤에 몰래 만여 개의 모래주머니를 만들게 하여 유수의 상류를 막게 했다. 그러고는 병사들의 절반만을 이끌고 유수를 건너 용저를 기습하다가 패전하는 척하고 철수하였다. 용저는 기뻐하면서 "나는 원래부터 겁쟁이 한신을 잘 알고 있다!"라고 말하고는 즉시 병사를 거느리고 유수를 건너 한신을 맹추격했다. 유수는 용저의 군사로 가득 차게 되었다. 이때 한신이 사람을 보내 상류의 모래주머니를 한꺼번에 무너뜨리자 갑자기 엄청난 홍수가 밀어닥쳤다. 용저의 군사들이 대부분 아직 유수를 건너지 않고 있었는데, 한신은 곧바로 반격 명령을 내려 용저를 죽였다. 유수 동쪽에 있던 용저의 군대는 사분오열되어 도망치고 제나라 왕 역시 도망쳤다. 한신은 성양까지 패잔병을 추격하여 모든 초나라 병사들을 포로로 잡았다.

괴통, 한신에게 천하삼분론을 제안하다

한나라 4년, 한신은 마침내 제나라를 완전히 평정했다. 그는 곧 사자를 한왕에게 보내 서신을 전달하였다.

〈제나라는 간사하고 변덕이 심해 한시도 평온하지 못한 나라입니다. 더구나 남쪽은 초나라와 국경을 맞대고 있습니다. 만약 제나라에 임시 대리왕을 세워 진정시키지 않으면 그 기세를 결코 안정시킬 수가 없을 것입니다. 한신은 가왕

(假王)이 되어 국가에 유익하게 되기를 바라옵니다.〉

이때 한왕은 형양에서 항우에게 몰려 포위되어 있었다. 이렇듯 심기가 불편한 때 한신의 사자가 도착하여 서신을 바치자 한왕은 서신을 보고는 크게 화가 나서, "내가 이렇게 포위되어 있으면서 밤낮으로 빨리 와서 나를 구원해 주기를 바라고 있건만 오히려 제가 왕이 되려고 하다니! 이게 될 법이나 한 말인가?"라면서 욕을 하였다. 그때 곁에 있던 장량과 진평이 한왕의 발등을 몰래 밟고는 사과하는 척하면서 귓가에 입을 대고 속삭였다.

"지금 우리는 최악의 처지에 몰려 있습니다. 어떻게 한신이 왕으로 자칭하는 것을 막을 수 있겠습니까? 차라리 이번 기회에 한신을 왕에 임명하고 잘 대접해서 제나라를 튼튼히 지키도록 하는 게 상책입니다. 그렇지 않으면 곧 변란이 생길 것입니다."

한왕이 그때서야 비로소 사정을 깨닫고 또 욕을 하며 말했다. "대장부가 나라를 평정했으면 당연히 왕이 되어야 할 것이다. 그런데 임시 왕이라니 말이 되는가? 진짜 제나라 왕이 되어 제나라를 잘 다스리라고 전하라!" 그러고는 장량을 보내 한신을 정식으로 제나라 왕에 임명하고 동시에 그의 부대를 징집하여 초나라를 공격하도록 하였다.

그때 초나라는 한신 때문에 용저의 군사 20만을 잃게 되자 불안해진 항우는 한신을 자기편으로 끌어들이기 위해 무섭이라는 사람을 한신에게 보냈다.

"우리 모두는 오랫동안 진나라의 학정으로 시달려왔기 때문에 연합하여 진나라를 멸망시켰습니다. 그 뒤 우리는 각기 그 공적에 따라 땅을 분할하고 왕을 옹립하였으며 군사들을 자기 집으로 돌아가게 했습니다. 그런데도 한왕은 다시 군사를 일으켜 동쪽으로 진격하면서 남의 영토를 약탈하며 3진을 점령하고 함곡관 밖으로 진출한 뒤 다른 제후들의 군대를 소집하여 드디어 초나라에 싸움을 걸어왔습니다. 그의 의도는 천하를 병탄하지 않으면 군사를 거두지 못하겠다는 것이며, 그가 이렇듯 만족을 모르는 것은 너무도 지나친 처사입니다. 더구나 한왕은 믿을 수 없는 사람으로서 우리 항왕(項王)께서는 그를 처치할 기회가 많았지만 그때마다 가련하게 생각하여 목숨을 살려주곤 하셨는데, 한왕은 일단 그 자리만 모면하게 되면 항상 약속을 어기고 또다시 항왕을 공격했습니다. 그 정도로 그는 가까이 할 수 없고 신뢰할 수 없는 사람입니다. 지금 귀공께서는 한왕과 깊은 정을 나누고 있다고 생각하여 그를 위하여 모든 힘을 다하여 전쟁을 하고 있습니다만 결국 언젠가는 그에게 붙잡히고 말 것입니다. 지금까지 귀공께서 생명을 보존할 수 있는 것은 항왕이 아직 존재하고 있기 때문입니다. 지금 두 왕이 천하의 승부를 쟁탈하고 있는데, 관건은 귀공의 손에 놓여 있습니다. 귀공이 한왕을 돕게 되면 한왕이 승리하고, 항왕을 돕게 되면 항왕이 승리하게 됩니다. 만약 오늘 항왕이 소멸된다면 그 다음 순서는 바로 귀공에게 돌아갈 것입니다.

귀공은 원래 항왕과 옛 인연이 있습니다. 어찌하여 한나라를 배반하고 초나라와 연합하여 천하를 삼분하고 왕이 될 수 있는 기회를 버리는 것입니까? 만약 귀공이 이 기회를 놓쳐 버리고 반드시 한왕을 도와 초나라를 공격한다면, 총명한 사람으로서 이렇게 할 수 있다는 말입니까?"

그러나 한신은 이를 정중히 거절하였다.

"내가 항왕을 섬겼을 당시에 관직은 고작 낭중이었을 뿐이고 직위는 단지 창을 든 경호병이었을 뿐이었소. 제안을 해도 받아들여지지 않았고 계책을 내놓아도 사용되지 않았소. 그래서 초나라를 버리고 한나라에 온 것이오. 하지만 한왕은 내게 대장군의 벼슬과 수만의 대군을 내려주셨소. 뿐만 아니라 자기 옷을 벗어서 나에게 주었고 자기의 밥을 나에게 먹여 주셨소. 또 내 진언을 받아들이고 내 계책을 사용하였소. 그러므로 나는 비로소 이 지위에 오를 수가 있었소. 나에 대하여 이토록 신뢰가 두터운데 내가 그를 배반한다면 무슨 좋은 결과가 나올 수가 있겠소? 설사 죽는다고 해도 내 마음을 변하게 할 수는 없을 것이오. 나 한신을 대신하여 항왕께 사의를 전해주시오."

무섭이 소득 없이 돌아간 뒤 이번에는 괴통이 찾아왔다. 그는 천하 정세를 결정할 관건이 한신에게 있음을 알고 묘책을 써서 그를 감동하게 하고자 관상술을 이용하여 한신에게 말하였다.

"저는 관상술을 배운 적이 있습니다."[503] 이에 한신은 "선생의 관상술은 어떤 것이오?"라고 물었다. 괴통은 "사람의 귀천은 골상(骨相)에 나타나고 우수와

---

503) 여기에서 괴통은 평범한 말로는 어렵다고 생각하여 관상술을 이용하여 한신의 호기심을 유발하는 방법을 사용하고 있다.

희열은 얼굴색으로 나타나며 사업의 성패는 결단 능력에 달려 있습니다. 이 세 가지를 종합해 운세를 보면 백발백중입니다."라고 대답하였다.

한신이 "좋소. 그럼 내 관상은 어떻소?"라고 물으니 괴통은 "단 둘이서만 말씀드리고 싶습니다."라고 청하였다. 그러자 한신은 "모든 사람들은 물러가라!"고 명령하였다. 괴통이 말을 이었다. "장군의 앞쪽을 보면 지위는 제후를 넘지 못하고 더욱이 아직도 불안합니다. 그런데 장군의 등을 보게 되면 오히려 참으로 귀하기 짝이 없습니다."[504]

이에 한신은 "왜 그렇습니까?"라고 물었다.

괴통이 대답하였다.

"처음에 천하가 진나라에 대항하여 군사를 일으키고 영웅호걸들이 왕을 자칭하면서 세력을 모으자 천하의 뜻있는 사람들이 구름처럼 모여들어 물고기 비늘처럼 밀집하여 배열되었고 불길처럼 번졌습니다. 당시에는 사람들이 오직 진나라를 어떻게 멸망시킬 것인가만 생각하면 되었습니다. 그러나 지금은 초나라와 한나라의 전쟁으로 인하여 죄 없는 천하 백성들이 시달리고 있습니다. 중원에는 시체와 뼈들이 아무렇게나 널려 있습니다. 초나라 항왕은 팽성에서 군사를 일으켜 사방으로 적을 격파하고 형양에 이르기까지 곳곳을 점령해 천하에 위세를 떨쳤습니다. 그러나 그의 군대는 이제 곤경에 빠져 성고 서쪽의 산지에 막혀 전진하지 못한 채 3년을 꼼짝도 못하고 있는 형편입니다. 한편 한왕은 수십만 대군을 이끌고 신통하게 싸워보지도 못한 채 형양에서 패하고 성고에서 부상을 당하여 결국 완과 섭 지방까지 퇴각해 있습니다. 이야말로 '지혜와 용기를 모두 갖춘 사람도 곤경에 빠질 날이 있다'는 속담을 그대로 말해 주고 있습니다. 저의 생각으로는 이러한 상황은 천하의 성현이 아니고서는 어느 누구도 천하의 화난(禍亂)을 진정시킬 수 없습니다. 지금 천하 양웅의 운명은 장군의 손에 달려 있습니다. 장군께서 한나라를 섬기게 되면 한나라가 이기고 초나라를 섬기게 되면 초나라가 이기게 되어 있습니다.

제가 속마음을 털어놓고 계책을 말씀드려도 장군께서 받아들이시지 않을까

---

504) 괴통은 이 말에서 앞면과 뒤背를 사용하고있는데, '面'은 '한왕을 섬기게 되면'을 말하고 '背'는 '한왕을 배반하게 되면'을 암시하고 있다.

걱정스럽습니다. 만약 저의 계책을 받아들이실 수 있다면 두 사람 모두에게 손해가 되지 않고 공존하게 하여 장군과 함께 천하를 삼분함으로써 장군께서 그 하나를 취하시어 삼국정립의 시대로 가는 것이 가장 상책입니다. 장군은 현재 성재(賢才聖德)으로서 또 많은 부대를 거느리셨고 강국인 제나라를 지니면서 연나라와 조나라를 귀순케 하고 계시니, 이제 한나라와 초나라의 힘이 미치지 못하는 지역에 진출하여 양 군의 후방을 견제하는 한편 백성들의 희망대로 항우와 유방의 전쟁을 제지하여 안정을 도모한다면 천하가 바람처럼 몰려오고 메아리처럼 호응할 것입니다. 그런 연후에 대국을 분할하여 약화시키고 그로써 제후들을 봉하게 하면 제후들이 회복된 뒤 천하는 그 은공에 감동하여 제나라에 모두 귀순하게 될 것입니다. 제나라를 지키시면서 은덕으로써 제후들을 보살피고 겸허한 태도로 예를 다하면 천하의 제왕들이 서로 다투어 제나라에 접근할 것입니다. 듣건대 '하늘이 내린 기회를 받지 않으면 도리어 벌을 받으며, 시기가 왔는데도 행동하지 않으면 재앙을 입는다.'고 합니다. 아무쪼록 장군께서 세밀하게 이 점을 고려하셔야 할 것입니다."

그러나 한신은 머리를 가로저었다.

"한왕은 나에게 커다란 은혜를 베풀었소. 그의 수레에 나를 타게 하였고 그의 옷을 내게 주어 입도록 하였으며 그의 밥을 내게 주어 먹도록 하였소. 속담에도 '남의 수레를 얻어 탄 자는 그의 환난을 나눠야 하며, 남의 옷을 얻어 입은 자는 그의 근심을 함께 나눠야 하고, 남의 음식을 얻어먹은 자는 그의 사업을 위해 목숨을 바쳐 일해야 한다.'고 했소. 내가 어찌 사사로운 이익에 사로잡혀 의리를 저버릴 수 있다는 말이오?"

그러자 괴통이 다시 말을 이었다.

"지금 장군께서는 스스로 한왕과 관계가 매우 좋다고 생각하여 만세에 남길 공업을 세우고자 하지만 그것은 잘못입니다. 당초 상산왕과 성안군은 그들이 평민일 때는 문경지우(刎頸之友)의 우정을 나눴지만 이후 두 사람 사이에 충돌이 생겨 원수로 변했습니다. 상산왕이 항왕을 배반하고 항영의 머리를 들고 한왕에게 항복하자 한왕은 그를 동진하게 하여 성안군을 죽이도록 하고 그의 머리와 다리를 절단하여 사람들에게 비웃음을 받았습니다. 두 사람의 우정은 천하에서 가장 좋았으나 결국 서로를 죽이려는 처지에 이르렀는데 왜 그렇게 되겠습니까? 화(禍)는 끝없는 탐욕에서 비롯되고 인심은 또 변화무쌍한 것입니다. 지금 장군께서는 충심으로써 한왕과 교류한다고 믿으시지만 장군과 한왕의 관계가 반드시 상산왕과 성안군보다 더 공고하지는 않을 것입니다. 대부 종은 망해가는 월나라를 일으켜 세우고 월왕 구천을 마침내 천하의 패자로까지 만들었지만 결국 구천에게 죽임을 당했습니다. 이것이 바로 들짐승이 없어지면 사냥개는 쓸모없게 되어 잡아먹히는 세상의 이치입니다. 교분과 우정으로 말하면 장군과 한왕의 관계는 상산왕과 성안군이 친한 것에 미치지 못하고, 충신(忠信)으로 말하면 장군과 한왕의 관계가 대부 종 및 범려와 구천만 못합니다. 이 두 가지의 예로 볼 때, 장군은 분명히 아실 수 있습니다. 이 문제를 심사숙고하시기 바랍니다.

더구나 저는 '용기와 지략이 군주를 떨게 하는 자는 곧 생명이 위태롭고, 공로가 천하를 뒤덮은 자는 상을 받지 못한다.'고 들었습니다. 장군의 공로와 책략을 말씀드려 보겠습니다. 장군께서는 서하(西河)를 건너 위왕을 포로로 잡고 정형에서 성안군을 베어 조나라를 항복시켰으며 연나라와 제나라를 평정하고 남쪽으로 용저의 20만 대군을 무찔렀으며 서쪽으로 한왕에게 승리를 보고하였습니다. 실로 공로는 천하에 비길 데 없고, 지략은 불세출(不世出)입니다. 그래서 지금 장군께서 초나라에 가면 초나라가 믿지 못할 것이고 한나라에 가면 또한 한나라가 두려워하는 어려운 처지에 놓여 있습니다. 이때 장군께서는 그런 위세와 공로를 가지고 어디로 가시겠습니까? 지금 장군께서는 남의 신하이면서도 군주를 벌벌 떨게 하는 위세를 가졌으며, 그 이름 또한 천하에 드날리고 있습니다. 저는 장군께서 대단히 위태롭다고 생각합니다."

"이제 그만 말씀하시오. 며칠 동안 생각해 보리다." 한신은 이렇게 말할 뿐이었다.

며칠이 지난 후 괴통이 다시 찾아와 한신에게 권하였다.

"의견을 들을 수 있는 것은 성공의 징조이고, 반복하여 사고할 수 있는 것은 성공의 관건입니다. 잘못된 의견을 듣고 잘못된 결정을 하고도 오랫동안 안전한 것은 매우 드뭅니다. 의견을 듣고 판단착오를 거의 하지 않는 자에게는 감언이설로써 그를 미혹시킬 수 없으며, 문제를 고려함에 있어서 본말전도가 없는 자에게는 감언이설로 그를 교란시킬 수 없습니다. 비천한 일을 함에 만족하는 자는 군주의 지위를 쟁탈할 기회를 잃게 되며, 작은 봉록에 미련을 두는 자는 공경재상의 자리를 얻지 못합니다. 그러므로 총명한 사람은 기회에 임해 결단을 내리며 만약 머뭇거리게 되면 곧 일을 그르칩니다. 자그마한 일에만 전념하게 되면 곧 천하의 대사를 잃게 되며, 시비판단의 지혜가 있지만 결정한 뒤에 또다시 감히 실천하지 못하면 이것이 곧 실패의 화근입니다. 그래서 '망설이고 있는 호랑이는 벌과 전갈의 독만도 못하며, 제자리걸음만 하는 준마는 안정되게 전진하는 둔마만 못하다. 맹분과 같은 용사도 결단이 없으면 반드시 뜻을 이루려는 필부의 결심만 못하며, 순임금과 요임금의 지혜도 입을 열지 않고 말을 하지 않으면 벙어리의 손짓만 못하다'는 말은 행동이 얼마나 중요한가를 잘 알려주고 있다고 하겠습니다. 공은 이루기 어려우나 잃기는 쉽고, 시기는 얻기 어려우나 놓치기는 쉬운 것입니다.[505] 기회를 놓쳐서는 안 되며, 시기는 다시 오지 않습니다. 제발 깊이 헤아려 주시기 바라옵니다."

그러나 한신은 계속 주저하고 있었다. 또 자기의 공로가 이토록 크기 때문에 한왕이 차마 자기의 제나라를 빼앗지 않을 것이라고 생각하여 결국 그는 괴통의 제안을 듣지 않았다. 괴통은 한신이 자기의 말을 받아들이지 않자 미친 사람으로 가장하고 무당 일을 하였다.

토끼 사냥이 끝나면 사냥개를 잡아먹는다

그 무렵 한왕은 고릉에서 항우의 역습에 휘말려 궁지에 몰리게 되자 장량의 계책대로 한신을 부르게 하였다. 한신은 군사를 이끌고 해하에 이르러 한왕과 합류하였다. 항우가 패배한 뒤 고조(高祖)[506]는 한신이 준비가 없는 틈을 타서 그의 군대를 빼앗았다. 한나라 5년 정월, 한신을 제나라 왕에서 초나라 왕으로 바꿔 봉하고 하비에 도읍하도록 하였다.

한신은 자신의 봉국에 당도하여 예전에 자기에게 밥을 먹여주었던 무명 빨래

---

505) 시난득이이실時難得而易失
506) 한왕 유방.

하던 노파를 불러 천금을 하사하였고, 한때 신세를 졌던 남창의 정장에게는 백전(百錢)을 주며 말했다. "당신은 소인이오. 은혜를 베풀려면 끝까지 베풀어야지…."

또한 자기에게 바짓가랑이 밑으로 기어가라고 모욕을 준 건달도 찾아내 그에게 중위(中尉)의 벼슬을 내렸다.

"이 사나이는 장사이다. 그러나 나를 욕보이던 때 내 어찌 이 자를 죽일 수 없었겠는가? 하지만 죽여본들 아무런 의미도 없었기 때문에 이 사람에게 양보하였다. 그래서 나는 한때의 모욕을 참고 오늘의 성취를 이룰 수 있었다."

한편 항왕으로부터 도망친 장군 종리매는 한신과 사이가 좋았다. 항왕이 죽은 후 그는 곧 한신에게 투항했는데 한왕은 종리매를 매우 싫어하였다. 그래서 그가 초나라에 있다는 말을 듣고 곧 초나라에 종리매를 체포하도록 명을 내렸다. 한신은 초나라에 막 도착했을 때 관할 현과 읍을 순시하면서 언제나 정예 무장병들을 대동하였다.

한나라 6년, 어떤 사람이 초왕 한신이 반란을 일으켰다고 고변하였다. 그러자 고조는 진평의 계책을 받아들여 순시에 나서 제후들을 만나겠다고 하고서 모든 제후들을 초나라 남쪽의 운몽(雲夢)이라는 곳에 모이도록 명령하였다. 이는 어디까지나 한신을 체포하는 데 목적이 있었다. 한신은 이를 전혀 알지 못했다. 고조가 곧 초나라에 도착하려던 그때 한신은 반란을 일으키려고 계획을 세웠지만 또 자기는 죄가 없다는 생각이 들었고, 고조를 알현하고 싶기도 하다가 또 붙잡힐까 두렵기도 하였다.

이때 어떤 사람이 한신에게 권했다.

"종리매를 죽인 후에 고조를 만나시는 게 좋겠습니다. 고조는 반드시 기뻐하실 것이고 또 그리해야 후환이 없습니다."

한신은 종리매를 만나 이 일을 상의하였다.

종리매는 "한왕이 감히 초나라를 공격하지 못하는 이유는 바로 나 종리매가 당신 옆에 있기 때문이오. 만약 한왕의 비위를 맞추기 위해 나를 잡아갈 생각이라면 오늘 내 스스로 죽겠소. 하지만 당신 역시 곧 망할 것이오."

그러고는 한신에게 "당신은 덕이 있는 사람이 아니오!"라고 욕하고는 마침내 스스로 목을 찔렀다. 한신은 그의 목을 가지고 가서 고조를 만났다. 고조는 즉시 무사들에게 한신을 포박하라고 하여 뒤쪽의 마차에 두게 하였다. 한신은 하늘을 우러러 탄식했다. "과연 '토끼 사냥이 끝나면 사냥개를 삶아 먹고[507], 하늘을 나는 새가 없어지면 활을 창고에 쌓아 두며, 적국을 모두 함락시킨 후에는 공신들을 처치한다.'는 말이 맞구나! 천하가 평정되었으니 나 역시 당연히 팽살되는구나!"

고조는 "누군가 네가 모반했다고 고발하였다."라고 말했다. 그러고는 한신을 형구(刑具)에 묶었다. 낙양에 도착하여 고조는 한신의 죄를 사면하고 왕의 지위에서 제후로 격하시켜 회음후(淮陰候)에 봉하였다.

다다익선(多多益善) 한신의 최후

한신은 고조가 자신을 두려워하고 또 자신의 재능을 질투하고 있음을 알고 병을 핑계로 조정에 나가지 않았으며 밤낮으로 고조를 원망하면서 불만을 품고 집에서 우울하게 지내면서 강후 주발이나 관영과 같은 지위에 있음을 수치로 생각하였다.

어느 날 한신이 장군 번쾌의 집에 들른 적이 있었는데, 번쾌는 한신을 맞아 신하의 예를 갖추며 스스로 '신(臣)'이라 불렀다. "대왕께서 신의 집에 들러주시니 황공하옵니다." 그래도 한신은 그 집을 나오면서 스스로를 비웃었다. "내가 오래 살다보니 끝내 번쾌 따위와 같은 서열이 되었구나!"

고조는 자주 한신과 여러 장수의 능력에 대하여 평가하곤 했는데 한번은 고조가 한신에게 이렇게 물었다. "나 같은 사람은 어느 정도의 군사를 거느릴 수 있는 능력이 있다고 보는가?" 그러자 한신은 "10만 정도까지는 되겠습니다."라고 대답하였다. 고조가 "그렇다면 그대는 어떤가?"라고 묻자 한신은 "저는 많으면 많을수록 좋습니다."[508]라고 대답했다. 그러자 고조는 웃으며 "많으면 많을수록 좋다고? 그런데 그러한 그대가 어찌 나에게 사로잡히게 되었는가?"라고 물었다. 이에 한신이 대답하였다. "폐하께서는 병사들의 장군이 되실 수는

---

507) 狡兎死, 走狗烹, 이로부터 토사구팽이라는 말이 비롯되었다.

508) 다다익선, 多多益善

없지만 장군들의 우두머리가 되실 능력이 계십니다. 제가 붙잡힌 것은 바로 그때문입니다. 더욱이 폐하의 권력은 하늘이 준 것이기 때문에 사람의 힘으로는 어찌할 수 없습니다."

어느 날 거록(鉅鹿)의 태수로 임명된 진희(陳豨)가 한신에게 작별 인사를 하러 왔을 때 한신은 그의 손을 잡고 마당을 거닐며 하늘을 우러러 탄식하였다. "내 그대에게 할 말이 있는데, 들어주겠소?" 그러자 진희는 "예, 분부만 내리십시오."라고 말했다. 한신은 "당신이 부임하는 곳은 천하의 정예 병사들이 모여 있는 땅이오. 또 그대는 폐하의 신임을 두텁게 받고 있소. 만약 누가 당신이 반란을 일으켰다고 말하면 폐하는 반드시 믿지 않을 것이오. 다시 어떤 사람이 당신을 고발하면 폐하는 비로소 의심이 생길 것이고, 세 번째로 어떤 사람이 당신을 고발하게 되면 폐하는 반드시 노하여 친히 군대를 이끌고 당신을 토벌하러 나설 것이오. 그때 내가 여기에서 군대를 일으켜 호응하게 되면 천하를 얻을 수 있을 것이오."라고 말했다. 진희는 원래 한신의 재능을 알고 또 그의 계책을 신뢰하였기 때문에 "반드시 시키는 대로 하겠습니다."라고 응답하였다.

과연 한나라 10년에 진희가 반란을 일으켰다. 고조가 친히 군대를 이끌고 나갔는데 한신은 병을 핑계로 삼아 고조를 따라 출정하지 않았다. 한신은 몰래 진희에게 사자를 보내 "그대는 오직 기병(起兵)에만 집중하오. 나는 여기에서 그대에게 협력하리다."라고 전하였다. 그러고는 자기 부하들과 의논하여 밤에 거짓 어명을 내려 감옥에 갇힌 죄인과 노예들을 석방하고 그들을 동원하여 여후와 태자를 기습하기로 계획을 짰다. 계획대로 준비를 진행하면서 진희의 소식을 기다렸다. 그런데 부하 가운데 부정을 저지른 자가 있어 한신이 그를 처형하려고 했는데, 그의 동생이 여후에게 한신이 반란을 준비하고 있다는 사실을 고발하였다. 여후는 즉시 한신을 불러들일까 생각하다가 한신이 그냥 오지는 않을 것이라 여겼다. 그리하여 소하와 의논하여 신하 한 명을 보내 고조 쪽으로부터 온 소식이라고 꾸며 "진희가 이미 처형되었다"고 하고 제후들과 신하들이 모두 와서 축하할 것이라고 전하도록 하였다. 소하는 한신에게 "병중인 줄 압니다만 그래도 한번 와서 축하를 해 주십시오."라고 속여 말하였다. 한신이 궁궐에 들어서자 미리 대기하고 있던 무사들이 한신을 체포하였다. 그리고 즉시 한신의 목을 베었다. 죽기 직전 한신이 탄식했다. "내가 괴통의 계책을 들지 않았던 것이 후회스럽구나! 이제 아녀자와 어린애에게 속아 넘어가다니, 이 어찌 하늘의 뜻이 아니던가!" 이 사건으로 인하여 한신의 삼족이 몰살당했다.

한편 고조가 진희를 토벌하고 돌아와서 한신이 처형되었다는 것을 알았다. 고조는 기쁘기도 하고 측은하기도 하여 물었다. "한신이 죽을 때 뭐라 하던가?" 그러자 여후는 "괴통이라는 자의 말을 듣지 않은 것을 후회한다고 했습니다."라 고 대답하였다. 이에 고조는 "제나라 유세객 그놈이구나!"라고 말하더니 괴통 을 잡아들이라는 어명을 내렸다. 며칠 후 괴통이 잡혀왔다. "네 놈이 한신에게 모반하라고 부추긴 놈이더냐?" 고조가 호통을 쳤다. 그러자 괴통은 "그렇습니 다. 제가 분명히 그런 말을 했습니다. 그런데 그 한신이라는 사람은 제 말을 듣 지 않더니 끝내 이렇게 죽고 말았습니다. 만일 그 사람이 제말대로 했다면 폐 하께서는 그 사람을 물리칠 수 없었을 것입니다."라고 대답하였다.

이에 고조가 크게 노하였다. "저 놈을 당장 가마솥에 처넣어 삶아 죽여라!" 그러자 괴통은 "저를 삶아 죽이는 것은 너무 억울하옵니다. 폐하!"라고 말했다. 고조가 "모반하라고 시켜놓고 뭐가 억울하다는 말인가?"라고 묻자, 괴통은 말 했다. "폐하, 노여움을 푸시고 제 말을 한번 들어보십시오. 일찍이 진나라가 흔 들리자 산동 지방에서는 아무나 일어나 멋대로 왕을 자칭하고 영웅 쟁패의 시 대가 되었습니다. 그래서 진나라가 사슴을 놓치게 되자 천하가 모두 그 사슴을 쫓았습니다.[509] 결국 재주 많고 발 빠른 사람이 사슴을 얻게 된 것입니다. 도척 이 기르던 개가 요임금에게 짖어댄 것은 요임금이 어질지 못해서가 아니라 오 직 자기 주인이 아니기 때문이었습니다. 당시 신이 알고 있던 사람은 한신뿐이 었습니다. 폐하는 한 번도 뵌 적이 없었습니다. 뿐만 아니라 당시에 무수히 많 은 사람이 폐하처럼 천하를 제패하고자 모든 힘을 다했었습니다. 다만 그들은 힘이 모자라 실패했을 뿐입니다. 이제 폐하께서는 그들 모두를 잡아다가 가마 솥에 삶으실 작정이십니까?"

그러자 고조는 "좋다. 놓아주어라."라고 명했다. 그리하여 괴통은 석방되 었다.

---

509) 이로부터 축록逐鹿이라는 성어가 비롯되었다. 축록이란 "천하의 패권을 놓고 겨루다."라는 의미이다.

태사공은 말한다.

"내가 회음(淮陰)에 갔을 때 회음 사람들은 나에게 '한신이 아직 평범한 백성일 때 그의 지향은 이미 보통 사람과 달랐다. 그의 어머니가 죽었을 때 너무 가난하여 장례조차 치를 수 없었지만 그는 각지를 돌아다니면서 높고도 확 트인 묘지 터를 찾았고, 그 묘지 주변에 만 호의 집이 들어앉을 수 있도록 만들었다.'라고 말하였다. 내가 그의 어머니 묘지를 찾아가 살펴보았는데 과연 사람들의 말과 같았다.

만약 한신이 도가의 겸양지도(謙讓之道)를 배우고 자기의 공로를 자랑하지 않으며 자기의 재능에 교만하지 않았더라면, 그의 한나라에 대한 공훈은 실로 주나라의 주공, 소공, 강태공의 공훈과 견줄 수도 있었을 것이며, 자자손손 모두 제사가 끊이지 않았을 것이다. 하지만 그는 이러한 면에 노력하지 않고 오히려 천하의 대세가 이미 결정된 뒤에 비로소 반역을 꾀하고 그의 일족이 몰살당했으니, 이 또한 당연하지 않은가!"

37. 유경·숙손통 열전
-참으로 곧은 길은 굽어보이는 법이다

　사마천은 어떠한 개인도 모든 지혜를 독점할 수 없으며, 영웅 혼자서 세상을 창조할 수 없다고 확신하였다.

　한 고조 유방이 천하를 얻어 문신(文臣)들이 비와 같고, 맹장들은 구름과 같았다. 하지만 강대한 흉노에게 속수무책이었으므로 도읍을 어디에 두어야 할지 아직 정하지 못하고 있었다. 이때 농서(隴西: 지금의 감숙성 일대)의 변경을 지키던 유경(劉敬)이라는 수졸(戍卒: 고대 시대 변경을 지키던 군졸)이 수레를 끄는 막대를 내려놓고 양털 가죽옷을 걸친 채 한 고조 유방을 뵙고는 관중에 도읍하여 흉노와 화친할 것을 건의하였다. 결국 이 건의는 받아들여졌다.

　여기에서 사마천은 일개 하급 병사의 건의로부터 민중의 지혜를 발견한다. 그리고 특별히 유경(劉敬)을 위한 열전을 짓고 나아가 "지혜가 어찌 독점될 수 있는가!"라는 철리(哲理)의 차원으로 높인다.

　한편 "난세에는 용사가 필요하고, 수성에는 학자가 필요한 법이다."라고 한 숙손통의 말은 참으로 역사의 흐름을 무서우리만큼 정확하게 파악하는 힘을 갖는다. 이러한 숙손통의 주장은 난세를 힘겹게 살아가는 우리들로서 귀를 기울여볼 충분한 가치를 지니고 있다.

　본문 역시 생동감 있고 선명하게 드러나는 인물의 성격을 묘사하여 사마천의 뛰어난 기술 방식이 여실히 드러나고 있다. 특히 사마천은 강렬한 대비를 통하여 선명한 이미지를 부각시키며, 인물의 말을 그대로 인용하여 그 인물의 성격을 적나라하게 그려내고 총체적인 장면 묘사로써 마치 독자들이 그 현장에 직접 참여하고 있는 듯한 느낌을 갖게 하는 놀라운 묘사력을 보여준다.

누추한 옷을 걸친 한 백성이 황제의 스승이 되다

유경(劉敬)의 원래 성은 누(婁)이고 제나라 사람이다. 한나라 5년에 징발되어 농서 지방에 가면서 낙양(洛陽)을 지나게 되는데, 그때 고제(高帝)는 마침 그곳에 머물고 있었다. 누경(婁敬)은 끌고 있던 수레를 내려놓고 양털 가죽옷을 입은 채 동향 출신인 우장군(虞將軍)을 만나 말했다. "제가 폐하를 뵙고 국가에 유익한 일에 관하여 말씀드리고자 합니다." 우장군이 그에게 화려한 새 옷을 주려고 하자 누경이 말했다. "제가 좋은 비단옷을 입고 있다면 그대로 비단옷을 입은 채 황상을 뵐 것이고, 베옷을 입고 있으면 그대로 베옷을 입은 채로 뵐 것입니다. 절대 옷을 바꿔 입지 않겠습니다." 이에 우장군이 안으로 들어가 황상께 이 일을 보고하자, 황상은 그를 불러서 알현하게 하고 음식을 하사하였다.

잠시 후 황제가 누경에게 만나고자 한 이유를 묻자 누경이 물었다. "폐하께서는 낙양에 도읍을 하셨는데, 그것은 주(周) 왕실과 융성함을 견주려고 하신 것입니까?"

"그렇다." 황제가 대답하였다.

그러자 누경은 말하였다. "폐하께서 천하를 얻으신 것은 주 왕실과는 다릅니다. 주나라의 선조는 후직인데, 요임금이 그를 태(邰)에 봉하여 그곳에서 덕을 쌓고 선정을 베푼 지 10여 대가 지났습니다. 공류(公劉)는 하나라의 걸왕을 피하여 빈에 살고 있었습니다. 그 뒤 태왕(太王)은 오랑캐의 침략으로 인해서 빈을 떠나 말채찍을 잡고 기(岐)로 옮겨와 살게 되었는데, 빈의 사람들은 앞을 다투어 그를 따랐습니다. 문왕이 서백이 되어 우나라와 예나라의 소송을 해결해 주고 비로소 천명을 받자 강태공과 백이도 바닷가에서 찾아와 문왕에게 귀의하였습니다. 무왕이 은나라 주왕을 정벌할 때 미리 약속을 하지 않았는데도 천하의 제후들이 맹진(孟津)의 해안가에 회합하여 그 수가 800명이나 되었습니다. 그들 제후들은 모두가 '주왕을 정벌해야 한다'라고 말하였습니다. 그리고 마침내 은나라를 멸망시켰습니다.

성왕(成王)이 즉위하자 주공의 사람들이 성왕을 보좌하여 도읍을 낙읍(洛邑)에 건설하였는데, 이는 낙읍이 천하의 중심으로 각지의 제후들이 조공을 바치고 부역을 바치기에 거리가 비슷한 곳이라고 생각하였기 때문입니다. 낙읍은 덕이 있는 사람이면 왕업을 이루기 쉽고, 덕이 없는 사람이면 쉽게 망할 곳이기도 하였습니다. 무릇 이 낙읍에 도읍을 정한 것은 주나라가 덕으로써 천하의 백성을 이끌도록 한 것으로 험준한 지형을 믿고 후세의 자손들이 교만과 사치로 백성을 학대하는 일이 없고자 하였기 때문이었습니다. 주나라가 흥성할 때에는 천하가 화합하였고, 사방의 오랑캐들이 교화에 이끌려 주나라의 의와 덕을 사모하며 모두 천자를 섬겼습니다. 그리하여 한사람의 병사도 주둔시키지 않았고, 한사람의 병사도 싸우지 않고서도 팔방 대국의 이민족들이 복종하지 않는 사람이 없었으며, 주나라에 조공이나 부역을 바치지 않는 사람이 없었습니다. 그러나 주나라가 쇠퇴해지자 서주와 동주로 분열되었고, 천하에 입조하는 제후들도 없었으며 주나라는 그들을 제어할 수 없게 되었습니다. 이것은 그들의 덕이 박해서 그런 것이 아니라 그들의 형세가 쇠약하였기 때문입니다.

지금 폐하께서는 풍과 패에서 몸을 일으키셔서 3,000명의 군사를 모아 진격하여 촉과 한을 석권하시고, 삼진(三秦)을 평정하였으며 항우와 더불어 형양에서 교전하시고, 성고의 요충지를 장악하시기 위하여 70차례의 큰 전투를 하시고 40차례의 작은 전투를 치르셨습니다. 천하의 백성들의 간과 골을 대지에 뒹굴게 하시고 아버지와 자식의 뼈가 함께 들판에 뒹굴게 하신 것이 이루 헤아릴 수 없는 지경입니다. 통곡하는 소리가 끊이지 아니하고 부상을 당한 사람들이 아직 일어나지도 않은 형편인데 주나라의 성왕(成王)과 강왕(康王) 때와 융성함을 비교하려 하시니, 소인은 아직은 서로 비교할 수 없다고 생각합니다. 더구나 진(秦)나라의 땅은 산에 에워싸여 있고 하수(河水)를 끼고 있어 사면이 천애의 요새로 견고하게 막혀 있어 비록 갑자기 위급한 사태가 있더라도 100만의 군사를 동원하여 배치할 수 있었습니다.

진나라의 옛 터전을 차지하여 더없이 비옥한 땅을 소유한다면 이것이 이른바 천연의 곳간이라고 할 수 있습니다. 폐하께서 함곡관으로 들어가셔서 그곳에 도읍하신다면 산동(山東)이 비록 어지러워도 진나라의 옛 땅은 보존할 수 있을 것입니다. 무릇 다른 사람과 싸울 목을 조르고 등을 치지 않고서는 완전한 승리를 얻을 수가 없습니다. 지금 폐하께서 함곡관에 들어가셔서 도읍하시고 진나라의 옛 땅을 차지하시는 것이 바로 천하의 목을 조르는 것이며, 천하의 등을 치는 것이옵니다."

고조가 여러 신하들에게 의견을 물으니, 신하들은 모두 산동 사람들로서 앞을 다투어 주나라는 수백 년 동안 왕업을 이루었지만 진나라는 2대 만에 멸망하였으므로 주나라의 낙양에 도읍하는 것이 낫다고 말하였다. 고조는 주저하며 결정을 짓지 못하고 있었다. 그때 유후(留侯) 장량이 함곡관으로 들어가는 것이 유리하다고 분명히 말하자, 곧장 그날로 수레를 서쪽으로 몰아 관중에 도읍하기로 하였다.

고조는 말하였다. "본래 진나라의 옛 땅에 도읍하자고 말한 것은 바로 누경이다. '누(婁)'는 '유(劉)'와 발음이 비슷하다." 그러고는 곧 그에게 유씨(劉氏) 성을 하사하고 낭중의 벼슬에 임명하면서 봉춘군(奉春君)으로 칭하였다.

한(漢)나라 7년, 한왕(韓王) 신(信)이 반란을 일으키자 고조는 친히 군대를 이끌고 정벌하러 나섰다. 고조가 진양에 이르러 한왕 신이 흉노와 힘을 합하여 함께 한(漢)나라를 치려고 한다는 소문을 듣고 크게 노하여 흉노에 사신을 보냈다. 그러자 흉노는 그들의 장사와 살찐 소와 말을 숨기고 노약자와 야윈 가축만을 보여주었다. 사신들이 10명이나 흉노에 다녀왔지만, 모두 흉노를 정벌할 수 있다고 말하였다. 고조가 다시 유경을 사신으로 흉노에 보냈다. 유경은 돌아와서 이렇게 보고하였다.

"두 나라가 싸우려 할 때에 자신들의 이로운 점을 과시하고 자랑하는 것이 당연한 것이옵니다. 그런데 신이 흉노에 가서는 여위고 지쳐 보이는 노약자만을 보았으니, 이는 필시 자기들의 단점을 보여주고 복병을 숨겨 두었다가 승리를 얻으려는 것입니다. 어리석은 생각으로는 흉노를 공격해서는 안 된다고 생각하옵니다."

그 무렵 한나라 군대는 이미 구주산(句注山)을 넘어서 20만여 명의 군사가 진격하고 있다. 고조는 노하여 유경을 꾸짖었다. "제나라 포로놈아 ! 주둥이를 놀려 벼슬을 얻더니 이제는 감히 망령된 말로 나의 군대의 출병을 막는구나." 그리고 곧바로 유경을 족쇄와 수갑을 채워서 광무(廣武)에 가두었다. 그러고는 계속 진군하여 평성(平城)에 이르렀다. 흉노는 병사들을 매복시켜 백등산(白登山)에서 고조를 포위하였는데, 7일 만에야 겨우 포위를 풀었다.

고조는 광무에 가서 유경을 용서하고 이렇게 말하였다. "내가 그대의 말을 듣지 않았다가 평성에서 곤경을 당하였소. 나는 이미 전에 흉노를 공격해도 좋다고 말한 10여 명의 사신을 모두 참하였소." 그리고 유경에게 2,000호의 식읍을 하사하여 관내후(關內侯)로 삼고 건신후(建信侯)라고 불렀다.

고조는 평성에서 철군하여 돌아왔고 한왕 신은 흉노로 도망쳤다. 그 무렵 묵돌이 선우로 있었는데, 군사도 강하였으므로 활 잘 쏘는 군사 30만 명을 거느리고 자주 북방 변경을 괴롭혔다. 고조는 이 일을 걱정하며 유경에게 그 대책을 물었다. 그러자 유경이 대답하였다. "천하가 이제 막 평정되어 군사들이 전투에 지쳐 있으므로 무력으로는 흉노를 복종시킬 수 없습니다. 묵돌은 자기 아비를 죽이고 선우가 되어 아비의 많은 첩을 아내로 삼았고 무력으로 위세를 떨치고 있으니, 인의로는 그를 설득시킬 수 없습니다. 다만 그의 자손을 영원히 한나라의 신하로 만드는 계책을 쓸 수밖에 없습니다. 그러나 폐하께서는 그것을 실천하지 못하실 것입니다." 고조가 물었다. "만일 그와 같은 일이 가능하기만 하다면 못할 것이 무엇이 있겠느냐? 어떻게 해야 한다는 말인가?"

"폐하께서 만일 장녀 공주를 묵돌에게 시집을 보내시고 후한 선물을 그에게 내려주신다면 그는 한나라가 공주를 그에게 시집 보내고 선물이 후한 것을 보고, 비록 오랑캐라고 할지라도 반드시 공주를 사랑하여 왕후로 삼을 것이고, 공주께서 그의 아들을 낳으면 태자로 삼아서 선우의 대를 잇게 할 것입니다. 왜냐하면 그들은 한나라의 많은 재물을 얻고자 하기 때문입니다. 폐하께서는 철마다 한나라에서는 남아돌지만 그들에게는 드문 물건으로 자주 위문하시고, 그 때마다 말 잘하는 사신을 보내 은근히 예절에 대하여 가르치신다면, 묵돌이 살아 있는 동안에는 폐하의 사위가 되는 것이며, 그가 죽을 경우에는 폐하의 외손이 선우가 되는 것입니다. 폐하께서는 외손이 감히 외할아버지와 대등한 예를 주장하였다는 말을 들으신 적이 있으십니까? 이것은 군대를 내어 싸우지 않고도 점차 그들을 신하로 만드는 방법입니다. 만일 폐하께서 맏공주를 보내실 수가 없으셔서 종실과 후궁 중의 딸을 뽑아 공주라고 속여 보내신다면 그도 또한 눈치를 채고서 그녀를 귀하게 여기지 않거나 가까이하지 않을 것이므로 그것은 아무런 도움이 안 될 것입니다."

고조는 이 말을 듣고 곧 맏공주를 시집 보내려고 하였다. 그러나 여태후가 밤낮으로 울면서 사정하였다. "내게 태자와 딸 하나밖에 없는데, 어찌하여 그 아이를 흉노에 버리시려 하십니까?" 고조는 결국 맏공주를 보내지 못하고, 그

대신 궁녀 중에 한 사람을 뽑아 맏공주라고 속여 선우에게 시집을 보냈다. 그리고 유경을 흉노에 사신으로 보내어 화친을 맺게 하였다.

호랑이의 입 속에 있을 때는

숙손통(叔孫通)은 설현(薛縣) 사람으로 진나라 때 문장에 뛰어나고 박식한 지식으로 입궁하게 되어 박사로 임명되었다. 몇 년 뒤 진승이 산동 지방에서 군사를 일으켰다는 소식이 전해졌다. 이에 2세 황제는 즉시 박사와 유생을 불러 물었다.

"지금 초나라 지방에서 진승의 무리가 군사를 일으켜 소란이 일어났다는데, 여러분들은 어떻게 해야 좋다고 생각하는가?"

그러자 30여 명의 신하들이 일제히 말했다.

"신하된 자로서 반역을 하다니, 천부당만부당한 일입니다. 마음속으로만 그런 생각을 품어도 반역죄인 것입니다. 단호하게 사형에 처해야 합니다. 당장 군대를 파견해 진압하십시오."

2세 황제는 반역이라는 말을 듣자 매우 언짢은 표정을 지었다. 이때 숙손통이 나서서 이렇게 말하는 것이었다.

"여러분들의 의견은 잘못입니다. 지금 온 천하가 한 가족과 다름이 없습니다. 성벽은 허물어졌고, 무기는 모두 녹였으니 이제 전쟁이 있을 수는 없습니다. 더구나 자애로우신 황제 폐하의 은총으로 모든 법령이 충실히 지켜지고, 모든 백성들은 각기 맡은 직분에 충실합니다. 이와 같은 태평성대에 어떻게 반역이 있을 수 있겠습니까? 진승이란 작자는 한낱 도둑 떼에 지나지 않을 뿐이므로, 폐하께서는 신경 쓰실 필요조차 없는 일입니다. 금방 관리들이 모조리 일망타진해 처벌할 것입니다."

그러자 2세 황제는 금세 얼굴이 밝아졌다. 그러고는 유생들을 한 사람 한 사람씩 불러 의견을 물었다. 어떤 유생들은 반역이라 말하였고 어떤 유생들은 도둑이라고 말하였다. 그러자 2세 황제는 반역이라고 말한 모든 유생들을 사법 관리에 넘겨 취조하도록 하고 반면에 도둑이라 말한 사람은 방면하도록 하였다. 그러고는 숙손통에게 비단 20필과 의복을 하사하고 정식으로 박사에 임명하였다.

숙손통이 궁궐에서 나와 자기 처소에 들자 유생들이 비난하였다.

"아니, 선생은 어떻게 이렇게 아부를 할 수 있다는 말입니까?"

그러자 숙손통은 이렇게 대답하는 것이었다.

"어차피 우리는 지금 호랑이 입 안에 있지 않소? 내가 그렇게 아부하지 않았다면 우리 모두 무사하기 어려웠을 것이오."

그러고는 바로 도망을 쳐 고향인 설 땅으로 돌아갔다.

난세에는 용사가 필요하다

숙손통이 설 땅에 가보니 그곳은 이미 초나라 군대에게 항복한 후였다. 숙손통은 항량이 설 땅에 도착하기를 기다려 항량을 모시게 되었다. 항량이 정도(定陶)에서 패하자 숙손통은 회왕을 모셨다. 그리고 회왕이 의제로 추존되어 장사로 옮기자 숙손통은 곧 항우를 모셨다. 한(漢)나라 2년, 한왕이 다섯 제후의 군대를 거느리고 팽성에 들어오자 숙손통은 또 한왕에게 항복하였다.

숙손통은 원래부터 유학자의 옷을 입고 있었다. 그러나 한왕이 그 옷을 싫어하자 곧 그 옷을 벗어 버리고 초나라 풍습으로 만든 짧은 옷으로 바꿔 입었다. 한왕이 보고는 매우 좋아하였다.

숙손통이 원래 한나라에게 투항하였을 때 제자 백여 명을 데리고 있었는데, 숙손통은 한왕 앞에서 어느 제자도 천거한 적이 없었다. 그 대신 도둑질을 했던 자나 장사(壯士)들만 자꾸 추천했다. 이에 제자들이 불평불만을 터뜨렸다.

"저희는 선생님께 여러 해 가르침을 받아왔습니다. 당연히 저희들의 앞길을 열어 주셔야 하지 않겠습니까? 그런데도 선생님께서는 건달, 깡패만 계속 추천하고 계시니 정말 그 이유를 모르겠습니다."

그러자 숙손통이 자세를 고쳐 앉으며 대답했다.

"지금 대왕께서는 싸움터를 전전하며 화살과 돌이 날아다니는 것을 무릅쓰고 적과 천하를 놓고 쟁탈하고 계신다. 너희들 유생들이 도대체 전쟁터에 나아가 싸울 수 있다는 말이냐? 그래서 지금 나는 우선 적진으로 뛰어들어 적장을 베고 깃발을 빼앗을 수 있는 사람을 추천하는 것이다. 너희는 좀 기다리도록 해라. 반드시 기회가 올 것이다."

시간이 갈수록 숙손통은 용사들을 추천한 공로로 벼슬이 더욱 높아졌고 직사군(稷嗣君)으로 칭해졌다.

그러나 수성(守城)에는 학자가 중요하다

한나라 5년, 천하는 통일되었다. 제후들은 모두 한왕을 정도(定陶)에서 황제에 추대하였다. 숙손통은 관련 예의와 호칭 등의 제도를 제정하도록 명령받았다. 고조는 진나라의 번거롭고 가혹한 예법 제도를 모두 없애 버리고 대폭 간소화했다. 의식과 규율이 간소화되자 신하들은 제멋대로 술을 마시고 서로 공적을 다투었으며, 싸움을 벌이고, 심지어 칼을 빼어들고 궁궐 기둥을 치는 자도 있었다.

이러한 상황에 대하여 고조는 골치 아파했다. 숙손통은 고조가 이러한 무례한 행동들을 갈수록 싫어한다는 점을 알고 고조에게 아뢰었다.

"유생들이란 폐하와 함께 진공하여 탈취하는 데에는 별 소용이 없지만, 이미 취득한 성과를 지키는 데에는 상당히 쓸모가 있습니다. 바라옵건대 학식이 높은 노나라 학자들을 초청하여 제 제자들과 함께 조회(朝會)의 의식을 제정했으면 합니다."

이에 고조가 "괜찮은 생각인데, 너무 어려운 일 아니오?"라고 묻자 숙손통은 "삼왕오제의 예악(禮樂) 제도는 서로 상이합니다. 이른바 의식이란 시대와 풍속에 따라서 간소화할 수도 있고 더해질 수도 있는 것입니다. 3대의 의식이 각각 이전의 의식을 따르면서 간소화하거나 더했다는 것은 그것들이 서로 같지 않다는 점을 말해 주고 있습니다. 저는 예로부터 전해온 의식에 진나라의 의식을 종합하여 새로운 조회 의식을 만들었으면 합니다."라고 대답하였다.

이에 고조는 "시험 삼아 만들어 보시오. 그러나 사람들이 이해하기 쉽게 하고, 내가 실행할 수 있도록 염두에 두고 만드시오."라고 말하였다.

그 뒤 숙손통은 노나라에 가서 30명의 학자를 초청하였다. 하지만 두 사람은 거절하면서 숙손통을 비난했다.

"당신은 거의 열 명에 가까운 주군을 섬기면서, 모두 면전에서 아부하여 가깝게 되고 존귀한 지위를 얻었소. 지금 천하가 막 평정되었지만, 아직 전사자의 장례도 끝나지 않았고 부상자들은 완치되지 못했소. 이런 상황에서 어떻게 예악(禮樂)을 찾을 수 있다는 말이오? 본래 예악이라는 것은 황제가 백 년 이상 인정(仁政)을 베풀고 덕을 쌓아야 비로소 일어나는 법이오. 그러니 당신이 하는 일에 찬성할 수 없소. 당신이 하고자 하는 일은 옛날의 법에 맞지 않는 일이오. 우리는 가지 않을 것이오. 그냥 돌아가시오. 우리를 욕되게 하지 마시오."

그러자 숙손통은 웃으며 말했다.

"당신들은 정말 고루한 유생들이오. 세상의 변화를 한 치도 알지 못하오."

숙손통은 노나라 학자 30여 명을 대동하고 궁궐로 돌아왔다. 그래서 그들과 황제 주변의 학식 있는 시종들, 그리고 숙손통의 제자 백여 명과 함께 야외에서 구역을 정하고 존귀 순위를 표시하는 표지물을 설치하여 조회 예의를 연습하기 시작하였다. 이렇게 연습을 한 달여 한 뒤 숙손통은 고조에게 "폐하께서 한번 보십시오."라고 청했다.

고조는 그 의식 절차를 보고 난 뒤 "잘 만들었소. 이 정도는 내가 할 수 있겠소."라고 말했다. 이렇게 하여 군신 모두 이 예의를 배우도록 명령이 내렸다.

그 뒤 장락궁이 준공되자, 만조백관들이 그 의식에 따라 입조했다.

뜰 가운데에는 경비병들이 무기를 갖추고 줄을 지어 서 있고, 궁전 밑에는 계단마다 수백 명의 호위 군사가 늘어서 있었다. 공신·제후·장군들이 서열에 따라 서쪽에 줄을 지었으며, 문관은 승상 이하 서열대로 동쪽에 줄을 지었다. 이때 드디어 황제가 탄 수레가 나오자, 백관들이 깃발을 흔들어 환영했다. 황제가 자리에 앉자 6백 명 이상 되는 고관들이 차례로 어전에 나가 축하했는데 모두 엄숙한 표정이었다. 하례가 끝나자 모든 사람들이 다시 엎드려 머리를 조아렸고, 서열에 따라 일어나며 축배의 술잔을 올렸다. 의식이 끝나고 다시 주연이 베풀어졌으나 시끄럽게 하는 자는 한 명도 없었다.

그러자 고조는 "오늘에야 비로소 황제의 자리가 고귀함을 알았노라!"라며 숙손통을 태상(太常)[510]에 임명하고 황금 5백 근을 하사하였다. 이 기회를 놓칠

---

510) 관직명으로서 종묘의식을 관장하였다.

세라 숙손통이 말했다.

"저의 제자들은 오랫동안 저를 따르며 함께 의식을 만들었습니다. 바라옵건 대 그들에게도 관직을 내려 주십시오."

고조는 즉시 그들을 모두 시종에 임명했다. 숙손통은 궁궐에서 나오자 하사 받은 황금 5백 근을 모두 제자들에게 나누어 주었다. 그러자 제자들은 모두 감 동하며 이렇게 말했다.

"선생님은 참으로 성인이시다. 세상사를 한눈에 꿰뚫어보신다."

그 후 숙손통은 태자의 태부(太傅)[511]에 임명되었다. 그런데 고조는 그때 총 애하는 척희의 아들인 여의를 태자로 다시 세우려 하였다. 그러자 숙손통이 고 조에게 간했다.

"옛날 진시황은 큰아들 부소를 태자로 세우지 않아 결국 조고 등이 호해를 내세워 음모를 꾸몄고, 그 때문에 나라까지 멸망했습니다. 지금 태자의 인덕은 모두가 칭송하고 있습니다. 더구나 황후께서는 폐하와 온갖 고난을 함께 겪어 온 조강지처이옵니다. 이것을 절대 배신할 수 없습니다. 폐하께서 그래도 태 자를 바꾸셔야 한다고 생각하시면 저를 죽이시고 그 피로 궁전의 땅을 더럽힌 후에 하십시오."

그러나 고조는 적당히 무마하려고 했다.

"알았소. 그만두시오. 내가 농담으로 그래본 것인데…."

그러자 숙손통은 더욱 정색을 하며 말했다.

"태자를 세우는 문제는 천하의 근본인데 어찌 천하 대사를 농담으로 하실 수 있습니까? 근본이 흔들리면 모든 것이 흔들리는 법입니다."

그러자 고조는 "과인이 그대의 의견에 따르리다."라고 하였다.

그 후 궁중의 주연이 열렸을 때 장량이 초대한 도사 네 명이 태자와 함께 나 타나자, 고조는 태자를 바꾸겠다는 생각을 깨끗이 단념하게 되었다.

실로 숙손통은 나아갈 때와 들어올 때를 잘 알았으며, 시대의 흐름을 잘 파 악해 적응해 나갔던 것이다.

---

511) 태자를 가르치고 보좌하는 관직명.

참으로 곧은 길은 굽어보이는 법이다

그 후 고조가 붕어하고 혜제가 즉위하였다. 어느 날 혜제가 숙손통을 불렀다.

"이 나라에 의식을 제대로 아는 사람이 없구려. 아무래도 선생께서 다시 맡으셔야 하겠소."

그리하여 숙손통은 태상으로 복귀했다. 이후 계속하여 제정된 각종 예의 법규는 모두 숙손통이 태상으로 있을 때 논의하고 저술한 것에 의거하였다.

그런데 혜제는 장락궁에 있던 어머니 여후에게 아침마다 문안드리고 있었다. 그때마다 교통이 통제되어 백성들의 피해도 컸다. 그래서 생각 끝에 이층으로 길[複道]을 내어 궁궐 담 위로 쉽게 다닐 수 있도록 했다.

하루는 숙손통이 혜제에게 말했다.

"폐하, 무슨 연유로 이층 길을 내셨습니까? 그렇게 되면 결국 선제의 묘 위로 지나다니도록 되었지 않습니까? 나라의 시조를 모시는 종묘를 그렇게 대접해서는 안 됩니다."

그러자 혜제는 크게 두려워해 "그럼 빨리 허물어 버리도록 하시오."라고 말했다.

그러나 숙손통은 또다시 이렇게 말하는 것이었다.

"천자의 하나하나의 모든 거동들은 과실로 되어서는 안 됩니다. 이제 와서 허물어 버리면 천자께서 잘못이 있다는 것을 천하에 보여주는 것이 됩니다. 이번 기회에 고조의 묘를 위수 북쪽에 새로 모시는 것이 어떻겠습니까? 종묘를 넓히고 많이 짓는 일은 큰 효도의 기본입니다."

효혜제는 즉시 관리에게 조칙을 내려 사당을 신축하도록 하였다. 따로 사당을 신축한 것은 바로 이층 길 때문이었다.

효혜제가 일찍이 봄에 이궁(離宮)[512]에 갔을 때 숙손통이 이렇게 말하였다.

"옛날에는 봄이 되면 햇과일을 종묘에 바치는 일이 있었습니다. 지금 막 앵두가 익었으니 바칠 만합니다. 원컨대 폐하께서 출유(다른 곳으로 나가서 놂)하실 때 앵두를 가져다 종묘에 바치시기를 바랍니다."

---

512) 황제가 거처하는 정궁正宮 이외에 언제든 가서 쉴 수 있는 곳으로 만든 궁

그러자 황제는 이를 허락하였다. 여러 신선한 과일들을 종묘에 헌납하는 일은 이로부터 시작되었다.

태사공은 말한다.

"속담에 이런 말이 있다. '천금의 값이 나가는 가죽 옷은 여우 한 마리의 털로 만들 수 없고, 높은 누대의 서까래는 나무 한 그루로 만들 수 없으며, 3대(三代: 하, 은, 주 3대 왕조를 가리키며, 중국 역사에서 모범적인 정치제도의 모델로 존숭을 받았다)의 성대함은 한두 명 선비의 지혜만으로 이루어진 것이 아니다.' 참으로 옳은 말이다!

고조는 미천한 신분으로 몸을 일으켜 천하를 평정했는데, 그것은 여러 사람의 지혜가 합해진 결과이다. 그러나 유경은 수레를 끄는 막대를 내던지고 한번 도읍을 옮기라고 유세함으로써 만세의 안정을 이루었으니, 지혜라고 하는 것을 어찌 한 개인이 독점할 수 있겠는가!

숙손통은 시대의 요구에 영합하여 당세의 긴급한 사무를 고려하고 예의(禮義)제도를 제정하였다. 그의 나아가고 물러감은 모두 시대의 변화를 정확히 따른 것으로서 마침내 한나라 시기 유학자의 큰 스승으로 되었다.

'참으로 곧은 길은 굽어보이며,[513] 길은 원래 구불구불한 것이다.'라고 하였는데, 바로 숙손통의 경우를 가리킨다고 하겠다."

---

513) 원문은 大直若詘로서 『노자老子』에 출전을 둔 말이다.

38. 경포 열전 · 팽월 열전 · 난포 열전
- 돌아오지 않은 장군

경포는 얼굴에 문신하는 형벌을 받고 웃으며 "형벌을 받은 다음에 왕이 된다고 하더니 정말인가 보구나!"라고 말했던 기인(奇人)으로서 그의 삶 자체는 '기이(奇異)' 자체였다. 팽월은 유격전의 상승장군으로서 유방이 천하를 제패하는 데 빼놓을 수 없는 공로를 세웠으나 마지막에는 여후의 꾀에 속아 자신은 물론 그 일족까지 모조리 처형당해야 했던 비운의 장군이었다.

한편 난포야말로 죽음을 앞두고도 마치 집에 가듯 편안한 마음을 가질 수 있었던 인물로서 사마천은 난포를 '중의경생(重義輕生)', 즉 의(義)를 중하게 여기고 삶을 가벼이 여기는 표상으로서 높이 평가하고 있다.

1) 화(禍)의 원인은 사랑하는 한 여자로부터 비롯된다
- 경포

경포(鯨布)는 육안현(六安縣) 사람으로 원래 성은 영(英)씨였다. 진나라 때 그는 일개 평민이었다. 그가 젊을 때 어떤 사람이 그를 보더니 "당신은 형벌을 받고 나서 왕이 될 관상이오."라고 말했다.

그 뒤 그가 남의 죄에 연루되어 얼굴에 경형(鯨刑)[514]을 받게 되었다. 그러자 그는 껄껄 웃으며 "이전에 어떤 사람이 내 관상을 보고 형벌을 받은 다음에 왕이 된다고 하더니 정말인가 보구나."라고 말하는 것이었다. 이 말을 듣고 있던 주위 사람들은 어이가 없어 웃을 뿐이었다.

---

514) 문신형으로서 경포라는 이름도 경형을 받았다 하여 붙여진 이름이다.

경포는 판결을 받은 다음 다른 죄수들과 함께 여산으로 보내졌다. 그곳에는 수십만 명의 죄수가 와 있었는데, 경포는 그 중 두목이나 영웅호걸은 모두 사귀었다. 얼마 뒤 경포는 친한 사람들을 이끌고 도망쳐 장강 유역에서 도적이 되었으며, 물론 경포는 그 우두머리가 되었다.

그 후 진승이 반란을 일으키자, 경포도 군대를 일으켜 수천 명을 모았다. 진승이 패한 후에도 경포는 진나라 군대를 계속 격파하였다. 경포는 때마침 항량이 군사를 일으켜 장강을 건너고 있다는 소식을 듣고 항량 휘하에 들어갔다. 항량의 군대는 계속 북상하여 진나라를 쳤는데, 경포의 공적이 항상 으뜸이었다.

그 뒤 항량이 죽자 항우의 지휘 아래에 들어간 경포는 선봉장 역할을 하면서 뛰어난 공을 세웠다. 항우가 경포를 파견하여 먼저 황하를 건너 진나라를 공격하게 하였는데, 경포가 여러 차례에 걸쳐 승리를 거두자 항우도 군사를 이끌고 강을 건너 경포와 함께 마침내 진나라 군대를 격파하고 장한 등의 항복을 받아냈다. 초나라 군대가 승리할 때 경포의 공은 늘 제후들 가운데 으뜸이었다. 제후들의 군대가 모두 초나라에 복속하게 된 것은 경포가 여러 차례에 걸쳐 적은 군사로써 많은 적군을 깨뜨렸기 때문이었다.

항우가 군사를 이끌고 서쪽으로 신안(新安)에 이르러 경포 등을 시켜 한밤중에 장한의 군대를 습격하여 진나라 병졸 20여만 명을 구덩이에 묻어 죽였다. 그리고 함곡관(函谷關)에 이르러 들어갈 수 없게 되자, 또 경포에게 먼저 샛길로 쳐들어가서 함곡관 아래에 있는 진나라 군대를 격파하도록 하여, 가까스로 함곡관에 들어가 함양에 당도할 수 있었다. 이렇듯 경포는 언제나 초나라 군대의 선봉이었다. 항왕이 여러 장수들을 봉하면서 경포를 구강왕(九江王)으로 삼고 육(六)에 도읍하게 하였다.

한나라 원년 4월에 제후들이 모두 항왕 휘하에서 떠나 각기 자기의 봉국으로 돌아갔다. 항왕은 회왕을 의제(義帝)로 추존하여 장사(長沙)로 옮기게 하고는 은밀히 구강왕 경포 등에게 명하여 그를 죽이도록 하였다. 그 해 8월에 경포가 장수를 시켜 의제를 침현(郴縣)까지 추적하여 죽였다.

경포를 얻어야 천하를 얻는다

한나라 2년, 제왕(齊王) 전영(田榮)이 초나라를 배반하자, 항왕이 제나라를 치러 가면서 구강에서 군사를 징발하였는데 구강왕 경포는 병을 핑계로 따라가지 않고 대신 부하에게 수천 명의 군사를 이끌고 가도록 했을 뿐이었다. 한나라가 팽성에서 초나라를 격파하였을 때에도 경포는 병을 핑계로 하여 초나라를 돕지 않았다. 이 때문에 항왕이 경포를 원망하고 여러 번 사자를 보내어 책망하며 경포를 불렀지만, 그는 더욱 두려워하여 감히 가지 못하였다. 그러나 항왕은 당시 북쪽으로 제나라와 조나라를 걱정하고 서쪽으로는 한(漢)나라를 근심하고 있었기 때문에 가까이 할 수 있는 사람은 오직 경포뿐이었고 또한 경포의 재능을 높이 평가하고 있었으므로 경포를 벌하지 않았다.

한나라 3년에 한왕이 초나라를 공격하면서 팽성에서 크게 전투를 벌였지만 불리해져서 양(梁)으로부터 퇴각해서 우(虞)까지 온 한왕이 좌우 신하들에게 "너희와 같은 자들과는 함께 천하의 대사를 도모할 수가 없구나!"라고 탄식하자, 알자(謁者) 수하(隨何)가 "폐하께서 말씀하신 뜻을 잘 모르겠습니다."라고 말하였다.

그러자 한왕은 말하였다. "누가 능히 나를 대신하여 회남(淮南)에 사자로 가서 경포로 하여금 군대를 일으켜 초나라를 배반하게 할 수 있겠는가? 항왕을 몇 달 동안만 제나라에 머무르게 한다면, 내가 천하를 얻는 것은 완전히 정해질 터인데."

이에 수하가 "신이 그곳에 가도록 해주십시오."라고 청하였다. 그리하여 수하가 스무 명을 데리고 회남에 사신으로 갔다. 그는 회남에 도착한 후 태재(太宰)를 통해서 만나려 하였지만, 사흘이 지나도 구강왕을 만날 수가 없었다. 그래서 수하가 기회를 보아 태재에게 말하였다. "왕께서 저를 만나 주시지 않는 것은 분명히 초나라가 강하고 한나라는 약하다고 생각하시기 때문일 것인데, 그래서 신이 사자로 왔습니다. 제게 왕을 뵙게 해 주셔서 제가 드리는 말씀이 옳다면 이는 대왕께서 듣고 싶어 하시는 바이고, 제가 드리는 말씀이 잘못되었다면 저희들 스무 명을 회남의 시장에서 부질(斧質)[515]의 형(刑)에 처하십시오. 그리하여

---

515) 부(斧)는 도끼, 질(質)은 단두대의 의미로서 결국 부질(斧質)은 사형을 뜻한다.

왕께서 한나라를 등지고, 초나라와 함께 한다는 것을 밝히십시오."

태재가 그의 말을 경포에게 아뢰자 경포는 그를 만났다.

수하가 "한왕께서 신을 파견하셔서 삼가 서신을 대왕의 측근에게 바치게 하셨는데, 신은 대왕께서 초나라와 어떠한 친분이 있는지 궁금합니다."라고 말하였다. 이에 경포가 "과인은 북향(北鄕)하여 초나라를 섬기는 신하이오."라고 말하자 수하가 말하였다.

"대왕께서는 항왕과 함께 제후의 반열에 계시면서도 북향하여 그를 섬기는 것은 반드시 초나라가 강하여 나라를 의탁할 만하다고 생각하시기 때문일 것입니다. 그런데 항왕이 제나라를 공략하면서 친히 성을 쌓기 위하여 도구들을 짊어지고 사졸들의 선봉을 자임하였을 때 대왕께서도 마땅히 회남의 병력을 총동원하여 몸소 그들을 이끌고 초나라 군대의 선봉이 되셨어야 했습니다.

그러나 대왕은 오히려 4천 명만 파견하였습니다. 신하된 자로서 과연 이렇게 해도 되겠는지요? 또한 한왕과 팽성에서 싸울 때만 하더라도 항왕이 제나라를 떠나기 전에 대왕께서는 마땅히 회남의 병사를 총동원하여 회수를 건너가 밤낮으로 팽성에서 한왕과 맞서야 하셨는데, 대왕께서는 만여 대군을 거느리시고도 한 사람도 회수를 건너게 하지 않으셨으며, 팔짱을 낀 채 어느 쪽이 이기는지를 바라보기만 하셨습니다. 스스로 남에게 의탁하면서 과연 이렇게 해도 된다는 말씀이신지요? 대왕께서는 초나라에 의지한다는 헛 명분만을 내걸고 자신을 완전히 맡겨 버리고자 하시니, 신이 생각하건대 이는 대왕께서 취할 바가 아닙니다. 그러면서도 대왕께서 초나라를 배반하지 않는 까닭은 한나라가 약하다고 생각하시기 때문입니다.

지금 초나라 군대가 비록 강하지만 온 천하가 초나라에게 불의(不義)의 오명을 씌우고 있으니, 이는 초나라 왕이 맹약을 저버리고 의제(義帝)를 죽였기 때문입니다. 그런데다 초나라 왕은 승리를 믿고 스스로 강하다고 믿고 있지만, 한왕은 제후들과 연합하고 돌아와서는 성고(成臯)와 형양을 지키고 있으며, 촉과 한의 양식을 공급받고 도랑을 깊이 파서 성벽을 굳게 하며, 군사를 나누어 변경을 지키고 요새를 방어하고 있습니다.

초나라 군대가 제나라에서 초나라로 돌아가려면 가운데 있는 양(梁)의 땅을 넘어서 적국 깊숙이 8, 9백 리나 들어가야 하니, 싸우고자 해도 싸울 수가 없고 성을 공격하려 해도 힘이 모자라며, 노약자들이 천리 밖에서 양곡을 제공해야 합니다. 초나라 군대가 형양과 성고에 도착하더라도 한나라가 굳게 지키고 움직이지 않는다면, 초나라 군대는 나아가 공격할 수도 없고 물러나 포위를 풀 수도 없습니다. 그러므로 초나라 군대는 믿을 만하지 못하다고 말하는 것입니다. 만약 초나라가 한나라를 이기게 된다면 제후들은 스스로 위기를 느끼고 두려워하여 서로 구원하게 될 것입니다. 초나라가 강대해지면 오히려 천하의 적병을 초나라로 불러들일 수 있습니다. 그러니 초나라는 한나라만 못하고 이러한 정세는 쉽게 알 수가 있습니다.

지금 대왕께서는 모든 것이 안전한 한나라와 함께 하지 않으시고 멸망의 위기에 처한 초나라에 스스로 의탁하려 하시니, 신은 대왕을 위해서 그것을 의아하게 생각합니다. 신이 회남의 병력만으로 초나라를 멸망시키기에 넉넉하다고 생각하는 것은 아닙니다. 대왕께서 군대를 동원하여 초나라를 배반하시면, 항왕은 반드시 제나라에 머물게 될 것입니다. 그렇게 몇 달 동안만이라도 항왕을 제나라에 머물게 한다면, 한나라가 천하를 차지하게 될 것은 확실히 보장할 수 있습니다. 신이 대왕을 모시고 칼을 찬 채로 한나라에 돌아가게 해주십시오. 한왕께서는 반드시 땅을 떼어서 대왕을 봉하실 것이니, 어찌 회남땅뿐이겠는지요? 그러므로 한왕께서 삼가 신을 사신으로 보내어 계책을 드리게 한 것이니, 원컨대 대왕께서는 고려해 주십시오."

그러자 경포는 "그렇다면 당신이 말한 대로 하겠소."라고 말하였다.

경포가 은밀히 초나라를 배반하고 한나라와 한편이 되겠다고 허락하였지만 이 사실을 감히 발설하지는 않았다.

그때 마침 초나라 사자가 경포에게 와 있으면서, 급히 군대를 출동시키라고 경포에게 독촉하며 객사에 머물고 있었다. 수하는 그곳에 곧바로 뛰어들어가 초나라 사자의 윗자리에 앉아 "구강왕이 이미 한나라에 귀속하였는데, 초나라가 어떻게 병력을 동원할 수 있겠는가!"라고 말하자 경포는 깜짝 놀랐다. 초나라의 사자가 일어났다. 수하가 경포를 설득하여 "일은 이미 벌어졌으니 초나라 사자를 죽여서 돌아가지 못하게 하고 빨리 한나라로 달려가서 힘을 합하는 것이 좋겠습니다."라고 하자 경포는 "그대가 하라는 대로 군사를 일으켜 초나라를 공격할 수밖에 없겠소."라고 말하였다. 경포는 즉시 사자를 죽이고 군사를 일으켜 초나라를 공격하였다. 초나라에서는 항성(項聲)과 용저(龍且)를 파견하여 회남을 공략하도록 하고, 항왕은 그대로 머물면서 하읍(下邑)을 공략하였다. 몇 달이 지나 용저가 마침내 회남을 공략하고 경포의 군대를 격파하였다. 경포는 군대를 이끌고 한나라로 달아나고자 하였으나, 초나라 왕이 자기를 죽일까봐 두려웠으므로 샛길을 통해서 수하와 함께 한나라로 돌아갔다.

경포가 한나라에 이르렀을 때 한왕은 마침 평상에 걸터앉아 시종에게 발을 씻기고 있었는데, 그대로 경포를 불러들여 만나게 하였다. 이에 경포는 너무 화가 나서 한나라로 온 것을 후회하고 자살하려고 하였다. 그런데 나와서 숙사에 와 보니 의복과 마차, 음식이나 시종들이 한왕의 거처와 같았으므로 경포는 바라던 것보다도 좋은 대우에 크게 기뻐하였다. 이에 사자를 파견하여 구강을 살펴보도록 하니 초나라는 이미 항백(項伯)을 시켜서 구강의 군대를 몰수하고 경포의 아내와 자식들을 모조리 죽인 뒤였다. 경포의 사자는 오랜 친구들과 총신들을 꽤 많이 만나 수천 명을 거느리고 한나라로 돌아왔다. 한나라는 경포에게 더 많은 군대를 나누어 주고 함께 북쪽으로 가면서 군대를 모아 성고에 이르렀다.

한나라 4년 7월에 경포를 회남왕으로 삼고 함께 항우를 공격하였다.

한나라 5년, 경포는 사람을 파견하여 구강에 들어가 여러 고을을 손에 넣었다.

한나라 6년, 경포가 유가(劉賈)와 함께 구강으로 가서 초나라 대사마 주은(周殷)을 설득하자 주은이 초나라를 배반하고 드디어 구강의 군대를 동원하여 한나라와 함께 초나라를 공격하여 마침내 항왕을 해하(垓下)에서 격파하였다.

항왕이 죽은 뒤 천하가 평정되자 고조가 술잔치를 베풀었다. 이때 고조가 수하의 공적을 깎아 내려 "수하는 썩은 선비이니 천하를 다스리는 데 어찌 썩은 선비를 쓰겠는가?"라고 말하였다. 수하가 꿇어앉아 "폐하께서는 군사를 이끌고 팽성을 공격하시고 초나라 왕이 아직 제나라를 떠나지 않았을 때, 보병 5만 명과 기병 5천 명으로 회남을 점령할 수 있으셨겠습니까?"라고 하자 고조는 "그리 못하였을 것이오."라고 대답하였다. 이에 수하가 말하였다.

"폐하께서 저로 하여금 스무 명과 함께 회남에 사자로 가게 하셨고 저는 회남에 이르러 폐하의 뜻대로 하였는데, 이는 신의 공이 보병 5만 명과 기병 5천 명보다도 나은 것입니다. 그런데도 폐하께서 이제 '수하는 썩은 선비이니 천하를 다스리는 데 어찌 썩은 선비를 쓰겠는가?'라고 말씀하시니, 이는 어찌 된 연유인지요?"

그러자 고조는 "내 장차 그대의 공을 생각하리라."라고 말하였다. 그러면서 고조는 수하를 호군중위(護軍中尉)로 임명하였다.

한편 경포는 회남왕이 되어 육(六)에 도읍하였고, 구강, 여강, 형산, 예장 등의 군(郡)이 모두 경포에게 귀속되었다.

경포가 하책을 채택하여 죽음에 이른 까닭은?

한 고조 11년, 한신이 처형되자 경포는 불안했다. 또 그해 여름에는 팽월이 처형되어 그 시체가 소금에 절여져 그릇에 담긴 채 모든 제후들에게 보내졌다. 그 인육자반을 본 경포는 두려움에 몸을 떨고는 차라리 반란을 일으킬 것을 생각하게 되었다.

당시 경포에게는 아끼는 미희(美姬)가 하나 있었다. 그런데 그 미희가 몸이 아파 의원에게 치료를 받게 되었다. 한편 비혁이라는 관리가 그 의원의 맞은편 집에 살고 있었는데 예전에 경포의 부하였던 관계로 미희와도 안면이 있었다. 하루는 비혁이 의원 집에 놀러가서 미희에게 선물도 바치고 술도 마시게 되었다. 그 뒤 미희가 경포와 이야기하던 중에 비혁이 괜찮은 사람이더라고 칭찬했다. 그러자 경포가 놀라며 물었다.

"아니, 언제 그 자를 만난 적이 있었는가?"

미희는 아무 생각 없이 자세하게 설명해 주었다. 그러나 경포는 두 사람의 관계를 의심하기 시작했다. 이 사실을 눈치 챈 비혁이 두려워해 몸이 아프다며 바깥출입을 삼가자 경포는 더욱 그를 의심하게 되었다. 그래서 드디어 비혁을 잡아 죽이려고 하자 비혁은 도망쳤다. 도망친 비혁은 자기가 살기 위해서는 경포를 반역죄로 죽게 할 수밖에 없다고 생각했다. 그러고는 말을 달려 장안에 들어가 고조에게 상서했다.

〈경포가 반란을 일으키려고 합니다. 빨리 그를 잡아들이십시오.〉

고조가 이 글을 읽고 소하에게 의견을 물었다. 이에 소하는 놀라는 표정으로 "경포가 그럴 리가 없습니다. 아마 무슨 원한 때문에 무고했을 게 틀림없으니, 우선 비혁을 잡아들여 조사하고 은밀히 사람을 경포에게 보내 살펴보도록 하시지요."라고 답하였다.

한편 경포는 비혁이 투서한 사실을 알고 불안해하고 있는데, 또 사람이 은밀히 내려와 조사하는 것을 알고는 마침내 반란을 일으켰다. 고조는 대신들을 모아 놓고 물었다.

"경포가 반란을 일으켰으니 어찌 해야 하겠소?"

그러자 등공(滕公)이 대답하였다.

"저의 식객들 중에 초나라 영윤을 지냈던 설공(薛公)이라는 사람이 있는데, 매우 지혜 있는 사람입니다. 한번 만나보시는 것이 어떻습니까?"

고조가 설공을 불러 물었다. 그러자 설공은 한참 생각에 잠겼다가 말하였다.

"경포는 한신, 팽월과 함께 용맹스런 장군이었습니다. 이제 한신과 팽월이 처형되자 자기도 머지않아 목숨을 잃을까 두려워 반란을 일으킨 것입니다. 그런데 경포가 상책(上策)을 들고 나오면 회남 땅은 한나라 땅으로 돌아올 수 없습니다. 중책으로 나오면 승패는 알 수 없으며, 다만 하책으로 들고 나오면 폐하께서는 베개를 높이 베고 주무실 수 있습니다."

이에 고조가 물었다.

"그럼 경포가 어떤 계책을 쓸 것 같소?"

"그는 하책을 쓸 것입니다."

설공은 이렇게 대답하니 고조는 다시 "그 이유는 무엇이오?"라고 물었다.

설공이 말을 이었다.

"경포는 원래 여산의 도적 떼였습니다. 지금 그는 왕이 되었지만, 모든 일이 자기 일신을 위함이었지 후세의 백성 만대를 위해 한 것이 아닙니다. 그런 까닭에 이번에도 하책을 쓸 것입니다."

한편 경포는 반란을 일으키며 부하들에게 이렇게 말했었다.

"지금 황제는 나이가 많아 싸움을 싫어하기 때문에 반드시 친정(親征)하지 않고 부하들을 내보낼 것이다. 나는 이제껏 한신과 팽월만을 두려워했는데, 그 두 사람 모두 죽었으니 두려울 것이 없다."

당시 고조는 건강이 좋지 않은 상태였다. 그래서 자기는 경포 토벌에 나서

지 않고 그 대신 태자를 내보내고 싶었다. 하지만 태자를 염려한 여후는 눈물을 흘리며 호소했다.

"경포는 천하의 맹장입니다. 그 자를 제압할 수 있는 사람은 오직 폐하밖에 없습니다. 비록 몸이 불편하시더라도 나라의 운명을 건 이 싸움에 친히 출정 하시옵소서."

고조는 하는 수 없이 출정에 나섰다.

경포는 과연 설공의 예측대로 하책(下策)을 썼다. 즉, 크게 제나라, 한나라, 연나라까지 생각을 못하고 겨우 자기의 땅만 지키려 했던 것이다. 고조가 가서 경포의 군대를 보니, 그 배치가 항우의 전법과 똑같았다.

고조가 경포에게 "왜 반란을 일으켰는가?"라고 묻자 경포는 "황제가 되고 싶소!"라고 대답했다. 그때까지도 경포에 대한 애정이 남아 있던 고조였지만 그 말에는 크게 노하여 즉시 공격에 나섰고 격전이 벌어졌다. 이 싸움에서 경포는 크게 패해 겨우 백여 명의 부하만을 이끌고 강남으로 달아났다. 고조도 누가 쏘았는지 모르는 화살에 맞아 부상을 당했다.

경포는 그 후 파양 지방으로 달아났으나, 한 농가에서 농민에게 붙잡혀 죽고 말았다.

태사공은 말한다.

"『춘추(春秋)』에 '초(楚)나라가 영(英)과 육(六)을 멸하다.'라고 되어 있는데 경포가 바로 그 고요(皐陶)[516]의 후예이지 않을까? 몸은 형벌을 받고서도 어떻게 그렇게도 빠른 때에 성공을 할 수 있었는가? 항씨(項氏)가 구덩이에 묻어 죽인 사람은 부지기수인데, 늘 경포가 그 포악한 일의 우두머리였다. 그의 공로는 제후들 가운데 으뜸이었고 그로 인해 왕에 올랐었지만, 그 역시 세상의 살육을 면하지 못하였다.

화(禍)의 원인은 사랑하는 한 여자로부터 비롯되고, 질투로 인하여 자신이 죽고 마침내 그 나라까지 망하게 되었도다!"

---

516) 순임금의 신하.

2) 유폐의 치욕을 능히 감내한 이유는?
– 팽월

비천한 출신이었지만 도리어 천리의 땅을 석권하고 왕위에 오르다

팽월은 창읍현(昌邑縣) 사람으로 거야(鉅野) 호숫가에서 고기잡이를 하는 사람이었으나, 실제로는 청년들을 작당해 도적질을 일삼고 있었다. 진승과 항량이 반란을 일으켰을 때, 이 소식을 들은 젊은이들이 팽월을 찾아왔다.

"지금 천하의 호걸들이 모두 일어서고 있소. 우리도 이 기회에 일을 벌입시다."

그러나 팽월은 고개를 가로저었다.

"지금은 두 마리 용이 싸우는 셈이네. 좀 더 두고 봐야지. 아직은 때가 안 됐어."

그로부터 다시 1년쯤 지나자 이번에는 백여 명이 찾아와서 "제발 두목이 되어 주십시오."라고 요청했다. 하지만 팽월은 "안 돼, 자네들과는 일할 수 없네!"라며 거절했다. 그렇지만 청년들이 한사코 권유하자 팽월은 할 수 없이 승낙했다. 그래서 다음날 해 뜨는 시간에 모여 거사하기로 하고 늦는 자는 목을 베기로 약속했다.

다음날 막상 모여 보니 지각하는 자가 10여 명도 넘고, 심지어 어떤 자는 점심 때가 되어서야 나타나는 것이었다. 팽월이 호통을 쳤다.

"나는 나이가 많아 거절했는데, 너희들이 하도 권하는 바람에 두목이 되었다. 그런데 지금 약속을 하고도 어기는 자가 이렇게 많으니 무엇을 할 수 있다는 말인가! 할 수 없다. 제일 마지막에 온 자만 처형시키겠다."

팽월은 맨 나중에 온 자를 목 베라고 명령하였다. 그러자 모두들 웃으며 "아니, 어찌 그렇게까지 할 수 있습니까? 다음부터 잘하면 되는 것이지요."라고 말했다.

하지만 팽월은 자기가 나서서 맨 나중에 온 자를 끌어내고는 단칼에 목을 베어 버렸다. 그러고 나서 제단을 쌓고 제사를 지냈다. 모두 간담이 서늘해져 팽월을 감히 쳐다보지도 못했다. 그 뒤 팽월은 가는 곳마다 승리를 거두면서 제후들로부터 떨어져 나온 병력을 모아 천여 명의 병력을 이끌게 되었다.

한왕이 북상하여 창읍을 공격할 때 팽월도 한왕을 도왔다. 그러나 한왕이 공격에 실패하고 서쪽으로 군사를 돌리자, 팽월도 고향으로 돌아가 세력을 키웠다.

그 뒤 한왕은 팽월에게 장군의 벼슬을 내리고 초나라를 공격하도록 요청했다. 그래서 팽월은 초나라의 소공각이 이끄는 토벌 군대와 마주쳐 크게 이겼다.

이듬해 팽월은 3만 명의 군사를 이끌고 한왕 휘하로 들어갔으며, 한왕은 그를 위나라 재상으로 임명하였다. 그때부터 팽월은 각지에 신출귀몰하게 출몰하면서 유격전을 벌여 항우를 끊임없이 괴롭혔다. 한왕이 형양에서 항우와 싸울 때도 팽월은 항우의 배후에서 유격전을 펼쳐 위기에 몰렸던 한왕이 간신히 탈출할 수 있도록 했다. 화가 난 항우가 팽월을 대대적으로 추격해 팽월의 부대를 크게 격파했지만, 팽월은 재빨리 후퇴해 버렸고 또다시 인근의 20개 성을 빼앗고 곡물 10여만 섬을 노획하여 한왕 군대의 군량미로 쓰게 했다. 그러나 한왕이 패하자 한왕은 곧 사자를 보내어 팽월을 불러 힘을 합쳐서 초나라를 공격하자고 하였다. 이에 팽월은 "위나라가 평정된 지 얼마 되지 않아 아직 초나라의 공격이 두려우므로 떠날 수가 없습니다."라고 말하였다.

한왕은 초나라를 추격하다가 고릉(固陵)에서 항적에게 패하였다. 이에 한왕은 장량에게 "제후들의 군대가 나를 따르지 않으니 어찌해야 좋겠소?"라고 묻자 장량은 이렇게 말하였다.

"제왕(齊王) 한신이 왕위에 오른 것은 대왕의 뜻에 의한 것이 아니므로 한신역시 마음 놓고 있지 않습니다. 그리고 팽월은 본래 양나라 땅을 평정하여 공이 많은데 당초 대왕께서 위표 때문에 팽월을 위나라 상국에 임명하셨습니다. 그런데 지금 위표는 죽고 뒤를 이을 사람이 없으므로 팽월 또한 왕이 되고 싶어하는데, 대왕께서는 빨리 결정을 내리지 않고 계십니다. 지금 이 두 나라와 약정을 맺는다면 곧바로 초나라를 이길 수 있을 것입니다. 수양 이북에서 곡성에이르는 땅을 모두 팽월에게 주어 그를 왕으로 세우고, 진나라부터 동쪽 부근의바다에 이르는 땅은 제왕 한신에게 주십시오. 제왕 한신은 고향이 초나라로서그의 뜻은 자신의 고향을 다시 얻는 데 있을 것입니다. 대왕께서 이 땅을 잘라그 두 사람에게 주는 것을 허락하신다면 이 두 사람을 금방 불러올 수 있을 것이지만, 만약 그러실 수 없다면 일은 예측할 수 없습니다.”

한왕은 사자를 팽월에게 보내어 장량의 계책대로 하였다. 사자가 팽월을 만나 한왕의 말을 전하자 팽월은 그제야 그의 병사를 이끌고 해하에서 마침내 초나라를 격파하였다. 항우가 죽은 뒤 팽월은 양왕(梁王)으로 임명되어 정도(定陶)에 도읍하였다.

한나라 10년, 진희가 반란을 일으키자 고조는 팽월에게 출동 명령을 내렸다. 하지만 팽월은 아프다는 핑계를 대며 부하 장군에게 군사를 내주어 나서도록 했다. 고조가 크게 노하여 사자를 파견해 팽월을 문책하자 팽월은 몸소 사과하러 낙양으로 가려 했다. 이때 장군 호첩이 말했다.

“대왕께서 처음부터 가시지 않고 문책을 받고서야 가시면 포로가 될 뿐입니다. 이렇게 된 마당에 반란을 일으킬 수밖에 없습니다.”

하지만 팽월은 그 말을 듣지 않고 여전히 칭병하며 누워 있기만 했다.

그러던 어느 날 팽월이 한 부하를 크게 꾸짖고 처형하려 하자 그는 도망쳐 장안으로 갔다. 그리고 팽월이 반란을 꾸미고 있다고 고발했다. 고조는 몰래 군사들을 보내 팽월을 체포했다. 팽월은 장안에 끌려와 취조를 받았는데, 관리는 “반란 혐의가 분명합니다.”라고 보고하였다. 하지만 팽월의 과거 공적이 너무나 컸기 때문에 고조는 그의 목숨만은 살려주고 서민으로 강등시켜 유배를 보내도록 했다. 팽월이 유배지로 가던 도중 마침 장안에서 낙양으로 행차하던 여후 일행을 만나게 되었다. 팽월은 여후 앞에 꿇어 엎드려 눈물로 호소하면서 자기 고향에서 살게 해 달라고 탄원했다. 여후는 그의 호소를 받아들여 그를 데리고 낙양으로 가더니 고조에게 말했다.

“팽월은 명장인데 지금 귀양 보내 살려 주면 반드시 후환이 있을 것입니다. 차라리 죽이는 것이 상책입니다. 그래서 팽월을 데리고 온 것입니다.”

한편 여후는 팽월의 가신을 시켜 팽월이 아직도 반란을 꾸미고 있다고 상소하도록 했다. 드디어 고조도 팽월을 죽이기로 결심했다. 결국 팽월은 그렇게 죽었다.

태사공은 말한다.

“팽월은 그 출신이 비록 비천했지만 도리어 천리의 땅을 석권하고 왕위에 올랐다. 그가 피투성이가 되어 분전한 사적은 당시에 이미 세상에 유명하였다. 그의 마음속에는 반란의 뜻이 있었는데, 실패를 했는데도 여전히 삶에 애착을 가지고 포로로 잡혀 유폐되었다. 하지만 결과는 역시 죽음의 운명을 피할 수 없었으니 이는 무슨 까닭인가? 중간 정도 지위 이상의 인물로서 이러한 행동은 큰 치욕으로 간주되는 것이며, 더구나 국왕에 이르러서는 두말할 필요조차 없다! 그는 인간관계의 다른 특수한 조건 없이 오로지 지혜와 모략이 다른 사람보다 출중했기 때문에 두려운 것은 바로 생명을 보전할 수 없는 사정이었다. 만약 그가 생명을 보전하여 일련의 권력을 더 얻을 수 있었다면 구름이 일어나고 비를 뿌리듯 아마도 기회를 잡아 그의 뜻을 실현해 낼 수 있었을 것이다. 바로 이러한 까닭으로 그는 유폐되는 치욕을 능히 감내했던 것이다!"[517]

3) 중의경생(重義輕生), 마치 집에 가듯 죽음을 맞는다
- 난포

난포는 양(梁)나라 사람으로 팽월과 어릴 적부터 교류를 하였다. 난포는 집안이 가난하여 제군(齊郡)의 술을 파는 집에서 일을 하였는데, 몇 년이 지나 팽월은 거야(巨野) 일대에서 비적이 되었고 난포는 인신매매를 당하여 연나라에 노예로 팔려갔다. 난포는 그의 주인의 복수를 해준 공으로 연나라 장군 장도(臧茶)의 추천을 받아 도위 벼슬에 올랐다. 그리고 뒷날 장도가 연나라 왕이 되자 난포는 장군이 되었다.

그 후 장도가 반란을 일으켜 한나라가 군대를 보내 연나라를 토벌했을 때 난포는 포로가 되었다. 이때 팽월은 이미 양나라 왕이었는데 난포가 포로가 되었다는 소식을 듣고 황제에게 부탁해 그를 풀려나게 한 후 양나라의 대부로 삼았다.

난포가 사신으로 제나라를 방문하여 아직 양나라에 돌아오지 않았을 때 한왕은 팽월을 반란 모의 혐의로 그의 부모, 형제, 처자 3족을 모두 멸족하였다.

---

517) 사마천은 이 글에서 궁형의 견딜 수 없는 치욕을 감내하면서 살아남은 자신의 처지를 생각하고 팽월의 처지를 동정하고 있다.

얼마 뒤 또 팽월을 참하고는 그의 머리를 낙양 성 아래에 걸고 〈팽월의 시체를 감히 거두는 자가 있으면 즉시 체포한다.〉고 포고했다.

이때 난포는 제나라에서 돌아와 낙양으로 가서 팽월의 목 앞에서 사신으로서의 보고를 마친 뒤 그 자리에서 제사를 지내고 곡을 했다. 관리가 그를 체포해 상부에 보고하였다. 한왕은 난포를 불러 크게 욕을 하면서, "너도 팽월과 함께 반란을 모의했는가? 그렇지 않고서야 내가 팽월의 목을 거두지 못하도록 명령했는데, 네 놈이 굳이 와서 제사를 지내고 울었다니 반드시 함께 모의한 것이렸다! 저 놈을 당장 삶아 죽여라!"라고 명령하였다.

좌우의 관리들이 난포를 끌고 끓는 가마솥으로 갔다. 한동안 태연히 걷던 난포가 뒤를 돌아보며 말했다.

"죽기 전에 한 말씀 올리고 싶습니다."

한왕이 "무슨 말을 하려 하는가?"라고 묻자 난포는 대답했다.

"전에 폐하께서 팽성에서 포위되셨을 때, 그리고 형양과 성고 일대에서 패하셨을 때, 항왕이 마음껏 서쪽으로 추격을 하지 못했던 이유는 모두 팽왕이 양나라에서 한나라 군대와 남북으로 호응하면서 초나라를 견제했기 때문이었습니다. 그때 팽왕이 한쪽으로 치우쳐 초나라와 연합하였다면 한나라가 실패했을 것이고, 한나라와 연합하였다면 초나라가 실패했을 것입니다.

또한 해하의 싸움에서 만일 팽왕이 합류하지 않았다면 항씨 역시 멸망하지 않았을 것입니다. 천하가 이미 평정되어 팽왕도 부절(符節)을 나누어[518] 받고 봉토를 받았으니 그 또한 대대손손 전하려고 하였을 것입니다. 그런데 이제 폐하께서 양나라에 군대를 징집하시면서 팽왕이 병으로 나가지 못하자 폐하께서는 그가 모반하였다고 의심하셔서 모반의 기미가 나타나지 않았는데도 끝내 가혹하게도 사소한 일을 들어 그의 가족을 주멸하셨습니다. 신이 걱정하는 바는 공신들마다 스스로 위태롭다고 느끼지 않을까 하는 것입니다. 이제 팽왕이 죽었으니 신은 살아 있는 것보다 죽는 것이 나으니 어서 신을 삶아서 죽이

---

518) 고대 제왕이 제후나 공신에게 분봉分封할 때에는 부절을 두 개로 나누어 각기 반쪽을 가짐으로써 상호 신용을 나타냈다.

십시오!"라고 말하였다. [519]

이 말을 들은 고조는 곧 난포를 풀어주면서 그의 죄를 용서하였으며 그를 도위에 임명하였다.

효문제 때 난포는 연나라 재상이 되었고 뒤에 다시 장군의 자리까지 올랐다.

난포는 이렇게 말했다.

"어려울 때 자신을 욕되게 하거나 뜻을 굽히지 못한다면 가히 사내대장부라고 할 수가 없고, 부귀를 누릴 때 만족하지 못하면 현명한 사람이 아니다."

그는 일찍이 그에게 은혜를 베푼 사람들은 후하게 보답하고, 원한을 가졌던 사람들은 반드시 법으로 파멸시켰다. 오와 초가 반란을 일으켰을 때 그는 군공을 세워 유후(兪侯)에 봉해지고, 또 연나라의 재상이 되었다.

연나라와 제나라에서는 모두 난포를 위하여 사당을 세웠는데 이를 난공사(欒公社)라고 하였다.

태사공은 말한다.

"난포가 팽월에게 곡을 하고 죽으러 갈 때 마치 자기 집으로 가는 듯했다. [520] 그는 진실로 자기가 어떻게 행동해야 하는가를 알고 있었으므로 죽음을 아끼지 않았던 것이다.

그 어떤 열사가 그를 능가할 수 있겠는가!"

---

519) 이 고사에서 사마천은 유방을 평민 출신이면서도 신의를 중시하는 난포와의 비교를 통하여 분명하게 드러냄으로써 유방의 배은망덕함과 속이 좁음을 비판하는 의미를 담고 있다.

520) 이를 시사여귀視死如歸라 한다.

39. 원앙 · 조착 열전
- 한 사람을 아끼지 말고 천하에 사죄하라

원앙은 유학 사상이 농후하여 항상 등급 명분을 강조하였다. 그는 모든 일을 예(禮)의 규정에 의거하여 진행하도록 요구하였으며 한 문제 때 황제의 신임이 깊어 그가 건의하는 모든 일이 시행되었다. 이에 반해 조착은 법가사상가로서 9경의 자리에 올라 모든 일을 의법 처리하도록 하고 대신들의 반대를 무릅쓰고 여러 차례에 걸쳐 법령을 고쳤으며 중앙집권을 강화하고 제후들의 세력을 삭감하였다.

그러나 원앙은 경제 때에 이르러 서인(庶人)으로 강등되었고, 조착은 유씨 권력의 공고화에 커다란 기여를 했음에도 불구하고 한 경제 때 처형되고 말았다.

사마천은 이렇듯 잔인하고 무정한 통치자들의 정황을 본전을 통하여 담담하게 그러나 세밀하게 묘사하고 있다.

1) 명예로 일어선 자 명예로 망한다
- 원앙

여후의 시대가 끝나고 천하는 점차 평온을 되찾았다. 그리고 유방과 더불어 한나라를 세운 공신들은 거의 죽고 없었다. 이제 전쟁터에서 용맹스럽던 장군의 시대는 역사의 뒤안길로 사라지고 나라를 어떻게 다스려야 하는가의 문제가 가장 중요한 과제가 되고 있었다.

그래서 이른바 '관료 체제'가 탄생하기 시작했고, 그것은 세대교체를 동반하였다. 이러한 시대를 대표하는 한 사람이 바로 원앙이었다.

옳지 않으면 비판하고 옳으면 변호한다

원앙(袁盎)은 초나라 사람으로 자는 사(絲)이다. 그의 부친은 원래 도둑이었는데 안릉(安陵)으로 옮겨와 살았다. 여태후 때 원앙은 여록(呂祿)의 가신으로 있었다. 효문제가 즉위하자 원앙의 형 쾌(噲)가 추천하여 원앙은 중랑(中郎)이 되었다.

당시 승상은 주발 장군이었다. 그런데 그는 자기의 공로를 지나치게 과신하여 황제인 문제조차 얕보고 있었다. 오히려 황제가 그를 정중하게 대접하여 주발이 조회를 끝내고 돌아갈 때 황제가 따라가서 배웅할 정도였다.

어느 날 황제가 주발을 배웅하는 모습을 지켜본 원앙은 따로 황제에게 진언했다.

"폐하께서는 승상을 어떤 인물로 생각하십니까?"

"그야 국가의 중신(重臣)이지."

그러자 원앙이 말했다.

"승상께서는 이른바 공신일 뿐 국가의 중신이라고 할 수 없습니다. 국가의 중신이란 능히 군주와 함께 죽고 함께 살아야 합니다. 여태후 시기에 여씨 일족이 정치를 전횡하고 제멋대로 왕이 되어 유씨의 명맥은 한낱 실낱같이 거의 단절되었을 때 주발은 태위로서 병권을 쥐고 있으면서도 이를 바로잡지 못하였습니다. 그 뒤 여후가 세상을 뜨고 각지에서 제후들이 들고 일어나자, 우연히도 병권(兵權)을 쥐고 있던 주발 장군이 공을 세우게 된 것입니다. 그럼에도 불구하고 요즈음 그는 폐하를 무시하는 듯한 태도를 보이고 있으며, 폐하 역시 그것을 묵인하고 있습니다. 이렇게 되면 군신의 도리에 맞지 않으므로 신은 폐하께서 이렇게 하시지 않아야 한다고 생각합니다."

그 뒤로 황제는 주발에 대해 위엄 있게 대하였고, 이에 따라 주발도 기세가 꺾일 수밖에 없었다. 주발이 나중에 이 사실을 알아내고 원앙을 크게 원망하면서 "내가 너의 형과 관계가 좋은데, 지금 네가 조정에서 나를 비방하다니!"라며 비난하였다. 하지만 원앙은 한 마디 사과의 말도 하지 않았다.

그 후 주발이 반역 혐의로 감옥에 갇힌 적이 있었다. 이때 주위에서 아무도 주발을 변호하지 않았으나, 오직 원앙만이 그의 무죄를 주장했다. 그리고 원앙의 주장은 크게 영향을 끼쳐 주발이 풀려나오는 데 큰 도움이 되었다. 이후부터 주발과 원앙은 가깝게 지냈다.

문제 3년에 문제의 동생인 회남왕 유장(劉長)이 벽양후 심이기(審食其)를 살해한 사건이 일어났다. 그뿐 아니라 당시 회남왕의 오만방자함은 극에 달하였다. 원앙이 문제에게 아뢰었다.

"교만한 제후를 처벌하지 않으면 반드시 화를 일으키는 것입니다. 이번 기회에 회남왕의 봉지를 삭감하는 것이 마땅하다고 생각합니다."

그러나 문제는 받아들이지 않았다. 그 뒤 회남왕의 횡포는 더욱 극심해졌다. 그러던 어느 날 한 모반 사건이 발각되었는데, 조사하는 과정에서 회남왕의 관련 사실이 밝혀졌다. 그때서야 비로소 문제는 회남왕을 직접 취조하고, 그를 귀양 보냈다. 이때 원앙이 다시 아뢰었다.

"폐하께서 평소에 감독을 소홀히 하셔서 이러한 사태까지 빚어진 것입니다. 그런데 지금 귀양을 보내시면 그 멀고 먼 귀양길을 회남왕이 견딜 수 있을까 걱정됩니다. 만약 도중에 회남왕의 신변에 일이라도 생기는 날이면, 폐하께서는 광대한 천하를 다스리면서 동생도 포용하지 못하고 죽였다는 오명을 벗기 어렵습니다. 아무쪼록 다시 고려해 주시기 바랍니다."

그러나 문제는 또 그 의견을 묵살하고 기어이 귀양을 보냈다. 그런데 원앙의 예언대로 회남왕은 귀양길에 그만 병이 들어 죽고 말았다. 그 소식을 들은 문제는 식사를 하다가 젓가락을 떨어뜨리며 통곡했다. 원앙은 문제 앞에 엎드려 자기가 좀 더 강력히 요청하지 못했던 점에 사죄하였다. 황제가 "무슨 말을 하는 것이오? 나야말로 당연히 그대의 의견을 들었어야 했소."라고 하자 원앙은 "폐하, 이미 지나간 일이오니 너무 자책하시지 마옵소서. 이 정도로 폐하의 높은 명예가 더럽혀지지 않습니다. 왜냐하면 폐하께서는 세상에 비길 수 없는 세 가지의 훌륭한 공적을 남기셨기 때문입니다."라고 말하였다.

"세 가지 공적이라니, 무슨 공적이오?"

황제가 묻자 원앙은 이렇게 대답하였다.

"첫째, 폐하의 높으신 효도이옵니다. 폐하께서는 모후이신 박태후께서 3년 동안이나 병석에 누워 계실 때 잠도 제대로 주무시지 않은 채 간호하셨고, 약은 반드시 먼저 맛본 후에 드리셨습니다. 이는 효자로 이름난 증삼을 능가하는 효도이옵니다.

둘째, 폐하께서는 여씨 일족의 횡포가 끝난 직후 변경 지방에서 장안까지 고작 여섯 대의 수레로 달려오셨습니다. 당시 장안은 그야말로 무슨 일이 벌어질지 모르는 불안한 곳이었습니다. 그런 곳에 맨몸으로 달려오신 폐하의 용기에는 맹분(孟賁)과 하육(夏育)과 같은 용사라도 미치지 못할 것입니다.

셋째, 폐하께서는 천자의 자리를 다섯 번이나 사양하셨습니다. 고결한 선비로 추앙받는 허유조차도 한 번밖에 사양하지 않았는데, 폐하께서는 그보다 네 번이나 더 사양하는 미덕을 보이신 것입니다.

이번 일도 단지 회남왕의 과오를 깨우치려 한 목적이었는데, 병사하신 것은 전적으로 호위 관리의 잘못이었던 것입니다."

이 말을 들은 문제는 기분이 조금 나아졌다.

"그러면 뒷수습을 어떻게 해야 좋을까?"

"회남왕의 세 아드님을 잘 대우하십시오."

문제는 회남왕의 세 아들에게 각각 왕위를 주었다. 그 뒤 원앙의 명성은 천하에 드날리게 되었다.

원앙은 언제나 대의를 말하였고 의기가 매우 높았다. 그 무렵 환관 조동(趙同)[521]은 황제의 총애를 받았는데, 항상 원앙을 해치려고 하였기 때문에 원앙은 그것을 걱정하였다. 이 무렵 원앙의 조카 종(種)은 시종기사로서 황제를 상징하는 부절(符節)을 잡고 황제 곁에서 시중을 들고 있었는데 그가 원앙에게 귀띔하였다.

"숙부님께서 조동, 그와 싸우고 계시는데, 어전에서 그에게 모욕을 주어 그의 비방이 받아들여지지 않도록 먼저 행동을 취하십시오."

어느 날 효문제가 외출할 때 조동은 황제를 수행하며 수레에 함께 타고 있었다. 그때 원앙이 수레 앞에 엎드리며 말하였다.

"신은 천자께서 여섯 대의 수레에 함께 태우고 가는 사람들은 모두 천하의 호걸과 영웅이라고 들었습니다. 비록 지금 한나라에 인재가 부족하다고는 하나 폐하께서 어찌 환관과 함께 수레를 타십니까?"

황제는 웃으면서 조동을 내리게 하였다. 조동은 울면서 수레에서 내렸다.

어느 날인가는 문제가 황후와 신부인(愼夫人)을 데리고 상림원에 나들이를 나

---

521) 본명은 조담(趙談)인데 사마천은 아버지 사마담(司馬談)의 이름을 피하기 위하여 담談을 동同으로 썼다.

갈 때였다. 그때까지 신부인은 황후와 똑같은 지위를 누리고 있었다. 상림원을 지키던 관리들도 예전처럼 두 사람의 자리를 나란히 준비해 놓고 있었다. 그런데 원앙이 그것을 보고는 신부인의 자리를 한 칸 내려놓았다. 그러자 신부인은 화가 나서 궁궐로 돌아가 버렸다. 문제도 기분이 나빠져 그대로 궁궐로 되돌아가 버렸다. 그런데도 원앙은 태연한 표정으로 궁궐로 들어와 문제에게 말하였다.

"신분의 상하를 엄격히 구분해야만 상하의 관계가 원만해지는 법입니다. 폐하께 황후가 계시는 이상 신부인은 측실입니다. 정실과 동렬의 지위에 있어서는 문제가 발생할 수밖에 없습니다. 좋은 일이 도리어 해를 입힐 수도 있는 것입니다. 옛날 여태후와 척부인의 '사람돼지' 사건을 설마 잊고 계시지는 않겠지요?"

이 말을 들은 문제는 "듣고 보니 정말 맞는 말이오!" 하며 즉시 신부인을 불러 원앙의 깊은 뜻을 설명해 주었다. 그랬더니 신부인은 원앙에게 고맙다며 금 50근을 선물로 주었다.

한 사람을 아끼지 말고 천하에 사죄하라

하지만 원앙은 매번 너무 직접적으로 황제에게 의견을 말했으므로 황제도 차츰 그를 멀리하였다. 그리고 마침내 농서(隴西) 지방의 도위로 좌천되었다. 하지만 그곳에서 원앙은 부하들을 인자하게 아끼고 보호하였기 때문에 부하들이 그를 존경하고 따랐다.

그 뒤 원앙은 오나라의 재상으로 가게 되었는데, 출발하기 전에 조카가 말했다.

"오나라 왕은 자만심이 많기로 소문이 자자합니다. 그리고 주위에는 간신배들이 우글대고 있습니다. 그렇다고 그들을 비판해 바로잡을 생각은 마십시오. 그렇게 되면 모함을 당하시든가 칼을 맞으실 것이 분명합니다. 그저 하루 종일 술이나 마시는 것이 제일 좋을 듯합니다. 그리고 때때로 오나라 왕에게 반란을 일으키지 말라고 하시면 충분합니다. 그 이외의 말은 전혀 이로울 것이 없습니다."

원앙은 그 말대로 하였다. 그러자 오왕은 그를 융숭하게 대우했다.

원앙이 고향으로 돌아오는 길에 승상 신도가(申屠嘉)를 만나 수레에서 내려 예를 올렸지만 승상은 수레 위에서 원앙에게 답례하였을 뿐이었다. 원앙은 되돌아와 생각하니 자기 부하들에게 부끄러웠다. 그는 곧장 승상의 관저로 가서 뵙기를 청하였다. 승상은 한참 지나서야 그를 만나 주었다. 원앙은 무릎을 꿇고 말하였다.

"사람들을 물리쳐 주십시오."

그러나 승상이 말하였다.

"만일 공이 하고자 하는 말이 공적인 일이거든 관청에 가서 장사(長史)나 연(掾)[522]과 상의하도록 하시오. 그러면 내가 황제께 주청을 하겠소. 그러나 만일 사적인 일이라면 받아들이지 않겠소."

원앙은 곧 일어나면서 말하였다.

"승상께서는 승상의 자리에 계시면서 스스로 판단하시기에 진평이나 주발과 비교하여 누가 더 낫다고 생각하십니까?"

승상이 "내가 그들만 못하오."라고 대답하자 원앙이 말을 길게 이었다.

"좋습니다. 승상께서는 그들보다 못하다고 인정하셨습니다. 진평과 주발은 고조를 보좌하여 천하를 평정하였고 대장과 재상이 되어 여씨 일족을 주멸하여 유씨의 종묘사직을 보전시켰습니다. 그런데 승상께서는 말 타기와 활쏘기를 잘하는 무사로서 대장으로 승진하시어 공을 쌓아 회양(淮陽)의 군수가 되셨을 뿐 기이한 계책을 낸 것도 아니며 성을 치고 야전에서 공을 세운 것도 아닙니다. 한편 폐하께서는 대(代)나라에서 오신 이래로 조회를 할 때마다 낭관(郎官)들이 상소를 올리면 폐하께서는 그들의 진언을 받아들이지 않으신 적이 없었습니다. 그리하여 진언 중에서 쓸 만한 것이 아니면 버려두고 쓸 만한 진언이면 채택하시면서 '좋다.'라고 칭찬하지 않으신 적이 없으셨습니다. 그 까닭이 무엇이었겠습니까? 이것은 바로 그러한 방법으로 천하의 현명한 사대부를 불러 모으시고자 하셨기 때문입니다. 그리하여 폐하께서는 날마다 아직 듣지 못하신 사실을 들으시고, 일찍이 모르시던 사실을 상세하게 아시게 되어 날이 갈수록 현명해지시고 지혜로워지셨습니다. 그런데 승상께서는 스스로 천

---

522) 고대 관원의 통칭.

하 사람들의 입을 막아 날로 더욱 어리석어지고 계십니다. 성명(聖明)한 군주가 어리석은 재상을 감독하고 질책하게 된다면, 승상께서는 얼마 지나지 않아 화를 입게 될 것입니다."

그러자 승상은 원앙에게 두 번 절하고 말하였다.

"나는 미천한 사람인지라 이러한 이치를 알지 못하여 장군의 가르침을 받게 되었소." 그러고는 원앙을 이끌고 들어가 자리를 같이하고 상객으로 대접하였다.

원앙은 원래부터 조착(晁錯)[523]을 좋아하지 않았다. 그래서 조착이 있는 자리에서는 원앙이 자리를 뜨고, 원앙이 있는 자리에서는 조착도 마찬가지로 자리를 떴다. 그래서 두 사람은 한 번도 같은 자리에서 이야기를 나눈 적이 없었다.

효문제가 붕어하고 효경제가 즉위하자 조착은 어사대부(御史大夫)가 되었다. 조착은 관리를 시켜 원앙이 오왕(吳王)의 재물을 받은 죄를 조사하게 하여 그에게 처벌을 내리려 하였으나 황제는 조칙을 내려 원앙을 평민으로 만들고 그의 죄를 용서하였다.

오초(吳楚)가 반란을 일으켰다는 소식이 전해지자 조착은 승사(丞史)[524]에게 말하였다.

"원앙은 오왕에게 많은 뇌물을 많이 받고 오로지 오왕의 죄를 은닉하기만 하고 그가 모반할 리 없다고 말을 하고 있다. 그런데 지금 오왕이 반란을 일으켰으니, 원앙을 조사하여 그의 죄를 알아보겠다." 그러자 승사가 말하였다. "아직 반란이 일어나지 않았을 때 그를 치죄하였더라면 역모를 막을 수 있었을 것입니다. 그러나 지금 반란군이 서쪽으로 오고 있는데 원앙을 치죄한들 무슨 도움이 되겠습니까? 게다가 원앙이 그런 음모를 꾸몄을 리가 없습니다." 조착은 계속 주저하며 결정하지 못하였다. 그때 누군가가 이러한 사실을 원앙에게 알려주었다. 원앙은 두려워서 밤에 두영을 만나 오나라가 모반한 진상을 말하고 황제 앞에서 직접 아뢰고 싶다고 하였다. 두영이 어전에 들어가 황제에게 원앙의

---

523) 조착을 조조로 표기하는 경향이 있는데, 중국에서도 '두다'라는 의미의 '조'의 발음인 'cu, 추'로 읽지 않고 '착'의 발음인 'cuo, 추오'로 읽는다.

524) 장관의 보좌관.

이야기를 아뢰자 황제는 곧 원앙을 불러 만나보았다.

황제는 마침 조착과 함께 군대와 군량을 계산하고 있었다. 황제가 원앙에게 물었다.

"그대는 일찍이 오나라의 승상으로 있었으니 오나라의 신하 전녹백(田祿伯)이 어떤 사람인지 알고 있지 않소? 지금 오와 초가 반란을 일으켰는데 그대가 보기에 어떻게 될 것 같소?" 이에 원앙이 대답하였다.

"두려워하실 것이 없습니다. 곧 격파할 수 있습니다."

황제가 말하였다.

"오왕은 산에서 돈을 주조하고 바닷물을 끓여 소금을 만들며 천하의 호걸을 불러 모아 백발이 다 되어 난을 일으켰소. 그러니 그의 계획이 십분 완전하지 않다면 어찌 난을 일으켰겠소? 그런데 그대는 어찌하여 그가 무엇을 이룰 수 없을 것이라고 말하는 것이오?"

이에 원앙은 "오나라에 구리와 소금의 이익으로 말하자면 그 이익이 있기는 합니다. 그러나 어찌 호걸을 불러 모았다 할 수 있겠습니까! 가령 진실로 오나라가 호걸을 얻었다고 하면 역시 곧 왕을 보좌하여 의를 행할 뿐이지 반란을 일으키지는 않을 것입니다. 오나라가 불러 모은 것은 모두 무뢰배들로서 도망다니며 사전(私錢)이나 주조하는 간교한 무리일 뿐입니다. 따라서 서로 이끌어 모반한 것입니다."라고 대답하였다.

그러자 조착이 말하였다. "원앙의 생각이 옳습니다."

황제가 다시 원앙에게 물었다.

"그렇다면 어떤 대책을 세울 수 있겠는가?"

이에 원앙은 "원컨대 좌우를 물리쳐 주십시오."라고 청하였다. 황제가 사람들을 내보냈는데 조착은 여전히 남아 있었다. 그러자 원앙은 "신이 지금부터 드릴 말씀은 신하된 자가 알아서는 안 되는 것입니다."라고 하였다. 황제는 조착을 물러가게 하였다. 조착은 빠른 걸음으로 물러나면서 속으로 몹시 원망하였다. 조착이 물러간 뒤, 황제가 원앙에게 다시 묻자 원앙은 "오와 초가 서로 주고받은 글에는 '고제(高帝)는 그 자제를 왕으로 삼아 각각 영토를 나누어 주었다. 지금 적신(賊臣) 조착은 제 마음대로 제후들을 처벌하고 그 봉지를 삭탈하고 있다.'라고 말하고 있습니다. 이것으로 반란의 명분을 삼았으니 서쪽으로 나아가 함께 조착을 베어 죽이고 옛 땅을 회복하게 되면 일은 끝나는 것입니다. 조착 한 사람을 처형하고 사신을 파견하여 오와 초 등 일곱 나라를 사면하고 그 삭감당한 옛 땅을 회복시켜 주면 곧 병사들이 칼날에 피를 물들이는 일 없이 모두 해산하게 될 것입니다."

황제는 한동안 침묵하다가 말하였다. "짐이 한 사람을 아끼지 말고 천하에 사죄해야 한다는 말인가?" 그러자 원앙은 "신의 어리석은 계획으로는 그보다 나은 계책이 없습니다. 황제께서는 깊이 헤아려 보십시오."

10여 일이 지나서 황제는 중위(中尉)를 시켜 조착을 불렀다. 중위는 조착을 속여 수레에 태워 동시(東市)로 순행(巡行)하였다. 조착은 조복(朝服)[525]을 입고서 동시에서 참형당하였다.

황제는 원앙을 태상(太常)에 임명하고 두영을 대장군에 임명하였다. 이 두 사람은 원래부터 사이가 좋았다. 오나라가 반란을 일으키자 제릉(諸陵)[526]에 사는 장자들과 장안 도읍 안에 있는 현대부(賢大夫)들이 앞을 다투어 이 두 사람에게 모여들었는데, 수레를 타고 따르는 사람이 매일 수백 대였다.

명예를 좋아하는 자는 명예 때문에 망한다

조착이 죽은 후 원앙은 태상의 신분으로 오나라에 사신으로 파견되었다. 오왕은 그에게 군대를 통솔해 달라고 청했지만 원앙은 거절했다. 그러자 오왕은 그를 죽이기 위하여 도위를 파견하여 5백 명으로 원앙을 포위하여 군대 안에 가두었다.

그런데 원앙이 오나라에서 승상으로 재직할 때, 한 종사관이 원앙의 시녀를 좋아하여 그녀와 통정한 적이 있었다. 그때 원앙은 그 사실을 알면서도 내색하지 않은 채 그 사람에게 전과 같이 잘 대우해 주었다. 하지만 어떤 사람이 그 종사관에게 "원앙이 네가 그의 시녀와 통정한 사실을 알고 계신다."고 알려 주

---

525) 조회 시 입는 예복.
526) 장안 부근의 장릉長陵, 안릉安陵, 패릉覇陵 등.

자, 그는 곧바로 도망쳐 버렸다. 그러자 원앙은 말을 타고 쫓아가 시녀를 그에게 주고 다시 종사관으로 일하도록 했다.

그런데 원앙이 오나라 사신으로 가서 갇혀 있을 때 바로 그 종사관이 원앙을 포위하는 교위사마를 맡고 있었다. 그는 자신의 옷가지 등을 팔아 2천 말의 술을 샀다. 마침 날씨는 매우 추웠고, 병사들은 배도 고프고 목도 말랐다. 이때 그가 병사들에게 술을 마시게 하니, 모두 술에 취하여 잠이 들었다. 밤에 그 사마는 원앙을 깨웠다.

"나리께서는 지금 탈출하셔도 됩니다. 오왕은 내일 아침에 나리를 죽이려 하고 있습니다."

이 말을 들은 원앙은 적잖이 의심스러워하며 물었다.

"당신은 누구신가요?"

"저는 바로 옛날 나리의 시녀를 몰래 좋아했던 종사관입니다."

이 말을 듣고 원앙은 우선은 놀랐고 그런 다음에 사례를 하였다.

"그대가 다행히도 가족이 생겼는데, 나는 이런 일로 그대에게 피해를 줄 수 없네."

그러자 그가 대답했다.

"나리가 떠나시면 저도 금방 도망갈 것이고, 우리 가족은 이미 숨겨 놓았습니다. 걱정하실 것이 없습니다."

그러고는 군막을 칼로 찢고 원앙을 인도하여 잠든 병사들 사이를 빠져나와 도망쳤다.

오초 반란이 진압된 후 원앙은 초나라 승상이 되었다. 원앙은 상서하여 의견을 제안했으나 채택되지 않았다. 그는 병으로 사직하고 집에서 쉬면서 마을 사람들과 어울려 살았고, 닭싸움이나 개 경주 등의 놀이를 즐겼다.

그러던 어느 날 극맹(劇孟)이라는 협객이 원앙을 방문했는데, 원앙은 그를 극진히 대접했다. 그러자 어떤 부자가 원앙을 비난했다.

"극맹이란 자는 도박꾼이라는데, 왜 그런 자와 교유를 하시는 것입니까?"

이에 원앙이 그를 질책하였다.

"극맹이 도박꾼인 것은 사실이오. 하지만 그의 모친이 죽었을 때 장례에 참석한 사람들이 타고 왔던 수레만도 천 대가 넘었소. 이는 그에게 다른 사람을 뛰어넘는 점이 있음을 말해 주고 있소. 인생에는 언제나 위급한 일이 있는 법이오. 어떤 사람이 위난을 당하여 문을 두드리고 도움을 청할 때, 집에 가족이 있다는 이유로 회피하지 아니하고 또 집에 없다는 이유를 내세워 받아주지 아니함이 없으니 천하 사람들이 칭송하는 사람은 오로지 계심(季心)[527]과 극맹밖에 없소. 지금 당신은 항상 몇 명이 말을 타고 따라 다니지만, 만약 위급한 일이 일어나면 과연 그들을 믿을 수 있겠소?"

그러고는 그와 절교하였다. 사람들이 이 말을 전해 듣고 모두 원앙을 칭송하였다.

원앙은 비록 고향에 내려와 묻혀 살았지만, 황제는 자주 사람을 보내 계책을 물었다.

경제의 아우인 양왕은 경제의 후계가 되고자 희망하였는데, 원앙이 간언한 뒤 양왕의 말은 묵살되었다. 양왕은 이 때문에 원앙에게 앙심을 품게 되어 사람을 보내 원앙을 죽이려 하였다. 자객이 관중에 도착하여 원앙의 사람됨에 대해 사람들에게 물어보니 모두 입에 침이 마르게 그를 칭찬하였다. 자객은 곧 원앙을 찾아가 말했다.

"저는 양왕의 돈을 받고 당신을 죽이려 하였습니다. 그런데 당신은 중후하고 신중한 분으로서 도저히 죽일 수가 없습니다. 하지만 이후에도 당신을 죽일 사람은 아직도 십여 명이나 되니 부디 조심하십시오."

원앙은 매우 불쾌하였고, 집 안에 여러 가지로 기이한 일이 일어나 점쟁이를 찾아가 점을 보았다. 그리고 돌아오는 길에 양왕이 보낸 자객에게 칼을 맞고 숨을 거두었다.

2) 개혁가는 온전하게 죽기 어렵다
– 조착

조착(晁錯)은 영천군 사람으로 지현(軹縣)의 장회(張恢) 선생으로부터 상앙과 신

---

527) 계포의 동생으로 용감하고 의협심이 강해 선비들이 앞을 다투어 그와 사귀기를 원했다.

불해의 형명학(형법으로 통치해야 한다는 학문)을 배웠는데 낙양의 송맹(宋孟)과 유례(劉禮) 등과 같이 배웠다. 그는 문학에 능통하여 태상장고(太常掌故)[528]에 임명되었다.

　　조착은 성격이 엄격하고 강직했으며 인정미가 적었다. 효문제 시기에 천하에는 『상서』에 통달한 사람을 찾아볼 수 없었다. 다만 진(秦)나라 시절의 박사(博士)였던 복생(伏生)이라는 사람이 『상서』에 통달하고 있었지만, 그는 이미 90세를 넘긴 노인이었으므로 조정에 불러낼 수 없었던 것이다. 그래서 태상(太常)에게 사람을 파견하여 그에게 배우도록 하였다. 태상은 조착을 파견하여 복생에게 『상서』를 배우도록 하였다. 조착은 배우고 난 뒤 돌아와서 곧 『상서』를 인용하여 국가에 유리한 일을 상서하여 진술하였다. 황제는 그를 차례대로 태자의 사인(舍人), 문대부(門大夫), 가령(家令)의 직위에 임명하였다. 그는 논변에 뛰어나 태자의 총애를 받았으며, 태자의 집에서는 그를 '지혜 주머니[智囊]'라고 불렀다.

　　효문제 시기에 조착은 몇 번에 걸쳐 제후를 약화시키는 일과 법령이 수정되어야 할 점 등을 상서하여 고하였다. 상서가 수십 번이나 이어져 효문제는 비록 그의 건의를 받아들이지는 않았지만 그의 재능을 칭찬하고 그를 중대부로 승진시켰다. 당시 태자는 조착의 계책을 칭찬했지만 원앙 등 공신들 대부분은 조착을 싫어하였다.

유씨의 천하는 안정되었지만 조씨 가문은 위험에 빠졌다

　　이윽고 문제가 죽고 태자가 즉위하니 바로 경제였다. 경제는 즉시 조착을 내사(內史)[529]에 임명하였다. 조착은 자주 황제에게 별도로 자기의 진언을 들어달라고 청하였고, 황제는 언제나 받아들였다. 그가 총애를 받는 것은 9경보다 더 높았고, 그는 많은 법령을 바꾸었다. 승상 신도가(申屠嘉)는 조착을 매우 못마땅해했으나 어찌할 도리가 없었다.

　　당시 조착이 일하던 내사부는 고조의 아버지를 모시는 태상묘의 경내에 있

---

528)　태상太常(종묘의 의례와 박사博士 선발을 관장하던 관리)의 속관으로서 고사故事를 담당한다.

529)　제후 왕국王國의 민정을 담당하는 관리.

었는데, 문이 동쪽에 있어 출입이 매우 불편했다. 이에 조착은 남쪽으로도 출입할 수 있도록 묘의 바깥 담에 두 개의 문을 내어 남쪽으로 출입할 수 있도록 만들었다. 이 소식을 들은 승상은 매우 분노하고 이번 조착의 과실을 황제에게 주청하여 조착을 주살하도록 청할 생각이었다. 조착은 이 소문을 듣고 밤중에 경제를 찾아가 단독 면담을 청하여 상세하게 상황을 설명하였다. 승상 신도가는 상주를 하여 조착이 자기 마음대로 태상묘의 담에 문을 냈다고 진술하면서 마땅히 정위에게 넘겨 죽여야 한다고 하였다. 하지만 황제는 이를 묵살하였다.

"그것은 묘의 담이 아니라 바깥쪽 담에 불과한 것이니 법을 어겼다고 할 수가 없소."

승상은 사죄하였다. 조회가 끝난 뒤 그는 장사(長史)에게 분노하여 말했다.

"내가 먼저 그놈을 죽이고 주청을 했어야 했다. 먼저 주청을 하였다가 오히려 이 풋내기 놈에게 당했으니 실로 실착이로다!"

승상은 끝내 그것이 병으로 도져 쓰러진 후 세상을 떠났다.

조착은 이로 인하여 더욱 높아지고 유명해졌다. 조착은 어사대부로 승진하여 제후들의 죄과를 들어 그들의 봉지를 삭감하고 그들 봉토 변경에 있는 군을 몰수하자고 주청하였다. 상소문이 올라가자 황제는 공경, 열후, 종실을 불러 모아 의논하게 하였는데 아무도 감히 반대하지 못하였다. 오직 두영만이 반대하여 이 일로 두영은 조착과 사이가 벌어지게 되었다.

조착이 고친 법령은 30장(章)에 이르렀는데, 제후들은 모두 소리 높여 조착을 공격하였다. 어느 날 조착은 원앙이 예전에 오나라 재상으로 있을 때 뇌물을 받았다는 혐의를 씌워 취조하게 하였다. 그러나 원앙은 형 집행이 보류되고 다만 파면으로 그쳤다. 조착의 아버지가 아들의 소식을 듣고 영천에서 올라와 아들에게 이렇게 말하였다.

"폐하께서 즉위하신 지 얼마 되지도 않아서 네가 정치를 마음대로 하여 제후들의 봉토를 삭감하고 다른 사람의 골육 사이를 멀어지게 하여 사람들이 이르길 너를 원망하는 자가 많다 하니, 어찌하여 그런 짓을 하느냐?"

그러자 조착은 이렇게 대답하였다.

"당연하신 말씀입니다. 그러나 이와 같이 하지 않는다면 천자는 존귀해질 수 없고, 국가는 안녕을 얻을 수 없습니다."

이 말을 듣고 난 아버지는 크게 탄식하면서 "이렇게 하여 유씨의 천하는 안정되었지만, 조씨는 곧 위험해졌다! 나는 너를 떠나 돌아가겠다!"라고 말하고는 곧 약을 마시고 자살하였다. 자살할 때 그는 이렇게 말하였다. "나는 큰 화가 닥치는 것을 차마 두고 볼 수가 없구나!"

조착의 아버지가 죽은 후 10여 일이 지나 오초 7국의 난이 일어났는데 조착을 죽인다는 것을 명분으로 내세웠다. 두영과 원앙이 궁에 들어갔고, 황제는 명령을 내려 조착을 조복을 입힌 채 동시(東市)에서 참하도록 하였다.

조착이 죽은 뒤 알자복야(謁者僕射)[530] 등공은 교위에 임명되어 오초를 공격할 때 장군을 역임하였다. 그는 돌아와서 군사 상황을 보고하고 황제를 알현하였다.

황제가 물었다.

"그대가 오초에서 돌아왔는데, 과연 반란군들이 조착이 죽은 사실을 알고 병사를 거두었는가?"

이에 등공이 대답했다.

"오왕이 반란의 뜻을 품은 지는 이미 십수 년입니다! 다만 봉지를 삭감당하자 분개하여 조착을 주살한다는 명분을 내세웠을 뿐, 그의 본심은 조착에 있지 않았습니다. 신은 이제 천하의 선비들이 입을 다물고 폐하께 직언을 하지 않을까 염려스럽습니다."

그러자 황제는 "그게 무슨 연유에서인가?"라고 물었다.

"조착은 제후들이 강대해져서 그들을 통제할 수 없게 될까 걱정한 까닭에 그들의 봉토를 삭감하도록 주청함으로써 경사(京師: 수도)를 존숭하도록 한 것으로서 실로 만세(萬世)에 이익이 되는 것입니다! 그러나 이러한 계획이 겨우 시행되었을 때 뜻밖에도 그가 살육을 당했으니 안으로는 충신의 입을 막고 밖으로는 제후를 위하여 원수를 갚아준 격이 되었습니다. 신은 폐하께서 그렇게 하시지 않았어야 했다고 생각합니다."

이 말을 들은 경제는 오랫동안 아무 말도 없이 생각에 잠겨 있다가 드디어 말문을 열었다.

---

530) 알자는 손님접대를 관장하던 관리이고, 알자복야란 알자들의 장관을 말한다.

"그대의 말이 맞소. 나도 그 점을 후회하고 있소."

그러고는 등공을 성양(城陽) 중위에 임명하였다.

태사공은 말한다.

"원앙은 학문을 좋아하지는 않았으나, 뛰어난 생각에 의해 여러 가지를 종합함으로써 체계적인 이론을 세웠다. 그는 어진 마음을 바탕으로 정의감에 비추어 세상을 개탄했다. 하지만 효문제가 즉위하자, 그의 재능은 때를 만났다.

그 후 시대는 변하고 바뀌어 오초의 반란이 일어나고 효경제를 한 번 설득시킴으로써 그의 주장이 관철되었으나, 반란을 평정시키지는 못하였다. 그는 명예를 중시하고 재주를 뽐냈지만 결국 그 때문에 죽었다.

한편 조착은 젊을 때 자주 조정에 건의했지만 채택되지 않았다. 그러나 뒤에 드디어 권력을 얻어 마음대로 행사하면서 법령을 많이 뜯어 고쳤다. 그는 반란이 일어났을 때 당연히 나라의 위급함을 구하는 데 힘써야 함에도 불구하고 사사로운 원한을 갚는 데 몰두하다가 오히려 스스로 목숨을 잃고 말았다.

옛말에 '예로부터 내려오던 법을 바꾸고 상식을 어지럽히는 자는 죽거나 망한다.'고 했는데, 이는 바로 조착과 같은 사람을 두고 한 말이던가!"

40. 장석지 열전
- 아랫사람이 윗사람을 흉내 내는 것은 메아리가 대답하는 것보다 빠르다

장석지는 한 문제(文帝) 시기의 걸출한 선비로서 정확하고 투철한 의견을 지녔을 뿐 아니라 분명한 주장으로써 능히 황제를 비판하였으니 참으로 범인의 경지를 뛰어넘는 것이었다. 사마천은 이러한 점을 매우 높이 평가하면서 그의 언행이 "뜻이 있도다. 뜻이 있도다!"라며 칭송하였다.

사마천은 동시에 그가 겪었던 고통을 그대로 적시하면서 봉건정치를 비판하고 있다. 이를테면 그는 『상서』를 인용하여 그의 공정함을 칭송하면서 한나라 경제가 현자를 멀리하는 것을 동시에 묘사함으로써 황제가 공정하지 못함을 그대로 드러내고 있다.

진심으로 백성을 위한 자를 중용하라

정위 장석지(張釋之)는 두양(堵陽) 사람으로서 자는 계(季)이다. 그의 형 중(仲)과 함께 살았고 집안이 유복하여 기랑(騎郎)[531]으로 일하면서 문제를 섬겼다. 그러나 10년이 되도록 승진도 되지 않고 공을 세우지도 못했다.

그러자 장석지는 한탄해마지 않았다.

"오랫동안 벼슬하면서도 집안 재산만 축냈을 뿐 이뤄놓은 것이 하나도 없구나!"

그러면서 벼슬을 그만두고 고향으로 내려가려 했다. 그때 평소 그의 현명함

---

531) 황제가 외출할 때 말을 타고 황제를 호위하던 벼슬.

을 알고 있었던 중랑장 원앙(袁盎)이 그가 벼슬을 떠나는 것을 안타깝게 여기고 황제에게 부탁하여 알자로 일하도록 하였다.

장석지는 황제를 면담한 자리에서 정치에 대한 의견을 말하려 했다. 그러나 황제는 "추상적인 문제보다는 구체적인 일을 말해 보라."고 말했다. 이에 장석지는 진나라가 왜 천하를 잃었으며 한나라는 어떻게 천하를 얻을 수 있었는가를 구체적으로 차근차근 장시간에 걸쳐 설명해 나갔다. 황제는 그 이야기에 흠뻑 빠져들었고, 이튿날 그를 알자복야(謁者僕射)[532]에 임명하였다.

하루는 장석지가 황제를 수행하여 상림원(上林園)의 호권(虎圈)[533]에 갔다. 황제가 상림원 관리들에게 동물에 관해 여러 가지를 물었다. 하지만 10여 명이나 되는 관리들 중에서 대답을 확실히 하는 자가 없었다. 그때 마침 그곳을 지나가던 상림원 색부(嗇夫)[534]가 황제의 질문을 듣더니 막힘없이 대답을 하였다. 마치 메아리가 울려 퍼지듯이 그의 답변은 청산유수였다. 황제가 칭찬하며 이렇게 말했다.

"관리란 이 정도는 되어야 하지 않겠는가!"

그러면서 장석지를 시켜 그 색부를 상림원의 책임자로 임명하려고 했다. 잠시 생각해 보던 장석지가 황제에게 물었다.

"폐하께서는 주발 대감을 어떻게 생각하십니까?"

황제가 "그야 물론 덕이 있는 사람이지."라고 대답하자 장석지가 다시 물었다.

"그럼 동양후 장상여[535]는 어떤 사람이라고 보십니까?"

"그도 역시 덕이 있지."

그러자 장석지는 이렇게 말했다.

"폐하께서는 주발 대감과 동양후를 덕이 있는 사람이라고 하셨는데, 그 두 분은 말을 할 때면 구변이 없어서 조리 있게 이야기하지 못하십니다. 그 색부처럼 수다스럽고 척척 대답하는 것은 그분들은 결코 하실 수 없습니다. 또 진

---

532) 알자의 장長.
533) 상림원에서 호랑이를 키우는 곳.
534) 호권을 관리하는 하급관리.
535) 진희의 난 때 공을 세웠고, 효문제 때 대장군과 태자태부를 지냈다.

나라는 하급 관리에게 정치를 맡긴 적이 있습니다. 그들은 세밀한 점을 파헤쳐 내는 것을 자랑으로 삼고 있었습니다. 하지만 그것은 겉으로만 형식을 보기 좋게 갖췄을 뿐 백성을 위한 바가 전혀 없었습니다. 따라서 황제는 스스로의 잘못을 들을 기회를 가지지 못한 채 나라가 날로 기울어 2세 황제에 이르러 드디어 무너진 것입니다.

지금 폐하께서는 색부의 영리한 대답을 높이 평가하시고 그를 중용하려 하십니다. 그렇게 된다면 천하는 바람에 휩쓸리듯 앞을 다투어 말재주만 일삼으며 실질이 없어지지 않을까 염려되옵니다. 아랫사람들이 윗사람의 영향을 받는 것은 그림자가 주인 모양을 따르고 메아리가 소리에 대답하는 것보다 빠릅니다. 그러므로 폐하의 어떠한 거동도 모두 신중하지 않으면 안 됩니다.”

이 말을 들은 황제는 “과연 맞는 말이오.”라면서 다시는 색부의 얘기를 올리지 않았다. 이때 황제는 수레에 올라 궁으로 돌아가면서 장석지를 불러 같이 타고 갔다. 수레는 느린 속도로 갔고, 황제는 장석지에게 진나라의 병폐에 대하여 물었는데 장석지는 모두 사실 그대로 실제 정황을 고하였다. 황제는 궁중에 돌아와서 곧 명령을 내려 장석지를 공거 사마령(公車 司馬令)[536]에 임명하였다.

법이 편향되면 백성들이 믿고 살 데가 없다

어느 날 태자가 동생과 함께 수레를 타고 어전 회의에 나가면서 궁궐 문에서 내리지 않고 그냥 지나갔다. 이에 장석지는 뒤쫓아 가서 수레를 멈추게 한 다음 대궐문에서 내리지 않는 행위를 불경죄로 다스리고 이 사실을 상부에 보고하였다. 이 소식이 태후에게 알려지자 황제는 태후에게 찾아가 관을 벗고 정중히 사과했다.

“자식을 제대로 가르치지 못했습니다.”

그러자 태후는 사람을 시켜 황제의 명령에 의해 태자를 용서받도록 시켰다. 태자와 동생은 그런 다음에야 비로소 대궐을 들어갈 수 있었다. 얼마 지나지

---

536) 궁중문을 관장하는 벼슬.

않아 장석지는 중랑장으로 승진하였다.

언젠가 만조백관들이 황제를 수행하여 나들이를 간 적이 있었다. 황제는 북쪽 절벽 위에 올라가 먼 곳을 바라보았다. 그러면서 옆에 있던 신(慎)부인에게 가야금을 타게 하고 황제가 노래를 불렀는데, 그 곡조가 매우 처량하였다. 이윽고 황제가 신하들에게 말했다.

"슬프다! 나 역시 죽게 될 텐데…. 저 앞산의 아름답고 단단한 돌로 바깥 널을 만들고 모시와 솜을 썰어 틈을 막아 그 위에 옻으로 칠해 두면, 누구도 관을 열어 보지 못할 것이다!"

그러자 좌우에 있던 신하들이 모두 "지당하신 말씀이옵니다."라고 말했다.

하지만 장석지는 앞으로 나가더니 이렇게 말하였다.

"그 관 안에 값나가는 보물을 넣어둔다면 저 앞산 그대로를 바깥 널로 하고 쇠를 녹여 이를 굳게 만들더라도 반드시 꺼낼 틈이 있게 될 것입니다. 하지만 그 안에 욕심낼 물건이 없다면 비록 돌로 만든 곽이 없더라도 걱정하실 필요가 없습니다."

황제는 이 말을 듣더니 "과연 그대의 말이 옳도다!"라고 칭찬하였다. 이후 장석지는 정위로 승진하였다.

그 얼마 후 황제가 나들이 행차를 나가며 다리에 이르렀을 때였다. 갑자기 한 사나이가 다리 밑에서 급히 나와 황제가 탄 수레를 끄는 말이 놀라 껑충 뛰었다. 호위병들이 즉시 그 사나이를 잡아 장석지에게 넘겼다. 장석지가 그를 취조하자 그는 다음과 같이 대답했다.

"저는 장안에 살고 있사온데, 오늘 이 거리를 지나다가 행차 소리가 들리기에 얼른 다리 밑에 숨었습니다. 얼마가 지나 이제는 지나가셨겠구나 생각하여 나왔는데, 아직 수레와 말이 보여 급히 달아났던 것입니다."

잠시 후 장석지는 판결을 내렸다. 혼자 행차를 범한 것이므로 벌금형에 해당된다는 판결이었다. 이 소식을 전해들은 황제는 매우 화가 났다.

"그 놈은 내 말을 크게 놀라게 했던 놈이다. 다행히 내 말이 순했기 망정이지 그렇지 않았더라면 나까지 부상당할 뻔했다. 그런 놈을 겨우 벌금형에 그치다니 말이 되는가!"

그러자 장석지는 황제를 찾아가 이렇게 말하였다.

"법률을 법률이라고 칭하는 이유는 천자와 백성들이 공동으로 준수해야 하기 때문입니다. 이 사건은 법률에 의거하여 마땅히 이렇게 판결해야 합니다. 만약 가중 처벌하게 되면 법률은 백성들의 마음속에서 이미 신용을 잃게 됩니다. 이번 사건만 해도 폐하께서 만약 그 자리에서 즉시 죽이셨다면 그만이셨습니다. 그러나 지금은 이미 그를 정위의 심리에 넘겨주신 것이며, 정위는 천하 법률 집행의 표준입니다. 정위가 한번 편향하게 되면 천하의 모든 집행 관리도 마음대로 경중을 적용시키게 되어 백성들은 어느 곳에 손발을 놓아야 할 것입니까? 폐하의 신중한 고려를 바라옵니다."

한참을 생각하던 황제는 "정위는 마땅히 이와 같은 판결을 내려야만 하는 것이다."라고 말하였다.

그 뒤 종묘 제각에 있는 옥가락지를 훔친 자가 잡혔다. 황제는 크게 노하여 그 자를 장석지에게 넘겨 엄히 다스리도록 명령했다. 장석지는 '종묘에 차려 놓은 물건을 훔친 자'에 관한 법 조항을 적용시켜 '처형시킨 다음 시체를 시장 바닥에 버리는 형'에 처하도록 했다. 그러자 황제는 펄쩍 뛰었다.

"그 놈은 무도하게 선제(先帝)의 사당에 있는 물건을 훔친 놈이다. 나는 그대가 그 놈의 삼족까지 멸해 줄 것이라 생각했다. 그런데 법률대로만 적용시키겠다니!"

이에 장석지는 관을 벗고 머리를 조아리며 사죄하였다.

"황공하오나 법률로서는 이 이상 더할 수 없습니다. 그리고 죄상이 같더라도 그 죄질에 따라 차등을 두어야 할 것입니다. 가령 고조의 묘에 있는 흙을 한 줌 파가는 어리석은 백성이 있다면 폐하께서는 그 자도 삼족을 멸하시겠습니까?"

황제는 한참 생각하더니 태후와 상의한 뒤 장석지의 주장을 승인하기로 했다. 이 일로 장석지의 명성은 천하에 드날리게 되었다.

공정한 신하가 성왕의 도를 밝힌다

그 뒤 황제가 죽고 태자가 그 뒤를 이으니 바로 경제(景帝)였다. 그런데 장석지는 태자를 예전에 '대궐문 통행 사건'으로 탄핵한 일이 있었기 때문에 처벌받지 않을까 두려웠다. 그래서 병을 핑계 삼아 사직할까 아니면 황제를 찾아뵙고 사죄를 할까 하며 이 생각 저 생각 다 했으나 결론을 내릴 수 없었다. 그러다가 결국 왕생(王生)이라는 선비의 의견을 듣고 황제를 찾아가 사죄하였다. 이때 황제는 조금도 그를 문책하지 않았다.

왕생은 노자의 학문에 정통한 처사(處士: 벼슬을 하지 아니한 선비)였다. 하루는 나라의 부름을 받고 궁궐로 들어갔는데 그는 "내 버선이 풀어졌군!" 하고 중얼거리더니 장석지를 돌아다보고 말했다.

"내 버선 좀 매어주게."

이에 장석지는 바로 다가와 무릎을 꿇고 버선 끈을 매주었다. 궁궐을 나와서 누군가 왕생에게 물었다.

"왜 조정에서 장석지에게 욕을 보이셨습니까?"

그러자 왕생은 이렇게 대답했다.

"나는 나이도 늙고 재주도 없는 사람이오. 그래서 그런 방법으로 장석지를 도울 수밖에 없었소. 그 사람은 지금 천하의 쟁쟁한 대신이오. 그래서 내가 그를 욕보여 무릎을 꿇고 버선 끈을 매게 함으로써 그가 겸허하고 덕이 높은 선비라는 사실을 보여주려 했던 것이오."

나라 안의 지사들은 이 사실을 알고 왕생을 칭찬하였고 또 장석지를 존경하였다. 장석지는 경제가 제위를 이어받은 후 1년여 동안 일했는데, 경제는 그를 회남왕의 승상으로 좌천시켰다. 이는 역시 이전에 그가 경제를 탄핵했던 일로 인한 것이었다. 세월이 훨씬 흘러 장석지는 세상을 떠났다.

태사공은 말한다.

"장석지가 장자(長者)에 대하여 논한 것은 법을 지키면서도 황제의 뜻에 아부하지 않은 것이었다. 속담에 '어떤 사람을 이해하지 못할 때, 그가 사귀는 친구를 살펴보기만 하면 거의 알 수가 있다.'고 하였다. 장석지가 칭송하는 사람은 그들의 일을 마땅히 조정에 기록해 놓고 사람들로 하여금 배우도록 해야 할 것이다.『서경』은 '불편부당(不偏不黨: 공정함)하니 성왕(聖王)의 도가 비로소 평탄할 수 있으며, 부당불편(不黨不偏)하니 비로소 성왕의 도가 분명해질 수 있다.'라고 하였다. 장석지는 거의 이러한 경지에 가깝다고 할 수 있다."

41. 만석 열전
─ 성실하지만 웅대한 구상이 없다

만석군 일가는 학문을 익히지 않았고 오직 성실하고 신중한 사람들이었다.

본문에서 가장 뛰어난 점은 풍자로 볼 수 있다. 예를 들어 "때때로 황제로부터 음식을 하사받는 일이 있을 때 마치 황제 앞에서와 같이 머리를 숙이고 엎드려 먹었다."라는 기술은 주인공의 공경스러움을 칭송하는 동시에 한편으로 시대에 뒤떨어지고 우매한 주인공 석분에 대한 신랄한 풍자의 뜻을 담고 있다.

또한 "석건은 낭중령으로서 진언(進言)해야 할 일이 있으면, 반드시 좌우의 사람들을 물러나도록 한 다음 마음에 품은 말을 솔직하게 했는데 한 마디 한 마디가 가슴을 울리는 말이었다. 하지만 조정의 회의에서는 오히려 말을 잘하지 못하는 사람과 같았다."라는 표현에서도 주인공의 이중적이고 허위적인 태도를 여실하게 지상(紙上)에 드러내주고 있다.

만석군이라는 호칭의 유래

만석군(萬石君)의 이름은 석분(石奮)이며 그의 부친은 조나라에 살다가 진나라가 천하통일을 했을 때 하내(河內) 땅의 온(溫) 지방으로 이사하였다. 부친을 따라 하내 땅에 살고 있던 석분은 한왕이 항우를 공격하기 위해 하내 땅을 지나게 되었을 때 당시 15세의 말단 관리였는데 우연한 기회에 한왕 휘하에 들어가 시중을 들게 되었다. 한왕은 그와 얘기해 보고는 그의 공손하고 예의바른 태도를 매우 귀여워하게 되었다. 어느 날 한왕이 그를 불러 물어보았다.

"부모님과 형제는 있느냐?"

"예, 어머님이 살아 계시지만 앞을 못 보시며 집안이 가난합니다. 또 누나가

한 명 있는데 거문고를 좋아합니다.”

그 말을 듣고 한왕이 다시 물었다.

“너는 나를 계속 따라다닐 생각이냐?”

“예, 저의 있는 힘을 다해 받들고자 합니다.”

한왕은 즉시 석분에게 벼슬을 주어 의전 행사와 문서 관리의 일을 맡게 했으며 그의 누나를 미인(美人)537)으로 삼았고 집도 장안으로 옮기도록 하였다.

석분은 학문에 뛰어나지 못했지만, 공손하고 건실한 점에서는 누구도 따를 수 없었다. 그리하여 석분의 벼슬은 계속 높아졌는데 효문제 때에 이르러서는 많은 사람들의 추천으로 태자를 교육시키는 태자태부라는 직책에 임명되었다. 후에 그가 가르친 태자였던 효경제가 즉위하자 그의 벼슬은 더욱 올라 구경(九卿)의 지위까지 올라갔지만 경제는 그가 너무도 예의바르고 건실했기 때문에 곁에 계속 있는 것을 거북하게 여겨 지방의 재상으로 자리를 옮기도록 했다.

그런데 석분의 장남 건(建)부터 차남, 3남 그리고 막내아들 경(慶)까지 모두 착실한 선비로서 효행이 깊고 행실이 단정했으며 벼슬도 모든 아들들이 모두 2천 석의 지위까지 오르게 되었다. 그래서 경제는 “석분과 그의 네 아들은 모두 2천 석으로 합치면 1만 석이군. 부귀와 은총이 한 집안에 다 모여 있소.”라고 말하고는 이후부터 석분을 만석군(萬石君)이라 불렀다.

효경제 말년에 만석군은 은퇴하여 고향에 내려가 있었으나 상대부(上大夫)의 신분을 여전히 가지고 있었기 때문에 4계절의 궁중 행사 때마다 초대되어 황제를 만날 수 있었다. 그때에도 그는 수레가 대궐문을 지날 때면 반드시 내려서 허리를 굽히고 빨리 걸었으며 황제의 수레를 만나게 되면 반드시 타고 있던 수레의 손잡이를 두 손으로 잡고 예의를 표시하였다. 뿐만 아니라 그는 자손들 가운데 벼슬을 한 사람이 인사라도 오게 되면 상대가 아무리 지위가 낮더라도 반드시 예의를 갖춰 맞았으며 그들의 이름을 함부로 부르는 일도 없었다. 그러나 자손들 중 잘못을 저지르는 사람이 있으면 그를 꾸짖지 않고 먼저 스스로를 꾸짖고 자기 방에 들어가 음식을 입에 대지 않았다. 그렇게 되자 자손들은 서로 잘못을 밝혀 연장자를 통해 매를 맞을 각오로 웃옷을 벗고 진심으로 사죄를

---

537) 비빈의 칭호.

했다. 그때서야 비로소 그는 용서해 주었다. 또한 만석군은 성인이 되어 관(冠)을 쓴 자손들과 같이 있을 때면 항상 관을 썼는데 그러면서도 지나치게 딱딱한 분위기를 만들지 않았고 늘 자연스럽게 대하였다. 그리하여 하인들도 감화를 받아 언제나 즐거운 자세로 지냈으나 예의를 지키고 서로 조심하는 것만은 잊지 않았다. 때때로 황제로부터 음식을 하사받는 일이 있을 때 마치 황제 앞에서와 같이 머리를 숙이고 엎드려 먹었다. 그리고 친척 가운데 불행히도 누가 죽게 되면 진심으로 슬픔과 위로를 표하였다.

그의 자손들도 만석군의 가르침에 따라 효행과 성실함에 힘썼으므로 그 가족의 명성은 천하에 드높아졌으며, 심지어 제나라와 노나라의 이름 있는 유학자들까지도 스스로 만석군 집안에는 도저히 미칠 수 없다고 인정할 정도였다.

성실하나 웅대한 구상이 없다

한무제 2년에 낭중령 왕장(王臧)이 유학을 숭상하다가 처벌되었다. 이때 태후는 선비들이란 형식에만 시끄러울 뿐 실속이 없고 이에 비해 만석군의 집안은 커다란 건의는 없지만 겸손하고 신중하다고 생각하여 만석군의 장남 석건을 낭중령에 임명했으며 막내아들 석경은 내사[538]에 임명하였다. 장남 석건도 이미 나이가 꽤 들어 백발이 성성했으나 아버지 만석군은 여전히 정정했다. 석건은 낭중령이 된 후에도 5일마다 휴가를 내어 아버지를 찾아가 문안을 드렸다. 인사가 끝나면 머슴을 시켜 아버지의 속옷을 가져오도록 하여 자기 손으로 직접 빨아 다시 그것을 머슴에게 보내도록 했다. 그러면서도 아버지가 그 사실을 전혀 모르도록 몰래 하게 했다.

석건은 낭중령으로서 진언해야 할 일이 있을 때는 반드시 좌우의 사람들을 물러나도록 한 다음 마음에 품은 말을 솔직하게 했는데 한 마디 한 마디가 가슴을 울리는 말이었다. 하지만 조정의 회의에서는 오히려 말을 잘하지 못하는 사람과 같았다. 그래서 황제는 더욱 그를 가까이 하면서 존경하였고 예우하였다.

---

538) 내사內史. 지금의 서울시장에 해당되는 벼슬 명칭이다.

만석군이 장안 근교로 이사했을 때 석경은 술에 취해 마을 입구에 들어서서도 수레에서 내리지 않았다. 이 소식을 들은 만석군은 크게 화를 내며 일체 음식을 입에 대지 않았다. 석경이 웃옷을 벗고 엎드려 용서를 빌었지만 만석군은 들은 척도 하지 않았다. 이에 장남인 건을 비롯해 온 집안 식구가 웃옷을 벗고 용서를 빌자 만석군은 그때서야 마지못해 고개를 끄덕였다. 그러면서도 여전히 비난하였다.

"내사라면 대단한 벼슬이지. 그가 마을에 들어오면 마을의 유지들이 모두 무서워서 도망갈 것이고. 그래서 내사는 기고만장하여 수레에 탄 채 거드름을 피우는 게 당연하겠지."

그러고는 석경을 물러나도록 하였다. 그 뒤로는 석경은 물론이고 모든 가족들이 마을에 이르게 되면 빨리 수레에서 내리게 되었다.

무제 16년에 만석군은 세상을 떠났다. 그런데 장남 건은 아버지를 잃고 너무 슬픔에 빠져 지팡이에 몸을 의지하여 걸음을 겨우 걸을 정도가 되어 결국 1년 후에 아버지의 뒤를 따라 세상을 떠났다.

만석군의 아들과 손자들은 모두가 효자였는데, 그 중에서도 건은 아버지 만석군보다도 더할 정도였다. 언젠가 건이 낭중령으로 있을 때 황제에게 상소를 올린 적이 있었는데 그 글이 반환되었으므로 건이 다시 읽어가는 도중 얼굴이 창백해졌다.

"아니, 이럴 수가 있는가! 글자를 잘못 썼지 않은가! 말 마(馬)자는 네 다리를 뜻하는 네 개의 점과 꼬리를 뜻하는 선이 합쳐 점이 다섯 개인데 네 개밖에 안 찍었구나. 폐하께서 꾸짖으신다면 죽어 마땅한 죄이다."

그의 조심하는 몸가짐은 매사에 있어서 모두 이러한 정도였다. 만석군의 막내 아들 경이 어느 날 황제를 수레에 모시고 궁 밖으로 나왔다. 그때 황제가 물었다.

"이 수레를 몇 마리의 말이 끌고 있소?"

그러자 경은 채찍으로 말을 하나하나 세고 난 다음 손가락을 꼽아, "여섯 마리입니다."라고 대답하였다.

만석군의 아들 중 석경이 그나마 가장 소탈하고 대충 하는 편이었는데도 그런 정도였다. 석경이 제나라 재상이 되자, 제나라 사람들은 모두 그의 집안 가풍을 부러워하여 일일이 명령할 필요도 없이 모든 일이 잘 다스려졌다. 그 후 제나라 사람들은 석경을 위해 석상사(石相祠)라는 사당을 지었다.

한무제 18년, 석경은 태자태부로 임명되었으며 7년 뒤에는 어사대부로 영전되었다. 그리고 3년 뒤에는 당시 승상이 죄를 지어 파면되자 황제가 석경에게 다음과 같은 조서를 내렸다.

"만석군은 선제(先帝)께서 중용하셨던 인물이며 자손들은 모두 효자로 이름이 높다. 이에 어사대부 석경을 승상에 임명하노라."

그때 한나라는 남쪽으로 월나라를 무찌르고 동쪽으로 조선을 공격하였으며, 북쪽으로는 흉노를 내몰고 서쪽으로는 대원국을 정벌하였다. 또 황제는 천하를 시찰하며 낡은 사당을 수리하고 봉선의식(封禪儀式)[539]을 거행하였다. 이처럼 나라의 할 일이 많아지자 국고가 바닥나게 되었고, 그리하여 조정은 그 대책 마련에 골몰하였다. 그래서 황제는 상홍양 등에게 재물을 징발하도록 하고, 왕온서 등에게 법을 가혹하게 집행하도록 했으며, 아관(兒寬) 등에게 유학을 진흥하도록 하였는데, 이들은 모두 구경의 지위에 올라 권력을 농단하였기 때문에 승상의 결재도 없이 많은 정책이 시행되었다. 그것은 승상이 다만 충직하고 언행에 신중할 뿐이었기 때문이다. 석경은 9년 동안 재직하였지만 잘못된 것을 고치게 할 만한 어떤 말도 하지 않았다. 당시 나라가 어지러워 유랑자들과 난민이 많이 발생하였는데, 관동 지방만 해도 유랑자가 2백만 명에 호적이 없는 사람이 4십만 명에 이르렀다. 그러자 중신들이 논의 끝에 유랑민들을 국경 지대에 강제 이주시키는 방안을 황제에게 제안하였다. 황제는 '승상은 연로한 데다 조심성이 많아 이 논의를 함에 있어 적절치 않다.'고 생각하여 승상에게 휴가를 준 다음 어사대부 이하의 중신들과 그 방안을 검토하였다. 이에 석경은 승상의 직책을 다하지 못한 것을 부끄럽게 여겨 사직서를 제출하였다.

〈신은 분에 넘치게도 승상의 자리에 앉아 있으면서 늙은 몸으로 폐하를 제대로 보필하지 못해 국고는 바닥나고 많은 백성들이 고향을 등지고 떠돌이 생활을 하게 되었습니다. 이 죄 죽어 마땅합니다. 하오나 폐하께서는 신을 불쌍히 여기시어 죄를 주시지 않았습니다. 신은 이제 승상의 인수를 반납하고 고향

---

539) 천지에 지내는 천자의 제사. 천자만이 이 봉선의식을 행할 수 있으며 따라서 패자였던 제나라 환공도 이 봉선 의식을 행하고자 했으나 결국 못했고 진시황은 봉선 의식을 행하고자 했으나 봉선 의식을 갖던 중 일진광풍이 불어닥쳐 실패하고 말았다.

으로 돌아가고자 합니다. 그럼으로써 현명한 사람이 등용될 수 있도록 할까 하오니 부디 허락해 주십시오.〉

그러나 무제는 사직서를 반려시키고 글을 내려 석경을 질책하였다.

〈국고는 이미 비어 있고 백성은 가난으로 방랑하고 있는데, 그대는 어찌하여 그 책임도 지지 않고 물러나려 하는가. 더구나 유랑민을 국경 지대로 이주시킨다 하여 백성들의 불안이 가중되고 있는 지금 그 책임을 남에게만 떠넘기려 하는 것이오?〉

석경은 몹시 부끄러워하며 다시 일을 보게 되었다. 그는 오직 법을 충실히 지키며 모든 일에 세심하고 조심성 있게 임했으나 백성들을 위해 내세울 만한 의견이 없었다. 이로부터 3년 후 석경은 세상을 떠났다.

석경은 특히 둘째 아들 덕(德)을 아꼈는데, 황제는 덕에게 석경의 뒤를 이어 제후의 지위를 잇게 하였다. 덕은 뒤에 벼슬이 높아졌지만 죄를 지어 사형을 받게 되었는데 국가에 대한 과거의 공을 참작하여 속죄금을 물고 평민이 되는 것으로 대신하였다.

석경이 승상으로 있을 때, 만석군의 자손들 중 관리가 되어 2천 석의 직책에 이른 사람은 무려 13명이나 되었다.

태사공은 말한다.

"공자는 일찍이 '군자는 말을 하는 데에는 어눌하지만 행동하는 데에는 민첩하다.'라고 하였는데, 이는 만석군, 건릉후, 장숙과 같은 이들을 말하는 것이 아니겠는가? 이로 인해 그들의 교화(教化)는 성급하거나 모질지 않았지만 이루어질 수 있었으며, 정치 또한 엄격하지 않았지만 다스려질 수 있었던 것이다."

장자(長者)의 본보기 - 직불의

직불의(直不疑)는 남양(南陽) 사람으로 낭관(郎官)을 지냈으며 효문제를 섬겼다. 언젠가 그와 같이 방을 쓰던 사람이 휴가를 얻어 집으로 돌아갔는데, 같은 방을 쓰던 다른 낭관의 황금을 가지고 갔다. 얼마 지나지 않아 황금의 주인은 황금을 잃어버린 것을 알게 되었고, 그는 자기 마음대로 직불의가 훔쳐간 것으로 의심하였다. 직불의는 이 일에 대해서 사죄를 하고 황금을 사서 그에게 돌려 주었다. 그 후 휴가를 얻어 집으로 돌아갔던 사람이 돌아왔는데, 그가 금을 가지고 와 돌려주자 그 금을 잃어버렸던 낭관은 몹시 부끄러움을 느꼈다. 이로 인해서 직불의는 '장자(長者)'라는 칭송을 받았다. 효문제 역시 그를 매우 칭찬하였고, 그는 계속 승진하여 태중대부(太中大夫)의 자리까지 올라갔다.

하루는 조정에서 황제를 배알할 때 어떤 사람이 "직불의는 용모가 매우 뛰어나지만 형수와 사통하고 있으니 그를 어떻게 처리해야 할지…"라면서 비방하였다. 직불의는 이 말을 듣자 "나는 형이 없는데…"라고 말하였다. 이 말을 한 뒤에는 두 번 다시 스스로 변명하지 않았다.

뒷날 오, 초 등의 나라가 반란을 일으켰을 때 직불의는 2천 석에 해당하는 관원의 신분으로 군대를 이끌고 그들을 격파하였다. 경제 후원(後元) 원년에 그는 어사대부에 임명되었다. 황제는 오, 초 반란 때의 공로를 표창하여 직불의를 새후(塞侯)에 봉하였다. 그러나 무제 건원(建元) 시기에 승상 위관과 함께 과실로 인하여 관직을 박탈당하였다.

직불의는 『노자』를 공부하였다. 그는 직책에 임하여 일을 처리할 때 관리 일을 하기 전과 똑같이 하였고, 오직 다른 사람이 자신이 관리로서 일하고 있는 사실을 알게 될 것을 두려워하였다. 그는 자신의 명성을 세우는 것을 좋아하지 않았는데 사람들은 그를 장자라고 칭송하였다. 직불의가 세상을 떠나자 그의 아들 직상여(直相如)가 이어서 후작(侯爵)을 계승하였다.

42. 편작·창공 열전
- 아름답고 좋은 것은 모두 상서롭지 못한 것이다

　　본전(本傳)은 편작과 창공이라는 뛰어난 두 명의 의사에 대한 기록으로서 독자들은 본전을 독파함으로써 당시 의술 수준이 이미 상당한 수준에 있었다는 사실을 알게 될 것이다. 두 사람 모두 치료란 실제 질병의 상황으로부터 출발하여 신중함과 경험 교훈의 정확한 결합이 필요하다고 주장하고 있으며, 동시에 부분을 전체로 보거나 기존 관점에만 사로잡히는 착오에 반대한다.

　　특히 본전은 창공의 24가지에 이르는 의료적 치료 사례에 대한 구체적인 기술을 통하여 독자로 하여금 높은 경지에 이른 그 의술을 엿볼 수 있도록 하고 있으며, 사람들로 하여금 찬탄을 금치 못하게 하는 한 의술가의 형상을 우리들 눈 앞에 생생히 살아 있는 것처럼 묘사하고 있다.

1) 살아날 수 있는 사람을 일으켰을 뿐이다
- 편작

비방(秘方)을 전수받다

　　편작은 발해 지방에서 태어났으며, 성은 진(秦)이고 이름은 월인(越人)이었다. 편작(扁鵲)이라는 이름은 후에 그가 유명해졌을 때 사람들이 지어준 별명이다.

　　편작은 젊어서 어느 고관의 집에서 손님 맞는 일을 하고 있었다. 그런데 어느 날인가 장상군(長桑君)이라는 은자가 빈객(賓客)으로 와 있었는데, 많은 사람들 중 오직 편작만이 장상군을 특출한 사람이라고 여겨 언제나 그를 정중하게 대하였다. 장상군 역시 편작이 보통 사람이 아니라는 것을 알았다. 장상군은 객사를 드나든지 10여 년이 되었을 때 은밀히 편작을 불러 둘만이 마주하고는 "나는 사람의 만병을 치료하는 비방(秘方)을 알고 있다네. 그러나 이제 나이가 너무 많아 기력이 없지. 그래서 그대에게 비방을 전수하려 하네. 다만 결코 남에게 알려서는 안 되네."라고 말하였다.

편작은 정중하게 대답했다.

"네, 알겠습니다."

그러자 장상군은 품속에서 약을 꺼내 편작에게 주면서 "땅에 떨어지지 않은 깨끗한 이슬이나 빗물에 타서 마신 후 30일이 지나면 사물을 꿰뚫어볼 수 있게 될 것일세."라고 말했다. 또 비방이 씌어 있는 책들을 모두 편작에게 주었다. 그러고는 그 자리에서 순식간에 자취를 감춰 버렸다. 편작은 그가 일러준 대로 한 달 동안 약을 복용하였다. 그랬더니 담장 너머 사람의 모습까지 볼 수 있었다. 뿐만 아니라 병자들의 내장 속 종기까지 모두 볼 수 있었다. 하지만 그는 사람들에게 그저 맥을 짚어서 알 수 있노라고 말할 뿐이었다.

편작은 의원(醫員)이 되어 제(齊)나라에 머물기도 하고 조(趙)나라에 머물기도 하였는데, 조나라에 있을 때 편작이라고 불리게 되었다. 그런데 당시 진(晉)나라의 세도가였던 조간자(趙簡子)가 어느 날 갑자기 쓰러졌다. 그러더니 5일이 되어도 혼수상태에서 깨어나지 못했다. 대신들은 어쩔 줄 몰라 하다가 편작을 불러오기로 했다.

편작이 도착해 진찰을 해 보더니 이렇게 말하는 것이었다.

"아무 걱정할 것이 없소. 옛날 진(秦)목공도 똑같은 증세가 나타났었는데 일주일 만에 깨어났습니다. 그때 목공이 깨어나 신하들에게 이렇게 말했다고 합니다. '나는 천제(天帝)가 있는 곳에 갔는데, 매우 즐거웠소. 천제는 이웃 진(晉)나라가 머지않아 큰 혼란에 빠져 5대에 걸쳐 어지러우나 그 뒤에 천하의 패자가 될 인물이 나타난다. 하지만 그는 빨리 죽고 그의 아들이 뒤를 이으면 풍속이 문란해진다고 말씀하셨소.' 과연 목공의 말대로 진나라는 헌공 때 나라가 어지러웠으나 문공이 나타나 패자가 되었습니다. 그리고 그의 아들 양공은 한때 목공의 군대를 효산에서 격파했으나, 그 뒤 숱한 난행(亂行)을 범했지요. 지금 조간자 대감의 증세도 목공과 똑같으므로 사흘 안에 반드시 깨어나실 것이오. 그리고 깨어나시면 무슨 말씀을 하실 것입니다.”

과연 이틀 반 만에 조간자가 깨어났다. 그러고는 대신들에게 이렇게 말하는 것이었다.

“나는 천제가 계신 곳에서 즐겁게 지냈소. 악사들이 쭉 늘어앉아서 흥겨운 음악들을 연주했고 또 여러 가지 진기한 무용도 감상했소. 그런데 갑자기 곰 한 마리가 나타나더니 나에게 덤비지 않겠소. 내가 급히 활을 쏘자 그 곰은 쓰러졌소. 그러자 더 큰 곰이 또 나타났소. 이번에도 활을 쏘자 그 곰 역시 쓰러졌다오. 그때 문득 천제 계신 쪽을 보니 내 아들이 있는 것이 아니오? 그러면서 천제는 ‘이 아들이 크거든 이 개를 주어라.’고 말씀하시면서 오랑캐산(產) 개를 내게 주셨소. 또 천제께서 내게 ‘진(晉)나라는 대대로 쇠약해져서 7대(七代)로 내려가면 멸망하리라. 영씨(嬴氏: 秦나라)가 범괴(范魁) 서쪽에서 주(周)나라를 크게 칠 것이지만, 이 또한 나라를 오래 보전치는 못하리라.’고 하시었소.”

그 말을 듣고 많은 사람들이 편작이 예측한 것과 똑같아 매우 놀라워하였다. 조간자는 편작이 자기가 깨어날 것을 진단했다는 얘기를 전해 듣고 편작에게 논밭을 많이 하사하였다.

스스로 살 수 있는 사람을 일어나게 해 준 것일 뿐이다

그 후 편작은 괵(虢)나라로 갔다. 그때 마침 괵나라 태자가 병에 걸려 죽었다. 편작은 괵나라 궁궐 문 앞에 가서 의술을 좋아하는 중서자(中庶子)에게 “태자께서 무슨 병에 걸리셨습니까? 온 나라 안에서 빌고 기도하며 다른 모든 일을 제쳐놓고 있는 형편이군요.”라고 물었다. 이에 중서자는 “태자의 병은 혈기가 제대로 돌지 않고 뒤엉켜 꽉 막혀서 풀리지 않다가 갑자기 발작을 일으켜 몸 밖으로 터져 나오며 몸 속으로는 내장이 상하여 생긴 것입니다. 정기(精氣)가 사기(邪氣)를 누르지 못하여 그 사기가 체내에 쌓여 발산되지 못하였기 때문에 양(陽)의 움직임이 느려지고 음(陰)의 움직임이 급해져서 돌연히 의식을 잃고 죽게 된 것입니다”라고 대답하였다.

다시 편작이 “돌아가신 것은 언제쯤입니까?”라고 묻자 중서자는 “닭이 울

때부터 방금 전까지입니다"라고 대답하였다. 이에 편작이 또 "입관(入棺)은 하셨는지요?"라고 묻자 중서자는 "아직 안 하였습니다. 돌아가신지 아직 반나절도 안 됩니다."라고 하였다.

이에 편작이 "저는 제나라 발해(渤海)의 진월인(秦越人)이라는 사람입니다. 이제까지 태자의 모습을 뵈옵지도 못하였고 또 앞에서 모실 기회도 없었습니다. 불행하게도 태자께서 돌아가셨다고 하는데, 제가 태자를 살려낼 수 있습니다."라고 말하였다.

그러자 중서자는 "선생은 함부로 말씀하시면 안 됩니다. 어찌 태자를 살려낼 수 있다고 하시는지요? 내가 알기로 옛날 유부(兪跗)라는 의원이 있었다는데, 그 의원은 병을 고치는 데 탕액(湯液)[540], 예쇄(醴灑)[541], 참석(鑱石)[542], 교인(撟引)[543], 안올(案扤)[544], 독위(毒熨)[545]를 사용하지 않고 옷을 풀어헤쳐 한 번 진찰해보는 것으로 병의 징후를 보고, 오장의 원혈(原穴)에 따라 피부를 가르고 살을 열어 막힌 맥을 통하게 하며, 척수와 뇌수(腦髓)를 누르고 고황(膏肓)을 만지고 횡격막(橫膈膜)을 바로 하며, 위장을 깨끗이 하고 오장을 세척하며 정기(精氣)를 다스리고 형체를 바꾸어놓았다고 합니다. 선생의 의술이 이러할 수 있다면 태자께서는 다시 살아날 수 있겠지요. 그렇지도 못하면서 태자를 다시 살려낼 수 있다고 하는 것은 막 웃기 시작한 갓난아이에게조차 말할 수 없을 것입니다."라고 하였다.

이렇게 하여 하루가 지나가자 편작은 하늘을 쳐다보고, "당신이 말하는 의술은 대나무 통으로 하늘을 보고 좁은 틈으로 글을 읽는 것과 같습니다. 저의 의술은 환자의 맥을 짚거나 기색을 살펴보고 목소리를 들어보거나 몸의 상태를 살펴보지 않아도 병이 어디에 생겼는지 말할 수 있습니다. 양(陽)에 관한 증상을 진찰하면 음(陰)에 관한 증상을 미루어 알 수 있고, 음에 관한 증상을 진찰하면 양에 관한 증상을 알 수 있습니다. 몸속의 병은 겉으로 드러나는 것이니

---

540) 탕제약.
541) 단술과 맑은 술의 종류.
542) 고대에 병을 치료할 때 사용하던 석침石針.
543) 도인導引, 고대에 사용하던 일종의 체육 요법.
544) 안마.
545) 약물을 환부에 붙이고 가열함으로써 약의 힘이 체내로 흡수되게 하는 요법.

굳이 천리 먼 곳까지 가서 진찰하지 않아도 병을 진단할 수 있는 경우가 매우 많아 감추려 해도 감출 수가 없습니다. 그대가 제 말이 진실이 아니라고 생각한다면 시험 삼아 들어가 태자를 한번 살펴보시지요. 태자의 귀 속에서는 소리가 나고 코는 벌름거리고 있을 것입니다. 태자의 두 다리를 더듬어 올라가 음부(陰部)에 이르면 아직 따뜻한 기운이 남아 있을 것입니다."라고 탄식하였다.

중서자는 편작의 말을 듣자 멍해져 눈 한 번 깜박이지 못하고 혀는 오그라져 붙어 움직이지 않을 정도로 깜짝 놀랐다. 그는 안으로 들어가 편작의 말을 괵나라 임금에게 전하였다. 이 이야기를 들은 괵나라 임금은 몹시 놀라워하며 궁정의 중문(中門)까지 나와서 편작을 접견하였다.

괵나라 임금은 "선생의 고귀한 인술(仁術)에 대해서 들은 지 오래되었습니다만, 그대 앞에 나아가 뵙지는 못하였소. 이제 선생이 우리 이 작은 나라까지 오시어 다행스럽게도 나를 도와주게 되시니, 외떨어진 작은 나라의 나로서는 참으로 다행스러운 일이오. 지금 선생이 여기 계시기에 내 아들이 다시 살아나게 되었소. 선생이 계시지 않았더라면 내 아들은 영원히 죽어 다시는 살아나지 못하였겠지요."라면서 말을 마치기도 전에 숨이 막히는 듯 흐느껴 울며 정신이 혼미해져 하염없이 눈물을 흘렸다.

넘치는 눈물이 눈썹을 적시고 스스로 누를 수 없는 슬픔에 모습마저도 변해버린 듯하였다.

편작은 "태자의 병과 같은 것을 '시궐(尸蹶)[546]'이라고 합니다. 양기가 음기 속으로 들어가 위는 진동의 움직임을 받아 경맥(經脈)을 손상시키고 낙맥(絡脈)을 막아 각각 삼초(三焦)[547]와 방광으로 흘러내려갑니다. 이렇게 양맥(陽脈)은 아래로 내려가고 음맥(陰脈)은 위로 올라가 두 기운이 함께 모여 서로 막혀 통하지 않게 됩니다. 음기는 역으로 위로 올라가고 양기는 안으로 운행하여 양기는 아래로 내려가고 고동을 치지만 올라가지 못하고, 위와 밖의 양기와 단절되어 음기에 의해 보내지지 못합니다. 위에는 끊어진 양기의 낙맥이 있고 아래에는 파괴된 음기의 근뉴(筋紐)가 있어 음기를 파괴하고 양기를 단절시켜 혈색이 없어지고

---

546) 고대 병명으로서 갑자기 쓰러져서 마치 죽어 있는 것과 같이 보이는 병.
547) 상초, 중초, 하초로서 상초는 횡경막 이상을, 중초는 완복부脘腹部, 하초는 배꼽 아래를 가리킨다.

맥이 혼란스러워지기 때문에 몸이 죽은 것처럼 움직이지 않게 된 것이며, 태자께서는 정말 죽은 것이 아닙니다. 양기가 음으로 들어가면 치료가 가능하지만, 음기가 양으로 들어가게 되면 가망이 없게 됩니다. 이러한 것은 모두 오장의 기가 몸 속에서 위로 치솟을 때 갑자기 일어나는 것입니다. 명의(名醫)는 변화하는 병리(病理)를 능히 알 수 있지만 졸렬한 용의(庸醫)는 의심하여 이해하지 못합니다."라고 설명하였다.

그러고는 제자인 자양(子陽)에게 침(鍼)과 지석(砥石)을 갈게 하여 그것으로 몸 표면에 있는 삼양(三陽) 오회(五會)를 찔렀다. 한참을 지나자 태자가 소생하였다. 그러자 자표(子豹)에게 오분(五分)의 위(熨)[548]와 8감(八減)의 약제(藥劑)[549]를 섞어서 달인 다음 이것을 양 겨드랑이 아래에 번갈아 붙이게 하였다. 태자가 자리에서 일어나 앉자 다시 음과 양을 조절하여 탕약을 스무 날 동안 마시게 하자 태자의 몸은 원래대로 돌아왔다. 그래서 세상 사람들 모두가 편작은 죽은 사람을 살려낼 수 있다고 여기게 되었다.

그러나 편작은 "나 월인(越人)은 죽은 사람을 살려내지는 못한다. 이는 다만 스스로 살 수 있는 사람을 월인이 일어나게 해준 것뿐이다."라고 말하였다.

"건강한 사람을 환자 취급하다니"

그 뒤 편작이 제나라를 방문하는 길에 환공을 만나게 되었다. 환공을 만나자 편작이 신중하게 말했다.

"지금 대왕께서는 병에 걸려 있습니다. 다행히도 아직은 피부에 머물러 있는 정도이니, 쉽게 치료할 수 있겠습니다. 하지만 그냥 놔두시면 악화될 것입니다."

그러자 환공이 크게 껄껄 웃으며 대답했다.

"아니! 나처럼 건강한 사람을 병자 취급하는 것이오?"

---

548) 약을 뜨겁게 하여 환부에 붙이고 따뜻한 열을 가열하여 약기운이 체내로 들어가도록 5분 동안 하는 치료법.

549) 팔감제八減劑로서 고대 처방전인데 현재는 전해지지 않는다.

그러면서 편작이 물러나가자 신하들에게 이렇게 투덜거렸다.

"의원이 이익을 탐하여 병도 없는 사람을 가지고 공을 세우려 하다니!"

닷새 후에 편작은 다시 환공을 찾아왔다.

"대왕의 병환이 이제 혈맥까지 진행되고 있습니다. 더 이상 놔두면 곤란해집니다."

그러나 환공은 "난 별로 이상이 없소."라며 들은 척도 하지 않았다.

그 뒤 닷새 후, 편작이 다시 찾아왔다.

"이제 병환이 위장까지 이르렀습니다. 손을 쓰지 않으면 목숨까지 위태롭습니다."

그러나 환공은 대답조차 하지 않았다. 편작이 물러가자 환공은 매우 불쾌하다는 듯이 짜증을 냈다. 또 닷새가 지났다. 이번에도 편작이 찾아왔지만 먼 곳에서 인사만 한 채 그대로 물러갔다. 그랬더니 환공은 이상하다고 느껴 신하를 시켜 그 이유를 묻게 했다.

편작이 말했다.

"병이 피부에 있을 때에는 탕약과 고약으로도 고칠 수 있소. 혈맥까지 진행되어도 침으로 고칠 수 있습니다. 또 위장까지 들어간다면 약을 복용해서 나을 수 있소. 그러나 병이 골수에까지 미치게 되면 생명을 다룬다는 신이 내려와도 손 쓸 수가 없는 것이오. 지금 환공의 병은 이미 골수에 비치고 있소. 그래서 치료를 권하지 않는 것입니다."

과연 닷새 만에 환공은 병으로 눕게 되었다. 그리고 급히 편작을 불렀으나, 편작은 이미 제나라를 떠난 뒤였다. 얼마 지나지 않아 환공은 마침내 숨을 거두었다.

만약 성인(聖人)이 병의 징후를 예견하여 명의(名醫)로 하여금 일찍 치료하게 할 수 있다면 질병은 고칠 수 있고 몸도 구할 수 있다. 사람이 두려워하는 바는 병이 많다는 것이고 의원이 두려워하는 바는 치료 방법이 적다는 것이다. 그래서 여섯 가지 불치의 병이 있는 것이다. 교만하고 자기 마음대로 하면서 도리를 중시하지 않는 것이 첫째 불치병이고, 몸을 가벼이 여기고 재물을 중히 여기는 것이 둘째 불치병이다. 그리고 의식(衣食)을 절제하지 않고 적절하게 못하는 것이 셋째 불치병이며, 음양이 교착되어 혈기가 안정되지 못하는 것이 넷째 불치병이다. 그리고 몸이 극도로 쇠약해져 약을 받아들일 수 없는 것이 다섯째 불치병이며, 무당의 말을 믿고 의술을 믿지 않는 것이 여섯째 불치병이다. 이 중 하나라도 있다면 좀처럼 낫기 어려운 것이다.

편작의 이름은 갈수록 드높아졌다. 한단을 지날 때는 그곳에서 부녀를 중시한다고 듣자 곧 부인병 치료를 하게 되었고, 낙양을 지날 때는 그곳에서 노인을 공경하고 있음을 알자 곧 노인병 치료에 주력했다. 또 함양에 가서는 진나라 사람들이 어린이들을 귀여워한다는 사실을 듣자 곧 어린이들을 치료하였다. 이렇듯 편작은 가는 곳마다 그곳 사정에 따라 치료 범주를 달리 하였다. 편작은 의술을 발전시키고 집대성하는 데 온 힘을 기울이면서, 한편으로는 점쟁이나 주술(呪術)에 의한 병의 치료에 강력히 반대했다.

"의약을 믿지 않고 점쟁이나 주술만 따른다면 나을 병이 없다."

이러한 그의 주장은 무당이나 주술사들의 거센 반발을 받았으며, 재능 없는 의관들도 그의 높은 의술을 질투하였다. 그가 진나라에 있을 때 그 명성이 날로 높아지자 왕이 치료를 부탁했다. 이때 진나라의 시종의(侍從醫)로 있었던 이혜(李醯)는 편작을 크게 질투하여 그를 없애려고 하였다. 드디어 이혜는 자객을 보내 편작을 죽였다. 지금에 이르기까지 천하에서 맥학(脈學)을 논하는 사람은 모두 편작의 학설을 따르고 있다.[550]

2) 자연에 상응해야 병이 없다
- 창공

창공(倉公)은 제나라 태창(太倉) 지역 양식 창고의 장관으로 임치(臨菑) 사람이다. 성은 순우(淳于)이고 이름은 의(意)였다. 젊었을 때부터 의술을 좋아했으며, 고후(高后) 8년[551], 다시 같은 고향 원리(元里)의 양경(陽慶)으로부터 의술을 배웠

---

550) 그렇게 편작은 죽었지만 그의 의학 이론과 기술은 중국 의학계의 귀중한 보고가 되었다. 그의 의학 이론은 후세 사람들에 의해 『난경難經』이라는 책으로 정리되었으며, 사람들은 편작을 추모하여 약왕藥王이라 부르고 중국 의학의 시조로 받들고 있다.

551) 기원전 180년.

다. 양경은 그때 나이가 70여 세였는데 그의 의술을 계승할 아들이 없었으므로 순우의로 하여금 그가 이전에 배운 의술을 모두 버리게 하고, 다시 자신이 가지고 있던 비전(祕傳)의 의서를 모두 그에게 주면서 '황제(黃帝)'와 편작이 남긴 『맥서(脈書)』를 전수해 주었다. 그리하여 창공은 얼굴에 나타나는 오장의 상태를 진단하여 환자의 병을 알아내고, 의심스러운 질병을 판단하여 그 치료법을 결정하는 방법에 통달했다. 또한 약물에도 정통하게 되었다.

그 후 천하를 돌아다니며 환자를 치료하고 질병의 원인을 찾아내는 데 힘썼다. 그리하여 집안일을 돌볼 수도 없었으며, 또 그를 부르는 환자가 너무 많아 가보지 못하는 환자들에게 원망도 많이 받게 되었다. 마침내 한나라 문제 4년에 그는 고발을 당하여 처형될 위기에 놓이게 되었다. 그때 창공에게는 다섯 명의 딸이 있었는데, 그녀들은 창공을 붙들고 울었다.

이때 창공이 크게 탄식했다.

"내가 자식을 낳았으되 아들을 낳지 못했더니 이런 일이 생겨도 어쩔 도리가 없구나!"

그러자 막내딸 제영이 가슴 아프게 생각하고 황제에게 상소문을 올렸다.

〈제 아버지가 관리일 때, 청렴하고 공정하다고 제나라 사람들이 칭찬하였습니다. 그런데 지금은 법을 위반하여 죄를 받게 되었습니다. 제가 깊이 마음 아파하는 것은 죽은 자는 다시는 살아날 수 없고, 죄를 받게 되면 몸이 다시는 원래대로 될 수 없다는 것입니다. 잘못을 고쳐서 스스로 새롭게 되고자 해도 그렇게 할 방법이 없으니, 결국 새롭게 될 수 없는 것이 마음 아픕니다. 바라옵건대 제 한 몸을 관비(官婢)로 바쳐 아버지가 받게 된 죄를 대신 갚고 아버지가 행실을 고쳐서 스스로 다시 살아갈 수 있도록 해드리고자 합니다.〉

이 글을 읽은 황제는 딸을 불쌍히 여기고 창공을 풀어 주도록 했으며, 그 해 안에 또 육형(肉刑)[552]의 법도 폐지하였다.

---

552) 고대 형벌로서 체형(體刑)을 가리킨다.

정확한 진맥이 치료의 근본이다

그 후 창공은 풀려나 집에 있을 때, 황상이 조서를 내려 불러들인 뒤 병을 치료해서 효험이 있었던 자는 몇 사람이었는지, 또 그 병자들의 이름은 무엇이었는지 등에 대해서 물었다.

조서를 내려 순우의에게 하문한 내용은 다음과 같았다.

〈그 의술에서 뛰어난 것은 무엇이며, 잘 치료할 수 있는 병은 무엇인가? 또 그에 대한 의서(醫書)를 가지고 있는가? 어디에서 의술을 배웠는가? 몇 년 동안 배웠는가? 지금까지 효험이 있었던 자는 어느 현, 어느 마을의 누구인가? 그것은 무슨 병이었는가? 또 치료를 하고 약제를 쓴 후 그 병세는 어떠하였는가? 모두 자세히 대답하라.〉

이에 순우의는 다음과 같이 글을 올렸다.

과도한 방사(房事)로 인한 병

〈저는 젊어서부터 의학, 약학을 좋아하였으나 그것들을 실지로 시험해 보아도 효험이 없는 경우가 많았습니다. 그런데 고후(高后) 8년, 제 스승인 임치현 원리(元里)의 공승(公乘)553) 양경(陽慶)을 만나게 되었습니다. 그때 양경은 이미 나이 70여 세였는데, 저는 그에게서 수업을 받게 되었습니다. 양경은 저에게 "네가 배운 의서를 모두 버려라. 그것은 정확한 것이 아니다. 나는 옛 의원들이 전한 황제(黃帝)와 편작의 의서를 가지고 있다. 거기에는 얼굴에 나타나는 다섯 가지 색깔을 보고 질병을 진단하고 병자가 살지 죽을지를 예측하며, 의심스러운 병의 증세를 판별하여 치료할 수 있는지를 결정하는 것, 그리고 약학에 관한 것도 언급되어 있는데 매우 정밀하다. 너를 마음으로부터 사랑하므로 내 비전(祕傳)의 의서를 모두 하나하나 너에게 가르쳐 주고자 한다."라고 하였습니다.

저는 "참으로 분에 넘치는 기쁨입니다. 감히 바라지도 못하던 바입니다."라고

---

553) 벼슬 이름.

하고는 즉시 두 번 무릎을 꿇고 절한 뒤, 『맥서(脈書)』, 『상경(上經)』, 『하경(下經)』[554],
『오색진(五色診)』[555], 『기해술(奇咳術)』[556], 『규도음양외변(揆度陰陽外變)』[557], 『약론(藥論)』,
『석신(石神)』[558], 『접음양(接陰陽)』[559] 등 비장(祕藏)의 의서들을 받았습니다.

책을 받아 통독(通讀)하고 분석하여 시험해 보기를 1년 남짓 하였습니다. 다음해에 이것을 시험해 보니 효험은 있었지만 아직 정밀하거나 정확하지는 않았습니다. 이렇게 의술에 전념한지 3년이 지나자 병자를 치료하는 것과 병을 진찰하여 병자가 살고 죽는 것을 예측하는 것 등에서 모두 효험이 뚜렷해졌습니다. 지금은 양경 스승님이 세상을 뜨신 지 이미 10년 정도 되는데, 제 나이는 그에게서 배운 3년을 더하여 올해 39세가 됩니다.

과도한 음주와 방사로 인한 병

제나라의 시어사(侍御史)[560] 성(成)이 스스로 제게 두통을 호소하여 저는 맥을 짚어보고 "귀공의 병은 매우 중하여 말로 표현하기 어려울 정도입니다."라고 말하고는 물러나와 성의 아우 창(昌)에게 "이 병은 독창(毒瘡)병인 저(疽)[561]입니다. 저(疽)가 몸 속 장과 위 사이에 생겨서 닷새 후에는 독창이 부풀어 오르고 다시 8일이 지나면 고름을 쏟고 죽을 것입니다."라고 하였습니다. 성의 병은 주색으로 인한 것으로서 결국 예상한 날짜에 죽었습니다. 이 병을 제가 안 까닭은 그의 맥을 짚었을 때 간장에 병이 있다는 맥기를 느꼈기 때문입니다. 간의 기가 탁하며 고요한 것은 내관(內關)의 병입니다. 『맥법(脈法)』을 보면, '맥이 길고 활시위같이 팽팽하며 사계절을 따라 변하지 못하는 것은 그 병근(病根)이 간장에 있다. 맥

---

554) 『상경上經』은 주로 인체와 자연계의 관계를 논한 것이고, 『하경下經』은 주로 질병의 변화를 논한 것이다.
555) 안색을 살펴보고 진찰하는 고대의 의학서.
556) 목소리로 병을 진단하는 방법.
557) 규도揆度란 추측한다는 의미.
558) 침과 뜸에 대한 방법.
559) 방중술, 남녀 교합지술交合之術.
560) 어사대부 휘하의 관원.
561) 체내에 생기는 종기.

이 고르면 간의 경맥(經脈)562)에 병이 있으며, 맥이 불규칙하면 간의 낙맥(絡脈)563)에 병이 있는 것이다.'라고 기록되어 있습니다. 맥이 고르나 경맥에 병이 있으면 그 병이 근수(筋髓)에서 비롯된 것입니다. 맥박이 불규칙하여 갑자기 끊어졌다 높아졌다 하는 것은 술을 마신 후 방사(房事)를 행한 데에서 비롯된 것입니다.

제가 닷새 후에 독창이 부풀어 오르고 다시 8일이 되면 고름을 쏟고 죽을 것을 안 이유는 그의 맥을 짚었을 때 소양(少陽)564)에 처음으로 대맥(代脈)565)이 나났기 때문입니다. 대맥이 나타나는 것은 소양 경맥에 병이 있고 병세가 전신에 퍼지며 사람이 곧 죽게 되기 때문입니다. 맥락에 병이 있으므로 당시 소양에 대맥이 출현하고 양기가 닫히기 시작하여 속에 열은 있어도 고름은 나오지 않은 것입니다. 그러나 오분(五分)566)까지 미치면 소양 맥위의 한계에 이르게 됩니다. 그리하여 8일째가 되면 고름을 쏟고 죽게 되는 것입니다. 그러므로 대맥이 이분(二分)까지 이르면 고름이 나오기 시작하고 최대한도에 이르면 독창이 부풀어 올라 고름을 쏟고 죽는 것입니다. 열이 높아지면 음양 경맥을 훈증하고 소락맥(小絡脈)을 태우며, 소락맥이 변동하게 되면 낙맥의 결합 부분에 병이 생기고 계속하여 문드러져서 붕괴되는 것입니다. 그리하여 열기(熱氣)가 위로 올라가 머리에 이르러 동요하게 되고, 머리가 아픈 것입니다.

근심이 많아 생긴 병

제왕(齊王)의 둘째 아들의 아이가 병이 들어 제가 맥을 짚어 보았습니다. 저는 "이는 기격병(氣鬲病)입니다. 이 병은 사람을 번민하게 하고 음식을 먹을 수 없게 만들며 항상 위액을 토해냅니다. 이 병은 마음의 근심 때문에 먹을 마음이 없는데도 억지로 음식을 먹인 데에서 생겼습니다."라고 하였습니다. 저는

---

562) 중의학에 의하면 경맥을 인체를 수직으로 흐르는 주혈관으로 파악.
563) 낙맥은 경맥에서 파생되어 전신에 실핏줄처럼 퍼지는 지맥.
564) 경맥의 한 이름.
565) 때로 성기게 때로 조밀하게 혼란스럽고 무질서하게 뛰는 맥상脈象.
566) 분分은 한 자尺의 1/100.

즉시 그에게 하기탕(下氣湯)을 지어 마시게 하였습니다. 그러자 하루 만에 기가 내려가고 이틀 만에 식욕이 돌아왔으며 사흘 만에 완전히 나았습니다. 제가 이 병을 알아낸 것은 그 맥을 짚어 보니 마음에 병이 있는 맥기(脈氣)를 느꼈기 때문인데, 심맥(心脈)이 무겁고 탁하며 안정되지 않고 빨랐습니다. 이것은 양기가 엉킨 병입니다. 『맥법』에 '맥박을 손가락으로 짚으면 빨라졌다가 손가락을 떼면 느려졌다 하여 안정되지 않는 것은 그 병소(病巢)가 마음에 있는 것이다.'라고 기록되어 있습니다. 온몸에 열이 나고 맥상이 강성하니 이는 중양(重陽)으로서, 양열(陽熱)이 심하면 심신이 동요됩니다. 그러므로 번민하게 되고 음식을 먹지 못하며 낙맥에 병이 생기는 것입니다. 낙맥에 병이 있으면 혈액이 위로 솟구치고 혈액이 위로 솟구치면 곧 사망하게 되는 것입니다. 이 병은 마음의 슬픔으로부터 일어나는 것으로서 걱정 때문에 병이 생긴 것입니다.

지나친 방사로 생긴 병

제나라의 낭중령(郎中令) 순(循)이 병이 들었을 때 많은 의사들이 모두 기(氣)가 역상(逆上)하여 심장에 들어간 때문이라고 생각하여 침을 놓았습니다만, 저는 진찰해 보고 "이 병은 용산(涌疝)인데 대소변을 보지 못한다."라고 하였습니다. 그러자 순(循)은 "대소변을 보지 못한 지 사흘이 된다."라고 말하였습니다. 그래서 저는 화제탕(火劑湯)을 마시게 하였습니다. 한 번 마시니 대소변을 보게 되었고, 두 번 마시니 대소변을 시원하게 잘 보게 되었으며, 세 번 마시니 병이 나았습니다. 이 병은 방사에서 비롯되었습니다. 순(循)의 병을 알게 된 것은 그의 맥을 짚었을 때 오른손 촌구(寸口)[567]맥 부분의 기가 빨랐고 오장(五臟)의 맥기를 느낄 수 없고 다만 맥박이 몹시 크고 빈번했기 때문입니다. 맥이 빈번하면 중초(中焦)와 하초(下焦)[568]에 열이 쌓이는 용산입니다. 왼손 맥이 크고 빈번하면 열

---

567) 손목에서 가장 가까운 맥 짚는 곳.

568) 3초焦에서 상초上焦는 위胃의 윗부분을 가리키고, 중초는 중간 부분을 그리고 하초는 방광 아래, 즉 배꼽 아래를 가리킨다.

이 아래로 내려가는 것이고 오른손 맥이 크고 빈번하면 열이 위로 올라가는 것인데, 좌우 손의 촌구 모두 오장의 맥기가 없으므로 용산이라고 진단하였습니다. 체내에 열이 쌓여 있으므로 소변이 붉은 것입니다.

한기(寒氣)로 인한 병

제나라 중어부(中御府)의 장관 신(信)이 병이 들었을 때 제가 가서 그의 맥을 짚어 보고 "열병(熱病)의 기(氣)가 보입니다. 그러나 더위 때문에 땀을 흘려 맥이 좀 약해진 것뿐이므로 생명에 지장은 없습니다."라고 진단하였습니다. 그리고 또 "이 병은 냇물에 목욕하여 한기(寒氣)를 심하게 느껴서 나중에 열이 나게 되어 얻은 것입니다."라고 하였습니다. 그러자 신(信)은 "그렇습니다. 작년 겨울 왕명으로 초나라에 갔을 때, 거현(莒縣)의 양주수(陽周水)에 이르러 거(莒)의 다리가 심하게 부서져 있기에 수레의 끌채를 잡아당겨 건너가기를 주저하고 있었는데, 말이 놀라서 물 속에 빠지고 나도 물 속에 빠져서 죽을 뻔하였습니다. 그런데 아전이 달려와서 저를 물 속에서 건져 주었습니다만 옷은 흠뻑 젖어 버렸고 잠시 후에 온몸이 떨려왔는데 한기가 그치자 열이 불같이 올랐습니다. 지금까지도 밖에 나가 차가운 바람을 쐴 수 없을 정도입니다."라고 하였습니다. 그래서 저는 곧 그에게 화제탕을 달여 주어 열을 다스리도록 하였습니다. 한 번 마시자 땀이 없어지고, 두 번 마시자 열이 내리고, 세 번 마시자 병이 모두 나았습니다. 그렇게 계속 약을 복용토록 하여 약 스무 날이 지나자 그의 몸에서 병이 완전히 사라졌습니다.

제가 신(信)의 병을 알아낸 것은 그의 맥을 짚었을 때 맥이 병음(幷陰)[569]에 속하였기 때문입니다. 『맥법』에 '열병이 음기(陰氣)와 양기(陽氣)가 뒤섞여 있을 때에는 죽는다.'라고 되어 있습니다. 그런데 그의 맥을 보니 음양의 기가 뒤섞여 있지는 않았지만 양이 음에 들러붙어 있었습니다. 이러한 병음(幷陰)의 경우는 맥이 순조롭다면 치료할 수 있습니다. 따라서 열이 완전히 내리지는 않았지

---

569) 열이 몸속으로 들어가다.

만 살 수 있습니다. 신(腎)의 맥기가 때로 약간 탁해지는 것을 태음맥(太陰脈)의 맥구(脈口)에서 어렴풋하게 느낄 수 있는데 그것은 몸 속에 있는 수기(水氣)입니다. 신(腎)은 원래 물의 대사 기능을 주관하기 때문에 이로써 병을 알아내게 된 것입니다. 치료가 조금이라도 늦게 되면 곧 한열병(寒熱病)으로 되어 버립니다.

발광하여 죽는 병

제나라 장무리(章武里)의 조산부(曹山跗)라는 사람이 병이 들었을 때, 제가 그의 맥을 짚어 보고 "이것은 폐소잔(肺消癉[570])으로서 거기에 한열병까지 있습니다."라고 진단하였습니다. 그리고 곧 그에게 "살 수 없겠습니다. 치료할 수가 없습니다. 병자의 요구대로 그를 모시십시오. 이 병은 다시 의사를 부를 필요가 없습니다."라고 하였습니다. 의법(醫法)에서도 '사흘 후에는 발광하여 함부로 나다니고 내달리려 한다. 이때로부터 닷새가 지나면 죽는다.'라고 하였는데 결국 그대로 죽었습니다. 이 사람의 병은 몹시 화가 난 상태에서 방사(房事)를 하였기 때문입니다. 산부의 병을 알게 된 까닭은 제가 그의 맥을 짚어 보았을 때 폐의 열을 발견했기 때문입니다. 『맥법』에 '맥이 고르지 않고 무력해지면 신체가 쇠약해진다.'라고 되어 있습니다. 이는 폐와 간이 항상 병들어 있기 때문입니다. 그러므로 맥을 짚어 보면 고르지 못하고 대맥(代脈)이 나타나는 것입니다. 맥이 불안정하고 혈액은 간장에 머무르지 못합니다. 대맥은 맥박이 문란하고 격렬하게 뛰면서 갑자기 급해지다가 또 갑자기 거세지는 것입니다. 이것은 태음폐경(太陰肺經)과 소음신경(少陰腎經)의 낙맥이 파괴되었기 때문입니다. 그래서 치료하지 못하고 살릴 수 없는 것입니다. 또 한열병을 가져왔다고 함은 그가 신체는 있으나 정신은 이미 나가 버렸다는 것을 말합니다. 정신이 이미 나가 버리고 몸이 쇠약해지면 뜸도 침도 약도 쓸 수 없습니다. 제가 가서 진찰하기 전에 제나라 태의(太醫)가 먼저 진찰하고서 발의 소양(少陽) 맥구(脈口)에 뜸을 뜨고 반

---

570) 癉은 熱症의 뜻

하환(半夏丸)[571]을 복용하게 하였습니다. 이에 병자는 즉시 설사하여 뱃속이 비게 되었습니다. 그러고 나서 또 소음(少陰) 맥구에 뜸을 떴습니다. 그래서 간이 완전히 상하게 된 것입니다. 이렇게 거듭하여 병자의 기를 심하게 해쳐 한열병을 일으키게 된 것입니다. 또 사흘 뒤에 발광할 것이라고 한 것은 간장의 한 낙맥이 유방 아래로 지나가 양명경맥(陽明經脈)과 연결되기 때문입니다. 그러므로 간장의 이 낙맥이 손상되면 양명경맥이 상하게 되고, 양명경맥이 상하게 되면 곧 발광하여 날뛰게 됩니다. 닷새 후에 죽는다고 말씀드린 것은 간과 심장은 오분(五分) 만큼의 거리에 떨어져 있기 때문인데, 원기는 닷새면 모두 소진되고 원기가 소진되면 죽게 됩니다.

제나라 중위(中尉)인 반만여(潘滿如)가 아랫배에 통증을 일으켰을 때, 저는 그의 맥을 짚어 보고 "이것은 복부에 남은 음기가 쌓여서 응결된 것입니다."라고 하였습니다. 저는 즉시 제나라의 태복(太僕) 요(饒)와 내사(內史) 요(繇)에게 "중위(中尉)는 스스로 방사를 그치지 않으면 30일 후에 죽을 것입니다."라고 하였습니다. 그 후 20여 일 정도 후 피오줌을 누고 죽었습니다. 이 병은 술에 취한 뒤 방사를 행하여 생긴 것입니다. 반만여의 병을 알 수 있었던 것은 제가 그의 맥을 짚었을 때 맥이 깊고 작으며 약했고 세 가지 음맥(陰脈)이 갑자기 생겼는데, 이는 비장에 병이 있는 맥기입니다. 오른손 촌구의 맥이 대단히 긴장되고 미약하여 하기(瘕氣)의 맥상이 나타났습니다. 그리하여 저는 인체 오장 상극의 순서에 의거하여 30일 후에 사망한다고 추정한 것입니다. 삼음(三陰)이 한꺼번에 뛰고 있으면 정해진 대로 30일이면 죽겠지만 한꺼번에 뛰지 않을 경우에는 그보다 빠른 시일에 생사가 결정되고, 뛰다가 멈추었다가 하는 경우는 죽음에 가까운 것입니다. 그런데 그는 삼음이 한꺼번에 뛰고 있었으므로 소변에 피가 나오고 앞서 말한 바와 같이 죽은 것입니다.

양허후(陽虛侯)의 승상 조장(趙章)이 병들었을 때 저도 불려 들어갔습니다. 여러 의사들이 '한중(寒中)[572]'이라고 하였는데, 저는 그의 맥을 짚어 보고 "이 병은 동풍(迵風)입니다."라고 진단하였습니다. 동풍이라는 것은 먹은 음식이 모두

---

571) 環丸의 한 종류.
572) 한기가 몸 속으로 들어가는 것.

설사로 밖으로 나와 배에 머무르지 못하는 병입니다. 의법에 따르면 '닷새 후에 죽는다.'라고 되어 있는데, 과연 그는 열흘 만에 죽었습니다. 그 병은 술 때문에 생긴 것입니다.

조장의 병을 알게 된 연유는 그의 맥을 짚어 보니 맥이 뛰는 것이 미끄러지듯 하였는데, 이것은 내풍병(內風病)이 있다는 것을 말합니다. 의법에서는 '먹은 음식을 모두 토해 버리고 닷새 만에 죽는다.'고 기록되어 있습니다. 이는 모두 앞서 말한 맥의 '분계법(分界法)'에 근거한 것입니다. 그런데 그는 열흘 후에야 죽었습니다. 이렇게 죽음의 시기를 넘긴 것은 그가 죽(粥) 먹기를 몹시 좋아하여 위장이 튼튼하였기 때문입니다. 위장이 튼튼했기 때문에 사기(死期)를 넘길 수 있었던 것입니다. 제 스승께서도 '음식을 잘 소화시킬 수 있는 자는 사기를 넘겨 죽고, 음식을 잘 소화시키지 못하는 자는 사기가 이르기도 전에 죽는다.'라고 하셨습니다.

소변을 참고 방사를 하여 생긴 병

제나라 북궁(北宮) 사공(司空)의 부인인 출오(出於)가 병이 들었을 때, 많은 의사들은 모두 풍기가 몸 속으로 들어간 것인데, 병은 주로 폐에 있다고 생각하여 출오의 족소양맥(足少陽脈)에 침을 놓았습니다. 그러나 저는 그 맥을 짚어 보고 "기산(氣疝)을 앓고 있는데, 이것은 산기(疝氣)가 방광에 들어가 있어 대소변을 보기 어렵고 또 소변이 붉어지는 병입니다. 이러한 병은 한기(寒氣)에 닿으면 소변을 가누지 못하고 배가 붓게 됩니다."라고 진단하였습니다. 출오의 병은 소변을 보고 싶은데도 보지 않고 참은 채로 방사를 치렀기 때문입니다. 출오의 병을 안 것은 맥을 짚어 보았더니 맥박이 크고 힘이 있었지만, 맥이 순조롭지 못하였기 때문입니다. 이는 궐음(厥陰) 경맥(經脈)이 움직인 것입니다. 맥박이 오는 것이 순조롭지 못한 것은 산기(疝氣)가 방광에 있었기 때문입니다. 또 배가 부풀어 오른 것은 궐음의 낙맥이 아랫배에 이어져 있기 때문입니다. 궐음에 이상이 생기면 맥이 이어져 있는 부위도 움직이고, 이렇게 움직이게 되면 배가 부풀어 오르게 되는 것입니다. 저는 즉시 출오의 족궐음맥(足厥陰脈)에 좌우 각각 한 군데씩 뜸을 떠주었습니다. 그러자 소변을 흘리지 않게 되고 소변 빛깔도 맑아졌으며 아랫배의 통증도 가셨습니다. 그래서 다시 화제탕을 만들어 마시도록 하니, 사흘 만에 산기(疝氣)가 없어지고 곧 나았습니다.

제북왕이 저를 불러 모든 시녀들의 맥을 보게 하였습니다. 수(竪)라는 시녀의 맥을 보게 되었을 때, 수 자신에게는 병이 없다고 하였습니다. 그러나 저는 영항(永巷)[573]의 장(長)에게 "저 여자는 비장(脾臟)이 나빠져 있으므로 과로하여 지치게 되면 안 됩니다. 의법으로 본다면 봄이 되면 피를 토하고 죽을 것입니다."라고 하였습니다. 제가 또 왕에게 "저 영리해 보이는 시녀 수는 무슨 재주가 있습니까?"라고 묻자, 왕은 "저 시녀의 재주는 바느질, 수예와 같은 기예(技藝)를 좋아하는 것인데, 매우 다재다능하오. 옛 기예 수법을 연구하여 그것에서 새로운 무늬를 생각해 내기를 좋아하오. 예전에 민간에서 그의 동년배 네 명과 함께 470만 전(錢)을 주고 사왔소."라고 하였습니다. 왕이 "병이 있는 것은 아니오?"라고 묻기에 저는 "그녀의 병은 중합니다. 죽는 병에 속합니다."라고 하였습니다. 왕이 수를 가까이 불러 살펴보았으나 수의 안색에 변화가 없었으므로 병에 걸리지 않았다고 여기고 다른 제후에게 팔지 않았습니다. 봄이 되어 왕이 변소에 가는데 수가 따라갔습니다. 그러나 왕이 변소에서 나왔는데도 수가 따라오지 않는 것이었습니다. 왕이 사람을 시켜서 수를 불러오게 하니, 수는 변소에 넘어져 피를 흘리고 죽어 있었습니다. 병은 땀을 너무 많이 흘린 탓에 생긴 것입니다. 땀을 지나치게 많이 흘리는 것은 의법에 의하면 병이 몸 속에서 심해진 때문인데, 모발이나 안색은 윤기가 흐르고 맥도 약해지지 않습니다. 이 또한 내관의 병입니다.

충치와 요통

제나라 중대부(中大夫)가 충치를 앓고 있었을 때 저는 그의 왼손 양명경맥(陽明經脈)에 뜸을 떴습니다. 그리고 즉시 고삼탕(苦參湯)을 만들어 하루에 세 되씩 입

을 가시게 하였더니 5, 6일 만에 나았습니다. 이것은 바람을 맞으며 입을 벌린 채 자고, 식후에 입을 가시지 않았기 때문에 생긴 병입니다.

제왕(齊王)의 부인 황희(黃姬)의 오빠 황장경(黃長卿)이 집에서 주연을 베풀어 손님을 청하였을 때 저도 초청되었습니다. 손님들이 자리에 앉았지만 아직 음식이 들어오지 않았을 때 저는 왕후(王后)의 아우인 송건(宋建)을 보고 "당신께는 병이 있습니다. 4, 5일 전에 허리가 아파서 위를 쳐다볼 수도 아래를 내려다볼 수도 없고 소변도 볼 수 없었을 것입니다. 빨리 치료하지 않으면 병은 바로 신장으로 진행되어 버릴 것입니다. 병이 오장(五臟)으로 들어가기 전에 서둘러 치료하십시오. 병은 지금 막 신장으로 들어가려 하고 있는데, 이것을 '신비(腎痺)'라고 합니다."라고 하였습니다. 그러자 송건은 "과연 그렇소. 나는 전부터 허리가 아팠소. 실은 4, 5일 전 비 오는 날, 황씨 사위들이 우리 집 곳간에 있던 네모난 돌을 보고는 이것을 가지고 놀이를 하였소. 나도 그들이 하는 모습을 흉내 내 똑같이 해 보았지만 돌을 들어올릴 수가 없어서 그대로 다시 내려놓았소. 그런데 저녁부터 등이 아프고 소변도 볼 수 없게 되었는데 지금까지도 낫지 않고 있소."라고 하였습니다. 송건의 병은 무거운 물건을 들어올리기를 즐겨 하였기 때문에 생긴 것입니다. 송건의 병을 알게 된 이유는 제가 그의 안색을 보니 광대뼈 부위가 메말라 윤기가 없고, 신부(腎部)에서 허리 아래 사분(四分) 정도의 부위가 건조해 있었으며, 그래서 4, 5일 전에 발병한 것을 알게 된 것입니다. 그래서 제가 유탕(柔湯)을 만들어 복용하게 하였더니 18일 정도 후에 병이 나았습니다.

남자를 만나지 못해 생긴 병

한씨(韓氏) 성을 가진 제북왕(濟北王)의 시녀가 허리와 등이 아프고 몸이 추웠다가 더웠다가 하였을 때, 많은 의사들이 모두 한열병(寒熱病)이라고 하였습니다. 그러나 저는 맥을 짚어 보고 "내한(內寒)으로 월경(月經)이 통하지 않는 것입니다."라고 하고 즉시 좌약(坐藥)을 사용하게 하였더니 곧 월경이 통하고 병이 나았습니다. 이 병은 남자를 가까이 하고자 하였으나 그렇게 하지 못하여 얻은 것입니다. 그녀의 병을 알아낸 것은 맥을 짚어 보았을 때 신맥(腎脈)에 이상이 있어 맥박이 활기가 없고 연속적이지 못했습니다. 활기가 없고 연속적이지 못한 맥은 마치 조그만 칼로 대나무를 파내듯이 매우 힘들며 따라서 월경이 오지 않습니다. 또 간맥(肝脈)이 강하면서 가늘고 길게 뛰고 있었습니다. 이러한 까닭에 남자를 가까이 하고 싶었으나 그 뜻을 이루지 못하였다고 한 것입니다.

제나라 순우사마(淳于司馬)가 병들었을 때 저는 그 맥을 짚어 보고 "동풍(涧風)을 앓고 있음에 틀림없습니다. 동풍의 증상은 음식물이 목구멍을 넘어가기만 하면 곧바로 설사를 하는 것입니다. 병은 배불리 먹고 나서 즉시 빨리 달렸기 때문에 걸린 것입니다."라고 하였습니다. 그러자 순우사마는 "나는 궁궐에 가서 말의 간을 대접받아 배불리 먹었습니다. 그 뒤 술을 내오는 것을 보고 황급히 도망쳐 빨리 달려 집으로 돌아왔습니다. 그러자 수십 번이나 설사를 하였습니다."라고 하였습니다. 저는 "화제탕(火劑湯)과 쌀죽을 섞어서 마시고 7, 8일이면 나을 것입니다."라고 알려 주었습니다. 이때 진신(秦信)이라고 하는 의원이 옆에 있다가 제가 돌아간 후 곁에 있던 각(閣)씨 성의 도위(都尉)에게 "순우의가 순우사마의 병을 뭐라고 진단하였습니까?"라고 물었다고 합니다. 도위는 "동풍이라는 병인데 치료할 수 있다고 합니다."라고 하였습니다. 그러자 신(信)은 웃으면서 "그 사람은 이 병에 대하여 모르고 있습니다. 순우사마의 병은 의법에 의하면 9일 후에 죽습니다."라고 하였답니다. 그런데 9일이 지나도 죽지 않았으므로 그의 집에서는 다시 또 저를 불렀습니다. 제가 가서 살펴보니 완전히 저의 진단에 부합되었습니다. 저는 그 자리에서 화제탕에 쌀죽을 섞은 것을 복용하게 하였습니다. 그러자 과연 7, 8일 만에 병이 나았습니다. 병을 치료할 수 있음을 안 까닭은 그의 맥을 짚었을 때, 맥이 의법에서 말하는 바에 완전히 부합되었기 때문이며 병과 맥이 서로 순응하였기 때문에 죽지 않은 것입니다.

평범한 의사는 한 가지를 몰라 조리(條理)를 잃는다

제왕(齊王)의 시의(侍醫)인 수(遂)가 병들었을 때 그는 스스로 오석(五石)[574]을 달

---

574) 오석산이라 하며, 양기석, 종유석, 영자석, 공청석, 금강석의 다섯 가지 돌로 조제하여 만든 약.

여서 먹었습니다. 제가 가보니 수는 저에게 "내가 병에 걸렸는데, 요행히도 당신의 치료를 받게 되었소."라고 하였습니다. 저는 즉시 그를 진찰하고 "당신은 내열병을 앓고 계십니다. 『약론(藥論)』에 '내열(內熱)로 소변을 보지 못하는 사람은 오석을 복용해서는 안 된다.'라고 되어 있습니다. 석제(石劑)는 약으로서는 너무 강하여 공이 이것을 복용하시면 소변을 보는 횟수가 줄어들 것이니 당장 복용을 중지하십시오. 얼굴색을 보니 장차 종기가 날 것 같습니다."라고 하였습니다. 그러자 수는 "편작은 '음석(陰石)으로 음성(陰性)의 병을 치료하고 양석(陽石)으로 양성(陽性)의 병을 낫게 한다.'라고 하였습니다. 그런데 약석(藥石)에는 음(陰), 양(陽), 수(水), 화(火) 각각의 약제가 있습니다. 그래서 내열에는 순한 음석의 약제를 지어 치료하고, 한기가 있으면 강한 양석의 약제를 지어 치료합니다."라고 하였습니다.

이에 저는 "당신의 말씀은 너무 잘못되었습니다. 편작이 그러한 말을 하였다고 하더라도 반드시 주의 깊게 진찰해야 합니다. 반드시 약의 수량 기준을 확정하고 치료 방법을 확정하며 득실을 판단하여 얼굴색과 맥의 상태, 겉과 안, 여분과 부족, 순(順)과 역(逆)의 법칙 등을 모두 고려하고, 또 병자의 동정(動靜)과 호흡이 조화를 이루는가의 여부 등을 참작한 후에야 석약(石藥)의 사용 여부를 논할 수 있습니다. 『약론』에도 '양성의 병이 속에 들어 있고 이에 감응하여 음성의 증상이 밖으로 드러난 경우는 강한 약이나 침을 써서는 안 된다.'라고 되어 있습니다. 대체로 강한 약이 몸 속에 들어가면 사기(邪氣)가 모여들어 울기(鬱氣)가 점점 깊어집니다. 『진법(診法)』은 '소음(少陰)의 한기(寒氣)가 내열에 응해서 겉으로 드러나고, 소양(少陽)의 열이 안에 차 있는 경우는 강한 약을 써서는 안 된다.'라고 말하고 있습니다. 강한 약이 몸 속으로 들어가면 양기를 움직이게 하므로 이 때문에 음성의 병은 점점 약해지고 양성의 병은 점점 중해지며 사기는 밖으로 흘러 경맥(經脈)의 수혈에 깊은 통증을 주는 결과가 되어 화가 폭발하듯 터져 나와 종기가 되는 것입니다."라고 하였습니다.

제가 이렇게 알려주고 나서 100일여 쯤 지나자 결국은 종기가 젖꼭지에 생겼는데, 이것이 결분(缺盆) 속으로 들어가자 그는 죽었습니다. 이상에서 말한 것은 극히 개략적인 것이고, 실제로는 병에 따른 치료 원칙이 반드시 있습니다. 용의(庸醫: 평범한 의사)는 한 가지 배우지 못한 점이 있으면 곧 규율을 잃고 음양을 뒤바꾸게 됩니다.

제왕(齊王)이 양허후(陽虛侯)로 있었을 때 중병에 걸렸던 적이 있었습니다. 많은 의사들이 모두 궐(蹶)이라고 여겼습니다만, 저는 맥을 짚어보고 비(痺)라고 진단하였습니다. 병근(病根)은 오른쪽 옆구리 아래에 있었는데 술잔을 엎어놓은 정도로 커서 병자로 하여금 숨이 차게 하고 기가 거꾸로 올라와 음식을 먹지 못하게 하였습니다. 제가 즉시 화제죽(火劑粥)을 잠시 복용하게 하니, 엿새 후에 기가 내려갔습니다. 이에 다시 환약을 복용하게 하니 엿새 만에 병이 나았습니다. 이 병은 방사로부터 비롯된 것입니다. 그런데 제가 진찰하였을 때, 어떠한 경맥 이론을 사용하여 이러한 병을 해석해야 하는지는 몰랐고, 이러한 병이 발생한 부위를 대략적으로 알 수 있었을 뿐이었습니다.

저는 이전에 안양현(安陽縣) 무도리(武都里)에 사는 성개방(成開方)을 진찰한 적이 있습니다. 개방 자신은 병에 걸리지 않았다고 하였습니다만 저는 그에게 "앞으로 답풍(沓風)에 걸려 고통을 받게 되고, 3년 후에는 수족을 쓰지 못하고 목소리도 나오지 않게 될 것입니다. 말을 못하게 되면 곧 죽게 됩니다."라고 진단하였습니다. 지금 듣자니 그가 수족을 못 쓰고 말도 못하게 되었으나 아직은 죽지 않았다고 합니다. 이 병은 자주 술을 마시고 사나운 사풍(邪風)을 쐬었기 때문에 걸린 것입니다. 성개방의 병을 알아낸 것은 그를 진찰해 보니, 스승의 책인 『맥법』과 『기해술(奇咳術)』에 '오장의 기가 서로 거스르는 자는 죽는다.'라고 기록되어 있는 바와 같이 그의 맥을 짚었을 때 신기(腎氣)가 폐기(肺氣)를 거스르고 있는 것을 알았기 때문입니다. 이러한 병은 의법에서는 '3년이면 죽는다.'고 나와 있습니다.

안릉 판리(阪里)에 사는 항처(項處)가 병이 들었을 때 저는 맥을 짚어 보고 "모산(牡疝)입니다."라고 하였습니다. 모산은 흉격(胸膈) 아래에 있고 위로 폐에 연결되어 있었습니다. 이 병은 방사를 절제하지 않아 걸린 것이었습니다. 저는 그에게 "힘든 일을 절대 하지 않도록 주의하십시오. 힘든 일을 하면 반드시 피를 토하고 죽을 것입니다."라고 하였습니다. 그 후 항처는 축국(蹴鞠)[575]을 하였기 때문에 허리에 한기(寒氣)를 느끼고 땀을 흠뻑 흘리고는 피를 토하였습니다. 저는

---

575) 고대 중국에서 오락으로 오늘날 축구와 비슷한 놀이를 하였다.

또다시 그를 진찰하고 "내일 저녁 죽을 것입니다."라고 하였는데, 그는 과연 제 말 그대로 죽고 말았습니다. 이 병은 방사로부터 비롯된 것입니다. 항처의 병을 알아낸 것은 그의 맥을 짚었을 때 반양맥(反陽脈)임을 알았기 때문이었습니다. 반양맥이 빈 속에 들어가 항처는 이튿날 곧바로 죽었던 것입니다.

신 순우의는 이밖에도 다른 지역에서 생사의 정황을 진맥하여 예측하고 판단하며 병을 고친 질병은 매우 많습니다. 다만 시간이 오래되어 모두 기억할 수 없게 되었으므로 감히 말씀드리지 못합니다.〉

완전을 기할 수는 없다

순우의의 글을 읽고 난 황제는 "진찰하여 고친 병은 명칭이 같은 것이 많으나 진단이 다르고, 어떤 자는 죽기도 하고 어떤 자는 살기도 하는 것은 무슨 연유인가?"라고 하문하였다.

이에 창공은 "병 이름은 유사한 것이 많아서 좀처럼 알 수가 없습니다. 그래서 옛날 성인이 맥법을 창립하고 원칙을 정하며 득실을 분석하고 규율에 의거하며 음양을 살피고 사람들의 맥을 구별하여 각종 명칭을 붙입니다. 그런 연후에 다시 자연계의 변화와 인체의 정황을 참고하여 비로소 백가지 병을 구별해 낼 수 있습니다. 의술이 뛰어난 사람은 구별하여 여러 가지 진단을 내릴 수 있지만, 의술이 서툰 자는 혼동합니다. 하지만 맥법은 하나하나 시험해 볼 수 있는 것이 아닙니다. 병자를 진찰할 때는 상이한 방법으로써 구별해 내고 유사한 병명으로부터 구분하여 병근(病根)이 소재하는 부분을 말해야 합니다. 지금까지 제가 진찰한 것은 모두 진찰부(診察簿)에 기록해 두었습니다. 제가 병명을 인식할 수 있는 것은 제가 스승으로부터 의술을 배웠기 때문이며, 막 의술을 습득하였을 때 스승이 돌아가셔서 저는 진찰한 병과 생사를 예측한 것을 모두 진찰부에 기록하여 치료가 맥법과 부합하는지의 여부를 관찰하였습니다. 그래서 지금 제가 일련의 상황을 알 수 있는 것입니다."라고 대답하였다.

다시 황제가 "병을 진찰하여 생사의 시기를 판정한 것이 때로 맞지 않기도 하는데, 무슨 연유인가?"라 물었다.

그러자 창공은 "그것은 모두 병자가 음식과 감정에 절도를 잃었거나, 복용해서는 안 되는 약을 복용하였거나, 잘못된 침과 뜸을 맞거나 떴기 때문에 예측한 기일이 아닌 때에 죽은 것입니다."라고 대답하였다.

황제가 또 "그대는 참으로 병의 사생(死生)을 알고, 약을 처방할 때에 약제의 가감(加減)에 대해서 논할 수 있는 사람이오. 그런데 제후나 왕, 대신 중에 일찍이 그대에게 의논한 자가 있소? 그리고 제 문왕(齊文王)이 병들었을 때 그대에게 진찰하여 치료를 구하지 않은 것은 무슨 연유인가?"라고 묻자, 창공은 "조왕(趙王), 교서왕(膠西王), 제남왕(濟南王), 오왕(吳王) 등이 모두 사람을 보내 저를 불렀습니다만 저는 가지 않았습니다. 문왕(文王)이 병들었을 때 저의 집은 가난하여 남의 병을 치료해 주고자 하였습니다. 그러나 저에게 관직을 주어 구속하는 것을 싫어하여 호적(戶籍)을 여러 군데 친척이나 친지들의 집으로 옮기며 집안의 생계도 돌보지 않고 나라 안을 떠돌며 의술에 뛰어난 자를 찾아 그에게 배우기를 오랫동안 계속하였습니다. 그리하여 많은 스승들을 만나 그들을 섬겨 그들의 비술을 모두 배우고 그들이 지닌 의학서의 깊은 내용을 연구하여 그것을 해석하고 논구하였습니다. 당시 저는 양허후(陽虛侯)의 나라에 있었으므로 그를 섬겼습니다. 양허후가 입조하자 저는 그를 따라 장안으로 갔습니다. 그래서 안릉(安陵)에 사는 항처(項處) 등의 병을 진찰할 수 있었던 것입니다."라고 대답하였다.

황제가 다시 "문왕(文王)이 병이 들어 다시는 일어날 수 없게 된 연유를 아는가?"라고 묻자, 창공은 "문왕의 병은 진찰하지 못하였습니다. 그러나 개인적으로 들어보니 문왕은 천식을 앓고 있었고 두통이 심하였으며 눈이 잘 보이지 않았다고 하였습니다. 제가 마음속으로 분석해 보니 병이 아니라고 생각하였습니다. 비만해지고 정기(精氣)가 쌓여서 몸을 잘 움직일 수 없게 되고 뼈와 살이 조화를 이루지 못하게 되어 천식이 생기는 것이므로, 이것은 의약(醫藥)으로는 고칠 수 없는 병입니다. 『맥법』에도 '나이 스물에는 혈맥이 왕성하여 달리는 것이 좋고 서른에는 빠른 걸음으로 걷는 것이 좋으며, 마흔에는 조용히 앉아 있는 것이 좋고, 쉰에는 편안히 누워 있는 것이 좋다. 그리고 예순 이상이면 원기(元氣)를 깊이 감추어두는 것이 좋다.'라고 기록되어 있습니다. 문왕의 나이는 채 스무 살도 되지 않았기 때문에 맥기로 보자면 마침 달려야 할 때였습니다. 그런데 걷는 것이 느릿느릿하여 천도(天道) 사계(四季)의 자연 법칙에 순응하지 않았습니다. 제가 그 뒤에 들어보니 의사가 뜸을 뜬 직후 병이 심해졌다고 합니다. 이것은 병을 잘못 진단한 것입니다. 뜸을 떴기 때문에 정기(正氣)는 밖에서 다투고 사기(邪氣)는 안으로 들어간 것입니다. 그런데 젊은 사람은 이를 원래대로 회복시킬 수가 없습니다. 그래서 죽은 것입니다. 소위 기(氣)가 있는 사람은 음식을 조절하고, 쾌청한 날을 골라서 수레를 타거나 걸어서 밖으로 나가 마음을 넓히고, 이에 의해서 근육과 뼈, 혈맥의 상태를 조절하여 남은 기를 발산시켜야 합니다. 그래서 나이 스물을 '역무(易貿)'라고 부르는데, 의법에서는 이때 침을 놓거나 뜸을 떠서는 안 된다고 합니다. 침이나 뜸을 놓거나 뜨면 혈기가 끓어올라 누를 수 없게 됩니다."라고 대답하였다.

황제가 다시 "그대의 스승 양경(陽慶)은 누구에게서 의학을 전수받았는가? 또 제나라 제후들 사이에서 명성이 있었는가?"라고 묻자, 창공은 "양경 스승님께서 어디에서 전수받았는지는 모릅니다. 스승께서는 의술에 뛰어나기는 하였습니다만 집이 부유하였으므로 남의 병을 고쳐 주려고는 하지 않았습니다. 이러한 까닭에 이름이 알려지지 않았을 것입니다. 스승님은 또 저에게 '네가 나의 의술을 배운 것을 나의 자손이 알게 하지 않도록 조심하라.'고까지 말하기도 하였습니다."라고 대답하였다.

황제가 "스승 양경은 그대의 어떤 점이 마음에 들어 그대를 사랑하여 의술을 모두 전수해 주려고 하였는가?"라 물으니 창공은 "저는 스승이 의술에 뛰어나다는 것을 들어보지 못하였습니다. 제가 스승님을 알게 된 내력은 이렇습니다. 제가 젊었을 때 여러 의술을 좋아하였습니다. 그래서 스스로 의술을 시험해 보니 대체로 효력이 있고 우수하였습니다. 그러다가 치천 당리(唐里)의 공손광(公孫光)이라는 사람이 옛날부터 전해온 의술에 능통하다는 것을 듣게 되었습니다. 저는 즉시 그곳에 가서 그를 만나보고 그를 섬기게 되어, 그의 의방(醫方)과 음양변화이론(陰陽變化理論), 그리고 구전되어온 비법을 배우게 되었습니다. 저는 배운 것을 모두 기록해 두었습니다. 저는 또 그의 뛰어난 의술을 모조리 배우고자 하였습니다. 그러자 공손광은 '나의 의술은 이것으로 전부이다. 너에게 가르쳐 주는 것은 아까울 것이 없다. 나는 이미 몸이 늙어 쇠약해져 더 이상 의술에 전념할 수 없다. 이것은 내가 젊었을 때 배운 비법인데 모두 너에게 가르쳐 줄 터이니 이를 남에게 가르쳐 주지 말라.'고 하였습니다. 저는 '선생께 입문하여 곁에서 모시면서 모든 비법을 배우게 되었습니다. 참으로 기쁘기 그지없습니다. 죽어도 함부로 남에게 전하지 않겠습니다.'라고 대답하였습니다. 그로부터 얼마 후 공손광 선생이 한가할 때 의술에 대한 저의 원리를 들으시고 저의 견해가 대단히 뛰어나다고 여기셨습니다. 스승 광은 크게 기뻐하시면서 '자네는 반드시 나라 안에서 제일가는 의사가 될 것이다. 나는 적지 않은 좋은 의생들과 교류하는데, 그들의 의술은 모두 절정에 있다고 할 수는 없다. 다만 임치현에 사는 나의 동복(同腹) 형제는 의술에 매우 뛰어나서 나는 도저히 그에 미치지 못한다. 그의 의술은 매우 기묘하여 일반 의생들이 이해할 수 없다. 내가 중년 무렵 그에게 의술을 배우고자 하였으나 양중천(楊中倩)[576]은 거절하면서 '당신은 적당하지 못하다.'라고 말하였다. 나는 꼭 너를 데리고 그를 만나보겠다. 그는 반드시 네가 의술을 좋아한다는 것을 알아줄 것이다. 그 또한 늙었으나 집은 부유하다.'라고 하였습니다. 그러나 그때는 가지 못하고 있었는데, 때마침 양경(陽慶)의 아들 양은(陽殷)이 제왕에게 말을 헌상하러 와서 스승 공손광에게 소개를 부탁했고, 저는 그 기회에 양은과 알게 되었습니다. 공손광은 양은에게 저를 부탁하여 '순우의는 의술을 좋아한다. 반드시 그를 잘 대접하라. 이 사람은 도덕이 고상한 유사(儒士)이다.'라고 하였습니다. 또 공손광은 즉시 서찰을 써서 저를 양경 스승께 부탁하였습니다. 이렇게 하여 양경 스승님을 알게 되었습니다. 제가 양경 스승님을 섬김에 있어 대단히 공손하고 성실했으므로 스승께서 저를 아껴주신 것입니다."라고 대답하였다.

황제가 다시 "관리든 백성이든 지금까지 그대에게 의술을 배운 자가 있는가? 또 그대의 의술을 하나하나 다 배운 자가 있는가? 있다면 어느 현, 어느 리(里)의 사람인가?"라고 물었다. 그러자 창공은 "임치현 사람으로 송읍(宋邑)이라는 자가 있습니다. 송읍이 배우러 왔을 때 그에게 1년 정도『오색진(五色診)』을 가르쳐 주었습니다. 제북왕이 태의(太醫)인 고기(高期)와 왕우(王禹)를 제게 보내 배우게 하였을 때에는 수족(手足) 경맥(經脈)의 상하 분포 부위와 기락결(奇絡結), 논구해야 하는 수혈의 위치 및 기(氣)가 상하 출입할 때의 정사(正邪)와 순역(順逆) 등에 대해서 가르치고, 또 침을 놓고 뜸을 떠야 할 부위를 가르쳐 주기를 1년 남짓

---

576) 양경을 말한다.

하였습니다. 치천왕은 때때로 태창(太倉)의 마장(馬長: 말을 담당하는 관리)인 풍신을 보내 의술을 묻게 하였습니다. 저는 약제를 쓰는 방법, 약제의 오미(五味)를 정하여 조제하는 법, 화제탕의 조제법 등을 가르쳐 주었습니다. 고영후(高永侯)의 가승(家丞) 두신도 맥법에 흥미를 가지고 있어 저에게 배우러 왔습니다. 저는 상하 경맥의 분포 부위와 『오색진』을 2년 정도 가르쳐 주었습니다. 임치현 소리(召里)의 당안이 배우러 왔을 때에는 『오색진』, 경맥의 분포 부위와 『기해술』, 사계절의 기후가 음양의 변동에 따라 변화하는 이치 등을 가르쳤습니다. 그런데 그는 모두 배우기도 전에 제왕(齊王)의 시의(侍醫)에 임명되었습니다."라고 대답하였다.

황제가 "병을 진찰하고 생사를 판단함에 실수가 전혀 없었는가?"라고 묻자, 창공은 "제가 병자를 치료할 때에는 반드시 먼저 맥을 보고 나서 비로소 치료를 진행합니다. 맥이 쇠약하거나 병증(病症)에 거스를 경우는 치료하지 못하지만 순조로울 경우는 치료합니다. 만약 맥을 정밀하게 볼 수 없는 상태일 때에는 사망 시기 및 치유 여부를 단정하는 데 종종 실수가 나오게 되니 저는 완전히 실수가 없다고 할 수 없습니다."라고 아뢰었다.

태사공은 말한다.

"여자는 그 용모의 미추(美醜)를 막론하고 궁중에 있기만 하면 질투를 받게 되고, 선비는 그 현명함의 여부와 관계없이 조정에 들어가기만 하면 의심을 받게 된다. 그래서 편작은 뛰어난 의술 때문에 화를 입었고, 창공은 흔적을 감추고 몸을 숨겼어도 형벌을 받게 되었다. 그는 딸 제영이 조정에 편지를 올리고서야 아버지가 편안하게 지낼 수 있게 되었다. 그래서 노자(老子)도 '아름답고 좋은 것은 모두 상서롭지 못한 것이다.'라고 하였다. 이는 편작과 같은 사람들을 두고 한 말이 아니겠는가? 창공도 이에 가깝다고 할 수 있을 것이다."

43. 위기 · 무안후 열전
- 다른 사람에게 분노를 옮긴 사람은 끝이 좋지 못하다

「위기·무안후 열전」은 두영, 전분 그리고 관부 3인의 합전(合傳)이다.

두영과 전분은 모두 권세가로서 일세를 풍미했던 외척이며, 관부는 전공으로 장군이 된 인물로서 본전(本傳)은 이들 세 사람이 벌이는 궁중에서의 알력과 투쟁을 생생하게 묘사하고 있다.

『사기』 전편 중에서도 명문장으로 평가되고 마치 한 편의 잘 다듬어진 단편소설과도 같은 본전(本傳)은 문장 구조가 절제 있고 완결적인 짜임새를 갖추고 있다. 또한 전편을 통하여 작가로서의 사마천의 고도의 예술적 종합 능력과 끊고 맺는 글솜씨가 고스란히 드러나고 있다. 특히 사마천의 현실 정치에 대한 강렬한 비판 정신도 글 곳곳에 여실히 농축되어 있다.

충간 한 마디로 궁궐 출입을 금지당하다

위기후(魏其侯) 두영(竇嬰)은 효문제 황후 당형의 아들로서 조상 대대로 관진(觀津)에서 살았으며 빈객을 좋아하고 아꼈다. 효문제 때 두영은 오나라 승상으로 임명되었는데 병으로 사직하였고, 효경제가 즉위하였을 때 첨사(詹事)[577]의 직위에 임명되었다.

한편 양 효왕(梁孝王)은 효경제의 동생으로서 그의 어머니 두태후는 그를 매우 예뻐하였다. 어느 날 양 효왕이 입조했을 때 효경제는 형제로서 그와 함께 연회를 같이하였다. 당시 황제는 아직 태자를 결정하지 않고 있었는데 술이 거

---

577) 황후와 태자의 가사(家事)를 담당하는 직책

나해지자 황제가 별다른 생각 없이 양 효왕에게 "내가 죽은 뒤 제위를 양왕에게 주겠노라!"라고 약속하였다. 그러자 태후는 크게 기뻐하였다. 이때 두영이 술잔을 들어 황제에게 술을 올리면서 "천하는 고조 황제의 천하로서 마땅히 부자가 상속해야 하고, 이는 한나라의 약속입니다. 황제께서 어찌 임의대로 양왕에게 전하실 수 있습니까?"라고 말하였다.

이 일로 인하여 태후는 두영을 증오하게 되었다. 두영 역시 첨사라는 낮은 관직을 가벼이 여기고 있었으므로 병을 핑계로 사임하였다. 그러자 태후는 한 술 더 떠 아예 두영을 출입 궁문(宮門)의 등기부 기록에서 삭제시켜 버리고 황제를 알현하지 못하도록 하였다.

효경제 3년, 오와 초에서 반란이 일어났다. 황제는 종실과 두씨 집안에서 두영만큼 현명한 인물이 없다고 여겨 두영을 불러들였다. 하지만 두영은 입조하여 황제를 알현한 뒤 병을 핑계로 자신이 중임을 맡기에 부족하다면서 거듭 사양하였다. 그러자 태후는 크게 부끄러워하였다. 황제는 "바야흐로 천하가 위급한 때인데, 왕손(두영의자)은 어찌하여 사양만 하고 있는 것인가?"라고 말하면서 끝내 두영을 대장군에 임명하고 금 천 근을 하사하였다.

두영은 당시 관직에서 떠나 집에서 쉬고 있던 원앙(袁盎)과 난포(欒布) 등 여러 명장과 현사를 추천하였다. 그리고 황제가 하사한 금을 모두 연결 복도에 놓아두고 군리(軍吏)가 지나갈 때마다 적당히 가져가 쓰게 하면서 자신의 집으로는 전혀 가져가지 않았다. 두영은 형양에 주재하며 지키면서 제나라와 조나라 두 곳의 한나라 군사를 감독하였다.

훗날 오초 7국의 반란이 모두 진압된 뒤 두영은 위기후에 봉해졌다. 그러자 많은 유세객들과 빈객들이 다투어 위기후에게 몰려들었다. 그리하여 조정에서 군정(軍政)의 대사를 의논할 때가 되면 여러 제후들은 주발과 위기후 두영을 감히 자신들과 동등한 신분으로 대할 생각을 갖지 못하였다.

효경제 4년, 율희(栗姬)의 아들을 태자로 삼고 위기후를 태자부(太子傅)로 삼았다. 이로부터 3년 뒤, 황태자가 폐해지자 위기후는 여러 차례 간하였으나 별 무신통이었다. 그러자 위기후는 병을 핑계로 물러나 남전 현의 남산 기슭에서 몇 달 동안 칩거하였다. 여러 빈객들과 유세객들이 그를 설득하였으나 그는 받아들이지 않았다. 그러던 어느 날 양나라의 고수(高遂)라는 사람이 위기후를 찾아와 설득하였다.

"능히 장군을 부귀하게 할 수 있는 사람은 황제이시며, 능히 장군을 조정에서 신임을 받을 수 있도록 해 줄 수 있는 사람은 태후이십니다. 장군께서는 태자의 스승으로서 태자가 폐위되었는데도 변론하지 못하셨고 또 변론했지만 성공하지 못하셨으며 또 그 때문에 죽을 수도 없는 일입니다. 지금 장군은 스스로 병을 핑계로 미녀를 안고 한적한 곳으로 물러나와 입조하지 않고 계십니다. 이러한 상황을 서로 비교해 살펴본다면, 그것은 명백히 장군께서 황제의 과실을 폭로하고 있는 것입니다. 만약 황제와 태후 모두 장군에게 불만을 가지셔서 해치려 한다면 장군의 일족은 남녀노소 할 것 없이 살아남는 자가 없게 될 것입니다."

위기후는 그 말이 맞다고 생각하여 더 이상 병을 핑계로 삼지 않고 이전처럼 입조하여 황제를 알현하였다.

이 무렵 유사(劉舍)가 승상에서 해임되었다. 두태후가 여러 차례 위기후를 승상으로 추천하자 효경제가 말하였다.

"태후께서는 어찌 제가 인색하여 위기후를 승상에 임명하지 않는다고 생각하십니까? 위기후는 교만하고 일을 할 때도 경솔하고 가볍기 때문에 승상으로서 중요한 임무를 수행하기 어렵습니다."

그러면서 끝까지 위기후를 등용하지 않고 위관을 승상에 임명하였다.

지위와 명성을 동시에 얻는 법

무안후(武安侯) 전분(田蚡)은 효경 황후의 이복동생으로서 장릉(長陵)에서 태어났다. 위기후가 대장군에 임명되어 그 위세를 떨치고 있을 때 전분은 이제 겨우 낭관으로서 존귀한 신분이 아니었다. 그는 위기후의 집에 드나들면서 위기후와 함께 술을 여러 차례 마셨는데 꿇어앉고 일어서는 행동이 마치 위기후의 자식이나 손자배(輩)처럼 하였다. 하지만 효경제 말기에 전분의 지위는 차츰 올라가 태중대부(太中大夫)가 되었다. 전분은 말재주가 뛰어났고 『반우(槃盂)』[578]등 일련

---

578) 전설상의 황제黃帝 사관 공갑이 지은 명문銘文으로서 반우槃盂 등의 기물 위에 조각하였기 때문에 반우

의 고서들을 공부하여 왕태후(태후의 성이 왕씨)는 그를 현명한 인물로 생각하였다.

효경제가 세상을 떠나자 그 당일로 태자를 옹립하고 왕태후가 섭정하였다. 왕태후가 대권을 잡아 진압하고 회유한 대부분의 일은 전분과 그 빈객들이 낸 계책이었다. 전분과 전분의 아우 전승은 모두 태후의 동생으로서 경제가 붕어한 그해에 함께 제후로 봉해져 전분은 무안후, 전승은 주양후(周陽侯)에 각각 봉해졌다.

무안후가 새로 권력을 장악한 뒤 그는 너무도 승상이 되고 싶었다. 그리하여 그의 문객들에게 대단히 겸손한 태도로 대접하였고, 아울러 문객 중 아직 출사하지 않은 사람들을 추천하여 그들을 관리에 임명함으로써 그 기회에 두영 등 여러 장상(將相)들의 세력을 압도하고자 하였다.

건원(建元) 원년에 승상 위관이 병으로 사임하자 황제는 승상과 태위의 임명을 논의하게 되었다. 이때 적복(籍福)이 무안후에게 말하였다.

"위기후가 존귀하게 된 지는 이미 오래되었고, 천하의 인재들이 줄곧 그를 따르고 있습니다. 그러나 장군은 이제 막 왕성하게 되기 시작하였으므로 위기후와 비교할 수 없습니다. 만약 황제께서 장군을 승상으로 삼으시려는 뜻이 계시면 장군께서는 반드시 승상 자리를 위기후에게 양보하셔야 합니다. 위기후가 승상이 되면 장군은 반드시 태위가 될 것입니다. 태위와 승상의 존귀한 정도는 마찬가지입니다. 장군께서는 태위의 지위도 얻고 아울러 현자에게 승상의 자리를 양보하였다는 명성도 얻게 되십니다."

무안후는 태후를 사적으로 만나 이러한 뜻을 말하고 태후로 하여금 황제에게 암시하도록 청하였다. 그래서 마침내 위기후가 승상이 되고 무안후가 태위가 되었다. 적복이 위기후에게 축하 인사를 간 기회에 "귀공께서는 천성이 선한 것을 좋아하시고 악한 것을 미워하십니다. 지금 좋은 사람들이 귀공을 칭송하므로 승상의 자리에 오르시게 되었습니다. 그러나 귀공께서는 악한 것을 미워하시는데, 천하에 악한 사람은 많습니다. 그들은 장차 귀공을 비방할 것입니다. 만약 귀공께서 능히 좋은 사람과 악한 사람 모두에게 관용을 베푸실 수 있다면 승상의 지위를 오래도록 유지하실 것입니다. 하지만 그렇지 못하면 곧 비방을 받아 자리에서 물러나시게 될 것입니다."라고 간언하였다. 그러나 위기

라 칭하였다. 이 글에는 전분이 고문학을 할 줄 안다는 뜻이 담겨 있다.

후는 이 말을 받아들이지 않았다.

위기후와 무안후는 모두 유가의 학설을 좋아하였다. 그들은 조관을 천거하여 어사대부에 임명되게 하고, 또 왕장을 추천하여 낭중령으로 임명하였으며, 노나라의 신공(申公)을 경사(京師: 수도)로 불러들여 명당(明堂)[579]을 설치하고자 하였다. 또 제후들을 자기들의 영지로 돌아가게 하여 관금(關禁)을 해제하였으며[580] 예법에 따라 복식(服飾)을 통일시키는 등의 조치를 취하여 태평성대를 구가하였다. 그리고 외척과 종실 가운데서 행실이 좋지 못한 자를 조사하여 그들을 족보에서 삭제하였다. 당시 모든 외척의 제후들은 대부분 공주를 아내로 맞이하고는 모두 그들의 봉지로 돌아가기를 원하지 않았다. 그러므로 매일같이 두영 등을 비방하는 말들이 두태후에게 전해졌다. 태후는 황로(黃老)의 학설을 좋아하였는데 위기후, 무안후, 조관, 왕장 등은 유가의 학술을 적극 추천하고 도가의 학술은 경시하였으므로 두태후는 갈수록 그들에 대하여 불만을 갖게 되었다.

건원 2년, 어사대부 조관이 태후가 더 이상 정사에 관여하지 못하도록 하기 위하여 황제에게 태후에 대한 정사 보고를 하지 않도록 청하였다. 그러자 두태후는 크게 분노하여 곧장 조관과 왕장 등을 파면시켜 내쫓고 또 두영과 전분의 승상과 태위 직위를 면직시켰다. 그러고는 허창을 승상으로 임명하고 장청책을 어사대부로 임명하였다. 이로부터 위기후와 무안후는 단지 제후의 신분을 가진 채 집에서 쉬게 되었다.

그러나 무안후는 비록 관직에는 있지 않았지만 왕태후와의 관계에 의하여 여전히 황제의 신임을 받았다. 뿐만 아니라 여러 차례에 걸쳐 정사 의논에 참여하여 그의 많은 의견이 채택되자 권세와 이익을 따르는 천하의 선비들과 관리들이 모두 위기후를 떠나 무안후쪽으로 모여들었다. 무안후 역시 날이 갈수록 교만해졌다.

건원 6년, 두태후가 죽은 뒤 승상 허창과 어사대부 장청책은 두태후의 상례(喪禮)를 잘 처리하지 못했다는 이유로 해임되었다. 이때 무안후 전분이 승상

---

579) 왕이 전례典禮를 행하고 정교政敎를 베풀던 곳.

580) 제후들의 출입에 검사를 받지 않게 되어 자유왕래할 수 있게 됨을 의미, 이로써 천하일가天下一家를 나타낸다.

으로 임명되고 대사농 한안국이 어사대부로 승진하였다. 그러자 천하의 선비를 비롯하여 군국(君國)의 관리와 제후왕 모두 더욱더 무안후에게 모여들었다.

무안후는 키가 작고 못생겼지만 출생 때부터 줄곧 존귀하였다. 그는 제후들과 왕들은 모두 나이가 많고 황제는 방금 즉위하여 아직 나이가 어렸기 때문에 자신이 황제의 가까운 친척이라는 신분으로 승상의 지위에 있으면서 그들을 철저하게 다스리지 못하고 예법으로써 굴복시키지 못한다면 천하가 공손하게 다스려지지 않을 것이라고 생각하였다. 이 무렵 승상이 입조하여 정무를 아뢸 때, 한번 얘기를 하면 항상 오랫동안 얘기하였고 어느 것 하나 받아들여지지 않은 것이 없었다. 그가 추천한 사람은 집에서 쉬고 있던 자도 단번에 2천 석(二千石)의 관직에 올라갔고, 그의 권력은 거의 황제를 넘어설 정도였다. 언젠가 황제가 이렇게 말하였다. "그대 사람을 임용하는 것은 끝났는가? 아니면 아직도 끝나지 않았는가? 나도 몇 명의 관리를 임명하고 싶도다 !"

한번은 승상이 자신의 사택을 더 늘리려고 고공관서(考工官署)[581]의 땅을 떼어 줄 것을 요청하자 황제가 크게 화를 내며 "그대는 왜 내 무기 창고 모두를 아예 가져가지는 않는가?"[582]라고 비꼬았다. 이후 그는 행동을 조금 신중하게 되었다. 또 언젠가 손님들을 초대하여 술자리를 벌인 적이 있었는데 그의 형 갑후(蓋侯)를 남쪽으로 향하여 앉게 하고 자신은 동쪽을 향하여 앉았다.[583] 그는 한나라 승상이 존귀한 자리이므로 형이라고 하여 사사로이 굽혀 신분을 모욕할 수는 없다고 생각하였다. 무안후는 갈수록 교만해졌고, 그의 저택은 모든 귀족들의 저택들을 합친 것보다 더 컸다. 그리고 그가 소유한 전원은 모두 가장 비옥한 토지였다. 또한 그가 사람을 보내 군현(郡縣)에서 기물(器物)을 매입하여 오는 행렬은 끊어짐이 없이 계속 줄을 이었다. 그의 집 전당(前堂)에는 종과 북을 배치해 놓고 곡전(曲旃)[584]을 세워 두었으며, 후방(後房)에는 부녀가 백 명에 달하였다. 제후들이 바친 금과 옥, 개와 말, 그리고 기호품 등도 이루 헤아릴 수 없었다.

---

581) 기계를 만드는 것을 감독하는 관서.

582) 무기고를 가져가는 것은 반란을 의미한다.

583) 동쪽을 향하여 앉는 것을 존귀한 사람의 표시로 삼았다.

584) 깃대 끝이 비스듬하게 굽은 긴 깃발. 이것은 고대 제왕이 은사를 초빙할 때 사용하는 의장용구로서 종고鐘鼓나 곡전 모두 제왕만이 사용하던 것이다.

의협의 용사, 관부

위기후는 두태후가 죽은 뒤 더욱 궁궐과 소원해져서 임용되지 않고 권세도 없이 모든 빈객들도 스스로 차츰차츰 떠나갔으며 심지어 그를 대하는 것조차 태만하고 방자해졌다. 오로지 관장군(灌將軍)만이 홀로 옛 모습 그대로였다. 위기후는 마음이 울적했지만 오직 관장군과 특별히 좋은 관계로 지냈다.

관장군 관부(灌夫)는 영음(潁陰) 사람이다. 관부의 아버지 장맹은 영음후 관영의 사인(舍人: 제후의 시종)으로서 관영의 커다란 신임을 받아 그의 천거에 의하여 2천 석의 관직에 이르게 되었다. 그러고는 관씨(灌氏) 성을 따서 관맹으로 이름을 바꿨다. 오초 양국이 반란을 일으켰을 때, 영음후 관하(灌何)[585]는 장군으로서 태위 주발의 지휘 아래 있었는데 관맹을 그의 교위(校尉)로 삼아 달라고 청하였다. 이때 관부도 천 명을 통솔하는 군관으로서 아버지와 동행하였다.

관맹은 이미 나이가 많았는데 그가 교위로 될 수 있었던 이유가 관하가 재삼 재사 추천한 끝에 가까스로 태위의 동의를 얻어 될 수 있었던 것이었기 때문에 마음이 울적하였다. 그리하여 매번 싸움에서 항상 적군의 가장 강한 진지에 내달아 공격하다가 마침내 오나라 군대 속에서 전사하였다. 당시 군법에는 부자가 함께 종군한 경우 한 사람이 전사하면 죽지 않은 자는 유해를 호송하여 고향으로 돌아갈 수 있게 규정되어 있었다. 그러나 관부는 오히려 그렇게 하기를 거부하면서 분연히 외쳤다.

"나는 오나라의 왕이나 오나라 장군의 머리를 베어 아버지의 원수를 갚고 싶습니다!" 그리하여 관부는 갑옷을 입고 창을 쥐고는 군영 중에서 자기와 친하고 같이 출정하기를 원하는 장사 수십 명을 모집하였다. 그러나 영문(營門)을 나서자 아무도 감히 전진하려 하지 않았다. 오직 두 사람과 관부 수하의 군노(軍奴) 십여 명만이 말을 달려 오나라 군영 속으로 달려들었고, 이들은 곧장 오나라 장군의 깃발 아래에 당도하여 수십 명을 죽이거나 부상을 입혔다. 더 이상 나아갈 수 없어서 다시 돌아왔는데 한나라 군영으로 돌아왔을 때에는 그 군노들은 모두 죽고 단지 관부와 그의 전마(戰馬)만이 돌아왔을 뿐이었다. 관부 자

---

585) 관영의 아들.

신도 몸에 10여 군데의 큰 상처를 입었는데 다행히도 귀중한 좋은 약이 있어 죽음에서 벗어날 수 있었다.

관부는 상처가 약간 호전되자 곧바로 다시 장군에게 청하였다.

"제가 이제 오나라 군영의 배치를 더욱 잘 알게 되었으니 바라옵건대 저를 다시 출전하게 해 주십시오!"

장군은 그의 용기와 정신에 감탄하고 그가 전사할 것을 두려워하여 곧 태위에게 이 일을 보고하고 태위는 단호하게 그를 말려서 가지 못하게 하였다. 오나라 반란이 진압된 후 관부의 명성은 널리 알려졌다.

영음후 관하가 그의 공로를 황제에게 보고하여 황제는 그를 중랑장(中郞將)에 임명하였다. 그러나 그는 몇 달이 지나 범법 행위로 물러났다.

이후 관부는 장안으로 이사하였는데 장안의 여러 귀족들 중에 그를 칭찬하지 않는 사람이 없었다. 효경제 때 그는 대(代)나라의 승상 자리에 임명되었다. 효경제가 세상을 떠나고 무제가 막 즉위하였을 때, 무제는 회양(淮陽)이 천하 교통의 요충지로서 반드시 강군(强軍)이 주둔하여 방어를 강화해야 할 곳으로 생각하고 관부를 회양의 태수로 삼았다.

그 뒤 건원 원년에 관부는 조정으로 들어와 태복(太僕)[586]이 되었다.

건원 2년에 관부와 장락궁 위위(長樂宮衛尉) 두보(竇甫)는 같이 술을 마셨는데 음주 예절 문제를 둘러싸고 시비가 붙어 이미 술에 취했던 관부가 두보를 구타하였다. 그런데 두보는 원래 두태후와 형제로서 황제는 태후가 관부를 죽일까 걱정하여 관부를 연나라 승상으로 자리를 옮기도록 하였다. 몇 년 후에 그는 다시 법을 어겨 관직을 잃고 장안의 집에서 쉬게 되었다.

관부는 성격이 강직하고 술을 마시면 주사를 잘 부렸으며, 면전에서 아부하기를 좋아하지 않았다. 귀족들이나 혹은 보통 세도 있는 사람들 모두 관부보다 지위가 높았지만, 그는 그들에게 예를 갖추지 않았을 뿐만 아니라 언제나 갖가지 방법으로 그들을 모욕하였다. 반면에 자기보다 신분이 낮은 선비들의 경우에는 그들이 빈천하면 빈천할수록 더욱 공경스럽게 대하고 동등한 예절로 그들을 대접하였다. 그는 많은 사람들이 모인 자리에서 후배를 칭찬하기를 좋아

---

586) 황제의 수레와 말을 관리하던 관리.

하였다. 그러므로 선비들은 모두 그를 칭송하였다.

관부는 학문을 좋아하지 않았으나 의협을 실천하기를 좋아하였으며 다른 사람과의 약속은 반드시 시행하였다. 그와 교유하는 사람은 호협(豪俠)이거나 아니면 크게 간사하거나 크게 교활한 자였다. 집안의 자산은 수천만 금이었으며 매일 식객이 적게는 수십 명에서 많게는 백 명에 달하였다. 그는 전원 중에 못을 만들어 물을 가두고 관개(灌漑)의 이익을 도모하였으며, 관부의 종족과 빈객들은 수리(水利)와 전원(田園)을 독점하기 위하여 자주 권세를 부리고 이익을 빼앗아 영천(潁川) 일대에서 패도를 행사하였다. 영천의 아이들은 이렇게 노래하였다.

"영수(潁水)가 맑으면 관씨(灌氏)는 안녕하고,
영수가 탁하게 되면 관씨는 멸족하리라!"

관부가 비록 재산은 많았지만 권세를 잃었기 때문에 경상(卿相)이나 시중(侍中) 같은 관직에 있는 빈객들은 모두 그와 점차 소원해졌다. 위기후는 권세를 잃은 뒤에 이전에 자신을 버리고 떠난 자들을 관부의 힘을 빌려 혼내 주려는 마음이 강했다. 관부 역시 위기후가 가지고 있는 제후나 종실과의 관계를 이용하여 자신의 이름을 높이고자 하였다. 두 사람은 서로 끌어주고 도움을 주고받으며 오고 가는 것이 마치 부자지간과도 친밀하였다. 두 사람은 서로 의기가 투합하여 대단히 우호적이었으며 한 치의 싫어하는 기색도 없었다. 오직 너무 늦게 알게 된 것을 한스럽게 여겼을 뿐이었다.

관부의 누나가 죽어 그가 복상(服喪) 중이었을 때 어느 날 관부가 승상을 방문한 적이 있었다. 승상은 "원래 나는 그대와 함께 위기후를 방문하고 싶었는데 하필이면 지금 그대가 상복을 입고 있구려."라고 말하였다. 그러자 관부는 "승상께서 위기후의 댁에 왕림하시려 하시니 제가 어찌 감히 복상을 핑계로 사양할 수 있겠습니까? 제가 위기후께 연회 준비를 하시라고 알리도록 하겠습니다. 바라옵건대 승상께서는 내일 아침 일찍 와 주십시오." 하고 말하였다. 무안후는 그렇게 하겠다고 대답하였다.

관부는 즉시 위기후를 찾아가 무안후와 약속한 사정을 말하였다. 위기후와 그 부인은 술과 고기를 많이 사고 밤부터 바쁘게 청소를 하는 한편 음식을 준비하여 날이 밝아올 때까지 일하였다. 해가 막 뜨자 곧 문하 사람들을 모두 집 앞에 대기시켜 놓았다. 그러나 정오가 되도록 승상은 오지 않았다. 위기후가 관부에게 말하였다. "도대체 승상이 잊었단 말인가?" 관부는 기분이 크게 상하여 말하였다. "내가 상복을 입었지만 그를 따라 연회에 오기로 응낙했으면, 당연히 와야지!" 그러고는 수레를 타고 자신이 승상을 맞으러 갔다. 그런데 승상은 전날 관부에게 단지 농담 삼아 말했던 것으로 전혀 갈 생각이 없었다. 관부가 문 앞에 이르렀을 때에도 승상은 아직 잠에서 깨지 않은 채였다.

관부가 들어가서 승상에게 말하였다. "승상께서 어제 위기후를 방문하시겠다고 응낙하셔서 위기후 부부는 술과 음식을 마련해 놓고 아침 일찍부터 지금까지 감히 식사도 하시지 못하고 있습니다!" 무안후는 크게 놀라는 모습으로 사과하며 말하였다. "내가 어제 술에 취하여 그대에게 했던 말을 잊었구려."

무안후는 곧 수레를 몰고 위기후 집으로 갔는데, 가는 것도 몹시 천천히 갔으므로 관부는 더욱 화가 났다. 술자리가 거의 끝날 무렵 관부가 일어나 춤을 추었다. 춤이 끝난 뒤 승상에게 권했으나 승상은 끝내 일어나지 않자 관부는 술자리에서 말하는 중 승상을 비꼬는 말을 했다. 그러자 위기후는 관부를 부축하여 데리고 나가면서 승상에게 사과의 뜻을 표하였다. 승상은 위기후의 집에서 밤늦게까지 즐겁게 술을 마시다가 떠나갔다.

승상이 한번은 적복(籍福)을 보내 위기후에게 성(城)의 남쪽 밭을 자기에게 달라고 청하였다. 위기후는 매우 불쾌해하며, "이 늙은이가 비록 조정에서 버려져 쓸모가 없어졌고 승상은 비록 높은 자리에 있지만 어찌 권세를 휘둘러 나의 전답을 빼앗아갈 수가 있겠는가 !"라고 말하고는 거절하였다. 관부도 이 말을 듣자 역시 크게 노하여 적복에게 욕설을 퍼부었다. 적복은 위기후와 무안후 두 사람 사이에 틈이 생기는 것을 원하지 않았다. 그리하여 승상에게 좋은 말로 "위기후는 이미 늙어서 곧 죽을 것입니다. 좀 더 기다리는 것도 어렵지 않으니 조금만 더 기다려 봅시다."라고 둘러대어 말했다. 그러나 며칠 뒤에 무안후는 위기후와 관부가 실제로는 크게 화를 내면서 전답을 내놓지 않았다는 사실을 전해 듣고 크게 분노하여 말하였다. "위기후의 아들이 일찍이 사람을 죽인 대죄를 지었을 때 내가 그를 살려 주었다. 내가 위기후를 어떤 일이든 모두 도와주었는데, 겨우 밭뙈기 조금을 아까워하다니! 또 관부는 무슨 관계가 있어 참

견인가? 하지만 나는 두 번 다시 전답을 요구하지 않으리라." 이때부터 무안후
는 관부와 위기후에 큰 원한을 갖게 되었다.

원광(元光) 4년 봄, 승상이 황제에게 관부의 집안이 영천에서 세도가 심하기
때문에 백성들의 고통이 매우 크다면서 이에 대한 조사를 요청하였다. 그러자
황제가 말하였다. "이것은 본래 승상의 직무인데 무슨 청원을 하는가?" 그러
나 관부 역시 승상이 불법으로 재물을 모은 것이나 회남왕(淮南王)에게 뇌물을
받은 일과 대단히 적절하지 못한 말을 했던 사실 등 승상에 관한 일체의 비밀
스러운 일들을 파악하고 있었다. 결국 빈객들이 중간에서 조정하여 마침내 분
규를 멈추고 화해하였다.

술자리에서의 파국

여름에 승상이 연나라 왕의 딸을 부인으로 맞아 태후는 조서를 내리고 제후
들과 종실을 불러 모두 가서 축하하도록 하였다. 위기후는 관부의 집에 방문하
여 함께 가려고 하였다. 그러나 관부는 사양하면서 말하였다. "저는 여러 차례
술에 취하여 실례를 하는 바람에 승상에게 죄를 지었습니다. 또 승상은 최근
나에게 원한을 가지고 있습니다."

하지만 위기후는 "그 일은 이미 화해한 것일세!"라면서 억지로 동행하게 하
였다. 술자리가 무르익자 무안후가 일어나서 건배를 제의하였다. 그러자 좌중
이 모두 자리에서 벗어나 땅에 엎드렸다. 잠시 후에 위기후가 일어나 건배를
제의하자 단지 위기후와 옛정이 있는 사람 몇 사람만 자리를 벗어나 예를 갖
췄을 뿐 나머지 반 정도는 그대로 자리에 앉아서 시늉만 하면서 무릎조차 자
리에서 떼지 않았다.

관부가 이 모습을 보고 매우 불쾌해하였다. 관부도 자리에서 일어나 순서대
로 술잔을 올려 그 순서가 무안후에 이르렀다. 무안후는 그대로 자리에 앉은 채
윗몸만 조금 기울이면서 "가득 채운 잔을 더 이상 마실 수가 없소."라고 말하였
다. 관부는 화가 났지만 억지로 웃으며 말하였다. "승상은 귀인이시니 이 술을
모두 드십시오." 그러나 무안후는 끝내 잔을 비우지 않았다.

관부가 차례로 술을 따라 임여후(臨汝侯)[587]의 자리까지 왔다. 마침 그때 임여후는 정불식(程不識)과 귓속말을 하고 있으면서 일어나 자리를 떠나 답례조차 하지 않았다. 관부는 더 이상 분노를 참지 못하고 임여후에게 욕을 퍼부었다.

"너는 평소 늘 정불식이 일 푼의 가치조차 없다고 비방하더니 이제 연장자가 잔을 권하는 데도 어린애들처럼 소곤소곤 귓속말을 한다는 말인가!"

그러자 무안후가 관부를 "정불식 장군은 이광 장군과 함께 동서 두 궁의 위위(衛尉)[588]이다. 지금 그대가 많은 사람들 속에서 정 장군을 모욕하고 있는데 어찌 이 장군의 처지를 생각하지 않는가?"라며 비난하였다. 하지만 관부는 "나는 오늘 머리를 땅에 떨어뜨리고 칼로 가슴을 뚫으려 준비하였는데, 내가 정(程)이니 이(李)니 하는 그런 사람들을 어찌 알 수 있겠소!"라고 소리쳤다. 연회에 온 사람들은 일이 잘못 되어간다고 생각하고는 하나둘씩 일어나 측간에 가는 체하면서 자리를 떠났다. 위기후도 일어나 자리를 뜨면서 관부에게 손짓하면서 빨리 가자고 불렀다.

그러나 무안후는 크게 화를 내며 "모두 나의 과오로다! 내가 관부를 너무 교만하게 만들었다!"라고 말하고는 곧바로 수하 기사(騎士)에게 명령을 내려 관부를 체포하도록 하였다. 관부는 나가려고 하였으나 나갈 수가 없었다. 적복이 일어나 관부 대신 무안후에게 사과하고 또 관부의 목을 눌러 그에게 머리를 조아려 사과하라고 하였다. 관부는 더욱 화를 내며 사죄하지 않았다. 그러자 무안후는 기사들을 지휘하여 관부를 포박하도록 하고 그를 객방(客房)에 가두도록 하였다. 그러고는 장사(長史)를 불러 말하였다. "오늘 종실 빈객들을 연회에 초대한 것은 태후의 조칙을 받은 것이다." 그러면서 관부가 연회석상에서 빈객에게 욕설을 하고 조칙을 모욕한 것은 불경의 죄를 범한 것이라고 탄핵하고는 그를 거실(居室)[589]에 가두었다. 동시에 관부가 영천에서 저지른 갖가지 불법 행위를 조사하고, 또 관리를 각지에 파견하여 관씨 일족을 잡아들여 모두 기시(棄市)[590]의 형으로 판결하였다.

---

587) 관영의 손자 관현灌賢.
588) 정불식은 당시 장락궁(동궁)의 위위였고, 이광은 미앙궁(서궁)의 위위였다.
589) 죄를 범한 관리를 가두었던 감옥.
590) 고대에 머리를 잘라 사람들 앞에 보이게 하는 참형.

위기후는 이 일을 크게 부끄럽게 생각하여 관부를 위해 모든 방법을 다하여 빈객을 보내 승상에게 청원하였으나 끝내 관부를 풀려나게 하지 못하였다. 무안후의 관리들은 모두 그의 눈과 귀가 되었고 잡히지 않은 관씨 일족들은 모두 도망가거나 숨었으며, 관부 본인은 잡혀 있으므로 무안후가 몰래 저지른 각종 나쁜 일을 고발할 수 없었다.

치명적인 어전 토론

위기후는 곤란한 상황 속에서도 모든 힘을 다하여 관부를 구하고자 하였다. 그의 부인이 위기후에게 "관장군은 승상에게 죄를 짓고 태후의 사람과 원수가 되었는데, 과연 이제 그를 구할 수 있습니까?"라고 물었다. 그러나 위기후는 "후(侯)라는 내 직위는 나 스스로 얻은 것이니 지금 내가 그것을 버린다 해도 전혀 유감은 없소. 나는 결코 관부를 홀로 죽게 하고 나 두영만 홀로 살아남을 수는 없소."라고 말하였다. 그는 집안 사람들을 속이고 혼자 나가 황제에게 상소를 올렸다. 황제는 곧 두영을 입궁하게 하였고, 두영은 관부가 취중에 한 실언에 대하여 상세하게 말하면서 관부의 착오가 사형에 미치지 않는다고 아뢰었다. 황제는 그 말이 그럴듯하다고 생각하여 위기후와 함께 식사를 하면서 "동궁(東宮)[591]에 가서 공개적으로 변론하도록 하시오!"라고 말했다.

위기후는 동궁에 가서 관부의 장점을 적극 찬양하면서 술에 취해 실언한 것에 과오가 있는데 승상은 다른 일로써 그를 모함하였다고 말하였다. 무안후 역시 관부가 저지른 행위를 필사적으로 비난하면서 그가 방약무도하고 대역죄를 범했다고 말하였다. 위기후는 이미 다른 방도가 없다고 생각하여 승상의 허물을 이야기하였다. 그러자 무안후가 말하였다. "지금 천하는 다행히 안락 무사합니다. 신은 황실의 친척으로서 요직을 맡아 애호하는 것은 음악과 개와 말, 전답과 집이고, 신이 즐기는 것은 단지 춤과 노래를 잘하는 광대와 솜씨 좋은 공장(工匠)과 같은 무리입니다. 이와 달리 위기후나 관부는 천하의 호걸과 장사

---

591) 태후가 기거하는 장락궁長樂宮을 가리킨다.

를 불러 모아 밤낮없이 그들과 함께 의논하고 토론하면서 마음속에는 조정에 대한 불만으로 가득하며 하늘의 별자리를 보거나 머리를 숙이고 땅에 기호를 그리거나[592] 태후와 황제께서 기거하시는 두 궁궐을 흘겨보면서 늘 천하에 뜻밖의 변고들이 발생하여 자기들이 큰 공을 세우기만을 바라고 있습니다. 신은 위기후 등이 무슨 일을 하고 있는지 정말로 알 수가 없습니다."

황제는 조정의 신하들에게 물었다. "이들 두 사람 중 과연 누구의 말이 옳은가?"

어사대부 한안국이 아뢰었다.

"위기후는 '관부의 아버지는 나라를 위하여 죽었고, 관부는 생사를 가벼이 여기면서 손에 창을 잡고 오나라 군영 속으로 달려 들어가 몸에 수십 군데의 상처를 입었으며, 그의 용감한 명성은 삼군(三軍)에서 드높았고 이는 천하에 보기 드문 장사이다. 특별히 엄중한 죄가 있는 것도 아니고 단지 술을 마신 뒤 벌어진 말싸움으로 빚어진 사건으로서 다른 죄상을 끌어들여 사형에 처할 만한 죄는 못 된다.'라고 말하고 있는데 위기후의 이 말은 옳습니다. 반면 승상은 '관부는 간사하고 교활한 무리들과 왕래하면서 백성들을 침탈하고 모욕하며 재산은 수만 금을 넘어서고 영천에서 세도를 부리며 종실을 능멸하고 황족을 침범하였다. 이는 이른바 나뭇가지가 줄기보다 크며 종아리가 넓적다리보다 커서 바로잡지 않으면 반드시 찢어진다는 것이다.'라고 주장하는 바, 승상의 말 역시 타당합니다. 오로지 영명하신 주상께서 스스로 두 사람의 시비를 판결하실 일입니다."

주작도위 급암은 위기후의 말이 옳다고 하였다. 내사(內史)[593] 정당시도 당시 위기후의 말이 옳다고 하였다가 뒤에는 오히려 다시 감히 자신의 대답을 견지하지 못하였다. 나머지 사람도 모두 감히 자기의 의견을 말하지 못하였다. 황제가 내사들이 자기의 의견을 견지하지 못하는 태도에 크게 화를 내면서 꾸짖었다.

"그대들은 평소에 여러 차례 위기후와 무안후의 우열을 의논하더니 오늘 변론에서는 어찌하여 마치 수레바퀴 아래 있는 말처럼 움츠러들어 자신의 의견조차 분명하게 말하지 못하는가? 나는 그대들 모두를 죽이도록 할 것이다!"

---

592) 모반을 기도한다는 뜻
593) 관직명으로서 군수에 해당한다.

황제는 논의를 끝내고 일어나 안으로 들어가서 태후에게 음식을 올리고 같이 식사를 하였다. 태후 역시 이미 사람을 보내어 정탐하여 상세하게 보고를 듣고 있었다. 태후는 화가 나서 식사를 하지 않고 말하였다.

"지금 내가 이렇게 살아 있는데도 사람들이 이미 나의 동생을 기만하고 있으니 만약 내가 죽고 나면 사람들은 물고기를 죽이고 고기를 자르듯 그를 죽일 것이오. 도대체 황제는 돌부처처럼 자신의 주장이 없는 것이오? 지금 황제가 다행히 살아 계셔도 이들 대신들은 오직 부화뇌동하여 어찌할 줄 모르고 있는데, 만약 황제께서 세상을 뜬 뒤에 이들 중 과연 믿을 만한 사람이 있겠습니까?"

그러자 황제가 사과하여 말하였다.

"위기후와 무안후 모두 종실의 외척이기 때문에 조정에서 그것을 변론한 것입니다. 그렇지 않다면 이런 일은 일개 옥리가 곧바로 결정할 수 있습니다."

이때 낭중령 석건(石建)이 위기후와 무안후의 상황에 대하여 황제에게 설명하였다.

뭇 사람들이 옹호하지 않는 사람은 끝내 좋은 명성을 듣지 못한다

한편 무안후는 조회가 끝난 뒤 지거문(止車門)[594]을 나와서 어사대부 한안국에게 수레를 같이 타고 가자고 불러 같이 가면서 화를 냈다.

"나는 그대와 함께 머리 벗겨진 노인[595]을 대적하려 하였는데 어찌하여 주저하며 양다리를 걸치는 것이오?"

한안국은 한참만에야 대답을 하였다.

"승상께서는 왜 스스로 자중자애하시지 않습니까? 방금 위기후가 승상을 비방하였을 때 승상께서는 관을 벗고 사죄하면서 승상의 인을 풀어 황상께 돌려드리며 '신은 황제의 친척인 덕택으로 요행히 승상직을 얻었습니다만 원래 그

---

594) 궁의 바깥문으로 백관이 입조할 때 반드시 수레에서 내려 보행으로 입궁하였으므로 지거문止車門이라 하였다.
595) 두영을 가리킨다.

것을 담당할 능력이 없습니다. 나에 대한 위기후의 비판은 모두 옳습니다.'라고 말씀하셨어야 합니다. 이렇게 하면 황제께서는 반드시 승상이 겸양의 미덕을 가지고 계신 것을 칭찬하여 승상을 폐하지 않으셨을 것입니다. 그리고 위기후는 승상께서 겸양하시고 황제께서 승상을 동정하시는 것을 보고 틀림없이 속으로 부끄러워하면서 문을 닫아걸고 혀를 깨물어 자살하였을 것입니다. 지금 다른 사람이 승상을 비방한다고 승상 또한 남을 비방하시니 이렇듯 피차 서로 욕하고 싸우니 참으로 장사치나 계집애들의 말다툼과 같이 되어 버렸습니다. 어찌 그리 대체(大體: 일의 줄거리)를 모르십니까?"

그러자 무안후는 곧 사죄하였다.

"다툴 때 내가 마음이 너무 급하여 그렇게 해야 할 것을 생각지 못했소."

후에 황제가 어사를 시켜 위기후가 관부에 대해서 한 말을 문서로 조사하게 하였는데 많은 부분이 사실에 부합되지 않아 기만죄로 결론지어졌다. 어사는 위기후를 탄핵하여 도사공(都司空)[596] 감옥에 가두었다. 효경황제의 임종 때 위기후는 일찍이 유조(遺詔)[597]를 받은 적이 있었는데 그 유조에는 〈만약 불편한 일이 있으면 절차에 관계없이 적절하게 황제에게 보고하라.〉라고 되어 있었다.

위기후가 구금되고 또 관부가 멸족의 화를 당할 큰 죄를 얻어 사정이 날이 갈수록 긴박해지자 대신들도 누구 한 명 다시금 이 일을 황제에게 감히 언급하지 않았다. 위기후는 할 수 없이 조카를 시켜 황제에게 진정서를 올려 유조에 관해 말하게 하여 다시 황제를 알현할 기회를 가지기를 청하였다. 진정서가 황제에게 올라왔는데 상서(尙書)[598]가 보관하고 있는 문서를 조사해 보니 경제가 붕어할 때 이 유조가 없었다. 이 유조는 단지 위기후의 집에만 있었고, 실은 가신(家臣)이 인장을 날인하여 봉인해 두었던 것이다. 그리하여 위기후는 선제의 유조를 위조하였다고 또 탄핵되었는데 그 죄는 참수하여 백성들에게 내걸어 보이는 형에 해당되었다.

마침내 원광 5년 10월에 관부와 그의 가족 모두가 사형에 처해졌다. 위기후

---

596) 官署 명으로 전문적으로 황제가 명령한 안건을 책임지는 관아.

597) 황제가 붕어하기 전에 남기는 유언

598) 조정의 문서를 보관하는 관직.

는 상당한 시간이 지난 후에야 이 소식을 듣고 대단히 비분강개하여 큰 병을 앓았다. 그는 두 번 다시 음식을 들지 않으면서 오직 죽기만을 원하였다. 뒤에 황제가 위기후를 죽일 의사가 없다는 말을 듣고 위기후는 비로소 다시 식사를 시작하고 병을 치료하기 시작하였으며, 조정도 이미 그를 사형에 처하지 않기로 결정하였다. 그런데 이때 또 위기후가 황제를 나쁜 소리로 비난하고 다녔다는 소문이 떠돌았고 그 말이 황제에게도 들어갔다. 그리하여 위기후는 12월 30일에 위성(渭城) 큰 거리에서 참수되었다.

그 해 봄에 무안후는 큰 병이 들어 쉬지 않고 큰 소리로 고함을 치는데, 그 내용은 모두 잘못하였다고 사죄하는 것이었다. 귀신을 볼 수 있는 무사(巫師)를 불러 그의 병을 보게 하니 무사는 위기후와 관부의 두 귀신이 함께 그를 감시하고 죽이려 한다고 말하였다. 결국 무안후는 죽었고 그의 아들 염(恬)이 작위를 계승하였다.

원삭 3년, 그는 짧은 옷을 입고 입궁하였다 하여 불경죄에 걸려 삭탈관직되었다.

훗날 회남왕 안(安)이 반란을 도모하다가 발각되어 조정은 엄격하게 조사하도록 명하였다. 이전에 회남왕이 장안에 알현하러 왔을 때 당시 무안후는 태위였는데 패상까지 가서 회남왕을 맞았다. 그는 회남왕에게 "지금 황제께는 아직 태자가 없으신데 대왕께서 가장 현명하시고 또한 고제(高帝)의 손자이십니다. 황제께서 세상을 떠나셨을 때 대왕께서 황위를 계승하지 않으시면 또 누가 마땅히 있겠습니까!"라고 말하였다. 회남왕은 이 말을 듣고 크게 기뻐하였고 무안후에게 엄청난 황금과 재물을 선물로 주었다. 황제는 위기후 사건이 발생할 때부터 무안후의 행위가 옳지 못하다고 생각하고 있었는데 다만 태후와의 관계 때문에 참고 있었다. 무안후가 회남왕과 결탁하고 뇌물을 받은 사건을 듣자 황제는 "무안후가 살아 있었다면 그 전 가족이 멸족되었을 것이다!"라고 말하였다.

태사공은 말한다.

"위기후와 무안후는 모두 외척 관계에 의하여 요직에 앉게 되었고, 관부는 결정적인 시기에 한 번의 결단과 공로로 이름을 드러내었다. 위기후가 등용된 것은 오초칠국의 반란을 평정한 때문이며, 무안후가 영화를 얻게 된 것은 완전히 황제와 황태후와의 관계 때문이었다. 그러나 위기후는 실로 시세의 변화를 알지 못하였고, 관부는 배우지 못하고 권모술수를 알지 못했으며 또 물러설 줄 몰랐기 때문에, 두 사람은 의기투합하여 함께 규합하였지만 마침내 재앙의 화를 불러일으켰다. 무안후는 자신의 지위를 등에 업고 권모술수 부리기를 좋아하였고, 술자리에서 빚어진 몇 마디 말 때문에 생긴 원한으로 두 사람의 현인을 모함하고 해쳤다.

  참으로 슬프도다 ! 다른 사람에게 분노를 옮긴 사람은 결국 자신의 생명조차 보장하지 못하였다! 뭇 사람들이 모두 옹호하지 않는 사람은 끝내 좋은 명성을 듣지 못하였다. 슬프도다 ! 재앙은 바로 이로부터 비롯되었도다 ! ”

44. 이 장군 열전
─ 복숭아나무와 오얏나무는 스스로 말이 없지만 그 아래에는 저절로 길이 생긴다

「이 장군 열전(李將軍列傳)」은 사마천의 역작이다. 주요한 특징으로써 인물의 형상을 두드러지게 묘사해내는 것은 사마천 문장의 백미이다.

「이 장군 열전」에서 사마천은 일련의 생동감 있는 이야기와 줄거리에 적확한 묘사를 덧붙여 인물 형상을 지극히 선명하게 해내고 있다. 사마천은 본문을 통하여 이광 장군에게 깊은 동정을 표하면서 동시에 당시 권력자에 대한 깊은 분노를 드러내고 있다.

특히 이광이 결국 굴욕을 받으면서 자결하는 운명인데 반하여 인품과 능력의 측면에서 도저히 이광과 비교될 수 없는 이채(李蔡)가 3공과 열후의 벼슬까지 올라가는 현실에 대하여 사마천은 탄식을 감추지 않는다. 이러한 불운을 사마천은 '수기(數奇)[599]'로 표현하면서 이광 장군에 대한 경모와 함께 그의 비참한 최후에 대하여 깊은 안타까움을 토로하고 있다.

적의 대군 앞에서도 의연한 장군

이광(李廣) 장군은 농서(隴西)[600] 성기(成紀)현 사람이다. 그의 선조는 진나라 장군이던 이신(李信)으로서 연나라 태자 단을 추격하여 사로잡은 장군이다. 그의 집안은 대대로 활 쏘는 기술을 전수해 왔다. 한나라 효문제 14년에 흉노족이 소관(蕭關) 지방에 대규모로 쳐들어왔을 때 이광은 양가(良家)의 자제라는 신분으

---

599) "운이 좋지 않다"는 뜻.
600) 현재의 감숙성 동부.

로 참전하였다. 그는 말을 타고 활을 쏘는 데 능해 수많은 적들을 사살했으므로 중랑(中朗)⁶⁰¹⁾의 벼슬에 임명되었다. 그가 황제의 행차를 수행하면서 몸을 돌보지 않고 적진에 뛰어들거나 적을 제압하고 또 맹수와 격투를 벌일 때마다 효문제는 말했다. "참으로 안타깝도다. 그대가 고조 시대에 태어나기만 했어도 만호후(萬戶侯)⁶⁰²⁾가 되는 것은 문제가 아닌데…"

효경제 즉위 초에 이광은 농서 도위⁶⁰³⁾에 임명되었고, 얼마 지나지 않아 기랑장(騎朗將)이 되었다. 오초7국의 반란이 일어났을 때 이광은 효기(驍騎) 도위로 임명되어 태위 주아부를 수행하여 오초 반란군과 전투를 벌였고, 창읍성에서는 적장을 참하여 혁혁한 전공을 세웠다. 그러나 효경제의 동생인 양(梁) 효왕이 사사로이 이광에게 장군인(將軍印)을 준 것이었기 때문에 반란이 진압한 뒤 그는 아무런 상도 받지 못하였다.

그 뒤 이광이 상곡군(上谷郡)의 태수가 되었을 때, 흉노들은 매일같이 침략하여 전투가 벌어졌다. 이에 전속국(典屬國)⁶⁰⁴⁾ 공손곤사(公孫昆邪)는 황제에게 울면서 간청했다.

"이광의 재능은 천하무쌍이라서 자신의 능력을 믿고 매일같이 적과 전투를 벌이고 있습니다. 만약에 그가 적들에게 상해를 당하면 어찌해야 좋습니까?"

황제는 즉시 이광을 상군(上郡) 태수로 옮기게 했다. 훗날 이광은 변경 각 군의 태수를 두루 역임하다가 다시 상군 태수로 임명되었다. 그는 농서(隴西), 북지(北地), 안문(雁門), 대군(代郡), 운중(雲中)의 태수를 지냈는데, 어느 곳에서나 용전분투(힘을 다하여 용감하게 싸움)로써 명성을 널리 떨쳤다.

흉노족이 상군에 대규모 공격을 가해 왔을 때, 황제는 중귀인(中貴人)⁶⁰⁵⁾을 보내 이광을 감독하게 하였다. 하루는 중귀인이 기병 수십 명을 거느리고 순찰하고 있는 중에 흉노병 세 명을 발견하고 즉시 포위하였는데, 그들 세 명은 교대

---

601) 낭중령郎中令 수하에 있는 직책으로서 궁에서 야근하면서 순찰과 수비를 담당하고, 황제의 행차 시에는 호위를 담당한다.
602) 만호의 봉읍을 받는 작위
603) 도위都尉: 군수郡守의 부로서 군郡의 군사 방면을 담당.
604) 한나라 시대 외국 및 외민족과의 교류를 담당하던 관직명.
605) 궁중에서 황제의 총애를 받는 사람, 즉 환관을 가리킨다.

로 돌면서 활을 쏘아 병사들을 사살하고 중귀인까지 크게 상처를 입히게 되었다. 중귀인이 놀라서 즉시 이광의 본부로 돌아와 있었던 일을 급히 전하자 이광은 "그들은 반드시 흉노의 활쏘기 명사수[606]들일 것이다."라고 말하고는 바로 백여 군사와 함께 흉노병 세 명을 추격하였다. 드디어 그들은 말을 잃고 달아났으며, 이광은 직접 그 세 사람을 활로 쏘아 두 사람을 죽이고 한 명을 사로잡았다. 잡고 보니 과연 그들은 활쏘기의 명사수들이었다.

그 흉노병을 사로잡아 말에 묶어 오는데, 멀리서 수천의 흉노병들이 보였다. 흉노병들은 이광을 보고 자기들을 유인하러 온 기병인 줄 알고 모두 산 위로 올라가 진을 치는 것이었다. 이광이 이끄는 백여 명의 병사들도 모두 크게 겁을 내 도망가려 했다. 그러자 이광이 명령했다.

"우리는 우리 본부에서 수십 리나 떨어져 있다. 지금 백 명도 채 안 되는 병력으로 도망친다면, 수천 명의 흉노병들에게 추격당해 순식간에 전멸하게 된다. 하지만 우리가 여기 머물러 있으면 저들은 반드시 저들을 유인하는 것으로 알고 공격하지 못할 것이다. 그러니 앞으로 전진하라!"

그러고는 흉노의 진지 바로 앞에서 멈추더니 다시 명령하였다.

"말안장을 풀고 모두 말에서 내려 편히 앉도록!"

그러자 병사들이 놀라 물었다.

"적들이 바로 눈앞에 있는데, 만약 저들이 그대로 쳐들어오면 어떻게 하시겠습니까?"

이광은 "저들은 우리들이 달아날 줄 알고 있다. 그러나 우리가 말에서 내려 달아나지 않는다는 것을 보여주면, 저들은 우리를 척후병으로 더욱 믿게 될 것이다."라고 말했다. 과연 흉노족은 끝내 접근하지 않았다. 다만 백마를 탄 흉노 장수 한 명이 앞으로 나와 명령을 내리고 있었다. 그러자 이광은 궁사 10여 명과 함께 나아가서 백마를 탄 적장을 활로 쏘아 죽이고, 다시 제자리로 돌아와 부하들에게 명령을 내려 모두 말안장을 풀고 말에서 내려 아예 눕도록 하였다. 날이 저물도록 흉노병들은 공격하지 않았다. 밤이 되자 오히려 그들은 근

---

606) 원문은 사조자射鵰者로서 鵰는 맹금猛禽을 뜻하고 독수리 등 맹금을 사냥하는 자라는 의미로서 활 쏘는 기술이 뛰어난 자를 가리킨다.

방에 한나라의 복병이 있어 기습을 준비하고 있지 않을까 우려하고는 모두 철수해 버렸다. 이른 새벽에 이광은 한나라 본부로 안전하게 돌아올 수 있었다.

두 장군의 전혀 다른 용병술

얼마 뒤 효경제가 죽고 무제가 뒤를 이었다. 좌우 신하들이 모두 이광을 명장으로 추천하여 이광은 상군의 태수로서 미앙궁(未央宮)의 위위(衛尉)[607]가 되었고, 정불식(程不識) 또한 장락궁(長樂宮)의 위위가 되었다. 정불식은 이전에 이광과 마찬가지로 변방 지역의 군 태수로서 주둔군의 장군이었다. 그런데 이광은 행군을 할 때도 대오의 진형(陣形)과 편성을 갖추지 않고 숲과 물이 있는 곳에서 자유롭게 쉬고 자유롭게 자도록 했으며, 야간에도 솥[608]을 쳐서 경계하는 일도 없었다. 또한 평소에도 될 수 있는 대로 문서와 장부 같은 것을 생략하였다. 다만 척후병을 멀리까지 보내 정탐했기 때문에 적의 기습을 받은 적이 없었다. 이에 비해 정불식은 행군의 대오와 진형, 숙영을 원칙대로 하고 밤에도 규칙적으로 종을 쳐 경계하였으며, 장부 정리를 꼼꼼히 하여 병사들이 그 때문에 밤을 새우는 일도 많아 충분히 휴식을 취하기 어려웠다. 그렇지만 그도 역시 적의 기습을 받은 적이 없었다.

정불식은 이렇게 말했다.

"이광의 군대는 매우 간편하여 적이 갑자기 기습하면 도저히 막아낼 수 없을 것이다. 그런데도 병사들은 매일 편하게 지내니 기꺼이 장군을 위해 죽을 생각을 한다. 우리 군대는 복잡하다. 하지만 적들이 감히 침범할 생각을 하지 못한다."

당시 이광과 정불식은 모두 한나라의 명장으로서 이름이 높았다. 그러나 흉노는 이광의 지략을 겁냈으며, 병사들은 이광의 군대로 편성되기를 좋아하고 정불식의 군대로 편성되는 것을 매우 싫어했다. 정불식은 효경제 때 여러 차례

---

607) 한나라 9경 직위 중 하나로서 궁문 수비를 담당한다.

608) 조두刁斗 : 옛날 군사들이 가지고 다니던 구리로 만든 밥그릇으로서 주간에는 취사도구로 사용하였고 밤에는 경보警報나 시보時報로 사용하였다.

에 걸쳐 직언을 하였고 태중대부(太中大夫)[609]에 임명되었는데 위인이 청렴하고 국가의 규장(規章)과 법령을 엄격하게 준수하였다.

그 뒤 한나라는 마읍(馬邑)에서 선우를 유인하고 대군을 마읍 부근 계곡에 매복시켰다. 이광은 효기장군을 맡아 한안국의 휘하에 있었다. 하지만 선우는 마읍 계곡에 매복이 있는 것을 눈치 채고 병사를 철수시켜 한나라의 작전은 무위로 돌아갔다. 4년 뒤 이광은 위위(衛尉)의 신분으로 장군이 되어 흉노족을 공격하였지만 흉노의 대군에게 오히려 패했으며, 자신도 부상을 입고 생포되었다. 그런데 선우는 전부터 이광의 이름을 들어 알고 있었기 때문에 "반드시 이광을 생포하라."고 명령을 내려놓았던 상태였다. 흉노 병사들은 이광을 사로잡아 두 필의 말 사이에 광주리를 달고 그 안에 부상당한 이광을 눕힌 채 10여 리를 달렸다. 이광은 죽은 척하고 드러누워 있다가 옆에 흉노의 아이가 좋은 말을 타고 지나가는 것을 보자, 순식간에 말 위로 벌떡 뛰어올라 그 아이를 밀어뜨려 땅에 떨어지게 하고 그 아이의 활을 빼앗았다. 그러고는 남쪽으로 수십 리를 달려 자기의 잔여 부대를 만났다. 이때 흉노 기병 수백 명이 맹추격하였는데, 이광은 흉노 아이에게 빼앗은 활을 쏘아 추격하는 흉노병을 사살하고 탈출할 수 있었다. 그리하여 한나라로 돌아오게 되었는데, 이광은 패전의 죄로 심문에 넘겨졌다. 이광 부대는 사상자가 너무 많았고 또 적들에게 사로잡혀 참수죄에 해당하였다. 이광은 속죄금을 내고 집으로 돌아와 서민으로 되었다.

이광은 집에서 몇 년을 한가하게 지냈다. 그는 영음후 관영의 손자와 함께 초야에 은거하며 사냥으로 소일하였다.

어느 날 밤 이광은 수행원들을 데리고 나가 사람들과 어울려 밤늦게까지 술을 마셨다. 귀갓길에 패릉정(覇陵亭)을 지날 때, 술에 취한 패릉 현위(縣尉)[610]가 이광을 지나가지 못하도록 잡았다. 이광의 부하가 사정했다. "한 번만 봐주시오. 이분은 옛날 유명했던 이광 장군이오." 하지만 술에 취한 현위는 "현직에 있는 장군이라도 야간 통행을 시킬 수 없다. 더구나 전 장군이라니!"라면서 막무가내였다. 이광은 끝내 패릉정 아래에서 하룻밤을 보내야 했다. 얼마 뒤 흉노가

---

609) 황제의 시종 문관.
610) 현에서 도적을 잡는 일을 담당하는 관리.

침략하여 요서 태수를 살해하고 한안국 장군을 격파하였다. 그리하여 황제는 다시 이광을 우북평(右北平) 태수에 임명하였다. 이광은 패릉 현위를 우북평에 함께 가게 해 달라고 요청하여 현위가 군중에 오자 그를 참수하였다.

화살로 돌을 꿰뚫다

이광이 우북평에 주둔하자 흉노는 그를 '한나라의 비장군(飛將軍)'이라 칭하였다. 그러면서 몇 년 동안이나 그와 접전을 피하고 감히 우북평에 침입하지 않았다.

어느 날 이광이 사냥에 나갔을 때였다. 앞에서 호랑이가 스쳐 지나가자 이광이 재빨리 화살을 쏘아 명중시켰다. 그런데 가서 보니 명중시킨 것은 호랑이가 아니라 돌덩이였다. 화살이 돌덩이를 꿰뚫었던 것이다.[611] 다시 활을 잡아 쏘았는데 어떻게 해봐도 바위를 다시 뚫을 수 없었다. 이광이 북방에 주둔할 때 호랑이가 자주 출몰했는데, 그는 곧잘 호랑이를 쏘아 맞췄다. 훗날 우북평에서 호랑이를 쏘았다가 호랑이가 날뛰는 바람에 부상까지 입게 되었으나 그는 끝끝내 호랑이를 쏘아 죽였다.

이광은 깨끗하고 정직한 사람이었다. 상을 받으면 그대로 부하들에게 나눠주었고, 음식도 병사들과 똑같이 먹었다. 그는 죽을 때까지 높은 벼슬에 많은 녹봉을 받았지만 집에는 간신히 먹고 살 만한 정도의 재산밖에 없었다. 그는 한 번도 집안의 재산에 대해 물은 적이 없었다. 그는 태어날 때부터 키가 크고 원숭이처럼 팔이 길었는데, 활쏘기에 뛰어난 것은 일종의 천부적인 재능이었다. 다른 사람들은 그에게 활쏘기를 배워도 결코 그를 따를 수 없었다. 그는 말주변이 없었고 말수도 적어 친구들과 있으면 항상 땅에 군 진형(陣形)을 그리고 활쏘기 내기를 하여 지는 사람이 벌주를 마시는 시합을 하였다. 그는 평생을 이처럼 활쏘기를 낙으로 삼아 살았다. 그가 군사를 인솔하여 행군중 식량과 식수가 부족할 때 수원(水源)을 찾게 되면 모든 군사들이 물을 마신 뒤가 아니면 마

---

611) 중석몰촉中石沒鏃.

시지 않았고, 또 모든 병사들이 식사를 한 후에야 비로소 자신도 식사를 하였다. 이렇게 관대하고 가혹하지 않았기 때문에 병사들이 스스로 그를 존경하고 그를 위해 일하는 것을 즐거워하였다.

그의 활 쏘는 방식은 적이 가까이 다가오는 것을 보더라도 수십 걸음 이내가 아니어서 한 발에 명중시키지 못하겠다고 판단하면 쏘지 않았는데, 일단 쏘았다 하면 활시위 소리와 동시에 적이 쓰러졌다. 그래서 그는 병사를 거느리고 작전을 수행할 때 자주 곤경에 빠져 고생하였으며, 그가 맹수를 쏠 경우에도 맹수에게 부상을 입은 적이 있었다.

불운한 장군

한무제 6년, 이광은 후장군(後將軍)이 되어 대장군인 위청과 함께 흉노를 정벌하였다. 그런데 많은 장군들이 적의 머리를 베고 포로를 잡은 공로로 제후가 되기도 했지만, 이광의 군대에는 그러한 공을 세운 자가 없었다.

2년 후 이광은 4천여 병사를 이끌고 우북평에서 흉노 정벌에 나서게 되었다. 박망후(博望侯) 장건이 1만의 기병을 이끌고 이광과 함께 출정하였다. 양군은 서로 다른 방향으로 진군하였다. 이광의 군대가 수백 리쯤 행군했을 때 흉노 좌현왕이 이끄는 4만여 명의 기병에게 포위되었다. 병사들은 모두 매우 겁을 먹었고 이광은 곧 그의 아들 감(敢)에게 적정(敵情)을 살피도록 하였다. 감은 수십 명의 기병만을 이끌고 흉노병의 포위를 돌파하여 적의 좌우를 분리시키고 돌아와 말했다. "흉노병은 쉽게 상대할 수 있습니다."

그제야 병사들은 마음을 놓게 되었다. 이광은 모든 사병들에게 원형으로 진을 치게 하여 모두 적군을 향하도록 하였다. 흉노병들은 맹렬하게 진공하여 화살을 소나기처럼 퍼붓게 되니, 한나라 병사의 반수가 죽고 화살도 거의 떨어졌다. 이광은 병사들에게 활의 시위를 잡아 화살을 겨눌 뿐 쏘지 말도록 명령하고는 자기가 큰 활로 적의 부장(副將)을 쏘아 쓰러뜨리고 잇달아 몇 명을 쏘아 죽이니 흉노의 공세가 점차 약화되었다.

이때 날이 어둑해지자 병사들은 모두 하얗게 얼굴빛이 질렸다. 하지만 장군은 오히려 태연자약하였고 더욱 부하들을 격려해 주었다. 군중의 병사들은 이후 모두 이광 장군의 용기를 존경하였다.

이튿날 다시 격전이 벌어졌는데, 이때 박망후의 군대가 도착해 흉노군은 포위를 풀고 철수했다. 그러나 한나라 군대는 피로에 지쳐 추격할 수 없었다. 이 싸움에서 이광의 부대는 거의 전멸당했다. 전쟁이 끝나고 귀환한 뒤 한나라 법령에 의거하여 박망후는 지체하여 합류가 늦었으므로 참수죄에 해당하였다. 그러나 그는 속죄금을 내고 평민이 되었으며, 이광은 공과 죄가 비슷하여 상이 없었다.

그 해에 이광은 당제(堂弟) 이채(李蔡)와 함께 한 문제를 모셨다. 경제 때 이채는 공로가 쌓여 이미 2천 석의 고관612)에 이르렀다. 이채는 무제 때 대왕(代王)의 승상이 되었고, 무제 5년 경거(輕車)장군으로 임명되었다. 이때 대장군 위청을 수행하여 흉노 우현왕을 공격할 때 공을 세워 낙안후로 봉해졌다가 그 뒤 공손홍에 이어 승상에 올랐다. 이채는 사람됨이 하품(下品) 중의 중(中)에 속하였고 이름이나 성망이 이광에 훨씬 미치지 못하였다. 하지만 이광은 작위와 봉읍을 얻지 못하고 9경613)의 반열에 오르지 못한 데 반하여, 이채는 열후614)에 봉해져 그 벼슬이 3공615)에 이르렀다. 이광의 부하였던 군리와 사졸 역시 봉후에 오른 자가 적지 않았다.

이광은 일찍이 기상(氣象)을 점치는 음양가 왕삭(王朔)에게 물은 적이 있었다.

"나는 한나라에서 흉노 정벌을 시작한 이래 참전하지 않은 적이 없었소. 그리고 각 부대의 교위(校尉) 이하의 사람들 중에서 재능이 중간치에도 미치지 못하지만 흉노 토벌의 군공으로 후작을 받은 자가 수십 명이나 있소. 그런데 내가 다른 사람에 뒤떨어지는 것은 아닌데도 봉읍을 얻을 조그만 군공조차 없는 것은 무슨 까닭이오? 내 관상이 후작에 봉해질 상이 아니라는 말이오, 아니면 내 운명이 원래 그렇게 되어 있소?"

이에 왕삭이 "장군께서 스스로 생각하시어 일찍이 후회한 적이 있으십니

---

612) 연봉 2천 석을 받는 관직
613) 진한시대 관제에서 황제 이하 최고 관위는 3공이고, 그 아래가 9경이다. 한나라 시기의 9경은 태상太常, 광록훈光祿勛, 위위衛尉, 태복太僕, 정위廷尉, 홍로鴻臚, 종정宗正, 대사농大司農, 소부少府이다.
614) 열후列侯, 열후는 일정한 영지에 봉해지며, 이는 일반 관리의 최고 영예이다.
615) 3공은 승상丞相, 태위太衛, 어사대부御史大夫이다.

까?"라고 묻자, 이광은 "내가 농서 태수를 지낼 적에 강족(羌族)이 반란을 일으켰소. 그때 내가 그들에게 투항을 권유하여 항복한 자가 800여 명이었는데, 나는 그들을 속이고 모조리 죽여 버렸소. 지금까지 크게 후회되는 것은 오로지 그 일뿐이오."라고 대답하였다. 그러자 왕삭은 "이미 항복한 자를 죽이는 것보다 더 큰 죄는 없습니다. 이것이 바로 장군께서 작위를 얻지 못한 이유입니다."라고 말하였다.

어찌 구차하게 변명하리오!

2년 후 대장군 위청은 대군을 이끌고 흉노 토벌에 나섰는데, 이광은 여러 차례 출정을 청하였지만 무제는 그가 연로하다는 이유로 허락하지 않았다. 한참을 지나 비로소 그의 출정을 허락하여 그를 전장군(前將軍)에 임명하였다. 위청은 포로를 잡아 흉노 선우가 있는 곳을 알아내고는 스스로 정예 군사를 이끌고 출정하고, 이광에게는 우장군[616]과 합류하여 동쪽 길로 공격하도록 명령했다. 그런데 동쪽 길은 우회하는 길이었기 때문에 멀었고 또 대군의 행군과 숙영을 하기에는 물이 부족했다. 그래서 이광이 위청에게 간청했다.

"저는 전장군(前將軍)인데, 대장군께서는 저를 옮겨 동쪽 길로 가라고 명령하셨습니다. 저는 젊은 시절부터 흉노와 계속 싸워 왔는데 오늘에야 비로소 선우와 대적할 기회가 생겼으니 아무쪼록 선두에 서게 하시어 선우를 잡지 못하면 제가 먼저 죽겠습니다."

하지만 대장군은 허락하지 않았다. 그는 떠나기 전에 황제에게서 신신당부하는 말을 들었던 것이다. "이광 장군은 노령인데다 불운한[617] 장군이오. 절대 선우와 맞붙게 해서는 안 되오. 그렇게 되면 소기의 목적을 달성하기 어렵기 때문이오."

또한 대장군은 당시 봉후의 지위를 잃고 중장군(中將軍)으로 있던 공손오와

---

616) 조이기趙食其를 말한다.
617) 이를 원문에서는 '수기數奇'로 표기되어 있다.

절친한 친구였기 때문에 이번 기회에 그에게 공을 세워주고 싶었다. 이광도 당시 내막을 알고 있었는데, 그는 계속 자신의 주장을 굽히지 않았다. 하지만 대장군은 듣지 않았고 장사(長史)[618]에게 문서를 봉해 이광의 막부(幕府)[619]에 보내어 이광에게 "대장군은 그대에게 즉시 공문의 명령을 준수하기를 명하여 병사를 이끌고 우장군의 부대로 가라."고 명령하였다.

이광은 매우 심기가 불편해져서 대장군에게 인사도 하지 않고 우장군과 함께 출발했다. 그런데 동쪽 길을 알고 있는 자가 없었기 때문에 길을 잘못 들어서 대장군과 합류하기로 약속한 곳에 뒤늦게 도착했다. 이때 대장군이 이끄는 주력 부대는 선우와 접전하였지만 선우를 사로잡는 데는 실패한 채 철수하고 있었다. 그리하여 사막을 건너고 있을 때 비로소 이광과 우장군의 군대와 만났다. 이광은 대장군을 알현한 뒤 자기의 군중에 돌아왔다. 대장군은 장사를 파견하여 이광에게 양식과 술을 내렸다. 그러면서 이광과 우장군에게 길을 잃은 경위를 물었다. 위청은 황제에게 상서하여 작전의 상세한 곡절을 보고하려고 했던 것이었다. 그러나 이광은 대답을 하지 않았다. 그러자 대장군의 장사는 이광 휘하의 부하들에게 대장군의 막부로 가서 대질 심문을 하자고 급하게 재촉하였다.

이에 이광 장군이 말했다.

"부하들에게는 죄가 없으며, 오직 내 자신이 잘못하여 길을 잘못 든 것이다. 나는 직접 대장군 막부에 가서 심문을 받겠다."

이광 장군은 자기 막부로 돌아와서 부하들을 불러 모으더니 하늘을 우러러 크게 탄식하였다.

"내가 이제까지 흉노와 70여 차례나 싸웠다. 이제 다행히도 대장군을 따라 선우의 군대와 맞붙는다고 생각했는데, 뜻밖에도 대장군은 나에게 멀리 우회하도록 명령을 하고 또 길을 잃었으니 이것이 하늘의 뜻이란 말인가! 더욱이 내 나이 벌써 60이 넘었는데, 어찌 다시 도필리(刀筆吏)[620]와 대질할 수 있다는 말인가!"

그러고는 바로 칼을 빼어 스스로 목을 찔러서 자결하였다. 이 소식에 전군

---

618) 장군 수하의 속관.

619) 장군이 전쟁 중에 사무를 보는 곳.

620) 문서를 담당하는 말단 관리. 종이를 발명하기 전까지 죽간에 칼로써 글을 쓰고 수정하였으므로 문서를 담당하는 관리를 도필리라 칭하였다.

의 장군과 병사들은 모두 울었다. 백성들도 그를 아는 사람이든 모르는 사람이든 노인이든 장년이든 눈물을 흘리지 않는 사람이 한 명도 없었다. 남은 우장군은 심리에 넘어가 참형의 죄에 해당하였으나 속죄금을 내고 집으로 돌아가 평민이 되었다.

이광에게는 당호(當戶), 초(椒), 감(敢)이라는 아들이 셋 있었는데, 모두 낭관이었다. 언젠가 천자가 한언(韓嫣)과 놀이를 하고 있었는데, 한언이 다소 불손하게 행동하여 당호가 한언을 치자 한언은 도망쳐 버렸다. 이에 천자는 이당호(李當戶)를 용기 있다고 생각하였다. 이당호가 일찍 죽자, 이초(李椒)를 대군(代郡) 태수에 임명하였으나 모두 이광보다 먼저 죽었다.

이당호에게는 능(陵)이라는 이름의 유복자가 있었다. 이광이 군중에서 죽을 때, 이감(李敢)은 표기장군을 따라 출전하였다.

이광이 죽은 다음 해, 이채는 승상의 신분으로 효경제 능원의 공지(空地)를 침범한 죄로 형리에게 넘겨져 처벌받아야 하였다. 그런데 이채 역시 자살해 버리고 심문을 받지 않았으므로 그의 봉국은 몰수되었다.

교위(校尉)의 신분으로 표기장군을 따라 출전한 이감은 흉노의 좌현왕을 공격하여 좌현왕의 군기와 전고(戰鼓)를 탈취하고 많은 적군을 참수하였으므로 관내후(關內侯)의 작위와 200호를 하사받았으며 이광을 대신해서 낭중령이 되었다.

얼마 후, 이감은 대장군 위청이 자기 아버지를 미워한 것에 원한을 품고 대장군을 쳐서 상처를 입혔으나, 대장군은 이 사실을 숨겼다. 얼마 후에 황제를 모시고 옹현(雍縣)에 간 이감이 감천궁에 도착하여 사냥할 때, 위청과 친척이었던 표기장군 곽거병이 이감을 사살(射殺)하였다. 곽거병은 당시 지위가 존귀하고 총애를 받고 있었기 때문에 황제는 진상을 은폐하여 사슴이 이감을 들이받아 죽은 것이라고 하였다. 그 후 1년 정도 지나서 곽거병은 병사하였다. 이감에게는 딸이 있었는데, 태자의 중인(中人)[621]으로서 총애를 받고 있었다. 이감의 아들 이우(李禹)도 태자에게 총애를 받고 있었으나 재물을 좋아하였다. 이로써 이씨 집안은 점차 쇠락하였다.

---

621) 시첩侍妾을 가리킨다.

이릉(李陵: 이당호의 아들)이 장년이 되자[622] 건장궁감(建章宮監)으로 선발되어 모든 기랑(騎郎)들을 감독하였는데, 그는 궁술에 뛰어나고 사졸들을 사랑하였다. 천자는 이씨 집안이 대대로 장군이었음을 고려하여 그에게 기병 8백 명을 거느리게 하였다. 이릉은 일찍이 흉노의 지역으로 2천여 리나 깊숙하게 진격하여 거연(居延)을 지나 지형을 살폈으나 적군을 발견하지 못하고 돌아왔다. 또 그는 기도위(騎都尉)에 제수되어 단양(丹陽)의 초나라 사람 5천 명을 거느리고 주천과 장액에서 궁술을 교련시켜 흉노의 침입에 방비하였다.

몇 년이 지나 천한(天漢) 2년 가을, 이사장군(貳師將軍) 이광리(李廣利)가 기병 3만 명을 거느리고 흉노의 우현왕을 기련천산(祁連天山)에서 공격하였다. 이때 이릉에게 그의 보병사수(步兵射手) 5천 명을 거느리고 거연에서 출병하여 북쪽으로 천여 리를 진격하도록 하였는데, 이는 흉노의 군사들을 분산시켜 이사 장군 쪽으로만 몰리지 않도록 하기 위해서였다. 이릉이 철수 기일이 되어 퇴각하려고 하자 선우가 8만 명의 군사로 이릉의 군대를 포위, 공격하였다. 5천 명의 이릉 군대는 화살이 모두 떨어져 죽은 병사가 반을 넘었지만, 죽인 흉노 병사도 만여 명이나 되었다. 한편으로는 후퇴하고 한편으로는 싸우면서 8일간을 계속하여 싸웠다. 거연에서 백여 리 떨어진 곳에 도착하였을 때, 흉노가 좁은 길목을 막고 퇴로를 차단하였는데 이릉의 군대는 식량이 부족한 데다 구원병마저 오지 않았다. 흉노는 한편으로 맹공을 가하고 한편으로는 이릉에게 항복하기를 권하였다. 이릉은 "폐하께 보고할 면목이 없구나!"라고 탄식하며 결국 흉노에게 항복하였다. 그의 병사들은 거의 전멸하고, 흩어져 도망쳐서 한나라로 돌아간 자는 4백여 명에 불과하였다.

이릉을 사로잡은 후, 선우는 평소 그 집안의 명성을 들어왔고 전투에 임해서도 용감하였으므로 자기의 딸을 이릉에게 시집보내어 그를 존중해 주었다. 한나라 조정에서는 이 소식을 듣고 이릉의 모친과 처자를 몰살시켰다. 이후 이씨 집안의 명성은 쇠락하였고, 이씨 집안의 문객이었던 농서(隴西)의 사대부들은 모두 이 일을 수치로 여겼다.

---

622) 많은 연구자들은 여기부터 "태사공왈" 부분 전까지 후세 사람들이 덧붙인 글로 분석하고 있다.

태사공은 말한다.

"『논어』에 '그 몸이 올바르면 명령을 내리지 않아도 행해지고, 바르지 못하면 명령을 내려도 따르지 않는다.'고 했는데, 진실로 이광 장군 같은 사람을 두고 한 말이다. 나는 이 장군을 직접 볼 기회가 있었는데 성실하고 유덕한 사람으로서 소박하여 마치 시골 사람 같았고, 언사는 약간 어눌한 편이었다. 그가 죽던 날 사람들은 그를 모르는 사람조차 모두 애도하였다. 과연 '복숭아나무와 오얏나무는 스스로 말이 없지만 그 아래로 저절로 길이 난다.'[623] 이 말은 비록 사소한 것이지만 능히 큰 도리를 설명하는 데 비유할 수 있다."

---

623) 복숭아와 오얏은 달고 맛있기 때문에 소문을 내지 않아도 사람들이 열매를 먹으러 계속 오기 때문에 그 아래에 길이 생긴다는 뜻으로 덕망이 있는 사람은 가만히 있어도 사람들이 모여든다는 말: 桃李不言 下自成蹊

45. 흉노 열전
─ 우리는 우리 식대로 산다

「흉노 열전」은 흉노족과 중국 관계를 기술한 전문(傳文)이다.

흉노를 어떻게 방어하는가의 문제는 전국 시대 이래 중국에 있어 가장 큰 국가 대사 중의 하나였으며, 기실 진시황의 만리장성 역시 흉노를 방어하기 위한 고육지책이었다.

중국 역사상 이러한 강적 흉노를 격파하고 그들을 중국으로부터, 아니 아시아 대륙으로부터 추방시킨 인물이 있으니 곧 한 무제이다. 실로 대흉노 전쟁이야말로 한 무제 일생의 가장 커다란 대사(大事)였다. 한 무제가 재위한 44년 동안 한나라와 흉노는 시종 전쟁과 휴전이 반복되는 시기였고 전쟁 시기가 오히려 휴전 시기보다 많았던 시대였다.

사마천 자신이 흉노와의 전쟁에서 패하고 항복한 이릉 장군을 변호하다가 궁형을 당한 만큼 흉노와 운명적인 관계에 있었던 본인이 남다른 심회로 그 발분의 필치를 담아냈다고 할 것이다. 특히 흉노에 항복한 이릉 장군을 변호하다가 이광리 장군을 비판한 것으로 비쳐져 궁형에 처하게 한 원인이 되었던 그 이광리 장군 역시 결국 흉노에 항복한 사실을 「흉노전」의 마지막 부분으로 장식함으로써 자신의 견해가 잘못된 것이 아니었음을 암시하고 있다.

또한 본문은 흉노의 풍습을 상세하게 기록하고 있어 마치 한 편의 풍속서(風俗書)와도 같아 문헌 사료로서의 가치도 매우 높아 『사기』 중에서도 명편으로 꼽히고 있다.

흉노의 역사

흉노(匈奴)의 시조는 하후씨(夏后氏)의 후대로서 순유(淳維)라고 칭해진다. 당(唐)과 우(虞) 2대 이전에 산융(山戎), 험윤(獫狁), 훈육(葷粥) 등의 부족은 북쪽 변경에 기거하면서 목축 활동을 따라 거주지를 바꾸었다. 그들이 키우는 가축은 주로 말, 소, 양이었고, 낙타, 나귀, 노새, 버새(駃騠), 도도(駒驗)[624], 탄해(驒騱)[625] 등이 그곳의 특산이었다. 그들은 물과 풀을 찾아 거주하였기 때문에 성곽이나 일정한 주거지도 없고 또 농업 경작에 종사하지 않았다. 다만 부족 수령은 각자 분봉된 영지가 있었다. 문자나 서간은 없고 말로써 일상생활과 사회생활을 약속하였다. 어린 아이들도 어릴 때부터 곧 양의 등을 타고 활쏘기를 연습하여 새나 쥐를 잡았고, 조금 크게 되면 여우나 토끼를 사냥하여 먹을 것으로 삼았다. 그들은 평상시에는 새나 짐승을 사냥하는 것을 생계로 하였고, 전쟁이 발생하면 모두 전투에 참여하였다. 호전은 그들의 타고난 천성이었다. 그들이 원거리에 사용하는 무기는 활과 화살이었고, 단거리에 사용하는 무기는 칼과 짧은 창이었다. 싸움이 유리할 때에는 계속 진공하고 불리하면 곧 후퇴하였는데, 도망치는 것을 수치로 여기지 않았다. 그들은 이익을 보면 앞을 다투어 예의 따위는 고려하지 않았다. 흉노는 군왕 이하 모두 가축의 고기를 주식으로 하고 그 가죽으로 옷을 해 입고 그 털을 몸에 걸쳤다. 젊고 건장한 사람이 맛있는 음식을 먹고 노약자들은 다른 사람이 먹다가 남긴 음식을 먹었다. 건장한 사람을 중히 여기고 노약자들은 경시하였다. 아버지가 죽으면 아들이 그 후처를 아내로 맞고 형제가 죽으면 그 가족이 죽은 자의 처를 자기의 처로 삼았다. 그곳 풍속에서는 모두 자기 이름을 가지고 있었는데, 성(姓)이나 자(字) 같은 것은 없었다.

하 왕조가 쇠락하자 공류(公劉)는 직관(稷官)[626]의 직무를 잃고 서융(西戎)의 풍속을 개혁하였으며 빈(豳)에 성읍을 건설하였다. 3백여 년 뒤 융적(戎狄)이 고공단보(古公亶父)를 공격하자 그는 기산(岐山) 아래로 달아났다. 빈의 백성들이 단보를 따라와 기산 아래에 정주하고 주나라를 세웠다. 백여 년 뒤에 주나라 서백창(문왕)이 견이씨(畎夷氏)를 정벌하였다. 십여 년이 지나 주나라 무왕은 은나라 주왕(紂王)을 토벌하고 낙읍(낙양)에 성읍을 지은 뒤 다시 풍호(酆鄗)에서 살았다. 그는 융이(戎夷)를 경수(涇水)와 낙수(洛水) 북쪽으로 추방시켰고, 그들로 하여금 때에 맞

---

624) 양마良馬의 일종.

625) 야생마.

626) 농관農官.

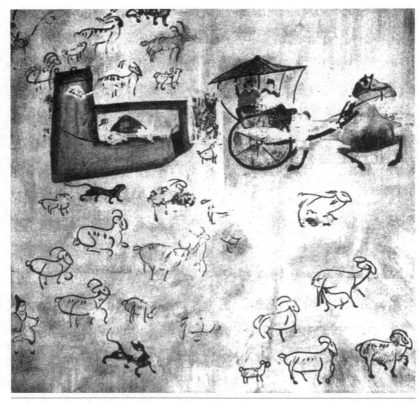

흉노목양도.

취 조공을 바치도록 하였고 그곳을 '황복(荒服)'[627]이라고 불렀다.

또 이백여 년이 흘러 주 왕조가 쇠락하였다. 그러나 목왕(穆王)은 여전히 견융족을 공격하여 단지 네 마리의 흰 늑대와 네 마리의 흰 사슴만을 잡은 채 회군하였다. 이때부터 황복에서 조공을 바치지 않았다. 이때 주나라는 보형(甫刑)[628]이라는 법률 조문을 제정하였다. 목왕 이후 이백여 년이 지나 주 유왕은 포사를 총애한 까닭으로 인하여 신후(申侯)에게 죄를 지었다. 신후는 화가 나서 견융과 동맹을 맺고 주 유왕을 여산 아래에서 죽였으며, 주나라의 초호(焦穫)를 점령

---

627) 변경으로부터 멀리 떨어진 곳이라는 뜻으로서 왕의 땅王畿으로부터 2500리 떨어진 곳이다.

628) 『상서尚書』에는 여형呂刑으로 칭하고 있다.

하고 아울러 경수와 위수 일대를 손에 넣고는 늘 중국을 침범하면서 괴롭혔다. 진(秦) 양공이 군대를 일으켜 주나라를 구원하였다. 주 평왕(周平王)은 풍호를 떠나 동쪽 낙읍으로 도읍을 옮겼다. 진 양공은 견융을 토벌하고 기산에 이르러 비로소 제후로 봉해지기 시작하였다. 그 65년 뒤에 산융이 연나라를 넘어 제나라를 공격하였다. 제 희공(齊釐公)이 산융과 제나라 교외에서 싸웠다. 44년 뒤에 산융이 다시 연나라를 공격하였고, 연나라는 곧 제나라에 위급함을 알려 제 환공이 출병하여 산융을 토벌하고 패주시켰다.

이십여 년이 지난 뒤, 융적이 낙읍으로 쳐들어와 주 양왕을 공격하였다. 양왕은 정나라 범읍(氾邑)으로 달아났다. 그 전에 주 양왕은 정나라를 공격하려고 융적의 추장 딸을 맞아 왕후로 앉힌 다음 융적의 군사와 함께 정나라를 공격하였다. 그러나 얼마 지나지 않아 양왕은 적후(狄后)를 폐하였고 적후는 왕을 원망하였다. 당시 양왕의 계모 혜후(惠后)에게는 자대(子帶)라는 아들이 있었는데, 혜후는 자대로 하여금 왕위를 계승하도록 하려고 생각하였다. 그래서 혜후는 적후, 자대와 함께 몰래 융적과 내통하고 그들에게 성문을 열어 주었다. 융적은 도성으로 쳐들어와 양왕을 내쫓고 자대를 천자로 세웠다. 그리하여 융적은 육혼(陸渾)에 옮겨와 살면서 동쪽으로 위나라와 접경하고 자주 중국을 침략하여 약탈하였다. 이 때문에 주 양왕은 도성 밖에서 강제로 4년을 살아야 했는데, 그는 사신을 진(晉)나라로 보내 지원을 요청하였다. 진 문공(晉文公)은 즉위한 지 얼마 되지 않았지만 패업을 세우고자 하여 군사를 일으켜 융적을 토벌하고 자대를 주살한 뒤 양왕을 맞아 낙읍에 살게 하였다.

당시 진(秦)과 진(晉) 나라가 강국이었다. 진 문공이 토벌한 융적은 하서(河西)의 은수(圁水)와 낙수(洛水) 일대에 살면서 적적(赤翟)과 백적(白翟)으로 칭해졌다. 진 목공(秦穆公)은 유여(由余)를 얻어 모신(謀臣)으로 삼았고 서융의 8국은 모두 진나라에 복종하였다. 이로부터 감숙 서쪽에는 면저(綿諸), 곤융(緄戎), 적(翟), 원 등의 융족이 있었고, 기산(岐山), 양산(梁山), 경수(涇水), 칠수(漆水) 북쪽에는 의거(義渠), 대려(大荔), 오지(烏氏), 구연(朐衍) 등의 융족이 있었다. 그리고 진(晉)나라 북쪽에는 임호(林胡), 누번(樓煩) 등의 융족이 있었고, 연나라 북쪽에는 동호(東胡)와 산융(山戎)이 있었다. 그들은 분산되어 산과 평원에 거주하였고 모두 자기의 수령이 있었다. 항상 함께 집단으로 거주하는 융족은 백여 개 파가 있었는데, 다만 하나로 통일되지 못하였다.

이로부터 백여 년 뒤, 진 도공(晉悼公)은 위강을 융적에 사신으로 보내 화친을 맺고 융적의 군장 역시 진(晉)나라에 사신을 파견하여 진왕을 알현하였다. 또다시 백여 년이 흘러 조양자(趙襄子)가 군사를 파견하여 구주산(句注山)을 넘어 대(代)나라를 공략하여 병합하고 호(胡), 맥(貊)[629]을 위협하였다. 훗날 조양자는 한, 위와 함께 지백을 멸하고 진(晉)나라를 나누었다. 그리하여 조나라는 대(代)와 구주산 북쪽을 보유하고 위나라는 하서(河西)와 상군(上郡)을 차지하여 융과 대치하게 되었다. 뒷날 의거(義渠)국의 융족이 성곽을 쌓아 그 강토를 방어하였다. 진(秦)나라는 부단히 의거의 땅을 차츰 잠식하여 진 혜왕(秦惠王) 때 의거국의 25개 성을 점령하였다. 또 진 혜왕이 위나라를 침공하자 위나라는 서하(西河)와 상군의 커다란 영토를 떼어내 진나라에 바쳤다. 진 소왕(秦昭王) 때 의거의 융왕이 소왕의 어머니 선태후(宣太后)와 사통하여 두 아들을 낳았다. 선태후는 계책을 써서 의거의 융왕을 유인하고 감천(甘泉)에서 그를 죽였으며, 군사를 파견하여 의거를 멸하였다. 이로부터 진나라의 영토는 농서(隴西), 북지(北地), 상군까지 넓어졌고 장성을 쌓아 흉노를 방어하였다.

이 무렵 조나라 무령왕은 조나라의 풍속을 개혁하여 흉노의 호복(胡服)을 입고 말 타고 활 쏘는 것[630]을 배워 북쪽으로 임호와 누번을 격파하였다. 조나라도 장성을 쌓아 대(代)에서 음산(陰山)을 거쳐 고궐(高闕)까지 관새(關塞)로 삼았다. 이와 함께 운중(雲中), 안문(雁門), 대(代) 등에 세 개의 군을 설치하였다. 이후 연나라의 현장(賢將) 진개(秦開)는 동호에서 인질로 있으면서 동호의 후한 신임을 받았다. 진개가 연나라로 돌아온 후 군대를 이끌고 동호를 습격하여 패주시켰는데, 동호는 천여 리나 후퇴하였다. 형가와 함께 진왕(秦王) 정(政)을 암살하러 갔던 진무양(秦舞陽)은 진개의 손자이다. 연나라 역시 조양(造陽)에서 양평에 이르는 장성을 쌓고 여러 군을 설치하여 흉노를 방어하였다.

이 무렵 중국에는 전국 7웅이 있었는데 그 중 연, 조, 진 세 나라가 흉노와 접경하고 있었다. 조나라 장군 이목이 지키는 동안 흉노는 감히 조나라 변경을

---

629) 원문에는 학貉으로 표기되어 있다. 貊과 貉은 같이 사용되었다. 맥족은 고구려 계통으로 알려져 있다.
630) 이를 호복기사胡服騎射라 한다.

침입할 생각을 하지 못하였다. 훗날 진나라가 6국을 멸망시키고, 시황제는 몽염에게 10만 명의 군사를 주어 흉노를 공격하도록 하여 황하 이남의 토지를 모두 수복하였다. 진나라는 황하를 따라 관새를 쌓아 황하에 이어지는 총 44곳의 성을 수축하고 죄수들을 징발하여 변경을 지키도록 하였다. 또 구원(九原)에서 운양(云陽)까지 길을 뚫고, 변경의 산과 험준한 계곡을 다듬고 수축하여 임조(臨洮)에서 요동에 이르기까지 총 만여 리의 장성을 수축하였다.

흉노 역사의 영걸, 묵돌 선우

당시 동호(東胡)는 강국이었고, 월지(月氏) 역시 흥성하였다. 흉노의 선우(單于)는 이름이 두만(頭曼)이었다. 두만은 진나라의 군사적 압력을 견디지 못하고 북쪽으로 옮겨갔다. 10여 년 뒤 몽염이 죽고 제후들이 모두 진나라를 배반하여 중원에 소란이 발생하였다. 진나라가 변경을 지키기 위해서 보냈던 죄수들도 모두 떠나갔다. 흉노는 숨 쉴 수 있는 기회를 얻어 점차 황하 이남의 땅을 잠식하고 이전과 같은 곳에서 중국과 대치하였다.

두만 선우에게는 묵돌(冒頓)이라는 태자가 있었다. 훗날 두만이 총애하는 왕후가 또 아들을 낳았다. 두만은 묵돌을 폐하고 대신 왕후가 낳은 아들을 태자로 세우려 생각하고 묵돌을 월지에 인질로 보냈다. 묵돌이 월지로 가 인질이 된 후 두만은 곧바로 월지를 공격하였다. 흉노의 침입을 받은 월지는 묵돌을 살해하고자 하였다. 그러나 묵돌은 좋은 말을 훔쳐 그 말을 타고 흉노로 도망쳐 왔다. 두만은 아들이 매우 용감하다고 생각하여 1만 기(騎)의 기병을 통솔하도록 명하였다.

묵돌은 일종의 소리 나는 화살[631]을 만들게 하는 한편 그의 기병들에게 활쏘는 법을 가르치면서, "내가 소리 나는 화살을 쏘거든 너희들은 계속 내가 쏜 표적에 활을 쏘아라. 따르지 않는 자는 목을 베겠다."라고 명령하고는 전군을 이끌고 사냥을 나갔다. 묵돌은 소리 나는 화살로 새나 짐승을 쏘아 맞히고는

---

631) 명적鳴鏑

자기의 명에 따르지 않는 자는 그 자리에서 목을 베었다. 그러더니 묵돌은 이번에는 자기의 애마를 향해 화살을 날렸다. 그러자 부하 가운데는 멈칫 하면서 화살 날리기를 망설이는 자가 있었다. 그때도 묵돌은 즉석에서 그들을 베어 버렸다. 얼마쯤 지나 묵돌은 소리 나는 화살로 자기가 총애하는 애첩을 쏘았다. 주위 사람들이 모두 크게 놀라 감히 사살(射殺)하지 못했다. 묵돌은 역시 그들을 베었다. 얼마가 지나 묵돌은 또다시 사냥을 나갔다. 그리고 이번에는 아버지 두만의 애마를 쏘았다. 그러자 이제 부하들은 하나도 빠지지 않고 그를 따랐다. 묵돌은 이로써 부하 전원이 자신의 명령대로 움직여 자신에게 이용될 수 있다는 것을 알았다. 그러고는 곧장 아버지 두만 선우를 따라 사냥을 나가 두만을 향해 소리 나는 화살을 날렸다. 그러자 그의 곁에 있던 부하들은 묵돌의 화살을 따라 일제히 화살을 날려 보냈다. 두만은 이렇게 하여 아들에게 죽임을 당하고 말았다. 묵돌은 이어서 계모와 이복형제 및 복종하지 않는 중신들을 모조리 죽이고, 스스로 선우의 자리에 즉위하였다.

묵돌이 선우에 즉위할 무렵, 동호족의 세력은 매우 강성하였다. 묵돌이 아버지 두만을 죽이고 선우 자리를 빼앗았다는 소식은 바로 동호왕의 귀에 들어갔다. 그러자 동호왕은 사자를 보내어 죽은 두만이 애지중지하던 천리마를 양도하라고 요구했다. 묵돌이 측근과 의논했는데, 그들은 입을 모아 말했다.

"천리마는 우리 흉노의 보배이오니 거절해야 합니다."

그러나 묵돌은 "한 마리 말을 아끼기 위해 이웃 나라와의 우의를 저버릴 수는 없는 일이다."라며 동호의 요구에 응했다. 묵돌이 자기들을 두려워한다고 생각한 동호는 얼마 후 다시 사자를 보내 왔다. 이번에는 묵돌의 부인 중 한 명을 달라는 요구였다. 묵돌이 측근에게 의논하자 이번에도 그들은 모두 성을 냈다. "동호 사람들은 도의가 없습니다. 이제 부인까지 요구하다니! 부디 공격 명령을 내려주시옵소서." 그러나 묵돌은 "이웃나라에게 어찌 계집 하나를 아낀다는 말인가!" 라면서 자기가 총애하는 부인 한 명을 동호에게 보냈다. 그러자 동호는 더욱더 교만해지더니, 이윽고 흉노의 국경을 마구 침범하기 시작했다. 당시에 흉노와 동호의 중간에는 천여 리에 걸쳐 사람이 사는 집 한 채 없는 불모의 황무지가 펼쳐져 있었다. 동호는 묵돌에게 사자를 파견하여 통고하였다.

"그대들 흉노와 우리나라의 경계가 되어 있는 황무지는 그대들 흉노는 갈 수 없는 곳으로서 나는 그것을 얻기를 원한다."

묵돌은 또다시 측근들과 의논했다. 그러자 몇몇 사람이 이렇게 말하는 것이었다. "어차피 아무 짝에도 쓸모없는 땅입니다. 줘도 되고, 안 줘도 됩니다." 그러나 그 말을 듣자 예전과는 달리 묵돌이 격노했다.

"땅이란 나라의 근본이다. 어찌 마음대로 준다는 말인가!"

그러고는 동호에게 주어도 좋다고 말한 자들을 모조리 베어 버렸다. 그러더니 당장 말에 오르면서 나라에 명령을 내리고 "행동이 늦어 뒤에 도착하는 자는 베어 버리겠다."라면서 군사를 이끌고 동쪽으로 진격하여 동호를 기습했다.

그런데 동호는 묵돌을 업신여기고 있었으므로 방비를 소홀히 하고 있었다. 묵돌의 군대는 순식간에 동호를 격파하고 왕을 죽여 없앴다. 묵돌은 동호를 격파하자 곧바로 서쪽으로 진격하여 월지를 패주시켰고, 남쪽으로 누번왕, 백양 하남왕(白羊河南王)을 병탄하여 진나라의 몽염에게 빼앗겼던 흉노 땅을 모조리 되찾았다. 당시 한나라 군대는 항우와 서로 쟁탈하고 있어 중원은 전란으로 지쳐 있었다. 이로 인하여 묵돌은 강력해져서 병력은 30여만에 이르렀다.

새가 모여들듯 구름이 흩어지듯

순유(淳維)에서 두만까지 천여 년이 지나는 동안 때로는 크고 때로는 작으며 때로는 분리되어 시대가 대단히 오래되었으므로 그들의 가계를 확정시킬 수는 없다. 그러나 묵돌의 시기에 이르러 흉노의 세력은 가장 강력해져서 북방의 수많은 부족을 정복하고 남쪽으로는 중국과 적대하게 되었다. 이후 비로소 선우의 가계와 계승, 그리고 관직 명칭 등에 대한 기록이 가능해졌다.

흉노는 좌우 현왕(賢王)[632], 좌우 녹려왕(谷蠡王), 좌우 대장(大將), 좌우 대도위(大都尉), 좌우 대당호(大當戶), 좌우 골도후(骨都侯)의 관직을 설치하였다. 흉노어로 '도기(屠耆)'는 현명하다는 의미로서 대부분 태자가 좌도기왕(左屠耆王)이 되었다.

---

632) 좌현왕과 우현왕은 모두 흉노 선우 수하의 통수로서 좌현왕은 동쪽에 기거하고 우현왕은 서쪽에 기거하였다.

좌우의 현왕 이하 당호는 많게는 만 명에서 적게는 수천 명의 기병을 거느리며 총 24군장(君長)이 있는데, 이들을 '만기(萬騎)'라고 불렀다. 모든 대신들의 관직은 세습되었다. 호연씨(呼衍氏), 난씨(蘭氏), 그리고 훗날의 수복씨(須卜氏) 등 세 성씨의 대신이 흉노의 귀족이었다. 좌왕(左王)들은 군사를 거느리고 동쪽에 살면서 상곡군 동쪽에서 예맥(穢貊)[633]과 조선(朝鮮)에 닿아 있었다. 우왕(右王)들은 군사를 거느리고 서쪽에 살면서 상군의 서쪽에서 월지와 저(氐), 강(羌)에 닿아 있었다. 선우의 왕정(王庭)은 대군(代郡), 운중군에 이르기까지 각자 자기가 관할하는 기반을 가지고서 물과 풀을 따라 옮겨 살았다. 특히 좌우 현왕과 좌우 녹려왕의 나라가 가장 크고, 좌우 골도후는 선우의 정치를 보좌하였다. 24장들은 또 각자가 천장(千長), 백장(百長), 십장(什長), 비소왕(裨小王), 상봉(相封), 도위(都尉), 당호(當戶), 저거(且渠) 등의 관리들을 두고 있었다.

매년 정월에는 군장들이 선우가 있는 왕정(王廷)에서 소규모 집회를 열고 제사를 지냈다. 5월에는 용성(龍城)에서 성대한 집회를 열고 조상과 천지와 귀신에게 제사를 모셨다. 가을에 말이 살찌게 되면[634] 대림(蹛林)에서 대규모 대회를 열어 목축과 인구의 숫자를 조사하였다.

흉노의 법률은 살인의 의도가 있다면 비록 칼을 뽑아 한 척(一尺)의 상처를 나게 한 경우라도 사형에 처하고, 도둑질한 사람은 그의 재산을 몰수하며, 가벼운 죄를 범한 자는 태형에 처하고 중죄를 범한 사람은 사형에 처하도록 규정하였다. 옥에 가두어두는 것은 최장 10일이었으며 전국적으로 옥에 갇힌 사람은 몇 명에 지나지 않았다.

선우는 아침 일찍 영지(營地)를 나와 떠오르는 해를 경배하고, 저녁에는 또 달에 경배하였다. 그의 자리는 항상 좌측이었고 북쪽을 향해서 앉았다. 그리고 무일(戊日)과 기일(己日)을 중시하였다. 죽은 자에 대한 장례에는 관곽(棺槨), 금은, 가죽옷을 사용하고 있었는데, 무덤에 나무를 심는 일은 없고 상복을 입지 않았다. 선우의 순장을 위한 근신(近臣)과 노예는 백 명에서 수천 명에 이르렀다. 전쟁의 발동은 항상 별과 달을 근거로 삼아 달이 차서 둥글게 되면 공격을 하고

633) 이곳 역시 원문에는 예맥濊貊으로 기록되어 있다.
634) 이로부터 천고마비天高馬肥라는 말이 비롯되었다.

이지러지면 후퇴하였다. 전쟁을 할 때 적의 목을 베어오는 사람에게는 큰 잔으로 술을 내리고, 노획한 전리품은 모든 사병에게 분배하고 포로로 된 적은 자기의 노비로 삼을 수 있었다. 그렇기 때문에 그들이 일단 전쟁에 참전하게 되면 모두 자신의 이익을 얻기 위하여 복병을 배치하여 적을 포위하였다. 그래서 적을 보기만 하면 그들은 이익을 구하기 위하여 새 떼처럼 각지에서 모여들지만, 전쟁에서 패배하면 구름이 흩어지듯 와해되었다. 작전 시에 동포의 시체를 거두어온 자는 전사자의 모든 재산을 가질 수 있었다.

그 뒤 묵돌 선우는 또 북진하여 혼유(渾庾), 굴야(屈射), 정령(丁零), 격곤(鬲昆), 신리(薪犁) 등 많은 부족을 항복시켰다. 흉노의 모든 귀족과 대신들은 마음속으로 묵돌 선우를 매우 경모하고 참으로 현능하다고 생각하였다.

사신에게 노약자와 마른 말만 보여 주는 까닭은?

고조가 중국 천하를 평정하여 천하통일을 이룩한 것이 그 무렵의 일이었다.

고조는 천하를 평정하자 한왕(韓王) 신(信)을 대(代)나라에 파견하여 마읍(馬邑)에 도읍을 정하게 했다. 흉노는 대규모로 마읍성을 포위 공격하여 한왕 신은 항복하였다. 흉노는 한왕을 얻고 기세를 몰아 남쪽으로 태원을 공격하고 진양성까지 육박하였다.

고조는 먼저 사람을 보내 정탐하도록 했다. 그러나 묵돌은 이미 한나라 정탐꾼이 올 줄 알고 군대와 살찐 말들은 모두 숨겨 놓고 노약자와 비쩍 마른 말만을 내놓아 보이도록 하였다. 정탐꾼이 돌아가 고조에게 "묵돌을 치는 것이 좋겠습니다."라고 보고했다. 고조는 다시 한번 더 확인하기 위해 유경을 보내 살피도록 했다. 그러자 유경은 돌아와서 "무릇 전쟁을 하는 두 나라는 서로 자기들의 강한 점을 자랑하는 것이 상례입니다. 그런데도 노약자와 초라한 말들만 보이는 것은 필시 무슨 음모가 있는 듯합니다. 공격하지 않는 것이 좋겠습니다."라고 보고하였다. 이에 고조는 크게 화를 냈다. "저놈이 망령된 말을 해 병사들의 사기를 꺾으려 드는구나!" 그러고는 당장 유경을 잡아 가두도록 하였다.

고조는 곧바로 흉노 토벌군을 편성해서 스스로 친정하였다. 대부분 보병이었고 총 32만에 달했다. 때는 바야흐로 겨울이었는데 혹한이 내습하고 설상가상으로 눈이 내렸다. 한나라 군대는 악전고투의 연속이었다. 병사들은 혹한으로 인하여 열에 두세 명은 손가락을 잃었다. 묵돌은 패배한 척하면서 도주하여 한나라 군대를 유인하였다. 한나라 군대가 묵돌을 추격했을 때, 그는 정예군을 뒤에 감추고 일부 쇠약한 병졸만을 내보였을 뿐이었다. 완전히 흉노를 얕보게 된 한나라는 전군(全軍)을 동원하여 북쪽으로 흉노를 추격하였다. 고조는 먼저 평성(平城) 지방에 도착하였는데 추격을 너무 서둘렀기 때문에 대열이 길게 늘어져 후속 보병 부대는 아득한 후방에 처져 있었다. 묵돌은 정예 기병 40만 기를 파견하여 고조를 백등산(白登山)에서 완전히 포위했다. 7일 동안 한나라 군은 백등산 내외에서 서로 구원하지 못하고 있었다.

이때 흉노의 기마 부대는 서쪽은 모두 백마, 동쪽은 모두 청마, 북쪽은 모두 흑마, 남쪽은 모두 적황색마로 위용을 자랑하면서 물샐 틈 없이 포위하고 있었다. 이때 진평이 또다시 꾀를 냈다. 진평은 묵돌의 왕후에게 밀사를 통해서 정중히 선물을 보내며, 한편으로는 곧 빼어난 미녀들을 선우에게 바칠 계획이라고 전했다. 그러자 왕후는 혹시 한나라의 뛰어난 미녀들에게 사랑을 빼앗길까봐 불안하여 묵돌에게 호소하였다.

"이웃한 나라의 군왕과는 서로 고난을 주고받지 마십시오. 설혹 이 싸움에서 이겨서 한나라 영토를 모두 얻는다 하더라도 결국 흉노가 살 수 있는 곳이 아닙니다. 게다가 한왕 역시 신(神)이 그를 돕고 있습니다. 부디 깊이 생각하시어 결정하십시오."

때마침 묵돌은 자기와 합류하기로 되어 있던 한왕 신의 장군들이 약속 날짜가 되어도 나타나지 않자, 그들이 한나라와 밀모가 있지 않은지 의심하였다. 또한 왕후의 말도 받아들여 포위망의 일부를 풀었다. 그러자 고조는 모든 병사들에게 "활에 화살을 재어 힘껏 당겨라!"라고 명령하며 화살 끝을 흉노에게 향하면서 포위가 풀린 곳으로 단숨에 달려 나가 간신히 본대와 합류할 수 있었다.

묵돌은 군대를 이끌고 북쪽으로 철수하였다. 한나라 군대도 본국으로 철수하였다. 고조는 돌아오자마자 묵돌의 음모를 경고했던 유경을 석방하면서 "그대 말을 듣지 않아 백등산에서 큰 곤욕을 치렀소. 그때 거짓을 아뢴 자는 엄벌하겠소."라고 말했다. 그러고는 맨 먼저 정탐했던 부하를 처형시켰으며, 한편 유경의 벼슬을 올려 주었다.

이때 유경이 고조에게 아뢰었다.

"지금 무력으로는 도저히 흉노를 제압할 수 없습니다. 그래서 황공스러운 말씀입니다만, 큰 공주님을 선우에게 시집보내는 것이 좋을 듯합니다. 그렇게 되면 저들도 공주님을 정실부인으로 맞을 것이며, 그래서 아들을 낳게 되면 분명히 태자로 삼을 것입니다. 묵돌은 폐하의 사위가 되고 그가 죽으면 폐하의 외손자가 선우가 되는 것입니다. 이렇게 되면 흉노는 점차 신하의 나라가 될 수밖에 없습니다."

그러자 고조는 "참 좋은 생각이오."라며 찬성하였다. 하지만 여후는 이 말을 듣고 밤낮으로 울면서 사정했다.

"제게는 오직 딸 하나가 있을 뿐인데, 그 딸을 어떻게 흉노에게 보낸다는 말입니까?"

그래서 고조는 할 수 없이 후궁 중에 한 명을 큰 공주로 속여서 유경과 함께 흉노로 보냈다. 한나라와 흉노는 드디어 화친 맹약을 맺게 되었다. 한나라는 유경의 제안대로 사자를 보내 황족의 딸을 공주라고 속여서 선우에 시집보내면서 매년 일정량의 솜, 비단, 술, 쌀, 양식을 헌납하기로 하고 형제국이 되는 조약을 맺어 화친을 하게 했던 것이다. 그러자 얼마 동안은 묵돌도 한나라에 대해 침략 행위를 삼가게 되었다.

그 뒤 한나라를 배반한 연왕(燕王) 노관이 부하 수천 명을 이끌고 흉노에 투항, 상곡군 동쪽에 출몰하여 주민을 괴롭혔다. 세월이 흘러 고조가 붕어하고 혜제와 여후의 시대가 되자, 한나라는 가까스로 안정을 되찾은 듯했으나, 흉노가 한나라를 멸시하는 것은 여전히 마찬가지였다.

어느 날 묵돌로부터 여후에게 한 통의 편지가 보내졌다. 그것은 희롱을 늘어놓은 편지였다.[635] 톡톡히 망신을 당한 여태후는 당장에 흉노 토벌군을 내보내려 하였다. 그러나 신하들이 입을 모아 말렸다.

"영명하시고 현명하신 선제께서도 평성에서 포위되어 곤욕을 치르셨습니다."

---

635) '장맥분흥張脉僨興'이라는 말이 있다. 혈기가 터질 듯이 넘쳐 도저히 욕정을 견딜 수 없다는 뜻이다. 즉, 자기도 홀아비이고 당신도 과부이니 우리 한번 어울려 정분을 풀어 보자는 노골적인 언사로 가득 찬 편지였던 것이다.

여후는 하는 수 없이 출병을 중지하고 회유책을 계속할 수밖에 없었다.

싸울 것이냐, 화평할 것이냐

문제(文帝)가 즉위하자 다시 흉노와 화친 조약을 맺었다. 그러나 문제 3년 5월에는 흉노의 우현왕(右賢王)이 하남 지역에 침입하여 상군의 요새를 공격해 왔다. 그러면서 한나라에 귀속해서 변경 방위를 맡고 있던 한나라 소속의 만이(蠻夷)를 공격하고, 부근의 주민을 죽이고 약탈을 일삼았다. 그러자 문제는 승상 관영에게 토벌을 명령했다. 관영은 전차대와 기마대 8만 5천 명을 이끌고 우현왕을 공격하여 그 군대를 요새 밖으로 몰아냈다. 그런데 문제가 태원에 행차한 틈에 제북왕(濟北王) 흥거가 반란을 일으켜 문제는 급히 장안으로 돌아갈 수밖에 없었다. 이 사건으로 말미암아 관영의 흉노 토벌도 중지되었다.

그 다음 해에 묵돌 선우로부터 다음과 같은 서한이 한나라에 도착했다.

〈천제(天帝)가 세우신 흉노의 대선우(大單于),

정중히 황제에게 묻노니 평안하신가.

일찍이 황제께서 화친을 언급하고 서신 중의 뜻이 부합하여 쌍방이 모두 매우 좋아했소. 그런데 한나라 9경 관리들이 우현왕을 침범하고 모욕을 주었고, 우현왕도 선우에게 보고하지 않고 한나라 관리들과 서로 대항함으로써 쌍방 군왕의 맹약을 단절하고 형제와 같은 친밀한 관계를 이간시켰소. 이 사건에 관해서 황제로부터 다시 책망의 편지를 받았으므로 나는 사자를 통하여 자세한 사정에 대하여 회답을 보냈소. 그런데 한나라는 우리의 사자를 억류하여 귀국을 시키지 않았고, 동시에 사자를 우리에게 파견하여 사정을 설명하지 않았소. 한나라는 이로 인하여 화해의 태도를 취하지 않으니 우리 역시 인접 국가로서 의지할 수가 없소. 지금 우리의 소리(小吏)가 맹약을 깼기 때문에 나는 우현왕을 벌하고 그로 하여금 월지를 정벌할 것을 명령했소.

우리 군대는 하늘의 가호와 단련된 병사들과 강건한 말로써 월지를 멸망시켰고 완강히 저항하는 적들을 모두 참살하여 그들 모든 신민이 항복하도록 하였소. 아울러 그 인접 26개국을 평정하여 모조리 우리 흉노에 병합했소. 이로써 활을 무기로 삼는 모든 사람들은 완전히 통합되었고, 북방은 이미 안정되었소.

나는 무기를 거두고, 병사와 말에 휴식을 주며 과거의 불행한 일은 없애고 종전의 맹약을 회복하여 변경의 백성을 안정시켜서 오래 전부터 계속된 우호 관계에 순응하여 어린아이들이 건강하게 성장하고 늙은 자가 안심하고 살 수 있으며 대대손손 평안하고 즐겁게 살아가기를 희망하오.

황제의 뜻이 무엇인지 몰라 사신을 보내어 이 서한을 드림과 동시에 낙타 1두, 전마 2두, 수레를 끄는 말 8두를 헌상하는 바이오. 만일 황제께서 우리 흉노가 한나라 국경에 근접하는 것을 원치 않으신다면 나는 흉노의 관리와 백성들에게 명하여 한나라 변경으로부터 멀리 떨어진 곳으로 이주하도록 하겠소. 우리는 곧 사자를 파견하겠소.〉

6월에 흉노의 사자가 선우의 서신을 가지고 오자 한나라 조정에서는 화친이냐 싸움이냐를 놓고 그 어느 것을 택할 것인가에 대해 논의했다. 이때 중신들은 입을 모아 말했다.

"선우는 월지를 쳐부수고 지금 승운을 타고 있습니다. 이쪽에서 공격을 가할 필요는 없습니다. 게다가 설령 흉노의 영토를 빼앗았다고 하여도 그 불모의 땅에 우리나라 백성을 이주시킬 수도 없지 않습니까? 그러니 이번 기회에 선우의 요청을 받아들이는 게 최상의 방책인 듯합니다."

이렇게 하여 선우의 요청을 받아들이게 되었다.

우리는 우리 식대로 산다

그 얼마 후에 묵돌이 죽자, 그 아들 계육이 즉위하여 노상 선우(老上單于)라고 칭했다.

노상 선우가 즉위하자, 문제는 고조의 전례에 따라 황족의 딸을 공주로 꾸며서 선우에게 시집보내기로 하고 연나라 출신의 환관 중항열(中行說)을 사부(師傅)로 파견하였다. 중항열은 흉노로 가기를 원하지 않았지만 한나라 조정은 그를 강제로 보냈다. 그러자 중항열은 "강제로 나를 보낸다면, 나는 반드시 한나라의 화근이 될 것이다."라고 말했다. 그리고 흉노 측에 도착하자마자 곧 선우에게 항복하였고, 선우는 그를 매우 신임하고 총애하였다.

흉노들은 한나라의 비단이나 면(綿), 음식 등을 좋아하였다. 이에 중항열이 선우에게 진언하였다.

"흉노는 인구로 본다면 한나라의 일개 군(郡)보다도 못합니다. 그러면서도 한나라에 필적하는 힘을 자랑할 수 있는 것은 의식과 풍습이 한나라와 달라서 한나라에게 의존할 필요가 없기 때문입니다. 선우께서 지금 흉노 본래의 관습을 버리고 한나라의 물건을 좋아하시는데 이처럼 위험한 것은 없습니다. 이렇게 가서는 한나라가 자기 나라 물자를 2할만 흉노 쪽에 내놓게 되면 흉노는 완전히 한나라에게 종속되고 말 것입니다.

그러므로 지금부터라도 한나라의 비단이나 면을 입은 자에게는 그것을 입혀서 가시밭 속을 달리게 하십시오. 그렇게 하면 면은 곧 여지없이 찢어지고, 모피와 수피가 얼마나 뛰어난 물건인지 알게 될 것입니다. 또한 한나라의 음식을 모두 필요 없다고 버리셔서 흉노의 유제품(乳製品)이 얼마나 편리하고 맛이 좋은가를 알려 주어야 합니다."

아울러 중항열은 선우의 측근들에게 기재(記載) 방식을 가르쳐 흉노의 인구 및 가축 수를 등록하고 계산하기 쉽도록 하였다. 이어서 중항열은 한나라에 보내는 서한의 양식을 고치도록 했다. 지금까지 한나라에서 흉노에게 보내오는 서한은 한 자 한 치의 두루마리가 사용되었으며, "황제, 삼가 흉노의 대선우에게 문안하노니, 평안하신가?"라고 시작되어 헌납한 물건과 용건을 적었다. 중항열은 선우가 한나라에 보내는 서한은 더욱 크게 한 자 두 치의 두루마리를 사용하게 했으며 봉인도 더 크게 하고는 오만하여 공경한 언사가 없이 "천지가 낳으시고 일월이 세우신 흉노의 대선우가 한나라 황제의 평안을 묻노라."라고 하였다. 또한 보내는 물건과 기타의 말 등등을 서술하였다.

한나라 사신이 "흉노의 풍속은 노인을 천대한다."라고 말하자, 중항열은 사신을 힐난하며 물었다.

"그대들 한나라 풍습으로는 젊은이가 변경 수비병으로 종군할 때 늙은 부모가 자신들이 아껴서 남겨놓은 따뜻한 의복과 맛있는 음식을 막 출발하려는 아들에게 주지도 않는다는 말이오?"

"그것은 당연한 말씀이오."라고 한나라 사신이 대답하자 중항열은 "흉노 사람들은 전쟁을 가장 큰 대사로 여기오. 그들 노약자들은 전투에 참여할 수 없고, 그래서 맛있는 음식을 건강한 젊은이에게 먹이는 것이오. 이는 자위를 위한 것이고, 이렇게 하여 비로소 부자지간에 장구적인 보호를 얻을 수 있는 것인데, 어찌 노인을 천대한다고 할 수 있겠소?"라고 말했다.

다시 한나라 사신이 "하지만 흉노는 부모자녀가 모두 한 천막 속에 거주하며, 아비가 죽으면 아들이 계모를 아내로 삼거나, 형제가 죽으면 나머지 형제가 미망인들을 모두 자기 아내로 삼거나 하지 않소? 게다가 흉노는 관을 쓰고 띠를 매지도 않으며, 조정의 예절도 없소"라고 말하자 중항열은 "흉노의 풍습은 가축의 고기를 먹고 그 젖을 마시며 그 모피를 입소. 가축은 풀을 먹고 물을 먹기 위하여 언제든지 이동하는 것이오. 일단 긴급 상황이 발생하면 누구나 말을 타고 활을 쏘며, 평상시에는 아무 일도 없이 평안하오. 규약은 간략하여 실행하기 쉽고 군신 관계도 매우 간단하여 나라의 정치가 마치 한 인간의 신체와도 같소. 자신의 부형이 죽으면 곧 그들의 처를 처로 삼는 것은 종족의 절멸을 막기 위함이오. 때문에 흉노는 언뜻 보기에는 문란한 것 같지만 성씨의 혈통은 문란하지 않소. 이와 반대로 중국에서는 부형의 처를 자신의 처로 삼지 않지만, 친척 간에 점점 사이가 멀어져 서로 죽이고 심지어 성씨조차도 바꾸기까지 하지 않소? 이 모두 겉으로만 올바르게 꾸미기 때문이오. 예의의 폐단으로 인하여 상하(上下) 사람으로 하여금 서로 원한을 품게 하고 오직 화려한 궁실을 짓고 사치만을 좇으며, 이를 위하여 백성들의 재력과 인력을 쇠진시키지 않소? 경작과 잠업으로 필요한 의식(衣食)을 얻고 성곽을 쌓아서 방어하지만, 일단 전쟁이 벌어지면 백성들은 전혀 싸울 줄을 모르고 평시에는 조세에 시달리며 힘들게 노동하니 그대들 흙집에서 사는 사람들이여, 더 말할 필요도 없소. 언제나 쉬지도 못하고 관을 쓰고 띠를 매니 또 무슨 좋은 점이 있겠소?"라고 비판하였다.

이후 한나라 사신이 무슨 말을 꺼내면 중항열은 "한나라 사자는 쓸데없는 말을 하지 마오. 그대들은 흉노에게 보내오는 비단·면·쌀·누룩의 수량이 충분하고 품질이 좋으면 그것으로 그만인 것을 무슨 말이 필요한가! 수량이 충분하고 품질이 좋으면 그걸로 족하고, 만약 수량이 모자라거나 품질이 조잡할 경우에는 가을 수확기에 기마대를 몰아 그대들의 경작물을 유린하면 충분하다."라고 말했다. 그는 또 밤낮으로 선우에게 한나라의 틈을 엿보게 했다.

효문제 14년, 흉노 선우가 14만 명의 기병을 이끌고 침입하여 다수의 주민을 포로로 잡아가고 많은 가축을 빼앗았다. 또 순찰 기병들은 옹 지방의 감천궁까지 이르렀다. 문제는 전차 1천 대, 기병 십만을 출동시켜 장안 일대에 주둔시켜 흉노의 침략에 대비하는 한편, 대규모의 전차와 기병을 파견하여 흉노를 공격하였다.

그러자 선우는 한 달여 요새 안에 머물고 비로소 철수하였다. 한나라 군사가 이를 추격했으나 전과는 없이 곧 회군하였다. 흉노는 갈수록 더욱 교만해져서 매년 한나라의 변경을 침략하고 수많은 사람들을 죽였으며 백성들의 재산과 가축들을 손에 닿는 대로 약탈해 갔다. 운중군과 요동군의 피해 상황이 가장 심각하여 만여 명의 사상자가 발생하였다. 한나라 조정은 이를 크게 걱정하여 사신을 파견하여 서신을 보냈는데, 선우도 사신을 보내 답례하면서 화친을 제안하였다.

노상 선우가 죽은 후에 그 아들 군신이 선우에 즉위하였다. 그가 즉위한 뒤 효문제는 다시 흉노와 화친의 맹약을 맺었으며, 중항열은 계속하여 군신 선우를 섬겼다. 한나라와 흉노는 여전히 전투와 화해를 되풀이했으나 한나라는 항상 수세의 입장에 몰려 있었다.

마읍(馬邑)에서 벌어진 일

지금의 황제가 즉위한 뒤 한나라는 화친 맹약의 조문을 명확히 하고 선우를 후대하였으며 변경 무역을 계속 개방하여 그들에게 풍부한 물자를 보내주었다. 흉노는 선우 이하 모두 한나라와 친하게 되어 장성 아래로 오고 다녔다.

한나라는 마읍(馬邑) 성 사람 섭옹일(聶翁壹)에게 일부러 금령을 어기고 물품을 가지고 가서 흉노와 교역하도록 시켰다. 그러고는 거짓으로 마읍성을 팔아넘기는 척하게 함으로써 선우를 유인하도록 하였다. 선우는 그의 말을 의심하지 않고 믿었고 또 마읍의 재물을 탐하여 10만 기병을 이끌고 무주(武州)의 요새를 침공하였다. 이때 한나라에서는 30여만 명의 군사를 마읍 부근에 몰래 숨겨놓고 어사대부 한안국(韓安國)이 호군(護軍)[636]으로서 네 명의 장군을 지휘하여 매복

---

636) 다른 장군을 감독하는 장군.

하면서 선우를 기다리고 있었다.

선우는 이미 한나라 국경을 넘었으나 마읍에서 백여 리 떨어진 곳에서 들판에 가축이 가득 차 있는데도 정작 가축을 키우는 사람이 보이지 않는 것을 수상하게 생각하고는 곧 정(亭)[637]을 공격하도록 명령하였다. 이때 안문(雁門)의 위사(尉史)가 때마침 변방 요새를 순찰하다가 선우의 부대를 발견하고 그 정에 들어가 대항하였다. 위사는 한나라의 매복 전략을 알고 있었다. 선우는 위사를 포로로 잡아 죽이려 하였다. 위사는 한나라 군사가 매복해 있는 지점을 선우에게 고하였다. 선우는 크게 놀라면서 말하였다. "나는 본래부터 의심하고 있었다!" 그러고는 곧바로 군사를 이끌고 철수하였다.

선우는 국경을 넘어서서 말하였다.

"내가 위사를 포로로 잡게 된 것은 천명이로다. 하늘이 그대를 시켜 나에게 전해준 것이다."

그런 연후에 위사를 '천왕(天王)'으로 칭하였다.

원래 한나라 군대는 선우가 마읍에 진입하게 되면 곧 군사를 파견하여 선우를 공격하기로 약속했었다. 그러나 선우가 오지 않았으므로 한나라 병사의 배치는 헛일로 되어버렸다. 한편 한나라 장군 왕회(王恢)의 부대는 원래 대나라를 출발하여 흉노의 보급 부대를 공격하기로 계획되어 있었는데 선우가 이미 철수한다고 들었으나 흉노의 군사가 많음을 두려워하여 감히 진격할 생각을 못하였다. 한나라에서는 왕회가 원래 이번 작전을 세운 사람임에도 불구하고 진격을 하지 않았다는 이유로 그를 사형에 처하였다. 이로부터 흉노는 화친을 단절하고 교통의 요충지인 요새를 공략하여 수도 없이 한나라 변방을 약탈하였다. 그러면서도 흉노는 재물을 탐하여 여전히 교역을 좋아하였고 한나라 재물을 선호하였다. 한나라 역시 계속 변경 무역을 개방하여 그들의 마음에 영합하였다.

---

637) 변경에 적들의 동태를 살피기 위해 세운 건축물.

전쟁으로 점철되는 역사

마읍 사건이 일어난 지 5년 후 가을, 한나라는 위청, 공손하, 공손오, 이광의 네 장군에게 각기 1만 기의 군사를 주어 변경 관시(關市)[638] 주변의 흉노를 공격하게 했다. 위청 장군은 상곡에서 출격하여 흉노의 주요 부대 7백 명을 포로로 잡았다. 공손하는 운중에서 출격하여 아무런 전과 없이 철수하고, 대 지방에서 출격한 공손오는 패배하여 7천여 명을 잃었으며, 안문에서 출격했던 이광도 흉노의 대군을 만나 참패를 당했다. 이광은 뒤에 비록 탈출했지만 한때 흉노에게 생포되었다. 결국 공손오와 이광은 옥에 갇혀 속죄금을 물고 평민으로 강등되었다. 이 해 겨울, 흉노는 줄곧 한나라의 변경을 침략하여 약탈을 일삼았다. 어양군이 가장 피해가 극심하였다. 한나라 조정은 어양군에 장군 한안국을 파견하여 주둔하도록 하였다.

다음 해 가을, 흉노의 2만 군사가 침입하여 요서의 태수를 살해하고 2천 명을 포로로 데려갔다. 또한 어양 태수의 수비군 천여 명을 격파하고 장군 한안국의 군대도 포위했다. 한안국의 1천여 부대는 전멸의 위기에 처했으나, 연나라에서 구원 부대가 도착하여 흉노를 쫓아내 가까스로 위기를 면했다. 그 후 흉노는 또다시 안문에 침입하여 천여 명을 살해하고 약탈했다. 한나라는 위청에게 3만 기를 주어 안문에서 출격하도록 하여 수천 명을 참하고 포로로 노획하였다.

위청 장군은 다음 해에도 운중에서 흉노 토벌에 나섰다. 그는 서쪽으로 진격하여 농서에 이르러서 흉노의 누번왕과 백양왕을 공격하여 수급(首級)과 포로를 합쳐 수천, 소와 양을 백여만 마리 노획하는 전과를 올렸다. 이렇게 하여 한나라는 하남 지역을 점령하여 그곳에 삭방군을 설치하고, 진나라 시대에 몽염이 구축했던 방어 공사를 다시 수선하였으며, 황하를 방어벽으로 삼았다.

이듬해 겨울, 흉노의 군신 선우가 세상을 떠났다. 군신 선우의 동생 좌녹려왕 이치차(伊稚斜:흉노 이름에서 차로 발음)가 스스로 선우로 즉위하여 군신 선우의 태자인 오단(於單)을 격파하였다. 오단은 도망쳐 한나라에 항복하였다. 한나라는 오단을 섭안후(涉安侯)로 봉하였는데, 그는 몇 달 뒤 바로 죽었다.

---

638) 변경의 교통 요로에 설치한 시장.

이치차 선우가 즉위한 그해 여름, 흉노의 기병 수만 명이 대군에 침입해서 태수 공우(恭友)를 살해하고 천여 명을 포로로 잡아갔다. 그해 가을, 흉노는 또다시 안문군으로 침입하여 천여 명을 죽이거나 잡아갔다. 이듬 해 흉노는 다시 또 대군과 정양군(定襄郡) 그리고 상군을 침략하였는데 매번 모두 3만 명의 기병이었고 수천 명을 죽이거나 잡아갔다. 흉노의 우현왕은 한나라가 하남 땅을 빼앗고 삭방군을 설치한 것에 원한을 품고 여러 차례 침입하여 변경을 약탈하고 하남까지 진입하여 삭방군을 휩쓸고 다니며 수많은 관리들과 백성들을 죽이고 약탈하였다.

이듬해 봄, 한나라는 위청을 대장군[639]에 임명하고 장군 여섯 명과 십여만 명의 군사를 이끌고 삭방과 고궐(高闕)에서 출격하여 흉노를 토벌하였다. 우현왕은 한나라 군사가 그곳까지 도착할 수 없다고 여겨 술을 마시고 취해 있었다. 한나라 군은 국경선으로부터 육, 칠백 리나 들어가 밤에 우현왕을 포위하였다. 우현왕은 크게 놀라 단신으로 곧 도망쳤고, 정예 기병들도 뒤를 따라 모두 뿔뿔이 흩어져 달아났다. 한나라는 이 싸움에서 우현왕 관할의 남녀 만 오천 명과 비소왕(裨小王) 십여 명을 포로로 잡았다. 가을에 만여 명의 흉노 기병이 대군에 침입하여 도위 주영(朱英)을 죽이고 천여 명을 포로로 잡아갔다.

이듬해 봄, 한나라는 또 대장군 위청에게 장군 여섯 명과 기병 10여 만 명을 통솔하여 다시 정양군에서 수백 리 떨어진 곳까지 가서 흉노를 공격하도록 하였는데, 목을 벤 흉노의 수급은 모두 약 만 9천여 개에 이르렀다. 한나라도 장군 두 명과 삼천여 명의 기병을 잃었다. 또 우장군 소건(蘇建)은 단신으로 도망쳐 죽음을 면하였고, 전장군(前將軍) 조신은 작전 실패로 흉노에게 항복하였다. 조신은 원래 흉노의 소왕(小王)이었는데 한나라에 투항하여 흡후에 봉해진 인물이었다. 원래 전장군과 우장군의 양군이 합병되어 주력 부대와 분리되어 전진하다가 단독으로 선우의 대부대를 만나게 되었기 때문에 전멸하였다. 선우는 조신을 사로잡고는 그를 자차왕(自次王)에 봉하고 자기 누나를 주어 부인으로 삼도록 하고 함께 한나라에 대한 공격을 도모하였다. 조신은 선우에게 북쪽으로 이동하여 사막을 넘어 한나라 군사를 유인해서 지치게 만든 다음 그들이 극도

---

639)   한나라 시기 장군의 서열은 1위가 대장군, 2위 표기(驃騎)장군, 3위 거기(車騎)장군, 4위 위(衛)장군이었다.

로 지쳐 있을 때에 공격을 해야 하며, 한나라에 가까운 변새에 구태여 살 필요가 없다고 조언하였다. 선우는 그의 계책을 받아들였다. 그 이듬해, 흉노의 기병 만 명이 상곡군에 침입해서 수백 명을 죽였다.

이듬해 봄, 한나라는 표기장군 곽거병에게 기병 만여 명을 통솔하고 농서에서 출격하게 하였다. 곽거병은 언지산(焉支山)을 넘어 천여 리나 되는 곳까지 진출해서 흉노를 공격하여 만 8천에 이르는 흉노의 수급을 베었고 휴도왕(休屠王)이 하늘에 제사 지낼 때 사용하는 금인상(金人像)을 손에 넣었다. 여름에 표기장군은 또 합기후(合騎侯) 공손오의 기병 수만 명과 함께 농서와 북지에서 이천여 리 되는 곳까지 진출하여 흉노를 공격하였다. 그리하여 거연(居延)을 지나 기련산(祁連山)을 공격하여 흉노 3만여 명과 비소왕 이하 7십여 명을 참수하거나 생포하였다. 이때 흉노도 대군과 안문군을 습격하여 수백 명을 죽이거나 잡아 갔다. 한나라는 박망후(博望侯) 장건과 이광 장군으로 하여금 우북평에서 출발하여 흉노의 좌현왕을 공격하도록 하였다. 그러나 이장군은 좌현왕에게 포위당하여 이장군의 군사 4천 명은 거의 전멸되었다. 흉노 역시 죽은 병사가 이쪽보다 많았다. 마침 박망후의 군사가 당도하여 구원하였기 때문에 이장군은 비로소 탈출할 수 있었다. 그러나 한나라 군사의 사상자는 수천 명에 달하였고, 합기후는 표기장군과 약속한 기한에 합류하지 못했으므로 합기후와 박망후는 마땅히 사형을 당해야 했으나 모두 속죄금을 물고 평민으로 되었다.

그 해 가을, 선우는 혼야왕(渾邪王)과 휴도왕의 영지에서 한나라에 의하여 수만 명이 죽거나 포로가 되었던 일에 크게 분노하여 그들을 불러 주살하려 하였다. 혼야왕과 휴도왕은 겁을 크게 내어 한나라에 항복할 것을 밀모하여 한나라는 표기장군을 시켜 이들을 영접하도록 하였다. 그런데 혼야왕은 휴도왕을 죽이고 그의 군사와 백성들을 합병하여 총 4만 명이 한나라에 항복하였다. 혼야왕이 한나라에 항복한 뒤 농서, 북지, 하서(河西)에서는 흉노의 침입이 더욱 감소하였다. 그래서 관중의 빈민을 흉노에게 빼앗은 하남과 신진중(新秦中)으로 이주하여 살도록 함으로써 그곳을 충실하게 하였다. 그리고 북지군 이서를 지키는 병사들을 반으로 줄였다. 그 이듬해, 흉노 기병 수만 명이 우북평과 정양을 침략하여 천여 명을 죽이고 약탈한 뒤 철수하였다.

이듬해 봄, 한나라는 정세를 분석하고 "조신이 선우를 대신하여 계책을 세우고 있는데, 사막 북쪽에서 활동하면서 한나라가 그곳까지는 쳐들어올 수 없으리라 여기고 있다."라고 판단한 뒤 말에게 먹이를 충분히 먹여 기병 십만 명을 출동시켰다. 스스로 의복과 말을 끌고 군대를 따라 출발한 사람은 14만 명이었다. 대장군 위청과 표기장군 곽거병에게 명하여 대군을 두 부대로 나누어 대장군은 정양에서 출발하고 표기장군은 대군에서 출발하여 함께 사막을 건너 흉노를 토벌하기로 약속하였다. 선우가 이 소식을 듣고 보급 부대를 멀리 이전시키고 정예 부대를 이끌어 사막 북쪽을 지키고 있다가 한나라 대장군과 접전을 종일토록 벌였다. 그런데 하늘이 점점 어두워지더니 큰 바람이 불었다. 한나라 군대는 좌우 양익의 군대로 하여금 선우를 포위하도록 하였다. 선우는 한나라 군사를 당하지 못할 것이라고 판단하고 단신으로 수백 명의 기병들을 이끌고 한나라 포위를 뚫고서 서북쪽으로 도망쳤다. 한나라 병사들은 밤새 선우를 추격하였으나 끝내 잡을 수가 없었다. 이 전투에서 만 9천의 흉노 수급을 얻고 북쪽 전안산(窴顏山)에 있는 조신성(趙信城)까지 추격한 뒤 회군하였다.

선우가 도망칠 때, 흉노 군사들은 때로는 한나라 군사와 서로 섞여서 심지어 한나라 병사들 역시 선우를 따라 달아나는 실정이었다. 선우는 오랫동안 자기의 본대와 합류할 수가 없었기 때문에 우녹려왕은 선우가 죽은 줄로 알고 스스로 선우가 되었다. 그러나 진짜 선우가 다시 군권을 잡게 되자 그는 선우의 칭호를 취소하고 다시 우녹려왕으로 돌아갔다.

한편 한나라의 표기장군은 대군을 출발하여 이천여 리를 진군한 뒤 좌현왕과 접전을 벌였다. 한나라 군대는 흉노의 수급과 포로 약 7만여 명을 얻었으나 좌현왕과 그 부장들은 모두 도망쳤다. 표기장군은 낭거서산(狼居胥山)에서 하늘에 제사를 지내고 고연산(姑衍山)에서 땅에 제사를 모신 다음, 한해(翰海)[640]까지 진군한 뒤 회군하였다. 그때부터 흉노는 먼 곳으로 달아났다. 사막 이남에는 선우의 왕정(王廷)이 없었다. 한나라는 황하를 건너 삭방 서쪽에서 영거(令居)까지 부단히 수리 공사를 하고 전관(田官)을 설치하였으며 관리와 병졸 5, 6만 명을 주둔시켰다. 이렇게 차츰 세력을 잠식해 들어가 국경이 흉노의 옛 고토 북쪽에 근접하게 되었다.

---

640) 고비사막의 옛 이름.

원래 한나라의 두 장군이 대규모로 출격해서 선우를 포위 공격하였을 때, 8, 9만 명이나 되는 흉노를 죽이거나 포로로 삼았지만 한나라의 병사도 역시 수만 명이 죽었고 죽은 한나라의 말도 10여만 필이 넘었다. 흉노는 지쳐서 멀리 도망쳐 버렸지만 한나라도 말이 대단히 부족했기 때문에 추격할 능력이 없었다. 흉노는 조신의 건의대로 한나라에 사신을 보내 좋은 말로 화친을 청하였다. 천자는 조정 대신들에게 넘겨 토론하도록 하였다. 어떤 대신들은 화친을 주장하고 어떤 대신들은 반드시 흉노로 하여금 신하로 칭하게 해야 한다고 주장하였다. 승상의 장사(長史)인 임창(任敞)은 "지금 흉노는 또다시 패해서 곤경에 놓여 있는 만큼, 그들을 외신(外臣)으로 삼아서 조공과 알현 모두 변경에서 거행하는 것이 좋을 줄로 아옵니다."라고 주장하였다. 그리하여 한나라는 선우에게 임창을 사자로 파견하였다. 선우는 임창의 계획을 듣고 크게 노하여 그를 가두게 한 다음 귀국을 허락하지 않았다. 과거에 한나라도 흉노의 사신을 항복시킨 일이 있고, 흉노 역시 똑같은 수의 한나라 사신을 억류시킨 적이 있었다. 한나라가 막 사졸과 군마를 징발시키려고 할 때 표기장군 곽거병이 병으로 죽었기 때문에 한나라는 여러 해 동안 흉노를 공략하지 못하였다.

몇 년이 지난 뒤 이치차 선우는 재위 13년 만에 세상을 떠났다. 그의 아들인 오유(烏維)가 자리를 이어 선우로 즉위하였다. 이때 한나라 천자는 군현을 순행하기 시작하였다. 훗날 한나라는 남방의 양월(兩越)을 정벌하였으나 흉노는 공격하지 않았다. 흉노 역시 변경을 침입하지 않았다.

오유 선우가 즉위한 지 3년, 한나라는 이미 남월을 멸망시켰고 이전에 태복(太僕)을 지냈던 공손하를 파견하였다. 그는 기병 만 5천 명을 이끌고 구원(九原)을 출발하여 2천여 리를 나아가 부저정(浮苴井)에 도착했다가 다시 회군했는데, 한 명의 흉노인도 볼 수 없었다. 한나라는 다시 조파노(趙破奴)를 보냈는데, 그는 만여 명의 기병을 통솔하고 영거에서 수천 리 떨어진 흉하수(匈河水)까지 진군한 뒤 회군했으나 역시 한 명의 흉노 사람도 발견하지 못하였다.

이 해에 천자는 변경의 주를 순행하여 삭방에 이르렀는데 18만 명의 기병을 통솔함으로써 위세를 나타내 보였다. 동시에 곽길(郭吉)을 사신으로 파견하여 선우를 풍자하여 가르치고자 하였다. 곽길이 흉노에 도착한 뒤 외빈 접대를 주관하는 흉노의 관원이 사자가 온 임무가 무엇이냐고 물었다. 곽길은 예의를 갖추어 매우 겸양하면서 정중히 대답하였다.

"제가 선우를 뵙고 직접 말씀드리겠습니다."

선우가 곽길을 접견했을 때 곽길은 "남월왕의 머리는 이미 한나라 조정의 북문에 효수되어 달려 있습니다. 만약 지금 선우께서 가능하시다면 출정하셔서 한나라와 싸워 주십시오. 한나라 천자는 이미 친히 군사를 통솔하시고 변새에서 기다리고 계십니다. 만약 선우께서 불가능하다면 곧바로 항복하고 한나라의 신하로 칭하셔야 합니다. 어찌하여 오직 먼 곳으로 달아나 대막 이북의 춥고 고통스럽고 또 물도 풀도 없는 땅에 숨는 것인지요? 이렇게 하시지 말기 바랍니다."라고 말하였다. 그의 말이 끝나자마자 선우는 크게 노하여 곧장 그를 만나게 한 관원의 목을 베었다. 그리고 곽길을 붙잡아 북해(北海)로 옮겼다. 하지만 끝내 선우는 한나라에 쳐들어가지 않으면서 사졸과 말을 충분히 휴식하게 하고 활과 사냥을 훈련하도록 하였다. 오히려 사신을 자주 한나라로 파견하여 좋은 말로써 화친을 청할 뿐이었다.

한나라는 왕오(王烏) 등을 사신으로 보내 흉노의 동정을 살피도록 하였다. 흉노의 법은 한나라 사신이 부절(符節)[641]을 버리지 않고 또 얼굴에 먹물을 넣지 않으면 선우의 천막 안에 들어갈 수 없도록 규정하고 있었다. 왕오는 북지군 사람으로서 흉노의 풍습을 잘 알고 있었다. 그는 사신의 부절을 버리고 얼굴에 먹물을 넣고서 선우의 처소로 들어갈 수가 있었다. 선우는 왕오를 매우 좋아하였고, 듣기 좋은 말로써 왕오의 요구를 받아들이는 것처럼 가장하여 곧 한나라에 태자를 인질로 보내 화친을 청하겠다고 말하였다.

한나라는 흉노에 양신(楊信)을 사신으로 보냈다. 이 무렵 한나라는 동쪽으로 예맥(穢貊)과 조선(朝鮮)을 정복하여 군을 설치하였고, 서쪽으로는 주천군(酒泉郡)을 두어 흉노와 강(羌)이 내왕하는 통로를 단절하였다. 또 서쪽의 월지(月氏), 대하(大夏)와 수교하고 한나라 공주를 보내 오손의 왕의 부인으로 삼도록 하는 등의 회유책을 써서 흉노를 돕던 서쪽 여러 나라들과 흉노와의 연맹을 약화시켰다. 그리고 북쪽으로는 경작지를 확장시켜 현뢰(眩雷)에 이르렀으며 그곳에 요새를 쌓았다. 이에 대하여 흉노는 처음부터 끝까지 감히 무슨 말을 하려 하지 않았다.

이 해에 조신이 죽었다. 한나라 대신들은 흉노가 이미 쇠약해져서 충분히

---

641) 사신이 증명서로 가지고 다니는 증표.

귀속시킬 수 있다고 여겼다. 양신은 사람됨이 강직하고 정직하며 쉽게 굴복하지 않았다. 그는 줄곧 한나라의 귀한 신하가 아니었기 때문에 선우는 그에게 친근하게 대하지 않았다. 또 선우가 불러들이려 해도 양신은 결코 사신의 부절을 버리려 하지 않았다. 할 수 없이 선우는 천막 밖에서 양신을 만나보았다. 양신은 선우를 보자 "만일 화친을 원하신다면 태자를 한나라에 인질로 보내십시오."라고 말하였다. 그러자 선우는 "그것은 과거의 맹약에 부합되지 않소. 과거의 맹약은 한나라가 항상 옹주(翁主)를 보내 시집보내고, 비단과 무명, 그리고 먹을 것을 주어 화친을 맺는 것이오. 그렇게 하면 흉노도 한나라 변경을 어지럽히지 않는 것이었소. 그런데 지금 한나라가 과거의 맹약을 어기고 오직 태자를 인질로 해야 한다고 고집하니 이 일은 이뤄질 수 없소."라고 대답하였다.

흉노의 풍속에 한나라 사신이 중귀인(中貴人)[642]이 아니고 만약 유생(儒生)으로 와서 유세를 하려 할 경우 이치에 맞게 설득을 하였다. 그러나 만약 젊은이가 와서 이러저러한 말을 하려 할 경우에는 그의 젊은 기개를 꺾으려 하였다. 한나라 사신이 흉노로 들어올 때마다 흉노도 답례로 사신을 보내고, 한나라가 흉노의 사신을 구금하면 흉노 역시 한나라 사신을 구금하면서 반드시 대등한 정도가 되어야 비로소 그만두었다.

양신이 한나라로 돌아온 다음 한나라는 다시 왕오를 사신으로 흉노에 보냈다. 그러자 선우는 한나라 재물을 많이 얻을 욕심에 감언이설로 왕오를 달래며 거짓으로 말하였다. "내가 한나라로 가서 천자를 알현하고 직접 형제의 결의를 하고 싶소." 왕오가 귀국하여 이 내용을 그대로 한나라에 보고하자, 한나라는 이 말을 믿고 선우를 위해서 장안에 관저를 지었다. 흉노가 말했다. "한나라의 귀인이 사신으로 오지 않으면 진실한 대화를 할 수 없다." 흉노는 귀인을 사신으로 파견하였는데, 그는 한나라에 도착한 뒤 곧 병이 났다. 한나라 조정은 사람을 보내 약을 주어 그를 잘 치료하도록 하였으나 불행히도 죽고 말았다. 그래서 한나라는 노충국(路充國)에게 이천 석(二千石)의 고관의 인수(印綬)를 차게 하여 흉노에 사신으로 보내면서 흉노 귀인의 유해를 호송해 정중한 장례식을 치르게 하였으며 아울러 금 수천 근에 이르는 후한 지참금도 보냈다. 노충국은 흉노에게 "나는 한나라의 귀인이오."라고 말하였다. 선

---

642) 황제가 총애하는 환관.

780

우는 한나라가 그들의 존귀한 사자를 죽였다고 생각하여 노충국을 붙잡고 귀국시키지 않았다. 이전의 모든 말은 선우가 왕오를 속인 빈말로서 그는 한나라에 가거나 또 태자를 인질로 보낼 생각이 전혀 없었다. 이로부터 흉노는 여러 차례 기병을 보내 한나라 변경을 침범하였다. 한나라는 곽창(郭昌)을 발호장군(拔胡將軍)으로 임명하고 또 착야후(浞野侯)를 삭방의 동쪽에 주둔하게 하여 흉노를 방어하도록 하였다. 노충국이 흉노에 머문 지 3년이 지났을 때, 오유 선우가 죽었다.

오유 선우가 재위 10년 만에 죽었다. 그의 아들 오사려(烏師廬)가 선우로 즉위하였는데, 그는 나이가 어려 아선우(兒單于)로 칭해졌다. 이후 선우는 서북쪽 방면으로 더 옮겨갔다. 그리하여 흉노의 좌방(左方) 군대는 운중군과 닿고 우방(右方)의 군사는 주천군과 돈황군(燉煌郡)에 맞닿게 되었다.

한편 한나라는 아선우가 선우의 자리를 이어받았다는 소식을 듣자 두 사람의 사신을 보내 한 사람은 선우를 방문하게 하고 다른 한 사람에게는 우현왕을 방문하도록 하여 흉노 내부의 분열을 꾀하고자 하였다. 사자가 흉노에 도착하자 흉노는 그들 두 사람 모두 선우에게 끌어갔다. 선우는 크게 노하여 그들을 억류하였다. 한나라 사신으로 흉노에 붙잡힌 사람은 앞뒤로 10여 명에 이르렀다. 한나라 역시 흉노의 사신이 오는 대로 억류하여 흉노에 붙잡힌 한나라 사신과 같은 수가 되도록 하였다.

이 해에 한나라는 이사장군(貳師將軍) 이광리(李廣利)를 파견하여 서쪽으로 대원(大宛)[643]을 공격하게 하고, 인우장군(因杅將軍) 공손오에게 수항성(受降城)을 쌓도록 명하였다. 겨울에 흉노에 큰 눈이 내려 많은 가축이 굶고 얼어 죽었다. 아선우는 나이가 어리고 호전적이었다. 이로 인하여 흉노 국인(國人)들이 안녕을 얻지 못하였다. 좌대도위(左大都尉)가 선우를 죽이려고 했는데, 그는 몰래 사람을 한나라에 보내 "나는 선우를 죽이고 한나라에 투항하고자 하오. 그러나 한나라는 너무나 멀리 떨어져 있소. 만일 한나라가 군사를 보내 나와 호응한다면 곧 행동하겠소."라고 제안하였다. 한나라는 이 말을 듣고 투항할 흉노 사람들을 거두어들이기 위하여 수항성을 쌓았다. 하지만 그 거리는 여전히 흉노와 너무 멀었다.

이듬해 봄, 한나라는 착야후 조파노에게 2만여 기병을 거느리고 삭방을 출

---

643) 宛은 지역명일 때 '원'으로 읽는다.

발하여 서북쪽으로 이천여 리를 진격하게 하고 준계산(浚稽山)에 도달한 뒤 회군하라고 명령하였다. 착야후는 준계산에 도착하여 약속한 시간에 곧 회군하였다. 흉노의 좌대도위가 행동을 하려 할 때 발각되고 말았다. 선우는 좌대도위를 주살한 다음 좌방의 군대로 하여금 착야후를 공격하도록 하였다. 착야후는 흉노의 수급과 포로 수천 명을 얻었으나 돌아오는 도중 수항성에서 4백 리 떨어진 곳에서 흉노의 8만 기병에게 포위당하였다. 착야후는 밤에 혼자 밖으로 나가 물을 찾다가 흉노 정찰병에게 발각되어 생포되었다. 흉노는 그 기회를 틈타 한나라 군대를 맹렬하게 공격하였다. 마침내 한나라의 전군이 흉노에게 항복하였다. 아선우는 크게 기뻐하고 기병을 파견하여 수항성을 공격하였다. 그러나 항복시키지는 못하고 변경을 괴롭히고 약탈하다가 물러갔다. 이듬해, 선우는 다시 직접 수항성을 공격하려 하였으나 행군하는 길에 병사하였다.

아선우는 재위 3년 만에 죽었다. 그의 아들은 너무 어렸기 때문에 흉노는 아선우의 막내 숙부인 오유 선우의 아우 우현왕 구리호(呴犁湖)로 하여금 선우 자리를 계승하도록 하였다. 이 해가 태초(太初) 3년이었다.

그 해 가을, 흉노는 정양군과 운중군에 대규모로 침입하여 수천 명을 죽이고 잡아갔다. 그러고는 이천 석의 고관 몇 명을 격파한 뒤 회군하였다. 이로 인하여 광록(光祿)이 쌓은 성채와 망루가 파괴되었다. 또 우현왕을 파견하여 주천군과 장액군(張掖郡)에 침입해서 수천 명을 살상하고 약탈하였다. 그런데 마침 임문(任文) 장군의 구원병이 급히 전투에 투입되어 흉노는 포로들을 모두 포기하고 철수하였다. 이 해에 이사 장군은 대원을 대파하여 대원 왕의 목을 베고 돌아왔다. 흉노는 회군하는 그를 공격하려 하였으나 뜻을 이루지 못하였다. 겨울에 흉노는 수항성을 공격하려 하였으나 때마침 선우가 병으로 죽었다.

구리호 선우는 선우가 된 지 1년 만에 곧 죽었다. 흉노는 그의 아우인 좌대도위 저제후(且鞮侯)를 선우로 옹립하였다.

한나라가 대원국을 토벌한 뒤로는 그 위엄이 외국까지 널리 알려졌다. 천자는 이 기회에 흉노를 포위하고 압박하고자 하여 조칙을 내렸다.

〈고황제(高皇帝)[644]께서 짐에게 평성(平城)에서의 치욕을 남기셨다. 고후(高后)

---

644) 유방 한고조.

때 선우의 편지 내용은 너무나 무례하고 황당하였다. 이전 제 양공은 9대의 원수를 갚았는데, 『춘추』는 이를 크게 찬양하였다.〉

이 해는 태초 4년이었다.

저제후 선우가 즉위한 뒤, 항복하지 않은 한나라 사신들 모두를 돌려보내 노충국 등도 귀국할 수 있었다. 저제후가 막 선우로 즉위했을 때 한나라가 습격할까 두려워하여 혼잣말로 이렇게 말하였다. "나는 어린아이다. 어찌 한나라 천자와 비교할 수 있는가! 한나라 천자는 내 오랜 선배이다." 한나라는 중랑장 소무(蘇武)를 파견하여 많은 패물을 선우에게 보냈다. 그러나 선우는 갈수록 교만해졌고 한나라의 기대와 달리 예의도 매우 태만하였다. 이듬해 착야후 조파노는 도망을 쳐 한나라로 돌아왔다.

성패는 장군과 재상을 잘 선택하여 임용하는 데 달려 있다

이듬해 한나라는 이사 장군 이광리에게 파견하여 기병 3만 명을 이끌고 주천에서 출발하여 우현왕을 천산(天山)에서 공격하도록 하였다. 이 전투에서 흉노의 수급과 포로 만여 명을 획득하였다. 흉노는 대규모로 이사 장군을 포위 공격하였고, 이사 장군은 거의 벗어날 수 없는 처지에 빠졌다. 한나라 군은 열에 6, 7명이 죽었다. 한나라는 공손오를 서하에서 출발시켜 강노(强弩)도위와 탁도산(涿涂山)에서 합류하게 하였으나 별다른 전과를 올리지 못하였다. 또 기도위(騎都尉) 이릉(李陵)을 파견하였는데, 이릉은 보병과 기병 오천 명을 거느리고 거연(居延)에서 북쪽으로 천여 리 떨어진 곳에서 선우와 교전하여 만여 명의 흉노병을 베었다. 그러나 이릉의 군대는 군사와 식량이 거의 떨어졌기 때문에 그는 전쟁터에서 벗어나 돌아오려고 했지만 흉노에게 포위되었다. 이릉은 흉노에 항복하였고, 그의 병사들도 항복하여, 돌아온 자는 겨우 4백 명뿐이었다. 선우는 이릉을 매우 존중하여 자기 딸을 이릉에게 시집보냈다.

2년 뒤에 한나라는 또 이사 장군을 파견하여 기병 6만 명과 보병 10만 명을 이끌고 삭방에서 출발하도록 하였다. 강노도위 노박덕은 만여 명을 이끌고 이사장군과 합류하였다. 유격장군 한열은 보병과 기병 3만 명을 이끌고 오원(五原)에서 출발하였다. 인우장군 공손오는 기병 만 명과 보병 3만 명을 통솔하여 안문에서 출발하였다.

흉노는 이것을 알고 모든 가축, 인구, 보급품을 여오수(余吾水) 북쪽에 옮겨놓고 선우는 여오수 남쪽에서 10만 기병을 배치하고 이사 장군을 기다려 접전하고자 하였다. 이사 장군은 곧 그곳에 도착하여 선우와 10여 일 동안 격전을 치렀다. 이사 장군은 자신의 가족들이 무고(巫蠱)의 화[645]에 연루되어 멸족을 당하였다는 소식을 듣자 그의 군대를 병합한 뒤 흉노에게 투항하였다. 한나라로 돌아온 병사는 겨우 천 명 중에 한두 사람에 불과하였다. 유격장군 한열은 공적이 없었고, 인우장군 공손오도 좌현왕과 접전했으나 불리해지자 군사를 이끌고 돌아왔다. 천자는 조서를 내려 태의령(太醫令) 수단(隨但)을 체포하도록 하였다. 왜냐하면 그가 이사 장군의 가족이 몰살당한 소식을 말함으로써 이광리로 하여금 흉노에 항복하도록 했기 때문이었다.

태사공은 말한다.

"공자가 『춘추』를 저술하는데, 옛날 노나라 은공(隱公)과 환공(桓公) 시기의 기록은 분명하지만 자기와 동 시대인 정공(定公)과 애공(哀公)의 일은 오히려 그 기록이 매우 간략하다. 그것은 당대의 일과 관련되어 있어 말하기 꺼려하는 부분이 존재하기 때문이다. 지금 흉노 문제도 병폐는 권세가의 비위에 영합하는 데 있으며, 온통 아부에만 힘쓰고 있어 일방적이고 피차간의 이해를 고려하지 않고 있다. 장수들은 오직 중국의 엄청난 영토와 병사들의 사기에만 의지하였고, 천자는 이들 정황에 근거하여 정책을 결정하여 결국 그 공업(功業)이 별로 크지 못했다.[646] 요임금은 비록 성현이었지만 혼자 힘으로 일을 일으켜 성공한 것이 아니며, 우(禹)를 임용함으로써 비로소 천하는 안녕을 얻을 수 있었던 것이다. 신성한 전통을 발양하는 것은 바로 장군과 재상을 잘 선택하여 임명하는 데 있도다! 바로 장군과 재상을 잘 선택하여 임명하는 데 있도다!"

---

645) 한 무제 때 승상 공손하와 태자 유거劉据의 무고에 관련되어 많은 사람이 처벌되었다.

646) 사실 한 무제는 웅재대략雄才大略의 황제로서 최종적으로 흉노를 완전히 축출하는 데 성공하였고, 이때 축출된 흉노족은 서양의 역사까지 흔들어놓았을 정도이다. 사마천은 비판적 지식인으로서 한 무제의 단점을 날카롭게 강조하였지만, 현실 정치군사적 역량에 대한 판단과 주체적 의지의 작용에 대한 평가에서 그 역시 부족함이 존재하였다. 이는 아마도 한 무제에게 궁형을 당했던 개인적 피해 의식에도 기인하리라.

46. 위 장군 · 표기 열전
- 신하로서의 직분을 벗어나지 않는다

본전(本傳)은 한 무제 시기 흉노 정벌의 영웅, 위청과 곽거병[647]의 두 장군을 다루고 있다. 사마천은 본전에서 천군만마를 거느리고 흉노를 토벌한 위청의 일곱 차례에 걸친 출정과 곽거병의 여섯 차례의 출정과 혁혁한 그 전공을 기술하고 있다. 사마천은 본문에서 위청이 공을 남에게 돌리고 작위를 남에게 양보하며, 곽거병의 "흉노를 멸하기 전에 어찌 집을 가질 수 있는가!"라는 명장의 풍모와 애국 정신을 찬양하는 동시에 그들이 "명예와 절조를 닦지 않고 현사를 추천하지 않았다."라고 비판하면서 "천하의 현인군자 중 아무도 그를 칭찬하지 않았다."며 냉정하게 기록하고 있다.

이로써 본전은 다시 한 번 사마천의 "거짓된 아름다움을 추구하지 않고 악을 감추지 않는다(不虛美 不隱惡)."는 실록 정신을 그대로 드러내고 있다.

1) 흉노 토벌의 대장군
- 위청

어두웠던 소년 시절

위청(衛靑)은 평양현(平陽縣) 사람으로서 그의 어린 시절은 참으로 기구했다. 그의 아버지는 정계(鄭季)라는 사람인데 평양후(平陽侯) 조수(曹壽)[648]의 집사로 지내

---

647) 위청과 곽거병의 두 장군을 일러 '위곽衛霍'이라 한다.
648) 조참曹參의 증손.

다가 그의 첩인 위오(衛媼)와 눈이 맞아 아들을 낳았으니, 바로 위청이었다. 그의 동복(同腹) 누이 위자부는 후에 평양공주를 모시다가 한무제의 총애를 받게 되었고 그때 성을 위(衛)로 고쳤다.

위청은 평양후의 집에서 가인(家人) 일을 하였다. 어릴 적에 아버지 정계의 집에 들어가 살게 되었는데, 아버지는 그로 하여금 양을 치게 하였다. 정계의 전처 소생 자식들은 모두 그를 노비로 볼 뿐 형제 취급을 하지 않았다.

그러던 어느 날 위청이 다른 사람을 따라 감천궁의 감옥에 간 적이 있었다. 그때 죄수 중 한 사람이 위청의 관상을 보더니, "너는 귀인의 상을 가지고 있다. 벼슬은 제후에 이르리라."고 말하는 것이었다. 그러자 위청이 크게 웃으며 대답했다.

"종놈으로 태어나 매나 맞지 않고 욕이나 듣지 않으면 다행이지요. 제후가 되다니 말이 됩니까?"

위청은 장년이 되자 자기가 태어났던 평양후의 집에 기병으로 들어가 항상 평양공주를 수행하였다.

당시 한 무제 주위에는 장모나 부인 등 온통 드센 여자들만 있었고 마음에 맞는 사람은 오직 누이 평양공주밖에 없었다. 평양공주는 무제를 자기 집에 자주 불러 잔치를 벌여 주었는데, 어느 날 위자부로 하여금 술시중을 들게 했다. 무제는 그녀를 몹시 마음에 들어 하였다. 이를 눈치 챈 평양공주는 그녀를 궁으로 보내 후궁으로 삼게 하였다.

한편 그 무렵 황후는 아기를 갖지 못하고 있었다. 대신 위자부가 무제의 사랑을 받고 그 뒤 임신을 하게 되었는데, 황후가 그 사실을 알고 매우 질투하였다. 화가 몹시 난 황후는 보복하기 위해 위청을 잡아들이라고 명령했다. 그래서 위청이 잡혀 들어가 목숨이 위태로울 때 위청의 친구인 공손오(公孫敖)가 청년들을 이끌고 달려와 그를 구원해 줬다. 이 소식을 들은 황제는 위청을 보호해 주기 위해 그를 불러들여 시중(侍中) 벼슬을 주었다. 뿐만 아니라 위씨의 동복형제 모두에게 벼슬과 상금을 내렸다. 공손오도 위청을 도와준 공로로 벼슬을 얻었다. 그 뒤 위자부는 무제의 부인이 되었고, 위청은 대중대부의 자리에 올랐다.

신하로서의 직분을 벗어나지 않는다

원광(元光) 5년, 위청은 거기장군(車騎將軍)이 되어 흉노 정벌에 나서게 되었다. 이때 공손하는 경거장군(輕車將軍)으로 출병하고, 태중대부 공손오는 기장군(騎將軍)이 되어 출병하였다. 그리고 이광(李廣)은 효기장군(驍騎將軍)이 되어 출병하였는데 각 부대는 기병 만 명으로 편성되었다. 위청이 용성에 진격하여 참수하거나 포로로 잡은 자가 수백 명에 이르렀다. 그러나 공손오는 기병 7천 명을 잃고, 이광은 적군에게 사로잡혔으나 탈출하여 돌아왔다. 이 두 사람의 죄는 모두 참수형에 해당하였으나 속죄금을 내고 평민이 되었다. 공손하도 전공이 없었다.

이듬해 봄, 위부인(衛夫人)이 사내아이를 출산하여 황후가 되었다. 그 해 가을, 거기장군이 되어 안문에 출병한 위청은 3만 기로 흉노를 공격하여 수천 명을 참수하고 포로로 잡았다. 다음 해 흉노가 침입하여 요서 태수를 살해하고 어양 백성 2천여 명을 포로로 잡아갔으며, 한안국(韓安國)의 군사를 격파하였다. 한나라 조정은 장군 이식(李息)에게 대군(代郡)에서 출병하여 진격하도록 명령하고, 거기장군 위청에게는 운중에서 출병하여 서쪽으로 고궐(高闕)까지 진격하도록 하였다. 위청이 하남 지역을 공략하고 농서에 이르러서 수천 명을 참수하고 생포하였으며 가축 수십만 마리를 얻었고, 백양왕(白羊王)과 누번왕(樓煩王)을 패주시키자 한나라에서는 하남에 삭방군을 설치하였으며, 위청에게 3천 8백호를 식읍지로 하사하고 장평후(長平侯)에 봉하였다. 위청의 부하인 교위 소건(蘇建)에게도 공이 있어 1천 백 호를 식읍지로 주며 평릉후(平陵侯)라고 하였고 그에게 삭방성을 축조하도록 하였다.

한 무제 5년 봄, 무제는 다시 대규모의 흉노 토벌을 결심하고 거기장군 위청에게 기병 3만을 이끌고 출격하라는 명령을 내렸다. 위청의 목표는 흉노의 우현왕이었다. 그런데 우현왕은 한나라 군사가 어차피 여기까지는 침공하지 못할 것이라고 생각하여 본영에서 술에 만취되어 있었다. 그러나 한나라 군사는 야습하여 우현왕을 일거에 포위했다. 그러자 우현왕은 당황하여 애첩과 수백 명의 정예 병사만을 끌고 포위망을 돌파하여 간신히 북방으로 도주했다. 한나라 병사들은 수백 리나 추적했으나 놓치고 말았다. 그러나 이 전투에서 한나라는 우현왕의 부왕(副王) 10여 명, 흉노인 남녀 1만 5천여 명을 포로로 잡았으며,

가축 수십만 두를 포획하는 큰 전과를 올렸다.

위청이 국경의 요새로 철수하자 무제는 즉각 위청을 대장군으로 승진시켰다. 이렇게 하여 모든 장군의 군대는 위청의 지휘 하에 들어오게 되어 그는 대장군의 격식을 갖추고 늠름하게 장안으로 개선했다. 이때 무제는 그에게 친밀하게 말을 건넸다.

"위청 대장군, 그대는 스스로 병사의 선두에 서서 크게 승리하고, 흉노의 왕 10여 명을 포로로 잡았다. 이에 그대에게 6천 호(戶)를 더 하사함과 아울러 그대의 아들 모두에게 제후의 직위를 주겠노라!"

그러나 위청은 거듭하여 사양했다.

"신은 황송하게도 장군으로 등용되어 폐하의 위광(威光)에 힘입어 대승을 거두었습니다. 하오나 이는 오로지 장수들이 분전한 결과이옵니다. 지금 폐하께오서는 저에게 영지를 늘려주신 데다가 아직 나이도 어리고 아무런 공도 없는 변변찮은 자식마저도 제후로 봉하시겠다고 하셨습니다. 하오나 이는 저를 장군으로 임용하시어 장병의 사기를 돋우시려는 의도에 어긋나는 처사가 아니옵니까? 어찌 이러한 은혜를 받을 수 있겠습니까?"

그러자 무제는 "아니, 나도 장수들의 전공을 잊은 것은 아니라오! 당장이라도 조치를 취할 작정이오."라고 말하더니 즉시 다음과 같은 조서를 어사에게 내렸다.

〈호군도위(護軍都尉) 공손오는 세 차례 대장군을 따라 흉노를 공략하였고, 본대를 잘 원호하여 부대장과 함께 적들을 생포했다. 이로써 1천 5백 호의 영지를 주고 합기후에 임명한다. 도위 한열(韓說)은 대장군을 따라 흉노 우현왕의 본영을 습격하여 백병전을 결행했다. 이로써 1천 3백 호의 영지를 주고, 용액후에 임명한다. 기장군 공손하는 대장군을 따라 적의 부왕을 잡았다. 이로써 1천 3백 호의 영지를 주고 남교후에 임명한다. 경거(輕車)장군 이채(李蔡)는 두 번 대장군을 따라 적의 부왕을 잡았다. 이로써 1천 6백 호의 영지를 주고, 낙안후(樂安侯)에 임명한다.〉

이렇게 하여 모든 장수에게도 영지와 제후의 직위가 내려졌다.

이듬해 봄, 대장군 위청은 또다시 흉노 토벌에 출격하여 수천 명의 수급을 베었다. 한 달 후, 토벌에 나선 위청은 수급과 포로를 합해 1만여 명의 전과를 올렸다.

그런데 이 무렵 한 사건이 발생했다. 우장군 소건과 전장군 조신(趙信)의 군사 3천여 기가 단독으로 선우의 주력군을 만나 하루 동안의 격전 끝에 전멸의 위기에 봉착한 것이다. 조신은 원래 흉노 출신으로 한나라에 귀순해서 부장이 된 사람이었다. 그는 고전의 틈바구니에서 흉노로부터 끈질긴 투항 권유를 받은 끝에 드디어 나머지 병사 8백 명을 데리고 선우에게 항복했다. 또한 우장군 소건은 병사들을 잃고 자기 혼자만 간신히 도망쳐 대장군에게 돌아왔다. 당연히 소건의 책임이 문제되었다. 위청은 부하들을 모아놓고 그의 처리에 대해 의논했다. 이에 한 부하가 입을 열었다.

"대장군께서는 출진한 이래 부장을 벤 적이 없습니다. 지금 소건은 군을 버린 것입니다. 이 기회에 그를 베어서 장군의 위광을 보이셔야 합니다."

그러나 다른 부하들은 반대했다.

"그것은 안 됩니다. 병법에 이르기를 '소군(小軍)은 아무리 견고해도 대군에게 대적하지 않는다.'고 하였습니다. 소건은 겨우 수천의 병력으로 선우의 수만 대군과 대적하여 분전하기를 하루도 넘었고, 병사를 모조리 잃으면서도 항복하지 않고 스스로 귀대한 것입니다. 만일 이를 문제삼아 처형시킨다면 앞으로 이와 같은 경우에 돌아오지 말라는 것을 뜻하게 됩니다. 절대 베어서는 안 됩니다."

결국 위청은 결단을 내렸다.

"나 위청은 요행히도 폐하의 친척이라는 신분으로서 권위가 없는 것을 걱정하지는 않는다. 지금 나에게 권위를 분명하게 하라고 권하는데, 이는 신하된 자의 본분에 어긋나는 것이다. 설사 나의 직권으로 장수를 참수할 수 있다고 해도, 폐하의 총애를 받는 신하로서 감히 국경 밖에서 내 마음대로 부하를 죽여서는 안 될 것이니 사실을 천자께 상세히 보고하면 천자께서 직접 결정하실 것이다. 이렇게 함으로써 신하된 자가 감히 권력을 함부로 휘두르지 않는다는 사실을 보여 주는 것이 좋지 않겠는가?"

이러한 위청의 의견에 모두 찬성했다. 그리하여 소건은 목숨을 건지게 되어 황제에게 보내어졌고, 전투를 중단한 채 국경 안으로 철수했다. 결국 우장군 소건은 관직을 박탈당하고 평민이 되었다.

위청은 흉노 토벌에서 귀환하여 천 금을 하사받았다.

한편 그 무렵, 무제의 마음은 이미 위청의 누이인 위황후를 떠나 왕부인(王夫人)을 총애하고 있었다. 이때 영승(寧乘)이라는 자가 위청에게 이렇게 말했다.

"장군은 뛰어난 공훈도 없이 1만 호의 녹을 먹고 자제들은 셋이 모두 제후가 되었습니다. 그 이유는 다만 한 가지, 귀공이 황후의 집안이기 때문입니다. 그런데 폐하는 지금 왕부인을 총애하시지만 왕부인의 일족은 아직 불우한 채로 있습니다. 하사금 천 금으로 왕부인의 부모를 위해 장수를 축수하는 잔치를 베푸심이 어떠하시겠습니까?"

위청은 그 말에 따라 5백 금을 들여서 잔치를 베풀었다. 그 소문을 들은 무제는 기뻐하면서 위청에게 그 이유를 물었다. 위청은 영승의 진언을 그대로 왕에게 아뢰었다. 그러자 무제는 영승을 동해군의 도위에 임명하였다.

2) 불패의 젊은 영웅(英雄)
- 곽거병

곽거병(霍去病)[649]은 위청의 여동생인 소아(少兒)의 아들로서, 그녀가 무제의 귀여움을 받아 후궁이 되자 일찍부터 궁궐에서 살았다. 그리고 무제 7년의 정벌 때에는 18세로 종군하여 유격대를 지휘하고 혁혁한 전공을 세웠다. 그는 이때의 공로로 관군후에 임명되고 또 3년 후에는 표기장군(驃騎將軍)에 임명되었다.[650]

곽거병의 부대는 언제나 정선된 정예들만으로 구성되어 있었기 때문에 고참 부장 부대의 병졸, 군마, 병기 등과는 비교가 안 되었다. 그리고 곽거병은 늘 정예 기병을 이끌고 대군이 보는 앞에서 대담하게 적진 깊숙이 진공해 들어갔는데, 그의 부대는 행운도 따라 한 번도 곤경에 빠진 적이 없었다. 그와 반대

---

649) 위청의 누이인 위소아衛小兒와 평양 현리縣吏 곽중유霍仲孺가 사통하여 낳은 아들.

650) 그는 고난 속에서 자란 숙부 위청에 비하여 태어나면서부터 귀족 장군으로 유달리 눈을 끄는 화려한 존재였다.

로 다른 노장군들은 항상 늦게 도착하거나 해서 기회를 잃고 죄를 범했다. 이로 인하여 곽거병에 대한 무제의 신임이 나날이 두터워지더니 그 신임이 대장군 위청도 능가할 기세가 되었다.

서부 지역에 거주하고 있던 흉노의 혼야왕(渾邪王)은 번번이 한나라에게 패하여 수만의 병졸을 잃었는데, 모두 곽거병의 군대에게 패한 것이었다. 흉노의 선우는 격노하여 그해 가을에 혼야왕을 처벌하기 위해 출두하도록 명했다. 그러자 혼야왕은 휴도왕(休屠王) 등과 공모하여 한나라에 항복할 결심을 하고 사자를 보내어 우선 변경의 수비를 맡고 있던 한나라 군에게 그 뜻을 전했다. 때마침 한나라의 이식(李息) 장군이 황하 유역에 성채를 쌓고 있었는데, 혼야왕의 사자를 맞이하자 즉각 무제에게 보고했다. 그러나 무제로서는 흉노의 말을 섣불리 믿을 수 없었다. 무제는 흉노병들이 항복을 가장하고 들어와 변경을 습격할 것을 우려하여 곽거병을 불러 군사를 이끌고 가서 휴도왕을 만나 살펴보도록 명령하였다.

곽거병의 군사는 황하를 건너 혼야왕의 부대로 다가갔다. 혼야왕의 부대는 한나라 군대를 보자 많은 병사들이 투항을 거부하였고 일부는 도망쳤다. 이에 곽거병은 말을 달려 혼야왕 진영에 뛰어들어가 순식간에 도망가려는 자 8천여 명을 베어 버렸다. 이어 혼야왕만을 말에 태워서 무제에게 먼저 보내고, 자기는 항복한 군을 통솔하고 황하를 건너 귀로에 올랐다. 이때에 항복한 흉노는 수만 명을 헤아렸다.

장안에 도착한 후 천자는 곽거병에게 수십만 금에 해당하는 금백(金帛)을 하사하고, 혼야왕에게는 1만 호의 봉지를 주어 탑음후(漯陰侯)에 임명하였다. 이어서 무제는 곽거병의 공을 칭송하면서 다음과 같은 조서를 내렸다

〈표기장군 곽거병은 군사를 이끌고 흉노를 공격하여 서역왕 혼야왕과 그 부하를 모조리 우리 한나라에 귀순시켰다. 표기장군은 1만여 궁전수(弓箭手)를 이끌어 행동이 민첩하고 난폭한 흉노인들을 격멸시키고 8천여 적들을 참했으며 32명의 적국 왕들을 투항시켰다. 더구나 우리 장병에는 전혀 손상이 없이 10만 대군이 모두 귀환하였다. 그들의 전쟁의 노고에 의하여 황하 연안으로부터 요새 밖에 이르는 땅에서 후환이 사라지고 영원한 평화가 찾아왔다. 이로써 표기장군 곽거병에게 1천 7백 호를 더 하사하노라.〉

그리하여 농서(隴西), 북지(北地), 상군(上郡)의 주둔군을 반감(半減)시켜 백성들의 노역 부담을 경감시켰다.

그로부터 얼마 후 한나라는 귀순해 온 흉노를 변경의 옛 요새 바깥 땅에 분산 이주시켰다. 그들은 모두 황하 이남에 정주하도록 하였고 자신들의 풍습을 유지한 채 한나라의 속국으로 살 수 있도록 허락되었다.

치열한 사막전

원수(元狩) 4년 봄, 무제는 대장군 위청과 표기장군 곽거병에게 5만의 기병을 이끌게 하고 수십만의 보병과 물자 수송 부대로 하여금 그 뒤를 따르게 하였는데, 전투와 적진 깊숙이 침투하는 데 능한 병사들은 모두 표기장군 휘하에 배속하였다.

원래 표기장군 곽거병은 정양(定襄)에서 출병하여 선우를 공략하기로 되어 있었다. 그런데 포로를 잡아 문초해 보니 선우가 동부 전선에서 작전을 지휘하고 있다는 정보를 입수하였다. 무제는 급히 작전을 변경하여 곽거병으로 하여금 대군(代郡)에서 출정하도록 하였다. 대장군 위청에게는 5만 명의 병사를 주어 즉시 사막을 횡단하여 표기장군과 함께 흉노 공략에 나서라고 명했다.

이때 전에 흉노에 투항했던 조신(趙信)이 선우에게 말했다.

"사막을 건너온다면 한나라 군사는 지쳐 있기 마련이니 작전을 잘 쓰면 무난히 적을 생포할 수 있습니다."

그래서 선우는 정예군으로써 사막의 북쪽 기슭에 포진했다. 당시 위청의 군대가 출정하여 이미 천여 리를 행군하였는데, 선우의 군대가 기다리고 있는 것을 발견하였다. 위청은 무강거(武剛車)[651]를 고리 모양으로 늘어놓아 군영으로 삼고 5천 기를 적진으로 돌격시켰다. 선우도 약 1만 기를 내보내 이에 맞섰다. 마침 해가 저물 무렵이었는데 질풍이 모래를 휘말아 올리며 사정없이 얼굴을 때렸다. 양군 모두 상대방의 움직임을 거의 볼 수가 없었다. 한나라 군대는 좌우

---

651) 판자로 에워싸고 포장을 씌워 방호 시설을 갖춘 차량.

양 날개의 병력을 파견하여 선우의 후면을 포위하도록 하였다. 선우는 한나라 군대가 병력으로도 우세할 뿐 아니라 투지도 왕성하여 이대로는 자신들의 전세가 불리하다고 판단했다. 그리하여 황혼 속에서 노새 6마리가 끄는 수레를 타고 정예병 수백 기와 함께 한나라 군대의 포위망을 돌파하여 서북쪽으로 도주했다.

양군이 뒤섞여 벌인 격전은 날이 저물어도 계속되었고, 한나라 군대가 살상한 흉노군의 병사들이 한나라 병사의 사상자 수보다 훨씬 많았다. 그러다가 사로잡은 포로의 입에서 선우가 이미 탈출했다는 사실이 밝혀졌다. 이에 한나라는 경기병(輕騎兵)들을 파견하여 어둠을 뚫고 선우를 추적했다. 대장군 위청도 직속 부대를 이끌고 추적했다. 흉노는 대열이 흩어지며 도주하였고 새벽녘까지 2백 리쯤 진격했으나 선우를 찾을 수는 없었다. 위청은 여세를 몰아 계속 흉노를 몰아붙여 만여 적병을 참하고 조신성(趙信城)[652]을 함락시켜 흉노가 비축해 놓은 양식을 차지하였다. 이곳에서 하루를 머문 후 철수했는데 이때 성곽을 다시 쓰지 못하도록 불태우고 성 안의 나머지 양식도 모두 불태우고 돌아왔다.

한편 대장군 위청이 선우와 대전하고 있을 때, 전장군인 이광과 우장군 조이기(趙食其)가 이끄는 부대는 본대와 떨어져 동쪽으로 진로를 취하고 있었기 때문에 길을 잃고 전투에 참가하지 못했다. 두 장군이 본대에 합류한 것은 본대가 사막 남쪽까지 철수해 왔을 때였다. 위청은 황제에게 보고하기 위하여 사자를 보내 장사(長史)로 하여금 이광 장군을 공문서에 의해 심문하도록 하자 이광은 자결하였고, 조이기는 속죄금을 내고 평민이 되었다.

이 전쟁에서 위청 휘하의 군대가 귀환하기까지 올린 전과는 포로와 수급(首級)을 합해 1만 9천에 이르렀다. 한편 흉노 측에서는 선우가 열흘씩이나 행방불명이었기 때문에, 우욕여왕이 자립하여 선우를 자칭하고 있었다. 그러나 본래 선우가 나타나자 우욕여왕은 깨끗이 본래의 지위로 돌아갔다.

표기장군 곽거병의 군대는 위청 군과 같은 규모였다. 그런데도 곽거병은 대군(代郡)과 우북평에서 출정하여 흉노 좌현왕의 군대와 접전하여 적병을 격파한 전공이 대장군 위청보다 훨씬 상회하였다. 출정한 대군이 모두 귀환하였을 때, 무제는 다음과 같은 조서를 내렸다.

---

652) 흉노가 조신에게 지어준 성.

〈표기장군 곽거병은 군을 통솔함에 있어 포로로 잡은 흉노를 친히 이끌면서 소량의 군수물자를 가지고 대사막을 넘었다. 그리고 강을 건너 선우의 근신(近臣) 장거(章渠)를 포로로 잡고 비거기(比車耆) 왕을 주살하였으며 좌대장의 군과 싸워서 적장을 참살하고 그 깃발과 북을 빼앗았으며, 이후산을 넘고 궁려하를 건너 둔두왕(屯頭王)과 한왕(韓王) 등 3인과 장군, 대신을 비롯하여 83명을 사로잡았다. 나아가 낭거서산에서는 하늘에 제사지내고 고연산에서는 땅에 제사지냈으며, 북해의 고산에 올랐다. 포로의 총수는 7만 4백 43명이고 적군의 3할을 격멸시켰다. 더구나 군량은 적에게 빼앗어 오지(奧地) 깊숙이 침공하면서도 보급에 구애를 받지 않았다. 이로써 표기 장군에게 5천 8백 호를 더 하사한다.〉

빛과 그림자

표기장군 곽거병의 부하들은 부장에서 병졸에 이르기까지 상금을 받거나 승진한 자가 수없이 많았다. 이에 반하여 대장군 위청에게는 아무런 상금도 없고 봉후로 승진한 막료 부하도 없었다. 이때부터 대장군 위청의 권위는 나날이 쇠퇴하고, 표기장군의 명망은 높아만 갔다. 대장군 문하의 빈객들 대부분이 표기장군 곁으로 옮겨갔다. 다만 임안(任安)만은 그것을 옳게 생각지 않고 위청 밑에 머물러 있었다.

곽거병은 과묵하고 다른 사람의 약점을 말하지 않았으며 마음속에 호연지기(浩然之氣)를 품고 있었고 과감하며 자신의 분명한 주견을 가지고 있었다. 무제가 그에게 손자와 오자의 병법을 배우라고 권했을 때 그는 다음과 같이 말했다.

"전쟁이란 방침과 책략을 보는 것만으로 충분합니다. 옛날 병법을 공부할 필요는 없습니다."

언젠가 무제가 그에게 커다란 저택을 하사하며 한번 가서 보고 오라고 하자 그는 "적이 아직 망하지 않았는데 집은 있어 무엇할 것입니까?"라고 대답하였다.

이런 일이 있은 후부터 무제는 더욱더 그를 존중하게 되었다. 하지만 곽거병은 젊었을 때부터 무제의 측근에 있으면서 고귀한 신분으로 살았기 때문에 부하를 위로할 줄을 몰랐다. 그가 출정할 때에는 무제가 친히 수레 10대 분의 좋은 음식을 내렸다. 그 식량은 개선할 때까지 남아돌아서 버리지 않으면 안 될 정도였으나, 그럼에도 사졸들은 굶주림에 허덕여야 했다. 또한 요새 바깥 땅에서 병사들이 굶주림 때문에 걸을 기력조차 없을 때에도 그는 장수들과 함께 공차기를 즐겼다. 이런 일들은 아주 많았다.

반면에 위청은 인품이 인정스럽고 겸허하여 부하들의 인심을 사로잡는 정다움이 있었고 유순함과 자애로움으로 황상에게 총애를 받았다. 그러나 천하의 현인군자 중 아무도 그를 칭찬하지 않았다.

언젠가 위청에게 그의 부하 소건이 물었다.

"왜 장군께서는 천하의 인물들과 교유하면서 그 이름을 빛내시지 않습니까?"

그러자 위청은 이렇게 대답하였다.

"전에 몇몇 대신들이 서로 다투어 천하 인물들을 초빙하자 황제께서는 이들을 매우 미워해 그들을 결국 극형에 처하셨다. 사대부를 가까이 하거나 어진 사람을 불러들이고 착하지 않은 사람을 물리치는 것은 천자께서 하실 일이다. 신하된 사람은 오직 법을 따르고 직책을 지키면 그것으로 족한 것 아닌가."

태사공은 말한다.

"소건(蘇建)은 나에게 이렇게 말하였다. '나는 일찍이 대장군(大將軍)에게 지극히 존귀한 지위에 계시지만 오히려 천하 현사 대부들의 찬사를 듣지 못하니 바라옵건대 장군께서는 옛날의 명장들이 현사들을 초빙한 일을 본받아 노력하시라고 비판한 적이 있었습니다. 그랬더니 대장군께서는 이를 사양하면서,「위기후와 무안후가 빈객들을 후대하면서 개인의 세력을 키운 이래 천자께서 언제나 이러한 일을 증오하였소. 사대부들을 가까이하고 위로하며 현인을 초빙하고 불초한 자들을 물리치는 것은 군주의 권한이오. 우리들 신하란 단지 법령을 받들고 직책에 충실할 뿐이오. 무슨 이유로 선비들을 초빙하겠소!」라고 대답하였습니다.' 표기장군 역시 이를 본받았다. 이것이 곧 장군으로서의 그들의 태도였다."

47. 조선 열전
- 아무도 공을 세운 사람이 없었다

「조선 열전」은 중국 정사에 출현하는 우리 역사와 관련된 최초의 기록으로서 우리 한국인으로서는 어쩔 수 없이 신경을 곤두세워 볼 수밖에 없는 대목이다. 물론 중국의 입장에서 중국적 시각으로 조선의 문제를 바라보는 그러한 관점에 대해서는 당연히 '비판적인 시각'이 요청된다고 할 것이다.

하지만 사마천도 인정했듯이 한나라의 조선 정벌은 한나라 전성기인 한 무제 시대에 진행되었지만 숨길 수 없는 고전의 연속이었으며, 그리하여 사마천의 말 그대로 '아무도 공을 세우지 못한' 전쟁이 되고 말았다.

서로 의심하여 믿지 못하다

조선의 왕 위만(衛滿)은 원래 연나라 사람이었다. 연나라는 전성시대에 진번(眞番)과 조선을 공격하여 복속시킨 다음 관리를 두는 한편, 국경 지대인 요동 지방에 요새를 쌓게 했다. 훗날 진나라가 연나라를 멸망시키자 조선은 곧 요동군 밖에 있는 국가로 되었다.

한나라 때 조선은 너무 멀리 떨어져 있어 방어가 곤란하여 요동의 요새를 다시 쌓고 패수(浿水)[653]를 경계로 하여 그 땅을 연나라에 소속시켰다.

그 뒤 연나라 왕 노관이 반란을 일으켜 흉노로 도망갔을 때 위만도 망명했다. 그는 천여 명을 이끌고 머리를 상투 모양으로 틀고 만이(蠻夷)의 복장을 하고서 동쪽 요새 밖으로 탈출하였다. 그들은 패수를 건너 원래 진나라의 공지(空地)였

---

653) 중국에서는 압록강이라 주장하는 반면 우리나라에서는 송화강이라 주장해 왔다.

던 상하장(上下鄣)이라는 곳에 살았다. 그들은 점차 진번과 조선의 만이(蠻夷) 및 옛 연나라와 제나라로부터 도망나온 사람들을 복속시키면서 스스로 왕을 칭했으며 왕검(王險)에 도읍을 정하였다.

효혜제 때 천하가 평정을 되찾자, 요동군 태수는 위만을 한나라의 외신(外臣)으로 삼을 것을 약정하여 이로써 새외(塞外: 만리장성 바깥)의 만이를 막고 그들이 국경 지역에서 소란을 피우지 못하도록 하였다. 이들 만이(蠻夷)들의 왕이나 우두머리가 한나라 국경에 들어와 황제 알현을 희망하면 금지하지 않기로 하였다. 그 보고서는 황제에게 보고되어 승인을 받았다. 이때 위만은 그의 무력과 재력, 그리고 물자를 이용하여 진번, 임둔군 등 주변의 작은 부족들을 복속시킬 수 있었다. 그래서 나라가 수천 리에 이르게 되었다.

그의 손자 우거(右渠)가 왕이 되었을 때 그는 한나라로부터 도망나온 사람들을 더욱 많이 유혹하여 모았다. 조선의 왕은 한 번도 한나라에 입조한 적이 없었다. 진번 및 주위의 다른 많은 국가들이 글을 올려 황제에 알현하려 했지만 모두 중간에서 막혔다. 그러자 한 무제 2년, 한나라는 섭하(涉何)를 사신으로 보내 우거를 설득했으나 우거는 한나라의 명령을 거부하였다. 아무 성과도 이루지 못한 섭하는 패수에 이르러 마차를 모는 마부를 시켜 전송 나온 조선의 비왕(裨王)[654] 장(長)을 죽여 버렸다. 그러고는 경성(京城)에 돌아와서 황제에게 "조선의 장군 한 명을 처치하였습니다."라고 보고하였다. 황제는 그를 칭찬하고는 요동 동부도위에 임명했다. 그러나 조선은 섭하를 원망하여 기습 공격을 하여 끝내 섭하를 죽였다. 이 소식을 들은 황제는 조선을 공격하기로 결심하고 조칙을 내려 전국의 죄수들을 모아 조선을 공격하였다.

그 해 가을, 전에 남월을 정복했던 누선(樓船) 장군[655] 양복(楊僕)에게 5만의 대군을 거느리고 산동 지방에서 발해를 통하여 공격하게 했고, 또 좌장군 순체(荀彘)는 요동으로부터 출정하게 하여 일제히 우거를 토벌하도록 명령했다. 우거는 군사를 파견하여 요새 지역을 차지하면서 저항하였다. 좌장군의 부장인 다(多)는 요동의 군사를 이끌고 공격하다가 오히려 대패하여 돌아와 군법에 의

---

654) 왕보다 지위가 낮은 작은 왕
655) 누선樓船이란 망루가 있는 큰 배라는 뜻으로서 누선장군이란 수군의 대장을 말한다.

해 처형되었다.

한편 누선장군 양복은 제나라 병사 7천 명을 이끌고 왕검성을 공격했다. 우거왕은 성에서 방어를 하였는데, 양복의 군사가 매우 적은 것을 알고 곧 성문을 열고 나와 누선장군을 공격하였다. 누선장군의 군대는 대패하여 지리멸렬 도망치기에 바빴다. 누선장군은 병사들을 잃고 산 속에 숨어 10여 일을 지내다가 점차 흩어진 병사들을 모아 병사들은 다시 모이게 되었다.

좌장군 순체는 패수 서쪽의 조선 군대를 공격했지만 이렇다 할 전과를 올리지 못했다. 이 소식을 들은 황제는 위산(衛山)을 파견하여 군사적 위세를 이용하여 우거왕을 회유하였다. 우거왕은 한나라 사자를 보자 머리가 땅에 닿도록 절을 하며 "나는 항복하려 했소. 다만 두 장군에게 속임을 당해 죽임을 당할까 두려웠소. 지금 사자의 부절을 보니 바라옵건대 항복을 받아주시오."라고 말했다. 그리하여 태자를 한나라에 보내 사과하도록 하고 5천 필의 말과 군량을 바치기로 하였다. 그는 모두 1만여 군사를 파견하였는데 모두 무기를 들고 태자를 전송하였다. 그들이 막 패수를 넘으려 할 때 한나라 사자와 좌장군은 그들이 혹시 반란을 일으키지 않을까 의심하여 태자에게 기왕 항복을 했는데 수행하는 사람에게 무기를 휴대하지 말도록 명령하라고 말했다. 그러나 태자 역시 한나라가 자기를 속여 죽이지 않을까 의심하고 있었기 때문에 패수를 건너지 않고 병사를 이끌고 되돌아가 버렸다.

위산이 이 사실을 황제에게 보고하자, 황제는 크게 노하여 위산을 처형시켜 버렸다. 그리고 재차 공격 명령을 내렸다. 좌장군은 패수에서 적을 격퇴하여 전진하였다. 그리고 왕검성 아래 도착하여 성의 서북쪽을 포위하였다. 누선장군 역시 도착하여 합류한 후 성의 남쪽에 주둔하였다. 우거왕은 성을 굳게 지켜 몇 달이 지나도록 공략하지 못하였다.

분열과 치욕

그런데 원래 좌장군 순체는 궁중에서 황제를 모시고 그 총애를 받고 있었으며, 그가 이끄는 연나라 군사들과 대(代)나라 군사들은 매우 흉악하였고 또 전

조선국도.

쟁에서 승리를 거둔 뒤 매우 교만해져 있었다. 하지만 누선장군 양복은 제나라 군사들을 이끌고 바다를 건너와 처음부터 공격에 실패해 병사들을 많이 잃었기 때문에 사병들은 싸우기를 겁냈고 군관들 역시 마음속으로 불안해하였기 때문에 그들은 우거왕을 포위할 때도 항상 화해하려는 자세를 가지고 있었다. 좌장군 순체의 공세는 오히려 매우 급했고, 조선은 은밀히 사람을 파견하여 누선장군과 우호를 맺고 누선장군과 투항에 관한 일을 협의하면서 왕래하였다. 그러나 아직 아무 결정도 나지 않은 상태였다.

순체는 몇 번이나 양복과 함께 공격하기로 약속했지만, 양복은 조선과 항복 약정을 하루바삐 체결하기를 희망하고 있었기 때문에 파병을 하여 좌장군과 합류하지 않았다. 좌장군 역시 사람을 보내 조선으로 하여금 항복하게 하였으나 조선은 좌장군에게 항복하기를 거부하였고 마음속으로 누선장군에게 의지하였다. 그러므로 두 장군은 서로 협조하여 공동으로 대처하지 못했다. 그러자 순체는 양복을 의심했다.

'누선장군은 전에 패전의 죄과가 있고, 지금 조선과 은밀하게 사적으로 왕래하고 있는데, 조선은 투항을 거부하고 있기 때문에 혹시 그가 반란을 기도하고 있지나 않을지, 다만 실제로 일으키지 못하고 있을 뿐이지 않은가.'

이때 황제는 탄식했다.

"너희 장수들이 참으로 무능하구나. 지난번에 위산으로 하여금 우거왕을 회유하여 항복하도록 하고 우거는 그의 태자를 보내 알현하도록 하였는데 위산은 사자로서 과감하게 일을 처리하지 못하고 좌장군과의 계략이 서로 맞지 않아 결국 조선과의 항복 약속이 수포로 돌아갔었다. 지금 두 장군이 성을 포위하고 또 의견 불일치가 발생하여 오랫동안 함락시키지 못하고 있다."

그러고는 제남(濟南) 태수 공손수(公孫遂)를 사신으로 보내면서 두 장군의 실책을 바로잡으라고 명하였다.

공손수가 도착하자 순체는 "원래 조선이 벌써 항복했을 것인데 아직 항복하지 않은 것은 원인이 있습니다."라면서 누선장군이 수차에 걸쳐 공동 작전 약속을 지키지 않았다고 말하였다. 그러면서 그의 전략을 공손수에게 말하면서 "만약 이러한 상황에서도 그를 체포하지 않으면 아마 큰 우환이 생길지 모릅니다. 비단 누선장군만이 반란을 일으키는 것이 아니고 조선 군사들과 함께 나의 군대를 공격할 수도 있습니다."라고 하였다.

공손수는 이 견해에 동의하고 천자가 내린 부절로 누선장군을 좌장군의 군영으로 불러 의논하도록 하고 그 자리에서 당장 좌장군 휘하 사병들에게 명령하여 누선장군을 체포하도록 하고 그의 군대를 합병시켰다. 이를 천자에게 보고하자 천자는 오히려 공손수를 주살하였다.

한편 좌장군은 양군을 겸병한 뒤 전력으로 조선을 공격하였다. 이때 조선의 재상 노인(路人), 재상 한음(韓陰), 니계(尼谿)[656] 재상 삼(參), 그리고 장군 왕협이 함께 상의하였다.

"우리는 원래 누선장군에게 항복하려 했는데 이제 누선장군이 체포되었고, 오직 좌장군이 두 군대를 통합하여 거느리고 있으니 전쟁은 갈수록 긴박해지고 있소. 아마도 우리가 이기지 못할 것 같은데 우리 왕은 또 항복을 거부하고 있소."

---

656) 조선의 작은 나라.

그러고는 한음, 왕협, 노인 모두 도망을 쳐 한나라에 투항하였다. 노인은 노상에서 죽었다.

원봉(元封) 3년 여름, 니계 재상 삼은 사람을 보내 조선의 우거왕을 살해하고 한나라에 투항하였다. 하지만 왕검성은 아직 함락되지 않아 우거의 대신이던 성이(成巳)가 관리들을 죽이고 반란을 일으켰다. 좌장군은 우거의 장자 장항(長降)과 노인의 아들 최(最)를 파견하여 백성들을 회유하고 성이를 죽였다. 그리하여 마침내 조선을 평정하고 그 땅을 네 개의 군으로 분할하였다. 그리고 삼은 획청후(澅淸侯)에 봉해졌고, 한음은 적저후(狄苴侯)에 봉해졌으며, 왕협은 평주후(平州侯)에 봉해지고, 장항은 기후(幾侯)에 봉해졌다. 최는 아버지가 죽은 공으로 인해서 온양후(溫陽侯)에 봉해졌다.

좌장군은 황제에게 소환되어 공적을 다투고 질투하며 모략했다는 죄로 처형되어 그의 목은 시장에 걸렸다. 누선장군도 좌장군의 도착을 기다려 같이 공격해야 하는데도 멋대로 진격하여 결국 많은 군사를 잃은 죄로 처형되어야 했으나, 속죄금을 내고 서민으로 강등되었다.

태사공은 말한다.

"우거왕은 험난한 요새의 지형을 과신하여 나라를 멸망에 이르게 하였고, 섭하는 공을 속여 한나라와 조선의 전쟁의 실마리를 만들었다. 또한 누선장군은 마음이 좁아 재난을 만나 죄를 지었다. 그의 실책을 후회하였지만 오히려 반란을 의심받았다. 좌장군 순체는 공로를 다투다가 결국 공손수와 함께 처형되었다. 이 전쟁에서 두 장군 모두 치욕을 당했으므로 아무도 공적이 없게 되었다."

48. 사마상여 열전

- 아름다운 미망인의 마음을 훔친 대문장가

본래 사마상여는 대문장가이다. 그는 문장으로써 천자의 마음을 얻었고, 거문 고로써 여인의 마음을 얻었다.

사마상여가 거부의 딸 탁문군의 마음을 사로잡아 아내로 삼았을 때 장인은 가난한 그를 전혀 인정하지 않았다. 그러나 사마상여와 그의 아내 탁문군은 술을 팔고 그릇을 닦는 천한 일을 하면서도 전혀 개의치 않았다. 오히려 장인이 그러한 모습에 수치를 느꼈고, 결국 그들을 받아들이게 되었다.

사마상여와 탁문군의 이 연애 스캔들은 후세 소설이나 희곡의 소재로 자주 소개되었고, 지금에 이르기까지 민간에서 큰 사랑을 받고 있다.

인상여를 흠모하다

사마상여(司馬相如)는 촉군 성도 사람으로 자는 장경(長卿)이다. 어릴 적부터 독서하기를 좋아하였고 격검(擊劍)을 배웠다. 사마상여는 학업을 마치자 인상여를 흠모하여 이름을 상여(相如)라고 고쳤다. 재물을 써서 낭(郎)에 임명되었고 효경제를 섬겨 무기상시(武騎常侍)에 올랐으나, 그는 별로 마음에 들어하지 않았다. 효경제는 사부(辭賦)를 좋아하지 않았다. 이 무렵 양효왕이 조정으로 들어와 황제를 알현하였는데, 이때 유세객인 제나라의 추양, 회음의 매승, 오의 장기 부자의 무리가 따라왔다. 사마상여는 그들을 보고 좋아하였다. 그는 병을 핑계 삼아 직책을 버리고 양나라로 가서 문객이 되었다. 양효왕은 사마상여를 학자들과 같은 숙소에 머물게 하였으므로 그는 몇 년 동안 학자들을 비롯한 유세객과 함께 있을 수 있었고, 그때 「자허부(子虛賦)」를 지었다.

거문고로 미인을 유혹하다

그 뒤 양효왕이 죽어 사마상여는 고향으로 돌아왔다. 그러나 집안이 가난했으므로 자립할 여지가 없었다. 그는 평소 임공(臨邛)의 현령인 왕길(王吉)과 사이가 좋았다. 왕길은 "그대는 오래도록 벼슬을 구하기 위하여 밖에 나가 있었는데 뜻을 이루지 못하였으니 나에게 와서 지내시오."라고 하였다. 그리하여 사마상여는 성 안의 객관에 머물렀다. 임공의 현령은 그를 존귀하게 만들기 위하여 일부러 공손한 태도로 매일같이 사마상여에게 가서 문안을 하였다. 사마상여는 처음에 그를 만났으나, 뒤에는 병을 칭하고 종자를 시켜 왕길을 만나지 않겠다고 하였다. 왕길은 더욱더 공손한 태도로 사마상여를 공경하였다. 임공의 성 안에는 부호가 많았는데, 탁왕손(卓王孫)에게는 노복이 800명이나 되었고, 정정(程鄭)도 수백 명이 있었다. 이 두 사람은 "지금 현령에게 귀빈이 있다고 하니, 주연을 열어 그를 초대합시다."라고 하였다. 현령도 함께 초대하여 현령이 도착하였다. 탁씨의 빈객은 벌써 100여 명을 헤아릴 만큼 많았다.

정오쯤 되어 사마상여를 초대하였는데, 상여는 병 때문에 갈 수 없다며 거절하였다. 임공의 현령은 요리를 맛보려는 엄두도 내지 않고 몸소 사마상여를 맞으러 나갔다. 사마상여도 하는 수 없이 따라 나섰다. 자리에 모였던 모든 사람들은 사마상여의 풍채를 우러러보았다. 주연의 분위기가 무르익었을 때, 임공의 현령이 앞에서 거문고를 연주하며 "듣자하니 장경께서는 거문고를 잘 타신다고 하니, 바라건대 그로써 저를 즐겁게 해 주십시오."라고 하였다. 사마상여는 사양하다가 그를 위하여 한두 곡조를 연주하였다.

당시 탁왕손에게는 탁문군(卓文君)이라는 재색을 겸비한 딸이 있었는데, 남편이 직전에 죽는 바람에 이제 막 과부가 되었다. 그녀는 음악을 좋아하였다. 상여는 현령과 서로 매우 존중하는 체하면서 정중하게 거문고를 켜면서 그녀의 마음을 흔들었다. 사마상여가 임공으로 갈 때 거마(車馬)를 따르게 하였는데, 이때 그의 행동거지는 조용하고 의젓하며 고요하여 품위가 느껴졌다. 사마상여가 탁씨의 집에서 술을 마시며 거문고를 켤 때, 문군은 문틈으로 몰래 그 모습을 엿보고 그를 흠모하게 되었다. 그녀는 다만 그와 배우자가 될 수 없음을 걱정하였다. 연회가 끝나자, 상여는 곧 사람을 보내 문군의 시종에게 후한 선물

탁문군, 거문고 소리를 듣다.

을 주고 은근히 마음을 전하게 하였다. 문군은 밤에 집을 나와 사마상여에게 도 망쳐 나왔다. 상여는 곧 함께 성도로 마차를 달려 돌아왔다. 그러나 상여는 빈털터리였고 그의 집에는 오직 네 개의 벽만 서 있을 뿐이었다.

탁왕손은 매우 화가 나서 "그 애는 끝까지 재목이 되지 못하는구나! 내가 차마 죽이지는 못하겠지만 나는 한 푼도 그 애에게 나누어 주지 않겠다!"라고 다짐하였다. 몇 사람들이 왕손의 마음을 돌려보려고 하였지만, 왕손은 끝내 듣지 않았다. 문군 역시 이로 인해 오랫동안 마음이 즐겁지 않았다. 그녀는 상여에게 "저와 함께 임공으로 가서 형제들에게 돈을 빌리면 생활이야 못하겠습니까! 무엇 때문에 지금처럼 곤궁하게 살아야 하는지요!"라고 말하였다. 상여는 문군과 함께 임공으로 갔다. 그는 거마를 모두 팔아 술집 한 채를 사서 술을 팔았다. 문군은 화로 앞에 앉아 술을 팔고, 상여 자신은 웃통을 벗고 허리를 감아 뒤로 돌려 맨 베옷을 입은 채 시끄러운 시장터에서 술그릇을 씻었다.

탁왕손이 이 소문을 듣고 창피해서 문을 닫고 바깥출입을 하지 않았다. 형제들과 마을 유지들이 번갈아가면서 왕손에게 "당신은 오직 아들 하나와 딸 둘만이 있소. 지금 부족한 것은 재산이 아니오! 지금 문군은 이미 몸을 사마장경에게 맡겼고, 장경은 본래 세상풍파와 벼슬아치의 삶을 싫어하는 사람으로 비록 가난하지만 그 재능은 충분히 믿을 만하다오. 더구나 그는 현령의 빈객인데, 어찌하여 이처럼 일부러 서로 욕되게 하십니까!"라고 하였다. 결국 탁왕손은 할 수 없이 문군에게 노복 100명, 돈 100만과 시집갈 때의 의복, 이불, 재물을 나누어 주었다. 문군은 상여와 성도로 돌아가 밭과 논을 사서 부자가 되었다.

자허(子虛)와 오유(烏有)선생

몇 년이 지나 촉 지방 사람 양득의가 구감(狗監)으로 임명되어 한 무제를 모시게 되었다. 한 무제는 「자허부」를 읽고 그것을 칭찬하며 "짐은 어찌 이 사람과 같은 시대에 살지 못하였던가!"라고 하였다. 그러자 득의는 "신이 살고 있는 마을 사람 중 사마상여라는 자가 있는데, 자신이 이것을 지었다고 말합니다."라고 하였다. 한 무제는 놀라며 곧 상여를 불러 물었다. 상여는 "이 글을 지은 일이 있습니다. 그러나 이것은 곧 제후의 일을 말한 것으로 볼 만하지 않습니다. 청컨대 천자의 「유렵부(游獵賦)」를 써서 부(賦)가 완성되면 바치게 해 주십시오."라고 하였다. 한 무제는 이를 허락하고, 상서에게 붓과 찰(札: 글을 쓰는 나뭇조각)을 주도록 명하였다.

상여는 '공허한 말과 글'이라는 뜻인 '자허(子虛)'로써 초(楚)나라의 아름다움을 칭찬하였고, '어찌 이런 일이 있겠느냐'는 뜻인 '오유선생(烏有先生)'으로써 제나라의 입장에서 초나라를 힐난하였으며, '이 사람이 없다'는 뜻인 '무시공(無是公)'으로는 천자의 도리를 천명하고자 하였다. 그래서 그는 이 세 사람의 가공인물을 빌려서 문장을 완성하고, 이로써 천자와 제후의 원유(苑囿)와 사냥을 미루어 추측하게 하고, 그 문장의 끝은 '절검(節儉)'이라는 두 글자에 귀결시켰으며, 이로써 천자에게 풍간(완곡한 표현으로 잘못을 고치도록 말하다)하려고 하였던 것이다. 천자에게 이 부(賦)를 바치자 천자는 크게 기뻐하였다. 천자는 상여를 낭(郞)으로 임명하였다.

상여가 낭이 된 지 두어 해 만에 당몽(唐蒙)이 사자가 되어 계략으로 야랑(夜郞)과 북중(僰中)을 점령하고 이들과 통하고자 하여 파촉의 이졸(吏卒) 1,000명을 징발하였다. 군(郡)에서는 또 그들의 양곡을 운송하기 위하여 많은 사람을 내보내 무려 만여 명이나 되었다. 당몽이 군법을 발동하여 그 수령을 베어 죽이자 파와 촉의 백성들이 크게 놀라고 두려워하였다. 황제가 이 소식을 듣고 상여를 시켜서 당몽을 꾸짖고, 이어 파와 촉의 백성들에게 그것은 황제의 뜻이 아니라는 것을 해명하게 하였다.

상여가 돌아와 천자에게 보고하였다. 당몽은 이미 계략을 써서 야랑과 통하였고, 이 틈을 타서 서남이의 길을 개통하고자 하여 파촉과 광한(廣漢)의 사졸, 노역하는 자 수만 명을 징발하였다. 2년 동안 길을 닦았으나 채 완성이 되지 않았다. 사졸 대다수가 죽었고 엄청난 경비가 필요하였다. 촉의 백성들과 한나라의 권신들은 대부분 반대하였다. 이때에 공(邛), 작(筰)의 군(君), 장(長)은 남이(南夷)가 한나라와 통하여 수많은 상을 받았다는 소식을 듣고 대부분 한나라 신하가 되기를 원하였다. 그들은 한나라의 관리를 두고 남이와 동등한 대우를 해줄 것을 청하였다. 천자가 상여에게 묻자, 상여는 "공, 작, 염(冉), 방(駹)은 촉과 가깝고 길도 또한 통하기 쉽습니다. 일찍이 진나라 때에는 서로 통하여 군과 현으로 삼았는데, 한나라가 일어나면서 폐지하였습니다. 지금 다시 개통하여 군과 현을 설치한다면 그 가치는 남이보다 클 것입니다."라고 하였다. 천자는 그럴 것이라고 생각하였다. 그러고는 상여를 중랑장으로 임명하고 부절을 주어 서남이에 사자로 보냈다. 그리하여 부사 왕연우, 호충국, 여월인 등과 역참의 전거(傳車)를 타고 출행하였다.

상여 일행이 촉에 도착하자, 촉의 태수와 이하 모든 관원들이 교외로 나와 맞이하고 현령은 몸소 활과 화살을 지고 앞에서 인도하였다. 촉 사람들은 모두 영광으로 여겼다. 탁왕손과 임공의 모든 유지들도 상여의 문하를 통하여 소와 술을 바치고 상여와 즐거움을 나누었다. 탁왕손이 크게 감탄하여 스스로 딸이 사마상여에게 시집가게 한 것이 너무 늦은 일이었다고 생각하며 탄식하였다. 그러고는 딸에게 다시 재물을 충분히 주게 하여 아들과 균등하도록 하였다.

사마상여가 곧 서이를 평정하였다. 공, 작, 염, 방, 사유(斯楡)의 군장 등은 모두 앞을 다투어 내신(內臣)이 되었다. 변경의 관소(關所)를 개방하고 변관(邊關)을 더욱더 넓혔다. 서쪽으로는 말수(沫水)와 약수(若水)에 이르고, 남쪽으로는 장가강(牂柯江)에 이르러 변방의 경계를 만들고, 영관의 길을 통하게 하였으며, 손수에 다리를 가설하여 공, 작과 통하게 하였다. 상여가 돌아와 천자에게 보고하니, 천자가 매우 기뻐하였다.

상여가 당초 서남이에 출사하였을 때, 촉군의 장로들은 대부분 서남이와의 개통은 필요 없는 일이라고 하였다. 조정 대신들도 모두 그렇게 생각하였다. 상여도 황제에게 간언하고자 하였으나, 서남이 계획은 이미 자신이 제안한 것이었기 때문에 다시 감히 간하지 못하였다. 그리하여 글을 지어 촉군 부로(父老)가 대화하는 형식을 빌려 상대방을 힐난하는 것으로써 천자에게 풍간하고자 하였다. 아울러 자신이 출사하는 뜻을 알리고 백성들로 하여금 천자의 뜻을 알게 하였다.

그 뒤에 어떤 사람이 "상여가 사자로 나갔을 때 뇌물로 돈을 받았습니다."라고 고발하여 상여는 벼슬에서 물러났다. 그러나 그는 한 해 정도 뒤에 다시 낭관이 되었다. 상여는 말더듬이였지만 문장에 뛰어났으며, 자주 당뇨병에 걸렸다. 그는 탁문군과 결혼한 뒤에 매우 부유하였다. 그는 벼슬을 하기는 하였으나 일찍이 공경(公卿)이나 국가의 일에 참여하기를 바라지 않았고, 칭병하고 집에 한가하게 살면서 관직과 작위를 바라지 않았던 것이다.

49. 급·정 열전
─ 잎을 지키려고 가지를 상하게 해서는 안 된다

　급암은 한 무제 시기에 이름을 날린 인물로서 강직하고 어떠한 권귀(權貴)에도 굽히지 않는 강기를 지녔다. 본문에서는 당대의 세력가였던 공손홍과 장탕을 세 번에 걸쳐 통렬하게 비난하고 네 차례나 황제의 얼굴색을 변하게 만드는 내용이 자세하게 소개되고 있다. 그리하여 공손홍과 장탕은 그에 대한 원한이 뼛속까지 사무쳤고 황제는 그를 죽이겠다고 다짐하기까지 하지만, 황제는 끝내 그가 '사직신(社稷臣)'임을 인정하고 관용하였다.

　사마천은 흠모하는 마음으로 급암의 전기를 기록하고 있다. 본문의 내용은 치적 분야에 관한 내용은 적은 반면 악을 싫어하고 충직한 급암의 걸출한 품격에 대부분의 지면을 할애하고 있다. 실로 급암은 현실 정치에 대한 사마천의 비판에 있어서 대변자라 칭할 수 있을 정도이다. 그리하여 본문에서 표현되고 있는 '발분(發憤)'의 모습은 너무나도 선명하고 강렬하다.

사직신(社稷臣), 급암

　급암(汲黯)의 자(字)는 장유(長孺)로서 복양(濮陽) 사람이다. 그의 조상은 위나라 군주[657]의 총애를 받아 급암까지 7대에 걸쳐 모두 경(卿)이나 대부의 직위에 있었다. 급암 역시 부친의 천거로 효경제 때 태자[658]의 세마(洗馬)[659]가 되었다. 그는 항상 단정하고 엄숙했으며 모든 사람들이 두려워하였다.

---

657)　전국 시대 후기 위나라 제후는 군君으로 강등되었다.
658)　뒤의 무제武帝를 말한다.
659)　태자가 외출할 때 앞에 가는 전구자前驅者.

효경제가 죽고 태자가 황제의 자리에 올랐을 때 급암은 알자(謁者)로 임명되었다. 때마침 동월(東越) 사람들이 서로 공격하자 황제는 급암을 파견하여 현지에 가서 조사하도록 하였다. 그런데 급암은 그곳까지 가지 않고 오나라까지만 갔다가 곧 돌아와서 보고했다.

"월나라 사람들은 서로 공격하여 싸우고 죽이는데, 이는 원래 그들의 본성 때문입니다. 어찌 천자의 사신이 일일이 조사할 만한 일이겠습니까? 그래서 월까지 가지 않고 돌아온 것입니다."[660]

그 뒤 하내(河內)에서 실화(失火) 사건으로 연이어 천여 집이 소실되었다. 황제가 급암을 시켜 시찰하고 오게 하였는데, 급암이 돌아와서 이렇게 보고했다.

"이 사건은 원래 한 집에서 실수로 불이 난 것이고 집들이 붙어 있어서 불길이 금방 번지게 된 것입니다. 크게 우려할 바는 아니었습니다. 오히려 신이 도중에 하남 지역을 지나가다가 살펴보니 그곳 빈민 만여 호가 수해(水害)와 가뭄 때문에 심지어 아버지가 아들을 죽여서 먹는 일까지 벌어지고 있었습니다. 그들이 모두 굶어 죽지 않을까 걱정하여 신은 출장의 기회를 이용하여 가지고 있는 부절(符節)로써 하남군의 곡식 창고에 있는 양곡을 배급하게 하여 굶주린 백성들을 구제하였습니다. 신은 이제 사신의 부절을 반납하면서 천자의 명령을 거짓으로 칭하여 창고를 열어 구제한 죄에 대한 처벌을 청하옵니다."

보고를 들은 황제는 그의 죄를 사면했을 뿐만 아니라 도리어 그가 한 일이 매우 타당했다고 칭찬하였다. 그러고는 그를 형양(榮陽) 현령에 임명하였다. 하지만 급암은 큰 그릇을 작은 일에 쓰는 것이라 여겨 현령직을 부끄럽게 생각하고 병을 핑계로 향리로 돌아갔다. 황제는 이 말을 듣자 곧 불러서 그를 2천 석의 관리[661]로 임명했다. 그러나 급암은 여러 차례 직언으로 격렬하게 간하면서 황제를 궁지에 몰았기 때문에 황상은 그가 오래도록 조정에서 일하는 것을 원하지 않았다. 결국 그는 지방으로 전출되어 동해군(東海郡)의 태수로 임명되었다.

급암은 황제(黃帝)와 노자의 학설을 연구하여 정부의 대사(大事)나 민간의 작

---

660) 이는 사소한 일까지 하나하나 천자가 간여해야 하느냐는 의미이다. 군자가 무겁지 않으면 위엄을 갖출 수 없다는 것이다.

661) 중앙정부의 차장次長에 상당하는 벼슬

은 일을 모두 '무위(無爲)'로써 처리하였고 번거롭고 불필요한 예절을 싫어하였다. 그는 자기가 좋아하는 관리들을 등용하고 그들을 신임하였다. 그는 관리들에게 중대한 중점 사안을 집중적으로 처리하도록 요구하는 반면 자질구레한 일에 대해서는 크게 요구하는 바가 없었다. 급암은 몸이 허약하여 병이 많았기 때문에 늘 병에 걸려 집에 있으면서 출근을 하지 않았지만 그가 직무를 수행한 지 1년 남짓하여 동해군은 잘 다스려져서 모든 사람들이 이를 인정하게 되었다. 황제는 이 말을 듣고 그를 조정으로 불러들여 주작도위(主爵都尉)[662]에 임명하였다. 그는 여전히 무위를 근본으로 삼고 커다란 안건에 집중하는 반면 규장이니 법령의 규제에 대해서는 전혀 구애받지 않았다.

급암은 천성이 오만불손하였고 일반적인 예절에 구애되지 않으며 다른 사람의 잘못을 용인하지 못하여 자주 다른 사람들 앞에서도 직접 그 잘못을 서슴없이 비난하였다. 자기 뜻에 맞는 사람과는 대단히 잘 지냈지만 마음에 맞지 않는 사람과는 만나도 아는 척하기조차 꺼렸다. 그러므로 일부 선비들도 그의 문하에 들어가기를 원하지 않았다. 하지만 그는 의협심이 강했으며 약자를 돕고 정의를 보면 용감히 뛰어들었다. 그는 품행이 바르고 깨끗하여 솔직하게 직간하기를 즐겼는데, 몇 번이나 황제에게 직간하여 당황하게 만들었다. 항상 부백(傅柏)[663]의 강직함과 원앙의 정직함과 아부하지 않는 것을 흠모하고 있었다. 또 솔직한 관부(灌夫)와 재물을 멀리하고 의를 중시한 정당시(鄭當時), 그리고 귀족으로 태어났지만 언행이 반듯했던 유기(劉棄)와 사이가 가장 좋았다. 하지만 자주 직간을 해 한 벼슬에 오래 있지 못했다.

당시 태후의 동생인 무안후 전분(田蚡)이 승상의 자리에 있었다. 조정에서 2천 석의 대관들이 찾아와서 무릎을 꿇어 예를 갖춰도 전분은 답례하는 일이 없었다. 그런데 급암은 전분과 만날 때도 인사를 할 뿐 절을 하지 않았다.

이 무렵 황제는 문학적으로 업적이 있는 유학자들을 기용하고자 하면서 인(仁)을 베풀고 의(義)를 시행하며 요순을 본받아야 한다고 말하였다.

그러자 급암이 말하였다.

---

662) 열후의 봉작封爵을 담당하는 벼슬.
663) 양나라 효왕 때의 대장.

"폐하께서는 속으로는 욕심이 많으시면서 겉으로만 인의를 행하려는 모습을 보이시고 계시니, 어찌 당우(唐虞)[664]의 위대한 치적을 본받을 수 있겠습니까?"

황제는 말을 하지는 않았지만 얼굴에는 노기가 서렸고 곧바로 퇴청해 버렸다. 곁에서 보던 신하들이 모두 급암을 걱정하였다. 황제는 퇴청하여 돌아가서 좌우 신하들에게 말했다. "너무 지나치구나! 급암의 우직함은 정말이지 어리석은 정도라고 할 수 있다."

대신들 중에 일부 사람들이 급암을 꾸짖을 때도 있었다. 그러나 급암은 정색을 하면서 답변하였다. "천자께서 좌우에 수많은 신하를 두는 것은 그들로 하여금 자기를 보필하도록 하는 목적인데, 어찌 처음부터 끝까지 아부만 하여 주상을 착오에 빠지게 할 수 있는 것이오? 더구나 이미 높은 지위에 있으면서도 오로지 자기 일신만을 생각하니 이 어찌 조정을 욕되게 하는 일이 아니겠소?"

급암은 병이 많았다. 한번 병이 나면 석 달을 넘기곤 했는데, 황제는 몇 번에 걸쳐 사람을 보내 위문하고 장기 휴가를 주었지만[665] 병은 호전되지 않았다. 언젠가 장조(莊助)가 급암에게 휴가를 줄 것을 청하자 황제는 장조에게 물었다.

"급암을 어떤 인물로 생각하는가?"

이에 장조가 대답하였다.

"급암은 보통의 직책에 임명해 놓았을 경우에는 남보다 뛰어난 점이 별로 없습니다. 그러나 예를 들어 그에게 나이 어린 임금을 돕고 국가의 공업(功業)과 성취를 지키라고 한다면, 입장이 확고하고 뜻을 바꾸지 않아 어느 누가 그를 유혹해도 그의 뜻을 꺾을 수 없으며, 비록 옛날의 맹분(孟賁)과 하육(夏育) 같은 용사들이 위협을 해도 그의 지조를 바꿀 수는 없을 것입니다."

그러자 천자는 "그렇소. 옛말에 사직(社稷)과 존망을 같이하는 신하[666]가 있었는데, 급암과 같은 사람이 그에 가까울 것 같소"라고 말했다.

대장군 위청이 황제를 뵐 때 황제는 측간에 쪼그리고 앉아서 그를 만났다. 또 승상 공손홍이 평상시에 개인적인 용무로 알현할 때 황제는 때때로 자기 편

---

664) 요순堯舜 임금.
665) 이는 한 무제가 급암에게 특별한 예외 규정을 준 것이다. 당시 한나라 규정에 의하면 병으로 3개월 쉬게 되면 사직하게 되어 있었다.
666) 바로 사직신社稷臣을 말한다.

한 대로 관조차 쓰지 아니했다. 그러나 만약 급암이 찾아와 만나게 될 때면 황제는 관을 쓰지 않고는 만나는 일이 없었다. 한번은 황제가 무장(武帳)[667] 안에 앉아 있을 때 마침 급암이 찾아와 일을 보고하려 하였다. 그때 황제는 관을 쓰지 않고 있었기 때문에 급암이 오는 것을 보고는 급히 장막 속으로 피한 다음 사람을 보내 그의 보고를 받도록 하였다. 이 정도로 급암은 황제로부터 존중과 예우를 받았던 것이다.

그 무렵 혹리(酷吏) 장탕이 법률을 고쳐 만든 공로로 인해 정위로 승진하였다. 급암은 자주 황제 앞에서 장탕에게 왜 법령을 수정하는 것이며, 또 왜 잘못 수정하느냐를 따지며 질책하였다.

"그대는 국가의 대신으로서 위로 선제의 공업(功業)을 기리지 못하고 아래로 점점 커져가는 세상의 사심(邪心: 간사한 마음)을 방지하지 못하고 있소. 나라를 안정시키고 백성을 부유하게 하며 범죄를 줄여 감옥이 텅텅 비도록 만드는 것이 그대가 해야 할 일이오. 그러나 두 가지 모두 이루지 못하였소. 그대는 도리어 오직 가혹하고 각박하게 함부로 옛날 제도를 헐어 없애면서 다만 혼자만의 공적만 이루려 하고 있소. 그대는 어찌 고조의 약법(約法)을 마음대로 고치고 마음대로 행한다는 말이오? 이렇게 되면 그대는 결국 멸족의 화를 받게 될 것이오."

급암은 자주 장탕과 논쟁을 벌였다. 논쟁을 할 때 장탕은 대개 글귀만 파고들었고 법률 조문의 세세한 곳의 시비가 끊이지 않았다. 급암은 강직하고 엄숙하며 원칙을 견지하여 우세를 점했지만 장탕의 궤변을 누르지 못하였다. 급암은 자주 성이 나서 장탕을 비난하였다.

"세상에서 흔히 말하기를 '견식이 천박하고 큰 틀을 보지 못하는 도필리(刀筆吏)[668]를 국가 대사를 결정하는 대신의 자리에 앉혀서는 아니 된다.'고 했는데 과연 옳은 말이로다! 만약 반드시 장탕의 가혹한 법과 형벌을 집행해야 한다면, 장차 천하에 아무도 감히 발을 내딛어 걸으려 하지 않을 것이며 오직 다른 사람만 쳐다보고 있을 것이다."

---

667) 장막 속에 무기를 둔 방.

668) 문서를 다루는 하급관리. 고대 시기 죽간에 글을 쓸 때 수정하기 위해서는 칼刀로 긁어 삭제했는데, 이로부터 도필리라는 명칭이 붙여졌다.

당시 한나라는 흉노에 대한 대대적인 정벌에 나서고 있었고 동시에 변경 지역의 외족들을 불러모으고 회유하였다. 급암은 태평하고 무사하기를 희망하는 사람으로서 황제에게 진언할 기회를 얻게 되면 늘 마땅히 흉노와 화친해야 하고 군사를 일으켜 정벌하지 말도록 권하였다.

황제는 유가의 학술을 숭상하여 『춘추』를 강술하는 공손홍을 특별히 존경하고 있었다. 공교롭게도 이 무렵에 발생한 사건이 특히 많았으며, 관리나 백성들은 늘 교묘하게 사리를 취하고 법을 농락하고 권세를 휘둘렀다. 황제는 오직 법률에 의거해서만 그들 범죄의 경중을 결정하였다. 혹리 장탕 등은 그 기회에 상응하는 판례를 상주하여 황제의 총애를 받았다.

급암은 자주 유학자들을 비난하고 공손홍 등을 면전에서 비난하였다. "오로지 속임수만을 알고 작은 총명을 드러내며 왜곡된 뜻으로 황제에게 아첨하여 환심을 사려 하고 있다. 또 견식이 천박한 관리들은 오로지 가혹한 형법으로써 교묘하게 사람들을 죄에 빠뜨려 사람들로 하여금 본의(本意)를 잃게 하며 오직 남을 꺾음으로써 자신의 공로로 삼고 있다." 그러나 황제는 갈수록 공손홍과 장탕을 더욱 신임하였다. 공손홍과 장탕은 내심 급암을 대단히 증오하였다. 사실 황제 역시 급암을 싫어하고 있었고 항상 무슨 기회가 생기면 그것을 핑계로 하여 그를 제거하려 하였다.

공손홍이 승상이 되자 그 기회에 황제에게 말했다.

"우내사(右內史)[669]의 관할 지역에는 귀인들과 종친황실들이 대단히 많아서 가장 관리하기 어렵습니다. 평소 성망이 매우 높은 대신이 아니면 그 소임을 다해낼 수 없습니다. 급암이 가장 적임자입니다."

물론 이는 급암을 궁지에 빠뜨리려는 공손홍의 계략이었다. 그러나 급암이 우내사 자리를 수년 간 역임했음에도 트집 잡을 아무런 과실도 없었고 동시에 그를 파면시키지도 못했다.

이 무렵 대장군 위청은 흉노 정벌에 공이 있어 지위가 갈수록 높아졌고, 특히 그의 누님 위자부가 황후가 되자 더욱더 존귀해졌다. 그런데도 급암은 이에 아랑곳하지 않고 위청을 예우하지 않고 예전 그대로 같은 동급의 예로써 그를

---

669) 도성의 치안관

대했다. 누군가가 급암에게 귀띔하였다.

"천자의 뜻은 대장군의 지위를 모든 신하들보다 높게 하려는 것입니다. 대장군은 황상의 존중과 신임을 받아 갈수록 존귀하게 되었습니다. 당신도 대장군을 보면 절을 하지 않으면 안 됩니다."

그러자 급암이 말했다.

"만약 대장군에게 장읍(長揖)하고 엎드려 절하지 않는[670] 친구가 있다면 이는 대장군이 친구를 예우한다는 것을 보여주는 것이니, 대장군의 지위를 더욱 존중하는 것이 아니겠소?" 대장군이 이 말을 듣고 더욱 급암을 존중하게 되었다. 그리하여 전에도 종종 국가나 조정의 어려운 일을 급암에게 자문을 청했던 대장군은 이 일로 인하여 이전보다 더욱 급암을 후대하였다.

회남왕(淮南王)이 모반하려 하였을 때 회남왕은 급암을 두려워하여 이렇게 말했다.

"급암 이 사람은 직언을 좋아하고 정의를 위하여 죽을 수 있는 사람이다. 그러므로 사도(邪道)로써 그를 기만할 수 없다. 그런데 승상 공손홍을 설득하는 것은 마치 마른 잎 몇 개를 흔들어 떨어뜨리는 것처럼 너무도 쉬운 일이다."

잎을 보호하기 위해 가지를 상하게 해서는 안 된다

황제는 이미 수차에 걸쳐 흉노를 정벌하여 승리를 거두었기 때문에 언제나 청정무위를 주장하는 급암과 같은 인물은 더욱 쓰임새가 없어지게 되었다. 처음 급암이 주작도위의 지위에 있을 때 공손홍과 장탕은 하급 관리에 지나지 않았다. 그 뒤 공손홍과 장탕은 점점 승진하여 급암과 같은 지위가 되었는데, 급암은 또 그들을 공격하였다. 훗날 공손홍은 승상이 되고 제후로 봉해졌으며, 장탕은 어사대부가 되어 3공의 반열에 오르게 되어 급암보다 높은 자리에 올랐다. 뿐만 아니라 과거 승상부의 하급 관리들도 급암과 같은 계급이 되거나 혹은

---

670) 두 손을 맞잡아 쥐고 위아래로 흔들며 하는 인사를 '읍揖'이라 하고 이 동작을 크게 하는 것을 장읍이라 한다. 장읍불배長揖不拜는 장읍만 하고 엎드려 절하지 않다는 뜻으로 "인사를 장중하게 하지 않다."라는 의미다.

급암보다 높게 등용되었다. 급암은 마음이 좁아 항상 원망하고 불평하는 말을 곧잘 하였다. 언젠가는 황제에게 "폐하! 폐하께서 사람을 쓰시는 법칙은 마치 장작을 쌓는 것과 같습니다. 나중의 것이 오히려 위에 쌓입니다."라고 말했다.

황제는 기분이 대단히 좋지 않았다. 잠시 후 급암이 물러가자 황제는 말했다. "참으로 사람이란 많이 배우지 않으면 안 되겠구나![671] 오늘 급암은 대신들을 장작으로 비유하고 있으니 정말 그런 생각이 들 수밖에 없도다!"

그 뒤 얼마 안 되어 흉노의 혼야왕(渾邪王)이 무리를 이끌고 투항해 왔다. 한나라 조정은 2만 대의 마차를 징발하여 가서 그들을 영접하려 하였는데, 지방 정부로서는 그만한 돈이 없어 할 수 없이 민간에서 말을 빌리려 했다. 일부 백성들은 말을 감추었고, 그래서 말은 목표치에 미치지 못하게 되었다. 황제는 크게 화가 나서 장안령(長安令)을 참수하도록 명하였다. 그러자 급암이 말했다.

"장안령[672]은 죄가 없습니다. 이 급암을 처형시키기만 하시면 백성들은 곧 말을 내놓게 될 것입니다. 그런데 사실 혼야왕은 선우를 배반하고 한나라에 항복해 온 것입니다. 따라서 우리 한나라는 저들 항복한 흉노인들을 천천히 지방의 현으로 차례차례 보내도 충분할 것입니다. 어찌 천하를 온통 놀라게 하고 나라의 힘을 탕진해가면서 오랑캐를 모셔야 하는지요?"

황제는 아무 말이 없었다.

혼야왕이 도성에 도착하자 상인들이 그들과 매매를 하여 결국 5백여 명의 상인들이 붙잡혀 유죄 판결을 받고 사형에 처해지게 되었다. 급암은 황제에게 한가할 때 알현을 할 수 있도록 주청을 드려 고문전(高門殿)[673]에서 황제를 알현하여 말했다.

"원래 흉노가 먼저 중국과 통로에 있는 요새를 공격하여 화친을 단절하였습니다. 이에 우리도 군사를 일으켜 토벌하여 사상자가 그 수를 헤아릴 수 없을 정도였고 그 비용도 계산할 수조차 없을 정도로 많습니다. 그리하여 신의 어리석은 생각으로는 포로로 잡은 흉노는 마땅히 모두 노예로 만들어서 전쟁에 나가 사망한 사람의 집에 하사하셔야 하며 적을 격파하고 노획한 재물들도 역

---

671) 여기에서 무제가 말하는 배움은 유학을 말한다. 무제는 급암이 항상 유학을 폄하고 유학 소양이 부족하여 유학자의 사상 수양이 부족하다고 여긴 것이다.

672) 장안령이 우내사인 급암의 관할 하에 있었다.

673) 미앙궁(未央宮)의 고문전을 말한다.

시 모두 그들에게 나누어 주셔야 합니다. 이렇게 하시면 전쟁으로 고통을 받은 천하 사람들에 대한 사례 표시도 될 수 있고 또 백성들의 마음도 위로해 줄 수 있습니다. 그런데 지금 그렇게까지는 못할망정 혼야왕이 수만 명을 이끌고 투항하고 폐하께서는 국고를 텅텅 비게 만들면서까지 그들에게 상을 내리고 수많은 양민으로 하여금 그들을 모시게 하시니 이는 자식을 버릇없게 만드는 것이 아니겠습니까?

또 잘 모르는 백성들이 장안의 물건을 항복한 흉노에게 판 것이 어찌하여 법을 위반한 행위가 될 수 있다는 말인지요? 폐하께서 지금 흉노로부터 얻은 인원과 재물로써 천하에 사례하지는 못하시면서 거꾸로 법관들은 문자를 농단하고 가혹한 법으로써 5백 명의 백성들을 죽이려 하고 있습니다. 이는 이른바 그 잎을 보호하기 위하여 가지를 상하게 하는 본말전도의 본보기라 할 것입니다. 신은 이렇게 되어서는 안 된다고 생각합니다."

황제는 한참을 아무 말도 하지 않더니 끝내 급암의 주청을 허락하지 않으면서 이렇게 말하였다. "과인이 급암의 말을 들어본 지 오랜만인데, 오늘도 여전히 자기 멋대로 내뱉는구나!"

그 뒤 몇 달이 지나서 급암은 조그만 사건으로 법에 저촉되어 원래 죄를 받아야 했으나 마침 사면이 되어 단지 관직만을 파면하는 처분이 내려졌다. 급암은 전원에 은거하였다. 몇 년이 지나 오수전(五銖錢)[674]을 다시 사용하게 되었는데 수많은 백성들이 오수전을 만들었고, 이러한 사정은 초나라가 가장 심했다. 황제는 회양(淮陽)이 초나라의 요충지라고 생각하여 급암을 회양의 태수로 임명하고자 했다. 하지만 급암은 집에서 은거하면서 황제의 명령을 사양하며 새로운 직위를 받지 않았다. 그러나 황제가 여러 차례나 강요하여 하는 수 없이 임명을 받들었다. 황제가 급암을 접견하였을 때 급암은 울면서 말했다.

"신은 이렇게 시골 구석에서 곧 죽어 해골이 산골짜기에 내던져지리라고 생각했습니다. 폐하께서 다시 신을 기용해 주실 줄은 전혀 생각지 못하였습니다. 그런데 신은 항상 병이 있고 군(郡)의 태수를 담당할 능력이 없습니다. 오로지 중랑(中郎)이 되어 수시로 궁중에 출입하면서 황제 폐하를 모시고 폐하에게 어

---

674) 무제 원수元狩 5년에 주조한 돈.

떠한 과실이 있으면 신이 보충할 수 있고 빠진 점이 있을 때도 신이 수습할 수 있다면 신은 더 바랄 나위가 없습니다."

그러자 무제는 "그대는 회양의 태수가 마땅치 않다고 여기는 것이오? 내가 지금 그대를 파견하려 하는 것은 회양의 관리와 백성들이 서로 화합하지 않아 잘 다스려지지 않아 그대의 명성이 필요한 것이오. 그대는 다만 집에 누워 있으면서 근무를 하지 않아도 잘 다스려질 것이오."

급암은 하직을 고하고 출발할 수밖에 없었다. 그는 회양으로 가기 전에 대행관(大行官)[675] 이식(李息)을 특별히 방문하였다. "나 급암은 이제 중앙 조정을 떠나 지방 주군(州郡)으로 떠나오. 그런데 어사대부 장탕의 지혜는 간언(諫言)을 충분히 가로막을 수 있고, 그의 교활함은 자기의 착오를 충분히 은폐할 수 있소. 그는 교묘하고 비위를 맞추는 언사에 뛰어나고 궤변과 각박한 법령에 능숙하며, 정직하게 천하를 위한 발언을 하려 하지 않고 오직 황상의 뜻에 맞춰 아첨만 일삼고 있소. 황상께서 좋아하지 않는 일이면 황상의 뜻에 따라 그것을 비방하고, 황상께서 좋아하는 일이면 황상의 뜻에 맞춰 그것을 치켜세웁니다. 그는 항상 일을 꾸며내어 풍파를 일으키기 좋아하고 문자를 조작하고 법을 멋대로 주무르며 뱃속 가득히 온통 거짓으로 주상의 뜻에 영합하고 겉으로는 탐관오리를 다스린다는 명분을 내세워 자기의 성망을 높이려 하고 있소. 귀공은 지금 조정 9경의 한 분으로서 만약 빨리 이와 같은 일을 황상께 말하지 않으면 장차 귀공도 그와 함께 징벌을 받게 될 것입니다."

그러나 이식은 장탕을 두려워하여 끝내 감히 이를 말하지 못했다.

급암은 회양군에서 예전 동해군 등지를 다스렸던 것과 같이 하였고, 결국 회양군의 정치는 깨끗하였고 태평하였다.

그 후 과연 장탕은 거짓으로 주상에게 죄상을 상주한 죄를 짓고 자살하였다. 황제는 급암이 일찍이 이식에게 말해준 이야기를 듣고 이식에게 보고하지 않은 죄를 물었다. 그리고 급암은 제후국 재상의 신분으로 회양에 머물러 있도록 했다. 7년이 지나 급암은 죽었다.

급암이 죽은 뒤 황제는 급암의 연고에 의하여 그의 동생 급인(汲仁)을 기용하

---

675) 9경의 한 직위.

여 관직을 주어 그의 벼슬은 9경에 이르렀다. 급암의 아들 급언(汲偃)은 그 관직이 제후의 재상에 이르렀다. 급안의 백모의 아들인 사마안(司馬安)은 젊었을 때 급암과 함께 태자의 세마(洗馬)로 있었다. 사마안은 용의주도하고 일을 잘 처리하여 네 차례 9경에 이르렀고 하남 태수로 재임 중에 죽었다. 사마안의 형제들은 그와의 관계에 의하여 2천 석의 대관이 된 사람이 열 사람이나 되었다.

다른 사람 돕기를 자신의 즐거움으로 삼다

정당시(鄭當時)는 자는 장(莊)이고 진현(陳縣) 사람이다. 그의 조상인 정군(鄭君)은 원래 항우의 부하였는데, 항우가 죽은 후에 한나라에 투항하였다. 고조가 명령을 내려 모든 항우의 옛 부하들에게 항우의 이름인 '항적(項籍)'을 말하도록 한 적이 있었는데 오로지 이 정군이 명령에 따르지 않았다. 고조는 '항적'을 외친 사람들은 모두 대부로 임명하면서 정군은 추방시켰다. 정군은 효문제 때 죽었다.

정당시는 항상 의(義)를 중시하고 다른 사람을 돕는 것을 좋아하였는데 특히 양나라 효왕의 대장 장우(張禹)[676]를 재난에서 구출한 일 때문에 그 명성이 양나라와 초나라에 드높았다.

효경제 때 정당시는 태자의 사인(舍人) 직책을 맡았다. 그는 5일마다 한 번씩 있는 휴일[677]에는 늘 역마(驛馬)를 장안의 교외에 준비해 놓고 극소(최종점)에서 옛 친구를 만나거나 위로하고 빈객에게 답례하고 초대하였다. 이렇게 하여 밤에 시작하여 그 다음날 아침까지 계속되곤 했다. 그러면서도 늘 부족함이 없나 걱정했다. 그는 황제(黃帝)와 노자의 학설을 좋아하였고, 덕이 높은 사람을 흠모하여 마치 그들을 혹시 만나지 못할까 두려워하는 듯이 항상 바쁘게 찾아다녔다. 그리하여 비록 그는 나이가 젊고 벼슬은 낮았지만 그가 사귀는 지인과 친구는 조부와 동년배 뻘이었고 모두 천하에서 유명한 사람들이었다.

무제가 즉위한 후 정당시의 직위는 점점 높아져서 노나라 중위(中尉), 제남

---

676) 양나라 효왕의 장수로 초나라 재상의 동생.
677) 한나라 시기에 관리는 5일마다 하루 휴가가 주어졌다.

의 태수, 강도(江都)의 재상을 역임하였고 마침내 9경의 지위에 이르러 우내사로 임명되었다. 그러나 무안후 전분과 위기후의 논쟁에 끼어드는 바람에 첨사(詹事)[678]로 강등되었다가 다시 대농령(大農令)[679]으로 회복되었다.

그는 태사로 있을 때 문하에 있는 사람들에게 이렇게 말했다.

"손님들이 오면 귀천을 가리지 말고 즉시 알려라. 그리하여 손님을 문 앞에서 오래 기다리게 해서는 안 된다."

그는 손님에게 모두 항상 정중하게 접대하였고, 비록 자기의 지위가 존귀했지만 항상 겸손하게 손님을 대하였다. 그는 청렴하였고 축재에 힘쓰지 않았으며, 손님을 접대할 때도 오로지 자기의 봉록에만 의지하였다. 그래서 그가 다른 사람에게 보내는 선물은 조그만 물건에 지나지 않았다. 왜냐하면 그의 수입이 실제로 너무 적었기 때문이었다.

그는 조정에 나갈 때마다 황제가 한가하게 되면 반드시 진언을 했는데 모두 천하에서 덕이 높은 장자(長者)들의 충절에 관한 이야기나 관리들 중 누구와 누가 어떻게 사이좋게 잘 살고 있는가 등 좋은 말만 하였다. 그의 말은 언제나 뜻을 담고 있었고, 항상 다른 사람이 자기보다 뛰어나다고 칭찬하였다. 상관이나 부하를 가리지 않고 말을 할 때는 항상 혹시 실수하여 상대방에게 피해를 주지 않을까 두려워하였고, 다른 사람의 좋은 생각을 들으면 곧바로 황제에게 보고하여 시기를 놓치지 않도록 하였다. 산동 일대의 모든 선비들이 모두 이구동성으로 그를 칭송했다.

황하의 제방이 터지자 황제는 정당시에게 명을 내려 시찰하도록 했는데, 그는 행장 준비에 5일의 시간을 달라고 요청하였다. 그러자 황제는 "나는 이런 말을 들었소. '정장, 정장! 문을 나서 천 리 길을 가면서도 양식은 가지고 가지 않네.' 그런데 지금 귀공이 휴가를 청하여 행장을 준비하는 것은 어찌된 연유인가?"라고 말하였다.

정당시는 인간관계가 좋았고, 조정에서 동료나 장관을 막론하고 언제나 다른 사람의 의견을 존중하였고 함부로 시시비비를 말한 적이 없었다.

---

678) 황후나 태자의 집안 문제를 관장하는 관리.
679) 전곡錢穀을 관장하는 대사농大司農.

그의 만년에 한나라 조정은 흉노를 정벌하고 사방의 외족을 회유하여 국가의 지출은 막대하였고 국고는 점점 비어갔다. 이때 정당시가 추천한 사람과 정당시의 빈객 대부분이 대농령(大農令) 소속으로 수송을 담당했는데 이 과정에서 많은 재정적 손실을 입혔다. 그때 회양군 태수였던 사마안이 이를 적발했는데, 정당시는 이 일에 연루되어 죄를 짓게 되었으나 속죄금을 내고 파면되어 서민으로 강등되었다.

그 후 얼마 지나지 않아 정당시는 승상부(丞相府)의 장사(長史) 직책을 잠깐 맡게 되었는데, 황제는 정장(정당시)이 너무 연로하다고 생각하여 여남(汝南) 태수로 임명하였다. 그 뒤 몇 년 후 그는 그 직책에 있다가 죽었다.

정당시와 급암은 9경의 자리에 올랐을 때 모두 청렴하고 심성이 착했는데, 하지만 두 사람 모두 중도에 관직을 면직당했을 때 집안이 가난해지자 빈객 역시 모두 사라졌다. 그들이 죽었을 때 집 안에는 아무런 재산도 남아 있지 않았다. 정당시의 형제와 자손 중 정당시의 연고에 의하여 2천 석의 직급까지 이른 자는 6, 7명이 있었다.

태사공은 말한다.

"급암과 정당시와 같은 현덕(賢德)한 사람도 득세했을 때 빈객이 대문에 가득 차고 세력을 잃었을 때 빈객은 모두 사라졌다. 그러니 일반 보통사람이야 어떻겠는가? 하규(下邽) 사람 적공(翟公)[680]이 이런 말을 한 적이 있다. '처음 정위가 되었을 무렵 빈객들이 집의 대문에 가득 찼었다. 그러나 관직에서 물러나자 빈객들이 없어져서 대문에 그물을 치고 참새를 잡을 정도[681]로 방문객의 왕래가 없었다. 그러나 다시 정위가 되자 빈객이 또 모두 방문하려고 생각하였다. 그래서 대문에 크게 이렇게 적어서 붙여 두었다. 「한 번 죽고 한 번 살아 사귀는 정의 진실한 여부를 알게 되고, 한 번 가난하고 한 번 부자가 되어 사귀는 태도를 알았으며, 한 번 귀해졌다가 한 번 천해져서 사귀는 정의 진실함을 알게 되었다.」 급암과 정당시 역시 이러한 말로써 설명할 수 있으니, 진실로 슬픈 일이도다!"

---

680)   효무제 시대의 인물
681)   문가라작門可羅雀: 방문객이 없어 문 앞에 그물을 쳐 참새를 잡을 정도이다.

50. 평진후 열전 · 유림 열전
─ 기러기의 큰 날개를 가졌어도 때를 만나지 못한다면

    본문의 가장 뛰어난 부분은 바로 서문이라 할 것이다. 사마천은 이 빼어난 서문을 통하여 수백 년에 걸친 유학 흥쇠의 역사를 회고하고 있다.

    사마천은 본문을 기술하면서 오히려 등장인물들의 사상과 학설에 대해서는 약술하는 반면 그들의 연구 태도와 미덕 그리고 그들의 제자들이 얼마나 많으며 어느 정도의 성취를 거두었는가를 반드시 언급하고 있는데, 이는 바로 저자가 그들이 인재 육성에 얼마나 커다란 역할을 수행했는가를 찬양하기 위해서이다.

    그러므로 「태사공 자서」에서도 "공자가 죽은 후, 정부는 학교 교육을 중시하지 않았다. 다만 건원(建元), 원수(元狩) 기간에 학문이 찬란하게 빛났다. 이에 「유림 열전(儒林列傳)」 제61을 지었다."라고 기술하고 있는 것이다.

태사공은 말한다.

"나는 공령(功令)[682]을 읽다가 학관(學官)[683]의 사회 진출을 널리 열어줌으로써 선비들을 고무하는 규정을 읽을 때마다 책을 덮고 탄식하지 않은 일이 없다. 슬프구나! 주나라가 세워지자마자 곧 쇠퇴하기 시작하자 시인은 '관저(關雎)'[684]를 지었고, 유왕과 여왕(厲王) 때에 이르러 왕실이 쇠미해지고 예악 제도도 붕괴되었다. 이후 제후들은 제멋대로 행동하였고, 천하는 강대국이 그 주인으로 되었다. 공자는 왕도가 폐기되고 사도(邪道)가 성행하는 것을 슬퍼하여 『시경』과 『서경』을 다시 산정(刪定: 글을 다듬어 정리함)하고 예악을 고쳐 진흥시켰으며, 제나라

---

682) 조정에서 학관學官을 시험 선발하는 법규.

683) 교육을 장관하는 관리로서 여기에서는 경학 박사관을 지칭한다.

684) 『시경』 「주남周南」편의 맨 처음 작품.

에 가서 '소(韶)'[685]를 듣고 석 달 동안 고기 맛을 잊었다. 그가 위나라에서 노나라로 돌아온 후에 노나라의 음악을 정확한 방향으로 되돌려 '아(雅)'와 '송(頌)[686]이 각기 제자리를 찾게 되었다. 그러나 세상이 혼탁하였기 때문에 아무도 공자를 기용하지 않았고, 따라서 공자는 70여 명의 국군(國君)에게 그의 이상을 유세하였으나 그를 알아주는 사람은 한 사람도 끝내 만나지 못하였다. 그는 '만약 나를 임용해 준다면 단 1년 안에 예(禮)를 흥하게 하고 악(樂)을 제정하는 일을 모두 완성할 것이다!'라고 탄식하였다. 훗날 노나라 사람이 서쪽 교외에서 사냥하다가 기린을 잡았다[687]는 소식을 듣자, '내 도(道)는 끝이 났구나!'라고 한탄하였다. 그리하여 그는 역사 기록에 의거하여 『춘추』를 지음으로써 고대 성왕의 법을 대체하고자 하였다. 『춘추』는 그 언사가 정밀하고 뜻이 넓어서 후세 학자들이 대부분 이를 본받고 있다.

공자가 죽은 후로부터 후세 사람들이 '70제자'로 칭했던 제자들은 곧 사방으로 흩어져 제후들에게 유세하여, 크게 이룬 자는 사부(師傅), 경상(卿相)이 되었으며 낮게 이룬 자는 사대부의 친구나 스승이 되었다. 일부 은거하여 나타나지 않는 자들도 있었다. 이 무렵 오직 위 문후(魏文侯)만이 학문을 좋아하였다.

그 후 선비를 존중하는 분위기는 점차 쇠퇴했으며, 진시황에 이르기까지 천하는 전국으로 나뉘어 무력으로 상쟁하고 유학의 학술은 내팽개쳐졌다. 오직 제나라와 노나라, 두 나라에서만 선비들이 아직 유학 학설을 폐기하지 않았다. 제나라 위왕과 선왕 시대에는 맹자, 순자와 같은 유학 대사(大師)들이 모두 공자의 유업을 본받고 발양(재주를 떨쳐 일으키다)하여 그들의 학식을 토대로 이름을 당대에 알렸으며 영광된 지위를 얻었다.

진나라 말기에 이르자 『시경』과 『서경』을 불태우고 유학자들을 매장시켰는데 '육경(六經)'은 이로부터 없어졌다.

한 고조가 항우를 무찌르고 군대를 이끌고 노나라를 포위하였는데, 노나라 유생들은 여전히 유가 경전을 암송하고 예악을 실습하며 노랫소리가 끊이지 않았

---

685) 순임금 시대의 고대 악곡명으로 알려져 있다.

686) 『시경』 중의 아시雅詩와 송시頌詩로서 아시雅詩는 왕조 경기京畿 지역의 악가樂歌이며, 송시頌詩는 조정에서 제사를 모시는 신과 조상의 공덕을 칭송하는 악가樂歌이다.

687) 이를 획린獲麟이라 한다.

다. 이 어찌 성인이 남긴 교화가 아니며 예악을 좋아하는 나라가 아니겠는가? 그러므로 처음에 공자가 진(陳)나라에 머물면서도 '돌아갈 것이로다. 돌아갈 것이로다! 나의 고향 젊은이들은 지향하는 바가 원대하고 안목이 높으나 구체적인 일에 소홀하다. 그들을 어떻게 가르쳐야 할지 모르겠구나!'라고 말하였던 것이다.

제나라와 노나라 사람들이 학술에 힘쓰는 것은 예부터 타고난 본성이라고 할 수 있다. 그러므로 한나라가 일어난 뒤에 모든 유가들은 비로소 경서와 예서를 배워 익혔다. 숙손통은 한나라에 예의를 세웠는데, 이로 인하여 그는 태상(太常)이 되었으며 그를 따라 이 일에 참여했던 제자들도 모두 관리 선발에서 우선적으로 임용되었다. 그리하여 사람들 모두 학문에 뜻을 두고 분발하게 되었다. 다만 당시에는 전쟁이 계속 이어졌고 무력으로써 천하를 평정할 필요가 있었기 때문에 상서(庠序)[688]의 일을 정비할 겨를이 없었다.

효혜제와 여후 시대에 조정의 공경들은 모두 무장 출신의 공신들이었다. 문제(文帝) 시대에 상당수 문사(文士)들이 등용되기도 하였지만, 문제는 본래 형명(刑名)의 학설을 좋아하였다. 경제(景帝) 시대에 와서는 더 이상 유학자들을 등용하지 않았고, 두태후 역시 황로(黃老)의 학설을 좋아하였으므로 여러 박사들은 형식적인 관직으로서 황상의 자문만 기다리고 있을 뿐 아무도 중용되는 사람이 없었다.

지금의 황제가 즉위할 무렵, 조관(趙綰)과 왕장(王臧) 등은 유학에 정통하였고, 황제 역시 유학에도 매우 관심이 높아 방정(方正), 현량(賢良), 문학(文學)[689]의 선비들을 등용하였다."

1) 높아지려거든 먼저 몸을 낮춰라
- 공손홍

승상 공손홍(公孫弘)은 제나라 치천국(菑川國) 설현(薛縣) 사람으로 자는 계(季)이다. 공손홍은 젊은 시절 옥리로 있다가 어떤 사건에 연루되어 파면되었다. 그

---

688) 학교를 가리킨다.
689) 현량, 방정, 문학은 유생들에 대한 각각의 직책 명.

후 그는 바닷가에서 돼지를 키우며 가난하게 살았다. 마흔이 넘어서야 비로소 『춘추』 잡설을 공부하였고 계모에게 효도가 극진하였다.

건원 원년, 천자가 막 즉위하여 현량(賢良)과 학문을 하는 인물을 등용하였다. 이때 공손홍은 이미 60세가 되었는데 현량으로 추천되어 박사로 임명되었다. 그러나 그가 흉노에 사신으로 다녀와서 올린 보고서가 무제의 마음을 거슬렸고 황제가 화가 나서 공손홍을 무능한 자로 여기자 공손홍은 병을 핑계 삼아 벼슬을 버리고 고향으로 돌아갔다.

원광(元光) 5년, 천자는 다시 선비를 추천하게 했는데, 치천국은 공손홍을 또다시 추천하였다. 공손홍은 거듭 사양했다.

"저는 전에 벼슬을 받은 적이 있었지만 무능한 탓으로 벼슬을 그만두었습니다. 그러니 부디 다른 유능한 사람을 추천해 주십시오."

하지만 치천국은 기어코 그를 추천했다. 그래서 그는 태상(太常)[690]을 만났는데, 태상은 응모한 선비들에게 문제를 내 대책을 쓰도록 하였다. 공손홍의 성적은 하책으로 분류되었다. 그런데 대책이 천자에게 올라가자 천자는 공손홍의 대책을 가장 좋다고 평가하였다. 그리하여 천자를 만나게 되었을 때 천자는 공손홍의 의젓한 풍모가 매우 마음에 들어 박사에 임명하였다.

당시 한나라는 서남이(西南夷)와 교통하는 길을 열고 파, 촉에 군(郡)을 설치하도록 하여 백성들은 부역에 시달리고 있었다. 천자는 조서를 내려 공손홍에게 그 상황을 시찰하게 했다. 공손홍은 돌아와서 그 사정을 천자에게 보고할 때 서남이를 매우 과소평가하여 서남이는 전혀 쓸모가 없다고 했으나 천자는 이 의견을 받아들이지 않았다.

공손홍은 대인의 풍모를 지녔으며, 견문이 넓었다. 그는 또 언제나 "임금의 병은 마음이 넓지 못한 데 있고, 신하의 병은 검소하고 절약할 줄 모르는 데 있다."라고 말했다. 그러면서 그는 실제로 항상 베로 이불을 만들었으며, 밥을 먹을 때도 고기는 두 점 이상을 먹지 않았다. 그리고 계모가 죽었을 때도 3년상을 치렀다. 조정에서의 회의 때에는 어떤 문제에 대해 단서만을 이야기하여 황제가 스스로 결정하도록 했고 황제와 쟁론하지 않았다.

---

690) 9경의 하나로서 종묘사직을 관장하고 박사를 선출하는 직책을 담당하였다.

학문이 성해야 천하가 태평하다

공손홍은 유학자가 여전히 중용되지 못하고 있음을 걱정하여 황제에게 상소문을 올렸다.

〈폐하께서는 전에 이렇게 말씀하셨습니다. "짐이 듣건대 정치를 함에 있어서 마땅히 예절로써 백성을 이끌고 음악으로써 풍속을 교화한다고 한다. 그러나 지금 예악 제도는 폐기되고 붕괴되어 짐은 이로 인하여 너무도 슬프도다. 그리하여 짐은 예관(禮官)으로 하여금 사람들이 열심히 학문을 익히도록 격려하고 토론을 강습하며 견문을 넓힘으로써 예제(禮制)를 진흥하여 천하의 모범으로 삼을 것을 명령한다. 또한 태상은 협의하여 박사들에게 제자를 두도록 하고 향리에서 교화를 시행하여 광범하게 현재(賢才)들을 배출시킬 것을 명령한다."

신 등은 공경하게 명을 받들어 태상, 박사들과 상의하여 아래와 같은 의견을 제정하였습니다. "하, 은, 주 3대 치국의 도에 있어 향리마다 모두 교육 기구가 있었다고 들었습니다. 이를 하에서는 교(校), 은에서는 서(序), 주에서는 상(庠)이라 했습니다. 그때 선인(善人)은 격려하여 조정에 천거함으로써 그 이름을 세상에 떨치게 하고 악인은 징치하여 형벌을 내렸습니다. 교화의 추진은 마땅히 먼저 경사(京師: 수도)에 가장 좋은 본보기를 짓고 안에서 바깥으로 이르게 해야 한다고 하였습니다.

지금 폐하께서는 가장 중요한 덕업(德業)을 밝히고 큰 지혜를 보임으로써 천지와 조화를 이루시고 인륜을 중심으로 하시며 학자들로 하여금 예제(禮制)를 제정하시게 하며 현자를 격려하셔서 천하 사방 모두 감화를 받으니 이야말로 태평성대의 근본입니다!

옛날에는 정치와 교육이 서로 잘 협조가 되지 않아 학교의 예제가 전혀 완비되지 않았습니다. 이제 원래 있던 관직 기구를 이용하여 교육을 부흥시키도록 윤허해 주시길 바랍니다. 박사에게 제자 50명을 두게 하고, 그들의 노역과 부세를 면제시켜야 합니다. 태상(太常)이 선발한 백성 중 18세 이상으로 풍모와 행실이 단정한 사람을 박사의 제자가 되게 해야 합니다. 각지에서 학문을 좋아하고 어른을 공경하며 정교를 잘 지키고 향리의 관례에 잘 순종하며 언행과 품행이 듣는 바와 같은 자는 상부에 보고하고 진지한 고찰을 통하여 틀림이 없다면 도읍에 들어오게 하여 태상에 보내고 제자들과 똑같이 학업을 받게 해야 합니다. 1년이 지나 모두 시험을 치르도록 하고 하나의 경전에 능통할 경우 문학(文學)[691]과 장고(掌故)[692]의 결원에 충원시키도록 합니다. 그 가운데 뛰어난 자는 낭중(郎中)으로 일을 할 수 있습니다. 이 모두 태상이 명부를 작성하여 보고하도록 합니다. 만일 남다른 수재(秀才)가 있으면 수시로 그의 이름을 황제에게 보고하도록 합니다. 하지만 그 중에서 학업에 힘쓰지 않고 재능이 부족하여 하나의 경전도 능통하지 못하게 되면 그를 즉각 배제시키고 또 그들을 추천한 관원도 처벌합니다. 아울러 치례(治禮)[693]와 장고의 두 직책은 자주 예의와 문학의 선비가 담당해 왔는데, 그들의 승진은 언제나 순조롭지 못했습니다. 경서에 대해 많이 알고 있는 사람부터 채용하십시오. 그렇게 될 때 비로소 폐하의 가르침과 베푸심이 아래 백성들에게까지 분명히 퍼지게 될 것입니다.〉

이 글을 읽고 난 무제는 "좋소."라고 하였다. 이때부터 위로는 공경대부로부터 아래로 선비와 이졸까지 안팎이 잘 조화를 이룬 유학자들이 무수히 많아지게 되었다.

자신이 잘못했다고 극구 주장하는 까닭은?

황제는 공손홍의 언행이 중후하고 언변에 능하며 문서 법령과 공무에 정통할 뿐 아니라 유학의 이념을 조리 있게 문장으로 표현해 내는 점을 높이 평가하여 그를 총애했다. 이렇게 하여 공손홍은 2년 사이에 좌내사(左內史)로 승진하였다.

그는 천자에게 주청을 드릴 때 자기의 제안이 받아들여지지 않아도 황제와 논쟁을 하지 않았다. 언젠가 그는 주작도위 급암(汲黯)과 상의하여 황제에게 주청을 드릴 일이 있었는데, 급암이 먼저 말을 꺼내고 자신은 그 후에 다시 주청하는 방식으로 했다. 그렇게 하자 황제는 언제나 기분 좋게 그것을 받아들이

---

691) 학술에 관한 일을 관장하는 박사.
692) 태상에 소속된 관리로서 국가의 법률 제도를 관장하였다.
693) 예의를 연구하는 관직명.

곤 했다. 이렇게 하여 공손홍은 날이 갈수록 더욱 총애와 신임을 받게 되었다.

공손홍은 자주 다른 공경들과 어떤 논의에 대한 약속을 해 놓고도 정작 천자의 앞에 나아가서는 그 약속을 모두 배반하고 천자의 뜻에 순종하였다. 그러자 급암은 조정에서 공손홍을 힐책하며 말했다.

"제나라 사람은 사람을 잘 속이고 감정이 없습니다. 그는 처음에 우리들과 함께 이 논의를 정해 놓고도 이제 이 논의를 모두 반대하고 있으니 너무도 충심이 없습니다."

천자가 공손홍에게 일의 경위를 묻자 공손홍은 사죄를 하며, "신을 잘 아는 사람은 신을 충실하다고 생각하고 있고 신을 잘 모르는 사람은 신을 불충실하다고 생각하고 있습니다."라고 대답했다. 천자는 공손홍의 말이 옳다고 생각했다. 주위의 가까운 신하들이 공손홍에 대하여 나쁜 말을 할수록 천자는 더욱 공손홍을 후대했다.

원삭(元朔) 3년, 어사대부 장구(張歐)가 파면되고 공손홍이 어사대부로 임명되었다. 당시 한나라는 서남이와 교통하고 동쪽에는 창해군(滄海郡)을 설치했으며 북쪽에는 삭방군(朔方郡)을 만들었다. 공손홍은 황제에게 자주 간하여 말했다.

"이러한 일은 중국을 피폐하게 만들며 이익도 없는 쓸모없는 땅에 힘과 재물을 낭비하는 일입니다. 이 일을 중지하여 주시기 바랍니다."

황제는 주매신 등에게 명하여 공손홍의 잘못을 비판하고 삭방군 설치가 유익하다는 열 가지 이유를 적시하여 제출하도록 했다. 그들이 제기한 열 가지 장점 중 공손홍은 단 한 가지도 논박할 수 없었다. 그러자 공손홍은 곧 사과하여 말했다.

"신은 산동의 시골사람으로 그 일의 이로움이 이토록 큰 줄을 몰랐습니다. 청컨대 서남이와 창해군의 설치는 중단하시고 오로지 삭방군의 경영에 힘을 기울이시기 바랍니다."

천자는 이 말을 받아들였다. 이때 급암이 천자에게 아뢰었다.

"공손홍은 삼공(三公)의 지위에 있고 봉록 또한 대단히 많습니다. 그런데도 베로 만든 이불을 사용하고 있으니 이것은 마음에도 없는 속임수입니다."

천자가 이 말에 대해 공손홍에게 묻자, 공손홍은 사과하면서 "급암의 비난은 지당합니다. 9경(九卿) 가운데 신과 가장 사이가 좋기로도 급암 같은 사람이 없습니다. 그런데 급암은 오늘 조정에서 신을 비난했습니다. 이는 참으로 신의 결점을 지적한 것입니다. 신이 3공의 지위에 있으면서 베로 만든 이불을 사용하고 있는 것은 정말로 마음에도 없는 행위로서 겉치레를 하여 명예를 얻으려던 것이었습니다. 그런데 신이 들은 바에 의하면 관중은 제나라 재상이 된 다음 삼귀(三歸)694)를 소유하고 사치함이 군공(君公)에 비길 정도였고, 비록 환공이 그의 보좌에 의하여 패자가 되었지만 이는 실로 위로 국군(國君)을 모독한 행위였습니다. 한편 안영(晏嬰)은 재상이 된 후에 음식을 먹을 때에는 두 가지 이상의 고기반찬을 놓지 않았고 그의 처첩들에게 비단옷을 입지 못하게 했습니다. 그런데도 제나라는 잘 다스려졌습니다. 이것은 아래로 백성을 본받은 것입니다. 지금 신은 어사대부의 지위에 있으면서 베로 만든 이불을 사용하고 있습니다. 이래서는 9경 이하 말단 관리에 이르기까지 그 구별을 할 수 없습니다. 실로 급암의 말이 정확하다고 할 것입니다. 또 급암에게 충성심이 없다면 폐하께서 어찌 이와 같은 직언을 들으실 수 있겠습니까?"

황제는 공손홍을 겸허한 사람이라고 여기고 더욱 후대했다. 그리고 마침내 공손홍을 승상으로 임명하고 평진후(平津侯)로 봉했다.

공손홍의 성격은 의심이 많고 남을 시기하며 겉으로는 너그러운 척했으나 속마음은 각박했다. 그는 자신과 대립하여 사이가 벌어진 사람들에게는 겉으로는 친밀한 척하면서도 뒤로는 자기가 받은 화를 몰래 보복했다. 주보언(主父偃)을 죽이고 동중서를 교서(膠西)로 옮기게 한 것도 모두 공손홍의 소행이었다. 식사할 때는 고기 한 점과 조악한 쌀만 먹었지만 옛 친구나 그가 좋아하는 빈객이 생활비를 구하러 오면 봉록을 모두 털어주어 집에는 남은 것이 없었다. 선비들도 이러한 점 때문에 공손홍을 어질다고 했다.

회남왕과 형산왕이 반란을 일으켜 그들에 대한 조사가 엄격하게 시행되고 있을 때 공손홍은 중병을 앓고 있었다. 그래서 스스로 '나는 내세울 공로도 없는데 승상의 자리에 이르렀다. 당연히 명군인 천자를 보좌하여 나라를 진무(鎭撫: 진정시키고 달램)하고 백성들로 하여금 신하와 아들의 도리를 지키도록 했어야 할 것이다. 그런데 지금 제후들이 반역을 꾀했다는 것은 모두 승상인 내가

---

694) 세 곳의 관저.

직책을 다하지 못했기 때문이다. 만약 이대로 병사하고 만다면 책임을 다할 수가 없다.'라고 생각하여 다음과 같이 상서했다.

〈신이 듣건대 "천하에는 사람이 마땅히 행할 도리가 다섯 가지 있으며 이것을 실천하는 근본은 세 가지가 있다."라고 합니다. 즉 "군신, 부자, 형제, 부부, 장유의 차례, 이 다섯 가지가 천하의 통도(通道)이고 지(智), 인(仁), 용(勇), 이 세 가지가 천하에 공통되는 덕으로서 통도를 실행하는 근본"이 됩니다. 따라서 "힘써 행하는 것은 인에 가깝고, 묻기를 좋아하는 것은 지에 가까우며, 부끄러움을 아는 것은 용에 가깝다. 이 세 가지를 알아야 비로소 스스로 자기를 다스릴 줄 알며, 자기 몸을 다스릴 줄 알면 비로소 남을 다스릴 수 있을 것이다."라고 하였습니다. 천하에 스스로 자기 몸을 다스릴 수 없으면서도 남을 다스릴 수 있는 자는 아직 없습니다. 이는 백대가 흘러도 변할 수 없는 도리입니다.

지금 폐하께서는 대효(大孝)를 몸소 행하시고 삼왕(三王)[695]을 거울삼아 대도(大道)를 세우시며 문무를 겸하시어 어진 사람을 격려하여 녹을 주시고 유능한 사람을 골라서 벼슬을 주고 계십니다. 그런데 신은 지친 노둔한 말과 같은 어리석은 사람으로서 전쟁에 종군하여 싸운 공로조차 없습니다. 폐하께서는 잘못 생각하시어 신에게 커다란 은택을 내리시고 신을 미천한 가운데서 발탁하셔서 열후에 봉하셨으며 3공의 지위에 오르게 하셨습니다. 신은 행동이나 재능이나 모두 그 소임을 다해내지 못하고 있습니다. 게다가 신은 본래 병약한 몸으로서 곁에 두신 견마보다도 먼저 구덩이에 빠져 죽음으로써 끝내 책임을 다하지 못해 성덕에 보답하지 못할까 두렵습니다.

바라옵건대 제후의 인수를 회수하고 벼슬을 거두시어 현인에게 길을 내어 주시기 바라옵니다.〉

이 글을 읽고 천자는 말했다.

"옛날부터 공이 있는 자는 상을 주고 덕이 있는 자는 칭찬했소. 태평하여 수성을 하는 시대에는 학문을 숭상하고, 변란을 맞은 시기에는 무공을 숭상하였소. 이 원칙은 바뀐 것이 없소. 짐은 요행히도 대위(大位)를 이어받아 천하를 안

---

695) 하夏의 우왕禹王, 은殷의 탕왕湯王, 주周의 문왕文王과 무왕武王.

정시키지 못할까 너무 두려웠소. 그리하여 오로지 여러 대신들과 천하를 잘 다스릴 것만을 생각하였고, 이는 귀공도 잘 알 것이오.

또 군자가 착하고 아름다운 것을 좋아하고 악하고 추한 것을 미워하는 사실 역시 귀공이 잘 알 것이오. 만약 귀공이 행위가 공경하고 신중하다면 곧 나의 주변에 항상 있을 수 있소. 그대는 불행하게도 감기와 같은 조그만 병에 걸렸으나 어찌 고쳐지지 않을까 걱정한다는 말이오? 그런데도 상서를 하여 제후의 지위를 반환하고 고향으로 돌아간다고 하니, 이는 짐의 무덕(無德)을 드러내는 일이오!

지금 국사는 다소 한가하니 귀공은 신경을 쓰지 말고 정양(靜養)에 힘써 약을 잘 먹고 빨리 치료하기를 바라오."

그러고는 공손홍에게 휴가를 주고 쇠고기와 술, 그리고 여러 가지 비단을 하사했다. 몇 개월이 지나자 공손홍의 병은 완쾌하여 정무를 보게 되었다.

원수(元狩) 2년, 공손홍은 또 병에 걸려 마침내 승상의 자리에 있으면서 죽었다. 그의 아들 공손도가 뒤를 이어 평진후가 되었다.

공손도는 산양(山陽) 태수로 10여 년 동안 있었는데 법을 어겨 후의 지위를 잃었다.

2) 곡학아세(曲學阿世)는 학자의 길이 아니다
   - 원고생

원고생(轅固生)은 『시경』에 능통하여 경제 때에 박사가 되었다.

언젠가는 황제 앞에서 도학(道學)에 정통한 황생(黃生)이라는 선비와 논쟁이 벌어졌다.

황생이 먼저 말했다.

"은나라 탕왕과 주나라 무왕은 인의(仁義)로써 천명(天命)을 받은 군주가 아니라 주상(主上)을 시해하고 제위를 찬탈한 것입니다."

그러자 원고생이 반박했다.

"그렇지 않습니다. 걸왕과 주왕은 포악하고 난폭해서 천하의 민심이 모두 탕왕과 무왕에게 쏠렸던 것입니다. 그래서 탕왕과 무왕은 천하의 민심에 순응하여 걸과 주를 주벌한 것입니다. 또한 걸과 주의 백성들은 폭군의 부림을 원하지 않고 탕왕과 무왕에게 찾아왔기 때문에 그들은 어쩔 수 없이 천자가 된 것입니다. 이것이 천명을 받은 것이 아니고 무엇이겠습니까?"

이에 다시 황생이 말을 받았다.

"관(冠)은 아무리 낡아도 반드시 머리에 쓰고, 신은 아무리 새 것이라도 반드시 발에 신습니다. 왜냐하면 상하의 분별이 있기 때문입니다. 걸과 주가 비록 무도하지만 그들은 결국 주상입니다. 탕왕과 무왕은 비록 성인이지만 그들은 결국 신하입니다. 주상의 행위에 잘못이 있을 때 신하가 바른 말로써 허물을 바로잡아줌으로써 그로 하여금 계속 천하를 이끌게 하지 않고, 도리어 그가 과실이 있다 하여 그를 죽이고 그를 대신하여 보좌에 올라 왕을 칭하니, 이것이 주군을 시해한 것이 아니고 무엇이겠습니까?"

그러자 원고생이 다시 반박했다.

"그렇다면 고조 황제가 진나라를 대신하여 천자의 자리에 오른 것도 잘못이겠습니까?"

이에 그때까지 가만히 듣고 있던 경제가 말했다.

"고기를 먹는 사람이 말의 간을 먹지 않는다고 해서[696] 고기 맛을 모른다고 말할 수 없다. 또 논쟁을 하는 사람이 탕왕과 무왕이 천명을 받았는가에 대해서 말하지 않는다고 해서 어리석다고 말할 수 없다."

이렇게 해서 논쟁은 중단되었다. 그 뒤로 어느 학자도 천명과 시해에 대해 감히 논쟁하려는 자가 없었다.

학자는 천명을 거슬러 곡학아세하지 않는다

그 무렵 경제의 어머니인 두태후는 『노자』의 글을 좋아하고 있었는데, 하루는 원고생을 불러 『노자』에 대해 물었다. 그러자 원고생은 이렇게 대답하였다.

"그것은 노복(奴僕)들의 말에 불과합니다."

---

696) 말의 간은 독성이 있어서 먹으면 죽는다고 한다.

이에 태후가 크게 화를 내면서 "도대체 어디에서 이 따위 죄를 범하는 유가 서적들을 구했는가!"라고 말하며 원고생을 돼지우리에 집어넣어 멧돼지와 결투를 벌이도록 하였다. 이때 경제는 원고생이 다만 직언을 했을 뿐 죄가 없다는 점을 알고 있었기 때문에 그가 돼지우리로 들어갈 때 몰래 잘 드는 예리한 비수를 주었다. 그래서 원고생은 우리에 들어가자마자 정확히 멧돼지의 심장을 찔러 멧돼지를 쓰러뜨렸다. 이렇게 되자 태후도 다시 처벌할 수도 없게 되어 그냥 그대로 끝이 났다.

얼마 지나지 않아 경제는 원고생이 청렴하고 정직하다고 여겨 그를 청하왕의 태부로 임명하였다. 시간이 많이 흘러 원고생은 병으로 사임하였다.

무제가 즉위한 후, 무제는 현량의 명분을 내세워 원고생을 다시 조정에 기용하고자 했다. 그러자 오직 아부로써 총애를 구하는 유생 대부분이 원고생을 질투하여 "원고생은 이미 너무 늙었습니다. 그를 이제 기용해 봤자 별로 할일이 없습니다."라며 헐뜯었다.

결국 무제는 그를 등용하지 않고 집으로 돌려보냈다. 이때 원고생의 나이는 이미 아흔 살이 넘고 있었다. 원고생이 무제의 부름을 받고 도읍에 왔을 때, 공손홍도 같이 부름을 받고 왔었다. 공손홍은 눈을 흘겨 원고생을 보았다. 원고생이 공손홍에게 말했다.

"공손 선생, 그대는 진언할 때 반드시 유학의 정통을 천명하는 데 힘을 기울이시오. 절대로 자신이 배운 학문을 왜곡하여 세속에 영합해서는 안 되오!"[697]

이때부터 제나라의 『시경』은 모두 원고생의 설법이 그 근거가 되었다. 『시경』에 통달하여 현귀(顯貴)해진 제나라 사람은 모두 원고생의 제자였다.

3) 3년 동안 집안 뜰조차 쳐다보지 않다
- 동중서

동중서(董仲舒)는 광천(廣川) 사람으로서 『춘추』에 정통하여 경제 때 박사에 임

---

697) 곡학아세曲學阿世

동중서

명되었다. 그는 장막을 치고 그곳에서 학문을 연구하고 강의했다. 제자를 가르칠 때는 선배가 새로 들어온 학생을 가르치는 식으로 학습했기 때문에, 어떤 학생들은 동중서의 얼굴을 알지 못하는 경우도 많았다.

동중서는 3년 동안이나 장막 속에 들어앉아 자기 집 정원조차 못 볼 정도로 학문에 열중하였다. 그는 모든 행동거지에 있어 예의에 맞지 않는 일은 행하지 않았기 때문에 학문을 하는 선비들은 모두 그를 스승으로 존경했다.

그 후 문제가 즉위하자, 동중서는 강도(江都) 지방의 재상이 되었다. 이때 그는 천재지변에 관심이 많아 『춘추』의 원리에 따라 음과 양의 두 기운이 서로 운행하는 이치를 추구했다. 그리하여 비를 오게 하기 위해서는 모든 양기(陽氣)를 닫아버리고 음기를 발산시켰으며, 비를 그치게 하는 데는 그 반대로 하였다. 이러한 방식으로 강도 전역에서 시행해 한 번도 실패한 적이 없었다. 그는 도중에 해임되어 중대부(中大夫)가 되었으나 관사에 살면서 『재이지기(災異之記)』를 저술하였다.

그 무렵 우연히 요동 지방에 있는 고조의 사당이 불탄 적이 있었다. 이때 동중서를 평소 미워하고 있던 주보언이 그의 책을 훔쳐 황제에게 올렸다. 이에 황제는 여러 학자들을 불러 검토하게 하였는데 맹렬히 비난하는 자가 있었다. 그는 다름 아닌 동중서의 제자였다. 그는 그 책이 스승이 쓴 것인 줄도 모르고 저속하고 어리석은 내용으로 가득 찼다고 비난했던 것이었다. 그리하여 동중서는 감옥에 갇혀 사형을 언도받았지만 황제는 조칙을 내려 그를 사면하였다. 그 뒤부터 동중서는 다시는 천재지변에 대해 언급하지 않았다.

동중서는 사람됨이 청렴하고 정직했고 학문에 뛰어났다. 당시 한나라는 군사를 동원하여 사이(四夷)를 정벌하고 있었는데, 공손홍은 『춘추』를 연구하여 동중서만은 못했지만 시세에 영합하고 황제의 총애를 받아 공경의 자리에 올랐다. 그래서 동중서는 공손홍을 아첨배라고 생각했으며, 공손홍 역시 동중서를 미워하였다.

어느 날 공손홍은 "동중서만이 교서왕의 재상이 될 수 있을 것입니다."라고 황제에게 아뢰었다. 교서왕은 포악하기로 이름난 제후로 많은 신하를 죽였기 때문에 공손홍은 동중서를 교서왕에게 보내 죽게 만들 생각이었던 것이다. 하지만 교서왕은 평소부터 동중서가 덕행이 높은 학자임을 알고 있었으므로 오히려 그를 대접하였다. 동중서는 시간이 지나면 혹시 죄를 얻게 될까 두려워하여 얼마 지나지 않아 사직을 하고 고향으로 돌아갔다. 그 뒤 죽는 날까지 개인적인 사업을 경영하지 않고 학문 연구와 저술하는 일만 하였다. 그러므로 한나라가 건국되어 오세(五世)[698] 동안에는 오직 동중서만이 『춘추』에 정통하고 유명하였다. 그가 전수받았던 것은 『춘추』공양학(公羊學)[699]이었다.

태사공은 말한다.

"한나라가 일어난 지 80여 년, 천자의 마음은 바야흐로 학문에 쏠리고 있었다. 그리하여 훌륭한 인재를 모아 유가(儒家)의 학문을 넓히려 하였다. 그 인재들은 모두 기러기와 같은 큰 날개를 가지고 있으면서도 참새나 제비 따위에게 시달림을 받아 돼지나 양을 치면서 살아야 했다. 만약 그들이 때를 만나지 못했다면, 어떻게 높은 지위에 오르며 그 이름을 만세에 드날릴 수 있었겠는가! 공손홍은 『춘추』 하나에 의지하여 한낱 돼지 치는 평민에서 제후가 되었던 것이며, 이를 계기로 한나라에는 커다란 학문의 바람이 불게 되었던 것이다."

---

698) 고조, 여후, 문제, 경제, 무제
699) 제나라 사람 공양고公羊高로서 『춘추공양전』을 저술하였다.

51. 혹리 열전
- 법령은 치밀해졌지만 국가 정사는 황폐해졌다

　　「혹리열전(酷吏列傳)」은 잔혹한 관리들의 사적을 기술한 열전으로서 주로 한 무제 시기를 다루고 있다. 그리하여 본전(本傳)은 관리들의 잔혹한 통치로 인하여 얼마나 많은 사람들, 특히 일반 백성들이 상상할 수 없는 재난을 당하고 무고하게 피살되며 억울하게 옥살이를 하는가를 '거짓 없이 그리고 숨김없이' 묘사하고 있으며 이것이 사회 불안을 초래하여 '법이 많아질수록 도적이 많아지는' 현실을 고발하고 있다.

　　여기에서 사마천은 혹리를 반대하고 결코 이들을 모범으로 삼아서는 안 된다는 점을 역설하고 있으며, 특히 이들 혹리들의 잔혹한 통치는 결국 한 무제의 책임이라는 사실을 곳곳에서 암시하고 있다.

　　공자는 "정치와 법령으로써 이끌고 형벌로써 백성을 바로잡으려 한다면 백성들은 오직 요행수로 범법만을 피하려고 하면서 부끄러운 줄 모르게 된다. 만약 도덕으로써 백성을 이끌고 예의로써 백성을 바로잡는다면 백성은 곧 부끄러움을 알고 잘못을 고치며 정도(正道)로 가게 된다."고 하였고, 노자는 "덕이 높은 사람은 결코 무엇이 덕인가를 생각하지 않으므로 참된 덕을 지닌다. 그러나 덕이 낮은 사람은 항상 덕을 잃지 않으려고만 생각하기 때문에 덕이 없어진다.", "나라의 법령이 엄혹해질수록 도둑은 오히려 많아진다."고 하였다.

　　태사공은 말한다.

　　"이러한 말들은 참으로 적절하다! 법률은 국가를 다스리는 하나의 도구이기는 하지만, 나라의 정치가 깨끗한가 아니면 혼탁한가를 결정하는 근본은 아니다. 옛날 진나라는 법망이 그렇게 치밀했건만 온갖 간사함과 거짓이 끊임없이 벌어졌으며 극한에 이르렀다. 그래서 상하 모두가 서로 속이게 되어 마침내 돌이킬 수 없는 망국의 길로 치달았던 것이다.

당시의 관리들은 불은 그대로 둔 채 끓는 물만 식히려는 식의 정치를 했다. 그러니 만약 난폭한 사람이나 엄혹한 법령을 사용하지 않는다면 어찌 즐거이 관직을 수행할 수 있을 것인가! 도덕과 교육을 말하는 사람들은 반드시 직위에서 물러날 수밖에 없었다. 그러므로 공자는 '송사를 처리하는 것은 나도 남과 다를 것이 없다. 만약 다른 점이 있어야 한다고 하면 나는 사람들로 하여금 송사를 하지 말라고 권하는 것이다.'라고 말했으며, 노자가 '어리석은 사람은 '도덕'이라는 말을 들으면 크게 웃는다.'라고 말했던 것이다. 이러한 말들은 지어낸 말이 아니다.

한나라는 모난 진나라의 형법을 고쳐서 둥글게 만들었으며, 수식을 버리고 소박하게 만들었다. 그래서 배를 통째로 삼키는 큰 고기라도 빠져나갈 수 있을 만큼 법망이 너그러워졌다. 그런데도 관리들은 순수하여 간악한 데로 흐르지 않고, 백성들은 편안하기만 했다. 그러므로 치국(治國)의 도란 도덕의 제창에 있는 것이지 결코 엄혹한 법률의 실행에 있는 것이 아니다."

고기를 훔친 죄로 쥐를 재판하다

장탕(張湯)은 두현(杜縣) 사람으로서 그의 부친은 재판을 담당하던 한나라의 하급 관리였다.

어느 날인가 부친이 외출하게 되어 어린 장탕에게 집을 보라고 맡겼다. 그런데 집으로 돌아와 보니 쥐가 고기를 물어가 버렸다. 부친은 크게 화를 내면서 장탕을 회초리로 쳤다. 그러자 장탕은 쥐구멍을 파헤쳐서 쥐를 잡고 그것이 먹다 남은 고기도 찾아냈다. 그러고는 곧 쥐를 기소하고 고문하여 '조서'를 꾸미고 관계 '관청'에 전달하였으며 재심을 거쳐 법에 의하여 판결을 내렸다. 범죄의 물증인 고기를 제시한 뒤 쥐에게 책형(磔刑)[700]을 선고하고 뜰아래에서 시행하였다.

---

700) 고대시대 시체를 찢는 가혹한 형벌을 지칭.

그 광경을 낱낱이 보고 있던 부친은 크게 놀랐다. 그리고 장탕이 쓴 기소장, 심문 기록, 판결문 등을 읽어 보고는 다시 한 번 놀랄 수밖에 없었다. 마치 숙달된 법관이 한 것처럼 나무랄 데가 한 곳도 없었던 것이었다. 그 뒤부터 부친은 장탕에게 법률을 공부시켰다.

부친이 죽은 뒤 장탕은 오랫동안 장안에서 관리로 일하였다.

조우(趙禹)는 태(鰲) 지방 사람이다. 그는 청렴하였으므로 영사(令史)가 되어 주아부(周亞夫)를 섬겼다. 주아부가 승상이 되자 조우는 승상의 사(史)가 되었다. 승상부 관리들은 모두 그가 청렴하고 공평하다고 칭찬하였으나, 주아부는 그를 신임하지 않았다. 그는 "나는 조우의 재능이 뛰어나다는 것은 잘 알고 있다. 그러나 그는 법을 집행함에 지나치게 엄격하여 고위직으로 일할 사람이 못 된다."라고 말하였다.

조우는 관청 문서의 관리와 주관에 공을 세우고 점차 승진하여 어사(御史)가 되었다. 황제는 그가 유능하다고 인정하여 태중대부(太中大夫)로 삼았다. 그는 장탕과 함께 여러 율령(律令)을 제정하였으며 견지법(見知法)[701]을 만들었는데, 이후 관리들은 반드시 서로 감시하고 정탐하여야 하였다. 법률 집행이 더욱 심각하고 각박해진 것은 대개 이때부터였다.

무안후 전분이 승상이 되자 장탕을 불러 승상사(丞相史)[702]로 삼았다. 그리고 장탕을 황제에게 추천하여 어사로 임명하게 하고 그를 파견하여 사건을 조사, 처리하게 하였다. 그가 진황후(陳皇后)가 관계된 한 무제 저주 사건[703]을 담당할 때 관련된 일당을 철저히 규명하였다. 당시 황제는 그가 유능함을 인정하여 점차 승진시켜 태중대부에 임명하였다.

장탕은 조우와 함께 여러 법령을 제정하였는데, 법령을 까다롭고 엄중하게 만들어 재직하는 관리들을 엄격히 단속함에 그 목적을 두었다. 오래지 않아 조

---

701) 한나라 법률로서 상대방의 죄를 알고도 고발하지 않으면 동일한 죄를 적용한다는 법.

702) 승상의 일을 돕는 비서 직책.

703) 진황후는 무제의 본 왕비로서 총애를 받았으나 훗날 총애를 잃고 무속을 이용하여 무제를 저주하였다. 진황후는 이로 인해 감옥에 갇혔다.

우는 중위로 승진하여 소부(少府)[704]에 임명되었고, 장탕은 정위(廷尉)가 되었다. 두 사람의 관계는 매우 좋아 장탕은 조우를 형과 같이 대하였다. 조우는 사람 됨이 청렴결백하나 무척 오만하여 관리가 된 이후 집 안에 방문객이 없었다. 삼공구경(三公九卿) 등이 방문을 해도 조우는 끝내 답방을 하여 감사를 표시하는 일이 없었다. 그는 친구와 빈객의 내왕을 단절하였고 혼자 자기의 주장을 관철 하여 집행하였다. 그는 부하 중 법을 엄격하게 적용하는 자를 보면 즉시 데려 다 썼고 그 부하의 개인적인 범법 사실 역시 밝혀내지 않았다.

한편 장탕의 사람됨은 매우 교활하였으며 자주 꾀를 써서 부하들을 통제하 였다. 그가 처음 미천한 관리로 있을 때에는 이익을 탐하여 장안의 거상(巨商) 전갑(田甲), 어옹숙(魚翁叔) 등과 교류하였다. 그리고 9경의 지위에 올라서는 전국 의 유명 인사와 관리들을 접대하면서 내심으로는 비록 그들의 의견에 맞지 않 더라도 겉으로는 그들을 경모하는 태도를 취하였다.

당시 무제는 막 유학(儒學)에 빠져 있을 때였다. 장탕은 재판의 기본 원리를 유 교 경전에 두었다. 이를 위하여 장탕은 『상서(尙書)』나 『춘추』에 정통한 박사 등을 자신의 부관으로 임명하여 법을 집행할 때 도움을 받았다. 황제에게 사건의 심 리 판결을 보고할 때면 장탕은 언제나 미리 그 관련 사건의 연유에 대하여 각각 분명하게 설명하였다. 황제가 타당하다고 말하면 장탕은 즉시 그것을 기록하 여 판결의 법규로 삼았고 정위의 이름으로 정식 공포하여 황제의 성명(聖明)함 을 찬양하였다. 그러나 판결문을 상주하여 황제의 질책을 받을 경우에는 장탕 은 즉각 사죄하고 황제의 뜻에 따랐으며, 그럴 때는 언제나 자신의 부하 가운 데서 유능한 인물의 이름을 들면서 이렇게 대답하곤 하였다.

"방금 꾸중하셨던 조항에 관해서는 부하들이 꼭 같은 취지의 반대를 했던 것입니다. 하오나 어리석은 제가 그 의견에 귀를 기울이지 않았습니다. 오로 지 저의 책임이옵니다."

그럴 때마다 장탕의 책임은 용서되었다.

또한 판결문을 올려서 칭찬을 들을 때에도 역시 부하 이름을 들면서, "이것 은 저의 판단이 아니옵니다. 이런 부하가 저에게 제안한 의견을 그대로 채용한

704) 9경 벼슬의 한 직책.

것이옵니다."라고 하였다.

장탕이 부하를 추천하려 할 때는 이렇게 다른 사람의 장점을 찬양하고 과실을 숨겨 주었다. 또한 그는 황제가 중죄에 처하려는 안건에 대해서는 평소에 엄격한 판결을 내리는 부하에게 맡겼고, 반면에 황제가 관용을 베풀고자 생각하는 안건에 대해서는 가벼운 판결을 내리는 부하에게 맡겼다. 그리고 재판에 회부된 자가 권세를 떨치고 있는 유력자인 경우에는 법률 조문을 교묘하게 적용하여 최대한 그 죄과를 치르게 하였다. 반대로 돈도 없고 지위도 없는 빈민의 경우에는 근거되는 법조문에 의하여 죄에 해당되더라도 언제나 말로 황제에게 보고하여 황제가 직접 결정하도록 하였다.

장탕이 고관이 되고 나서부터는 부쩍 인심이 좋아졌다. 손님을 정중히 대접하고 친구의 자제 중 관리로 채용된 자나 가난한 형제의 일을 자기 일처럼 돌보았다. 또한 날씨가 춥거나 덥거나를 가리지 않고 항상 중신들을 방문하여 문안을 드렸다. 그러므로 장탕의 법 집행이 비록 가혹하고 공평하지 않았지만 장탕은 여전히 좋은 평판을 얻었다. 더구나 장탕의 수족이 되어 엄격히 법을 집행한 부하 관리들은 모두 경전과 문헌에 숙달된 유학자들이었다. 그리하여 승상 공손홍도 장탕의 훌륭한 점을 자주 칭찬하곤 하였다.

그 무렵 회남왕과 형산왕 등의 모반 사실이 드러나게 되었다. 장탕은 사건의 관계자를 철저히 파헤쳤다. 무제는 이 사건을 장탕이 매우 엄격하게 처리하고 있는 줄 알면서도 관련자 가운데 장조(庄助)와 오피(伍被)만은 사면시키려 했다. 그러나 장탕은 단호하게 반대를 하였다.

"오피는 원래 이 반역의 음모를 계획한 자입니다. 또한 장조는 폐하의 신뢰가 두텁고 측근에서 폐하를 보좌할 입장임에도 불구하고 제후와 은밀히 내통한 자입니다. 만일 이 두 사람을 용서하신다면 앞으로 처벌할 만한 사람은 하나도 없을 것입니다."

무제는 장탕의 의견이 옳다고 여기고 그의 판결을 승인했다.

이처럼 장탕이 안건을 심리할 때 자신의 공적을 위하여 다른 중신의 의견을 배척한 것이 매우 많았다. 이후 장탕에 대한 무제의 신임은 더욱 두터워졌고, 드디어 어사대부로 승진하기에 이르렀다.

고개 숙인 백면서생

이 무렵 마침 흉노 혼야왕 등이 투항하여 한나라는 이 기회를 이용해 군대를 증강하여 흉노를 공략하였다. 산동 지방은 가뭄이 들어 빈민들이 갈 곳을 잃고 떠돌면서 모두 관청의 비축 식량에 의지하여 목숨을 이어갔고 관청 창고는 텅 텅 비게 되었다. 장탕은 황제의 뜻을 받들어 백금과 오수전을 주조하고 관청에서 염철(鹽鐵) 산업을 독점하여 부유한 대상인을 배척할 것을 건의하였고, 또 고민령을 공포하여 타인의 토지를 겸병하는 호족 세력을 약화시켰으며, 법률 조문을 교묘하게 적용시키고 이용하여 그들을 법망에 걸려들게 만들었다. 장탕이 황제를 알현하여 국가의 재정 문제를 언급하게 할 때면 날이 저물어도 끝나지 않았는데, 천자 역시 식사하는 것까지 잊는 경우도 있었다. 이렇게 되니 조정의 승상은 스스로 한가하다고 생각할 정도로 이름만 있었을 뿐 천하의 대사는 모두 장탕에 의하여 결정되었다.

백성들은 마음을 놓고 생업에 종사할 수 없었고 자주 소동을 일으켰으며, 조정이 새로 채택한 일련의 재정 수입 증대 방안은 별다른 효과를 거두지 못했다. 반면 탐관오리는 이 틈에 사리를 채우게 되자, 장탕은 그들을 혹형으로써 다스렸다. 이렇게 하여 공경 대신 이하 평민 백성에 이르기까지 모두 장탕을 비난하고 원한을 품게 되었다. 하지만 장탕이 병이 들자 천자는 직접 그의 집까지 가서 문병을 하였다. 장탕의 광영은 이 정도 상황에 이르렀다.

그 무렵, 흉노가 화친을 청해 왔다. 백관 군신들이 황제 앞에서 이 일을 논의하였다. 박사 적산(狄山)이 입을 열었다.

"화친을 수락하는 것이 국가에 도움이 될 것입니다."

무제가 그 이유를 물었다. 그러자 적산이 대답하였다.

"군사 행동은 불길한 것으로서 계속하여 사용할 수 없습니다. 일찍이 고조께서는 흉노 토벌을 위해 군대를 일으키셨지만 평성(坪城)에서 고전에 빠져 결국은 흉노와 화친을 하게 되었습니다. 혜제와 여태후의 시대에는 전쟁이 없었으므로 백성들은 평화로운 생활을 누릴 수 있었습니다. 그런데 효문제 시대에는 흉노와 자주 싸움을 벌여 그 때문에 북방의 땅은 또다시 소란해지고 용병(用兵: 군사를 부림)의 고초를 받았습니다. 또한 경제의 시대에는 오초 7국의 난이 일어나 경제께서는 그 대책에 부심하여 황태후와 대책을 상의하느라 미앙궁과 장락궁을 오가시면서 몇 달을 불안하게 지내셔야 했습니다. 오초 7국의 난이 진압된 뒤 경제께서는 평생토록 두 번 다시 용병의 일을 언급하시지 않아 천하는 부유하고 튼실해졌습니다.

지금 폐하께서 군사를 일으켜 흉노를 공격하신 이래 나라의 재력과 물자는 바닥이 나고 변경의 백성들은 고통 속에서 빈곤에 허덕이고 있습니다. 이런 점으로 미루어 볼 때 흉노와 화친을 맺는 것이 좋습니다."

무제는 다음으로 장탕의 의견을 구했다. 그러자 장탕은, "이는 우매하고 고루한 유생의 견해로서 현재의 정세를 알지 못하는 것입니다."라며 적산을 반박했다.

이 말에 적산이 발끈하였다. "신은 본래 우직한 충성[705]입니다만, 어사대부 장탕은 거짓으로 만든 충성입니다. 장탕은 회남왕과 강도왕 사건을 심리할 때 법으로써 제후를 가혹하게 욕보였고 황상의 골육의 정을 이간시켰으며, 제후들을 불안하게 만들었습니다. 저는 원래부터 장탕의 충성심은 거짓인 것을 알고 있습니다."

황제의 얼굴색이 변했다. 그러고는 적산에게 물었다.

"그대에게 한 군(郡)을 지키라고 명하면 적들의 침략을 막아낼 수 있겠는가?"

그러자 적산은 고개를 숙이며 대답했다.

"그것은 못하옵니다."

이에 황제가 "그러면 현을 지키라고 한다면 어떻겠는가?"라 묻자 적산은 "못하옵니다."라 대답하였다. 다시 황제가 "그렇다면 하나의 요새를 지키라면 어떤가?"라고 묻자 적산은 더 이상 대답을 못하다가는 옥리에 넘겨져 심문 당하게 될 것이라고 생각하여 "할 수 있겠습니다."라고 대답했다. 그리하여 황제는 적산에게 요새를 지키라고 명하였다. 그 뒤 한 달 만에 흉노가 그 요새에 침입하여 적산을 살해하고 돌아갔다. 이 사건 이후 모든 신하들은 두 번 다시 흉노 토벌에 관한 일을 언급하지 않았다.

하동 사람 이문(李文)은 이전에 장탕과 원한이 있었다. 훗날 그가 어사중승에

---

705) 우충愚忠, 자신의 충성을 겸양하여 이르는 말.

오르게 되자 그는 문서를 조사하여 장탕을 중상할 수 있는 약점을 찾아내는 한편 장탕의 과실을 결코 봐주지 않았다. 그런데 장탕에게는 평소부터 아끼던 노알거(魯謁居)라는 부하가 있었다. 노알거는 장탕이 이문에 대해 좋지 않은 감정을 품고 있음을 알고 다른 사람을 시켜 이문의 약점을 잡아 이문을 고발하게 했다. 이 사건은 장탕에게 넘겨져 심리하게 되었고, 장탕은 이문에게 사형 판결을 내리고 그를 죽였다. 물론 장탕은 그 고발 사건이 노알거가 사람을 시켜 고발했던 사실을 알고 있었다.

무제가 장탕에게 물었다.

"이 사건이 어떻게 드러나게 되었는가?"

그러자 장탕은 놀라는 체하면서 "이문을 잘 아는 자가 개인적인 원한을 풀려고 한 것이겠지요."라고 대답하였다.

그 후 노알거가 앓아눕게 되어 향리의 어느 집에서 묵고 있었다. 장탕은 그곳에 내려가 문병을 하고 다리를 주물러주었다.

사면초가(四面楚歌)

당시 조나라는 제철업이 중요한 생업이었는데, 조왕은 조정에서 파견된 철관(鐵官)과 갈등이 있어 수차에 걸쳐 철관의 행위를 고발하였다. 하지만 장탕은 그때마다 항상 조왕을 배척하였다. 그리하여 조왕은 장탕의 숨겨진 비밀을 찾게 되었다. 또한 조왕은 노알거에 의해 취조 받은 일도 있어서 알거에게도 원한을 품고 있었다.

조왕은 장탕이 알거의 문병을 하러 간 사실이 있다는 걸 알자 그 사실을 무제에게 일러 바쳤다.

"장탕은 국가의 대신으로서 일개 말단 관리에 불과한 알거를 문병했을 뿐아니라 다리까지 주물러 주었다고 합니다. 아마도 이 두 사람이 공모하여 도리에 벗어난 나쁜 짓을 저지르고 있음이 틀림없습니다."

이 사건은 정위에게 맡겨져 처리되었다. 그때 알거는 병사하였기 때문에 그 아우가 공범자로 체포되어 감옥에 갇히게 되었다. 장탕도 다른 죄수의 심리 때문에 감옥으로 왔다가 그곳에서 알거의 아우를 만나게 되었다. 장탕은 은밀히 그를 풀어 주려고 생각하고 있었지만, 겉으로는 모르는 체하였다. 하지만 알거의 아우는 장탕의 뜻을 알지 못하고 그가 자기를 버린 것이라고 생각하고 원망하면서 사람을 시켜 장탕을 고발했다.

"장탕은 형과 공모하여 이문을 고발하였습니다."

이 사건은 감선(減宣)[706]에게 맡겨졌는데, 감선은 전에 장탕과 원한이 있었다. 그래서 그는 사건을 철저하게 조사하였다. 하지만 미처 황제에게 사건을 보고하지 않았다. 때마침 어떤 사람이 효문제의 능에 묻어둔 돈을 훔친 사건이 일어났다. 이 사건에 대해서 승상 청책은 장탕과 같이 입궐하여 두 사람 모두 사과를 하기로 하였다. 그러나 장탕은 그렇게 하기로 약속하고도 마음속으로 오직 승상이 당연히 4시에 맞춰 묘원을 순시해야 하므로 승상이 사죄해야 하고 자신은 아무런 관계가 없다고 생각하여 자신은 사죄하지 않았다. 승상이 사죄한 뒤, 황제는 어사에게 사건의 조사를 명했다. 장탕은 사실을 알고도 고발하지 않고 고의로 범죄를 방조했다는 법 조항을 이용해 승상에게 죄를 덮어씌우려고 하여 승상은 이를 매우 걱정하였다. 그러자 승상의 장사(長史)[707]들은 장탕이 후환거리이며 어떻게든 장탕을 실각시킬 기회를 노리게 되었다.

승상의 장사 중 한 사람인 주매신(朱買臣)은 『춘추』에 정통했는데, 일찍이 장조(庄助)가 사람을 시켜 무제에게 그를 추천하도록 하였다. 주매신은 『초사(楚辭)』에 조예가 깊어 장조와 함께 무제의 총애를 받아 궁중에서 황제를 모시면서 태중대부의 직책에 임명되어 정사를 맡고 있었다. 당시 장탕은 겨우 일개 하급 관리로서 주매신 등의 앞에서 엎드려 명령을 받는 처지였다. 얼마 지나지 않아 장탕이 정위로 승진하면서 회남왕 사건을 조사할 때 장조를 모함하고 해치자 장조의 은혜를 입고 있던 주매신은 마음속으로 장탕에게 원한을 가지게 되었다.

그 뒤 장탕이 어사대부가 되었을 때 주매신은 회계군 태수에서 주작도위로 승진하여 9경의 반열에 올랐다. 그런데 몇 년 후 주매신은 법에 저촉되어 잠시 승상의 장사로 일하게 되었다. 그 무렵 주매신이 장탕을 만나게 되었는데, 장

---

706) 당시 어사중승이었고 역시 혹리에 속한다.
707) 승상의 속관.

탕은 오만하게 의자에 앉아 있고, 그의 부하도 주매신을 대하는 태도가 전혀 예의가 없었다. 주매신은 혈기왕성한 초나라의 선비로서 장탕에 대하여 깊은 원한을 가지게 되었고 항상 보복의 기회만을 노리면서 장탕을 해칠 수만 있다면 목숨이라도 버릴 각오였다. 또한 승상의 같은 장사 중 한 사람인 왕조(王朝)는 제나라 사람으로서 권모술수에 능하고 우내사까지 지낸 인물이었다. 또 한 명의 장사인 변통(邊通)도 종횡가의 유세술을 배웠고 성격이 강직하며 두 번이나 제남 재상을 지냈다. 두 사람도 과거에 그 지위가 모두 장탕의 위에 있었는데, 훗날 관직을 잃고 잠시 승상의 장사로 일하면서 장탕을 보면 무릎을 꿇고 예의를 갖춰야 했다. 장탕은 몇 번에 걸쳐 승상 대리 직책을 수행하면서 이 세 사람의 장사가 일찍이 높은 지위에 있었다는 것을 알면서도 고의로 모욕을 주었다. 원한이 골수에 사무쳐 있던 세 사람은 상의 끝에 승상에게 이렇게 말했다.

"장탕은 당초 승상 어른과 같이 무제에게 사죄할 것을 약속했으면서도 어전에서 승상을 배반했습니다. 그러면서도 지금 승상 어른께 죄를 씌우려 벼르고 있습니다. 이는 반드시 어르신 대신 승상 지위에 오르려는 의도입니다. 지금 그를 실각시키지 않으면 다시 돌이킬 수가 없어집니다. 저희가 장탕의 숨겨진 부정 행위를 알고 있습니다. 먼저 손을 쓰십시오."

승상은 즉각 부하를 파견하여 장탕이 상인 전신(田信)과 사적으로 내통한 일에 대하여 조사하도록 하였다. 이렇게 하여 장탕이 황제에게 정사를 주청할 때 전신은 이미 내용을 알고 있고 재물을 비축하여 불법 이득을 취하고 장탕과 이를 나누었다는 사실이 드러났다. 그리고 다른 위법 행위도 밝혀졌다. 이러한 사정들이 모두 무제의 귀에 들어갔다.

마침내 무제가 직접 장탕에게 하문했다.

"과인이 조치를 취할 때 언제나 상인들이 먼저 알고 물건을 엄청나게 비축한다 하니, 아무래도 과인의 계획을 누군가 상인들에게 누설하는 자가 있는 것 같은데 어떻게 생각하오?"

장탕은 사죄하지 않고 오히려 놀라는 시늉을 하면서 "아마도 어떤 사람이 누설하고 있는 것 같습니다."라고 말했다.

법령은 치밀해졌지만 정사는 쇠퇴하였다

감선 역시 노알거에 관한 일을 무제에게 소상히 주상했다. 무제는 과연 장탕의 내심이 간사하고 면전에서 자기를 속였다고 생각해 차례로 8명의 사자를 보내 일일이 증거를 확인하면서 장탕을 심문하였다. 하지만 장탕은 모든 것을 부인하며 인정하지 않았다. 그러자 무제는 조우에게 취조를 명했다. 조우는 장탕을 나무랐다.

"당신은 어찌 이리도 본분을 알지 못하오? 당신 판결로 인하여 이제까지 얼마나 많은 사람들이 박해를 받았소? 지금 다른 사람들이 당신을 고발하여 모두 명백한 증거가 있지만, 천자께서 당신에게 차마 법을 적용하시지 않는 것은 당신 스스로 생각을 해 보라는 뜻이오. 당신은 어찌 계속 변명만을 하고 있는 것이오?"

그리하여 장탕은 황제에게 편지를 써서 사죄하였다.

〈장탕은 아무런 공로도 없이 하급 관리의 몸으로 폐하의 은총을 입고 삼공(三公)에 이르렀습니다만, 그 직책을 잘 해내지 못하고 황상의 기대에 보답하지 못했습니다. 그러나 저를 음모로써 모함하고 죽음에 몰아넣은 것은 승상부의 세 장사입니다.〉

그리고는 스스로 목숨을 끊었다.

무제가 장탕이 죽고 나서 유산을 조사시켜 보니 고작 5백 금에 지나지 않았으며, 그것도 모두 봉록 소득과 황상이 내린 하사품이었다.

한편 장탕의 형제와 자식들은 의논 끝에 장례만은 성대히 치르자고 했으나 모친이 반대했다.

"장탕은 천자의 대신으로서 억울한 말을 듣고 치욕스럽게 죽은 것이다. 성대한 장례라니 당치도 않은 일이다!"

그리고는 우마차로 출상하였고 관도 장식을 하지 않았다.

무제는 이 말을 듣고 "그러한 어머니가 없었다면 그러한 아이를 낳지 못했을 것이다!"라고 말했다. 그리하여 이 사건을 다시 추궁하여 세 사람의 장사는 모두 처형되었다. 승상 청책도 사건에 대한 책임을 지고 자살하였다. 전신은 석방되었다.

무제는 장탕을 잃은 것을 크게 후회하고는 그의 아들 안세를 높은 자리에 앉혔다.

태사공은 말한다.

"장탕은 황제의 의중에 영합하는 것을 잘 알고 모든 것을 황제에 맞추었으며, 정사(政事)의 가부에 대하여 여러 차례 논증할 때도 모두 황제의 마음에 부합하도록 하였고 국가는 그것으로써 정사를 처리하였다. 하지만 장탕이 죽은 후 법령은 더욱 치밀해졌으며 사안은 많아지고 벌은 더욱 엄해졌으나, 국가의 정사는 점점 황폐해지고 쇠퇴해졌다. 조정의 9경들은 평범하게 살면서 오직 자신들의 자리를 지킬 줄만 알고, 자신들의 과오를 덮기조차 손쓸 틈이 없었는데 어떻게 법령 이외의 것을 논할 시간이나 있었겠는가!"

52. 유협 열전
─사람의 얼굴은 시들지만 명예로운 이름은 영원하다
(계포 열전 포함)

「유협 열전」은 『사기』의 명편(名篇) 중 하나로서 사마천은 여러 상이한 유형의 협객을 사실적으로 묘사하고 있으며, 그들의 "말에 신의가 있고 행동에 성과가 있으며 약속은 반드시 지키고 몸을 아끼지 않는" 고귀한 품격을 찬양하고 있다.

사마천은 이들을 천하 대중의 영웅으로 파악하면서 그들이 당하는 불행에 동정을 표하고 그들을 박해하는 사람들에 대해서는 분노를 나타내면서 거짓과 불공정으로 가득 찬 한나라 법률의 본질을 드러내고 있다. 즉, 본편은 사마천의 진보적인 역사관과 민중성을 잘 드러나고 있다.

또한 본편은 서사의 측면에서 뛰어날 뿐만 아니라 서사와 논점이 서로 절묘하게 결합하여 예로부터 '백대지절(百代之絶)'로 꼽혀 왔다. 특히 본전의 서문에는 사마천의 탁월한 민중적 관점이 기술되고 있다.

한비자는 이렇게 말했다.

"유학자(儒學者)는 학문으로 법치를 어지럽히고, 유협객(遊俠客)들은 무력으로 금령을 범한다."

그에게는 유학자와 협객들이 모두 비판의 대상으로 되고 있는 것이다. 그러나 학자의 대부분은 세상에서 인정받고 있다. 즉 그 전문적인 권술(權術: 권모술수)에 의해 재상이나 대신의 지위를 얻어 천자를 도와 그 공명이 정사(正史)에 남게 된 인물에 대해서는 길게 말할 필요도 없다. 그런데 계차(季次), 원헌(原憲)[708]

---

708) 이 두 사람 모두 공자의 제자이다.

과 같은 인물은 경전을 익히고 고상한 도덕을 지니고 당시의 조류에 자신의 신념을 부합시키지 않았기 때문에 당시의 사람 역시 그들을 비웃었다. 그들은 단지 누추한 집에 살 수밖에 없고 다 해진 옷을 입고 보잘것없는 반찬도 배불리 먹을 수 없었지만, 그들이 죽은 지 4백여 년 뒤 그들을 따르는 사람들은 끊임없이 그들을 기념하고 있다.

협객에 대하여 말하자면, 비록 그들의 행동이 이른바 정의 혹은 도덕 준칙과 일치하지는 않지만 그들은 말에 신의가 있고 행동에 성과가 있으며, 한번 약속하면 반드시 지킨다. 또한 몸을 아끼지 않고 남을 위험으로부터 구하며, 목숨을 버리면서까지 남을 돕는다. 그렇지만 자신의 능력을 드러내지 않고 자신의 은덕을 과시하지 않는다. 이러한 점들은 마땅히 크게 찬양받아야 한다. 더구나 사람이란 항상 위험에 빠지게 부딪치는 법이다. 옛날 순임금은 우물을 파다가 흙에 묻혀 죽을 뻔했고 곡물 창고에서는 불에 타 죽을 뻔까지 했다. 은나라의 명재상 이윤은 솥과 도마를 짊어진 채 요리사로 전락해 고생했으며, 강태공은 극진709)이라는 강가에서 가난한 나머지 밥장사를 하기도 하였다. 또한 관중은 사로잡혀 손과 발에 쇠고랑이 채워졌고, 백리해는 종이 되어 소를 키워야 했다. 그리고 공자는 광(匡) 지방에서 죽을 뻔하고 진나라와 채나라에서 굶주림으로 고생해야 했다. 이들 '덕이 있는 인자(仁者)'들도 이렇듯 재난을 당해야 했는데, 하물며 일개 평범한 사람들의 경우 그리고 극도로 혼란한 난세를 맞아서는 어찌 되겠는가? 그가 직면해야 하는 재난을 말로 다할 수가 있겠는가?

사람들은 흔히 이런 말을 한다.

"인의(仁義)를 아는 것이 무슨 소용이 있는가? 이익을 얻게 되면 그게 바로 덕이 있는 것이다."

그렇기 때문에 백이가 수양산에서 굶어 죽으면서 주나라를 비판했어도 주문왕과 무왕은 왕자(王者)로서의 명성을 손상 받지 않았으며, 도척이 법을 짓밟고 난폭한 짓을 해도 부하들로부터 지금까지도 그들의 인의를 칭송받았던 것이다. 그러므로 "허리띠나 푼돈을 훔친 자는 극형에 처해지지만 나라를 훔친 자는 제후가 되며, 제후 가문에서 하는 모든 일은 인의에 들어맞게 된다."는 말

---

709) 극진棘津, 고대 하수河水의 명칭.

을 누가 거짓이라 할 수 있겠는가? 조그마한 의로움에 집착하여 세상을 등진 사람들이 시대의 흐름에 몸을 맡겨 영예를 얻은 사람들과 비교해서 꼭 더 낫다고 말할 수가 있는 것인가! 그러나 관작을 가지지 않은 백성들이 남을 돕겠다는 약속을 하고서 천 리 안의 일 모두에 있어서 인의를 말하고 죽음도 두려워 않고서 세속의 비난에도 개의치 않는다. 이 역시 그들의 장점인 것이며, 결코 경솔한 행동이 아니다. 그러므로 곤경에 처한 사람들은 그들에 의지하여 자신들의 생명을 보호하려 하니, 그들이야말로 사람들이 흔히 말하는 영웅호걸이 아니겠는가! 행동에 반드시 성과가 있고, 말에 반드시 신의가 있는 관점에서 볼 때, 협객식의 인의가 어느 점에서 부족할 것인가!

지금 맹상군, 춘신군, 평원군, 신릉군 등이 세상에 널리 알려지고 있지만 그들은 모두 왕족으로 봉지(封地)와 벼슬대작의 재물에 의거하여 천하의 현사들을 모았고, 이들을 현인이 아니라고 할 수는 없다. 하지만 보통 백성인 협객들은 자신의 행동으로 자기의 명성을 쌓아 천하에 이름을 드날렸으며 천하 사람들로 하여금 자기의 현덕(賢德)을 칭송하도록 만들었으니 참으로 어려운 일이었다. 지금 진대(秦代) 이전의 민간 협객들의 사적은 모두 사라지고 남아 있지 않으니 이 점을 매우 유감스럽게 생각한다. 이들은 항상 당시의 법망에 저촉되었지만, 그들의 개인적 인품은 청렴하고 겸손하였으며 오히려 찬양받을 측면도 매우 많다. 협객의 명성은 빈껍데기에서 만들어진 것이 아니며, 사람들 역시 헛되이 그들에게 의지했던 것이 아니다. 하지만 세상 사람들은 이들을 한낱 폭력배 집단으로 여기고 있으니 어찌 슬프지 아니하랴!

1) 숨어 있는 협객
- 주가

노나라 사람인 주가(朱家)는 한나라 고조와 같은 시대에 태어났다. 전통적으로 노나라는 유교를 받드는 국가였지만 주가는 협객으로 유명했다. 그가 숨겨주어 생명을 구한 사람의 수는 유명한 사람만도 몇백 명이나 되고, 그 밖에도 수천 명의 생명을 구했다. 그러나 그는 한 번도 자기를 뽐내거나, 그가 다른 사람에게 베푼 은덕에 대하여 즐거워하지 않았다. 오히려 도와준 후에는 그 사람들을 두 번 다시 만나지 않으려 노력할 정도였다. 도움을 줄 때도 가난하고 신분이 낮은 사람부터 우선 도와주었다.

주가의 집에는 쓸 만한 재산이라곤 하나도 없게 되었고, 소박한 옷들에 조촐한 음식을 들었을 뿐이며, 타고 다니는 것이라고 해봐야 고작 조그만 소가 끌고 다니는 보잘것없는 수레에 불과했다. 이처럼 자신의 일에는 신경도 쓰지 않으면서 다른 사람의 일이라면 팔을 걷어붙이고 나섰다. 계포(季布) 장군을 구했을 경우에도 계포가 후에 크게 출세하게 되었을 때에는 결코 그를 만나려 하지 않았다. 그러므로 당시에 함곡관 동쪽 지방에서는 주가와 사귀어보려는 사람들이 줄을 이었던 것이다.

임무에 충실했기 때문에 죄인이 된 것이다

계포(季布)[710]는 초나라 사람으로 의리 있고 사나이다운 기개로 초나라 지방에 널리 알려져 있었다. 그는 항우에 의해 장군에 임명되었었고, 자주 유방을 곤경에 빠뜨렸다. 그러므로 유방이 항우를 물리친 다음 계포의 체포에 천금의 상금을 걸고 그를 잡는 데 많은 힘을 썼다. 계포를 숨겨준 자는 삼족[711]을 멸하겠다는 포고령도 내렸다. 이때 계포는 복양에 사는 주씨(周氏) 집에 몸을 숨기고 있었는데, 어느 날 주씨가 계포에게 말했다.

"우리 집에도 곧 추격의 손길이 뻗힐 듯합니다. 제게 한 가지 방법이 있기는 한데 들어 주시겠습니까? 만일 싫다고 하시면 이제 제가 스스로 목숨을 끊는 길밖에 없습니다."

계포가 그의 말대로 따르겠다고 하였다. 그러자 주씨는 그의 머리를 깎고 목에 철띠를 두르게 해서[712] 죄수로 변장시킨 다음 허름한 옷을 입혀 화물을

---

710) 원래 계포 편은 난포와 함께 『열전』 제40편에 실려 있다. 여기에서는 앞 문장에 이어 협객열전에 싣는다.

711) 부족父族, 모족母族, 처족妻族의 3족을 가리킨다.

712) 원문은 곤겸髡鉗으로서 이는 고대 형벌 중의 하나이며, 머리를 완전히 밀고 목에 철띠를 두르게 한 것.

싣는 큰 마차에 태웠다. 그리고 집에 있던 노예들과 함께 계포는 노나라의 협객인 주가에게 팔려갔다. 하지만 주가는 그가 계포라는 사실을 알고 있었으며, 그에게 밭농사를 시키기로 했다. 그런 연후에 주가는 아들을 불러 일렀다.

"그에게 밭일을 시키되 모든 일을 항상 그와 상의하여 실시하도록 해라. 그리고 항상 같이 식사를 하도록 하라."

그 후 주가는 작은 마차[713]를 타고 낙양으로 가서 하후영(夏侯嬰)을 방문했다. 그때 제후가 되어 있던 하후영은 며칠 동안 술잔치를 벌여 주가를 대접했다. 주가는 술을 마시다가 하후영에게 넌지시 떠봤다.

"계포라는 자는 도대체 얼마나 큰 죄를 지었기에 황제께서 그토록 잡으려 하시는 것입니까?"

"계포는 항우 편에 있으면서 폐하를 매우 괴롭혔었소. 그래서 폐하께서는 계포를 굉장히 미워하면서 기필코 잡아 죽일 생각이시라오."

그러자 주가가 조용히 되물어 보았다.

"그러면 대감께서는 계포를 어떻게 보십니까?"

"나는 훌륭한 인물로 생각하고 있소."

주가는 자세를 가다듬고서 말하였다.

"주군(主君)을 위해 충성을 다하는 것은 신하의 임무입니다. 계포가 항우를 위해 열심히 일했던 것은 임무에 충실했기 때문입니다. 천하가 평정된 이 마당에 사적인 원한 때문에 뛰어난 인물 한 사람을 죽이려 함은 도량이 좁다는 것을 스스로 세상에 나타내는 행위라 아니할 수 없습니다. 계포는 추적이 심해지면 할 수 없이 북방의 흉노 혹은 남방의 월 쪽으로 달아날 것입니다. 인재를 미워하여 결국 적을 도와주게 되었던 경우는 많습니다. 오자서가 초나라 평왕의 무덤을 파헤치고 시체에 매질한 것도 초나라가 오자서를 죽이려 했기 때문이 아니었습니까? 대감께서는 왜 이러한 사실을 폐하께 말씀드리지 않는 것인지요?"

하후영은 이 말을 듣고 주가가 정말 대 협객임을 다시 느꼈다. 그도 계포가 주가의 집에 숨어 있다는 것을 눈치 채고는 "좋소, 그렇게 해 봅시다." 하고 다짐했다.

---

713) 원문은 초차輜車.

그 후 하후영은 주가가 말한 대로 고조에게 아뢰면서 계포의 사면을 간청하였다. 그러자 고조는 즉시 계포를 사면하였다.

당시 많은 사람들이 강직한 성격을 온유하게 변화시킬 수 있었던 계포를 칭찬하였고, 주가 역시 그 일로 인해 천하에 명성이 높아지게 되었다.

그 뒤 계포는 고조를 만나게 되었으며 고조는 그의 죄를 사하여 낭중(郎中)으로 임명하였다. 고조가 죽은 후 효혜제 때에 이르러서는 중랑장(中郎將)까지 벼슬이 높아지게 되었다.

그런데 이때 흉노족의 왕이 방자한 서한을 보내 여후(呂后)를 모욕하였다.

〈이 외로운 몸은 거친 땅에서 태어나 말이나 소와 섞여 자랐기 때문에 언제나 중원에서 노닐기를 원해 왔소. 이제 그대께서 홀로 계시다니 내외간의 정도 없이 무슨 맛에 살겠소? 있는 것으로 없는 것을 바꿀 생각은 없겠소?〉

이는 노골적으로 자기 마누라로 삼겠다는 희롱이었다. 여후는 크게 분노하였다. 그래서 여후는 장군들을 불러 모아 이 일을 의논하였다. 이에 상장군 번쾌가 먼저 말했다.

"저에게 10만의 군사를 주셔서 흉노를 무찌르게 해주십시오."

장군들은 번쾌가 여후의 사위였고 막강한 권력을 휘두르고 있었으므로 모두 그의 의견에 찬성하였다. 그러나 계포는 단호하게 반대하고 나섰다.

"번쾌는 조심성도 없이 말을 함부로 하였으니 마땅히 참형에 처해야 할 줄 압니다. 고조께서도 30만을 인솔하셨지만, 평성에서 곤란을 받으셨던 경험이 있습니다. 그런데 번쾌는 10만 군사로써 흉노를 완전히 유린하겠다고 했으니 그 얼마나 무책임한 언동입니까? 뿐만 아니라 진나라는 흉노의 일에만 너무 신경을 썼기 때문에 진승의 무리가 반란을 일으킬 틈을 주었으며, 결국 스스로 망해 버린 것입니다. 아직 나라가 채 안정되지도 않았는데 번쾌가 이제 면전에서 아첨하는 것은 지극히 위험한 징조가 아닐 수 없습니다."

그러자 주위에 있던 모든 사람들이 계포에게 틀림없이 불호령이 떨어질 것으로 생각하고 두려움에 떨었다. 하지만 여후는 그대로 듣고 있다가 회의를 끝냈고 그 뒤 다시는 흉노 정벌을 한 마디도 꺼내지 않았다.

계포는 하동 군수로 있었는데, 한 문제 때 어떤 사람이 그가 매우 재능이 있다고 말하자 한 문제는 그를 불러 어사대부에 임명하려 했다. 그런데 또 다른 사람은 그가 매우 용감하지만 술주정이 심하여 가까이 하기 어렵다고 말하였다. 계포가 장안에 와서 한 달이 지나서야 황제가 그를 불러 만난 뒤 그냥 돌려보내려고 하였다. 그러자 계포는 황제에게 "신은 아무런 공로도 없이 폐하의 은총을 입고 하동군의 자리를 맡았습니다. 지금 폐하께서 아무런 이유도 없이 신을 부르신 것은 분명 어느 사람이 신을 경망스럽게 칭찬하여 폐하를 속인 것이고, 또 신이 장안에 와서 아무런 일도 듣지 못한 채 이대로 돌아가는 것은 분명 어느 사람이 폐하의 면전에서 신을 헐뜯었기 때문입니다. 폐하께서 한 사람이 신을 칭찬하여 신을 부르시고, 또 한 사람이 비방한다고 하여 신을 돌아가게 하시니, 신은 천하의 견식 있는 사람들이 이 일로 인하여 폐하께서 일을 처리하는 기준을 엿볼 수 있지 않을까 두렵습니다."라고 하였다.

황제는 이 말을 듣고 매우 난처하게 느껴져 아무 말도 하지 않다가 한참을 지나서야 "하동은 짐의 수족과도 같은 곳이니 짐이 특별히 공을 부른 것이오!"라고 말하였다. 계포는 하직을 하고 다시 하동군으로 돌아왔다.

계포일락(季布一諾)

초나라 사람 조구생(曹丘生)은 언변에 능한 변사(辯士)였는데, 여러 차례 권세에 아부하여 돈을 모았다. 그는 조동(趙同)[714] 등의 귀인을 섬기었고, 특히 두장군(竇長君)[715]과 사이가 좋았다. 계포는 이러한 소문을 듣고 두장군에게 편지를 올려 간언하였다.

〈저는 조구생이라는 사람이 정직한 사람이 아니라고 들었습니다. 그와 왕래하지 마십시오.〉 조구생은 초나라로 돌아갈 때 두장군의 소개장을 얻어서 계포를 만나고자 하였다. 그러자 두장군은 말하였다. "계장군은 그대를 좋아하지 않으니 그를 만나지 마시오." 하지만 조구생은 기어이 소개장을 얻어 떠났

---

714) 한 문제의 총애를 받던 환관 조담趙談으로서 사마천은 자기 아버지 사마담司馬談의 '담談'자를 피하여 '동同'자로 고쳤다.

715) 한 문제 황후의 오라버니.

다. 조구생은 먼저 사람을 시켜 계포에게 소개장을 보냈다. 과연 계포는 크게 화를 내면서 조구생을 기다리고 있었다. 조구생은 계포에게 읍하며 말하였다.

"초나라 속담에 황금 백 근을 얻는 것이 계포의 대답 하나를 얻는 것보다 못하다고 합니다.[716] 생각해 보십시오. 왜 귀공이 초나라에서 이렇게 명성을 얻게 되었는지요? 나는 초나라 사람입니다. 귀공 역시 초나라 사람입니다. 바로 내가 귀공의 이름을 가는 곳마다 찬양하고 다녔기 때문입니다. 그런데도 귀공은 오히려 나를 천대하고 계십니다. 귀공은 이렇게 계속 나를 거부하실 것입니까?"

그러자 비로소 계포는 크게 기뻐하고, 조구생을 안으로 들게 하여 그를 몇 달 동안 집에 머물게 하면서 극진하게 대접했다. 계포의 명성은 갈수록 커졌고, 이는 조구생이 그를 대신하여 선전하고 찬양한 결과였다.

계포의 외삼촌 정공(丁公)은 초나라 장수였다. 정공은 항우를 위하여 팽성 서쪽에서 고조를 추적하여 단병(短兵)[717]으로 육박전을 벌였다. 고조는 형세가 지극히 불리해지자 정공에게 "우리 두 사람 모두 좋은 사내대장부인데 어찌 서로 해치려 하는가?"라고 하였다. 이에 정공은 군사를 거두어 돌아가고 고조는 몸을 피해 도망쳤다. 항우가 멸망한 뒤에 정공이 고조를 알현하였다. 그러자 고조는 정공을 붙잡아 군중에 돌려 보이면서 모든 사람들에게 말하였다. "정공은 항왕의 신하가 되어서 충성을 다하지 않았다. 항왕으로 하여금 천하를 잃게 만든 자는 바로 정공이다." 그러고는 정공을 참한 뒤에 이렇게 말하였다. "이는 후세에 신하된 사람으로 정공을 본받지 않게 하기 위함이다!"[718]

태사공은 말한다.

"항우가 그토록 용맹스러운 기개를 가지고 있었지만, 계포는 오히려 여전히 초나라에서 용감함으로써 그 이름을 떨쳤다. 직접 적진에 뛰어들어 적을 격멸하고 빼앗은 적기(敵旗)가 헤아릴 수 없을 정도이다. 가히 대장부라 할 수 있었다. 그러나 이러던 계포가 일단 쫓기는 몸이 되자 노예로 변장하면서까지 목숨

---

716) 계포가 좀처럼 말이 없으나 한 번 대답을 하면 반드시 그것을 지켰기 때문에 매우 귀중한 약속이라는 뜻으로 계포일락季布一諾이라는 말이 유래되었다.

717) 칼이나 창 등의 무기. 이에 비해 총이나 활 등은 먼 거리 전투에 사용되어 장병長兵이라 한다.

718) 이 묘사는 유방의 배은망덕을 비판하는 의미를 담고 있다.

을 이어갔다. 계포는 자기의 능력을 믿고 굴복을 치욕으로 보지 않고 능히 감수해 낸 것이었다. 그는 자신이 보여주지 못한 재능을 발휘하기를 희망하였고, 그리하여 마침내 한나라의 명장으로 되었다. 진실로 용기 있는 자는 가벼운 죽음을 하지 않는다. 노비나 희첩(姬妾)과 같은 미천한 사람들은 분을 이기지 못하고 자살하지만 그것은 용기로 평가되지 않는다. 그것은 그들이 두 번 다시 다른 방도가 없다고 판단했기 때문에 스스로 죽는 것이다."

2) 사람의 얼굴은 시들지만 명예로운 이름은 영원하다
- 곽해

곽해(郭解)는 유명한 관상가였던 허부(許負)의 외손자이며, 곽해의 아버지도 의리 있는 사나이였으나 문제(文帝) 때 법을 어겨 처형되고 말았다.

곽해는 몸집은 작았지만 날래고 영민하며 강인한 사나이였으며, 술은 한 모금도 하지 않았다. 젊었을 때는 매우 잔인하여 자기 마음에 거슬리는 사람을 곧잘 죽이곤 했다. 또 친구를 위한 보복에 목숨을 아끼지 않았으며, 범죄단들을 은닉시키고 법을 어기면서 도처에서 강도질도 하였으며, 화폐를 위조하고 무덤을 도굴하는 등 못된 행패를 많이 저질렀다. 그러나 이상하게도 그가 궁지에 몰리면 누군가 나타나서 도와주었고, 대사면을 받곤 하였다.

그런데 곽해가 나이가 들면서부터는 사람이 몰라보게 달라져, 은덕으로써 다른 사람의 원한을 갚았으며, 자주 남에게 은혜를 베풀면서도 보답을 기대하지 않았다. 다른 사람에 대한 원한도 매우 적었다. 그러나 스스로 협객의 일을 좋아하는 것은 갈수록 강해졌다. 다른 사람의 생명을 구하고도 결코 자랑하는 법이 없었다. 하지만 내심에는 여전히 잔인하고 독하여 자그마한 일로 일을 저지르는 것은 예전과 다름이 없었다.

당시 젊은이들은 그의 행위를 흠모하여 항상 그를 대신하여 보복을 하였는데, 다만 그가 모르도록 하였다. 곽해 누나의 아들은 곽해의 위세를 믿고 다른 사람과 술을 마실 때 그로 하여금 술을 다 마시도록 강요하였다. 그 사람은 주량이 적어서 마시지 못하겠다고 하자 아들은 강제로 술을 그 사람 목에 부어넣었다. 이에 그 사람은 매우 화가 나서 아들을 칼로 찔러죽이고 달아났다. 누나가 곽해를 원망하였다.

"너는 의리의 사나이라면서 조카가 죽어도 아무 관심도 없구나! 살인자는 잡을 수도 없느냐?"

그러면서 시체를 길바닥에 내버려둔 채 장례도 지내지 않으면서 곽해의 명예에 먹칠을 하고자 했다. 그러자 곽해는 부하를 풀어 살인자를 찾도록 했다. 이에 도저히 도망갈 수 없다는 것을 안 범인은 스스로 곽해를 찾아와 자초지종을 말했다.

곽해가 그 얘기를 듣고는, "과연 네가 그를 죽인 것은 무리가 아니다. 누님 아들은 도리에 어긋났다."라고 말하면서 그를 풀어주고, 누님 아들의 장례를 치러주었다.

이 소문이 퍼지자 사람들은 곽해의 인품을 칭찬하였고 그를 따르는 사람들은 점점 많아졌다.

그 무렵에는 곽해가 길을 지나갈 때는 사람들이 스스로 길을 비켜줄 정도였다. 그런데 곽해가 지나가는 데도 길 옆에 앉아 다리를 꼰 채 물끄러미 쳐다보는 자가 있었다. 곽해가 부하를 시켜 그 자의 이름을 알아오도록 했다. 사람들은 그 자를 죽이려 하였다. 그러자 곽해는 그를 제지하였다.

"자기 고향에서 존경을 못 받는 것은 나의 도덕이 완전하지 못하기 때문이다. 저 사람이 무슨 죄가 있다는 말인가!"

그러고는 마을 관리를 찾아가 몰래 부탁했다.

"그 사람은 내가 매우 필요한 사람이라오. 부역[719] 때 명단에서 빼줄 수 있겠소?"

그 뒤 그 사람은 부역 때마다 대상에서 빠졌다. 그 사람은 이상하게 생각하여 관리를 찾아가 그 이유를 묻고는 비로소 곽해의 부탁으로 그렇게 되었다는 사실을 알게 되었다. 그러자 그는 즉시 곽해를 찾아가서 웃옷을 벗고 사죄를 했다. 이 이야기가 알려지자, 젊은이들이 곽해를 더욱 따르고자 했다.

그 시절 낙양에는 서로 원수처럼 으르렁대는 두 사람이 있었다. 마을의 유

---

719) 한나라 시대에 일반 남자 장정은 '졸경卒更'이라 하여 매년 1개월의 부역을 해야 했다.

지 열 명이 그들을 화해시키려 차례로 나섰지만 별무 효과였다. 그래서 곽해에게 화해를 주선해 달라는 간청이 들어왔다.

곽해는 밤에 몰래 그 사람들의 집을 찾아가 설득한 끝에 마침내 화해시켰다. 그러자 곽해는 이렇게 말하는 것이었다.

"이번 문제로 낙양의 유지들이 나섰지만 실패했었다고 들었소. 지금 다행히 화해가 이뤄졌지만, 내가 이 지방의 덕망 있고 지위를 지닌 사람들의 권세를 뺏을 수 있겠소?"

그는 밤중에 떠나며 다른 사람들이 이 사실을 알지 못하도록 하면서 "아직 화해가 이뤄지지 않은 것으로 하고 내가 돌아간 뒤 낙양 호걸들로 하여금 조정하도록 하여 그들의 말에 따른 것으로 해주오."라고 말했다.

일개 백성의 권세가 장군으로 하여금 대신하여 말하게 만들다

곽해는 항상 겸손했으며, 외출할 때 말을 탄 적이 없었고 마차를 탄 채 관청에 들어간 적도 없었다. 남의 부탁으로 관청에 진정할 때는 정당한 일이라면 반드시 관철시켜냈고, 무리한 부탁이라도 최선을 다하여 그들의 요구를 만족시키려 하였다. 그런 연후에야 비로소 식사를 들었다. 그렇기 때문에 많은 뜻 있는 사람들이 곽해를 존경하며 따랐던 것이다. 매일 밤만 되면 마을의 젊은이와 인근 마을의 유지들이 곽해의 집에 찾아왔다. 그들은 곽해의 손님들을 십여 대의 수레에 실어 자기 집에서 돌보곤 하였다.

그런데 한무제 때 각 지방의 부호들을 무릉 지역으로 이주시키는 정책을 폈다.[720] 곽해는 재산이라고 할 만한 것이 거의 없었으므로 3백만 전(錢) 이상의 부자에 포함되지 않았다. 지방 관리에게 이것은 민감한 문제여서 또한 그로 하여금 이주를 안 시킬 수도 없었다(명성이 높으므로 제외했다가 뒤에 벌받을까 두려워하다). 위청(衛靑) 장군이 곽해를 대신하여 그의 이주 문제에 대해 무제에게 말했다.

---

720) 한무제 2년(기원 전 139년), 한문제의 능묘가 있던 무릉의 주민수를 확충하기 위하여 부호들을 무릉으로 이주시키는 정책을 폈고, 곽해도 이때 무릉으로 이주하였다.

"지금 곽해가 재산이 부족하여 이주 기준에 미치지 못하고 있습니다."

그러자 무제가 대답했다.

"일개 백성의 권세가 장군으로 하여금 대신하여 말하게 만들 정도면, 바로 그가 가난하지 않음을 말해 주는 것이다."

그렇게 하여 곽해는 이주하게 되었다. 그가 이주할 때 배웅 나온 사람들이 걷어준 돈은 자그마치 천만 전도 넘었다.

곽해의 이주를 실제로 꾸몄던 자는 현의 아전이었던 양계주(楊季主)의 아들로서 그가 곽해를 검거하여 이주시켰던 것이다. 이를 알게 된 곽해의 조카가 크게 분노하여 양계주의 아들을 죽여 버렸으며, 이로 인해 곽해의 집과 양계주의 집은 불구대천의 원수가 되었다.

곽해가 함곡관에 도착하자, 관중 지방의 뜻있는 사람들이 그를 아는 사람이든 모르는 사람이든 그의 명성을 듣고 앞을 다투어 곽해를 만나고자 하였다.

세월이 흘러 이번에는 고향에서 양계주가 살해되었다. 그러자 양계주의 가족들은 사람을 보내 황제에게 직소하려 했는데, 그 사람이 궁궐에 도착할 때쯤 누군가에 의해 다시 살해되었다. 이 일이 마침내 무제의 귀에 들어가자, 무제는 곽해를 체포하라는 엄명을 내렸다. 이에 곽해는 가족을 피신시킨 다음 임진 지방으로 도망갔다. 임진 지방의 적소공(籍少公)[721]은 곽해를 알아보지 못했는데, 곽해는 다른 사람 행세를 하면서 함곡관을 빠져나가게 해 달라고 청하였다. 적소공은 곽해를 도와 함곡관을 빠져나가게 하여 곽해는 태원 지방으로 피신하였다. 그를 추격하던 포졸들이 적소공을 문초하자 그 관리는 스스로 죽어 입을 열지 않았다.

곽해는 드디어 몇 년 뒤에 붙잡혔다. 그러나 곽해가 과거에 범했던 살인 사건은 대사령(大赦令)이 내려지기 이전의 사건이었기 때문에 처벌할 수 없었다. 그때 곽해를 문초하는 심문관 옆에는 한 유학자가 앉아 있었는데, 어떤 사람이 곽해를 칭찬하는 모습을 보고는 이렇게 말하였다.

"곽해는 오로지 국가의 법률을 어기면서 간사한 행동만을 일삼았는데, 어찌 그를 현명하다고 할 수 있는가?"

---

721) 사람의 이름으로서 성은 籍, 이름은 소공이다.

곽해의 문객 중에 한 사람이 이 소식을 듣자 그 유학자를 죽이고 그의 혀를 잘라 버렸다. 관리들이 이 문제로 곽해를 추궁했으나, 실제 곽해는 아는 것이 없었다. 결국 관리들은 곽해의 죄가 없다고 보고할 수밖에 없었다. 그러나 어사대부 공손홍이 반대했다.

"곽해는 미천한 출신임에도 불구하고 협객으로 자처하며 권력을 농단해 왔으며, 그의 눈짓 하나로 살인 사건이 일어났다. 비록 곽해 자신이 죽이지는 않았지만, 오히려 직접 죽인 것보다 더 큰 죄가 있으며, 이는 대역무도의 죄에 해당한다."

그리하여 마침내 곽해 일가는 멸문지화를 당하였다.

태사공은 말한다.

"나는 곽해를 직접 본 적이 있다. 그 용모는 보통 사람보다 못하고, 말하는 것도 특별한 데가 없었다. 그런데도 천하의 좋은 사람이든 나쁜 사람이든, 또 그를 아는 사람이든 모르는 사람이든 모든 사람들이 그의 이름을 흠모하고, 협객의 일을 하는 자들은 모두 그로 인하여 영광으로 삼았다. 속담에 '영광으로써 용모를 꾸미려 하지만, 마침내 시들지 아니한가!'라는 말이 있는데, 곽해는 그 마지막이 좋지 못했으니 참으로 안타까운 일이다."

53. 골계 열전
– 언사가 유려하고 사유에 막힘이 없다

'골계(滑稽)'란 "언사(言辭)가 유려하고 사유가 민첩하여 막힘이 없다."는 뜻으로서 후세에 이르러 '유머'라는 의미로 사용되었다.

「태사공 자서」에서는 "세속에 흐르지 않고 권력과 이익을 다투지도 않았으며 상하 막힘이 없이 아무도 그들에게 해를 주지도 않았으니 이는 자연을 따랐기 때문이었다. 이에 「골계 열전」을 짓는다."라고 설명하고 있다.

본편의 주요 요지는 순우곤, 우맹, 우전 등 골계 인물의 "세속에 흐르지 않고 권세와 이익을 다투지 아니하는" 인물들의 고귀한 정신과 비범한 풍자와 재능을 찬양하는 것이다. 그들 출신은 비록 미천하였지만 기지에 넘치고 말재주가 뛰어났으며, 이치에 맞게 비유를 잘하였고 사정에 적합한 사례를 인용하였으며, 어떠한 사건을 빗대어 풍자를 정확하게 하였다.

그리하여 사마천은 이러한 사람들의 이야기를 살아있는 듯 한 폭의 그림처럼 생생하게 묘사함으로써 독자로 하여금 마치 우리 눈 앞에서 전개되는 일을 보고 있는 듯한 느낌을 주고 있다.

일찍이 공자는 "국가를 다스림에 있어서 6경(六經)[722]의 역할은 동일하다.『예경(禮經)』은 사람의 생활 방식을 규범화하고 『악경(樂經)』은 사람들의 조화와 통합을 촉진시켜 준다. 또한 『서경(書經)』은 과거 사적(事蹟)과 전장(典章) 제도를 기술함으로써 사람들로 하여금 본받게 하고 거울로 삼게 하며, 『시경(詩經)』은 성현의 심의(心意)를 전하여 공명을 불러일으키고, 『역경(易經)』은 다스리는 방법을 신비화하며 『춘추(春秋)』는 정의로써 시비곡절을 평가한다."라고 말했다.

---

722) 6경은 유가의 경전 저작으로서 『예禮』, 『악樂』, 『서書』, 『시詩』, 『역易』, 『춘추春秋』를 가리킨다.

태사공은 말한다. "우주의 범위는 비할 바 없이 광활하니 위대하지 아니한가! 담소를 나누는 중 미묘한 함축으로써 사리에 적중하고 동시에 분규를 해결시켰다."

1) 운 지 오래지만 한 번 울면 모든 사람이 놀랄 것이다!
– 순우곤

순우곤(淳于髡)은 제나라의 데릴사위[723]로서 키는 7척[724]이 안 되어 작았으나 말재주가 뛰어나 제후국들에 자주 사신으로 갔어도 한 번도 임무를 저버린 적이 없었다.

그런데 당시 제나라 왕이었던 위왕은 수수께끼를 좋아하고 음탕한 음악에 탐닉하였으며, 밤을 낮 삼아 음주에 도취하여 정치는 아예 대신들에게 내맡긴 채 환락에 빠져 있었다. 그리하여 조정 백관도 환락에 빠지고 정치는 부패하여 제후들이 모두 침략해 왔다. 바야흐로 국가의 존망이 위태로운 지경에 이르렀다. 하지만 어떤 신하도 감히 왕에게 직언하지 못했다.

순우곤은 수수께끼에 빗대 왕에게 간언하였다.

"나라 안에 큰 새가 있는데 대궐 뜰에 앉아 3년 동안 날지도 않고 울지도 않습니다. 대왕께서는 그 새가 어떤 새인지 아시겠습니까?"

그러자 왕이 정색하며 대답했다.

"그 새는 난 지 오래되었지만 한 번 날았다 하면 하늘 끝까지 오를 것이며, 또 운 지 이미 오래되었지만 한 번 울었다 하면 모든 사람들을 놀라게 할 것이다."[725]

그러고는 즉시 72개 현의 현령에게 조회를 소집하여 그 중 잘한 한 명에게 상을 주고 나쁜 한 명을 처형시켰다. 그리고 병사를 출정시켜 적을 방어하니

---

723) 당시 데릴사위는 지위가 매우 낮았고 겨우 노예보다 높은 사회적 지위에 있었다.

724) 여기에서 말하는 척尺은 고척古尺으로서 기록에 의하면 약 23cm 정도이다.

725) 불비즉이 일비충천 불명즉이 일명경인 不飛則已, 一飛沖天, 不鳴則已, 一鳴驚人

제후들이 매우 놀라 제나라로부터 빼앗았던 땅을 모두 되돌려주었다. 그리하여 제나라의 위세는 36년 동안 계속 떨치게 되었다.

제나라 위왕 8년에 초나라가 군사를 일으켜 제나라를 공격하였다. 그러자 제나라 왕은 조나라에 순우곤을 파견하여 출병을 요청하기로 하였다. 그리고 금 100근과 4마리 말이 이끄는 수레 10대를 가지고 가도록 하였다. 이에 순우곤은 하늘을 쳐다보고 크게 웃었는데, 어찌나 크게 웃었는지 관을 맨 끈조차 모두 끊어져 버렸다. 왕이 이 광경을 보고, "선생은 선물이 너무 적다고 생각하는 것이오?"라고 묻자 순우곤은 대답했다.

"어찌 감히 적다고 생각하겠습니까?"

"그렇다면 왜 그렇게 웃는 것이오?"

그러자 순우곤이 말했다.

"제가 이곳으로 오는 도중 길가에서 풍년을 기원하는 사람을 보았습니다. 그는 돼지 족발 한 개와 술 한 잔을 올리면서 '깊은 골짜기에는 광주리에 가득 찬 수확이 있고, 낮은 들판에는 수레에 가득 찬 수확이 있을지어다. 오곡도 모두 잘 여물어서 집안 구석구석까지 가득 차도록 하옵소서.'라고 기원하는 것이었습니다. 저는 그가 하찮은 제물을 바치면서 너무 많은 것을 기원하였기 때문에 웃었습니다."

왕은 이 말을 듣자 황금 천 근과 구슬 10쌍, 그리고 네 마리 말이 이끄는 수레[726] 백 대를 조나라에 보내기로 했다. 순우곤이 조나라에 가서 조나라 왕을 만난 뒤 왕은 정병 10만과 전차 천 대를 내어주었다. 이 소식을 들은 초나라는 즉시 군대를 철수하게 되었다.

그 후 위왕은 크게 잔치를 벌이고 순우곤을 불렀다.

"선생은 술을 어느 정도 마셔야 취하오?"

"저는 한 말을 마셔도 취하고, 한 섬을 마셔도 취합니다."

"아니, 한 말을 마셔도 취하면서 어떻게 한 섬을 마실 수 있다는 말이오?"

그러자 순우곤이 대답했다.

"대왕 앞에서 술을 마시면 어사가 옆에 있고 재판관이 뒤에 있으며 저는 황공하여 엎드려 마시기 때문에 한 말을 마시면 그 자리에서 취해 버립니다.

---

726) 원문에 사駟로 표시되어 있는데, 사駟란 네 마리 말이 이끄는 수레를 가리킨다.

만약 아버님 앞에서 귀한 손님들을 대접할 때는 제가 소매를 걷어 올리고 팔꿈치가 닿도록 몸을 굽혀 무릎을 꿇고 술을 마시게 됩니다. 그리하여 남의 잔을 받아먹기도 하고 가끔 일어나서 손님의 장수를 기원하며 잔을 기울이다 보면 두 말을 모두 마시기 전에 취하고 말 것입니다.

또 오랫동안 못 만났던 친구를 뜻밖에 만나서 즐겁게 지난 추억을 이야기하거나 허물없이 사사로운 일을 말하면서 술을 마신다면 대여섯 말을 마셔야 겨우 취할 것입니다.

그런데 마을[727]의 모임이 열려 남녀가 한자리에 앉아 술잔을 돌리며 서로 손을 잡아도 뭐라 하는 사람이 없고 서로 추파를 던져도 말릴 사람이 없으며, 앞에는 귀고리가 떨어져 있고 뒤에는 비녀가 빠져 있는 형편이 되면, 저는 은근히 즐거워 여덟 말을 마셔도 취하지 않을 것입니다.

날이 저물어 술자리가 끝날 무렵 술통은 한쪽으로 밀려나고 남녀가 한자리에서 무릎을 맞대고 신발이 뒤섞이며, 잔과 그릇이 흩어져 있는 가운데[728] 대청위의 촛불은 꺼지고 주인은 저를 붙들고자 다른 손님들을 보내고 나서 은은히 향기를 풍기며 비단 속옷의 옷깃을 풀면, 저는 마음이 너무 즐거워져서 한 섬 술도 많다 아니하고 마시게 됩니다.

그러므로 '술을 많이 마시게 되면 곧 분란이 일어나게 되고, 즐거움이 극한에 이르면 곧 슬픔을 느끼게 된다'[729]고 했습니다. 인간만사가 모두 그런 것입니다. 어떠한 일도 극단으로 치닫지 말아야 하며, 만약 극단으로 치닫게 되면 반드시 쇠망으로 갈 수밖에 없다는 사실입니다."

순우곤은 이러한 말로써 위왕에게 완곡하게 풍자해 권고하였던 것이다.

이 말을 들은 왕은 고개를 끄덕이더니 그날 이후 밤을 새우는 술잔치는 모두 중지하였고 순우곤을 각국 귀빈을 접대하는 교제관(交際官)[730]에 임명하였다. 제나라 종실에서 연회를 베풀 때면 순우곤은 자주 가서 함께 술을 같이 하였다.

---

727) 원문에는 주여州閭로 되어 있는데, 2천 5백 가家를 주州라 하였고, 5가家를 비比, 5비比를 여閭라 하였다.

728) 배반낭자杯盤狼藉

729) 주극즉난 낙극즉비 酒極則亂, 樂極則悲

730) 원문은 주객主客이다.

2) 청백리가 되느니 차라리 죽겠소
- 우맹

이후 백여 년 뒤에 초나라에 우맹(優孟)[731]이 있었다. 그는 가무에 뛰어난 예능인이었고 키는 8척이었으며, 말재주가 뛰어났고 자주 우스갯소리로 초왕에게 풍간하였다.

당시 초나라 장왕에게는 아끼는 말(馬)이 있어 궁궐의 방에 살게 하면서 아름다운 비단옷을 입히고 침실에서 자게 했으며 꿀에 잰 대추를 먹었다. 그런데 그 말이 비만증에 걸려 죽게 되자, 왕은 모든 신하에게 상복을 입히고 관은 대부(大夫)의 예우를 갖춰 만들도록 하여 장례를 치르려 했다. 신하들이 부당하다고 반대하자 왕은 크게 노하여 엄명을 내렸다.

"누구든 말의 장례 문제로 왈가왈부하는 자는 처형시키겠다."

그 뒤 우맹이 궁전에 들어가 대성통곡을 하였다. 왕이 그 까닭을 묻자 우맹이 말했다.

"그 말은 대왕의 가장 아끼는 애마였습니다. 두 번 다시 구할 수 없는 소중한 존재가 죽었는데 우리 초나라와 같은 강대국이 아무 일도 할 수 없다는 말입니까? 말을 대부의 예우로써 장례 지낸다면 너무 초라하게 될 것이오니, 바라옵건대 군주의 예우를 갖춰 장례식을 거행하시옵소서."

이에 초왕이 물었다.

"어떻게 하면 군주의 예우를 갖출 수 있겠소?"

우맹이 대답하였다.

"관 속은 보석을 아로새겨 박고 무늬를 그린 오래된 나무로 바깥의 곽을 만들며, 단풍나무 등 좋은 나무와 꽃으로 그 위를 장식합니다. 그리고 군사를 동원하여 무덤을 파고 노인과 아이들을 동원하여 흙을 파오게 하며, 한나라와 위나라의 사신이 뒤쪽에서 호위하게 하고 좋은 제물로 제사를 올리며 제사를 받을 수 있도록 1만 호의 땅을 마련하시면 될 줄 압니다. 그렇게 되면 각국의 모

---

731) 원래 배우俳優의 '배俳'란 옛날 잡희雜戲나 골계희滑稽戲를 연출하는 배우를 뜻하고 '우優' 역시 옛날 연기자나 배우를 의미하였다. 그리고 이로부터 배우俳優라는 용어가 비롯되었다. 따라서 우전이나 우맹이라는 이름은 배우 전, 배우 맹이라는 의미이다.

든 사람들이 대왕께서 말을 귀하게 생각하시고 사람을 천하게 여기신다는 것을 알게 될 것입니다."

"나의 과오가 그토록 심했다는 말인가? 이제 어떻게 하면 좋겠소?"

왕이 한숨을 쉬며 묻자 우맹은 태연히 대답했다.

"저로 하여금 대왕을 대신하여 그것을 여섯 종류의 짐승[732]과 마찬가지로 안장(安葬)하게 해 주옵소서. 아궁이를 바깥 곽으로 하고 구리솥을 안쪽 관으로 삼아 잘게 썬 대추와 생강을 섞은 뒤에, 목탄을 밑에 깔고 오곡을 놓아 제사지내며 아름답게 타오르는 불빛을 배경삼아 사람의 뱃속에 장례를 지내는 것이 좋겠습니다."[733]

왕은 곧바로 말의 시체를 주방을 담당하는 태관(太官)에게 넘겨 처리하도록 했다.

한편 초나라 재상 손숙오는 우맹의 현명함을 알고 항상 후대하였다. 그리하여 손숙오가 병에 걸려 죽게 되었을 때, 아들을 불러 유언했다.

"내가 죽으면 너는 틀림없이 가난해질 것이다. 그때 우맹을 찾아가 '나는 손숙오의 아들입니다.'라고 말하도록 하여라."

손숙오가 죽고 몇 년이 지나자 그 아들은 과연 가난해져서 나무를 짊어지고 다니며 팔아 겨우 입에 풀칠하는 신세가 되었다. 어느 날 우연히 길에서 우맹을 만나서 "나는 손숙오의 아들입니다. 아버지께서 돌아가실 때 저에게 가난해지면 당신을 찾아가라고 유언하셨습니다."라고 말하자 우맹이 고개를 끄덕이며 말했다.

"먼 타향으로 가지 마십시오."

그 후 우맹은 손숙오의 의관을 흉내 내어 입고 다녔는데, 얼굴 모습이며 말투 그리고 손짓까지도 똑같이 흉내 냈다. 그렇게 1년을 흉내 내자 왕과 조정의 대신들도 손숙오가 살아 있는 것으로 알 정도였다.

어느 날 궁궐에서 잔치가 벌어졌다. 우맹이 앞으로 나가서 왕의 장수를 빌자 왕은 깜짝 놀라며 손숙오가 살아 돌아온 것이 아닌가 생각하였다. 그러고는

---

732) 육축六畜. 육축六畜이란 말, 소, 양, 닭, 개, 돼지를 가리킨다.

733) 한 마디로 맛있게 먹어 버리자는 말이다.

손숙오를 그리워하여 우맹을 재상으로 임명하려고 하자 우맹이 입을 열었다.

"바라옵건대 집에 돌아가 처와 의논할 수 있는 시간을 주십시오. 3일 이후 돌아와 재상으로 일하겠습니다."

왕이 이를 허락하였는데, 사흘 후에 우맹이 다시 왕을 찾아뵈었다.

왕이 "그대의 처가 뭐라 하였는가?"라고 묻자 우맹이 대답하였다.

"처는 '재상을 맡지 않는 것이 좋을 듯합니다. 일찍이 손숙오 대감께서도 재상으로 충성을 다하시고 또 청렴결백하게 지내셨기 때문에 대왕께서 천하의 패자로 군림하시게 되었습니다. 그러나 그분이 돌아가시자 그 아드님은 송곳 하나 꽂을 만한 토지도 없고[734] 가난에서 헤어나지 못한 채 나무를 팔아 생계를 잇고 있습니다. 그러니 만약 손숙오 대감처럼 되어야 한다면, 차라리 죽는 편이 나을 것입니다.'라고 말했습니다."

그러면서 우맹은 노래를 읊조렸다.

산 속에 살면서 밭을 갈아 고생을 겪어도
제대로 밥을 먹기 어렵도다.
세상에 나아가 관리가 되는 것은
본래 탐욕스럽고 비열한 것으로서
치욕을 돌보지 않고 재산을 모은다.
자기가 죽은 뒤 집안이 부유하기를 바라지만
다른 사람의 뇌물을 받고 법을 어기며
큰 죄를 범하여 자기도 죽고 집안도 멸망하는 것이 두렵도다.
그러니 어찌 탐관오리가 될 수 있는가!
그렇다면 청백리가 될 것인가?
법을 잘 지키고 직분을 지켜서 죽을 때까지 나쁜 일을 할 수 없으니
청백리는 어찌 할 수 있을 것인가!
초나라 재상 손숙오는 평생토록 절조를 지키며 깨끗이 살았지만
지금 그 처자들은 오히려 나무를 팔아 끼니를 때우고 있으니

---

734) 무립추지지無立錐之地

청백리는 실로 할 것이 못 되네!

   왕은 즉각 우맹에게 사과를 하고 손숙오의 아들을 불러들여 4백 호의 땅을 주어 손숙오의 제사를 지내도록 하였고, 이후 10대 동안 가문이 번성하게 되었다. 우맹의 이러한 지혜는 시기 포착을 잘한 것이라 할 수 있을 것이다!

   우맹이 활동한 지 2백 년 뒤에 진(秦)나라에 우전이 있었다.

3) 사슴이 적병을 물리칠 것이니
   - 우전

   우전(優旃)은 진시황 시절 가무에 능한 예능인으로서 키가 작았다. 그는 우스운 말을 잘했는데 모두 도리에 합당하였다.

   하루는 진시황이 궁궐에서 잔치를 열었는데 도중에 비가 내려 뜰 아래에서 호위하던 사병들이 모두 비에 젖어 추위에 떨었다. 우전은 그들을 딱하게 여겨 "쉬고 싶지 않으냐?"고 묻자 그들은 일제히 대답했다.

   "쉴 수 있게만 해 주시면 정말 고맙겠습니다."

   이에 우전이 말했다.

   "내가 너희들을 부를 때 '예!' 하고 대답을 하라."

   조금 후 술잔치가 본격적으로 흥이 올라 황제의 만수무강을 기원하는 만세 소리가 울려 퍼졌다. 이때 우전이 난간에 나가더니 "호위병!" 하고 큰 소리로 불렀다. 사병들은 일제히 "예!" 하고 대답했다. 그러자 우전이 큰소리로 말했다.

   "너희들은 키만 컸지 별 볼일 없구나. 비가 쏟아지는데도 거기서 서 있다니! 나를 봐라. 키는 작지만 이렇게 쉬고 있지 않느냐!"

   그 말을 듣자 진시황은 호위병들을 두 반으로 나누어 반씩 교대로 쉴 수 있도록 하였다.

   어느 날 진시황은 대원유(大苑囿)[735]를 확장하여 동쪽의 함곡관에서 서쪽의

---

735) 황제의 원림苑林으로서 식물을 기르고 동물을 키우는 곳.

옹 지방까지 넓히는 것이 어떻겠느냐고 신하들에게 물었다. 그러자 우전이 아뢰었다.

"매우 좋으신 생각이십니다. 그 안에 수많은 동물들을 기르다가 적이 동쪽에서 침입해 오면 사슴과 노루를 시켜 적을 뿔로 들이받도록 하면 될 것입니다."

이 말을 들은 진시황은 즉시 그 계획을 중지하였다.

그 후 2세 황제가 즉위해 함양성에 옻칠을 하려 했다.

우전이 황제에게 아뢰었다.

"매우 좋으신 생각이십니다! 폐하께서 말씀을 하시지 않으셔도 원래 신이 폐하께 그렇게 청을 드리려고 했습니다. 함양성에 옻칠을 하게 되면 백성들이야 노역을 하고 비용을 대느라 고생이 있겠지만 그 얼마나 아름답습니까! 옻칠을 한 성은 대단히 번쩍거려서 적들이 오를 수도 없을 것입니다. 다만 칠을 하는 것은 어렵지 않겠으나, 칠을 한 성곽을 말리는 큰 방들을 찾기가 오히려 곤란할 듯합니다."

2세 황제는 웃으면서 그 일을 하지 않기로 했다. 얼마 지나지 않아 2세 황제가 피살되었고, 우전은 한나라에 귀순하였는데 몇 년이 지나 세상을 떠났다.

태사공은 말한다.

"순우곤은 하늘을 우러러 크게 웃음으로써 제나라 위왕이 그로 인하여 제후의 뜻을 얻었고, 우맹은 고개를 흔들며 노래를 함으로써 나무를 지고 다니며 삶을 이어가는 사람에게 봉읍을 받게 하였다. 우전은 난간에 기대어 큰 소리 한마디로 계단 아래 시위 사병들의 근무를 반감시켜 교대 근무를 하게 하였다. 이들이 해낸 역할이야말로 위대하고 칭찬받을 만하지 않은가!"

4) 삼천갑자 동방삭

궁중에 몸을 숨기다

저소손(褚少孫)[736] 선생은 말한다: "나는 요행히도 경전을 익힐 수 있어 낭관(郎官)을 지냈고 외가전어(外家傳語)[737] 읽기를 좋아하였다. 주제넘게 골계 이야기를 써서 태사공 원저 뒷면에 붙이니, 일독함으로써 견문도 넓히고 후세의 호사가들이 읽어 마음이 상쾌하고 깨닫는 바를 얻을 수 있도록 하고자 한다."

한 무제 시대에 동방삭(東方朔)이라는 사람이 있었는데, 예로부터 전해오는 서적과 유가 경학을 좋아하고 수많은 제자백가의 책을 널리 읽었다.

그가 막 장안(長安)에 올라갔을 때 관청을 찾아가 왕에게 바치는 글을 올렸다. 자그마치 목간(木簡)[738] 3천 장이나 되는 엄청난 분량이었다. 관청에서 두 명을 파견해 그 목간을 가져오도록 했는데 두 사람이 간신히 들어올릴 정도였다. 무제는 그 글을 처음부터 읽어나가는데, 읽다가 피곤하면 중단 표시를 하면서 읽었다. 2개월이나 걸려서 겨우 그것을 완전히 읽을 수 있었는데, 그 후 무제는 동방삭을 낭관(郎官)에 등용하여 측근으로 일하게 했다.

무제는 자주 동방삭을 불러 이야기를 시켰다. 그때마다 무제는 항상 기뻐했다. 그는 자주 무제와 함께 식사를 하였는데, 식사가 끝나면 먹다 남은 고기를 모두 품에 넣고 돌아갔기 때문에 옷이 매우 더러워졌다. 황제가 그에게 몇 차례에 걸쳐 비단옷을 하사할 때도 그는 그것을 어깨에 메고 손으로 받친 채 그냥 나갔다. 그는 이렇게 하사받은 돈이나 비단으로 장안의 젊은 미인을 맞았다. 하지만 대부분 1년도 못 되어 또 다른 여자를 아내로 맞아들이곤 하였다. 이러한 식으로 하사받은 돈과 재산은 여자에게 모두 써 버렸다. 황제 주변에 있는 약 절반 정도의 사람들은 그러한 동방삭을 미치광이로 취급하였다.

---

736) 한나라 원제, 성제 시기의 박사로서 『사기』 몇 부분의 뒷부분에 보충을 하고 있다. 다만 그가 어느 부분을 보충했는지의 여부는 논란의 여지가 있다.

737) 당시에 6경을 정통 경서로 간주한 반면, 기타 모든 저작물들은 외가전어라고 칭해졌다.

738) 종이가 발명되기 전에는 글씨를 나무에 칠을 해서 쓰거나 칼로 새겨서 썼다.

동방삭

그러나 무제는 그런 말을 들을 때마다 "만약 동방삭이 일을 하는 데 있어 그런 일들마저 없다면, 너희들이 어찌 그를 따를 수 있겠는가!"라고 말했다.

어느 날 동방삭이 궁궐 안을 거닐고 있는데, 어떤 낭관이 동방삭에게 말을 건넸다. "사람들은 당신을 미치광이로 생각하고 있는데….".

그러자 동방삭이 웃으며 대답했다.

"나와 같은 사람이 바로 이른바 궁정에 은거하는 사람이라오. 옛 사람들은 오히려 세상을 피해 깊은 산 속에 숨었지만 말이오."

동방삭은 주연이 베풀어져 얼큰하게 술기운이 오르게 되면 땅에 엎드린 채 노래를 불렀다.

속세에 몸을 담그고,
금마문(金馬門) 안에
몸을 숨기도다.
궁전 안에 능히 은거하여
몸을 보전하니
어찌 하필 깊은 산 속
초가집에 숨어 살 것인가!

금마문이란 궁중의 환관을 관리하는 관청[739]의 문을 말하며, 문 옆에 동마 (銅馬)가 있기 때문에 금마문이라고 칭하였다.

천하가 태평하면 영웅이 없다

어느 날 궁중에서 박사(博士)[740]들이 모여 국사를 토론하던 중 동방삭의 말이

---

739) 환관서宦官署라 하였다.

740) 원래의 직책은 고금 사적에 대한 자문과 서적의 보관을 담당하였다. 한 무제 때 오경박사를 두어 경학經 學을 전문적으로 전수하였다.

나오자 모두 비판하였다.

"옛날 소진과 장의는 우연하게 군주를 만나 곧바로 재상의 지위에 오를 수 있었고, 그 은택이 후대에 이르고 있습니다. 지금 당신은 선왕들의 치국의 방책을 연구하고 성인의 입신처세의 도리를 앙모하며, 시경과 서경, 그리고 제자백가의 말씀을 모두 외울 정도입니다. 더구나 문장에도 뛰어나 천하에 견줄 사람이 없다고 자부하고 있습니다. 가히 견문이 넓고 총명하며 다재다능하다고 할 것입니다.

그럼에도 불구하고 폐하를 받들기 어언 수십 년이 흘렀건만, 벼슬은 고작 시랑(侍郞)[741]에 지나지 않고 지위는 창을 잡는 위사(衛士)[742]에 불과하니 혹 어떤 실수라도 있었는지요? 대체 무슨 곡절이 있는 것입니까?"

그러자 동방삭이 정색하며 대답했다.

"이것은 당신들이 완전히 이해할 수 없는 일이오. 시기가 다르고 또 상황이 다른 것이라오. 이것을 어찌 똑같이 놓고 생각할 수 있다는 말이오? 소진과 장의가 살던 시대는 주 왕실이 쇠퇴해져서 제후들이 각자 왕으로 군림하고 서로 패권을 다투며 무력으로 맞섰소. 그리하여 인물을 얻은 나라는 강해졌으며, 인물을 잃은 나라는 멸망했던 것이오. 이 때문에 언변이 좋은 자의 의견이 받아들여지고, 그의 몸은 높은 벼슬에 올라 그 명성을 떨치게 되었소.

하지만 지금은 옛날과 달라서 성명(聖明)하신 황제께서 조정에서 정치를 장악하시고 그 은덕이 천하에 골고루 미치고 있으며, 제후들은 모두 조공하고 복종하여 그 위엄과 성망이 사방의 오랑캐 땅까지 멀리 떨치고 있소. 이제 천하는 마치 한 집안처럼 안정되고 태평스러운 시절을 구가하고 있는 것이오.

이러한 때 어떠한 일도 손바닥 안에서 주무르듯 너무 쉽게 해결되니, 도대체 현명한 자와 어리석은 자를 어떠한 근거로 판별할 수 있다는 말이오? 그러니 소진과 장의가 지금 이 시대에 태어났다면 고작해야 말단 관리에 불과했을 것이오. 어떻게 시랑과 같은 자리를 꿈꿀 수나 있겠소?

고서(古書)에 '천하에 재난이 없다면 비록 성인일지라도 그 재능을 발휘할 수

---

741) 시종 관리로서 낭중령 휘하에 소속된다.
742) 집극위사執戟衛士로서 낭관의 직책.

있는 여지가 없고, 군신이 화합하면 비록 현자라 할지라도 그 공을 세울 여지가 없다.'고 하였소. 시대가 변하면 사정 역시 따라서 변화한다는 뜻이오. 물론 그렇다고 해서 어찌 자신의 수양에 게을리할 수 있겠소? 『시경』은 이렇게 말하고 있소.

    북이나 종을 집 안에서 치면
    그 소리가 밖에까지 들리고,
    학이 물가에서 울면
    그 소리가 하늘까지 들린다.

참되이 수양에 힘쓴다면 어찌 영달하지 못함을 걱정한다는 말이오? 강태공은 72년 동안 인의(仁義)를 행하다가 문왕을 만나 자기 뜻을 펼 수 있었으며, 제나라 제후로 임명되어 그 자손이 7백 년에 걸쳐 번영을 이루었소. 이것이야말로 선비들이 불철주야 게으름 없이 학문을 익히고 자신의 주장을 펴며 감히 중단하지 않는 원인이라오.

오늘날 은거하는 선비들은 비록 뜻을 얻지 못했지만 꿋꿋하게 살면서 멀리 허유로부터 가까이는 접여를 본받고 범려와 같은 책략에 오자서와 같은 충성심을 지녔으며, 천하가 태평한 가운데 수양에 힘쓰며 어울리는 벗도 적으니 이것은 대단히 정상적인 사정이라오. 그대들은 어찌 나를 이상하게 생각할 수 있다는 말이오?"

이러한 동방삭의 말에 어느 누구도 반박할 수 없었다.

새도 죽음을 앞두고는 울음소리가 슬프다

어느 날 궁궐 후문에서 어떤 동물이 튀어 나왔는데, 그 모습이 고라니 비슷하였다. 무제가 그 소문을 듣고 구경을 나가서 살펴보고는 좌우 신하들에게 그 동물이 무엇인가에 대해 물었으나 아무도 대답하지 못했다. 그러자 무제는 동방삭을 불렀다. 동방삭이 그 동물을 보더니, "저는 알고 있습니다만, 가르쳐 드리기 전에 저에게 제일 좋은 술과 음식으로 풍성하게 대접해 주십시오."라고 청하자 무제는 그렇게 하겠다고 대답했다.

동방삭은 그것을 모두 먹고 난 다음 또 다른 요구를 했다.

"그런데 근교에 공전(公田)과 양어장과 갈대 연못이 있습니다만, 신에게 그곳을 하사해 주시지 않겠습니까? 그러면 이 동물의 이름을 가르쳐드리겠습니다."

이번에도 무제는 허락했다.

그러자 동방삭이 비로소 대답하였다.

"이 동물은 추아(騶牙)라는 짐승으로서 이것이 나타나면 멀리 있는 나라가 우리에게 스스로 복속되는 것을 의미합니다. 이 동물의 이빨은 앞뒤로 똑같이 같은 크기로 나 있고, 어금니가 없습니다. 그래서 추아라고 부르는 것입니다."

그로부터 1년 후 과연 흉노의 혼야왕이 10만의 부하를 이끌고 한나라에 항복하였다. 그래서 동방삭에게 수많은 금과 재물이 하사되었다.

동방삭이 노년이 되어 죽음이 가까워지자 무제에게 부탁했다.

"『시경』에 이런 말이 있습니다.

　이리저리 날아다니는 파리가
　울타리에 날아 앉았도다.
　자상하고 선량한 군자여,
　참언에 귀 기울이지 말라.
　참언은 끝도 없으며
　천하를 어지럽히니.

바라옵건대 폐하께서는 교묘한 언사에 아부를 일삼는 간신배들을 멀리하시고 참언을 물리치십시오."

황제는 그 말을 듣고, '참 이상도 하구나! 동방삭이 좋은 말도 하다니….'라면서 의아해했다. 그 후 동방삭은 병으로 죽었다. 고서에 '새가 죽을 때에는 그 울음소리가 구슬프고, 사람이 죽을 때는 그 말이 착하다.'고 하였다. 바로 이러한 의미일 것이다. 생전에 동방삭은 아들에게 다음과 같이 훈계하였다.

"남에게 미움을 받지 않는 게 으뜸이다. 백이, 숙제가 수양산에서 굶어 죽은 것은 잘못이다. 노자가 도서관의 관리라는 천한 직업을 달게 여기고 몸을 바친 것은 훌륭한 처세이다. 배부르게 먹고 편안히 살며 조정에서 일하는 것은 농사 짓는 일과 같다. 산 속에 숨어 사는 것보다 조정에 숨어 살면서 편하게 세상을 관조하며, 시류에 초연하게 함으로써 화로부터 몸을 보호하라. 무릇 충신과 간신은 얼음과 숯의 관계와 같은 것이라서 결코 화합할 수 없다."[743)

---

743) 빙탄불상용氷炭不相容

54. 화식 열전
─ 가장 나쁜 정치란 백성과 다투는 것이다

　'화식(貨殖)'이란 '재산을 늘림' 혹은 '상공업의 경영'이라는 의미이며, 즉 자원의
생산과 교환을 이용하여 상업 활동을 진행함으로써 재물의 이익을 추구하는 것을
말한다. 사마천이 지칭하는 화식에는 이밖에도 각종 수공업과 농어업, 목축업, 광
산, 제련 등의 경영을 포함하고 있다.

　흔히 일컬어지는 이른바 '사농공상(士農工商)', 즉 신분의 귀천이 선비-농민-공장
(工匠)-상인의 순서로 간주되던 사상은 중국을 비롯하여 그 영향을 받은 동북아 사
회의 역사에서 오랫동안 주류적 지위를 점해 왔다. 이러한 사고방식에 과감하게
도전장을 낸 것이 다름 아닌 사마천의 「화식 열전」이다. 사마천은 국가가 굳이 간
섭을 강행할 필요가 없으며 상인에 맡겨 자유롭게 발전하도록 해야 하고, 그들로
하여금 적극적으로 생산과 교환을 하도록 인도해야 하며, 더구나 국가가 상인들
과 이익을 다퉈서는 안 된다고 강조하였다. 그는 사회 발전에 있어서 공업과 상업
활동의 역할을 강조하였고 그것은 사회 발전의 필연이라고 인식하였으며, 상공업
자의 이익 추구의 합리성과 합법성을 인정하였다. 그는 특히 물질재부의 점유량(
占有量)이 최종적으로 인간 사회에서의 지위를 결정하며 경제의 발전은 국가의 흥
망성쇠와 밀접하게 관련을 맺고 있다는 등의 경제사상과 물질관을 가지고 있었다.

　「화식 열전」은 천시, 지리, 인물, 풍속을 마치 그것들이 살아있는 듯 생동감 있
게 묘사하고 있다. 그리하여 예로부터 『사기』를 읽으면서 「화식 열전」을 읽지 않
는다면 『사기』를 읽지 않은 것과 같다고 했던 것이다.

　특히 「화식 열전」은 각 지역의 산물과 경제 수준, 경제적 조건 그리고 특성을 자
세하게 기록함으로써 당시의 경제적 상황에 대한 극히 우수한 조사통계의 가치를
지닌 신빙성 있는 경제사 자료를 제공하고 있다.

　또한 「화식 열전」에서 사마천은 인간 사회에 있어서 경제의 중요성을 누구보다
도 분명하게 인식하고 있었으며, "천하 사람들이 어지럽게 오고 가는 것도 모두 이
익 때문이다", "가난한 상황에서 재부를 추구할 때, 농사(農)가 공업(工)보다 못하
고, 공업은 상업(商)에 미치지 못한다", "부의 차이가 자기보다 열 배가 많으면 굴복

하게 되며, 백 배가 많으면 반드시 그를 두려워하고, 천 배가 많게 되면 그의 부림을 당하게 되며, 만 배가 되면 그의 노복(奴僕)이 된다.", "세상을 등지고 숨어 사는 선비의 청고(淸高)한 품행도 없으면서 시종 가난하고 비천하며 그러면서도 고담준론을 논하기를 좋아하고 무슨 인의도덕을 계속 운위하는 것은 역시 진실로 수치스럽고 부끄러운 일이다."는 말은 참으로 경제를 중심축으로 운용되는 인간 사회의 핵심을 찌르는 촌철살인의 경구가 아닐 수 없다.

가장 나쁜 정치란 백성과 다투는 것이다

『노자(老子)』는 "정치 시행의 최고 기준은 나라와 나라의 영토가 서로 이어져 피차간에 볼 수 있으며, 닭과 개의 울음소리를 서로 알아들을 수 있고, 백성들은 각기 그 먹는 것을 가장 맛있게 생각하며 입는 옷을 가장 아름답게 생각하고, 또 자기가 사는 곳의 풍속이 자기가 살기에 가장 적합하다고 생각하며, 자신의 일을 매우 즐거이 여기면서 늙어 죽을 때까지 서로 왕래하지 않는 것이다."고 하였다. 그러나 만약 노자의 말을 지금의 목표로 삼고자 한다면 먼저 사람들의 눈과 귀를 모두 막아 버리는 방법 이외에 다른 방법이 없을 것이다.

태사공은 말한다.

"신농(神農)씨 이전의 역사는 내가 알 수 없다. 『시경』과 『서경』에 씌어진 순임금의 우(虞)와 하(夏)나라 이후 통치자들은 귀와 눈에 좋은 소리와 색깔을 모두 즐기려 하고, 입으로는 각종 맛있는 고기를 끝까지 맛보려 하며 몸을 안락과 향락으로 즐기고 마음은 권세와 지위의 존귀함을 과시하는 데에만 두었다. 이러한 분위기가 백성들에게도 영향을 미쳐 이미 풍습이 된 지 오래되었으므로 비록 정교한 이론으로 집집마다 설득을 한다고 해도 끝내 이들을 교화할 수 없었다. 따라서 가장 좋은 방법은 자연적인 추세에 순응하는 것이고, 그 다음은 이익으로써 인도하는 것이며, 그 다음은 그들을 교화하는 것이다. 그리고 그 다음은 억압적 수단으로써 정돈하여 모든 것을 일치시키는 것이며, 가장 나쁜 방법은 백성과 다투는 것이다."

산서(山西) 지역은 목재, 대나무, 삼류, 소, 옥돌 등이 풍부하고, 산동(山東) 지역은 물고기, 소금, 옻, 누에고치 실, 악기, 안료[744] 등이 많으며, 강남 지역은 녹나무(枏), 가래나무(梓), 생강, 목서(木犀)[745], 금, 주석, 아연, 단사(丹沙), 무소(犀)[746], 바다거북, 각종 진주 및 상아(象牙)와 짐승가죽 등이 생산된다. 그리고 용문(龍門)과 갈석(碣石)[747] 이북(以北)에는 말, 소, 양과 그것들의 털, 가죽, 힘줄, 뿔이 많으며, 천 리 안에 있는 구리와 철광산은 마치 산에서 생산되는 모양이 바둑판에 바둑돌을 늘어놓은 듯 곳곳에 늘어져 있다.

이상 말한 것은 산물의 대체적 사정이며, 이러한 물건은 중국 사람들이 좋아하는 것으로서 일상적으로 사용되는 의복, 음식, 양생(養生) 그리고 장례품들이다. 따라서 농부의 농사를 기다려 양식을 얻고, 산택(山澤: 산천)을 관리하는 우인(虞人)[748]이 각종 재료를 개발해 내기를 기다리며, 공인(工人)이 각종 재료를 완성품으로 만들어 내기를 기다리며, 상인(商人)이 각종 물건을 무역하고 유통하기를 기다린다.

이러한 일들이 어찌 관청이 정령(政令)을 발표하고 백성을 징발하며 기한을 정하여 수집해서 이뤄지는 것이겠는가? 사람들은 단지 자기 재능에 따라 역량을 극대화하여 자기의 욕망을 만족시키는 것이다. 따라서 값이 저렴한 물건은 어떤 사람들이 나타나 값이 비싼 곳으로 그 물건을 가져가 팔려고 하고, 어느 한 곳에서 물건 값이 비싸게 되면 곧 어떤 사람들이 나타나 값이 저렴한 곳에서 물건을 들여오게 된다. 이렇게 모든 사람이 각자 자기의 생업에 힘쓰고 자기 일에 즐겁게 종사하여, 마치 물이 아래로 흘러가듯이 밤낮으로 정지하지 않으며 물건은 부르지 않아도 스스로 오고, 가서 찾지 않아도 백성들이 스스로 가지고 와서 무역을 한다. 이 어찌 '도(道)[749]와 자연의 효험이 아니라는 말인가?

---

744) 여기에서의 악기와 안료는 원문이 성색聲色으로서 국내 많은 번역서에서 가희歌姬와 미녀美女로 해석하고 있는 바 이는 오역이다.

745) 금계金桂 나무

746) 코뿔소를 가리킨다.

747) 현재의 하북성 창려昌黎현

748) 산림과 수택水澤을 관리하는 사람을 가리킨다.

749) 자연을 지칭.

천하 사람들이 어지럽게 오고 가는 것도 모두 이익 때문이다

『주서周書』는 "농부가 자기의 생산품을 내놓지 않으면 사람들은 곧 식량을 얻지 못하고, 공인(工人)이 자기의 생산품을 내놓지 않으면 사람들은 곧 도구를 얻을 수 없게 된다. 또 상인이 무역을 하지 않게 되면 가장 귀중한 삼보(三寶)[750]의 왕래가 끊어지고, 우인(虞人)이 자기가 생산한 산품을 내놓지 않으면 사람들은 곧 재화 결핍에 직면하게 된다. 재화가 결핍되면 산림과 수택(水澤)은 더 이상 개발될 수 없다."고 하였다. 이 네 가지 측면은 사람들이 먹고 입는 것의 원천이다. 원천이 크면 곧 부유하고 풍족해지며, 원천이 작으면 곧 빈곤하고 결핍된다. 이러한 사실을 깨닫게 되면 위로는 나라가 부유해지고 아래로는 가정이 부유해진다. 빈부의 법칙은 어느 누가 빼앗아갈 수도 줄 수도 없으며, 지혜로운 자는 능히 부유해질 수 있고, 어리석은 자는 곧 빈곤해진다.

강태공이 제나라에 봉해졌을 때 그곳은 소금기가 많은 개펄이었고 사람은 매우 적었다. 그리하여 강태공은 여자들에게 방직, 자수 등의 일을 권장하고 동시에 어업과 염업을 개발함으로써 사방의 사람들과 물자들이 모두 이곳으로 모이게 되어 마치 수레바퀴의 바퀴살이 차축에 모여들듯 왕래가 끊이지 않았다. 그 결과 천하의 모든 사람들이 제나라에서 생산된 의복과 신발과 모자를 사용하게 되었고, 동해에서 태산에 이르는 작은 나라 제후들이 모두 의관을 정제하고 공경한 태도로 제나라에 와서 알현하게 되었다. 그 뒤 제나라는 중간에 일시 쇠퇴하였으나 관중이 다시 강태공의 구업(舊業)을 정돈하여 재물과 화폐를 관장하는 9등급의 관원을 설치함으로써 환공을 천하의 패주(霸主)로 우뚝 서게 하였으며 제후를 아홉 차례 회맹(會盟)하게 만들어 천하를 바른 길에 들어서게 하였다. 관중 본인 역시 3/10의 시장세(市場稅)를 점유할 수 있게 되어 비록 신하의 지위에 있었지만 오히려 열국(列國)의 제후보다 더 부유하였다. 제나라의 부강은 위왕과 선왕의 시대까지 계속되었다.

그러므로 관중은 "곡식 창고가 충실해야 사람들은 비로소 예절을 알고, 의

---

750) 즉, 식食(식량), 사事(도구), 재財(재화)의 세 가지 보물

식이 족해야 사람들은 비로소 영욕(榮辱)을 안다."751)고 말하였다. 예절이란 재부가 풍요로울 때 생기는 것으로 일단 재부가 소실되면 예절 또한 없어지는 것이다. 따라서 군자가 부유하면 그 재산으로써 은덕을 널리 베푼다. 반면 소인이 부유하게 되면 편안하게 걱정 없이 살면서 두 번 다시 고생스럽게 노동하지 않는다. 연못이 깊어야 물고기가 생기고 산이 깊어야 짐승들이 모이듯이, 사람도 부유할 때 비로소 인의가 생겨나는 것이다. 부자가 권세를 얻으면 명성이 더욱 빛나고, 권세를 잃으면 손님이 찾아오지 않게 된다. 속담에 "천금(千金)을 가진 부자의 아들은 법을 어기더라도 시장거리에서 처형되어 죽지 않는다."752)고 하였는데, 이것은 헛된 말이 아니다. 그러므로 "천하 사람들이 즐겁게 오고 가는 것은 모두 이익 때문이며, 천하 사람들이 어지럽게 오고 가는 것도 모두 이익 때문이다."753)라고 하는 것이다. 무릇 전차 천승(千乘)을 가진 왕과 봉호(封戶) 만 호의 제후, 그리고 봉호 백실(百室)의 대부(大夫)도 오히려 가난함을 걱정하는데, 하물며 필부들과 같은 평범한 백성들이야 어떻겠는가!

이전에 월왕 구천은 부차에게 패하여 회계산 위에서 곤경에 처해 있었고, 그리하여 곧 범려와 계연(計然)을 임용하였다. 계연은 다음과 같이 말했다.

"전쟁이 있을 것을 알면 미리 준비를 갖추고, 물건이 어느 때 사람들에게 필요할 것을 알면 곧 상품과 물건의 이치를 안다고 할 수 있습니다. 시(時)와 용도의 두 가지가 드러나 밝혀지면 온갖 재화의 수급 사정을 미리 간파해 낼 수 있는 것입니다. 큰 가뭄이 있은 뒤에는 반드시 홍수가 있기 때문에 가뭄이 있는 해에는 곧 미리 배를 잘 준비해 두고, 큰 홍수 뒤에는 반드시 가뭄이 있으므로 홍수가 난 해에는 곧 미리 수레를 준비해야 합니다. 이것이 물자의 등락을 장악하는 도리입니다. 일반적으로 농업생산은 6년에 한 번 풍년이 들고, 6년에 한 번 가뭄이 들며, 12년에 한 번 큰 기근이 있습니다. 판매하는 곡식이 한 말에 20전이면 농민이 손해를 보며, 한 말에 90전이 되면 상인이 손해를 보게 됩니다. 상인이 손해를 보게 되면 재화가 유통되지 않아 농민이 손해를 보고 전

---

751) 원문은 "倉廩實而知禮節, 衣食足而知榮辱"
752) 원문은 "千金之子 不死於市"
753) 원문은 "天下熙熙 皆爲利來, 天下壤壤, 皆爲利往"

답이 황폐해집니다.

그러므로 곡식 가격이 최고 80전을 넘지 않고 최저 30전 이상이 되면, 상인과 농민 모두 유리해집니다. 곡식의 평균 가격은 물가의 탄력성에 따라 등락하고 관청의 세수와 시장의 공급 모두 결핍되지 않으니, 이것이 곧 나라를 다스리는 도리입니다. 물자 비축에 대해서는 쉽게 저장할 수 있는 물건을 견실하게 비축하고 아울러 지나치게 오래 보관하지 않음으로써 자금 회전을 쉼 없이 하게 합니다. 만약 물자의 무역을 진행할 때는 쉽게 부패하거나 부식되는 물자는 절대로 오래 비축하거나 희귀한 물건을 쌓아두고 이익을 노려서는 안 됩니다.

어떤 물건이 수요보다 공급이 많거나 아니면 공급보다 수요가 많은 것을 알아낼 수 있다면, 곧 가격이 오를 것인가 아니면 떨어질 것인가를 능히 알 수 있는 것입니다. 가격이 올라 일정한 수준을 넘어서게 되면 곧 떨어지게 되고, 가격이 떨어져 일정한 수준을 넘게 되면 곧 오르게 되는 법입니다. 따라서 가격이 올라 일정한 수준을 넘게 되면 물건을 마치 인분(人糞) 보듯이 하여 한 점 주저함 없이 내다 팔아야 하고, 가격이 떨어져 일정한 수준에 이르게 되면 물건을 마치 진주 보듯이 하여 아무런 주저함 없이 사들여야 합니다. 물건과 화폐는 마치 흐르는 물과 같이 끊임없이 유통하고 움직이는 것입니다."

구천이 계연의 책략을 채택하여 시행한 지 10년 만에 월나라의 경제는 부유해져서 전사(戰士)들에게 후하게 상을 내릴 수 있었고, 병사들이 화살과 돌이 쏟아지는 전쟁터로 용맹하게 전진하는 모습이 마치 목마른 사람이 먹을 물을 얻은 듯하여, 마침내 복수를 하고 강대한 오나라를 멸망시켰다. 구천은 병사를 이끌고 북상하여 중원에서 군대를 사열하고 위세를 과시하여 '5패(五覇)'의 하나로 이름을 올렸다.

범려는 회계산에서의 굴욕을 갚은 뒤에 탄식하였다.

"계연의 일곱 가지 계책 중 월나라는 단지 다섯 가지만을 활용하여 오나라를 멸망시키고 뜻을 이루었다. 나라에서 시행한 계책들은 이미 성공했으니, 나는 나의 가업을 경영하는 데 그것을 쓰리라"

그러고는 곧바로 작은 배 한 척에 올라 강호를 표표히 떠돌면서 이름을 고치고 성을 바꾸었다. 그리하여 제나라에서는 치이자피(鴟夷子皮)라 하였고 도(陶) 지방에서는 주공(朱公)이라 하였다. 주공은 도 지방이 천하의 중심으로서 각국 제후들과 사통팔달하여 화물 교역의 요지라고 생각하였다. 그래서 그곳의 산업을 경영하여 물자를 비축하고, 적절한 때에 맞추어 변화를 도모하였다. 그는 천시(天時)에 맞춰 이익을 내는 데 뛰어났으며, 고용한 사람을 야박하게 대하지 않았다. 그러므로 경영에 뛰어난 자는 반드시 신뢰할 수 있는 사람을 잘 선택하고 좋은 시기를 파악할 줄 아는 법이다. 범려는 19년 동안에 세 차례 천금(千金)의 재산을 모았는데, 두 차례에 걸쳐 가난한 친구들과 멀리 사는 친척들에게 나누어 주었다. 이것이야말로 앞에서 말했던 이른바 '그 재산으로써 은덕을 널리 베푸는 군자'가 아니겠는가! 그가 나이가 들고 힘이 떨어지자 자손들에게 경영을 맡겼다. 자손들은 그의 사업을 계승하여 계속하여 재산을 늘렸고 그들의 가산은 무려 억 금도 넘게 되었다. 따라서 후세 사람들이 부자를 말할 때마다 모두 도주공(陶朱公)을 언급하게 되었다.

돈을 움켜쥘 시기가 오면 마치 맹수가 먹이에게 달려들듯이

자공(子贛)은 공자로부터 학문을 익힌 후 위나라에서 벼슬을 하였다. 그는 물건을 비축하여 조(曹)나라와 노나라 일대에서 비싼 물건을 팔고 싼 물건을 사들이는 방법으로 상업을 하여 공자의 우수한 70제자 중에서 그가 가장 부유하다고 할 수 있었다. 원헌(原憲)은 술지게미조차도 배불리 먹지 못하고 궁벽한 동네에 숨어 살았다.

그러나 자공은 수레와 말이 무리를 이루었고 비단 예물을 가지고 각국을 방문하여 제후들의 연회를 받았다. 제후들은 그를 맞아 군신의 예가 아니라 평등한 예로써 대하였다. 공자의 이름이 능히 천하에 떨칠 수 있었던 데에는 자공의 도움이 결정적인 역할을 하였다. 이야말로 부자가 세력을 얻으면 명성과 지위가 더욱 빛난다는 것이 아니겠는가?

백규(白圭)는 주나라 사람이다. 위나라 문후 때에 이회(李悝)는 토지 자원의 개발에 힘을 쏟고 농업 장려 정책을 추진하였지만, 백규는 세상의 변화를 살피는 것을 즐겨하였다. 그는 다른 사람이 저렴한 가격에 팔아치운 물건은 곧 사들이고, 다른 사람이 높은 가격에 사들인 물건은 곧 팔아치웠다. 곡물이 익어가는 계절에 그는 양곡을 사들이고, 비단과 칠(漆)을 팔았으며, 누에고치가 생산될 때 비단과 솜을 사들이고, 양곡을 내다팔았다. 그는 물건을 비축하면서 재산을 해마다 두 배씩 증가시켰다. 그는 수입을 늘리고자 하면 곧 낮은 등급의 곡물을 사들였고, 곡물의 비축을 늘리고자 하면 곧 높은 등급의 종자(種子)를 사들였다. 그는 음식을 탐하지 않았고 욕망의 향수를 절제하며 기호(嗜好)를 억제하고, 극히 소박한 옷만 입으면서 매년 그를 위해 일하는 노예들과 동고동락하였다. 하지만 재산을 움켜쥘 시기가 오면 마치 맹수와 맹금(猛禽)이 먹이에게 달려드는 것처럼 민첩하였다. 그래서 그는 언젠가 "나는 경영을 할 때는 이윤(伊尹)[754] 이나 강태공이 계책을 실행하는 것처럼 하고, 손자와 오기가 작전하는 것처럼 하며, 상앙(商鞅)이 법령을 집행하는 것처럼 한다. 그러므로 변화에 시의적절하게 대처하는 지혜가 없거나, 과감한 결단을 내릴 용기가 없거나, 구매를 포기하는 인덕(仁德)이 없거나, 비축을 견지할 강단이 없는 사람은 비록 나의 방법을 배우려 한다고 해도 나는 결코 알려 주지 않겠다."고 말하였다.

돈을 벌고 재산을 늘리는 것을 말하는 천하 사람들은 모두 백규를 본받는다. 백규는 실제로 자기의 경영 방법을 실천하였고, 그 실천을 통하여 자신의 장점을 보여주었다. 이는 그가 우연하게 성공한 것이 아님을 잘 설명해 주고 있다.

의돈(猗頓)은 제염업으로써 집안을 일으켰고, 한단의 곽종(郭縱)은 야철 광산에 의하여 치부하여 재부가 국왕과 어깨를 나란히 하였다.

오지과(烏氏倮)는 목축을 하였는데, 기르는 가축이 많이 번식하게 되면 모두 판 뒤 화려하고 진기한 방직품을 구매하여 몰래 국외의 융왕(戎王)에게 바쳤다. 그러면 융왕은 원가의 10배에 해당하는 가축을 그에게 기증하여 보상하였다. 이렇게 하여 그의 가축은 일일이 셀 수가 없고 골짜기로써 계산의 단위로 삼았다. 진시황은 명령을 내려 과(倮)에게 제후와 동등한 대우를 하도록 하여 봄가을 두 번 귀족들과 함께 궁궐에 들어와 황제를 알현할 수 있도록 하였다.

파(巴) 지방에 사는 청(淸)이라는 과부는 그 조상이 단사(丹沙)가 생산되는 광산을 발견하여 몇 대에 걸쳐 그 이익을 독점하여 재산이 너무 많아 계산할 수 없을 정도였다. 청은 일개 과부에 불과했지만 조상이 남긴 가업을 능히 지킬 수

있었고 재산으로써 자신을 보호하고 다른 사람의 모욕이나 침범을 받지 않았다. 진시황은 그를 절조가 있는 정부(貞婦)로 여겨 그를 존경하고 빈객(賓客)으로 대우하였으며, 그녀를 위하여 여회청대(女懷淸臺)를 짓도록 하였다. 오지과는 변방 시골사람으로서 목장 주인이었고, 청(淸)은 궁벽한 시골의 과부였지만 도리어 천자의 예우를 받아 이름을 천하에 떨쳤으니, 이는 실로 이들의 부유함에 기인한 것이 아니겠는가?

각 지역의 경제 형세를 논하며

한나라가 흥기하여 국내가 통일되자 성관(城關)과 교량의 봉쇄를 개방하고 산택(山澤)의 개발에 대한 금령도 해제하였다. 이 때문에 거부巨富와 대상(大商)들이 천하를 두루 다니게 되어 교역하여 유통되지 않는 물자가 없었고 공급과 수요 쌍방 모두 만족할 수 있었다. 조정은 지방의 호걸과 봉후, 명문 가문들을 경사(京師)[755] 일대에 이주하도록 하였다.

관중(關中) 지역은 견(汧)현과 옹(雍)현 동쪽부터 황하와 화산(華山)에 이르기까지 비옥한 평야가 천리이고 우(虞)와 하(夏) 이래 이곳은 가장 좋은 땅으로서 제1등급의 세금을 부과하였다. 당초 공류(公劉)[756]는 주나라 사람들을 빈(邠) 지방에 인솔해 왔고, 대왕(大王)[757]과 왕계(王季)는 또 기산(岐山)으로 이주하였으며 문왕이 풍(豊)을 경영하였고 무왕은 호(鎬)를 다스렸다. 그러므로 이곳 백성들은 아직 선왕이 남긴 유풍을 보존하여 농업과 오곡 재배를 즐겨하고 좋지 않은 일을 감히 하지 않는다. 진나라 문공과 목공 시대에 이르러 옹에 정도하였는데 이곳은 농(隴)과 촉의 화물이 반드시 지나가는 길로서 수많은 상인층이 형성되었다. 헌공 때 양읍(梁邑)으로 도읍을 옮겼는데, 양읍의 북쪽에서 융戎, 적狄과 대치하였고 동쪽으로는 삼진(三晉)과 서로 통하여 역시 대상인들이 많았다. 효공과 소

---

755) 수도. 경도京都라고도 한다.
756) 주나라의 수령으로서 후직后稷의 증손으로 알려지고 있다.
757) 주나라 태왕太王, 즉 고공단보古公亶父를 가리킨다.

공은 함양(咸陽)을 도읍으로 하였는데, 훗날 한나라 도읍 장안 고(古)무덤군이 있는 곳으로 사방 사람들이 마치 수레바퀴의 축에 바퀴살이 모이는 것처럼 모여들어 매우 작은 곳에 인구는 많아 함양 백성들은 놀이와 기이한 일에 습관이 들었고 상공업에 종사하였다.

관중의 남쪽은 파촉 지역이다. 파촉 역시 비옥한 들판으로서 잇꽃, 생강, 주사(朱砂)와 돌, 구리, 철, 대나무 그리고 목재로 만든 기구(器具)들이 풍부하게 생산된다. 파촉 지역은 비록 많은 산으로 사방이 막혔지만 천리에 걸쳐 만들어진 잔도(棧道)가 있어 북방의 관중과 통하지 않은 곳이 없다. 그러므로 관중 지역은 천하의 1/3을 점하고 인구는 3/10에 지나지 않았지만 그곳의 재부를 계산해 보면 무려 천하의 6/10을 점하고 있다.

옛날 요임금은 하동(河東)에 도읍을 하고, 은나라는 하내(河內)에, 그리고 주나라는 하남(河南)에 각각 도읍을 정하였다. 이 삼하(三河) 지역은 천하의 중앙에 위치하여 마치 솥의 세 발과 같기 때문에 역대 왕자(王者)가 여러 차례 이곳에 정도하였고, 건국한 나라는 각기 수백 년에서 천 년 넘게 유지되었다. 토지는 협소하고 인구는 많아서 각국 제후국의 도읍과 대도시가 집결해 있는 지방인 까닭에 민간의 풍속은 자질구레하고 검약 인색하며 다만 각종 세상사에 밝다.

조나라 도읍 한단은 장수(漳水)와 황하 사이에 있는 대도시이다. 북쪽으로 연(燕)과 탁(涿) 지역에 통하고, 남쪽으로는 정(鄭)과 위(衛)가 있다. 정과 위의 풍속은 조(趙)와 비슷하지만 양(梁)과 노(魯)에 가깝기 때문에 약간 장중하고 기개를 숭상한다. 전국시대 말기에 위나라 도읍은 복양에서 야왕(野王) 지역으로 옮겼는데, 야왕 사람들이 기개를 좋아하고 임협을 행하는 것은 위나라의 유풍이다.

연나라의 오래된 도시 계(薊)는 바로 발해와 갈석산(碣石山) 사이에 위치한 대도시이다. 남쪽으로는 제(齊)나 조(趙)와 통하고 동북쪽으로 호인(胡人)의 지역과 인접하고 있다. 상곡(上谷)에서 요동에 이르기까지 땅은 요원하고 인구는 희박하며 늘 호인의 침략과 약탈을 당한다. 조와 대(代) 지역의 풍속과 매우 비슷하다. 그곳 사람들은 독수리처럼 민첩하고 사나우며 두뇌가 비교적 단순하여 사려하는 것에 능하지 못하다. 이곳에서는 대단히 많은 물고기와 소금, 대추, 밤이 생산된다. 북쪽으로는 오환(烏丸)과 부여(夫餘)와 인접하고 있고, 동쪽으로는 예맥(穢貊)[758], 조선(朝鮮), 진번(眞番)의 지리적 이점을 지니고 있다.

낙양(洛陽)은 동쪽으로 제(齊)와 노(魯)와 통상하고, 남쪽으로는 양(梁)과 초(楚)와 통상한다. 태산의 남쪽은 노이고, 북쪽은 제이다.

제나라는 태산과 동해를 국경으로 하고 옥토가 천 리를 넘으며, 뽕나무와 마를 재배하기에 적합하고, 사람들은 대부분 채색 비단과 베, 면, 물고기, 소금을 생산한다. 임치 역시 바로 동해와 태산 사이에 있는 대도시로서 그 풍속은 조용하고 활달하며 지식이 풍부하고 논의를 애호하며 천성이 온건하고 무게가 있으며 의지가 굳어 쉽게 마음을 바꾸지 않는다. 무리를 지어 대진할 때는 겁을 내지만 오히려 혼자서 무기를 들고 베고 찌르는 일에는 용맹스럽다. 그러므로 적지 않은 사람들이 강탈로써 삶을 도모하는 것 역시 대국의 기개라 할 수 있다. 임치 성중에는 오민(五民)[759]이 모두 거주한다.

추(鄒)와 노(魯)는 수수(洙水)와 사수(泗水)를 끼고 있으며 아직도 주공의 유풍이 남아 있어 유학자를 좋아하고 예의제도가 완비되어 있으며, 따라서 그곳 사람들은 조심스럽고 신중하다. 뽕과 마(麻)의 산업이 매우 발달하였고, 산림과 소택(沼澤)의 자원은 없다. 땅은 협소하고 사람은 많기 때문에 검소하고 인색하다. 또 범죄를 두려워하며 사악한 것을 피한다. 노나라가 쇠해지자 이곳 사람들은 장사를 좋아하고 이익을 추구하였는데 낙양의 주나라 사람들보다 더욱 적극적이다.

홍구(鴻溝)의 동쪽과 망산(芒山)과 탕산(碭山) 지역의 북쪽은 거야택(巨野澤) 수계(水系)의 범위에 속하는데 이곳은 원래 양(梁)과 송(宋)의 지역이었다. 요 임금은 성양(成陽)에서 흥기하였고, 순 임금은 즉위하기 전 뇌택(雷澤)에서 고기를 잡았으며, 탕 임금은 박(亳)에 도읍하였다. 그곳의 풍속은 아직 선왕의 유풍을 유지하고 있어 중후하고 충실하며 군자들이 많다. 사람들은 농사를 좋아하고, 비록 산천이 제공하는 재부는 없을지라도 열악한 물질생활을 참고 견딜 줄 알기 때문에 먹고 입는 것을 아껴 축적을 이루게 되었다.

월(越)과 초(楚)의 세 지역은 세 가지 풍속이 있다. 회수(淮水) 이북의 패(沛), 진

---

758) 예맥濊貊과 통용된다.

759) 5민이란 선비士, 농민農, 상인商, 공인工, 상인賈를 가리킨다. 상商과 고賈의 구분은 좌상坐商을 고賈라 하고 행상行商을 상商이라 하였다.

(陳), 여남(汝南), 남군(南郡)은 서초(西楚) 지역이다. 그곳의 풍속은 용감하고 사나우며 경솔하다. 사람들은 쉽게 화를 내며 천성은 각박하여 재산을 모은 사람이 극히 적다. 강릉(江陵)은 본래 초나라 영도(郢都)로서 서남쪽으로는 무(巫), 파(巴)와 통할 수 있고 동쪽으로는 부유한 운몽(雲夢)이 있다. 진(陳)은 초(楚)와 하(夏)가 만나는 곳에 위치하며 물고기와 소금을 유통하여 상업에 종사하는 사람이 많다. 서(徐), 동(僮), 취려(取慮) 지역의 사람들은 청렴하고 각박하지만 모두 자기가 한 말을 지키는 것을 영광으로 여긴다.

팽성 동쪽의 동해(東海), 오, 광릉(廣陵)은 동초(東楚) 지역이다. 그곳의 풍속은 서(徐), 동(僮) 지역과 비슷하다. 구(朐)와 회(繪) 두 곳의 북쪽은 풍속이 제나라와 같다. 절강 이남은 곧 월 지역이다. 오현(吳縣)은 오왕 합려, 춘신군, 오왕 유비 3인이 천하의 유세를 좋아하는 선비를 불러 모았던 때부터 동쪽으로는 해염(海鹽)이 제공하는 재부를 얻고, 또 장산(章山)의 구리, 삼강(三江)과 오호(五湖)의 경제적 이로움이 있어 역시 강동의 대도시가 되었다.

형산, 구강(九江), 강남(江南), 예장(豫章), 장사(長沙)는 남초(南楚) 지역이다. 그곳의 풍속은 서초(西楚)와 대단히 비슷하다. 초나라의 도읍 영(郢)은 후에 수춘(壽春)으로 옮겼는데 수춘 역시 큰 도시로 성장하였다. 합비(合肥)는 남북으로 강(江)과 회(淮)와 통할 수 있고 가죽, 건어물, 목재의 집결지이다. 민중(閩中)과 오월(吳越)의 풍속이 섞여 있기 때문에 남초 백성들은 언변이 좋아 교언영색(巧言令色: 아첨하는 말과 알랑거리는 태도)으로서 마음속의 말을 거의 하지 않는다. 강남은 지세가 낮고 습하여 남자들이 일찍 죽으며, 대나무가 많다. 예장에서는 황금이 나고, 장사에서는 아연과 주석이 생산되지만, 매장량이 매우 적어 채굴해서 얻는 소득이 지출에 미치지 못한다.

영천(潁川)과 남양(南陽)은 하나라 사람들의 집단 거주지이다. 하나라의 정치는 충직과 질박(꾸민 데가 없이 수수함)을 숭상하였는데, 여전히 선왕이 남긴 유풍이 남아 있다. 영천 일대 사람들은 충후 순박하고 심지가 선량하다. 진나라 말기에 불궤지민(不軌之民)[760]을 남양으로 강제 이주시켰다. 남양 서쪽은 무관, 운관과 서로 통하고 동남쪽으로는 한수(漢水), 양자강, 회수(淮水)가 모인다. 완(宛) 역

---

760) 불법지민不法之民, 불궤不軌란 법을 어기고 반란을 일으키는 것을 말한다.

시 그곳의 대도시로서 사람들은 각종 잡사를 벌이기를 좋아하는데 상업을 경영하는 사람이 매우 많으며 임협(士내답게 용감함)을 행하기를 좋아하여 영천과 서로 통하여 지금까지도 그들을 '하인(夏人)'이라고 칭한다.

천하 각지의 화물은 부족한 곳도 있고 남는 곳도 있으며, 백성들의 풍속 역시 그에 따라 약간씩 상이하다. 산동에서는 해염(海鹽)을 먹고 산서(山西)에서는 지염(池鹽)을 먹으며, 5령 이남과 사막 이북은 역시 많은 지방에서 소금이 생산되었다. 지역으로 인하여 달라진 대체적인 사정은 이와 같다.

결론적으로 초와 월 지역은 땅은 넓고 인구는 적으며, 쌀밥과 어류를 식용으로 하며, 화경수누(火耕水耨)[761]하고 있다. 과실과 어패류는 외지에서 구입할 필요가 없이 능히 자급자족할 수 있다. 지리 조건이 풍부한 먹을거리가 있게 만들어 기근 발생을 걱정할 필요도 없다. 바로 이러한 이유로 인하여 사람들은 그럭저럭 아무렇게나 게으른 태도로 살아가기 때문에 저축도 하지 않고 대부분 가난하다. 그러므로 양자강과 회수(淮水) 이남은 추위에 떨고 굶주리는 사람도 없지만 동시에 천금(千金)의 재산을 가진 부자도 없다.

기수(沂水)와 사수(泗水) 이북은 오곡과 뽕, 마의 재배와 가축 사육에 적합하지만 땅은 협소하고 인구는 많으며 자주 수해와 가뭄의 재해를 당하기 때문에 사람들은 물자를 비축해 놓는 일에 익숙하다. 그러므로 진(秦), 하, 양, 노의 백성들은 농사짓기를 좋아하고 농민들을 존중한다. 삼하(三河), 완(宛), 진(陳) 지역 역시 그렇지만 동시에 상업에도 종사한다. 제와 조 사람들은 매우 총명하고 기묘한 계책을 잘 내어 총명한 기지로써 재리(財利)를 얻는다. 연(燕)과 대(代)의 백성들은 농사와 목축을 하면서 또 양잠에 종사한다.

빈천하면서도 오직 인의도덕을 운위한다면 부끄러운 일이다

조정에서 모든 힘을 다하여 계책을 내고 입론(立論)하며 건의(建議)하는 현인들

---

761) 화경火耕이란 일종의 원시 경작 방법으로서 잡초를 불로 태워 없애는 방법을 가리키며, 수누水耨란 물을 끌어대는 방법을 이용하여 잡초를 제거하는 것을 가리킨다.

과 죽음으로써 신의를 지키면서 동굴 속에 은거하는 선비들의 목적은 도대체 무엇인가? 모두 재부를 위한 것이다. 그러므로 청렴한 관리도 관직 생활을 오래하면 할수록 부유해지고, 탐욕스럽지 않은 상인도 결국 부유해지는 법이다. 부(富)라는 것은 사람의 본성이므로 배우지 않고도 모두 이루고자 하는 바이다. 그러므로 장사(壯士)가 군영에 있으면서 공성(攻城) 시 먼저 성벽에 올라가고 야전 시 적진에 뛰어들어 적군을 퇴각시키고 적장을 참살하며 적의 군기를 탈취하면서 날아오는 화살과 돌을 무릅쓰고 끓는 물과 불의 위험도 마다 않는 것은 후한 상을 받기 위함이다. 시정의 소년들이 사람들을 협박하여 물건을 약탈하고 사람을 죽이며, 간악한 짓을 하며 무덤을 파헤치고 화폐를 위조하며 남의 토지를 겸병하고 무리를 지어 강도짓을 하고 친분을 내세워 보복하고 몰래 남의 재산을 강탈하며 법을 어기는 것을 마다하지 않으면서 마치 준마가 날뛰듯 민첩하게 죽음의 심연으로 달려가는 이 모든 행동들은 재화와 이익을 위한 것이다.

조나라와 정나라의 미녀들이 정성스럽게 화장하고 거문고를 연주하며 긴 소매를 휘날리고 눈짓을 보내 유혹하면서 천 리도 멀다 않고 수고를 아끼지 않으면서 손님을 맞이함에 노소(老少)도 가리지 않는 것은 모두 부를 추구하는 데에서 비롯된다. 풍류공자가 모자와 칼로 장식하고 수레와 말로 무리를 이루어 과시하는 것 또한 자신의 부귀한 용모를 꾸미기 위해서이다. 새를 사냥하고 물고기를 잡으며 새벽이든 컴컴한 밤이든 서리와 눈을 피하지 않고 깊은 산골짜기로 말을 달려 맹수의 위험도 개의치 않으니, 이는 맛있는 사냥감을 얻기 위함에서이다. 또 도박장에서 다투어 즐거워하고 닭싸움과 개 경주를 하면서 얼굴색을 바꾸고 싸우며 재주를 뽐내고 반드시 승리를 쟁취하려는 것은 돈을 잃는 것을 두려워하기 때문이다. 의술, 방술(신선의 술법)로써 먹고 사는 사람이 모든 힘을 다하여 자기 재능을 발휘하는 것은 많은 보수를 얻고자 하기 때문이다. 관청의 이사(吏士)가 법률 조문을 농락하여 마음대로 도장을 깎고 문서를 위조하면서 극형마저 감수하는 것은 뇌물을 받기 위해서이다. 농업, 공업, 상업, 목축에 종사하는 사람은 원래부터 재부를 추구하여 재화를 증가시키는 것이 목적이다. 이렇게 자신의 모든 지략을 짜내어 최대한 재물을 쟁탈하는 것이다.

"백 리 밖에서는 땔나무를 팔지 않으며, 천 리 밖에서는 양식을 팔지 않는다."고 하였다. 어떤 곳에서 1년을 살려면 곡물을 심어야 하고, 10년을 살려면 나무를 심어야 하며, 백년을 살려면 덕을 쌓고 선행을 베풀어 멀리 있는 사람을 불러 모아야 한다. 이른바 덕이란 바로 다른 곳에 있는 사람과 재물이 자신에게 올 수 있도록 끌어들일 수 있는 것이다. 지금 어떤 사람들은 관직봉록 혹은 작위와 봉지(封地) 수입이 없으면서도 생활은 매우 부유하여 가히 관직을 가진 자와 비슷하니 이름하여 '소봉(素封)'[762]이라 한다. 봉읍을 소유한 사람은 백성들이 납부하는 조세를 거두게 되어 매년 가구당 2백 전을 받는다. 천 호의 영지를 가진 사람은 곧 매년 20만 전을 얻게 되고 조정에 들어가 천자를 알현하고 토산품을 헌상하거나 사자를 보내 제후들과 좋은 관계를 맺는 등 모든 비용이 그것으로부터 나온다. 평민으로서 농, 공, 상, 고(賈)를 경영할 때 매년 1만 전으로 2천 전의 이자를 받을 수 있고 백만 전의 재산을 가진 집은 매년 20만 전을 벌어들일 수 있으므로 조세 납부나 병역이나 요역을 대신해 줄 비용도 그것으로 충당할 수 있게 된다. 이렇게 재산을 소유한 자는 시장을 기웃거릴 필요가 없고 타향으로 바삐 뛰어다닐 필요 없이 가만히 앉아서 수입을 기다리기만 하면 된다. 따라서 몸은 처사의 도의를 지키면서도 오히려 풍부한 향유를 누릴 수 있게 된다.

집안이 빈곤하고 부모가 늙었으며 처자가 약하고 어리며 매년 제사를 지내면서 제사 음식도 장만하지 못하고, 음식과 의복도 자급하지 못하면서도 아직 부끄러운 줄 모른다면 그것은 진실로 비유조차 할 수 없다. 이러한 까닭으로 재물이 없는 빈민은 오로지 힘써서 일할 수밖에 없고, 재물이 있으나 많지 않을 경우에는 곧 지략으로써 조그만 재산을 취하며, 부유한 사람은 기회를 노려 투기를 함으로써 큰 재산을 모으게 된다. 이것이 재산을 얻는 통상적인 방법이다! 자신의 안전을 해치지 않고도 능히 향유할 수 있는 재부를 얻을 수 있다면 현인들도 노력하여 구하게 될 것이다. 이러한 이유로 농업으로 부를 이룬 것을 최상급으로 하고, 상공업으로 부를 이룬 것을 그 다음으로 하며, 강탈이나 사기로 치부한 것을 최하등으로 삼는다. 만약 어떤 사람이 세상을 등지고 숨어 사는 선비의 청고(淸高)한 품행도 없으면서 시종 가난하고 비천하며 그러면서도 고담준론(뜻이 높고 바르며 엄숙한 말)을 논하기를 좋아하고 무슨 인의도덕을 계속 운

---

762) 벼슬이나 작위가 없는 큰 부자를 일컫는다.

위하는 것은 역시 진실로 수치스럽고 부끄러운 일이다.[763]

무릇 호적으로 편제된 백성들은 부의 차이가 자기보다 열 배가 많으면 굴복하게 되며, 백 배가 많으면 반드시 그를 두려워하고, 천 배가 많게 되면 그의 부림을 당하게 되며, 만 배가 되면 그의 노복(奴僕: 종)이 된다. 이것이 사물의 필연적 이치이다. 가난한 상황에서 재부를 추구할 때, 농사가 공업(工)보다 못하고, 공업은 상업(商)에 미치지 못한다. 아낙네들이 방직물에 자수로 아름다운 문양을 만들어 얻는 수입은 시장에서 문에 기대어 웃음을 파는 기녀의 수입만 못하다. 이는 말업(末業)인 상공업에 종사하는 것이 가난한 자가 부유해지는 주요한 수단이라는 사실을 말해준다.

엎드리면 좁고 하늘을 쳐다보면 받아라

당세의 현인(賢人)들이 부귀하게 된 내력을 간략하게 기술하는 것은 후세의 사람들이 고찰하여 선택할 수 있게 하기 위함이다.

촉군 탁(卓)씨의 선조는 본래 조(趙)나라 사람으로 야금업(광석에서 금속을 골라내는 일)을 통하여 부호가 되었다. 진나라 군대가 조나라를 멸망시키고 탁씨를 강제로 이주시켰다. 탁씨는 포로로 잡히고 약탈을 당하여 오직 부부가 수레를 끌며 새 이주지로 옮겨갔다. 이주한 사람들은 조금이라도 재물의 여유가 있으면 다투어 인솔하는 진나라 관리에게 뇌물을 바치고 최대한 가까운 곳에 살고자 간청하면서 가맹(葭萌) 현에 거처하였다. 그러나 탁씨는 "이곳 토지는 협소하고 척박하다. 문산(汶山) 아래에는 드넓은 비옥한 전야(田野)가 있고 땅속에는 토란이 자라나 능히 양식으로 할 수 있어서 무슨 일이 일어난다고 해도 죽을 때까지 전혀 굶지 않는다고 들었다. 그곳의 주민들은 많은 사람들이 거리에서 일을 하고 있어 상업을 하기에 유리하다."고 말하면서 일부러 먼 곳으로 이주할 것을 요청하였다. 결국 탁씨는 임공(臨邛) 지역에 배치되었는데, 탁씨는 마음속으로 크게 기뻐하였다. 그리고 곧 철이 생산되는 산에 가서 광물을 채굴하여 풀무질하

---

763) 다만 여기에서 사마천은 빈부의 사회적 구조적 요인에 대해서는 분석하지 않고 있다.

고 주조하였으며, 인력과 재력을 기묘하게 운용하고 심혈을 기울여 경영하였다. 결국 전(滇)과 촉 지역의 사람들이 모두 그에게 고용되었다. 그리하여 집의 노복이 천 명에 이르렀고, 자신의 집안 전원에서 사냥을 즐겨 이러한 향락이 능히 한 국가의 군주에 비견되었다.

정정(程鄭)은 본래 산동에서 이주 당한 포로로서 야금업을 하였고 멀리 서남이와 남월 지역의 이민족(異民族)과 무역을 하였다. 그의 재산은 탁씨에 견줄 만하였는데, 탁씨와 정정은 모두 임공(臨邛)에 살았다.

완(宛) 지역의 공(孔)씨 선조는 양(梁) 사람으로 야금을 생업으로 삼았다. 진(秦)나라가 위나라를 정벌했을 때 공씨를 남양(南陽)으로 이주하도록 하였다. 그는 대규모로 금속을 주조하였고 커다란 연못을 건설하였으며, 거마(車馬)가 서로 이어지고 대규모의 대열을 이뤄 제후들과 교류함으로써 이로부터 엄청난 이익을 얻었다. 그는 마치 유한공자(遊閑公子)처럼 제후들에게 아낌없이 예물을 기증하였다. 집안의 재산은 수만 금에 이르렀다. 그는 남에게 준 것이 많았으나 벌어들인 재산은 더욱 많았고, 인색하고 속 좁은 상인들보다 더 많은 재산을 지녔다. 그러므로 남양 사람들이 장사를 하게 되면 모두 공씨의 온화하고도 우아한 태도와 대범한 풍모를 본받고자 하였다.

노나라의 풍속은 검소하고 순박하며 인색하였는데, 조(曹)[764]의 병(邴)씨가 그 대표적인 경우이다. 그는 야금업으로 흥기하여 수만 금의 부호가 되었다. 그러나 그의 집은 부자형제가 규약을 제정하여 엎드리면 줍고 하늘을 쳐다보면 받아서 천하의 모든 곳에 고리대금업과 무역을 하지 않은 곳이 없었다. 따라서 추(鄒) 지방과 노 지방에서 학문을 버리고 재물의 이익을 추구하는 자들이 많았는데 이 모든 것이 병씨 때문이었다.

재부란 본래 고정불변의 주인이 있는 것이 아니다

제나라의 풍속은 노예를 낮고 비천하게 여겼지만, 오직 도간(刀閒)은 그들을

---

764) 산동山東 지역의 조현曹縣.

아끼고 중시하였다. 교활하고 총명한 노예는 주인들이 골치 아프게 생각하였지만 오직 도간만이 그들을 받아들이고 또 이용하여 그들을 파견하여 자기를 위하여 고기잡이나 제염을 하도록 하였고 혹은 상업에 종사하게 하여 이익을 얻도록 하였다. 그러면서 노예들을 관리들과 교류하게 하였고, 갈수록 그들에게 커다란 권한을 맡겼다. 마침내 그가 이러한 노예들의 힘에 의하여 집을 일으키고 치부하여 재산이 수십만 금에 이르렀다. 그러므로 "관직을 받으니 차라리 도간의 노복(奴)이 되겠다."라는 속담은 도간이 노복 스스로의 부를 쌓게 하면서 동시에 자신을 위하여 모든 힘을 다하도록 만들었다는 뜻을 가지고 있다.

주나라 사람들은 원래 자질구레하고 인색한데 사사(師史)의 경우는 더욱 심하였다. 그는 백 대의 수송용 수레를 가지고 있었고 천하의 각 군국 무역에 있어 그가 일찍이 가보지 않은 곳이 없었다. 낙양은 제, 진(秦), 초, 조(趙)로 통하여 정확히 천하의 중앙에 위치해 있고, 그곳의 가난한 사람들은 부자들을 본떠서 항상 자기가 외지에서 장사를 더 오래 했다고 자랑하면서 많은 사람들이 고향 마을을 여러 차례나 지나쳤지만 집에 가지 않았다. 사사는 이러한 사람들을 고용하여 각자 일을 맡겨 재산이 7천만 금에 이를 수 있었다.

선곡(宣曲) 임(任)씨의 선조는 독도(督道) 지방에서 양식 창고를 관리하는 관리였다. 진나라가 멸망할 때 진나라에 반기를 들고 일어선 호걸들이 모두 금, 옥, 보물을 탈취하였으나 임씨만은 땅굴을 이용하여 곡식을 저장하였다. 그 뒤 항우와 유방이 형양에서 오랫동안 대치하고 있었을 때 부근 백성들이 농사를 지을 수 없었기 때문에 쌀 1석(石) 가격이 1만 전으로 뛰자 호걸들의 금, 옥, 보물이 모두 임씨에게로 넘어왔다. 임씨는 이 때 커다란 재산을 모았다. 다른 부자들은 모두 앞을 다투어 사치했으나 임씨는 오히려 자신의 신분을 낮추고 겸손했으며 절약을 숭상하면서 스스로 힘써 농사와 목축일을 하였다. 논밭과 가축도 다른 사람들은 앞을 다투어 모두 싼 값으로 매입하였지만 오직 임씨만은 비싸고 우량한 것을 매입하였다. 그들 가문은 몇 대에 걸쳐 모두 커다란 부호로 살았다. 그런데 임씨 가문은 가훈을 정하여 자신의 밭농사와 목축에서 생산된 것이 아니면 입지도 먹지도 아니하고, 공적인 일이 완결되지 않으면 절대로 술을 마시거나 고기를 먹지 않도록 하였다. 그는 이것을 마을의 본보기로 삼았고, 그는 부유해져 황제로부터도 존중받았다.

변경 지역을 개척할 때, 교요(橋姚)는 이미 천 필의 말, 2천 두의 소 그리고 1만 마리의 양이 있었고, 곡식은 너무 많아 만 종(種)으로 계산해야 했다. 오초칠국(吳楚七國)의 난이 일어났을 때, 장안의 열후 봉군(封君) 모두가 출정했는데, 좋은 병기를 마련하고 경비를 조달하기 위하여 돈을 빌리기에 바빴다. 하지만 돈이 있는 사람들은 이들 열후 봉군의 봉읍과 봉국이 모두 관동(關東)에 있고 또 승패가 아직 나지 않아 장차 어떻게 변화될지 예측하기 어려웠기 때문에 아무도 돈을 빌려 주려고 하지 않았다. 오직 무염씨(無鹽氏)만은 천금을 풀어 돈을 빌려 주었고, 이자는 평시의 열 배가 넘었다. 석 달 뒤 오초 7국의 난이 평정되었다. 1년 만에 무염씨가 손에 쥔 이익은 원금의 몇 십 배에 달했고, 이로 인해 그의 재부는 관중에서 유명한 부호들과 어깨를 나란히 하였다.

관중 지방의 부유한 대상인은 대부분 전씨(田氏) 집안들로서, 예를 들면 전색과 전란이 그들이다. 위가 지방의 율씨(栗氏), 안릉과 두 지방의 두씨(杜氏) 또한 수만 금의 거부였다.

위에서 소개한 사례들은 가장 특출하고 분명하게 알려진 인물들이다. 그들은 모두 작읍(爵邑)이나 봉록이 없었던 사람들이며 또한 불법적 수단으로 치부하지도 않았고, 모두 물자 유통의 원리를 예측할 줄 알았으며, 정확하게 형세를 판단하고 투자의 방향을 결정하여 시기의 수요에 맞춰 이익을 얻었다. 그들은 말업인 상공업 경영을 통하여 재산을 모았으며, 동시에 토지에 투자함으로써 재산을 지켰다. 또 과감하고 강압적인 각종 수단을 활용하여 재물을 모으고, 그런 연후에 왕후(王侯)와 교통하여 정령(政令)으로써 보호하면서 다양한 상황에 능히 대처할 수 있었으므로 기술할 가치가 있다.

절약과 검소, 그리고 노동은 재산을 늘리는 정확한 길로서 부자들은 기묘한 책략으로써 승리를 거두었다. 원래 농사는 가장 우둔한 업종이나 진양(秦楊)은 농사로써 그 지역에서 가장 큰 부를 모았다. 도굴(盜掘)은 본래 법을 어기는 일이지만 전숙(田叔)은 그것으로써 부를 일으켰다. 도박은 비열한 업종이지만 환발(桓發)은 도리어 이를 통하여 부를 이루었다. 행상을 하며 물건을 파는 것은 대장부가 하기에는 천직이지만 옹(雍)의 악성(樂成)은 오히려 그것에 의지하여 부유해졌다. 동물의 유지(우유에 들어 있는 지방)를 판매하는 것은 치욕을 느끼게 하는 일이지만 옹백(雍伯)은 이 일로써 천금의 이익을 얻었다. 장(醬: 간장)을 파는 일은 아주 작은 장사에 지나지 않지만 장씨(張氏)는 이로 인하여 재산이 천만 금이 되었다. 칼을 가는 일은 보잘것없는 평범한 기술이지만 질씨(郅氏)는 대귀족처럼 진수성찬을 먹을 정도의 생활을 누렸다. 이들은 모두 하나의 일에 전심전력하여 비로소 부를 모을 수 있었던 것이다.

따라서 부를 모으는 것은 어느 고정된 한 업종에 종사해야만 비로소 실현해 낼 수 있는 것이 아니며, 재부란 본래 고정불변의 주인이 있는 것도 아니다. 수완이 있는 자는 능히 재부를 자신의 것으로 만들 수 있는 반면, 무능한 자는 가지고 있던 재산도 와해된다. 천금을 지닌 집안은 곧 그 도시의 봉군(封君)과 비길 수 있으며, 만금(萬金)을 지닌 부자는 곧 왕과 같은 정도로 향유할 수 있다. 이들이 곧 이른바 소봉(素封)이 아닌가? 사정이 정확히 그렇지 아니한가?

55. 태사공 자서
─지난날을 서술하여 미래에 희망을 걸다

「태사공 자서(太史公自書)」는 『사기』의 최후의 1편으로서 사마천의 자전(自傳)이다. 이 글은 비단 『사기』를 총괄하고 있을 뿐만 아니라 사마천의 삶의 기록 역시 담겨져 있다.

「태사공 자서」는 1천여 년에 걸친 사마씨의 가세(家世)로부터 아버지 사마담의 노장사상에 대한 중시, 사마천 본인의 성장 과정, 그리고 아버지의 유언에 따라 태사공이 된 일과 『사기』 저술의 시말 등을 모두 기록하고 있다. 특히 부자가 손을 잡고 눈물을 흘리며 『사기』의 저작을 유언으로 남기는 장면이나 궁형을 당하면서 마음속의 비분을 담아내는 글에 이르러서는 독자로 하여금 책을 덮고 탄식하지 않을 수 없게 만든다.

비록 수백 자의 문자로 기록된 길지 않은 「태사공 자서」의 문장이지만 자신의 가세(家世)로부터 시작하여 6가와 6경에 대한 정확하고 투철한 평가를 거쳐 「황제본기」부터 1백 30편을 종합하여 논하고 있으며, 그 기록은 다루지 않는 바가 없고 다함이 없이 마치 강물들이 바다로 모이듯 도도하여 보는 이로 하여금 저절로 찬탄할 수밖에 없도록 한다.

전욱제(顓頊帝)[765]는 남방의 수장(首長) 중(重)에게 하늘에 관한 일을 관장하게 하였고, 북방의 수장 여(黎)에게는 땅에 관한 일을 관장하도록 명하였다. 당우(唐虞)[766] 시대에 중과 여의 후손들은 여전히 천문과 백성에 관한 일을 담당하였고, 이는 하(夏), 상(商) 시대까지 계속 이어져 그 후손들은 천지에 관한 일을 잘 처

---

765) 황제黃帝의 손자로서 성은 희姬씨이다.
766) 도당씨陶唐氏 요堯와 유우씨有虞氏 순舜을 아울러 이르는 말

사마천

리하였다. 주나라 시기에 정백(程伯)[767] 휴보(休甫) 또한 중과 여의 후손이었다. 주선왕(周宣王) 때에 와서 중과 여의 후손들은 천지를 주관하는 직위를 잃고, 사마씨(司馬氏)가 그 직위를 받았다. 이로부터 사마씨는 대대로 주나라의 역사를 담당하였다. 주나라 혜왕과 양왕 때 사마씨는 주나라를 떠나 진(晉)나라로 갔다. 진(晉)나라의 중군(中軍) 수회(隨會)가 진(秦)나라로 달아났을 때 얼마 뒤 사마씨 일족도 다시 소량(少梁)으로 옮겨갔다.

사마씨 일족은 주나라를 떠나 진(晉)나라로 갈 때부터 곧바로 분산되어 일부는 위(衛)나라로 가고, 일부는 조(趙)나라로 갔으며, 또 일부는 진(秦)나라로 갔다. 위나라로 간 일파는 중산(中山)의 재상을 지냈다. 조나라로 간 일파는 검술이론을 전수하여 명성을 날렸는데, 괴외(蒯聵)는 바로 그의 후손이다. 진(秦)나라로 간 사마착(司馬錯)은 장의와 논쟁을 벌였는데, 진나라 혜왕은 사마착에게 군사를 이끌고 촉을 공격하도록 하였고, 사마착은 이를 함락시킨 뒤 촉군 군수로 임명되었다. 사마착의 손자 사마근(司馬靳)은 무안군 백기(白起)를 수행하였다. 소량(少梁)은 이때 이미 그 명칭을 하양(夏陽)으로 바꾼 상태였다.

사마근과 무안군은 조나라 군대를 대파하고 장평에 주둔한 조나라 군사들을 생매장시키고 진나라로 돌아왔다. 그러나 두 사람 모두 두우(杜郵)에서 소왕에 의해서 사사(賜死)되었고 사마근은 화지(華池)에 매장되었다. 사마근의 손자 사마창(司馬昌)은 진(秦)나라의 주철관(主鐵官)으로 일하였다. 진시황 시대에 괴외(蒯聵)의 현손(玄孫) 사마앙은 무신군(武信君)의 부장으로 있었는데 조가(朝歌)를 순찰하였다. 제후들이 봉지를 받고 왕이 되던 무렵, 사마앙은 은왕(殷王)에 봉해졌다.

한왕이 초나라를 정벌할 때, 사마앙은 한왕에게 귀순하였고 그의 원래 봉토는 하남군(河南郡)으로 개칭되었다. 사마창은 무택(無澤)을 낳았고, 무택은 장안 시장으로 일하였다. 무택은 희(喜)를 낳았고 희는 오대부(五大夫)의 지위에 있었는데, 죽은 뒤 모두 고문(高門) 지역에 묻혔다. 사마희는 사마담(司馬談)을 낳았고, 사마담은 태사공(太史公)이었다.

---

767) 작은 나라 이름

6가(六家) 학문을 논하다

태사공 사마담은 당도(唐都)에게 천문학을 배웠고 치천 사람(淄川人) 양하(楊何)에게 『역경(易經)』을 전수받았으며, 또 황생(黃生)으로부터 도가(道家)의 학설을 배웠다. 태사공은 건원(建元)에서 원봉(元封)에 이르는 동안 관리로서 살았다. 그는 학자들이 기존 학설만을 고집하여 학술이 서로 소통하지 못하는 점에 대하여 대단히 곤혹스러워하였고, 그리하여 육가(六家) 학문의 요지를 논하여 밝혔다.

〈『역』의 「계사(係辭)」는 "천하는 원래 하나이지만 여러 가지 사고방식이 있으며, 목적지는 모두 같으면서도 가는 길은 서로 다르다"라고 하였다. 즉, 제자백가의 학술은 모두 세상을 구하고 교육을 세운다는 동일한 목표를 지니고 있는 것이다. 음양가(陰陽家), 유가(儒家), 묵가(墨家), 명가(名家), 법가(法家), 도덕가(道德家)들은 모두 천하를 태평세대로 만들고자 한다. 다만 입장이 다르고 각자의 관점과 사용 방법에 있어 커다란 차이가 있기 때문에 어떤 것은 중점을 잘 파악하고 정확한 방향을 취하지만 어떤 것은 그렇지 못하다.

나는 일찍이 음양가의 학술을 분석한 바 있는데, 너무 많고 번잡하며 금기시하는 것이 지나치게 많아 일반 사람으로 하여금 구속을 받게 하고 많은 일에 있어 대담하게 하지 못하게 만든다. 그러나 그들이 주장하는 춘하추동 사시(四時)의 운행 순서에 맞추어 일을 해야 한다고 하는 점은 위반할 수 없다.

유가의 학설은 너무 광범하여 그것의 강요(綱要)를 잡아내기 어렵다. 그리하여 연구할 때도 애를 써서 추진해 보아도 효과가 적게 나타나기 때문에 그들의 학설을 그대로 모두 따르기는 곤란하다. 그러나 군신과 부자 관계의 예절을 제정하고, 부부와 장유 간의 등차를 명확하게 해 놓은 점은 바꿀 수 없다. 묵가의 학설은 지나치게 검약하고 인색하여 준수하기가 어렵기 때문에 그들이 말한 것을 완전히 실천할 수는 없다. 그러나 그들의 무실(務實: 참되고 실속 있도록 힘쓰다) 절약의 방법은 폐기해서는 안 된다. 법가의 학설은 엄혹하고 온정은 적지만, 군신 상하의 질서를 확정한 것은 바꿀 수 없다. 명가의 학설은 사람으로 하여금 구속시켜 진실성을 상실하게 한다. 그러나 그들이 명(名)과 실(實)의 관계를 확정한 것은 잘 살펴보지 않을 수가 없다. 도가의 학설은 사람에게 정신을 집중시켜 행동을 객관적 규율에 부합되게 하고, 또한 만사만물로 하여금 만족을 취하게 한다. 그들의 학술은 음양가가 준수하는 사시의 질서에 의거하여 유가와 묵가의 좋은 점을 모으고 명가와 법가의 요점을 취하여 시대의 변화에 따르고, 인사(人事)의 변화에 조응하여 사람을 대하고 일을 하는 데 있어 모든 조치가 적당치 못한 것이 없다. 따라서 중점을 파악하기 쉽고 힘을 덜 들이고도 효과는 높다. 그러나 유가의 학설은 다르다. 즉 그들에게 군주는 천하의 표상이므로 군주가 제창하면 신하는 호응해야 하고, 군주가 앞서면 신하는 그 뒤를 따라가야 한다. 이렇게 하여 군주는 힘들지만 신하는 편안하다. 다시 말해 대도(大道)의 요체(要諦)는 강건(剛健)과 탐욕을 버리고 총명을 내세우지 않는 것이다. 지나치게 정신을 사용하게 되면 곧 피로해지고 지나친 노동은 곧 병으로 이어진다. 심신이 지나치게 피로하면서도 오히려 천지와 더불어 공존하려는 생각은 불가능한 것이다.

음양가는 4시(四時), 8위(八位)[768], 12도(十二度)[769], 24절기(二十四節氣)마다 각각 거기에 해당하는 금기를 정해 놓고, 이 금기에 잘 따라 행하게 되면 번창하고 이 금기에 역행하게 되면 죽거나 망한다고 한다. 그러나 반드시 그렇지는 않다. 그리하여 "사람들을 구속하고 많이 두렵게 만든다."는 말이 있는 것이다. 그러나 음양가가 논술하는 "봄에 태어나고 여름에 성장하며, 가을에 거두어들이고 겨울에 저장한다."는 것은 자연계의 중요한 법칙으로서 여기에 순종하지 않는다면 모든 사무에 단서가 존재하지 않게 된다. 그러므로 "사시(四時) 변화의 순서는 틀려서는 안 된다."고 하는 것이다.

유가는 6예(六藝)로써 법도를 삼고 있다. 6예의 경전은 헤아릴 수 없을 만큼 많아서 학자들이 대대손손 공부해도 그 학술에 통달할 수 없으며 한평생을 바쳐 구명해도 그 예제(禮制)를 알 수 없다. 그런 까닭에 "너무 광범하여 강요(綱要)가 결여되었다. 애를 써서 노력해도 효과가 적다."라고 하는 것이다. 하지만 군신부자 관계의 예절을 명확하게 하고 부부장유 간의 등차를 제정한 것은 어느 일가도 바꿀 수 없다.

묵가 역시 요순(堯舜)의 도를 숭상하면서 요순의 덕행을 다음과 같이 설명한

---

768) 8괘의 방위
769) 黃道를 12등분하여 각 절기를 정한 것

다. "집의 높이는 겨우 3척, 흙 계단은 세 개뿐, 모초(茅草)로 덮은 지붕은 자르지도 않고 정리하지도 않았으며, 나무로 만든 기둥은 깎아 다듬지도 않았다. 밥은 흙으로 만든 그릇에 담아 먹고 국은 흙으로 만든 그릇에 담아 마신다. 그리고 거친 곡식으로 지은 밥에 콩잎을 쑨 국을 먹는다. 여름에는 갈의(葛衣)를 입고, 겨울에는 사슴가죽으로 만든 옷을 입는다." 그들은 장례를 치를 때, 오동나무 관이 세 치 두께에 지나지 않고 곡소리도 지나치리만큼 슬퍼하지 않는다. 그들의 상례(喪禮)는 이처럼 간단하여 일반 사람들에게 표상으로 삼도록 한다. 천하의 모든 사람들이 이렇게 한다면 존비의 차별은 없어지게 된다. 시대가 변천하면 사업도 자연히 변화하게 된다. 그러므로 "지나치게 검약하고 인색하여 준수하기 어렵다."라고 하는 것이다. 결국 무실 절약은 사람들을 풍족하게 하는 방법이다. 이야말로 묵가의 장점으로서 어느 일가도 모두 폐기할 수 없다.

법가는 친소를 구별하지 않고 귀천을 구분하지 않으며, 모든 것을 법령에 의하여 결정한다. 이는 곧 친족을 친애하고 윗사람을 존경하는 윤리도덕을 단절시킨 것이다. 하지만 이는 임기응변을 할 수 있지만 영원히 시행할 수 없다. 그런 까닭에 "엄혹하고 온정은 적다."고 하는 것이다. 그러나 군주를 존숭하고 신하를 낮추며, 직책을 분명히 하여 서로가 넘어설 수 없도록 한 점은 어느 일가도 모두 바꿀 수 없다.

명가에서는 지나치게 세밀하게 고찰하다가 대체(大體)를 알지 못하고, 사람으로 하여금 반성하여 진실한 내용을 알지 못하게 한다. 오로지 이름에 의해서 결정됨으로써 인정(人情)에 위배되므로 "사람을 구속시켜 진실성을 상실하게 한다."고 하는 것이다. 만약 그것의 명칭에 근거하여 마땅히 있어야 할 모종의 실제를 요구하여 3개 혹은 5개의 사물로써 서로 실험하고 고증한다면 매우 정확한 결론을 얻을 수 있을 것이다. 이 점은 확실히 주의할 만하다.

도가는 '무위(無爲)'를 주장하고 또 '무소불위(無所不爲)'를 말한다. 그들의 이론은 실행할 수 있다. 다만 그들의 말은 일반인들로서는 이해하기 어렵다. 그들의 도술은 '허무(虛無)'를 근본으로 삼고, '인순(因循)'770)을 수단으로 삼는다. 고정불변의 형세(形勢)도 없으므로 능히 만물의 정상(情狀)을 구명할 수가 있다. 사물

---

770) 과거를 따르는 것을 가리킨다.

에 대응하여 반드시 선(先)을 취하지 않고 또한 반드시 후(後)에 있지도 않다. 그러므로 비로소 만물을 주재할 수 있게 된다. 법을 사용하거나 사용하지 않는 것은 때에 따라 결정하고, 한 제도의 결정은 반드시 사물과 조화를 도모한다.

그러므로 "성인은 교활한 음모가 없으며 확실하게 시기 변화의 원칙을 지킨다. 허무는 도(道)의 영원한 규율이며, 인순(因循)은 군주가 반드시 파악해야 할 강령이다."라고 하는 것이다. 실제와 명분이 서로 부합되는 것을 단(端)이라고 하고, 서로 부합하지 못하는 것을 관(窾)이라고 한다. 관(窾)이란 '비다(空)'라는 뜻으로서 빈 말과 근거가 없는 말을 믿지 않으면 간사한 자와 소인은 곧 적어진다.

또 누가 현명하고 누가 재능이 없는가는 저절로 분별이 되며, 무엇이 검고 무엇이 흰가도 당신의 눈 앞에 충분히 드러낸다. 이렇게 한다면 그 어떤 일이 잘못되겠는가? 이야말로 곧 '대도(大道)'를 아는 것이며, 혼돈(混沌) 그대로 천하에 밝게 빛나고 아무런 명예도 없는 것이다.

사람의 생존은 정신이며, 정신은 형체에 기탁한다. 정신을 지나치게 사용하게 되면 쇠진하고, 신체를 지나치게 쓰게 되면 병이 생기며, 형체와 정신이 분리되면 반드시 사망한다. 사람이 죽으면 다시 돌아올 수 없고, 떠나가면 다시 돌아올 수 없다. 그러므로 성인은 그것을 대단히 중시했다. 이런 점으로 볼 때, 정신은 생명의 근본이며 형체란 생명의 물질이다. 어떤 사람들은 먼저 그 정신을 안정시키지 않고서 "나는 천하를 다스릴 수 있다."라고 말하고 있으니, 과연 그렇게 할 수 있다는 것인가?〉

아버지의 유언

태사공은 천관(天官)의 직무를 관장하고 민정(民政)과는 무관하였다. 그에게는 천(遷)이라는 아들이 있었다.

천(遷)은 용문(龍門)에서 태어나 황하 서쪽과 용문산 남쪽 땅에서 농사와 목축을 하는 집에서 생활하였으며, 열 살 때 고문경서를 읽었다. 스무 살이 되어서는 남쪽으로 유력(遊歷)하여 장강과 회하(淮河)에 갔고, 일찍이 회계산에 올라가 우혈(禹穴)⁷⁷¹⁾을 찾아 살피고, 순임금이 묻혀 있는 구의산(九疑山)을 조사하였다. 그리고 원수(沅水)와 상수(湘水)를 건넜다. 다시 북쪽으로 길을 떠나 문수(汶水), 사수(泗水)를 건너 제(齊)와 노(魯)나라의 대도시에 이르러 현지의 학사 대부들과 학술을 토론하고, 공자가 궐리(闕里) 등지에 남긴 유풍을 관찰하였으며, 추현(鄒縣) 역산(嶧山)에서 거행된 고대 향사(鄉射)⁷⁷²⁾를 참관하였다. 파(鄱), 설(薛), 팽성(彭城) 등지에서 일련의 곤란을 당하였으나 다시 양(梁), 초(楚)를 거쳐 고향으로 돌아왔다. 이때 천(遷)은 낭중(郎中)으로서 한나라 조정의 사명을 받들어 서쪽으로 가서 파촉(巴蜀) 이남 방면을 토벌하고, 남쪽으로 가서는 공(卭), 작(筰), 곤명(昆明) 등의 지방을 공략하고 비로소 조정으로 돌아왔다.

이 해에 황제는 한나라 조정의 봉선 대전을 거행하기 시작하였다. 그러나 태사공은 일로 인하여 낙양에 체류하고 있었기 때문에 이 의식에 참여할 수가 없었다. 이로 말미암아 그는 화병으로 죽음에까지 이르게 되었다. 그의 아들 천(遷)은 이때 마침 서부 지역 토벌의 임무를 마치고 돌아오는 길이었기 때문에 하락(河洛) 지역에서 아버지를 만날 수가 있었다. 태사공은 아들 천의 손을 잡고 낮은 소리로 울면서 말했다.

"우리 조상은 주 왕조의 태사(太史: 사관)이다. 멀리 고대 요순 시대에 남북정(南北正)으로 일하면서 천문에 관한 일을 주관하여 공적이 혁혁하였다. 후대에 이르러 중도에 쇠미해지더니 나의 대에서 단절되는 것이 아닌가 우려스럽구나! 만약 네가 태사가 될 수 있다면 곧 우리 선조의 업을 이을 수 있다. 지금의 천자께서는 천년 이래의 대통을 이어받아 태산에서 봉선을 거행하셨는데 나는 그것을 수행하지 못하였으니, 이는 운명이로다! 운명이 그렇게 만든 것이로다! 내가 죽거든 너는 반드시 태사가 되어라. 태사가 되거든 내가 하려던 저작을 잊지 말아라.

이른바 효도란 어버이를 모시는 것으로부터 시작하여 그 다음은 신하가 군주를 섬기는 것이며 최종적으로는 명성을 세우는 것이다. 후세에 그 이름을 떨

---

771) 우임금이 회계에 이르러 세상을 떠났을 때 묻혔다는 곳

772) 고대시기의 활쏘기를 하던 일종의 의식으로서 지방장관이 춘추로 나누어 한 해에 두 번 예의를 갖추어 백성들과 상견할 때 학교에서 활쏘기를 연습하는데 이것을 '향사鄉射'라고 한다.

침으로써 부모에게 영광을 나눠야 하는 것이 효도 중 가장 중요한 것이다. 천하 사람들이 모두 주공을 칭송하는 것은 그가 능히 문왕과 무왕의 덕업을 찬술할 수 있었고, 주공과 소공의 풍속과 교화를 선양할 수 있었으며, 태왕(太王)과 왕계(王季)의 사상을 드러내고 다시 공류(公劉)를 받듦으로써 시조인 후직(后稷)을 존숭한 까닭으로 인해서이다. 유왕과 여왕 이후로 왕도는 상실되고 예악이 쇠미해졌다. 공자는 부득이하게 옛 사업을 회복하여 『시(詩)』와 『서(書)』를 정리하고 『춘추(春秋)』를 지으니, 학자들은 오늘날까지도 그것을 모범으로 삼고 있는 것이다. 노 애공 14년 획린(獲麟)[773] 이래로 지금까지 400여 년 동안 제후들은 서로 겸병하고 전쟁은 끝이 없어 역사 기록은 아무도 하지 않았다. 이제 한나라가 흥하여 천하는 통일되었고, 명주(明主), 현군(賢君), 충신, 사의(死義)의 지사들이 많이 배출되었는데, 나는 태사령(太史令)의 직위에 있으면서도 천하의 역사를 기록하지 못하고 천하의 역사 문헌을 단절하였다. 나는 이를 대단히 두려워하여 항상 불안했다. 너는 아무쪼록 이 문제를 더욱 고려하도록 하라!"

사마천은 고개를 숙이고 눈물을 흘리면서 "소자 비록 재주가 없으나 선인들이 기록한 역사 자료를 모든 힘을 다하여 편찬하여 감히 누락시키지 않도록 하겠습니다."라고 대답하였다.

태사공이 세상을 떠난 지 3년이 지난 뒤에 사마천은 비로소 태사령이 되어서 국가의 장서와 기록들을 연구하기 시작하였다.

6경(六經)을 논하며

태사공은 말한다.

"나의 선친께서는 '주공이 죽은 뒤 5백 년 만에 공자가 태어났다. 그리고 공자가 서거한 뒤 오늘에 이르기까지 다시 5백 년이 흘렀다. 과연 어떤 사람이 성세(盛世)를 계승하고 『역전(易傳)』을 정리하며 위로 『춘추』를 잇고 『시』, 『서』, 『예(禮)』,

---

773) 기린을 잡았다는 말로서 공자는 원래 기린이 나타난 것은 길운이었으나 어진 왕이 없어 부응하지 못했다고 한탄하였다. 그리하여 공자는 『춘추』의 기술을 이 '획린'이라는 말에서 끝을 맺었다.

『악(樂)』의 정화를 소화시킬 수 있겠는가?'라고 말씀하셨다. 이렇게 할 뜻이 있는가? 이렇게 할 뜻이 있는가? 내가 어찌 이 역사적 중임을 사양할 수 있겠는가?"

상대부 호수(壺遂)가 "이전에 공자는 왜 『춘추』를 저술하였습니까?" 하고 물었다. 태사공은 대답하였다.

"나는 동중서(董仲舒) 선생으로부터 '주 왕조 통치의 쇠락 후에 공자가 노나라의 사구(司寇)로 일했는데, 제후들에게 시기를 받았고 대부들에게 배척을 당하였다. 공자는 자기의 말이 채택되지 않고 도술은 실행될 수 없음을 알고 『춘추』를 통하여 역사의 시비(是非)를 평론함으로써 천하의 표준으로 삼아 제왕을 비판하고 제후를 질책하였으며 대부는 성토하였는데, 목표는 왕도를 달성하는 데 있었을 뿐이다'라고 들었습니다.

공자는 말했습니다. '만약 단지 빈말만 말하는 것은 쓸모없다. 차라리 『춘추』의 인물과 사물로써 시비득실을 증명함만 못하다. 이렇게 할 때 훨씬 정확한 관점을 나타낼 수 있다.'

모름지기 『춘추』는 위로는 삼대 성왕의 도를 밝히고 아래로는 윤리 법칙을 수립하여 인간사의 기강(紀綱)을 판별합니다. 그것은 혐의를 분별할 수 있고 시비를 판명하여 사람으로 하여금 머뭇거리지 않고 일을 결정하게 합니다. 또한 좋은 사람이 될 것과 좋은 일을 할 것을 장려하고, 악한 사람과 악한 일을 징벌하며, 현명한 사람을 존중하고 못난 사람을 물리치게 하며, 이미 망해 버린 국가는 그것의 국명을 보존하고, 이미 끊어져 버린 후대는 그것을 계승시키며 뒤떨어진 지역을 구제하도록 하며, 이미 폐기된 일을 다시 일으켜 세웁니다. 이모든 것은 왕도의 가장 중요한 강령입니다.

『역』은 천지, 음양, 사시, 오행(五行)의 원리를 밝혀 변화의 도리에 있어 뛰어납니다. 『예』는 인륜의 대경대법(大經大法)을 지적하여 행위의 규범에 있어서 뛰어납니다. 『서』는 선왕에 대한 사적을 기록해 놓아 정치이론으로 이름이 높습니다. 『시』는 산천, 계곡, 금수, 초목, 자웅에 관한 것을 기록해 놓아 풍유의 내용에 있어 뛰어납니다. 『악』은 인간의 자립을 고무하여 화락(和樂)을 주제로 하고 있습니다. 『춘추』는 시비를 변별해 놓아 인사 처리에 뛰어납니다. 결론적으로, 『예』는 사람의 행동을 절제시키고, 『악』은 그로써 마음 속의 평화로운 기운을 이끌어 내며, 『서』는 정치를 논의하고, 『시』는 감정을 표현하며, 『역』은 변화를 천명하고, 『춘추』는 의(義)를 기준으로 삼습니다.

5경은 각자 장점을 가지고 있습니다만, 어지러운 세상을 수습하여 태평세대로 되돌려놓는 데는 오직 『춘추』에 의지할 수밖에 없습니다. 『춘추』는 단지 수만 자이지만, 그것의 대의(大義)는 수천 조항입니다. 242년 동안의 수많은 일들이 모두 『춘추』에 종합되어 있습니다. 『춘추』 중 시해된 군주는 36명이고 멸망한 국가는 52개국이며, 여러 나라로 유랑하면서 그 국가마저 보존하지 못했던 제후들은 헤아릴 수 없을 만큼 많습니다. 그들 성패의 원인을 분석해 보면 모두 근본[774]을 포기했던 데에 있습니다. 그러므로 『역』은 '털끝만큼 작게 틀렸어도 그 결과는 천리나 되는 엄청난 차이가 난다.'라고 말하고 있습니다. 따라서 '군주를 시해하고 아버지를 시해하는 것은 일조일석의 일이 아니고 오랜 동안 축적되어 발생하는 것이다.'라고 서술되어 있습니다. 그러므로 나라의 군주는 『춘추』를 알지 못하면 안 되는 것입니다. 만약에 알지 못하면 눈앞에 아첨하는 소인이 있어도 알아내지 못하고, 뒤에 난신적자(亂臣賊子)가 있어도 그것을 판별해 내지 못합니다. 만약 신하가 『춘추』를 읽지 않게 되면 일상사에 임해서도 적절하게 처리할 수 없고, 돌발적인 사건을 당해서는 더더욱 대처할 방법을 알지 못하게 됩니다. 군주나 아버지로서 『춘추』의 대의에 통달하지 못한 자는 반드시 씻을 수 없는 최악의 더러운 오명을 뒤집어씁니다. 또 신하로서 『춘추』의 대의에 통달하지 못하면 반드시 찬위와 시해의 법망에 빠져 사죄(死罪)를 받게 됩니다. 그들은 마땅히 해야 할 일로 여기고 행하지만 대의에 부합되는지의 여부를 모르기 때문에 사관이 그에게 허튼 말을 한다고 해도 그는 도리어 반박하지 못합니다. 예의의 요지에 통달하지 못하면 군주는 군주답지 못하고 신하는 신하답지 못하며, 아비는 아비답지 못하고 자식은 자식답지 못한 상황이 됩니다. 군주가 군주답지 못하면 곧 신하가 그를 범하게 되고, 신하가 신하답지 못하면 곧 신상에 주살을 당하며, 아비가 아비답지 못하면 곧 은정이 없고, 자식이 자식답지 못하면 곧 불효한 패륜아가 됩니다. 이 네 가지 행위는 천하에서 가장 큰 과오입니다. 이 '천하의 가장 큰 과오'라는 죄명이 씌워지게 되면 오직 받아들일 수밖에 없고 이를 사양할 길이 없습니다. 그러므로 『춘추』라는 이 경

---

774) 禮와 義를 가리킨다.

전은 명백히 예의의 대종(大宗: 사물의 주류)입니다. 무릇 예의란 어떤 일이 발생하기 이전에 미리 그것을 금지시킬 수 있는 것이고, 법률이란 사건이 발생한 후에 비로소 제재할 수 있는 것입니다. 그런데 보통 사람들은 법률로써 제재하는 사실은 쉽게 알고 있으면서도 예의가 사건을 미리 금지하고 예방하는 이치를 쉽게 알아볼 수 없습니다."

호수가 다시 물었다. "공자의 시대에는 위로 성명한 군주가 없었고 공자 자신이 또 임용되지 못하였습니다. 그러므로 공자는 『춘추』를 지어서 문장을 널리 알려 예의를 판단함으로써 왕자의 법전(法典)으로 삼고자 하였습니다. 그러나 지금 그대는 위로 명군이 있고 그대 또한 조정에서 봉직하고 있으며, 국가 만사가 갖추어져 있고 상하가 제자리를 찾아 질서정연하다고 할 것이오. 이러한 상황에서 그대가 논술하는 바는 무엇을 설명하려 하는 것입니까?"

태사공이 대답하였다.

"그렇습니다. 그러나 저는 저의 관점이 있습니다. 저는 일찍이 돌아가신 아버지로부터 '복희(伏羲)는 가장 순수하고 후덕한 인물로서 『역』의 팔괘(八卦)를 만들었다. 요순의 성덕(盛德)은 『상서(尚書)』에 기재되어 있고 후세에 예악을 만들어 그를 찬양하였다. 탕왕과 무왕 시대의 융성한 공업은 후세의 시인들이 끝없이 칭송하였다. 그리고 『춘추』는 선한 사람을 표창하고 악인을 배척하며 3대(三代)의 미덕을 숭앙하고 주대를 찬양하고 있으니 이는 단지 풍자나 규탄에 그치는 것만은 아니다.'라고 하신 말씀을 들었습니다. 한나라 건국 이래 성명(聖明)한 천자가 있어 상서로운 징조를 얻음으로써 봉선 대전을 진행하고 역법을 고치며 복식의 색깔을 바꾸고 천명을 받아 온 세상에 청화(淸和)한 기운이 가득 차 있습니다. 풍속이 우리와 같지 않은 해외의 종족들도 여러 차례 통역을 거쳐 변경으로 와서 조공하고 신하가 되겠다고 하는 자들이 부지기수로 많습니다. 신하 백관들은 황제의 큰 덕을 모든 힘을 다하여 찬양합니다만 드러낼 수 있는 표현이란 고작해야 만분지일에도 미치지 못하고 있는 듯합니다. 더욱이 현명한 인재들이 임용되지 못하고 있는 것은 국가 권력을 장악하고 있는 자의 치욕입니다. 군주가 성명(聖明)하면서도 그 큰 덕이 널리 알려지지 않는 것은 주관 관리들의 과실입니다. 지금 제가 태사령으로서 성명하신 대덕(大德)을 기재하지 않고 공신(功臣), 세가(世家), 현사(賢士), 대부(大夫) 들의 공업(功業)을 매몰시켜 후세에 전하지 않음으로써 선친의 유언을 잊게 된다면 이는 너무도 커다란 죄가 아닐 수 없습니다. 저는 단지 지난 일들을 서술하고 세대를 정리하고 전수할 뿐 창작하는 것이 아닙니다. 그러니 이것을 『춘추』와 비교하신다면 그것은 큰 잘못입니다."

그리하여 사문(史文) 찬술이 시작되었다.

지난날을 서술함으로써 미래의 사람들에게 보여주고자

7년이 지나 태사공은 이릉(李陵)의 화(禍)를 당하고 감옥에 갇혔다. 태사공은 탄식하였다. "이것이 나의 죄인 것인가! 이것이 나의 죄인 것인가! 몸이 훼손되어 쓸모가 없어졌구나!" 또 냉정하게 깊이 생각하고는 말하였다.

"무릇 『시경』이나 『서경』과 같은 작품은 문장은 비록 짧으나 함의가 미묘하며 어떤 의미를 드러내고자 한 것이다. 서백(주 문왕)은 유리(羑里)에 갇혀 있으면서 『주역』을 풀이하였고, 공자는 진(陳)과 채(蔡)에서 고난을 겪고 나서 『춘추』를 지었으며, 굴원은 강남으로 추방된 뒤에 「이소(離騷)」를 짓는다. 좌구명(左丘明)은 실명(失明)하고 나서 『국어(國語)』를 편찬하였고, 손빈은 다리에 중형을 받은 뒤 『병법』을 저술하였으며, 여불위는 촉으로 유배되어 『여씨춘추』를 짓는다. 또한 한비자는 진(秦)나라에 갇혀서 『세난(說難)』과 『고분(孤憤)』을 세상에 내놓았으며, 『시』 3백 편도 대부분 선성선현(先聖先賢)들이 발분하여 지은 것이다. 이러한 불후의 작가들은 모두 마음속에 쌓인 한이 맺힌 지 오래지만 이를 발산할 곳이 없기 때문에 지난날을 서술함으로써 미래의 사람들에게 보여주려 한 것이었다."

그리하여 요임금 이래 한 무제가 백린(白麟)을 얻은 그 해까지 상하 2천여 년의 역사를 『춘추』가 '획린(獲麟)'에서 글을 마친 것을 본보기로 삼아 『사기』 저술을 결심하여 황제(黃帝)로부터 시작하였다.

본기

옛날 황제(黃帝)는 천지를 본받아 윤리 기강을 세웠고, 그 뒤 4성(四聖)[775]은 차례대로 질서를 준수하여 각자 법도를 세웠다. 요임금이 제위를 양위하였으나, 순임금은 겸양하며 감히 받지 않았다. 제왕의 덕을 찬미하여 이를 만세 이후까지 전하고자 한다. 이에 「오제 본기(五帝本紀)」 제1(第一)을 짓는다.

우(禹)임금의 큰 공은 홍수를 다스림으로써 구주(九州: 중국)의 사람 모두에게 태평을 누리게 하였고, 당(唐)과 우(虞)의 두 시대를 빛내었으며 그 공덕은 후세 자손까지 내려갔다. 하나라의 걸(桀)왕에 이르러 방탕하고 횡포하여 마침내 명조(鳴條)로 추방되었다. 이에 「하 본기(夏本紀)」 제2를 짓는다.

상(殷)나라는 설(契)로부터 시작되어 성탕(成湯)에 이르러 나라를 세웠다. 태갑(太甲)은 일찍이 동(桐)에 살았고 성덕(盛德)은 이윤에게 모아졌다. 무정(武丁)은 부열(傅說)을 얻어 재상으로 삼았고 중흥의 고종(高宗)으로 일컬어졌다. 주왕은 주색에 빠져서 제후들이 알현하지 않았다. 이에 「은 본기(殷本紀)」 제3을 짓는다.

농관(農官) 기(棄)는 주나라의 시조이고, 덕업은 서백 문왕 때 가장 융성하였다. 무왕은 목야에서 일전을 벌여 천하를 안정시켰다. 유왕(幽王)과 여왕(厲王)은 어리석고 난폭하여 풍(酆)과 호(鎬)를 상실하였다. 난왕(赧王)에 이르기까지 점차 쇠락하다가 종사가 끊겼다. 이에 「주 본기(周本紀)」 제4를 짓는다.

진(秦)나라의 선조 백예(伯翳)는 일찍이 우임금을 보좌하였다. 목공은 의(義)를 생각하여 효(殽)에서 죽어간 병사들을 애도하였다. 목공이 죽었을 때 순장을 하였는데, 시인은 〈황조(黃鳥)〉를 지어 애도를 표하였다. 뒷날 소왕(昭王)과 양왕(襄王)은 제업을 다졌다. 이에 「진 본기(秦本紀)」 제5를 짓는다.

진시황(秦始皇)은 즉위한 후 6국(六國)을 멸하였고, 병기를 녹여 종과 악기로 만들었다. 그는 전쟁이 종식되기를 희망하며 스스로 시황제라고 자칭하였으며, 무력을 남용하여 전쟁을 일삼았다. 2세가 즉위한 지 얼마 되지 않아 자영(子嬰)은 항복하여 포로가 되었다. 이에 「진시황 본기(秦始皇本紀)」 제6을 짓는다.

진(秦)나라가 무도하자, 호걸들이 잇달아 일어났다. 항량이 무리를 모아 우

---

775) 전욱, 제곡, 요, 순을 가리킨다.

두머리로 나서고, 항우가 그 뒤를 이었다. 그가 경자관군(慶子冠軍)을 죽이고 조나라를 구원하자 제후들은 그를 옹립하였다. 그러나 항우가 이미 항복한 자영을 죽이고 또 초 회왕(楚懷王)을 배반하자 천하가 따르지 않게 되었다. 이에 「항우 본기(項羽本紀)」 제7을 짓는다.

항우는 포학하였지만 한왕(漢王)은 공을 세우고 덕이 있었다. 촉한 땅을 근거로 하고 방향을 전환하여 삼진(三秦)을 평정하였으며 항우를 주멸시키고 제업을 다졌다. 천하가 태평해지자 비로소 제도와 풍속을 바꿔 장구한 대계(大計)로 하였다. 이에 「고조 본기(高祖本紀)」 제8을 짓는다.

혜제(惠帝)가 일찍 붕어한 뒤, 외척 여씨 일족들이 권력을 쥐었으나 민심을 얻지 못하였다. 여록과 여산의 권력을 강화하니 제후들 모두 이를 걱정하였다. 여후는 종실을 대대적으로 도륙하여 조왕 여의와 조 유왕을 죽이자 대신들은 더욱 두려워하게 되었고 마침내 여씨의 난이 발생하였다. 이에 「여태후 본기(呂太后本紀)」 제9를 짓는다.

한나라가 개국한 지 얼마 지나지 않아 혜제가 일찍 붕어하고 누가 후사를 이을지 모르게 되자 대신들은 대왕(代王)을 맞아 천자로 옹립할 것을 결정하였다. 문제가 제위를 이으니 천하가 심복하였다. 그는 먼저 육형(肉刑)을 없애고 관량(關梁)[776]을 활짝 열었으며 은덕을 널리 베풀었다. 그는 태종(太宗)이라 칭해졌다. 이에 「효문 본기(孝文本紀)」 제10을 짓는다.

제후들이 거만하고 횡포하여 오왕(吳王)이 먼저 솔선하여 난을 일으켰다. 조정에서 군사를 보내 정벌에 나서 일곱 제후국들의 난이 평정되어 천하는 안정되었고 풍요로워졌다. 이에 「효경 본기(孝景本紀)」 제11을 짓는다.

한나라 흥기 이래 오대(五代)째인 건원(建元) 연간에 가장 융성하였다. 대외적으로 이적(夷狄)을 배척하고 대내적으로 법도를 수정하였으며 봉선 대전을 거행하고 역법을 고쳤으며 복색(服色)을 바꾸었다. 이에 「금상 본기(今上本紀)」 제12를 짓는다.

[하, 은, 주] 3대(三代)는 매우 오래되어서 그 연기(年紀)를 고찰해 낼 수 없다. 오직 전해오는 가보(家譜)나 고대 문헌에 근거하여 대략적으로 추측할 뿐이다. 그리하여 「삼대 세표(三代世表)」 제1을 짓는다.

---

776) 관關은 관구關口, 양梁은 진량津梁으로서 관량은 수륙의 요충지를 일컫는다.

주나라 유왕과 여왕 이후 주 왕실은 쇠미해졌고 제후들은 자기 마음대로 정치를 농단했는데 『춘추』도 모두 기록할 수 없었다. 가보에는 다만 개요만 기록되었고 5패(五霸)는 교체와 성쇠를 거듭하였다. 이에 주나라 제후들의 시말과 정황을 이해하기 위하여 「십이제후 연표(十二諸侯年表)」 제2를 짓는다.

춘추 시대 이후로 제후국 내의 배신(陪臣)[777]들이 권력을 장악하고 강대한 제후국이 왕을 칭하였다. 진시황에 이르러 마침내 중원(中原)의 제후들을 병합하고 시황제의 칭호를 사용하였다. 이에 「6국 연표(六國年表)」 제3을 짓는다.

진나라가 폭악하여 초나라 사람들이 일어났다. 항씨가 또 어지러워지자 한왕이 일어나 이를 정벌하였다. 8년 동안의 전쟁을 통하여 천하를 호령하는 자가 세 번 바뀌었다. 사건은 번잡하고 어지러웠으며 변고가 매우 많았다. 이에 자세하게 「진초지제 월표(秦楚之際月表)」 제4를 짓는다.

한나라 흥기 이래 무제의 태초(太初) 연간에 이르는 백 년 동안 제후들의 책봉, 폐출, 분봉, 봉지 삭감 등에 대한 당시의 기록은 분명치 못하고 이를 주관하는 관리 역시 계속 이어 기재하지 못하였다. 이로부터 이들 제후들의 강대함과 쇠약함의 원인을 추적할 수 있다. 이에 「한흥 이래 제후 연표(漢興已來諸侯年表)」 제5를 짓는다.

고조가 창업할 때의 수많은 개국 공신들이 그를 보좌하니 마치 좌우의 고굉(股肱)[778]과 같았다. 한나라 조정과 그들은 부절을 쪼개어 봉토와 작위를 하사하여 자손이 세습하였다. 그러나 이미 적서를 구분할 수 없어졌고 일부는 피살되기도 하고 폐해지고 작위를 잃거나 종사가 끊기기도 하였다. 이에 「고조 공신후자 연표(高祖功臣侯者年表)」 제6을 짓는다.

혜제와 경제 기간에 공신과 종실 자제에 대하여 봉작을 하사하였다. 이에 「혜경 간 후자 연표(惠景間侯者年表)」 제7을 짓는다.

북방에서 강대한 흉노(匈奴)를 격퇴하고 남쪽에서 강인한 월(越)족을 토벌하여 매년 군사를 일으켜 오랑캐를 정복하였다. 군공에 의하여 제후에 봉해진 사람들이 매우 많아졌다. 이에 「건원 이래 후자 연표(建元以來侯者年表)」 제8을 짓는다.

---

777) 대부와 가신을 말한다.

778) 팔과 다리와 같이 중요한 신하라는 의미로서 고굉지신股肱之臣이라 한다.

제후들은 오초7국(七國) 등과 같이 이미 강대해졌고 자제들 역시 많아졌으나 작위와 봉토는 부족하였다. 이에 한 왕조는 그들에게 은혜를 베풀고 분봉(分封)함으로써 황실의 커다란 은혜에 감읍하도록 하였다. 이에 「왕자 후자 연표(王子侯者年表)」 제9를 짓는다.

국가의 현상(賢相)과 양장(良將)은 백성들의 사표(師表)이다. 한 왕조 흥기 이래 장상과 명신의 연표에 의거하여 현자에 대해서는 그 업적을 기록하였으며, 보통 사람 역시 그들의 사적을 남기려 하였다. 이에 「한흥 이래 장상명신 연표」 제10을 짓는다.

서

3대 이래의 예제(禮制)로부터 살펴보면, 각 시대 모두 상황의 상이함으로 인하여 약간의 감소와 증가가 있다. 하지만 결국 인정(人情)에 가깝고 왕도(王道)와 통하는 것을 원칙으로 하였다. 그러므로 예는 인정에 근거하고 절제를 가미하여 만들어지고, 또 고금의 시대 변화와 부합되게 하였다. 이에 「예서(禮書)」 제1을 짓는다.

음악의 가장 큰 기능은 그것이 능히 풍속을 이전하고 개선할 수 있다는 점에 존재한다. 「아(雅)」와 「송(頌)」의 음악이 흥기한 뒤 사람들은 이미 정(鄭)과 위(衛)의 음악을 좋아하였는데, 정과 위의 음악은 세상에 알려진 지 이미 오래되었다. 인정(人情)은 음악의 영향을 가장 쉽게 받기 때문에 먼 곳에 사는 외국인들도 회유되어 귀화하도록 만든다. 자고 이래의 음악의 흥성과 쇠미를 기술하여 「악서(樂書)」 제2를 짓는다.

병력이 없으면 강대해질 수 없고, 덕을 베풀지 않으면 창성할 수 없다. 황제(黃帝), 탕왕, 무왕은 이로 인하여 흥하였고, 걸왕, 주왕, 진 2세는 마침내 멸망하였다. 용병에 신중하지 않을 수 있겠는가? 『사마병법』은 줄곧 사람들의 존중을 받아왔다. 태공 망, 손무, 오기, 왕자 성보(成甫)는 능히 계승하여 발양시킴으로써 근세의 수요에 맞도록 하였고 인사(人事)의 변화를 깊게 살폈다. 이에 「율서(律書)」 제3을 짓는다.

잠복 내재의 조화 원리를 음(陰)이라 하고, 형상을 가지고 드러나는 것을 양(陽)이라 한다. 율(律)은 비록 음에 처해 있지만 능히 형상을 가진 양을 다스리고, 역(曆)은 양에 처해 있지만 동시에 잠재하는 음과 관련을 맺어 율과 역은 상호 긴밀하게 관련하여 최소한의 오차나 빈틈도 용납하지 않는다. '황제력(黃帝曆)', '전욱력(顓頊曆)', '하력(夏曆)', '은력(殷曆)', '주력(周曆)' 등 5가(五家)의 역법은 서로 다르지만, 태초(太初) 원년에 제정한 역법이 정확하다. 이에 「역서(曆書)」 제4를 짓는다.

별과 기상을 강술하는 책은 길흉화복의 내용이 잡다하게 섞여 있고 경전에 부합되지 않는다. 그 기록된 문장을 탐구해 보고 그 응험(應驗)을 고찰해 보면 특이한 점이 없다. 그런 연후에 역대 사적을 종합하고 일월성신의 운행의 궤도와 도수(度數)를 검토하여 논술함으로써 「천관서(天官書)」 제5를 짓는다.

천명을 받아 왕이 된 뒤 봉선과 같은 천명과 인사를 조화시키는 의식에 대하여 주의하는 경우는 극히 적기 때문에 감히 이 의식을 거행하지 않으려 한다. 만약 거행하게 되면 제사를 받지 않은 신령이 없다. 이에 제신(諸神), 명산, 대천(大川)의 사전(祀典)을 탐구하여 「봉선서(封禪書)」 제6을 짓는다.

우임금이 하천을 소통하여 구주(九州)가 모두 안녕을 얻었다. 무제가 선방궁(宣防宮)779)을 건설할 때 수로를 개통시켰다. 이에 「하거서(河渠書)」 제7을 짓는다.

화폐의 발행은 농부와 상인의 교역을 촉진하기 위함이다. 그러나 상업이 발달하면 민중이 다투어 기교를 부리고 재부는 소수에게 집중되며 겸병이 발생하고, 큰 것이 작은 것을 삼키며 많은 보통 사람들도 본업(농사)을 버리고 상업과 공업으로만 좇아간다. 이에 사태의 변화를 관찰하기 위해서 「평준서(平準書)」 제8을 짓는다.

---

779) 한 무제 때 제방이 터진 황하를 막아 그 위에 선방궁을 짓는다.

세가

태백(太伯)은 계력(季歷)에게 왕위를 양보하기 위하여[780) 남방의 만족(蠻族) 땅으로 도망갔으며, 문왕과 무왕이 흥기하여 고공단보(古公亶父)의 왕업을 계승하였다. 합려는 오왕 요(僚)를 죽이고 스스로 왕위에 올라 초나라를 굴복시켰다. 부차는 제나라에 승리를 거둔 뒤 교만하고 충신을 불신하여 오자서를 죽이고 말가죽에 싸서 강에 던졌다. 그는 백비의 말만 믿고 월왕과 가까이 하다가 결국 월왕에게 멸망당하였다. 그러나 태백의 겸양한 고상한 기풍을 찬미하여 「오 세가(吳世家)」 제1을 짓는다.

원래 신(申)에 봉해진 여(呂)씨가 쇠미해지자 상보(尙父)는 처음에 미천하게 되어 서백에게 귀속하였는데 문왕과 무왕에 의하여 국사로 모셔졌다. 모든 신하들 가운데 공훈이 으뜸이었고 도략은 심오하였다. 머리가 황색으로 변한 노년에 이르러 비로소 제나라의 영구(營丘)에 봉해졌다. 가(柯)의 맹약[781)을 어기지 않았기 때문에 환공은 그로 인하여 흥기하였고 제후의 맹주가 되어 패업이 눈부셨다. 전상(田常)과 감지(闞止)는 임금의 총애를 다투다가 이로 인하여 강씨 성(제나라)은 점차 멸망하였다. 상보의 모략을 칭송하여 「제태공 세가(齊太公世家)」 제2를 짓는다.

성왕은 유년에 즉위하여 제후 중에 의지하기도 하고 혹은 배반하기도 하였는데, 모두 주공 단(旦)이 대계를 결정하였다. 예악 교화에 힘써 천하를 화평하게 살도록 하였고, 성왕을 보좌하여 제후들로 하여금 주 왕실을 존숭하도록 하였다. 그의 아들 백금은 노나라에 봉해졌고 환공은 은공을 죽이고 자립하였는데, 이는 무슨 까닭인가? 삼환(三桓)[782)이 권력을 다투고 서로 공격하여 노나라는 이로써 더욱 쇠퇴하였다. 주공 단의 "금등(金縢)"[783)의 고상한 품격을 칭송하

---

780) 주 태왕이 어린 아들 계력으로 하여금 후사를 이으려 하자 태백과 동생 중옹이 강남으로 피하였다.

781) 제 환공과 노나라가 가柯에서 맺은 맹약으로서 제나라가 노나라를 침략하여 점령했던 영토를 반환하기로 약정하였다.

782) 춘추 후기 노나라 정권을 장악한 맹손씨, 권손씨, 계손씨의 3대 귀족가문으로서 모두 노 환공의 후예였기 때문에 3환이라 칭해졌다.

783) 무왕武王이 은殷을 멸한 이듬해에 병에 걸려 낫지 않자, 주공周公이 선왕에게 기도하며 무왕武王 대신 자기의 목숨을 가져갈 것을 기원하였다. 그리고 점을 쳐보고 사관에게 자기가 쓴 책문策文을 읽게 하기도 하였는데, 점괘는 길조로 나왔고, 주공周公은 책문을 금등궤金縢匱 안에 보관하도록 하였다.

여「주공 세가(周公世家)」제3을 짓는다.

　무왕은 주왕을 토벌한 뒤 천하가 안정되지 않은 채 세상을 떠났다. 성왕은 어렸고 관숙(管叔)과 채숙(蔡叔)은 의심하였으며, 회이(淮夷)도 반란을 일으켰다. 그리하여 소공(召公)은 대의를 준수하고 주 왕실을 위무함으로써 동방을 안정시켰다. 그 공로로 연국(燕國)에 봉하였는데, 연왕(燕王) 쾌(噲)의 양위는 마침내 화란(禍亂)을 불렀다. "감당(甘棠)"[784] 시의 내용을 칭송하여「연 세가(燕世家)」제4를 짓는다.

　관숙과 채숙이 주왕의 아들 무경(武庚)을 감시한 것은 상대(商代) 유민을 안정시키고자 한 때문이었다. 그러나 주공 단(旦)이 섭정하자 두 사람은 주공을 받들지 않았다. 이에 주공은 관숙을 죽이고 채숙을 추방하여 난세를 평정하였다. 문왕의 비 대임(大任)은 열 명의 아들을 낳았는데 어떤 이는 조정에서 어떤 이는 봉국에서 일하였고, 주 황실은 이들로 인하여 능히 보존할 수 있었다. 채숙의 아들 중(仲)이 능히 뉘우친 것을 칭송하여「관채 세가(管蔡世家)」제5를 짓는다.

　성왕(聖王)의 후사는 마땅히 멸절되어서는 안 되니, 순임금과 우임금의 성덕은 후대가 기뻐하고 그리워할 일이다. 그들의 공덕이 훌륭하고 깨끗해서 후손들이 그 공적의 혜택을 입었다. 주나라 때에 진(陳)과 기(杞)에 봉읍을 받은 순우의 후예들은 훗날 초나라에 의해 멸망하였다. 그러나 하늘이 진(陳)을 멸하지 않은 뒤 제나라의 전씨(田氏)가 또 흥기하였으니, 순임금은 얼마나 대단한 사람인가! 이에「진기 세가(陳杞世家)」제6을 짓는다.

　강숙은 은나라의 유민들을 수습하여 위나라에 봉해졌다. 주나라의 "주고(酒誥)"와 "자재(梓材)" 두 작품은 은나라 유민에게 망국의 교훈을 가르쳐 주고 강숙에게 일련의 위정의 도리를 보여주기 위해 지어졌다. 혜공(惠公) 삭(朔)에 이르러 위나라는 위태로워지고 불안해졌다. 훗날 영공 부인 남자(南子)는 태자 괴외(蒯聵)를 증오하여 화근을 초래하고 부자간의 명분이 상실되었다. 주나라의 덕이 쇠미해지고 전국 칠웅들이 강성해졌다. 위나라는 약소국이었지만 각왕(角王)은 오히려 가장 늦게 멸망하였다. 저 "강고(康誥)"[785]를 찬미하여「위 세가(衛世家)」제7을 짓는다.

---

784)　《시경》〈소남召南〉 중의 편명으로서 소공을 칭송하고 있다.

785)　주고酒誥, 자재梓材, 강고康誥 모두 주공이 강숙에게 권고하여 보낸 글이다.

아깝구나, 기자(箕子)여! 아깝구나, 기자여! 옳은 말이 받아들여지지 않더니 도리어 노예의 몸이 되었다. 무경(武庚)이 죽은 뒤 주나라는 미자(微子)를 봉하였다. 양공(襄公)은 초나라와의 전쟁에서 홍수(泓水)에서 의를 중시하여 대패하고 자신도 부상을 입었지만 군자들로부터 칭송되었다. 경공(景公)은 겸손의 미덕으로 영혹(熒惑)[786]이 운행을 바꾸어 물러갔다. 척성(剔成)의 포학함으로 인하여 송나라는 멸망하였다. 미자가 책봉될 때 태사(太師) 기자에게 물었던 일을 찬미하여 「송 세가(宋世家)」제8을 짓는다.

무왕이 죽은 뒤, 숙우(叔虞)는 당(唐)에 봉해졌다. 군자들은 진후(晉侯)의 이름이 부당함을 풍자하였고, 뒷날 과연 무공(武公)에 의해서 멸망당하였다. 여희가 총애를 받아 그 화란은 5대(五代)까지 이어졌다. 문공(文公) 중이(重耳)는 뜻을 얻지 못했으나 발분하여 마침내 패업(霸業)을 건립하였다. 6경(六卿)들이 권력을 농단함으로 인하여 진나라는 쇠망하였다. 문공이 왕실을 위하여 충성을 다하고 천자로부터 규조(珪鬯)[787]를 하사받은 것을 찬미하여 「진 세가(晉世家)」제9를 짓는다.

초나라의 조상 중려(重黎)가 창업하고 오회(吳回)가 계승하였다. 은나라 말 육웅(鬻熊)부터 초나라의 역사가 기록되었다. 주 성왕(周成王)은 웅역(熊繹)을 임용하였고 그 뒤를 웅거(熊渠)가 이었다. 장왕(莊王)은 현명하여 진(陳)을 멸하였으나 다시 국호를 회복시켜 주었고, 정나라를 격파하고도 정백(鄭伯)의 죄를 사면하였으며 또한 송나라를 포위하였다가 송나라 사람들이 굶주리고 있다는 화원(華元)의 말에 곧바로 군대를 철수하였다. 회왕(懷王)이 진(秦)나라에서 객사한 것은 자란(子蘭)의 참언(讒言)만을 믿고 굴원의 충고를 물리쳤기 때문이었다. 그리하여 초나라는 결국 진나라에 병합되었다. 장왕(莊王)의 의기(義氣)를 칭송하여 「초 세가(楚世家)」제10을 짓는다.

소강(少康: 하 왕조의 제왕)의 아들은 남해(南海)에 봉해져 몸에는 문신을 하고 머리를 밀었으며 자라와 악어와 함께 대대로 봉우산(封禺山)을 지키며 우임금 제사를 모셨다. 구천이 오나라에게 패배하고 회계에서 치욕을 당하였고 이때 비로소

---

786) 화성火星을 가리키며, 고대 시기 화성은 천벌을 상징하였다.

787) 규珪는 제왕과 제후들이 조회나 제사를 모실 때 사용하는 일종의 옥기玉器, 조鬯는 향기로운 술을 말한다.

문종과 범려를 중용하여 중흥을 도모하였다. 비록 구천이 만이(蠻夷)에서 시작했지만 능히 덕의(德義)를 수양하여 강대한 오나라를 멸망시키고 주나라 왕실을 존숭한 것을 칭송하여 「월왕구천 세가(越王句踐世家)」 제11을 짓는다.

정 환공(鄭桓公)이 동쪽으로 간 것은 오직 태사(太史)가 건의했기 때문이었다. 주나라를 침략하여 곡식을 빼앗자 주나라 사람들이 크게 비난하였다. 권신(權臣) 제중(祭仲)이 송나라의 강압에 의하여 국군(國君)을 세운 것으로 인하여 정나라는 오랫동안 내란에 빠지게 되었다. 자산(子産)은 인의의 명예를 얻었으며 대대로 현자로 일컬어졌다. 삼진(三晉)이 잇달아 정나라를 침략하였고, 결국 한나라에 멸망당했다. 여공(厲公)이 주 혜왕(周惠王)을 능히 옹립할 수 있었던 것을 칭송하여 「정 세가(鄭世家)」 제12를 짓는다.

기(驥), 녹이(騄耳)와 같은 명마(名馬)가 있음으로 하여 비로소 조보(造父)의 능력이 드러났다. 조숙(趙夙)은 진 헌공(晉獻公)을 모셨고 조최(趙衰)가 그 유업을 계승하였다. 조최는 진 문공(晉文公)을 도와 주 왕실을 존숭하도록 하였으니 가히 진나라의 인재였다. 조양자(趙襄子)는 곤욕을 당한 후 비로소 지백을 멸하였다. 주보(主父) 무령왕(武靈王)은 굶주림을 이기지 못하여 참새를 잡아먹다가 죽었다. 조나라 마지막 왕이었던 천(遷)은 황음하여 양장(良將) 이목을 배척하였다. 조앙(趙卬)이 주 왕실의 난을 평정한 것을 칭송하여 「조 세가(趙世家)」 제13을 짓는다.

필만(畢萬)이 위(魏)에 봉해질 것을 점술가는 이미 알고 있었다. 위강(魏絳: 필만의 자손)이 진 도공(晉悼公)의 동생 양간(楊干)의 마부(馬夫)를 군법으로 죽이자 융적(戎狄)이 와서 강화를 청하였다. 위 문후(魏文侯)는 학술을 존숭하여 자하(子夏)를 스승으로 모셨다. 혜왕(惠王)이 자만하여 제와 진(秦) 두 나라의 공격을 받았다. 신릉군이 위나라 왕에게 의심을 받자 제후들은 위나라에 협력하지 않았다. 마침내 대량(大梁)이 멸망하였고 위왕(魏王) 가(假)는 노예로 되었다. 위 무자(魏武子)가 진 문공의 패도(覇道)를 도왔던 것을 칭송하여 「위 세가(魏世家)」 제14를 짓는다.

한궐(韓厥)의 음덕은 고아 조무(趙武)를 보호하여 그로 하여금 조씨를 부흥하도록 하였다. 그리하여 조최를 계승하고 현신의 후사를 잇게 함으로써 진(晉)나라 사람들의 경앙을 받았다. 한 소후(韓昭侯)가 열후들 사이에 이름을 날렸던 것은 신불해(申不害)를 임용했기 때문이다. 한비자(韓非子)를 의심하고 믿지 않았기 때문에 진(秦)나라의 공격을 받아 멸망하였다. 한궐이 진(晉)나라를 돕고 주 왕실의 공납을 바로잡은 일을 칭송하여 「한 세가(韓世家)」 제15를 짓는다.

전완(田完)은 진(晉)나라의 난을 피해 제나라로 가서 오대(五代)에 걸쳐 덕을 쌓아 제나라 사람들의 칭송을 받았다. 전성자(田成子)가 제나라의 권력을 손에 넣었고, 전화(田和)는 천자의 명을 받아 제나라의 제후가 되었다. 건(建)은 전쟁을 하지 않고 진(秦)나라에 투항하였는데, 진나라는 그를 공(共)현으로 옮기도록 하였고 마침내 나라는 망하였다. 위왕(威王)과 선왕(宣王)이 능히 난을 누르고 홀로 주 왕실을 존숭했던 것을 칭송하여 「전경중완 세가(田敬仲完世家)」 제16을 짓는다.

주 왕실이 쇠미해지자 제후들은 더욱 방종하였다. 공자(孔子)는 예악이 시행되지 못함을 애석하게 여겨 경술(經術)을 제창하고 왕도정치를 다시 세웠으며 어지러운 세상을 바로잡아 정도(正道)를 회복하고자 하였다. 그리하여 책을 저술하고 학설을 세웠으며 천하를 위해서 윤리 법칙을 제정하였고 육예(六藝)의 대의와 조리(條理)를 후세에 영원히 남겼다. 이에 「공자 세가(孔子世家)」 제17을 짓는다.

걸왕과 주왕이 무도하여 탕왕과 무왕이 혁명을 하였고, 주 왕실이 무도하자 『춘추』가 나왔다. 진(秦)나라가 포학하자 진섭(陳涉)이 봉기하였고 제후들도 호응하여 마치 바람처럼 일어나고 구름처럼 모여들어 마침내 진(秦)나라를 소멸시켰다. 천하의 새로운 탄생은 먼저 진섭의 반란으로부터 비롯된 것으로서, 이에 「진섭 세가(陳涉世家)」 제18을 짓는다.

한왕이 성고대(成皐臺)에 눌러앉자 박씨(薄氏)가 비로소 행운을 얻었다. 두희는 강제로 대(代)로 들어가 비로소 두씨(竇氏) 일족들은 존귀하게 되었다. 율희(栗姬)는 지위의 존귀함을 믿고 자만하였고, 이에 비로소 왕씨(王氏)가 황후로 될 수 있었다. 진황후(陳皇后)는 너무 교만하였기 때문에 폐위되고 위자부(衛子夫)가 황후로 세워졌다. 이들 여인들은 각기 그들의 기풍이 있었으니 이에 「외척 세가(外戚世家)」 제19를 짓는다.

한나라는 속임수로 한신을 진(陳)에서 사로잡았다. 월(越)이나 초의 백성들은 민첩하고 용맹하여 고조는 아우 유교를 초왕으로 봉하였고, 팽성에 도읍하게 하여 회수(淮水), 사수(泗水) 유역의 통치를 강화시킴으로써 한나라 조정의 종번(宗藩)으로 되게 하였다. 유무(劉戊)는 사악한 모략으로 자살하였고, 유례(劉禮)가 뒤를 이어 초왕의 자리를 이었다. 초왕 유교가 고조를 보필한 것을 칭송하여 「초 원왕 세가(楚元王世家)」 제20을 짓는다.

고조의 기병에 유가(劉賈)가 가담하였는데, 경포의 공격을 받고 형(荊)과 오(吳)를 잃었다. 유택(劉澤)은 말로써 여태후를 격동시켜 낭야왕(琅邪王)으로 봉해질 수 있었다. 그 후 축오(祝午)의 유혹에 빠져 경솔하게 제왕(齊王)을 믿고 제나라로 갔으나 돌아오지 못하였다. 그는 간신히 도망을 쳐 서쪽의 관중(關中)에 들어갔는데, 효문제 옹립 당시 다시 연왕(燕王)에 봉해졌다. 천하가 아직 안정되기 전에 유가와 유택은 종실로서 한나라 조정의 속번으로서 보좌하였다. 이에「형연 세가(荊燕世家)」제21을 짓는다.

천하가 이미 평정되었고 유씨의 친족은 매우 적었다. 유비(劉肥)는 가장 먼저 장성하여 제왕으로 봉해져 동방을 다스렸다. 그의 아들 애왕(哀王)은 훗날 마음대로 군사를 일으켜 여씨 종족을 주멸하고자 하였다. 그의 외숙 사균(駟鈞)은 거칠고 난폭하였으므로 조정 대신들은 애왕을 황제로 옹립하지 않았다. 여왕(厲王)은 누이와 간통하다가 주보언이 조사하였고 여왕은 자살하였다. 유비가 고조를 도운 것을 칭송하여「제 도혜왕 세가(齊悼惠王世家)」제22를 짓는다.

초나라 군대가 한왕을 형양(滎陽)에서 포위하여 3년 동안 대치하였다. 소하는 이때 산서를 다스리면서 끊임없이 전방으로 병사와 군량을 운송하였고 백성들로 하여금 한나라를 아끼게 하면서 초나라를 돕지 않도록 하였다. 이에「소 상국 세가(蕭相國世家)」제23을 짓는다.

조참(曹參)은 한신과 함께 위나라를 평정하고 조나라 군대를 격파하였으며 제나라 성을 함락하여 초나라의 세력을 약화시켰다. 소하의 뒤를 이어 상국이 되었지만 모든 것을 바꾸지 않았으며 이로써 백성들은 안녕을 얻을 수 있었다. 조참이 자기의 공과 재능을 드러내지 않은 것을 칭송하여「조 상국 세가(曹相國世家)」제24를 짓는다.

자방(子房)은 장막 안에서 책략을 운용하고 보이지 않는 가운데 적을 제압하였다. 그가 계획한 계책은 무슨 의미인지 알 수 없고 용감하게 적을 죽이는 전공도 없었으며, 어려운 일도 쉬운 일부터 착수하였고 중대한 대사도 미세한 곳으로부터 완성시켰다. 이에「유후 세가(留侯世家)」제25를 짓는다.

6가지 기묘한 계책으로 인하여 제후들이 한나라 조정에 심복하게 되었다. 여씨 일족의 주멸은 진평의 주모로 이루어졌으며, 마침내 종묘를 안정시키고 사직을 지켰다. 이에「진 승상 세가(陳丞相世家)」제26을 짓는다.

여씨 일족이 합종하여 음모로써 황실을 약화시켰으나, 주발은 권력 변화에 대한 대처에서 특별히 능통하였다. 오초 7국의 반란 때 주아부(周亞夫)는 창읍(昌邑)을 지키면서 제와 조를 제압하고 양왕(梁王)을 포기함으로써 오초를 견제하였다. 이에 「강후 세가(絳侯世家)」 제27을 짓는다.

오초 7국의 반란 때 황실 방어는 오직 양나라에게 의지했을 뿐이었다. 그러나 양 효왕은 황제의 동생으로서 자신의 공로를 자랑하다가 커다란 재앙을 입을 뻔하였다. 그가 오나라와 초나라를 막은 것을 칭송하여 「양 효왕 세가(梁孝王世家)」 제28을 짓는다.

5종(五宗)[788]이 모두 왕위에 봉해져 친족 간에 서로 융합하여 화목을 이루었고 대소 제후들 모두 왕실의 속번으로서 각자 주어진 임무를 다하였다. 본분을 벗어나는 사정도 점차 사라지게 되니, 이에 「오종 세가(五宗世家)」 제29를 짓는다.

무제의 세 아들들은 왕으로 봉해졌는데, 그들과 관련된 문장은 가히 볼 만하였다. 이에 「3왕 세가(三王世家)」 제30을 짓는다.

열전

후세에는 모두가 이익을 다투었으나, 오직 백이(伯夷)와 숙제(叔齊)만은 정의를 추구하여 서로 나라를 양보하고 스스로 굶어 죽음으로써 천하의 모든 사람들이 이를 칭송하였다. 이에 「백이 열전(伯夷列傳)」 제1을 짓는다.

안자(晏子)는 검소하고 관중은 사치하였다. 제 환공은 관중이 있었기 때문에 패자가 되었고, 경공(景公)은 안자로 인하여 나라를 잘 다스렸다. 이에 「관·안 열전(管晏列傳)」 제2를 짓는다.

노자는 무위와 청정 그리고 자연에 맡길 것을 주장하였다. 한비자는 인정(人情)과 물리(物理)를 헤아렸으며 객관적 규율을 준수하였다. 이에 「노자·한비 열전(老子韓非列傳)」 제3을 짓는다.

---

788) 한 경제景帝는 13명의 아들이 있었는데, 다섯 명의 모친 소생으로서 어머니가 같은 것을 동종同宗이라 하여 5종宗이라 칭하였다.

자고 이래로 왕자(王者)는 『사마병법(司馬兵法)』에 능통하였는데, 양저(穰苴)는 이를 충분히 찬술하고 발휘하였다. 이에 「사마양저 열전(司馬穰苴列傳)」 제4를 짓는다.

만약 신(信), 염(廉), 인(仁), 용(勇)의 네 가지 품덕을 이해하지 못한다면 능히 병법을 전수하고 검술을 논의할 수 없으며 더구나 군사학과 무술의 원리에 부합할 수 없다. 이것들을 안다면 집에서 수신(修身)할 수 있고 세상에 나아가 능히 돌발 사변에 대처할 수 있다. 군자는 이것이야말로 병가(兵家)의 도덕이라고 생각한다. 이에 「손자·오기 열전(孫子吳起列傳)」 제5를 짓는다.

초 평왕의 태자 건(建)이 참언을 당하자 오사(伍奢)가 옥에 갇혔고, 오사의 장자 오상(伍尙)은 부친을 구하려 하였으며, 둘째 아들 오원(伍員)은 오(吳)나라로 망명하였다. 이에 「오자서 열전(伍子胥列傳)」 제6을 짓는다.

공자(孔子)가 문헌을 전술(傳述)하고 제자들은 그것을 번창시켜 대부분 사부(師傅)가 되었다. 그들은 인덕을 존중하고 의로써 자신을 고취하였다. 이에 「중니 제자 열전(仲尼弟子列傳)」 제7을 짓는다.

상앙은 위나라에서 진(秦)나라로 가서 그의 법술(法術)을 실행하여 진 효공(孝公)을 패자가 되게 하였으며, 후세에 이르러 모두 그 법술을 따르도록 하였다. 이에 「상군 열전(商君列傳)」 제8를 짓는다.

천하 제후들은 모두 진(秦)나라의 탐욕스럽고 악랄한 연횡책(連橫策)을 걱정하였다. 그러나 소진은 제후국들을 능히 보존시키고 합종(合縱)으로써 탐욕스러운 강대국 진나라를 억제하였다. 이에 「소진 열전(蘇秦列傳)」 제9를 짓는다.

6국은 합종의 맹약을 맺었으나 장의는 합종의 내용을 이해하고 합종한 제후국들을 다시 와해시켰다. 이에 「장의 열전(張儀列傳)」 제10을 짓는다.

진(秦)나라가 동방으로 확장하여 제후들을 제압할 수 있었던 것은 저리자(樗里子)와 감무(甘茂)의 책략 때문이었다. 이에 「저리자·감무 열전(樗里甘茂列傳)」 제11을 짓는다.

하산(河山)을 통제하고 대량(大梁)을 포위하여 제후들을 속수무책으로 진나라에게 굴복하게 만든 것은 위염(魏冉)의 공적이었다. 이에 「양후 열전(穰侯列傳)」 제12를 짓는다.

남으로 초나라의 언영(鄢郢)을 공격하고 북으로 조나라 장평군을 절멸시켰으며 조나라 도읍 한단(邯鄲)을 포위한 것은 무안군 백기(白起)의 통솔 하에서 이루어졌다. 초나라를 격파하고 조나라를 멸망시킨 것은 왕전(王翦)의 계모(計謀)였다. 이에 「백기 · 왕전 열전(白起王翦列傳)」 제13을 짓는다.

유가와 묵가의 저작을 섭렵하고 예의의 강요에 통달하였으며, 양 혜왕(梁惠王)의 이익만을 추구하는 사상을 억제하고 역사상 흥망성쇠를 논단하였다. 이에 「맹자 · 순경 열전(孟子荀卿列傳)」 제14를 짓는다.

빈객과 현사(賢士)를 좋아하여 선비들이 설(薛) 땅에 모여들었다. 이로써 초나라와 위(魏)나라의 침략을 막아낼 수 있었다. 이에 「맹상군 열전(孟嘗君列傳)」 제15를 짓는다.

풍정(馮亭)의 유세를 듣고 일시의 이익을 다투었으며, 초나라에 가서 구원병을 요청하여 한단의 포위를 풀었으며 조나라 왕을 여전히 제후의 지위에 남게 하였다. 이에 「평원군 · 우경 열전(平原君虞卿列傳)」 제16을 짓는다.

부귀한 신분이었지만 빈천한 자에게 예의로써 대하였고, 재능을 가지고 있으면서도 재능이 없는 자들에 의한 굴욕을 받아들였다. 이는 오직 신릉군(信陵君)만이 해낼 수 있었다. 이에 「위공자 열전(魏公子列傳)」 제17을 짓는다.

신명(身命)의 위험을 무릅쓰고 군주를 강대한 진(秦)나라로부터 탈출시키고, 유세객들을 남쪽 초나라에 모이도록 한 것은 황헐(黃歇)의 의기(意氣) 때문이었다. 이에 「춘신군 열전(春申君列傳)」 제18을 짓는다.

능히 위제의 모욕을 견디고 강한 진(秦)나라에서 크게 위세를 떨쳤고, 재상의 자리를 현사에게 양보하였다. 범저와 채택(蔡澤) 두 사람 모두 이러하였다. 이에 「범저 · 채택 열전(范雎蔡澤列傳)」 제19를 짓는다.

먼저 자신의 계략을 펼쳐 다섯 나라 군대의 연합을 이룸으로써 약소국 연나라를 위해서 강대한 제나라에 대한 원수를 갚아 연나라 선군(先君)의 치욕을 씻도록 하였다. 이에 「악의 열전(樂毅列傳)」 제20을 짓는다.

강폭한 진왕의 면전에서 능히 뜻을 펼 수 있고 또한 자신을 낮춰 염파(廉頗)를 충분히 존중하였다. 두 사람은 나라를 위하여 개인의 득실을 따지지 않았으며 모두 각국에서 높은 명성을 얻었다. 이에 「염파 · 인상여 열전(廉頗藺相如列傳)」 제21을 짓는다.

제 민왕이 임치(臨淄)를 잃고 거성(莒城)으로 도주하여 오직 전단만이 즉묵을 거점으로 하여 연나라의 장군 기겁(騎劫)을 격퇴하였고 마침내 제나라를 보위하였다. 이에 「전단 열전(田單列傳)」 제22를 짓는다.

능히 궤변의 설법을 이용함으로써 포위된 한단을 구하고 작위와 봉록을 분토(糞土)로 여기면서 자신의 뜻대로 사는 것을 즐거움으로 삼았다. 이에 「노중련 · 추양 열전(魯仲連鄒陽列傳)」 제23을 짓는다.

시부(詩賦) 문장으로써 군주를 풍간(諷諫)하고 비유를 들어 정의를 강조한 바, 「이소(離騷)」는 이러한 조건을 지니고 있다. 이에 「굴원 · 가생 열전(屈原賈生列傳)」 제24를 짓는다.

자초(子楚)는 조나라에 인질로 있으면서 빈곤하여 아무런 지원도 받지 못하는 처지였지만, 여불위는 그를 화양부인의 마음에 들게 하고 마침내 태자로 만들었으며, 또한 열국의 여러 선비들로 하여금 앞을 다투어 진(秦)나라로 들어가 일하도록 하였다. 이에 「여불위 열전(呂不韋列傳)」 제25를 짓는다.

조말(曹沫)은 한 자루 비수로써 제 환공을 위협하여 노나라로 하여금 실지(失地)를 회복하도록 하였고, 제나라는 신의를 지킬 수 있었다. 예양(豫讓)은 한 마음으로 지백을 위하여 복수를 하였고 두 마음이 없었다. 이에 「자객 열전(刺客列傳)」 제26을 짓는다.

천하의 정세를 파악하여 중대한 계획을 확립하고 진왕에게 6국 병탄과 천하통일을 힘써 권고하여 마침내 천하를 통일하여 제국을 건설하는 데 있어서 이사(李斯)는 주모자였다. 이에 「이사 열전(李斯列傳)」 제27을 짓는다.

진(秦)나라를 위해서 영토를 개척하고 북방의 흉노(匈奴)를 격파하여 황하와 양산(陽山)을 끼고 장성을 수축하여 변방을 공고히 하여 유중(楡中)을 건설하였다. 이에 「몽염 열전(蒙恬列傳)」 제28을 짓는다.

조나라를 지키고 상산(常山)을 확보하며 하내(河內)를 개척하여 초나라의 권력을 약화시킴으로써 한왕(漢王)의 위신을 세웠다. 이에 「장이 · 진여 열전(張耳陳餘列傳)」 제29를 짓는다.

위표는 서하와 상당의 군대를 모아 한왕을 수행하여 팽성에 이르렀다. 팽월은 양(梁)에서 초군의 후방을 교란하여 항우를 곤경에 빠뜨렸다. 이에 「위표 · 팽월 열전(魏豹彭越列傳)」 제30을 짓는다.

경포는 회남(淮南) 일대에 웅거하면서 초나라를 배신하여 한나라에 투항하였으며, 한나라는 그로 하여금 대사마 주은(周殷)을 항복하도록 설득하고 마침내 해하(垓下)에서 항우를 물리쳤다. 이에 「경포 열전(黥布列傳)」 제31을 짓는다.

초나라 군대가 한나라 군을 경삭(京索)에서 압박하였으나, 한신이 위와 조를 공략하고 연과 제를 평정함으로써 한나라로 하여금 삼분된 천하에서 두 곳을 가지게 하였고, 이로 인하여 항우를 멸하였다. 이에 「회음후 열전(淮陰侯列傳)」 제32를 짓는다.

초와 한이 공락(鞏洛)에서 대치하고 있을 때, 한왕(韓王) 신(信)은 한(漢)나라를 위해서 영천(潁川)을 다스리고, 노관(盧綰)은 항우의 식량 수송로를 차단하였다. 이에 「한신 · 노관 열전(韓信盧綰列傳)」 제33을 짓는다.

제후들이 항우를 배반하였을 때, 제왕(齊王)은 성양(城陽)에서 항우를 견제하였으며 한왕(漢王)은 그 기회에 비로소 팽성(彭城)으로 진입할 수 있었다. 이에 「전담 열전(田儋列傳)」 제34를 짓는다.

성을 공략하거나 들판에서 전투하거나 전공을 세워 돌아오는 데에 있어 번쾌(樊噲)와 역상(酈商)의 역할이 매우 컸다. 그들은 한왕(漢王)을 수행했을 뿐만 아니라 함께 위기를 벗어나기도 하였다. 이에 「번 · 역 열전(樊酈列傳)」 제35를 짓는다.

한나라 초 천하를 안정시켰으나 아직 문치(文治)에 이르지 못하였다. 장창(張蒼)은 주계관(主計官)으로서 도량형을 통일시키고 율력(律曆)을 정리하였다. 이에 「장 승상 열전(張丞相列傳)」 제36을 짓는다.

열국(列國)과 동맹하고 사절을 교환하며 제후들을 위무하여 모든 제후들이 한나라에 의지하게 만들고 한나라의 번속(藩屬)이나 보신(輔臣)이 되도록 하였다. 이에 「역생 · 육가 열전(酈生陸賈列傳)」 제37을 짓는다.

진(秦)나라와 초나라 사이의 일을 자세히 알 수 있었던 사람은 오직 제후를 평정하였던 고조를 항상 수행하였던 주설(周緤)뿐이다. 이에 「부 · 근 · 괴성 열전(傅靳蒯成列傳)」 제38을 짓는다.

호족들을 옮겨 살도록 하고 관중(關中)에 정도하여 흉노와 강화할 것을 건의하였다. 조정 예의를 제정하고 종묘의 의법(儀法)을 정립하였다. 이에 「유경 · 숙손통 열전(劉敬叔孫通列傳)」 제39를 짓는다.

계포는 능히 강직함을 온화함으로 바꾸어 마침내 한나라의 신하가 되었다. 난공(欒公)은 팽형(烹刑)의 위험에서도 죽은 팽월(彭越)을 배신하지 않았다. 이에

「계포 · 난포 열전(季布欒布列傳)」 제40을 짓는다.

감히 올바른 말로 직간하여 군주의 얼굴색이 변하는 것도 개의치 아니함으로써 군주의 언행이 도의에 부합되게 하였으며, 자신의 안위를 고려하지 않고 국가를 위해서 장기적인 대계를 세웠다. 이에 「원앙 · 조착 열전(袁盎晁錯傳)」 제41을 짓는다.

법도를 준수하고 대체(大體)를 잃지 않으면서 옛 현인을 인용하여 말함으로써 군주를 더욱 현명하게 만들었다. 이에 「장석지 · 풍당 열전(張釋之馮唐傳)」 제42를 짓는다.

사람됨이 성실소박하고 너그러우며 인자하고 효순하였다. 말은 어눌하였지만 행동은 민첩하였으며 평생토록 신중하고 공경하여 가히 군자와 장자(長者)의 풍모를 갖추었다고 할 것이다. 이에 「만석 · 장숙 열전(萬石張叔列傳)」 제43을 짓는다.

굳게 지조를 지켰으며 의기(義氣)는 충분히 청렴하다고 할 수 있었으며, 행실은 현능(賢能)하다고 할 만하였다. 요직에 임명되었을 때 결코 사리사욕을 채우기 위하여 부정을 저지르지 않았다. 이에 「전숙 열전(田叔列傳)」 제44를 짓는다.

편작(扁鵲)은 의료(醫療)를 논하여 의술가들의 대종(大宗)이 되었다. 그의 의술은 매우 정밀하고 분명하여 후세 사람들은 그것을 계승하여 바꾸지 않았다. 창공(倉公)의 의술은 편작과 거의 같다고 할 수 있다. 이에 「편작 · 창공 열전(扁鵲倉公列傳)」 제45를 짓는다.

유중(劉仲)은 고조의 큰 형으로서 그의 아들 유비(劉濞)는 오왕에 봉해졌다. 한나라가 기초를 이룩하는 시기에서 그는 강회(江淮) 일대를 평정하였다. 이에 「오왕 비 열전(吳王濞列傳)」 제46을 짓는다.

오초 7국의 반란 때 두씨 종실 중 오직 두영(竇嬰)만이 현능하여 선비들과의 교류를 즐겨했으며 선비들은 그에게 모여들었다. 그는 대군을 통솔하여 형양을 지키면서 산동 제후를 저지하였다. 이에 「위기 · 무안 열전(魏其武安列傳)」 제47을 짓는다.

지모(智謀)는 근세(近世)의 사변에 능히 대처하였고 관후함은 사람들의 호감을 얻기에 충분하였다. 이에 「한장유 열전(韓長孺列傳)」 제48을 짓는다.

적에게는 용감하였고 사병들에게는 자상하였으며, 호령은 간편하여 군사들이 충심으로 그에게 심복하였다. 이에 「이 장군 열전(李將軍列傳)」 제49를 짓는다.

하(夏), 은(殷), 주(周) 3대 이래로 흉노는 항상 중원의 우환이었다. 흉노의 강하고 약한 정세를 파악해야 하며 언제든지 준비와 경계를 갖추고 기회가 있을 때 토벌해야 한다. 이에 「흉노 열전(匈奴列傳)」 제50을 짓는다.

위장군은 변경 밖으로 출정하여 하남(河南)의 땅을 수복하였고, 표기장군은 기련산(祁連山)에서 적을 격파하여 서역(西域)으로의 길을 개척하고 흉노를 궤멸시켜 감히 남하할 수 없도록 하였다. 이에 「위 장군·표기 열전(衛將軍驃騎列傳)」 제51을 짓는다.

대신과 유씨 종실이 앞을 다투어 호사를 자랑하였으나 오직 공손홍만은 의식(衣食)을 절약하여 백관들의 풍속 개선을 이끌었다. 이에 「평진후 열전(平津侯列傳)」 제52를 짓는다.

한나라가 중원을 평정한 뒤, 남월왕 조타(趙佗)는 능히 양월(楊越)을 다스리고 남방을 견고하게 방어하며 한나라 조정에 신하를 칭하면서 조공하였다. 이에 「남월 열전(南越列傳)」 제53을 짓는다.

오왕이 반란을 일으켰을 때, 동구(東甌) 사람들이 오왕(吳王) 비(濞)를 죽이고 봉우산(封禺山)을 고수하여 한나라의 신민이 되었다. 이에 「동월 열전(東越列傳)」 제54를 짓는다.

연(燕) 태자 단(丹)의 구부(舊部)가 패하여 요동(遼東)으로 도망하였을 때, 위만(衛滿)은 이들 도망간 사람들을 모아 해동(海東)에 집결시켰다. 그는 진번(眞藩)을 다스리며 변방을 방위하여 한나라의 외신(外臣)으로 되었다. 이에 「조선 열전(朝鮮列傳)」 제55를 짓는다.

당몽(唐蒙)은 명을 받아 서남(西南)을 공략하고 야랑(夜郎)과 교통하였다. 공(邛), 작(筰)의 군장(君長)들은 한나라의 내신(內臣)으로서 조정에서 파견하는 관리를 받아들이기를 청하였다. 이에 「서남이 열전(西南夷列傳)」 제56을 짓는다.

사마상여가 지은 「자허부(子虛賦)」 중의 일과 「대인부(大人賦)」 중의 말은 화려하고 과장된 부분이 많으나, 그것의 주제는 풍자에 있고 무위의 정치를 주장하고 있다. 이에 「사마상여 열전(司馬相如列傳)」 제57을 짓는다.

경포가 반란을 일으키자, 한 고조는 아들 유장(劉長)을 회남왕에 봉하여 강남 이남을 다스렸고 표독한 초(楚)의 백성을 진압하였다. 이에 「회남·형산 열전

(淮南衡山列傳)」제58을 짓는다.

　법령을 봉행하고 문리(文理)를 준수하는 관리들은 스스로 공로를 자랑하지 않았고, 백성들도 그들을 칭찬하지 않았다. 또한 어떠한 과실도 없었다. 이에 「순리 열전(循吏列傳)」제59를 짓는다.

　의관을 단정히 하고 조정에 있을 때, 군신들이 감히 허튼 말을 하지 못하였다. 급장유(汲長孺)는 실로 강직하고 방정하였다. 인물을 추천하기 좋아하고 장자(長者)라고 칭송된 정장(鄭莊)은 깨끗한 이름을 드날렸다. 이에 「급 · 정 열전(汲鄭列傳)」제60을 짓는다.

　공자가 서거한 뒤부터 정부는 학교 교육을 중시하지 않았다. 다만 건원(建元), 원수(元狩) 시기에 유학이 창성하고 문풍(文風)이 크게 일어났다. 이에 「유림 열전(儒林列傳)」제61을 짓는다.

　백성들이 농업과 잠업에 힘쓰지 않고 사기 행각을 벌이는 자는 많으며, 간사하고 법을 어기는 자들은 법망의 허술함만을 노리니, 도덕과 예절에 의거하여 그들을 교화할 수 없게 되었다. 오직 모두 엄형중벌로써 비로소 그들을 다스릴 수 있었다. 이에 「혹리 열전(酷吏列傳)」제62를 짓는다.

　한나라가 이미 대하(大夏)와 사신을 왕래하여 서쪽의 아주 먼 지역에 있던 오랑캐들도 모두 목을 길게 빼고 중국의 의관문물을 보고자 하였다. 이에 「대원 열전(大宛列傳)」제63을 짓는다.

　곤경에 처한 사람을 돕고 빈곤한 사람을 흔쾌히 구제하니 인자(仁者)의 미덕이 있다. 또한 신용을 잃지 않고 약속을 저버리지 않으니 세인들 모두 그들의 의협을 흠모한다. 이에 「유협 열전(游俠列傳)」제64를 짓는다.

　군주를 모시는 사람은 군주로 하여금 편안한 마음으로 그들의 행동을 지켜보게 만들었고 그들의 말을 듣도록 하였으며 또한 군주의 총애를 얻었다. 그들은 단지 미색으로 총애를 받은 것만이 아니라 그들에게 각기 재능이 있었기 때문이었다. 이에 「영행 열전(佞幸列傳)」[789] 제65를 짓는다.

　세속에 영합하여 함께 더러워지지 않았고 다른 사람과 권리를 다투지도 않았으며, 위로 아부하지 않고 아래로 교만하지도 않았다. 관대하게 모든 사람에

789)　영행佞幸이란 아양을 떨어 얻게 된 총애라는 의미.

게 대하였으니 이야말로 도가의 '인응(因應)'의 방법이며, 다른 사람 역시 그들을 해칠 마음도 없었다. 이에 「골계 열전(滑稽列傳)」 제66을 짓는다.

제(齊), 초(楚), 진(秦), 조(趙)의 점술가들은 각기 풍속에 따라 기능도 제각기 달리 발휘하였다. 그것들의 요점을 개괄하고자 「일자 열전(日者列傳)」[790] 제67을 짓는다.

3대 시기에 있어 귀갑(龜甲)으로 점치는 법이 달랐으며, 사방 오랑캐들의 점복법도 달랐지만 모두 그것으로써 길흉을 판단하였다. 이에 대략적으로 그 요점을 알아보고 「귀책 열전(龜策列傳)」 제68을 짓는다.

벼슬이 없는 일반 백성들이 국가의 법에 저촉되지 않고 또 백성들의 생활에 해를 주지 않았으며, 매매는 시기에 따라 결정하였다. 이렇게 그의 재부는 증가하였고, 총명한 사람 역시 취할 바가 있다고 여겼다. 이에 「화식 열전(貨殖列傳)」 제69를 짓는다.

일가언(一家言)을 이루다

우리 대한(大漢)은 5제(五帝)의 유풍을 계승하여 삼대(三代)에서 중단된 사업을 이어받았다. 주나라의 도가 쇠미해진 뒤, 진(秦)나라는 고문(古文)을 없애고 『시경』과 『서경』 등 고대 전적을 불태워 없앴다. 그러므로 조정의 명당(明堂)[791]이나 왕실의 석실(石室)과 금궤(金匱), 옥판(玉版)[792] 등에 소장된 도서들은 모두 산실(散失)되었다. 한나라가 흥기한 뒤에 소하가 법령을 정리하고, 한신은 병법을 저술하였으며, 장창(張蒼)은 규장 제도(規章制度)를 마련하고, 숙손통(叔孫通)은 예의를 제정함으로써 학술 기풍이 점차 열렸으며, 『시경』과 『서경』 등의 고적(古籍)도 끊임없이 천천히 나타났다. 조참(曹參)이 갑공(蓋公)을 추천하여 전문적으로 황제(黃帝)와 노자(老子)의 학문을 강론하게 한 이래, 가의(賈誼)와 조착(晁錯) 역시 신불해(申不害)와 상앙 등 법가의 학문을 발양하였으며, 공손홍(公孫弘)은 유학의 학술에 뛰

---

790)   고대 시기 점복술을 행하던 자.
791)   고대 제왕이 정령을 선포하고 제후를 접견하는 장소.
792)   겉에 문자가 새겨져 있다.

어나 조정에서 이름을 떨쳤다. 그리하여 이 100년 동안에 천하에 남아 있던 유문(遺文)이나 고사(古事)는 모두 태사부(太史府)에 수집되었다.

태사공의 관직은 관례에 따라 부자(父子)가 계승해서 맡게 된다. 그리하여 "아아! 선인(先人)께서 일찍이 이 일을 관장하여 당우(唐虞)[793] 시기에 이미 이름을 드날렸고 주대(周代)에 이르러 또 이 직무를 주관하였다. 그러므로 사마씨(司馬氏)는 대대로 천문의 관직을 주관하여 나에게까지 이르렀구나. 신중하게 생각하자! 신중하게 생각하자!"라며 탄식하였다.

산실(散失)된 문헌들을 최대한 수집하여 제왕 대업의 건립에 대해서 그 시말의 과정을 고찰하고 그 전성기에 그것이 점차 쇠락해가는 원인을 관찰해야 하며, 다시 역사 인물의 실제 행동으로부터 검증하고 고증해야 한다. 간략히 삼대(三代)를 추론하고 진한(秦漢) 시기의 역사적 사실을 기록함으로써, 위로는 고대 헌원(軒轅)[794]부터 시작하여 현재에 이르기까지 모두 기록하여 12본기(本紀)를 지었는데 체계적인 강목(綱目)을 구비하였다. 그런데 그 사적에는 동일 시대이면서도 세차(世次)가 다르고 연대의 선후가 분명하지 않으므로 10표(表)를 만들었다. 또 시대에 따른 예악(禮樂) 제도의 증감, 율력(律曆)의 개변(改變), 병가(兵家)의 권모, 산천의 상황, 귀신의 오묘함, 천인(天人)의 감응 및 협조, 계승 및 폐기와 변화상통(變化相通) 등 8서(書)를 짓는다. 또 28수(宿)가 북극성을 중심으로 돌고 있듯이 30개의 바퀴살이 모두 중심에 집중되어 비로소 끊임없이 운행할 수 있다. 이처럼 보필하는 신하들이 충실하고 신의를 지키며 신하로서의 도리를 다하고 군주를 받드는 모습을 내용으로 30세가(世家)를 짓는다. 그리고 정의롭게 행동하고 비범하여 풍운의 기회를 놓치지 않고 공업(功業)을 천하에 세워 백세에 이름을 날리니 이에 70열전(列傳)을 짓는다. 그리하여 총 130편, 52만 6,500자로서 이를 『태사공서(太史公書)』라고 칭한다.

여기 「태자공 자서」에서 그 개요를 밝히고 산실된 문헌을 수집하여 부족한 부분을 보충함으로써 일가언(一家言: 독자적 견해)을 이루고자 한다. 『6경』의 전기(傳記)를 종합하고 백가의 상이한 논점을 정리하여 정본(正本)은 명산에 소장하

---

793) 요순 임금
794) 황제黃帝를 가리킨다.

고, 부본(副本)은 수도에 남겨 후세의 성인군자들을 기다리고자 한다. 이것이 그 제70이다.

태사공은 말한다.

"나는 황제(黃帝)로부터 무제 태초(太初: 무제의 7번째 연호)에 이르기까지 찬술하였는데, 모두 130편이다."[795]

---

795) 사마천의 '본기'와 '열전'의 '기記'와 '전傳'이라는 말로부터 기전체紀傳體라는 용어가 만들어졌다. 기전체
      는 단순한 연대순의 서술뿐만이 아니라, 통치자를 중심으로 하여 각 시대의 주요한 신하와 인물의 전기,
      제도와 문물, 경제 실태, 자연현상 등 다양한 분야를 종합적으로 분류하고 서술하여 시대의 특징과 변동
      을 유기적이고 전체적으로 파악할 수 있다는 특징을 가지고 있다. 아울러 각 시대에서 활동한 인간의 삶
      에 대해서도 생생하고 다양하게 표현할 수 있다. 그리하여 기전체는 왕조 전체의 체제와 변동을 서술하
      기 위한 정사正史의 기본 서술 형식이 되었다.

서
(書)

56. 평준서
─국가는 부유해지지만 백성은 피폐해진다

「평준서(平準書)」가 서술하고 있는 것은 한나라 시기 평준 정책 형성의 유래로서, 실제로는 한 무제 이전의 부국 정책을 체계적으로 소개하고 있다.

이 글을 통해 우리는 중국의 고대 봉건 조정이 어떻게 권력을 이용하여 상공업의 발전을 억압하고 제한하며 동시에 그로써 조정 자신의 재정 위기를 해결해 나갔는가를 알아볼 수 있다. 한나라 조정은 주로 화폐를 바꾸고, 매관매직과 재정 헌납에 의한 복역 면제, 그리고 국가 전매 제도와 상인에 대한 조세 징수 등의 조치를 채택하였다. 하지만 화폐 개혁은 화폐란 단지 유통 수단이었다는 점에서 그리고 그 피해자가 주로 농민과 수공업자 등 백성이었다는 점에서 백해무익이었으며, 매관매직과 재정 헌납에 의한 복역 면제 역시 국가 재정 상황을 개선하려는 임시방편에 불과하였다. 오히려 법률이 유명무실해지고 관직이 천해졌으며 기구가 팽창되는 폐단만 초래하였고, 이는 필연적으로 가혹한 관리의 등용, 가혹한 징세, 옥사(獄事)의 빈발 등의 결과를 불러왔을 뿐만 아니라 상공업의 억제라는 결과를 동반하였다.

이러한 국가 전매 정책과 상인에 대한 세금의 강제 징수는 한 무제가 재정 상황을 개선하는 가장 중요한 조치였는데, 이는 이후 중국 봉건 제도의 2천 년 역사 과정에서 지속적으로 계승된 두 가지 정책이었다.

사마천은 국가 전매가 왜 상품의 품질이 좋지 않고 가격이 비싼가라는 문제를 분석함에 있어서 가장 중요한 요인은 권력이 간여함으로써 상업 발전의 근본적인 메커니즘인 경쟁을 봉쇄한 점이라고 지적하고 있다. 즉, 그는 한나라 조정이 '이익을 도모하는 신하'를 중용함으로써 나라를 피폐하게 하고 백성을 가난하게 만들며 천하 소란의 주요한 원인을 초래하고 있다는 신랄한 비판을 가하고 있는 것이다.

법률은 허술하나 백성은 풍족하다

한나라는 건국 초기 진나라 말기의 전란으로 인한 피폐함을 물려받았기 때문에 장정들은 종군하여 이리저리 옮겨 다니며 싸우고 노약자는 군량을 수송하였다. 이로 인하여 전쟁이 많으면 많을수록 물자는 부족해졌다. 국가가 빈곤하여 황제가 늘 이용하는 네 마리 같은 색깔의 말이 이끄는 수레조차도 갖추지 못할 형편이었다. 대신과 장군들은 심지어 소가 끄는 우차(牛車)를 타고 다니기도 하였으며, 일반 백성들은 비축한 것이 하나도 없었다. 그런데 당시 진나라 시기에 만들어진 화폐는 너무 무거워서 대량으로 유통하기 불편하였으므로 가벼운 유협전(楡莢錢)796)을 만들도록 하였고 개인들도 주조할 수 있게 허락하였다. 그리고 종전에는 1만 전이 황금 1일(鎰)797)이었으나 당시에는 오직 1근(斤)798)으로 되었다. 또한 진나라 시기의 가혹한 금령을 없애거나 간소화하였다. 그런데 법령을 지키지 않고 이익을 추구하는 무리들이 물건을 비축하고 상업을 경영함으로써 물가의 앙등을 초래하여 쌀은 한 석 당 만 전까지 올랐고 말 한 필은 백 금에 이르렀다.

천하 평정 후, 한고조는 상인들에게 비단옷을 입지 못하게 하고 수레를 타지 못하게 금하였으며 아울러 그들에 대한 조세를 무겁게 하였다. 이로써 상인들의 이익을 감소시키고 지위를 억제하였다. 효혜제 시기에는 천하가 안정되기 시작하여 상인을 제한하는 법령을 완화시키기도 하였지만, 상인의 자손은 여전히 관청의 공직을 맡을 수 없었다. 국가는 관리의 봉록과 관청의 경비를 계산하여 백성에게 세금을 부과하였고, 천자와 각 제후 봉읍의 비용은 경사(京師)와 제후 봉읍 중 산림, 하천, 원유(苑囿)799), 상업에서 나오는 조세로 자급자족하여 백성들로부터 징수하는 국가 재정 수입의 수지 항목에 포함되지 않았다. 그리하여 당시 산동 지역에서 수로로 운송하여 중앙 관부에 공급되는 양식은 1년에 수십만 석을 넘지 못하였다.

---

796) 동전 모양이 마치 느릅나무 열매 같다고 하여 붙여진 화폐.

797) 24냥兩

798) 16냥兩

799) 황제의 화원

효문제 때 유협전이 지나치게 많이 주조되고 또 무게가 갈수록 가벼워지자 사수전(四銖錢)을 주조하여 동전 표면에 '반량(半兩)'이라고 표기하였으며, 백성들이 마음대로 주조할 수 있도록 하였다. 그러므로 오왕(吳王)은 일개 제후국에 지나지 않았지만 도리어 구리 광산을 보유하고서 구리를 채굴하여 화폐를 주조함으로써 황제와도 견줄 수 있는 재력을 소유하게 되었고, 그 후 마침내 반란을 일으켰다. 또 등통(鄧通)은 대부의 직위에 있으면서 화폐를 주조하여 그 재산이 제후를 능가하였다. 이처럼 오왕과 등통이 주조한 화폐가 천하에 널리 퍼졌기 때문에 사적인 주전(鑄錢)을 금지하는 법령이 만들어졌다.

흉노는 여러 차례 북쪽 변경을 침략하여 그곳을 지키는 군대는 매우 많았다. 그리하여 변경에서 생산하는 곡식만으로는 그 수요를 충당하지 못하였다. 그래서 변경에 보내는 곡식을 바치거나 그곳까지 운송하는 사람에게는 작위(爵位)를 하사하였는데 가장 높이는 대서장(大庶長)[800]까지 오를 수 있었다.

효경제(孝景帝) 시대에는 상군(上郡) 서쪽 지역에 가뭄이 들어 다시 매관령을 발표하고 그 가격 기준을 낮추었다. 그리하여 죄를 범한 죄수도 조정에 곡식을 바치면 그 죄를 사면하였다.

금상(今上)[801]이 즉위한 지 몇 년이 지나 한나라는 건국 70년을 맞이하였다. 국가적으로 전쟁이 없었고 수해나 가뭄이 들 때 외에는 백성들이 모두 풍족한 생활을 하였다. 도시나 향촌의 창고도 모두 양곡으로 가득 찼으며 국고에도 재물이 충분하였다. 경성(京城)에 쌓인 동전은 셀 수조차 없었고 태창(太倉)[802]에는 오래된 양곡 위에 새 양곡이 다시 쌓여져 창고가 가득 차는 바람에 결국 노천에 쌓아야 했고 심지어 부패하여 먹지 못하게 되기도 하였다. 큰 거리 작은 거리에서 항상 말이 눈에 띄었고 경작지에는 훨씬 많은 말들이 있었다. 사람들은 오직 수컷 말만 탔기 때문에 암말을 탄 사람은 무시를 당해 모임에 참석할 수조차 없게 되었다. 리문(里門)[803]을 지키는 간수도 좋은 고기반찬을 먹었으며 사회가 안정되어 관리들은 거의 이동이 없어 심지어 한 곳에서 자손이 모두 자랄 때

---

800) 한나라 20등급 작위 제도 중 제18등급
801) 한 무제를 가리킨다.
802) 조정의 수도에 있는 중앙 창고.
803) 마을 어귀

까지 계속 그 자리에서 일했으며, 일부 관리들은 오래 있으면서 아예 그 관명을 성(姓)이나 호로 삼기도 했다. 그러므로 사람들은 모두 자신을 아끼고 범법을 두려워하였으며 예의를 숭상하고 치욕스러운 행동을 배척하였다.

이 무렵 법률은 허술하였으나 백성들은 더욱 부유하였다. 그러나 엄청난 토지를 겸병한 호족들이 재산을 모아 교만을 부리고 향리에서 위세를 떨치며 횡행하면서 백성을 억압하였다. 봉읍을 가진 종실 및 대부로부터 하급 벼슬에 있는 사람까지 모두 사치스러운 생활을 추구하였고, 주택과 거마(車馬) 그리고 의복도 모두 지켜야 할 한도를 무시하였다. 사물이란 극에 이르게 되면 쇠락하는 것인데, 이러한 변화는 필연적이다.

그 후 엄조와 주매신 등이 동구(東甌)[804]족의 내지 이주를 추진하고 남월 및 민월(閩越)과의 전쟁을 치러 양자강과 회수(淮水) 간의 지역에서는 소요가 발생하고 엄청난 손실을 입었다. 또 당몽(唐蒙)과 사마상여는 산을 뚫어 서남이로 통하는 도로 천여 리를 뚫어 파촉과 외부의 연락을 확대하였지만 파촉 주민들은 피폐해졌다. 그리고 팽오(彭吳)는 상업도로 건설을 통하여 조선(朝鮮)을 공략하고자[805] 창해군(滄海郡)을 설치하였지만 오히려 이로 인하여 연(燕)과 제(齊) 지방에서는 소란이 그치지 않았다.

마읍(馬邑)에서 왕회(王恢)의 계략이 실패한 이후,[806] 흉노는 화친을 중단하고 국경 북쪽을 침범하여 전쟁이 계속되었다. 그 때문에 천하가 요역과 징발에 시달렸고 병사(兵事)는 갈수록 증가하였다. 출정하는 사람들은 스스로 의복과 식량을 가지고 떠났지만, 남은 사람들은 계속 물자를 공급해야 하였다. 전국이 모두 전쟁을 지원하느라 소란이 일어났다. 백성들은 오로지 교묘하게 법령을 피할 궁리만 하게 되었다. 재화는 엄청나게 소모되어 부족해졌기 때문에 재물을 바치면 관리에 임명될 수 있었고, 돈을 내면 죄가 사면되어 관리 선발의 원칙은 파괴되고 염치와 치욕의 구분이 없어졌다. 오로지 무예와 담력을 가지기만 하면 곧 임용되었고, 비록 법령은 엄격했지만 형식만 있고 내용은 없어졌으

---

804) 고대 월족越族의 한 갈래.

805) 『한서漢書』 「식화지食貨志」에는 "팽오천예맥조선彭吳穿濊貊,朝鮮"으로 기술되어 있다.

806) 이 사건에 대해서는 흉노 열전 참조

며, 이때부터 이익만 노리는 조정 신하들이 생겨났다.

그 후 한나라 장군들은 매년 수만 명의 기병을 이끌고 흉노에 출격하였다. 거기장군 위청은 하남의 흉노 땅을 탈취하고 삭방성을 쌓았다. 당시 한나라는 서남이로 통하는 도로 건설에 수만 명을 동원하였는데 이들에 대한 양식을 공급하기 위하여 수천 리 떨어진 먼 곳으로부터 양식을 수송해야 했다. 하지만 10종(鍾)[807]을 운반하면 겨우 한 석(石)이 남는 형편이었다. 할 수 없이 공(邛)과 북(僰) 지방에 돈을 뿌려 모을 수밖에 없었다. 그러나 몇 년이 지난 후에도 미처 도로가 완성되지 않았다. 이 틈을 타 만이(蠻夷)가 여러 차례 침입하였고 현지 관부(官府)는 병사를 파견하여 토벌하였다. 하지만 파촉이 징수한 세금을 모두 꺼내 사용해도 그 군사 비용을 감당할 수 없었다. 따라서 불한당과 건달들을 모아 남이(南夷) 지역의 토지를 개간하게 하고 그곳에서 수확한 양식을 지방 관부에 내고 그 대금은 도내(都內)[808]에서 받도록 하였다.

매관매직

한편 동쪽 창해군에 군(郡)을 설치할 때 동원된 인력과 비용은 서남이 때와 비슷하였다. 또 십여 만 명을 징발하여 삭방성의 축성과 수비를 하게 하였는데, 멀리서 식량을 수송해야 했기 때문에 산동성에서 관중 지방까지 모두 이를 위하여 엄청난 부담을 져야 했다. 비용도 수십 억 내지 수백 억전이 지출되어 조정의 창고는 갈수록 비어갔다. 그래서 노비를 관청에 바칠 수 있는 백성에게는 노역을 종신 면제시켰고 낭관(郎官)인 경우에는 승진을 시켰다. 또 양(羊)을 관청에 바치면 낭관이 되는 규정도 이때부터 비롯되었다.

그 후 4년이 지나 한나라는 대장군 위청을 파견하여 6명의 장군과 군대 10만 명을 이끌고 흉노 우현왕을 공격하도록 하여 1만 5천의 수급(首級)과 포로를 얻었다. 다음 해에도 위청은 다시 6명의 장군을 통솔하고 흉노로 출격하여 1만 9

---

807) 고대 단위로서 1종鍾은 6석石 4두斗에 해당
808) 대사농大司農의 속관屬官으로서 금전 출납을 관장한다.

천 명을 섬멸하였다. 한나라 조정은 적병을 참수하거나 생포한 병사들에게 황금 20여만 근을 하사하였으며 항복한 흉노의 포로 수만 명도 모두 후한 포상을 받았다. 이들의 일상생활에 필요한 비용은 모두 조정에서 제공하였다. 대농부(大農府) 창고에 비축해 놓은 금전도 모두 써 버렸고 세금도 모두 군사비에 사용되어 병사들을 뒷받침할 수가 없게 되었다.

이에 관계 기관은 다음과 같이 포고하였다.

〈황제께서 '내가 들은 바에 의하면 오제(五帝)의 방법은 서로 상이했지만 모두 천하를 잘 다스렸고 우왕과 탕왕은 법령이 같지 않았지만 모두 천하에서 칭왕할 수 있었다. 그들의 경험은 서로 상이했지만 그들이 세운 공덕은 동일하다. 지금 북쪽 국경이 미처 안정되지 않았으니 나는 매우 걱정스럽다. 일전에 대장군이 흉노를 공격하여 1만 9천여 명을 참수하고 변경에서 주둔하고 있으나 오히려 기근을 해결할 식량이 없다. 관계 기관들은 백성들이 돈이나 식량으로써 작위를 사거나 속죄금을 내고 죄를 감면할 수 있는 방법을 의논하도록 하라.'고 말씀하셨다. 우리들이 논의한 결과는 상관(賞官) 설치를 주청드리고 그것을 무공작(武功爵)이라고 칭한다. 즉, 11급으로 나누고 제1급의 기점을 17만 전으로 하며, 한 급 올라갈 때마다 3만 전을 더한다. 무공작(武功爵) 제5등급인 관수(官首)는 먼저 후보 관리에 임명하고 기회가 생길 때 먼저 임용한다. 제7등급인 천부(千夫)는 오대부에 해당하여 요역을 면제하고 유죄라도 2등급 감해질 수 있다. 평민 백성이 가장 높이 올라가는 직급은 제8등급인 낙경(樂卿)이다. 이렇게 하여 군공(軍功)을 장려한다.〉

그리하여 큰 군공을 세운 사람은 제후에 봉해지거나 경대부(卿大夫)에 임명되었고 공이 적은 사람은 하급관리인 낭(郞)이나 이(吏)[809]에 임명되었다. 이로 인하여 관리의 임명 제도가 많아지고 복잡해졌으며 관직체계도 문란해지고 유명무실해졌다.

공손홍이 『춘추(春秋)』의 의리(義理)를 선양함으로써 신하 행위의 준칙으로 삼아 승상이 되고 장탕은 준엄한 법률로 안건을 심판하여 정위가 된 이후, 견지

---

809) 문서, 계산, 자료, 기록 등 잡무를 담당하는 하급 관직.

지법(見知之法)[810]이 생기게 되었고 폐격(廢格)[811], 저비(沮誹)[812] 등의 죄명에 의한 옥사에 많은 사람들이 연루되었다.

다음 해에 회남왕, 형산왕, 강도왕(江都王)의 반란 음모가 발각되자 집법 관원들은 여러 증거들을 찾아 이 사건과 관련된 사람들을 심리하여 이에 연관되어 처형된 자는 수만 명에 이르렀다. 그 후 관리들의 법 집행은 더욱 가혹해졌으며 법령도 더욱 엄격하고 세밀해졌다.

당시 조정은 청렴하고 품행이 방정하며 학식이 있는 선비들을 초빙하고 존숭하여 이 중에는 공경대부까지 올라간 사람들도 있었다. 공손홍은 한나라 조정 승상의 신분으로서 남루한 포의(布衣)를 입고 식사도 한 가지 반찬만 먹으면서 그 검소하고 소박한 생활은 전국에서도 최고였다. 그러나 세속의 사치스러운 분위기는 전혀 바로잡지 못하였다. 오히려 공명과 이익을 좇는 풍조는 더욱더 만연해질 뿐이었다.

다음 해, 표기장군 곽거병이 다시 흉노에 출격하여 4만 명을 섬멸하였다. 그 해 가을, 흉노 혼야왕이 무리를 이끌고 항복하였다. 한나라는 2만 대의 수레를 동원하여 그들을 영접하였다. 그들은 도착한 뒤 후한 포상을 받았으며 공을 세운 병사들에게도 상이 하사되었다. 이 해 지출은 백억여 전(錢)에 이르렀다.

원래 황하는 10여 년 전에 관(觀)현 지역의 제방이 터진 이래 양(梁)과 초(楚) 지방은 자주 홍수의 피해에 시달려 왔다. 황하 연변의 각 군들은 제방을 쌓았지만 제방은 곧바로 다시 터져 막대한 비용만 들었다. 그 후 반계(番係)가 삼문협 지주산(砥柱山)을 경유하는 조운 노선을 개선하기 위하여 운하를 만들고 분수(汾水)와 황하의 물을 끌어들여 토지를 관개하려고 계획했는데 여기에 수만 명이 투입되었다. 또 정당시(鄭當時)는 위수를 경유하는 양곡 수송이 너무 멀다고 생각하여 장안에서 화음(華陰)으로 직통하는 운하를 건설하였는데, 여기에도 수만 명이 동원되었다. 또 삭방(朔方)의 운하 건설에도 수만 명이 동원되었다. 그러나 2, 3년이 되어도 공사는 끝나지 않고 비용만 각각 십여 억전이 지출되었다.

---

810) 죄가 있는 것을 알고도 적발, 탄핵하지 않는 관리를 처벌하는 법.
811) 황제의 법령을 따르지 않는 죄.
812) 비방하고 헐뜯는 죄.

황제는 흉노를 정벌하기 위하여 말 기르는 것을 크게 장려하여 장안 부근에서 사육하는 말이 수만 필에 이르렀지만 말을 관리하는 사졸은 관중 지역에서 조달된 인력만으로는 부족하여 인근 지역에서 징발하였다. 또 항복해 온 흉노는 모두 조정에서 그 의식(衣食)을 부담해야 했는데, 조정은 부담할 힘이 없었다. 황제는 할 수 없이 자신의 식사를 절약하고 어용(御用)의 거마를 감축하며 궁중 창고의 비축분을 풀어 보충하였다.

다음 해 산동 지역에 커다란 수재가 휩쓰는 바람에 많은 백성들이 굶주렸다. 황제는 군국(郡國) 창고의 비축분을 모두 풀어 빈민을 구휼하였으나, 그럼에도 부족하여 부호들로 하여금 빈민에게 양곡을 빌려 주도록 했지만 그것도 충분하지 못하였다. 조정은 할 수 없이 빈민들을 함곡관 서쪽 지역이나 삭방군 이남의 신진중(新秦中)으로 이주시켰는데, 모두 70여만 명이었고 그들의 의식(衣食)은 모두 조정에서 지급하였다. 몇 년 뒤 조정은 그들에게 토지 도구를 빌려주고 아울러 지역별로 사자를 파견하여 생활을 보살펴서 관리들의 내왕이 끊이지 않았다. 이를 위한 비용은 억을 단위로 계산해도 셀 수 없을 정도로 많이 소요되는 바람에 조정의 창고는 텅텅 비게 되었다.

사정이 이러함에도 불구하고 부상(富商)이나 대상인들 중에는 이 틈에 재물을 독점하고 빈민들을 부리면서 물자를 수송하는 수레는 수백 대에 달했다. 그들은 싼 물건을 사들이고 비싸게 팔았으며 진기한 물자를 비축하여 제후들조차 모두 머리를 숙이고 그들에게 도움을 청하였다. 그들은 야철과 화폐 주조, 제염업에 종사하면서 만금에 이르는 부자도 있었으나 국가를 도와 재정 위기를 해결하기를 원하지 않았으며 백성들의 생활은 더욱 곤궁해질 뿐이었다.

그래서 황제는 대신들과 의논하여 새로운 화폐를 다시 만들어 재정을 확보하고 동시에 상업 활동에 종사하면서 토지를 겸병하는 자들을 억제하고자 하였다. 효문제가 사수전(四銖錢)을 다시 만든 이후, 조정은 자주 광산에서 동을 채굴하여 동전을 주조하였고 백성들도 몰래 동전을 주조하는 일이 많아 이러한 화폐는 헤아릴 수 없을 정도로 많아졌다. 동전은 갈수록 많아졌으나 갈수록 그 무게는 가벼워졌고 물가는 더욱 올라갔다.

법령은 날이 갈수록 엄밀해지고 많은 관리들이 이로 인하여 파면되었다. 또 전쟁이 계속 일어나자 많은 사람들이 오대부의 작위를 매관하여 노역을 피하였기 때문에 징발할 수 있는 사람은 더욱 적어졌다. 그래서 조정은 천부(千夫)와 오대부 작위를 사는 사람을 소관리(小官吏)로 하고 관직을 원하지 않는 사람들에게는 말을 바치도록 하였다. 또 이전에 면직된 관리 모두를 상림원(上林苑)[813]으로 보내 제초를 하게 하거나 곤명지(昆明池)[814]를 만드는 데 동원하였다.

한편 상인들은 화폐를 다시 주조하는 기회를 이용하여 많은 물건을 매점매석함으로써 이익을 도모하였다. 이에 공경대신들이 다음과 같이 상주하였다.

〈많은 군국(郡國)들이 재해를 당하여 빈민들이 이로 인하여 생업을 잃었으므로 마땅히 그들을 모집하여 땅이 광활하고 비옥한 곳으로 이주시켜야 할 것입니다. 폐하께서는 식사를 줄이시고 비용을 절약하시며 궁궐 창고를 풀어 백성을 구휼하셨습니다. 또 빌려준 이자 기한을 늦추시고 세금도 감면하셨습니다. 그러나 모든 백성들이 농경에 힘쓰는 것은 아니고 상인의 수는 갈수록 증가하고 있습니다. 빈민들은 아무런 저축이 없는 채 완전히 조정의 도움에만 의존하고 있습니다. 이전에 조정에서는 일정 비율을 적용하여 초차(軺車)[815]에 대하여 징세하고 상인들에게 재산세를 징수하였습니다. 이제 그것을 계속 징수하시되 그 세율을 높여 주시기 바라옵니다. 시내에서 장사를 하는 모든 상인과 고리대금업자, 물자를 매점하여 이익을 취하는 자들은 비록 시적(市籍)[816]에 등록되어 있지 않더라도 각자 소유하고 있는 재물을 관부에 신고토록 하고 2천 전당 1산(算)[817]의 세금을 부과하며, 수공업자 및 철물 주조업자들에게는 4천 전당 1산(算)의 세금을 부과하십시오. 만약 재산을 은닉하면서 신고하지 않거나 부실하게 신고한 자는 1년간 변경 수비를 맡도록 하고 그 재산을 몰수하십시오. 고발하는 자에게는 고발한 재산의 반을 장려금으로 주십시오. 시적(市籍)에 등록된 상인 및 그 가족들은 모두 전답을 소유하지 못하도록 하여 농민들에 이롭게 하고, 감히 법령을 어기는 자는 그 경작지와 어린 종을 몰수하십시오.〉

---

814) 수전水戰을 연습하기 위해 장안 서남쪽에 만든 주위 40里의 거대한 인공호수.

815) 작은 수레

816) 공工, 상商, 의醫, 무巫 등을 따로 분류하여 만든 명적名籍으로서 상인들의 호적을 가리킨다.

817) 120전錢

이때 황제는 이전에 복식(卜式)이 했던 말이 생각나서 곧바로 그를 불러 중랑 (中郎)에 임명하고 좌서장(左庶長)의 작위를 하사한 후 10경(頃)의 전답을 상으로 주었다. 그리고 천하에 포고함으로써 복식과 같은 인물이 있다는 것을 모든 사람이 알도록 하였다.

재산이 있는 자는 마땅히 재물을 헌납해야

복식(卜式)은 본래 하남(河南) 사람으로 농업과 목축에 종사하였다. 그의 양친이 사망하였을 때 어린 동생이 있었는데, 그 동생이 자라 성년이 되자 복식은 재산을 나눠 자기는 단지 양 백여 마리만 갖고, 전답과 가옥 그리고 재물 등 나머지 재산은 모두 동생에게 주었다. 그는 산에 들어가 10여 년간 양을 키워 양을 천여 마리로 불리고 논밭과 가옥도 사들였다. 그러나 동생은 가산을 모두 탕진했는데 복식은 곧 다시 동생에게 재산을 나누어 주었고 이런 일은 매우 흔했다.

당시 한나라는 여러 번에 걸쳐 장군을 파견하여 흉노를 공격하였다. 이 무렵 복식은 자기 재산의 반을 조정에 바쳐 전쟁 경비로 보조하겠다는 상소문을 황제에게 올렸다. 황제는 사자를 보내 그에게 물었다.

"그대가 이렇게 하는 것은 관직을 원해서인가?"

그러나 복식은 "저는 어려서부터 오로지 목축만을 하였고 관직에 대해서는 배우지 않았으므로 원하지 않습니다."라고 대답하였다. 이에 사자는 "집안에 무슨 억울한 일이 있는 것인가?"라고 물었다. 복식은 "저는 평생 다른 사람과 분쟁을 일으킨 적도 없으며 고을의 가난한 사람에게는 재물과 돈을 빌려 주었고, 품행이 좋지 못한 사람은 교육을 시켰습니다. 저희 고을에 사는 사람들이 모두 저와 사이가 좋게 지내고 있는데 제가 남에게 무슨 억울한 일을 당하겠습니까? 특별히 민원을 올릴 것이 없습니다."라고 대답하였다. 다시 사자가 "정말 그렇다면 그대가 이렇게 하는 것은 도대체 무슨 이유 때문인가?"라고 물으니 복식은 "지금 폐하께서 흉노를 정벌하시고 계신데, 저는 지략이 있고 용맹한 사람은 마땅히 전쟁터에서 충성을 다하여 죽어야 하고 재산을 가진 사람은 마땅히 재산을 헌납해야 한다고 생각합니다. 이렇게 할 때만이 비로소 흉노를 소멸시킬 수 있습니다."라고 말하였다.

사자는 그의 말을 자세하게 황제에게 보고하였다. 황제는 곧 이 일을 승상 공손홍에게 말하였다. 그러나 공손홍은 "이것은 인간으로서의 상식을 벗어난 것입니다. 다른 목적이 있을 듯합니다. 법도를 지키지 않는 사람을 모범으로 삼아 백성을 교화할 수는 없습니다. 오히려 법령을 교란시킬 뿐이니 받아들이지 마시기 바랍니다."라고 대답하였다.

그래서 황제는 오랫동안 복식에게 회답하지 않았고 수년이 지난 후 복식의 청원은 유야무야 되었다. 복식은 다시 고향으로 돌아가 농업과 목축에 종사하였다. 그 후 1년여 만에 여러 차례의 전쟁을 벌인 끝에 흉노 혼야왕 등이 항복해오자 조정의 지출은 엄청났고 창고는 텅 비게 되었다. 다음 해 대규모 빈민들을 이주시키면서 그 의식(衣食)은 모두 조정에서 부담해야 했는데 조정은 모두 공급하지 못하였다. 그러자 복식은 20만 전을 하남군수에게 헌납하여 이주한 빈민들에게 사용하도록 하였다. 하남군수가 빈민을 도운 부자들의 명단을 조정에 올렸는데 황제는 복식의 이름을 보고 그를 기억하고는 말하였다.

"이 사람은 전에 자기 재산의 반을 군비에 헌납하기를 고집했던 사람이 아닌가?"

황제는 복식에게 4백 명의 외요(外徭)[818]를 면제받을 수 있는 돈을 하사하였지만 그는 이 돈 모두를 다시 조정에 반납하였다. 당시 돈 있는 사람들은 모두 자기 재산을 숨기고자 했는데 오직 복식만은 자신의 재산을 적극적으로 헌납하였다. 그래서 황제는 복식을 진정으로 품격이 고상한 사람이라고 판단하여 크게 존경과 찬양을 하면서 백성들로 하여금 그를 본받도록 하였다.

원래 복식은 낭관을 원하지 않았다. 하지만 황제가 "내가 상림원에 양을 키우고 있는데 그대에게 그것을 맡기고 싶다"고 하자, 복식은 그 직위를 받아들였다. 복식은 포의(布衣)에 짚신을 신고 일을 하였다. 일 년여가 지나 양들은 모두 살이 찌고 마릿수도 크게 늘었다. 황제가 어느 날 이곳을 지나가다 양들을 보고 복식이 일을 매우 잘한다고 생각하였다. 그러자 복식은 "비단 양을 키우는 것만이 아니라 백성을 다스리는 것도 이렇습니다. 때를 맞추어 노동하고 휴

---

818) 국경 수비를 가는 요역.

식하도록 하며, 좋지 못한 것은 즉시 제거하여 다른 무리에게 해를 미치는 일이 없도록 하기만 하면 됩니다."라고 대답하였다.

황제는 복식의 말을 매우 신기하게 생각하고 그를 곧 구지현의 현령으로 임명하여 그 능력을 시험하였다. 과연 구지의 백성들이 그를 잘 따랐고, 그 후 성고현령으로 자리를 옮겨서는 조운(漕運)을 관리하는 일에서도 뛰어난 업적을 이루었다. 황제는 복식이 충후(충직하고 온순함)하고 소박한 사람이라고 생각하여 곧 그를 제왕(齊王)의 태부(太傅)로 삼았다.

공근(孔僅)은 전국적으로 철기의 관영(官營)을 추진하여 3년 사이에 대농으로 승진하여 9경의 지위에 올랐다. 또 상홍양(桑弘羊)은 정식으로 대농승(大農丞)이 되어 각종 회계 계산을 관리하였고 시험적으로 균수관(均輸官)[819]을 설치하여 물자를 유통시켰다. 명을 내려 이(吏)의 하급 관원도 양곡 헌납을 하면 관직을 주는 제도를 시행하였으며, 그 범위는 낭관에서 6백 석의 관원까지 해당되었다.

백금(白金) 화폐와 오수전(五銖錢)을 주조한 이래 5년 동안 이 화폐를 사사로이 주조하여 죄를 지은 관리와 백성들 중 사면되어 죽음을 면한 자는 수십만 명에 달하였다. 죄가 발각되지 않은 채 이익을 다투다가 서로 공격하고 죽인 자도 이루 헤아릴 수 없을 정도로 많았다. 그리하여 자수한 사람을 사면한 숫자가 백여만 명에 달하였으나 자수한 사람은 실제 범법자의 반도 되지 않았다. 천하의 모든 사람들이 너나 할 것 없이 백금과 오수전을 불법적으로 주조하고 있었다. 이렇게 범법자가 많아지자 관리들도 이들을 모두 체포, 처벌할 수가 없었다. 그래서 황제는 박사(博士) 저대(褚大)와 서언(徐偃) 등을 각 지역별로 파견하여 토지를 겸병하고 불법으로 이익을 도모하는 군수와 제후 대신들을 검거, 탄핵하도록 하였다. 당시 어사대부 장탕은 황제의 신임을 얻어 권력을 휘둘렀고, 감선과 두주 등은 어사중승(御史中丞)[820]에 임명되었으며, 의종과 왕온서 등은 엄혹하게 법을 집행하여 9경의 지위에 이르렀다. 직지사(直指史)[821] 하란(夏蘭)과 같

---

819) 물자 유통을 관리하던 관리의 직명

820) 어사대부御史大夫의 차관次官.

821) 황제의 특명으로 특정한 사건을 처리하기 위한 시어사侍御史로서 지방 사법을 감찰한다.

은 자들이 등장한 것도 이때부터였다.

대농(大農) 안이(顔異)가 처형된 것도 이 무렵이었다. 당초 안이는 제남 정장(亭長)이었는데, 청렴 정직하였기 때문에 9경의 지위까지 오른 사람이었다. 황제가 장탕과 논의하여 백록(白鹿)의 가죽 화폐를 만든 후 안이의 의견을 물었다. 이에 안이는 "지금 왕후들이 경성에 들어와 알현하면서 황제에게 헌상하는 것은 창벽(蒼璧)[822]인데 불과 수천 전에 불과합니다. 그런데 그 창벽을 포장하는 피폐(皮幣)는 거꾸로 40만 전이나 됩니다. 원래 창벽이 주요한 선물이고 피폐는 모양을 내기 위한 포장일 뿐인데, 이렇게 되면 너무 어울리지 않는 것입니다."

황제는 이 말을 듣고 기분이 좋지 않았다. 장탕은 평소 안이와 관계가 좋지 못하였다. 어떤 사람이 한 사건을 들어 안이를 고발했는데, 마침 장탕이 이 사안을 심리하였다. 이전에 안이가 손님과 대화를 했었는데, 손님이 새로 공포된 조령(詔令)이 부적합한 점이 있다고 말하자 안이는 그에게 감히 회답을 하지 않으면서 다만 입술을 약간 움직였을 뿐이었다. 장탕은 안이가 9경의 신분으로서 법령의 부적합한 점을 알고서도 자기의 의견을 밝히지 않았고 마음속으로 비방하였으니 그 죄는 사형에 해당한다고 상주하였다. 이 사건으로부터 복비(腹誹)[823]의 형법이 생기게 되었고, 공경대부들은 거의 아첨과 아부로써 보신하고자 하였다.

황제가 민전령(緡錢令)[824]을 공포하고 복식을 찬양하여 모범으로 삼고자 하였다. 그러나 백성들은 끝내 재산을 조정에 헌납하여 국가를 도우려 하지 않았기 때문에 원가를 보고하지 않고 재산을 은닉한 상인들을 검거하는 일이 대대적으로 전개되었다.

백금(白金) 화폐의 가치가 약간 떨어졌으나 백성들은 여전히 그것을 중시하지 않았고 사용하려 하지도 않았다. 조정은 법령으로 백금 화폐의 사용을 강제했으나 효과가 없었고 결국 1년여 만에 백금 화폐는 마침내 폐기되고 사용되지 않았다. 이 해에 장탕이 죽었으나 슬퍼하는 백성이 없었다.

---

822) 창색蒼色의 옥벽玉璧

823) 조정의 정책을 속으로 비방한 자를 처벌하는 법

824) 상인들이 스스로 원가를 계산하여 이를 토대로 세금을 징수하는 것. 민緡이란 동전을 꿰는 데 사용한 끈으로서 끈에 꿴 1000전의 동전을 1민緡으로 하였다.

백성은 피폐해졌지만 국가는 부유해졌다

복식이 제나라 왕의 태부(太傅)가 된 뒤, 양가(楊可)가 주도한 고민령(告緡令)[825]
이 천하에 시행되면서 중간 이상의 부자들은 대부분 고발되었다. 두주(杜周)가
이들을 치죄하였는데, 무죄를 받은 사람이 거의 없었다. 그리하여 조정은 어
사, 정위, 정감(正監)을 따로따로 지방에 파견하여 각 군국에서 교부하지 않은
민전을 조사하였는데, 이때 몰수한 재산이 억을 단위로 계산해야 할 정도로 많
았으며 노비도 수천만이었다. 큰 현(縣)의 경우 몰수한 전지(田地)는 수백 경(頃)이
었고 작은 현의 경우는 백여 경이었으며, 주택 역시 마찬가지였다. 따라서 중
간 이상의 상인 대부분이 파산하였으며, 백성들은 맛있는 음식과 좋은 의복만
찾고 향락을 추구하여 두 번 다시 전답을 사들여 생업을 경영하지 않았다. 그
러나 조정은 염철(鹽鐵)의 전매와 고민령에 의한 수입 때문에 더욱 부유해졌다.

처음에는 대농이 염철 전매를 관리하였으나 그 수입이 엄청나게 많아지자
수형(水衡)도위[826]를 설치하여 염철 업무를 전담시키려고 하였다. 그러나 고민
령이 시행되면서 상림원에 재물이 많이 쌓이자 수형도위로 하여금 상림원을 관
장하도록 하였다. 이후 상림원이 재물로 가득 차자 그 규모를 또 확대하였다.
이 무렵 남월이 전선(戰船)을 이용해서 한나라와 전쟁을 벌이려고 하자, 한나라
는 곤명지(昆明池)를 크게 수리하고 그 주위 연못에 많은 궁궐을 지었다. 또한 누
선(樓船)을 건조하였는데, 그 높이가 십여 장(丈)에 이르렀고 그 위에 깃발을 꽂
으니 더욱 장관이었다. 천자는 기분이 좋아져 또 백량대(柏梁臺)를 지었는데, 그
높이는 수십 장이나 되었다. 궁실의 건축이 이때부터 날이 갈수록 화려해졌다.

조정은 징수한 민전을 각 관부에 나누어 주고, 수형(水衡), 소부(少府)[827], 대농
(大農), 태복(太僕) 등 각 부는 모두 농관(農官)을 설치하여 각 군현(郡縣)이 몰수한 전
지에 가서 농사를 지었다. 몰수한 노비는 각 원(苑)에 나뉘어져 개와 여러 짐승
들을 키우도록 하였고, 일부는 각 관부로 보냈다. 각급 관부기구는 수많은 관

---

825) 상공업에 대하여 재산세를 징수하는 법으로서 이로써 상인의 부담이 대단히 커졌다.

826) 상림원을 관장하는 벼슬

827) 전국시대부터 있었던 관직명으로서 9경 직위 중의 하나. 산천원지시정山川園池市井의 조세 수입과 황
실에서 수공으로 제조한 것을 관장하는 황실의 사부私府이다.

직을 마구 설치하였다.

소충(所忠)이라는 사람이 "일부 관료 자제들과 부자들이 닭싸움과 개와 말 경주 그리고 사냥과 도박을 일삼아 백성들을 괴롭히고 있습니다."라고 고발하였다. 그리하여 관부는 법령에 의거하여 그들을 심리하니 검거된 자가 수천 명이나 되었는데, 이들은 '주송도(株送徒)'라 불려졌다. 하지만 재산을 헌납할 수 있는 자는 낭관(郎官)이 될 수 있었고, 따라서 낭관을 선발하는 제도는 쇠퇴하였다.

당시 산동 지역은 황하의 재해를 입고 또 몇 년 동안 계속 흉년이 들어 심지어 어떤 사람들은 사람을 잡아먹는 일까지 벌어졌으며, 재해를 입은 지역이 일이 천리에 이르렀다. 천자가 이를 매우 가련히 여겨 〈강남 지방은 화경수누(火耕水耨)[828]의 지방으로서 경작이 용이하니 기아로 고통 받는 백성들이 강(江)과 회(淮) 지역으로 이주하여 먹고 사는 것을 허락한다. 만약 그곳에 가서 계속 거주하고자 원하는 자는 남게 하라〉는 조서를 내렸다. 그리하여 사자와 관리를 파견하여 이주하는 백성들을 호송하고 파촉 지방의 양식을 보내 그들을 구휼하였다.

다음 해, 천자는 지방 순시를 시작하였다. 동쪽으로 황하를 건너자 하동군수는 황제의 어가가 돌연 올 줄을 예상하지 못하다가 미처 대접을 할 수 없게 되자 곧 자살하였다. 황제 일행이 서쪽으로 농산(隴山)을 넘어가자 그곳 군수는 창졸간에 천자 수하의 식사를 제공하지 못하자 역시 자살하였다. 그 뒤 황제는 북쪽으로 소관(蕭關)을 나가 수행하는 수만의 기사(騎士)들은 신진중에서 사냥을 하고 변경 군대를 위문하고는 장안으로 돌아갔다.

다음 해, 남월이 반란을 일으키고 서강(西羌)이 변경을 침범하여 해악이 컸다. 황제는 산동에 재해로 식량이 부족해지자 천하에 대사령을 내리고 남방의 누선(樓船) 부대 20여만으로써 남월을 진공하게 하고 3하(三河) 지역에서 기병 수만 명을 징발하여 서강을 공격하였다. 또 수만 명을 파견하여 황하를 건너 영거성을 짓도록 하였다.

제나라 재상 복식이 황제에게 상서를 올렸다.

"황상의 우환은 신하된 자의 치욕이라고 들었습니다. 남월이 반란을 일으킨

---

828) 수확하고 남은 벼의 밑 부분을 태워 시비施肥의 효과를 올리고 여름에는 논에 물을 대어 잡초를 제거하는 농법.

지금 신은 아들과 함께 배를 타는 데 익숙한 제나라 사람들을 데리고 가서 나라를 위하여 목숨을 걸고 종군하겠습니다."

그러자 황제는 조칙을 내려 말했다.

〈복식은 비록 농업과 목축에 종사하는 한 사람에 불과하지만 그것으로써 이익을 취하지 않고 수익이 있으면 곧 내놓아 국가를 도왔다. 지금 천하에 불행히도 위난이 있게 되자 복식은 자진하여 부자가 국가를 위하여 나서 비록 전투에 참가하지는 않았지만 실로 충의로 가득 차 있다고 할 수 있도다. 이에 그에게 관내후(關內侯)[829]의 작위와 황금 60근, 전답 10경(頃)을 하사하겠노라.〉

이 일을 천하에 통고하였으나 다만 아무도 반응이 없었다. 당시 제후만 해도 백 명이 넘었으나 서강과 남월의 반란 토벌에 종군을 지원하는 사람은 단 한 명도 없었다. 황제가 종묘에 제사를 모실 때, 소부(少府)는 제후들이 제사에 헌납한 '헌금'을 조사하고 '헌금'이 규정에 미달한 제후 백여 명의 작위를 박탈하였다. 그런 후 복식은 어사대부에 임명되었다.

복식은 어사대부가 된 뒤 대부분의 군국(郡國)들이 조정이 경영하는 염철 전매에 있어 철기(鐵器)가 조악한데다가 값도 비싸며 심지어 일부에서는 백성들에게 강매하는 일도 있어 조정의 염철 전매를 반대하고 있음을 알았다. 또한 배에 과세하는 바람에 상인이 감소하여 물가가 앙등한 사실을 알고 공근(孔僅)을 통하여 배에 과세하는 문제점을 황제에게 상주하였다. 이 때문에 황제는 복식을 싫어하게 되었다.

한나라는 3년 동안 계속 파병하여 서강을 진압하고 남월을 멸하였고, 반우(番禺)[830] 서쪽으로부터 촉의 남쪽까지 모두 17개의 군국(郡國)을 새로 설치하였다. 그러고는 현지의 본래 습속에 따라 관리하였으며 세금도 부과하지 않았다. 남양과 한중 이남의 각 군은 인근 새로운 군의 관리와 이졸(吏卒)의 봉록과 식량 그리고 역전(驛傳) 거마(車馬)의 용구(用具)를 공급하였다. 그러나 새로 설치한 군에서는 소규모 저항이 늘 발생하여 한나라가 파견한 관리를 살해하였다. 한나라 조정은 남방의 관리와 사병을 파견하여 진압하였는데, 여기에 해마다 만여

---

829) 20 작급 중 제19급에 해당하는 직위.

830) 현재 광저우 시 남쪽.

명을 동원하였고 이 비용은 모두 대농에서 지출되었다. 대농은 균수와 염철관이 운영하는 수입으로 조세 수입을 보완하였기 때문에 그 경비를 감당할 수 있었다. 그러나 군대가 지나가는 현에서는 다만 그들에게 규정에 따라 경비를 제공할 뿐, 감히 규정 이외에 임의로 세수를 증가시키지 못하였다.

다음 해인 원봉(元封) 원년에 복식은 태자태부로 강등되고 상홍양은 승진하여 치속도위에 임명되어 대농을 주관하면서 공근을 대신하여 전국의 염철 업무를 관리하였다. 상홍양은 많은 관청에서 각자 장사를 하기 때문에 서로 물건을 비축하려고 상호 경쟁하여 물가가 앙등한다고 생각했다. 또한 일부 지방에서 중앙으로 납부하는 현물은 그 운송비용도 나오지 않는 경우가 있었다.

그리하여 그는 수십 명의 대농부승(大農部丞)을 설치해 군국(郡國)의 균수를 분담하여 책임지도록 하는 주청을 올렸다. 각 군국의 대부분 현은 균수 염철관이 없기 때문에 각지로 하여금 현지 특산물로써 세금을 충당하도록 하고 물자는 각지의 균수관이 서로 가격이 가장 비싼 곳에 판매하도록 하였다. 그리고 경사(京師)에는 평준관(平準官)[831]을 두어 천하 군국에서 비축하여 경사로 보내는 재물을 총괄 관리하도록 하였다.

또 공관(工官)에게 수레 및 각종 기기(機器)를 만들게 하고 그 비용은 대농에서 지급하도록 했다. 대농에 속한 모든 관리들은 천하의 물자를 모두 관장하여 값이 오르면 팔고 값이 떨어지면 사들이도록 했다. 이렇게 하면 부유한 대상인들이 크게 이익을 취할 수 없게 되고 많은 사람들이 농업생산으로 돌아가게 되며, 각종 물자도 등귀하는 일이 없어진다는 주장이었다. 그리고 이처럼 물가가 억제되는 것을 '평준(平準)'이라고 하였다.

황제는 그의 의견을 받아들이고 그대로 시행하도록 하였다.

이익을 도모하는 신하를 중용하다

그 후 황제는 북쪽으로 삭방을 방문하고 동쪽으로 태산(太山)을 방문하여 해

---

831)　물가를 조절하는 관官

변과 북방 변경을 순시하고 귀환하였다. 황제는 지나는 곳마다 상을 내려 백여만 필의 비단과 억에 이르는 돈과 금을 비용으로 썼는데, 모두 대농에서 충분히 감당할 수 있었다.

상홍양은 하급관리가 곡식을 바치면 상위의 관직을 받을 수 있고, 죄인이 재물로 속죄할 수 있도록 건의하였다. 또 백성들이 감천궁(甘泉宮)에 곡식을 바칠 수 있고 그 수량에 따라 요역 면제 및 종신 면제를 받을 수 있도록 하였으며 아울러 재산세도 징수하지 않도록 건의하였다. 또한 양곡을 수출할 수 있는 군(郡)은 급히 필요로 하는 다른 지방으로 수출할 수 있도록 하고, 모든 농관(農官)들도 공전(公田)을 경영하여 양식을 얻을 수 있도록 하였다. 그리하여 산동의 조운(漕運)은 매년 6백만 석(石)이 증가하여 1년 안에 태창(太倉)과 감천궁의 각 곡식 창고가 모두 가득 찼고, 변경에도 양곡이 남아돌았다. 따라서 백성들에게 조세를 증세하지 않고도 천하의 재정이 풍족하게 되었다. 황제는 상홍양에게 좌서장 작위를 내리고 다시 황금 백 근을 하사하였다.

이 해에 가뭄이 약하게 들어 황제가 이에 관련된 관리들에게 기우제를 지내라고 명하였다. 그러자 복식이 말하였다. "조정은 조세로써 비용을 유지해야 마땅한데, 지금 상홍양은 도리어 관리들에게 시장에서 장사시키며 물건을 팔아[832] 이익을 도모하고 있습니다. 상홍양을 삶아 죽이기만 하면 하늘이 곧 비를 내릴 것입니다."

태사공은 말한다.

"농, 공, 상 각 업종에서의 상품 교환이 이루어진 뒤 귀패(龜貝), 금전(金錢), 도포(刀布) 등 각종 화폐가 곧바로 만들어졌고, 이러한 사정은 이미 매우 오래되었다. 고신씨(高辛氏)[833] 이전은 너무 오래되어 기록이 남아 있지 않다. 그러므로 『상서(尙書)』가 요순시대를 언급하고 『시경』이 은과 주 시대를 기술하면서 '천하가 안정되면 곧 학교를 중시하고 농본주의를 추앙함으로써 먼저 말업(末業: 상

---

832) 원문은 坐市列肆, 市란 "貿, 買, 市也", 혹은 "謂市, 賣買物也"처럼 물건을 매매하는 의미이며, 肆란 상품을 진열하고 그것을 파는 곳을 일컬어 肆라 하였다.

833) 요임금의 아버지 제곡帝嚳을 가리킨다.

업)을 억제하고, 예의로써 사람들이 이익을 추구함을 방지한다. 만약 천하의 변고가 많아 안정되지 못하면 그 정반대의 방법을 사용한다.'라고 하였다. 어떤 사물도 극에 이르면 곧 쇠퇴하게 되는 것이고, 쇠락이 가장 밑바닥에 이르면 또다시 변화하여 한 시기에 기풍이 질박하면 다른 한 시기는 풍속이 사치하여 양자가 시종 변화한다.

'우공편(禹貢篇)'에 기재된 구주(九州)는 각 지역에 적합한 작물과 백성이 수확한 양에 따라 세금을 확정하였다. 탕왕과 무왕은 각기 전대의 폐정을 바꿨으며 피곤함을 모르고 백성을 다스리며 각자 생업에 힘씀으로써 치국의 도를 정립했으나 이미 내리막길의 조짐은 나타나고 있었다.

제나라 환공은 관중의 계책을 채용하여 국가가 물가를 억제하고 염철 전매 등의 정책을 시행함으로써 국가가 부강해져 제후들의 입조를 받고 다른 국가로부터 패자의 명성을 얻었다. 위나라는 이극(李克)을 등용하여 토지의 역할을 최대한 발휘하도록 하여 강력한 국가가 되었다. 그 이후에 천하 각국이 전란 중에 경쟁하여 음모와 무력을 숭상하고 도덕과 인의를 경시하면서 반드시 먼저 부유해야 비로소 겸양을 따질 수 있다고 생각하였다. 그러므로 일부 평민 중에서도 천만의 재산을 가진 부자가 나왔지만, 가난한 사람은 겨나 술지게미도 먹지 못하였다. 대국과 강국은 소국을 병합하여 원래의 제후를 신하로 만들었으며, 약소국은 심지어 종묘의 제사가 끊기고 멸망하는 경우도 있었다. 진시황의 시기에 이르러 마침내 천하가 통일되었다.

우순(虞舜)의 시대와 하대(夏代) 이래의 화폐로서는 금이 3종류로 나뉘어 황금, 백금, 적금(赤金)[834]의 화폐가 있었고, 이밖에 전(錢), 포(布), 도(刀), 귀패(龜貝)의 화폐도 있었다. 그러나 진나라 시기에 이르러 전국의 화폐를 두 등급으로 나누어 황금은 일(鎰)[835]을 단위로 하여 상폐(上幣)라 칭하였고, '반량(半兩)'이라는 명문(銘文)이 표기된 반량(半兩)의 동전을 하폐(下幣)라 칭하였다. 주옥, 귀패, 은과 주석 등은 장식품이나 진귀한 소장품으로 쓰일 뿐 더 이상 화폐로 사용되지 않았다. 이러한 물건은 시장 상황에 따라 가격이 정해졌다. 당시 밖으로 오랑캐를

---

834) 구리銅를 가리킨다.

835) 20냥兩

물리치고 안으로는 토목공사를 일으키면서 전국의 남자들이 힘들게 경작해도 식량은 여전히 부족하였고, 여자들이 모든 힘을 다하여 방적에 힘써도 의복은 여전히 부족하였다. 옛날에 모든 천하의 물자와 재부를 끌어다가 통치자를 받들었지만, 그는 여전히 아직 부족하다고 생각하였다. 이는 다른 이유가 아니라 사물과 형세의 변화가 서로 작용하여 이러한 결과를 초래한 것으로서 무슨 기이한 것이 있겠는가?"

부록
임안에게 보내는 사마천의 편지

잘 알려진 대로 사마천은 궁형(宮刑)을 당했다. 죽음보다 더 치욕적인 궁형을 받으면서도 그가 죽지 않았던 이유는 다름 아닌 『사기』의 완성에 있었다.

여기 궁형을 당해 환관으로 일하면서 사기의 저술에 몰두하였던 사마천의 절절한 통곡의 심정을 생생히 전하고자 한다.

이 글은 원래 '임안(任安)에게 보내는 편지(報任安書)'이다.[836]

임안은 기원전 91년의 반란 사건에 연루되어 사형 판결을 받고 그 집행을 기다리고 있던 한나라 무제 때의 장군이다. 사마천과 임안은 상당한 교분이 있어 사형을 앞둔 임안에게 사마천은 자기의 뼈아픈 심정을 생생하게 전하고 있다.

〈태사공, 소나 말과 같은 하인, 사마천이 재배드리며 말씀드립니다.

지난번에 보내주신 글에서 남과의 교류와 일을 함에 있어서 신중해야 하고 현명한 인재의 천거를 자신의 임무로 삼으시라는 가르침을 주셨습니다. 비록 제가 보잘것없는 존재이기는 하지만 군자들의 가르침만은 거듭 귀에 담고 있습니다. 하지만 저는 얘기할 상대도 없고 항상 혼자서 우울하게 지내지 않으면 안 되는 처지입니다.

종자기(鐘子期)가 죽은 다음에는 백아(伯牙)가 두 번 다시 칠현금(七絃琴)을 뜯은 일이 없다고 했습니다.[837] 또한 선비는 자기를 알아주는 자를 위해 죽고, 여자는 자기를 사랑해 주는 사람을 위해 화장한다고 했습니다. 저와 같은 자는 설

---

836) 이 원문은 원래 『한서漢書』, '사마천전司馬遷傳'에 수록되어 있다.

837) 백아는 춘추 시대의 칠현금 명수이며, 종자기는 그의 친구로 백아의 음악을 잘 이해했다고 한다. 서로 뜻이 맞는 친구를 '지음知音'이라 부르는 것은 여기에서 유래되었다.

사 드높은 재주를 가지고 허유[838]나 백이와 같은 덕행을 쌓았다고 하더라도 영예를 얻기는커녕 오히려 세상의 웃음거리만 될 뿐일 것입니다.

제가 회답을 곧 드려야 했으나 동방 순행(巡行)에 따라가고 또 일련의 잡사에 매달려 찾아뵐 겨를도 없이 조그마한 틈조차 내지 못한 채 자신의 심정을 모두 솔직하게 털어놓을 수가 없었습니다. 지금 당신께서 뜻밖의 불운을 당하고 한 달이 지나면 겨울의 끝이 다가옵니다.[839] 저도 또 황제를 수행하여 옹(雍) 지방으로 떠나야 하므로 혹시 피치 못할 일[840]이 갑자기 발생하게 되면, 결국 저의 쌓인 울분을 당신께 전하지도 못하고 당신의 혼백 역시 천추의 한이 될 것입니다. 부디 저의 어리석은 의견을 말씀드릴 수 있도록 허락하시고 오랫동안 소식 드리지 못했던 일을 용서해 주시길 바라옵니다.

저는 수신(修身)이란 지혜의 표현이고, 사람을 사랑하고 돕는 것은 인(仁)의 발단(發端)이며, 무엇을 얻고 무엇을 지불하는가는 의(義)의 표지(標志)이고, 치욕을 느끼는 마음은 용기의 선결 조건이며 명예의 수립은 행위의 최종적인 목표라고 들었습니다. 선비는 이 다섯 가지의 덕을 갖춘 후 비로소 세상에 입신하여 군자의 반열에 오를 수 있습니다. 그러한 까닭에 선비에게 가장 불행한 경우란 탐욕과 사사로운 이익에 사로잡히는 것이며, 가장 큰 고통이란 마음에 상처를 입는 것이고, 가장 추한 행위란 조상을 모욕하는 것이며, 가장 큰 치욕은 궁형을 받는 것이라 하겠습니다. 궁형을 받고 살아남은 자는 도저히 다른 사람과 비교될 수 없으며 이는 비단 당대에 그치지 않고 그 유래가 이미 오래되었습니다. 위나라 영공은 환관 옹거를 자기 수레에 태웠기 때문에 공자는 그 나라를 떠나갔습니다. 상앙은 환관인 경감을 통하여 임용되었기 때문에 조량(趙良)은 그의 장래를 한심스럽게 여겼습니다. 그리고 환관 조동이 문제(文帝)의 수레에 함께 탔기 때문에 원앙이 크게 노했던 것입니다. 자고 이래로 환관은 치욕의 상징이었습니다. 환관과 관계되는 일이 생기면 예나 지금이나 할 것 없이 평민조차도 얼굴을 찌푸리게 되어 있습니다. 그러니 지조 있는 사람들은 어떠하겠

---

838) 허유許由. 요임금이 천하를 양도해 주겠다는 것을 거절하고 산에 들어가 숨은 고결한 선비.
839) 당시에는 겨울철에 사형 집행이 이뤄졌기 때문에 '사형 집행'의 시기가 박두했다는 뜻이다.
840) 사형을 가리킨다.

습니까? 지금 조정에 아무리 인재가 없다고 해도 저처럼 궁형을 받은 자가 어찌 천하의 호걸을 추천할 수 있겠습니까?

저는 선조께서 남긴 사업을 물려받아 황제 주위에서 20여 년 동안 관리로 일할 수 있었습니다. 그러나 기발한 계략과 특수한 재능에 의하여 칭찬을 받고 명예를 얻은 적도 없고 황제의 신임을 얻지도 못했으며 현명한 사람을 천거하지도 못했습니다. 또한 고관대작을 받아 가족과 친구들로 하여금 영광으로 여기게 한 적도 없습니다. 지금 이미 몸에 결함을 가지고 비천한 지위에 있는 제가 우스꽝스럽게도 휘젓고 다니면서 시비를 가리고 나선다면 그야말로 조정의 권위를 실추시키는 일이며 유능한 선비들을 모욕하는 일이 아니겠습니까! 아! 아! 저와 같은 자가 이제 와서 새삼스럽게 무엇을 할 수 있다는 말입니까?

도대체 세상사처럼 뜻대로 안 되는 것도 없습니다. 저는 어려서부터 이렇다 할 재주도 없었고 성인이 되어서도 고향 사람들의 찬사 한 마디 들어보지 못한 채 아버님 덕분에 황제의 부르심을 받아 궁중에 드나들 수 있게 되었습니다. 물동이를 머리에 얹게 되면 하늘을 바라볼 수 없습니다. 따라서 친구들과의 교류도 끊어지고 가정의 일도 잊은 채 밤낮으로 높지도 않은 저의 능력을 다하여 업무를 수행하고 황제의 마음에 들도록 노력하였습니다. 하지만 사정은 예상할 수 없는 방향으로 잘못 흘러갔습니다.

이릉(李陵)은 제가 오래 전부터 아는 사람이었습니다. 그러나 서로의 입장이나 성격에 차이가 있었기 때문에 술잔을 기울이며 우정을 나눌 만한 절친한 사이는 아니었습니다. 하지만 저는 그를 신념이 있는 인물로 생각했습니다. 그는 어버이에게는 효도가 깊고 친구에게는 신의를 다했으며, 금전 관계에는 청렴하였고 몸과 마음을 바쳐 나라에 충성하려는 굳은 의지를 가진 인재였습니다. 저는 그가 국사(國土)의 풍도를 가지고 있는 인물이라고 생각하였습니다. 신하된 자로서 만 번 죽는다 해도 자신의 생명을 돌보지 않고 먼저 나라의 위급함을 구하려 하는 것이란 예나 지금이나 높이 평가되어야 마땅할 것입니다.

그런데 이제 그가 했던 일 중의 하나가 약간 좋지 못한 결과로 나타나자 오로지 자신의 몸을 사리고 처자식 보호하는 데에만 급급했던 대신들이 서로 앞을 다투어 그의 잘못을 비방하고 과장했기 때문에 저는 참으로 통한을 느끼지 않을 수가 없었습니다.

실로 이릉 장군은 비록 패전하기는 했지만 일찍이 볼 수 없었던 빛나는 업적을 남겼다고 할 것입니다. 그는 자기 휘하에 있던 5천 명도 안 되는 보병을 이끌고 강력한 흉노족의 본거지 깊숙이 쳐들어가 목숨을 걸고 수만의 적군과 대결하면서 10여 일에 걸쳐 싸워 사망한 적군의 수가 자기 군대의 인원수를 넘어섰습니다. 그리하여 적군들은 사상한 병사들을 돌볼 겨를도 없을 정도였으며 흉노의 군왕조차도 크게 놀라 좌우 현왕(賢王)의 병마 모두를 출동시켰고 궁수들도 총동원하여 전국의 군대가 모두 공동으로 이릉을 포위 공격했습니다. 이릉의 군대는 이와 같은 악조건에서 천리를 옮겨 다니며 싸우다가 드디어 화살이 끊겼으며 길은 끊기고 구원군은 오지 않은 채 사상자는 산더미처럼 쌓이게 되었던 것입니다. 그렇지만 이릉은 군사들을 독려하여 모두 용감히 일어서서 피를 뒤집어쓰고 눈물을 삼키며 다시 빈 활을 잡고 칼날에 맞서 적들과 육박전을 전개하였습니다. 그렇기 때문에 이릉이 아직 패배하지 않았을 때 전령이 그가 분투한다는 소식을 알리자 모든 조정 백관이 축배를 들고 만세를 외쳤던 것입니다. 그런데 며칠 후 패전 소식이 들어오자 폐하는 입맛을 잃고 대신들은 당황해 어쩔 줄 몰라 했습니다.

저는 폐하의 괴로운 심정을 이해하고 천한 저의 지위도 잊은 채 폐하께 위로해드리는 뜻에서 아뢰었습니다. "이릉은 항상 부하들과 고락을 같이 했고 그리하여 떼려고 해도 뗄 수 없는 신뢰 관계를 맺었습니다. 옛 명장이라도 그를 따를 만한 사람은 거의 찾아보기 어려울 것입니다. 불행히도 그가 포로의 몸이 된 것은 다음 기회에 한나라에게 다시금 봉사하겠다는 충정이었을 것입니다. 비록 일시적인 것이라 해도 흉노의 대군을 격파한 공적은 천하에 알려 표창할 만한 것이라 하겠습니다."

그러나 폐하께서는 이러한 저의 충정은 납득하시지 못하시고 오히려 제가 이릉 장군을 두둔하여 이사장군(貳師將軍) 이광리[841] 장군을 깎아내리는 것이라 오해하시고 저를 감옥에 가두었던 것입니다. 집안이 가난했기 때문에 벌금형으로 대신할 만한 재산도 없었고 친척이나 친구로부터 한 마디의 도움조차 받

---

841) 이사장군 이광리는 무제의 총비 이부인의 오빠로서, 무제는 이광리를 파견하여 흉노 정벌을 명했고 당시 이릉은 그 부장이었다. 이릉이 포위되었을 때 이광리는 이를 구원하지 않았는데, 사마천의 이릉 변호를 무제는 이광리에 대한 비난으로 받아들인 것이다.

지 못했으며 황제의 측근 중 누구도 황제에게 말 한 마디 하는 자가 없었습니다.

결국 이릉은 목숨을 건져 적에게 항복함으로써 가문을 더럽혔고, 저는 잠실 842)에 내던져진 채 세상의 웃음거리로 전락했습니다. 비통하고도 비통합니다. 이 일은 속인(俗人)들에게 일일이 말해 줄 수도 어렵습니다.

저는 봉후(封侯)의 영예나 특별한 포상을 받은 일이 없는 가문에서 태어났습니다. 태사(太史)라는 직업이란 무당이나 점쟁이에 가깝고, 이른바 폐하의 희롱을 받는 악공(樂工)이나 배우 등과 같은 부류에 속할 뿐이며 세상 사람들이 모두 경멸하는 대상입니다.

이러한 제가 법에 따라 사형을 받는다고 해도 그것은 한낱 아홉 마리 소 중에서 터럭 하나 없어지는 것과 마찬가지일 뿐이니843) 저와 같은 존재는 땅강아지나 개미 같은 미물과 무엇이 다르겠습니까? 그리고 세상 사람들은 제가 죽는다 할지라도 절개를 위해 죽는다고 생각하기는커녕 오직 나쁜 말을 하다가 큰 죄를 지어서 어리석게 죽었다고 여길 것입니다. 왜냐하면 제가 평소에 충성을 바치고 뛰어난 계책을 바쳐 나라에 보탬이 된 적도 없었고, 또한 어질고 현명한 선비들을 추천하거나 등용시켜 보지도 못했으며, 아울러 전쟁에 나가 성을 뺏거나 적장의 목을 벤 공도 없기 때문인 것입니다. 더구나 정치에 부족한 것을 보충하고 공을 세워 일가친척이나 친구들에게 은혜를 베푼 적도 없었습니다. 그러니 저는 죽으려 해도 죽을 수도 없었던 처지였던 것입니다.

사람이란 누구나 죽을 수밖에 없습니다. 그런데 어떤 사람의 죽음은 태산보다 큰 반면 어떤 사람의 죽음은 홍모(鴻毛)보다 가볍습니다. 고서(古書)에 "형벌은 대부에까지 이르지 않는다."844)라는 말이 있습니다. 이는 대부의 체면을 살리기 위한 말이 아닐 수 없습니다. 깊은 산에서는 백수의 왕인 호랑이도 우리 속에 갇히게 되면 꼬리를 흔들며 먹이를 구걸하게 됩니다. 오랫동안 위협당하고 고통을 받은 결과가 그러한 변화를 가져다주는 것입니다.

손발을 묶이고 벌거벗겨져 채찍을 맞고 감옥에 처박히면 옥리만 보더라도

---

842) 잠실蠶室. 궁형에 처한 사람을 상처가 회복될 때까지 수용시켰던 밀실.

843) 구우일모九牛一毛

844) 형불상대부刑不上大夫

머리를 땅에 박고 간수나 잡역부에게조차 겁에 질리게 되어 있습니다. 그런 때 오히려 자기가 기개를 세우고 있다고 자부할 수 있는 사람은 실상을 모르고 하는 말입니다. 무릇 영웅호걸들도 사직 당국에 잡혀 감옥에 갇히게 되면 자결하지도 못하고 치욕 속에서 살아야 했던 것입니다.

모든 명예를 버린 점에 있어서는 저와 다름이 없었을 것입니다. 그렇기 때문에 용기와 비겁이라는 구분은 권력 지위의 상이함에서 비롯되며, 강인함과 유약함의 차이는 처해 있는 형세에 의하여 결정되는 것입니다. 이것은 매우 분명한 사실로서 아무런 기이한 것도 아닙니다. 옛날부터 사대부에게 형벌을 내리지 않았던 것은 실로 그 때문이었다고 생각합니다.

죽음을 두려워하고 부모처자를 걱정하는 것은 인지상정입니다. 저는 불행히도 조실부모하고 형제조차 없이 외롭게 살아왔습니다. 그런 제가 새삼스럽게 부모와 처자 때문에 살고자 했다고는 당신께서도 생각하시지 않을 줄로 압니다. 저도 생명을 아까워하는 비겁한 자에 지나지 않지만 거취만은 분명하게 하려는 사람입니다. 어찌 치욕을 모르고 죄인 노릇만 하고 있겠습니까? 천한 노예와 하녀조차도 자결할 수 있습니다. 저 또한 그렇게 하려 했으면 언제든 할 수 있었습니다. 그러나 그 고통과 굴욕을 참아내며 구차하게 삶을 이어가는 까닭은 가슴속에 품고 있는 깊은 염원이 있어 비루하게 세상에서 사라질 경우 후세에 문장(文章)을 전하지 못함을 안타깝게 여겼기 때문입니다.

예로부터 부귀하게 살았지만 그 이름이 흔적조차 없어진 사람은 무수히 많습니다. 오직 비범하고 탁월한 인물만이 후세에 그 명성을 드날리는 것입니다. 주나라 문왕은 갇힌 몸이 되어 『주역』의 64괘를 발전시켰고, 공자는 곤경을 벗어난 뒤 『춘추』를 지었습니다. 굴원은 추방된 후에 『이소(離騷)』를 지었고, 좌구명(左丘明)은 실명한 뒤 『국어(國語)』를 저술했으며, 손빈은 다리를 잘린 뒤 병법을 편찬했고, 여불위는 촉나라에 유배되어 비로소 『여씨춘추』를 세상에 남겼으며, 한비자는 진나라에 억류되어 있을 때 『세난(說難)』과 『고분(孤憤)』의 글을 썼던 것입니다.

이들은 모두 가슴에 맺힌 한을 토로할 수 없게 되자 옛날의 사실(史實)을 기술함으로써 후대 사람들이 볼 수 있게 하고 동시에 자신의 마음을 알아주기를 희망한 것입니다. 예를 들어, 좌구명이나 손빈은 시력을 잃거나 다리를 잘려서 이미 세상에서 쓸모없는 사람처럼 되었지만 붓에 모든 힘을 기울여 자신들의 맺힌 한을 문장으로 남긴 것이라 하겠습니다.

저도 제 분수를 모르고 서투른 문장에 스스로를 맡기고자 하여 천하에 산실(散失)된 사적(史籍)과 전문(傳聞)들을 수집하고 전대 인물들의 사적(事跡)을 고증하며 그들의 흥망성쇠의 이치를 고찰하여 위로는 황제(黃帝)의 상고 시대로부터 아래로는 오늘에 이르기까지의 역사를 『표(表)』 10편, 『본기(本紀)』 12편, 『서(書)』 8편, 『세가(世家)』 30편, 『열전(列傳)』 70편으로 총 1백 30편으로 기술했던 것입니다.

저는 이를 통해 천도(天道)와 인사(人事)의 관계를 탐구하고 고금의 역사 발전 변화를 통달하여 마침내 하나의 일가견(一家見)을 이루고 독자적인 체계를 이루는 저작을 완성하고자 했습니다.

그런데 이 사업을 시작한 지 얼마 되지 않아 뜻밖의 재앙을 만나게 되었던 것입니다. 그리하여 극형을 받았으면서도 분노를 드러내지 않고 태연스럽게 살아남으려 했던 것은 오직 이 저술이 완성되지 못함을 안타깝게 생각했기 때문입니다. 저는 이 저술을 완성시켜 명산(名山)에 보관하고 뜻을 같이할 수 있는 사람들에게 전하여 그것을 천하에 널리 알려지게 하고 싶습니다. 그렇게 되면 저의 치욕의 빚도 씻게 될 것이라 생각합니다. 설사 이 몸이 더욱 큰 모욕을 다시 받는다고 해도 어찌 후회할 수 있겠습니까? 이와 같은 말은 오직 지혜로운 자에게만 할 수 있는 것이지 결코 속인(俗人)들에게는 말할 수가 없는 것입니다.

죄인의 몸에 덧없는 세상의 바람은 차갑기만 하고 또 더욱 많은 비방을 불러들입니다. 저는 말을 잘못하는 바람에 이러한 화를 당하여 고향에서 비웃음거리가 되었고 돌아가신 아버님을 욕되게 하였으니 무슨 면목으로 다시 부모님의 산소 앞에 설 수 있겠습니까? 비록 다시 백 대(代)가 흘러도 저의 수치는 더욱 쌓일 뿐입니다. 그래서 하루에도 아홉 번 장(腸)이 뒤집히며, 집 안에 있으면 정신이 몽롱해지고, 집을 나서면 어디로 가야 할지 알 수 없습니다. 이 치욕을 생각할 때마다 식은땀이 등줄기를 흘러 옷을 적시지 않은 적이 없습니다.

저는 지금 후궁(后宮)에서 봉사하는 환관의 처지로 산 속에 몸을 숨길 수도 없으며 어쩔 수 없이 세속을 따라 부침(浮沈)하고 시세와 영합하면서 마음속의 광란과 미혹을 토로해가고 있습니다.

저에게 현명한 인재를 추천하라고 가르쳐 주신 점, 어찌 제 마음속의 고충과 다르겠습니까? 그러나 설사 제가 아무리 아름다운 말로 스스로를 꾸미고 기묘한 말로써 스스로에게 용서를 구해본들 속인(俗人)들에게 아무런 보탬이 되지 않고 신뢰도 얻지 못한 채 오직 스스로 수치를 구할 뿐입니다. 결국 죽는 그 날 시비가 비로소 가려지겠지요.

편지로는 그 뜻을 완전하게 펼 수가 없고, 단지 누추한 저의 견해만을 간단히 약술했습니다.

삼가 재배(再拜) 올립니다.〉

사기 해제(解題)
- 사마천 그리고 『사기』

1. 『사기』란 어떻게 만들어졌는가?

『사기』는 중국 한(漢)나라 무제 때 사마천(司馬遷)에 의해 완성된 위대한 역사서로서 대략 BC 108~BC 91년 사이에 저술되었다.

원래 사마천이 『사기』를 완성했을 때 책의 제목은 아직 존재하지 않았다. 사마천은 이 책을 완성한 뒤 당시의 대학자인 동방삭에게 보여주었는데, 책을 읽어 본 동방삭은 경탄해 마지 않았고 즉시 이 책에 '태사공(太史公)'이라는 세 글자를 붙였다. 그리하여 이 책은 오랫동안 '태사공서'로 불려졌다. 우리가 지금 부르고 있는 『사기』라는 명칭은 본래 고대 사서(史書)의 통칭이었고, 중국의 3국 시대부터 『사기』는 점차 '태사공서'의 고유명사로 되었다.

사마천은 황제에게 간언하다가 황제의 미움을 받아 궁형(宮刑: 거세형去勢刑. 고대시기에 남성의 고환을 잘라내는 형벌로서 이 형을 받은 사람은 쉽게 중풍에 걸릴 우려가 높았기 때문에 바람과 햇볕이 통하지 않는 잠실蠶室에서 100일 동안 치료를 받아야 했다)이라는 끔찍한 형벌을 받아야 했다. 당시 궁형을 받는 것은 가장 치욕적인 형벌로 여겨지고 있었기 때문에 궁형을 받느니 차라리 사형을 택하는 사람이 많았다.

하지만 사마천은 궁형의 치욕 속에서 끝내 살아남았다. 바로 아버지의 유언이며 자신의 필생의 사업이었던 『사기』를 완성하려는 이유 때문이었다.

본래 사마천의 아버지 사마담(司馬談)은 자신이 『사기』와 같은 대작(大作)을 남기고자 평생 노력한 사람이었다. 그는 사관으로서 역사 지식의 분야만이 아니라 학문에도 대단히 조예가 깊었다. 「태사공 자서」에는 음양가, 유가, 묵가, 명가, 법가, 도가 등 이른바 '6가(六家)'에 대한 평론이 자세하게 소개되어 있는데, 사실 이 글은 사마천의 아버지 사마담이 저술한 것이다. 공자의 『춘추』와 같은 대작을 후세에 남기고자 한 것이 그가 평생 지녔던 꿈이었다. 사마천이『춘추』를 자신이 진행하는 저작의 모범으로 삼은 것도 사실상 모두 아버지의 영향 때문이었다.

사마담은 황제가 봉선 의식을 거행하는 데 자신이 거기에 따라갈 수 없었던 상황에 절망하였다. 국가의 역사 기록자인 태사(太史)로서 더구나 대작의 저술에 뜻을 품고 있는 인물로서 국가 대사의 의식에 참여하여 두 눈으로 직접 목격할 절호의 기회를 잃었기 때문에 그는 화병이 났고, 결국 죽음에 이르게 되었다. 그의 아들 천(遷)은 이때 마침 서부 지역 토벌의 임무를 마치고 돌아오는 길이었다. 사마담은 아들 천에게 공자의『춘추(春秋)』를 계승할 수 있는 역사 기록을 남길 것을 유언하였다.

사마담이 세상을 떠난 지 3년이 지난 뒤 마침내 사마천은 공식적으로 태사령이 되었고, 그는 본격적으로 국가의 장서와 기록들을 연구하면서『사기』의 저술을 시작한 것이다. 실로『사기』는 사마천과 그의 아버지 사마담 공동의 작업이었다고 해도 지나치지 않는다.

사마천은 당대 최고 수준의 지식인이었다. 사마천은 열 살 때 이미 경전들을 읽고 암송할 정도였으며(年十歲則誦古文-「태사공 자서」), 당시 최고 대학자인 동중서로부터 유학을 배웠다. 또한 사마천이 6가에 통달해 있던 아버지 사마담으로부터 그 학문을 익혔던 것은 두말할 나위도 없다.

사마천이『사기』를 저술할 때, 결코 불확실한 야사(野史)를 쓴 것이 아니다. 사마천은 어디까지나 정사(正史)로서의 기록을 지향하였고, 그것은 대대로 사관(史官)을 지냈던 가문으로서 반드시 준수해야 할 자존심이었다. 이러한 사마천의 투철하고도 과학적이며 동시에 체계적인 사고방식은「태사공 자서」에 기록된 "산실(散失)된 문헌들을 최대한 수집하여 제왕 대업의 건립에 대해서 그 시말(始末)의 과정을 고찰하고, 그 전성기에 그것이 점차 쇠락해가는 원인을 관찰해야 하며, 다시 역사 인물의 실제 행동으로부터 검증하고 고증해야 한다."라는 그의 증언에서도 여실히 증명된다.

동시에 사마천은 감정의 묘사와 표현에 탁월한 솜씨를 보여주면서도 감정을 적절하게 절제하는 측면에서도 뛰어난 이성적이며 냉정한 역사가였다. 역사 인물에 대한 그의 평론은 도덕을 중시했지만, 그렇다고 해서 결코 도덕을 유일한 기준으로 삼지 않았다. 또한 시비공과(是非功過)의 분석을 중시했지만 동시에 그것의 성공과 실패만으로써 영웅을 판별하는 잣대로 삼지 않았다.

실로 역사상 성공을 거둔 사람은 대단히 적으며, 대부분의 사람은 그저 실패자일 뿐이다. 그러나 사마천의 눈에 영웅이란 결코 성패에 의하여 논할 범주가 아니었다. 스스로의 마음에 부끄러움이 없이 살았던 사람이나 정(情)과 의(義)를 중히 여겨 자신의 목숨을 버린 사람 모두 참된 영웅이었다. 사마천은 그러한 인물들을 숭앙하고 『사기』에 그들의 행적을 한 글자 한 글자 심혈을 기울여 묘사하고 기술해 냈다. 그리하여 그들을 역사에 큰 족적을 남긴 인물로 승화시켜 후세 사람들이 모범으로 삼도록 하였던 것이다.

복안(複眼)을 지닌 사마천

사마천은 결코 어떠한 인물이나 사건을 일면적으로 평가하지 않는다. 항상 다면적이고 종합적인 시각으로 파악하고 해석한다.

그러므로 사람들은 사마천을 겹눈, 즉 복안(複眼)을 지녔다고 평한다. 그리고 『사기』는 이러한 사마천의 '복안(複眼)'에 의하여 기술되었다.

사마천은 대유학자이자 승상이었던 공손홍에 대하여 "공손홍은 대인의 풍모를 지녔으며, 견문이 넓었다. 그는 또 언제나 '임금의 병은 마음이 넓지 못한 데 있고, 신하의 병은 검소하고 절약할 줄 모르는 데 있다'라고 말했다. 그러면서 그는 실제로 항상 베로 이불을 만들었으며, 밥을 먹을 때도 고기는 두 점 이상을 먹지 않았다. 그리고 계모가 죽었을 때도 3년상을 치렀다. 조정에서의 회의 때에는 어떤 문제에 대해 단서만을 이야기하여 황제가 스스로 결정하도록 했고 황제와 쟁론하지 않았다."라고 칭송한다.

하지만 이와 동시에 "공손홍의 성격은 의심이 많고 남을 시기하며 겉으로는 너그러운 척했으나 속마음은 각박했다. 그는 자신과 대립하여 사이가 벌어진 사람들에게 겉으로는 친밀한 척하면서도 뒤로는 자기가 받은 화를 몰래 보복했다. 주보언(主父偃)을 죽이고 동중서를 멀리 변경지방인 교서(膠西)로 옮기게 한 것도 모두 공손홍의 소행이었다."라고 기록함으로써 앞과 뒤가 다른 공손홍의 이중적인 성격을 그대로 드러내 준다.

또 사마천은 급암(汲黯)에 대해서 "급암은 천성이 오만불손하였고 일반적인 예절에 구애되지 않으며 다른 사람의 잘못을 용인하지 못하여 자주 다른 사람들 앞에서도 직접 그 잘못을 서슴없이 비난하였다. 자기 뜻에 맞는 사람과는 대단히 잘 지냈지만 마음에 맞지 않는 사람과는 만나도 아는 척하기조차 꺼렸다. 그러므로 일부 선비들도 그의 문하에 들어가기를 원하지 않았다."라는 부정적 평가를 기록하고 있다.

그러나 사마천은 이 글에 바로 이어 "하지만 그는 의협심이 강했으며 약자를 돕고 정의를 보면 용감히 뛰어들었다. 그는 품행이 바르고 깨끗하여 솔직하게 직간하기를 즐겼는데, 몇 번이나 황제에게 직간하여 당황하게 만들었다. 항상 부백(傅柏)의 강직함과 원앙의 정직함과 아부를 하지 않는 것을 흠모하고 있었다. 또 솔직한 관부(灌夫)와 재물을 멀리하고 의를 중시한 정당시(鄭當時), 그리고 귀족으로 태어났지만 언행이 반듯했던 유기(劉棄)와 사이가 가장 좋았다. 하지만 자주 직간을 해 한 벼슬에 오래 있지 못했다."라고 기록하여 급암이 지닌 다른 긍정적인 측면을 보여준다.

이와 함께 급암에 대한 황제의 평가 역시 "너무 지나치구나! 급암의 우직함은 정말이지 어리석은 정도라고 할 수 있다!"라는 대목과 "옛말에 사직(社稷)과 존망을 같이하는 신하가 있었는데, 급암과 같은 사람이 그에 가까울 것 같소."라고 하여 급암을 사직신(社稷臣)이라고 평가하는 양면을 그대로 기록하고 있다.

또한 「만석군 열전」에서 사마천은 "때때로 황제로부터 음식을 하사받는 일이 있을 때 마치 황제 앞에서와 같이 머리를 숙이고 엎드려 먹었다."라고 기술함으로써 만석군 석분의 공경스러움을 칭송하는 동시에 한편으로 우매하고 아부만 할 줄 아는 주인공에 대한 신랄한 풍자와 비판의 뜻을 담고 있다. 또한 "석건은 낭중령으로서 진언(進言)해야 할 일이 있으면, 반드시 좌우의 사람들을 물러나도록 한 다음 마음에 품은 말을 솔직하게 했는데 한 마디 한 마디가 가슴을 울리는 말이었다. 하지만 조정의 회의에서는 오히려 말을 잘하지 못하는 사람과 같았다."라는 표현에서도 주인공의 이중적이고 허위적인 태도를 여실하게 잘 드러내 주고 있다.

2. 『사기』는 어떠한 책인가?

"거짓의 아름다움을 추구하지 않고 악을 숨기지 않는(不虛美, 不隱惡)"[845] 실록 정신은 『사기』의 전편에 걸쳐 관통하고 있는 기본 원칙이다.

「한고조 본기」에서도 사마천은 한 고조가 어떻게 빈천한 신분에서 몸을 일으켜 천하를 손에 넣을 수 있었는지의 과정을 그의 장점과 단점에 대하여 사실 그대로 가감 없이 묘사하면서 독자들에게 선명하게 드러내 주고 있다.

「한고조 본기」는 「항우 본기」와 선명한 대비를 보여준다. 예를 들어, 항우와 유방의 군대가 진나라 수도 관중에 들어가 진나라를 격파하는 상황 묘사 부분에서 항우에 대해서는 "항우는 송의를 죽이고 대신 상장군으로 되었으며 진나라 장군 왕리를 격파하고 장한을 항복시켰다."라고 기술하여 독자들로 하여금 오로지 단순한 군사 분야에서의 성공에 지나지 않는다는 사실을 분명하게 알려주고 있다.

반면에 유방에 대해서는 군사 책략 이외에도 유방의 백성을 인자하게 위로하는 조치를 통하여 "진나라 백성이 기뻐하고", "진나라 군사들이 흩어져", "끝내 대파할 수 있었으며"라고 구체적으로 기술함으로써 독자들로 하여금 "패공이 마침내 다른 제후들보다 먼저 패상에 도달한" 중요한 요인들에 대하여 글을 읽으면서 저절로 알아챌 수 있도록 만들고 있다.

"거짓된 아름다움을 추구하지 않는다"- 실록정신

춘추 전국 시대에 각지의 풍속에 대한 수집은 제도적인 보장에 의하여 관련된 문헌기록이 모아졌으나, 진나라 말기의 혼란 와중에 상당량의 문헌들이 흩어지고 없어졌다. 또한 「화식 열전」이 세상에 나오기 이전의 사회풍속 문헌은 모두 단편적이고 체계적이지 못하였다.

사마천은 역사학의 시각으로써 "천하에 흩어진 옛 사실을 망라하고" 그것

---

845) 『한서漢書』의 저자 반고는 『한서』에서 사마천의 문장을 이렇게 평가하였다.

을 체계적으로 정리했으며, 이론적으로 그것들이 그 자체로 지니고 있는 내재적 관계를 추적하였다. 이는 선진 시대부터 서한(전한前漢) 전기의 사회풍속사에 대한 최초의 정리이자 총 결산이었다. 사마천은 『시경』과 『서경』 등 고문헌과 『여씨춘추』, 『회남자(淮南子)』 등의 문헌에 의거하여 각지의 사회 풍속을 분석하였고, 자신이 직접 실제 조사한 자료를 수집하고 이용하였다. 사마천은 당시 시대에서 천하를 가장 많이 유력(遊歷)한 인물이었다.

그는 「태사공 자서」에서 자신의 '천하 답사'에 대하여 기술하고 있다.

"스무 살이 되어서는 남쪽으로 유력(遊歷)하여 장강과 회하(淮河)에 갔고, 일찍이 회계산에 올라가 우혈(禹穴)을 찾아 살피고 순임금이 묻혀 있는 구의산(九疑山)을 조사하였다. 그리고 원수(沅水)와 상수(湘水)를 건넜다. 다시 북쪽으로 길을 떠나 문수(汶水), 사수(泗水)를 건너 제(齊)와 노(魯)나라의 대도시에 이르러 현지의 학사 대부들과 학술을 토론하고 공자가 궐리(闕里) 등지에 남긴 유풍을 관찰하였으며, 추현(鄒縣) 역산(嶧山)에서 거행된 고대 향사(鄉射)를 참관하였다. 파(鄱), 설(薛), 팽성(彭城) 등지에서 일련의 곤란을 당하였으나 다시 양(梁), 초(楚)를 거쳐 고향으로 돌아왔다. 이때 천(遷)은 낭중(郎中)으로서 한나라 조정의 사명을 받들어 서쪽으로 가서 파촉(巴蜀) 이남 방면을 토벌하고, 남쪽으로 가서는 공(邛), 작(筰), 곤명(昆明) 등의 지방을 공략하고 비로소 조정으로 돌아왔다."

사마천은 자신이 직접 다녀온 곳에 대한 실제 조사와 분석에 대하여 커다란 자부심을 가지고 이를 기술하고 있다. 예를 들어, 「오제 본기」 말미에서 사마천은 자신의 실제 답사와 관련하여 이렇게 말하고 있다.

"나는 일찍이 서쪽으로는 공동(空桐)에 이르고 북쪽으로는 탁록(涿鹿)을 지나왔으며, 동쪽으로는 바다까지 가고 남쪽으로는 장강(長江)과 회수(淮水)를 건넌 적이 있었다. 그곳의 고로(故老)들이 자주 황제, 요, 순 임금을 칭송하는 곳에 가보면 그곳의 풍교(風敎)는 다른 곳에 비해서 과연 달랐다."

탁월한 『사기』의 문장 구성

비범한 사건을 통하여 비범한 인물을 묘사하는 부분에서 단연 사마천의 탁월함이 빛난다. 사마천은 소재의 선택과 전체 문장의 구성에 있어 여러 에피소드들을 장치한다.

「회음후(淮陰) 열전」에서도 그 머리말에서 한신이 젊을 적에 곤경에 처하여 모욕을 당한 에피소드에 대하여 기술하고 있다. 여기에서 세 가지 에피소드를 기술함으로써 한신이라는 인물의 성격을 잘 드러내고 있다.

이를테면, 첫 번째 에피소드는 한신이 남창 지방의 정장(亭長)으로부터 냉대를 받고 그와 절교하는 장면이다. 여기에서 염량세태(세력이 있을 때는 아첨하고, 세력이 없어지면 푸대접하는 세상 인심)에 대한 한신의 증오와 눈앞의 이익에만 매몰된 소인배를 경멸하는 한신의 시각을 잘 표현하고 있다. 두 번째 에피소드는 한신이 빨래하는 노파의 은혜에 보답하는 장면으로서 덕으로써 은혜를 갚는 그의 충의로운 모습을 그대로 보여주고 있다. 세 번째 에피소드는 불량배를 만나 '가랑이 밑으로 기어가는' 모욕을 당하는 장면으로서 그의 인내하는 성격을 잘 묘사하고 있다.

이 세 가지 에피소드는 그의 성격을 잘 표현해 주고 있는 바, 남창의 정장에 대한 그의 절교는 그가 뒷날 항우를 배반하는 복선을 깔아놓은 셈이다. 그리고 빨래하는 노파에 따뜻하게 보답을 한 일과 가랑이 밑으로 기어가는 에피소드는 한신이 비록 군대를 빼앗기고 지위가 강등되며 체포되었지만 끝내 한왕 유방을 배반하지 않고 인내했던 사상적 이유를 잘 설명해 주고 있다.

사마천이 기록하는 인물 언행(言行)의 한 사건, 한 장면마다 모두 에피소드가 장치된다. 이를테면 「진 승상 열전」은 진평이 제사음식을 나누는 에피소드를 구체적으로 소개하고 있다.

진평이 사는 마을이 신에 제사를 지내게 되자 진평은 그 일의 책임자가 되어 고기를 공평하게 분배하였다. 그러자 동네 어른들이 "진평, 저 젊은이가 고기 분배를 아주 잘한다!"라고 말하였다. 이에 진평은 "아! 만약 나로 하여금 천하를 다스리게 한다면 마치 이 고기들을 분배하듯 할 텐데!"라고 탄식하였다.

이 글은 짧지만, 진평이 지니고 있는 웅대한 포부와 때를 만나지 못했다는 탄식을 잘 그려내고 있다. 또 동네 어른의 칭찬으로써 진평이라는 인물이 어떠한 장점을 지니고 있는가를 잘 알려 주고 있다. 그리고 이 장면들은 마치 등장인물들이 독자의 눈 앞에 있는 듯 생생하게 묘사되고 있다.

또 「혹리 열전」은 혹리(酷吏) 장탕(張湯)에 대하여 기술하면서 쥐를 심문하는 장면을 소개하고 있다.

장탕은 두현(杜縣) 사람으로서 그의 부친은 재판을 담당하던 한나라의 하급 관리였다. 어느 날인가 부친이 외출하게 되어 어린 장탕에게 집을 보라고 맡겼다. 그런데 집으로 돌아와 보니 쥐가 고기를 물어가 버렸다. 부친은 크게 화를 내면서 장탕을 회초리로 쳤다. 그러자 장탕은 쥐구멍을 파헤쳐서 쥐를 잡고 쥐가 먹다 남은 고기도 찾아냈다. 그러고는 곧 쥐를 기소하고 고문하여 '조서'를 꾸미고 관계 '관청'에 전달하였으며 재심을 거쳐 법에 의하여 판결을 내렸다. 범죄의 물증인 고기를 제시한 뒤 쥐에게 찢어 죽이는 책형(磔刑: 고대시대 시체를 찢는 가혹한 형벌)을 선고하고 뜰 아래에서 시행하였다.

그 광경을 낱낱이 보고 있던 부친은 크게 놀랐다.

이 짧은 에피소드는 장탕의 잔혹한 성격을 생생하게 그려냄으로써 뒷날 혹리로서의 그의 행적을 설명하는 데 그 개연성을 높여주는 실마리를 제공하고 있다.

한편「이사 열전」에서 사마천은 모두 네 차례에 걸쳐 탄식을 하면서 이사라는 인물의 특성을 생생하게 묘사하고 있다. 이사는 변소의 쥐와 창고의 쥐가 서로 다른 환경에 처해 있는 것을 목격하고 탄식 한 번, 승상으로서 탄식 한 번, 진시황 유서를 조작하고 탄식 한 번, 5형(五刑)을 받으면서 다시 한 번 탄식을 한다. 모두 네 번에 걸친 이사의 탄식은 그의 이기주의적인 인생관을 적나라하게 폭로해 주고 있으며, 이로부터 당시 지배계급의 걸출한 인물이 비록 포부는 대단히 크지만 동시에 극단적으로 이기적인 이중적 성격을 지닌 인물임을 드러내 준다.

사마천, 평민을 역사의 전면에 세우다

사마천은 평민의 역할을 강조한 최초의 역사가였다.

그는 진승의 입을 빌려 "왕후장상의 씨가 따로 있는가?"라는 과감한 질문을 던진다. 당시까지 역사란 오로지 왕을 비롯한 고관대작 귀족들의 몫이었다. 평민들이야 단지 그 왕후장상들에게 의지하면서 평생을 아무 생각도 없이 순종하며 살아가는 무지렁이에 지나지 않을 뿐이었다. 그러나 사마천은 그러한 평민들을 일약 역사의 전면에 끌어올린다.

이는 당시 시대 상황과도 관련을 맺고 있다.

진나라가 천하를 통일할 때까지 역사라는 장(場)이란 사실 왕후장상과 귀족들에 의하여 독점된 잔치였다. 평민들이 나설 기회는 거의 마련되지 않았다. 그러나 진나라 말기에 접어들면서 커다란 변화가 발생하였다. 일개 평민에 불과했던 진승과 오광이 반란의 불꽃을 들어올리자 강력했던 진나라는 일순간에 혼란에 빠졌다. 이어서 역시 평민 출신인 유방이 뜻밖에도 명문귀족 가문인 항우를 끝내 물리치고 천하의 패권을 손에 넣었다. 이 '조그맣게 보이지만 사실은 엄청나고 심대한' 변화를 사마천은 날카롭게 잡아냈다.

여기에서 사마천은 과감하게 평민들을 역사의 전면에 세우면서 이들을 위한 열전을 기술한다.

"정의롭게 행동하고 비범하여 풍운의 기회를 놓치지 않고 공업(功業)을 천하에 세워 백세에 이름을 날리니 이에 70열전(列傳)을 짓는다."

이를테면 「유협 열전」은 『사기』의 명편(名篇) 중 하나로서 사마천은 다양한 여러 유형의 협객을 사실적으로 생생하게 묘사하고 있으며, 그들의 "말에 신의가 있고 행동에 성과가 있으며 약속은 반드시 지키고 몸을 아끼지 않는" 고귀한 품격을 높이 찬양하고 있다.

한편 '골계(滑稽)'라는 말은 '언사(言辭)가 유려하고 사유가 민첩하여 막힘이 없다.'는 뜻으로서 후세에 이르러 '유머'라는 의미로 사용되었다.

고대 시대에 이러한 유머를 구사하는 사람들은 궁궐에서 황제가 필요로 할 때 불려가서 황제의 기분을 풀어 주는 역할을 하는, 그저 신분이 비천한 부류에 속할 뿐이었다. 그러나 사마천은 이들 역시 뛰어난 인물의 또 다른 전형으로 선정하여 열전 범주의 기술에 포함시켰다. 「태사공 자서」에서 사마천은 이들을 열전에 포함시켜 기술한 이유에 대하여 "세속에 흐르지 않고 권력과 이익을 다투지도 않았으며 상하 막힘이 없이 아무도 그들에게 해를 주지도 않았으니 이는 자연을 따랐기 때문이었다. 이에 「골계 열전」을 짓는다."라고 설명하고 있다.

「골계 열전」의 주요 요지는 순우곤, 우맹, 우전 등 골계 인물의 "세속에 흐르지 않고 권세와 이익을 다투지 아니하는" 고귀한 정신과 비범한 풍자와 재능을 찬양하는 것이다. 그들은 비록 미천한 출신에 불과했지만 기지에 넘치고 말재주가 뛰어났으며, 이치에 맞게 비유를 잘하였다. 또 사정에 적합한 사례를 인용하였으며, 어떠한 사건을 빗대어 풍자를 정확하게 하였다.

「영행(佞倖) 열전」 역시 마찬가지이다. '영행'이라는 말은 '아양을 떨어 총애를 얻는 사람'을 말하며, 곧 '환관(宦官)'을 가리킨다. 사람들에게 철저하게 멸시를 받는 무리들이지만, 사마천은 뭇사람들의 시선에 아랑곳하지 않고 그들을 위한 열전을 기술하였다. 「영행 열전」을 기술한 목적에 대하여 사마천은 "무릇 군주를 섬기며 능히 군주의 눈과 귀를 즐겁게 하고, 군주의 얼굴빛을 부드럽게 하여 친근한 정을 얻음은 다만 얼굴빛만으로 사랑을 받을 뿐 아니라 재능 또한 뛰어난 점이 있기 때문이다. 그래서 영행 열전 제65를 짓는다."라고 밝히고 있다. 점술가 혹은 점쟁이도 멸시받는 사람들에 불과하지만 사마천은 이들을 위해서도 「일자(日者) 열전」을 기술하였다.

귀족의 인의도덕과 평민의 인의도덕

사마천은 『사기』 전편을 통하여 소위 '귀족(후문, 侯門)'들의 도덕의 허위성에 대하여 신랄한 비판을 가하는 한편 이른바 '미천한 사람들'의 도덕에 대해서는 대단히 찬미한다. 무엇보다도 '귀족'들이 내세우는 인의도덕이란 실제로는 대부분 말과 실제 행동이 일치하지 않고 또 준수하지 않는다는 것이다.

사마천은 「급암 열전」에서 급암의 입을 빌려 한무제가 "속으로는 욕심이 많으시면서 겉으로만 인의를 행하려는 모습을 보인다."고 비판함으로써 한무제가 표방하는 인의도덕의 허위성을 폭로하고 있다. 또 「평진후 주보 열전」에서는 유학의 거두로서 승상 벼슬에 있던 공손홍이 "겉으로는 너그러운 척했으나 속마음은 각박했다. 그는 자신과 대립하여 사이가 벌어진 사람들에게 겉으로는 친밀한 척하면서도 뒤로는 자기가 받은 화를 몰래 보복했다."고 기술하고 있다.

귀족들이 내세우는 인의도덕의 허위성은 「이사 열전」에서 가장 극적으로 표현되고 있다. 「이사 열전」의 생생한 대화들은 조고, 호해 그리고 이사가 겉으로는 충절과 절개를 표방하면서도 실제로는 제위를 찬탈하는 역모를 꾸미고 궁중 정변을 획책하는 과정을 낱낱이 드러내어 고발하고 있다. 그리하여 이른바 충절이나 인의나 예절이란 단지 위정자들이 그들의 끝없는 탐욕과 비행을 은 폐하는 포장에 지나지 않음을 드러내 보여준다.

한편 '미천한 사람들'의 도덕이란 하층민들이 나름대로 지키며 살아가는 도덕 준칙이다. 여기에서 '미천한 사람들'이란 주로 유협, 자객 등을 지칭하고, 또한 하층에 속하는 인물들, 예를 들어 노중련, 후영, 주해, 모공, 설공 등등이다. 노중련에 대하여 사마천은 "비록 노중련이 지향하는 바는 대의(大義)에 부합되지는 않지만, 평민의 지위에 있으면서 호기스럽게 자기 맘껏 하고 제후들에게 굽히지 않으면서 고담준론(高談峻論)을 펼치며 권세를 쥔 공경장상(公卿將相)들을 모두 굴복시켰으니 노중련은 진실로 천하의 높은 선비이다."라고 칭송하고 있다.

또 조말이나 형가 등의 자객에 대하여 "조말에서 형가에 이르기까지 다섯 사람 중 일부는 성공하고 일부는 성공하지 못하였으나 그들의 목적은 모두 너무도 분명하다. 그들 모두 자신이 세운 지향을 저버리지 않았고, 그들의 명성은 후세에 남을 수 있었으니 이 어찌 허망하다고 할 것인가!"라고 찬양한다. 그리고 주가와 곽해 등 유협에 대해서 "이들은 항상 당시의 법망에 저촉되었지만, 그들의 개인적 인품은 청렴하고 겸손하였으며 오히려 찬양받을 측면도 매우 많다. 협객의 명성은 빈껍데기에서 만들어진 것이 아니며, 사람들 역시 헛되이 그들에게 의지했던 것이 아니다. 하지만 세상 사람들은 이들을 한낱 폭력배 집단으로 여기고 있으니 어찌 슬프지 아니하랴!"라고 탄식해 마지않는다.

사마천은 이들의 고상한 의기(義氣)를 칭송하면서도 동시에 하층민에 속해 있던 이들의 행동은 지배계급이 만들어 놓은 자기들의 '도덕'에 맞지 않고 따라서 당시의 법망에 저촉되었다는 점을 통탄해 마지않고 있다.

탁월한 경제학자, 사마천

사마천은 탁월한 경제학자이기도 하였다. 그는 고금의 역사와 사회경제 구조의 진수를 꿰뚫어 최초의 경제 학술보고서인 「화식 열전」을 기술하였다.

한나라 고조는 상인들이 '좋은 옷을 입거나 수레에 타지 못하도록' 하였고, 그들의 자손이 '벼슬을 얻지 못하도록' 하였다. 또 상인들에게 각종 중과세를 부과하여 곤욕스럽게 만들었다. 상업을 철저하게 억압하는 억상(抑商) 정책이었다.

하지만 사마천은 이러한 억상정책에 분명하게 반대한다.

그는 '상인의 무역으로써 물자가 유통되고(상이통지商而通之)', '상인이 무역을 하지 않으면 3보(食, 事, 財)가 단절된다(상불출즉삼보절商不出則三寶絶)'라는 창조적인 결론을 주창함으로써 상업을 독립된 사회직업으로서 가치분배 활동에 있어 유통 기능을 담당한다고 지적한다. 그러면서 사회물질의 확대재생산에 있어서 상업유통이 지니는 중요성을 강조한다. 그는 많은 실제적 사례를 인용하면서 상업 활동이 각 역사 시기의 국민경제에서 발휘했던 중요한 역할을 논증해 나간다. 그는 강태공, 관중, 범려, 백규 등 춘추 전국 시기에 성공한 상업 사례를 열거하면서 이를 증명하였으며, 아울러 국가가 상업을 중시함에 따라 크게 발전한 한나라 초기의 실제 상황도 소개하고 있다.

이러한 시각에서 사마천은 일관된 논리로 전통적인 중농억상 사상에 반대하였으며, 상인을 중시하고 상인들의 활동을 존중해야 한다고 강조하였다.

마치 열전 혹은 『사기』의 저술 작업을 총결산하고자 한 것처럼 「화식 열전」을 열전의 마지막 편에 배치한 것에서 경제생활에 대한 사마천의 중시를 엿볼 수 있다.

현대지성 클래식 9

사마천 사기 56

1판 1쇄 발행 2016년 7월 25일
1판 10쇄 발행 2024년 8월 7일

지은이 사마천
편역 소준섭
발행인 박명곤 **CEO** 박지성 **CFO** 김영은
기획편집1팀 채대광, 김준원, 이승미, 이상지
기획편집2팀 박일귀, 이은빈, 강민형, 이지은, 박고은
디자인팀 구경표, 임지선
마케팅팀 임우열, 김은지, 전상미, 이호, 최고은

펴낸곳 (주)현대지성
출판등록 제406-2014-000124호
전화 070-7791-2136 **팩스** 0303-3444-2136
주소 서울시 강서구 마곡중앙6로 40, 장흥빌딩 10층
홈페이지 www.hdjisung.com **이메일** support@hdjisung.com
제작처 영신사

© 소준섭 2016

※ 이 책은 저작권법에 따라 보호받는 저작물이므로 무단 전재와 복제를 금합니다.
※ 잘못 만들어진 책은 구입하신 서점에서 교환해드립니다.

"Curious and Creative people make Inspiring Contents"
현대지성은 여러분의 의견 하나하나를 소중히 받고 있습니다.
원고 투고, 오탈자 제보, 제휴 제안은 support@hdjisung.com으로 보내 주세요.

현대지성 홈페이지

현대지성 클래식 살펴보기